판례실무연구[XIV]

비교법실무연구회 편

2021

사법발전재단

머 리 말

비교법실무연구회는 1996년 출범한 이래 25년 동안 대법원에 계속되어 있는 중요한 사건을 선정하여 새로운 법리를 선언할 수 있는 토대를 마련하고자 비교법적 연구를 수행해 왔습니다.

변화하는 사회상을 반영하듯 기존 판례 법리만으로 해결하기 어려운 새로운 법률적 분쟁과 쟁점이 나타날 수밖에 없고, 이를 연구하고 해결해 나가는 과정에서 법률가의 창조적 작업이 이루어집니다. 우리 연구회는 세미나를 통하여 미국, 독일, 프랑스, 일본 등 여러 국가의 학설과 판례를 연구 · 발표하고 해당 쟁점에 관하여 학자와 실무가들이 깊이 있는 토론을 함으로써, 단순히 사건을 해결하는 데 그치지 않고 학계와 실무에 영향을 미치는 중요한 법리를 발전시키는 데 기여했습니다. 이와 같이 현재 대법원에 계속 중인 사건을 통하여 사회의 변화를 반영한 새로운 판례 형성에 직접 기여한다는 점에 비교법실무연구회의 의의가 있습니다.

2020년 판례실무연구 제13권을 발간한 이후 1년 만에 제14권을 펴냅니다. 세미나에서 발표된 연구 논문은 원칙적으로 연구대상으로 삼은 사건이 선고된 이후에 판례실무연구 책자에 싣고 있습니다. 이번에 출간되는 책자에는 제13권을 발간한 이후 대법원에서 선고된 사건에 관한 연구 논문뿐만 아니라, 그동안 세미나에서 연구대상으로 삼은 사건이 선고되었으나 판례실무연구 책자에 실리지 못한 2015년 이후의 연구 논문도 다수 게재하였습니다.

비교법실무연구회에서 이루어진 연구와 그 결실을 기록한 이 논문집이 대법원 판례를 이해하고 해석하는 데 도움이 되고 법학의 발전에 이바지할 수 있기를 기대합니다.

바쁘신 중에도 귀중한 논문을 발표해 주신 집필자와 연구회에 참석하여 토론에 참여하고 같이 고민해 주신 회원 여러분께 깊이 감사드립니다. 간사를 맡고 있는 김호용 판사를 비롯하여 이 책자를 내는 데 애써주신 분들에게도 고마운 마음을 전합니다. 앞으로도 변함없이 비교법실무연구회가 새로운 판례 법리의 형성과 발전, 나아가 법률문화의 향상에 기여할 수 있기를 바랍니다.

2021년 2월 14일

비교법실무연구회 회장 대법관 김 재 형

일러두기

1. 수록대상

대법원 비교법실무연구회 제104회 세미나(2015. 7.)부터 제132회 세미나(2020. 1.)까지 다루었던 주제 중 대법원 판결이 선고된 사건에 관한 것을 수록하였다.

구체적으로는 연구대상 사건의 개요와 세미나에서 발표된 논문 및 선고된 대법원 판결을 수록하였다.

2. 편집순서

원칙적으로 세미나 순서, 같은 세미나 내에서는 연구대상 사건의 개요, 발표논문, 대법원 판결의 순서로 편집하였다.

3. 대법원 판결의 출전 사용례

○ 공1988, 623 : 법원공보 1988년 4월 15일 제822호 623면

○ 공1993하, 1697 : 법원공보 1993년 7월 15일 제948호 1697면

☞ 법원공보가 상, 하로 분리된 1993년부터는 상, 하를 구분하여 표시한다.

○ 공1996상, 461 : 판례공보 1996년 2월 1일 461면

☞ 1996년도부터 법원공보가 판례공보로 변경되었음

○ 집43-2, 230 : 대법원판례집 제43권 2집 민사편 230면

4. 간행 관련공지

본서(「판례실무연구」)는 대법원에 계속중인 사건에 관한 대법원 비교법실무연구회의 연구 및 활동 실적을 모아 대법원 판결이 선고된 이후에 발간하는 연구실적물이라고 할 수 있다. 실제로 본서의 출간은 시기적으로 그 수록대상인 논문들이 본회의 세미나에서 발표된 때로부터 적어도 1년 내지 4년 정도 경과한 것이다. 뿐만 아니라 본서의 정확한 발간시점이 사전에 특정되어 있지 않고 그 간행시기 또한 부정기적이므로, 본회에서는 판결 선고 전 시점에서 대법원 사건과의 구체적인 관련성을 명시하지 않는 한 판결 선고 전후를 불문하고 발표 논문들에 대하여 여타 학술지에 발표하는 것을 금하지 않고 있다. 이는 발표된 소중한 논문들의 시의적절성을 유지함으로써 그에 따른 학계 및 실무에 미치는 긍정적인 영향을 고려한 측면도 있다. 이러한 여러 사정으로 인하여 본서에 수록된 논문들 가운데에는 이미 다른 지면을 통하여 공간된 것들도 있음을 미리 밝히고 이해를 구한다.

차 례

第8편 토지보상법상 간접손실보상규정의 유추적용 가부

第9편 보상금 지급계약을 원고가 착오를 이유로 취소하거나, 현저한 사정변경이 있음을 이유로 해제할 수 있는지 여부

第10편 선박충돌사고로 침몰한 피해선박의 선주가 선박 제거명령을 이행하지 않고 있는 경우 피해선박 선주에게 제거비용 상당의 손해가 현실적 · 확정적으로 발생한 것인지 여부

제 1 편

불공정거래행위로서의 사업활동방해의 부당성 판단기준

- 연구대상 사건의 개요 / 강우찬
- 부당한 사업활동 방해행위의 법리
  - 독일 경쟁제한방지법(GWB)을 중심으로 / 황태희
- 공정거래법상 사업활동방해의 공정거래저해성
  - 공정거래위원회 의결 제2013-142호(2013. 7. 11.)의 사실관계를 중심으로 / 이호영
- 대법원 2018. 7. 11. 선고 2014두40227 판결

연구대상 사건의 개요

강 우 찬

[쟁 점]

천안지역 생수공급시장에서 원고가 '제품공급단가 할인, 제품의 무상제공, 무이자 현금대여, 법률비용 지원 등'을 통해, 보조참가인과 거래하던 대리점 11곳 중 8곳이 참가인과의 거래를 중단하도록 하고 원고와 대리점거래 계약을 체결하도록 한 사안에서, 원고의 행위가 불공정거래행위로서 부당한 사업활동방해에 해당하는지 여부

I. 사안의 개요

1. 원심이 확정한 사실관계

가. 먹는물 제조, 판매시장의 개요

○ 국내 먹는샘물 제조 및 판매업 시장의 전체 규모는 2011년 현재 5,600억원으로 추정되며, 국내 먹는샘물 제조업체는 2012. 6.말 현재 67개에 달하고 광범위한 유통망을 확보한 대기업 위주의 경쟁구조를 가지고 있음

○ 국내 먹는샘물 시장의 2011년 기준 점유율 현황은 아래 표와 같음

사업자	점유율(%)
(주)농심	33
롯데칠성음료(주)	17
원고	**11**
(주)동원F&B	10
풀무원샘물(주)	8
해태음료(주)	7
기타	14
합계	100

○ 먹는샘물 제품은 ① PET병 제품과 ② PC 제품으로 나누어 짐

▶ 먹는샘물 PC 제품은 부피와 중량이 크고 소비자에게 직접 배달하는 방식으로 공급되므로 대리점의 개설이 필요하고, 일반적으로 '제조회사 → 대리점 → 소비자'로 이어지는 경로로 판매가 이루어짐

나. 원고의 행위 관련 사실

○ □□□는 2004. 8. 2. 참가인 회사를 설립하여 천안 지역을 중심으로 인근 충남북 및 경기 남부 지역까지 먹는샘물을 공급하였고 2008. 7.~8.경까지 총 11개의 대리점을 가지고 있었음

▶ 참가인 회사의 매출액 및 PC 제품 판매량은 아래의 표와 같음

구 분	2007년	2008년	2009년	2010년	2011년
매출액(단위 : 백만 원)	591	420	193	149	112
PC 제품 판매량(통)	323,317	211,956	79,776	73,152	60,384

○ 원고는 참가인 회사와 그 대리점주들 사이의 **대리점계약 기간이 남아 있음에도** 불구하고, 2008. 초경부터 2008. 7. 중순경까지 위 대리점주들과 수차례 만나 <u>참가인 회사와의 거래를 중단하고 참가인 회사보다 현저히 유리한 조건으로 자신과 대리점계약을 체결할 것을 권유</u>함

▶ 참가인 회사와 거래하고 있던 대리점주들 중 7개 대리점주들은 2008. 7. 15.경 참가인 회사에 각 대리점계약을 해지한다는 내용의 내용증명을 발송하였고, 그 다음날인 7. 16.경부터 참가인 회사가 아닌 원고로부터 제품을 공급받았음

▶ 참가인 회사의 또 다른 대리점주인 손덕근은 2008. 7. 18.~21.경 참가인 회사와의 거래를 종료함

○ 원고의 직원은 2008. 7. 17. 참가인 회사의 대리점들(그 수가 9개로 기재되어 있음)을 원고로 영입함에 따른 품의서를 아래와 같이 작성함

<table>
<tr><td>개요</td><td colspan="6">· 담당의 꾸준한 영입 접촉 결과 당사로 구좌 전환 결정
· 경쟁사(롯데, 스파클)와의 영입 경쟁에서 담당자의 꾸준한 인맥 관리로 영입 성공함</td></tr>
<tr><td rowspan="2">영입 조건</td><td>출고가</td><td>물량 지원</td><td>장려금</td><td>계약기간</td><td>법률 지원</td><td>비고</td></tr>
<tr><td>@2,000원</td><td>600%</td><td>14%</td><td>5년</td><td>변호비용 5:5</td><td>당사 선별 A급공병 입고 인정</td></tr>
<tr><td>추가 지원</td><td colspan="6">· 최종 영입물량 평균 30,000통 이상 시 물량 50% 추가 지원
· 미전환 잔여 대리점 원고로 전환 유도</td></tr>
<tr><td>현금 지원</td><td colspan="6">· 장비 지원 500대 현금으로 대체 지원 :
[100,000원 × 500대 = 50,000,000원]
단, 현금은 한시적 지원으로 일정기간 경과 후 분할 상환 (별도 담보 입보)</td></tr>
<tr><td>PET 지원</td><td colspan="6">· 2차 거래선 구좌전환 판촉용으로 500ML
· 판매량이 다양하므로 대리점별 판매량 대비 차등 지원</td></tr>
<tr><td>관리 방안</td><td colspan="6">· 기존 대리점과의 마찰 최소화 및 정보 유출 사전차단 예방책 수립</td></tr>
<tr><td>기대 효과</td><td colspan="6">· 금번 영입으로 천안권 시장점유율 30% 이상 확보(M/S 50% 달성 기반 구축)
· 당사 공백 지역 및 외곽 취약시장 판매 교두보 확보
· 지역 시장 독점적 지위 구축함</td></tr>
</table>

○ 참가인 회사는 위에서 본 바와 같이 8개 대리점들이 2008. 7. 중순경 중도 해지한 이후로 매출액과 PC 제품 판매량이 급감함

다. 원고가 제공한 경제적 이익의 구체적 내용

① 법률비용 지원

▸ 원고는 8개 대리점과 참가인 회사 사이에 소송이 제기될 것을 예상하고 이에 대한 소송비용 중 50%를 지원하기로 약정

▸ 그 후 실제로 참가인 회사와 8개 대리점들 사이에 민사소송[대전지방법원 천안지원 2008가합4233(본소), 2009가합2104(반소) 사건[1] 및 그 항소심인 대전고등법원 2010나512, 529 사건[2]]이 발생하자 위 대리점들에 2회에 걸쳐 총 645만 원의 소송비용을 지원함

---

1) 위 1심에서는 원고가 일부 승소함
2) 위 항소심에서는 원고 일부 승소 취지로 임의 조정되어 종국됨

② 제품의 공급단가 할인

▸ 원고는 8개 대리점과 사이에 PC 제품의 공급가격을 통당 2,000원으로 하되, 입금 장려금(통당 100원), 하치장 보조비(통당 100원), 상하차비(통당 80원) 등의 명목으로 통당 총 280원의 장려금 지원 약정 ➠ 원고가 8개 대리점에 사실상 통당 1,720원에 PC제품을 공급한 것과 같은 효과

③ 제품의 무상 제공

▸ 원고는 2008. 8. 1.부터 2009. 7. 31.까지 8개 대리점에 각 대리점의 월 평균판매량 대비 총 600%를 무상 제공하기로 약정하였고, 실제로 이를 이행함

▸ 특히 8개 대리점 중 5개 대리점에 대해서는 대리점 계약체결 직후부터 2008. 10.경까지 3개월 동안 집중적으로 각 대리점의 월 평균판매량 대비 250~300%를 무상으로 제공함

▸ 이에 따라 원고가 제품을 무상 제공하기로 약정한 1년 동안(2008. 8. 1. ~ 2009. 7. 31.) <u>대리점의 월 평균판매량 대비 600%보다 더 많은 3,967통의 PC 제품이 8개 대리점에 제공</u>됨

▸ 원고가 8개 대리점에 공급한 <u>PC 제품의 연평균 공급단가는 대리점별로 673.6원 ~ 912.3원(부가가치세 포함)이고 8개 대리점 평균으로는 808.3원</u>인바, 이는 원고가 8개 대리점과 사이에 약정한 공급단가인 1,720원과 비교할 때 그 절반 수준에도 미치지 못하는 가격임

④ 무이자 현금 대여

▸ 원고는 대리점 영입조건 중 현금 지원의 일환으로 2009. 6.경 8개 대리점주들 중 손덕근에게 담보 설정 하에 현금 3천만 원을 무이자로 대여해 주었고, 2009. 8.부터 2011. 12.까지 월 백만 원씩 회수함

라. 피고의 처분

○ 피고는 2013. 7. 11. 제1소회의 의결 제2013-142호로 원고가 먹는샘물 PC 제품시장에서 경쟁사업자인 피고보조참가인의 8개 대리점들에 법률비용 지원, 제품의 공급단가 할인 및 무상제공, 무이자 현금대여 등 경제상 이익을 제공하고 위 대리점들로 하여금 참가인 회사와의 거래를 중단하고 자신과 대리

점계약을 체결하도록 함으로써 **부당하게 경쟁사업자의 사업활동을 방해**하였다는 이유로, 원고에게 별지 목록 기재 시정명령(='이 사건 처분')을 함

2. 원고의 주장요지

○ 위 대리점들이 자발적으로 원고와 거래를 개시하게 된 것임

○ 각 계약조건은 양 당사자가 정당한 협상을 거쳐 도출한 결과일 뿐, 정상적인 상거래관행을 벗어난 과도한 경제적 지원이 아님

3. 관계 법령

❒ **독점규제 및 공정거래에 관한 법률**(2013. 8. 13. 법률 제12095호로 개정되기 전의 것)

第23조(불공정거래행위의 금지)

① 사업자는 다음 각 호의 어느 하나에 해당하는 행위로서 공정한 거래를 저해할 우려가 있는 행위(이하 "불공정거래행위"라 한다)를 하거나, 계열회사 또는 다른 사업자로 하여금 이를 행하도록 하여서는 아니된다. 〈개정 1996.12.30, 1999.2.5, 2007.4.13〉

1. 부당하게 거래를 거절하거나 거래의 상대방을 차별하여 취급하는 행위
2. 부당하게 경쟁자를 배제하는 행위
3. 부당하게 경쟁자의 고객을 자기와 거래하도록 유인하거나 강제하는 행위
4. 자기의 거래상의 지위를 부당하게 이용하여 상대방과 거래하는 행위
5. 거래의 상대방의 사업활동을 부당하게 구속하는 조건으로 거래하거나 다른 사업자의 사업활동을 방해하는 행위

8. 제1호 내지 제7호이외의 행위로서 공정한 거래를 저해할 우려가 있는 행위

② 불공정거래행위의 유형 또는 기준은 대통령령으로 정한다. 〈개정 1996.12.30〉

동법 시행령

第36조(불공정거래행위의 지정)

① 법 제23조(불공정거래행위의 금지) 제2항의 규정에 의한 불공정거래행위의 유형 또는 기준은 별표 1의2와 같다. 〈개정 2010.5.14〉

[별표 1의2] 불공정거래행위의 유형 및 기준(제36조제1항관련)

4. 부당한 고객유인

법 제23조(불공정거래행위의 금지)제1항 제3호 전단에서 "부당하게 경쟁자의 고객을 자기와 거래하도록 유인하는 행위"라 함은 다음 각목의 1에 해당하는 행위를 말한다.

가. 부당한 이익에 의한 고객유인

정상적인 거래관행에 비추어 부당하거나 과대한 이익을 제공 또는 제공할 제의를 하여 경쟁사업자의 고객을 자기와 거래하도록 유인하는 행위

8. 사업활동 방해

법 제23조(불공정거래행위의 금지)제1항제5호 후단에서 "부당하게 다른 사업자의 사업활동을 방해하는 행위"라 함은 다음 각목의 1에 해당하는 행위를 말한다.

가. 기술의 부당이용

다른 사업자의 기술을 부당하게 이용하여 다른 사업자의 사업활동을 심히 곤란하게 할 정도로 방해하는 행위

나. 인력의 부당유인 · 채용

다른 사업자의 인력을 부당하게 유인 · 채용하여 다른 사업자의 사업활동을 심히 곤란하게 할 정도로 방해하는 행위

다. 거래처 이전 방해

다른 사업자의 거래처 이전을 부당하게 방해하여 다른 사업자의 사업활동을 심히 곤란하게 할 정도로 방해하는 행위

라. 기타의 사업활동방해

가목 내지 다목 외의 부당한 방법으로 다른 사업자의 사업활동을 심히 곤란하게 할 정도로 방해하는 행위

II. 소송의 경과 ➡ 원고 패소(원심)

○ 법 제23조 제1항 제5호 후단의 **'부당하게 다른 사업자의 사업활동을 방해하는 행위'**에 해당함

▶ ① 원고는 위에서 본 바와 같이 먹는샘물 시장에서 2011년 기준으로 11%의 시장점유율을 가지고 있는 3위 사업자이고, 이에 비하여 참가인 회사는 천안 지역을 중심으로 제품을 공급하는 소규모 지역 사업자임

▶ ② 원고는 관련시장에서 참가인 회사에 비해 우월한 지위에 있음을

기화로 참가인 회사의 대리점들이 아직 계약기간 중에 있음에도 불구하고, 2008. 초경부터 8개 대리점주들이 참가인 회사와의 대리점계약을 중도 해지한 2008. 7. 중순경까지 그 대리점주들과 접촉하여 이들을 자신의 대리점으로 영입하기 위한 인맥 관리 등을 해옴

▸ ③ 원고는 8개 대리점주들이 참가인 회사와의 각 대리점계약을 해지한 직후부터 곧바로 이들에게 자신의 기존 대리점들에 비해서도 상당히 유리한 조건으로 제품을 공급하기 시작하였고, 2008. 8. 1. 상당한 경제적 이익을 제공하는 내용의 대리점계약을 체결함

▸ ④ 이로 인해 원고는 공백 지역이었던 천안권 시장점유율을 30% 이상 확보하는 성과를 올리게 된 반면, 참가인 회사는 총 11개 대리점들 중 8개가 일시에 떨어져나가 매출액과 PC제품 판매량이 급감하는 등 사업활동이 심히 곤란하게 됨

III. 상고이유의 요지

1. 제1점 ➡ 사업활동방해의 부당성에 관한 법리오해

○ 원고 영업사원들이 대리점을 영입하기 위한 <u>정당한 영업행위</u>의 일환에 불과함

○ 경쟁자의 불이익만을 문제 삼을 경우 시장에서의 모든 경쟁행위가 위법이 되는 불합리에 빠짐

▸ 원심과 같은 결론은 결국 경쟁의 보호가 아닌 (비효율적인) 경쟁자 보호라는 결과를 초래함

▸ 다른 사업자에 대하여 부당한 수단을 사용한 사안이 아니고, 직접적인 가해행위가 아닌 경쟁의 간접적 효과로 다른 사업자의 사업활동에 제약이 생긴 것에 불과함

○ 시행령 별표의 다른 행위 유형인 기술의 부당이용, 인력의 부당유인·채용, 거래처 이전 방해와 유사한 행위여야 하는데, 이 사건 행위는 위 행위들과는 매우 이질적 성격을 가짐

○ 원고에게 우월한 지위도 인정되지 아니함

○ 참가인과 대리점 사이의 계약기간 중에 대리점들이 거래를 중단한 사안이기는 하나, 위 참가인과 대리점 사이의 계약도 1년 단위로 갱신되는 것이고, 원고의 이 사건 대리점계약 시점은 2008. 8.경이었으므로 잔존기간도 얼마 남지 않은 상황이었음

○ 기존 대리점보다 우대하여 계약을 했다고 하여 반드시 계약조건이 부당하다고 인정할 수는 없음 ⇨ 대리점 및 소비자에게 유익한 행위임

2. 제2점 ➡ 사업활동방해의 부당성 판단에 관한 채증법칙 위반, 심리미진, 판단유탈

○ 업계의 통상적인 거래관행에 반하지 않음 ⇨ 원심은 부당성에 관한 입증책임을 원고에게 전도한 잘못이 있음

○ 이 사건 대리점들은 참가인 회사의 일방적인 제품출고 중단 및 고가정책에 반발하여 자발적으로 원고를 선택하여 거래한 것임

○ 원고의 계약조건은 업계의 일반관행이나 원고의 신규대리점과의 계약선례 등에 비추어 합리적인 내용이고, 과다한 이익제공이 아님

▸ 전체적인 지원조건의 관점에서 비교하면 원고의 조건이 특별히 더 유리하다고 보기도 어려움

○ 무이자 현금대여는 냉온수기 지원조건이 빠지는 대신 제공된 반대급부에 불과함

Ⅳ. 검토

1. 상고이유 제1점에 대하여

○ 참고 선례(대법원 1998. 9. 8. 선고 96누9003 판결)

구 독점규제및공정거래에관한법률(1994. 12. 22. 법률 제4790호로 개정되기 전의 것, 이하 법이라 한다) 제23조 제1항 제1호, 제4호, 제5호, 같은 조 제2항의 위임에 의한 불공정거래행위의유형및기준(공정거래위원회 고시 제1993-20호) 제1조 제2호(기타의 거래거절), 제6조(우월적 지위남용), **제8조(사업활동 방해)**의 각 규정이 정하는 불공정거래행위로서 법의 규제대상이 되기 위하여는 **당해 행위가 외형적으로 위 각 규정이 정하는 요건을 갖추는 외에 그것이 법의 목적에 비추어 부당한 것**이어야 하고, 이 때 그 **부당성의 유무를 판단함에 있어서는 거래당사자의 거래상의 지위 내지 법률관계, 상대방의 선택 가능성 · 사업규모 등의 시장상황, 그 행위의 목적 및 효과, 관련 법규의 특성 및 내용 등 여러 사정을 고려하여 그 행위가 공정하고 자유로운 경쟁을 저해할 우려가 있는지의 여부에 따라야** 할 것이다(대법원 1998. 3. 24. 선고 96누11280 판결, 1998. 3. 27. 선고 96누18489 판결 등 참조).

원심판결 이유를 기록과 관계 법령에 대조하여 살펴보면, 원고가 그 판시와 같이 피고보조참가인 우림석유 주식회사에 대하여 석유류제품 공급물량감축, 외상기간단축 등 거래조건의 변경, 그 거래처에 대한 상대방의 부도가능성 고지 · 거래처이관 요청의 불수용 · 담보제공요구 등의 행위를 하였음을 인정한 다음, 원고는 위 회사에게 무담보 거래 및 외상기일 연장 특혜를 제공하다가 그 외상대금의 증대에 따른 채권확보대책의 일환으로 종전의 특혜를 배제하고 담보제공 요구나 공급물량감축 및 외상기일 단축 등을 통한 외상대금감축 등의 조치를 취하고 위 거래당사자들 사이의 대리점 계약이 존속함을 전제로 법적 대응을 한 것으로 보여질 뿐, 위와 같은 사실만으로 이러한 원고의 행위가 부당하게 이루어진 것으로서 위 각 규정이 정하는 거래거절, 우월적 지위남용 또는 **사업활동 방해에 해당하는 것으로 단정하기 어렵고** 달리 이를 인정할 만한 증거가 없다는 이유로, 원고의 위 각 행위가 불공정거래행위임을 전제로 한 이 사건 시정명령 및 과징금부과 처분은 위법하다고 판단한 원심의 조치는 수긍할 수 있고, 거기에 위 각 불공정거래행위에 관한 법리오해 등의 위법이 있다고 할 수 없다. 따라서 상고이유는 모두 받아들일 수 없다.

○ 대법원 2012. 5. 10. 선고 2010두4896 판결

불공정거래행위로서 공정거래법의 규제대상이 되기 위하여는 당해 행위가 외형적으로 공정거래법의 각 규정이 정하는 요건을 갖추는 외에 그것이 **공정거래법의 목적에 비추어 부당한 것이어야 하고**, 이 때 그 부당성 유무의 판단은 거래당사자의 거래상의 지위 내지 법률관계, 상대방의 선택 가능성 · 사업규모 등의 시장상황, 그 행위의 목적 및 효과, 관련 법규의 특성 및 내용 등 여러 사정을 고려하여 그 행위가 공정하고 자유로

> 운 경쟁을 저해할 우려가 있는지 여부에 따라야 할 것이다(대법원 1998. 9. 8. 선고 96누9003 판결, 대법원 2010. 8. 26. 선고 2010다28185 판결 등 참조).
>
> 원심은 그 채택 증거를 종합하여 판시와 같은 사실을 인정한 다음, 원고들이 해상운송회사들로부터 지급받는 컨테이너전용장치장의 조작료와 자가운송업자들로부터 징수하는 이 사건 운송관리비가 중복되는 것이라고 보기 어렵고, 원고들이 컨테이너전용장치장의 설치에 투자된 비용과 운영 · 관리 비용을 회수하기 위하여 자가운송업자들로부터 이 사건 각 운송관리비를 징수한 행위는 비용 발생의 원인자가 비용을 부담하여야 한다는 시장경제의 기본원리인 수익자부담원칙에 부합하는 것으로서 공정거래법 제23조 제1항 제5호에 규정된 '부당한 사업활동방해 행위'에 해당하지 아니한다고 판단하였다. 위 관계 법령, 법리 및 기록에 비추어 보면, 원심의 이러한 판단은 정당하다. 거기에 상고이유 주장과 같은 부당한 사업활동방해 행위의 부당성 등에 관한 법리오해의 위법이 없다.

○ 피고는 이 사건 행위를 법 제23조 제1항 제5호 소정의 사업활동방해 중 시행령 [별표 1의2] 8. 라. 기타의 사업활동방해로 포섭한 것으로 보임

○ 기타의 사업활동방해와 직접적으로 관련된 대법원 선례는 위 2010두4896 판결이 있고, 부당한 사업활동방해와 관련된 일반적 선례로는 위 96누9003 판결이 존재함

▸ 그러나 위 96누9003 판결은 사실상 불공정거래행위 일반에 적용되는 판시로서 실질적 선례로서 기능하기 어려운 면이 있고, 위 위 2010두4896 판결은 부당한 사업활동방해가 부정된 사안일 뿐 아니라, **사업자의 이익제공과는 관련이 없는** 사안임

▸ 따라서 경제적 이익 제공이 있는 경우에 관한 선례는 존재하지 아니함

○ 경쟁은 그 속성상 경쟁자 배제가 수반되게 되어 있음

○ 특히 가격은 경쟁의 가장 중요한 수단이므로, 가격할인 또는 이와 유사한 행위는 **정상적인 경쟁행위와 구별하기 어려운** 면이 존재하고, 가격할인 그 자체로 불공정한 수단이라고도 할 수 없으므로, **매우 신중한 접근이 요구**됨

▸ 따라서 이 사건과 같이 사실상 유통업자나 소비자에게 이득이 될 여지가 있는 경제적 이익을 제공하는 경우에는 단순히 경쟁사업자에게 방해가 되었다는 점뿐 아니라 ❶ 대리점들이 공급처를 바꾼 경위, ❷ 특히 참가인이 통상의

다른 공급자들과 대비하여 대리점들에게 불이익을 가한 점은 없는지 여부(⇨ 이러한 사정이 없다면 일응 참가인은 비효율적 경쟁자라고 말하기는 어려울 것이고, 단순한 경쟁자 보호에 이르게 된다고 보기도 어려워 질 것임), ❸ 정상적인 거래관행에 비추어 과도한 이익을 제공한 것인지 여부, ❹ 관련 소비자들에게 그 혜택이 돌아갔는지 여부(다만, 이 부분은 반론이 가능한 부분이므로, 판단의 참고자료로만 사용할 수 있을 것으로 보임) 등을 확인할 필요가 있을 것으로 사료됨

▸ 나아가 참가인이 민사소송으로 손해배상을 받은 점을 고려하면, 결과적으로 유통업자들이 가격할인 혜택을 상당기간 보게 된 이 사건 사안에 규제가 개입되는 것이 온당한지에 대한 근본적 의문도 제기될 수 있음

❍ 이 사건은 통상 부당한 고객유인으로 구성할 수 있었을 것임에도, 피고는 이례적으로 사업활동방해로 법률 구성하였음

▸ 부당한 고객유인의 경우, "정상적인 거래관행"에 비추어 부당하거나 과대한 이익을 제공할 것을 요건으로 하고 있음

▸ 반면 사업활동방해의 경우, 이러한 요건을 명시적으로 규정하고 있지는 아니함

▸ 추측건대, 피고가 이러한 차이를 고려하였을 소지도 있다고 사료됨

▸ 그러나 이 사건 사안에 대한 법률 적용에 따라 그 결론이 달라지는 것은 바람직하지 아니하므로, 사업활동방해와 부당한 고객유인의 부당성 판단기준을 통일적으로 정렬할 필요성도 존재함

❍ 이 사건 행위는 사실상 리베이트와 배타조건부 거래가 합쳐진 형태로 볼 수 있고, 이러한 유형은 시장지배적 지위남용에도 규정되어 있음

▸ 그런데, 이러한 리베이트 및 배타조건부 거래행위에 관한 시장지배적 지위남용 사건으로 "퀄컴사건"[13두14726(나): 원고 일부승소로 상고됨]이 현재 대법원에 계속 중임

▸ 피고는 위 퀄컴사건에서 시장지배적 지위 남용 및 불공정거래행위를 동시에 적용한바 있음

▸ 양자 사이의 관계는 포스코 판결 이후 각자 독자적인 것으로 정리되기는 하였으나, 배타조건부 거래행위의 경우 부당성 판단기준이 상당부분 겹치

고, 사실상 거의 차이가 없음

▸ 따라서 위 사건에서 제시되는 기준도 참고하여 판단기준을 설정할 필요성도 존재함

○ 그러므로 **법리적으로는 추가 검토의 필요성**이 있을 것으로 사료됨

2. 상고이유 제2점에 대하여

○ 원고 주장의 핵심은, ❶ 자신이 제시한 조건이 정상적인 거래관행의 범위 내에 있다는 점과 ❷ 자신이 신규대리점에 제시하는 조건과 이 사건 조건이 크게 다르지 않다는 점임

○ 위 ❶과 관련한 원고 제출 자료는 아래와 같음

업체	단가	물량지원	장비지원	증거
원고	1720원 (2,000-장려금280)	5년 600%	없음	갑 제15호증
오아시스 (㈜퓨어)	850원	-	-	갑 제18호증의 1
㈜동원F&B	-[19]	500%	냉온수기 233대	갑 제6호증의 2
이쿨	1,100원 <1,350-단기지원 250원>	을의 영업으로 인한 대리점 신규영입시 월 판매량의 50% 범위내 물량 지원		갑 제18호증의 2
무학산청샘물	1,650원(공급1980-판매장려금280-수금장려금50)	450%	냉온수기 120대	갑 제6호증의 3
스파클	1,650원	2년 400%	냉온수기 980대	갑 제4호증

○ 위 ❷와 관련한 원고 제출 자료는 다음과 같음

[원고의 다른 대리점 영입 계약 시 영입조건과 비교]

대리점 계약	단가	물량지원	장비지원	법률지원	증거
본건 영입	1,720원(2,000-장려금280)	5년 600%	없음	- 변호사 비용 지원 (소요비용 50%)	갑 제15호증
2012. 6. 12. 경기 남부 타생수 대리점 영입	-1,700~2,610원 (위셀코리아 물량에 따라 차등) -1,740~2,550원 (삼인유통 - 물량에 따라 차등) -1,700~1,850원(서부유통 - 물량에 따라 차등)	800%	냉온수기 20통당 1대		갑 제17호증의 3
2009. 3. 27. 얼음골샘물대리점 영입에 따른 지원요청의 건	-2,100~2,250원판매량에 따른 가격지원(고성) -2,250원(5,001병 이상) -2,300원(언양, 온산)	매월 실판매량에 대한 일정 %로 지급, 최대 월판매량의 50% (50% * 12 =1년 최대 600%)	냉온수기(고성 250대, 진영 130대)		갑 제17호증의 4
2007. 4. 12. 타생수 대리점(동원) 영입	1,800원(2,000-판매장려금 200)	5년 750% (1년 150%)	냉온수기 15통당 1대, 7333대	- 변호사 비용 지원 (소요비용 50%) -손해배상 위약금 변제액 물량 150%	갑 제17호증의 2
2007. 4. 16. 고려유통 추가계약서	2,000원	5년 900%(매월 50%*18개월)	냉온수기 20통당 1대	- 변호사 비용 지원 (소요비용 50%)	갑 제17호증의 1
2007. 4. 16. 유진상사 추가약정서	2,000원	5년 900%(매월 50%*18개월)	냉온수기 20통당 1대	- 변호사 비용 지원 (소요비용 50%)	갑 제17호증의 5

○ 부당성 판단의 전제가 되는 사실인정 문제로서 이 부분에 대하여 기록을 통한 확인이 필요할 것으로 사료됨

V. 연구의뢰쟁점

❍ 불공정거래행위로서의 사업활동방해의 부당성 판단기준 (특히 가격할인을 매개로 한 사업활동방해의 경우)

❍ 특히 가격할인을 매개로 한 사업활동방해(불공정거래행위) 행위의 부당성 판단에서도 거래상대방의 효율성 심사를 개입시킬 수 있을 것인지 여부

▸ 이 사건에서 가격할인 자체는 적법한 범주(=즉 약탈가격설정은 아닌 경우)에 있고, 그 상대방이 비효율적인 경쟁자라고 가정할 경우의 부당성 판단기준이 구체적으로 문제가 됨

❍ 나아가 부당고객유인행위와의 부당성 판단에서의 차이점

부당한 사업활동 방해행위의 법리*

– 독일 경쟁제한방지법(GWB)을 중심으로

황 태 희**

I. 들어가며

시장경제에 있어서는 각 사업자들이 경쟁에서 살아남고 높은 이윤을 획득하기 위하여 신상품 개발 및 판매과정의 합리화, 서비스 개선 등을 통한 고객의 확보에 노력할 필요가 있고, 이와 같은 경쟁과정에서의 사업자의 활동은 시장에서의 공정한 경쟁을 촉진한다면 바람직한 행위로 평가받을 수 있다. 반면에 사업자가 시장에서의 경쟁을 제한하여 공정한 거래를 저해할 우려가 있는 행위를 하는 경우에는 독점규제 및 공정거래에 관한 법률(이하 '공정거래법'이라 한다)상의 규제대상이 된다.[1]

우리 법 상 불공정거래행위의 그 유형 또는 기준은 대통령령으로 정하도록 하고 있고, 동법 시행령 제36조에 따른 별표 1의 2에서 법률에서 규정하고 있는 불공정거래행위를 28개 행위 유형으로 세분화하여 구체화된 내용만 금지하고 있다.[2] 이와는 별도로 공정거래위원회(이하 '공정위'라 한다)는 '불공정거래행위 심사지침'이라는 행정규칙을 제정하여 시행령 상 불공정거래행위로 규정된 내용들에 대하여 어떻게 판단할 지에 대한 세부적인 기준을 마련하고 있다.

---

* 이 논문은 2015년 성신여자대학교 학술연구조성비 지원에 의하여 연구하였고, 2015. 7. 15. 대법원 비교법 실무연구회에서 발표한 내용으로서 「사법」 제33호, 사법발전재단, 2015. 9, 299~324면에 게재된 것입니다. 이미 간행된 논문이므로 인용함에 있어서는 그 논문을 출처로 해 주시기 바랍니다.

** 성신여자대학교 법대 교수

1) 권오승, 경제법(제12판), 법문사, 2015, 303면.

2) 대법원 2008.2.14. 선고 2005두1879 판결.

사업활동 방해행위는 상법, 부정경쟁방지 및 영업비밀 보호에 관한 법률 등에서 규율되고 있으나, 이러한 방해행위들이 거래상대방 또는 경쟁사업자에 대하여 불공정한 경쟁수단으로 사용되는 측면이 있기 때문에 이를 방지하기 위하여 공정거래법에도 규정되게 되었다.[3)]

우리 공정거래법 상 불공정거래행위를 미국 FTC법, 직접적으로는 일본 사적독점금지 및 공정거래에 관한 법률에서 그 근원을 찾는 견해[4)]도 있으나, 우리 법의 특징이 시장지배적 지위남용행위를 규율함에도 불구하고 불공정거래행위의 장에서 시장에서의 경쟁제한 행위뿐만 아니라 경쟁의 수단, 방법이 불공정한 행위, 소비자의 합리적인 선택을 방해하는 행위, 심지어 경제력 집중을 도모하는 행위를 넓게 포괄하여 규제하고 있는 점을 감안하면 독일의 경쟁제한방지법(Gesetz gegen Wettbewerbsbeschränkungen, 이하 'GWB'라 한다)과 부정경쟁방지법(Unlauterer Wettbewerbsgesetz, 이하 'UWG'라 한다)에서 그 이론적 배경을 찾는 것이 바람직 할 것이다. 특히 2013년 GWB 제8차 개정으로 행위자의 지배력과 상대방에 따른 사업활동 방해행위의 요건을 유형에 따라 명확하게 구분한 점은 우리 법의 해석에 도움을 줄 수 있을 것이다.

본고는 독일 법 상 사업활동 방해행위의 법리에 관한 최신의 법령과 이론을 소개하면서, 최근 문제가 되고 있는 사업활동 방해행위[5)]의 바람직한 법 적용을 위한 시사점을 모색하는 것을 목적으로 한다.

---

3) 임영철, 공정거래법(제2판), 법문사, 2008, 364면.
4) 대표적으로 임영철, 앞의 책, 306면.
5) 공정위 2013. 7. 11. 제1소회의 의결 제2013-142호. 甲이 먹는샘물 PC 제품시장에서 경쟁사업자인 乙의 8개 대리점들에 대하여 법률비용 지원, 제품의 공급단가 할인 및 무상제공, 무이자 현금대여 등 경제상 이익을 제공하고, 위 대리점들로 하여금 乙과의 거래를 중단하고 자신과 대리점계약을 체결하도록 함으로써 부당하게 경쟁사업자의 사업활동을 방해하였다는 이유로, 원고 甲에게 시정명령을 한 사례이다.

II. 우리 법 상 불공정거래행위로서의 사업활동방해

1. 일반론

불공정거래행위로서의 사업활동방해행위는 공정거래법 제23조 제1항 제5호에 '(거래의 상대방의 사업활동을 부당하게 구속하는 조건으로 거래하거나) 다른 사업자의 사업활동을 방해하는 행위로서 공정한 거래를 저해할 우려가 있는 행위'인 경우에 금지되고 있다. 사업자는 스스로의 노력을 통해 기술을 개발하고, 정당한 방법으로 인력을 확보하여야 하며, 가격과 품질에 의한 능률경쟁을 추구하여야 함에도 다른 사업자의 기술 내지 인력을 부당하게 이용하는 경우에 시장에서의 공정한 경쟁을 해하는 것과 동시에 다른 사업자의 사업활동에 직접적으로 타격을 주어 반윤리적인 성격이 강하게 나타나기 때문에 불공정거래행위로서 규제하는 것이다.[6)]

2. 방해의 대상

연혁적으로 살펴보면 공정거래법 제정당시부터[7)] 시장지배적 지위남용행위의 방해 대상은 제3조에서 '다른 사업자'로 되어 있었고, 그 내용도 크게 변하지 않았다. 반면에, 불공정거래행위의 경우에는 제15조에서 '경제기획원장관이 공정한 거래를 저해할 우려가 있다고 인정하여 불공정한 거래행위로 지정 · 고시한 행위'만을 규율 대상으로 삼고 있었고, 사업활동 방해행위는 규정되지 않았다. 1986년 개정법[8)]으로 **'거래 상대방**의 사업활동을 방해하는 행위(15조 5호)'가 추가되었고, 1990년 개정법[9)]에서 그 유형과 기준을 시행령으로 정하도록 하였으나, 시행령에서 정하지 않았다.[10)]

---

6) 신현윤, 경제법 (제6판), 법문사, 2014, 308-309면.
7) 1981.4.4. 시행 법률 제3320호.
8) 1986.12.31. 법률 제3874호로 개정된 것.
9) 1990.1.13. 개정 법률 제4198호. 제15조가 제23조로 개정되었으며, 이에 따라 불공정거래행위는 법에 열거된 행위에 해당되는 행위로서 경제기획원장관이 지정 · 고시한 행위로 하던 것을 법에 열거된 행위에 해당되면 모두 불공정거래행위가 되도록 하되, 공정거래위원회가 그 유형 및 기준을 정하여 고시하도록 하였다.
10) 다만, 1993년에 개정된 불공정거래행위의 유형 및 기준 고시(공정위 고시 1993-20호)에는

그런데 1996년 법률의 개정[11]에 따라 사업활동 방해의 대상이 거래 상대방에서 **'다른 사업자'**로 확장되었고, 1997년 시행령의 개정[12]으로 사업활동 방해의 구체적인 유형과 기준이 시행령 별표에 마련되었다. 법 개정에 따라 사업활동 방해행위가 추가된 이유나, 방해행위의 대상이 거래 상대방에서 다른 사업자로 확대된 것은 중요한 의미를 갖고 있는데, 당시 입법 자료들만으로는 그 이유를 명확히 파악하기 어렵다.[13] 따라서, 여기에서 말하는 다른 사업자란 거래 상대방, 경쟁사업자를 포함하는 개념으로 이해할 수 있다.[14]

3. 방해행위

다른 사업자의 사업활동을 방해하는 행위로서 공정한 거래를 저해할 우려가 있는 행위를 규정하고 있는 법률을 구체화한 시행령 별표 1의 2 제8호에는 사업활동 방해행위의 유형을 기술의 부당이용, 인력의 부당유인 · 채용, 거래처 이전방해, 기타 사업활동 방해로 구분하고 있다.

사업활동 방해에 해당하기 위해서는 사업활동 상 일상적으로 나타날 수 있는 방해의 정도를 넘어서서 다른 사업자의 사업활동을 '심히 곤란하게 할 정도'에 이르러야 한다. 이는 단순하게 매출액이 감소되었거나, 거래 상대방의 감소 만으로는 부족하고, 부도발생 우려, 매출액의 상당한 감소 등 현재 또는 미래의 사업활동이 현저하게 곤란하게 될 가능성이 있어야 하고, 무엇보다 방해의 수단을 묻지 않기 때문에 자기의 능률이나 효율성과 무관하게 방해하는 행위를 포함한다.[15]

불공정거래행위의 유형으로 규정되었다고 한다. 신동권, 독점규제법, 박영사, 2011, 690면.

11) 1996.12.30. 개정 법률 제5235호로 개정된 것.

12) 1997.3.31. 개정 대통령령 제15328호.

13) 15대 국회 제181회 행정위원회 8차 회의록, 26면; 제10차 법제사법위원회 회의록, 2면; 제19차 국회본회의 회의록 부록 17면을 참고해보면 이 개정의 내용에 관한 언급이 없는 것으로 보아 사업활동 방해행위의 대상을 확대시키는 데에 대하여 입법단계에서 충분한 논의가 있었는지 의문이다. 당시 정부에서 제출한 개정안 가운데에는 부당한 지원행위를 확대하는 규정과 전속고발권에 관한 개정사항이 있었기 때문에 주로 그 부분에 대한 논의가 집중되었고, 상대적으로 중요성이 덜하다고 생각하는 동 조항에 대해서는 자구수정 정도로 인식하여 정부제출안이 그대로 통과된 것이 아닐까라는 의구심이 든다.

14) 대법원 2010.03.25. 선고 2008두7465 판결.

15) 신동권, 앞의 책, 692면.

4. 시장지배적 사업자의 사업활동 방해행위와의 구별

사업활동 방해행위는 시장지배적 사업자의 지위남용행위로서 동법 제3조의 2 제1항 제3호에 "다른 사업자의 사업활동을 부당하게 방해하는 행위"로도 규정되어 있다. 불공정거래행위의 사업활동 방해행위는 행위 주체에 제한이 없는 반면에 시장지배적 사업자의 지위남용행위로서의 사업활동 방해행위는 행위자가 시장지배적 사업자로 인정되는 경우에만 적용된다. 그리고 시장지배적 지위남용행위의 방해 대상은 제3조에서 '다른 사업자'로 규정되어 있어서 불공정거래행위와 다르지 않다.

시행령 제5조 제3항은 시장지배적 사업자의 사업활동 방해행위의 유형을 다른 사업자의 원재료 구매 방해행위, 인력의 부당유인 · 채용, 필수설비의 사용제한, 그리고 기타 사업활동 방해로 구분하고 있다. 인력과 관련한 방해행위는 불공정거래행위와 중복될 수 있으나, 나머지는 서로 요건이 다르다. 그리고 '제1호 및 제2호 외의 부당한 방법으로 다른 사업자의 사업활동을 어렵게 하는 행위로서 공정거래위원회가 고시[16]하는 행위'를 규정하고 있으며, 고시는 거래거절, 차별취급, 불이익강제, 사업활동의 절차이행방해, 대여금 회수 등 불공정성이 문제되는 내용을 모두 규정하고 있는 특징이 있다.

〈표〉 사업활동 방해행위의 유형 비교

시장지배적 지위남용행위	불공정거래행위
1. 정당한 이유없이 다른 사업자의 생산활동에 필요한 **원재료 구매를 방해**하는 행위	
	가. **다른 사업자의 기술**을 부당하게 이용하여 다른 사업자의 사업활동을 심히 곤란하게 할 정도로 방해하는 행위
2. 정상적인 관행에 비추어 과도한 경제상의 이익을 제공하거나 제공할 것을 약속하면서 다른 사업자의 사업활동에 필수적인 **인력**을 채용하는 행위	나. **다른 사업자의 인력**을 부당하게 유인, 채용하여 다른 사업자의 사업활동을 심히 곤란하게 할 정도로 방해하는 행위

16) 2012. 8. 13. 공정거래위원회 고시 제2012-52호

시장지배적 지위남용행위	불공정거래행위
	다. **다른 사업자의 거래처 이전**을 부당하게 방해하여 다른 사업자의 사업활동을 심히 곤란하게 할 정도로 방해하는 행위
3. 정당한 이유없이 다른 사업자의 상품 또는 용역의 생산 · 공급 · 판매에 필수적인 **요소**의 사용 또는 접근을 거절 · 중단하거나 제한하는 행위	
4. 제1호 내지 제3호외의 부당한 방법으로 다른 사업자의 사업활동을 어렵게 하는 행위로서 공정거래위원회가 고시하는 행위	라. 가목 내지 다목 외의 부당한 방법으로 다른 사업자의 사업활동을 심히 곤란하게 할 정도로 방해하는 행위

정리해보면, 시장지배적 지위남용행위로서의 사업활동 방해행위는 주로 경쟁사업자에 대하여 사업활동에 필요한 경쟁요소를 제거하거나, 제한하는 행위로서 경쟁제한성을 위주로 판단할 필요가 있는 행위라고 볼 여지가 많다.[17] 불공정거래행위로서의 사업활동 방해행위는 시장에서의 능률이나 효율성과 무관하게 경쟁사업자 또는 거래상대방의 사업활동과 직접 관련된 내용에 관한 결정의 자유를 방해하는 행위 위주로 되어 있다. 다만, 불공정거래행위가 성립하기 위해서는 사업활동이 심히 곤란하게 될 정도여야 하기 때문에[18] 시장지배적 지위남용행위로서의 사업활동 방해와는 다른 기준으로 판단하도록 규정되어 있다.

III. 독일 경쟁제한방지법(GWB)에서의 사업활동 방해 행위

1. 독일 법의 구조적 고찰

독일 GWB에는 시장지배적 사업자의 지위남용행위와 우월적 지위남용행위가 규정되어 있다. 행위유형에 따라 법 적용이 명확하지 않았기 때문에 제8차 개정[19]을 통하여 세 개의 조문 (§18의 시장지배적 사업자의 판단기준과 추정기

---

17) 대법원 2007.11.22. 선고 2002두8626 전원합의체 판결.
18) 공정위, 불공정거래행위 심사지침 V.8.라.②
19) 2013.6.30. 시행

준, §19의 시장지배적 지위남용행위의 금지, 그리고 §20의 우월적 지위남용행위의 금지)으로 구분하여 규정하였다. 이렇게 개정을 하게 된 이유는 복잡한 법 규정으로부터의 집행의 명확성과 간결성을 도모하는 것과 동시에, 시장에서의 경쟁을 보호하면서도 한편으로 중소기업의 보호를 강화하는 정책을 실현하고자 하는 데에 있다.[20)]

그 중에서 독일 GWB에서의 사업활동 방해행위와 관련된 규정을 구분하면 다음과 같다. 우선, GWB 제19조 제2항 제1호는 시장지배적 지위를 남용하여 경쟁사업자 내지 거래 상대방을 방해하는 방해남용(Behinderungsmissbrauch) 행위를 규정하고 있다. 이에 따르면 시장에서의 지위를 남용하여 경쟁사업자 또는 거래상대방의 경쟁을 방해하거나, 이들을 시장에서 배제할 우려가 있는 사업자의 행위는 금지된다.

그리고 우월적 지위를 이용하여 시장에서의 지위가 약한 사업자의 사업활동을 부당하게 방해하는 행위(unbillige Behinderung)는 2가지로 구별하여 규정하고 있다. 하나는 거래관계에서 상대적으로 우월한 지위(relative Marktüberlegenheit)를 갖고 있는 사업자가 그의 우월적 지위를 이용하여 거래 상대방의 사업활동을 방해하는 행위를 금지하는 규정이다(GWB 20조 1항). 이는 거래관계에서의 의존성 등에서 유래하는 상대적 우월한 지위를 남용하는 행위를 방지하여 거래 상대방의 결정의 자유를 보호하고 간접적으로 경쟁을 보호하는 규정이다.

또 하나는 시장지배적 사업자의 기준에는 미치지 못하지만 동일 시장에서 상당한 지배력을 갖는 사업자(Unternehmen mit horizontal überlegener Marktmacht)가 자신과 경쟁하고 있는 중소사업자를 부당하게 방해하여 배제적

---

20) 독일의 중요한 입법자료로서 참고할 수 있는 Bundestag에서 공표한 입법이유서 (BT Drucksache) 17/9852(http://dip21.bundestag.de/dip21/btd/17/098/1709852.pdf), p.20에 따르면
"Die Vorschriften über das Verbot missbräuchlichen Verhaltens gegenüber wirt- schaftlich abhängigen kleinen und mittleren Unternehmen haben in langer be- hördlicher und zivil- rechtlicher Anwendungspraxis eine wichtige wettbewerbs- und mittelstandspolitische Funktion erfüllt....Die Neufassung (§§ 18 bis 20) der bisherigen Regelungen der Missbrauchsaufsicht gestaltet diese systematisch ein- facher, anwenderfreundlicher und verständlicher."라 표현하고 있다.

경쟁제한행위를 하는 것을 방지하여 중소사업자를 보호하고 시장에서의 적절한 경쟁상태를 유지하게 할 목적으로 1989년 법 개정으로 도입된 규정(GWB 20조 3-4항)이다. 이 규정은 중소사업자(Klein und mittel unternehmen)을 명시적, 직접적으로 부당한 경쟁제한 행위로부터 보호하는 조항이다. 이를 표로 정리해보면 다음과 같다.

〈표〉 GWB 상의 사업활동 방해 금지 규정 개관

규정	수범자	보호대상
19조 2항 1호 : 방해남용	시장지배적 사업자	- 경쟁사업자 - 수요/공급자(거래상대방)
20조 1항 : 거래상 지위남용	거래상 상대적 우월한 지위를 가진 사업자	- 수요/공급자(거래상대방)
20조 3/4항 : 사업활동 방해	동일 시장에서 우월한 지배력을 가진 사업자	- 경쟁사업자로서 중소기업

2. 시장지배적 사업자의 방해남용행위(GWB 19조 2항 1호)

(1) 시장지배적 지위남용행위의 일반론

시장지배력을 가진 사업자는 그가 존재하고 있는 시장이 상당한 경쟁제한 상태에 있기 때문에 시장경제질서가 유지되려면 일반적인 (경쟁)방해의 상태나 차별의 상태가 존재하는 것은 용인될 수 없다고 하고 시장지배적 사업자가 시장에서의 성과경쟁이 유지되도록 만들어주어야 할 이른바 특별책임(special responsibility)[21]이 있고, 거래 상대방과의 체약 의무(partenaire obligatoire)[22]가 있다고 해석하고 있다.[23]

---

21) 그러한 특별책임사상은 EU 경쟁법에도 영향을 미쳤고, EU법원도 Michelin 판결(C-322/81)에서 일관되게 시장지배적 사업자가 시장의 왜곡되지 않은 경쟁에 해악을 주지 않도록 할 책임이 있다고 하여 특별책임 사상에 기인한 시장지배력의 남용행위를 인정하고 있다. Rose/Vailey (ed.), Bellamy&Child European Union law of competition(7. ed.), Oxford, 2013, p.756.

22) Eilmansberger/Bien, in : Bonnkamm/Montag/Saecker(Hrsg.), Münchener Kommentar Europäiches und Deutsches Wettbewerbsrecht, C.H.Beck, 2015, p.1530.

23) Rittner/Dreher/Kulka, Wettbewerbs- und Kartellrecht, C.F. Mueller(2014), p.461. 에서는 입법에서 시장지배적 사업자의 방해 내지 차별 금지를 넓게 인정하게 되는 경우에 국가가 사적인 계약에 과도하게 개입하여 사인간의 정당한 급부가능성에 대한 신뢰를 무너뜨릴 우려도 있기 때문에, 그러한 사업자의 행위를 경쟁제한적이라는 이유로 금지하기 위해서는

제7차 GWB에서는 거래상 지위남용행위를 규정한 제20조 제1항과 별도로 제19조 제4항 제1호에서 시장에서의 객관적 지배력을 갖고 있는 시장지배적 사업자에 의한 저해행위에 대하여 '현저성(Erheblichkeit)'요건을 추가하여 방해남용행위의 성립을 다소 엄격하게 적용하도록 규정하였다. 그런데 제8차 개정법은 시장의 경쟁을 확보하면서도 경제적 약자를 보호하고자 하는 목적이 반영되어 시장지배적 사업자의 추정요건이 완화되었고, 남용행위의 '현저성'요건, 즉 심각하게 이익을 저해하는 행위인지의 여부에 대한 판단을 하지 않도록 하고, 대신에 방해를 한 사업자와 그로 인하여 피해를 받은 사업자와의 이익형량을 부당성 판단의 고려요소로 하였다. 다만 중요한 것은 제19조 제2항 제1호에서의 방해 또는 차별금지 조항은 오로지 시장지배적 사업자이거나, 시장지배적 사업자로 추정될 수 있는 사업자라는 인식이 있는 사업자에 국한되어 적용되는 것이 제20조 제1항과의 차이점이라는 것이다.

(2) 시장지배적 사업자

GWB 제18조 제1항[24]은 시장지배적 사업자에 대하여 독점 또는 준독점(quasi-monopol) 사업자(실질적인 경쟁이 없는 상태), 과점 사업자, 그리고 경쟁자와의 관계에서 상당한 지배력을 가진 사업자(überragende Marktstellung)로 구분하여 규정하고 있다. 우선 시장에서 사실상의 경쟁관계가 성립하는지의 여부를 통하여 독점 내지 과점 사업자로서 시장지배력을 가진 사업자인지를 판단하기 위해서 관련시장 획정절차가 필요하다. 독점사업자는 시장에서의 경쟁사업자가 없는 사업자이고, 준독점 사업자는 제반 사정을 고려하여 개별적인 사안에서 전체적인 경쟁관계에 비추어보아 실질적인 독점 사업자로서 인정될 수 있는 경우를 말한다. 다만 개념정의가 다소 모호하고 추정조항과의 관계상 실제 사례

요건을 명확하게 하고, 이를 엄격하게 해석하는 것도 필요하다고 지적하고 있다.

24) § 18 Marktbeherrschung

(1) Ein Unternehmen ist marktbeherrschend, soweit es als Anbieter oder Nachfrager einer bestimmten Art von Waren oder gewerblichen Leistungen auf dem sachlich und räumlich relevanten Markt

1. ohne Wettbewerber ist,
2. keinem wesentlichen Wettbewerb ausgesetzt ist oder
3. eine im Verhältnis zu seinen Wettbewerbern überragende Marktstellung hat.

에서 인정되기 쉽지는 않다.[25)]

제18조 제1항 제3호에 의한 상당한 지배력을 가진 사업자의 규정은 독점 또는 준독점이 인정되지 않는 경우에 대한 보충적 규정의 성격을 갖고 있다고 볼 수 있다. 여기서 상당한 지배력을 가진 사업자인지의 여부는 시장점유율, 자산규모, 공급 또는 수요시장으로의 진입가능성, 다른 사업자와의 관계, 다른 사업자의 시장진입의 법적 또는 사실적 장애여부, 해외로부터의 실제 또는 잠재적 경쟁가능성, 공급이나 수요와 같은 거래조건의 변경가능성, 거래상대방의 변경가능성 등을 종합적으로 고려하여 결정할 수 있다(동법 제18조 제3항).

또한 일정한 시장점유율을 갖고 있는 사업자에 대해서 시장지배적 사업자로 추정하는 조항을 두고 있다. 1개 사업자의 시장점유율이 40% 이상이거나, 3 이하의 사업자의 점유율이 50%, 또는 5이하의 사업자의 시장점유율이 3분의 2에 달하는 경우에는 시장지배적 사업자로 추정할 수 있다(GWB 18조 4항, 6항).

(3) 방해행위

1) 일반론

독일에서 방해 남용행위를 규제하는 취지는 경쟁을 제한할 우려가 있는 경우에 이를 금지하여 사업자로 하여금 남용행위로 나아갈 수 없도록 하는 이른바 예방적 경쟁보호(이른바 präventive Wettbewerbsschutz)라는 사상을 구현하는 것에 있다.[26)] 그렇기 때문에 실제로 남용행위가 발생하여 경쟁제한적 효과가 발생한 행위뿐만 아니라 경쟁제한적 효과가 발생할 우려가 있는 행위가 있으면 규제범위 내에 포섭될 수 있다.

GWB 제19조 제2항 제1호[27)]에 따르면 시장지배적 사업자는 다른 사업자

---

25) Rittner/Dreher/Kulka, op.cit. p. 452.

26) Immenga/Mestmäcker, EU-Wettbewerbsrecht(5. Aufl.), C.H.Becks(2012), AEUV Art.102, Rn.199.

27) § 19 Verbotenes Verhalten von marktbeherrschenden Unternehmen
(2) Ein Missbrauch liegt insbesondere vor, wenn ein marktbeherrschendes Unternehmen als Anbieter oder Nachfrager einer bestimmten Art von Waren oder gewerblichen Leistungen
1. ein anderes Unternehmen unmittelbar oder mittelbar unbillig behindert

(ein anderes Unternehmen)의 사업활동을 부당하게 직접 또는 간접적으로 방해하(거나, 정당한 이유없이 직접 또는 간접적으로 동등한 사업자와 차별하여 취급하)는 행위가 금지된다.[28] 독일 경쟁법 상 방해남용의 개념은 거래 상대방 또는 경쟁 사업자에게 객관적으로 불리하게 행위하여 궁극적으로 이들을 시장에서 배제시키는 결과를 초래할 수 있기 때문에 일반적으로 배제적 남용행위(Verdrängungsmissbrauch)라는 개념과 유사하게 사용된다.

2) 방해남용 행위의 유형

① 리베이트를 통한 고객구속

시장지배적 사업자가 공급자 또는 수요자인 거래상대방에 대하여 특정한 구매행위를 대가로 할인혜택이나 기타 경제상 이익을 제공하는 것을 리베이트(Rabatt)라 한다. 리베이트에는 특정한 기간동안 독점적으로 물량을 공급받는 것을 대가로 지급하는 충실 리베이트(Treuerabatte)[29] 와 거래기간동안의 물량 또는 매출액에 상응하여 일정한 금액을 할인해주는 수량 내지 매출액 리베이트(Mengen- und Umsatzrabatte), 그리고 판촉조건(장소제공, 특별한 광고수단의 제공 등), 인력지원, 기타 불량품 처리조건 등을 유리하게 제공하는 기능성 리베이트(Funktionsrabatt) 등의 방법이 있다.

수량 내지 매출액 리베이트 자체는 그것이 거래의 양에 비례하여 정상적인 경쟁수단으로 지급되는 경우에는 크게 문제될 것이 없지만, 그 이상의 경제적 이익(Bonus)를 제공하여 경쟁사업자로부터 거래상대방을 흡수하는 효과(Sogwirkung)를 갖게 하거나,[30] 목적 자체가 경쟁사업자를 시장에서 배제시키기 위한 배타적 구속(Ausschliesslichkeitsbinggung)에 있거나,[31] 거래상대

---

28) 이 규정은 구법 제19조 제4항 제1호에서 "정당한 이유없이 다른 사업자의 시장에서의 경쟁을 위한 활동에 필요한 경쟁의 가능성을 현저히 저해하는 행위"를 금지하는 것으로 규정되었으나, 역시 GWB 8차 개정으로 현재의 조문으로 변경되었다.

29) 조성국, '시장지배적 사업자의 리베이트와 남용 규제', 법학논문집 제34집 제1호, 중앙대학교 법학연구원(2010), p.166.

30) Loweneheim, in : Lowenheim/Meesen/Riesenkampf, Kartellrecht(2. Aufl.), C.H. Beck(2009), p.1960.

31) Frenz, W., "Rabatte zwischen Prioritätmitteilung und Urteil Tomra", ZVertribbsR 2013.4., p.222.

방의 전환비용을 상승시켜 잠재적 경쟁자의 진입장벽을 높이게 됨으로써 사실상 경쟁에 영향을 미친다면 시장지배력의 남용으로서의 방해행위에 해당할 수 있다.[32] 특히 급부와 직접적인 관계가 없는(leistungsfremd) 충실 리베이트를 통하여 수요자를 경제적으로 구속할 의도를 갖고 지속적으로 행해지는 경우에는 그러한 흡수효과가 커서 남용행위가 될 가능성이 더 높다.[33]

또한 시장지배력을 가진 사업자가 그러한 지배력을 지렛대로 하여(leverage) 시장지배력이 없거나 다른 사업자와 경쟁을 하고 있는 부분에 대하여 조건부 리베이트를 제공함으로써 가격인하를 하여 일단 거래상대방(소비자)을 흡수[34]한다면 거래상대방으로 하여금 구속력이 발생하고, 전환비용의 문제 등으로 다시 지배력이 약한 사업자로 거래처를 변경하지 않게 되어 남용행위가 될 가능성도 있으며,[35] 이 경우에는 끼워팔기와 동일한 효과(Rebates having a tying effect)[36]를 가져올 수 있다. 그러므로 어떠한 사업자의 리베이트 지급이 방해남용행위로서 판단되기 위해서는 그 의도와 제공기준, 제공의 정도, 시장에서의 경쟁상황 등을 종합적으로 고려하여야 할 것이다.[37]

② 이윤압착 등

생산요소를 보유하고 있는 상부시장에서 시장지배력을 가진 사업자가 그 생산요소를 자신과 결합되어 있는 하부시장의 사업자에게 공급함과 동시에 하부시장의 경쟁사업자에게도 공급하는 경우에 하부시장에서의 경쟁자에 대하여

---

32) Rittner/Dreher, Europaeiches und deutsches Wirtschaftsrecht, C.F. Müller, 2008, p.522.

33) Budeskartellamt, meldung v. 7.7.2015 – "Marktmachtmissbrauch der Deutsche Post AG im Bereich der Großkundentarife".

34) 우리나라에서는 이 경우에 리베이트가 일정기간 지속되어 배타적 거래관계의 형성이 되었다고 볼 여지가 있어야 흡수효과를 인정할 수 있다는 견해도 있다. 홍명수, 경제법론 II, 경인문화사, 2010, 125면.

35) Mitteilung der Kommission — Erlauterungen zu den Prioritaten der Kommission bei der Anwendung von Artikel 82 des EG-Vertrags auf Falle von Behinderungsmissbrauch durch marktbeherrschende Unternehmen, ABl. EG 2009/C 45/02, Rn.36-37.

36) Whish, Competition law(6.ed.), Oxford, 2009, p.728.

37) Deister, in : Schulte/Just, Kartellrecht Kommentar, Carl Heymanns Verlag(2012), p.90; Goetting, in : Lowenheim/Meeseen/Riesenkampff, p.1872.

높은 가격을 부과하거나, 자신의 소매가격을 낮게 설정함으로서 그로 하여금 경쟁사업자가 적절한 이윤수준을 확보하지 못하게 함으로써 결국은 시장에서 퇴출되는 경우에 방해행위로서의 이윤압착이 성립할 수 있다.[38] 이러한 이윤압착은 경쟁사업자의 이윤이 실제로 감소하여 경쟁사업자가 시장에서 배제되고 이것이 소비자의 피해로 연결되는 경우에 경쟁을 제한한다고 볼 수 있다. 그 밖에도 끼워팔기, 부당염매, 부당고가매입, 약탈적 가격설정 등의 행위가 방해남용행위로서 언급되고 있다.

(4) 방해행위의 부당성

방해행위를 규제하는 기본적 사상은 경쟁과 '계약 자유'의 보호이다. 왜냐하면 다른 사업자에 대한 방해행위가 있다면 기본적으로 경쟁과 계약자유는 올바르게 이루어질 수 없기 때문이다. 구법 하에서 연방대법원은 제19조에서의 방해남용행위가 성립하려면 시장에서의 경쟁요소를 객관적인 관점에서 현저하게 저해하는 것이 필요하였고, 이에 정당한 이유가 없어야(ohne sachlicher Grund) 한다고 해석하였다. 제8차 개정으로 현저성 요건은 삭제되었으나, 여전히 양 당사자의 이익형량(Interesseabwägung)이 부당성 판단의 중요한 요소로 남아있다.[39] 즉, 부당성 판단을 위해서는 GWB의 목적에 따라 양 당사자의 경쟁상의 자유에 기반한(die Freiheit des Wettbewerbs) 이익형량이 필요하고,[40] 부당한지의 여부는 사안에 따라 개별 · 구체적으로(Einzelfallentscheidung) 결정된다.[41]

여기에서 경쟁상의 자유란 사적자치의 원칙에서 고려되는 이념으로서, 거래관계에서 양 당사자의 자유로운 의사에 따라 계약 내용과 계약 상대방을 결정하는 것이 보장되어야 하는 것을 말한다. 경쟁상의 자유를 존중하여 사적 자치의 침해로부터 당사자를 보호하는 규제는 경쟁이 경쟁 본래의 기능(funktionsfähiger

38) Leupold, "EuGH 17.2.2011 - C52/09:Kosten-Preis-Schere als Missbrauch einer marktbeherrschenden Stelluing" EuZW, 2011.9, p.346.

39) Schulte/Just, op.cit., p.85.

40) BGHZ 36, 91, 102 = WuW/E BGH 442-Gumistruempfe ; 52, 65, 71; 78, 190, 196., Erbs/Kohlhaas/Dr. Diemer, Strafrechtliche Nebengesetze, GWB §20 C.H.Beck(2015), Rn. 10

41) KG WuW/E OLG 2403 - Fertigfutter.

Wettbewerb)을 다하기 위해서 매우 중요하다고 볼 수 있다.[42)]

여기에서 시장지배적 사업자의 행위가 중소기업과 같이 시장에서의 지위가 약한 경쟁 사업자의 사업 조건을 악화시키는 경우에 사업활동의 방해가 성립하려면, 단순한 사업상의 불이익을 고려하기 보다는 경제전체의 관점에서 경쟁상의 불이익을 얼마나 초래시키고 있는지가 더 중요한 판단기준이 될 수 있을 것이다.[43)]

(5) 가격할인을 매개로 한 사업활동방해의 경우의 부당성

다만, 가격할인을 매개로 한 사업활동의 방해행위의 부당성은 효율성과 관련하여 다소 특별한 해석이 필요한지의 의문이 있을 수 있다. 왜냐하면 가격할인은 그 자체로 가격경쟁의 중요한 징표가 되기 때문에 일률적으로 규제를 할 것이 아니라 오히려 장려해야 할 행위로 볼 수 있기 때문이다. 또, 가격할인을 통하여 비효율적인 경쟁자가 시장에서 배제되거나, 가격할인 그 자체가 소비자에게 경제적으로 이익이 될 수도 있다. 그러나 시장지배력을 가진 사업자가 그러한 시장지배력을 이용하여 과도하게 가격할인을 한다면 실제로는 효율적인 경쟁사업자가 불합리하게 시장에서 배제될 수 있고, 상대방의 의사결정의 자유를 침해하여 지위가 약한 경쟁사업자의 고객을 유인할 수 있기 때문에 경쟁상황이 악화될 수 있다는 우려도 있다.[44)] 따라서 가격할인이 반경쟁적인 경쟁자 배제행위인지의 여부는 여러 사정을 종합적으로 고려하여 판단할 필요가 있다.[45)]

2009년에 EU 집행위원회가 제정한 지배적 사업자의 배제적 남용행위에 관한 가이드라인[46)]에 따르면 독과점과 같이 경쟁제한적인 시장상황에서는 시장지배적 사업자의 가격할인 행위가 경쟁제한적인 배제행위로서 남용행위가 되는

---

42) Säcker, in : Bonnkamm/Montag/Saecker(Hrsg.), Münchener Kommentar Europäiches und Deutsches Wettbewerbsrecht, C.H.Beck, 2015, p.17.

43) Schulte/Just, op.cit., p.86

44) 조성국, ‘시장지배적 사업자의 Loyalty Rebate(충성리베이트)의 법리에 관한 연구’, 법학논문집 제35집 제1호, 중앙대학교 법학연구원(2011), 284~285면.

45) OFT, Abuse of dominant position- understanding competition law(https://www.gov.uk/government/uploads/system/uploads/attachment_data/file/284422/oft402.pdf, 2004), p.19.

46) 2009/C 45/02, 가이드라인(Mitteilung)은 법적 구속력이 없는 문서(soft law)이기는 하나, 시장지배적 지위남용행위와 관련하여 EU 법 집행의 중요한 참고가 된다.

지, 아니면 비효율적인 경쟁사업자를 퇴출시키거나 소비자에게 이익이 되어 정당한지의 여부를 판단하기가 매우 어렵기 때문에 가격할인(예를들면 부당염매, 이윤압착[47] 등)의 정당성을 논증하기 위해서 시장지배적 사업자 또는 경쟁사업자의 비용-가격과 관련한 경제분석 자료를 이용할 수 있다고 하고 있다.

가격할인의 정당성 여부를 판단하기 위해서는 가격할인이 경쟁사업자 배제효과를 가지는지, 아니면 친경쟁적인지를 판단하여야 하고, 동등하게 효율적인 경쟁자 테스트(as efficient competitor test)또는 가상적이고 합리적인 효율적 경쟁자 테스트(hypothetical reasonably efficient competitor test)[48] 등의 방법을 사용한다.

시장에서 현실적으로 경쟁자이거나 잠재적으로 진입하고자 하는 (가상적) 경쟁자의 비용과 이윤을 객관적이고 합리적으로 비교하는 가상적이고 합리적인 효율적 경쟁자 테스트를 통하여 비효율적인 사업자라고 판명되는 경우에는 사회적으로 바람직하지 못한 사업자의 시장진입을 차단하여 하부시장에서의 효율성 창출에 이바지할 수 있다[49]는 이유로 남용행위라고 주장되는 행위가 정당하다고 볼 여지가 있다. 그런데 EU에서는 시장지배적 지위남용행위를 규제하는 TFEU 제102조의 취지가 시장지배적 사업자의 경쟁에 대한 특별한 책임이 있다고 보기 때문에 비효율적인 경쟁자 테스트를 통하여 단순하게 경제적으로 비효율적인 경쟁자인지의 여부를 판단하는 것이 아니라, 그러한 행위가 소비자 전체의 후생이나 시장의 경쟁에 긍정적으로 영향을 미쳐서 카르텔법이 보호할 만한 가치가 있는지의 여부를 판단하는 중요한 절차로 인식하고있다.[50] 그렇기 때문에 구조적으로 대규모 기업보다 경제적으로 다소 비효율적인 중소기업의 보호라는 관점에서 보는 '합리적' 비교가 필요하다.[51] 결국 가격할인이 정당한지의 여부는 단순하게 경제적 효율성만으로는 이해하기 어려우며, 경쟁법이 추구하고자 하는 경쟁이라는 공익적 가치가 경제적 약자를 고려하는 공정성이나

47) Deutsche Telekom v. European Commission, C-280/08P.
48) 동 가이드라인, Rn.22~25.
49) Posner, Antitrust law(2. ed), university press of chicago, 2001, pp.195~197.
50) Immenga/Mestmaecker, EU-Wettbewerbsrecht, C.H.Beck, 2012, Art.102 Rn.208.
51) Florian Bien(Hrsg.), Das deutsche Kartellrecht nach der 8. GWB-Novelle, Nomos, 2013, p.130.

거래상대방의 결정의 자유보호를 통한 경쟁기반의 보호를 통해서 실현될 수 있다는 것을 중요시하고 있는 것이다.[52)]

3. 우월적 지위남용행위로서의 부당한 방해

(1) 방해행위의 주체와 대상

시장지배적 사업자의 방해 남용행위의 경우에는 제19조가 적용된다. 따라서 제20조가 적용되려면 시장지배적 사업자로 인정되지 않거나, 적어도 추정되지 않는 경우에 한한다. GWB 제20조는 두 가지 유형의 방해남용행위를 규정하고 있다. 제1항에서는 거래 상대방을 대상으로 하여 우월적 지위를 남용한 부당한 사업활동 방해행위[53)]를 규정하고 있어서 제19조와 큰 차이가 없으나,[54)] 제3항과 제4항은 중소경쟁사업자에 대한 방해행위 중 가격과 관련한 특별한 요건을 열거하고 있어서 제19조와 다소 차이가 있다고 볼 수 있다.[55)]

---

52) 이봉의, "공정거래법상 방해남용의 해석과 경제적 접근방법", 남천 권오승 교수 정년기념논문집, 법문사, 2015, 140면.

53) § 20 Verbotenes Verhalten von Unternehmen mit relativer oder überlegener Marktmacht
(1) § 19 Absatz 1 in Verbindung mit Absatz 2 Nummer 1 gilt auch für Unternehmen und Vereinigungen von Unternehmen, <u>soweit von ihnen kleine oder mittlere Unternehmen als Anbieter oder Nachfrager einer bestimmten Art von Waren oder gewerblichen Leistungen in der Weise abhängig sind</u>, dass ausreichende und zumutbare Möglichkeiten, auf andere Unternehmen auszuweichen, nicht bestehen (relative Marktmacht). Es wird vermutet, dass ein Anbieter einer bestimmten Art von Waren oder gewerblichen Leistungen von einem Nachfrager abhängig im Sinne des Satzes 1 ist, wenn dieser Nachfrager bei ihm zusätzlich zu den verkehrsüblichen Preisnachlässen oder sonstigen Leistungsentgelten regelmäßig besondere Vergünstigungen erlangt, die gleichartigen Nachfragern nicht gewährt werden.

54) 참고로 제20조 2항은 제19조 제2항 제5호의 남용행위가 사업자단체에도 적용됨을 규정하는 조항이다.

55) § 20 Verbotenes Verhalten von Unternehmen mit relativer oder überlegener Marktmacht
(3) Unternehmen mit <u>gegenüber kleinen und mittleren Wettbewerbern</u> überlegener Marktmacht dürfen ihre Marktmacht nicht dazu ausnutzen, solche Wettbewerber unmittelbar oder mittelbar unbillig zu behindern. Eine unbillige Behinderung im Sinne des Satzes 1 liegt insbesondere vor, wenn ein Unternehmen

제20조 제1항에서의 방해의 주체는 상대적으로 우월한 지위를 갖는 사업자(relative Marktstaerke)이다. 거래 상대방에 대해서 갖게 되는 상대적인 우월성은 영업조건부 종속성, 상품조건부 종속성, 수요조건부 종속성 등으로 판단하게 된다.[56] 그 점에 있어서 제19조 1항과 차이가 있다고 볼 수 있다. 그리고 제20조 제3항에서의 방해의 주체는 중소기업과 경쟁관계에 있는 상당한 지배력을 가지는 사업자(überlegener Marktmacht)이다.[57]

GWB 제20조 제1항에서의 사업활동 방해의 대상이 되는 사업자는 상대적으로 열위에 있는 지위에 있는 거래 상대방인 중소사업자이다. 그렇기 때문에 제20조 제1항은 거래상 지위 남용행위를 규제하는 것으로 볼 수 있다.[58]

반면에 제3항에서의 대상이 되는 사업자는 자신과 수평적 경쟁관계[59]에

---

1. Lebensmittel im Sinne des § 2 Absatz 2 des Lebensmittel- und Futtermittelgesetzbuches unter Einstandspreis oder
2. andere Waren oder gewerbliche Leistungen nicht nur gelegentlich unter Einstandspreis oder
3. von kleinen oder mittleren Unternehmen, mit denen es auf dem nachgelagerten Markt beim Vertrieb von Waren oder gewerblichen Leistungen im Wettbewerb steht, für deren Lieferung einen höheren Preis fordert, als es selbst auf diesem Markt anbietet, es sei denn, dies ist jeweils sachlich gerechtfertigt. Das Anbieten von Lebensmitteln unter Einstandspreis ist sachlich gerechtfertigt, wenn es geeignet ist, den Verderb oder die drohende Unverkäuflichkeit der Waren beim Händler durch rechtzeitigen Verkauf zu verhindern sowie in vergleichbar schwerwiegenden Fällen. Werden Lebensmittel an gemeinnützige Einrichtungen zur Verwendung im Rahmen ihrer Aufgaben abgegeben, liegt keine unbillige Behinderung vor.

(4) Ergibt sich auf Grund bestimmter Tatsachen nach allgemeiner Erfahrung der Anschein, dass ein Unternehmen seine Marktmacht im Sinne des Absatzes 3 ausgenutzt hat, so obliegt es diesem Unternehmen, den Anschein zu widerlegen und solche anspruchsbegründenden Umstände aus seinem Geschäftsbereich aufzuklären, deren Aufklärung dem betroffenen Wettbewerber oder einem Verband nach § 33 Absatz 2 nicht möglich, dem in Anspruch genommenen Unternehmen aber leicht möglich und zumutbar ist.

56) Rittner/Dreher/Kulka, op.cit. pp.465-467.
57) BT-Brucks 17/9852, p.20.
58) 이러한 점 때문에 우리 법의 거래상 지위남용행위의 해석에 있어서 GWB 제20조 제1항은 중요한 참고가 된다. 다만, 거래상 불이익 제공의 금지는 독일 법에는 존재하지 않는 조항이다.
59) OLG Duesseldorf WuW 2013, 296. 방해의 결과는 그 시장 또는 제3의 시장에서 발생하여도 무방하지만, 방해행위의 대상이 되는 사업자는 반드시 우월적 지위를 갖는 사업자와 동일한 시장에서 경쟁을 하는 사업자여야 한다.

있는 중소사업자(klein und mitteler Unternehmen)이다.[60] 그렇기 때문에 거래상 지위 내지 상대적인 우월성은 크게 문제되지 않는 것이 제1항과 큰 차이가 있다. 다만, 여기에서 중소사업자의 의미가 무엇인지에 대해서는 다소 해석의 여지가 있다. 독일은 중소기업의 개념을 법적으로 엄격하게 정의하지 않고 있다. 그렇게 하는 이유는 정책 목적에 따라 중소기업의 지원 내지 육성의 내용이 서로 달라서 중소기업의 기준 자체를 어느 정도 개방적으로 할 필요를 고려하였기 때문이다. 참고로 EU 집행위원회의 '중소기업 개념 정의에 관한 권고'에 따르면 직원수, 연간매출액을 기준으로 하여 직원수 250인(매출액 5천만 유로) 이하 사업자를 중, 50인(매출액 1천만 유로) 이하 사업자를 소, 10인(매출액 2백만 유로) 이하 사업자를 극소사업자로 보고 있다.[61] 그런데 독일의 중소기업연구원(IfM, Institut für Mittelstandsforschung)에 따르면 EU 집행위원회의 기준과는 달리 중/소기업으로만 분류하고 있으며 종업원 500인 미만, 연 매출액 5천만 유로 미만의 두 기준을 모두 충족하여야 중소기업에 해당된다고 보고 있다. 즉, 중기업은 499명까지 고용되어 있고, 연 매출액 5천만 유로를 넘지 않는 회사이며, 소기업은 9명 이하가 고용되어 있고, 연 매출액이 1백만 유로를 넘지 않는 회사이다.[62]

그렇기 때문에 해석상으로 제20조 제3항의 부당한 방해행위의 대상이 되는 중소경쟁사업자의 경우에는 위의 기준에 따라 절대적으로 중소기업으로 인정되는 사업자에 국한되는 것으로 해석하여도 되고, 아니면 법규의 목적에 맞게 상대적으로 시장에서 우월한 지위를 가진 사업자와 경쟁하는 사업자로서 보호받을 가치가 있는 사업자로 넓게 해석할 수도 있기 때문에 그 기준을 사안에 따라 다소 유연하게 적용할 수 있을 것이다.

---

60) BGH 2002.7.9., KZR 30/00, WuW/E DE-R 1006/1009 - Fernwärme Börnsen

61) Commission Recommendation of 6 May 2003 concerning the definition of micro, small and medium-sized enterprises(2003/361/EC), C(2003) 1422).

62) http://www.ifm-bonn.org/mittelstandsdefinition/definition-kmu-des-ifm-bonn/

(2) 방해행위의 내용

1) 거래상 지위남용 행위(1항)

제20조 제1항에서의 우월적 지위 남용행위는 제19조 2항 1호에 규정된 시장지배적 지위남용행위 가운데에서 수요자 또는 공급자인 거래 상대방이 중소기업이기 때문에 거래상 의존성을 이유로 상대적 지위의 우월성이 인정되는 경우에만 성립한다.[63]그렇기 때문에 제19조의 경우에는 거래상대방과 경쟁사업자에게 모두 적용되는 행위인 반면에 제20조 제1항은 중소기업을 거래상대방으로 하는 경우에 적용된다고 볼 수 있다.

2) 부당염매에 의한 중소 경쟁사업자 배제(3항)

제 20조 제3항에서의 방해행위는 우월적 지위를 '이용' 하여 중소 경쟁자를 시장에서 퇴출시킬 목적으로 염매(Preisunterbietung)를 하는 행위를 부당한 방해행위라고 규정하고 있다.[64] 독일에서 문제가 된 사례는 대형 유통업체가 중소유통업자를 시장에서 배제하기 위하여 생활필수품 내지 식료품(1호)을 원가보다 낮은 가격으로 (unter Einstandspreis) 공급하거나, 기타 상품 또는 용역(제2호)을 소비자에게 지속적으로(nicht gelegenheitlich) 원가 이하로 공급하는 경우, 또는 수직적으로 통합된 사업자가 하부시장에서의 경쟁자인 중소기업을 상대로 자신이 받는 가격보다 비싸게 공급하는 경우(제3호, Preis-Kosten-Schere)가 열거되어 있다. 2호는 1호의 특별규정이라고 할 수 있다.

다만, 이 규정에 대해서는 기준이 되는 원가를 어떻게 산정할 것인지, 그리고 '지속적으로' 공급하는 것은 무슨 의미인지 모호하다는 비판이 있다.[65] 독일 연방대법원은 대규모 사업자가 계획적이고 조직적으로 공격적인 염매행위를 하는 경우에 '시스템적으로(systematisch)'라는 표현을 사용한 바 있고 이것이 지속적으로라는 것과 유사한 의미로 이해할 수 있으며, 공급기간, 반복, 경쟁제한의 정도 등을 종합하여 판단할 수 있다.[66]

---

63) BT-Drucks 17/9852, p.24.
64) BGH WuW 1995, 619.
65) Rittner/Dreher/Kulka, p.490.

4. 부당한 고객유인행위와의 관계

우리나라에서 부당한 고객유인 행위는 "부당하게 경쟁자의 고객을 자기와 거래하도록 유인하거나 강제하는 행위"의 하나로서 불공정거래행위로 규정되어 있다(공정거래법 23조 1항 3호). 그리고 시행령 별표에는 위계에 의한 고객유인행위, 부당한 이익에 의한 고객유인행위 등이 행위 유형으로 열거되어 있다. 사업자들이 메리트에 의한 경쟁 대신에 부당한 이익 내지 위계를 사용하여 고객을 유인하는 것은 '경쟁사업자의 고객의 의사결정에 상당한 영향을 미쳐 자신과 거래하도록 유인'[67]하는 것이기 때문에 거래 상대방의 의사결정의 자유를 보호법익으로 하고 있다.

독일에서 부당한 고객유인행위는 UWG 제3조에 따라 경쟁자, 소비자 기타 시장참여자의 이익을 현저히 저해하는 행위로서 규율될 수 있다. UWG 제3조의 예시적 열거인 제4조 제1호는 '강제 기타 비인간적인 방법 또는 기타 부적절하게 영향력을 주는 방법'으로 소비자 또는 시장 참여자의 결정의 자유(Entscheidungsfreiheit)를 해하는 행위를 금지하고 있다. 여기에서 보호하고자 하는 결정의 자유라는 것은 행위자가 의도한 대로 거래 상대방이 결정을 하지 않거나, 행위자가 원하는 바대로 거래 상대방이 행동하지 않는 것으로서, 평균적 고객(소비자)의 관점에서 고려할 수 있다.[68] 또한 이론적으로는 GWB 제20조 제1항의 리베이트에 의한 부당한 사업활동방해행위도 적용이 가능하다.

요컨대 거래 상대방의 결정의 자유를 제도적으로 보장하여 거래의 공정화를 도모한다는 측면에서 부당한 이익제공을 통한 고객유인행위에 대한 UWG의 규정은 의미가 있다. 한편으로 경쟁법으로서의 GWB의 규정도 상호 보완적으로 적용이 가능하다는 의미이다. 이런 점에서 양 법이 상호 경쟁적으로 적용되면서 거래의 공정성 내지 경쟁의 기반의 보호의 기능을 충분히 하고 있는 것으로 이해할 수 있다.[69]

---

66) BGH WuW 2003, 386 - Walmart.

67) 대법원 2010.12.23. 선고 2008두22815판결.

68) Köhler, in : Köhler/Bornkamm, UWG Kommentar(33. Auflage), C.H.Beck(2015), UWG §4, Rn 1.19.

69) Köhler, in : Köhler/Bornkamm, op.cit., UWG §4, Rn 1.3, 20.

우리나라에서의 일부 견해는 리베이트와 같은 이익제공을 통한 고객유인행위에 대해서 소비자에게 경제적 이익을 제공하는 판촉활동과 같이 경쟁을 촉진할 가능성이 있는 행위가 경쟁수단의 공정성을 기한다는 명분하에 기존 사업자만을 보호하게 되는 결과를 초래할 우려가 있기 때문에 규제가 불필요하다고 한다.[70] 그러나 이러한 비판은 거래 상대방의 결정의 자유를 무시하고 오로지 경제적인 가치만을 중시한 견해로서 바람직하지 않다. 리베이트를 통한 결정의 자유의 중대한 침해는 자칫 경쟁의 기본적 전제를 무너뜨릴 가능성이 있다. 특히 이러한 행위가 시장에서 유력한 사업자에 의하여 행해질 경우에는 중소 경쟁사업자가 시장에서 사실상 배제되는 경쟁제한적인 결과를 발생시키거나 발생시킬 우려가 더 크기 때문에 경쟁의 기반을 침해하는 정도가 더 클 수 있다. 따라서 이에 대한 규제에 있어서 명확한 법리가 형성되어야 할 것이다.[71]

IV. 맺음말

독일법에서는 시장지배적 지위에 있거나, 적어도 시장에서 상당한 우월성을 갖는 사업자가 경쟁사업자와 거래를 하고 있는 거래 상대방에게 일정한 이익(리베이트)을 제공하여 자신의 고객으로 끌어들이는 행위를 하면, 시장지배력을 공고히 하고, 경쟁사업자를 시장에서 배제시켜 경쟁을 제한할 우려가 있기 때문에 시장지배적 지위남용행위 또는 부당한 사업활동 방해행위로 규제하고 있다.[72] 이 과정에서 경제적으로 다소 비효율적이게 보이는 중소기업을 경쟁법의 규정을 통하여 보호하고자 하는 것은 거래상대방의 결정의 자유를 존중하여

---

70) 임원혁, 불공정거래행위에 관한 연구, 한국개발연구원(2002), 46면에서는 신규진입자의 경우에는 고객을 확보하기 위하여 파격적인 거래조건을 제시하는 것이 경쟁을 촉진하는 효과가 있다고 보았다.

71) O'Donahue/Padilla, The Law and economics of Art. 102 TFEU(2. ed.), Hart publishing(2013), p.500. 따라서 부당한 고객유인 행위는 경쟁수단 또는 방법의 불공정성(unfairness)이 문제되는 행위유형이기 때문에 수단 내지 방법의 불공정성만을 공정거래저해성의 기준으로 삼고 있는 공정거래위원회의 불공정거래행위 심사지침은 재검토될 필요가 있다.

72) Rousseva, Rethinking exclusionary abuses in EU competition law, Hart Publishing, 2010, p173.

거래의 공정성을 확보하고, 동시에 시장에서 경쟁의 기반을 마련하여 경쟁자들에게 자유로운 경쟁을 할 수 있도록 해 줄 이념적 배경이 있는 것이다.

우리 공정거래법은 순수하게 소비자 후생 내지 경제적인 효율성만을 기준으로 하고 있다기 보다는 당사자의 자유, 경제전반의 정의 내지 중소기업의 배려와 같은 국민경제적 요소 등을 고려하도록 되어 있기 때문에 우리 법의 해석으로도 경쟁을 하나의 제도로서 보호하여야 할 필요성이 크다.[73] 그렇기 때문에 사업활동 방해행위의 부당성은 행위자가 얻은 경쟁상의 이익과 중소 사업자가 받은 경쟁상의 불이익을 형량하여 고려할 필요가 있다.

다만, 우리 대법원은 시장지배적 사업자의 사업활동 방해행위의 경우에는 그러한 여러 요소에 의한 이익형량의 기준 대신에 '독과점적 시장에서의 경쟁촉진'이라는 측면에서 시장에서의 독점을 유지, 강화할 의도나 목적을 중시하여 시장지배적 사업자가 중소기업의 사업활동을 방해하는 경우도 시장에서의 경제적 효율성의 관점을 위주로 파악하도록 함[74]으로써 중소 사업자가 받는 경쟁상의 불이익을 충분히 고려하지 못하고 있다.

또한, 불공정거래행위를 규율하는 시행령에는 다른 사업자의 사업활동을 '심히 곤란할 정도'로 방해하여야 한다는 표지가 있기 때문에 그 형량의 결과 이익과 불이익의 격차가 클 것을 요구하고 있다. 그렇게 되면 중소기업 보호를 통한 국민경제의 균형있는 발전이나 시장에서의 공정한 경쟁의 촉진이라는 본연의 목적을 갖고 있는 공정거래법이 보호하여야 할 사업자를 충분히 보호하지 못하게 될 우려도 있다.

요컨대 다른 사업자의 사업활동을 방해하는 행위를 경쟁법의 관점에서 적절하게 규율하기 위해서는 행위자가 시장지배적 사업자 또는 시장에서 상당한 지배력을 가진 사업자이거나, 경쟁사업자가 일정한 요건을 충족시키는 중소기업인 경우에 법 적용 요건을 다소 완화해서 판단할 수 있는 구체적인 기준 마련이 필요하다고 하겠다.

---

73) 同旨: 이봉의, 앞의 글, 131면.
74) 대법원 2007.11.22. 선고 2002두8626 전원합의체판결.

[참고문헌]

권오승, 경제법(제11판), 법문사, 2015

신동권, 독점규제법, 박영사, 2011,

신현윤, 경제법 (제6판), 법문사, 2014

임영철, 공정거래법(제2판), 법문사, 2008

임원혁, 불공정거래행위에 관한 연구, 한국개발연구원, 2002

홍명수, 경제법론 II, 경인문화사, 2010

이봉의, "공정거래법상 방해남용의 해석과 경제적 접근방법",남천 권오승 교수 정년기념논문집, 법문사, 2015

조성국, '시장지배적 사업자의 리베이트와 남용 규제', 법학논문집 제34집 제1호, 중앙대학교 법학연구원, 2010

______, '시장지배적 사업자의 Loyalty Rebate(충성리베이트)의 법리에 관한 연구', 법학논문집 제35집 제1호, 중앙대학교 법학연구원, 2011

Bonnkamm/Montag/Saecker(Hrsg.), Münchener Kommentar Europäiches und Deutsches Wettbewerbsrecht, C.H.Beck, 2015

Erbs/Kohlhaas/Dr. Diemer, Strafrechtliche Nebengesetze, GWB §20 C.H.Beck, 2015

Florian Bien(Hrsg.), Das deutsche Kartellrecht nach der 8. GWB-Novelle, Nomos, 2013

Immenga/Mestmaecker, EU-Wettbewerbsrecht, C.H.Beck, 2012

______________________, GWB(4. Aufl.), C.H.Beck, 2007

Köhler/Bornkamm, UWG Kommentar(33. Auflage), C.H.Beck, 2015

Lowenheim/Meesen/Riesenkampf, Kartellrecht(2. Aufl.), C.H.Beck, 2009

O'Donahue/Padilla, The Law and economics of Art. 102 TFEU(2. ed.), Hart publishing, 2013

Rittner/Dreher, Europaeiches und deutsches Wirtschaftsrecht, C.F. Müller, 2008

Rittner/Dreher/Kulka, Wettbewerbs- und Kartellrecht, C.F. Mueller, 2014

Rousseva, Rethinking exclusionary abuses in EU competition law, Hart Publishing, 2010

Schulte/Just, Kartellrecht Kommentar, Carl Heymanns Verlag, 2012

Schulte/Just, Kartellrecht Kommentar, Carl Heymanns Verlag, 2012

Whish, Competition law(6.ed.), Oxford, 2009

根岸 哲(編), 注釋 獨占禁止法 概說, 有斐閣, 2009

Leupold, "EuGH 17.2.2011 - C52/09:Kosten-Preis-Schere als Missbrauch einer marktbeherrschenden Stelluing" EuZW, 2011.9

Frenz, W., "Rabatte zwischen Prioritätmitteilung und Urteil Tomra", ZVertribbsR 2013.4.

Deutscher Bundestag, BT-Drucks 17/9852

OFT, Abuse of dominant position- understanding competition law, 2004

공정거래법상 사업활동방해의 공정거래저해성*

– 공정거래위원회 의결 제2013-142호(2013. 7. 11.)의 사실관계를 중심으로

이 호 영**

I. 서론

국내 먹는 샘물 시장에서 전국적 유통망과 브랜드를 가지고 있는 3위 사업자(점유율 약 11%)인 H음료 주식회사(이하 'H음료'라 한다)가 천안지역을 중심으로 충남·북 및 경기 남부 지역에서 먹는 샘물을 공급하고 있던 지역사업자인 M샘물 주식회사(이하 'M샘물'이라 한다)와 거래하던 대리점들에 대하여 상당한 경제상 이익을 제공하면서 M샘물의 거래를 중단하고 자신과 대리점계약을 체결하도록 한 것(이하 '이 사건 행위'라 한다)이 독점규제 및 공정거래에 관한 법률(이하 '공정거래법' 또는 '법'이라 한다)상 불공정거래행위의 한 유형인 '기타의 사업활동방해'(법 제23조 제1항 제5호 후단 및 법시행령 [별표 1의2] 8호 라 목)에 해당하는지 여부가 다투어졌다.

이 사건 행위로 인하여 대리점들이 이탈하여 피해를 입은 M샘물 측은 공정거래위원회(이하 '공정위'라 한다)에 세 차례에 걸쳐 신고를 접수하였는데, 공정위는 처음 두 차례의 신고에 대해서는 불공정거래행위의 유형 중 '부당염매'(법 제23조 제1항 제2호 및 법시행령 [별표 1의2] 3호 가 목)에 해당하는지 여부를 검토한 후 이에 해당하지 않는다고 판단하였다가, 2013년 남양유업 사건을 계기로 대기업이 유통과정에서 대리점 등 중소기업에 대하여 행하는 불공정거래행위에 대한

---

* 이 논문은 저자가 2015년 7월 대법원 비교법실무연구회에서 발표한 것을 수정·보완한 것으로서 2015년 11월 경쟁법연구 제32권에 수록된 바 있습니다.

** 한양대 법학전문대학원 교수

사회적 공분이 제기되자 비로소 적용 법조를 바꾸어서 기타의 사업활동방해에 해당한다고 결정하였다.[1] 그 후 H음료가 제기한 불복의 소를 심리한 서울고법은 사업활동방해에 관한 별다른 법리를 제시하지 않은 채 이 사건 행위가 이에 해당한다고 판시하면서 원고의 청구를 기각하였고,[2] 다시 H음료가 상고를 제기하여 현재 대법원에 계속 중이다.[3] 실제로 이 사건은 남양유업 사건과 함께 대기업의 중소기업에 대한 대표적인 소위 '甲질' 사례로 알려지게 되었고 공정위의 소극적 법집행에 대하여 여론의 많은 비판이 쏟아지기도 하였다.

이 사건 행위가 법상 사업활동방해에 해당하는지 여부를 판단함에 있어서 그로 인하여 경쟁사업자인 M샘물이 그 사업활동에 있어서 심각한 불이익을 받아서 사업활동이 곤란할 정도에 이르렀음은 별다른 다툼의 여지가 없는데 반하여, 동 행위가 부당한 것인지 즉, 법 제23조 제1항 본문이 불공정거래행위의 요건으로서 규정하고 있는 '공정거래저해성' 또는 법 제23조 제1항 제5호 후단이 사업활동방해의 요건으로서 규정하고 있는 '부당성'이 인정되는지가 쟁점이라고 할 수 있다.

이 사건에서 위 쟁점이 특히 어려운 문제로 되는 이유는 이 사건 행위는 요컨대, 경쟁자의 거래처에 매력적인 거래조건을 제시함으로써 경쟁자와 거래를 단절하고 대신 자신과 거래하도록 유도하는 것인데, 이러한 행위는 한편으로 경쟁자를 시장에서 배제하는 효과를 초래하는 것이 명백하지만, 다른 한편으로 시장에서 경쟁하는 사업자가 흔히 취하는 가장 전형적인 경쟁활동에 해당하는 것으로서 각국 경쟁법제가 추구하는 이념인 '자유롭고 활발한 경쟁의 촉진'에 기여하는 점에 비추어볼 때 오히려 권장하여야 할 행위로서의 측면을 가지기 때문이다.

위와 같은 의미에서 이 사건 행위는 우리나라 공정거래법의 규제체계가 가진 가장 두드러진 특징이면서 동시에 가장 어려운 쟁점과 결부된 것이라고 할 수 있다. 즉, 이 사건이 제기하는 쟁점은 공정거래법상 불공정거래행위 금지가 가지는 법체계적 지위와 관련이 되어 있을 뿐만 아니라, 이를 해결하기 위해서

---

1) 공정거래위원회 의결 제2013-142호(2013. 7. 11). 이 사건의 경과에 대해서는 한겨레, "박근혜 대통령님 대기업 횡포 계속 방치할 건가요"(2014. 4. 4.자) 참고.
2) 서울고법 2014. 7. 4. 선고 2013누46411 판결.
3) 대법원 2014두40227 사건.

는 불공정거래행위 규정의 전범이라고 할 수 있는 일본 '사적독점의 금지 및 공정거래의 확보에 관한 법률'(이하 '사적독점금지법'이라 한다)상 불공정한 거래방법의 금지 규정과의 비교법적 분석, 그리고 특히 이 사안에서 문제가 된 불공정거래행위 유형인 '사업활동방해'가 가지는 특수성과 부당한 고객유인이나 부당염매 등 다른 불공정거래행위 유형과의 관계를 규명하는 것 역시 필요하다.

아래에서는 우선, 우리나라 공정거래법상 불공정거래행위의 금지와 사업활동방해 규정이 가지는 법체계적 지위를 그 입법연혁과 동 규정의 전범이 된 일본 사적독점금지법상 불공정한 거래방법의 금지와의 비교를 중심으로 살펴본 뒤, 공정거래법의 규제체계상 불공정거래행위 관련 쟁점들을 소개하고(Ⅱ), 법 제23조 제1항 본문 및 각호가 불공정거래행위의 위법성 요건으로서 규정하고 있는 '공정거래저해성' 또는 '부당성'의 내용 및 그 판단기준에 관한 학설 및 판례이론을 살펴보기로 한다(Ⅲ). 나아가 이상과 같은 논의를 토대로 이 사건에 적용된 불공정거래행위 유형인 사업활동방해의 공정거래저해성의 판단기준을 종전의 공정거래위원회의 심결례와 법원의 판결례를 중심으로 살펴보고, 일본 사적독점금지법상 부당한 거래방법의 유형 중 하나인 '경쟁자에 대한 거래방해'에 관한 논의와 비교해보고, 또한 이 사건 행위와 유사한 사실관계에 적용될 수 있는 다른 불공정거래행위의 유형으로서 부당염매 및 부당한 고객유인과의 관계를 설명하고, 마지막으로 이 사건 행위가 '기타의 사업활동방해'에 해당하는지 여부를 판단함에 있어서 고려하여야 요소들을 제시하고(Ⅳ) 글을 맺기로 한다.

II. 공정거래법상 불공정거래행위 금지의 법체계적 지위

1. 공정거래법상 불공정거래행위 및 사업활동방해 규정의 연혁

공정거래법은 1980년 제정 당시로부터 시장지배적 지위의 남용행위, 경쟁제한적 기업결합, 부당한 공동행위, 사업자단체의 금지행위, 재판매가격유지행위 등 이외에 불공정거래행위를 금지하는 별도의 조항을 두고 있었다. 즉 제정법 제15조 본문은 "사업자는 다음 각호의 1에 해당하는 행위로서 경제기획원장관이 공정한 거래를 저해할 우려가 있다고 인정하여 불공정한 거래행위로 지정 · 고시한 행위(이하 '불공정거래행위'라 한다)를 하여서는 아니된다."라고 규정하고, 동 조 각호에서 (1) 부당한 차별적 취급, (2) 부당한 경쟁자 배제, (3) 부당한 고객유인 및 거래강제, (4) 부당한 거래상 지위의 남용, (5) 부당한 구속조건부 거래, (6) 허위 · 과장 광고 및 품질이나 양에 관한 기만행위 등 6가지 불공정거래행위의 유형을 열거하고 있었다.

또한 당시 경제기획원장관은 위 제정법 제15조에 근거를 두고 '불공정거래행위지정고시'(경제기획원 고시 제40호, 1981. 5. 13.)를 통하여 부당한 거래거절, 거래조건 등의 차별적 취급, 부당염매 및 부당고가매점, 부당한 고객의 유인, 부당표시, 부당한 거래강제, 우월적 지위의 남용, 부당배타조건부거래, 부당구속조건부거래, 허위 · 과장광고 및 기만행위 등 12개 불공정거래행위의 세부 유형을 지정 · 고시하였다.

한편, 이 사건 행위에 적용된 사업활동방해 규정은 법 제정 당시에는 불공정거래행위의 유형으로 규정되지 않았다가 1986년 제1차 법 개정(법률 제3875호, 1986. 12. 31.)으로 비로소 법 제15조 제1항 제5호에서 구속조건부 거래와 함께 "거래상대방의 사업활동을 부당하게 구속하는 조건으로 거래하거나 <u>방해하는 행위</u>"라고 규정하였다.[4] 그런데 위와 같은 법률 개정에도 불구하고 당시 경제기획원장관은 상당한 기간 동안 사업활동방해에 관하여 아무런 사항을 고시 · 지정하지 않았다.

그 후 1990년 법 개정(법률 제4198호, 1990. 1. 13.)으로 다시 법 제23조 제1항 제5호에서 "거래의 상대방의 사업활동을 부당하게 구속하는 조건으로 거래하거나 <u>그 사업활동을 방해하는 행위</u>"라고 규정하고, 그 후 1993년에서야 비로소 공정거래위원회가 사업활동방해에 관하여 그 유형과 기준을 지정 · 고시하였다. 즉, 1993년 공정거래위원회가 고시한 '불공정거래행위의 유형 및 기준'(공정거래위원회 고시 제1993-20호, 1993. 11. 19.) 제8조는 사업활동방해와 관련하여 "사업자가 거래상대방의 사업활동을 심히 곤란하게 할 정도로 거래과정

4) 또한 1990년 2차 법 개정 당시 제1호에 차별적 취급과 함께 거래거절을, 1996년 5차 법 개정 당시 제7호의 부당한 지원행위를, 1999년 7차 법 개정 당시 제8호를 신설하여 기타의 불공정거래행위를 규정하였다. 그밖에 허위 · 과장광고행위는 1999년 표시 · 광고의 공정화에 관한 법률(법률 제5814호)이 별도로 제정됨에 따라 1999년 7차 법 개정 당시 불공정거래행위의 유형에서 제외되었다.

에서 알게 된 거래상대방의 기술이용, 거래상대방의 인력의 부당유인 · 채용 등 기타의 부당한 방법으로 거래상대방의 사업활동을 방해하는 행위"가 이에 해당한다고 규정하였다.

법상 불공정거래행위의 유형 및 기준을 지정하는 방식은 1996년 법 개정(법률 제5235호, 1996. 12. 30.) 및 이에 따른 1997년 법시행령 개정(대통령령 제15328호, 1997. 3. 31.)으로 대폭적으로 변경되었는데, 사업활동방해에 관한 규정 역시 중요한 변화를 겪었다. 즉, 종전에는 법률 자체에서 불공정거래행위의 금지를 규정하면서 그 개략적인 유형을 열거하고, 법집행기관인 경제기획원장관이나 공정거래위원회가 불공정거래행위의 세부 유형과 기준을 지정하여 고시하는 방식을 취하였는데, 위 법 개정으로 법시행령에서 법률이 열거한 각각의 불공정거래행위의 유형별로 세부 유형과 기준을 규정하는 방식으로 전환하였다. 다만, 법시행령으로 정한 불공정거래행위의 세부 유형과 기준의 내용은 종전의 고시의 내용을 사실상 그대로 옮겨왔다고 할 수 있는데, 사업활동방해에 대해서는 종전과 달리 매우 상세한 사항을 규정하였고 그 이후 현재까지 동일하게 유지되고 있다.

1996년 개정된 법 제23조 제1항 제5호는 "거래의 상대방의 사업활동을 부당하게 구속하는 조건으로 거래하거나 다른 사업자의 사업활동을 방해하는 행위"라고 규정하였는데, 이는 종전의 규정에서 '거래상대방'이라고 하였던 것을 단지 '다른 사업자'라고 규정함으로써 반드시 거래상대방에 대한 것이 아니더라도 널리 다른 사업자의 사업활동을 방해하는 행위를 그 적용대상에 포함시키려는 취지로 이해된다. 또한 법시행령 제36조 제1항 관련 별표(일반불공정거래행위의 유형 및 기준) 제8호는 사업활동방해의 세부 유형으로서 (1) 기술의 부당한 이용, (2) 인력의 부당유인 · 채용, (3) 거래처 이전 방해, (4) 기타의 사업활동방해 등 4가지를 열거하고, 각각의 기준을 규정하였는데, 이 사건 행위에 적용된 기타의 사업활동방해에 관하여 "가목 내지 다목 외의 부당한 방법으로 다른 사업자의 사업활동을 심히 곤란하게 할 정도로 방해하는 행위"라고 규정하였다.

2. 공정거래법상 불공정거래행위 규정의 계수과정

통상 공정거래법상 불공정거래행위의 금지는 직접적으로 일본 사적독점금지법상 불공정한 거래방법의 금지를 모델로 한 것이고, 다시 일본 사적독점금지법상 불공정한 거래방법의 금지는 1947년 동법 제정 당시 미국 연방거래위원회법(Federal Trade Commission Act, 1914) 제5조와 클레이튼법(Clayton Act, 1924)를 계수한 것으로 설명된다.[5] 미국 연방거래위원회법은 셔먼법 등의 연방 독점금지법을 효율적으로 집행하기 위한 독립적 규제위원회를 설치하기 위해 제정되었는데, 새롭게 설치되는 연방거래위원회의 관할권의 범위를 정한 동법 제5조는 당초에는 '불공정한 경쟁방법'(unfair methods of competition)만을 위법한 것으로 규정하고 있었다.

그 후 연방거래위원회는 위 조항을 근거로 셔먼법 등의 연방 독점금지법을 위반하는 경쟁제한행위뿐만 아니라 반드시 경쟁을 제한하는 효과가 입증되지 않는 다양한 기만적인(deceptive) 사업행위도 경쟁자를 경쟁상 부당하게 불리한 위치에 처하게 한다는 점을 근거로 동 조항의 적용대상에 포함시켜서 법집행을 하였고, 실제로 초기 각급 연방법원의 판결도 대체로 그와 같은 법해석을 승인하였다. 그런데 연방대법원은 연방거래위원회법 제5조에 따라 위법한 행위로 판단하기 위해서는 반드시 '경쟁에 대한 부정적인 영향'(adverse impact on competition)이 입증되어야 한다고 판시함으로써[6] 경쟁에 대한 부정적인 영향이 입증되지 않는 기만적인 사업관행 등은 위 조항에 따라 위법한 것으로 규제할 수 없게 되었다.

그러나 1938년 연방의회는 연방거래위원회법 제5조를 좁게 해석하는 연방대법원의 해석을 입법적으로 변경하기 위해 Wheeler-Lea 개정법을 통하여 위 조항의 금지대상에 '불공정하거나 기만적인 행위 또는 거래관행'(unfair or deceptive acts or practices)을 포함시켰고, 이에 따라 그 후 연방거래위원회법 제5조는 반드시 경쟁에 대한 부정적인 영향이 입증되지 않더라도 소비자의 권익을 해치는 불공정하거나 기만적인 행위에 대해서 폭넓게 적용되어 왔다.

한편, 공정거래법상 불공정거래행위의 금지 규정의 직접적 모델이 된 것은

---

5) 공정거래법상 불공정거래행위의 금지 규정의 계수 과정에 관한 설명은 이호영, 「독점규제법」(제5판), 홍문사, 2015, 276-278면 참고.

6) 대표적으로 FTC v. Raladam Co., 283 U.S. 643 (1931). 이 사건에서 Raladam 사는 자사가 판매하는 비만치료제를 광고하면서 그것이 인체에 위험한 성분을 포함하고 있음에도 불구하고 인체에 아무런 위험이 없는 안전한 제품인 것처럼 허위광고를 하였다는 이유로 연방거래위원회로부터 시정명령을 받았다.

1947년 제정된 일본 사적독점금지법상 '불공정한 거래방법'(법 제정 당시에는 '불공정한 경쟁방법'이었으나 1953년 개정을 통하여 변경되었음)의 금지 규정(동법 제19조)인데, 동 규정은 위에서 설명한 미국 연방거래위원회법 제5조를 계수한 것으로 알려졌고, 당초부터 반드시 경쟁제한성을 위법성 요건으로 하지 않는 다양한 사업자의 행위들을 불공정한 거래방법으로 규정하여 금지하였다.

1947년 제정 당시 일본 사적독점금지법(소위 '원시독점금지법') 제19조는 종전의 미국 연방거래위원회법 제5조와 마찬가지로 "사업자는 불공정한 경쟁방법을 사용하여서는 아니된다"고 규정하였다가 1953년 개정을 통하여 대폭적으로 변경되었고, 다시 2009년 대폭적으로 개정되었는데, 우리나라 공정거래법상 불공정거래행위 관련 조항의 전범이 된 2009년 개정 이전의 관련 규정을 살펴보면 다음과 같다.

2009년 개정되기 이전 구 사적독점금지법 제2조 제9항은 '불공정한 거래방법'의 개념을 정의하면서 "이 법률에 있어서 불공정한 거래방법이라 함은 다음의 각호의 하나에 해당하는 행위로서 공정한 경쟁을 저해할 우려가 있는 것 중 공정거래위원회가 지정한 것을 말한다."라고 하고, 동 항 각호에서 (1) 부당한 차별적 취급, (2) 부당한 대가에 의한 거래, (3) 부당한 고객유인 또는 거래강제, (4) 부당한 구속조건부거래, (5) 거래상 우월적 지위의 남용, (6) <u>경쟁사업자의 거래 방해 또는 내부간섭</u> 등 6개의 행위유형(법 제정 당시에는 5개 유형이었는데, 1953년 개정을 통하여 배타조건부거래는 법률에서 제외하여 공정거래위원회의 일반지정에 포함시키고, 대신 거래상 우월적 지위의 남용 및 경쟁사업자의 거래 방해 또는 내부간섭을 추가하였음)을 열거하였고, 동법 제19조에서 '불공정한 거래방법의 금지'라는 제목 하에 "사업자는 불공정한 거래방법을 사용하여서는 아니된다."라고 규정하였다. 또한 위 규정에 근거하여 일본 공정거래위원회는 일반지정(一般指定)을 통하여 16개 불공정한 거래방법의 유형을 지정 · 고시하였는데, '경쟁사업자의 거래 방해 또는 내부간섭'을 '경쟁자에 대한 거래 방해'(일반지정 제15항)와 '경쟁회사에 대한 내부간섭'(일반지정 제16항)으로 나누어 각각 규정하였다.

1953년 개정된 사적독점금지법이 원시독점금지법의 '불공정한 경쟁방법'을 '불공정한 거래방법'으로 변경한 취지는 통상 경쟁자 간 경쟁수단 또는 경쟁방법에 포함되지 않는 행위, 특히 우월적 지위의 남용과 같이 거래상의 지위를 부당하게 이용하는 행위도 금지대상에 포함시켜서 금지의 범위를 실질적으로 확대하기 위한 것이라고 설명된다.[7] 또한 사적독점금지법상 불공정한 거래방법 금지의 지위와 그 취지에 관하여, 동 규정은 사적독점 및 부당한 거래제한과 함께 사적독점금지법상 금지행위의 3가지 기둥(三本柱) 또는 기업결합의 규제를 추가하여 4가지 기둥(四本柱)을 이루는 것이라고 하고, 불공정한 거래방법을 별도로 규정한 취지는 사적독점 및 부당한 거래제한의 금지를 보완하기 위한 것으로서, 주로 사적독점 및 부당한 거래제한을 미연에 방지하기 위한 것이지만 (공동의 거래거절, 차별대가, 부당염매, 끼워팔기, 배타조건부거래, 구속조건부거래의 금지 등), 이것에 그치지 않고 독자의 행위 유형(기만적 고객유인, 우월적 지위의 남용의 금지 등)을 금지대상에 포함시키고 있다고 설명된다.[8]

한편, 구 사적독점금지법 제2조 제9항 제6호는 '경쟁사업자의 거래 방해 또는 내부간섭'에 관하여 "자기 또는 자기가 주주이거나 임원인 회사와 국내에서 경쟁관계에 있는 다른 사업자와 그 거래상대방과의 거래를 부당하게 방해하거나, 또는 당해 사업자가 회사인 경우에는 그 회사의 주주 또는 임원을 그 회사의 불이익이 되는 행위를 하도록 부당하게 유인하거나 꼬드기거나 강제하는 것"이라고 규정하였다. 또한 전자의 경쟁사업자의 부당한 거래방해에 대하여 규정하였던 일반지정 제15항은 '경쟁자에 대한 거래방해'라는 제목 하에 "자기 또는 자기가 주주이거나 임원인 회사와 국내에서 경쟁관계에 있는 다른 사업자와 그 거래상대방과의 거래에 대하여, 거래의 성립의 저지, 계약의 불이행의 유인 또는 어떠한 방법을 사용하는지를 묻지 않고 그 거래를 부당하게 방해하는 것"이라고 하였다.

따라서 일본 사적독점금지법상 '경쟁자에 대한 거래방해'는 관련 규정상 우선, 방해행위의 대상이 '경쟁자'에 국한되고, 방해의 방법과 관련해서는 그 구체적인 수단에 대해서는 아무런 제한이 없지만 '경쟁자의 거래관계'를 방해할 것을 요구하며, 문제로 된 행위의 결과 그 대상의 사업활동이 심각하게 곤란할 것을 요구하지 않는다는 점에서 우리나라 공정거래법상 사업활동방해와 차이가 있다.

참고로 2009년 불공정한 거래방법을 규정하고 있는 일본 사적독점금지법 제2조 제9항이 대폭적으로 개편되었는데, 우선 동 항 본문에서 종전에 모든 유

---

7) 根岸哲(編), 「注釈独占禁止法」, 有斐閣, 2009, 337頁.
8) 上揭書.

형의 불공정거래방법에 공통적으로 적용되는 위법성 요건으로서 규정하고 있었던 '공정경쟁저해성'을 삭제하고 단지 다음 각호의 하나에 해당하는 행위라고 규정하였고, 그 유형에 관하여 종전에는 각호에서 열거하는 행위에 해당하는 것으로서 공정거래위원회가 지정한 것이라고 하였던 것을(소위 '구체화주의방식'), 각호에서 일부 유형을 직접 열거하고 추가적으로 일정한 유형에 해당하는 것으로서 공정한 경쟁을 저해할 우려가 있는 것 중 공정거래위원회가 지정하는 것이라고 하였다(소위 '추가주의방식').

즉, 현행 사적독점금지법 제2조 제9호 각호는 불공정한 거래방법의 유형으로서 공동의 거래거절(제한), 차별적 취급, 부당염매, 구속조건부거래, 우월적 지위의 남용을 직접 열거하고, 추가적으로 기타 공정한 경쟁을 저해할 우려가 있는 다음(차별적 취급, 부당염매, 부당한 고객유인 · 강제, 구속조건부거래, 거래상지위의 남용, 경쟁사업자의 거래 방해 또는 내부간섭) 중 하나에 해당하는 행위로서 공정거래위원회가 지정한 것이라고 규정하고 있다. 또한 위 규정에 근거를 두고 공정거래위원회의 일반지정(공정거래위원회 고시 제15호) 제14항이 '경쟁자에 대한 거래방해'를 규정하고 있는데, 그 내용은 종전과 변함없다.

위와 같은 개정이 이루어진 이유는 2009년 사적독점금지법 개정을 통하여 불공정한 거래방법 중 일부 유형에 대하여 과징금을 부과할 수 있도록 하였는데, 과징금 부과의 대상이 되는 불공정한 거래방법에 대해서는 그 금지의 근거를 법률에서 직접 규정하기 위한 것이었다.

3. 공정거래법의 규제체계상 불공정거래행위 관련 쟁점

위에서 살펴본 바와 같이 우리나라 공정거래법은 시장지배적 지위의 남용행위 이외에도 불공정거래행위의 금지를 포함하는 이원적인 '단독행위'(unilateral conduct) 규제체계를 가지고 있는데, 이는 미국 연방독점금지법 그리고 그 영향을 받은 일본 이외의 주요 경쟁법제에서는 찾아보기 힘든 독특한 규제체계이다. 즉, 현행 공정거래법은 한편으로 각국 경쟁법제와 마찬가지로 시장지배적 지위를 가진 사업자의 지위남용행위를 금지하면서(법 제3조의2), 이와는 별도로 사업자들의 다양한 유형의 행위를 불공정거래행위로 규정하여 금지함에 따라 종래 다음과 같은 독특한 규제체계상 문제가 제기되었다.

먼저, 법 제3조의2 제1항 각호 및 법시행령과 이에 근거를 두고 제정된 '시장지배적 지위 남용행위 심사기준'(공정거래위원회 고시 제2012-52호, 2012. 8. 13. 개정)이 규정하고 있는 시장지배적 지위의 남용행위 유형 중 상당수가 법 제23조 제1항 각호 및 법시행령이 규정하고 있는 불공정거래행위의 유형과 중복된다. 우리나라의 경우와 마찬가지로 이원적인 단독행위 규제체계를 가진 미국이나 일본과 비교하여 특히 우리나라 공정거래법상 이러한 현상이 심각한 이유는 동법상 시장지배적 지위 남용행위의 금지가 독점화(monopolization) 등을 금지하는 미국 셔먼법(Sherman Act) 제2조나 이를 모델로 하여 사적독점(私的独占)을 금지하는 일본 사적독점금지법 제2조 제5항과는 거리가 멀고 오히려 EU 기능조약(TFEU: Treaty on the Functioning of the European Union) 제102조 또는 독일 경쟁제한방지법(Gesetz gegen Wettbewerbsbeschrängkungen) 제19조의 시장지배적 지위의 남용행위 규정을 전범으로 하여 상대적으로 넓은 범위의 지위남용행위를 시장지배적 지위의 남용행위로 규정하고 있기 때문이다.

즉, 미국 셔먼법 제2조는 소위 독점화나 독점화의 기도 또는 독점화의 공모를 금지하고 있고, EU 기능조약 제102조와 독일 경쟁제한방지법 제19조는 시장지배적 지위(dominant position, marktbeherrshenden Stellung)의 남용을 금지하고 있는데,[9] 시장지배적 지위의 남용행위를 금지하고 있는 공정거래법 제3조의2는 그 법문상 표현뿐만 아니라 실제 법집행상 시장지배적 사업자의 기준 및 남용행위의 범위 등에 있어서 전자보다 후자에 훨씬 가깝다. 예컨대, 그 법적용 대상이 되는 사업자의 기준은 법문의 표현에서 보듯이 셔먼법 제2조의 행위는 독점 또는 준독점에 이른 사업자의 행위 또는 이를 초래할 우려가 있는 경우에 한하여 적용될 수 있는데 반하여, 우리나라 공정거래법 제3조의2나 EU 기능조약 제102조 및 독일 경쟁제한방지법 제19조는 상대적으로 넓은 범위의 시장지배력을 가진 사업자에 적용될 수 있다.[10] 또한 셔먼법 제2조는 경쟁자를 배제하여 시장의 경쟁상황을 악화시키는 소위 '배제남용'(exclu-

---

9) 미국 셔먼법 제2조 위반행위의 성립요건 및 독일 경쟁제한방지법 제19조의 내용은 이호영, 「독점규제법」(제5판), 홍문사, 2015, 54-56면 참고.

10) 이호영, "공정거래법상 시장지배적사업자 규제의 쟁점과 과제", 「저스티스」 통권 제104호, 한국법학원, 2008, 91면 각주 46) 참고.

sionary abuse)만을 금지하고 직접 거래상대방이나 소비자의 이익을 침해하는 소위 '착취남용'(exploitative abuse)은 금지하지 않는데 반하여, 우리나라나 EU 및 독일의 경우에는 양자 모두를 금지하고 있다.[11)]

요컨대, 우리나라 공정거래법은 한편으로 구 EC 조약 제86조 또는 독일 경쟁제한방지법 제19조와 유사하게 상대적으로 적용범위가 넓은 시장지배적 지위의 남용행위 규정을 도입하면서, 이와 별개로 일본 사적독점금지법상 불공정거래행위 규정을 모델로 삼아서 매우 광범위한 행위들을 불공정거래행위로 금지하는 규정을 도입함으로써 독특한 이원적인 단독행위 규제체계를 가지게 되었고, 다수의 행위 유형을 양자에 중복하여 규정하게 되었다. 따라서 종래 우리나라 공정거래법 집행상 시장지배적 지위의 남용행위와 불공정거래행위의 양자에 중복되는 유형의 행위들을 어떻게 평가할 것인지의 문제가 끊임없이 제기되었다. 즉, 문제로 된 행위가 양자에 중복되는 유형일 경우에 시장지배적 지위의 남용행위 규정을 적용하여야 하는지 또는 불공정거래행위 규정을 적용하여야 하는지를 판단하는 기준은 무엇인지, 또한 전자의 부당성과 후자의 부당성(공정거래저해성)은 다른 것인지, 만일 다르다면 그 차이는 무엇인지가 문제로 되었다.

둘째, 우리나라 공정거래법상 불공정거래행위의 금지와 관련하여 제기된 또 다른 중요한 논란은 법상 불공정거래행위로 규정하고 있는 행위 중 상당수는 직접 관련시장에서의 경쟁에 부정적인 영향을 미치는 것이 아니라 사업자 간 또는 사업자와 소비자 간 거래에서 발생하는 민사적 분쟁의 성격이 강한 것임에도 불구하고 경쟁법 위반행위로 보아 행정기관에 의한 법 집행과 제재의 대상으로 삼는 것이 타당한지 여부에 관한 것이다. 이러한 논란은 주요 선진국의 경쟁법제에서 시장지배적 지위를 가지지 않는 사업자가 단독으로 행하는 행위는 원칙적으로 경쟁법 위반으로 다루지 않는다는 점, 그리고 경쟁당국의 법 집행 역량을 가급적 경쟁법의 본령이라고 할 수 있는 시장에서의 경쟁을 제한하는 행위에 집중해야 하고 민사적 분쟁은 법원을 통하여 해결하는 것이 바람직하다는 점에서도 상당한 논란의 여지가 있다.

---

11) 착취남용에 관한 경쟁법제의 차이점에 관한 설명은 이호영, 같은 글, 91-92면 참고.

III. 공정거래법상 공정거래저해성의 내용 및 판단기준

1. 학설상 공정거래저해성의 내용 및 판단기준

법 제23조 제1항 본문은 불공정거래행위를 금지하면서 이를 '공정한 거래를 저해할 우려가 있는 행위'라고 하고, 동 항 각호는 불공정거래행위의 유형들을 열거하면서 각각 '부당하게' 해당 행위를 할 것을 요건으로 규정하고 있다. 따라서 문제로 된 행위가 법상 불공정거래행위에 해당하기 위해서는 법 및 법시행령이 열거하고 있는 행위 유형에 부합할 뿐만 아니라 공정거래저해성(또는 부당성)이 인정되어야 하는데,[12] 종래 그 내용 및 판단기준에 관하여 학설상 논의가 있었다.

우선, 아래에서 설명하는 2007년 포스코 사건 대법원 판결[13]이 나오기 이전에 공정거래저해성의 내용에 관한 대체적인 국내 학설은 일본 사적독점금지법상 불공정한 거래방법의 '공정경쟁저해성'에 관한 다수설이라고 할 수 있는 소위 '三條件說'에 입각하였다고 볼 수 있다.[14] 종래 일본 사적독점금지법상 불공정한 거래방법의 공정경쟁저해성의 내용에 관한 학설은 크게 삼조건설과 남용설이 대립하였는데, 다수설의 위치를 차지 한 전자의 견해는 불공정한 거래방법이 사적독점금지법상 사적독점이나 부당한 거래제한과 같이 경쟁제한적 행위를 금지하는 다른 규제에 종속적이고 부수적인 규제로서 그에 대한 예방적 또는 보완적 규정으로 보는데 반하여(소위 '萌芽理論'), 후자의 견해는 불공정한 거래방법의 금지가 경쟁제한적 행위를 대상으로 삼는 규제와는 구별되는 독자적인 의미와 고유한 성격을 가지는 것으로서 사업자가 힘을 남용하여 거래상대방 또는 경쟁자가 가격과 품질에 입각하여 경쟁하는 능률경쟁의 가능성을 박탈하거나 판단을 왜곡하는 것을 방지하기 위한 것이라고 파악한다.[15]

---

12) 법 제23조 제1항 본문의 공정거래저해성과 동 항 각호의 부당성의 관계에 관하여 문제가 제기될 수 있는데, 후자의 부당성은 전자의 공정거래저해성을 각 불공정거래행위의 유형별로 구체화한 것이라고 이해되므로 결국 양자는 동일한 개념이라고 볼 수 있다.

13) 대법원 2007. 11. 22. 선고 2002두8626 판결.

14) 일본 사적독점금지법 제2조 제9항은 불공정한 거래방법의 위법성 요건을 '공정경쟁저해성'이라고 규정하고 있어서 우리나라 공정거래법 제23조 제1항 본문의 '공정거래저해성'과 동일한 것인지의 문제가 제기될 수 있으나 적어도 양 법률에 중복되는 유형의 행위에 관해서는 동일한 의미로 이해하는 것이 타당할 것이다.

15) 양 학설의 대립은 舟田正之, 「不公正な取引方法」, 有斐閣, 2009, 518-539頁 참고.

일본의 다수설인 삼조건설은 공정경쟁저해성을 자유로운 경쟁의 감쇄(減殺),[16] 경쟁수단의 불공정성 및 자유로운 경쟁기반의 침해의 세 가지 측면을 포괄하는 것이라고 주장하는데,[17] 종전에 대체적인 국내 학설 역시 이를 추종하여 예컨대, 공정거래저해성의 내용은 경쟁제한성뿐만 아니라 경쟁의 수단이나 방법, 거래 내용이나 조건이 부당하거나 불공정한 경우 또는 거래상 교섭이나 정보제공에 있어서 합리적인 선택을 방해하는 행위까지 포함하는 개념이라고 하거나,[18] 경쟁수단의 경쟁제한성과 거래내용의 불공정성, 그리고 소비자의 오인을 유발하는 남용성 등을 포함하는 개념이라고 하였다.[19]

법상 불공정거래행위의 위법성 요건인 공정거래저해성의 내용에 관하여 위와 같은 접근을 취할 경우에 각 유형의 불공정거래행위를 공정거래저해성의 세 가지 측면 중 어떤 것과 연결시킬 것인지가 문제로 될 수 있다. 종래 일본의 대체적인 학설은 일반지정에서 규정하고 있는 불공정한 거래방법의 유형 중 공동의 거래거절, 기타의 거래거절, 차별대가, 거래조건 등의 차별적 취급, 사업자단체의 차별적 취급, 부당염매, 부당 고가매입, 배타조건부거래, 재판매가격의 구속, 구속조건부거래 등은 경쟁감쇄에서, 기만적 고객유인, 부당한 이익에 의한 고객유인, 끼워팔기, 경쟁자에 대한 거래방해, 경쟁회사에 대한 내부간섭 등은 경쟁수단의 불공정성에서, 그리고 우월적 지위의 남용은 경쟁기반의 침해에서 공정경쟁저해성을 구하는 유형이라고 설명한다.[20] 또한 이러한 대응관계는 상호 배타적인 것은 아니고, 예컨대 끼워팔기와 경쟁자에 대한 거래방해는 경쟁수단의 불공정성뿐만 아니라 경쟁감쇄에서도 공정경쟁저해성을 찾을 수 있다고 설명한다.[21]

---

16) 공정경쟁저해성에 관한 삼조건설에서 말하는 '경쟁감쇄'는 일정한 거래분야(관련시장)에서의 경쟁을 실질적으로 제한하는 것으로 인정될 정도의 것일 필요는 없고, 어느 정도 공정하고 자유로운 경쟁을 방해하는 것으로 인정될 수 있으면 족하다고 한다(根岸哲(編), 「注釈独占禁止法」, 有斐閣, 2009, 344-345頁).

17) 根岸哲(編), 「注釈独占禁止法」, 有斐閣, 2009, 343-344頁.

18) 권오승, 「경제법」(제6판), 법문사, 2008, 278-279면.

19) 원용수 · 정호열, 「불공정거래행위에 대한 합리적 규제방안 연구」(공정거래 위원회연구용역보고서), 1999, 124-128면.

20) 田中寿(編), 「不公正な取引方法」, 商事法務研究会, 1982, 10-11頁.

21) 根岸哲(編), 「注釈独占禁止法」, 有斐閣, 2009, 344頁.

종래 우리나라 공정거래법상 각 불공정거래행위 유형의 공정거래저해성에 관한 일반적인 이해 역시 비슷하다고 할 수 있는데, 가장 대표적으로 2004년에 제정된 '불공정거래행위 심사지침'(공정거래위원회 예규 제134호, 2012. 4. 25. 개정)에서 그러한 입장을 찾아볼 수 있다.[22] 동 지침에 따르면 불공정거래행위의 위법성 요건인 '공정거래저해성'이란 경쟁제한성과 불공정성을 포함하는 개념으로서, 이 때 전자는 당해 행위로 인해 시장 경쟁의 정도 또는 경쟁사업자(잠재적 경쟁사업자 포함)의 수가 유의미한 수준으로 줄어들거나 줄어들 우려가 있음을 의미하고, 후자는 경쟁수단 또는 거래내용이 정당하지 않음을 의미하는데, 다시 경쟁수단의 불공정성은 상품 또는 용역의 가격과 질 이외에 바람직하지 않은 경쟁수단을 사용함으로써 정당한 경쟁을 저해하거나 저해할 우려가 있음을 의미하고 거래내용의 불공정성이라 함은 거래상대방의 자유로운 의사결정을 저해하거나 불이익을 강요함으로써 공정거래의 기반이 침해되거나 침해될 우려가 있음을 의미한다(동 지침 Ⅲ. 1. 가).

나아가 위 지침은 각 불공정거래행위의 유형별로 위법성을 판단하는 기준을 설명하고 있는데, 다음과 같이 경쟁제한성을 위주로 판단하는 유형, 불공정한 경쟁수단에 해당하는지 여부를 위주로 판단하는 유형, 그리고 거래내용의 공정성을 침해하는지 여부를 위주로 판단하는 유형의 3가지로 구분하고 있다. 첫째, 거래거절, 차별적 취급, 부당염매 및 부당 고가매입 등의 경쟁사업자 배제, 배타조건부거래 및 거래지역 또는 거래상대방 제한 등의 구속조건부거래가 경쟁제한성을 위주로 판단하는 유형에 해당되고, 둘째, 고객유인, 거래강제 중 사원판매 및 기타의 거래강제, 사업활동방해가 경쟁수단의 불공정성을 위주로 판단하는 유형에 해당되며, 셋째, 구입강제, 이익제공강요, 판매목표강제, 불이익제공, 경영간섭 등의 거래상 지위의 남용이 거래내용의 불공정성을 위주로 판단하는 유형에 해당된다. 또한 차별적 취급 중 계열회사를 위한 차별은 경쟁제한성 또는 경제력 집중의 우려를 위주로 판단하고, 거래강제 중 끼워팔기는 경쟁수단의 불공정성 또는 경쟁제한성을 위주로 판단하도록 규정하고 있다(동

22) 동 지침은 예규(例規)에 불과하므로 법규성은 없지만, 경쟁당국으로서 다양한 유형의 불공정거래행위의 위법성을 심사하는 기준을 체계적으로 제시하고자 하는 시도로서 공정거래위원회의 법집행상 불공정거래행위에 대한 접근방법을 담고 있다고 할 수 있다.

지침 Ⅴ). 주목할 것은 이 사건 행위에 적용된 불공정거래행위의 유형인 사업활동방해의 공정거래저해성을 일본의 '경쟁자에 대한 거래방해'의 경우와는 달리 오로지 경쟁수단의 불공정성에서만 찾고 있는데, 이는 위에서 살펴본 양 법제상 관련 규정의 문언상 차이에서 비롯된 것으로 이해할 수 있다.

불공정거래행위의 위법성 판단기준에 관한 위 지침의 접근방법은 일본의 다수설과 마찬가지로 우리나라 공정거래법상 불공정거래행위의 금지를 가급적 경쟁법의 본령에 부합하게 해석하려는 시도라고 할 수 있다. 즉, 거래거절이나 차별적 취급, 부당염매, 끼워팔기, 배타조건부거래 등 주요 경쟁법제에서도 경쟁법 위반으로 다루어지는 불공정거래행위 유형의 위법성을 경쟁제한성을 기준으로 판단함으로써 가급적 경쟁법 집행의 국제적 기준에 접근시키려는 입장이라고 할 수 있다.[23)]

2. 판례상 공정거래저해성의 판단기준

종전에 법원은 대체로 공정거래법상 불공정거래행위의 공정거래저해성의 내용에 관하여 일관되고 체계적인 법리를 제시하지 못한 채, 각 불공정거래행위의 유형별로 문제로 된 행위와 관련된 모든 제반사항을 고려하여 판단하는 접근방법('totality of circumstances test')을 취하고 있다고 할 수 있다. 예컨대, 정유회사가 자영주유소에 대하여 석유류제품 공급물량을 감축하고 외상기간을 단축하고 담보제공을 요구하는 등의 행위를 한 것이 법상 거래거절, 우월적 지위의 남용 또는 사업활동방해로서 불공정거래행위에 해당하는지가 문제로 된 사안에서, 대법원은 불공정거래행위에 해당하기 위해서는 당해 행위가 외형

23) 그러나 위와 같은 접근방법은 근본적인 한계를 가져서 여전히 경쟁법의 국제적 기준과는 상당한 거리를 가질 수밖에 없다. 왜냐하면 미국 및 EU 등 주요 외국의 경쟁법제에서는 위와 같은 유형의 행위들을 소위 '수직적 합의'(vertical agreements)에 의한 공동행위로 다루는데 반하여, 우리나라 공정거래법상 불공정거래행위는 단독행위로 규율하고 있기 때문이다. 뿐만 아니라 예컨대, 불공정거래행위의 유형 중 끼워팔기나 기타의 거래강제의 경우 법령상 '거래강제'로 분류되어 있고 문언상으로도 명시적으로 '강제성'을 요구하고 있어서 위법성을 판단함에 있어서 경쟁제한성이 인정되는 경우에는 강제성이 인정되지 않더라도 위법한 것으로 판단할 수 있는지와 같은 해석상 난점이 남는다. 공정거래법상 단독행위 규제체계의 문제점에 대해서는 이호영, "공정거래법상 단독행위 규제체계의 현황 및 개선방안", 「경쟁저널」, 제169호, 공정경쟁연합회, 2013, 11-12면 참고.

적으로 각 규정이 정하는 요건을 갖추는 외에 그것이 법의 목적에 비추어 부당한 것이어야 하고, 그 부당성의 유무를 판단함에 있어서는 거래당사자의 거래상의 지위 내지 법률관계, 상대방의 선택가능성 · 사업규모 등의 시장상황, 그 행위의 목적 및 효과, 관련 법규의 특성 및 내용 등 여러 사정을 고려하여 그 행위가 공정하고 자유로운 경쟁을 저해할 우려가 있는지 여부를 고려하여야 한다고 판시하였다.[24] 이 판결에서 대법원이 제시한 불공정거래행위의 부당성의 판단기준은 그 후에도 각급 법원이 다양한 유형의 불공정거래행위의 부당성을 판단함에 있어서 반복적으로 사용하고 있다.

그런데 2007년 포스코 사건 대법원 판결[25]이 내려진 이후에 법원은 시장지배적 지위의 남용행위에 관한 판례 법리의 발전에 영향을 받아서 특히, 배타조건부 거래 등 시장배적 지위의 남용행위와 중복되는 유형의 불공정거래행위의 공정거래저해성에 관하여 비교적 상세한 법리를 제시하고 있다고 평가할 수 있다.[26]

포스코 사건에서 대법원은 시장지배적 지위의 남용행위로서의 거래거절과 불공정거래행위로서의 거래거절의 부당성의 차이점에 관하여, 양자는 그 규제목적 및 범위를 달리하고 있으므로 전자의 부당성의 의미는 후자의 부당성과는 별도로 독자적으로 평가 · 해석해야 한다고 지적하면서, 특히 후자에 관하여 공정거래법이 시장지배적 사업자의 지위남용행위로서의 거래거절행위와는 별도로 불공정거래행위로서의 거래거절행위를 규제하고 있는 이유는 거래거절이 시장지배적 사업자의 지위남용에 해당하는지 여부를 떠나 단지 그 거래상대방과의 관계에서 공정한 거래를 저해할 우려가 있는 행위라고 평가되는 경우에는 이를 규제하여야 할 필요성이 있기 때문이라고 전제하고, 따라서 불공정거래행위로서의 거래거절행위는 그 행위의 주체에 제한이 없으며 당해 거래거절행위의 공정거래저해성 여부에 주목하여 시장에 미치는 영향을 고려하지 아니하고 거래상대방인 특정 사업자가 당해 거래거절행위로 인하여 불이익을 입었는지 여부

24) 대법원 1998. 9. 8. 선고 96누9003 판결.

25) 대법원 2007. 11. 22. 선고 2002두8626 판결.

26) 종래 공정거래법상 시장지배적 지위의 남용행위와 불공정거래행위를 포함한 단독행위의 부당성에 관한 판례의 경향에 대한 설명은 이호영, “공정거래법상 단독행위 규제체계의 현황 및 개선방안”, 「경쟁저널」, 제169호, 공정경쟁연합회, 2013, 12-15면 참고.

에 따라 그 부당성의 유무를 평가해야 하여야 한다고 함에 반하여, 시장지배적 사업자의 지위남용행위로서의 거래거절의 부당성은 '독과점적 시장에서의 경쟁 촉진'이라는 입법목적에 맞추어 해석하여야 한다고 하였다.[27)]

위 판시 중 불공정거래행위의 부당성에 관한 사항은 방론에 불과하다고 생각되지만, 우리나라 공정거래법상 이원적으로 규정되어 있는 단독행위 규제 중 시장지배적 지위의 남용행위의 규제근거는 '경쟁제한성'으로, 불공정거래행위의 규제근거는 '특정 거래상대방에 대한 불이익'으로 확연히 대비시키는 입장으로서, 전자의 취지가 독과점사업자의 경쟁제한행위를 규제하기 위한 것임을 명확하게 한 점을 평가할 수 있는 반면에, 후자에 관한 사항은 위에서 살펴본 '공정거래행위 심사지침'의 태도를 비롯하여 종래 불공정거래행위 규정을 가급적 경쟁법의 본령에 접근시키려 접근방법과 배치되고, 일부 불공정거래행위 유형에 관하여 문제로 된 행위가 경쟁에 미치는 영향을 근거로 공정거래저해성을 인정한 종전 판결례의 경향과도 거리가 있는 것이라고 비판할 수 있다.

포스코 사건 판결이 내려진 이후 법원은 시장지배적 지위의 남용행위가 문제로 된 사건에서 대체로 위 판시사항을 충실하게 지키고 있다고 할 수 있는데, 일련의 시장지배적 지위의 남용행위 사건에서 다른 사업자에 대한 불이익이 부과된 점을 인정하면서도 독과점의 유지 · 강화를 위한 의도나 목적이 인정되지 않다거나 경쟁을 제한함으로써 인위적으로 시장질서에 영향을 가하려는 의도나 목적이 인정되지 않으므로 부당성이 인정되지 않는다고 판시하였다.[28)]

---

27) 같은 판결.

28) 예컨대, 이동통신시장에서 지배적 지위를 가진 사업자가 자사용 MP3폰에서는 자신이 운영하는 온라인음원사이트에서 구매한 음악파일만 재생될 수 있도록 폐쇄형 DRM을 탑재한 행위가 시장지배적 지위의 남용행위에 해당하는지가 문제로 된 사건에서 대법원은 독과점의 유지 · 강화를 위한 의도나 목적이 인정되지 않아서 부당성이 인정되지 않는다고 판시하였고(대법원 2011. 10. 13. 선고 2008두1832 판결), 자동차시장에서 지배적 지위를 가진 사업자가 판매대리점들에 대하여 판매목표를 설정하고 이를 달성하기 위하여 선출고를 요구하는 등의 행위가 시장지배적 지위의 남용행위에 해당하는지가 문제로 된 사건에서도 대법원은 판매대리점의 거점이전 및 인원채용의 제한과는 달리 직영판매점과의 경쟁을 제한함으로써 인위적으로 시장질서에 영향을 가하려는 의도나 목적이 인정되지 않아서 부당성이 인정되지 않는다고 판시하였다(대법원 2010. 3. 25. 선고 2008두7465 판결). 참고로 후자의 사건과 관련하여 공정거래위원회가 문제로 된 행위를 불공정거래행위의 유형 중 하나인 '판매목표강제'로 의율 했더라면 법원이 그 위법성을 인정하였을 것이라고 평가한 견해도 찾아볼 수 있다(양명조, "시장지배적사업자의 사업활동방해행위-현대자동차(주) 사건판결의 두 가지 논점", 「경쟁

이에 반하여 불공정거래행위의 부당성에 관해서는 포스코 사건 판결이 내려진 이후에도 법원은 여전히 일관된 기준을 제시하지 못하다고 할 수 있다. 예컨대, 배타조건부거래가 문제로 된 사건에서 대법원은 일견 포스코 사건 판결과는 거리가 있다고 볼 수 있는 주목할 만한 내용을 판시하였다. 즉, 정유사업자들이 자영주유소와 거래를 하면서 이들의 소요제품 전량을 자신으로부터 공급받도록 하고 그 의무를 위반할 경우에 계약해지나 손해배상 등의 제재를 가할 수 있도록 하는 내용의 계약을 체결한 행위가 '배타조건부거래'로서 불공정거래행위에 해당하는지에 관하여, 대법원은 공정거래법이 시장지배적 사업자의 지위 남용행위로서의 배타적조건부거래행위를 규제하면서도 불공정거래행위로서의 배타조건부거래를 규제하고 있는 이유는 배타조건부거래가 시장지배적 사업자의 지위 남용에 해당하는지 여부를 떠나 관련시장에서의 경쟁을 제한하거나 그 거래상대방에 대하여 거래처 선택의 자유 등을 제한함으로써 공정한 거래를 저해할 우려가 있는 행위라고 평가되는 경우는 이를 규제해야 할 필요성이 있기 때문이라고 지적하면서, 시장지배적 지위의 남용행위로서의 배타조건부거래의 부당성과는 달리 불공정거래행위로서의 배타조건부거래의 부당성은 당해 행위가 물품의 구입 또는 유통경로의 차단, 경쟁수단의 제한을 통하여 자기 또는 계열회사의 경쟁사업자나 잠재적 경쟁사업자를 관련시장에서 배제하거나 배제할 우려가 있는지 여부를 비롯한 경쟁제한성을 중심으로 그 유무를 평가하되, 거래상대방인 특정사업자가 당해 배타조건부거래행위로 인하여 거래처 선택의 자유 등이 제한됨으로써 자유로운 의사결정이 저해되었거나 저해될 우려가 있는지 여부 등도 아울러 고려할 수 있다고 판시하였다.[29]

위 대법원 판시는 요컨대, 불공정거래행위로서의 배타조건부거래의 부당성

법연구」 제24권, 2011, 178-184면 참고).

29) 대법원 2013. 4. 25. 선고 2010두25909 판결. 대법원은 나아가 배타조건부거래가 부당한지 여부를 판단함에 있어서는 당해 행위로 인하여 대체적 물품구입처 또는 유통경로가 차단되는 정도, 경쟁사업자가 경쟁할 수 있는 수단을 침해 받는지 여부, 행위자의 시장점유율 및 업계 순위, 배타조건부거래의 대상이 되는 상대방의 수와 시장점유율, 실시기간 및 대상이 되는 상품 또는 용역의 특성, 의도 미 목적과 아울러 거래상대방의 지위, 계약내용, 계약체결 당시 상황 등을 종합적으로 고려해야 할 것이라고 하면서, 결국 이 사건 행위로 인하여 상당한 정도의 봉쇄효과 등 경쟁제한성이 초래되고 거래상대방인 주유소의 의사에 반하지 않았다고 단정하기 어렵다는 점 등을 근거로 위법한 배타조건부거래에 해당한다고 하였다.

은 시장지배적 지위의 남용행위로서의 배타조건부거래의 경우와 다르지만 여전히 관련시장에서의 경쟁제한성을 중심으로 판단하되, 그밖에 거래상대방의 거래처 선택의 자유를 침해하는지 여부 등을 추가적으로 고려하여 판단하여야 한다는 의미로 이해된다. 이는 포스코 사건 대법원 판결과는 달리 불공정거래행위의 경우에도 그 유형에 따라서는 적어도 다른 요소와 함께 경쟁제한성을 기준으로 위법성을 판단하려는 취지로서 오히려 일본의 삼조건설이나 '불공정거래행위 심사지침'의 태도에 가깝다고 할 수 있다.

위와 같이 공정거래저해성에 관한 대법원의 태도는 여전히 일관되지 못하다고 할 수 있고, 나아가 다양한 불공정거래행위의 유형 중 경쟁제한성을 중요하게 고려하여야 할 유형들은 어떤 것인지,[30] 경쟁제한성을 중요하게 고려하는 유형의 불공정거래행위의 경우에도 이때 요구되는 경쟁제한성과 시장지배적 지위의 남용행위의 경우에 요구되는 경쟁제한성의 차이가 무엇인지 등의 쟁점이 남는다.

IV. 사업활동방해의 공정거래저해성의 판단기준

1. 공정거래위원회의 심결례상 사업활동방해의 부당성 판단기준

현재까지 공정거래위원회가 법상 불공정거래행위의 유형 중 법 제23조 제1항 제5호 후단의 사업활동방해에 해당하는 것으로 인정하여 시정명령이나 시정권고를 내린 사건은 28건(다수 사업자의 사실상 동일한 행위를 일괄하여 의결한 것은 1건으로 산정)을 찾아볼 수 있다.[31] 이들을 사업활동방해의 세부 유형별로 살펴보면, 절대 다수가 '기타의 사업활동방해'로 의율된 것이었고, 명시적으로 다른 유형의 사업활동방해로 의율된 것은 '인력의 부당한 유인 · 채용'이

---

30) 참고로 포스코 사건 대법원 판결과는 달리 주요 외국의 경쟁법제에서는 거래거절의 위법성 역시 경쟁제한성에서 그 근거를 찾고 있고, 불공정거래행위 심사지침 역시 동일한 태도를 취하고 있다.

31) 공정거래위원회 홈페이지(http://www.ftc.go.kr/laws/book/judgeSearch.jsp)에서 의결서를 검색한 결과이다.

문제로 된 현대자동차(주)의 사업활동방해교사행위 및 (유)현대오토엔지니어링의 사업활동방해행위에 대한 건(공정거래위원회 의결 제97-181호, 1997. 12. 8.)의 단 1건을 찾을 수 있을 뿐이다.[32] 또한 문제로 된 사업활동방해의 대상을 살펴보면, 압도적인 다수(23건)가 자신 또는 자신의 계열사의 경쟁자에 대하여 직접·간접적으로 사업활동방해를 한 것이고, 경쟁관계에 있지 않은 거래상대방에 대한 사업활동방해를 문제로 삼은 것은 소수에 불과하다.

경쟁자에 대한 사업활동방해가 문제로 된 사건에서 사업활동을 방해하기 위하여 사용된 방법을 살펴보면, 사실과 다르거나 근거 없는 내용으로 경쟁사업자를 비방하거나 경쟁자에 불리한 내용을 광고하거나 알리는 행위,[33] 자신에게 유리하고 상대적으로 경쟁자를 경쟁상 불리한 지위에 놓이게 하는 오인적인 표시·광고행위,[34] 자신의 납품업체나 거래상대방에 대하여 경쟁자에게 제품을 공급하지 못하도록 하거나 자신의 거래처인 외국 제조사에 대하여 병행수입업자에게 제품공급을 중단하도록 하는 행위,[35] 경쟁자에 대하여 정당한 이유 없는 비용을 징수하는 행위,[36] 그밖에 경쟁자의 사업장에 대한 고객의 출입을 어렵게 하거나,[37] 경쟁자와 계약을 체결한 사업자에 대하여 방문이나 전화통화를

32) 그밖에 공정거래위원회가 거래처 이전 방해에 해당된다고 의결한 사례를 1건 찾아볼 수 있으나{공정거래위원회 의결 제97-21호(1997. 4. 12.)}, 추후 동 의결에 대한 이의신청이 인용되어 취소되었다{공정거래위원회 재결 제97-21호(1997. 7. 22)}.

33) 현대엘리베이터(주)의 사업활동방해행위에 대한 건(공정거래위원회 의결 제98-56호, 1998. 4. 2.), ㈜미건의료기의 사업활동방해행위에 대한 건(공정거래위원회 의결 제2000-109호, 2000. 7. 22.), ㈜세라젬의료기의 사업활동행위에 대한 건(공정거래위원회 의결 제2001-40호, 2001. 3. 14.) 등 참고.

34) 한국전기통신공사의 사업활동방해행위에 대한 건(공정거래위원회 의결 제2000-148호, 2000. 9. 4.), 엘리트학생복 청주본점의 사업활동행위에 대한 건(공정거래위원회 의결 제2007-370호, 2007. 7. 23.) 등 참고.

35) ㈜신세계백화점의 사업활동방해행위에 대한 건(공정거래위원회 의결 제98-72호, 1998. 5. 9.), 롯데쇼핑㈜의 사업활동방해행위에 대한 건(공정거래위원회 의결 제98-100호, 1998. 5. 28.), 한성자동차(주)의 사업활동방해행위에 대한 건(공정거래위원회 의결 제98-110호, 1998. 6. 5.), ㈜교보문고 등 대형 서적판매 3사의 사업활동방해행위에 대한 건(공정거래위원회 의결 제2000-183호, 2000. 12. 28.), ㈜엘알에스랩의 사업활동방해행위에 대한 건(공정거래위원회 의결 제2002-99호, 2002. 7. 9.), ㈜예하미디어의 사업활동방해행위에 대한 건(공정거래위원회 의결 제2006-57호, 2006. 3. 28.) 등 참고.

36) 11개 CY운영사업자들의 사업활동방해행위에 대한 건(공정거래위원회 의결 제2008-271호, 2008. 9. 28.), 세방(주)의 사업활동방해행위에 대한 건(공정거래위원회 의결 제2008-190호, 2008. 6. 30.) 등 참고.

통하여 계약해지를 종용하거나,[38] 경쟁사의 제품이 반입되는 것을 저지하거나,[39] 항공권 예약시스템을 조작하여 경쟁여행사가 항공권의 예약 및 발권을 못하도록 하거나,[40] 또는 경쟁자가 유통시키는 PDA의 개통을 거절하는 등[41] 경쟁자의 사업활동을 물리적으로 방해하는 행위 등 거래상대방이나 경쟁자에 대하여 불이익을 부과하는 방법을 사용한 경우가 대부분이다.

이에 반하여 경쟁자의 현재의 또는 잠재적 고객이나 거래처 등에 대하여 경제적 이익을 제공하는 방법을 사용한 경우는 매우 드물다고 할 수 있는데, 이 사건 행위를 제외하고는 종합유선방송사업자가 자신의 영업허가구역 중 경쟁자인 중계유선방송사업자의 영업허가구역에서는 시청료를 무료로 하거나 대폭적으로 할인해주고 그 밖의 다른 구역에서는 정상가격을 받는 방법을 사용한 것이 문제로 된 것을 찾아볼 수 있을 뿐이다.[42] 그 이유는 아래에서 살펴보는 바와 같이 경쟁자의 현재의 또는 잠재적 고객에게 경제적 이익을 제공하는 방법으로 경쟁자와의 거래를 단념시키고 자신과 거래하도록 유도하는 행위는 통상 법 제23조 제1항 제2호의 부당한 경쟁사업자배제로서의 '부당염매' 또는 동 항 제3호의 부당한 고객유인으로서의 '부당한 이익에 의한 고객유인'으로 의율 하였기 때문이라고 추측된다.

종래 사업활동방해가 문제로 된 사건에서 공정거래위원회는 그 성립요건으로서 흔히 (1) 다른 사업자의 사업활동을 방해하는 행위의 존재, (2) 당해 행위의 부당성(공정거래저해성)이 인정될 것, (3) 다른 사업자의 사업활동이 심히 곤란해질 것 등 세 가지를 제시하고 각각의 충족 여부를 판단하였는데, 문제로 된 행위의 부당성을 깊이 있게 논의한 사건은 그리 많지 않다. 공정거래위원회

37) ㈜주영커먼의 사업활동방해행위에 대한 건(공정거래위원회 의결 제98-73호, 1998. 5. 9.).
38) ㈜덕원산업의 사업활동방해행위에 대한 건(공정거래위원회 의결 제99-26호, 1999. 3. 19.).
39) 해태제과 남산대리점의 사업활동방해행위에 대한 건(공정거래위원회 의결 제99-110호, 1999. 5. 13.).
40) 아시아나항공(주)의 계열회사를 위한 차별취급 및 타사업자 사업활동방행행위에 대한 것(공정거래위원회 의결 제2000-296호, 2000. 12. 11.).
41) 에스케이텔레콤(주)의 사업활동방행행위에 대한 건(공정거래위원회 의결 제2009-49호, 2009. 2. 3.).
42) 드림씨티방송(주)의 사업활동방행행위에 대한 건(공정거래위원회 의결 제2002-176호, 2002. 8. 14.) 및 ㈜한국케이블TV경기방송의 사업활동방행행위에 대한 건(공정거래위원회 의결 제2002-214호, 2002. 10. 9.).

가 사업활동방해의 부당성(공정거래저해성)에 관하여 논의한 것들을 살펴보면, 대체로 문제로 된 행위가 가격이나 품질 및 서비스 등에 입각한 경쟁방법(소위 '능률경쟁')이 아니라 불공정한 경쟁수단이라는 점에 근거를 두고, 간혹 사안에 따라서 거래상대방의 의사의 자유를 침해한 것 또는 경쟁제한성이나 소비자의 이익 저해에서 근거를 찾은 사례도 찾아볼 수 있다.

예컨대, ㈜미건의료기의 사업활동방해행위에 대한 건에서 공정거래위원회는 동 사업자가 경쟁사업자의 대리점들에게 경쟁사업자가 도산이 예상된다는 등의 근거 없는 내용을 유포하고 자신과의 대리점 개설에 대하여 상의할 용의가 있다고 한 행위는 "객관적으로 인정되지 않는 근거 없는 내용을 유포함으로써 온열치료기 시장의 사업자 간 경쟁에 있어서 가격 · 품질 · 서비스 등 공정한 수단 대신 불공정한 수단을 사용한 행위이고, 또한 이러한 행위는 궁극적으로 동 시장에서의 자유로운 경쟁을 저해시키는 행위라 할 것이므로 그 부당성이 인정된다."고 하였다.[43)]

또한 에스케이텔레콤(주)의 사업활동방해행위에 대한 건에서 공정거래위원회는 이동통신사업자가 제조사가 직접 유통하는 PDA폰에 대하여 영업승인번호의 발급을 거부하고 법인에게만 판매하도록 한 행위의 부당성을 인정하면서, 동 행위는 무선인터넷시장에서 자신의 무선인터넷서비스 관련 매출이 잠식당할 것을 우려한 것이고 PDA폰 제조사가 단말기시장에 진입하는 것을 막아 PDA폰 단말기 제조시장의 경쟁을 제한한 것으로서 시장에서의 경쟁을 제한하고 소비자의 이익을 저해하는 결과를 야기하는 행위라고 하였다.[44)] 그밖에 ㈜신세계백화점의 사업활동방해행위에 대한 건과 롯데쇼핑㈜의 사업활동방해행위에 대한 건에서 공정거래위원회는 동 사업자들이 자신의 납품업체들에 대하여 경쟁사업자에게 납품하지 못하도록 한 행위에 관하여, 거래당사자에 대한 거래참여의

43) 공정거래위원회 의결 제2000-109호, 2000. 7. 22. 그밖에 현대엘리베이터(주)의 사업활동방해행위에 대한 건(공정거래위원회 의결 제98-56호, 1998. 4. 2.), 해태제과 남산대리점의 사업활동방해행위에 대한 건(공정거래위원회 의결 제99-110호, 1999. 5. 13.), 한국전기통신공사의 사업활동방해행위에 대한 건(공정거래위원회 의결 제2000-148호, 2000. 9. 4.), ㈜예하미디어의 사업활동방해행위에 대한 건(공정거래위원회 의결 제2006-57호, 2006. 3. 28.), 엘리트학생복 청주본점의 사업활동행위에 대한 건(공정거래위원회 의결 제2007-370호, 2007. 7. 23.) 등 참고.

44) 공정거래위원회 의결 제2009-49호, 2009. 2. 3.

자유, 거래처선택의 자유, 거래조건 설정의 자유 등 자유의사의 보장은 시장에서 공정한 경쟁이 이루어지기 위한 전제조건이므로 이 사건 행위는 납품업체들의 의사의 자유를 침해한 행위로서 부당성이 인정된다고 하였다.[45)]

2. 판례상 사업활동방해의 부당성 판단기준

그 동안 법원이 공정거래법상 사업활동방해에 해당되는지 여부를 검토한 사례는 그다지 많지 않다. 먼저, 위에서 소개한 바 있는 것으로서 정유회사의 자영주유소에 대한 석유류제품 공급물량 감축 등이 문제로 된 사건에서 동 행위가 거래거절이나 우월적 지위의 남용과 함께 사업활동방해에도 해당하는지 여부가 다투어졌으나, 대법원은 이미 설명한 바와 같이 각 불공정거래행위의 유형별로 그 부당성을 판단하는 기준을 별도로 설시하지 않고 불공정거래행위 일반의 부당성을 판단함에 있어서 고려하여야 할 제반 요소를 제시하는데 그쳤다.[46)]

이 사건 행위와 마찬가지로 경쟁자에 대한 사업활동방해가 문제로 된 사건에서 내려진 판결들을 살펴보면 다음과 같다. 먼저, 위에서 소개한 미건의료기의 사업활동방해행위에 대한 건에서 동 회사는 경쟁사업자 및 그 대리점을 상대로 산업재산권 침해금지 가처분 신청을 하여 가처분결정을 받았고, 이에 대하여 경쟁사업자 및 그 대리점이 이의신청 및 본안 소송을 제기하여 심리가 진행 중이었는데, 위 회사는 경쟁사업자의 대리점들에게 위 가처분결정 사실을 통보하면서, 마치 경쟁사업자가 자신의 산업재산권을 침해하여 그 책임으로 인해 도산에 이를 것이고, 그와 같은 경우에 그 피해가 각 대리점에게 전가될 것이며, 자신과의 대리점계약 체결을 원할 경우 이에 대하여 상의할 용의가 있다는 내용을 함께 통보하였다.

위 사건 관련 행정소송을 심리한 서울고법은 법원의 가처분결정을 받았다고 하더라도 경쟁사업자가 산업재산권을 침해한 것으로 확정되는 것은 아니므로, 본안사건이 계류 중임에도 경쟁사업자의 대리점들에게 위 가처분 결정 사실을 통보하면서, 마치 경쟁사업자가 자신의 산업재산권을 침해하여 그 책임으로 인해 도

45) 공정거래위원회 의결 제98-72호, 1998. 5. 9. 및 공정거래위원회 의결 제98-100호, 1998. 5. 28.

46) 대법원 1998. 9. 8. 선고 96누9003 판결.

산에 이르게 될 것이고, 그 경우에 그 피해가 각 대리점에게 전가될 것이라는 부분은 아무런 근거 없는 과장된 추측이고, 그 피해를 방지하기 위하여 자신과의 대리점계약 체결에 대하여 상의할 용의가 있다는 부분은 위와 같은 과장된 추측을 이용하여 자신의 시장지배력을 증가시키려는 의도가 있다고 보이므로, 그 목적이 자신의 산업재산권을 보호하고 선량한 대리점의 피해를 예방하기 위한 것이며 산업재산권은 그 보호가치가 높다고 하더라도, 위와 같은 행위는 사업자 간의 경쟁에 있어서 부당한 방법을 사용한 행위라고 판시하였다.[47)]

또한 대법원이 사업활동방해를 다룬 사안으로서 11개 CY운영사업자들의 사업활동방해행위에 대한 건과 세방(주)의 사업활동방해행위에 대한 건에서 해상운송회사의 컨테이너를 보관 · 관리하는 시설인 컨테이너전용장치장(CY : Container Yard)을 운영하는 CY보유 운송사들이 자신의 CY에 보관되어 있는 컨테이너를 다른 운송업자가('자가운송업자')가 출입 · 반출하는 경우에 자가운송업자로부터 상하차비, 운송관리비 등의 명목으로 비용을 징수하는 행위가 문제로 되었다. 관련 행정소송에서 대법원은 종전의 판례이론에 따라 공정거래법상 불공정거래행위에 해당하기 위해서는 당해 행위가 외형적으로 동법상 각 규정이 정하는 요건을 갖추는 외에 동법의 목적에 비추어 부당한 것이어야 하고, 그 부당성의 유무를 판단함에 있어서는 거래당사자의 거래상의 지위 내지 법률관계, 상대방의 선택가능성 · 사업규모 등의 시장상황, 당해 행위의 목적 및 효과, 관련 법규의 특성 및 내용 등 여러 사정을 고려하여 그 행위가 공정하고 자유로운 경쟁을 저해할 우려가 있는지 여부에 따라야 한다고 전제하고, 이 사건의 경우 원고가 해상운송회사(船社)들로부터 지급받는 CY조작료와 자가운송업자들로부터 징수하는 운송관리비 등이 중복되는 것이라고 보기 어렵고, CY의 설치에 투자된 비용과 운영 · 관리 비용을 회수하기 위하여 자가운송업자로부터 운송관리비를 징수하는 행위는 비용발생의 원인자가 비용을 부담하여야 한다는 시장경제의 원리인 수익자부담원칙에 부합하는 것으로서 법상 부당한 사업활동방해에 해당하지 않는다고 판시하였다.[48)]

그밖에도 한국MSD의 부당한 고객유인행위 등에 대한 건에서 동 사업자가

47) 서울고법 2001. 4. 17. 선고 2000누16472 판결.
48) 대법원 2012. 4. 26. 선고 2010두4858 판결 및 대법원 2012. 5. 10. 선고 2010두4896 판결.

자사 의약품의 판매촉진 · 처방증대를 위하여 병 · 의원 및 의사들에게 과도한 지원을 한 행위와 함께, 경쟁사 제품의 문제점이나 생물학적 동등성 시험에서 문제가 발생한 사실 등을 의료인들에게 알린 행위가 문제로 되었는데, 관련 행정소송에서 서울고법은 불공정거래행위의 부당성의 유무는 당해행위의 의도와 목적, 당해시장의 특성, 관련 법령, 통상적인 업계 관행 등을 종합적으로 고려하여 그 행위가 공정하고 자유로운 거래를 저해할 우려가 있는지 여부에 따라 판단하여야 하고, 경쟁사 제품에 관하여 사실과 다른 내용을 상세히 적시하고, 의약품의 안정성과 효능에 대한 신뢰는 매우 중요한 의미를 갖는데 이 사건 행위는 이에 대한 의문을 제기함으로써 처방에 영향을 미치는 행위인 점 등을 근거로 공정하고 자유로운 거래를 저해할 우려가 있는 행위이므로 부당성이 인정된다고 판시하였고, 상고심에서 대법원 역시 동일한 취지로 판시하였다.[49]

그런데 위에서 살펴본 판결례들은 경쟁자의 거래처에 대하여 경제적 이익을 제공하는 방법을 사용한 이 사건 행위와는 달리, 모두 경쟁사업자에게 경제적 불이익을 가하거나 그에 불리한 내용을 거래처 등에 알린 행위에 관한 것일 뿐만 아니라, 그 부당성을 판단하는 기준과 관련해서도 사업활동방해에 고유한 판단기준을 제시하지 않은 채 종전의 판결례가 불공정거래행위 일반의 부당성을 판단함에 있어서 고려하여야 할 요소로 제시한 것들을 검토하여 그 유무를 판단하였을 뿐이다.

3. 일본 사적독점금지법상 경쟁자에 대한 거래방해의 부당성과의 비교

이미 설명한 바와 같이 공정거래법상 사업활동방해는 일본 사적독점금지법상 경쟁자에 대한 거래방해를 모델로 한 것이지만, 계수과정에서 상당한 변화를 겪었고 그 후 법집행과정에서도 적지 않은 차이점을 보여주고 있다. 우선, 사적 독점금지법상 경쟁자에 대한 거래방해는 관련 규정의 문언상 방해의 대상이 '경쟁자'에 국한되는데 반하여, 공정거래법상 사업활동방해는 그러한 제한이 없어서 위에서 살펴본 바와 같이 경쟁관계에 있지 않은 거래상대방에 대한 방

49) 서울고법 2011. 6. 2. 선고 2009누15557 판결 및 대법원 2013. 11. 14. 선고 2011두16667 판결. 다만, 법원은 이 사건 행위로 경쟁사의 사업활동이 심히 곤란하게 되었다고 인정할 수 없으므로 부당한 사업활동방해에 해당하지 않는다고 판시하였다.

해행위 역시 포함되고, 또한 전자는 방해의 방법이 경쟁자와 그 거래상대방 사이의 거래관계에 영향을 미칠 것을 요건으로 하지만, 후자는 단순한 기술의 유용이나 인력의 유인 · 채용의 경우와 같이 반드시 당해 사업자와 다른 사업자의 거래관계에 영향을 미치지 않더라도 다른 사업자의 사업활동을 방해하는 결과를 초래하는 모든 행위가 이에 해당될 수 있다.

위와 같은 차이점으로 인하여 당연히 문제로 된 방해행위의 부당성을 판단하는 기준 역시 일정한 차이가 존재할 것으로 보이는데, 일본 사적독점금지법상 경쟁자에 대한 거래방해의 공정경쟁저해성은 일반적으로 '경쟁수단의 불공정성'과 '자유경쟁의 감쇄' 양자에서 찾을 수 있다고 설명한다. 예컨대, 일본 사적독점금지법상 불공정한 거래방법에 관한 법리를 가장 권위 있게 서술한 것으로 평가되는 1982년 独占禁止法研究会의 보고서 '不公正な取引方法に関する基本的な考え方'는 거래방해행위는 많은 경우 특정한 경쟁자의 활동에 악영향을 주는 것이기 때문에 사적 분쟁의 측면을 가지는 것이지만 경쟁질서에 영향이 없는 때에는 독점금지법이 문제로 삼지는 않는데, 문제로 된 행위의 반사회성 · 반윤리성을 이유로 곧바로 공정경쟁저해성을 가진다고 할 수는 없고 그 행위 자체가 가진 목적 · 효과에 비추어볼 때 가격 · 품질에 의한 경쟁을 왜곡시키는 행위이라고 하면서, 거래방해행위가 공정경쟁저해성을 가지는 경우로서 (1) 어떤 상품의 가격유지를 목적으로 할인판매업자의 거래를 방해하는 경우, (2) 카르텔의 실효성을 확보하거나 신규진입을 저지하기 위하여 국외자(outsider)나 신규진입자의 거래를 방해하는 경우, (3) 중상, 비방, 물리적 방해, 내부간섭 등 가격 · 품질에 의하지 않은 경쟁수단이 어떤 사업자에 의해 조직적 · 계획적으로 행해지거나 또는 그 가능성이 있거나 일반적으로도 널리 행해질 가능성이 있는 경우 등을 열거하고 있다.[50)]

또한 종래 사적독적금지법상 경쟁자에 대한 거래방해로 의율한 사례들을 흔히 (1) 위압 · 강박, 비방 · 중상, 물리적 방해, (2) 경쟁자의 계약의 탈취, (3) 거래거절 · 공급지연 등, (4) 협동조합 등에 의한 아웃사이더의 배제, (5) 병행수입저해 등의 다섯 가지로 분류하는데,[51)] 그 중 (1)과 (2)는 주로 경쟁수단의

---

50) 金井貴嗣 外(編),「独占禁止法」(第4版), 弘文堂, 2013, 384頁에서 재인용.
51) 根岸哲(編),「注釈独占禁止法」, 有斐閣, 2009, 512頁 및 金井貴嗣 外(編),「独占禁止法」(第4

불공정성을 문제로 삼는 유형이지만, 사안에 따라서 경쟁수단의 불공정성과 아울러 자유경쟁의 감쇄의 측면에서 문제될 수도 있다고 하고, 그밖에 (3), (4) 및 (5)는 자유경쟁의 감쇄가 주로 문제가 되는 유형이라고 설명한다.[52)]

특히, 이 사건 행위에 해당되는 '경쟁자의 계약의 탈취'가 문제로 된 사례들을 소개하면 다음과 같다. 경쟁자에 대한 거래방해로 인정되는 계약의 탈취는 경쟁자와 계약을 체결한 고객을 위약금 등을 부담하고 탈취하는 행위를 들 수 있는데, 이와 같은 행위가 문제로 된 실제 사례로서 1963년 東京重機工業事件이 있다. 동 사건에서 가정용 미싱 등을 일반 가정에 판매하는 위 사업자가 이미 다른 경쟁사와 예약구입계약을 체결한 고객에 대하여 자사로 구입선을 변경하는 경우에는 경쟁사에 기납입한 할부금 전부 또는 일부에 해당하는 가격할인을 제공하겠다고 제안하여 계약을 권유하였고, 이에 따라 실제로 상당수의 고객이 구입선을 변경하였는데, 공정거래위원회는 이를 경쟁자에 대한 거래방해로 인정하였다.[53)]

위 사례는 순수하게 경쟁수단의 불공정성만으로 거래방해의 부당성을 인정한 사례로 볼 수 있는데, 견해에 따라서는 경쟁자의 채권침해라는 측면에 더하여 당시 미싱업계에 있어서 그와 같은 수단을 사용한 고객획득행위가 횡행한 것을 고려하여 문제로 된 행위가 공정한 경쟁질서를 왜곡하였다고 판단한 것으로 평가하기도 한다.[54)]

그 이후 위약금 등을 부담하고 고객을 탈취한 행위를 거래방해로 인정한 사례는 찾아볼 수 없는데, 다만 2005년 日本テクノ 사건(東京高判平17・1・27 審決集51卷951頁)에서 동경고등재판소는 경쟁자와 계약을 체결한 고객에게 자신과 계약할 것을 권유하면서 경쟁자와의 계약을 해지한 고객에 대하여 자신과의 계약체결을 대행하고 손해배상채무를 대신 부담한 행위에 대하여, 경쟁자와 그 거래상대방과의 거래를 부당하게 방해하는 것을 금지하는 취지는 이러한 행위가 가격과 품질에 의한 경쟁을 왜곡하고, 고객의 상품・역무의 선택을 방해

版), 弘文堂, 2013, 379-384頁.

52) 根岸哲(編), 「注釈独占禁止法」, 有斐閣, 2009, 512頁.

53) 根岸哲(編), 「注釈独占禁止法」, 有斐閣, 2009, 513-514頁.

54) 金井貴嗣 外(編),「独占禁止法」(第4版), 弘文堂, 2013, 385頁.

할 우려가 있기 때문이라고 해석되고, 고객에 대한 꼬드김이 문제로 되는 사안에서의 부당성 판단은 권유에 사용된 수단이 객관적으로 보아서 고객의 자유로운 의사결정에 지장을 초래할 정도인 것인지에 따라 판단하여야 하면서, 본건 행위는 자유경쟁으로서 허용된 범위를 일탈한 것으로 보기 어렵고 계약체결대행이나 손해배상채무의 부담은 경쟁자와의 계약을 해지한 고객에 대한 사후적인 대처에 지나지 않으므로 고객의 자유로운 의사결정에 지장을 초래하는 수단, 방법으로 계약의 권유 등이 이루어진 것이라고 할 수는 없다고 하였다.[55]

그밖에 경쟁자에 대한 거래방해가 문제로 된 대부분의 사례에서는 당해 행위 자체의 속성뿐만 아니라, 당해 행위가 그 목적 · 태양에 비추어 볼 때 부당하고 자유경쟁을 감쇄시키는 효과를 가진다는 점을 근거로 공정경쟁저해성이 있는 것으로 판단하였다고 평가된다.[56] 예컨대, 엘리베이터 제조사 계열 보수업체가 자사만 보유하고 있는 부품의 공급을 경쟁관계에 있는 독립계 보수업체와 계약한 엘리베이터 보유자에게는 고의적으로 지연시킨 행위[57]와 관련하여, 엘리베이터 보수서비스 시장으로부터 독립계 보수업체를 배제시키는 효과가 중요하게 고려되었고, 통신가라오케기기 제조업자가 동 사업에 필요한 관리악곡으로서 자신이 보유한 것을 종전에는 경쟁자에 대하여 사용 승낙하였다가 특정한 경쟁자와의 분쟁을 계기로 그 사용을 불허하고 경쟁자와 거래하고 있던 도매업자에게 이를 알린 행위[58]와 관련해서는, 그 목적과 태양에 비추어 볼 때 당해 행위가 경쟁수단으로서 불공정하고 표적인 된 경쟁자를 배제시키는 효과를 초래하게 되므로 공정경쟁저해성의 존재가 인정되었다고 볼 수 있다.[59]

4. 부당염매 및 부당한 고객유인과의 관계

위에서 살펴본 바와 같이 공정거래법상 불공정거래행위로서의 부당한 사업활동방해에 해당될 수 있는 행위는 매우 다양하고 광범위하다. 즉, 법 제23조

55) 根岸哲(編), 「注釈独占禁止法」, 有斐閣, 2009, 514-515頁에서 재인용.
56) 金井貴嗣 外(編), 「独占禁止法」 (第 4 版), 弘文堂, 2013, 385頁.
57) 東芝昇降機サービス 事件(大阪高判平5 · 7 · 30).
58) 第一興商事件(審判審決平21 · 2 · 16).
59) 金井貴嗣 外(編), 「独占禁止法」 (第 4 版), 弘文堂, 2013, 385-386頁.

제1항 제5호 후단은 부당한 사업활동방해의 행위 요건으로서 단지 “다른 사업자의 사업활동을 방해하는 행위”라고 규정하고, 법 시행령 [별표 1의2] 제8호 역시 사업방해행위의 세부 유형을 규정하면서 ‘기술의 부당이용’(가 목), ‘인력의 부당유인 · 채용’(나 목), ‘거래처 이전 방해’(다 목) 이외에 일반조항 성격의 ‘기타의 사업활동방해’를 열거하면서 “가목 내지 나목 외의 부당한 방법으로 다른 사업자의 사업활동을 심히 곤란하게 할 정도로 방해하는 행위”라고 규정하고 있다(라 목). 따라서 법상 사업활동방해에 해당하기 위하여 그 방법에 관한 한 아무런 제한이 없이 단지 다른 사업자의 사업활동을 방해하기만 하면 되고, 그 방해의 내용이나 성격에도 어떠한 제한이 없다. 실제로 위에서 살펴본 바와 같이 종래 공정거래위원회가 법상 사업활동방해로 문제 삼은 대부분의 행위는 위 세부 유형 중 기술의 부당이용이나 인력의 부당유인 · 채용 또는 거래처 이전 방해에 해당하지 않아서 기타의 사업활동방해로 의율되었다.

요컨대, 법상 사업활동방해에 해당하기 위하여 부당성(공정거래저해성) 이외에 충족되어야 할 행위요건은 오직 ‘다른 사업자를 방해하는 행위’가 존재할 것, 그리고 그 방해의 결과로 ‘당해 사업자의 사업활동이 심히 곤란하게 되었거나 그 우려가 있을 것’의 두 가지 뿐이라고 할 수 있다. 그런데 법상 불공정거래행위의 유형 중에는 그 행위의 본질상 경쟁자 등 다른 사업자의 사업활동에 부정적인 영향을 미칠 수밖에 없는 것들이 다수 포함되어 있다. 특히, 이 사건 행위와 마찬가지로 고객 등 거래상대방에 대해서는 직접적으로 경제적 이익을 제공하지만, 그 결과 경쟁자에게 사업상 불이익을 초래하는 다른 불공정거래행위의 유형들 역시 찾아 볼 수 있는데, 대표적으로 ‘부당염매’(법 제23조 제1항 제2호 및 법시행령 [별표1의2] 제3호 가 목)와 ‘부당한 이익에 의한 고객유인’(법 제23조 제1항 제3호 전단 및 법시행령 [별표1의2] 제4호 가 목)이 이에 해당한다. 따라서 문제로 된 행위로 인하여 경쟁자의 사업활동이 심히 곤란하게 되었거나 그 우려가 있는 경우에, 당해 행위가 부당한 사업활동방해에 해당할 수 있을 뿐만 아니라 부당염매나 부당한 이익에 의한 고객유인 등의 유형에도 해당될 여지가 있다면 양자의 관계를 어떻게 보아야 할 것인지의 문제가 제기된다.

먼저, 부당염매와 경쟁자의 고객 등에 대한 경제적 이익 제공을 통한 경쟁자의 사업활동 방해는 다음과 같은 측면에서 그 위법성의 근거와 판단기준에 차이가 있다고 할 수 있다. 즉, 부당염매는 소위 '약탈적 가격'(predatory pricing)에 의하여 경쟁자를 배제하는 행위를 금지하기 위한 것으로서 전형적으로 경쟁제한성을 그 위법성의 근거로 하는 행위 유형인데 반하여,60) 사업활동방해의 경우는 위에서 살펴본 바와 같이 주로 경쟁수단의 불공정성을 위법성의 근거로 하고 이에 추가적으로 경쟁에 미치는 영향을 고려할 수 있는 것이다.

따라서 법상 부당염매에 해당하기 위해서는 부당하게 경쟁자가 배제될 수 있는 수준의 가격, 즉 공급에 소요되는 비용 등 일정한 기준에 미달하는 수준으로 가격을 책정하였음이 입증되어야 하는데 반하여, 사업활동방해의 경우에는 경쟁자의 고객 등에 제공하는 경제적 이익이 반드시 가격할인의 형태를 취할 필요가 없고 그 정도가 비용 등에 미달하는 수준일 필요도 없을 뿐만 아니라, 특히 다양한 유·무형의 경제적 이익이 결합된 형태로 경쟁자의 고객 등에 제공된 경우에 그 목적이나 효과 등을 고려하여 경쟁수단의 불공정성이 인정되면 족한 것이지 반드시 제공된 경제적 이익의 크기를 공제한 가격수준이 비용 등에 미달함을 입증할 필요는 없다고 할 수 있다.

한편, 부당한 이익에 의한 고객유인과 경쟁자의 고객 등에 대한 경제적 이익 제공을 통한 경쟁자의 사업활동 방해는 사안에 따라서 매우 유사한 위법성의 근거와 판단기준을 가진다고 할 수 있다. 즉, 양자 모두 주로 가격·품질 등에 의한 경쟁질서(소위 '능률경쟁')에 반하는 경쟁활동으로서 주로 당해 경쟁수단의 불공정성을 문제로 삼는 것이고, 그 판단기준 역시 제공된 이익이 정상적인 거래관행에 비추어 과대한 것인지를 포함하여 당해 행위의 목적이나 효과 등을 고려하여야 한다는 점에서 본질적으로 동일하다고 할 수 있다. 다만, 전자가 경쟁자의 현재의 고객뿐만 아니라 잠재적 고객에 대한 것도 포함하는 것으로 해석되는데 반하여,61) 후자의 경우에 아직 경쟁자와 거래관계가 성립되지 아니하였거나 구체적인 교섭단계에 이르지 아니한 잠재적 고객에 대하여 경제적 이익을 제공하는 방법에 의한 경우도 포함된다고 볼 수 있을 것인지 의문이다. 또한 전자는 경쟁자의 고객이 당해 이익을 제공하는 사업자와 거래하도록 유도되는 것에 초점을 맞춘 반면에, 후자는 경쟁자와 그 고객 간의 거래가 정상

60) 불공정거래행위 심사지침 Ⅴ. 3. 가. 참고.
61) 대법원 2002. 12. 26. 선고 2001두4306 판결 등 참고.

적으로 이루어지지 않도록 함으로써 경쟁자의 사업활동에 불이익이 초래되는데 초점을 맞춘 것이므로, 이론적으로 후자의 경우에는 경쟁자의 고객에 대하여 반드시 자신과 거래를 할 것을 조건으로 하지 않고 경쟁자와의 거래를 중단하거나 계약상 의무를 이행하지 않을 것을 조건으로 경제적 이익을 제공하는 행위도 이에 해당할 수 있다.

마지막으로 위에서 살펴본 바와 같이 이 사건 행위와 같이 경쟁자의 고객 등에게 경제적 이익을 제공함으로써 경쟁자의 사업활동을 방해하는 행위가 부당한 사업활동방해에 해당할 뿐만 아니라 부당염매나 부당한 이익에 의한 고객유인의 요건 역시 충족한 경우에 법 적용상 어떻게 취급하는 것이 타당한지의 문제가 남는데, 그러한 경우에는 부당염매나 고객유인 조항을 우선적으로 적용하고 이에 해당하지 않는 경우에 사업활동방해 조항을 보충적으로 적용하는 것이 타당하다고 판단된다. 즉, 현행 공정거래법은 매우 다양한 유형의 행위들을 불공정거래행위로 규정하고 있는데, 부당한 사업활동방해의 경우에는 행위 유형이라는 측면에서 매우 일반적이고 추상적인 규정이어서 부당염매나 부당한 고객유인 이외에도 거래거절, 차별적 취급, 구속조건부거래 등 상당수 다른 유형의 불공정거래행위 역시 이에 포함될 수 있고, 그 위법성 요건 역시 위에서 살펴본 바와 같이 경쟁수단의 불공정성뿐만 아니라 경쟁에 미치는 부정적인 영향까지 널리 포함하는 것으로 해석되고 있다. 따라서 문제로 된 행위가 행위 유형이 더 특정될 뿐만 아니라 위법성을 판단하는 기준 역시 더욱 명확한 다른 유형의 불공정거래행위에 해당할 경우에는 당해 유형의 불공정거래행위로 의율하고, 이에 해당하지 않을 경우에 한하여 보충적으로 부당한 사업활동방해로 의율하는 것이 공정거래법상 불공정거래행위 규정의 체계적 해석에 부합할 것이다.[62]

5. 이 사건 행위의 공정거래저해성 판단시 고려사항

이 사건에서 문제로 된 행위는 반드시 전국시장에서 시장지배적 지위를 가진 것으로 보기 어렵지만 상대적으로 유력한 지위를 가진 H음료가 영세한 지역사업

62) 참고로 일본의 경우에도 '경쟁자에 대한 거래방해' 규정을 보충적으로 사용하여야 한다는 견해가 일반적이다. 根岸哲(編),「注釈独占禁止法」, 有斐閣, 2009, 522-523頁 및 金井貴嗣 外(編),「独占禁止法」(第4版), 弘文堂, 2013, 388-389頁 참고.

자인 M샘물이 이미 거래관계를 형성하고 있는 대리점들에 대하여, 대폭적인 제품 공급단가 할인, 제품의 무상제공, 무이자 현금대여, 공급원가의 대폭적인 할인, 향후 예상되는 경쟁자와의 분쟁을 해결하기 위한 법률비용의 지원 등을 통하여 경쟁자와의 계약을 파기하고 자신과 거래할 것을 유도하였고, 이에 따라 실제로 경쟁자와 거래하던 다수의 대리점이 경쟁와의 계약을 파기하고 자신과 거래함에 따라 경쟁자의 사업활동이 심히 곤란한 상황에 처하게 한 것이다.

이 사건 행위가 법상 기타의 사업활동방해에 해당하기 위한 요건으로서의 공정거래성은 H음료가 경쟁자의 대리점을 탈취하기 위해 사용한 경쟁수단이 단순히 계약법적 관점이 아니라 경쟁법이 추구하는 바람직한 경쟁질서의 관점에서 불공정한 것인지에 달려있다고 볼 수 있다. 따라서 먼저, 이 사건에서 사용된 경쟁방법이 그 자체로서 불공정한 것이라고 볼 수 있는지 여부를 판단하여야 할 것이다. 그러나 경쟁자에 대한 허위의 비방이나 기만적인 경쟁방법 또는 물리적 방해행위 이외에 사용된 경쟁수단 자체가 명백히 불공정한 것으로 판단할 수 있는 경우는 많지 않을 것이다.

이 사건 행위의 경우에도 상당한 경제적 이익을 제공하여 경쟁자와 거래하던 대리점을 자신과 거래하도록 유도한 행위 그 자체가 불공정한 경쟁수단이라고 보기는 곤란할 것이고, 추가적으로 당해 행위의 목적이나 구체적인 태양, 그리고 경쟁에 미치는 영향 등 제반사정을 고려하여 그 불공정성 여부를 판단하여야 할 것이다. 결국 구체적인 사실관계에 대한 면밀한 확인이 필요한데, 예컨대 문제로 된 행위가 특정한 사업자를 겨냥한 것인지 아니면 대리점을 유치하기 위한 일반적인 판촉활동인지 여부, 제품공급단가 할인 이외에 파격적인 제품의 무상공급이나 무이자 현금대여 또는 법률비용의 지원 등이 사전적으로 의도적으로 계획된 것인지 아니면 각 대리점과의 개별적인 협상의 결과 또는 대리점들의 사후적인 요청에 대처한 것인지 여부, 지역사업자로서는 현실적으로 도저히 대응할 수 없는 정도의 경제적 자원을 동원한 것인지 여부, 그 결과 해당 지역에서의 경쟁상황에 어떤 영향을 미쳤는지 등에 관한 확인이 필요할 것이다.

유념하여야 할 것은 사업활동방해가 경쟁에 미치는 부정적인 영향이라 함은 반드시 시장지배적 지위의 남용행위나 기업결합의 경우에서처럼 전체 관련시장에서 경쟁자의 수가 감소하거나 경쟁압력이 감소하여 가격을 인상할 수 있는 시장지배력이 강화 · 유지되는 것만을 의미하는 것은 아니고, 적어도 해당 지역에서 감지할 수 있는 수준으로 경쟁이 감소하게 되거나 기존 경쟁사업자나 신규진입자의 경쟁여건이 악화되는 경우까지를 포함하는 넓은 개념이라고 할 수 있다.[63]

또한 이 사건 행위는 가격할인을 포함한 다양한 경제적 이익을 경쟁자의 대리점에게 제공한 것으로서 경쟁자가 해당 사업자보다 비효율적인 경우에는 그 배제행위가 정당화될 수 있다는 주장이 제기될 수 있다. 그러나 이러한 주장은 사업활동방해의 부당성 문제와 흔히 약탈적 가격책정(predatory pricing)의 남용성을 판단하는 기준의 문제를 혼동한 것이라고 할 수 있다. 즉, 흔히 시장지배적 사업자 등이 가격할인을 행할 경우에 그 행위의 남용성을 심사함에 있어서 당해 사업자의 비용보다 낮지 않은 수준의 가격이라면 적어도 그와 동등하게 효율적인 경쟁자(as efficient competitor)는 배제되지 않고, 비록 그러한 가격할인으로 인하여 당해 사업자보다 비효율적인 경쟁자는 배제될 수 있지만 '소비자후생의 제고'라는 경쟁법의 이념에 비추어볼 때 비효율적인 경쟁자를 보호할 필요가 없으므로 남용성은 인정되지 않는다.

그러나 사업활동방해를 포함하여 주로 경쟁수단의 불공정성에서 위법성의 근거를 찾는 유형의 불공정거래행위의 경우에는 대상이 되는 경쟁자의 비효율성 여부는 직접적으로 관련성이 없고, 다만 당해 행위로 인하여 대리점 등이 저렴한 가격으로 제품을 공급받았을 뿐만 아니라 소비자가격의 인하로 연결되어서 소비자후생이 증가하였다면 이러한 사정은 그 경쟁수단의 불공정성 여부를 판단함에 있어서 고려될 수 있을 뿐이다. 즉, 설령 경쟁자가 행위자보다 비효율적이라고 할지라도 이를 불공정한 경쟁수단으로 배제하는 행위가 용인될 수 있는 것은 아니다.

V. 결론

우리나라 공정거래법상 불공정거래행위의 금지는 동법의 규제체계상 독특한 성격을 가진 것으로서 종래 법 집행상 상당한 논란이 제기되었고, 현재까지

63) 일본의 경우 '실질적 경쟁제한성'과 '경쟁의 감쇄'를 구분하는데 반하여, 우리나라 공정거래법상 경쟁제한성에 관한 논의는 양자를 명시적으로 구분하지 않고 있다.

도 명쾌하게 규명되지 않은 쟁점들이 다수 존재한다. 특히, 그 위법성의 근거가 상이한 매우 다양한 유형의 행위들이 불공정거래행위로 다루어지고 있어서 그 '공정거래저해성'의 내용과 판단기준에 관한 체계적이고 일관된 설명을 찾아보기 힘든 상황이다.

다양한 유형의 불공정거래행위들은 거래내용의 불공정성을 문제로 삼는 거래상 지위의 남용행위를 제외하면, 크게 경쟁제한성을 문제로 삼는 유형과 경쟁수단의 불공정성을 문제로 삼는 유형으로 양분할 수 있다. 즉, 전자의 행위들은 경쟁의 양(量)을 감소시키는 것이라고 할 수 있는데 반하여, 후자의 행위들은 경쟁의 질(質)을 저하시키는 것이라고 할 수 있다. 그러나 이상과 같은 이분법이 통용되기 어려운 경우를 종종 찾아볼 수 있는데, 그 대표적인 경우가 바로 이 사건 행위와 마찬가지로 경쟁자의 고객 등에 대하여 상당한 경제적 이익을 제공하는 행위를 매개로 종국적으로 경쟁자에게 경쟁상 불이익을 초래하는 행위라고 할 수 있다.

이 사건 행위는 한편으로 과도한 경제적 이익을 제공하는 행위는 경쟁의 질을 저하시키는 측면이 있는 반면, 그 자체로서 오히려 활발한 경쟁방법으로서의 의미를 가지고, 나아가 종국적으로 경쟁자를 배제함으로써 경쟁의 양을 감소시키는 측면 역시 존재한다. 따라서 이러한 성질을 가진 사업활동방해의 공정거래저해성을 평가함에 있어서는 경쟁수단의 불공정성 여부를 기준으로 하면서도, 이를 평가함에 있어서는 그 목적, 태양 및 효과 등을 고려하여 문제로 된 행위가 경쟁의 양에 미치는 영향의 측면 역시 고려할 필요가 있다.

그런데 불공정거래행위가 경쟁의 양에 미치는 영향을 고려함에 있어서 반드시 전체 관련시장에서의 시장지배력의 형성 · 유지를 의미하는 엄밀한 의미에서의 경쟁제한성이 요구되는 것이 아님을 유의하여야 한다.

[참고문헌]

강우찬, "공정거래법 제3조의2(시장지배적 지위 남용금지)와 제23조(불공정거래행위금지)의 관계에 관한 연구-규범의 중복현상을 중심으로", 「사법논집」 제44집, 2007.

권오승, 「경제법」(제6판), 법문사, 2008.

양명조, "시장지배적사업자의 사업활동방해행위-현대자동차(주) 사건판결의 두 가지 논점", 「경쟁법연구」 제24권, 2011.

원용수 · 정호열, 「불공정거래행위에 대한 합리적 규제방안 연구」(공정거래 위원회연구용역 보고서), 1999.

이봉의 · 조혜신, 「대규모유통업자의 착취남용 규제 개선방안」, 비교법제 연구 12-20-⑬, 한국법제연구원, 2012.

이호영, 「독점규제법」(제5판), 홍문사, 2015.

이호영, "공정거래법상 시장지배적사업자 규제의 쟁점과 과제", 「저스티스」 통권 제104호, 한국법학원, 2008.

이호영, "공정거래법상 단독행위 규제체계의 현황 및 개선방안", 「경쟁저널」 제169호, 공정경쟁연합회, 2013.

정재훈, "공정거래법상 거래거절규제: 시장지배적 지위 남용행위와 불공정거래행위의 관계를 중심으로", 「경쟁저널」 제169호, 2013

홍대식, "사법적 관점에서 본 불공정거래행위", 「경쟁법연구」 제18권, 법문사, 2008

황창식, "공정거래법상 시장지배력 남용규제의 해석 및 집행상의 문제점 - 공정거래행위규제와의 법적용 관계를 중심으로", 「경제법판례연구」 제5권, 법문사, 2008

財團法人 公正去來協會, 獨占禁止法制定時の 回顧錄, 1997.

田中寿(編), 「不公正な取引方法」, 商事法務研究会, 1982.

根岸哲(編), 「注釈独占禁止法」, 有斐閣, 2009.

金井貴嗣 外(編),「独占禁止法」(第４版), 弘文堂, 2013.

대법원 2018. 7. 11. 선고 2014두40227 판결
【시정명령취소청구의소】 [공2018하, 1609]

【판시사항】
독점규제 및 공정거래에 관한 법률 제23조 제1항 제5호, 구 독점규제 및 공정거래에 관한 법률 시행령 제36조 제1항 [별표 1] 제8호 (라)목이 정한 '기타의 사업활동방해'에 해당하기 위한 요건 및 이때 '부당성' 유무를 판단하는 방법 / 낮은 가격을 제시하는 방해 수단을 사용한 사업자의 부당성을 판단하는 방법

【판결요지】
독점규제 및 공정거래에 관한 법률 제23조 제1항 제5호, 구 독점규제 및 공정거래에 관한 법률 시행령(2010. 5. 14. 대통령령 제22160호로 개정되기 전의 것) 제36조 제1항 [별표 1] 제8호 (라)목이 정한 '기타의 사업활동방해'에 해당하려면 사업자의 행위가 부당한 방법으로 다른 사업자의 사업활동을 심히 곤란하게 할 정도로 방해하는 경우이어야 한다.
이때 '부당성'의 유무는, 해당 사업자의 시장에서의 지위, 사용된 방해 수단, 그 수단을 사용한 의도와 목적, 사용된 수단과 관련한 법령의 규정 내용, 문제 된 시장의 특성, 통상적인 거래 관행, 방해 행위의 결과 등을 종합적으로 고려하여 그 행위가 공정하고 자유로운 거래를 저해할 우려가 있는지 여부에 따라 판단하여야 한다.
특히 사용된 방해 수단이 더 낮은 가격의 제시에 그칠 경우에는 그것만으로 부당성을 인정하는 데에는 신중해야 한다. 그러나 제시된 거래조건이나 혜택 자체가 경쟁사업자와 기존에 전속적 계약관계를 맺고 있는 대리점에 대한 것이고, 그 혜택이나 함께 사용된 다른 방해 수단이, 통상적인 거래 관행에 비추어 이례적이거나 선량한 풍속 기타 사회질서에 반하는 등으로 관련 법령에 부합하지 않는다면, 단순히 낮은 가격을 제시한 경우와 똑같이 취급할 수는 없다. 이때에는 위에서 본 사정들을 종합적으로 살피면서 그 방해 수단을 사용한 사업자가 단순히 경쟁사업자와 대리점의 기존 거래계약 관계를 알고 있었던 것에 불과한

지, 아니면 더 나아가 경쟁사업자와 기존 대리점 계약관계의 해소에 적극 관여하거나 그 해소를 유도하였는지 여부, 그로 인하여 경쟁사업자의 사업활동이 어려워지게 된 정도 역시 중요하게 고려하여야 한다.

【참조조문】

독점규제 및 공정거래에 관한 법률 제23조 제1항 제5호, 구 독점규제 및 공정거래에 관한 법률 시행령(2010. 5. 14. 대통령령 제22160호로 개정되기 전의 것) 제36조 제1항 [별표 1] 제8호 (라)목

【전문】

【원고, 상고인】 하이트진로음료 주식회사 (소송대리인 변호사 손지열 외 2인)
【피고, 피상고인】 공정거래위원회 (소송대리인 법무법인 케이씨엘 담당변호사 김용직 외 3인)
【피고보조참가인】 마메든샘물 주식회사

【대상판결】

【원심판결】 서울고법 2014. 7. 4. 선고 2013누46411 판결

【주문】

상고를 기각한다. 상고비용은 보조참가로 인한 부분을 포함하여 원고가 부담한다.

【이유】

상고이유(상고이유서 제출기간이 지난 후에 제출된 상고이유보충서의 기재는 상고이유를 보충하는 범위 내에서)를 판단한다.

1. 독점규제 및 공정거래에 관한 법률 제23조 제1항 제5호, 구 독점규제 및 공정거래에 관한 법률 시행령(2010. 5. 14. 대통령령 제22160호로 개정되기 전의 것) 제36조 제1항 [별표 1] 제8호 (라)목이 정한 '기타의 사업활동방해'에 해당하려면 사업자의 행위가 부당한 방법으로 다른 사업자의 사업활동을 심히

곤란하게 할 정도로 방해하는 경우이어야 한다.

이때 '부당성'의 유무는, 해당 사업자의 시장에서의 지위, 사용된 방해 수단, 그 수단을 사용한 의도와 목적, 사용된 수단과 관련한 법령의 규정 내용, 문제된 시장의 특성, 통상적인 거래 관행, 방해 행위의 결과 등을 종합적으로 고려하여 그 행위가 공정하고 자유로운 거래를 저해할 우려가 있는지 여부에 따라 판단하여야 한다.

특히 사용된 방해 수단이 더 낮은 가격의 제시에 그칠 경우에는 그것만으로 부당성을 인정하는 데에는 신중해야 한다. 그러나 제시된 거래조건이나 혜택 자체가 경쟁사업자와 기존에 전속적 계약관계를 맺고 있는 대리점에 대한 것이고, 그 혜택이나 함께 사용된 다른 방해 수단이, 통상적인 거래 관행에 비추어 이례적이거나 선량한 풍속 기타 사회질서에 반하는 등으로 관련 법령에 부합하지 않는다면, 단순히 낮은 가격을 제시한 경우와 똑같이 취급할 수는 없다. 이때에는 위에서 본 사정들을 종합적으로 살피면서 그 방해 수단을 사용한 사업자가 단순히 경쟁사업자와 대리점의 기존 거래계약 관계를 알고 있었던 것에 불과한지, 아니면 더 나아가 경쟁사업자와 기존 대리점 계약관계의 해소에 적극 관여하거나 그 해소를 유도하였는지 여부, 그로 인하여 경쟁사업자의 사업활동이 어려워지게 된 정도 역시 중요하게 고려하여야 한다.

2. 원심판결 이유와 원심이 적법하게 채택한 증거에 의하면 다음과 같은 사실을 알 수 있다.

가. 원고와 피고보조참가인(이하 '참가인 회사'라고 한다)의 지위

소외인은 2004. 8. 2. 참가인 회사를 설립하여 천안 지역을 중심으로 인근 충청남북도와 경기도 남부 지역까지 먹는샘물(12.5 내지 18.9ℓ 크기의 플라스틱 통 제품, 이하 '이 사건 제품'이라고 한다)을 공급하였는데, 2008년 7월, 8월경 총 11개의 대리점을 가지고 있었다. 원고는 그 무렵 국내 먹는샘물 시장에서 10% 이상의 점유율을 기록하는 사업자였다. 한편 천안 인근에서 원고 제품의 판매량은 미미한 수준이었고, 위 11개 대리점이 있던 지역 역시 원고에게 매우 취약한 시장이었다.

나. 원고와 8개 대리점들의 계약체결 경위

원고는 참가인 회사와 그 대리점주들 사이의 대리점 계약 기간이 남아 있음

에도 불구하고, 2008년 초부터 같은 해 7월 중순까지 위 대리점주들과 수차례 만나 참가인 회사와의 거래를 중단하고 참가인 회사보다 현저히 유리한 조건으로 자신과 대리점 계약을 체결할 것을 권유하였다. 참가인 회사와 거래하던 11개 대리점 중 8개 대리점은 그 계약 기간 중인 2008. 7. 15. ~ 21.경 참가인 회사와의 대리점 계약에 따른 거래를 종료하였다. 원고는 그 직후인 2008. 8. 1. 이들 8개 대리점주와 계약기간 5년의 대리점 계약을 체결하였다. 한편 8개 대리점주는 위와 같이 거래가 종료되기 전에 수차례에 걸쳐 참가인 회사에게 원고가 제시한 가격을 알려주면서 더 낮은 가격으로 이 사건 제품을 공급하여 달라고 요구하였다.

다. 원고의 8개 대리점 지원 내역

1) 원고는 8개 대리점이 참가인 회사와의 거래를 종료하고 자신과 새로운 대리점 계약을 체결함에 따라 참가인 회사가 8개 대리점에 대하여 제기할 것으로 예상되는 소송에 대한 변호사비용 중 50%를 8개 대리점에게 지원하기로 약정하였다. 그 후 실제로 참가인 회사와 8개 대리점들 사이에 민사소송이 발생하자 약정에 따라 8개 대리점에 변호사비용을 지원하였다.

2) 원고는 8개 대리점과 사이에 이 사건 제품의 공급가격을 통당 2,000원으로 하되, 통당 총 280원의 장려금을 지원하기로 약정하여 결과적으로 통당 1,720원에 공급한 것과 동일하게 되었다. 나아가 원고는 계약 첫해인 2008. 8. 1.부터 2009. 7. 31.까지 8개 대리점에게 각 대리점의 월 평균판매량 대비 총 600%를 무상 제공하기로 약정하고, 실제로 이를 이행하였다. 그 결과 계약 첫해에 8개 대리점에 공급된 이 사건 제품의 실질적인 평균 공급단가는 808.3원이 되었다. 한편 원고가 주장하는 이 사건 제품에 대한 자신의 공급원가는 631.26원이다.

3) 한편 원고의 실무자는 위 대리점 계약에 대한 결재를 올리면서, 8개 대리점에게 지원한 내용이 기존대리점들에게 제공된 것과 비교하여 월등하게 좋은 것이어서 이에 관한 정보유출을 차단하기 위한 예방책이 필요하다고 보았다. 원고는 이전에도 다른 회사의 대리점을 영입하면서 지원한 내용이 알려질 경우 기존대리점과 마찰이 우려된다면서 매월 판매 마감 후 할인(D/C) 처리하는 등으로 영업조건에 관한 보안 유지 방안을 강구하기도 하였다.

라. 참가인 회사와 기존 8개 대리점 사이에 계약관계가 종료됨에 따라 참가인 회사는 이들 대리점을 통한 사업활동이 불가능하게 되었고, 그 결과 2008년 이후 매출액이 급격히 감소하였다.

3. 이러한 사실관계를 앞서 본 법리에 비추어 살펴본다.

가. 원고는 8개 대리점과 대리점 계약을 체결하는 과정에서 경쟁사업자인 참가인 회사와 8개 대리점 사이의 기존 계약관계 해소에 적극 관여하거나 더 나아가 그 해소를 유도하였다고 평가할 수 있다.

1) 앞서 살핀 바와 같이 원고는 상당 기간 8개 대리점주에게 참가인 회사와의 거래를 중단하고 자신과 대리점 계약을 체결할 것을 권유하였고, 변호사비용 중 일부를 지원하기로 미리 약정하였으므로, 그 자체로 기존 계약관계 해소에 적극적으로 관여하거나 그 해소를 유도한 것으로 볼 수 있다.

2) 참가인 회사의 대리점들이 있던 지역이 취약 지역이었던 원고는 그 지역을 목표로 하여 8개 대리점을 영입할 적극적인 필요성이 인정된다. 반면, 참가인 회사와 8개 대리점주 사이에 이 사건 제품의 품질이나 가격 등에 관하여 일정 부분 이견이 있었던 것으로는 보이나, 나아가 8개 대리점이 급작스럽게 기존의 계약관계를 종료할 만한 특별한 사유가 있었다고 인정하기는 어렵다.

나. 원고가 8개 대리점과 대리점 계약을 체결하면서 변호사비용 중 일부를 지원하기로 한 것은 통상적인 거래 관행으로 보기는 어렵다.

1) 계약의 중도 종료와 관련한 변호사비용을 지원하는 것은 가격, 질, 서비스 등 일반적으로 사용되는 경쟁수단으로 볼 수 없다.

2) 원고는 경쟁업체들도 비슷한 내용의 지원을 한다고 주장하나, 자신이 체결한 일부 계약 외에 이러한 이례적인 수단이 사용된 계약 사례를 제시하지 못하였고, 달리 먹는샘물 시장에 이러한 거래 관행이 존재한다고 보기도 어렵다.

다. 물량지원에 관한 이 사건 계약조건이 통상적인 거래 관행과 부합한다고 보기 어려운 면이 적지 않다. 구체적인 계약조건은 영업비밀에 해당하고 기존대리점과 신규로 영입하는 대리점의 취급에 다소 차이가 있을 수 있다는 점을 고려하더라도, 신규 대리점을 영입하면서 이에 대한 정보유출 예방책을 별도로 마련하는 것은 굉장히 이례에 속하는 사정으로서 물량지원에 관한 이 사건 계약조건이 통상적인 거래 관행에 부합하지 않는다고 의심할 만한 사정에 해당한다.

라. 게다가 전국 시장 단위에서 상당한 지위를 점하고 있는 원고가 천안 지역 시장에 진입하기 위하여 특정한 경쟁사업자를 표적으로 삼아 그와 기존에 거래하던 대리점들에 유리한 거래조건을 선별적으로 제시한 의도와 목적 역시 부당성 판단에 중요하게 고려되어야 한다.

마. 이 사건 제품의 판매사업을 영위하는 데 있어서 대리점이 필수적인 유통 채널로 기능하는데, 참가인 회사는 총 11개 대리점들 중 8개와 한꺼번에 거래가 끊겨 사업활동이 심히 곤란하게 되었다.

바. 이러한 사정들을 종합하여 보면, 원고가 참가인 회사와 8개 대리점주 사이의 계약관계 해소에 적극 관여하면서 앞서 본 계약조건들을 제시하여 8개 대리점주와 대리점 계약을 체결한 행위는, 공정하고 자유로운 경쟁을 저해할 우려가 있는 것으로서 그 부당성이 충분히 인정된다.

4. 이와 같은 취지로 판단한 원심판결은 정당하고, 거기에 상고이유 주장과 같이 '기타의 사업활동방해'의 부당성에 관한 법리를 오해하거나 논리와 경험의 법칙을 위반하여 사실을 오인한 잘못이 없다.

5. 그러므로 상고를 기각하고, 상고비용은 패소자가 부담하기로 하여, 관여 대법관의 일치된 의견으로 주문과 같이 판결한다.

대법관 이기택(재판장) 김신(주심) 박상옥 박정화

제 2 편

현실적 행위자의 행정법규 위반행위를 이유로 하는 법령상 책임주체에 대한 제재조치의 당부

- ❑ 연구대상 사건의 개요 / 이상훈
- ❑ 종업원의 위법행위를 이유로 대부업자에 대해 내려진 행정처분의 위법성 / 정훈
- ❑ 프랑스의 행정제재법리와 그 시사점 / 이현수
- ❑ 대법원 2017. 5. 11. 선고 2014두8773 판결

연구대상 사건의 개요

이 상 훈

I. 사건의 개요

1. 처분의 경위

가. 원고의 직원 A에 대한 형사처벌의 확정

○ 원고는 '대부업 등의 등록 및 금융이용자 보호에 관한 법률'(이하 '대부업법', 그 시행령은 '대부업법 시행령')에 따라 대부업의 등록을 한 법인임

○ 원고의 직원인 A는 2011. 9. 초순경 채권추심과 관련하여 채무자와 생계를 같이하는 채무자의 오빠와 전화통화를 하던 중 감정이 격해져서 서로 욕설을 하다가 "빨리 불러 이 새끼야. 내가 부산 갈 테니까. 다음 주에 갈 테니까 불러. 이 새끼야."라고 말하는 등 채무자의 관계인을 협박하였고, 서울동부지방법원(2012노710호)은 2012. 8. 14. 위와 같은 협박은 '채권의 공정한 추심에 관한 법률'(이하 '채권추심법') 제9조 제1호를 위반한 것으로서 채권추심법 제15조 제1항에 따라 처벌하되 A가 범행을 시인하고 깊이 후회하며 다시는 이와 같은 범행을 저지르지 않겠다고 다짐하고 있고 이 사건 범행에 이르게 된 경위에 참작할 만한 사정이 있으며 협박의 정도가 심하지 않다는 등의 이유로 A에 대해 형(벌금 100만 원)의 선고를 유예하는 판결을 선고하였고, 위 판결은 그대로 확정됨

나. 피고의 처분

○ 피고는 2012. 12. 5. 원고가 위와 같이 채권추심과 관련하여 채무자 또는 관계인에게 폭행·협박, 위계를 사용하여 채권추심법 제9조 제1호를 위반하였다는 이유로 대부업법 제13조 제1항에 따라 원고에 대하여 영업전부정지 6

개월(2012. 12. 6. ~ 2013. 6. 5.)의 처분을 함[1](이하 '이 사건 처분')

2. 원고 주장요지

가. 처분사유 부존재 주장

○ 이 사건 처분은 채권추심자인 원고가 그 직원을 통하여 채무자 등을 협박하였음을 전제로 한 것이나, 원고는 채무자를 협박한 사실이 없고 오히려 원고의 대표자 B는 서울동부지방검찰청 검사의 수사결과(갑 제6호증)에 따라 무혐의 처분을 받았으며, 원고의 직원 A가 채무자 등을 협박한 것을 원고가 협박한 것과 동일하게 보기 위하여는 양벌규정에 해당하여야 하는데, 채권추심법 제16조나 대부업법 제20조의 양벌규정은 벌금형의 경우만 적용될 수 있고 이 사건 처분에는 적용될 수 없음에도, 양벌규정을 적용하여 이 사건 처분을 한 것은 위법함

나. 재량권 일탈 · 남용 주장

○ 원고는 직원 114명으로 구성된 법인으로서 관련 법규를 위반하지 아니하도록 직원 교육을 철저히 하였던 점, 직원급여가 성과급으로 지급되고 있어 이 사건 처분이 확정될 경우 원고의 직원들은 실직상태에 놓이게 되는 점, 위반행위의 발생 경위 등을 참작하여 관련 형사판결에서도 선고유예의 경한 처분을 받게 된 점 등을 고려하여 보면, 이 사건 처분은 상당성이 없는 過重한 처분임

3. 관련 법령

▣ 대부업 등의 등록 및 금융이용자 보호에 관한 법률
(2012. 12. 11. 법률 제11544호로 개정되기 전의 것)

제2조(정의) 이 법에서 사용하는 용어의 뜻은 다음과 같다.

1. "대부업"이란 금전의 대부(어음할인 · 양도담보, 그 밖에 이와 비슷한 방법을 통한 금전의 교부를 포함한다. 이하 "대부"라 한다)를 업(業)으로 하거나 다음 각 목의

1) 피고는 '서울특별시 사무위임조례'에 따라 대부업법상 감독권자인 서울특별시장으로부터 감독사무를 위임받아 위 처분을 함

어느 하나에 해당하는 자로부터 대부계약에 따른 채권을 양도받아 이를 추심하는 것을 업으로 하는 것을 말한다. 다만, 대부의 성격 등을 고려하여 대통령령으로 정하는 경우는 제외한다.

가. 제3조에 따라 대부업의 등록을 한 자(이하 "대부업자"라 한다)

2. "대부중개업"이란 대부중개를 업으로 하는 것을 말한다.
3. "대부중개업자"란 제3조에 따라 대부중개업의 등록을 한 자를 말한다.

제13조(영업정지 및 등록취소)

① 시 · 도지사는 대부업자등[2)]이 다음 각 호의 어느 하나에 해당하면 그 대부업자등에게 대통령령으로 정하는 기준에 따라 1년 이내의 기간을 정하여 그 영업의 전부 또는 일부의 정지를 명할 수 있다.

1. 별표 각 호의 어느 하나에 해당하는 경우, **「채권의 공정한 추심에 관한 법률」 제5조 제1항, 제7조부터 제9조까지, 제10조 제1항 및 제11조부터 제13조까지를 위반한 경우**

▣ 대부업 등의 등록 및 금융이용자 보호에 관한 법률 시행령 제7조의4(영업정지 및 등록취소 기준)

① 법 제13조 제1항 각 호 외의 부분에서 "대통령령으로 정하는 기준"이란 별표 2에 따른 기준을 말한다.

[별표 2] 영업정지 및 등록취소 기준(제7조의4 관련)

2. 개별 기준

위반행위	해당 조문	행정처분기준		
		1회	2회	3회
소. 「채권의 공정한 추심에 관한 법률」 제9조를 위반하여 같은 조 각 호의 어느 하나에 해당하는 행위로 추심한 경우	법 제13조 제1항 제1호, 제2항 제7호	**영업 전부정지 6월**	등록취소	–
코. 「채권의 공정한 추심에 관한 법률」 제11조를 위반하여 같은 조 제3호부터 제5호까지의 어느 하나에 해당하는 행위를 한 경우	법 제13조 제1항 제1호	영업 일부정지 1월	영업 일부정지 3월	영업 일부정지 6월

▣ 채권의 공정한 추심에 관한 법률

제2조(정의) 이 법에서 사용하는 용어의 뜻은 다음과 같다.

1. "채권추심자"란 다음 각 목의 어느 하나에 해당하는 자를 말한다.

가. 「대부업 등의 등록 및 금융이용자 보호에 관한 법률」에 따른 대부업자, 대부중개업자, 대부업의 등록을 하지 아니하고 사실상 대부업을 영위하는 자, 여신금융기관 및 이들로부터 대부계약에 따른 채권을 양도받거나 재양도 받은 자

나. 가목에 규정된 자 외의 금전대여 채권자 및 그로부터 채권을 양도받거나 재양도 받은 자

다. 금전이나 그 밖의 경제적 이익을 대가로 받거나 받기로 약속하고 타인의 채권을 추심하는 자(채권추심을 목적으로 채권의 양수를 가장한 자를 포함한다)

라. 가목부터 다목까지에 규정된 자들을 위하여 고용, 도급, 위임 등 원인을 불문하고 채권추심을 하는 자

2. "채무자"란 채무를 변제할 의무가 있거나 채권추심자로부터 채무를 변제할 의무가 있는 것으로 주장되는 자연인(보증인을 포함한다)을 말한다.

3. "관계인"이란 채무자와 동거하거나 생계를 같이 하는 자, 채무자의 친족, 채무자가 근무하는 장소에 함께 근무하는 자를 말한다.

4. "채권추심"이란 채무자에 대한 소재파악 및 재산조사, 채권에 대한 변제 요구, 채무자로부터 변제 수령 등 채권의 만족을 얻기 위한 일체의 행위를 말한다.

제9조(폭행 · 협박 등의 금지)

채권추심자는 채권추심과 관련하여 다음 각 호의 어느 하나에 해당하는 행위를 하여서는 아니 된다.

1. 채무자 또는 관계인을 폭행 · 협박 · 체포 또는 감금하거나 그에게 위계나 위력을 사용하는 행위

II. 소송의 경과

[판단 요약] ⇨ 제1심과 원심의 결론은 처분사유 존부에 관한 판단 차이에 기인함(이하 상고이유와 관련된 원심 판단을 정리함)

<table>
<tr><th>원고 주장</th><th colspan="2">제1심 판단</th><th colspan="2">원심 판단</th><th>상고이유 관련 여부</th></tr>
<tr><td>처분사유 부존재 주장</td><td>배척</td><td rowspan="2">이 사건 처분 적법</td><td>인용</td><td rowspan="2">이 사건 처분 위법</td><td>O</td></tr>
<tr><td>재량권 일탈 · 남용 주장</td><td>배척</td><td>판단 X</td><td>X</td></tr>
</table>

2) 대부업자 또는 대부중개업자(법 제3조 제6항)

1. 처분사유의 존재 여부

가. 대부업법 제13조 제1항 제1호의 해석

○ 대부업법 제13조 제1항 제1호는 '대부업자등'이 채권추심법 제9조 등을 위반한 경우에 해당하면 '대부업자등'에게 대통령령으로 정하는 기준에 따라 1년 이내의 기간을 정하여 그 영업의 전부 또는 일부의 정지를 명할 수 있다고 규정하고 있고, 같은 법 제3조 제6항은 '대부업자등'이란 대부업자 또는 대부중개업자를, 같은 법 제2조 제1호 가목은 대부업자는 대부업의 등록을 한 자를, 같은 조 제3호는 대부중개업자는 대부중개업의 등록을 한 자를 말한다고 규정하고 있음. 한편 채권추심법 제9조는 '채권추심자'는 채권추심과 관련하여 다음 각 호의 어느 하나에 해당하는 행위를 하여서는 아니 된다고 규정하면서 제1호에서 "채무자 또는 관계인을 폭행 · 협박 · 체포 또는 감금하거나 그에게 위계나 위력을 사용하는 행위"를 들고 있고, 같은 법 제2조 제1호는 '채권추심자'란 대부업법에 따른 대부업자, 대부중개업자, 대부업의 등록을 하지 아니하고 사실상 대부업을 영위하는 자 등과 이들을 위하여 고용, 도급, 위임 등 원인을 불문하고 채권추심을 하는 자를, 같은 조 제4호는 채권추심이란 채무자에 대한 소재파악 및 재산조사, 채권에 대한 변제 요구, 채무자로부터 변제 수령 등 채권의 만족을 얻기 위한 일체의 행위를 말한다고 규정하고 있음

○ 위 규정들을 종합하면, 채권추심자는 대부업자등보다 넓은 개념으로서 양자는 서로 구별되는 용어라고 할 것이고 달리 양자를 동일하게 볼 수 있는 규정이 없기 때문에, <u>대부업법 제13조 제1항 제1호에서 대부업자등이 채권추심법 제9조 등을 위반한 경우란 그 문언의 해석상 대부업자나 대부중개업자가 채권추심자로서 채권추심법 제9조 소정의 위반행위를 한 경우를 의미할 뿐 이들이 고용한 채권추심자가 채권추심법 제9조 소정의 위반행위를 하였다고 하여 곧바로 여기에 포함된다고 보기는 어렵다고 할 것임</u>. 물론 대부업자가 법인인 경우 그 행위는 법인을 대표하는 자연인인 대표기관의 의사결정에 따른 행위에 의하여 실현되므로 대표자와 같은 기관이 직접 채권추심법 제9조에서 정한 위반행위를 하거나 교사 · 방조 또는 공모 등의 방법으로 다른 사람이 행하는 위법행위에 법인의 의사가 개입되었다고 한다면 비록 법인의 기관이 직접 그러한 위

법행위를 행한 것이 아니라고 할지라도 위 법조가 규정하는 제재사유에 해당한다고 할 것임. 그러나 법인인 대부업자의 이러한 개입 없이 단지 그 종업원 등이 그 업무를 수행하는 과정에서 독자적인 판단에 의하여 임의로 또는 극히 우발적으로 채무자에게 협박 등의 위법행위를 한 경우까지를 여기서 말하는 법인에 대한 행정제재사유에 해당한다고 보기는 어려움(다만 이 때 그 위반행위를 한 종업원 등은 채권추심법 제15조 제1항에 의하여 5년 이하의 징역 또는 5천만 원 이하의 벌금에 처하게 되고, 대부업자인 법인이 그 위반행위를 방지하기 위하여 해당 업무에 관하여 상당한 주의와 감독을 게을리하지 아니하였다는 점이 밝혀지지 않는 한 같은 법 제16조의 양벌규정에 따라 벌금형의 형사처벌을 받게 되는 것은 별개의 문제임)

나. 판단

○ 이 사건 경우, 원고의 직원인 A가 채무자의 가족을 협박하여 채권추심법 제9조를 위반한 사실은 앞서 인정한 바와 같으나, 이는 원고의 종업원이 채무자 측과 대화 도중 **우발적으로 범한** 것으로 보이고, 거기에 교사나 방조 또는 공모 등의 방법으로 법인인 원고의 의사가 개입되었다고 볼 아무런 자료가 없으므로, 이와 다른 법해석에 따라 원고가 채권추심법 제9조를 위반하였음을 전제로 하는 피고의 이 사건 처분은 위법하다고 할 것임

○ 따라서 이 사건 처분은 더 나아가 살필 필요 없이 취소되어야 하고 이를 지적하는 원고의 주장은 이유 있음

III. 상고이유의 요지

1. 상고이유 제1점 : 대부업법 제13조 제1항 제1호의 해석 등에 관한 법리오해

○ 다음과 같은 점에서 대부업법 제13조 제1항 제1호에 따라 제재 대상이 되는 행위를 제한하여 해석한 원심 판단은 부당함

▸ 행정법규 위반에 대한 제재에 관하여 위반자에게 고의나 과실을 요하지 않는다고 보는 것이 대법원 선례의 입장임

▸ 행정법규 위반에 대한 제재조치는 형사벌의 경우와 달리 합목적성이 강조되기 때문에 원칙적으로 행정법규 위반이라는 객관적 사실이 있는지 여부에 따라 법령상 책임자에게 가하는 것이므로 반드시 의무의 주체가 스스로 직접 위반행위를 하여야 하는 것은 아니고, 고용된 직원 등에 의하여 행정법규 위반이 행하여지 경우에도 원칙적으로 본인에게 책임이 귀속된다고 보아야 함

▸ 원심 판단대로 직원의 행위에 대한 책임을 법인에게 귀속시킬 수 없다고 본다면, 법인이 채권추심법 제9조 위반을 이유로 행정제재를 받는 경우는 거의 없게 될 것이므로, 불법적인 채권추심을 방지하고자 하는 대부업법의 취지를 몰각시키게 됨

2. 상고이유 제2점 : 원고의 감독의무 해태 여부에 관한 심리미진 등

○ 원고의 직원인 A의 위반행위에 대하여 원고에게 제재처분을 할 수 있는지 여부는 원고가 소속 직원의 위반행위가 발생하지 않도록 사전에 감독의무를 다하는 등 위반자의 의무해태를 탓할 수 없는 '정당한 사유'가 있는지 여부에 따라 판단되어야 하고, 원심과 같이 A의 위반행위에 대하여 법인의 대표기관이 교사 · 방조하였거나 공모하였는지 여부에 따라 판단할 것은 아님

○ 이러한 '정당한 사유'에 대하여는 이를 원고가 증명하여야 하는데, 원심에서 원고는 소속 직원들에 대한 내부 교육자료 등의 입증자료를 제출한 바도 없음

○ 오히려 다음과 같은 사정에 비추어 원고에게는 '정당한 사유'가 인정되지 않는다고 보아야 함

▸ 대부업을 영위하는 원고는 금전채권이 채권추심이 허용된 채권인지 여부를 확인하여 수임하여야 하고, 소속 직원이 채권추심 업무를 수행하면서 채권추심법 등 관련규정을 준수하도록 교육할 감독의무가 있음

▸ 그런데 원고는 이 사건 채권이 이미 소멸시효가 완성된 채권이었음에도 불구하고 이러한 사실을 별도로 확인조차 하지 않은 채, A로 하여금 추심행위를 하도록 하였음

Ⅳ. 연구의뢰 사항

1. 쟁점

○ 대법원 선례는 각종 행정법규 위반행위에 대하여 종업원 등 현실적 행위자의 행정법규 위반행위에 대하여 영업명의자 등 법령상의 책임주체에게 제재조치를 부과할 수 있다고 판단하여 왔음. 다만, 일정한 경우 법령상 책임자의 의무해태를 탓할 수 없는 '정당한 사유'가 있다고 보아 예외적으로 처분의 위법성을 인정하고 있음

❑ **대법원 2012. 5. 10. 선고 2012두1297 판결**

행정법규 위반에 대하여 가하는 제재조치는 행정목적의 달성을 위하여 행정법규 위반이라는 객관적 사실에 착안하여 가하는 제재이므로 **반드시 현실적인 행위자가 아니라도 법령상 책임자로 규정된 자에게 부과되고 특별한 사정이 없는 한 위반자에게 고의나 과실이 없더라도 부과할 수 있다**(대법원 2000. 5. 26. 선고 98두5972 판결, 대법원 2003. 9. 2. 선고 2002두5177 판결 등 참조).

☞ 원고의 종업원 등이 이 사건 호텔의 객실을 성매매 장소로 제공한 이상, 공중위생영업자인 원고가 이 사건 호텔 내에서 성매매가 이루어지는 것을 방지하여야 할 의무를 위반한 것이고, 원고에게 그 의무위반을 탓할 수 없는 정당한 사유가 있다고 보기 어려우므로, 피고가 원고의 종업원 등의 구 성매매알선 등 행위의 처벌에 관한 법률(2011. 5. 23. 법률 제10697호로 개정되기 전의 것) 제19조 위반 행위를 이유로 원고에게 영업정지처분을 한 것은 정당하다고 판단한 사례

❑ **대법원 2000. 5. 26. 선고 98두5972 판결**

과태료와 같은 행정질서벌은 행정질서유지를 위한 의무의 위반이라는 객관적 사실에 대하여 과하는 제재이므로 반드시 현실적인 행위자가 아니라도 법령상 책임자로 규정된 자에게 부과되고 원칙적으로 위반자의 고의·과실을 요하지 아니하나, **위반자가 그 의무를 알지 못하는 것이 무리가 아니었다고 할 수 있어 그것을 정당시할 수 있는 사정이 있을 때 또는 그 의무의 이행을 그 당사자에게 기대하는 것이 무리라고 하는 사정이 있을 때 등 그 의무 해태를 탓할 수 없는 정당한 사유가 있는 때에는 이를 부과할 수 없다.**

☞ 원고는 부정급수장치가 설치된 건물을 매수하여 입주할 당시 전 소유자로부터 그에 관한 설명을 듣지 못하여 그 사정을 전혀 알지 못하였고, 적발 당시에도 부정급수관이

매설된 위치나 연결 구조를 몰랐기에 전 소유자에게 전화로 연락한 끝에 겨우 찾아내게 되었으며, 원고는 피고로부터 건물 매수 직후 처음으로 건물에서 사용한 수도사용량에 대하여 요금의 납부를 고지받은 사안에서, 원고로서는 수도료 납부고지를 받거나 하여 수도사용량이 건물의 규모에 비하여 상당히 적게 계량된 점을 알 수 있게 되기까지는 전 소유자에 의하여 야기된 위반상태를 몰랐고 부정급수장치를 이용하여 급수를 받은 것이 무리가 아니어서 그 의무위반을 탓할 수 없는 정당한 사유가 있다고 볼 여지가 있다고 본 사례

○ 위와 같은 선례의 입장을 전제로, 이 사건에서 다음과 같은 쟁점이 제시될 수 있음

▸ ① 원심은 관련법령의 아래 규정내용 등에 비추어 대부업법상 '대부업자'와 채권추심법상 '채권추심자'가 일치하지 않음을 전제로 대표기관의 행위가 개입되지 않은 종업원의 위반행위는 법인의 위반행위에 해당되지 않는다고 제한 해석하였는바, 이러한 원심 판단의 당부

대부업법	채권추심법	원심 판단
제2조(정의) 이 법에서 사용하는 용어의 뜻은 다음과 같다. 1. "대부업"이란 금전의 대부(어음할인 · 양도담보, 그 밖에 이와 비슷한 방법을 통한 금전의 교부를 포함한다. 이하 "대부"라 한다)를 업(業)으로 하거나 다음 각 목의 어느 하나에 해당하는 자로부터 대부계약에 따른 채권을 양도받아 이를 추심하는 것을 업으로 하는 것을 말한다. 다만, 대부의 성격 등을 고려하여 대통령령으로 정하는 경우는 제외한다. 가. 제3조에 따라 대부업의 등록을 한 자(이하 "대부업자"라 한다)	**제2조(정의)** 이 법에서 사용하는 용어의 뜻은 다음과 같다. 1. "채권추심자"란 다음 각 목의 어느 하나에 해당하는 자를 말한다. 가. 「대부업 등의 등록 및 금융이용자 보호에 관한 법률」에 따른 대부업자, 대부중개업자, 대부업의 등록을 하지 아니하고 사실상 대부업을 영위하는 자, 여신금융기관 및 이들로부터 대부계약에 따른 채권을 양도받거나 재양도 받은 자 나. 가목에 규정된 자 외의 금전대여 채권자 및 그로부터 채권을 양도받거나 재양도 받은 자	대부업법 및 채권추심법의 규정내용에 비추어, ❶ 대부업법 제13조 제1항 제1호에서 대부업자등이 채권추심법 제9조 등을 위반한 경우란 대부업자등이 스스로 채권추심자로서 채권추심법 제9조의 위반행위를 한 경우를 의미함 따라서 ❷ 법인인 대부업자의 대표기관 등의 공모나 교사 · 방조 행위 등이 직접 개입되지 않은 이상, 단순한 종업원의 행위는 법인에 대한 제재사유가 될 수 없음

<table>
<tr><th>대부업법</th><th>채권추심법</th><th>원심 판단</th></tr>
<tr><td>제13조(영업정지 및 등록취소)
① 시·도지사는 대부업자등[3]이 다음 각 호의 어느 하나에 해당하면 그 대부업자등에게 대통령령으로 정하는 기준에 따라 1년 이내의 기간을 정하여 그 영업의 전부 또는 일부의 정지를 명할 수 있다.
1. 별표 각 호의 어느 하나에 해당하는 경우, 「채권의 공정한 추심에 관한 법률」 제5조 제1항, 제7조부터 제9조까지, 제10조 제1항 및 제11조부터 제13조까지를 위반한 경우</td><td>다. 금전이나 그 밖의 경제적 이익을 대가로 받거나 받기로 약속하고 타인의 채권을 추심하는 자(채권추심을 목적으로 채권의 양수를 가장한 자를 포함한다)
라. 가목부터 다목까지에 규정된 자들을 위하여 고용, 도급, 위임 등 원인을 불문하고 채권추심을 하는 자

제9조(폭행·협박 등의 금지) 채권추심자는 채권추심과 관련하여 다음 각 호의 어느 하나에 해당하는 행위를 하여서는 아니 된다.
1. 채무자 또는 관계인을 폭행·협박·체포 또는 감금하거나 그에게 위계나 위력을 사용하는 행위</td><td></td></tr>
</table>

▸ ② 나아가 행정제재 영역에서의 책임주의의 원칙상 기존 대법원 선례의 판시를 제한 내지 수정할 필요성이 있는지 여부

2. 연구의뢰 사항

○ 위 쟁점을 전제로, 아래에 나열된 예시사항 등을 참고하여 이 사건의 해결에 필요한 독일, 프랑스, 미국, 일본 등 각국의 입법, 학설, 판례 등에 대한 비교법적 연구·검토를 의뢰합니다.

○ 예시사항

▸ ❶ 각국의 법령, 선례 중 행정제재 영역에서 현실적 위반행위자와 법

3) 대부업자 또는 대부중개업자(법 제3조 제6항)

령상 책임자의 구별 및 관계 등에 관한 선례

▸ ❷ 특히, 법인의 경우 그 직원 등 행위자의 위반행위를 법인의 위반행위로 보아 행정제재의 대상으로 삼는 경우에 관한 각국의 입법례 및 선례

▸ ❸ 그 밖에 행정제재 영역과 형사처벌 영역에서 책임주의 원칙의 적용상 차이점 등에 관한 각국의 선례 및 이론

▸ 그밖에 이 사건의 해결에 참고할 만한 사항

※ <u>위 예시사항에 구애받지 마시고, 이 사건의 쟁점 및 그 해결과 관련하여 폭넓은 고찰을 부탁드립니다.</u>

종업원의 위법행위를 이유로 대부업자에 대해 내려진 행정처분의 위법성*

정 훈**

I. 문제의 소재

법인이나 개인에 고용되어 이들의 사무를 집행하는 종업원 등 피용자의 행위를 이유로 법인 등 사용자에 대해 법적 책임을 묻는 다양한 사안들에서 그 태양은 조금씩 다르지만, 기본적으로 타인의 행위를 이유로 특정인에 대해 책임을 지운다는 점에서 같은 지평의 논의선상에 있다고 할 것이다.

우선 민법 제756조[1]는 피용자의 불법행위에 대해 사용자에게 책임을 지우고 있고, 개별 행정법[2]상 양벌규정은 법인(또는 개인)의 대표자, 대리인, 사용인, 그 밖의 종업원이 법인(개인)의 업무에 관하여 위법행위를 한 경우 행위자 외에 법인(개인)에 대해서도 벌금형에 처하도록 하고 있다. 또한 국가배상법은 공무원 등의 위법행위에 대해 국가나 자치단체에 배상책임을 지우고 있다.[3]

---

* 이 글은 2015년 9월 2일 필자가 대법원 '비교법실무연구회'에서 발표한 것이며, 그 내용을 수정 · 가필하여 2016년 2월 한국공법학회가 발간하는 학술지인「공법연구」제44집 제3호에 "종업원의 위법행위를 이유로 사용자에 대해 행정제재처분을 하기 위한 책임법리 – '대부업법'상 영업정지처분과 관련하여 –"라는 제목으로 게재하였음을 밝힙니다.

** 전남대학교 법학전문대학원 교수

1) 민법 제756조 제1항: 타인을 사용하여 어느 사무에 종사하게 한 자는 피용자가 그 사무집행에 관하여 제삼자에게 가한 손해를 배상할 책임이 있다.

2) 가령, 식품위생법 제100조(양벌규정) : 법인의 대표자나 법인 또는 개인의 대리인, 사용인, 그 밖의 종업원이 그 법인 또는 개인의 업무에 관하여 제93조제3항 또는 제94조부터 제97조까지의 어느 하나에 해당하는 위반행위를 하면 그 행위자를 벌하는 외에 그 법인 또는 개인에게도 해당 조문의 벌금형을 과(科)하고, 제93조제1항의 위반행위를 하면 그 법인 또는 개인에 대하여도 1억5천만원 이하의 벌금에 처하며, 제93조제2항의 위반행위를 하면 그 법인 또는 개인에 대하여도 5천만원 이하의 벌금에 처한다.

3) 국가배상법 제2조(배상책임) 제1항: 국가나 지방자치단체는 공무원 또는 공무를 위탁받은 사인

한편, 위의 경우들과 달리, 고용관계 등 사용자와 피용자가 종속관계에 있지는 않으나, 타인의 토양오염행위에 대해 오염된 토양의 소유자 등에게 정화책임을 지우는 토양환경보전법[4]이나 타인의 부적정한 폐기물처리에 대해 토지소유자에게 책임을 지우는 폐기물관리법[5]도 타인의 행위에 대해 특정인에게 책임을 귀속시킨다는 점에서 맥락을 같이 한다고 볼 수 있다.

그런데 민법의 책임규정이나 개별 행정법상 양벌규정은 사용자가 피용자의 선임이나 사무감독에 과실이 없는 경우 면책하도록 되어 있어서 이들에게 책임을 지우기 위해서는 사용자 등의 주의의무 위반을 요건으로 하고 있다.[6] 또한 토양환경보전법도 토양오염이 발생한 토지를 양수할 당시 토양오염사실에 대하여 선의이며 과실이 없는 경우 정화책임을 지지 않는다고 규정하고 있다.[7]

이상을 내용을 정리하면, 우선 이들 규정은 모두 타인(피용자 등)의 행위에 대해 특정인(사용자 등)에게 책임을 귀속시킬 수 있는 명문의 규정이 있다는 점

(이하 "공무원"이라 한다)이 직무를 집행하면서 고의 또는 과실로 법령을 위반하여 타인에게 손해를 입히거나, 「자동차손해배상 보장법」에 따라 손해배상의 책임이 있을 때에는 이 법에 따라 그 손해를 배상하여야 한다.

4) 토양환경보전법 제10조의4(오염토양의 정확책임 등) 제1항: 다음 각 호의 어느 하나에 해당하는 자는 정화책임자로서 제11조제3항, 제14조제1항, 제15조제1항 · 제3항 또는 제19조제1항에 따라 토양정밀조사, 오염토양의 정화 또는 오염토양 개선사업의 실시(이하 이 조에서 "토양정화등"이라 한다)를 하여야 한다.
 2. 토양오염의 발생 당시 토양오염의 원인이 된 토양오염관리대상시설의 소유자 · 점유자 또는 운영자
 4. 토양오염이 발생한 토지를 소유하고 있었거나 현재 소유 또는 점유하고 있는 자

5) 폐기물관리법 제48조(폐기물처리에 대한 조치명령) ① 환경부장관, 시 · 도지사 또는 시장 · 군수 · 구청장은 폐기물이 제13조에 따른 폐기물의 처리 기준과 방법 또는 제13조의2에 따른 폐기물의 재활용 용도 또는 방법에 맞지 아니하게 처리되거나 제8조제1항 또는 제2항을 위반하여 버려지거나 매립되면 다음 각 호의 어느 하나에 해당하는 자에게 기간을 정하여 폐기물의 처리방법 변경, 폐기물의 처리 또는 반입 정지 등 필요한 조치를 명할 수 있다.
 3. 폐기물을 직접 처리하거나 다른 사람에게 자기 소유의 토지 사용을 허용한 경우 폐기물이 버려지거나 매립된 토지의 소유자

6) 민법 제756조 제1항 단서: 그러나 사용자가 피용자의 선임 및 그 사무감독에 상당한 주의를 한 때 또는 상당한 주의를 하여도 손해가 있을 경우에는 그러하지 아니하다.; 식품위생법 제100조 단서: 다만, 법인 또는 개인이 그 위반행위를 방지하기 위하여 해당 업무에 관하여 상당한 주의와 감독을 게을리하지 아니한 경우에는 그러하지 아니하다.

7) 토양환경보전법 제10조의4 제2항: 제1항에도 불구하고 다음 각 호의 어느 하나에 해당하는 경우에는 같은 항 제4호에 따른 정화책임자로 보지 아니한다.
 3. 토양오염이 발생한 토지를 양수할 당시 토양오염 사실에 대하여 선의이며 과실이 없는 경우

이다. 다음으로, 사용자에게 책임을 묻기 위해서는 사용자 자신의 귀책사유 즉, 피용자를 선임하거나 감독하는 데에 과실이 있을 것을 요건으로 하고 있다는 점이다.

다만, 국가배상법상 국가 등의 배상책임과 관련하여 같은 법 제2조 제2항이 공무원에게 고의 또는 중대한 과실이 있을 경우 국가나 자치단체가 그 공무원에게 구상할 수 있다고 규정하고 있는 데, 이 규정은 공무원의 행위에 대해 국가 등이 일단 책임을 진 후, 실제 행위자인 공무원에게 구상권을 행사할 수 있다는 의미일 뿐이지 해당 공무원에게 고의·중과실이 있으면 국가 등이 면책된다는 의미는 아니어서 귀책사유에 관한 규정으로 볼 수 없다. 또한 이 규정의 의미와 관련하여 대법원은 피해자가 가해 공무원 개인에게 민사상 청구를 할 수 있는 근거로 해석하고 있는데,[8] 역시 이러한 해석도 피해자를 보호하기 위해 피해자가 가해 공무원 개인에 대해서도 배상청구를 할 수 있다는 합목적적인 해석이지 국가 등이 면책된다는 의미는 아니므로 역시 국가 등의 귀책인정에 관한 규정은 아니다.

아무튼 타인의 행위로 인해 특정인에게 불법행위 책임이나 행정벌 혹은 토양환경보전법상 정화책임과 같은 공법상 책임을 인정하는 경우에 이에 대한 명문의 근거규정이 있고, 나아가 그 특정인 자신의 과실이 있어야 한다는 점이다.

그런데, 이 글에서 고찰대상으로 삼은 사안과 같이 대부업자에게 고용된 직원의 위법행위로 인해 대부업자에게 행정상 제재처분을 하는 경우에 이러한 제재처분의 근거규정이 무엇인지, 그리고 대부업자에게 제재처분을 하기 위해 대부업자의 고의나 과실이 있어야 하는지는 문제이다. 개별 행정법규에 이러한 경우에 대한 명문의 근거규정을 두는 경우는 찾아보기 힘들다. 이에 대해서 대법원 판례는 행정법규 위반행위에 대한 제재처분을 함에 있어 고의나 과실을 요구하지 않는다고 판시하고 있으나[9] 명문의 근거규정이 없는 경우에 종업원의 법위반행위를 이유로 사용자에게 제재처분을 할 수 있는 법리적 근거에 대해서

---

8) 대법원 1996.02.15. 선고 95다38677 전원합의체 판결(공1996, 771)

9) 대법원 2012.5.10. 선고 2012두1297 판결; 대법원 2003. 9. 2. 선고 2002두5177 판결(공2003, 1961); 대법원 2000. 5. 26. 선고 98두5972 판결(공2000, 1540); 대법원 1980.5.13. 선고 79누251 판결(공1980, 12855) 등

는 명확히 밝히고 있지 않으므로 이에 대한 고찰이 필요하다.

한편, 전통적인 경찰법상 행위책임론에 의하면 자기 또는 자기의 보호 · 감독하에 있는 사람의 행위로 인하여 질서 위반의 상태가 발생한 경우에 타인을 보호 · 감독하는 자가 책임을 지게 된다. 이 경우 책임의 성질은 타인을 대신하여 지는 책임이 아니고 자신의 생활범위 내에서 질서 위반의 상태를 발생시킨 것 자체에 대하여 지는 책임이다.[10] 그리고 경찰책임은 고의나 과실을 요구하지 않고, 오직 경찰책임의 상태, 즉 질서교란이나 위험야기 혹은 그러한 가능성이 존재하는 경우 책임자에게 경찰권이 발동될 수 있다. 현행 경찰관직무집행법에는 이에 관해 명문으로 직접 규정하고 있지는 않으나, 대체로 학설은 인정하고 있고 경찰관계법 및 개별 행정법규정들 속에는 이러한 법리의 취지가 녹아 있다고 볼 수 있다.

또한 실질적인 경찰개념에 의할 때 질서유지, 안전확보 및 위험예방을 위해 작용하는 국가의 행위는 형식적 의미의 경찰관청에 의한 행위가 아니어도 경찰작용으로 볼 수 있다. 가령, 도로교통, 건축행정이나 식품위생행정, 화재예방활동 등이 그것이다. 이러한 경찰책임의 법리를 종업원의 행위에 대해 사용자에게 책임을 묻는 경우에 일반적으로 적용할 수 있는지도 논의의 여지는 있다.

이 사안에서 대부업에 대한 국가의 규제나 감독이 질서유지나 위험예방을 위한 것이라면 이러한 경찰책임법리는 사안해결에 참고가 될 수도 있을 것이다.

이 연구에서는 이러한 문제를 기초로 하여 이 사안에서 문제되고 있는 대부업자가 고용한 직원의 채권추심행위를 대부업자의 추심행위로 볼 수 있는지 여부, 볼 수 없는 경우 직원의 행위를 이유로 대부업자에게 영업정지처분을 한 것이 적법한지, 그리고 대부업자에게 영업정지처분을 하기 위해 대부업자의 고의나 과실이 필요한지, 나아가 대부업자에게 제재를 할 수 없는 '정당한 사유'를 인정할 것인지 여부와 정당한 사유의 의미를 어떻게 이해할 것인지, 마지막으로 이러한 문제해결을 위해 경찰법상 행위책임의 법리를 적용할 수 있는지에 대해 고찰하고자 한다.

---

10) 박균성, 행정법론(하), 박영사(2015), 614면

II. 사안의 개요

1. 사실관계 및 대상 처분

○ 원고는 '대부업 등의 등록 및 금융이용자 보호에 관한 법률'(이하 '대부업법', 그 시행령은 '대부업법 시행령'이라 함)에 따라 대부업의 등록을 한 법인이다.

○ 원고의 직원인 A는 2011. 9. 초순경 채권추심과 관련하여 채무자와 생계를 같이하는 채무자의 오빠와 전화통화를 하던 중 감정이 격해져서 서로 욕설을 하다가 "빨리 불러 이 새끼야. 내가 부산 갈 테니까. 다음 주에 갈 테니까 불러. 이 새끼야."라고 말하는 등 채무자의 관계인을 협박하였다.

○ 서울동부지방법원(2012노710호)은 2012. 8. 14. A의 위와 같은 협박은 '채권의 공정한 추심에 관한 법률'(이하 '채권추심법'이라 함) 제9조 제1호를 위반한 것으로서 채권추심법 제15조 제1항에 따라 처벌하되 A가 범행을 시인하고 깊이 후회하며 다시는 이와 같은 범행을 저지르지 않겠다고 다짐하고 있고 이 사건 범행에 이르게 된 경위에 참작할 만한 사정이 있으며 협박의 정도가 심하지 않다는 등의 이유로 A에 대해 형(벌금 100만 원)의 선고를 유예하는 판결을 선고하였고, 위 판결은 그대로 확정되었다.

○ 피고(서울특별시 광진구청장)의 처분

피고는 2012. 12. 5. 원고가 위와 같이 채권추심과 관련하여 채무자 또는 관계인에게 폭행·협박, 위계를 사용하여 채권추심법 제9조 제1호를 위반하였다는 이유로 대부업법 제13조 제1항에 따라 원고에 대하여 영업전부정지 6개월(2012. 12. 6. ~ 2013. 6. 5.)의 처분을 하였다.(이하 '이 사건 처분'이라 함)

2. 관계 법령

(1) 처분의 근거 법령

「대부업 등의 등록 및 금융이용자 보호에 관한 법률 (2012. 12. 11. 법률 제11544호로 개정되기 전의 것)」

제2조(정의) 이 법에서 사용하는 용어의 뜻은 다음과 같다.

1. "대부업"이란 금전의 대부(어음할인 · 양도담보, 그 밖에 이와 비슷한 방법을 통한 금전의 교부를 포함한다. 이하 "대부"라 한다)를 업(業)으로 하거나 다음 각 목의 어느 하나에 해당하는 자로부터 대부계약에 따른 채권을 양도받아 이를 추심하는 것을 업으로 하는 것을 말한다. 다만, 대부의 성격 등을 고려하여 대통령령으로 정하는 경우는 제외한다.

   가. 제3조에 따라 대부업의 등록을 한 자(이하 "대부업자"라 한다)

제13조(영업정지 및 등록취소)

① 시 · 도지사는 대부업자등[11]이 다음 각 호의 어느 하나에 해당하면 그 대부업자등에게 대통령령으로 정하는 기준에 따라 1년 이내의 기간을 정하여 그 영업의 전부 또는 일부의 정지를 명할 수 있다.

1. 별표 각 호의 어느 하나에 해당하는 경우, 「채권의 공정한 추심에 관한 법률」 제5조 제1항, 제7조부터 제9조까지, 제10조 제1항 및 제11조부터 제13조까지를 위반한 경우

「대부업 등의 등록 및 금융이용자 보호에 관한 법률 시행령(시행 2011. 11. 30. 대통령령 제23321호, 2011.11.30.,) 」

제7조의4(영업정지 및 등록취소 기준) ① 법 제13조제1항 각 호 외의 부분에서 "대통령령으로 정하는 기준"이란 별표 2에 따른 기준을 말한다

별표2 영업정지 및 등록취소 기준(제7조의4 관련)

2. 개별 기준

위반행위	해당 조문	행정처분기준		
		1회	2회	3회
소. 「채권의 공정한 추심에 관한 법률」 제9조를 위반하여 같은 조 각 호의 어느 하나에 해당하는 행위로 추심한 경우	법 제13조 제1항 제1호, 제2항 제7호	**영업 전부정지 6월**	등록취소	–

11) 대부업자 또는 대부중개업자(법 제3조 제6항)

코. 「채권의 공정한 추심에 관한 법률」 제11조를 위반하여 같은 조 제3호부터 제5호까지의 어느 하나에 해당하는 행위를 한 경우	법 제13조 제1항 제1호	영업 일부정지 1월	영업 일부정지 3월	영업 일부정지 6월

(2) 처분 근거 법률이 원용하는 법률

「채권의 공정한 추심에 관한 법률(시행 2011.9.30.] [법률 제10465호, 2011.3.29)」

제2조(정의) 이 법에서 사용하는 용어의 뜻은 다음과 같다.

1. "채권추심자"란 다음 각 목의 어느 하나에 해당하는 자를 말한다.
   가. 「대부업 등의 등록 및 금융이용자 보호에 관한 법률」에 따른 대부업자, 대부중개업자, 대부업의 등록을 하지 아니하고 사실상 대부업을 영위하는 자, 여신금융기관 및 이들로부터 대부계약에 따른 채권을 양도받거나 재양도 받은 자
   나. 가목에 규정된 자 외의 금전대여 채권자 및 그로부터 채권을 양도받거나 재양도 받은 자
   다. 금전이나 그 밖의 경제적 이익을 대가로 받거나 받기로 약속하고 타인의 채권을 추심하는 자(채권추심을 목적으로 채권의 양수를 가장한 자를 포함한다)
   라. 가목부터 다목까지에 규정된 자들을 위하여 고용, 도급, 위임 등 원인을 불문하고 채권추심을 하는 자

제9조(폭행 · 협박 등의 금지)
채권추심자는 채권추심과 관련하여 다음 각 호의 어느 하나에 해당하는 행위를 하여서는 아니 된다.

1. 채무자 또는 관계인을 폭행 · 협박 · 체포 또는 감금하거나 그에게 위계나 위력을 사용하는 행위

3. 원고의 주장

(1) 처분 사유의 부존재

(가) 이 사건 처분은 채권추심자인 원고가 그 직원을 통하여 채무자 등을 협박하였음을 전제로 한 것이나, 원고는 채무자를 협박한 사실이 없고 오히려 원고

의 대표자 정○○은 서울동부지방검찰청 검사의 수사결과(갑 제6호증)에 따라 무혐의 처분을 받았으므로, 이 사건 처분은 사실을 오인한 위법한 처분이다.

(나) 원고의 직원 소외인이 채무자 등을 협박한 것을 원고가 협박한 것과 동일하게 보기 위하여는 양벌규정에 해당하여야 하는데, 채권의 공정한 추심에 관한 법률 제16조나 대부업법 제20조의 양벌규정은 벌금형의 경우만 적용될 수 있고 이 사건 처분에는 적용될 수 없음에도, 양벌규정을 적용하여 이 사건 처분을 한 것은 법률 적용을 그르친 위법에 해당한다.

(2) 재량권 일탈 · 남용

원고는 직원 114명으로 구성된 법인으로서 관련 법규를 위반하지 아니하도록 직원 교육을 철저히 하였던 점, 직원급여가 성과급으로 지급되고 있어 이 사건 처분이 확정될 경우 원고의 직원들은 실직상태에 놓이게 되는 점, 위반행위의 발생 경위 등을 참작하여 관련 형사판결에서도 선고유예의 경한 처분을 받게 된 점 등을 고려하여 보면, 이 사건 처분은 상당성이 없는 과중한 처분이다.

III. 소송의 경과 및 쟁점

1. 1심 판결요지

○ 1심법원은 이 사안에서 주요 쟁점이 되는 처분사유의 존재 여부에 대해 다음과 같이 판결하였다.

> "원고는 소외인의 협박행위를 원고의 행위로 볼 수 없다고 주장하나, 대부업법 제13조는 '채권의 공정한 추심에 관한 법률 제9조를 위반한 경우'에 해당하면 대부업자에게 영업의 정지를 명할 수 있다고 규정하고 있고, 채권의 공정한 추심에 관한 법률 제9조는 "채권추심자는 채권추심과 관련하여 다음 각 호의 어느 하나에 해당하는 행위를 하여서는 아니 된다."고 규정하면서 제1호에서 "채무자 또는 관계인을 폭행 · 협박 · 체포 또는 감금하거나 그에게 위계나 위력을 사용하는 행위"를 들고 있다. 아울러 채권의 공정한 추심에 관한 법률 제2조에 따르면, 대부업자를 위하여 고용, 도급, 위임 등 원인을 불문하고 채권추

심(채무자에 대한 소재파악 및 재산조사, 채권에 대한 변제 요구, 채무자로부터 변제 수령 등 채권의 만족을 얻기 위한 일체의 행위를 말한다)을 하는 자가 채권추심자에 해당하는 이상, 원고의 직원 소외인이 위 법령에 따른 채권추심자에 해당함은 의문의 여지가 없다(위 형사판결 역시 같은 전제에 서 있다). 그렇다면 대부업자인 원고의 직원으로서 채권추심자인 소외인이 채권의 공정한 추심에 관한 법률 제9조를 위반한 이상, 피고는 대부업법 제13조에 따라 대부업자인 원고에 대하여 영업정지 처분을 할 수 있다(원고가 주장하는 양벌규정이란 형벌의 경우 법인의 대표자 등의 행위에 따라 그 행위자를 벌하는 외에 법인에도 벌금형을 과하는 것으로서 이 사건 처분과 같은 행정처분에 양벌규정이 적용될 여지는 없다. 또한 실제로 소외인의 위 협박행위로 인하여 원고가 채권의 공정한 추심에 관한 법률 제16조의 양벌규정에 따라 벌금형에 처해진 사실도 없고, 대부업법 제20조의 양벌규정은 대부업법 제19조에 규정된 위반행위에 적용되는 것으로서 이 사건에 해당하는 규정이 아니므로, 어느 모로 보나 원고가 주장하는 위 양벌규정들은 이 사건 처분과 무관하다). 이 부분 원고의 법령 적용의 오해 주장도 이유 없다."

○ 1심판결 요약

- 원고의 직원은 채권추심법상 채권추심자이다
- 직원이 채권추심자로서 채권추심법에 위반한 경우 대부업법상 영업정지 사유에 해당하므로 대부업자인 원고에게 영업정지처분을 할 수 있다.

2. 2심판결 요지

1심에서 패소한 원고가 항소하였고, 2심법원은 처분사유의 존재여부에 대해 다음과 같이 판결하였다.

"'대부업자등'이란 대부업자 또는 대부중개업자를, 같은 법 제2조 제1호 가목은 대부업자는 대부업의 등록을 한 자를, 같은 조 제3호는 대부중개업자는 대부중개업의 등록을 한 자를 말한다고 규정하고 있다. 한편 채권추심법 제9조는 '채권추심자'는 채권추심과 관련하여 다음 각 호의 어느 하나에 해당하는 행위를 하여서는 아니 된다고 규정하면서 제1호에서 "채무자 또는 관계인을 폭행 · 협박 · 체포 또는 감금하거나 그에게 위계나 위력을 사용하는 행위"를 들고 있고, 같은 법 제2

조 제1호는 '채권추심자'란 대부업법에 따른 대부업자, 대부중개업자, 대부업의 등록을 하지 아니하고 사실상 대부업을 영위하는 자 등과 이들을 위하여 고용, 도급, 위임 등 원인을 불문하고 채권추심을 하는 자를, 같은 조 제4호는 채권추심이란 채무자에 대한 소재파악 및 재산조사, 채권에 대한 변제 요구, 채무자로부터 변제 수령 등 채권의 만족을 얻기 위한 일체의 행위를 말한다고 규정하고 있다. 이상의 규정들을 종합하면, 채권추심자는 대부업자등보다 넓은 개념으로서 양자는 서로 구별되는 용어라고 할 것이고 달리 양자를 동일하게 볼 수 있는 규정이 없기 때문에, 대부업법 제13조 제1항 제1호에서 대부업자등이 채권추심법 제9조 등을 위반한 경우란 그 문언의 해석상 대부업자나 대부중개업자가 채권추심자로서 채권추심법 제9조 소정의 위반행위를 한 경우를 의미할 뿐 이들이 고용한 채권추심자가 채권추심법 제9조 소정의 위반행위를 하였다고 하여 곧바로 여기에 포함된다고 보기는 어렵다고 할 것이다. 물론 대부업자가 법인인 경우 그 행위는 법인을 대표하는 자연인인 대표기관의 의사결정에 따른 행위에 의하여 실현되므로 대표자와 같은 기관이 직접 채권추심법 제9조에서 정한 위반행위를 하거나 교사 · 방조 또는 공모 등의 방법으로 다른 사람이 행하는 위법행위에 법인의 의사가 개입되었다고 한다면 비록 법인의 기관이 직접 그러한 위법행위를 행한 것이 아니라고 할지라도 위 법조가 규정하는 제재사유에 해당한다고 할 것이다. 그러나 법인인 대부업자의 이러한 개입 없이 단지 그 종업원 등이 그 업무를 수행하는 과정에서 독자적인 판단에 의하여 임의로 또는 극히 우발적으로 채무자에게 협박 등의 위법행위를 한 경우까지를 여기서 말하는 법인에 대한 행정제재사유에 해당한다고 보기는 어렵다(다만 이 때 그 위반행위를 한 종업원 등은 채권추심법 제15조 제1항에 의하여 5년 이하의 징역 또는 5천만 원 이하의 벌금에 처하게 되고, 대부업자인 법인이 그 위반행위를 방지하기 위하여 해당 업무에 관하여 상당한 주의와 감독을 게을리하지 아니하였다는 점이 밝혀지지 않는 한 같은 법 제16조의 양벌규정에 따라 벌금형의 형사처벌을 받게 되는 것은 별개의 문제이다).
이 사건 경우, 원고의 직원인 소외인이 채무자의 가족을 협박하여 채권추심법 제9조를 위반한 사실은 앞서 인정한 바와 같으나, 이는 원고의 종업원이 채무자 측과 대화 도중 우발적으로 범한 것으로 보이고, 거기에 교사나 방조 또는 공모 등의 방법으로 법인인 원고의 의사가 개입되었다고 볼 아무런 자료가 없으므로, 이와 다른 법해석에 따라 원고가 채권추심법 제9조를 위반하였음을 전제로 하는 피고의 이 사건 처분은 위법하다고 할 것이다."

○ 2심판결 요약

- 채권추심자와 대부업자는 다른 의미이다.
- 대부업법상 행정제재사유의 하나인 채권추심법 위반은 대부업자가 채권추심자로서 위반한 경우에만 해당하고 종업원이 채권추심자인 경우에는 해당하지 아니하다.
- 대부업자가 법인인 경우 법인의 대표기관이 직접 채권추심법을 위반하거나 행위자와 공모 또는 행위자를 교사 · 방조한 경우에만 대부업자에게 영업정지처분을 할 수 있다.

3. 피고 행정청의 상고이유

2심에서 패소한 피고 행정청의 상고이유는 다음과 같다.

(1) 상고이유 제1점: 대부업법 제13조 제1항 제1호의 해석 등에 관한 법리오해

○ 다음과 같은 점에서 대부업법 제13조 제1항 제1호에 따라 제재 대상이 되는 행위를 제한하여 해석한 원심 판단은 부당함

▸ 행정법규 위반에 대한 제재에 관하여 위반자에게 고의나 과실을 요하지 않는다고 보는 것이 대법원 선례의 입장이다.

▸ 행정법규 위반에 대한 제재조치는 형사벌의 경우와 달리 합목적성이 강조되기 때문에 원칙적으로 행정법규 위반이라는 객관적 사실이 있는지 여부에 따라 법령상 책임자에게 가하는 것이므로 반드시 의무의 주체가 스스로 직접 위반행위를 하여야 하는 것은 아니고, 고용된 직원 등에 의하여 행정법규 위반이 행하여지 경우에도 원칙적으로 본인에게 책임이 귀속된다고 보아야 한다.

▸ 원심 판단대로 직원의 행위에 대한 책임을 법인에게 귀속시킬 수 없다고 본다면, 법인이 채권추심법 제9조 위반을 이유로 행정제재를 받는 경우는 거의 없게 될 것이므로, 불법적인 채권추심을 방지하고자 하는 대부업법의 취지를 몰각시키게 된다.

(2) 상고이유 제2점: 원고의 감독의무 해태 여부에 관한 심리미진 등

○ 원고의 직원인 A의 위반행위에 대하여 원고에게 제재처분을 할 수 있는지 여부는 원고가 소속 직원의 위반행위가 발생하지 않도록 사전에 감독의무를 다하는 등 위반자의 의무해태를 탓할 수 없는 '정당한 사유'가 있는지 여부에 따라 판단되어야 하고, 원심과 같이 A의 위반행위에 대하여 법인의 대표기관이 교사 · 방조하였거나 공모하였는지 여부에 따라 판단할 것은 아니다.

○ 이러한 '정당한 사유'에 대하여는 이를 원고가 증명하여야 하는데, 원심에서 원고는 소속 직원들에 대한 내부 교육자료 등의 입증자료를 제출한 바도 없다.

○ 오히려 다음과 같은 사정에 비추어 원고에게는 '정당한 사유'가 인정되지 않는다고 보아야 한다.

▸ 대부업을 영위하는 원고는 금전채권이 채권추심이 허용된 채권인지 여부를 확인하여 수임하여야 하고, 소속 직원이 채권추심 업무를 수행하면서 채권추심법 등 관련규정을 준수하도록 교육할 감독의무가 있다.

▸ 그런데 원고는 이 사건 채권이 이미 소멸시효가 완성된 채권이었음에도 불구하고 이러한 사실을 별도로 확인조차 하지 않은 채, A로 하여금 추심행위를 하도록 하였다.

(3) 상고이유 요약

- 행정법규 위반에 대한 제재에는 고의나 과실이 요구되지 않는다.
- 행정법규 위반에 대한 제재에는 법규위반이라는 객관적 사실이 있는지 여부에 따라 판단할 것이고, 반드시 의무의 주체가 스스로 직접 위반행위를 해야 하는 것은 아니다.
- 직원의 행위에 대해 법인에게 책임을 물을 수 없다면, 대부업법의 취지를 몰각시키게 될 것이다.
- 직원의 위반행위에 대하여 원고에게 제재처분을 할 수 있는지 여부는 사전에 감독의무를 다하는 등 위반자의 의무해태를 탓할 수 없는 '정당한 사유'가 있는지 여부에 따라 판단되어야 한다.

4. 1심과 2심 및 상고이유에 나타난 쟁점

(1) 다툼이 없는 사실

- 이 사안에서 핵심적인 쟁점은 대부업법상 영업정지 등 제재처분의 사유가 존재하는지 여부이다.
- 그리고 대부업법은 제재처분 사유의 하나로 대부업자 등이 채권추심법 위반행위를 한 경우를 들고 있다.
- 이 경우 대부업자와 종업원 모두 채권추심법상 채권추심자가 될 수 있다.
- 대부업자가 채권추심자로서 채권추심법을 위반한 경우에는 대부업법상 제재처분의 사유에 해당함은 당연하다.

(2) 논란의 소지 및 쟁점

- 문제는 종업원이 채권추심자로서 채권추심법 위반행위를 한 경우에 대부업법상 제재처분의 사유에 해당하는지 여부이다.
- 1심과 2심은 이점에서 서로 판단을 달리 하고 있다.
- 대부업법과 채권추심법을 문자적 · 기계적으로 해석하면, 다음과 같은 결론이 도출 될 것이다.

① 대부업자는 채권추심자이다.(채권추심법 제2조 제1호 '가'목)

② 채권추심자는 채무자 등 관계인을 폭행하거나 협박 등을 해서는 아니된다. (채권추심법 제9조 제1호)

③ 대부업자가 채무자 등 관계인을 폭행하거나 협박 등을 하면 영업정지를 할 수 있다.(대부업법 제13조 제1항 제1호)

④ 종업원은 채권추심자이다(채권추심법 제2조 제1호 '라'목)

⑤ 대부업자는 대부업의 등록을 한 자이다.(대부업법 제2조 제1호 '가'목)

⑥ 종업원은 대부업의 등록을 한 자, 즉 대부업자를 위해 채권추심을 하는 자이지 대부업자는 아니다.

⑦ 결론: 그렇다면 종업원의 채권추심법 위반행위(폭행이나 협박 등)를 이유로 대부업법상 제재처분을 할 수는 없다.

- 위와 같은 결론은 2심판결이 결론에 도달한 과정일 것이다.

그러나 이러한 해석은 과연 타당한가. 법을 해석할 때 1차적으로 문자적 해석이 중요하지만, 여기에 그치지 않고 입법목적과 입법연혁 및 배경, 그리고 관계법 내지 전체 법질서의 통일적 틀 안에서 합목적적이고 공익에 부합한 방향으로 해석하는 것이 궁극적으로 해당 법의 취지나 존재의미에 비추어 바람직한 것이다.

– 한편, 종업원의 위반행위에 대해 사용자에게 책임을 물을 경우 사용자가 사전에 종업원에 대한 감독의무를 다하는 등 그에게 책임을 돌릴 수 없는 '정당한 사유'가 있다면 책임이 면제되는지, 또한 책임이 면제되는 '정당한 사유'에는 어떤 것이 해당될 것인지가 문제이다.

IV. 쟁점분석

1. 종업원의 행위를 이유로 대부업자에게 제재처분을 할 수 있는 근거

사안에서 대부업법상 대부업자와 채권추심법상 채권추심자가 정확히 일치하지 않으므로 종업원인 채권추심자의 위법행위에 대해 대부업법상 제재처분 사유가 될 수 있는지에 대해 논란이 있다.

앞에서 살펴본 바대로 문자적 해석만에 의할 때 인정될 수 없다면, 목적론적 해석이나 다른 책임법리를 통해 가능할 수 있을지를 따져 보아야 할 것이다.

(1) 실정법

개별 행정법상 명문으로 종업원 등의 법 위반행위를 이유로 사용자에게 행정제재처분을 할 수 있다는 규정을 두는 경우는 찾아보기 힘들다.

그러나 현실적으로 사업을 하는 자는 많은 인력과 다양한 시설을 갖추고 사업을 영위하는 경우가 보통인데, 만일 자신의 사업장에서 어느 종업원에 의한 법 위반행위가 있었으나 이것이 현실적으로 사용자 자신이 직접 행하지 아니하였다는 이유로 행정제재처분을 할 수 없다면, 실제에 있어서 제재처분을 하는 경우는 거의 없게 될 것이며, 이는 법질서의 목적을 달성할 수 없게 하고 말 것이다.

가령, 식품위생법 제75조 제1항은 식품의약품안전처장 또는 특별자치도지사 · 시장 · 군수 · 구청장은 영업자가 일정한 위법행위를 한 경우, 영업허가 또는 등록을 취소하거나 6개월 이내의 기간을 정하여 그 영업의 전부 또는 일부를 정지하거나 영업소 폐쇄를 명할 수 있다고 하고 있다. 그리고 이 경우 처분사유 중에는 같은 법 제4조에서 정한 "판매할 목적으로 위해식품을 채취 · 제조 · 수입 · 가공 · 사용 · 조리 · 저장 · 소분 · 운반 또는 진열"하는 경우가 있다. 그런데 만일 종업원이 상한 식재료를 사용하여 조리를 하거나 진열하는 경우에 영업주의 행위가 아니라는 이유로 행정처분을 할 수 없다면, 식품위생법의 입법목적은 달성될 수 없을 것이다.

(2) 목적론적 해석

1) 양벌규정과 관계

개별 행정법에 거의 예외 없이 양벌규정을 두고 있는데 반해, 행정제재처분에 대해서는 종업원의 행위를 이유로 사용자에게 제재처분을 한다는 규정을 명기하지 않은 이유가 사용자가 동시에 현실적인 행위자인 경우에만 제재를 하려는 입법자의 의도인지 검토할 필요가 있다.

(가) 양벌규정의 변천과정

양벌규정의 역사를 보면 행위자와 사용자를 동일하게 징역형이나 벌금형에 처하던 때도 있었다.[12] 그런데 헌법재판소가 이러한 입법을 위헌으로 결정한 후,[13] 사용자에 대해서는 벌금형만 가하도록 개정되었다.

즉, 헌법재판소는 구 「보건범죄단속에관한특별조치법」 제6조위헌제청사건에서 "이 사건 법률조항이 종업원의 업무 관련 무면허의료행위가 있으면 이에 대해 영업주가 비난받을 만한 행위가 있었는지 여부와는 관계없이 자동적으로

---

12) 가령, 구 「보건범죄단속에 관한 특별조치법(시행 1990.12.31. 법률 제4293호, 1990.12.31.)」 제6조(양벌규정) 법인의 대표자 또는 법인이나 개인의 대리인 · 사용인 기타 종업원이 그 법인 또는 개인의 업무에 관하여 제2조 내지 제5조의 위반행위를 한 때에는 행위자를 처벌하는 외에 법인 또는 개인에 대하여도 각본조의 예에 따라 처벌한다.

13) 헌법재판소 2007.11.29. 선고 2005헌가10 전원재판부(헌공제134호)

영업주도 처벌하도록 규정하고 있고, 그 문언상 명백한 의미와 달리 '종업원의 범죄행위에 대해 영업주의 선임감독상의 과실(기타 영업주의 귀책사유)이 인정되는 경우'라는 요건을 추가하여 해석하는 것은 문리해석의 범위를 넘어서는 것으로서 허용될 수 없으므로, 결국 위 법률조항은 다른 사람의 범죄에 대해 그 책임 유무를 묻지 않고 형벌을 부과함으로써, 법정형에 나아가 판단할 것 없이, 형사법의 기본원리인 '책임 없는 자에게 형벌을 부과할 수 없다'는 책임주의에 반한"것이고, "일정한 범죄에 대해 형벌을 부과하는 법률조항이 정당화되기 위해서는 범죄에 대한 귀책사유를 의미하는 책임이 인정되어야 하고, 그 법정형 또한 책임의 정도에 비례하도록 규정되어야 하는데, 이 사건 법률조항은 문언상 종업원의 범죄에 아무런 귀책사유가 없는 영업주에 대해서도 그 처벌가능성을 열어두고 있을 뿐만 아니라, 가사 위 법률조항을 종업원에 대한 선임감독상의 과실 있는 영업주만을 처벌하는 규정으로 보더라도, 과실밖에 없는 영업주를 고의의 본범(종업원)과 동일하게 '무기 또는 2년 이상의 징역형'이라는 법정형으로 처벌하는 것은 그 책임의 정도에 비해 지나치게 무거운 법정형을 규정하는 것이므로, 두 가지 점을 모두 고려하면 형벌에 관한 책임원칙에 반한다."라고 하였다.

이후 양벌규정은 다시 한번 변화를 겪었는데, 사용자에게 행위자의 위법행위를 이유로 벌금형에 처하도록 한 규정이 책임주의에 반한다는 이유로 면책사유를 두게 된 것이다. 예를 들면, 구 「의료기사 등에 관한 법률(시행 2008. 2.29. 법률 제8852호, 2008.2.29.)」 제32조 양벌규정[14]에 대해 헌법재판소는[15] "이 사건 법률조항은 법인이 고용한 종업원 등이 업무에 관하여 법 제30조 제1항 제1호의 위반행위를 저지른 사실이 인정되면, 법인이 그와 같은 종업원 등의 범죄에 대해 어떠한 잘못이 있는지를 전혀 묻지 않고 곧바로 그 종업원 등을 고용한 법인에게도 종업원 등에 대한 처벌조항에 규정된 벌금형을 과하도록 규정하고 있는바, 오늘날 법인의 반사회적 법익침해활동에 대하여 법인

14) "법인의 대표자, 법인 또는 개인의 대리인 · 사용인 기타의 종업원이 그 법인 또는 개인의 업무에 관하여 제30조 또는 제31조의 위반행위를 한 때에는 그 행위자를 벌하는 외에 그 법인 또는 개인에 대하여도 각 해당 조의 벌금형을 과한다."

15) 헌법재판소 2009.07.30. 선고 2008헌가24 전원재판부 의료기사등에관한법률제32조위헌제청(헌공제154호)

자체에 직접적인 제재를 가할 필요성이 강하다 하더라도, 입법자가 일단 "형벌"을 선택한 이상, 형벌에 관한 헌법상 원칙, 즉 법치주의와 죄형법정주의로부터 도출되는 책임주의원칙이 준수되어야 한다. 그런데 이 사건 법률조항에 의할 경우 법인이 종업원 등의 위반행위와 관련하여 선임 · 감독상의 주의의무를 다하여 아무런 잘못이 없는 경우까지도 법인에게 형벌을 부과될 수밖에 없게 되어 법치국가의 원리 및 죄형법정주의로부터 도출되는 책임주의원칙에 반하므로 헌법에 위반된다"고 하였다. 이 사건에서는 사용자가 법인인 경우이었으나, 이 후 이어지는 양벌규정에 대한 위헌심판제청사건에서 개인이 사용자인 경우도 마찬가지의 결정을 하였다.[16] 위헌 결정 후 각 개별 행정법에서 양벌규정은 사용자가 감독의무등을 게을리 하지 아니한 경우에는 면책하는 내용으로 개정되었다.[17]

(나) 양벌규정과 죄형법정주의

형사적 처벌을 제재의 내용으로 하는 양벌규정을 개별 행정법에서 거의 예외 없이 두는 것은 사용자의 사무가 미치는 사회적 · 공공적 영향이 지대하므로 일단 사용자의 지배영역 내에서 발생한 사실에 대해서는 현실적인 행위자가 누구인지 불문하고 사용자에게 광범위하게 책임을 묻겠다는 취지일 것이다.

이러한 입법취지에 비추어 보면 입법자가 동일한 법률에서 사용자에게 형사적 처벌은 가하되 행정적인 제재는 하지 않으려는 입법의도를 가지고 있다고 보는 것은 자연스러운 해석이 아닐 것이다.

오히려 종업원의 행위에 대해 사용자도 함께 처벌하는 양벌규정은 행정형벌을 가하는 것이기 때문에 죄형법정주의원칙에 구속을 받아야 하고, 따라서 이에 관한 명문의 근거규정이 있어야 한다고 보는 것이 합리적이다.[18] 다시 말

---

16) 가령, 헌법재판소 2010. 9. 2. 선고 2009헌가11 전원재판부【수산업법제98조제2항위헌제청】(헌공제167호, 1522); 헌법재판소 2010. 7. 29. 선고 2009헌가14, 2010헌가18,2009헌가16, 2010헌가9,2009헌가35, 2010헌가4,5,34(병합) 전원재판부(헌공제166호, 1324) 등

17) 「의료기사등에 관한 법률」 제32조(양벌규정): 법인의 대표자나 법인 또는 개인의 대리인, 사용인, 그 밖의 종업원이 그 법인 또는 개인의 업무에 관하여 제30조 또는 제31조의 위반행위를 하면 그 행위자를 벌하는 외에 그 법인 또는 개인에게도 해당 조문의 벌금형을 과(科)한다. 다만, 법인 또는 개인이 그 위반행위를 방지하기 위하여 해당 업무에 관하여 상당한 주의와 감독을 게을리하지 아니한 경우에는 그러하지 아니하다.

하면 사용자에 대해서는 형사적 제재만 하고 행정적 제재는 하지 않으려는 입법자의 의도는 아니라는 것이다.

그런데 법률 중에는 종업원의 위법행위를 이유로 사용자에게 행정제재를 한다는 것을 명문으로 둔 경우도 있었다. 가령, 구 「전당포영업법」[19]이 그러한 경우인데, 같은 법 제27조(행정처분) 제1항은 경찰서장이 전당포주의 허가를 취소하거나 1년 이내의 기간을 정하여 전당포 영업의 정지를 명할 수 있게 하였는데, 그 사유중 하나인 제4호는 "전당포주, 그 대리인, 사용인 기타의 종업자가 이 법 또는 이 법에 의거한 법령에 위반한때. 다만, 전당포주의 대리인, 사용인 기타의 종업자가 이 법 또는 이 법에 의거한 법령에 위반한 경우에는 전당포주(전당포주가 무능력자인 경우에는 그 법정대리인)가 그 대리인, 사용인 기타의 종업자가 한 당해 위반행위를 방지하기 위하여 상당한 주의를 태만히 하지 아니한 것이 증명된 경우에는 예외로 한다."라고 규정하였다.

2) 공법과 사법의 목적

사인간의 법질서를 규율하는 민법에서 피용자의 행위에 대한 사용자의 책임을 묻기 위해서는 명문의 규정이 있어야 하는 것이 전통적인 자기책임원칙에 충실한 사법에 비추어 당연한 것이다. 그러나 공공의 이익을 위한 공법에서는 엄격한 자기책임원칙보다 공동체의 이익을 위해 완화되고 확장된 책임의 법리가 적용되어야 하며, 무과실책임이나 연대책임을 규정한 법규정은 이를 반영한 것으로 볼 수 있다.[20] 가령, 국가배상법은 민법의 특별법이지만 국가나 자치단

---

18) 박정훈, 행정법의 체계와 방법론, 박영사(2005), 327면

19) 시행 1998.1.13. 법률 제5507호, 1998.1.13. 이 법은 법률 제5936호(1999.3.31.)로 폐지 됨

20) 가령, 「환경정책기본법」 제44조(환경오염의 피해에 대한 무과실책임) ① 환경오염 또는 환경훼손으로 피해가 발생한 경우에는 해당 환경오염 또는 환경훼손의 원인자가 그 피해를 배상하여야 한다.
② 환경오염 또는 환경훼손의 원인자가 둘 이상인 경우에 어느 원인자에 의하여 제1항에 따른 피해가 발생한 것인지를 알 수 없을 때에는 각 원인자가 연대하여 배상하여야 한다.
「토양환경보전법」 제10조의3(토양오염의 피해에 대한 무과실책임 등) ① 토양오염으로 인하여 피해가 발생한 경우 그 오염을 발생시킨 자는 그 피해를 배상하고 오염된 토양을 정화하는 등의 조치를 하여야 한다. 다만, 토양오염이 천재지변이나 전쟁, 그 밖의 불가항력으로 인하여 발생하였을 때에는 그러하지 아니하다.
② 토양오염을 발생시킨 자가 둘 이상인 경우에 어느 자에 의하여 제1항의 피해가 발생한 것

체가 고의나 과실이 없음을 이유로 배상책임을 면할 수 없게 하고 있는 것도 국가배상법의 규율영역이 순수한 사법의 영역은 아니기 때문일 것이다. 따라서 공법에서 민법의 사용자책임에서와 같은 명문의 책임규정이 없다고 해서 종업원의 행위로 인한 제재처분을 할 수 없다고 볼 것은 아니다.

(3) 판례

대법원판례는 종업원의 행정법상 법규 위반에 대해 가해지는 제재는 행정목적 달성을 위해, 위반의 '태양'보다 위반이라는 '객관적 사실'에 착안하여 사용자의 책임을 인정해 오고 있다. 따라서 종업원이 위반한 것인지 사용자가 직접 위반한 것인지를 불문하고 당해 사업의 실질적인 책임자요 사무의 귀속주체인 사용자에게 책임을 물을 수 있고, 특별한 사정이 없는 한 위반자에게 고의나 과실이 요구되지 않는다고 하였다.

즉, 호텔업을 하는 원고의 종업원 등이 호텔의 객실을 성매매 장소로 제공한 데 대해, "행정법규 위반에 대하여 가하는 제재조치는 행정목적의 달성을 위하여 행정법규 위반이라는 객관적 사실에 착안하여 가하는 제재이므로 반드시 현실적인 행위자가 아니라도 법령상 책임자로 규정된 자에게 부과된다"라고 전제한 후, 공중위생영업자인 원고가 이 사건 호텔 내에서 성매매가 이루어지는 것을 방지하여야 할 의무를 위반하였고 원고에게 그 의무위반을 탓할 수 없는 정당한 사유가 있다고 보기 어려우므로, 피고 행정청이 원고의 종업원 등의 구 성매매알선 등 행위의 처벌에 관한 법률(2011. 5. 23. 법률 제10697호로 개정되기 전의 것) 제19조 위반 행위를 이유로 원고에게 이 사건 영업정지처분을 한 것은 정당하다고 판시하였다.[21]

또한 전 소유자의 부정급수관 설치에 대해 그로부터 건물을 매수한 자에게 과태료를 부과한 데 대해, "과태료와 같은 행정질서벌은 행정질서유지를 위한 의무의 위반이라는 객관적 사실에 대하여 과하는 제재이므로 반드시 현실적인 행위자가 아니라도 법령상 책임자로 규정된 자에게 부과된다"라고 판시하였으며,[22]

인지를 알 수 없을 때에는 각자가 연대하여 배상하고 오염된 토양을 정화하는 등의 조치를 하여야 한다.

21) 대법원 2012. 5. 10. 선고 2012두1297 판결(미간행)

공사수주나 공사계약의 체결 등에 관한 포괄적 권한을 위임받은 건설회사의 이사가 구 건설산업기본법(2000. 1. 12. 법률 제6112호로 개정되기 전의 것) 제21조 소정의 건설업등록증 등의 대여금지에 관한 위반행위를 한 데 대해, "행정법규 위반에 대하여 가하는 제재조치는 행정목적의 달성을 위하여 행정법규 위반이라는 객관적 사실에 착안하여 가하는 제재이므로 위반자의 의무 해태를 탓할 수 없는 정당한 사유가 있는 등의 특별한 사정이 없는 한 위반자에게 고의나 과실이 없다고 하더라도 부과될 수 있다"라고 전제한 후, 회사가 뒤늦게 그 위반행위를 알았다고 하더라도 그에 대한 행정책임을 져야 한다고 판시하였다.[23)]

(4) 경찰법상 행위책임의 법리

경찰법상 행위책임론에 의하면 자기 또는 자기의 보호 · 감독하에 있는 사람의 행위로 인하여 질서 위반의 상태가 발생한 경우에 타인을 보호 · 감독하는 자가 책임을 지게 된다. 이 경우 책임의 성질은 타인을 대신하여 지는 책임이 아니고 자신의 생활범위 내에서 질서 위반의 상태를 발생시킨 것 자체에 대하여 지는 책임이다.[24)]

실질적인 경찰개념에 의할 때 질서유지, 안전확보 및 위험예방을 위해 작용하는 국가의 행위는 형식적 의미의 경찰관청에 의한 행위가 아니어도 경찰작용으로 볼 수 있다.

대법원이 "과태료와 같은 행정질서벌은 행정질서유지를 위한 의무의 위반이라는 객관적 사실에 대하여 과하는 제재이므로 반드시 현실적인 행위자가 아니라도 법령상 책임자로 규정된 자에게 부과되고 원칙적으로 위반자의 고의 · 과실을 요하지 아니"하다고[25)] 판시한 법리는 사실 경찰책임의 법리에서 나온 것이다. 이 사안에서 대부업에 대한 국가의 규제나 감독이 질서유지나 위험예방을 위한 것이라면 이러한 경찰책임법리는 사안해결에 참고가 될 수도 있을 것이다. 이와 관련하여 후술하는 독일의 경찰법에서 다시 살피고자 한다.

---

22) 대법원 2000. 5. 26. 선고 98두5972 판결(공2000, 1540)
23) 대법원 2003. 9. 2. 선고 2002두5177 판결(공2003, 1961)
24) 김동희, 행정법II, 박영사(2010), 224면; 박균성, 행정법론(하), 박영사(2015), 614면
25) 대법원 2000. 5. 26. 선고 98두5972 판결(공2000, 1540)

(5) 사안의 해결

대부업자는 채권추심을 직접 할 수도 있고, 자신의 종업원을 통해 추심할 수도 있다. 만일 종업원이 채권추심법에 위반한 경우 이는 대부업법상 제재처분의 사유에 해당하므로 대부업자에게 제재처분을 할 수 있다. 이 경우, 종업원의 행위에 대해 사용자에 대해 제재처분을 할 수 있다는 명문의 규정이 없어도 공법규정의 합목적적인 해석과 기타 책임법리에 의해 사용자에게 제재처분을 할 수 있다. 따라서 이와 다른 원심의 판단은 위법하다.

2. 고의나 과실 및 면책 사유로서 정당한 사유

(1) 고의나 과실의 필요성 논의

법적 책임을 묻기 위해 책임자의 주관적 귀책사유인 고의나 과실을 묻는 것은 전통적인 자기책임의 원칙에 비추어 자연스러운 것이다.

그러나 매우 다원화된 법률관계와 환경, 에너지, 산업, 기후 등 각종 지구적 문제가 인간의 생존자체와 직결된 오늘 날 더 이상 이러한 근대적 자기책임의 원칙은 한계가 있을 수 밖에 없다. 사법에서도 입증책임의 완화나 위험책임, 무과실책임이 인정되는 때에 공법의 영역에서는 더 말할 나위 없다.

대법원은 신축공사장에서 시공된 지하 터파기 및 흙막이 공사의 지반굴착 과정에서 주변의 토지가 침하되어 발생한 손해와 관련하여 "환경정책기본법 제31조 제1항…사업자는 귀책사유가 없더라도 그 피해를 배상하여야 하고, 위 환경오염에는 소음 · 진동으로 사람의 건강이나 환경에 피해를 주는 것도 포함된다"[26]라고 한 후, "환경정책기본법 제31조 제1항은 불법행위에 관한 민법 규정의 특별 규정이라고 할 것이므로 환경오염으로 인하여 손해를 입은 자가 환경정책기본법에 의하여 손해배상을 주장하지 않았다고 하더라도 법원은 민법에 우선하여 환경정책기본법을 적용"된다라고 판시하였다.[27]

한편, 법률에 과실범 처벌규정을 두고 있지 않음에도 불구하고 과실을 이유로 처벌할 수 있다는 판례가 있다. 이 것은 법위반 "상태"가 중요한 것이지

---

26) 대법원 2001. 2. 9. 선고 99다55434 판결(공2001, 606)
27) 대법원 2008. 11. 27. 선고 2008도7438 판결(미간행)

위반의 '태양'이 중요한 것은 아니라는 것을 보여주는 것이다.

즉 대법원은 세륜시설의 고장으로 세륜을 하지 못하여 비산먼지를 발생시킨 사안에서 "구 대기환경보전법 제28조 제1항을 위반하여 비산먼지의 발생을 억제하기 위한 시설을 설치하지 아니한 자를 처벌하는 구 대기환경보전법 제57조 제4호의 입법 취지와 목적 등을 고려할 때, 비산먼지의 발생을 억제하기 위한 시설을 설치하였으나 이를 가동하지 아니한 자도 위 조항에 위반된다고 봄이 상당"하고, "구 대기환경보전법 제28조 제1항에 위반하는 행위 즉, 위 규정에 따른 비산먼지의 발생을 억제하기 위한 시설을 설치하지 아니하거나 필요한 조치를 하지 아니한 자를 처벌하고자 하는 구 대기환경보전법 제57조 제4호의 규정은 고의범은 물론이고, 과실로 인하여 그러한 내용을 인식하지 못하고 위 시설을 설치하지 아니하거나 필요한 조치를 하지 아니한 자도 함께 처벌하는 규정이라고 해석함이 상당하다 (대법원 1993. 9. 10. 선고 92도1136 판결 등 참조)."라고 판시하였다.[28)]

(2) 행정제재처분에서 고의 · 과실의 요부

판례는 행정법 위반에 대한 제재처분을 함에 있어서 객관적 법 위반사실만으로 충분하고 주관적인 귀책사유는 필요하지 않다고 하여 고의나 과실을 요건으로 삼지 않는다. 즉, 과태료와 같은 행정질서벌은 행정질서유지를 위한 의무의 위반이라는 객관적 사실에 대하여 과하는 제재이므로 반드시 현실적인 행위자가 아니라도 법령상 책임자로 규정된 자에게 부과되고 원칙적으로 위반자의 고의 · 과실을 요하지 아니한다고 하였다.[29)]

(3) 정당한 사유

대법원 판례는 행정제재처분에 있어서 고의나 과실을 요건으로 하지는 않지만, "의무 해태를 탓할 수 없는 정당한 사유가 있는 때에는 이를 부과할 수 없다"고 하여 '정당한 사유'가 있는 경우 책임을 면하도록 하고 있다. 이와 관련

---

28) 대법원 2008. 11. 27. 선고 2008도7438 판결(미간행)
29) 대법원 2000. 5. 26. 선고 98두5972 판결(공2000, 1540)

하여, 원고가 전 소유자로부터 건물을 매수할 당시 전 소유자가 부정급수관을 설치하여 수돗물을 부정한 방법으로 공급받아 왔다는 사실을 몰랐고, 전 소유자로부터 그에 관한 설명을 듣지 못하여 그 사정을 전혀 알지 못하여, 적발 당시에도 부정급수관이 매설된 위치나 연결구조를 몰랐기에 전 소유자에게 전화로 연락한 끝에 겨우 찾아내게 되었으며, 원고로서는 피고로부터 수도료 납부고지를 받거나 하여 수도사용량이 건물의 규모에 비하여 상당히 적게 계량된 점을 알 수 있게 되기까지는 전소유자에 의하여 야기된 위반상태를 몰랐고 따라서 그 상태가 지속중인 급수장치를 이용하여 급수를 받은 것이 무리가 아니어서 그 의무위반을 탓할 수 없는 정당한 사유가 있다고 하면서, "위반자가 그 의무를 알지 못하는 것이 무리가 아니었다고 할 수 있어 그것을 정당시할 수 있는 사정이 있을 때 또는 그 의무의 이행을 그 당사자에게 기대하는 것이 무리라고 하는 사정이 있을 때 등 그 의무 해태를 탓할 수 없는 정당한 사유가 있는 때에는 이를 부과할 수 없다고 보아야 할 것이다"라고 판시하였다.[30]

결국 정당한 사유란 구체적인 경우에 제반 상황을 종합하여 책임자가 다른 행위를 할 것이 기대가능하지 않다는 점에 대한 객관적이고 합리적인 사유를 의미할 것이다. 이와 관련하여 몇몇 현행법을 살펴보면 다음과 같다.

1) 토양환경보전법상 정당한 사유

토양환경보전법 제10조의3은 토양오염피해에 대한 무과실책임을 규정하고 있다. 또한 같은 법 제10조의4는 토양 정화책임과 관련하여 매우 엄격한 책임을 지우면서 정화책임을 면할 수 있는 규정을 두고 있다. 제10조의4 제2항은 제3호는 "토양오염이 발생한 토지를 양수할 당시 토양오염 사실에 대하여 선의이며 과실이 없는 경우"에는 정화책임을 지지 않는다.

그런데 이 경우 선의이며 과실이 없는 경우란 무엇을 말하는가. 즉, 이 경우 선의이며 과실이 없다고 볼 수 있는 정당한 사유는 같은 법 제10조의2에 따라 전문토양환경평가기관으로부터 토양환경평가를 받아서 그 결과가 "오염 정도가 우려기준 이하인 것을 확인한 경우"한 경우이다.

30) 대법원 2000. 5. 26. 선고 98두5972 판결(공2000, 1540)

「토양환경보전법」

제10조의2(토양환경평가) ① 다음 각 호의 어느 하나에 해당하는 시설이 설치되어 있거나 설치되어 있었던 부지, 그 밖에 토양오염의 우려가 있는 토지를 양도 · 양수 . . . 또는 임대 · 임차하는 경우에 양도인 · 양수인 · 임대인 또는 임차인은 해당 부지와 그 주변지역, 그 밖에 토양오염의 우려가 있는 토지에 대하여 토양환경평가기관으로부터 토양오염에 관한 평가(이하 "토양환경평가"라 한다)를 받을 수 있다.

1. 토양오염관리대상시설
2. 「산업집적활성화 및 공장설립에 관한 법률」 제2조제1호에 따른 공장
3. 「국방 · 군사시설 사업에 관한 법률」 제2조제1항에 따른 국방 · 군사시설

② 제1항 각 호의 어느 하나에 해당하는 시설이 설치되어 있거나 설치되어 있었던 부지, 그 밖에 토양오염의 우려가 있는 토지를 양수한 자가 양수 당시 같은 항에 따라 토양환경평가를 받고 그 부지 또는 토지의 오염 정도가 우려기준 이하인 것을 확인한 경우에는 토양오염 사실에 대하여 선의이며 과실이 없는 것으로 추정한다.

2) 타인의 비정상적 행위가 정당한 사유인지

이 사안에서 원심판결은 종업원의 위반행위로 인해 법인인 대부업자에게 제재처분을 할 수 있기 위해서는 법인의 대표기관이 종업원과 공모하거나 교사나 방조를 한 경우에만 가능하고, 종업원이 독단적이고 우발적으로 행위를 한 경우에는 할 수 없다고 하였다.

이와 관련하여 후술하는 독일의 경찰책임법리에 의하면 경찰법상 종업원의 행위로 인해 사용자에게 경찰책임을 지우기 위해서는 “한편으로는, 지시의 구속성(Weisungsgebundenheit)이, 고용주(Geschäftsherr)가 사무의 종류나 방법에 영향을 미칠 수 있을 정도이어야 하고, 다른 한편, 그 위험이 사무의 기회(Gelegenheit)에 뿐만 아니라 사무의 “수행중에(in Ausübung)” 발생되어야 한다.”[31] 라고 하여 언뜻 종업원의 돌출적 행위에 대해서는 사용자에게 책임을 지우기 어려울 것으로 보일 수 있다. 그런데 고용주의 지시가 종업원을 구속할 정도라 하여도 종업원이 이러한 사무지시를 어기고 위반행위를 할 수도 있을 것이다. 그렇다면 이러한 경우 항상 사용자는 책임을 면할 정당한 사유가 되는가.

이와 관련하여 한국의 폐기물관리법의 규정과 이에 관한 판례를 살펴본다.

---

31) Matthias Wehr, Bundespolizeigesetz 1, 2013, Rn.11

「폐기물관리법」

제48조(폐기물 처리에 대한 조치명령) 환경부장관, 시 · 도지사 또는 시장 · 군수 · 구청장은 폐기물이 제13조에 따른 폐기물의 처리 기준과 방법 또는 제13조의2에 따른 폐기물의 재활용 용도 또는 방법에 맞지 아니하게 처리되거나 제8조제1항 또는 제2항을 위반하여 버려지거나 매립되면 다음 각 호의 어느 하나에 해당하는 자에게 기간을 정하여 폐기물의 처리방법 변경, 폐기물의 처리 또는 반입 정지 등 필요한 조치를 명할 수 있다.

1. 폐기물을 처리한 자
2. 제17조제1항제3호에 따른 확인을 하지 아니하고 위탁한 자
3. 폐기물을 직접 처리하거나 다른 사람에게 자기 소유의 토지 사용을 허용한 경우 폐기물이 버려지거나 매립된 토지의 소유자

이 규정에 의하면 다른 사람에게 자기 소유의 토지 사용을 허용한 경우, 그 토지가 오염되었다면, 토지의 소유자가 책임을 진다고 하였다. 문제는 이 때 토지 사용자가 소유자의 의도에 반해서 토지를 사용한 경우에 사용자의 우발적인 행위로 보아 소유자는 책임을 면하게 되는지 여부이다. 이에 대해 부산고등법원은 원고가 소외인과 자신의 토지에 대한 매매계약을 체결한 후, 아직 소유권 이전등기를 완료하기 전에 소외인에게 토지를 사용하도록 하였는데, 소외인이 토지상에 폐비닐, 폐합성수지 등 사업장폐기물 180여톤을 투기하였고 이에 대해 행정청이 원고에 대해 방치폐기물제거명령을 발한 사안에서 "폐기물처리에 대한 조치명령의 상대방으로 규정하고 있는 '다른 사람에게 자기 소유의 토지 사용을 허용한 경우 폐기물이 버려지거나 매립된 토지의 소유자'란 용도를 불문하고 타인에게 자신의 토지의 사용을 허용한 경우를 모두 포함한다고 해석함이 상당하고, 달리 이를 폐기물의 투기나 매립을 위한 토지사용을 허용한 소유자에 한정되는 것으로 해석할 것은 아니다."라고 판시하였다.[32)]

(4) 사안의 해결

- 행정법 규정 위반에 대한 제재처분시에는 고의나 과실이 필요하지 않다.
- 정당한 사유란 매우 엄격하게 해석해야 하며, 따라서 정당할 수 있는 객관적이고 검증할 수 있는 정도의 사유로 한정해야 할 것이다.

32) 부산고법 2003. 10. 24. 선고 2003누2731 판결(각공2003, 739) : 확정

3. 독일의 책임법리

독일의 책임법리와 관련하여 행위책임에 관한 경찰책임과 책임을 면하는 정당한 사유로서 토양보전법을 간략하게 소개하고자 한다.

(1) 종업원 등의 행위로 인한 사용자의 책임에 관한 경찰법의 규정

1) 「Nordrhein-Westfalen 주경찰법(PolG NRW)」[33]

제4조 사람의 행위에 대한 책임(Verantwortlichkeit für das Verhalten von Personen) – 이른바 행위책임

제1항: 어떤 사람이 위험을 야기하였다면, 그 사람에 대해 경찰상 조치[34]가 취해져야 한다.[35]

제2항: 만일, 그 사람이 아직 14세가 되지 아니하였거나 그의 모든 사무의 처리를 위한 보호자가 있는 경우에는 그에 대한 감독책임이 있는 자에 대해서도 조치가 취해져야 한다. 이는 보호자의 업무영역이 민법 제1896조 제4항과 제1905조에서 규정한 사무를 포함하지 않는 경우에도 적용된다.[36]

제3항: 일정한 직무의 수행을 위해 고용된 어떤 사람이 직무의 수행과정에서 위험을 야기했다면, 그 사람을 자신의 직무의 수행을 위해 고용한 사람에 대해서도 조치가 취해질 수 있다.[37]

---

33) Polizeigesetz des Landes Nordrhein-Westfalen (https://beck-online.beck.de/default.aspx?vpath=bibdata%2Fges%2FNRWPolG%2Fcont%2FNRWPolG%2Ehtm#FN1) 최종 접속: 2015년 8월 23일

34) 여기에서 말하는 경찰상 조치는 개인의 권리에 대한 개입(Maßnahme, die in Rechte einer Person eingreifen)을 말한다. PolG NRW 제1조 제5항

35) (1) Verursacht eine Person eine Gefahr, so sind die Maßnahmen gegen diese Person zu richten.

36) (2) Ist die Person noch nicht 14 Jahre alt oder ist für sie zur Besorgung aller ihrer Angelegenheiten ein Betreuer bestellt, können Maßnahmen auch gegen die Person gerichtet werden, die zur Aufsicht über sie verpflichtet ist. Dies gilt auch, wenn der Aufgabenkreis des Betreuers die in § 1896 Abs. 4 und § 1905 des Bürgerlichen Gesetzbuchs bezeichneten Angelegenheiten nicht erfasst.

37) (3) Verursacht eine Person, die zu einer Verrichtung bestellt ist, die Gefahr in Ausführung der Verrichtung, so können Maßnahmen auch gegen die Person ger-

2) 「연방경찰법(BPolG)」[38]

가. 독일 연방경찰의 임무

제1조 총칙(Allgemeines)

제1항: 연방경찰은 연방고유의 행정을 수행한다. 연방경찰은 연방내무부의 사무범위에 해당하는 연방의 경찰이다.[39]

제2항: 연방경찰은 이 법률에 의해 맡겨진 임무나 1994년 11월 1일까지 다른 연방법률에 의해 또는 연방법률에 근거하여 연방경찰에 주어진 임무를 수행한다.[40]

나. 위험의 개념

제14조 경찰의 권한 일반(Allgemeine Befugnis)

제1항: 연방경찰은 이 법률에서 연방경찰의 권한에 대해 달리 규정하지 않는 한, 제1조부터 제7조에[41] 의해 자신에게 주어진 임무를 수행하기 위해 위험예방에 필요한 긴급한 조치(die notwendigen Maßnahmen)를 취할 수 있다.[42]

제2항: 이 절에서 의미하는 위험(Gefahr)은 제1조부터 제7조에 의해 연방경찰에 속하는 임무의 범위에 해당하는 것으로, 개별적인 경우에 공공의 안전이나 질서(die öfentliche Sicherheit oder Ordnung)

---

ichtet werden, die die andere zu der Verrichtung bestellt hat.

38) BPolG: Bundespolizeigesetz – Gesetz über die Bundespolizei) – 1994. 10. 19. 최근 개정 2013. 6. 20. (http://www.gesetze-im-internet.de/bundesrecht/bgsg_1994/gesamt.pdf) 최종 접속: 2015년 8월 25일

39) (1) Die Bundespolizei wird in bundeseigener Verwaltung gefürt. Sie ist eine Polizei des Bundes im Geschätsbereich des Bundesministeriums des Innern.

40) (2) Der Bundespolizei obliegen die Aufgaben, die ihr entweder durch dieses Gesetz üertragen werden oder ihr bis zum 1. November 1994 durch ein anderes Bundesgesetz oder auf Grund eines Bundesgesetzes zugewiesen worden sind.

41) 경찰임무수행을 위한 조치와 범죄행위에 대한 조치 등(제1조) 국경보호(제2조), 도로교통(제3조), 항공안전 및 항공기(제4조, 제4조a), 연방기구보호(제5조), 바다(제6조), 위급시 방어조치(제7조)

42) (1) Die Bundespolizei kann zur Erfülung ihrer Aufgaben nach den §§ 1 bis 7 die notwendigen Maßnahmen treffen, um eine Gefahr abzuwehren, soweit nicht dieses Gesetz die Befugnisse der Bundespolizei besonders regelt.

에 대해 존재하는 위험을 말한다. 이 절에서 말하는 중대한 위험(erhebliche Gefahr)이란 국가의 존속, 생명, 건강, 자유, 중요한 재산적 가치와 같은 중대한 법익(Rechtsgut) 또는 공공일반에 대해 중요한 의미를 갖는 것으로서 형사법에 의해 보호되는 그 밖의 이익에 대한 위험을 말한다.[43]

다. 행위책임

가) 법규정

제17조 사람의 행위에 대한 책임(Verantwortlichkeit für das Verhalten von Personen)

제1항: 어떤 사람이 일정한 위험을 야기했다면, 그에 대해 조치가 취해져야 한다.[44]

제2항: 만일 그 사람이 아직 14세가 되지 아니하였다면, 그 사람에 대한 감독책임이 있는 자에게 조치가 취해져야 한다. 그 감독책임이 있는 자가 보호자를 임명한 경우에는, 그의 사무범위 내에서 보호자에 대해서도 조치가 취해져야 한다.[45]

제3항: 일정한 사무의 수행을 위해 고용된 사람이 사무의 수행 과정에서 위험을 야기했다면, 사무의 수행을 위해 다른 사람을 고용한 그 사람에 대해서도 조치가 취해져야 한다.[46]

---

43) (2) Gefahr im Sinne dieses Abschnitts ist eine im Einzelfall bestehende Gefahr fü die öfentliche Sicherheit oder Ordnung im Bereich der Aufgaben, die der Bundespolizei nach den §§ 1 bis 7 obliegen. Eine erhebliche Gefahr im Sinne dieses Abschnitts ist eine Gefahr fü ein bedeutsames Rechtsgut, wie Bestand des Staates, Leben, Gesundheit, Freiheit, wesentliche Vermöenswerte oder andere stra-frechtlich geschüzte Güer von erheblicher Bedeutung fü die Allgemeinheit.

44) (1) Verursacht eine Person eine Gefahr, so sind die Maßnahmen gegen sie zu richten.

45) (2) Ist die Person noch nicht vierzehn Jahre alt, so können die Maßnahmen auch gegen die Person gerichtet werden, die zur Aufsicht über sie verpflichtet ist. 2Ist für die Person ein Betreuer bestellt, so können die Maßnahmen auch gegen den Betreuer im Rahmen seines Aufgabenbereichs gerichtet werden.

46) (3) Verursacht eine Person, die zu einer Verrichtung bestellt ist, die Gefahr in Ausführung der Verrichtung, so können Maßnahmen auch gegen die Person ger-ichtet werden, die andere zu der Verrichtung bestellt hat.

나) 규정의 의미

제1항에 대한 책임과 달리 미성년자의 보호자나 감독자 등의 책임에 관한 제2항의 책임과 피용자의 행위에 대한 사용자의 책임에 관한 제3항의 책임을 '부대적 책임(Zusatzverantwortlichkeit)'이라고 한다.[47)]

즉, 제1항이 위험에 대한 책임의 귀속(Gefahrenzurechnung)을 자기 자신의 행위에 대한 책임에서 찾는 데 반해, 제2항과 제3항은 제3자(미성년자나 피용자)의 행위에 대해 부대적인 책임을 지우는 근거가 된다. 또한 자신의 행위에 대한 책임을 지는 의도적 원인유발자(Zweckveranlasser)[48)]의 경우와 달리[49)] 이 규정들은 부대적 책임의 대상이 되는 일정한 행위 그 자체가 아니라, 오히려 타인의 행위(fremdes Verhalten)에 관한 것이다.[50)]

한편, 제2항은 14세 이하인 사람에 대한 감독책임 또는 보호자로서 지위에서 부대적 책임을 도출한다. 제1문[51)]에 의한 감독책임은 민법(BGB)상 사람에 대한 양육 혹은 보호권(제1626조 이하의 부모의 양육, 제1773조 이하의 후견) 및 사법상 혹은 공법상 법률관계(예를 들면, 교사나 가정 교사)으로부터 나온다. 제2문에[52)] 의하면 그의 사무범위 내에서 감독책임자 외에 보호자도 책임을 진다.[53)]

다음으로, 제3항은 사무의 수행과정에서 위험을 야기하는 경우에 그 이행보조자(Verrichtungsgehilfe)에 대한 책임을 규정하고 있다. 이에 대한 책임요건으로 한편으로는 이행보조자에 대한 지시의 구속성(Weisungsgebundenheit)이 그로 인하여 고용주(Geschäftsherr)가 사무의 종류나 방법에 영향을 미칠 수 있어야 하고, 다른 한편, 그 위험이 사무의 기회(Gelegenheit)에 뿐만 아니라 사무의 "수행중에(in Ausübung)"발생되어야 한다.[54)]

---

47) Matthias Wehr, Bundespolizeigesetz 1. Auflage 2013, §17 Verantwortlichkeit für das Verhalten von Personen, Rn. 9 이하.

48) 위험을 야기할 의도를 가지고 제3자로 하여금 일정한 행위를 하도록 원인을 제공한 자를 의미하며, "의도적 간접원인제공자"로 번역하기도 한다

49) Matthias Wehr, Bundespolizeigesetz 1, 2013, Rn.4

50) Matthias Wehr, Bundespolizeigesetz 1, 2013, Rn.9

51) 만일 그 사람이 아직 14세가 되지 아니하였다면, 그 사람에 대한 감독책임이 있는 자에게 조치가 취해져야 한다.

52) 그 감독책임이 있는 자가 보호자를 임명한 경우에는, 그의 사무범위 내에서 보호자에 대해서도 조치가 취해져야 한다.

53) Matthias Wehr, Bundespolizeigesetz 1, 2013, Rn.10

(2) 토양보전법상 정화책임과 면책사유

경찰법 외에 개별 행정법의 경우 타인의 행위에 대한 책임을 지우는 경우가 있다. 독일 연방토양보전법상 토양의 정화책임에 관해 규정하고 있는 제4조는 토지의 소유자, 점유자, Altlasten의 포괄승계인, 종전의 토지소유자, 토지의 양수인 등에게 오염방지와 정화책임을 지우고 있다. 이는 한국의 토양환경보전법의 경우와 마찬가지이다. 특히, 오염된 토양을 양수한 자는 타인의 행위로 인해 정화책임을 지게 된다. 다만, 양수인이 양수시에 당해 토지가 오염되지 않았다는 점에 대해 신뢰하고 구체적인 경우에 그 신뢰가 보호할만한 가치가 있는 경우 책임을 면하도록 하고 있다.

「연방토양보전법(BBodSchG: Bundes-Bodenschutzgesetz)」

제4조 위험예방의 책무(Pflichten zur Gefahrenabwehr)

제2항: 토지의 소유자, 토지에 대해 실질적으로 영향력을 행사하고 있는 점유자는 자신의 토지에 의해 토양을 유해하게 변경시킬 임박한 상황을 예방하기에 필요한 조치를 취할 의무가 있다.[55)]

제3항: 유해한 토양변화를 야기한 자 또는 Altlasten 이나 그것의 포괄적인 승계인, 토지의 소유자와 토지에 대한 실질적인 영향을 행사하는 점유자는 토양이나 Altlasten 및 유해한 토양변화나 Altlasetn으로 인해 야기된 수질오염을 정화할 책임이 있다.[56)]

제6항: 종전의 토지의 소유자는 1999년 3월 1일 이후 자신의 소유권을 양도한 경우 그리고 유해한 토양변화 또는 Altlasten을 알았거나 알 수 있었다면, 정화할 책임이 있다. 다만, 토지의 취득시에 유해한 토양변

54) Matthias Wehr, Bundespolizeigesetz 1, 2013, Rn.11

55) (2) Der Grundstükseigentüer und der Inhaber der tatsählichen Gewalt üer ein Grundstük sind verpflichtet, Maßnahmen zur Abwehr der von ihrem Grundstük drohenden schälichen Bodenveräderungen zu ergreifen.

56) Der Verursacher einer schälichen Bodenveräderung oder Altlast sowie dessen Gesamtrechtsnachfolger, der Grundstükseigentüer und der Inhaber der tatsähli-chen Gewalt üer ein Grundstük sind verpflichtet, den Boden und Altlasten sowie durch schäliche Bodenveräderungen oder Altlasten verursachte Verunreinigungen von Gewäsern so zu sanieren. . .

화나 Altlasten이 존재하지 않는다고 신뢰하였고, 이러한 신뢰가 구체적인 경우에 보호할만한 가치가 있는 경우 책임을 지지 않는다.[57)]

위 토양보전법의 규정은 타인의 행위로 인해 발생한 결과에 대한 책임에 관한 것이며, 이 글의 주제인 피용인의 행위에 대한 사용자의 책임에 관한 것은 아니다. 다만, 면책의 정당화 사유와 관련한 예로 소개한 것이다. 즉, 토지 양도인의 행위에 대해 양수인이 책임을 면하기 위해서는 양도인의 행위로 인한 위험이 존재하지 않는다고 신뢰하였고, 이러한 신뢰가 구체적인 경우에 보호할만한 가치가 있어야 한다는 점이다. 한국의 토양환경보전법에서는 이와 관련하여 토양평가전문기관으로부터 토양이 오염되지 않았다는 평가를 받은 경우 양수인은 토양오염 사실에 대해 선의이며 선의인데 과실이 없다고 추정되어 정화책임을 면하도록 하고 있다.

V. 결론 - 사안 해결

대부업자는 채권추심을 직접 할 수도 있고, 자신의 종업원을 통해 추심할 수도 있다. 만일 종업원이 채권추심법에 위반한 경우 이는 대부업법상 제재처분의 사유에 해당하므로 대부업자에게 제재처분을 할 수 있다.

한편, 종업원의 행위에 대해 사용자에 대해 제재처분을 할 수 있다는 명문의 규정이 없어도 공법규정의 합목적적인 해석과 경찰책임 등 책임법리에 의해 사용자에게 제재처분을 할 수 있으며, 이와 다른 원심의 판단은 위법하다.

나아가 행정법 규정 위반에 대한 제재처분시에는 고의나 과실이 필요하지 않다.

---

57) (6) Der früere Eigentüer eines Grundstüks ist zur Sanierung verpflichtet, wenn er sein Eigentum nach dem 1. Mäz 1999 üertragen hat und die schäliche Bodenveräderung oder Altlast hierbei kannte oder kennen mußte. Dies gilt fü denjenigen nicht, der beim Erwerb des Grundstüks darauf vertraut hat, daß schä-liche Bodenveräderungen oder Altlasten nicht vorhanden sind, und sein Vertrauen unter Berüksichtigung der Umstäde des Einzelfalles schutzwüdig ist.

그럼에도 불구하고 사용자에게 책임을 귀속시킬 수 없는 정당한 사유가 있는 경우 사용자의 면책이 인정되는데, 면책의 사유로서 정당한 사유는 매우 엄격하게 해석해야 하며, 정당화할 수 있는 객관적이고 검증할 수 있는 정도의 사유로 한정해야 할 것이다.

프랑스의 행정제재법리와 그 시사점*

이 현 수**

I. 의무위반에 대한 불이익 처분의 체계

행정행위가 현실에서 그 궁극목적을 실현하는 모습은 당해 행위의 내용이 무엇인지에 따라 상이하게 나타나게 마련이다. 예컨대 건축허가와 같이 행정 상대방에게 무엇인가를 허용하는 행정영역에서는 수허가자가 건축행위를 방해받지 않고 수행하는 것으로 그 목적이 실현된다. 반면, 상대방에게 무엇인가를 명령하는 행정행위는 그 목적실현기제가 더 복잡하다. 명령적 행정행위들에서도 일차적으로는 의무자의 자발적 이행에 의해서 그 목적이 실현되는 것이 바람직하다. 그러나 현실에서는 행정 상대방이 자발적으로 자신의 의무를 이행하지 않는 상황이 빈발하기 마련이므로, 결국 이에 대비하여 행정은 다양한 방책들을 마련하여 왔다.[1)] 행정법학에서는 이를 전통적으로 '행정상 의무이행확보수단'이라는 표제 하에서 다루어 왔는데, 그 큰 틀은 강제와 벌의 이원적 구분으로 이루어져 있다.[2)] 행정상 강제집행, 즉 의무불이행을 전제로 하여 의무이행을 강제하는 수단으로는 대집행, 강제징수, 직접강제, 집행벌이 활용되고 있

---

* 이 논문은 2016년도 건국대학교 KU학술연구비 지원에 의한 논문입니다.
이 논문은 2015년 9월 2일 개최된 대법원 비교법실무연구회 제105회 세미나에서 저자가 동일한 제목으로 발표한 원고를 상당부분 수정 · 보완하여 세계헌법연구 제25권 제1호에 투고 · 게재한 후 세계헌법연구 편집위원회의 동의를 얻어 판례실무연구에 게재함을 밝힙니다.
** 건국대학교 법학전문대학원 교수

1) Pierre-Laurent Frier/Jacques Petit, Droit administratif, 11e éd., LGDJ 2017, p. 412.

2) 정하중, 행정법개론, 법문사(2019), 435면. 최근에는 행정의 실효성확보수단이라는 표현도 자주 활용되고 있다. 행정상 의무이행확보수단이 '의무자'의 존재를 전제로 하는 반면 실효성확보수단은 의무를 전제로 하는 경우와 그렇지 않은 경우를 모두 포괄한다는 차이점이 있다. 박균성, 행정법강의(2019), 384면.

으며 행정벌은 다시 행정형벌과 행정질서벌로 구분되고 있다. 이러한 전통적 수단들 이외에 수익적 행정행위의 철회, 명단공표, 과징금 등도 많은 법령들에서 행정상 의무이행확보수단으로 채용하고 있다. 행정벌은 과거의 의무위반에 대한 제재를 직접 목적으로 하므로 큰 틀에서는 국가적 제재의 전형이라고 할 형벌과 그 본질이 다르지 않기 때문에 특히 행정형벌 영역에는 형법총칙이 원칙적으로 적용된다고 보는 것이 지배적인 견해이다.[3] 더 나아가 행정질서벌인 과태료에도 형사법원리의 그늘이 미치고 있다. 예컨대 과태료규정과 관련하여 유추해석이 허용되어서는 안 된다는 판례의 입장은 형사법상의 엄격해석원리가 행정질서벌 영역에 반영된 모습이라고 할 수 있다.[4]

그런데 다양한 의무이행확보수단들 가운데 형사법원리가 적용되어야 할 벌 또는 제재의 영역이 어디까지인가를 구분하는 데에는 적지 않은 어려움이 수반된다. 이러한 어려움은 실정법령이 '행정제재'라는 용어를 별 고민 없이 사용하고 있음으로 인하여 더욱 가중되기도 한다. '행정제재'라는 법령상 용어는 처분효과의 승계라는 맥락에서 자주 사용되고 있다. 예를 들어 영업 관련 법령들에서는 사인의 의무위반에 대한 법률효과로서 영업정지, 인 · 허가의 취소, 영업소폐쇄(또는 폐쇄명령), 또는 과태료부과를 '행정제재' 또는 '제재'라고 칭하면서 해당 처분들의 효과가 영업자의 지위를 승계한 자에게 승계된다는 규정을 마련하고 있다.[5] 더 나아가 개별 조문의 표제가 아닌 장의 표제에서 행정제재라는 용어를 사용하는 법률들도 있다. 식품위생법 제11장 '시정명령, 허가취소 등 행정제재'가 그 전형적인 예이다.[6] 문제는 이처럼 실정법령에서 행정제재라고 칭하고 있는 작용들 모두가 과연 형사법원리의 영향반경 하에 두어져야 할 행정작용이라고 할 수 있을 것인지에 있다. '행정제재' 또는 '제재'라는 용어는 법원의 판례에서도 나타나고 있는데, 법원은 어떠한 불이익조치가 제재에 해당한다

3) 대표적으로 정하중, 앞의 책, 486면 ; 박균성, 앞의 책, 411면.
4) 박균성, 앞의 책, 416면 ; 대법원 2007. 3. 30. 선고 2004두7665 판결.
5) 조문의 표제를 '행정제재처분 효과의 승계' 등으로 정하고 있는 실정법령의 예로는 게임산업진흥에 관한 법률 제37조, 공인중개사법 제40조, 공중위생관리법 제11조의3, 노인장기요양보험법 제37조의4, 농어촌정비법 제90조, 식품위생법 제78조, 약사법 제89조의2 등이 있다. 그 밖에도 법문 가운데에서 제재라는 용어를 사용하고 있는 예로는 건설산업기본법 제24조 제1항, 금융실명거래 및 비밀보장에 관한 법률 제5조의2, 산업안전보건법 제51조의2 등이 있다.
6) 그 밖에도 건강기능식품법 제8장, 수입식품안전관리 특별법 제6장 등을 그 예로 들 수 있다.

고 선언하는 데 그치지 아니하고 행정제재에 적용되어야 할 법적 한계가 무엇인지를 밝히는 데에로 나아가고 있다. 예컨대, 건축법상 이행강제금 부과처분과 하도급법상 과징금 부과처분은 사인의 의무위반에 대한 법률효과로서 금전납부의무를 발생케 한다는 점에서는 공통적이지만, 법원은 이행강제금은 그 주된 목적이 장래적 이행강제에 있기 때문에 이미 의무자가 의무를 이행한 경우에는 이행강제금을 부과할 수 없다고 보고 있다.[7] 반면 하도급법상 과징금과 관련하여서는 사인의 의무위반 상태가 해소되었다 하더라도 소관청은 과징금을 부과할 수 있다고 보고 있는데, 법원은 그 논거로서, 과징금이 위반행위에 대한 제재의 성질을 가진다는 점을 제시하고 있다.[8] 또한 판례는 공정거래법상 과징금 액수를 정함에 있어서는 의무위반행태의 위법성 정도 뿐 아니라 그로 인한 이득의 규모도 참작하여야 한다고 판시하고 있는데, 그 논거로서 공정거래법상 과징금이 제재적 성질과 행정상 부당이득환수의 성질을 모두 가지고 있다는 점을 들고 있다.[9] 즉 의무위반에 대한 법효과로서 금전부과처분을 하는 경우, 해당 처분의 제재적 성질을 감안한다면 당해 처분의 경중은 의무위반행태의 심각성에 비례하여야 하는 반면, 부당이득환수라는 민사적 성질을 감안한다면 처분

7) 대법원 2018. 1. 25. 선고 2015두35116 판결 "건축법상 이행강제금은 시정명령의 불이행이라는 과거의 위반행위에 대한 제재가 아니라, 의무자에게 시정명령을 받은 의무의 이행을 명하고 그 이행 기간 안에 의무를 이행하지 않으면 이행강제금이 부과된다는 사실을 고지함으로써 의무자에게 심리적 압박을 주어 의무의 이행을 간접적으로 강제하는 행정상의 간접강제 수단에 해당한다. 이러한 이행강제금의 본질상 시정명령을 받은 의무자가 이행강제금이 부과되기 전에 그 의무를 이행한 경우에는 비록 시정명령에서 정한 기간을 지나서 이행한 경우라도 이행강제금을 부과할 수 없다."

8) 서울고법 2009. 6. 11. 선고 2008누18030 판결 "구 하도급법 제25조의3, 구 하도급법 시행령 제14조의2의 규정 내용에 비추어 하도급법상의 과징금 부과처분은 위반행위로 인한 결과가 이미 시정된 경우에도 부과할 수 있는 것으로서(이러한 사정은 과징금 감경사유로 고려할 수 있을 뿐이다. 따라서 이미 지급한 하도급대금 등을 과징금산정의 기준이 되는 하도급대금에서 제외하여야 한다는 원고의 주장은 받아들일 수 없다) 기본적으로 위반행위에 대한 제재적 성격을 가지나, 구 하도급법 제25조의3 제2항에 의하여 독점규제 및 공정거래에 관한 법률 제55조의3을 준용하도록 하고 있어 위반행위로 얻은 불법적인 경제적 이익을 박탈하는 측면도 있다."

9) (공정거래법상의) 과징금 부과는 비록 제재적 성격을 가진 것이기는 하여도 기본적으로는 법위반행위에 의하여 얻은 불법적인 경제적 이익을 박탈하기 위하여 부과되는 것이므로 불공정거래행위에 대하여 부과되는 과징금의 액수는 당해 불공정거래행위의 구체적 태양 등에 기하여 판단되는 그 위법성의 정도뿐만 아니라 그로 인한 이득 액의 규모와도 상호 균형을 이룰 것이 요구된다고 본 판결로는 대법원 2001. 2. 9. 선고 2000두6206 판결 ; 대법원 2014. 5. 16. 선고 2012두5466 판결 참조.

의 경중은 이득규모와 비례관계에 있어야 한다는 것이다. 판례에서는 제재개념을 법해석방법과도 결부시키고 있다. 어떠한 처분이 제재로서의 성질을 가지는 경우에는 당해 처분의 요건을 해석하는 데 있어서 유추나 확대와 같은 해석방법은 허용되지 않게 된다.[10] 더 나아가 처분의 제재적 성질은 항고소송의 허용성 판단에서도 고려요소로 작용하고 있다. 예컨대 국민권익위원회가 소방청장에게 한 조치요구는 제재적 성질을 가지며, 이러한 제재적 조치를 기관소송이나 권한쟁의심판을 통하여 다툴 수 없다면, 제재적 조치는 그 성격상 단순히 행정기관 등 내부의 권한 행사에 머무는 것이 아니라 상대방에 대한 공권력 행사로서 항고소송을 통한 주관적 구제대상이 될 수 있다고 보아야 한다는 것이 법원의 견해이다.[11] 이처럼 판례에서도 어떠한 처분의 제재적 성질은 금전부과처분의 요건으로서 의무불이행상태의 요부, 부과할 금전적 의무의 산정토대, 법관이 활용할 수 있는 법해석방법의 한계, 항고소송의 허용성 판단 등에서 중요한 고려요소 내지 판단기준으로 작용하고 있다. 그러나 입법에서와 마찬가지로 판례에서도, 다양한 불이익 처분들 가운데 무엇이 제재적 성질을 가지고 있고 무엇이 제재에 해당하지 않는지를 구분하는 일관성 있는 기준을 본격적으로 제시하는 데에는 큰 노력과 관심을 기울이고 있지는 않는 것으로 보인다.

행정제재의 쟁점은 행정법과 형사법 영역도 가로지르고 있다. 행정제재와 형사제재가 그 역할에 있어서 동질적이라는 점에 주목한다면, 하나의 동일한 위반행위에 대하여 행정제재와 형사제재의 중복이 헌법적으로 허용될 수 있겠는가의 문제가 그러하다. 그러나 행정제재의 개념적 윤곽조차 아직 불분명한 단계에서 더 나아가 행정제재와 형사벌과의 중복이 일사부재리에 반하는지 여부를 논하기에는 어려움이 있다. 이러한 난맥상은 판례에서도 엿볼 수 있다. 예컨대 과태료의 경우만 하더라도, 과태료와 형사벌의 이중 부과에 대하여 대법원은 헌법적으로 문제될 것이 없다는 입장이다.[12] 그러나 헌법재판소는 동

---

10) 여객자동차 운수사업법에서 정하고 있는 과태료처분이나 감차처분 등은 규정 위반자에 대하여 처벌 또는 제재를 가하는 것이므로 같은 법이 정하고 있는 처분대상인 위반행위를 함부로 유추해석하거나 확대해석해서는 안된다고 판시하고 있는 예로는 대법원 2007. 3.30. 선고 2004두7665 판결 ; 대법원 2007. 3. 29. 선고 2006마724 결정.

11) 대법원 2018. 8. 1. 선고 2014두35379 판결

12) 행정법상의 질서벌인 과태료의 부과처분과 형사처벌은 그 성질이나 목적을 달리하는 별개의

일한 행위를 대상으로 하여 형벌을 부과하면서 아울러 행정질서벌로서의 과태료까지 부과한다면 이는 이중처벌금지의 기본정신에 위배될 여지가 있다고 보고 있다.[13)]

학계에서 제기하고 있는 행정제재와 관련한 문제의식은 다양한 방면에 걸쳐져 있으며 일일이 거명하기 어려울 정도로 많은 선행연구들이 축적되어 있다.[14)] 지면관계상 이 논문에서는 학계에서 제기하고 있는 여러 행정제재와 관련한 문제들 가운데 특히 의무위반에 대하여 행정이 부과하는 다양한 불이익처분들 가운데 제재처분과 비제재처분을 구분하는 기준은 무엇인지, 제재처분에 대하여 적용되는 일반적인 법원리의 내용은 무엇인지라는 주제에 주목하기로 한다.[15)] 과연 다양한 불이익처분들 가운데 형사벌과 유사하다고 할 행정제재인 것들과 그렇지 않은 것들을 어떤 기준으로 구분하여야 할 것인가? 이 의문에 대해서는 비교법적 연구가 어느 정도 도움을 줄 수 있을 것으로 보인다. 특히 프랑스의 공법학에서는 전통적으로 형사벌 또는 행정벌(les sanctions pénales ou administratives)과, 사인으로 하여금 의무를 이행하게끔 하기 위하여 강제에 의지한 수단(les recours direct à la force)을 구분하면서, 행정벌(행정제재)의 개념적 윤곽을 분명히 하고 그에 적용되는 실체적, 절차적 법리를 구명하기 위하여 노력하여 왔다.[16)] 이하에서는 프랑스 공법상 행정제재의 개념과 그에 적용되는 실체적, 절차적 법리들을 학설과 판례를 중심으로 살펴

것이므로 행정법상의 질서벌인 과태료를 납부한 후에 형사처벌을 한다고 하여 이를 일사부재리의 원칙에 반하는 것이라고 할 수는 없다고 판시한 예로는 대법원 1996. 4. 12. 선고 96도158 판결.

13) 헌재 1994. 6. 30. 선고 92헌바38 결정.

14) 비교적 최근의 연구만을 소개하면, 박훈민, “행정상 제재처분의 제척기간 · 시효와 그 법리에 관한 소고”, 서울법학 제25권 제4호(2018) ; 김철우, “제재적 행정처분에 대한 사법심사”, 행정판례연구 제23권 제2호(2018) ; 김원중, “행정질서벌(과태료)의 효율적 개선 방안”, 유럽헌법연구 제23호(2017) ; 정 훈, “한국의 행정제재 현황과 문제점”, 법학논총 제33편 제3호, 전남대 법학연구소(2013) ; 강지은, “제재적 행정처분에 대한 소송– 프랑스의 최근 판례를 중심으로 –”, 공법학연구 제14권 제2호, 한국비교공법학회 (2013) ; 최봉석, “행정제재와 형벌의 관계에 관한 소고”, 법제연구 제40호, 법제연구원(2011) 등을 들 수 있다.

15) 특히 경찰작용과 행정제재의 구별기준을 탐구하고 있는 연구로는 이현우, “프랑스법상 행정제재와 경찰작용의 구별”, 경찰법연구 제3호, 한국경찰법학회(2006) ; 이승민, 프랑스의 경찰행정, 경인문화사(2014).

16) Frier, op.cit., pp. 413-417.

보고 이로부터 간략하나마 우리 법제에의 시사점을 도출하기로 한다. 물론 보다 심층적으로는 행정제재와 형사제재의 구별기준 및 적용 법리의 차이점, 행정제재의 세부유형의 특수성, 행정제재 관련 법리형성에 있어서 헌법위원회(le Conseil constitutionnel),[17] 최고행정법원(le Conseil d'État)[18] 및 유럽인권법원(le Cour européene des droits de l'homme)의 역할 등도 고찰대상이 되어야 하나 지면관계상 이들 주제들은 추후 연구 발표를 통하여 고찰하기로 한다.

II. 프랑스의 행정제재 개념과 헌법적 허용성

1. 행정제재의 개념

(1) 판례상 개념정의

프랑스 공법상 행정제재(les sanctions administratives)의 개념 및 그에 적용되는 실체적, 절차적 법리는 헌법위원회와 최고행정법원의 판결들을 통해 형성되어 왔다. 최고행정법원은 행정제재를 "행정권이 공권력적 대권[19]의 틀 안에서 행동하면서 법령 위반에 대한 벌을 부과하는 일방적 결정"이라고 개념정의하고 있다.[20] 행정제재는 행정상의 질서를 준수하지 않는 자는 벌을 받게

---

17) 프랑스의 Conseil constitutionnel는 사전적, 사후적 위헌법률심사 기능 이외에도 선거나 국민투표 관련 소송에서의 심판자 기능, 공화국 대통령에 대한 자문기능 등이 부여되어 있다. 우리의 문헌에서는 동 기관을 헌법위원회 또는 헌법재판소로 번역하는데, 이 글에서는 헌법위원회라는 명칭을 사용하기로 한다.

18) 프랑스의 Conseil d'État는 최고행정법원으로서의 역할 뿐 아니라 국정에 대한 자문기능도 수행하고 있다. 우리의 문헌에서는 동 기관을 최고행정법원 또는 꽁세유 데따라고 번역하기도 하는데, 이 글에서는 최고행정법원이라는 표현을 사용하기로 한다.

19) 공권력적 대권이란 행정이 "조직화된 강제력의 독점적 소지자"인 국가의 化身이기 때문에, 행정만이 행사할 수 있는 수단들을 의미한다("Les préorogatives de puissance publique sont les moyens don't l'administration seule dispose, en tant qu'elle est l'incarnation de l'État, titulaire du 《monopole de la contrainte organisé》"). 행정의 일방적 행위들은 이러한 대권이 드러나고 있는 예라고 할 수 있다. Martin Lombard [et als.], Droit administratif, Dalloz(2017), p. 267.

20) "Sanction administrative…une décision unilatéral par laquelle une autorité administrative, agissant dans le cadre de préorogatives de puissance publique, inflige

될 것임을 미리 알게 함으로써 위반 행위를 단념케 하는 효과를 가지고 있다. 따라서 행정제재는 의무자로 하여금 자발적으로 의무를 이행하도록 하는 데 기여하며 결과적으로는 행정결정의 효과성을 보장하는 데 기여한다. 즉 행정제재는 처벌을 목적으로 하는 것이지만, 보다 넓은 맥락에서는 행정임무의 원활한 수행을 위하여 행정제도상의 질서유지 또는 질서회복에도 기여한다는 점에서 공공질서의 회복을 목표로 하는 행정경찰과 유사한 측면이 있다.[21)]

그러나 위와 같은 판례상 개념정의만로는 여전히 불분명한 영역이 남아 있는 것도 사실이다. 그리하여 학계에서는 유사개념 내지 인접 개념과의 비교를 통하여 행정제재 개념의 윤곽을 보다 분명히 하려는 시도를 하고 있다.

(2) 인접 개념과의 구별

1) 행정제재와 경찰상 조치

최고행정법원의 판례가 정의하고 있듯이, 행정제재는 행정상대방의 '법령위반'을 전제로 한다. 그러나 사인에게 법령위반을 이유로 불이익을 부과하는 행정행위 모두가 항상 행정제재에 해당하는 것은 아니다. 행정제재와 인접 개념들을 구별하는 것은 매우 미묘한 작업이며, 특히 행정제재와 경찰상 조치(la mesure de police)를 구분하는 것은 어려운 만큼 중요하다. 그 이유는 특정 행정결정이 행정제재냐 아니면 경찰상 조치냐에 따라 적용법리가 달라지기 때문이다. 경찰상 조치와 비교하였을 때 행정제재에는 훨씬 더 엄격한 실체법상 보장법리들이 적용되고 있다. 많은 논쟁을 거쳐 현재의 프랑스 법제상으로는 경찰상 조치와 행정제재에는 모두 이유제시가 되어야 하고 대심적 절차가 선행되어야 한다는 점에 대해서 논란이 없게 되었고, 따라서 절차법적인 측면에서는 양자 간에 큰 차이를 발견할 수 없는 실정이다. 반면 죄형법정주의, 방어권 존중, 무죄추정 등의 헌법적 원칙들은 형사벌 영역 뿐 아니라 행정제재에도 마땅히 적용되어야 하지만 경찰상 조치나 경찰상 조치를 규율하고 있는 법령에는

---

une peine sanctionnant une infraction aux lois et règlement." Etude du Conseil d'Etat, 『Les pouvoirs de l'administration dans le domaine des sanctions』, Doc.Fr., 1995.

21) 이승민, 앞의 책, 64면.

적용되지 않는다.[22] 이는 유럽법 맥락에서도 마찬가지이어서, 공정한 결정을 받을 권리에 관하여 규율하고 있는 유럽인권협약 제6조 제1항도 경찰상 조치에는 적용되지 않는다. 일례로 최고행정법원은 공정거래청이 독점사건에 관하여 어떠한 결정을 내릴 때 해당 결정에는 유럽인권협약 제6조가 적용되지 않는다고 판시한 바 있는데, 그 논거는 해당 결정이 제재권한의 소산이 아니라 경찰상 조치라는 데 있었다.[23]

그렇다면 행정제재와 경찰상 조치를 구별하는 기준은 무엇인가? 헌법위원회와 최고행정법원의 판례가 공통적으로 제시하고 있는 기준은 처분의 동기(le motif) 내지 목적(le but ; la finalité)이다. 즉, 행정제재는 의무 위반(la faute)을 요건으로 하며, 해당 의무위반의 사후 진압(la répression de cette faute)을 목적으로 한다는 점에서 예방적 목적을 가진 경찰 조치들과는 구별된다. 따라서 어떠한 행위가 행정제재에 해당하려면 새로운 위반행위를 저지르는 것을 예방하는 데 그 목적이 있는 것이 아니라 위반행위를 꾸짖는 데 그 목적이 있어야 한다. 반면 경찰상 조치들은 공적 질서(l'ordre public), 공중보건(la santé publique) 또는 공공의 안전(la sécurité publique)과 같은 공익 침해행위를 사전에 예방하기 위하여 취해진다. 이처럼 판례는 행정제재와 경찰상 조치를 구별하는 본질적 기준으로 처분의 궁극적 목적을 제시하고 있으나, 처분의 목적을 기준으로 제재적 성격 여부를 판별하는 것은 결코 쉽지 않은 작업이다. 양자간 구별의 어려움을 보여주는 흥미로운 예가 바로 도로교통법상 처분들이다. 최고행정법원은 도로법전(le code de la route)상의 운전면허 정지처분(la suspension d'un permis de conduire)은 행정경찰상 조치라고 성격 규정한 반면(물론 운전면허 정지처분은 위반행위가 저질러졌을 것을 구성요건으로 하고는 있지만 운전면허 정지의 일차적 목적은 또 다른 위반이 저질러지는 것을 방지하자는 데 있다는 것이다),[24] 벌점(le retrait de points du permis)

---

22) Mattias Guyomar, Les sanctions administratives, LGDJ(2014), p. 23.

23) CE, Ass., 21 déc. 2012, Société Groupe Canal Plus et autres (Guyomar, op. cit., p. 24에서 재인용).

24) CE 3 novembre 1989 n° 88408, Blanquié. 한편, 이 판결의 요체는 다음과 같다. 즉 운전면허의 정지처분은 제재가 아닌 행정경찰상 조치이므로 운전면허정지처분에 무죄추정의 원칙은 적용되지 않는다는 것이다. 이후의 판결에서도 도로법전 법률부 제224-7조에 토대한 운전면허

은 설령 그 대상자로 하여금 장래에 더 이상 위반행위를 반복하지 않도록 억지하는 결과를 가져온다 하더라도, 그 주된 성질은 위반행위에 대한 꾸짖음인 제재라고 보았다.[25] 마찬가지로 최고행정법원은 택시운전면허의 취소처분은 징벌적 동기에 토대하고 있기 때문에 행정경찰상 조치가 아니라 제재라고 판시한 바 있다.[26]

2) 행정제재와 허가의 취소

허가 등의 취소 또는 철회가 행정제재에 해당하는가를 판단하는 것도 어려운 작업이다. 최고행정법원 판례에서는 허가의 취소 또는 철회를 세 가지 유형으로 나누고 있는데, 이 세 가지 유형을 분류하는 기준도 결국은 처분의 목적이다. 첫 번째 허가취소 유형은 허가 발급에 대응하는 허가의 취소로서 이는 제재도 아니고 경찰상 조치도 아니다. 즉, 법령상 허가요건이 충족되었을 때 허가를 발급할 수 있다는 것은 소관청의 관점에서는 요건불충족 상태가 된 수허가자의 허가를 취소하여야 하거나 할 수 있다는 의미이기도 하다.[27] 두 번째 유형의 허가취소는 행정경찰상 조치로서 예방적으로 이루어지는 것인데, 공적 질서와 안전이라는 관점에서 의무위반과 무관한, 객관적 사실을 요건으로 하는 허가취소이다.[28] 세 번째 유형은 제재로서의 허가취소인데, 이는 수허가자가 준수의무 있는 법령규정을 준수하지 아니한 것을 꾸짖을 목적으로 이루어진다.[29] 예컨대 증권거래위원회(la COB)가 특정 회사에 대한 자산관리업인가를 취소(le retrait d'agrément)한 사안에서, 최고행정법원은 동 처분의 주된 동기와 종된 동기를 구분한 후, 해당 처분의 주된 동기가 징벌에 있기 때문에 해당 처분은 제재에 해당한다고 판시하였다.[30] 반면, 인가취소가 의무위반에 대한 제재목적

정지는 위반에 대한 제재가 아니라 행정경찰상 조치라는 입장이 선언되었다. CE 19 mars 2003, n° 191271, Leclere.

25) CE 8 décembre 1995, Mouvement de défense des automobilistes, n° 144160 ; CE avis 27 septembre 1999, Rouxel.

26) CE 7 juill. 2004, n° 255136, Benkerrou.

27) CE Section 25 juillet 1975 n° 96377 ; CE 22 mars 1999 SA NRJ, n° 131861 ; Guyomar, op.cit., p. 25.

28) CE Section 22 avril 1955 Association franco-russe.

29) CE Section 5 mai 1944 Dame Veuve Trompier-Gravier.

에서가 아니라 시장의 원활한 기능과 투자자의 안전확보를 위하여 취하여진 경우에는, 경찰조치에 해당한다는 것이 최고행정법원의 입장이다.[31]

3) 행정제재와 계약상 제재

계약상 제재(les sanctions contractuelles)는 행정과 계약을 맺은 상대방이 계약의 규율내용을 준수하지 않을 때 활용되는 수단으로서 크게 금전적 제재, 강제적 제재 및 해지적 제재의 세가지 유형으로 구분된다. 이러한 계약상 제재는 계약의 불이행을 꾸짖기 위해서라기 보다는 오히려 계약의 이행을 확보하기 위한 목적으로 활용되므로 사후진압의 성질을 가지지는 않고 따라서 행정제재가 아니라는 것이 지배적인 학설의 견해이다.[32] 그러나 계약상 제재가 계약상 의무위반으로부터 귀결된다는 점에서 객관적 성질의 의무위반을 전제로 한다는 점에는 변함이 없다. 그리하여 일각에서는 "계약상 제재는 원칙적으로 진압적 성질을 가지지 않는 조치이기는 하지만 경우에 따라서는 방어권의 원칙이 적용되어야 하는 복합적 성질의 조치"라는 점을 지적하기도 한다.[33]

4) 행정제재와 제재준비조치

행정제재와 구별해야 할 개념으로서 행정제재에 선행하는 준비조치(les mesures préparatoires)를 들 수 있다. 가장 흔하게 활용되는 준비조치로는 시정명령(la mise en demeure)을 들 수 있는데 예컨대 방송위원회(le Conseil supérieur de l'audiovisuel)의 제재절차는 시정명령 이후 시정명령에 따라야 할 의무를 위반한 것으로 볼 수 있는 사실을 이유로 하여서만 개시될 수 있다.[34] 시정명령은 그 자체는 제재가 아니기 때문에 그에 앞서 대심적 절차가 진행되어야 할 필요는 없다. 시정명령 전 절차는 규제당국의 면전에서 해명할

---

30) CE 20 decembre 2000, Sté A Conseils Finances.
31) CE 22 juin 2001 Sté Athis.
32) Guyomar, op.cit., p. 19.
33) Laurent Richer, Sanction et contrat, JCP A, N° 11, 11 mars 2013 (Guyomar, op.cit., p. 20에서 재인용).
34) CE, 6 janv. 2006, Société Lebanese Communication Group (Guyomar, op.cit., p. 22에서 재인용).

기회를 방송사업자에게 주는 절차이기 때문이다.[35] 특히 제재를 하기 전에 앞서 시정명령을 하도록 의무부과하는 법령규정이 없다면 소관청은 제재 전에 시정명령을 할 의무는 없으며 만일 절차진행 중에 문제된 사인의 의무위반상태가 시정명령의 결과 해소되었다면 소관청은 제재절차를 중단하여야 한다는 것도 최고행정법원 판례의 입장이다.[36]

또한 판례상의 개념정의에 따르면 행정제재는 그 개념상 "행정권이 공권력적 대권의 틀 안에서 법령위반을 벌하는 일방적 결정"이므로 사인에게 더 이상 법령을 위반하지 말 것과 추후 위반시에는 제재가 과하여질 것임을 단순히 경고하는 행위(l'avertissement)도 행정제재에 해당하지 않는다는 것이 판례의 입장이다.[37]

5) 행정제재와 보존조치

보존조치(les mesures conservatoires)는 특히 행정내부에서 소속 공무원에 대하여 흔히 발하지는 조치이다. 직위해제(la suspension des fonctions)가 그러한 보존조치의 전형적인 예인데, 해당 공무원을 상대로 하는 형사절차나 징계절차가 진행 중이거나 예정되어 있을 때 자주 발하여진다.[38] 보존조치는 한편으로는 직무(le service) 이익을 보호하기 위해 취해지지만 다른 한편으로는 해당 공무원이 잠정적으로 직무에서 배제되게끔 하면서도 동시에 급여는 받을 수 있게 한다는 점에서 공무원에 대하여 베풀어지는 법령상 보호이기도 하다. 물론 보존조치는 공무원법 영역 이외에서도 채용되어 있으며 특히 불법약물투여(le doping)과 관련한 대처방안으로 채용되곤 한다. 이들 보존조치가 제재에 해당하지 않는다는 점에 대해서는 판례가 확립되어 있다.[39]

---

35) Guyomar, op.cit., p. 22.
36) CE, 27 juill. 2012, Société France Quick ; CE, 4 juill. 2012, Association française des opérateurs de réseaux et services de télécommunications.
37) CE 7 avril 2006, Rodriqeuz, n° 257624.
38) Guyomar, op.cit., p. 20.
39) CE, 26 oct. 2005, Gollnisch.

2. 행정제재와 권력분립원리

(1) 권력분립원리상의 의문 제기

전통적으로 프랑스 공법학계에서는 행정부가 시민에 대하여 제재권한을 행사하는 것이 헌법상 원칙적으로 허용되지 않는 현상이라는 부정적 시각이 지배적이었다.[40] 이러한 시각은 프랑스 헌법상 권력분립원리의 근거규정이라고 할 「인간과 시민의 권리선언」 제16조와 관련이 있다.[41] 권력분립원리에 따르면 하나의 동일한 조직체가 무엇이 원칙인지를 정할 힘(le pouvoir réglementaire)과 정해진 원칙을 위반한 행위를 벌할 힘(le pouvoir répressif)을 중첩적으로 가지는 것은 허용되지 않는다. 프랑스의 행정부는 이미 넓은 범위에서 무엇이 원칙인지를 정할 힘을 부여받아 행사하고 있기 때문에 그에 덧붙여 원칙에 위반되는 행위를 벌할 힘까지 가지는 것은 위헌의 요소가 있다고 보았던 것이다.[42][43] 그러나 엄격한 제약 하에서만 허용되는 형사제재와 비교하여 행정제재는 상대적으로 덜 엄격한 취급을 받아왔으며 그리하여 점차 공무원 징계와 같은 내부관계를 벗어나 행정과 시민 사이의 외부관계에까지 널리 자리잡게 되었다. 행정제재는 그 절차가 간이하고 신속하다는 점, 어쨌거나 형벌은 아니기에 행정상대방으로서는 받아들이기가 더 쉽다는 점 등의 탁월한 장점이 있었기 때문에 헌법적 허용성에 대한 의혹에도 불구하고 점차 다양한 행정영역에서 널리 확산되어 사용되기 시작하였으며 그리하여 규제영역에서 행정제재는 불가결한 수단으로서의 자리까지 차지하게 되었다.[44]

---

40) Jean-Marc Sauvé, Les sanctions administratives en droit public français, AJDA 2001, p. 16 ; Guyomar, op.cit., p. 17.

41) 동조는 "권리의 보장이 확보되지 않고, 권력의 분립이 결정되지 않은 모든 사회는 헌법이라는 것을 전혀 가지고 있지 않은 것이다"라고 선언함으로써 권력분립원리와 자유의 보장의 결합이 어떤 헌법에서건 헌법의 존재조건임을 천명하고 있다. Louis Favoreu et als, 「Droit constitutionnel」, 20e éd., Dalloz, 2018, p.416.

42) Paul Cassia, Les sanctions administratives en droit français(2007), p. 2 ; 1902년 관할재판소(Tribunal des conflits)의 Société immobilière de Saint-Just 사건 연구보고서에서 보고연구관인 Romieu가 "공권력에 대한 복종을 확보하는 것은 형사법원에 맡겨진 형사제재를 통해서이다"라고 기술하고 있는 것은 바로 이러한 맥락에서 이해될 수 있다. Guyomar, op.cit., p.9.

43) 프랑스 제5공화국 헌법상 의회의 입법권 약화 및 집행부의 입법권 강화에 관하여는 한동훈, "프랑스 제5공화국 헌법상 집행권", 세계헌법연구, 제23권 제2호(2017), 75-76면.

1995년 최고행정법원의 연구보고서에 따르면 행정제재를 규정하고 있는 실정법상 조문이 약 500여개에 이르고 그 가운데 조세영역의 제재가 약 150여개의 조문에 이른다고 한다.[45] 조세 이외에도 행정제재가 활용되고 있는 주요 영역으로는 사회보장, 공중위생, 전문직역의 규율, 문화, 정보통신, 금융, 운송 등을 들 수 있다. 행정제재의 종류는 매우 다양하지만, 크게는 금전적 제재와 비금전적 제재로 나누어 볼 수 있으며, 더 나아가 명단 공표와 같은 제재수단은 일종의 정신적 성격의 제재라고 할 수 있다.

어쨌거나, 이처럼 본래는 분리되어야 마땅한 이 두 힘을 규제국가화의 경향 속에서 행정권력이 모두 거머쥐는 현상이 프랑스 뿐 아니라 유럽연합의 회원국들, 더 나아가 전 세계의 여러나라들에서 증가하고 있다는 것은 부인할 수 없는 사실이 되었다.[46] 헌법위원회도 차츰 행정이 시민을 벌하는 현상에 대해 권력분립원칙을 근거로 반대하는 것이 입법과 행정실무에 실제 거의 아무런 영향을 미치지 못할 것임을 직시하게 되었다. 그리하여 헌법위원회는 행정제재를 백안시하기 보다 차라리 행정제재란 무엇인지, 그리고 행정제재의 헌법적 한계는 무엇인지의 문제에 집중하자는 입장을 취하게 되었다고 한다.[47]

(2) 헌법적 허용성과 한계

결국 헌법위원회는 권력분립의 원칙이나 헌법적 위상을 가진 그 어떤 원칙들도 입법자가 공권력적 대권의 틀 안에서 행위하는 행정권에게 제재권한을 부여하는 데 장애가 되지 않는다고 판시하기에 이르렀다.[48] 그러나 동시에 헌법위원회는 행정제재의 한계도 분명히 하였다. 첫째, 행정제재는 자유의 박탈(la privation de liberté)을 내용으로 하는 것이어서는 아니되며 둘째, 제재권한의 행사에는 헌법적으로 보호되는 권리와 자유를 지키기 위한 조치들이 법률에 의

---

44) Sauvé, op.cit., p. 17.

45) CE, Les pouvoirs de l'administration dans le domaine des sanctions, La documentation française(1995).

46) Sauvé, op.cit., p. 16.

47) Sauvé, op.cit., p. 18.

48) Frier, op.cit., p. 414 ; CC, 17 janvier 1989 n° 88-248 DC ; CC, 28 juillet 1989 n° 89-260 DC.

하여 부수되어 있어야 한다는 것이다. 즉 행정부는 시민을 상대로 자유박탈적 제재는 할 수 없으며 그 외의 제재라 하더라도 일정한 절차보장이 베풀어진다는 전제하에서만 허용된다. 유럽인권법원도 프랑스 헌법위원회의 입장과 유사하게, 행정제재가 유럽인권협약의 관점에서 볼 때 허용된다는 점은 인정하고는 있으나 다만 동 협약 제6조에 상응하는 절차적 권리가 존중되어야 할 필요성이 있다는 점을 분명히 하고 있다.[49]

그렇다면 헌법위원회가 여러 가지 행정제재 유형들 가운데 특히 자유박탈적 제재권한 만큼은 행정권에게 부여될 수 없다고 보는 이유는 무엇인가? 이는 바로 프랑스 헌법 제66조이다. 동 조항에 따르면 개인의 자유를 보호하는 권한은 보통 법관(le juge judiciaire)에게 부여되어 있기 때문에 법관 아닌 행정이 개인의 자유를 빼앗는 벌을 부과하는 것은 헌법에 위반되게 된다.[50] 2009년 6월 10일의 헌법위원회 결정에서도 이러한 취지가 다시 확인되고 있다. 이 사건에서는 창작물의 인터넷 확산 장려 및 보호에 관한 법이 문제되었는데, 헌법위원회는 동법에 의해 설치된 행정청인 HADOPI 산하 권리보호위원회에게 저작권자를 보호한다는 목적 하에 구독자의 인터넷 접속을 제약하거나 방해하는 제재권한이 부여되는 것은 헌법에 위반된다고 판시하였다.[51] 오늘날의 인터넷 발전상을 감안하면, 인터넷에 접속하여 자신을 자유로이 표현하고 소통하는 것이 민주적 생활에의 참여나 사상 및 견해의 표현에 있어서 너무나도 큰 중요성을 띄고 있다는 점, 행정청이 시민의 인터넷 접속을 제한하는 것은 결국 시민의 자유로운 표현 및 소통의 자유를 박탈하는 결과를 가져온다는 점을 종합적으로 감안하면, 이러한 자유박탈적 제재권한은 오로지 법관에게만 부여되어야 하고 법관만이 행사할 수 있어야 한다는 것이 동 사건에서의 헌법위원회의 견해였다.

---

49) CEDH, 21 février 1984, Oztürk c/R.F.A., n° 8544/79.

50) Frier, op.cit., p. 415 ; 프랑스 1958년 헌법 제66조의 원문은 다음과 같다. "Nul ne peut être arbitrairement détenu. L'autorité judiciaire, gardienne de la liberté individuelle, assure le respect de ce principe dans les conditions prévues par la loi."

51) CC, 10 juin 2009 n° 2009-580.

III. 행정제재와 헌법원리

1. 행정제재와 실체법적 보장

사인의 영역에 미치는 막대한 영향력 때문에 행정제재는 절차적으로 그리고 실체적으로 엄격한 규율하에 놓이게 되었다. 행정제재에 적용되어야 할 실체적 보장은 점점 더 형사벌에 적용되는 실체법 원리들과 유사한 정도로 강화되고 있는 실정이다. 그러한 실체법원리로는 무죄추정, 범죄와 형벌의 법률유보 내지 법정주의, 소급효금지, 비례원칙, 일사부재리 등을 들 수 있다.

(1) 죄형법정주의

죄형법정주의(le principe de légalité des délits et des peines)와 행정제재라는 주제와 관련한 첫 번째 쟁점으로는 죄형법정주의가 행정제재에 과연 적용되는지, 적용된다면 어떤 범위에서 적용되는지라는 양적 관점의 문제를 들 수 있다. 두 번째 쟁점으로는 만일 행정제재에 법률유보가 적용된다 하더라도 어떤 밀도로 적용되는지라는 질적 관점의 문제를 들 수 있다. 첫 번째 쟁점과 관련하여서는 그 적용영역이 확대되고 있다고 진단할 수 있다. 죄형법정주의의 헌법적 근거로 1789년 인권선언 제8조를 들 수 있는데[52] 동 조항에서 언급하고 있는 '처벌'에는 행정제재도 포함된다는 것이 헌법위원회와 최고행정법원 판례의 입장이다.[53] 하지만 죄형법정주의가 적용되는 '행정제재'의 범위를 어디까지로 볼 것인가에 대해서는 여전히 논란이 있다. 문제되는 영역은 크게 두가지인데 하나는 의사나 회계사와 같은 전문직에 대한 징계의 영역이고 다른 하나는 공무원 징계영역이다. 최고행정법원은 종래 의사 등 전문직역 관련 제재에는 죄형법정주의가 적용되지 않는다는 입장을 취하고 있었다. 그러나 최근 2009년에 있었던 공인회계사 징계 관련 사건에서 최고행정법원은 과거의 입장을 버리고, 징계를 포함한 모든 제재에 죄형법정주의가 적용된다고 판시하였

52) 1789년 인권선언 제8조의 원문은 다음과 같다. "nul ne peut être puni qu'en vertu d'une loi établie et promulguée antérieurement au délit et légalement appliquée."

53) CC déc. 17 jan. 1989, n° 88-248 ; CE 7 juill. 2004, Ministre de l'intérieur c/M. Benkerrou ; Favoreau [et als.], Droit constitutionnel (2018), p. 664.

다.[54] 반면 공무원 징계제재는 여전히 죄형법정주의의 적용영역에서 배제되고 있는 실정이다.[55]

두 번째 쟁점, 즉 행정제재에 죄형법정주의가 적용되는 경우에 어느 정도의 규율밀도를 갖추어야 하는가에 대해서는 보다 완화된 밀도도 허용된다는 것이 판례의 입장이다. 즉 죄형법정주의원칙상 위반행위는 “자의를 배제할 수 있을만큼 충분히 명확하고 자세한 용어로 규정되어야” 한다는 설시가 헌법위원회와 최고행정법원 판례에서 모두 발견되기는 한다.[56] 그러나 헌법위원회는 뒤이어 “무엇이 위반행위인지가 충분히 명확하고 자세하게 규정되어야 한다는 요청은 행정제재의 사안에서는, 수허가자가 준수해야 할 의무들을 법령에 근거하여 참조(la référence)케 하는 것으로써 충족된다.”라고 판시하여 완화적 입장을 취하고 있다. 법률 아닌 명령의 형식으로 금지와 행정제재를 규율할 수 있다고 본다는 점에서 최고행정법원 역시 완화적 입장을 취하고 있다. 즉, 경찰청장이 택시운전면허를 취소할 수 있도록 수권하고 있는 1995년 8월 7일 수상령(le décret du premier ministre)과 관련하여 행정제재권한을 법률이 아닌 명령을 통해 수권할 수 있는가가 문제된 사건에서 최고행정법원은 “죄형법정주의 원칙은…제재가 글월(le texte)에 의하여 규정되고 열기될 것…을 요구한다 ; 그러나 이 글월이 모든 경우에 반드시 국회법률이어야만 하는 것은 아니다.”라고 판시하고 있다. 즉 행정제재권한이 반드시 법률 차원에서 규율될 필요는 없으며 수상령을 통해서도 규율될 수 있다는 것이다.[57]

(2) 소급효 금지

형법전에서 정하고 있는 소급효 금지 및 완화적 형법의 즉시적용원칙(le

---

54) 의사징계에 죄형법정주의가 적용되지 않는다고 본 판례로 CE 30 mars 2005 ; 공인회계사 징계에 죄형법정주의가 적용된다고 본 판례로 CE 12 oct. 2009, Petit ; Guyomar, op.cit., p. 110.

55) Guyomar, op.cit., p. 111.

56) CC décision n° 92-307 DC du 25 février 1992 ; CE 9 octobre 1996, Société Prigest, n° 170363.

57) CE 7 juillet 2004, ministre de l'interieur, de la sécurité intérieure et des libertés locales c/M. Benkerrou n° 255136 ; CE 7 juin 2010 Centre hospitalier de Dieppe n° 338531.

principe de non-rétroactivité et de l'application immédiate de la loi pénale plus douce) (제112-1조 제1항 및 제2항)의 헌법적 근거는 죄형법정주의와 마찬가지로 1789년 인권선언 제8조에서 발견된다. 헌법위원회는 소급효 금지 원칙이 헌법적 위상의 원칙임을 확인하면서 형사법원이 부과하는 형벌에 대해서 뿐 아니라 법원 이외의 권력이 벌을 부과하는 경우에도 소급효 금지 원칙이 적용된다는 것을 분명히 하였다.[58] 소급효 금지원칙 및 완화적 형법의 즉시적용원칙은 현실에서는 동전의 양면을 이루고 있다. 더 중히 벌하는 형벌법규의 비소급효 원칙(le principe de non rétroactivité des lois répressive plus sévères)은 인간의 행태를, 당해 행태 이후에 효력이 발생하게 된 글월(le texte)에 근거하여 벌하거나 또는 더 중하게 벌하는 것을 금지한다.[59] 반면, 완화된 형법의 즉시 적용원칙은 오히려 소급효를 인정하여, 신법이 어떠한 행태의 가벌성(l'incrimination)을 아예 폐지하거나 또는 구법보다 덜 가혹한 벌을 선언하고 있다면 이러한 완화적 신법은 신법 발효 이전에 저질러진 위반행위에 대해서도 적용되어야 한다는 것을 의미한다.[60] 최고행정법원은 완화적 형벌의 소급원칙이 행정제재 사안에서 적용되어야 한다고 보고 있으며,[61] 더 나아가 선거 소송영역에서도 선거법 법률부 제118-3조에 규정된 피선거권 관련 제재에 완화적 법의 소급적용원칙을 적용하고 있다.[62]

한편 행정법관이 이처럼 완화된 신법을 척도로 삼아서 구법에 따라 이루어진 제재처분의 위법을 판단하는 문제는 행정쟁송의 유형과 각 유형에 따른 적용법리와도 관련이 있다. 전통적으로 월권소송의 법관은 계쟁 처분의 위법성

58) CC déc. DC du 30 déc. 1982, n° 82-155 ; Guyomar, op.cit., p. 122.

59) CC DC du 17 janvier 1989, n° 88-248 ; CC QPC 21 juin 2013, n° 2013-327 ; CE, 14 avril 1986, SCI Fournier, n° 44614.

60) Guyomar, op.cit., pp. 122-123 ; Favoreau, op.cit., p. 664.

61) Frier, op.cit., p. 415 ; 도로법상 접도구역 지정목적에 위반되는 행위와 같이, 공물의 보존과 활용을 침해하는 행위를 프랑스법에서는 '大路 위반(les contraventions de grande voirie)'이라고 하는데 이러한 대로위반행위에 대한 행정제재처분을 함에 있어서 완화적 법의 소급효원칙이 적용되어야 한다는 판례로는 CE 23 juill. 1976, Dame Ruffenach ; 23 avr. 1997, Société routière du Mini prèc ; 우리의 감사원 역할을 하는 프랑스 회계법원이 부과한 벌과금 영역에 완화적 법의 소급효 원칙을 적용한 판례로는 CE Sec., 9 déc. 1977, De Grailly.

62) 피선거권 관련 판례로는 CE Ass., 4 juill. 2011, Mme Arnautu et Midy.

여부를 회고적으로 판단할 따름이므로 완화적 신법은 월권소송의 법관으로서는 고려대상이 되지 못한다. 그리하여 위와 같은 완화적 신법의 소급효원칙을 실효적으로 적용하여 처분을 취소한다든지 더 나아가 행정법관 스스로 신법에 토대하여 내린 자신의 처분으로써 원처분을 한 행정의 의사를 대체하는 등의 적극적인 분쟁 해결방식은 주로 완전심판소송(le recours de plein contentieux)을 통하여 이루어지게 된다.63) 한편 소급효 금지원칙과 관련하여서도 문제되는 영역별로 동 원칙의 법적 위상에 차이가 있음을 주의하여야 한다. 소급효 금지원칙은 그것이 적용되는 영역에 따라 헌법적 원칙일 수도 있고 법률적 원칙일 수도 있다. 소급효 금지원칙의 법위계질서상 위치와 관련한 쟁점을 잘 보여주는 예가 바로 추인적 법률의 헌법적 허용성 문제이다. 추인적 법률(les validations législatives)이란 과거의 위법한 국가적 결정을 처음부터 적법 · 유효하였던 것으로 만들기 위해 제정되는 법률을 의미한다. 추인적 법률은 그 성질상 당연히 소급입법에 해당하게 되고 따라서 그것이 헌법적으로 허용되는지 여부가 문제되는데, 헌법위원회는 추인적 법률의 한계를 여러 판결들을 통하여 설정하였다. 헌법위원회의 축적된 판례에 따르면 국회입법자는'형사적 사안(en matière pénale)'에서는 소급적인 추인적 법률을 제정할 수 없으며,64) 비형사적 사안이라 하더라도 사법부의 기판력 있는 판결이 있다면 추인적 법률제정은 허용되지 않고, 더 나아가 긴절한 공익에 의하여 그러한 입법필요성이 뒷받침되어야 한다.65) 즉, 법률의 소급효금지원칙은 형사적 사안에서만 헌법적 차원의 원칙으로서 입법자까지 구속할 따름이고 형사를 제외한 기타의 영역에서는 헌법적 원칙으로서의 위상을 누리지 않으며, 따라서 비형사적 사안의 입법자는 확정판결이 없는한 소급입법인 추인적 법률을 제정할 수 있다는 것이다.66) 그

---

63) 행정제재 영역에서의 완화된 벌의 소급효원칙 및 이와 관련된 프랑스의 행정소송 유형, 소송법리상의 쟁점에 관하여 상세히 논하고 있는 글로는 강지은, "제재적 행정처분에 대한 소송-프랑스의 최근 판례를 중심으로 -", 공법학연구 제14권 제2호, 한국비교공법학회(2013), 545-568면 참조.

64) CC 22 juillet 1980 DC n° 80-119 DC ; Favoreu, [et als.], Droit constitutionnel (2018), p. 673.

65) 프랑스 공법상 추인적 법률의 개념 및 그 헌법적 한계에 대하여는 이현수, "친일잔재청산과 추인적 법률 - 헌법재판소 2013. 7. 25. 2012헌가1 결정 -", 「행정판례연구」 제22권 제2호, 2017. 12. 참조.

런데 추인적 법률이 헌법적으로 불허되는 영역인 형사적 사안이 어디까지냐를 정함에 있어서 바로 행정제재 개념이 중요한 역할을 수행하게 된다. 행정제재는 그 부과권자가 형사법관이 아닌 행정이고 부과 절차도 재판절차가 아닌 행정절차로서의 성질을 가진다는 차이점만 있을 뿐, 사인의 의무위반 내지 의무불이행에 대하여 국가권력이 회고적으로 불이익을 부과하는 작용이라는 점에서는 형사벌과 본질적인 차이가 없다. 그렇기 때문에 헌법위원회는 행정제재 사안에서도 추인적 법률은 허용되지 않는다고 보고 있다.67)

(3) 비례성

비례성 원칙의 헌법적 근거도 1789년 인권선언 제8조, 즉 "법률은 엄격하고 명확하게 필요한 벌만을 정해야 한다(la loi ne doit établir que des peines strictment et évidement nécessaires)"는 규정이다. 헌법위원회가 비례원칙(le principe de proportionnalité des peines)을 행정제재에 적용한 최초 사례는 조세 영역의 행정제재금(les amendes fiscales)에 관한 1987년 판결이다.68) 비례원칙에 따르면 벌은 각각의 사안의 고유한 상황을 고려하여 위반행위의 경중에 따라 부과되어야 한다.69) 이는 벌의 개별화원칙(le principe d'individualisation des peines)으로도 나타나게 되는데, 그렇기 때문에 논리적으로 동 원칙으로부터 자동적인 제재(les sanctions automatiques)에 대한 매우 엄격한 제약이 도출된다.70) 예컨대 헌법위원회는 외국인법의 영역에서 모든 강제퇴거명령(l'arrêté de reconduite à la frontière)에 대하여 일년 동안 해당 외국인의 입국을 금지하는 행정제재가 자동적으로 수반되게끔 하고 있는 출입국관련 법률조항은 비례원칙위반으로 헌법에 위반된다고 판시하였

---

66) Olivier Dutheillet de Lamothe, "La sécurité juridique –Le point de vue du juge constitutionnel", 2005. 9. 20. http://www.conseil-constitutionnel.fr/conseil-constitutionnel/root/bank_mm/pdf/Conseil/securitejuridique.pdf (2017. 12. 12.방문)

67) CC 30 déc 1982, DC n° 82-155 ; Rene Chapus, 「Droit du contentieux administratif」, 11e éd., Montchrestien, 2004, p. 1083.

68) CC 30 déc. 1987 n° 87-237 DC ; Favoreau, op.cit., p. 664.

69) CC 25 fév. 1992 n° 92-307 DC ; 30 décembre 1997 DC n° 97-395 ; Favoreau, op.cit., p. 664.

70) CC 17 janvier 1989 DC n° 88-248.

다.[71] 반대로 몇몇 자동적인 제재들, 특히 조세 영역에서의 자동 제재들과 관련하여서는 합헌으로 판시한 바 있다.[72] 판례를 종합하면, 자동적 제재는 원칙적으로 헌법상 금지되지는 않지만 방어권 행사가 차단되어 있거나, 법의 비례성이 깨어져 있는 경우에는 허용되지 않게 된다.[73]

(4) 일사부재리

하나의 동일한 행위에 대해서 두 번 벌 받지 않는다는 의미의 일사부재리 원칙(le principe non bis in idem)은 행정제재와 형사제재의 병과에서 주로 문제되지만 행정제재들간의 병과문제로도 나타난다. 행정제재와 형사제재의 중복이 허용되는지 여부, 어떤 전제조건하에서 허용되는지의 문제에 대해서 헌법위원회는 대략적인 윤곽을 다음과 같이 제시하고 있다. 즉 일사부재리 원칙은 "형사제재와 행정제재간 중복의 경우에는 적용되지 않는다"는 것이 헌법위원회의 일관된 입장이기는 하다. 그러나 여기에는 일정한 한계들이 있는데, 첫 번째 한계는 비례성 원칙이다. 즉 하나의 동일한 행위에 대한 행정제재와 형사제재의 병과는 비례성 원칙에 어긋나지 않는다는 한도내에서만 헌법적으로 허용된다.[74] 행정제재와 형사제재의 병과가 헌법적으로 허용되는지 아닌지를 결정하는 두 번째 요인으로 행정제재의 성질을 들 수 있다. 여기에서는 행정제재가 금전적 성질의 것이나 아니냐가 중요하게 되는데, 동일한 사실에 대해서 비금전적 행정제재와 형사제재를 병과하는 것은 허용되지만 금전적 성질의 행정제재와 형사제재는 병과될 수 없다는 것이 헌법위원회의 견해이다.[75]

더 나아가 하나의 동일한 행위에 대해서 행정제재들이 중복되는 것도 허용되지 않는다는 것이 법의 일반원칙이라고 최고행정법원은 판시하고 있다. 하지만 더불어 최고행정법원은 행정제재 간 중복금지원칙은 법의 일반원칙이기는

71) CC n° 93-325 DC du 13 août 1993.
72) CC n° 99-424 DC du 29 décembre 1999.
73) DC n° 2010-41 QPC du 29 septembre 2010 ; DC n° 2010-40 QPC du 29 septembre 2010.
74) Décision n° 89-260 DC du 28 juillet 1989 ; décision n° 97-395 DC du 20 décembre 1997.
75) Décison n° 96-378 DC du 23 juillet 1996 ; Favoreau, op. cit., p. 664.

하지만 법률종속적 위상의 원칙일 따름이라고 보고 있다.[76] 그렇기 때문에 하나의 동일한 위반에 대해서는 원칙적으로 하나의 행정제재만이 부과될 수 있으나, 국회 입법자는 법률로써 달리 정할 수 있다.[77] 그리하여 최고행정법원은 하나의 위반행위에 대하여 법령에 토대하여 두 개의 행정제재가 부과된 사안에서 그 적법성을 인정한 바 있다.[78]

(5) 자기책임

자기책임원칙(le principe de personnalité des peines)이란 어떤 사람이 저지른 위반에 대해서 해당 위반자 아닌 다른 누군가를 비난할 수 없다는 것인데 이 원칙은 자연인이 문제되는 경우와 법인이 문제되는 경우에 다소 상이한 양상으로 나타나고 있다. 먼저 자연인이 문제되는 경우, 자기책임원칙은 다소 엄격한 모습으로 나타난다.[79] 제재절차 개시의 상대방이었던 사람이 사망한 경우에는 절차개시기각(l'extinction des poursuites)결정을 내려야 하며, 피상속인이 저지른 것이 명백한 행위에 대한 금전적 제재를 상속인에게 부과하는 것은 금지된다.[80] 그러나 조세 관련 영역에서는 자기책임원칙이 다소 완화되고 있는 현상도 발견할 수 있다. 판례에서는 자연인의 사망일이나 법인의 해산일에 앞서 사망자나 해산된 회사에게 기 부과된 조세관련 제재의 승계를 입법자가 규정하는 것은 자기책임원칙에 반하지 않는다고 보고 있다.[81]

다른 한편, 자기책임원칙을 법인에게 적용하는 것은 더욱 미묘한 문제를 야기한다. 법인 맥락에서 자기책임원칙이 문제되는 상황은 다시 두 가지 경우로 나누어지는데, 하나는 (법인이사 등이 아닌 일개) 소속 직원이 저지른 위반행위에 대하여 법인에게 제재를 부과할 수 있겠는가이고 또 다른 하나는 제재

---

76) CE 23 avril 1958, Commune du Petit-Quevilly.
77) CE 12 avril 1995, n° 143797/143798.
78) CE 10 mai 2004, n° 241587.
79) Favoreau, op.cit., p. 664.
80) CE Sect., 8 janvier 1954, Dame Llouqet,
81) CC n° 2012-239 QPC du 4 mai 2012 ; rapp. CE, 4 décembre 2009, n° 329173 ; CE 18 novembre 1959, Ministre des affaires économiques c/ Grawitz, D. 1960, jur. p. 47 ; CE 6 décembre 2002, n° 231868.

상대방인 법인이 합병 등 변화(le transformation)되는 경우에 합병 후 법인을 상대로 제재할 수 있겠는가이다. 예컨대 A라는 금융투자회사의 소속 직원이 주가조작행위를 하고 뒤이어 A회사가 B회사에 흡수합병되자 금융감독기관이 B회사에 제재처분을 한 사안에서 최고행정법원은 "…투자서비스회사는 조직과 그 종업원들의 행태에 대한 통제를 통하여 자신의 활동영역인 금융시장의 양호한 기능을 확보할 책임이 있기 때문에, 동 회사의 사장과 대표자들에 의하여 저질러진 위반행위 뿐 아니라 직원(les préposés)이 저지른 위반행위도 법인의 성질상 동 회사의 탓으로 직접 돌릴 수 있는 성질의 것이며 그 직원들이 자신의 직무의 일환으로 행위한 이상 이에 자기책임이라는 헌법상 원칙에 대한 오인이 없다는 점…", "…A사가 상법전 규정에 따라 청산이나 분리됨이 없이 B사에 흡수되어 B사가 금전 제재의 대상이 될 수 있다는 점에 책임이 귀속하는 자의 인적 성격에 오인이 없다…"고 판시하면서 B회사가 자신에 대해 부과된 금전적 제재처분에 대하여 제기한 취소청구를 기각한 바 있다.[82]

다른 한편, 최고행정법원은 피흡수회사의 위반행위에 대하여 흡수회사에게 견책(le blâme)처분[83]을 하는 것은 자기책임의 원칙상 허용되지 않는다고 본 반면, 피흡수회사의 위반에 대하여 흡수회사를 상대방으로 하여 금전제재를 부과하는 것은 자기책임원칙에 반하지 않는다고 보았다는 점에서 판례가 제재의 금전적 성질 유무에 따른 구분을 하고 있다고 볼 여지도 있다.[84]

2. 행정제재와 절차법적 보장

행정제재의 상대방에게 보장되어야 할 절차상의 원칙으로 방어권 보장(le respect des droits de la défense), 중립성 보장(l'impartialité), 이유제시 보장(la motivation)을 들 수 있다. 그 밖에 재판과 유사하게 행정제재에 대해서도 공개성 (la publicité) 원칙이 적용되어야 하는지에 대해서는 논란이 있다.

---

82) CE Section 6 juin 2008 Société Tradition Securities and Futures (TSAF) et CM CIC Securities n° 299203.

83) 견책((le blâme)은 본래 공무원법상 징계처분의 일종으로서 명령(arrêté)의 형식으로 피징계자에게 고지되고 그 사본이 인사카드에 첨부되며 인사권자가 해당 위반행위를 지적하는 것을 내용으로 한다. 〈https://www.service-public.fr/particuliers/glossaire/R52363〉

84) CE Sect., 22 novembre 2000, Sté Crédit agricole Indosuez Cheuvreux, n° 207697.

방어권 보장과 공개성이 주로 행정제재의 결정 전의 사전적 보장책이라면 이유제시는 행정제재처분을 통지할 때 준수되어야 하는 보장수단들이다. 반면 처분기관의 중립성 내지 공정성은 절차 전반에 거쳐 보장되어야 한다.

(1) 방어권 보장

방어권 보장원칙은 명시적 법령규정이 없더라도 모든 행정제재처분에 공히 적용되는 법의 일반원칙이다. 헌법위원회와 최고행정법원 모두 방어권 존중원칙이 법의 일반원칙임을 선언하였으며[85] 특히 헌법위원회에서는 방어권 원칙이 공화국 법에 의해 승인된 근본원칙으로서 헌법적 위상의 원칙에 해당한다고 선언하였다.[86]

방어권 존중원칙의 적용범위는 확대되는 과정 중이라고 이야기할 수 있다. 과거에는 행정제재와는 달리 경찰작용에는 방어권 존중원칙이 적용되지 않는다고 보았었다.[87] 그러나 점차 경찰상 조치에도 방어권 존중원칙이 적용되어야 함을 선언하는 입법례들이 증가하면서 현재 청문절차, 이유제시, 비례원칙은 경찰작용과 행정제재 모두에 적용되고 있으며 그러한 한도내에서 더 이상 경찰작용과 행정제재의 구별실익이 없다는 지적도 있다.[88]

행정제재에서의 방어권 보장원칙은 절차의 대심성 보장을 요구한다.[89] 또한 방어권보장과 관련하여 제기되는 쟁점으로 어느 시점부터 방어권 보장원칙이 적용되는가의 문제가 있다. 누군가가 방어권을 얻으려면 먼저 그 자신에 대한 "제재절차개시결정(l'accusation)"이 있어야 한다. 예를 들어, 금융시장 관련 제재위원회가 제재상대방에게 혐의사실통보를 함으로써 제재절차가 개시되어야만 그 때부터 방어권 존중원칙이 적용되게 된다.[90] 그렇다면 그에 선행하

85) Frier, op.cit., p. 414 ; CE 5 mai 1944, Veuve Trompier-Gravier ; CE Sect. 27 oct. 2006, Parent et autres.

86) Décision n° 76-70 DC du 2 décembre 1976.

87) CE 25 avril 1958, Sté laboratoires Geigy ; CE 21 juillet 1970, Krivine et Frank.

88) 경찰상 조치에 있어서의 방어권 존중원칙을 선언하고 있는 입법례로는 '행정행위의 이유제시 및 행정과 공공의 관계에 관한 1979년 7월 11일 제79-587호 법률', '행정과 이용자의 관계에 관한 1983년 11월 28일 제83-1025호 명령', '행정에 대한 시민의 권리에 관한 2000년 4월 12일 제2000-321호 법률'을 들 수 있다. 이승민, 프랑스의 경찰행정(2014), 73면.

89) Frier, op.cit., p. 414 ; CE Sect. 27 oct. 2006, Parents et autres.

는 조사절차에서는 방어권 존중원칙이 아무런 힘을 발휘하지 못하는 것인가 하면 그렇지는 않다는 것 역시 판례의 입장이다. 즉 최고행정법원은 금융시장 소관청의 조사절차는 그 뒤에 속행될 제재절차에서의 방어권에 치유할 수 없는 피해를 가하지는 않는다는 한계 내에서 이루어져야 한다고 판시하고 있다.[91] 방어권 존중원칙에는 이와 같은 시간적 제약 뿐 아니라 어떤 점에서는 일종의 공간적 제약도 적용되고 있다. 즉 제재절차개시 상대방에게 사전통지되어야 할 정보들은 제재와 직접 관련된 사안에 국한되게 된다. 따라서 금융시장 관련 제재위원회가 제재절차개시를 결정하면서 지명한, 건전성 규제위원회 위원이 청문 시에 제재의견을 제안하였다 하더라도 이 의견은 단순히 하나의 의견에 불과하고 제재를 할지 말지 또는 어떤 수위의 제재를 할지에 관하여 제재위원회를 전혀 구속하지 않으므로, 해당 의견이 제재대상인 금융회사에 사전 통지될 필요가 없다는 것이 판례의 입장이다.[92]

방어권 존중과 관련하여 제기되는 두 번째 쟁점은 방어권의 내용을 이루는 요소들이 무엇인가라는 점이다. 방어권 원칙은 한편으로는 관련자가 자신에 대한 제재절차 개시에 대해서 인식할 것을 의미하고 다른 한편으로는 그에 대해서 효과적으로 변명할 수 있어야 한다는 것을 의미한다. 이러한 맥락에서 행정제재 상대방에게는 제재 절차개시결정이 있다는 것과 제재사유가 미리 통지(la communication)되어야 한다. 헌법위원회는 "수허가자에게 위반사실에 대한 구두의 진술을 할 기회 및 관련 문서에 접근할 기회를 부여하지 않고서는 어떠한 제재도 과하여질 수 없다"라고 판시한 바 있다.[93]

사전통지는 합리적인 시간적 간격을 두고 이루어져야 하는데, 이는 상대방이 변명을 준비하는 데 충분한 시간이어야 함을 의미한다. 또한 어떤 면에서는 절차의 대심적 구성(la procédure contradictoire)도 방어권 존중을 보장하는 수단 가운데 하나이며 더 나아가 몇몇 법령들에서는 행정제재 사안에서도 변호인의 조력을 받을 기회나 증인신문을 요청할 기회를 부여하고 있다.[94]

---

90) CE 15 mai 2013, Société Alternative Leaders France.
91) Guyomar, op.cit., p. 89.
92) CE 30 juin 2013, Caisse de crédit municipal de Toulon.
93) CC Décison n° 86-1067 du 17 janvier 1989.
94) Guyomar, op.cit., p. 91.

(2) 중립성 보장

중립성원칙은 유럽인권선언 제6조 제1항에서 언급되고 있는 공정한 절차의 지도원리이자 헌법의 일반원리이기도 하다. 중립성원칙은 본래 행정작용 전반에 두루 적용되는 법원칙이었지만 특히 제재적 행정작용에 있어서는 강화된 모습으로 나타나고 있다. 헌법위원회는 이 원칙의 헌법적 근거로 1789년 인권선언 제16조를 들면서 "독립성 및 중립성원칙은 사법기능의 행사와 뗄레야 뗄 수 없고", "독립행정청이 제재권한을 행사하는 것과도 분리될 수 없다"고 판시하였다.[95] 하지만 이미 오래전부터 소송절차에는 제척제도가 법정되었던 것과는 달리, 행정절차상 결정주체의 중립성 또는 공정성에 관한 일반조항은 비교적 최근에야 법률에 자리잡게 되었다. 즉, 2016년 '행정절차법전'[96]에서는 행정절차상 제척, 기피 등에 관하여서는 규정을 두고 있지 않는 대신 총칙적 규정으로서 "행정은 일반이익을 위하여 행위하며 합법성원칙을 존중한다. 행정은 중립을 지킬 의무가 있으며 세속성원칙을 존중하여야 한다. 행정은 평등원칙에 합치되게 행동하고 모두에게 공정한 처우를 보장한다"라고 선언하였다.[97] 행정의 중립성과 공정성은 미사여구가 아니라 법의 일반원칙이므로 이에 위배되는 결정은 월권소송을 통하여 취소될 수 있다.[98]

행정법원 판례들을 살펴보면 행정의 공정성원칙은 특히 독립행정청(les autorités administrative indépentes)의 구성이나 행정청에게 전문가적 자문의견을 제시하는 기관의 구성과 관련하여 문제되고 있음을 알 수 있다. 예를 들어 은행, 증권, 보험 등 금융시장과 관련하여 금융업 종사자들의 의무위반

95) CC n°2011-200 QPC du 2 déc 2011 ; Guyomar, op. cit., p. 95 ; Favoreau, op.cit., p. 664.

96) 정식명칭은 '공중과 행정의 관계에 관한 법전(CRPA: le code des relations entre le public et l'administration)'이다.

97) CRPA L.100-2 "L'administration agit dans l'intérêt général et respecte le principe de légalité. Elle est tenue à l'obligation de neutralité et au respect du principe de laïcité. Elle se conforme au principe d'égalité et garantit à chacun un traitement impartial."

98) CE 28 octobre 2002, M. Laurent, n° 222188; CE 26 juillet 2007, M.P., n° 293908; CE 11 février 2011, Société Aquatrium, n° 319828; TA Paris, 9 novembre 2015, SCI Nefertari, n° 1405923.

에 대하여 징계 및 제재권한을 행사하는 금융시장청(l'Autorité des marchés financiers) 산하 제재위원회(la commission des sanctions)의 구성,[99] 또는 정수 관련 제품의 시판을 허가하는 보건부장관의 권한행사에 앞서 당해 장관에게 당해 제품의 잠재적인 보건상 위험에 대하여 전문가적 의견을 제시하는 기관인 프랑스 식품안전청(AFSSA: l'Agence française de sécurité sanitaire des aliments) 내 소관위원회의 구성,[100] 또는 보험 관련 요율 등을 결정하는 독립행정청인 중앙보험청(le Bureau central de tarification) 내 소관위원회의 구성 등이 그러하다.[101] 첫 번째 언급한 사건, 즉 금융시장청 산하 제재위원회가 특정 투자회사에게 한 제재처분과 관련하여 최고행정법원은 당해 제재위원회의 위원들 가운데 어떤 위원이 한 프랑스 은행그룹의 이사진이었고 그 은행그룹의 자회사들 가운데 한 회사가 제재결정의 상대방이었던 투자회사와 금융상 분쟁관계에 있었다는 사실을 인정한 다음, 이러한 상황은 동 제재위원회의 공정성에 대한 의심을 불러일으킬 만한 것이므로 당해 위원이 제재결정에 참여하는 것은 법의 일반원칙인 행정의 공정성원칙 위반이면서 동시에 유럽인권협약 제6조 제1항에도 위반되는 것이라고 판시하고 문제의 제재처분을 취소하였다. 두 번째 사건에서는 프랑스 식품안전청이 정수 관련 제품의 안전성 실험을 수행하고 그 결과에 입각하여 동 안전청의 소관위원회가 제시한 전문가적 의견에 따라 보건부 장관이 당해 제품의 시판을 불허한 것이 문제되었는데, 최고행정법원은 프랑스 식품안전청 내 소관위원회들에게도 행정의 공정성원칙이 마땅히 적용됨을 확인한 후, 소관위원회의 위원 가운데 두 사람이 실험결과 및 전문가의견의 내용에 대해 이해관계가 있는 기업과 직접적 또는 간접적으로 그 공정성에 영향을 미칠 정도의 긴밀한 관계에 있다면 이는 행정의 공정성원칙을 침해한 것으로 그에 토대한 시판허가 거부결정 역시 위법하여 취소한다라고 판시하고 있다.[102]

최고행정법원과 유럽 인권법원의 판례를 살펴보면 중립성을 "주관적" 중립

---

99) CE 26 juill. 2007, M.P., n° 293908.
100) CE 11 fév. 2011, Société Aquarium, n° 319829.
101) TA Paris, 9 nov. 2015, SCI Nefertari, n° 1405923.
102) 이현수, "행정기관의 구성과 공정성", 돌봄과 공정, 박영사(2018), 255-256면.

성과 "객관적" 중립성으로 나누고 있는 것을 볼 수 있다. 주관적 중립성이 사람 및 사람의 행태에 초점을 두고 있다면 객관적 중립성은 기능상의 중립이라고도 한다. 주관적 중립성은 결정을 내리는 자가 사안에 있어서 사건당사자와의 인적 관계나 이해관계의 충돌 등으로 말미암아 편파적인 결정을 내릴만한 소지가 있는지의 문제에 초점을 둔다. 반면, 객관적 중립성에서는 결정을 내리는 기구의 조직이나 기능상 편파적 결정의 소지가 있는지를 중요하게 보게 된다.[103) 행정제재와 관련하여 객관적 중립성이 문제되는 경우는 주로 한 행정청에 권한이 집중되어 있거나 기능이 중복되어 있는 경우이다. 권한 집중의 예로서, 하나의 행정청이 규제권한과 제재권한을 동시에 갖는 경우나 하나의 행정청이 일반·추상적인 규정을 제정할 권한(le pouvoir de réglementation)과 해당 규정을 제재사안에서 집행할 권한을 모두 가진 경우를 들 수 있다.[104) 이러한 현상은 특히 이른바 독립행정청에서 많이 볼 수 있다. 기능 중복은 예컨대 금융감독 소관청에서 위반사건 조사를 담당한 조사관이 뒤이은 제재결정 심리에도 참여하는 경우에서 발견된다.[105)

(3) 이유제시 보장

이유제시는 행정제재를 고지하는 단계에서 이루어져야 한다. 또한 단지 이유제시를 했다는 사실만으로는 부족하며, 이유제시의 정도가 충분하여야 이유제시의무를 다 한 것으로 된다. 행정은 제재처분시에 사실상 근거 뿐 아니라 법령상 근거에 대해서도 이유를 제시하여야 한다.[106) 그러나 징계소관청이 제출된 주장들 모두에 대하여 일일이 응답을 해야만 한다는 뜻은 물론 아니다.[107) 행정제재처분을 하면서 이유를 직접 기재하지 않고 참조나 준용방식으로 거명만 하는 것은 이유제시의무를 다 하지 않은 것으로 된다.[108)

한편, 행정제재에도 일반적으로 공개원칙이 적용되는지가 문제되고 있다.

---

103) Guyomar, op.cit., p. 96.
104) Guyomar, op.cit., pp. 97-98.
105) Guyomar, op.cit., p. 105.
106) CE 15 déc. 1993, Benitah. Guyomar, op.cit., p. 94.
107) CE 11 févr. 2011, Société Générale.
108) CE Sect., 28 mai 1965, Mlle Riffault ; 23 mai 2005, Stilinovic.

물론 헌법재판소는 “어떤 절차에서건 그리고 어떤 사안에서건 변론은 반드시 공개되어야 한다라는 내용의 법의 일반원칙은 없다”라고 판시한 바 있다.109) 행정재판과 관련하여서는 ‘행정재판법전(le code de justice administrative)’에서 변론(les débats) 및 판결(les jugemets)의 공개에 관하여 규정하고 있지만(동법전 제6조, 제10조) 행정제재와 관련하여서는 법령에서 공개를 명하는 규정이 있는 경우에만 공개대상이 될 따름이다. 따라서 절차공개를 명하는 법령규정이 없는 경우에는 행정제재 절차가 비공개로 이루어지더라도 위법하다고 할 수 없다.110)

3. 행정제재와 행정쟁송

행정제재를 받게 된 상대방은 행정 내부의 통제와 행정 외부의 통제수단을 활용하여 해당 제재를 다툴 수 있다. 행정 내부통제기제로는 처분청 단계에서 이루어지는 은혜적 행정심판(le recours administratif gracieux)이나 상급청 단계에서 이루어지는 위계적 행정심판(le recours administratif hiérarchique)을 활용할 수 있다. 이들 절차에는 헌법위원회나 최고행정법원이 법의 일반원칙이라고 선언한 불이익변경금지원칙이 적용되므로 계쟁 제재처분이 행정심판의 결과 더 무거워지는 일은 일어나지 않게 된다.111) 행정제재에 대한 핵심적 외부통제기제는 당연히 행정소송이고 행정소송유형 가운데에서도 월권소송과 완전심판소송이 역할을 분담하고 있다. 그런데, 행정제재에 대하여 행정소송을 제기하였을 때 사인들에게 부여되는 보장의 크기는 월권소송이냐 완전심판소송이냐에 따라 상당히 달라진다. 월권소송에서는 제재처분이 취소되는데 그치게 되지만 완전심판소송에서는 법관이 다툼의 대상인 행위를 변경하고 그럼으로써 행정의 재량(l’appréciation)을 자신의 결론으로 대체까지 할 수 있다. 행정제재에 대하여 완전심판소송을 허용하는 사례가 늘어나면서 행정제재에 대한 법관의 구제도 더욱 강화되고 있다. 이 영역의 이정표가 된 판결로 최고행정법원의 2009년 아톰 社 판결을 들 수 있다. 이 사건에서 최고행정법원은

---

109) CC déc. n° 88-1113 AN du 8 nov. 1988, Élection Seine-Saint-Denis.
110) Guyomar, op.cit., p. 92.
111) CC 17 janvier 1989, n° 88-248 DC ; CE Sect. 16 mars 1984, n° 41438.

시민에 대한 행정제재조치에 대하여 행정소송을 제기하는 경우, 그 소송형태는 완전심판소송이라고 판시한 바 있다.[112] 완전심판소송의 법관은 행정청이 부과한 제재를 자신이 결정한 제재로 대체할 수 있으며 필요한 경우에는 완화된 신 법률을 소급적용할 수도 있음은 앞서 살펴본 바와 같다. 또한 완전심판소송의 법관은 행정청이 제시한 처분사유를 해당 위반과 관련된 다른 사실적 또는 법적 근거로 대체할 수 있다. 물론 여기에는 일정한 한계가 있는바, 처분사유 대체를 심리과정에서 처분청이 요청하였을 것, 처분상대방이 동일한 절차적 보장을 누렸을 것, 법관의 결정이 제재를 가중하는 데로 이르지는 않을 것이라는 한도내에서만 그러하다.[113] 한편, 행정제재에 대하여 월권소송이 제기된 경우에도 법원에 의한 통제의 밀도가 심화되는 경향이 있다. 처분의 위법사유로 인정되는 범주들의 확대 등, 상세한 논점들에 대해서는 추후의 연구발표에서 다루기도 한다.

IV. 우리 법제에의 시사점

프랑스의 헌법위원회와 최고행정법원은 의무위반의 법률효과로서 행정이 부과하는 다양한 불이익처분들을 제재로서의 성질을 가진 것과 그렇지 않은 것으로 구분하고, 각각에 고유한 법리들을 전개하여 왔다. 특히 프랑스 공법에서는 행정제재와 행정경찰의 구별에 많은 힘을 기울이고 있는데, 그 구별 기준으로 처분의 궁극목적이 제시되고 있다. 즉, 행정이 의무위반에 대하여 불이익을 부과하는 모든 결정이 행정제재인 것은 아니며 불이익부과의 목적이 의무위반에 대한 회고적 처벌 목적이어야 행정제재에 해당하게 되고, 불이익부과의 목적이 공적 질서의 유지와 회복에 있다면 이는 행정경찰작용에 해당하게 된다.

---

112) CE 16 fév. 2009, n° 274000, Assemblée Société ATOM. 동 판결의 상세에 대해서는 강지은, 앞의 논문, 550-551면.

113) Frier, op.cit., p. 415 ; CE Sect. 23 nov. 2001 n° 195550, Companie national Air France. 이 사건에서는 여행관련 서류(여권, 사증)를 구비하지 아니한 외국인을 프랑스 영토에 상륙시킴으로써 자신의 출입국관리법령상 의무를 위반한 항공사에 대하여 내무부장관이 부과한 벌과금(l'amende)이 다투어졌다.

행정제재와 행정경찰의 개념적 구분은 각각에 적용되어야 할 절차적, 실체적 법리를 정한다는 실천적인 의미를 가지고 있다. 행정제재는 사인의 의무불이행에 대해서 국가권력이 회고적으로 불이익을 부과하는 것이라는 점에서 형사벌과 다르지 않다. 따라서 형사벌에 적용되는 절차적, 실체적 법리가 행정제재에도 원칙적으로 적용되어야 한다는 것이 프랑스 판례와 이론의 입장이라고 진단할 수 있다. 물론 구체적인 쟁점들에서는 논란이 있어서, 실체적 차원에서는 죄형법정주의, 소급효 금지원칙, 비례원칙 및 자기책임원칙 등이 행정제재에 적용되는 범위에 관하여 많은 판례들이 축적되어 있으며 절차적 차원에서는 방어권보장원칙, 결정기관의 독립성과 중립성원칙, 이유제시 등과 관련한 논의가 활발히 이루어지고 있다.

이러한 프랑스의 행정제재 법리를 염두에 두고 우리의 논의 상황을 살펴보면 아직 행정제재의 개념적 윤곽에 대해서 철저한 분석과 종합이 이루어지고 있는 것은 아니라고 보인다. 더 나아가 국민의 자유와 권리의 보장이라는 측면에서 형사벌과 등가적인 취급을 받아야 하는 유형의 행정작용의 범위는 어디까지인지, 그에 적용되어야 할 실체적, 절차적 공법원리는 무엇인지에 대한 논의 역시 미미한 실정임을 알 수 있다. 특히, 입법자가 실정법령에서 '행정제재'라는 용어를 사용하고 있는 맥락들을 살펴보면, 불이익 부과의 목적이 무엇인가에 대한 깊은 고려 없이 의무위반에 대하여 행정이 부과할 수 있는 각종의 이질적인 불이익처분들 일체를 망라하여 사용하고 있다고 볼 수 있다. 예컨대 여러 법률들에서는 의무위반에 대한 시정명령과 허가취소를 모두 행정제재의 범주에 포섭시키고 있지만, 앞서 살펴본 프랑스 공법판례들의 정밀한 분석이 제시하고 있는 바와 같이 시정명령은 사법상의 최고에 상응하는 제도로서 의무자에게 장래 의무이행을 촉구하는 것을 본질로 하므로 과거의 행태에 대한 회고적 불이익이라고 보기 어려운 측면이 있다. 수많은 법령에서 규정되어 있는 영업정지의 경우에도 그것이 주로 회고적 벌 목적의 불이익 부과인지 아니면 해당 의무위반자의 장래 영업질서 교란으로부터 공익을 보호하기 위한 경찰상 조치인지 또는 이 둘의 성격이 모두 인정될 수 있는지에 대하여 보다 심도 있는 논의를 할 필요가 있다. 영업정지가 의무위반에 대한 회고적 징벌에 주안점이 있다면 제재에 해당할 것이지만 다른 한편으로는 의무위반자인 영업자의 영업활동이 장래 시장질서를 교란시킬 위험성이 있다고 보아 일정기간 동안 영업자를 시장으로부터 배제함으로써 질서를 유지한다고 하는 '위험방지'조치에 해당한다고 본다면 이는 행정경찰상 조치로 볼 여지도 있다. 또한 인 · 허가취소의 경우도 의무위반에 대한 불이익부과로서의 취소와 사정변경으로 인한 취소, 즉 강학상 취소와 철회가 혼재되어 있는만큼, 실정법령상의 인 · 허가취소 전부가 모두 동질적인 것은 아니라고 할 수 있다. 무엇보다도 과태료와 형사벌과의 관계에 관한 대법원의 명시적인 입장표명에도 불구하고 여전히 이중처벌의 의심은 잦아들지 않고 있는 실정이다.[114] 이러한 의문은 과징금과 벌금 등의 이중부과가능성에 대해서도 제기될 수 있으며[115] 동일한 위반행위에 대한 영업정지와 과징금의 병과에 대해서도 제기될 수 있다[116]. 앞서 살펴본 프랑스의 행정제재법리는 의무위반에 대하여 행정이 부과하는 다양한 불이익처분들의 법적 성질을 구명하고 체계를 정립하여 그 성질에 걸맞는 법리들을 전개해 나아가는 데 참조자료로서의 역할을 수행할 수 있을 것이다.

114) 행정질서벌과 행정형벌은 그 목적과 성질이 다르므로 입법자가 하나의 행위가 갖는 여러 의미를 분리하여 규정한다면, 경우에 따라서는 양자의 병과가 가능하다고 보는 견해로는 홍정선, 신행정법입문, (2018), 277면 ; 행정형벌과 행정질서벌은 모두 행정벌이므로 동일 법규위반행위에 대하여 양자를 병과할 수 없다는 견해로는 정하중, 앞의 책, 464면, 박균성, 앞의 책, 417면.

115) 과징금은 행정상 제재금이고 범죄에 대한 국가 형벌권의 실행으로서의 과벌이 아니므로 행정법규 위반에 대하여 벌금이나 범칙금 이외에 과징금을 부과하는 것은 이중처벌금지원칙에 반하지 않는다는 것이 헌법재판소의 견해이다(헌재 1994. 6. 30. 선고 92헌바38 결정 ; 헌재 2003. 7. 24. 선고 2001헌가25전원재판부 결정).

116) 동일한 위반행위에 대한 과징금과 영업정지처분은 서로 목적하는 바가 달라 중복된 행정처분이라고 할 수 없다는 견해로는 서울고법 1999. 3. 24. 선고 98누13647 판결.

[참고문헌]

1. 국문 단행본

김희강 · 임현 편, 돌봄과 공정, 박영사(2018).

김철수 외 3인, 세계비교헌법, 박영사(2014).

박균성, 행정법강의, 박영사(2019).

이승민, 프랑스의 경찰행정, 경인문화사(2014).

정하중, 행정법개론, 법문사(2019).

정재황, 新 헌법입문, 박영사(2018).

홍정선, 신행정법입문, 박영사(2018).

2. 국문 논문

강지은, "제재적 행정처분에 대한 소송- 프랑스의 최근 판례를 중심으로 -", 공법학연구 제14권 제2호(2013).

김리사, "영업승계 관련 법제기준에 관한 연구", 의정논총 제13권 제1호(2018).

김원중, "행정질서벌(과태료)의 효율적 개선 방안", 유럽헌법연구 제23호(2017).

김철우, "제재적 행정처분에 대한 사법심사", 행정판례연구 제23권 제2호(2018).

박정훈, "협의의 행정벌과 광의의 행정벌-행정상 제재수단과 법치주의적 안전장치-", 서울대학교 법학 제41권 제4호 (2001).

박훈민, "행정상 제재처분의 제척기간 · 시효와 그 법리에 관한 소고", 서울법학 제25권 제4호 (2018).

이현우, "프랑스법상 행정제재와 경찰작용의 구별", 경찰법연구 제3호(2006).

이현수, "친일잔재청산과 추인적 법률 - 헌법재판소 2013. 7. 25. 2012헌가1결정 -", 행정판례연구 제22권 제2호(2017).

정 훈, "한국의 행정제재 현황과 문제점", 법학논총 제33편 제3호(2013).

최봉석, "행정제재와 형벌의 관계에 관한 소고", 법제연구 제40호(2011).

한동훈, "프랑스 제5공화국 헌법상 집행권", 세계헌법연구, 제23권 제2호(2017).

3. 외국 단행본

Ardant, Philippe/Mathieu, Bertrand, Droit constitutionnel et Institutions politiques, 29e éd., LGDJ(2017).

Chapus, Rene, Droit du contentieux administratif, 11e éd., Montchrestien(2004).

Favoreu, Louis [et als], Droit constitutionnel, 20e éd., Dalloz(2018).

Frier, Pierre-Laurent/Petit, Jacques, Droit administratif, 11e éd., LGDJ(2017).

Guyomar, Mattias, Les sanctions administratives, LGDJ(2014).

Lombard, Martine/Dumont, Gilles/Sirinelli, Jean, Droit administratif, 12e éd., Dalloz(2017).

Conseil d'Etat, Les Pouvoirs de l'administration dans le domaine des sanctions, La documentation française(1995).

4. 외국 논문

Sauvé, Jean-Marc, "Les sanctions administratives en droit public français", AJDA (2001), p. 16-24.

Moderne, Frank, "La sanction administrative", RFDA(2002), p. 483-495.

Cassia, Paul, "Les sanctions administratives en droit français", (2019. 3.1. 방문) 〈http://www.fondation-droitcontinental.org/fr/wp-content/uploads/2014/01/sanctions_administratives_etude-fr.pdf〉

Les dossiers thématiques du Conseil d'Etat, "Le juge administratif et les sanction administratives", (2019. 3. 20. 방문) 〈http://www.conseil-etat.fr/content/download/ 82259/773806/version/1/file/dossier%20thematique%20sanctions_09012017.pdf〉

Les sanctions administratives, Courier Juridique des Affaires sociales et des sports, n° 88(2011).

대법원 2017. 5. 11. 선고 2014두8773 판결

【영업정지처분취소】 [공2017상, 1297]

【판시사항】

현실적인 행위자가 아닌 법령상 책임자로 규정된 자에게 행정법규 위반에 대한 제재조치를 부과할 수 있는지 여부(적극) 및 행정법규 위반자에게 고의나 과실이 없어도 제재조치를 부과할 수 있는지 여부(원칙적 적극) / 이러한 법리가 구 대부업 등의 등록 및 금융이용자 보호에 관한 법률 제13조 제1항이 정하는 대부업자 등의 불법추심행위를 이유로 한 영업정지 처분에도 적용되는지 여부(적극)

【판결요지】

행정법규 위반에 대한 제재조치는 행정목적의 달성을 위하여 행정법규 위반이라는 객관적 사실에 착안하여 가하는 제재이므로, 반드시 현실적인 행위자가 아니라도 법령상 책임자로 규정된 자에게 부과되고, 특별한 사정이 없는 한 위반자에게 고의나 과실이 없더라도 부과할 수 있다. 이러한 법리는 구 대부업 등의 등록 및 금융이용자 보호에 관한 법률 제13조 제1항이 정하는 대부업자 등의 불법추심행위를 이유로 한 영업정지 처분에도 마찬가지로 적용된다.

【참조조문】

구 대부업 등의 등록 및 금융이용자 보호에 관한 법률(2012. 12. 11. 법률 제11544호로 개정되기 전의 것) 제13조 제1항 제1호, 구 채권의 공정한 추심에 관한 법률(2014. 5. 20. 법률 제12594호로 개정되기 전의 것) 제9조 제1호

【참조판례】

대법원 2012. 5. 10. 선고 2012두1297 판결

【전문】

【원고, 피상고인】 엠메이드대부 유한회사

【피고, 상고인】 서울특별시 광진구청장 (소송대리인 법무법인(유한) 금성 담당변호사 김동구 외 1인)

【대상판결】

【원심판결】 서울고법 2014. 5. 27. 선고 2013누28048 판결

【주문】

원심판결을 파기하고, 사건을 서울고등법원에 환송한다.

【이유】

상고이유를 판단한다.

1. 구 대부업 등의 등록 및 금융이용자 보호에 관한 법률(2012. 12. 11. 법률 제11544호로 개정되기 전의 것, 이하 '대부업법'이라 한다) 제13조 제1항은 '대부업자 또는 대부중개업자'를 '대부업자등'이라고 지칭한 데 이어 "대부업자등이 다음 각 호의 어느 하나에 해당하면 그 대부업자등에게 대통령령으로 정하는 기준에 따라 1년 이내의 기간을 정하여 그 영업의 전부 또는 일부의 정지를 명할 수 있다."라고 규정하면서, 그 제1호에서 '채권의 공정한 추심에 관한 법률 제9조를 위반한 경우'를 영업정지 사유 중 하나로 들고 있다.

구 채권의 공정한 추심에 관한 법률(2014. 5. 20. 법률 제12594호로 개정되기 전의 것, 이하 '채권추심법'이라 한다) 제9조는 "채권추심자는 채권추심과 관련하여 다음 각 호의 어느 하나에 해당하는 행위를 하여서는 아니 된다."라고 규정하면서, 제1호에서 "채무자 또는 관계인을 폭행 · 협박 · 체포 또는 감금하거나 그에게 위계나 위력을 사용하는 행위"를 들고 있고, 제2조 제1호는 '채권추심자'란 대부업법에 따른 대부업자, 대부중개업자, 대부업의 등록을 하지 아니하고 사실상 대부업을 영위하는 자 등과 이들을 위하여 고용, 도급, 위임 등 원인을 불문하고 채권추심을 하는 자를 뜻한다고 규정하고 있다.

한편 <u>행정법규 위반에 대한 제재조치는 행정목적의 달성을 위하여 행정법규</u>

위반이라는 객관적 사실에 착안하여 가하는 제재이므로, 반드시 현실적인 행위자가 아니라도 법령상 책임자로 규정된 자에게 부과되고, 특별한 사정이 없는 한 위반자에게 고의나 과실이 없더라도 부과할 수 있다 (대법원 2012. 5. 10. 선고 2012두1297 판결 등 참조). 이러한 법리는 대부업법 제13조 제1항이 정하는 대부업자등의 불법추심행위를 이유로 한 영업정지 처분에도 마찬가지로 적용된다고 보아야 한다.

2. 가. 원심은 그 채택 증거를 종합하여, ① 원고가 대부업법에 따라 대부업 등록을 한 법인인 사실, ② 원고의 직원인 소외인 이 2011. 9. 초순경 채권추심과 관련하여 채무자의 오빠와 전화통화를 하던 중 욕설을 하는 등 채무자의 관계인을 협박한 사실, ③ 이에 피고는 2012. 12. 5. 원고가 채무자 또는 관계인을 협박하여 채권추심법 제9조 제1호를 위반하였음을 이유로 대부업법 제13조 제1항에 따라 원고에게 6개월간의 영업 전부정지 처분(이하 '이 사건 처분'이라 한다)을 한 사실 등을 인정하였다.

나. 원심이 인정한 사실관계를 앞서 본 법리에 비추어 살펴보면, 원고는 자신의 직원이 채권추심과 관련하여 채무자 또는 관계인을 협박하는 것을 방지하지 못하였으므로 법령상 책임자로서 영업정지 처분의 부과대상이 되고, 특별한 사정이 없는 한 원고에게 고의나 과실이 없다고 하여 달리 볼 것은 아니다.

다. 그럼에도 원심은 이와 달리 대부업법 제13조 제1항 제1호가 정하는 '대부업자등이 채권추심법 제9조를 위반한 경우'란 그 문언의 해석상 대부업자나 대부중개업자가 채권추심자로서 채권추심법 제9조의 위반행위를 한 경우를 의미할 뿐, 이들이 고용한 채권추심자가 채권추심법 제9조의 위반행위를 하였다고 하여 곧바로 여기에 해당된다고 보기는 어렵고, 대부업자가 법인인 경우에는 대표자와 같은 기관이 직접 채권추심법 제9조 에서 정한 위반행위를 하거나 교사 · 방조 또는 공모 등의 방법으로 다른 사람이 행하는 위법행위에 법인의 의사가 개입된 경우에 한하여 제재할 수 있다는 전제에서, 대부업자인 원고가 고용한 직원인 소외인 의 협박행위는 채무자 측과 대화 도중 우발적으로 이루어진 것으로 거기에 원고의 의사가 개입되었다고 볼 아무런 증거가 없다는 점만을 이유로 이 사건 처분이 위법하다고 판단하였으니, 이러한 원심판결에는 대부업법 제13조 제1항의 해석 · 적용에 관한 법리 등을 오해하여 판결에 영향을 미친 위법이 있다. 이를 지적하는 상고이유 주장은 이유 있다.

3. 그러므로 나머지 상고이유에 관한 판단을 생략한 채 원심판결을 파기하고, 사건을 다시 심리·판단하도록 원심법원에 환송하기로 하여, 관여 대법관의 일치된 의견으로 주문과 같이 판결한다.

대법관 조희대(재판장) 김창석(주심) 박상옥

제 3 편

완전자회사 또는 손자회사에 대한 무상 지원과 배임죄(또는 횡령죄)

연구대상 사건의 개요

김 문 성

I. 연구의뢰사항

○ 아래 사항을 중심으로 이 사건의 해결에 필요한 각국의 입법, 학설, 판례 등에 대한 비교법적 연구 · 검토를 의뢰합니다.

▸ 기업집단에서 모회사가 100% 지분을 소유한 완전자회사 또는 손자회사를 직접 무상으로 지원하거나, 그 완전자회사로 하여금 다른 완전자회사를 무상으로 지원하게 한 경우, 배임죄(또는 횡령죄)의 성립 여부 및 판단기준

▸ 그 기업집단이 (사실상) 1인 그룹인 경우에는 어떠한지

▸ (다른 계열사 등을 통하여) 간접적 · 우회적으로 지원한 경우에는 어떠한지

II. 사건의 개요

1. 회사의 지배구조

○ 피고인 이○○과 특수관계인들은 Ⓐ그룹 주요 계열사 전체를 지배하였음(사실상 1인 그룹)

▸ Ⓒ사는 Ⓓ사의 지분 100%를, Ⓓ사는 Ⓔ사의 지분 100%를 보유하고 있음

○ 주요 관련 계열사 현황은 아래 표 및 그림과 같음

▸ Ⓐ그룹의 계열사들은 이 사건을 전후하여 Ⓒ사 중심으로 재편되었음

회사	설립일	합병 등
Ⓑ사	1997. 7. / Ⓐ그룹의 모태	2013. 2. **Ⓒ사에 합병**
Ⓒ사	2002. 9.	·
Ⓓ사	2005. 10.	2011. 1. **Ⓒ사에 합병**
Ⓔ사	2008. 1.	2012. 6. 기업회생절차, 2013. 8. 파산

○ 회사의 지배구조는 아래 그림과 같음(100% 지분 보유 관계는 굵은 화살표)

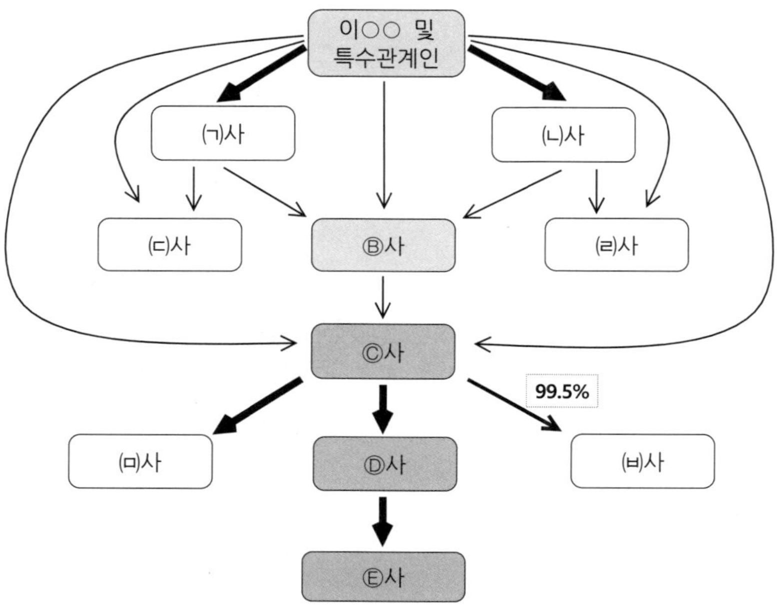

Ⓒ사의 Ⓔ사 지원이 주로 문제됨
(직접 지원 or Ⓑ사 등을 통한 우회지원)

2. 배경 사실 : 자율협약 및 재무구조개선약정 체결

○ Ⓒ사, Ⓓ사는 재무구조 개선, 거액 손실이 예상되는 파생상품 결제기연기 등을 위해 2010. 5. 초경 11개 금융기관으로 구성된 채권자구성협의회(이하 '채권단')에 채무상환 유예, 선박금융 지원 등을 내용으로 하는 자율협약을 신청함

○ 채권단은 2010. 5. 18. Ⓒ사 및 Ⓓ사와, 부실한 계열사 매각을 통한 유동성 확보, 임직원 급여삭감 등을 통한 영업수익성 개선 등을 성실히 이행하는 것을 전제로 추가 금융을 제공하는 자율협약을 체결하고, Ⓐ그룹 경영지원센터와 조선소 등에 자금관리단을 파견하여 Ⓒ사 및 Ⓓ사의 자금 집행 등을 관리·감독하게 됨

○ 한편 세계금융위기 등 악재로 인해 Ⓒ사 등 계열사의 재무구조가 악화됨에 따라, Ⓐ그룹은 2010. 5. 31. 금융감독원의 감독규정에 따라 주채권은행인 □□은행과 건전경영과 재무구조 개선을 위한 '재무구조개선약정'을 체결함

3. 전체 공소사실 중 쟁점과 관련된 부분

※ 연구의뢰 대상 공소사실은 음영 부분

<table>
<tr><th></th><th>공소사실</th><th>지원내용</th><th>쟁점</th></tr>
<tr><td>(1)</td><td>Ⓒ사의 선발주 관련 특경(배임)</td><td>자율협약 체결 후인 2010. 6.경
Ⓒ사가 구체적인 선박수주 없이
Ⓑ사에 크레인 등을 선발주하면서 계약금 지급</td><td rowspan="6">■ 2010. 5.경 자율협약 전후의 계열사 자금 또는 현물 지원이 횡령 또는 배임에 해당하는지

*주력기업인 Ⓒ사, Ⓓ사가 자율협약으로 계열사 지원을 제한받게 되자 직접 또는 우회하여 Ⓔ사 등을 지원</td></tr>
<tr><td>(2)</td><td>Ⓒ사의 통합구매 관련 특경(배임)</td><td>자율협약 체결 후인 2010. 5.~2011. 8.
통합구매 명목으로 Ⓒ사가 Ⓔ사 및 Ⓑ, (ㄱ), (ㄹ)사 등의 철강재를 대신 구매해 주고 대금을 어음으로 받음</td></tr>
<tr><td>(3)</td><td>Ⓒ사의 (ㄱ)사에 대한 고철처분 특경(배임)</td><td>자율협약 체결 후인 2010. 5.~2011. 7.
Ⓒ사는 (ㄱ)사에 고철을 처분하고 어음으로 대금 받음</td></tr>
<tr><td>(4)</td><td>Ⓔ사의 Ⓒ사 소유 고철사용 특경(횡령)</td><td>채권단이 현금 수령 없는 고철 매각을 금하였으나 Ⓒ사는 Ⓔ사에게 고철을 무상으로 사용하게 함</td></tr>
<tr><td>(5)</td><td>Ⓓ사의 (ㄴ)사에 대한 자금대여 특경(배임)</td><td>자율협약 체결 전인 2010. 1.~4.
Ⓓ사는 담보 없이 183억 원을 (ㄴ)사에 대여</td></tr>
<tr><td>(6)</td><td>Ⓑ사의 Ⓔ사에 대한 자금대여 특경(배임)</td><td>자율협약 체결 후인 2010. 7.~2012. 4.
Ⓑ사는 담보 없이 758억 원을 Ⓔ사에 대여</td></tr>
</table>

III. 연구의뢰 대상

○ 직접적인 연구의뢰 대상은 공소사실 ⑵, ⑷이지만, 나머지 횡령 · 배임 공소사실도 쟁점과 관련이 있습니다.

1. ©사의 통합구매 관련 특경(배임)

가. 공소사실의 요지

○ ©사는 다른 계열사에 직 · 간접적인 자금지원을 해줄 여력이 없었고, 자율협약에 따라 채권단이 ©사에 파견한 자금관리단의 사전 승인 없는 계열사에 대한 자금지원이 금지되어 있었음

○ 한편 Ⓔ사는 설립 첫해인 2008년 말부터 찾아온 글로벌 금융위기로 인하여 전방산업인 조선업, 풍력발전산업이 침체되어 수익 발생을 기대하기 어려웠고, 설립 이래 지속적인 영업 손실이 발생하여 사업전망이 불투명하였을 뿐 아니라, 금융권 등 외부로부터 3,000억 원 상당의 자금 조달을 하지 않으면 공장설립 및 가동 등 정상적인 영업을 하기가 어려운 상태였는데, 사업전망의 불투명으로 인하여 외부자금조달 또한 여의치 않은 상황이었으므로 ©사의 자금으로 Ⓔ사를 위하여 통합구매를 해 주더라도 그 대금을 회수하기가 어려운 상황이었음

▸ 실제 ©사는 2010. 3. 이후의 통합구매자금을 Ⓔ사로부터 전혀 회수하지 못하고 대금이 연체되고 있는 상황이었음

○ 그러므로 피고인 이○○으로서는, ©사가 채권단과 자율협약 중인 상황에서 선박건조를 위한 유동성 확보에 최대한 노력하지 아니하면 선주사에 대한 선박인도 채무의 지체 또는 불능으로 ©사를 부도에 이르게 할 수밖에 없을 뿐만 아니라 채권단에게도 대규모의 선수금환급보증 채무 이행 손실을 전가하게 되는 상황이므로, 대금 회수가 불가능한 Ⓔ사에 통합구매라는 우회적 방법을 통하여 ©사의 자금을 지원하기보다는 그 자금을 ©사의 유동성 회복, 재무구조 개선 등을 위한 용도로 사용하여 경영정상화에 노력하여야 하고, 부득이 다른 계열사에 자금을 대여할 필요성이 있다고 생각되더라도 채권단의 사전 승인

및 이사회결의 등 내부 검토과정을 통해 상환가능성이 있는지 여부를 검토·의결한 후에 담보설정 등 손해보전 방안을 마련하는 한편, 채권단과의 이해상충으로 인한 피해회사 채무의 기한의 이익 상실 및 이로 인한 부도 위험 등을 미연에 방지하여야할 업무상의 임무가 있었음

○ 그럼에도 불구하고 피고인 이○○은 그 임무에 위배하여, 아무런 이사회 결의나 주주총회 결의도 거치지 아니하고 자금관리단 모르게 ⓒ사 소유의 자금을 사용하여 2010. 5. 31.부터 2011. 8. 31.까지 ⓔ사에 551억 원 상당의 잉곳(INGOT) 등을 구매해 주는 등의 방법으로 계열사인 ⓔ사 등에 1,273억 원 상당의 재산상 이익을 취득하게 하고, ⓒ사에 같은 금액 상당의 재산상 손해를 가함

나. 제1심의 판단 : 무죄

○ 합리적 경영판단에 해당함

▸ ⓒ사가 통합구매를 최초 검토한 시점은 2009. 4.경이고, 그 시행시점도 2009. 12.경이며, 그 동기도 대량구매에 따른 원가절감 등을 달성하기 위한 것으로서 업계에서 통용되는 방식이므로, 계열사 통합구매 자체는 충분히 합리성이 인정됨

▸ 통합구매 결제방식이 2010. 2.경부터 순차적으로 어음으로 변경되었으나, 이는 해당 회사들이 공장신설 등 투자를 늘린 데에 기인한 것으로 보이고, 계열사가 아닌 기업 간에도 어음결제 방식의 거래가 존재하며, '결제방식이 어음으로 변경된 시점에 계열사들이 이미 채무변제능력을 상실하였거나 도산위기에 처한 한계기업이 되었다'는 사실이 충분히 증명되었다고 보기도 어려우므로, 어음결제를 용인하였다는 사정만으로 배임행위가 된다거나 고의가 있었다고 보기 어려움

▸ 피고인 이○○이 자율협약이 체결된 2010. 5.부터 통합구매량이 급증하였음에도 자금관리단에 통합구매 사실을 알리지 않고 거래를 계속한 것은 사실이나, 통합구매량 급증은 의도된 것이 아니라 거래 계열사들이 공장신설 등을 통해 상업생산을 시작한 결과일 뿐이고, 자금관리단에 통합구매 사실을 알리지 않은 것도 자율협약이 통제하는 계열사에 대한 자금지원 행위로 판단하

지 않았기 때문일 수도 있으며, 달리 검사가 '피고인 이○○이 거래 계열사들의 채무변제능력 상실 사실 등을 인식하고도 이를 묵인한 채 계속 거래에 나아갔다'는 등 뚜렷한 임무위배 징표를 충분히 증명하지도 못하였으므로, 자율협약 후에도 통합구매를 계속한 것은 합리적인 경영판단으로 볼 수 있음

다. 원심의 판단 : 유죄

○ 합리적 경영판단의 범주를 벗어난 것임

▸ ⓒ사는 2008년 말경부터 시작된 세계 금융위기와 경기침체, 이에 따른 기업공개 무산, 파생상품 투자로 인한 거액 환차손 발생 등으로 인해 재무구조가 악화되던 중, 2010. 5. 금융기관들과 재무구조개선약정 및 자율협약을 체결하였음

▸ 주력 기업인 ⓒ사와 마찬가지로 2008년 이래로 재무구조가 점점 악화되던 중, Ⓔ사는 2010. 3.경부터 ⓒ사에 대하여 통합구매대금 지급을 연체하기 시작하는 등 통합거래 계열사들이 모두 이 부분 공소사실 기재 일시 무렵 단기간에 해소될 것으로 기대하기 어려운 원인으로 대금지급을 연체하고 있었으므로, 이로써 외상거래로 인한 손해 위험이 충분히 현실화하였다고 볼 수 있음

▸ 실제로 그 무렵 이후 이 사건 통합거래 계열사들이 대금지급을 위해 발행하였던 어음들은 대부분 예정대로 지급되지 못하였는데, 그룹 회장으로서 계열사들의 자금사정을 누구보다 잘 알고 있었을 피고인 이○○은 당시 외상거래로 인해 ⓒ사에 손해가 발생하리라는 사정을 미필적으로나마 인식하였다고 봄이 상당함

▸ 이 사건 통합구매거래로 인해 ⓒ사가 입은 실제 손해액은 피고인 이○○의 주장에 의하더라도 886억 원에 이르는 거액임

▸ 반면 ⓒ사가 이 사건 통합구매거래로 얻을 수 있는 이익은 원가가 일부 절감되는 정도에 불과한데, 위와 같은 Ⓐ그룹 계열사들의 재무상황 등에 비추어 이 부분 공소사실 기재 일시경에는 이미 ⓒ사의 통합구매로 인한 원가절감 이익보다 대금 회수곤란으로 인한 불이익이 훨씬 커진 상태였다고 봄이 상당함

▶ 그러함에도 피고인 이○○은 이사회결의도 거치지 않고 자금관리단에 보고하거나 승인을 받지도 않았으며 통합구매대금채권에 대한 담보제공도 없는 상태에서 독단적으로 ⓒ사 등 계열사들에 통합구매를 이용한 경제적 지원을 계속하였음 ☞ 자금관리단이 2011. 4.경 통합구매거래 사실을 인지하고도 2011. 8.경까지는 통합구매거래의 중단을 지시하지 않았으나, 이는 통합구매거래에 따른 대금지급방법 등을 제대로 확인하지 못한 상태여서 통합구매거래 실태를 충분히 파악한 후 최종적인 결정을 내리기까지 검토를 위한 시간이 필요하였기 때문으로 보임

▶ 피고인 이○○은 '계열사들이 원자재 등을 통합구매하는 것은 거래계의 보편적 현상이다'라고 주장하나, 이 사건 통합구매거래의 문제점은 '통합구매' 자체가 아니라 장기간 대규모로 이루어진 '외상' 거래이므로 일반적 통합구매거래와 동일시할 수 없음

▶ 피고인 이○○은 '당시 통합구매거래를 계속하는 것이 보다 합리적인 경영판단이었다'고 주장하나, 거래 계열사들의 자금사정이 나쁘지 않았다면 각 계열사가 수요에 맞게 자재를 개별 구매하면 될 것이므로 외상에 의한 통합구매거래를 중단한다고 하여 위 계열사들이나 ⓒ사에 특별한 경영상 위험이 초래되는 것이 아니고, 반대로 외상 거래를 중단함으로써 경영위험이 야기될 지경으로 거래 계열사들의 자금사정이 좋지 않았다면 대금채권 부도의 위험성이 매우 큰 상태이므로, ⓒ사 입장에서는 선박 구성품을 공급할 대체 거래선을 확보하고 통합구매를 중단하는 것이 보다 합리적 경영판단이었다고 할 것임

▶ 나아가 자율협약 등에 따라 금융기관의 공익적 고려까지 포함된 자금지원을 받는 상황에서는 더욱 엄격한 절차적, 실체적 검토를 거친 경영판단이 요구됨에도, ⓒ사는 거래 계열사들이 모두 대금지급을 지체하고 있고 이에 따라 어음으로 결제수단을 변경하는 상황에서, 자금관리단에 대한 보고나 승인은 물론 내부적인 이사회결의 등의 절차도 거치지 않은 채 오히려 통합구매거래를 종전보다 대폭 증가시켰는데, 이러한 조치는 ⓒ사 자체의 이익을 도모하기 보다는 자금난에 처한 계열사들을 '통합구매' 형식을 빌어 우회적으로 지원하기 위한 것으로 보임

라. 상고이유의 요지

❍ ⓒ사를 통한 원자재 공동구매는 제품 원가절감을 위한 합리적인 경영판단이었고, 이는 이 사건 통합거래 계열사들의 공장이 본격적으로 가동되면서 원자재 수요가 자연스럽게 증가한 데 따른 것이며, 통합구매는 과거부터 계속되어 온 경영전략으로 자율협약이 체결되었다는 사정만으로 이를 중단하여야 할 이유는 없었음

▸ 기업회계 측면에서 ⓒ사와 이 사건 통합거래 계열사들 모두 Ⓐ그룹 집단을 구성하는 회사들로서 서로 지배·종속 관계에 있으므로, 연결재무제표의 작성 대상임

▸ 연결재무제표란 지배·종속 관계에 있는 개별회사들의 재무제표를 연결해 하나로 만든 재무제표를 말하고, 이에 의할 때에는 ⓒ사와 이 사건 통합거래 계열사들이 채권·채무 관계에 있다 하더라도, 모두 단일회사의 내부거래로 보게 되어 회계기준상으로는 아무런 손실도 발생하지 않는 것임

▸ 통합구매는 2009. 4.경부터 검토가 이루어졌고, 오로지 구매력의 집중을 통한 제품의 원가 절감을 위한 목적에서 진행된 것이며, ⓒ사는 이 사건 통합거래 계열사들과 2009. 12.경 통합구매약정을 체결하게 된 것임

▸ 원심은 이 부분 공소사실 기간 동안의 통합구매에 대하여 현금결제가 아닌 어금결제가 이루어진 점을 배임으로 보는 유력한 근거로 들고 있으나, 통합구매를 중단할 경우 ⓒ사가 부담할 막대한 손해를 고려한다면 이러한 원심의 논리가 타당한지 의문이고, 피고인 이○○은 계열사들의 원가 절감을 통해 제품경쟁력을 강화하고 이를 기초로 창출된 수익금으로 ⓒ사에 대한 채무를 변제하려는 의도 아래 어음결제를 지시한 것일 뿐임

❍ ⓒ사의 통합구매행위는 Ⓐ그룹의 제품 원가절감을 위한 경영전략의 일환으로 이루어졌고, 각 계열사들은 지속적으로 ⓒ사에 대하여 통합구매대금을 변제하여 왔으며, 변제의사와 변제능력도 존재하였으므로, 피고인 이○○의 행위는 배임이 될 수 없거나 배임의 고의가 없었음이 명백함

▸ 최선의 경영판단이었음

▸ Ⓔ사 등은 대규모 장치산업으로 사업 초기 대규모의 공장 건설이 필수적인 까닭에 부득이 공장 건설 초기 단계에서는 자금 소요가 늘어나기는 하

였으나 대금 회수 자체가 곤란한 상황은 아니었고, 공장이 정상적으로 가동되기만 한다면 대금의 지급을 미루거나 할 이유가 없었음

▶ 오히려 통합구매 중단으로 계열사들이 부도에 이를 경우 ©사 입장에서는 장부상의 재무건전성이 악화되는 등 악영향이 생길 수밖에 없었고, 피고인 이○○의 입장에서는 통합구매를 중단하지 않고 계속 진행하는 것이 ©사에게도 이익이 되는 상황이라고 인식할 여지가 충분히 있었음

▶ Ⓐ그룹 계열사는 피고인 이○○과 그 가족이 전체 지분의 100%를 소유하고 있는 사실상 1인 회사로서 피고인 이○○으로서는 계열사들 모두 상호 사업적으로 긴밀하게 유기적 관계를 맺고 있는 하나의 사업장으로 인식하고 있었음

2. Ⓔ사의 ©사 고철사용 관련 특경(횡령)

가. 공소사실의 요지(제1심과 원심이 인정한 범죄사실을 기준으로 함)

❍ ©사는 선박 건조과정에서 발생한 고철을 계열사인 ㈀사를 통해 매각해왔는데, 2011. 8.경 채권단으로부터 ©사의 유동성 확보와 재무구조 개선을 위하여 현금수령 없이는 ©사에서 발생하는 고철을 타에 매도하지 말라는 지시를 받게 되자 종전처럼 ㈀사를 통해 고철을 매각할 수 없게 되었고, 이로 인해 고철을 적치할 장소가 부족하게 됨

❍ 이에 피고인 이○○은 ©사 소유의 고철을 여유 공간이 있던 Ⓔ사의 야적장으로 반출토록 하여 이를 보관하던 중, 2011. 9.경부터 2012. 5. 7.경까지 사이에 ©사 소유의 고철 13,044,220㎏ 시가 6,330,114,080원 상당을 채권단의 사전승인이나 Ⓔ사와의 정상적인 계약 없이 무단으로 Ⓔ사의 원재료로 사용·소비하게 함으로써 이를 횡령함

나. 제1심의 판단 : 유죄

❍ 아래 사정들에 비추어 보면, 피고인 이○○이 채권단의 지시를 무시하고 Ⓔ사로 하여금 ©사 소유의 고철을 사용하게 한 행위는 Ⓐ그룹의 회장 지위를 이용하여 ©사의 이익을 외면한 채 ©사 소유의 고철을 횡령한 것으로 평가하기에 충분함

▸ ⓒ사가 Ⓔ사에게 고철을 사용하게 한 것은 정상적 계약관계에 기한 것이 아니라 피고인 이○○의 일방적 지시에 의한 것으로, ⓒ사 소유의 재산을 별개의 법인격을 가진 제3자인 Ⓔ사의 이익을 위해 무단으로 사용한 것으로 평가할 수 있음

▸ 주식회사의 이해관계인은 주주에 한하지 않고 채권자 등도 포함되고, 채권단과 자율협약을 체결함으로써 피고인 이○○은 그룹 전체나 계열사의 이익보다는 개별기업으로서의 ⓒ사의 이익을 우선시할 의무가 한층 강화되었다고 할 것인데, 피고인 이○○의 고철 무단 사용 지시는 ⓒ사 자체의 재정 확충을 위한 채권단의 지시를 무시한 것으로, 피고인 이○○의 위와 같은 행위는 ⓒ사 자체의 이익에 명백히 배치됨

▸ 변호인은, Ⓔ사의 고철 사용이 그룹 전체의 이익이 된다거나 모자회사의 이해관계를 들어 피고인 이○○에게 횡령의 범의나 불법영득의사가 없었다는 취지로 주장하나, ⓒ사가 채권단과 자율협약을 맺고 ⓒ사 자체의 재무구조 개선을 위한 자구노력을 하고 있었던 상황에서 그룹 전체라는 추상적 · 간접적인 이익을 ⓒ사 자체의 이익보다 중요시할 수는 없었던 상황이었을 뿐 아니라, 모자기업의 관계에 있다 하더라도 별도의 법인격을 가진 이상 그 이해관계가 항상 일치한다고 볼 수도 없어 변호인의 위 주장은 받아들이기 어려움

▸ 실제 ⓒ사는 고철 무상반출을 저지한 후 100% 자회사인 Ⓔ사를 상대로 손해배상청구소송을 제기하거나 직원을 징계하기도 한 사정까지 고려해 볼 때, 고철 무단사용행위가 Ⓐ그룹 전체의 이익이나 Ⓔ사의 모회사인 ⓒ사의 이익에 부합한다고 보기도 어려움

다. 원심의 판단 : 유죄

○ 피고인들은 'ⓒ사의 1인 주주인 피고인 이○○이 이 사건 고철 사용을 승낙하였으므로, 피해자 승낙이 존재한다'는 취지로 주장하나, 피고인 이○○의 ⓒ사 주식지분은 31.1%에 불과할 뿐만 아니라, 설령 피고인 이○○이 ⓒ사의 지배주주였다고 하더라도 당시 ⓒ사를 대표하여 위 고철 사용에 대한 동의의 의사표시를 할 법률적 권한이 있는 사람은 대표이사였는데, 주주권과 대표권은 회사법상 엄연히 구별되는 것이어서 단순히 지배주주라는 것만으로는 그의 의사를

대표이사의 의사와 동일시할 근거도 없으므로, 위 주장도 받아들이기 어려움

▶ 당시 Ⓒ사와 Ⓔ사가 고철거래에 관한 적법한 매매계약을 체결하였음을 인정할 증거도 없음

○ 피고인 이○○은 당시 'Ⓔ사로 하여금 위 회사가 보관 중인 Ⓒ사의 고철을 Ⓒ사의 적법한 승낙 없이 사용하게 한다'는 사실을 인식하였다고 봄이 상당하므로, 사후에 고철 대가를 변제할 의사가 있었는지 여부, 고철을 제3자에게 판매하는 것보다 Ⓔ사가 사용하는 것이 그룹 차원에서 이득이 되는지 여부는 횡령 고의나 불법영득의사 유무를 판단함에 있어서 영향이 없음

○ 나아가 Ⓔ사가 고철을 임의 사용함으로써 이미 법률적 의미의 손해가 발생한 것이므로, 그 후 고철대금을 변제하였다거나 Ⓔ사가 Ⓒ사와 모자회사 관계에 있어서 경제적 관점에서 손해가 없다는 사정은 죄의 성부에 영향이 없음

라. 상고이유의 요지

○ Ⓐ그룹은 사실상 피고인 이○○의 1인 회사로서 피고인 이○○의 최종 경영판단을 기초로 회사가 운영될 수밖에 없는 특수한 사정이 있음에도, 원심은 피고인 이○○의 의사를 Ⓒ사 대표이사의 의사와 동일시할 수 없다고 판단한 잘못이 있음

▶ Ⓐ그룹의 경우 Ⓒ사가 Ⓔ사에게 고철을 매각하고 Ⓔ사가 그 고철을 사용함에 있어 기본적인 의사결정은 피고인 이○○에 의하여 이루어질 수밖에 없는 구조임

▶ 따라서 피고인 이○○의 지시에 따라 이루어진 것이라면, 당연히 적법 거래관계를 통한 고철의 사용을 지시한 것일 뿐 횡령을 지시한 것이라고 볼 수 없음

▶ 나아가 피고인 이○○이 Ⓔ사 야적장에 보관 중이던 Ⓒ사의 고철을 사용하게 한 이상, Ⓒ사 역시 그 사용을 승인한 것으로 보아야 하고, 당시 Ⓒ사는 Ⓔ사에 원자재를 지원해줄 수밖에 없는 정당한 사정 – Ⓔ사의 고가 매각을 통한 Ⓒ사에 대한 채무변제가능성 확보 – 이 있었음

○ 원심은 Ⓐ그룹의 계열사들이 별개의 법인격을 가졌다는 점을 강조한 나머지 정작 Ⓒ사가 Ⓐ그룹의 계열사로서 얻은 편익에 대하여는 아무런 고려도 하지 않았음

▸ 즉 Ⓒ사는 고철을 보관할 장소가 부족한 관계로 Ⓔ사의 야적장을 이용하는 편익을 누리는 등 상호간 유 · 무형적 이익을 얻은 것은 부인할 수 없는 사실임

▸ 그럼에도 원심은 이러한 특수성을 무시한 채 별개의 법인격이라는 형식적인 잣대만을 들이대어 횡령죄 성립 여부를 검토하였음

❍ 피고인 이○○의 불법영득의사를 인정할 수 없음

▸ 적법한 거래관계를 통한 고철의 사용을 지시한 것일 뿐임

▸ Ⓒ사로서는 고철을 다른 데 파는 것보다는 Ⓔ사에 당장은 외상으로 팔더라도 그 고철을 통해 Ⓔ사가 제품을 생산하여 매출이 생기면 고철대금을 받을 수 있으므로, Ⓔ사에게 고철을 파는 것이 궁극적으로 Ⓐ그룹 차원에서 보다 이익이 될 것이라고 판단한 것임

❍ 법률상 손해도 인정할 수 없음

▸ Ⓔ사는 Ⓒ사의 100% 자회사이므로, Ⓒ사의 지원행위는 손해로 될 수 없음

▸ 같은 가치만큼 100% 자회사에 그 가치가 이전되어 모회사가 보유한 자회사의 주식 가치가 같은 가치만큼 상승하기 때문에 손해가 발생하였다고 볼 수 없음

완전모자회사 간의 지원성 거래와 이사의 책임*

천 경 훈**

I. 검토의 대상

본 발표의 배경이 된 사안은 사실상 1인의 지배하에 있고 채권단 자율협약하에 있는 기업집단에 속한 각 계열사 사이에서 다양한 배임 및 횡령이 문제된 건이다. 이 중에서 특히 검토를 의뢰받은 공소사실은 다음 두 가지이다.

- 회사가 완전손회사로부터 대금을 회수하기 어려운 상황임에도 불구하고, 통합구매 명목으로 완전손회사의 철강재를 대신 구매해 주고 그 대금을 어음으로 받음으로써, 그 완전손회사로 하여금 재산상 이익을 취득하게 하고 회사에 같은 금액 상당의 재산상 손해를 가함.
- 회사의 채권단이 현금 수령 없는 고철 매각을 금하였음에도 불구하고, 회사가 완전손회사에게 고철을 무상으로 사용하게 함으로써 회사의 자산을 횡령함.

이들 범죄사실과 관련하여 발표자는 아래 질문에 관하여 각국의 입법, 학설, 판례 등에 대한 비교법적 연구검토를 의뢰받았다.

- 기업집단에서 모회사가 100% 지분을 소유한 완전자회사 또는 완전손회사를 직접 무상으로 지원하거나, 그 완전자회사로 하여금 다른 완전자회사를 무상으로 지원하게 한 경우, 배임죄 또는 횡령죄의 성립여부 및 판단기준
- 그 기업집단이 사실상 1인 그룹인 경우에는 어떠하며, 다른 계열사 등을 통

---

* 이 글은 2016. 9. 7. 대법원 비교법실무연구회에서 발표한 글이다. 그후 해당 사안의 대법원 판결을 반영하여 학술지에 게재하였으나(천경훈, "완전모자회사 간의 지원성 거래와 이사의 책임", 외법논집 제42권 제1호(2018), 9-39면), 여기에는 해당 대법원 판결 반영 전 상태의 발표문을 수록한다.

** 서울대학교 법학전문대학원 교수

하여 간접적, 우회적으로 지원한 경우는 어떠한지

해당 사건은 1심 판결문만 109페이지에 달할 정도로 매우 다양한 사실관계 및 법리상의 쟁점을 담고 있다. 경영판단원칙으로 보호받을 수 있는 경영상의 판단이었는가라는, 법리문제와 사실문제의 중간에 위치하는 중요한 쟁점도 포함되어 있다. 그러나 이 발표문에서는 구체적 사실관계의 분석을 요하는 세부 논점에 관하여는 논의를 생략하고, 위 제시된 질문으로 검토 범위를 한정하고자 한다. 또한 사건기록을 직접 보지 못한 입장에서 해당 사건의 구체적인 결론을 제시하기보다는, 의뢰의 취지에 충실하게 비교법적인 검토결과를 보고하는 데에 초점을 맞추고자 한다.

위 제시된 질문만 해도 몇 가지 매우 중요한 논쟁거리를 제시한다. 첫째, 1인 회사에서 1인 **주주에 의한 횡령 · 배임**이 성립하는가라는 오래된 문제로서, 이는 "회사의 손익이란 무엇인가"라는 철학적 물음과도 관련이 있다. 둘째, 특히 그 1인 주주가 자연인이 아니라 완전모회사인 경우에는 **기업집단 계열회사 간의 거래**라는 점에서 특수한 취급의 여지가 있는지의 문제이다. 셋째, 이 사건에서 문제된 완전모회사에 의한 완전자회사 지원(즉 **하향식** 재산이전)과 종래 주로 문제되던 완전자회사에 의한 완전모회사 지원(즉 **상향식** 재산이전) 사이에 차이가 있는지도 검토되어야 한다. 넷째, 이 사안에서 지원회사와 수혜회사를 포함한 기업집단이 재무구조 악화에 따라 채권단과 자율협약을 체결하고 있었다는 점, 즉 **도산상황에 처한 회사**라는 점이 이사의 민형사 책임과 관련하여 어떤 함의를 갖는지도 고려되어야 한다.

이하에서는 우선 이 문제에 관한 논의의 구도를 개관하고(II), 기존의 국내 판례를 정리한 뒤(III), 유사한 문제를 주요 외국에서 어떻게 접근하고 있는지를 국가별로 살펴본다(IV). 이 사건은 업무상 배임죄와 업무상 횡령죄가 문제가 되었으나 모자회사 간의 거래에 관하여는 각국의 역사적 배경과 관행에 따라 회사법, 형사법, 도산법 등 다양한 각도에서 쟁점이 형성되고 있으므로 어느 특정 법 영역에 국한하지 않고 관련 쟁점을 검토하기로 한다.

II. 논의 구도의 개관

1. 회사의 손익에 관한 몇 가지 접근방식

완전모자회사 간 지원성 거래의 적법성 및 관련행위자의 책임 여부를 논하려면 각 회사의 이익과 손해를 어떻게 파악할 것인가의 문제가 먼저 등장한다. 이에 관하여는 다음과 같은 접근방식을 생각할 수 있다.

(1) 스펙트럼의 한쪽 끝은 '완전모자회사도 **별개의 법인격**을 가진 별개의 법인'이라는 형식적 측면을 절대시하여, 각 회사의 손익은 각 회사의 재산의 증감을 기준으로 측정하는 입장이다. 이런 입장에서 보면, 어느 한 회사가 정당한 대가 없이 다른 한 회사를 지원하면 그에 상응하는 지원주체의 손해 및 지원객체의 이익이 발생하며, 이는 두 회사의 관계가 모자회사이든 아니든 달라질 것이 없다고 보게 된다. 자연인이 서로 별개이듯 법인도 서로 별개라고 이해하는 것이다. "人이란 自然人과 法人으로 나뉜다"는 데에서 법 공부를 시작하는 우리나라 법률가들 대부분이 가장 편안하게 느끼는 접근방식이다. 실제로 후술하는 우리 판례들도 이 입장을 전제로 하고 있다고 생각된다.

(2) 반대쪽 끝은 '완전모자회사는 **경제적으로는 단일체**'라는 실질적 측면을 절대시하여, 둘의 손익은 구분되지 않는다는 입장이다. 회사의 이익은 주주의 이익과 다르지 않다는 전제에 서는 견해가 이에 속한다. 이런 입장에서 보면 1인 주주인 완전모회사가 완전자회사에게 지원을 하든지 그로부터 지원을 받든지, 법적으로 유의미한 손익은 발생하지 않으며 따라서 그에 대한 책임도 야기하지 않는다고 보게 될 것이다. 형사책임이 문제되는 경우라면 어느 한쪽의 이익을 취한다거나 다른 한쪽의 손해를 가한다는 인식이 있을 수 없으므로 범의(고의)가 조각된다고 보게 될 것이다.

유의할 것은, 물론 법적인 책임에 관한 것은 아니지만, 국제재무보고기준(IFRS)에 따른 현행 기업회계기준은 연결회계를 원칙으로 하고 있어 이러한 입장에 더 부합해 보인다는 점이다. 기업회계기준에서는 지배력[1]을 획득한 기업을 지배기업, 상대방 기업을 종속기업이라고 하는데, 지배기업은 재무보고 시에 자신과 모든 종속기업들의 재무적 내용을 연결(consolidation)하여야 한다. 이러한 연결재무제표가 원칙이고, 다만 관련 법규에서 요구되는 경우와 스스로 필요하다고 판단하는 경우 개별재무제표를 작성하기도 할 뿐이다.[2] 연결회계[3]를 하게 되면 지배회사의 재무상태표에는 종속회사의 자산과 부채가 모두 포함되어 계상된다. 회계뿐 아니라 기업재무(corporate finance) 이론에서도 모자회사는 하나의 실체로 다룬다. 따라서 재무 및 회계전문가들은 이 접근방식을 훨씬 더 자연스럽게 여긴다.

(3) 이 둘 사이에는 절충적인 접근방식이 있을 수 있다. 우선 근본적으로 이사·경영진은 주주의 이익을 극대화하여야 하므로 회사의 이익과 주주의 이익은 구분되지 않는다는 관점에서 위 (2)번과 같은 입장을 취하되, 다만 회사가 **도산상태**에 들어갔거나 또는 도산이 임박했을 때에는 주주와 채권자의 이해관계가 충돌할 수 있으므로[4] 그때에는 **채권자의 이익**이 보호되어야 한다는 입장이 있다. 이를 다시 도산에 임박한 때부터 그러하다는 입장,[5] 실제로 도산한 상황에서만 그

1) 기업회계기준서 제1110호 '연결재무제표'의 개요에서는 지배력 원칙을 "투자자는 피투자자에 대한 관여로 변동이익에 노출되거나 변동이익에 대한 권리가 있고, 피투자자에 대한 자신의 힘으로 그러한 이익에 영향을 미치는 능력이 있을 때 피투자자를 지배한다"고 요약 제시한다.

2) 정운오 외, IFRS중급회계, 경문사, 2013, 516면. 실제로 상당수 서구 국가에서는 기업집단 소속 회사에 대해 개별재무제표를 작성하지 않는 경우가 많아서, 예컨대 한국에서 '독점규제 및 공정거래에 관한 법률'에 따른 기업결합신고를 하거나 각종 자료를 제출할 때에 회사별 재무제표가 없다는 점을 이해하지 못하는 한국 공무원들과 실랑이를 벌이는 경우가 있다.

3) 연결회계를 아주 간략히 요약하면, 지배기업과 종속기업의 재무적 내용을 세부항목별로 합산하되, 지배기업 차변의 '종속기업투자'와 종속기업 대변의 자본(순자산)을 상계함으로써 순자산의 이중계산을 피하는 것이다. 이 때 종속기업의 자본을 초과하는 종속기업투자액은 영업권으로 분리 인식된다.

4) 채권자는 고정된 원리금을 받고, 주주는 채권을 변제하고 난 잔여재산에 대한 권리를 갖는다. 따라서 주주는 회사 전체의 가치를 높이려고 노력할 것이고 이는 도산 우려가 없는 상황에서는 채권자의 이익과 부합한다. 그러나 도산의 우려가 있는 위험한 의사결정에 관해서는, 원리금이 정해져 있는 (어차피 더 얻을 것이 없는) 채권자는 보수적인 결정을 선호하는 반면, 후순위 권리자로서 유한책임을 지는 (어차피 더 잃을 것이 없는) 주주는 위험한 (때로는 투기적인) 결정을 선호하게 된다.

5) 예컨대 미국 델라웨어주 형평법원의 판결인 Credit Lyonnais Bank Nederland, N.Y. v. Pathe Communications Corp., 1991 WL 277613 (Del. Ch. 1991)에서는 회사가 도산에 임박한 상태에 있는 경우(in the vicinity of insolvency) 이사회는 단순히 주주 이익만이 아니라 채권자 이익을 포함한 회사의 총체적 이익을 보호할 의무를 진다고 하였다.

러하다는 입장[6] 등으로 구분해 볼 수도 있다. 이들 입장에 의하면 적어도 도산 상황에서 저지른 행위에 관해서는 모자회사 간의 거래라고 해도 손쉽게 주주와 회사를 동일시하여 손해가 없다거나 책임이 없다고 단정할 수 없게 될 것이다. 흔히 위 (2)의 입장이라고 생각되는 주장들도 도산 상황에서까지 주주 이익과 회사 이익이 일치한다고 보는 것은 아니므로 실제로는 대부분 (3)에 가까울 것이다.

(4) 최근 유럽에서는 기업집단 내 계열회사 간의 관계에 관하여 논의가 활발하고 다양한 입법안도 제시되고 있다. 후술하듯이 그 대체적인 흐름은 프랑스의 Rozenblum 판결의 법리와 유사하게, 일정한 요건을 충족한 경우에는 "그룹이익"의 존재를 인정하고, 적법한 그룹이익을 위한 행위라면 그로 인해 종속회사가 일시적으로 손해를 보았더라도 적법한 것으로 본다. 물론 그룹이익의 인정요건을 얼마나 까다롭게 설정하고 해석하느냐에 따라 구체적인 결과는 달라지겠지만, 이러한 관념은 앞서 본 엄격한 법인독립론과는 상당히 다르다.

(5) 그밖에 회사의 이익이란 주주, 채권자만이 아니라 근로자, 지역사회 등 넓은 의미의 이해관계자들의 이익도 표상한다고 보아, "사업의 계속에 현저한 지장을 초래하지 아니하고는 변제기에 있는 채무를 변제할 수 없는 경우"에 이를 정도로 회사가 악화될 우려가 있는 상황이라면, 설령 주주와 채권자들의 이익이 침해되지 않았거나 그들의 동의가 있었다고 해도 회사의 손해를 인정할 수 있다는 입장도 있다.[7] 후술하듯이 자회사의 "존립침해"에 대한 모회사의 책임을 인정하는 독일의 판례도 이와 유사한 사고를 밑바탕에 깔고 있다고 추측해 본다.

---

6) 예컨대 미국 델라웨어주 형평법원의 판결인 Production Resources Group L.L.C. v. NCT Group, Inc. 863 A.2d 772 (Del.Ch. 2004)에서는 도산에 임박한 상태에서 이사가 선의로 내린 결정은 존중하되, 회사가 이미 도산상태인 경우에는 이사가 이제 회사의 잔여청구권자가 된 채권자에게 신인의무를 부담한다고 판시하였다. 같은 주 대법원의 판결인 North American Catholic Educational Programming Foundation v. Gheewalla, 930 A.2d 92 (Del. 2007)에서도 "아직 지급능력 있는 회사가 도산의 영역(zone of insolvency)에서 활동중일 때"와 "도산상태에 들어간 경우"를 구분하여 후자의 경우에는 채권자가 회사를 대표하여 이사에 대해 제소할 수 있다고 인정하였다. 김건식, "도산에 임박한 회사와 이사의 의무", 상사법연구 제30권 제3호(2011), 288-290면.

7) 천경훈, "LBO 판결의 회사법적 의미 - 이사는 누구의 이익을 보호해야 하는가?", 저스티스 제127호(2011), 237-241면.

2. 관계사 간 지원성 거래에 대한 책임의 종류

위와 같이 회사의 손익을 바라보는 시각의 차이를 한 축으로 한다면, 다른 한 축에는 관계사 간 지원성 거래를 통해 회사 간에 손익이 발생하여 교정을 요할 때 어떤 방법을 동원하여 어떤 책임을 부과할 것인가에 관한 법제 내지 시각의 차이가 있다. 일반화의 오류를 무릅쓰고 도식화해보면 다음과 같다.

첫째, 관련 행위자들에게 형사책임과 민사상 손해배상책임을 모두 부과하는 입장이 있다. 회사에 손해를 끼친 거래에 관해 행위자를 업무상배임죄로 처벌하는 한국법, 배임죄(Untreue)로 처벌하는 독일법, 회사재산 남용죄로 처벌하는 프랑스법 등이 그 예라고 할 것이다.[8] 둘째, 도산상황 또는 도산에 임박한 상황에서 채무자의 재산을 고의로 감소시킴으로써 전체 채권자의 이익을 해하고 질서 있는 청산이나 회생을 저해하는 행위에 관해서는 예외적으로 형사책임을 물을 수 있지만, 그렇지 않은 경우에는 회사 간 거래로 인한 손익은 원칙적으로 민사책임의 영역에 맡기는 입장이다. 일반화하기 어려우나 미국법이 대체로 그러한 입장인 것으로 보인다. 셋째, 이론적으로는 이러한 경우에는 민사상 책임을 부과하는 것으로 족하다는 입장도 있을 수 있을 것이다.

3. 소결

매우 도식적이기는 하지만 구도를 이해하는 방편으로 이상의 논의를 간략히 도해하면 [그림 1]과 같다. 즉 가로축 상에 '회사손익의 이해 방식'을 배치하고, 세로축 상에 '관계사간 지원성 거래로 인한 책임의 종류'를 배치하였다. 예컨대 (ㅁ, C)는 법인의 손익을 엄격히 법인 단위로 측정하면서 민형사 책임을 모두 부과하므로 관계사 간 지원성 거래에 대한 책임이 매우 엄격하게 된다. 물론 실제 책임의 엄격성은 적발 확률, 배상액 및 형량 등에 따라서도 크게 달라지므로 아래의 기준이 절대적이지는 않다. 다만 IV.의 비교법적 검토가 보여주

8) 물론 실제로 형사사건으로 조사 및 기소가 이루어지는 정도는 비슷한 조문을 두고 있는 나라 사이에도 차이가 클 것이다. 한편 일본에도 형법상 배임죄 및 회사법상 특별배임죄가 있으나, 이러한 조문들이 계열사 등 관계인 간의 거래(related party transaction)에 관해 실제로 적용되는 예는 드문 듯하다. IV.4. 참조.

는 각 법제의 다양성을 이해하고 우리 법의 위치를 확인하기 위한 방편으로 이러한 도해를 제시한 것이다.

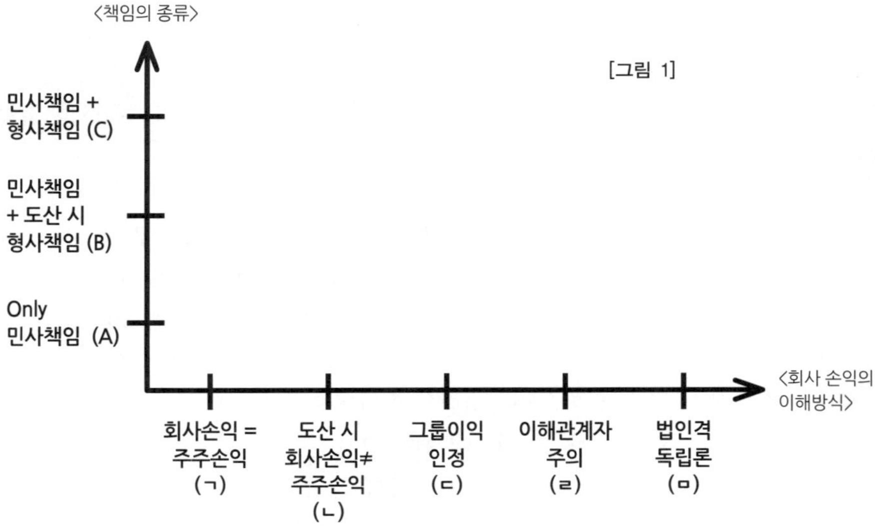

III. 국내 판례의 검토

1인 회사에서 1인 주주(또는 폐쇄회사에서 총주주)에 의한 배임 또는 횡령 행위에 대해서는 다수의 판례가 있다. 그러나 대상사안은 ①자연인인 1인 주주와 회사의 관계가 아니라 완전모자회사 간의 관계라는 점 및 ②1인 주주가 회사의 이익을 취한 상향식 지원이 아니라 1인 주주(완전모회사)가 회사(완전자회사)를 지원한 하향식 지원이라는 점에서 차이가 있다. 그러한 차이점에도 불구하고 일단 종래의 판례들을 살펴본다.

1. 1인 회사에서의 업무상 배임

초기의 대법원 판례는 1인 회사에서 회사의 손해는 그 주주의 손해이므로 그 주주가 회사의 재산을 함부로 양도하여도 회사에 대한 배임죄는 성립하지 않는다고 하였다.

[1] 실질적인 1인회사의 1인주주가 주주총회의 특별결의도 없이 회사의 중요한 영업재산을 양도한 경우에 **회사의 손해는 바로 그 주주 한 사람의 손해인 것이니** 회사에 손해를 가하려는 의사 즉 범의가 없어 회사에 대한 배임죄가 성립될 수 없다.[9)]

그러나 이는 1983년 전원합의체 판결에 의해 변경되었고, 그 뒤로도 같은 취지의 판결이 확고히 계속되고 있다.

[2] 주식회사의 주식이 사실상 1인 주주에 귀속하는 **소위 1인 회사에 있어서도 행위의 주체와 그 본인은 분명히 별개의 인격**이며 그 본인인 주식회사에 재산상 손해가 발생하였을 때 배임의 죄는 기수가 되는 것이므로 궁극적으로 그 손해가 주주의 손해가 된다고 하더라도(또 **주식회사의 손해가 항시 주주의 손해와 일치한다고 할 수도 없다**) 이미 성립한 죄에는 아무 소장이 없다 [...] 배임죄의 범의는 자기의 행위가 그 임무에 위배한다는 인식으로 족하고 본인에게 손해를 가하려는 의사는 이를 필요로 하지 않는다 [...] 따라서 1인 회사의 경우 그 회사의 손해는 바로 그 1인 주주의 손해에 돌아간다는 전제 아래 임무위반행위로써 회사에 손해를 가하였다고 하더라도 손해를 가하려는 의사 즉 범의가 없다고 무죄를 선고한 원심조치는 필경 행위의 주체와 본인을 혼동하였을 뿐만 아니라 법률상 권리, 의무의 주체로써의 법인격을 갖춘 주식회사와 이윤귀속 주체로써의 주주와를 동일시하고 업무상배임죄의 기수시기와 그 구성요건을 그릇 파악함으로써 업무상 배임죄의 법리를 오해한 잘못을 저질렀다[10)]

[3] (A)금고와 (B)금고의 모든 주식이 사실상 피고인 (갑)에게 귀속되어 있어 위 양 금고가 소위 1인 주식회사라 하더라도 위 금고들은 주식회사로서 피고인 (갑)과는 행위주체에 있어 **별개의 인격체이므로** 그 본인인 주식회사에 손해가 발생하였을 때 배임죄는 기수가 되는 것이며, 궁극적으로 그 손해가 주주의 손해가 된다 하더라도 **위 금고들의 손해가 반드시 주주인 피고인 (갑)의 손해와 일치한다고도 할 수 없다.**[11)]

---

9) 대법원 1974. 4. 23. 선고 73도2611 판결. 그밖에 판결문은 검색되지 않으나 1976. 5. 11. 선고 75도823 판결도 같은 취지인 것으로 보인다.

10) 대법원 1983. 12. 13. 선고 83도2330 전원합의체 판결.

11) 대법원 1984. 9. 25. 선고 84도1581 판결. 이 사건에서 문제된 상호신용금고는 파산한 것으로 보이고 대법원 판결문에서도 "이 사건에서 위 양 금고의 거래자들에게 막대한 손해가 현

[4] 주식회사와 주주는 별개의 인격으로서 동일인이라고 볼 수 없으므로 회사의 임원이 그 임무에 위배되는 행위로 재산상 이익을 취득하거나 제3자로 하여금 이를 취득하게 하여 회사에 손해를 가한 때에는 이로써 배임죄가 성립하며 위와 같은 임무위배행위에 대하여 사실상 주주의 양해를 얻었다고 하여 본인인 회사에게 손해가 없었다거나 또는 배임의 범의가 없었다고 볼 수 없다.[12)]

[5] 이른바 1인회사에 있어서도 행위의 주체와 그 본인은 분명히 별개의 인격이며, 그 본인인 주식회사에 재산상 손해가 발생하였을 때 배임죄는 성립하는 것이므로 궁극적으로 그 손해가 주주의 손해가 된다 하더라도 이미 성립한 죄에는 아무 소장이 없다 할 것인바[...], 피고인이 다른 주주들의 주식을 모두 취득하려 하였다는 사정만으로 배임죄의 성립에 영향을 미치는 것도 아니므로, 이에 반하는 상고이유의 주장은 받아들일 수 없다.[13)]

[6] 주식회사 상호간 및 주식회사와 주주는 별개의 법인격을 가진 존재로서 동일인이라 할 수 없으므로 1인 주주나 대주주라 하여도 그 본인인 주식회사에 손해를 주는 임무위배행위가 있는 경우에는 배임죄가 성립하고, 회사의 임원이 그 임무에 위배되는 행위로 재산상 이익을 취득하거나 제3자로 하여금 이를 취득하게 하여 회사에 손해를 가한 때에는 이로써 배임죄가 성립하며 위와 같은 임무위배행위에 대하여 사실상 주주의 양해를 얻었다고 하여 본인인 회사에게 손해가 없었다거나 또는 배임의 범의가 없었다고 볼 수 없다.[14)]

[7] 유한회사와 그 사원은 별개의 법인격을 가진 존재로서 동일인이라 할 수 없고 유한회사의 손해가 항상 사원의 손해와 일치한다고 할 수도 없으므로, 1인 사원이나 대지분을 가진 사원도 본인인 유한회사에 손해를 가하는 임무위배행위를 한 경우에는 배임죄의 죄책을 진다. 따라서 회사의 임원이 임무에 위배되는 행위로 재산상 이익을 취득하거나 제3자로 하여금 이를 취득하게 하여 회사에 손해를 가한 경우, 임무위배행위에 대하여 사실상 1인 사원이나 대지분을 가진 사원의 양해를 얻었다고 하더라도 배임죄의 성립에는 지장이 없다.[15)]

실적으로 발생하였다고 보여진다"고 하고 있다.

12) 대법원 1985. 10. 22. 선고 85도1503 판결.

13) 대법원 2006. 6. 16. 선고 2004도7585 판결.

14) 대법원 2006. 11. 9. 선고 2004도7027 판결(신한LBO 판결). 해당 회사는 문제의 LBO를 통해 오히려 회생절차를 졸업하였다. 다만 이 회사는 1인 회사는 아니었으며, 1인 주주를 언급한 부분은 방론에 불과하다.

[8] 재무구조가 열악한 회사의 대표이사가 제3자에게 회사의 자산으로 거액의 기부를 한 경우 그로써 회사를 채무초과 상태에 빠뜨리거나 채무상환이 곤란한 상태에 처하게 하는 등 그 기부액수가 회사의 재정상태 등에 비추어 기업의 사회적 역할을 감당하는 정도를 넘는 과도한 규모로서 상당성을 결여한 것이고 특히 그 기부의 상대방이 대표이사와 개인적 연고가 있을 뿐 회사와는 연관성이 거의 없다면, 그 기부는 대표이사의 선량한 관리자로서의 업무상 임무에 위배되는 행위에 해당한다 할 것이고, 그 대표이사가 **실질적 1인 주주라는 등의 사정이 있다고 하더라도 마찬가지라** 할 것이다 ... 피고인 2가 기부금 명목으로 피고인 1 주식회사의 자금 미화 7,954,746달러를 ○○○ 교회의 계좌로 송금함으로써 피고인 1 주식회사를 채무 상환이 곤란한 재정적 상태에 처하게 한 행위는 업무상배임죄에 해당한다는 취지로 판단한 것은 정당하다.[16]

위 [1]번 판결은 [그림 1]의 (ㄱ)처럼 판시했으나 [2]번 판결부터는 [그림 1]의 (ㅁ)과 같이 판시하고 있다. 즉 [2]번 이하의 판례는 회사가 1인 주주와는 별개의 법인격을 가진다는 점을 1인 주주의 배임죄가 성립할 수 있는 주된 근거로 들고 있고, 예컨대 "채무변제를 못하게 되면 채권자의 이익도 해하므로, 주주의 이익과 회사의 이익을 동일시할 수 없다"든가 하는 식으로 그 배후의 실체적 이해관계를 지적하는 논리는 뚜렷이 보이지 않는다. 다만 판례 [2][3][7]에서 "(주식)회사의 손해가 항시 주주의 손해와 일치한다고 할 수도 없다"는 판시가 보일 뿐이다.

또한 위 판결 중에서 실제로 지원주체 회사가 도산하거나 채무상환이 곤란해져서 회사의 채권자에게 손해가 발생한 건은 판결문 상으로는 [3]번과 [8]번 두 건 뿐이다. 오히려 [6]번의 경우에는 구 회사정리법에 따라 회사정리 절차 중이던 대상회사가 (업무상 배임죄로 단죄된) LBO를 통해 그 절차를 벗어나고 실적이 대폭 개선되어 주주 · 채권자 · 근로자 모두 더 좋은 상황에 처했음에도 처벌된 건이다.[17]

---

15) 대법원 2011. 3. 10. 선고 2008도6335 판결(론스타 판결).
16) 대법원 2012. 6. 14. 선고 2010도9871 판결.
17) 이는 우리 판례는 '실해발생의 위험'만으로도 배임죄의 기수를 인정하기 때문이다. 이 건에서 자회사(인수대상회사)가 모회사(인수주체인 SPC)의 차입금반환채무를 위해 담보를 제공한 것(물상보증)이 배임행위로 판단되었으나 실제로는 그 담보권은 실행되지 않았으므로 현실적 손해는 없었다.

한편 위 판결은 모두 자연인인 1인 주주가 회사로부터 이득을 취한 상향식 지원에 관한 것이다. 따라서 "1인 주주인 완전모회사가 하향식으로 완전자회사를 지원한" 대상사안의 사실관계와는 다르다.

2. 1인 회사에서의 업무상 횡령

1인 주주가 회사의 재산을 임의로 소비하거나 가져간 업무상 횡령 사건에서도 대법원은 일관되게 횡령죄의 성립을 긍정한다. 이들 판결 역시 1인 회사에서도 회사와 주주는 별개의 인격을 가진다는 점을 주된 논거로 들고 있고, 회사가 도산 상황이어서 채권자의 손해가 발생했다거나 하는 사정(즉 1인 주주 이외의 다른 이해관계자가 실제로 손해를 입었다는 사정)은 전혀 나타나 있지 않다. 이들 판결도 모두 자연인인 1인 주주가 회사로부터 이득을 취한 상향식 지원에 관한 것으로서 대상사안과는 사실관계가 다르다.

> [9] 주식회사의 주식이 사실상 1인의 주주에 귀속하는 1인 회사에 있어서도 행위의 주체와 그 본인은 분명히 별개의 인격이므로 그 법인인 주식회사 소유의 금원을 임의로 소비할 때 횡령죄는 성립하는 것이다.[18]

> [10] 주식회사의 주식이 사실상 1인주주에 귀속하는 1인회사에 있어서도 회사와 주주는 분명히 별개의 인격이어서 1인회사의 재산이 곧바로 그 1인 주주의 소유라고 볼 수 없으므로 사실상 1인주주라고 하더라도 회사의 금원을 임의로 처분한 소위는 횡령죄를 구성한다.[19]

> [11] 주식회사의 주식이 사실상 1인의 주주에 귀속하는 1인회사의 경우에도 회사와 주주는 별개의 인격체로서 1인회사의 재산이 곧바로 그 1인 주주의 소유라고 볼 수 없으므로, 그 회사 소유의 금원을 업무상 보관 중 임의로 소비하면 횡령죄를 구성하는 것이다.[20]

> [12] 이른바 1인 회사에 있어서도 행위의 주체와 그 본인은 분명히 별개의 인격이

---

18) 대법원 1987. 2. 24. 선고 86도999 판결.
19) 대법원 1989. 5. 23. 선고 89도570 판결.
20) 대법원 1999. 7. 9. 선고 99도1040 판결.

며 1인 회사의 주주가 회사 자금을 불법영득의 의사로 사용하였다면 횡령죄가 성립하고, 불법영득의 의사로써 업무상 보관중인 회사의 금전을 횡령하여 범죄가 성립한 이상 회사에 대하여 별도의 가수금채권을 가지고 있다는 사정만으로 금전을 사용할 당시 이미 성립한 업무상횡령죄에 무슨 영향이 있는 것은 아니다.[21]

[13] 위 피고인들은 위와 같이 피해 회사들과는 무관한 용도로 사용할 목적으로 피해 회사들의 자금을 위와 같은 방법으로 인출하여 부외자금을 조성하였다고 봄이 상당하므로, 위에서 본 법리에 비추어 이 부분 부외자금 조성행위 당시 위 피고인들의 불법영득의사가 실현된 것으로 볼 수 있고, 상고이유 주장과 같이 위 계열회사 전부가 피고인 1의 1인회사라고 하더라도 달리 볼 수 없다.[22]

3. 완전모자회사 사이의 부당지원

조금 맥락은 다르나 '독점규제 및 공정거래에 관한 법률'에 의한 부당지원행위를 규율함에 있어서도 판례는 완전모자회사를 별개의 독립한 거래주체로 보아 이들 간에도 부당지원행위가 성립할 수 있다고 한다.[23]

[14] 모회사가 주식의 100%를 소유하고 있는 자회사(이하 '완전자회사'라 한다)라 하더라도 **양자는 법률적으로는 별개의 독립한 거래주체라** 할 것이고, 부당지원행위의 객체를 정하고 있는 법 제23조 제1항 제7호의 '다른 회사'의 개념에서 완전자회사를 지원객체에서 배제하는 명문의 규정이 없으므로 모회사와 완전자회사 사이의 지원행위도 법 제23조 제1항 제7호의 규율대상이 된다.[24]

[15] 모회사가 주식의 대부분을 소유하고 있는 자회사라 하더라도 **양자는 법률적으로는 별개의 독립된 거래주체라** 할 것이고, 부당지원행위의 객체를 정하고

---

21) 대법원 2007. 6. 1. 선고 2005도5772 판결.
22) 대법원 2011. 2. 10. 선고 2010도12920 판결.
23) 미국법 등 다른 나라 경쟁법의 경우 부당지원행위라는 규제가 없어 단순비교는 어렵지만, 예컨대 미국에서는 완전모자회사 간의 담합(부당한 공동행위)은 위법하지 않다고 본다. 그 근거는 이들이 단일한 이익을 가지고 있어 합의가 있거나 없거나 어차피 함께 행동할 것이라는 점에 있다. Copperweld Corp. v. Independence Tube Corp., 467 U.S. 752 (1984) ("A parent and its wholly owned subsidiary have a complete unity of interest. [...] With or without a formal 'agreement,' the subsidiary acts for the benefit of the parent, its sole shareholder.").
24) 대법원 2004. 11. 12. 선고 2001두2034 판결.

있는 법 제23조 제1항 제7호의 '특수관계인 또는 다른 회사'의 개념에서 자회사를 지원객체에서 배제하는 명문의 규정이 없으므로, 모회사와 자회사 사이의 지원행위도 법 제23조 제1항 제7호의 규율대상이 된다고 할 것이다.[25)]

4. 소결

요컨대 주류적인 판례는 1인 주주와 그가 소유한 회사를 엄격히 구분한다. 그러나 이들은 모두 "자연인인 1인 주주가 회사로부터 이득을 취하는 상향식 지원"에 관한 것이었다는 점에서, 대상 사안에 관한 선례적 판례는 없다고 보는 것이 정확할 것이다.

Ⅳ. 각국의 논의

1. 독일

가. 개관

법적으로는 별개의 법인격을 가진 회사이지만 기업집단을 이루어 경영을 하는 경우, 기업집단 전체의 이익을 위하여 개별 회사에는 불이익한 행위를 하여야 하는 경우가 있을 수 있다. 독일법은 매우 방대하고 정교한 기업집단 법제, 이른바 콘체른(Konzern) 법제를 만들어 이 문제를 해결하고자 하였다. 즉 회사법에 콘체른 관련 조항을 두어 일정한 조건 하에 지배회사가 종속회사에게 불리한 지시를 할 수 있도록 허용하고, 종속회사가 그 불리한 지시를 따르더라도 적법하도록 규정하였다. 따라서 이러한 절차와 요건을 준수하는 한 모자회사 내지 완전모자회사 간의 지원성 거래가 적법하게 이루어질 수 있는 것이다.

한편 독일형법은 우리 법과 같은 배임죄를 규정하고 있으므로, 모자회사 기타 관계회사 간의 거래에 있어 배임죄가 적용될 여지가 있다. 물론 콘체른 법에 의해 적법성을 인정받는 거래의 경우에는 배임죄의 핵심 구성요건인 임무위반을 충족하지 않는다.

---

25) 대법원 2006. 4. 14. 선고 2004두3298 판결.

나. 기업집단 법제[26)]

(1) 계약상 콘체른

계약상 콘체른은 (i) 주식회사 또는 주식합자회사가 그 회사의 지휘를 다른 기업에 종속시키는 '지배계약'과 (ii) 주식회사 또는 주식합자회사가 자기의 이익 전부를 다른 기업에 제공할 의무를 부담하는 '이익제공계약'을 통해 형성된다. 지배계약이 체결되면 지배회사는 종속회사의 이사회에게 회사의 영업활동에 대한 지시를 할 수 있다. 계약에 다른 규정이 없다면, 그 지시가 지배기업의 이익 또는 지배기업과 콘체른으로 결합된 기업의 이익에 기여하는 한 종속회사에 불이익한 지시도 할 수 있다(독일 주식법 308조 1항 2문).[27)] 그러나 종속회사에 손해가 되는 지시를 함에 있어서는 비례의 원칙을 지켜야 하므로, 종속회사에 대한 손해가 콘체른에 대한 이익에 비하여 지나치게 커서는 안 된다. 또한 지배회사의 지시가 종속회사의 존속을 위태롭게 하는 정도까지 확장되어서도 안 된다.[28)]

지배회사의 법정대표자는 종속회사에 지시를 함에 있어서 통상적이고 양심적인 업무지휘자의 주의를 기울여야 하고(309조 1항), 지배회사의 법정대표자가 종속회사에 대한 이러한 주의의무를 위반하면 종속회사에 대해 손해배상의무를 부담한다(309조 2항 1문). 지배회사의 지시를 따른 결과 종속회사에 손해가 발생한 경우에는 지배회사 법정대표자의 주의의무 위반이 추정되어, 그가 주의의무를 다했다는 것을 입증해야 한다(309조 2항 2문).[29)]

종속회사의 채권자 및 소수주주를 보호하기 위해 종속회사는 일정한 법정준비금을 적립하여야 하고(300조 3호), 지배회사는 계약기간 동안에 종속회사의 대차대조표상 발생한 연말결손액을 계약기간 동안에 형성된 이익준비금으로 전보할 수 없는 한 그 결손액을 전보하여야 한다(302조).[30)] 비록 이러한 장치

---

26) 독일 기업집단 법제에 관한 이하의 내용은 천경훈, "기업집단법제에 관한 연구 - 기업집단 소속회사의 손익판단을 중심으로", 기업법연구 제29권 제3호(2015), 55-57면 및 정동윤(편집대표), 주석상법: 회사(VII), 사법행정학회, 2014 중 "기업결합"(조지현 집필부분) 부분을 기초로 정리하였다.

27) 주석상법 회사(VII), 382-383면.

28) 주석상법 회사(VII), 383면.

29) 주석상법 회사(VII), 401면.

30) 주석상법 회사(VII), 387-388면

가 있지만 지배계약이 실행되면 종속회사 소수주주들은 콘체른 편입 이전보다 불리한 처지에 놓이게 될 수 있으므로, (i) 자기의 주식을 보유하고자 하는 주주에 대해서는 확정액의 배당 또는 지배회사 이익배당금의 일정비율에 따른 유동액의 배당을 보장하도록 하고(304조), (ii) 주식매수청구권에 해당하는 권리(Abfindung)(305조)도 인정함으로써 주주들에게 자신의 주식을 팔고 회사를 떠날 수 있는 기회를 부여한다.[31)]

즉 준비금적립, 결손액전보, 배당보장, 주식매수청구권 등의 보호 규범을 준수하는 한, 그리고 비례의 원칙에 어긋날 정도의 불이익이나 종속회사의 존속을 위태롭게 할 정도의 불이익을 가하는 것이 아닌 한, **지배회사는 지배회사의 이익 또는 콘체른 전체의 이익을 위하여 "합법적으로" 종속회사에 불이익한 지시를 할 수 있고**, 종속회사는 이를 준수하여야 한다. 이로 인해 종속회사가 손해를 입더라도 이는 누군가의 책임을 발생시키는 위법사실이 아닌 것이다.

(2) 사실상 콘체른

사실상 콘체른은 지배기업이 지배계약의 체결 없이 과반수 참가를 통해 사실적으로 발생한 지배관계에 근거해서 종속회사에 지배적인 영향력을 행사할 수 있는 결합관계를 의미한다.[32)] 원래 독일주식법의 콘체른법은 계약상 콘체른을 모범형으로 의도하였으나 이용 빈도는 극히 낮았고, 실제로 많이 이용되는 것은 사실상 콘체른이다.[33)]

사실상 콘체른에 있어서는 지배기업은 불이익(Nachteil)이 보상되는 경우를 제외하고는 종속회사에 불이익한 법률행위나 조치를 지시하기 위해 그의 영향력을 행사할 수 없다(311조 1항). 즉 지배회사의 영향력 행사로 종속회사에 발생할 것으로 예상되는 불이익이 보상되는 한도에서만 그러한 영향력 행사가 정당화되는 것이다.[34)] 물론 불이익이 애초에 발생하지 않는 영향력 행사는 당연히 허용된다.[35)]

---

31) 주석상법 회사(VII), 390-399면.
32) 주석상법 회사(VII), 402면.
33) Hopt 교수의 표현을 빌면, 회사들은 "혼인증명서 없는 동거"를 선택했다. Janet Dine, *The Governance of Corporate Groups*, Cambridge University Press, 2000, p.58.
34) 주석상법 회사(VII), 406면.

여기서 불이익 보상은 즉시 행해질 필요는 없지만, 적어도 영향력을 행사한 영업연도 동안에 불이익을 실제로 보상하거나 또는 언제 어떤 이익으로 보상할 것인지를 정해야 한다(311조 2항 1문). 보상급부가 당해 영업연도 마지막까지 정해지지 않으면 보상의무는 독일주식법 317조에 의한 손해배상의무로 대체되어,[36] 지배회사 및 법정대표자는 불이익한 조치로 인해 실제 발생한 손해를 종속회사에게 배상해야 한다.[37]

이처럼 사실상 콘체른에서 종속회사의 이사회는 계약상 콘체른에서와 달리 지배회사의 지시에 구속되지 않는다. 종속회사의 이사회는 "그 지시에 의한 조치가 불이익을 초래하는지, 불이익을 보상받을 수 있는지, 지배회사가 불이익을 보상할 의사와 능력이 있는지"를 검토해야 하고, 종속회사의 이익만을 판단기준으로 하여 그 지시에 따를지 여부를 결정해야 한다.[38] 어쨌든 사실상 콘체른에서도 **지배회사는 종속회사의 불이익을 보상하는 한 "합법적으로" 종속회사에 불이익한 지시를 할 수 있다**. 종속회사의 이사회는 이를 반드시 따를 의무는 없지만, 보상을 적절히 받는다면 이를 따랐다고 해서 종속회사나 그 주주에게 책임을 지는 것은 아니다.

(3) 소결

이처럼 독일법은 **지배회사가 종속회사에게 불이익한 행위를 적법하게 지시할 수 있는 요건과 절차를 미리 정해놓음**으로써, 기업집단 내에서 발생하는 회사손익의 문제를 입법적으로 해결하고자 했다. 다만 이것은 지배회사와 종속회사 사이에서만 인정되는 것이므로, 동일인 지배하에 있는 계열사들이지만 상호간에 지배종속 관계에 있지 않은 회사들 사이의 관계에는 적용되지 않는다.

35) 주석상법 회사(VII), 408면.
36) 주석상법 회사(VII), 411면.
37) 그 청구권자는 종속회사 또는 종속회사의 모든 주주이다. 다만 주주는 직접 자신에게 급부할 것을 청구하지는 못하고, 회사로 급부할 것만을 청구할 수 있다(317조 4항, 309조 4항).
38) 주석상법 회사(VII), 411면.

다. 형사상 배임죄

(1) 배임죄 일반

독일형법 제266조에 의하면 "법률, 관청의 위임, 법률행위에 의해 인정된 타인의 재산에 대한 관리권한을 남용하거나, 법률, 관청의 위임, 법률행위나 기타 신뢰관계에 의해 타인의 재산상 이익을 추구해야 할 의무를 위반하여 타인에게 손해를 가하는 경우"에 배임죄(Untreue)가 성립한다. 과거에는 배임죄의 본질을 둘러싸고 권한남용설과 배신설의 대립이 있었으나,[39] 1933년에 현재의 형태를 갖춘 위 규정은 전단에서 권한을 남용하는 경우를, 후단에서 사무처리의무에 위반하는 경우를 규정하고 있어 이러한 논쟁은 의미를 잃게 되었다. 위 조문에 드러나 있듯이 독일법상 배임죄는 '타인에게 손해를 가할 것'을 요건으로 하며, 한국 형법과 같이 '본인 또는 제3자의 재산상 이익'은 요건으로 하지 않는다.

(2) 기업경영과 배임죄

회사의 이사 기타 경영진의 업무집행상의 의무위반도 배임죄에서의 사무처리 의무 위반을 구성하는가? 기업의 업무집행과 관련하여 독일에서 배임죄가 문제되는 빈도는 한국에서와 같이 다양하고 빈번하지는 않지만, 일본보다는 훨씬 풍부한 것으로 보인다.[40] 독일에서도 다수 학자와 실무가들은 배임죄가 민사법 영역에 지나치게 개입한다는 비판을 제기하고 있고, 아래 사건들에서 드러나는 독일 연방대법원의 모호한 태도로 인하여 회사법적 의무위반과 배임죄의 의무위반 간의 관계에 관하여 논란이 많은 것으로 보인다.[41] 완전모자회사

---

39) 일본과 한국에서도 동일한 학설대립이 있다.

40) 물론 이는 발표자가 세 나라의 주석서 따위를 일별한 인상과 일본 및 독일의 상법학자들에게 개인적으로 문의한 바에 따른 조야한 판단에 불과하고 엄밀한 근거를 가진 것은 아니다.

41) 회사법적 의무 위반과 배임죄에서의 의무 위반의 관계에 관하여, 다수설은 배임죄가 민사법의 영역에 지나치게 침투하는 것을 경계하는 입장에서 '중대한 의무 위반'의 경우에만 배임죄 구성요건인 의무 위반에 해당하는 것으로 보는 제한적 해석에 찬성하나, 이는 문언에 반하는 해석이라는 이유로 반대하는 견해도 있다. 제한적 해석론자의 논문으로는 Kubiciel, "Gesellchaftsrechtliche Pflichtwidrigkeit und Untreuestrafbarkeit," NStZ 2005 Heft 7, S.353; Dreher, "Überformung des Aktienrechts durch die Rechtssprechung von Straf- und Verwaltungsgerichten?," AG 2006, 213; Ransiek, "Risiko,

간의 지원성 거래에 관한 Bremer Vulkan 판결은 항을 바꾸어 따로 보기로 하고, 회사의 활동영역에 관하여 배임죄 성립 여부가 문제된 대표적인 사례를 간략히 일별하면 아래와 같다.[42]

1) 부실대출과 경영판단

슈파카세 만하임 사건[43]에서는 부실대출을 한 저축은행 이사들의 죄책이 문제되었다. 위 저축은행은 유한회사와 그 1인 사원에게 대출을 하면서 관련법에 따라 제출받도록 되어 있는 연말결산서를 제출받지 않고 불충분한 정보에 기초하여 동일인 대출한도를 초과하여 대출하였다. 연방대법원(BGH)은 독일은행법(Kreditwesengesetz)에 따른 정보조사 의무는 배임죄 성립요건으로서의 재산관리의무에는 해당하지 않는다고 보았다. “여신에 있어서 배임죄의 의무위반은 여신의 결정자가 은행의 정보조사 및 심사의무를 중대하게 위반한 경우에만 인정되는데, 연말결산서와 같은 정보의 수집을 결하였다 하더라도 같은 수준의 다른 정보로 이를 대체할 수 있는 경우에는 중대한 위반이 아니다”라고 함으로써, **은행법상 절차규정의 위반만으로는 형법상 재산관리의무 위배에 해당하지 않는다**고 본 것이다. 나아가 이 판결은, 여신여부에 관한 판단은 실패위험을 내포하는 경영판단행위로서, 위험과 성공기회의 비교형량이 적절한 방법으로 이루어졌다면, 은행법 규정을 위반하고 이후 그 대출금을 회수하지 못하여 대주가 재무적 곤란에 빠지게 되었더라도 배임죄에는 해당하지 않는다고 하여, 여신 당시의 신중한 **경영판단을 존중**하는 결론을 취하였다.

2) 이해상충 상황에서의 거래

키노벨트 사건[44]에서는 자기거래에 해당하는 무리한 주식매입 및 출자로

Pflichtwidrigkeit und Vermögensnachteil bei der Untreue,” ZSW 116 (2004) Heft 3, S. 634. 제한적 해석에 대한 반대론자의 논문으로 Schünemann, “Die ‘gravierende Pflichtverletzung’ bei der Untreu: dogmatischer Zauberhut oder taube Nuss?,” NStZ 2005, S. 473.

42) 이하 3건의 사건은 최문희, “독일에서의 이사의 의무위반과 배임죄”, BFL 제36호(2009.7), 101-104면을 기초로 정리한 것이다.

43) BGHSt 47, 148 (BGH 2000.4.6. 판결).

44) BGH 2005.11.22. 판결.

인해 회사가 도산에 빠진 사건이 문제되었다. 피고인 Y는 60여 개의 종속회사를 가진 지주회사인 주식회사 K의 주주 겸 이사였는데, 독일축구협회 소속 팀들의 TV 시청료 판매대행 등을 영위하는 유한회사 S를 설립하여 Y가 57.5%, Y의 형이 32.5%, K사가 10%를 각 소유하게 되었다. K사는 Y 및 그 형이 소유한 S의 지분 90%를 매입하기로 하였는데, K 그룹 전체가 유동성 위기에 빠진 상황에서도 계속 인수절차를 진행하고 K사의 자금을 S에 지원하였다가, 결국 K에 대하여 도산절차가 개시되었고 뒤이어 S에 대해서도 도산절차가 개시되었다. 연방대법원은 Y가 K의 이사이므로 성실한 경영자로서의 주의의무를 부담하는바, K 자신의 사업수행도 어려운 상황에서 무리하게 S를 인수하고 지원하다가 도산을 초래한 것은 경영판단의 재량 영역을 초월한 중대한 의무위반이므로, 회사법상 의무위반임과 동시에 형법상 배임죄에서의 의무위반이 된다고 판시하였다. Y가 지원주체의 경영자이자 지원객체의 소유자로서 이익충돌 상황에 있었던 점이 결론에 영향을 미쳤을 것으로 보인다.

3) 과다 보수 지급과 배임

만네스만 사건은 과다한 보수 지급이 배임으로 문제된 건으로서 국제적으로 센세이션을 일으켰던 건이다. 독일의 만네스만이 영국의 보다폰에게 인수되어 100% 자회사가 된 후, 전현직 이사회 의장 및 이사들에게 퇴직위로금 및 보다폰에 의한 인수에 기여한 데 대한 사례금 명목으로 막대한 보수를 지급하였다. 검찰은 보다폰에 의한 만네스만 인수를 용이하게 하려는 목적으로 위 보수가 이용되었다는 이유로 위 보수를 지급받은 전현직 경영진들을 배임죄로 기소하였다. 뒤셀도르프 지방법원은 주식법상 충실의무 위반은 인정하면서도 배임죄의 구성요건인 중대한 의무위반은 아니라는 이유로 무죄를 선고하였다. 그러나 연방대법원은 계약에서 합의되지도 않았고 장래 회사에 아무런 이익도 가져오지 않는 보수의 지급은 관리를 위탁받은 회사재산의 유출로서 배임에 해당한다고 보았고, 의무위반에 '중대성'이 요구되는 것은 아니라고 판시했다. 파기환송심에서는 피고인들이 피해액을 지급하는 조건으로 공소취소가 이루어져서 형사소송절차가 종결되었다.

(3) 기업집단에서의 배임죄

기업집단 계열사 간, 특히 완전모자회사 간의 지원성 거래에 관한 유명한 사건으로 브레머 풀칸(Bremer Vulkan, 이하 BV) 건을 검토할 필요가 있다.[45] 독일 최대 조선회사인 BV사는 구 동독의 조선소인 MTW와 VWS를 인수하였고, 이들 두 회사는 유한회사로 등기되었다. MTW의 지분은 BV가 100% 소유하였고, VWS는 BV의 자회사인 HH가 89%, VWS의 소재지인 슈트랄준트 시가 11%를 소유하였다.

BV는 그룹(콘체른) 내 유동성의 효율적 활용을 위하여 계열사들의 현금을 통합관리하는 Central Cash-Management System(이하 CMS)을 만들었고 MTW와 VWS도 BV의 이사회의 지시에 따라 이에 참여하였다. BV는 1996년에 파산신청을 하였는데, 위 CMS에 의하여 기업집단에 속한 각각의 은행계좌들의 채권액과 채무액이 상계됨에 따라 MTW와 VWS의 자금 상당액이 BV로 지원되는 결과가 되었다.[46] MTW와 VWS의 채권자인 독일신탁관리공사는 BV의 이사회 의장인 Y를 상대로 민법상 불법행위를 원인으로 한 손해배상청구 소송을 제기하였고, 또한 Y는 배임죄로 기소되었다.

우선 민사사건[47]에서 독일연방대법원은 회사의 지배기업은 1인사원이라도 회사의 채무변제에 필요불가결한 재산은 유출하지 아니할 의무가 있다고 보아 BV의 의무위반을 인정하였고, 이에 기하여 Y에게 불법행위로 인한 손해배상책임을 인정하였다. 즉 지배회사는 종속회사의 재산을 처분함에 있어 '종속회사가 자신의 채무를 이행할 수 있는 능력을 유지하는 데 대한 종속회사 고유의 이익'을 합당하게 고려함으로써, 종속회사의 **존립을 위태롭게 하지 않도록 주의할 의무**가 있다고 본 것이다.[48]

나아가 형사사건[49]에서도 배임죄가 인정되었다. 이 판결에서는 위 민사판결과는 달리 '지배기업이라는 지위'만으로 재산관리의무를 인정하지는 않았고, 또한 CMS의 구축이 그 자체로서 의무위반은 아니라고 하였다.[50] 그러나 자금

---

45) 국내에서 이를 소개한 문헌으로는, 최문희, 전게논문, 92-94면.
46) Munchener Kommentar zum StGB, 2 Auflage 2014, §266 (Untreue), Rn. 274.
47) BGH 2001.9.17. (NJW 2001, 3622).
48) Munchener Kommentar zum StGB, 2 Auflage 2014, §266 (Untreue), Rn. 275.
49) BGH 2004.5.13. (NStZ 2004, 559).

유출로 인해 종속회사의 채무변제가 어려워질 정도로 재산이전이 있다면 지배회사는 충분한 담보확보와 같은 수단을 통해 종속회사의 재산을 관리할 의무가 있다고 보았다. 이러한 의무는 회사의 업무집행자 또는 이사에게 적용되나, 지배회사 기관의 구성원에게도 이러한 의무가 귀속되므로 Y는 배임죄의 죄책을 진다고 하였다. 즉 콘체른에 있어 1인 지배회사의 기관을 재산관리의무자에 포함시킨 것이다.

라. 본건에의 시사점

독일은 예컨대 미국과는 달리 기업경영상의 의무위반을 (우리나라처럼 빈번하지는 않더라도) 배임죄로 처벌하는 사례가 있다. 더구나 브레머불칸 사건은 완전모회사가 완전자회사로부터 지원을 받은 경우(상향식 지원)에 그와 같은 지시를 한 완전모회사의 임원을 배임죄로 처벌하였다. 즉 '완전모자회사는 경제적 단일체로서 그들 간에 손익은 구분되지 않는다'는 식의 입장([그림 1]의 (ㄱ))과는 거리가 있다.

그러나 다음과 같은 점은 주의를 요한다. 첫째, 브레머불칸 건은 상향식 지원에 관한 것이고, 하향식 지원을 문제 삼은 것은 아니다. 콘체른에서의 배임에 관한 독일의 논의를 보아도 지배기업이 종속기업으로부터 이득을 취하는 것이 문제로 인식되어 어떤 경우에 지배기업이 종속기업에 관한 재산관리의무를 지는지가 논의의 핵심이고, 지배기업이 종속기업을 지원하는 하향식 지원에 관한 문제의식은 발견하지 못했다. 둘째, 브레머불칸 건은 막연히 "두 회사의 법인격이 다르므로 한 회사가 다른 회사를 대가 없이 지원하는 것은 이익을 얻게 하고 손해를 입는 것으로서 배임"이라는 태도를 취한 것은 아니고, 종속회사가 "채무를 이행할 수 없을 정도" 내지 "존립 위태"의 상황에 처했을 때에 배임을 인정한 것이다. 셋째, 근본적으로 독일의 경우 콘체른법에 따라 일정한 요건을 갖추면 기업집단 전체의 이익을 위해 개별회사에 불이익한 행위를 적법하게 지시할 수 있고, 그러한 지시(지배회사) 및 이행(종속회사)으로 인하여 책임을 지지 아니한다. 즉 적법한 지원성 거래의 절차와 방식이 규정되어 있으므로 위법한 지원성 거래에

50) Munchener Kommentar zum StGB, 2 Auflage 2014, §266 (Untreue), Rn. 277.

대한 처벌이 정당성을 얻을 수 있는 것이다. 계열회사 간 지원성 거래의 적법요건이 따로 정해져 있지 않은 상태에서 배임죄의 처벌대상을 확대하는 것은 과도한 형사범화, 보다 정확히는 수사 및 기소재량의 극대화를 가져올 것으로 우려된다.

2. 프랑스[51)]

프랑스에서는 기업집단에 관하여 독일과 같은 성문법은 가지고 있지 않으나, 전혀 다른 맥락에서 판례 법리가 형성되었다.

가. 회사재산남용죄

프랑스에서 회사의 재산을 빼돌리거나 침해하는 행위는 형법전의 배임죄로 처벌받아 오다가, 1935.8.8.의 법률명령에 의하여 '회사재산남용죄'에 관한 규정이 특별법으로 제정되고, 1966.7.24. 상사회사법에 벌칙으로 수용되었다.[52)] 그 내용은 "기업의 경영자나 임원 등이 직접 또는 간접적으로 개인적 목적을 위하여 의도적으로 회사의 부동산, 채권, 동산 등은 물론 자신에게 주어진 권한이나 의결권 등을 포함한 회사재산을 회사를 해하는 것을 인식하고 남용한 경우"에 5년 이하의 징역과 37만 5천 유로 이하의 벌금을 병과하고, 일정 기간 회사 임원이 될 수 없다는 자격제한도 함께 부과하는 것이다(프랑스 상법 제241-3조 제4항, 제242-6조 제3항).[53)] 회사재산남용죄 신설 이후에는 공기업 또는 사기업 운영자 등의 임무위배에 관하여 형법상 업무상 배임죄 적용 여부는 문제되는 경우가 드물고, 상법상의 회사재산남용죄로 다스려지게 되었다고 한다.[54)]

그러나 기업집단에 속한 회사들 사이에는 빈번한 거래 과정에서 일시적으로 일방적 부담을 지더라도 다른 보상을 받게 될 수도 있고, 또 기업집단 전체의 이익이 된다면 장기적 · 궁극적으로는 부담을 진 회사에게 이익이 될 수도

51) 이 항목은 천경훈, "기업집단법제에 관한 연구 - 기업집단 소속회사의 손익판단을 중심으로", 기업법연구 제29권 제3호(2015), 57-59면을 기초로 정리하였다.

52) 정진세, "집단소속회사 이사에 대한 회사재산남용죄(특별배임죄)의 제한", 「선진상사법률연구」 제69호(2015), 137-138면.

53) 김재협, "그룹에 있어 회사재산 남용죄에 관한 프랑스 법원의 태도 - 로젠블룸 판결을 중심으로", 인권과 정의 제431호(2013.2), 119면.

54) 김재협, 상게논문, 120-121면.

있을 것이다. 이런 기업집단에 관해서 특별한 배려가 없다면 소속 회사들 간의 통상적인 재산이전에 관해서도 회사재산남용죄를 추궁하게 될 것이라는 우려가 프랑스 학자들 사이에 있어 왔다.[55] 이에 기업집단에 있어서는 회사재산남용죄의 특칙을 두어야 한다거나, 회사재산남용죄의 구성요건을 보다 엄격하게 하여야 한다는 입법제안도 있었다.[56]

나. 로젠블룸 판결

그러한 입법이 이루어지지 않은 상태에서 결국 회사재산남용죄의 범위를 축소하는 역할은 법원이 맡게 되었다. 유명한 로젠블룸(Rozenblum) 사건[57]에서 파기원은 기업집단에서 회사재산남용죄가 배제되는 정당화 요건을 판시하였는데, 이는 파리 형사지방법원이 이미 약 30년 전부터 제시하여 온 바를 승인하고 정리하여 표현한 것이라 한다.[58] 파기원의 판결요지는 다음과 같다.

> 회사의 사실상 또는 법률상 임원이 그가 직접 또는 간접으로 이해관계 있는 같은 집단에 속한 기업에 재정적 지원을 한 행위에 대한 1966.7.24. 법률 제425조 제4호와 제437조 제3호의 적용을 면하기 위해서는, 이 재정적 지원이 이 집단 전체를 위하여 수립된 정책에 비추어 경제적, 사회적 또는 재정적 공동이익을 위하여 이루어졌어야 하고, 반대급여를 결하거나 여러 관련회사 각각의 부담간 균형을 깨뜨리는 것도, 부담을 지는 회사의 재정적 능력을 지나치는 것도 안 된다.[59]

즉 파기원이 말하는 정당화 요건은 크게 보아 (i) 기업집단의 존재와 (ii)

---

55) 정진세, 전게논문, 138면.
56) 정진세, 전게논문, 139면.
57) 프랑스 파기원 형사부 1985. 2. 4. 이 사건의 사실관계는 다음과 같다. 피고인인 마르끄 로젠블럼과 윌리엄 알루쉬는 부동산개발 및 건설에 종사하는 다수 회사의 임원인데, 다른 사업분야에 주력할 생각을 갖게 되어, 이 회사들이 출연한 자금을 피고인들이 개인적으로 투자를 하였거나 사실상 임원으로 있는 다수 기업(가구판매업, 제화업, 여행대리업, 이발업, 인쇄업 등)의 운용자금으로 사용하여 그 금액이 1977년부터 1980년까지 11,500,000 프랑에 이르렀다. 피고인들은 자금이동 사실에는 이의가 없으나 기업집단 내 회사 간의 거래로서 정당화된다고 주장하였다. 정진세, 전게논문, 135면.
58) 정진세, 전게논문, 139면.
59) 정진세, 전게논문, 136면.

피의사실인 행위(부담을 주는 것)에 관한 요건으로 나누어 볼 수 있다. 전자를 충족하기 위해서는 ① **집단을 구성하는 회사들 간의 공동이익**[60)]을 입증해야 하는데, ② 이는 **집단 전체를 위하여 수립된 정책**에 비추어 인정되는 것이어야 하며, ③ 또한 회사들 상호간에 기업집단을 인정할 만한 **자본적 관계**가 인정되어야 한다. 자본적 관계 없이 인적 관계만 있는 것으로는 기업집단의 존재를 인정할 수 없다.[61)] 한편 후자를 충족하기 위해서는 ① **반대급여**를 결하거나 **분담의 균형**을 깨뜨려서는 안 되고, ② 회사의 재정적 능력을 지나쳐서도 안 된다.[62)]

여기서 '반대급여'는 독일 콘체른 법에서 불이익한 지시를 정당화하는 사유인 '보상'을 연상시킨다. 그러나 독일법상 보상이 종속회사가 입은 불이익과 상응하는 구체적 이익이어야 함에 반하여, 프랑스 파기원이 여러 판례를 통해 인정해 온 반대급여는 물질적인 것뿐만 아니라 비물질적인 것도 포함하는 폭넓은 개념이다. 실제로 프랑스 파기원은 기업집단의 존재에 관해서는 상당히 엄격하게 판단하지만, 부담의 분담 및 반대급부 요건은 쉽게 인정한다고 한다.[63)]

로젠블룸 판결의 법리는 이것이 일회성 판결이 아니라 오랜 기간 많은 판례가 집적된 법리라는 점에서 중요하다. 실제로 로젠블룸 판결이 선고된 1985년부터 2003년까지 회사재산남용죄에 관한 파기원 형사부 판결이 1,675건에 이르는데 이 가운데 기업집단의 정당화 사유에 관한 판결이 74건이고, 이 중 정당화 사유를 인정한 것은 9건에 불과하였으며, 이 74건은 모두 상고기각 판결이었다고 한다.[64)] 즉 이 법리에 의하여 정당화를 인정해 준 비율이 높지는

---

60) "각 회사의 이익이 회사재산남용죄가 보호하는 가치인데 반하여 공동이익은 이 회사이익의 신축성 있는 파악(회사이익의 일시적 양보)을 정당화하는 반대가치라고 할 수 있다." 정진세, 전게논문, 143면.

61) 정진세, 전게논문, 147-148면.

62) 정진세, 전게논문, 150면. 한편 뒤에서 보는 Reflection Group Report에서는 Rozenblum doctrine을 다음과 같이 요약한다. 첫째, 회사들 간의 자본적 연결로 특징 지워지는 기업집단(group)이 있을 것, 둘째, 회사들이 기업집단 내에 강력하고 효과적으로 통합(integration)되어 있을 것, 셋째, 한 회사가 다른 회사에 제공한 재정지원이 경제적 반대급여가 있고 관계된 회사 사이의 상호 부담의 균형을 깨뜨리지 않을 것, 넷째, 회사의 재정지원이 그 가능성을 초과하지 않을 것 (Reflection Group Report(2011), 62-63).

63) "파기원 형사부 1992.6.22. 판결에서처럼 반대급여가 극히 미약하거나 허구에 불과한 경우에만 반대급여의 부재를 확신한다." 정진세, 전게논문, 153면.

64) 정진세, 전게논문, 139-140면.

않지만 유명무실할 정도는 아니다. 또한 정당화 사유가 인정된 건수가 적다고 하여 이 법리가 유용하지 않은 것은 아니다. 이 법리가 없었다면 훨씬 많은 수의 사건들이 기소되었을 것이고, 이 법리가 있었기 때문에 죄질이 좋지 않은 사건들만 기소되었으며, 그로 인해 유죄율이 높다고 볼 수도 있을 것이다.65)

다. 본건에의 시사점

위 로젠블룸 법리의 요건에 따르면 완전모자회사에 있어서는 공동이익과 자본적 관계가 인정되므로 공동정책이 존재한다면 기업집단의 존재는 인정될 것이다. 다만 불이익에 상응하는 반대급여가 있는지가 문제될 것인데, 프랑스법원은 반대급여를 매우 폭넓게 인정하므로, 하향식 지원이라면 그 지원의 대가로 지배회사가 보유한 종속회사 주식의 가치가 증대되어 반대급여 요건 역시 충족될 수 있지 않을까 추측된다. 다만 부담을 지는 회사의 재정적 능력을 벗어나는 것인지는 사안에 비추어 검토해야 할 것이다.

3. 미국

가. 개관

미국에서도 개별 회사의 법인격을 강조하는 태도가 기업집단 전체의 이익을 고려하는 입장과 충돌이 있을 수 있음은 인식되고 있다.66) 그러나 독일의

---

65) Reflection Group, *Report of the Reflection Group On the Future of EU Company Law*, 2011, 63.

66) Corporate Group의 문제를 평생에 걸쳐 천착하고 있는 Blumberg 교수는 다음과 같이 말한다: "[T]he problem of intragroup guaranties arises from the conflict between managerial directions of the group in the interest of the enterprise as a whole and legal doctrines that have traditionally insisted on the recognition of each corporate component of the enterprise as a separate legal entity. Thus, in order to achieve profit maximization for the enterprise as a whole, the parent's managers will typically wish to structure the group's credit transactions in a way that will optimally exploit the credit-worthiness of its stronger components. [...] As a result, the subsidiary that is the guarantor or borrower in a financing is often pledging its credit to raise funds for the use of an affiliate rather than for its own use." Blumberg, "Intragroup (Upstream, Cross-stream, and Downstream) Guaranties under the Uniform Fraudulent Transfer Act," 9 Cardozo Law Review

콘체른법과 같은 단행법이 없음은 물론 프랑스의 로젠블룸 법리와 같은 법리도 형성된 바 없다. 모자회사 기타 기업집단 소속 회사 간에 어떠한 요건 하에 불이익한 지시를 할 수 있는지 등등의 논의도 별로 활발하지 않은 것으로 보인다.

무엇보다도 미국에서는 모자회사 기타 기업집단 소속 회사 간의 거래로 손해가 발생할 경우 민사적으로 해결하는 것을 당연한 전제로 하고, 독일의 배임이나 프랑스의 회사재산남용과 같이 기업 활동에서 발생하는 회사의 재산적 이익 침해행위를 형벌로 처벌하는 일반적인 규정은 보이지 않는다.[67] 다만 파산상태에 처하게 되면 (관계사간에 국한되는 것은 아니지만) 관계사간 지원성 거래가 파산범죄의 일종으로 형사처벌의 대상이 될 수 있음은 물론이다.[68]

따라서 미국법은 대상사안에 그리 큰 참고가 되지는 못하는 것으로 보인다. 오히려 참고가 되는 것은, 형사처벌에 거의 의존함이 없이 민사책임만으로, 또한 기업집단에 관한 특별법이나 특별한 법리가 없이도 미국의 방대한 경제가 번성하고 있다는 점일 것이다. 다만 민사책임에 관한 것이기는 하지만 계열사간 무상 지원행위의 대표적인 예라 할 수 있는 보증에 관해서는, 자회사의 모회사 보증(상향식 보증)과 모회사의 자회사 보증(하향식 보증)의 구분문제가 논해지고 있으므로, 대상사안의 하향식 지원과 관련하여 시사점을 얻을 수 있을 것이기에 이를 살펴본다.

나. 계열회사간 보증

회사가 보증을 할 수 있는 능력(power)을 가지고 있는가는 과거에는 문제가 되었으나 이제 미국에서는 더 이상 문제가 되지 않는다. 대부분의 주 회사법

685, at 690 (1987).

67) 다만 미국에서는 사기(fraud)의 범위가 매우 넓고, 특히 우편사기죄 등이 우리의 배임 유사행위에 적용된다는 보고가 있으나, 적어도 관계자간 거래에 흔히 적용되는 것으로는 보이지 않는다. 관계자간 거래(related party)에 관한 각국의 법제를 비교하는 글에서도 독일의 배임죄, 프랑스의 재산남용죄는 언급되지만, 미국의 경우 형사적 제재는 언급되지 않는다. 예컨대, Kraakman et. al., *Anatomy of Corporate Law (2nd ed.)*, Oxford University Press, Chapter 6 참조. 물론 은행 등 금융기관의 부실대출은 이른바 willful mis-application 등의 연방범죄로 처벌된다(18 U.S.C. §§ 656 and 657).

68) 18 U.S.C. § 151. 김용덕, "美國法上 債務者의 强制執行免脫을 目的으로 한 財産逃避 및 隱匿 등을 防止하기 위한 制度," 재판자료 제65집, 1994, 499-504면 참조.

은 회사가 타인을 위해 보증을 하는 것을 허용하고,[69] 주법이 침묵하고 있는 경우에도 회사정관에 이를 삽입하거나 또는 정관의 일반적인 능력(power) 조항으로부터 암시된다고 보면 그만이다.[70]

회사의 능력이 인정되더라도 회사의 **사업목적**(corporate objects/purposes)을 위한 것이어야 하지만, 무엇이 회사목적에 기여하는 것인지는 매우 폭넓게 인정된다. 이와 관련하여 과거에는 보증약정의 무상성으로 말미암아 회사가 그 보증으로부터 이익을 얻어야 적법한 사업목적 내의 행위로 인정한다는 입장도 있었으나, 최근에는 '직접적 이익 기준(direct-benefit test)'으로부터 '합리적 경영판단(reasonable business judgment)' 기준으로 훨씬 더 완화되었다.[71] 특히 주주 전원의 동의가 있는 경우에 판례는 그 보증이 보증회사의 회사목적을 추구하지 않았다는 항변에도 불구하고 보증의 유효성을 지지해 왔으므로, 완전자회사가 제공하는 보증의 경우 1인 주주인 모회사의 동의로 인하여 그 유효성에 관한 의문은 해소된다.[72]

계열사 간의 보증에 관해서는 이론 및 실무상 하향보증(downstream guarantee), 상향보증(upstream guarantee), 교차보증(cross guarantee)을 구분하여 취급한다.[73] 세 가지 유형의 보증약정 모두 회사의 능력이나 목적이라는 관점에서는 판례에 의해 유효성을 인정받고 있다.[74] 회사의 능력이나 목적 이외의 법적 문제에 관하여는, 대체로 하향보증은 법적인 문제가 없으나, 상향보증은 법적인 문제가 있을 수 있으므로 유의해야 한다는 것이 일반적인 견해이다.

하향보증은 모회사가 자회사의 채무를 보증하는 것이다. 이 경우 모회사는 자회사의 주식을 소유하고 있으므로, 보증 및 그 보증을 받아 유입된 차입자금을

69) 예컨대 Model Business Corporation Act 3.02(7), Delaware General Corporation Law 1.22(13).
70) Blumberg, 691.
71) Blumberg, 692.
72) Blumberg, 692.
73) Blumberg, 688; Robert J. Rosenberg, "Intercorporate Guaranties and the Law of Fraudulent Conveyance: Lender Beware," 125 University of Pennsylvania Law Review 235, at 238 (1976).
74) Blumberg, 692의 각주 29, 30, 31에서 20개가 넘는 판례를 인용하고 있다.

통해 증가된 자회사 주식가치의 수혜자가 된다. 따라서 약인(consideration)의 흠결이라든가 사해양도(fraudulent conveyance)의 문제는 원칙적으로 발생하지 않는다.[75] 다만 이미 도산상태에 빠진 자회사에 대한 하향보증은 사해양도에 해당할 수도 있다.[76]

상향보증은 자회사가 모회사의 채무를 보증하는 것이다. 자회사의 주식을 유일 또는 주요한 자산으로 하는 모회사에 자금을 대여하는 자는 자회사의 보증 또는 담보제공을 요구하게 된다. 실제 현금흐름은 자회사에서 발생하고, 환가가 용이한 재산들도 자회사에 존재하며, 모회사가 가진 자회사 주식이라는 자산은 자회사의 채권자들이 만족을 얻은 후에야 가치가 있는 후순위의 권리이기 때문이다. 이러한 대주의 요구에 따라 자회사의 보증 또는 물상보증을 제공함으로써, 모회사는 증가된 신용가치를 반영하여 보다 유리한 조건(저리의 이자율, 덜 엄격한 제한약정 등)으로 차입할 수 있게 된다.[77]

교차보증은 자회사가 동일한 모회사를 가진 다른 자회사의 채무를 보증하는 것이다. 조금 더 넓게 동일 기업집단 내의 (모자회사 아닌) 계열회사를 보증하는 것을 의미하기도 한다. 이 역시 담보가치를 확보하고자 하는 대주 측의 요청에 따라 이루어지며, 이를 제공할 경우 차주는 증가된 신용가치를 반영하여 보다 유리한 조건으로 차입할 수 있게 된다.[78]

하향보증과 달리 상향보증과 교차보증에서는 법적인 문제가 발생할 수 있다. 첫째, 보증을 제공함으로 인한 혜택이 보증인에게 귀속되는 하향보증과 달리, 상향보증 및 교차보증에서는 그로 인한 혜택이 보증인에게 직접 귀속되지 않고 기껏해야 "그 보증을 통해 그룹 전체의 재정적 상황이 개선되어 전체적으로 이익을

---

75) Rosenberg, 238; James C. Hale and Brandy M. Rapp, "Intercorporate Guaranties: Best Practices for Turbulent Times," Commercial Lending Review, Jan-Feb 2009, 14. 판례 중에도 Branch v. Federal Deposit Insurance Corporation, 825 F Supp 384, 400 (D Mass 1993) ("The court is aware of no case in which transfers to a solvent subsidiary have been determined to be for less than equivalent value.")

76) Commerce Bank of Kansas City v. Achtenberg, 90-0950-CV-W-6, 1993 US Dist LEXIS 16136 (WD Mo, WD November 10, 1993). www.internationallawoffice.com/Newsletters/Insolvency-Restructuring/USA/ Bingham-McCutchen-LLP/Downstream-Guarantees-as-Fraudulent-Transfers에서 재인용.

77) Hale and Rapp, 15.

78) Hale and Rapp, 15.

얻는다"는 것과 같이 후속적, 간접적이기 때문에, 과연 약인(consideration)이 존재하는지 문제될 수 있다.[79] 다만 오늘날 약인의 인정범위는 매우 넓어져서 실무적으로는 주채무와 보증채무가 단일한 거래로서 이루어진다면 보증인의 보증에 대한 약인이 주채무자에 대한 대여라고 보아 약인이 인정된다고 하므로[80] 현실적으로는 그다지 문제가 되지 않는다. 둘째, 보증이 보증인의 파산신청일로부터 1년 이내 이전에 이루어졌고, 만약 제공된 보증에 대하여 합리적으로 상응하는 가치(reasonably equivalent value)가 제공되지 않았으며, 보증 당시 보증인이 열악한 재정상황에 있었다면, 사해양도(fraudulent conveyance)에 해당하여 그 효력이 부인될 수 있다. 셋째, 보증의 효력 자체가 부인되지는 않더라도 형평의 원칙상 보증채권자가 주채권자보다 후순위로 취급될 수 있다.[81]

요컨대 모자회사 간의 보증에 있어서는 하향보증은 별다른 문제가 없는 반면, 상향보증은 사해양도로 판단되거나 도산시 후순위로 밀릴 위험이 있다고 보는 것이 미국 금융실무 및 판례의 일반적인 입장인 것으로 보인다. 하향보증도 이미 도산상태에 빠진 자회사를 보증하는 것이라면 사해양도로 판단될 수도 있다. 어쨌든 이러한 문제가 있더라도 그 효과는 당해 거래를 부인하고 민사책임을 묻는 것에 불과하고, 파산범죄에 해당하지 않는 한 형사책임의 문제가 되지는 않는다.

4. 일본

일본은 형법에서 배임죄(제247조), 회사법에서 특별배임죄(제960조)를 두고 있어 법제상으로는 형법에서 배임죄(제355조), 상법에서 특별배임죄(제622조)를 둔 우리와 상당히 비슷하다. 다만 일본은 형법에서 따로 업무상 배임죄를 두고 있지 않으며, '특정경제범죄 가중처벌 등에 관한 법률'과 같은 가중처벌도 마련하

---

79) Rosenberg, 239.

80) Hale and Rapp, 15.

81) 회사가 지배주주의 개인채무를 보증한 상향보증 건에서, 원칙적으로 그러한 보증도 유효하지만 회사의 다른 주채권자에 대한 관계에서 그러한 보증채권자(지배주주의 주채권자)는 후순위에 선다고 판시한 사례가 있다. 이는 일종의 형평적 열후화(equitable subordination)를 인정한 것이다. Jackson v. M. H. Thomas Investment Co., 46 F.2d 252 (5th Cir. 1931).

고 있지 않다는 점에서 차이가 있다.[82] 현실적인 차이는 법조문상의 차이보다 더 큰 것으로 보인다. 즉 일본에서는 배임죄가 한국에서처럼 회사를 둘러싼 법률 관계에 활발하게 적용되지는 않는 것으로 보이고, 특히 금융회사가 아닌 관계사 간의 지원성 거래를 처벌하는 용도로는 그다지 활용되지 않는 것으로 보인다. 그 이유가 관계사 간의 지원성 거래 자체의 빈도가 적기 때문인지, 검찰의 수사관행 및 정책의 차이인지, 또는 법리적 차이 때문인지는 분명하지 않다.

한편 일본의 주석서 등에서는 우리나라 판례에서 배임죄, 횡령죄와 관련하여 자주 되풀이되어온 1인회사-1인주주의 논의를 거의 찾을 수 없었다. 그러한 문제가 별로 발생하지 않아서인지, 1인주주의 배임행위도 죄가 되는 것을 당연히 생각해서인지는 발표자도 확신하지 못하겠다. 다만 형법상 배임죄가 아닌 회사법상 특별배임죄와 관련하여 "주주 전원의 동의가 있을 때에 회사에 대한 배임죄 성립 여부"에 관해 다음과 같은 논의를 찾을 수 있었다.

> 주주전원이 회사에 재산상 손해를 가하는 이사 등의 직무수행에 관하여 그 위험성을 충분히 인식하면서 승낙한 경우에 일본 회사법 제960조의 특별배임죄가 성립하는가라고 하는 문제가 있다. 이 점에 관하여 피해자인 회사를 개개의 주주의 집합체에 지나지 않는 것으로 생각한다면, 주주 전원이 동의하면 본죄의 임무위배행위에는 해당하지 않는다고 하는 생각도 있을 수 있을 것이다. 그러나 주주의 교대가능성이 있는 경우 등을 상정하면 알 수 있듯이, 회사인격에는 개개의 주주를 넘어서는 일정한 실체가 있는 것이므로, 법인격부인의 법리가 적용되는 것과 같은 사안을 제외하면, 주주의 동의가 있으면 항상 배임죄가 성립하지 않는다고 단정하는 것은 지나칠 것이다. 적어도 회사의 존속을 위태화하는 경우에는 배임죄가 성립할 수 있다고 하는 해석은 있을 수 있다고 생각된다.[83]

---

82) 배임죄에 관한 일본형법 제247조의 법정형은 5년 이하의 징역 또는 50만엔 이하의 벌금인 반면, 특별배임죄에 관한 일본회사법 제960조의 법정형은 10년 이하의 징역 또는 1000만엔 이하의 벌금(병과 가능)이다. 따라서 특별배임죄가 특별규정으로서의 기능을 충분히 발휘할 수 있다. 반면 우리 형법은 일본형법과 달리 제정 시부터 업무상 배임죄(356조, 355조 2항)를 별도로 규정하여 10년 이하의 징역에 처한다. 이것은 한국 상법 제622조의 특별배임죄의 법정형과 차이가 없으므로, 결국 상법상 특별배임죄는 형법에 대한 특별규정으로서의 의미를 거의 갖고 있지 않은 셈이다.

83) 落合誠一 編, 會社法 コンメンタール [21], 商事法務, 2011, 69面 (島田聰一郎 執筆部分). 인용문에는 아무런 학설이나 판례 등의 전거가 표시되어 있지 않아서 이 점에 대한 논의가 그리

위 인용문은 1인주주의 배임행위도 배임죄가 될 수 있다고 본 점에서는 우리 판례와 같다. 다만 단순히 별도의 인격을 가진다는 점을 지적하는 것으로 끝내지 않고 "회사의 존속을 위태화하는 경우"에 배임죄가 성립할 수 있다고 한 것은 독일 판례에서 힌트를 얻은 것이 아닌가 추측되며, 상당히 의미 있는 지적이라고 생각된다.

한편 완전모자회사 간의 지원성 거래로 인한 배임죄 성립 여부에 관하여도 상향식 지원이든 하향식 지원이든 별다른 논의를 찾지 못하였다.[84]

5. 유럽 차원에서의 기업집단 논의들[85]

유럽에서는 1970년대 후반부터 지금까지 기업집단 법제에 관한 논의가 활발하다. 독일법과 같이 기업집단간의 관계를 정밀하게 규정하는 포괄적 입법을 할 것인가, 아니면 쟁점별로 개별적인 접근을 할 것인가가 중요한 문제였는데, 후자의 흐름이 압도해 가고 있다.

(1) 독일주식법의 콘체른 관련 규정의 신설(1965) 후 1970년대 후반부터 독일법을 모델로 한 9th Directive 제정이 시도되었으나 1980년대 초반에는 동력을 잃고 좌절되었다. 한편 몇몇 나라가 독일의 예를 따라 포괄적인 기업집단 법제를 채택했다(포르투갈 1986, 헝가리 1988, 체크 공화국 1991, 슬로베니아 1993).

(2) 9th Directive 좌절로부터 거의 20년 후 유럽 각국의 저명한 회사법학자

활발하지 않음을 암시하는 듯하다.

84) 발표자가 비공식적으로 논의한 3명의 일본의 상법 전문가들은 완전모자회사 간 지원행위의 배임죄 성립 가능성에 관해 부정적이었고, 특히 완전모회사가 완전자회사를 지원한 하향성 지원행위를 형법상 배임죄로 의율하는 것은 매우 이상하다는 의견이었다. 물론 지원주체가 도산상태인 경우에는 지원주체의 채권자에게 손해가 발생하고 그에 대한 구제수단이 필요할 수 있으나 이는 도산법제에 따라 적절하게 권리의무를 조정하거나 파산범죄 등으로 다룰 일이지 형법상 배임죄의 문제는 아니라고 보았다. 물론 이는 매우 비공식적인 대화에 불과하여 정리된 의견은 아니며, 형법 전문가들도 같은 생각일지는 알 수 없다.

85) 이 항목은 천경훈, "기업집단법제에 관한 연구 - 기업집단 소속회사의 손익판단을 중심으로", 기업법연구 제29권 제3호(2015), 59-62면을 업데이트하였다.

들로 구성된 'Forum Europaeum on Group Law'의 1998년 보고서[86]에서는 콘체른법과 같은 포괄적인 입법보다는 기업집단과 관련된 특정한 쟁점(그룹경영, 도산시 이사의 의무 등) 별로 해법을 모색할 것을 제안하였다. 이 보고서의 가장 핵심적인 부분인 "그룹경영의 법적 인정(Legal Recognition of Group Management)"에서는 다음과 같은 지침 초안 (draft directive)를 제안하였다.

> 기업집단의 자회사의 경영진이 기업집단의 이익을 위하여 그 사업정책을 운영하고 그 결과 그 자회사 자체의 상업적 이익을 위하지 않는 방식으로 행위하더라도, 다음 조건이 갖추어진다면 그로써 의무를 위반한 것이 아니다: 기업집단이 균형 있고 굳건하게 성립된 구조를 가지고 있고 그 자회사가 장기적이고 일관된 기업집단 정책에 편입되어 있으며, 자회사 경영진이 그들의 행위에 뒤따르는 손실, 손해, 또는 불리함(특히 사업기회의 상실)이 합리적인 기간 내에 이득, 이익, 또는 유리함으로 균형을 맞추게 될 것이라고 합리적으로 가정할 수 있을 것.

> If the management of a group subsidiary operates its commercial policy in the interests of the group and consequently acts in a manner which is not in the commercial interests of its own subsidiary, it is not thereby in breach of its duty if: the group has a balanced and firmly established structure and the subsidiary is incorporated into a long-term and coherent group policy and the management may reasonably assume that the loss, damage or disadvantage (in particular, the loss of business opportunities) following from their actions will, within a reasonable period, be balanced by benefit, gain and advantage.[87]

이것은 결국 **로젠블룸 법리를 채택한** 것이다. 즉 일시적·즉흥적이 아닌 일관된 정책과 실체를 갖고 있는 기업집단에 속한 자회사는, 일시적으로 불이익이 있더라도 기업집단 구조 속에서 조만간 다른 이익을 누리게 되어 결국 균형을 이룰 것으로 예상되는 경우에는, **다른 기업을 지원함으로써 일시적으로**

86) Forum Europaeum Corporate Group Law, "Corporate Group Law for Europe," *European Business Organization Law Review* 1 (2000)
87) Forum Europaeum Corporate Group Law, 204.

불이익을 보더라도 그 경영진의 의무위반으로 보지 않는다는 것이다. 확고한 구조와 정책을 갖춘 기업집단의 존재는 상당히 엄격하게 요구하면서, 불이익에 대한 반대급부는 매우 느슨하게 인정하는 프랑스 파기원의 태도가 위 인용구에 그대로 반영되어 있다.

(3) 2000년에 European Commission이 설립한 "High Level Group of Company Law Experts"에서 낸 2002년의 보고서 및 그에 기반한 2003년의 "Action Plan of the European Commission"[88]에서도 유럽 차원의 포괄적인 입법조치는 불필요하다고 하였고 특정 문제별로 해결책을 모색할 것을 권고하였다. 원래 이 Action Plan에 따르면 2005년까지 기업집단 조직의 투명성 및 그룹내 관계에 관한 지침(Directive)를 마련하는 등 후속조치가 예정되어 있었으나 진척되지 않았다.[89]

(4) 그 후 회사법 전문가들로 이루어진 Reflection Group에서 European Commission에 제출한 2011년 Reflection Group Report[90]에서도 유사한 기조가 이어진다. 이 보고서는 특히 국경을 넘나들며 사업을 하는 국제적 기업집단을 염두에 두고, 기업집단에 관한 EU 차원의 입법을 하는 주된 목적은 "국제비즈니스 활동에서 기업집단 경영(group management)의 융통성(flexibility)을 유지하고 증진하는 것"이라고 한다. 그리하여 기업집단에 관한 어떠한 입법도 "기업집단의 이익(interest of the group)"이란 개념을 인정하는 방향으로 나아가야 하고, 이로써 기업집단의 모회사에게는 "기업집단과 그 소속회사들을 전반적인 기업집단의 이익에 맞춰 경영할 권리와 의무"가 주어진다는 것이다.[91] 이를 통해 유럽 각국에 계열사를 가지고 있는 기업집단은 각국 법을 파악하고 분석하는

88) Communication from the Commission to the Council and the European Parliament of 21 May 2003.
89) Francesco Chiappetta and Umberto Tombari, "Perspectives on Group Corporate Governance and European Company Law," *ECFR* 3/2012, 263.
90) Reflection Group, Report of the Reflection Group On the Future of EU Company Law, 2011.
91) Reflection Group, 60.

데에 드는 비용을 줄이고 더 효율적으로 기업집단 차원의 기업 활동에 종사할 수 있다는 것이다.

이 보고서에 의하면 그것이 독일을 제외한 유럽 각국의 국내법에도 가장 잘 부합한다고 한다. 스칸디나비아 국가들의 경우 사익추구를 위한 거래는 불허되지만, 경영진이 그 거래를 예견 가능한 미래에 회사에 보상을 해줄 "상호거래의 일상적인 주고받기(give-and-take) 시스템"의 일부로서 수행하였다면 책임을 지지 않을 것이라 한다. 개별 거래 하나하나가 회사에 이익을 가져다줄 것이 요구되지는 않기 때문이다.92) 네덜란드 대법원이 1991년 판결에서 채택한 "Nimox Doctrine"도 Rozenblum과 유사하지만 더 간명한 접근방식이고, 헝가리의 "de facto group"의 법리도 Rozenblum 법리와 유사하다고 한다.93)

다만 이 보고서는 Forum Europaeum의 보고서와 같이 기업집단의 이익을 인정하기 위한 구체적 요건을 정하고 있지는 않다. 해당 부분의 권고안(recommendation)은 다음과 같다: "EU 차원에서 조치를 취하는 것이 도움이 될 것이라는 증거가 있음을 조건으로, EU 위원회는 **기업집단의 이익**(the interest of the group)**을 인정하는 권고안**을 채택할 것을 고려해야 한다." 다만 그러한 기업집단 이익의 인정이 적용될 수 있는 범위에 대해서는 Reflection Group 구성원 사이에도 의견 차이가 있었는데, 일부 구성원들은 완전자회사들에만 적용되어야 한다는 입장이었고, 다른 구성원들은 상장자회사에는 적용되어서는 안 된다는 입장이었다.94)

그밖에 이 보고서는 (i) 1인회사에 대하여 적용 법규를 간소화하되 다만 채권자 등 이해관계인을 보호하는 규정개선을 하고,95) (ii) 기업집단의 구조와 소속회사 간 관계에 관한 투명성을 증진시킬 것을 권고하였다.96)

(5) 2015년 7월에 초안이 나온 European Model Companies Act97)

---

92) Reflection Group, 62.
93) Reflection Group, 63.
94) Reflection Group, 60.
95) Reflection Group, 67.
96) Reflection Group, 75.
97) 이는 미국법조협회(American Law Institute)가 만든 모범상사회사법(Model Business

에서도 제15장에서 기업집단(Groups of Companies)를 다룬다. 이 역시 위 문헌들과 비슷하게 로젠블룸 법리와 유사한 입장을 취한다. 특기할 것은 "완전자회사(wholly-owned subsidiary)"에 관한 별도의 정의규정을 두고 몇 군데 특칙을 두고 있다는 점이다. 완전자회사는 "모회사와 그 모회사의 다른 자회사 또는 그 모회사를 위하여 행위하는 자 이외에는 다른 주주가 없는 회사"[98]라고 정의되며, 이 조항에 관한 주석에서는 "소수주주가 없는 경우에는 그룹의 운영과 경영에서에 더 많은 탄력성이 인정되어야 하므로 완전자회사의 정의는 유용하다"고 하고 있다.

예컨대 Section 16에서는 로젠불룸 법리와 유사하게 그룹이익 관념을 인정하여 다음과 같이 규정한다. 그 (2)항은 완전자회사의 경우 손실과 이익 간의 균형 내지 전보 요건을 면제한다. 즉 완전모회사는 완전자회사에 대해 그 손실이 이익과 균형을 이루게 하거나 기타 이를 전보함이 없이도 불이익한 지시를 할 수 있고, 완전자회사의 경영진은 그 지시에 따르더라도 그의 신인의무를 위반한 것이 아니라는 것이다. 다만 (1)(c)의 적용은 면제되지 아니하므로, 완전자회사의 존속을 위험에 빠뜨릴 정도의 불이익은 지시할 수 없고, 그런 지시에 따른 완전자회사 경영진은 '신인의무를 위반한 것으로 보지 않는다'는 (1)항의 보호를 누릴 수 없다.

(1) 자회사의 경영진이 특히 모회사의 지시에 따라 자회사 그 자신의 이익에 반하는 결정을 하는 경우, 다음 조건을 모두 충족하는 한 그의 신인의무를 위반한 것으로 보지 아니한다.
   (a) 그 결정이 그룹 전체의 이익을 위한 것일 것
   (b) 그 손실/손해/불리함이 합리적인 기간 내에 이익/이득/유리함으로 균형을 맞출 것이라고 경영진이 합리적으로 전제할 수 있을 것
   (c) 여기서 손실/손해/불리함이란 회사의 계속된 존속을 위험에 빠뜨릴 수 있는 것은 포함하지 아니할 것.

Corporation Act)에 상응하는 유럽의 모델회사법을 만드려는 시도로서 유럽 20여 개 국의 약 20명의 법학교수와 10명의 전문가로 이루어진 전문가그룹이 2007년에 시작한 프로젝트이다. 순수한 민간 자율 활동이고 공식적인 정부기관과 연계된 활동은 아니다.

98) Section 3(1): A "wholly-owned company" is a company with no other shareholders except its parent company or any other subsidiaries or persons acting on its behalf.

(2) 자회사가 완전자회사인 경우에는 (1)(b)는 적용되지 아니한다.
(3) 자회사의 경영진은 (1)항의 조건을 충족하지 못하는 경우에는 모회사의 지시에 따를 것을 거부할 수 있다.

위 조문에 대한 주석에서는 이 조문이 로젠블룸 법리로부터 영향을 받았으되 모호성을 제거하고 예측가능성을 강화하기 위하여 그 요건을 더 단순화하였다고 밝히고 있다. 특히 로젠블룸 법리보다 기업집단의 인정요건을 훨씬 완화하였다.

(6) 이상에서 몇 가지 흐름이 간취된다. 첫째, 기업집단이라는 실체를 점점 더 정면으로 인정하고 개별 회사의 이익을 넘어선 **'기업집단의 이익'**을 인정하는 쪽으로 진화하는 추세이다. 즉 개별 회사에 당장 불이익하더라도 기업집단 전체의 이익에 부합하는 지시 및 준수의 적법성을 일정 요건 하에 인정하려는 것이다. 둘째, 그 방식으로 독일의 콘체른법처럼 성문법으로 빈틈없이 규정하는 방식보다는 로젠블룸 법리와 같이 **탄력적인 기준**을 개별 사안에 적용하는 방식이 선호된다. 셋째, 1인회사 내지 **완전모자회사 관계**는 일반적인 기업집단 내 회사들의 관계와 달리 다루어 불이익 전보 내지 이익 균형과 같은 요건까지도 면제하려는 시도가 보인다. 다만 이 경우에도 **도산을 초래하는 지시**까지 적법성을 인정받는 것은 아니다.

이러한 기조는 유럽 내 다국적 기업집단의 활동을 쉽게 하기 위해서는 어느 정도의 법통일이 필요하고 기업집단 경영의 융통성을 확보할 필요가 있다는 정책적 컨센서스에 기초하고 있다고 할 것이다. 준거법 선택이 자유로워진 오늘날 기업 활동에 유리한 법이 있어야 회사를 유치할 수 있다는 압박도 이러한 흐름의 한 원인이 아닐까 생각해 본다.

6. 소결

지금까지 살펴 본 비교법적 검토결과를 요약하면 다음과 같다.

국가	주요 내용
독일	– 일정 요건 하에 지배회사의 종속회사에 대한 불이익한 지시 및 그 준수를 허용 (하향지시=상향식 지원) – 계열사간 지원성 거래에 배임죄 적용 가능 (완전모자회사에서도 완전자회사의 존립을 위협하는 위법한 하향지시=상향식 지원에 배임 적용한 사례 있음)
프랑스	– 회사재산남용죄: 기업활동 과정에서의 회사재산 침해행위 형사 처벌 – 로젠블룸 법리의 적용: 일정 요건을 갖춘 기업집단의 이익을 위한 불이익지시는 일정 요건(불이익전보, 부담의 균형 등)하에 형사면책
미국	– 원칙적으로 계열회사간 지원성 거래는 민사문제 (이사회결의 등 내부절차, 공시, 손해배상청구 등으로 접근) – 민사적으로도 하향보증(지원)은 원칙적으로 문제없고, 상향보증(지원)은 사해양도의 문제 여지가 비교적 있음 – 파산절차에 들어가면 재산은닉 등에 대해 연방파산범죄로 처벌 가능
일본	– 배임죄 및 특별배임죄 규정 있으나 계열회사간 지원성 거래에 대한 적용은 활발하지 않은 듯
유럽 통합법	– 기업집단의 이익을 인정하고, 로젠블룸 법리를 더 간소화하는 추세 – 완전모자회사에 관하여는 기업집단 경영을 더욱 탄력적으로 허용하는 경향: 완전자회사의 존속을 위협하는 지시가 아닌 한 불이익전보도 불요

V. 결론

(1) 위 요약에서도 드러났지만, 여러 나라에서 형사적으로는 물론 민사적으로도 주로 문제삼는 것은 지배회사가 종속회사에 불이익한 지시를 하여 이득을 빼가는 상향식 지원이고, 하향식 지원은 별다른 논의의 대상이 아니다. 그러면 상향식 지원과 하향식 지원에는 어떤 근본적 차이가 있을까?

상향식 지원의 경우 완전자회사의 범위 밖으로 자산이 유출되므로, 지원의 수혜자인 1인 주주에게는 문제가 없지만 완전자회사의 채권자에게는 책임재산이 줄어드는 결과를 초래한다. 그것을 반드시 형사법적으로 처벌해야 하는지는 의문이 있지만, 어쨌든 이른바 존립 위험 등의 우려가 완전자회사에 생길 수 있고 이는 완전자회사의 채권자 뿐 아니라 근로자 등 광의의 이해관계자들에게도 악영향을 미칠 수 있다.

반면 하향식 지원의 경우 지원의 결과는 결국 완전모회사가 소유한 완전자회사 지분의 가치에 반영된다. 지원의 결과가 지원주체의 재산범위 내에 머무르는 것이다. 즉 하향식 지원은 지원주체인 완전모회사의 입장에서 보면 **자산운용방식 내지 보유형태의 선택**(현금 내지 현물로 들고 있느냐 자회사 주식의 가치를 증대시킬 것이냐)에 불과하다.[99] 그리고 다른 소수주주가 없으므로 이해관계의 충돌도 발생하지 않는다. 그러한 자산운용 방식의 선택이 잘못되어 완전모회사의 전체 가치를 떨어뜨릴 수도 있지만, 이는 전형적인 경영판단에 해당하므로 사후적 시각에서 형사적으로 처벌하는 것은 신중해야 할 것이다.

(2) 하향식 지원의 경우에도 완전모회사 채권자는 불이익을 받는 면이 있다. 즉 하향식 지원으로 인해 완전모회사의 자산형태가 현금 기타 자산에서 완전자회사에 대한 지분으로 바뀌는 데, 이 완전자회사에 대한 지분이라는 재산은 환가에 어려움이 있을 뿐 아니라 완전자회사의 채권자들에 비해 후순위에 있다. 이른바 구조적 후순위화(structural subordination)가 발생하는 것이다. 그 결과 완전자회사가 도산상태에 빠진다면 완전모회사 채권자들은 실제적 불이익을 입게 된다. 이는 기업의 자금조달에서 매우 전형적인 문제로서, 대상사안에서 채권자들이 '고철을 팔 때에는 현금을 받으라'는 등 가능한 한 모회사에 환가가 용이한 자산이 남아 있는 편을 선호하고 이를 약정으로 요구했던 이유의 하나가 되는 것이다.

그러나 이러한 채권자의 순위상의 이익을 보호하는 것까지 배임죄의 구성요건으로서의 완전모회사 이사의 "임무"에 해당하는지는 매우 의문이다. 그 의문은 법체계적인 측면과 비교법적인 측면에서 가지게 된다.

우선 법체계적으로 보면, 채권자의 순위상의 이익을 보호할 의무는 계약상의 의무, 그리고 상황에 따라서는 채권자를 보호하는 법체계(사해행위취소에 관

99) 완전모회사가 완전자회사에 출자를 하는 행위를 위법하다고 하기는 어려울 텐데, 다른 주주가 없는 상태에서 완전모회사가 완전자회사에 증여를 하든지 같은 금액을 출자하고 신주를 발행받든지 그 결과는 전적으로 동일하다. 어차피 100% 지분을 가지고 있고, 다만 그 주식 수를 몇 주로 표현하느냐의 차이가 생길 뿐이다.

한 민법규정, 채무자회생 및 파산에 관한 법률 등)상의 의무일 뿐이다. 계약상 의무 위반에 대해서는 계약상 책임을 지고, 도산법상 의무 위반에 대해서는 부인 등 민사법적인 효과와 사기파산죄[100] 등 형사법적인 효과를 각각의 요건에 따라 부과하는 것이 우리 법의 체계적 질서에 더 부합하는 접근방식일 것이다. 결국 손해 본 사람이 채권자뿐인 상황에서, 전문가들의 참여로 만들어진 계약 및 자율협약상의 장치와 정교하게 마련된 도산법 및 채권자보호 법제를 초월하여 "임무위배"라는 투박한 구성요건으로 유무죄를 가리는 것이 과연 합당한지 의문이다.

다음으로 비교법적으로 보면, 앞서 본 비교법적인 경향, 즉 ① 하향식 지원을 형사적으로 문제 삼는 예는 발견할 수 없었던 점, ② 상향식 지원도 형사적으로 처벌하는 나라는 한정되어 있었고 그 경우에도 자회사의 존립침해를 중요한 고려요소로 삼았던 점, ③ 개별 기업을 넘어선 기업집단의 이익을 위한 행위를 인정하는 점,[101] ④ 완전모자회사 간에는 이익충돌이 없음을 인정하여 더

100) 채무자회생 및 파산에 관한 법률 제650조(사기파산죄) ① 채무자가 파산선고의 전후를 불문하고 자기 또는 타인의 이익을 도모하거나 채권자를 해할 목적으로 다음 각호의 어느 하나에 해당하는 행위를 하고, 그 파산선고가 확정된 때에는 10년 이하의 징역 또는 1억원 이하의 벌금에 처한다.
   1. 파산재단에 속하는 재산을 은닉 또는 손괴하거나 채권자에게 불이익하게 처분을 하는 행위
   2. 파산재단의 부담을 허위로 증가시키는 행위
   3. 법률의 규정에 의하여 작성하여야 하는 상업장부를 작성하지 아니하거나, 그 상업장부에 재산의 현황을 알 수 있는 정도의 기재를 하지 아니하거나, 그 상업장부에 부실한 기재를 하거나, 그 상업장부를 은닉 또는 손괴하는 행위
   4. 제481조의 규정에 의하여 법원사무관등이 폐쇄한 장부에 변경을 가하거나 이를 은닉 또는 손괴하는 행위

   ② 수탁자, 신탁재산관리인, 수탁자의 법정대리인, 수탁자의 지배인 또는 법인인 수탁자의 이사가 파산선고의 전후를 불문하고 자기 또는 타인의 이익을 도모하거나 채권자를 해할 목적으로 제1항 각 호의 어느 하나에 해당하는 행위를 하고, 유한책임신탁재산에 대한 파산선고가 확정된 경우에는 10년 이하의 징역 또는 1억원 이하의 벌금에 처한다.

101) 물론 대상사안의 사실관계가 독일 또는 프랑스법이 적용된다고 하더라도 과연 기업집단의 이익을 위한 행위로 인정될만한 것인지는 매우 의문이다. 그러나 실정법이나 판례법상의 지침이 없는 상황에서 기업집단의 이익을 위한 적법한 지원행위를 하려해도 기준과 방법이 없는 것도 사실이다. 즉 할 수 있는 것과 할 수 없는 것을 사전적으로 구분해 놓고 할 수 없는 것을 한 데 대해 형사처벌을 하는 것은 정당하지만, 할 수 있는 것과 할 수 없는 것의 구분이 불확실한 상태에서 사후적으로 사안별 판단에 따라 형사처벌을 하는 것은 재고할 필요가 있다고 본다.

탄력적인 운영을 보장하는 점 등에 비추어 보아도, 완전모자회사 간의 하향식 지원을 형사상 배임죄로 처벌하는 데에는 신중할 필요가 있다고 생각된다.

(3) 이상의 논의를 종합하면 기업집단에서 모회사가 완전자회사 또는 완전손회사를 무상으로 지원하는 하향식 지원의 경우에는 특별한 사정이 없는 한 업무상 배임죄 또는 횡령죄의 죄책을 물어서는 안 될 것이다. 이는 종래의 판례에서 죄책을 인정해 온 상향식 지원, 즉 완전자회사가 완전모회사(기타 1인 주주)를 지원하는 경우와 경제적 함의가 전혀 다르다는 점을 유의해야 할 것이다.

기업집단에서 배임죄 요건*

- 독일의 판례와 학설 분석 -

홍 영 기**

I. 문제제기

법인인 회사와 자연인인 그 구성원은 법적으로 서로 구별되는 주체이다. 그렇기에 재산보호의무를 지는 사원이 임무를 위배하여 자신이 속한 회사에 손해를 끼친 행위를 배임죄로 평가하는 데에 이론적인 문제는 없다. 일인회사인 경우에도 이 점은 마찬가지라는 사실을 우리 대법원은 이미 확인한 바 있다.[1] 사실상 일인이 지배하는 기업집단을 대상으로 하더라도 구조가 다소 복잡해질 뿐 원리는 같다. 여기서도 단순한 배임과 마찬가지로, 여전히 행위자가 타인의 사무를 처리하는 자에 해당하는지, 대상이 행위자와 구별되는 독립적인 재산권자로서 본인이 될 수 있는지 그리고 그 행위를 임무위배로 볼 수 있는지, 손해는 확인되는지 등을 평가하게 된다.

미국에서 확립된 '경영판단원칙'이나 프랑스 로젠블룸 판례의 근거인 '기업집단이익이론' 등에 따르면 기업집단의 경영에서 배임 성립가능성은 제한될 것이다. 반면에 독일의 통설과 판례는 계약상 콘체른은 물론 사실상 콘체른 내에서도 행위주체와 피해를 입은 본인을 구별하여 배임죄 성립을 원칙적으로 긍정

---

* 이 글은 2016년 9월 개최된 대법원 비교법실무연구회에서 발표한 발표문이다. 이하의 내용을 요약하여 두 논문(홍영기, 기업집단에서 배임죄의 주체 및 임무에 대한 독일의 논의, 204면 이하; 홍영기, 기업 내 배임죄에서 의무위배 요건에 대한 독일판례 분석 - 특히 브레머불칸 사례를 중심으로 -, 65면 이하)에 나누어 게재하였지만, 나뉘기 이전 요약되지 않은 형태를 그대로 소개하는 것이 의미 있을 것으로 생각하여 일부 표현이나 각주 이외에는 당시 발표문에서 고치지 않았다.

** 고려대학교 법학전문대학원 교수, 법학박사

1) 대판 1983. 12. 13. 83도2330. 평석은 김일수, 일인회사의 주주겸 대표이사의 업무상 배임, 46면 이하.

하고 있다. 독일에서 이러한 소위 '콘체른배임(Konzernuntreue)'의 성립과 제한가능성에 대하여 이미 면밀한 연구가 진행되어 있고, 의미 있는 판례도 매우 많이 축적되어 있다.[2] 이하에서는 우리나라 사안 이해에 특히 참고할 만한 가치가 있는 독일의 판례와 학설에 대한 분석에 집중하고자 한다.

집단형태를 이루는 기업이 우리나라 경제에 미치는 막대한 영향을 생각할 때에, 경영행위를 배임죄로 처벌할 수 있는지에 대한 논의의 중요성은 법의 영역에만 머물지 않는다. 기업인의 판단 결과를 쉽게 처벌대상으로 삼는다면 융통성과 창의력을 떨어뜨려 결국 경제적 손실을 가져올 것이라는 우려와, 개인인 대표의 부정의한 행위로 인해 제3자는 물론 회사에게도 막대한 손해를 입힌 경우를 형법적으로 통제해야 한다는 요청이 대립되어 있다는 것도 잘 알려져 있다. 그러나 이와 같은 정책적 · 범죄학적 물음이 대부분 논의맥락을 지배하는 것은 바람직하지 않다. 적어도 형법적인 시각에서 본다면, 경영현장에서 이루어지는 배임사례라고 하여 새롭게 등장한 특별한 범죄유형에 해당하는 것으로 분류할 근거가 없다. 그렇기에 가벌성을 평가하는 작업은 무엇보다도 기존에 우리에게 익숙한 형법도그마틱의 정교한 요건확인으로부터 시작되어야만 할 것이다. 이 글은 다양한 영역으로 확대될 수 있는 논의의 토대를 이루는 기초적인 작업에 해당한다.

II. 독일 배임죄 개관

1. 특징

독일에서 배임(Untreue)은 상대적으로 확립된 지 오래되지 않은 범죄유형에 속한다. 고대에는 신뢰를 침해하는 여러 다양한 형태 가운데 하나였다. 로마법과 게르만법으로부터 함께 영향을 받아 배임이 금지되기 시작했으며 중세를

---

2) 이 글을 통해 다음이 왜곡된 정보라는 사실도 알 수 있다. "독일은 1851년 세계 최초로 배임죄를 형법에 규정한 국가다. 그럼에도 독일에서는 배임죄와 관련된 형사처벌 사례를 찾아보기 어렵다. 2000년 이후에는 '마네스만 사건'이 유일할 정도다. 배임죄 처벌은 물론 기소되는 경우가 드물다. 더구나 마네스만 사건은 손해를 입은 상대가 명확했음에도 불구하고 기부조건부 공소취소제를 활용, 경영진은 배임죄로 인한 형사처벌을 받지 않았다." [국민일보 2013. 1. 20자]

넘어 일반 란트법 시대에 이르러 절도 및 횡령과 다른 재산죄의 유형이라는 점이 부각되었다. 카롤리나 형법전에서는 소유권을 침해하는 범죄로서 절도죄와 함께 분류되었다가 1851년 프로이센 형법전에 이르러 독자적인 구성요건으로 독립되었다.[3] 1871년 독일제국형법전[4]에서 현재의 형태를 갖추었고, 바로 이 입법내용이 1907년 일본형법전을 거쳐 1953년 우리 형법에 이식되기에 이른다.

독일에서 배임죄 규정은 주로 근대 이후 재산의 소유자와 그 관리자가 분화되는 과정에서 있을 수 있는 의무위배를 최소화하고자 하려는 목적에서 소극적으로 활용되어 왔을 뿐이며,[5] 지금처럼 주목된 것은 그리 오래된 일이 아니다. 경제적 상황의 변화에 이어지는 불확실성이 증가하여, 배임에 포섭할 수 있는 행위들이 최근 20여년 간 극적으로 증가해왔다.[6] 일각에서는 이를 모두 형법적으로 통제하려 한다면 경제체계의 고유성이 침해될 것이라는 우려의 목소리도 함께 들려온다.

우리나라와 마찬가지로 독일에서도 재산관리의무자의 배신행위 가운데 극히 일부만 처벌하는 것으로 조사된다. 2009년 기준으로 12,233건의 배임이 집계되었다. 사기사건이 955,904건이었던 데에 비하면 적어도 양적으로는 덜 주목되는 범죄유형인 셈이다.[7] 그러나 발생건수가 아닌, 재산상 손해액으로 보면 문제는 다르다. 평균적으로 사기죄의 손해액이 2,200유로인 데에 반해 배임죄 한 건당 평균 손해액은 75,000유로에 달한다고 한다.[8] 여기에는 배임행위를 하는 주체가 달라지는 사정도 개입한다. 종전 배임 및 횡령행위를 하는 자들은 주로 재무담당직원, 경리 등이었지만, 현재 의미 있는 행위들은 대부분 기업의 대표이사에 의해 이루어지고 있다.[9]

---

3) Rentrop, Untreue und Unterschlagung, S. 24 ff.

4) 이에 대해서 Cappel, Grenzen auf dem Weg, S. 108 ff.

5) Kindhäuser, NK, § 266 Rn.3; Schünemann, Der Straftatbestand der Untreue, S. 839 f.

6) 현재 독일의 10개 기업 중 7개 기업에서 사기, 횡령, 배임이 발생한다는 기사(www.swp.de에서 Betrug, Unterschlagung, Untreue로 검색. 2015년 1월 28일 자)를 참조.

7) Seier, ARR, 5/4. 수치 자체도 90년대 중반에 비하면 두 배가 늘어났다(Rönnau, Untreue als Wirtschaftsdelikt, S. 889). 배임은 암수[暗數; 숨은 범죄]의 영역이 대단히 넓어서 전체 범죄 가운데 수사 대상조차 되지 못하는 것이 98.2퍼센트라는 조사결과가 있다(Saliger, SSW, 266/5). 독일에서 가벌성이 인정되지 않는 배임 '미수'까지 합하면 거의 대부분 사안이 암수 안에 머물고 있을 것으로 짐작한다.

8) Seier, ARR, 5/6.

2. 횡령과의 관계

근대 독일에서 배임과 횡령은 모두 신뢰를 부여한 본인에 대해서 성실의무를 위배함으로써 재산상 손해를 입힌 데에 공통점이 있는 것으로 생각되었다. 그러나 19세기 독일형법은 프랑스 드 페날(1810)에 영향을 받아 사기 및 절도와 다른 유형군으로 배임과 횡령을 구별하기 시작했다.[10] 포이어바흐(A. v. Feuerbach)의 견해를 받아들인 바이에른 형법전부터 배임과 구별되는 재물죄로서의 횡령을 새롭게 입법하였으며 1851년 프로이센 형법전 이후부터 이 전통이 이어지고 있다.[11] 형식면에서 독일형법은 횡령을 절도와 같은 장(제19장)에 규정하고 이와 별도로 배임을 사기와 같은 장(제22장)에 편제하고 있다. 배임에서 재산상 '손해(불이익)' 등 요건도 사기와 공통으로 쓰인다. 제246조는 횡령의 목적물을 동산으로 한정하고 있으며 우리나라 횡령에 해당하는 위탁물횡령(제2항) 외에 비위탁물횡령(제1항)[12]도 같은 항에 규정한다. 횡령에서 위탁관계(Anvertrautsein)는 배임죄의 신뢰관계(Treueverhaltnis)를 전제로 하는 것이 아니며 점유의 적법성으로 족하다는 점에서도 차이가 있다.

특히 기업 내 범죄와 관련하여 독일의 통설과 판례는 횡령과 배임 모두 의무침해범죄가 아니라 재산을 침해하는 범죄임을 분명히 하고 있다.[13] 횡령은

---

9) Rönnau, a. a. O., S. 888.

10) Rentrop, Untreue und Unterschlagung, S. 9.

11) Rentrop, a. a. O. 오스트리아형법은 횡령죄를 절도죄에 이어 규정하고 배임죄를 사기죄에 이어 규정하고 있어 독일형법과 유사하다. 배임죄에 권한남용이 포함된 점도 같다. 스위스형법은 제137조에서 불법영득(unrechtmassige Aneignung)을, 제138조에서 위탁횡령(Veruntreuung)을 규정하고 있는데, 전자는 독일형법 제246조 제1항의 비위탁물횡령에, 후자는 독일형법 제246조 제2항의 위탁물횡령에 해당한다. 제158조의 배임적 사무처리(ungetreue Geschäftsbesorgung)가 독일형법 제266조의 배임에 상응한다. 프랑스형법은 제314조의1에 반환, 관리, 특정용도사용의 의무를 지고 자금(fonds), 가치(valeurs) 또는 기타 재산(bien)을 위탁받은 자가 이를 영득하여 타인에게 손해를 가하는 행위로서 횡령과 배임에 해당하는 상황을 함께 규정하고 있다. 그와 별도로 프랑스상법(제241조의3, 제4항, 제242조의6 제3항)은 기업의 경영자나 임원 등이 직접 또는 간접적으로 개인목적을 위하여 의도적으로 회사의 부동산, 채권, 동산 등은 물론 자신에게 주어진 권한이나 의결권 등을 포함한 회사재산을 회사를 해하는 것을 인식하고도 남용한 경우에는 회사재산남용죄로 규정하고 있다(그밖의 입법 배경은 김재협. 그룹에 있어 회사재산 남용죄에 관한 프랑스 법원의 태도, 119면 이하).

12) 타인의 동산을 자기 또는 제3자에게 위법하게 속하게 하는 행위를 말한다.

13) BGH, NJW 2000, 154; Haas, Die Untreue, S. 39 f.; Rengier, BT, S. 347.

그 가운데에서 재물로 대상을 제한하고 있어서, 재산상 이익 및 재산상 손해와 그 위험에 해당하는 대상을 포섭할 수 없기에 배임이 이를 보완한다. 행위자가 배임을 저지른 경우, 그 행위 유형 안에 횡령이 경합되는 때라면 횡령이 형식적으로 보충관계에 놓이기에 배임죄에만 해당한다.[14] 이러한 횡령죄의 형식적인 보충성은 횡령죄 법문언에 표현된 것이며, 배임과의 법정형을 비교했을 때도 알 수 있다.[15] 횡령은 배임에 비해 비교적 소규모의 결과반가치를 반영하는 것이며, 배임이 상대적으로 광범위하면서 위력적인 손해를 입히는 유형으로 여겨지고 있다.[16]

법인인 회사와 자연인인 구성원의 재산을 독립적인 것으로 생각한다는 점에서 횡령과 배임의 법원리에 차이는 없다. 횡령은 유체물을 대상으로 하고 있다는 점에서만 다르다. 그러나 기업의 자금이라 할 수 있는 돈을 권한 없이 사용하는 것은 횡령이 아니라 배임에 해당한다.[17] 슈투트가르트 고등법원은 파산위기에 놓인 회사의 이사가 자신이 받지 못하던 임금을 회사로부터 스스로 지급하는 방식으로 충족한 경우에 서로 다른 인격성을 갖는다는 것을 긍정하여, 채권자비호죄(§ 283c)[18]에 해당하는 것으로 보았을 뿐 이를 횡령죄에 해당하지는 않는 것으로 판시한 바 있다.[19]

3. 규정

[독일형법 제266조] “타인의 재산을 처분하거나 타인에게 의무를 부과할 수 있는, 법률이나 관청의 위임 및 법률행위를 통해 승인된 권한을 남용한 자, 또는 타인의 재산상 이익을 관리해야 할, 법률이나 관청의 위임, 법률행위 또는 신뢰관계에 의하여 주어진 의무를 위반하고, 이로써 자신이 관리하는 재산의 이익향유자에 대해 불이익을 가한 자는 5년 이하의 자유형 또는 벌금형에 처한다.”

---

14) BGHSt 6, 314; 8, 254; BGH wistra 1991, 213; OLG Stuttgart NJW 1973, 1385.
15) [독일형법 제246조] 타인의 동산을 자기 또는 제3자에게 위법하게 속하게 (불법영득의사) 한 자는 당해 행위가 다른 형법규정에서 더 중한 형을 규정하고 있지 아니한 경우에는 3년 이하의 자유형 또는 벌금형에 처한다(배임은 5년 이하의 징역이나 벌금).
16) Ransiek, Risiko, Pflichtwidrigkeit und Vermögensnachteil bei der Untreue, S. 636.
17) Wessels/Hilenkamp, BT, Rn. 763.
18) 자신의 지급불능을 알면서 다른 채권자에 우선하여 특정 채권자를 비호한 행위.
19) Tiedemann, Die strafrechtliche Vertreter- und Unternehmenshaftung, S. 1844.

행위유형은 '권한남용'과 '의무위반'으로 나뉘어 있다. 권한남용은 행위자와 재산상 이익향유자(본인)의 외부적인 관계에서 주어진 권한을 전제로 하여 이를 남용하는 것을 말하고, 의무위반은 행위자가 본인과의 내부적인 관계에서 재산관리를 하게 된 상황에서, 그 배경이 되는 신뢰관계에서 비롯된 의무를 위배하는 것을 뜻한다. 두 요건 모두 '행위자가 본인의 재산을 관리'한다는 점과, '본인의 재산상의 이익'에 대하여 해를 입힌다는 본질에서 공통점이 있다. 우리 배임죄 규정은 이 두 가지 가운데 후자, 즉 임무위배의 측면만을 요건으로 삼고 있는 것이지만, 독일 학설의 이해도 이와 크게 다르지는 않다. 전자의 요건으로부터는 피해자의 손해가 반드시 있어야 하는 것은 아니라고 보는 일부의 견해도 있으나,[20] 두 요건에서 전제되는 의무는 본질적으로 다른 사람의 재산상 이익을 관리하는 의무이고, 그 신뢰를 해하는 것이 공통점이므로 후자의 범주에 전자의 요건이 포함된다고 한다.[21] 이에 따라 최근 통설과 판례는 굳이 두 가지 요건을 구별할 필요가 없는 것으로 보고 있다.[22] 우리나라 문헌에서 배임죄의 본질로서 소개되고 있는, 이른바 '권한남용설'과 '배신설'의 대립[23]은 이 두 가지 요건의 해석론이 이어지고 있는 것으로 보인다. 그러나 독일 규정과 차이가 있을 뿐만 아니라 독일 해석론을 좇는다고 하더라도 권한남용설의 의의는 더 이상 크지 않은 것으로 여겨진다.[24]

독일형법 재산죄에서는 '손해'(Schaden)라는 개념을 일반적으로 사용하지만, 배임의 결과는 '불이익'(Nachteil)으로 규정되어 있다. 통설과 판례는 이를 제263조 사기죄 등에서 규정되어 있는 '손해'와 동일한 개념이라고 한다.[25] 배

---

20) 예컨대 Kargl, Die Mißbrauchskonzeption der Untreue, S. 589.

21) 이것은 BGH 24, 387 이래의 견해다. 통설도 마찬가지이다. Hoyer, SK, § 266 Rn. 17 f.; Kindhäuser, NK, § 266 Rn. 26; Lackner/Kühl, § 266 Rn. 4; Saliger, SSW, § 266 Rn. 6; 비판적인 견해로는 Schünemann, LK, § 266 Rn. 13 ff.; Fischer, FK, § 266 Rn. 7. 이에 대한 학설대립의 상세한 해설로는 Wegenast, Mißbrauch und Treubruch, S. 18 ff.

22) 이른바 '체크카드사안'(BGHSt 24, 386; 33, 244)에서 독일판례도 양 행위유형의 구별이 의미가 크지 않음을 확인하고 있다.

23) 배종대, 형법각론, 76/6 이하; 이재상/장영민/강동범, 형법각론, 21/5 이하.

24) 조인현, 기업 인수·합병 과정에서의 배임행위와 판례의 태도, 213면 이하 참조.

25) 대표적으로 Perron, Schönke/Schröder, SSK, § 266 Rn. 39; Fischer, § 266 Rn. 111, 116. 최근에 들어서는 배임죄와 사기죄의 구성요건적 차이를 근거로 배임죄의 손해발생여부를 사기죄와 별도로 검토하고자 하는 시도들이 있다(Schünemann, LK, § 266 Rn. 177).

임행위로부터 손해가 발생했는지 여부는 배임행위 전후를 비교 평가하여 해당 재산의 가치에 경제적인 차이가 생긴 것으로 확인한다.26) 여기서 배임행위가 시작되는 시점은, 가령 배임을 가능하게 하는 계약이 있었을 때 그 체결행위를 한 때를 말하고, 그 효과로 재산상 이전이 발생하였다면 이를 비교하는 기준으로 본다.27) 우리나라와 달리 행위자의 '재산상 이익취득' 요건이 없으며, 그에 따라 범죄성립을 위해 불법이득의사를 요하지도 않는다. 배임미수를 처벌하지 않는 것도 우리와 다른 점이다.

4. 보호법익

독일의 판례와 학설은 배임죄 보호법익을 오로지 '재산'으로 본다.28) 배임죄는 본인의 처분권이나 내부적 신뢰를 보호하고자 하는 것이 아니라 단순한 재산죄이다. 배임죄 규정으로부터 내부적인 신뢰가 보호받게 되지만, 이것은 배임으로써 침해되는 대상일 뿐(행위결과), 보호법익(규범의 목적)으로 추가되지 않는다. 독일에서 사기죄도 순수한 재산죄로서, 처분의 자유나 거래의 진실성을 보호하는 규범이 아니라고 보는 것과 마찬가지이다. 기업활동 영역에서도 마찬가지이다. 배임죄는 법인의 재산적 이익만을 보호대상으로 하는 것일 뿐, 그와 관련되는 민사상 다른 권리들을 보호하는 것이 아니다. 회사에 소속된 사원이나 회사를 신뢰한 선의자의 이해관계 역시 간접적으로만 보호받는다.

이처럼 배임을 순수한 재산죄로 보는 이유는, 현대의 복잡하고 분화된 경제적 사정에서 신뢰나 내부관계 같은 대상을 법적으로 보호하는 것이 불가능하다고 여기기 때문이다. 자신의 재산관리 사무를 스스로 맡지 않고 다른 이에게 처리하도록 위임하는 경우가 대부분인 상황이기에, 이와 같은 내부적 신뢰관계를 법이 보호하려 나설 수 없으며 설사 법을 통해 보호된다고 하더라도 이는 비본질적인 것이라는 뜻이다.29)

---

26) BGH NJW 1999, 1489; 2003, 3717.
27) Fischer, § 263 Rn. 110; Perron, SSK, § 263 Rn. 99 ff.; Schünemann, LK, § 266 Rn. 178.
28) BVerfGE 126, 200; BGH 43 297; Hoyer, SK, § 266 Rn. 2; Kindhäuser NK, § 266 Rn. 1; Lackner/Kühl, LKK, § 266 Rn. 1; Saliger, SSW, § 266 Rn. 1; Schünemann, LK, § 266 Rn. 23.

다수의 학설은 배임법익의 영역을 확장하는 것이 바람직하지 않은 것으로 본다. 구체적 법익인 재산을 넘어서 다른 (추상적인) 가치를 보호하려 할수록 가벌성의 범위가 비정형적으로 확대될 것을 우려하기 때문이다. 같은 맥락에서 볼 때, 기업 안에서 저질러지는 배임죄를 '기업범죄' 또는 '경제범죄' 등으로 칭하는 것이 적절하지 않다는 의견도 있다. 이를 경제체계의 발전에서 비롯된 새로운 범죄현상으로서 생각한다면, 간편하게 추상적 위험범이나 전단계범죄화[30]의 대상으로 여길 수도 있는데, 재산죄로서 배임규정의 통제범위가 그처럼 확대되어서는 안 된다고 한다. 형법상 일반 재산죄 영역에 머물러야 하며 전통적인 구성요건 해석이 그대로 유지되어야 한다고 말한다.[31]

5. 제한적 해석

배임의 위헌성이 수차례 거론되었다. 구성요건 해석이 독일기본법 제103조 제2항 죄형법정주의 중 법관의 법률에의 구속, 명확성원칙에 위배된다는 내용의 위헌심사청구가 반복되어 왔다. 권한남용, 의무위반이라는 요건의 불명확성도 문제되지만,[32] 특히 최근 의미 있는 위헌성 심사는 불이익(손해)요건의 해석방식과, 그에 '위험'이 포함될 수 있는가를 논점으로 하고 있다.[33] 독일연방헌법재판소[이하 '독일헌재'로 씀]는 가벌성이 있는 배임죄는 그 결과로서 재산상 손해가 반드시 성립의 요건이 되어야 한다고 본다. 이렇게 배임을 '결과범'으로 이해하는 한에서만 배임죄규정이 합헌이라는 것이다. 배임미수가 없는 독일에서 결과발생에 상응하는 '위험'도 행위의 결과에 포함되므로, 위험의 발생만으로 배임은 기수에 이른다. 배임이 결과범이라는 점과 손해에 위험도 포함된다는 것은 모순이 아니다. '위험'도 하나의 '결과'로 보아야 하기 때문이다. 그렇기에 재산상 위험은 그 자체, 재산상 손해로 인정될 수 있는 정도와 수준이 되어야 하는 것으로서, 단지 막연한 내용에 그쳐서는 안 되고 바로 손해로 전환될 수 있는 정도로 구체적

---

29) 실무상 의의는 Saliger, SSW, § 266 Rn. 5; Foffani, Die Untreue im rechtsvergleichenden Überblick, S. 767 ff.
30) 배종대/홍영기, 형사정책, 35/17.
31) Cappel, Grenzen auf dem Weg, S. 164 ff.; Rönnau, a. a. O., S. 888, 특히 S. 896 ff.
32) Rengier, BT, S. 348.
33) 배임죄 규정 자체가 위헌이라는 견해는 소수에 그친다. Saliger, SSW, § 266 Rn. 4 참조.

인 것이어야 한다. 이렇게 해석할 때에만 배임규정이 기본법 제103조 제2항의 원칙에 반하지 않는다고 보는 것이 연방헌재 및 학설의 입장이다.[34)]

6. 법질서통일성과 형법의 독자성

배임 도그마틱에서 '다른 법, 특히 민법이나 상법에서 금지하지 아니하는 행위를 형법이 우선 통제할 수 있는가?', 또는 '다른 법이 보호하지 않는 대상을 형법이 보호할 수 있는가?' 등의 질문은 매우 중요하다. 이를 긍정하는 경우에는 '법질서의 통일성'이 훼손될 것이라는 우려가 있다. 문헌에 따라서는 배임통제를 위한 형법의 적극적인 임무를 강조하는 것이 '형법의 보충성원칙'에 반한다고 말하기도 한다.[35)]

우리나라 상법학에서는 기업경영 사안에서 의무위배를 제한적으로 해석하여 배임죄 성립을 부정하려는 소극적인 입장이 우세한 것으로 보인다. 형법학에서 소위 '법률적 재산개념' 내지 '법률적-경제적 재산개념'을 취하는 견해 또한 다른 법률의 내용을 형법적 판단에서 적극 수용할 것을 요구하고 있다.[36)] 이처럼 다른 법의 해석을 존중하고 법질서의 통일성을 엄격하게 추구한다면, 다른 법이 허용하는 행위영역에서는 형법적으로도 배임죄 성립이 부정되어야 한다는 논증이 설득력을 갖게 될 것이다.[37)] 이러한 쟁점은 비단 배임에서만 문제되는 것이 아니다. 재산죄 영역에만 국한하여 보더라도 소위 '불법원인급여'와 사기, 횡령, 배임 등의 논점이 모두 관련되어 있다. 예컨대 장물을 보관하는 자가 횡령한 경우 처벌할 수 있는지, 매음료를 면탈하는 것이 사기에 해당하는지 등이다. 최근 예로서, 우리 대법원은 중간생략등기의 형태로 소유자 아닌 행위자가 사실상 보관중이던 부동산을 타인에게 매도한 경우 죄가 성립하지 않는다고 하여 민사특별법에 대한 통일적인 해석을 중요시한 바 있다.[38)]

---

34) BVerfG NJW 2009, 2370; BGHSt 21,113. 이에 대해 더 자세히는 홍영기, 배임에서 결과평가의 엄격성 - 손해 및 위험에 대한 독일 해석론과 대조하여 -, 142면 이하.

35) Kraatz, Zur limitierten Akzessorietät der strafbaren Untreue, S. 449 ff.

36) 김일수, 앞의 논문, 59면; 배종대, 형법각론, 64/4 이하. 반면에 경제적 재산개념을 취하는 예는 이재상/장영민/강동범, 형법각론, 17/11; 대판 1992. 5. 26. 91도2963. 논의에 대해서는 Perron, SSK, § 263, Rn. 82.

37) 이러한 입장에 서 있는 예로는 Wagner, Die Untreue des Gesellschafters, S. 112 ff.

매우 중요한 테마이나, 이 글에서 법질서통일성 원리에 대한 상세한 이론적 논평을 할 수는 없다. 단지 법의 해석원리로서의 기본적인 의의만 분명히 하고자 한다. 법질서가 통일적이어야 한다는 것은 상위법과 하위법이 분화된 전체 법체계의 피라미드형태의 구조에서 상위법의 원리를 침해하는 하위법이 있어서는 안 된다는 명령이자, 같은 서열에 놓인 법률 가운데 어느 법률의 해석·적용으로 인해 다른 법규정의 존재가치가 무의미해지는 것을 허용해서는 안 된다는 당위이다.[39] 하나의 법률체계에 드러난 구체적인 규범의 내용이 다른 법률영역에도 그대로 타당해야 한다는 뜻으로 이해될 수는 없다. 로마법 이래 여러 법률의 고유 영역이 꾸준히 분화되어 왔다는 사실은 이미 각 법률들의 규율대상과 규제하는 방식이 서로 구별된다는 것을 전제로 하고 있는데, 모든 법률이 다시금 통일적인 개념과 규율대상을 가져야 한다는 요청에 큰 의의를 부여할 수는 없다. 법질서통일성이 유지되는 상태란 '법체계 무질서'가 배격되는 상황이나, '각 법률의 독자적 역할'은 그대로 유지되는 경우인 것이다. 더욱이 현재 사회시스템이 세분화됨에 따라 더 많은 법률과 법규정이 입법되고 있는 때에, 법규범 간 내용 통일되어 있어야 한다는 주장은 과거에 비해 더 낮은 설득력만 갖게 될 것이다.

그렇다면 이 때에 부각되는 형법의 독자적 역할은 무엇일까? 우리는 근대 이후 형법이 다른 법과 대비되는 역할을 감당하게 된 배경에서 이를 알 수 있다. 여기에는 대상에 대한 결과상의 가시적인 침해보다는 행위자의 행위반가치, 즉 행위불법의 측면을 처벌의 근거로 삼게 되었다는 사실이 전제되어 있다. 즉 나쁜 결과가 있다고 해서 곧바로 처벌하는 것이 아니라 그 결과를 놓고 행위자를 비난할 수 있을 때에 비로소 처벌한다. 형법이 이처럼 행위자 책임귀속을 강조하는 것은 형벌의 궁극적인 목적이 언제나 '응보' 내지 '예방'으로 생각되고 있다는 사실에서도 드러난다. 행위자의 주관적 내심에 자리잡은 잘못에 주목하지 않고서는, 즉 결과반가치만을 중시한다면 형벌은 응보나 예방의 의의를 지닐 수가 없는 것이다. 이러한 소위 '주관적 귀속'의 분명한 원리는 '고의 및 책임이 없으면 범죄도 형벌도 없다'는 책임원칙 내지 고의가 아니더라도 최소한 과실은

38) 대판 2016. 5. 19, 2014도6992.
39) Engisch, Die Einheit der Rechtsordnung, S. 13 ff.

개입되어야 한다는 '과실책임주의'로 고착되었으며, 이는 무과실책임을 허용하는 다른 법률과 별개의 작동원리를 갖게 만들었다.

형사법의 독자적인 특징은 근대적 형사사법에서 국가의 역할을 살펴볼 때도 분명하게 드러난다. 국가는 범죄로부터 시민을 보호하고, 범죄자의 권리를 보장하는 기능을 적극적으로 담당해야만 하는 의무와 권리를 독점하고 있다. 민사법영역에서와 달리 이 때 사적 자치, 계약자유는 아무 의미가 없다. 후자에서는 특히 일정한 법률행위로부터 어떠한 가시적인 손해로 결과되지 않았거나 그 손해(의 정도)에 대해 당사자 스스로 용인하고 있다면 이를 굳이 문제삼지 않아도 된다. 반면에 형벌권을 담당하는 국가기관은 이러한 때에도 일반시민의 권리침해의 결과를 염두에 두어야 하며, 무엇보다도 그 침해를 야기한 행위자의 내심에 주목하여 그에 상응하는 형벌을 부과해야만 하는 것이다. 재산범죄를 취급할 때에도 그렇다. 형사사법은 타인에게 손해를 끼칠 의도를 갖고 행위한 자의 행위내용과 그로 인해 침해된 법익에만 주목한다. 피해자가 이를 용인할 수 있는 경우인지, 경제시스템에 참여하는 자들의 관행인지, 또는 선의의 제3자 등에 대한 간접적인 피해는 없는지 등의 질문에 (양형사유를 넘어서는 수준의) 관심을 갖지 않으며 가져서도 안 된다.

바로 이와 같은 특징이 형법의 독자적인 통제내용을 형성하고 있는 때에, 서로 전혀 다른 토대를 지닌 법률 간 해석원리가 완전히 통일되어야 한다는 것은 합리적인 요구일 수 없다. 이처럼 형법의 독자성을 강조한다고 해서 형법의 보충성이 훼손되는 것도 아니다. 형법의 보충성 또는 최후수단성의 뜻은 다른 법의 독자적인 원리를 존중하여 그 법을 통한 해결에 우선 기대하되, 다른 법으로서 제어할 수 없는 곳이 있을 때에는 형법이 독자적인 역할을 담당해야 한다는 요청이다.[40] 민사법이 규제하지 않는 것을 형법이 금지할 수 없다는 당위를 소극적(negativ) 보충성이라고 한다면, 배임죄 해석에서 중요한 이러한 이해는 영역의 차이를 감안하는(asymmetrisch) 보충성이라고 부를 수 있다.[41] 만약 본인에게

40) 유사한 논증은 Seier, ARR, 5/382. Perron, SSK, § 263 Rn. 83 참조. 독일판례가 형법이 개입해야만 하는 정도 면에서 본인에게 손해가 크게 미친 때에 형법이 개입한다는 점을 말하고 있기에 이 원리에 놓인 것이라는 논평은 Kraatz, a. a. O., S. 458 f.

41) 유사한 표현은 Kudlich/Oğlakcioğlu, Wirtschaftsstrafrecht, Rn. 339.

아무런 재산상 손해가 발생하지 아니하였는데도 단지 의무의 불이행이라는 측면에서만 처벌하려 한다면 그것은 두 가지 의미의 보충성을 모두 훼손하게 된다.[42]

III. 독일 기업집단 내 배임

1. 기업집단

(1) 독일 회사

독일은 주변국에 비해 뒤늦게 산업화를 이루었다. 이는 다른 나라의 발전 수준을 따라가기 위해서 중앙집권적인 경영방식을 취함과 동시에 회사간 협력 모델을 선호하게 된 원인이 된다. 영미 회사에 비할 때 내부의 특정인에게 소유구조가 집중된 양상이 두드러지고 있다. 2차 대전 이후에는 독재정권에 봉사하였던 대기업들에 대한 비판도 회사법체계에 대폭 반영되었다. 기업이 소수의 설립자 등의 뜻에 따라 운영되도록 내맡겨질 수는 없다고 생각하게 되었고, 그로부터 노동자들이 경영에 적극적으로 개입하고 감시하며 그로부터 수익을 분배받을 수 있도록 유념하고 있다. 경영이사회의 활동을 감사이사회가 감독하는, 이원화된 이사회구조를 취함으로써 회사기관은 주주총회, 감사이사회, 경영이사회의 3개로 구성된다.[43]

영미권의 회사는 대부분 주식을 통해 자금을 공급하지만, 독일 기업은 개인투자자들의 역할이 상대적으로 제한되어 있으며 기관투자자의 소유지분이 비교적 높은 것이 특징이다. 특히 은행 등 금융기관과 사실적인 협력적 관계를 유지하여 자금조달을 이루는 비율이 높다.[44] 곧 지분소유자이자 이사 파견자로서 은행의 역할이 기업 내에서도 중요하다.[45] 기업과 은행들은 상호출자에 의한 광범위한 지분관계를 통해서 안정적인 지배관계를 형성하고 있다.

---

42) Rönnau, a. a. O., S. 912.
43) Koch, Gesellschaftsrecht, S. 311 ff.
44) 은행으로부터의 차입에 의존하더라도 부채비율은 매우 낮다. 150퍼센트라고 한다.
45) 상장자의 최대주주는 비금융회사, 은행 또는 보험회사들로서, 이들이 전체 주식의 53퍼센트를 차지하고 있다고 한다(유병규, 기업지배구조와 기업범죄, 130면).

(2) 콘체른

독일의 주식법(Aktiengesetz) 제15조는 다섯 가지의 기업결합형태를 규정하고 있는데 콘체른은 그 가운데 하나의 형식이다. 콘체른은 통일적 지휘에 의하여 결합된 둘 또는 그 이상의 기업집단을 뜻한다. 이러한 형태의 기업집단에서 지배권을 근거로 하는 경영행위는 지배기업의 이익뿐만 아니라 종속회사 및 콘체른 내 모든 기업의 이익을 고려한다(같은 법 제308조 참조). 콘체른은 법적으로 독립된 기업들의 결합체로서 각 기업의 고유한 법인격을 전제하고 있다.[46] 반면에 경영학적에 개념에 따르면 다수의 기업을 운영하는 통일적인 경영체로 생각된다는 점에서 차이가 있다.[47]

독일에서는 콘체른 내 상호보유나 순환출자가 거의 없고 대체로 모회사가 자회사에게 일방적으로 출자한다. 그 지분은 대부분 안정적 지배를 가능하게 할 정도로 크며, 많은 경우에 100퍼센트이다. 그렇지만 콘체른 내의 자회사는 모회사에 대해 어느 정도 독립성을 갖는다. 우리나라에 비할 때, 널리 분산된 소유구조를 갖는 콘체른 지주회사는 물론, 심지어 가족의 지분이 매우 큰 기업들에게서도 대개 전문인의 경영이 실현되고 있다.[48]

독일에서는 회사법과 주식법, 유한회사법 등 규정을 통해 콘체른 내 지배구조에 따른 권한과 의무가 규정되어 있으며, 이를 통칭하여 콘체른법(Konzernrecht; Konzerngesetz)이라고 부른다. 이에 따라 모회사가 자회사에 대해 지배권을 갖는다는 사실과 그에 해당하는 범위가 확인되며, 그에 대응하여 모회사의 책임내용이 드러나게 된다. 지배회사가 하나 또는 복수의 종속회사에 대해서 통일적인 지배권을 갖는 콘체른을 구성하였다고 하더라도 모회사 지배권의 한계가 있으나, 콘체른 이익을 위해 종속회사에게 어느 정도 불이익이 있는 관리도 허용된다(독일 주식법 제308 내지 310조). 지배기업에 의한 유연한 지배가 가능하더라도 종속된 회사의 '존립에 위협이 되는 수준'의 권한행사는 금지된다. 이는 재산보호의 주의의무에 위반한 것으로서, 이로부터 민사상 손해배상의무가 발생하며 배임죄 구성요건에도 해당할 수 있게 된다.[49]

---

46) 유진희, 콘체른법상 결합기업의 개념, 394면.
47) 이준보/고재종, 기업결합법 II, 156면 각주 6); Saenger, Gesellschaftsrecht, Rn. 924.
48) 박노영, 독일과 한국의 기업집단 비교, 6면 이하.

1965년 주식법을 개정하면서 콘체른 내 민사상 의무의 주체를 기업관계뿐만 아니라 회사를 지배하는 모든 (자연)인에게도 적용하자는 견해가 있었으나 받아들여지지 않았다. 기업적으로 지배당하는 상태의 위험성만을 취급하자는 의도였다고 한다.50) 독일 콘체른법상의 재산보호의무는 지배 · 피지배 기업 간 법률관계를 규율하는 것으로서, 이는 형법상 지배권을 행사하는 자연인을 배임행위자로 여기는 것과 근본적으로 구별되는 구조이다.

독일 회사의 전형은 주식회사(Aktiengesellschaft: AG)가 아니라 오히려 유한회사(GmbH)이므로 콘체른 배임과 관련된 다수의 사례 역시 유한회사와 관련되어 있다.51) 배임행위의 취급에서 두 형태 회사 사이에 큰 차이는 없다. 다만 주식회사는 법률적으로 보아 대표, 감사, 주주총회 등 기관 간 더 확실한 역할의 분화가 전제되어 있는 데에 반해 유한회사는 회사대표기관에 대한 종속성이 더 강하다는 점이 다르다. 종속된 유한회사가 '딸려 있는 회사'로서 강하게 결속된 것과는 달리, 사실상 콘체른 형태에서 주식회사의 형태는 전체 회사의 대표이사가 실질적인 지배력을 행사하는지, 아니면 다수 주주의 승인이 지배력을 행사할 수 있는 것인지에 따라서 구체적으로 나뉜다.52)

2. 배임의 대상(피해자)으로서 본인

(1) 원칙

기업집단에서 배임죄 성립과 관련하여 우선 확인할 것은 손해를 입는 배임죄의 피해자, 즉 '본인'이 누구인가 하는 것이다. 행위의 대상이 정해져야 그에

---

49) Saenger, Gesellschaftsrecht, Rn. 964.

50) 유진희, 앞의 논문, 395면 이하.

51) 독일에서는 80만개 이상의 유한회사가 있으며, 그 가운데 30퍼센트 이상은 어떠한 식으로든 콘체른 관계에 놓여 있을 것이라고 한다(Lamann, Untreue im GmbH- Konzern, S. 4 f.).

52) Arens, Untreue im Konzern, S. 283. 법률상 규정이 없는 사실상 유한회사 콘체른에서와는 달리 주식회사의 (사실상) 콘체른 형태에서는 주식법 제57조 제1항 제1문과 주식법 제311조 이하에 자금운영 형태가 규정되어 있다. 유한회사법 제30조상 유한회사에서는 기본자본(Stammkapital)이 존립의 전제가 되나, 주식회사에서는 재산적 가치가 담보로 제공되어 있다거나 선의자를 위해 제공된 상황이라면 그것이 실질적인 자금으로 환가되기 전에는 아직 고유한 자본이라고 볼 수가 없다. 주식법에 의하면 그와 같은 불확정된 상태의 자본을 주주에게 분배할 수 없도록 하고 있다.

게 귀속되는 재산상 손해 여부가 확인될 수 있는 것이기 때문에 이에 대한 답을 생략할 수는 없다. 여기서 재산보호의 의무를 형성하는 신뢰관계는 경제적인 원인으로 발생하는 것이 아니라 법적인 기준에 따라 확인되어야 한다. 즉 타인의 재산관리를 맡은 사실적인 근거보다 법령이나 계약, 위임 등 민사법적인 신뢰부여가 핵심적인 요건이다.[53)]

배임행위의 대상(피해자)이 되는 본인은 자연인 및 법인이다. 권리능력이 있는 인적 단체이지만 예를 들어 민법상회사(BGB-Gesellschaft), 합명회사(OHG), 합자회사(KG) 등은 그 조직 스스로 재산의 소유주체가 되지 못한다. 독일민법 제1조가 말하는 법률행위 능력은 없기 때문이다. 재산소유 관계가 있다면 그 조직 내 자연인이 소유하는 것으로 보아야 하는 것이지, 그들과 별개인 회사가 소유하는 것이 아니다. 즉 배임의 피해자인 본인은 곧 단체의 구성원들이다. 그렇기에 이 경우에 인적 집단 자체에 불이익이 있다고 해서 배임죄가 성립할 수는 없다.[54)]

기타 법인은 이와 다르다. 고유재산을 소유할 수 있는 독립된 인격으로 취급된다. 사원이나 주주의 재산은 법인의 재산과 엄격하게 구별하는 것이 확고한 원리이다. 배임죄의 대상이 될 수 있는 본인으로서 재산상 가치의 소유자는 법인 그 자체이며 사원이나 주주와는 구별된다. 독일판례는 이 점을 분명히 한다.

> "회사의 재산은 부분적으로 공통된 영역이 있다고 하더라도 사원이나 주주의 소유재산과는 구별된다. 물론 회사재산이 주주들의 출자에 의해서 형성되는 것은 분명하며, 그에 따라 회사재산의 소유자로서 각 주주들이 일정한 지분을 갖는다. 그렇지만 법적으로 평가하자면 회사의 재산은 사원은 물론 출자자로서의 주주의 시각에서 볼 때 타인의 재산인 것이다."[55)]

53) 독일통설과 판례의 태도이다. RGSt 42, 278; RGSt 69, 338 f.; BGHSt 1, 187 f.; 3, 40; 34, 384 f.; 35, 337; BGH NJW 2000, 154; OLG Celle NJW 1959, 497; Gribbohm, Untreue zum Nachteil der GmbH, S. 11; Müller, Wirtschaftsstrafrecht, § 32 Rn. 20; Fischer, § 266 Rn. 11; Perron, SSK, § 266 Rn. 6; Dierlamm, MK, § 266 Rn. 35; Kindhäuser, NK, § 266 Rn. 30; Brand, Untreue und Bankrott, S. 61 ff., 74 f. 소수의 견해는 이와 같은 법률적인 관계가 있지 않더라도 사실적인 위임만으로도 족하다고 한다. 그렇다면 이때의 본인은 회사의 재산을 사실상 소유하고 있는 사람이 된다(Nelles, Untreue zum Nachteil von Gesellschaften, S. 446, 450, 469).

54) Dierlamm, MK, § 266 Rn. 146, 201. 다른 견해로는 Brand, Untreue und Bankrott, S. 220 ff.

이러한 취지에서 독일의 판례는 회사에서의 배임죄 구성요건이 독자적인 법인격 주체의 재산을 보호하려는 것임을 강조하고 있다.[56] 이러한 재산소유의 구별은 콘체른 등 기업집단 구조에서도 그대로 유지된다. 집단화된 각 기업들은 주식법 제15조에 의해 법적으로 독립된 주체로 취급되는데, 이는 곧 각자 구별되는 고유의 재산상 권리주체가 된다는 뜻이다. 그렇기에 같은 계열사에 속한다고 하더라도 모회사 및 자회사 등은 서로 다른 회사로서 구별되며, 이 점은 통일된 운영에 따라 결속된 상위 회사와의 관계에 있어서도 마찬가지이다. 이러한 형태의 기업의 결속이 있을 때 모회사에 백퍼센트 속해 있는 자회사인 경우라 하더라도 모회사와 법적인 독자성이 유지된다.[57]

형법의 영토적 효력과 관련하여 이 점을 분명히 한 판례가 있다. 기업집단 내 모회사 'A 프랑크푸르트'의 대표이사인 피고인은 업무상 조달계약을 근거로 하여 카이멘에 소재한 자회사 'A 카이멘'사로부터 역시 같은 계열 자회사인 모나코 소재 'A 모나코'의 계좌로 허용되는 신용의 정도를 넘어서는 액수인 5천 4백만 달러를 보내도록 어음을 이용하여 처리하였고, 이를 장부에 기재하지 않은 채 다시금 제3자에게 처분하였다. A 카이멘은 A 프랑크푸르트의 100 퍼센트 자회사였다. 이 사안에서 프랑크푸르트 고등법원은, 배임죄 구성요건에 해당하는 결과가 프랑크푸르트에서 발생한 것이 아니라, 카이멘사 소재지인 카이멘섬에서 일어난 것으로 보았다. 독일 내에 있는 모회사에서 피고인이 임무위배를 하여 외국의 자회사에게 손해를 미쳤다면, 비록 그 손실부분의 효과가 모회사에 영향을 미쳤다고 하더라도 결과발생은 외국에서 일어난 것이며, 따라서 결과발생지를 기준으로 하였을 때 국내 관할에 놓이는 것이 아니라고 한다.[58] 이 판례는 집단적 기업형태로 활동하는 국제적인 콘체른의 경우에도 모회사 및 그에 소속된 경영인의 행위지가 피해자인 본인으로서 자회사와 엄격히 구별된

55) BGHSt 51, 29.
56) 주식합자회사(KGaA)는 합자회사(KG)와는 달리 주식회사법 제278조에 따라 고유의 법인격을 가진 법인으로서 회사이므로 스스로 권리와 의무의 주체가 된다. 따라서 고유의 재산을 소유하게 되는데, 이는 회사구성원과의 관계에서 독자적으로 귀속되는 것이다. 즉 주식합자회사에서 이사의 이해에 따라 재산을 처분하는 것은 주주이익에 손해를 가하는 행위로서 배임에 해당한다(BGH, wistra 1986, S. 69, 70).
57) Saenger, Gesellschaftsrecht, Rn. 937 f.
58) BGH, wistra 1989, S. 112.

다는 원칙을 확인하고 있다.

(2) 일인회사의 경우

1) 원칙

회사가 피해자인 본인이며, 그 재산은 회사를 이루는 기관 또는 그 구성원인 자연인의 재산과 구별된다는 이러한 원칙은 한 명의 자연인이 단독의 회사구성원인 동시에 그 회사의 경영자인 이른바 일인회사[59]의 경우에도 유지된다.[60] 그 목적에 따라 한 사람의 자연인이 사업을 수행하는 경우뿐만 아니라 회사조직 자체는 형식적으로 복수의 사원으로 이루어지나, 사실상 일인이 지배하는 회사도 이 개념에 포함된다. 독일 통설과 판례에 따르면 일인회사도 언제나 일반적인 회사와 같은 취급을 받는다. 이 경우에도 법인으로서 회사는 이를 운영하는 일인인 자연인과 다른 독자적인 주체이다.[61] 원칙적으로 손해를 입은 자는 사실적 · 법인격적으로 행위자와 동일한 사람이어서는 안 된다. 그렇기에 일인회사의 경우라면 재산에 대한 손해는 행위를 통해서 기업의 재산이 불이익을 입은 경우를 말하는 것이며, 자연인인 행위자 자신이 재산상 피해를 입은 때를 의미하는 것은 아니다.[62]

이러한 일반원리에 대한 반론도 제기되어 왔다. 회사와 구성원을 독립된 주체로 보는 전통적인 회사법원칙은 (선의의) 제3자를 보호하기 위한 민사법적인 원리일 뿐이므로 형사법적으로도 예외 없이 인정되지는 않는다고 한다. 이는 민사법적 필요에 의한 '반사실적인' 원리이고, 실질적으로 양 주체는 같은 것인데 형법적 관심은 오로지 '본인의 재산적 이익의 보호'여야 하기 때문에 본인과 같은 사람이 행위자가 될 수는 없다는 것이다.[63] 유사한 맥락에서 '일인이사의 이익이 곧 회사의 이익과 같기' 때문에 독자적인 주체로 볼 수 없으며, 그렇

---

59) 이를 Einpersonen-Gesellschaft, Einmann-AG, Einmann-GmbH 등으로 쓰며, 주체는 Alleingesellschafter라고 하는데 개념적으로 일인이사와 일인주주를 구별해서 사용하지는 않는다.

60) Saenger, Gesellschaftsrecht, Rn. 816.

61) Tiedemann, GmbH Strafrecht, Vor §§ 82 ff. Rn. 4; BGHSt 28, 371. 주요 판례는 후술.

62) BGH 34, 22 f., NJW 1992, 250; 2003, 2999; Bittmann/Richter, Zum Geschädigten bei der GmbH- und der KG-Untreue, S. 51; Fischer, § 266 Rn. 113; Brand, a. a. O., S. 214.

63) Krawczyk, Untreue zum Nachteil einer konzernabhängigen GmbH, S. 1178.

기에 일인대표의 재산과 회사의 재산을 구별할 수 없고, 일반적으로 회사의 승인이 있으면 배임죄를 구성하지 아니하는데, 일인회사의 경우에는 스스로가 언제나 승인하고 있는 것으로 볼 수 있다는 입장도 있다.[64)]

그러나 이러한 반론은 일반적인 지지를 받지 못하고 있다. 일반 배임과 달리 '기업 내 배임'의 문제는 결국 회사와 그 안에 소속된 구성원을 구별함으로써 이해되는 개념이다. 그에 앞서 이 구별은 회사 구조의 기초로서, 회사법의 토대이자 기업활동의 핵심적인 조건이기도 하다. 여기에서 민사법과 형사법의 원리가 다를 수는 없다. 일인회사라 해서 회사와 일인대표이사의 이해가 같은 것이 아니므로, 회사 안에서 사원의 재산처분은 자신의 이해를 위해서가 아니라 회사를 위해 이루어지는 것으로 보아야 한다. 이것이 경영활동을 가능하게 하는 전제이자 이러한 구별을 통해서 비로소 선의의 제3자도 보호받게 되는 것이다. 더욱이 현대의 기업경영의 형태에서 일인회사라고 하여 배임의 행위자와 피해자가 같은 사람이 되는 경우 즉, 양자가 동일한 한 사람의 자연인만으로 구성된 회사는 극히 드물다. 그러한 때라면 처음부터 배임죄 성립여부가 문제되지도 않을 것이다. 실제로는 사실상의 일인지배회사라고 여겨질 뿐 복수의 구성원과 그를 둘러싼 이해관계자로 형성된 기업이 대부분이다. 그러므로 이에 대해 형법과 회사법 전체의 기초를 이루는 원리를 벗어나 있는 것으로 여겨야 할 설득력 있는 근거는 없다.

2) 요건

일인이사의 의무요건에 대한 견해대립이 있다. '형식적인' 일인이사가 언제나 재산보호의무를 지는 것은 아니라고 보는 것은 소수의 입장이다. 실질적으로 일인회사가 되기 위해서는 회사재산이 자신의 계획대로 사용될 수 있어야 하는데, 명목상의 대표이사가 언제나 그러한 역할을 담당하는 것은 아니라는 것이다. 만약 이러한 권한이 없는 대표이사에게 회사 고유의 재산을 성실의무에 따라 관리할 것을 요청하면서, 이를 그르친 때에 배임죄로 처벌하는 것은 모순이라고 한다.[65)]

---

64) 이러한 주장에 대해서는 Seier, ARR, 5/337; Schünemann, LK, § 266 Rn. 255; Wagner, Die Untreue des Gesellschafters, S. 44 f., 100 ff.

65) Seier, ARR, 5/337.

그러나 판례와 다수학설은 대표이사 또는 일인주주가 일인회사에 대해 배임죄에 해당하는 행위를 인정하는 요건으로서, 형식적으로 대표이사로 기재된 것만으로도 충분하다고 한다.[66] 그로부터 본인, 특히 선의의 제3자에 대한 보호의 가능성이 확정될 수 있다는 점을 강조한다. 예를 들어 그 회사가 파산하는 경우에 민사적으로는 소유자 개인적인 책임이 없는 것이고 개인재산에 대하여 채권자의 추심이 이루어질 수 없는데, 이때에도 행위자의 죄책을 묻고 피해자를 보호해야 한다는 형사정책적인 목적은 여전히 남아 있어야 한다. 실제로 독일 내에서도 회사의 이러한 방식의 파산은 드문 일이 아니다. 일인인 회사의 구성원이 파산 직전에 회사가 보유하던 재산을 자신이나 제3자의 사유재산으로 편입시킴으로써 채권이 실현되지 않도록 시도하는 경우가 많이 있다. 독일연방대법원은 과거에 일인회사의 독자적인 인격성을 채권자를 비롯한 제3자 신뢰보호의 차원에서 인정해왔으나, 1980년대 후반 이후로는 형법상 배임죄의 구성요건 자체의 의의로부터 이를 논증한다.[67] 이 경우에 행위자는 기능적으로 볼 때에 회사의 경영인이므로 회사의 재산상 이익을 보호해야 하는 의무를 지며, 그가 자신의 회사로부터 재산적인 이익을 빼돌리는 경우에는 바로 이 보호의무를 침해하는 것이라는 논리에 따른다.[68] 이러한 판례의 태도를 다르게 표현하면 자연인의 재산과 법인의 재산을 분리함으로써 형법적인 채권자보호를 가능하게 하는 것이라고 말할 수 있다. 이때 행위자가 단지 자기 자신의 재산에 손해를 끼친 것에 불과하다는 형식적인 문제는 형법적인 관심거리가 못 된다. 위에서 논증한 것처럼 이러한 논리에서 형법의 보충성원칙은 '민법이 처리하지 못하는 것을 형법이 통제하려 해서는 안 된다'는 원리인 것이 아니라, 민사법적으로 해결할 수 없는 상황을 형법적으로 규제하고자 하는 원리를 뜻하게 된다.

3) 사례

독일판례는 일관하여 사실상 일인회사의 경영자(대표이사)가 그 회사의 재산보호의무를 위배한 때에 배임에 해당할 수 있음을 분명히 하고 있다.[69] 다음

---

66) BGHSt 34, 379; BGH StV 2000, 487; BGH wistra 1987, 146.
67) 이에 대해 자세히는 Wagner, Die Untreue des Gesellschafters, S. 68 ff.
68) BGHSt 34, 379 ff.

의 사례들이 대표적이다.

널리 알려진 작센건설(Sachsenbau)사안에서 대법원 형사 제3부는 이른바 사실상 콘체른에서 지배하는 지위를 가진 유한회사의 경영인을 지배권을 행사하는 일인주주로 파악하였다. 피고인인 대표이사는 지배를 받는 유한회사의 사무처리자에게 광범위한 지시권한을 행사하고 있었는데, 그가 이처럼 각 사안마다 극도로 폭넓은 권한을 행사했다는 뜻은 이미 경영권에 대한 암묵적인 양도가 있었다고 본 것이다. 이에 따라 그가 피지배 상태의 유한회사에 대해 재산보호의무를 지는 것이므로, 이 의무를 침해함으로써 배임죄가 성립하는 것으로 보았다.[70]

사실상 일인지배회사의 대표이사가 효력이 없는 승인을 거쳐 불합리하게 높은 가격으로 물건을 매수한 경우 배임 원리에 따라 가벌적인 배임죄가 된다고 본 예도 있다. 상황을 감안할 때에 재산의 이전이 대표이사 혼자 이득을 보기 위해 승인된 것이 아니고, 그 매수가 부분적으로 기업운영상의 기획에 부합하는 것이라고 하더라도 그가 지배하는 자회사의 기본자본(Stammkapital; 유한회사법 제30조)에 구체적인 위해를 미쳤기에 배임행위라는 것이다. 여기서 중요한 것은 피고인의 행위가 회사의 재산을 크게 축내도 된다는 내심으로 행해졌다는 데에 있다고 하였다.[71]

다른 사안은 일인이사로서 대표이사가 지배를 받는 자회사의 자산을 콘체른 공동관리시스템을 통해 운영하였는데, 이것이 해당 자회사의 존립에 위해가 되는 정도의 손해에 이른 브레머불칸(Bremer Vulkan) 사안이다.[72] 이에 대해서는 아래에서 자세히 설명할 것이다.

(3) 본인(피해자)의 유형

이처럼 회사와 소속된 행위자를 구별할 때 배임의 유형을 특히 기업집단의 형태에 따라서 몇 가지로 분류할 수 있다.

---

69) BGHSt 34, 379 ff.
70) BGH NJW 1997, 66. 평석은 Seier, ARR, 5/322 f.
71) BGH NJW 1997, 특히 68 f.
72) BGHSt 49, 147.

(ㄱ) 대표이사로서 형식적으로 소속되어 있는 회사(대체로 모회사 내지 지배력을 갖는 상위회사)에 대한 배임죄 성립 여부

(ㄴ) 대표이사로서 형식적으로 소속되어 있지 아니한 회사(대체로 자회사 내지 지배를 받는 하위회사)에 대한 배임죄 성립 여부

(ㄷ) 자회사에게 손해를 미침으로써 그것이 곧 다시금 모회사에 대한 배임의 결과로 인정될 수 있는지 여부

1) 지배회사(모회사)

피해자인 회사와 행위자인 구성원을 구별하는 것이 원칙이므로, 지배회사에 소속된 행위자가 지배회사에 대해 지는 임무의 위배로 지배회사 자체에 곧바로 손해를 입히는 경우는 단순한 배임사안이다. 굳이 이를 기업집단의 특유한 문제로 분류할 필요는 없다. 기업집단의 특유성과 관련하여 지배회사에 대한 중요한 배임 사례는 다음의 두 가지 유형이다. 하나는 회사의 지배력을 행사하는 대표이사가 전체 기업집단에 대한 포괄적인 의무를 지는 경우이다. 이 임무를 소홀히 하여 지배회사인 모회사에게 손해를 입히는 경우 배임죄가 성립할 수 있다[위의 (ㄱ)]. 다른 사례군은 행위주체가 피지배회사에게 영향을 미쳐 그에 대해 손해가 발생하게 됨으로써 그것이 결국 지배회사의 손해로 이어지는 경우이다[위의 (ㄷ)].

2) 피지배회사(자회사)

지배회사인 모회사의 대표이사가 콘체른 내에서 종속되어 있는 자회사의 재산을 보호해야 하는 의무를 부담하는지에 대해서는 논의가 있다[위의 (ㄴ)]. 형식적으로 보면 자신이 직접 소속된 회사가 아니라 다른 회사인 것이며, 비록 기업집단 형태로 묶여 있다고 하더라도 이와 같은 재산상 보호의무를 보편적으로 인정하게 되면 실제로 광범위한 의무가 형성되어 배임행위의 가벌성 범위는 확대될 것이므로 이에 대한 논란이 계속되어 왔다. 독일의 통설과 판례는 이때에 재산상보호의무를 기업집단 내에서 인정되는 의무에 포함되는 것으로 보고 있다. 이에 대해서는 아래에서 자세히 논하기로 한다.

3) 선의자 등

피해자인 회사의 재산감소가 곧 선의의 제3자에게 손해를 입히는 경우가 문제된다. 다른 요건을 갖추지 않더라도 민사상 손해배상의 죄책을 묻는 데에는 지장이 없다. 그러나 형법에는 피해자 이외에 신뢰자를 보호하는 기능이 있지 아니하므로, 그에게 미친 불이익은 형법상 구성요건적 결과에 해당하지 않는다. 마찬가지로 주주의 보호도 형법의 목적이 아니다. 법인은 스스로 고유의 법인격성을 갖고 있으며 그에 따라 법인의 재산은 개인 또는 주주의 재산과 구별된다. 배임죄가 보호하고자 하는 재산의 주체는 본인인 회사 그 자체이지 그에 속해 있는 구성원이나 주주가 아니다.[73]

또한 손해를 입은 대상을 전체 기업집단 내지 콘체른으로 이해하는 것도 원칙적으로 잘못된 분석이다. 위에서 보듯이, 전체 기업집단은 복수의 하위 회사가 묶인 계약상·사실상 대상에 불과한 것이고, 실제로 손해가 발생한 회사가 있다면 전체 기업집단이 아닌, 바로 그 회사에만 국한하여 배임죄의 성립요건을 분석하는 것이 바른 방법이다.

3. 기업집단에서 배임의 주체

(1) 원칙

배임죄는 의무범이자 진정신분범이다.[74] 우리나라와 마찬가지로 독일의 판례와 학설도 배임죄의 성격을 타인의 재산을 관리하는 의무 있는 자가 재산보호의 의무를 침해하는 죄로 이해한다.[75] 배임주체를 확인하는 데에는 주의가 따른다. 이미 과거 제국법원 시절부터 '단지 배신을 한 것만으로는 배임행위자가 될 수 없다'는 원칙이 확립되었으며,[76] 독일헌재도 배임죄의 유형을 확정하는 데에 불명확한 재량영역을 넓히지 않고자 한 입법자의 의도를 존중하여 배

---

73) BGHSt 34, 379, 385.
74) 의무범에 대해서는 Roxin, Täterschaft und Tatherrschaft, S. 353 ff.; Jakobs, Theorie der Beteiligung, S. 61 ff.
75) Tiedemann, GmbH Strafrecht, Vor §§ 82 ff. Rn. 8 ff.; Müller-Gugenberger, Wirtschaftsstrafrecht, § 32 Rn. 10, 104.
76) RGSt 69, 61 f.

임의 주체를 결정해야 한다는 점을 강조해왔다.[77)]

배임죄가 '신분범'이라는 뜻은 재산보호의무가 개별 사안에서만 관련되는 것이어서는 안 되고, 이미 행위자에게 업무 영역 면에서 독자적인 활동의 재량이 일정 기간 이상 지속되고 있어야 한다는 것을 의미한다. 이 점이 민사상 계약이행의무 등과 다른 것이다. 일시적으로나마 타인의 재산적인 가치를 실현하는 과정에서도 배임의 의무영역이 형성된다고 한다면, 이는 민사법적인 개별적 업무처리상의 의무와 유사해지는 것이어서 신분범으로서의 배임의 본래 의미가 상실되며, 형법상 가벌성 범주가 지나치게 확대된다.[78)] 같은 맥락에서, 회사의 (일인)대표이사라고 하더라도 그가 법인 안에서 맡은 대표자로서의 역할에 따라 임무를 수행하는 것이 아니라, 단순히 개인적 관심에 따라 일회적으로 행위한 사안에서는 회사에 대한 재산보호의무를 지는 것이 아니라고 하여야 한다.[79)]

행위자는 다른 사람의 이익을 보호 · 관리하도록 내용면에서 특별하게 주어진 의무를 부담함으로써 배임의 주체가 된다. 재산관리 · 보호의무는 계약을 통해서 형성되는 경우가 대부분이나 그것이 계약의 주된 내용일 필요는 없으며 계약내용으로부터 부수되는 성질의 것으로서 본인의 재산상 이익보호에 주의가 요구되는 의무로도 족하다.[80)] 그에게 위임된 의무내용을 살펴보아 그가 관리를 하는 가운데 자신의 임무가 타인의 재산상의 이익에 관련된다는 점을 인식하는 것이 중요하다. 그렇기에 배임죄의 고의평가를 할 때에는 타인의 재산을 관리하는 자신의 지위에 대한 인식이 중요한 요소이다. 또한 이러한 인식 하에서 타인의 재산을 취급할 때에 어느 정도 재량적인 관리행위를 형성할 수 있는가 하는 점도 가려져야 한다. 행위자에게 일정정도의 행위자유와 더불어 독자적인 활동이 가능한 경우가 아니라, 단순히 기계적인 업무만 담당하는 경우라면 타인의 재산을 관리하는 자라고 볼 수 없다.[81)]

---

77) BVerfG Beschl. v. 23.6.2010 - 2BVR255908 2 BvR 2559/08; 2 BvR 105/09; 2 BvR 491/09, Rn. 106-108.

78) 이러한 신분과 무관한, 부동산 매매계약에 따르는 등기협력의무와 같은 내용은 독일판례에서 눈에 띄지 않는다.

79) Krause, Konzerninternes Cash Management, S. 52; Ransiek, Untreue zum Nachteil einer abhängigen GmbH, S. 123 f.

80) BGB § 241 Abs. BGB § 241 Absatz 2, § BGB § 242, § BGB § 311 Abs. BGB § 311 Absatz 2 BGB.

(2) 예시

재산보호의무자라고 할 수 있는 전형적인 행위자는 주식회사의 대표이사 또는 그를 대리하는 자이다.[82] 유한회사의 대표나 그 대리인도 배임죄의 주체가 될 수 있으며,[83] 이는 그가 단순한 바지사장이었을 때도 마찬가지이다.[84] 사실상 경영인[85] 또는 사실상의 대표이사[86]도 주체가 될 수 있기에 형식상 흠결이 있는 경우, 예를 들어 대표이사의 선임이 무효였던 때에도 배임죄 성립에 지장이 없다.[87] 청산인(Liquidator) 또는 그 대리인,[88] 지배인(Prokurist) 또는 일정한 법률행위의 수탁자, 인적 회사에 있어서 회사를 대표하는 사원[89] 등도 배임행위자가 될 수 있다. 파산절차가 진행될 때에는 회사의 기존의 사무처리자 이외에 채권자로부터 권한위임을 받은 자 또는 파산관재인(Insolvenz-verwalter)도 이 의무를 진다. 비록 일시적으로만 파산업무를 진행하는 경우에도 마찬가지이다.[90] 이때 그의 재산보호의 의무는 파산대상인 해당 기업에 대해서만 부담하는 것이 아니라 파산채권자에 대해서도 부담하는 것으로 본다.[91]

감사위원회 구성원인 감사도 주식회사에 대한 배임죄의 주체가 될 수 있다는 것이 일관된 독일판례의 입장이다.[92] 주식법 제111조 제1항에 따라 감사는 경영활동을 감독하는 임무를 지니기 때문이다.[93] 재산보호의무는 이 규정의 범

---

81) Rangier, BT, S. 350 f.
82) Kindhäuser, NK, § 266 Rn. 58; Fischer § 266 Rn. 48; Dierlamm, MK, § 266 Rn. 95.
83) Fischer § 266 Rn. 48; Dierlamm, MK, § 266 Rn. 92.
84) Dierlamm, MK, § 266 Rn. 94. 바지사장의 실질적인 의무성을 평가해야 한다는 견해는 Arens, a. a. O., S. 84를 참조.
85) BGHSt 21, 104에 따르면 이 경우는 주식회사의 대표로서 외견을 갖추고 승인기관의 묵시적 동의를 사실상의 조건으로 한다.
86) Müller, Wirtschaftsstrafrecht, § 32 Rn. 25; Dierlamm, MK, § 266 Rn. 94; Kindhäuser, NK, § 266 Rn. 58; 자세히는 Arens, Untreue im Konzern, S. 131 ff.
87) BGHSt 21, 104.
88) Dierlamm, MK, § 266 Rn. 104; BGHSt, NStZ 2001, 542.
89) Dierlamm, MK, § 266 Rn. 96; Fischer, § 266 Rn. 48; RGSt 73, 301.
90) BGH NStZ 1998, 247; BGHR StGB § 266 I Nachteil 8; Dierlamm, MK, § 266 Rn. 93; Perron, SSK, § 266 Rn. 25; Kindhäuser, NK, § 266 Rn. 58.
91) Dierlamm, MK, § 266 Rn. 93; 자세히는 Schramm, Untreue durch Insolvenzverwalter, S. 398 ff.
92) BGHSt 47, 201; 50, 335 f.; Dierlamm, MK, § 266 Rn. 79; Kindhäuser, NK, § 266 Rn. 58.

위에 국한되고, 이를 넘어선 감사의 재산보호의무는 그것이 기업경영에 해당하는 임무인 것으로 인정될 때에 한하여 존재하게 된다. 예를 들어 대표이사를 선임 또는 해임하는 경우나, 주식법에 따라서 대표이사나 각 영업에 있어서 필요한 동의를 얻어야 하는 경우 등이 이에 해당한다.

반면에 재산관리와 무관한 일반 사원 또는 민법상 조합원 등은 회사와의 관계에서 원칙적으로 재산보호의무를 지는 주체가 아니다.[94] 주식회사에서는 물론[95] 유한회사에서도 마찬가지이다.[96] 재산보호의무라는 개념에는 임무를 부여하고 그에 따른 신뢰를 주는 자가 전제되어 있고, 그 임무는 재산상이익을 보호하는 업무여야 한다. 자본을 투자하여 그로부터 형성되는 회사에서 회사와 사원 간에는 원칙적으로 이러한 관계가 성립되어 있지 않다.[97] 일반 사원인 구성원은 그가 참여함으로써 자신의 고유한 이해관계를 갖는 자라고 해야 하며, 타인의 이익을 관리하는 자로서 배임죄의 주체가 되지는 않는다. 따라서 사원이 갖는 일반적인 회사법적인 신뢰유지의 의무는 배임죄를 근거짓는 재산보호의무가 아니다. 그것은 구성원으로서 부여받은 신분적인 의무라고 할 수 있고, 이러한 회사법상 일반적인 의무는 회사의 재산적인 이해관계에서 전면에 나서 있는 것은 아니라고 보아야 한다.[98] 물론 앞서 말한 것처럼 그 일인이 조직 내에서 권한의 형성을 일방적으로 좌우할 수 있는 수준의 지배력을 가진 때에는 예외이다.[99]

경우에 따라서 지배력이 있는 회사의 대표이사이면서 경영자인데, 그가 자회사의 대표이사로 함께 등록된 자도 있다. 이와 같은 이중적 지위는 사법상으로도

---

93) 이러한 관리의무의 범위는 제116조에 의하는 것이다. 이에 따르면 감사인은 주식법 제93조에 따른 주의의무와 책임을 진다.

94) Dierlamm, MK, § 266 Rn. 97, 280.

95) LG Köln, wistra 1988, S. 280; Dierlamm, MK, § 266 Rn. 70; Höf, Untreue im Konzern, S. 126 f.; Arens, Untreue im Konzern, S. 287 f.; Bauer, Untreue durch Cash-Pooling im Konzern, S. 244 ff.

96) Perron, SSK, § 266 Rn. 26; Höf Untreue im Konzern, S. 101; Arnold, Untreue im GmbH- und Aktienkonzern, S. 155 ff.

97) 이에 대해서는 Reschke, Untreue, Bankrott und Insolvenzverschleppung im eingetragenen Verein, S. 112 ff.; Brand, Der Konzern, S. 287 f.

98) Busch, Konzernuntreue, S. 62; Reschke, Untreue, Bankrott und Insolvenz verschleppung im eingetragenen Verein, S. 111; Brand, Der Konzern, S. 290.

99) Dierlamm, MK, § 266 Rn. 97, 280; Saliger, SSW, § 266 Rn. 87; Busch Konzernuntreue, S. 63.

허용되며, 이 경우라면 대체로 콘체른에서 더 확장된 지배적 활동을 하는 것으로 여겨지게 된다. 대표이사뿐만 아니라 감사로서도 활동하는 경우처럼 다중의 지위에서 책임을 지는 경우도 있다. 형법상 이러한 자의 재산상의 관리의무는 그에게 맡겨진 회사에서의 역할에 따라 달라지지만, 대부분 이중의 지위로부터 모회사뿐만 아니라 자회사의 재산을 관리하는 의무를 동시에 지는 것으로 본다.

4. 재산보호의무

(1) 원칙

우리 형법의 '사무처리자의 임무'에 상응하는 독일법에서의 개념은 타인의 재산을 보호하는 의무(Vermögensbetreuungspflicht)이다.[100] 민사법적으로 의무위배의 효과는 주로 제3자 특히 선의자에 대한 손해 발생의 문제를 야기함에 반하여, 형사법적으로는 콘체른 내부 의무위배 및 손해발생만으로도 배임죄의 구성요건을 충족한다.[101] 배임에서 '의무의 위배'는 객관적 구성요건으로서 고의의 대상이다. 그로부터 드러나는 행위반가치는 침해수단인 의무위배를 통해 드러나며 그것이 재산적 법익의 침해인 결과반가치로 이어져야 한다.

배임죄를 통하여 보호하고자 하는 피해자의 재산은 행위자의 관리영역에 맡겨져 있어야 한다. 경영권을 가진 구성원은 언제나 그 회사에 대해서 재산보호의 의무를 진다. 이것은 회사법에 규정된 기관의 지위와 관련하여 당연히 요구되는 의무이다. 그렇기에 유한회사나 주식회사를 불문하고 기관의 대표가 이와 같은 임무를 위배하면 배임죄의 구성요건에 해당한다. 형법적으로 의미 있는 의무의 범위에 대해서는 견해대립이 있으나, 회사법적으로는 주식법 제76조 내지 제93조에 의하여 내부적인 의무가 정해진다(유한회사는 유한회사법 제43조). 그러나 콘체른 영역에서 이 의무는 더 확장될 수 있다. 물론 이는 곧 배임죄의 가벌성 범위를 확대하는 계기가 될 것이므로 엄격한 해석이 필요하다.

---

100) 'betreuen'은 '맡아서 돌본다'는 의미로서 법문상 '주의를 기울인다'는 'wahrnehmen'과 같은 의미로 혼용된다(Haas, Die Untreue, S. 36).

101) 이 점에서 크라츠(Kraatz, Zur limitierten Akzessorietät der strafbaren Untreue, S. 461 ff.)는 독일판례가 강조하는 재산보호의무는 사실 재산상이익보호의무라고 한다.

(2) 콘체른 내 다른 계열사에 대한 의무의 존재

(사실상 일인회사에 해당하는) 기업집단에서의 대표이사의 경우 계열사에 대한 재산보호의무의 존재와 범위에 대해서는 견해대립이 있다.

1) 일반적 긍정설

통설적인 견해는 대표이사의 재산보호의무가 '콘체른 내 광범위한 사실적 지배력'에 의해서 보편적으로 형성되는 것으로 본다. 즉 콘체른을 전반적으로 지배하는 경영인은 그에 상응하는 광범위한 재량을 갖고 있기 때문에 그에 따라 포괄적인 의무를 부담한다는 것이다. 지배적인 회사를 통해서 통일적으로 콘체른을 경영하려는 목적이 콘체른 내 기업들 간 특별한 관계를 성립하게 하는 것으로 여겨지기 때문이다. 법적 근거도 같다. 콘체른에서 배임죄와 관련하여 의미 있는 사무처리임무는 지배권을 가진 경영책임자로서, 주식법 제308조 이하에서 규정된 그의 권한에 의해 근거지워진다. 특히 사실적인 처분권한을 갖는 자라면 자기가 소속된 (모)회사 뿐만 아니라 소속되지 아니한 다른 (종속) 회사의 재산상의 이익을 보호·관리하는 임무를 함께 부담하는 것으로 본다.[102)]그에 따라 갖게 되는 콘체른 내 다른 계열사에 대한 의무에는 일반적인 성실의무와 종속회사의 존속에 위해가 되지 않도록 주의해야 할 의무가 포함된다.[103)]독일의 일관된 판례에 따르면 특히 모회사가 자회사의 백퍼센트 지분을 가진 경우 모회사 대표이사에게 자회사에 대한 재산보호의무를 긍정한다. 그리고 이로부터 모회사 구성원인 대표이사가 자회사에 발생시킨 손해를 근거로 배임죄가 성립할 수 있는 것으로 본다.[104)]아래에서 볼 브레머불칸 사안에서 대법원은 대표이사의 책임에 반하는 행위가 민사법적인 손해배상의 사안일 뿐만

102) 통설의 태도이다. Fleischer, Konzernuntreue zwischen Straf- und Gesellschaftsrecht, S. 2867; Kasiske, Existenzgefährdende Eingriffe in das GmbH-Vermögen, S. 81; Kramer, Strafbewehrte Vermögensbetreuungspflicht, S. 305; Krause, Konzerninternes Cash Management, S. 51; Ransiek, Untreue zum Nachteil einer abhängigen GmbH, S. 121; Tiedemann, Vermögensbetreuungspflicht, S. 45.

103) Saliger, SSW, § 266, Rn 93.

104) 아래에서 볼 브레머불칸 사안이 이를 확인한 것이다. 이러한 논평은 Ransiek, Untreue zum Nachteil einer abhängigen GmbH, S. 121 ff.

아니라 형법적으로 배임죄에 해당한다는 사실을 분명히 하였다.

독일뿐만 아니라 유럽연합 행정부와 유럽연합재판소도 콘체른 관계 안에서 그리고 재정적으로 밀접하게 연관되어있는 기업집단 관계에서도 한 기업의 행위에 대해 다른 기업체의 역할을 고려하여 처벌이 가능하도록 하고 있다.[105]

2) 개별적 긍정설

구별되는 견해에 따르면 재산보호의무는 이러한 포괄적인 사실상 지배력으로부터 근거지워지는 것이 아니라 대표이사가 그에게 속한 회사에서의 역할을 넘어 다른 회사에 명령을 내리고 영향력을 미치는 개별 경영행위에 따라 형성될 수 있는 것이라고 한다. 사실상 일인대표이사로 지배력을 갖고 있다고 할지라도 자회사의 재산상 이해를 좌우하는 데에 어떠한 개별적인 영향을 미치지 않는다면 재산보호의무위배를 인정하지 않는다.[106] 모회사에서 자회사 백퍼센트 지분을 갖고 있다는 사실이 자회사에 대한 일반적인 또는 특별한 관리의무의 요건이라고 볼 법적 근거는 아니라고 하면서, 그와 같은 조건이 자회사재산에 대한 보호적인 지위만을 갖게 하는 요건인지, 자회사의 기관과 구성원들을 관리감독하는 지위까지 근거짓는 것인지 불분명하기에, 이를 위배하였다는 이유에서 배임죄로 처벌할 수는 없다고 한다.[107]

회사소유주가 영업행위를 할 때에 부담하는 사실상의 위험 이외에 보편적인 위험에 대해서까지 그의 신분에 따라 전반적으로 책임을 지게 하는 것은 헌법상 자유보장의 원리에 반한다는 주장도 있다. 회사의 다른 구성원들이 판단력이 있는 피고용자일 것을 가정한다면, 대표이사의 죄책은 적어도 고용주로서 요구되는 주의의무에 대한 것만으로 국한되어야 한다는 입장이다. 독일형법 제14조[108] 내지 질서위반법 제9조에 따라 업무를 위임받은 경영자로서 갖는 책

---

105) Tiedemann, Die strafrechtliche Vertreter- und Unternehmenshaftung, S. 1846 참조.
106) Tiedemann, Vermögensbetreuungspflicht, S. 45 f.
107) 유럽재판소가 재정적인 일원성의 이론에 입각하여 부정경쟁법 방지에 있어서 중요한 재산죄의 내용을 밝힌 바 있지만, 여기서 중요한 것은 콘체른을 이끌어가는 주체가 실제로 지배하고 있는 것인가 하는 점이라고 본다(Tiedemann, Strafrechtliche Grundprobleme, S. 1852 f.).
108) 제14조 [타인을 위한 행위] ① 다음 각호의 1에 해당하는 자격으로 행위한 경우, 특별한 인적 성질, 관계 또는 상황(특별한 인적 요건)이 가벌성의 전제가 되는 법률은 그와 같은 요소

임은, 위임을 한 재산권자인 본인의 죄책이 있음을 전제로 하여, 경영자도 그 책임을 면하지 않는다는 의미에 그친다는 것이다. 그가 스스로 적극적인 행위를 한 것이 아니라고 하더라도, 경영인으로서 전권을 위임받았다면 최소한 부작위범으로서 죄책을 질 수 있다는 뜻이라고 본다.[109)]

이 견해에 의하면 모회사가 자회사의 100퍼센트 지분을 갖는다고 하더라도 배임죄의 죄책을 물을 수 있는지에 대해서는 언제나 개별적인 검토가 필요하다. 특히 콘체른 내 배임죄의 구성요건은 자회사의 현실적인 손해가 모회사의 책임이 있는 적극적 행위로부터 비롯된 때에만 문제되며, 모회사의 책임이 자회사의 경영에서 떼어낼 수 없어 실질적인 영향 하에 진행된 때에 국한된다. 중요한 것은 이처럼 실제로 콘체른 안에서 대표이사가 사실적으로 어떠한 지휘권을 행사하였는가이며, 그가 대표자로서의 형식적인 지위를 갖고 있다고 해서 곧 콘체른을 아우르는 포괄적인 죄책을 지는 것으로 볼 수는 없고, 이와 같이 가벌성을 일반적으로 확대하는 것은 책임원칙에 반한다고 한다.[110)]

3) 부정설

형식상 대표이사가 기업집단 내 다른 회사에 대한 재산보호의무를 지는 것이 아니라는 견해도 있다. 부쉬(Busch)는 회사법에서 보편적으로 인정되는 콘체른 감독의무를 인정한다고 하더라도 이를 위배하여 배임죄가 성립한다고 보기 위해서는 콘체른에 종속된 전체 회사 또는 다른 회사에 대한 것이 아니라,

---

가 대리인에게는 존재하지 아니하고 본인에게만 존재하는 경우에도 그 대리인에 대하여 이를 준용한다. 1. 법인의 대표기관 또는 그 기관의 구성원 2. 권리능력 있는 인적 회사의 대표권이 있는 사원, 3. 타인의 법정 대리인 ② 사업주 또는 기타 사업권한을 가진 자로부터 다음 각호의 1에 해당하는 위임을 받고 그 위임에 기초하여 행위한 경우에는 특별한 인적 요소가 가벌성의 기초를 이루는 법률은 그와 같은 요소가 수임자에게 존재하지 아니하고 사업주에만 존재하는 경웅도 그 수임자에 대하여 이를 준용한다. 1. 사업소의 전부 또는 일부의 경영에 관한 위임, 2. 사업주의 책임에 속한 임무를 자기 책임으로 임무를 담당하도록 하기 위한 명시적 위임. 기업은 제1문에 의한 사업소로 본다. 위와 같은 위임에 근거하여 공공행정의 임무를 담당하는 기관의 경우에는 제1문을 준용한다. ③ 제1항과 제2항은 대리권 또는 위임관계에 기초하여 이루어진 법률행위가 무효로 된 경우에도 준용한다.

109) Lenckner, SSK, § 14 Rn. 7.

110) 이러한 주장은 Tiedemann, Die strafrechtliche Vertreter- und Unternehmenshaftung, S. 1842 ff. 유사하게는 Roxin, in: LK, § 14 Rn. 9. 이와 같은 구체화의 예로 Schrott 판례 내지 AEG 판례 등(EuGH, NJW 1984, S. 1281 ff.)을 꼽고 있다.

바로 그가 속해 있는 회사에 대한 결과에 국한되어야 한다고 본다. 콘체른을 책임지는 대표가 갖는 의무가, 종속된 회사에 미치는 영향은 잠재적인 것이고, 궁극적으로는 그것이 모회사의 이익이 되도록 만들 의무로 귀결되는 때에만 이 문제가 성립한다는 것이다.[111] 이를 넘어 콘체른의 대표이사로서 임무가 있다면 그것은 콘체른에 소속된 다른 회사들을 전체의 통일적인 계획에 상응하도록 이끌어야 한다는 의무, 그리고 그로부터 영향이 있는 잠재적인 역량을 공통적으로 발현하도록 도울 의무 정도라고 한다. 이러한 의무는 '배임죄의 전제가 되는 재산보호의무'라고 생각될 수 없다는 것이다.

독일상법학의 경향도 이와 유사하다. 상법학에서는 콘체른을 구성하는 의의가 종속된 회사에 대한 영향력을 행사할 수 있게 하는 데에 있으나, 그에 따라 자회사에 대한 재산관리 의무가 곧바로 형성되는 것은 아니라고 본다. 특히 독일회사법은 콘체른을 하나의 단일한 기업군으로 여기는 것이 아니라 독자적인 기업의 집단적 형태로 보는 것을 원칙으로 한다. 전체적으로 총괄하는 입장에 있는 대표이사라고 하더라도 모든 집단 내 기업을 아우르는 지배회사의 영업지도적 기관성을 지니는 것으로 규정되어 있지는 않다.[112] 회사의 대표이사는 우선적으로 자신이 속해 있는 회사 내에서 경제적인 이해관계에 주의해야 하는 것으로서, 언제나 자회사를 지도하는 지위에 있는 것이 아니다. 사실적인 콘체른에서는 이미 지배적인 회사의 법적인 영향의 가능성에서 이 점이 결여되고 있으며, 계약콘체른에서 주식법 제308조의 1항에 따라 지시권이 있으나 이것이 곧 지시의 의무를 근거짓는 것은 아니라고 해석하고 있다.[113] 즉 회사법적으로는 모회사 또는 지배권이 있는 회사의 대표이사라고 하더라도 콘체른 전체를 총괄하는 이른바 총체적 책임(Gesamtverantwortung)이 인정되는 것은 아니라고 본다. 이처럼 회사법적으로도 존재여부가 불확실한 재산보호의무의 존재가 형법적으로 곧바로 인정될 수는 없다는 반론이 있다. 종속회사에 대한 모회사의 관리감독의 의무를 예외적으로 인정할 수 있다고 하더라도 이를 근거로 배임죄를 긍정하는 것은 형법원칙에 반한다는 것이다. 이는 불분명한 근거를 통해 가벌성을 확대시키는

---

111) Busch, Konzernuntreue, S. 122 ff.
112) Baumbach/Hueck, Anh. Konzernrecht, Rn. 159; Koch, Gesellschaftsrecht, S. 418.
113) Emmerich/Habersack, § 308 Rn. 34.

것이며 형법의 보충성원칙에도 위배되는 것으로 본다.114)

4) 판례의 경향

독일판례는 일관하여 모회사의 대표이사가 기업집단 내 다른 자회사에 대해서도 보편적으로 재산보호의무를 진다고 한다. 위의 분류에 의할 때 '일반적 긍정설'과 같지만, 개별 사안을 판단할 때에 오로지 형식적인 지위만으로 배임죄의 성립을 전반적으로 긍정하는 것은 아니다. 해당 대표이사가 콘체른 안에서 다른 회사에 대해서도 '실질적인 권한'을 형성하고 있는지를 중요하게 평가하기 때문이다. 그렇지만 개별적 긍정설이 강조하는 것처럼 사안의 각 행위마다 재산보호의무가 전제되는지를 검토해야 한다는 입장으로 보이지는 않는다. 실질적인 지배력이 있는 대표이사라면 자회사의 재산적 이익을 침해할 수 있는 신분을 가진 자임을 보편적으로 인정하되, 재산보호의무는 그의 영향력이 미치는 범위에서만 존재하는 것으로 보고자 한다.

최근 독일법원은 재산보호의무의 판단에 대해 다음과 같은 기준을 언급하고 있다.115)

(ㄱ) 경영인 또는 사실상 경영인이 기업조직에 따라 재산의 소유자로부터 그의 역할을 위임받고 행사함으로써 재산보호의무는 형성된다. 사실상 재산관리와 거의 관련이 없는 업무영역에서는 그렇지 아니하다.

(ㄴ) 통상적으로 기관의 지위에 상응하는 전형적인 재산처분권이 있다고 할 수 없는 때에는 사실상 경영자로서의 의무가 있는지 검토해야 한다.

(ㄷ) 계약에 의해서 사무를 위탁받은 일방당사자가 갖는 경제적인 권한만으로는 다른 사정이 없는 한 재산보호의무가 생긴다고 볼 수 없다. 그러나 이때에도 사원으로서 인적으로 소속되어 있음을 근거로 처분권을 갖는다거나, 타인의 처분을 승인할 수 있는 신분적 지위가 있다고 볼 수 있는 때에는 재산상 보호의무를 인정한다.

---

114) Arens, a. a. O., S. 89 ff.

115) BGH, Urteil vom 13.12.2012 - 5 StR 407/12.

이처럼 실제 문제되는 사안에서는 행위자에게 실질적인 지배력이 있었는지, 그로부터 의무가 형성되어 있는지를 따지게 되므로, 일반적 긍정설과 개별적 긍정설 간에 차이는 없다. 판례의 입장과 개별적 긍정설이 실무에서 다른 결론을 취할 가능성은 높지 않으며 부정설은 극소수에 그친다.

5. 의무위배 행위

재산보호의무의 존재 및 그 이행여부는 회사의 자금을 관리하는 방식에 따른다. 독일의 통설과 판례가 인정하는 대표적인 기업 내 배임사례들은 (ㄱ) 콘체른 내 한 회사의 경영인이 대표이사 명의의 계좌로 자금을 이체하여 소속 회사의 경영에 부담을 준 경우,[116] (ㄴ) 콘체른 내 자신이 속하지 아니한 다른 자회사에게 자금을 이체한 경우, (ㄷ) 타인의 대출에 대해 회사 명의의 보증을 선 경우, (ㄹ) 회사명의 부동산에 저당권 등 담보를 설정한 경우,[117] (ㅁ) 승인 없이 부동산이나 다른 자회사를 인수한 경우, (ㅂ) 계획에 없던 임금을 지급하거나 부적절하게 높은 임금을 지급한 경우, (ㅅ) 재산상 손실의 위험이 큰 방식의 투자(모험거래),[118] (ㅇ) 채권을 집행해야 하는 임무를 가진 자가 부작위한 경우,[119] (ㅈ) 과도한 중개료 지출, (ㅊ) 부적절한 기부[120] 등이다.

이외 특별히 기업집단과 관련하여 중요하게 다루어지는 몇 가지 유형은 다음과 같다.

(1) 공동자금(cash pool)의 운영

콘체른 내에서 모회사 및 자회사가 형식적으로는 서로 다른 회사로 구별되어 있음에도 자금을 공동으로 운영 · 관리하는 경우에 그와 같은 방식이 배임에 해당하는지가 문제된다. 독일판례와 학설은 이와 같은 운영방식 자체가 위법한

116) Seier, ARR, 5/375.
117) BGH NStZ 2007, 580.
118) Schünemann, LK, § 266 Rn. 187.
119) 특히 집행과정에서 변호사와 법무사의 책임에 대해서는 RG 71 36, NJW 1936, 934; Düsseldorf MDR 1997, 699; Saliger, SSW, § 266 Rn. 74.
120) Mansdörfer, Die Vermögensgefährdung als Nachteil, S. 114.

것은 아니라고 보는데, 즉 손해에 이르지 않는 상태에서 자회사의 자금을 모회사와 공동관리했다는 것만으로는 배임죄의 구성요건에 해당하지 않는다.[121] 이러한 방식은 특히 독일의 유한회사법 제30조 제1항 제2문의 요건에 따라 자금관리의 편의성을 높이는 수단으로서 허용되고 있으며, 같은 법 제43조 제3항에 따른 책임이 따른다. 즉 회사의 기본자본까지 자금의 통합시스템에 투입하는 것은 허용되지 않지만, 지배권형성 계약이나 이득분배의 계약이 존재하는 때(주식법 제291조), 또는 사원들이 회사에 대해 침해될 수 없는 급여나 변제청구권을 갖는 때에는 허용된다.[122] 그 이외의 경우에는 필요한 비용을 이 중앙관리계좌로부터 지급하는 조치가 같은 법 제64조 제3문에 위배하여 이루어지지 않도록 해야 한다. 특별히 콘체른 내에서 자회사는 모회사의 공동자금의 운영에 관한 정보를 알 수 있도록 하여, 모회사의 주의의무를 확인할 수 있어서, 임무위배를 억제하는 장치가 있다.

그럼에도 모회사의 운영방식이 허용되는 한계를 넘어선 때에 이를 배임죄에 해당하는 것으로 본 판례는 많다. 100퍼센트 지분을 갖고 있는 일인회사의 대표가 공동자금을 운영하여 그 기업집단에 소속된 자회사의 기본자본을 유용한 경우로서 자회사 자체의 유지가능성 또는 지불능력 자체를 상실시키는 수준의 결과를 야기한 때에 배임죄가 성립하는 것으로 본 예가 대표적이다.[123] 반면에 모회사의 대표이사가 자회사의 자금을 공동으로 관리하는 것은 실질적으로 대출을 하여 자금을 이전시키는 것과는 다른 것이므로 이런 때라도 재산보호의 주의의무를 위반한 것이 아니라고 보는 반대의 견해도 있다.[124] 이에 대해서는 아래에서 자세히 살펴볼 것이다.

(2) 불안정한 대출승인

지배권을 행사하는 회사의 경영자가 안정성이 떨어지는 방식, 즉 이자가 없

---

121) Wagner, Die Untreue des Gesellschafters, S. 231 f.

122) Bittmann, Strafrechtliche Folgen des MoMiG, S. 118; Saliger, SSW, § 266 Rn 93.

123) BGH NStZ 1995, 185 f.

124) Krawczyk/Wessing, Untreue zum Nachteil einer konzernabhängigen GmbH, S. 1177. 란직(Ransiek, Untreue zum Nachteil einer abhängigen GmbH, S. 124)은 판례와 마찬가지로 이 때의 타인의 재산성을 긍정하고 있다.

거나 낮은 이자만 부담하는 대출 또는 담보가 없는 대출을 승인하는 것은 주식법 제57조의 의무에 반하는 행위에 속한다. 기업집단의 공동자금을 운영할 때에도 이러한 행위의 위법성은 인정된다. 기업자금에 대한 불안정한 대출을 배임죄로 판시한 예는 많이 있다.[125] 기업집단 구조에서는 이 경우에 자금이 외부로 이전되었는지 여부가 중요하다. 대출을 통해 자회사로부터 인출된 자금이 콘체른의 영향권의 다른 계열사에게 유입되어 상대적으로 확실한 변제가 예견되는 사안에서는 콘체른 내 지배권을 행사하는 자의 임무를 위배하지 않는 것으로 볼 수 있다. 반면에 콘체른을 구성하고 있는 기업들의 영역 밖으로 재산이 이전되어 모-자회사 간 고유의 종속관계 내에 자금이 융통되는 것이 아닐 때에는, 변제를 실현하기 위한 담보가 없는 한 경영자가 재산보호의무를 침해한 것으로 본다.[126] 콘체른 내에서만 자금이 융통되는 때와는 달리 후자의 경우에는 대법원이 민법 제826조에 의거하여 확립한 '존속을 위태롭게 하는 침해'라는 원칙이 준용되지 않는다. 즉 불안정한 외부로의 대출승인은 회사의 존립에 위해를 가하는 정도의 손해를 야기하지 않더라도 배임에 해당할 수 있다.[127]

(3) 비자금 조성

기업배임과 관련하여 빈번하게 발생하는 다른 사례는 회사 안에서 비자금(schwarze Kasse)을 운영하는 경우이다. 본인의 재산을 관리하는 자가 본인에게 알려지지 않은 특별한 계좌를 통해 자금을 관리하는 방식으로서 이로부터 손해가 발생하면 배임죄에 해당할 수 있다.[128] 기업 이외에 정당 등 정치집단이나 공공기관에서도 흔히 발생하는 사례로서 관련된 판례도 많다.[129]

공동자금 운영에서와 마찬가지로, 본인에게 알려지지 않은 (비밀)계좌의 운

---

125) RG 61 211 f.; BGH 47 155, NJW 1979, 1512; wistra 1985, 190; BVerfG NJW 2009, 2373; BGH wistra 1994, 66.

126) BGH v. 31.7.2009 - 2 StR 95/09, BGHSt 54, 52 = NStZ 2010, 89 (90 f.); Achenbach, Aus der 2009/2010 veröffentlichten Rechtsprechung, S. 623.

127) BGH v. 28.5.2013 - 5 StR 551/11, BeckRS 2013, 10324. 콘체른 내에서의 (실질적인 대출로 볼 수 있는) 공동자금 운영 사안에서는 이 기준이 필요하다. 아래 브레멘불칸 사례를 볼 것.

128) Tsagkaraki, Die Bildung der sog. „schwarzen Kassen", S. 27.

129) Saliger, SSW, § 266, Rn. 76; Tsagkaraki, a. a. O., S. 31 ff.

영이 모두 배임에 해당하는 것은 아니다. 계약이나 규정 등에 맞지 아니한 방식이지만 회사 목적에 맞게 그리고 다른 시급한 문제의 해결을 위하여 사무처리자로서 재산을 관리하고자 한 때에는 회사에게 불이익을 미친 것이라고 볼 수도 없다. 이에 반해 행위자의 재산상 처분이 회사의 목적에 반하여 행해졌을 때에는 회사에 재산상 손해를 미칠 수 있다. 본인인 회사가 이 비자금을 기업운영의 용도로 쓸 수 있는 가능성이 있는지 여부는 여기서 중요하지 않다.[130] 한편 비자금 운영으로 재산상 손해의 위험이 충분히 발생한 때라고 하더라도 재산관리자의 입장에서 단지 그 금액을 일시적으로 사용한 것이고, 장차 이를 보전할 수 있는 기대가 있는 경우라면 다수설과 판례는 배임죄의 성립을 부정한다.[131]

이와 관련한 것으로는, 2009년의 지멘스(Siemens) 사안이 대표적이다. 피고인인 K는 모회사인 지멘스 주식회사의 이사이면서 동시에 자회사인 Siemens-PG 회사의 사무를 맡은 네 명의 경영자 중 한 명이었다. 그는 자기가 관리하는 업무영역에서 경영자로서의 권한을 갖고 있었는데, 그 지위를 이용하여 고액의 자금을 해외 계좌 안에 별도로 관리하여 왔다. 이 사실을 본인인 고용자는 알지 못하였다. 대법원은 이와 같은 비자금의 관리로서 손해에 상응하는 위험이 존재하게 되었으므로, 피고인이 재산보호의무를 위반한 배임죄의 죄책을 지는 것으로 판시하였다.[132]

여기서 보듯이 비자금과 관련된 기존 대법원 판결은 대체로 본인의 재산상 위험을 발생시킨 경우만을 범죄로 보아왔다. 그러나 최근 판례 가운데 재산관리자가 비자금을 운영함으로써 본인인 회사가 자신의 재산을 사용 · 처분할 수 있는 가능성이 그만큼 제한된다는 점 자체로부터 곧 재산상 불이익(결과)의 내용이라고 본 예도 있다.[133] 특히 최근 사회적으로 문제되는 부정부패를 미연에 예방하고자 하는 취지로부터 비자금 운영이 적극적으로 범죄화되는 것으로 보

---

130) Mansdörfer, Die Vermögensgefährdung als Nachteil, S. 117.

131) BVerfG 126 216 f., BGH 52 336 [Siemens]; Rönnau, Anmerkung zum Urteil des BGH vom 29.08.2008, S. 246.

132) BGH, NJW 2009, 89; BGH, Urteil vom 27. 8. 2010 – 2 StR 111/09. 이러한 자금의 관리는 곧 의무침해범 형태로서 형법의 보충성원칙에 위배된다는 논증으로는 Tsagkaraki, a. a. O., S. 81 ff. 특히 S. 240 ff.

133) Kudlich/Oğlakcioğlu, Wirtschaftsstrafrecht, Rn. 436 f.

인다.[134] 정책적인 목적과 배임의 원리 사이에 간극이 가장 큰 것으로 평가되는 유형이며, 실무의 태도에 대해 명확성원칙 및 비례성원칙에 기한 비판도 제기되고 있다.[135]

(4) 부당한 임금지급(인수합병 사안)

1990년대 후반부터 크게 증가한 기업의 인수합병과 관련된 배임사안이 많이 발견된다. 대표적 사례는 2000년 초 영국의 보다폰(Vodafone)사가 경쟁업체라 할 수 있었던 독일의 만네스만(Mannesmann AG)사를 사상 최고금액인 1,800억 달러에 인수한 적대적 MnA에서 발생하였다. 전 대표이사 에써(K. Esser) 등 만네스만 회사의 경영진이 인수합병을 조건으로 거액의 보수를 취한 사실이 드러나 그들은 배임방조로, 만네스만사의 감사위원회 츠비켈(K. Zwickel)과 아커만(J. Ackermann)은 대표이사에게 그러한 보수지급을 적극적으로 승인하지는 않았지만 감사를 포기하였다는 이유로 배임의 정범으로 기소되었다.

뒤셀도르프 지방법원에서 2004년 진행된 원심은 피고인들이 만네스만사(본인)가 부여한 재산보호임무를 위배하여 그에게 재산상 손해를 입혔다는 사실을 확인하였다. 그렇지만 이와 같은 결과는 위험을 수반하는 기업경영상 판단에 의한 것으로서 배임행위로 볼 수 있는 결정적인 임무의 위배로부터 비롯된 것이 아니라고 하였다. 또한 그와 같은 구성요건적 행위가 있다고 하더라도 이는 감사 내지 경영을 담당하는 자로서 금지된 행위를 한다는 인식이 없었기 때문에 이를 회피할 수 있는 기대가능성이 없는 경우로서 면책된다고 판시하였다.[136]

그러나 검사의 상고 이후 2005년 연방대법원은 피고인들이 배임죄의 정범 및 방조범의 구성요건에 해당하는 것으로 보면서 금지착오로 평가한 원심의 사실관계 판단에 충분한 입증이 부족하다고 하였다. 주식회사의 감사가 자신의 업무계약에 따라 의무지워진 바 이사에게 특별한 보수를 지급하게 한 것, 그리

---

134) Kudlich/Oğlakcioğlu, a. a. O., Rn., 433.

135) Kudlich/Oğlakcioğlu, a. a. O., Rn., 434.

136) XIV 5/03 - Urteil vom 22. Juli 2004 - Landgericht Düsseldorf - NJW 2004, 3275. 비판으로는 Cappel, Grenzen auf dem Weg, S. 47 ff. 이 요건에 대한 비평으로는 김일수, 앞의 논문, 74면 이하.

고 그로부터 추후에 어떠한 이익도 회사에게 담보된 것이 없어서 손해의 보전도 불가능하게 한 것에 비추어 보면 그는 성실의무에 반하여 본인에게 손해를 끼친 것이라는 것이다.[137]

(5) 리베이트, 킥백(Kick-Back)

일반적으로 사무처리자가 제3자와 계약을 맺을 때 본인에게 재산상 더 유리한 조건으로 계약을 해야 함에도, 그렇게 하지 않은 경우에 배임에 해당할 수 있다.[138] 물론 예를 들어 본인을 위해 더 저렴하게 물건을 구입하지 않았다고 하여 모두 배임에 해당하는 것은 아니고, 반드시 그렇게 해야만 하는 민법상 의무가 분명한 것도 아니므로,[139] 이는 특별한 경우에 해당한다.

이 가운데 형법적으로 중요하게 다루어지는 상황은, 본인에게 더 이득을 가져다주어야 하는 때임에도 그와 같이 조치하지 않은 것이, 곧 사무처리자 자신의 이득으로 되돌아오도록 만드는 때이다. 본인의 이득에 반하여 리베이트(Provision)를 받는다거나 불법적인 커미션(Schmiergelder)을 챙기는 상황이 그 예이다[이른바 '킥백']. 이와 같은 킥백이 적극적으로 의도된 행위로서 본인에게 손해가 발생하도록 하는 것은 전형적인 배임에 해당한다는 것이 독일판례의 일관된 태도이다.[140] 계약당사자 쌍방 모두가 행위자가 될 수 있고, 회사 간 거래에서도 가벌성이 성립한다.[141]

이러한 행위유형이 배임으로서 본인에게 손해를 미치는 것이라는 점에 대해서는 이견이 없다.[142] 다만 급부와 반대급부의 관계가 명확하게 드러나지 않기 때문에 가벌성을 특정하기 어려운 사안들에 주의해야 한다. 사무처리자가 본인의 대리인으로서 자신의 개인적인 역량을 발휘하였고 그에 상응한 대가를 취하

---

137) BGH, Urteil vom 21. Dezember 2005 - 3 StR 470/04; NJW 2006, 522.
138) BGH wistra 1989, 224; BGH NJW 1983, 1807; BGH wistra 1995, 61; OLG Bremen NStZ 1989, 228; Perron, SSK, § 266 Rn. 46.
139) BGHSt 20, 143; BGH NJW 1988, 2483.
140) Fischer, § 266 Rn. 56; Saliger, Kick-Back, S. 3378.
141) BGHSt 50, 299.
142) BGH NJW 1983, 1807; BGH wistra 1989, 224; BGHSt 47, 295; Fischer § 266 Rn. 118; Kindhäuser, NK, § 266 Rn. 141.

는 것은 당연한 것일 수도 있기 때문이다. 또한 본인에게 손해를 야기한 것이 아니라, 그러한 같은 처리가 계약성사의 조건이 되어, 결국 킥백을 통한 계약으로 인해 본인에게 이득을 미친 때라면 배임죄가 될 수 없다. 독일판례는 '본인에게 재산상 이득이 되어야 할 구체적인 기회를 적극적으로 배제하는 경우'만을 배임에 해당한다고 본다.[143] 예를 들어 구입가격 자체에 이미 사무처리자에게 돌아갈 커미션을 포함시키는 것은 배임에 해당할 수 있다. 이것은 계약을 성사시키는 개인의 능력에 포함될 수준을 넘어서는 것이며, 계약 상대방이 킥백에 쓴 돈은 원래 본인에게 귀결되어야 할 재산상 이익에 해당하기 때문이다.[144]

6. 재산상 손해

독일 통설과 판례는 모두 경제적 재산개념을 취한다.[145] 따라서 발생근거, 사용처 등이 법질서에 부합하는지는 원칙적으로 중요하게 평가하는 사항이 아니다. 단지 화폐로 환산될 수 있는 가치의 총합인 것이며, 이러한 손해가 발생했는지 여부는 배임행위 전후를 비교하여 평가한다. 모회사의 구성원이 모회사 자체에 손해를 야기한 때라면 행위 시작과 종결 시점의 재산을 비교하여 손해(이득)액을 정한다. 모회사의 구성원이 자회사에 미친 손해로서 배임죄가 성립되려면 그 자회사의 '존속을 위태롭게 할 수준'의 재산상 손실이 결과되어야만 한다. 통설과 판례에 따르면 '위험'도 '손해'와 같은 대상이며, 이는 곧 경제적인 관점으로 평가할 때에 현재적이면서 구체적인 재산가치의 감소에 이르게 된 수준을 뜻한다.[146] 손해 또는 위험이 있어야만 배임이 성립하는 것으로 봄으로써 배임죄의 가벌성을 제한하고자 한 연방헌재는, 여기서의 손해는 계산될 수 있는 재산상의 가치평가의 결과로서 그것이 특정한 행위로부터 비롯된 것이어야 한다고 보았다. 배임죄는 단순히 의무위배범이 아니라 결과범이기에 분명한 재산상의 손해라는 결과가 있어야 하는 것이며, 비록 결과의 양상이 재산상 손해

143) BVerfG NJW 2010, 3209(BVerfG 23.06.2010 – 2 BvR 2559/08). 이 원칙에 대해 더 자세히는 Saliger, SSW, § 266 Rn. 65 f.

144) BGHSt 50, 299, 314 f.

145) BGH NJW 1999, 1489; 2003, 3717; Bittmann, NStZ 2012, S. 57; Hauck, a. a. O., S. 922; Perron, SSK, 263/78; Tiedemann, LK, 263/127 ff.

146) Saliger, SSW, § 266 Rn. 66.

가 있게 될 위험이라고 하더라도 이 점은 마찬가지라고 강조하고 있다.[147]

손해 및 위험의 존재가 배임을 구성하려면 직접성 기준(Unmittelbarkeits-kriterium)에 따라 객관적으로 입증되어야 한다.[148] 즉 손해는 배임행위로부터 직접 비롯된 것이어야 하며, 위험은 직접 최종적인 손해로 이어질 수 있어야 한다. 이러한 결과가 제3자의 행위 등에 의하여 좌우될 수 있는 것이라면 이는 규범적으로 보아 자동적으로 결과가 발생했을 것이라고 볼 수 있는지, 아니면 제3자의 개입에 의해 발생한 것인지를 가려야 한다.[149]

회사가치의 감소여부를 따지는 것은 단순한 작업이 아니다. 형법상 배임은 규범적인 평가결과이지만, 손해의 산정은 규범적 판단만으로 충족될 수가 없다. 경제적 가치평가방식을 이용하는 것이 필수적이며, 이를 위해서는 경제전문가의 '감정'이 요구되는 때도 흔하다.[150] 경영적인 측면에서 보면 콘체른 내 일부 기업의 재산에 귀결된 회계상의 손실이 곧바로 전체 콘체른 및 다른 계열사의 가치를 떨어뜨리게 될 것이라는 사실은 분명해보인다. 그러나 원인으로부터 기업 가치의 변동이 이어진다는 점을 가시적으로 입증할 수 있는 수단이 충분하지는 않다. 기업회계법(Bilanzrecht)[151]상의 기준을 재고하여 회계장부상 드러나는 변동 그리고 주식시장에서 기업적인 가치가 어떻게 바뀌었는지를 고려하는 수준으로는 정확히 셈할 수가 없다. 그렇기에 추가로 경제적 평가기준을 동원해야 한다.[152]

---

147) BVerfG Beschl. v. 23.6.2010 - 2 BVR255908 2 BvR 2559/08, 2 BvR 105/09, 2 BvR 491/09, Rn. 103.

148) 이외 다른 기준들에 대해서는 Saliger, SSW, § 266 Rn. 68 ff.

149) Saliger, SSW, § 266 Rn. 71.

150) Florstedt, Grundsätze der Unternehmensbewertung, S. 442. 모-자회사 간 백퍼센트가 아니라 그에 못 미치는 지분으로 연결된 때라면 문제는 더욱 복잡해진다.

151) 기업회계법(Bilanzrecht)에서 Bilanz는 영어로 'balance sheet' 즉 '대차대조표'이다. 'Bilanzrecht'라는 법률이 따로 있는 것이 아니라 독일상법의 일부분이다. 독일은 1985년 12월 Bilanzrichtlinien-Gesetz(BiRiLiG)를 통해 기업회계에 대한 기존의 규정들을 유럽공동체의 국제적인 기준에 맞게 개정하고, 이를 종전 주식법에 있던 계산규정들과 합쳐서 독일상법전 제3장(§§ 238 ~ 342e)에 편입시켰다. 이 부분을 일컬어 'Bilanzrecht'라고 한다. 우리 상법전의 제5장(상업장부) 역할과 비슷하지만 매우 광범위하고 구체적으로 규정되어 있다. 입법 취지를 살려 '기업회계법'으로 번역하였다.

152) 경영이론에서는 기업 자체와 그 지분의 가치를 평가하는 많은 기준을 구별하여 놓고 있으며, 그것은 또한 기업가치평가의 목적과 동기에 따라서 달라지는 것이라고 한다. 독일에서 이러한 가치평가의 방식으로는 전체계산 및 개별계산의 절차(Gesamt- und Einzelbewertungs-

형사사법에서 어떤 재산산정의 기준을 취할 것인가 하는 것은 법원의 재량에 속한다. 배임죄성립과 관련하여 대법원은 기업의 가치를 평가할 때에는 형사소송의 원칙에 따라 피고인에게 유리한 방식을 취해야 한다고 본다. 즉 민상법상 존재하는 평가의 불확실한 면이나 불명확한 평가기준들은 "in dubio pro reo(의심스러울 때에는 피고인의 이익으로)" 원칙에 의해 피고인에게 유리한 것이 아닌 한 이용될 수 없는 것으로 본다.153) 예를 들어 구체화되지 않은 자회사의 파산가능성이 있지만 그것이 이미 기업집단 내 모회사의 경영에 의해 미리 감수된 것이라면 그것은 모회사에 대한 배임죄 요건을 충족했다고 볼 수 없다. 또한 재산상의 손해가 잠정적으로만 모회사에게 손실을 발생시키는 것이라면 배임의 상황이 아니다.154) 물론 어느 사례에 in dubio-원칙을 이용할 수 있는

verfahren), 비교절차(Vergleichsverfahren), 혼합방식(Mischverfahren) 등을 이용하는데, 모두 경영상 평가기준을 취하는 것으로서 경제적 관점에 따르는 방법이다. 이 가운데 기업이 어떠한 가치를 갖고 있는지를 때로는 시장성을 때로는 가상적으로 함께 고려해서 평가하는 방식을 이용하며, 이는 개별적인 내용이 아니라 전체적인 가치평가절차(Gesamtbewertungsverfahren)로 수행된다. 전체적 가치평가란 기업이 장차 수익을 얻을 수 있는 역량을 함께 고려하는 것이며, 이로부터 현재의 가치를 산출해내는 것을 말한다. 전체가치평가과정에 있어서 독일에서는 수익가치평가방식이 우선 이용되었다. 이와 구별되는 개별적 가치평가절차란 기업의 가치를 개별가치들의 총합으로 본다. 개별적 평가에 따르면, 예를 들어 재건축을 해야 할 경우 드는 비용을 감안한 설비가치나 채무가 줄어든 이후에 개별적인 재산상 담보물 평가가 변동되는 식의 청산가치 등은 감안되지 않는다.

153) 대법원이 판단 시점에 이미 손해대상인 기업의 부동산이 최소 일억 마르크, 현물자산이 9천 2백만 마르크에 달하는 것으로 조사되었고, 공소장에 따르더라도 재산상의 가치가 최소한 7천만 마르크에 해당한다고 기재되었던 사례였으나, 명확하지 아니한 내용을 배제하고 피고인에게 유리하게 계산하도록 하여 2백만 마르크만 기업의 가치로서 계산한 판례가 있다 (BGH Wistra 2003, S. 459).

154) 반면에 행위자에게 불리한 쪽으로 판단되더라도 특정한 근거에서 형성된 특정한 사안에서 개별적인 가치평가절차들이 이용되어야 하는 때가 있다. 예를 들어 자회사의 청산이 모회사를 통해 처음부터 계획되었던 때로서, 자회사의 손해가 소득가치나 DCF에 의하여 드러난 가치가 아니라 청산가치가 감소하는 경우가 이에 해당한다. 여기서 청산가치를 따지지 아니한다면, 모회사가 손해가 실현되는 것을 막고 기업을 존속시키는 사실상의 의무를 지게 될 것이다. 여기서는 모회사가 자회사를 그의 재산으로 갖고 있었던 이유와 목적에 따라 그 기능에 맞는 서로 다른 평가방법이 선택되어야 하는지를 매우 일반적으로 묻게 된다. 일응 그와 같은 의미부여는 주관적인 손해의 평가를 행위자에게 손해가 될 수도 있고 이익이 될 수도 있는 방향으로 확대시키게 되는데, 이는 모회사의 처분의 자유를 배임죄의 보호목적에 종속시키는 결과를 야기하는 것처럼 보인다. 그렇지만 이와 같은 결론이 반드시 타당한 것은 아니다. 왜냐하면 영업경영적인 평가방법은 종국적으로 객관적인 기준에 따라 조사되어야 하는데, 이는 바로 그 의미에 한정하여 주관적인 목적설정을 바라보는 방법으로서 객관화된 가치를 평가하는 방식이어야 하는 것이기 때문이다. 개별적인 목적설정을 고려하는 방

지, 어느 평가의 단계에서 이용가능한지 하는 것도 분명한 기준은 아니다. 배임액 산정에서 이 원칙은 사실상 판단을 위한 일반원리에 그치기에, 독일법원은 사실입증에서 증명규칙을 보완하는 원리로 이해하고 있다.155) 그러므로 경험과 학적 방법으로 감정의 방식을 이용할 때에는 평가면에서 '의심스러운 경우'와는 다르게 취급해야 한다. 객관적인 사실관계가 있는지 그것에 대해서 증빙이 가능한지를 놓고서 in dubio-원칙을 쉽게 이용해서는 안 된다. 그렇기에 손해산정에서 어떠한 경영이론을 취할 것인지, 즉 사실적으로 다양한 가치들 가운데 규범적으로 볼 때 무엇을 중요시하는 방식을 취할 것인지는 이 원리에 따를 수 있지만, 기준을 이미 정한 이후에 단지 계산이 맞는지 모호할 때에 in dubio-원칙을 곧바로 적용할 수는 없다.156)

본인에게 불리한 법적 효과가 발생하는 때에도 손해에 해당한다. 예를 들어 보증이나, 담보, 후견계약 등이 추가되는 경우이다. 이와 같은 관계가 있는 때에도 손해 및 위험의 발생은 직접적이어야 한다. 특히 여기서 직접성은 또한 이득을 통한 손해상쇄의 직접성을 의미하는 것이기도 하다. 판례에 따르면 손해가 상쇄되는 요건은 해당 행위로부터 직접적으로 이득이 발생한 때에 국한된다. 만약에 자회사에게 손해가 발생한 것처럼 보이나, 자회사에게 동시에 기대되는 이득으로 손해가 상쇄된다면 자회사에 대한 배임이 성립되지 않는다. 그렇지만 이때 자회사의 손해부분을 메워주기 위해서 모회사가 재산상 손실을 감수해야 되어야 한다면 그 행위는 자회사가 아니라 모회사에 대한 배임행위가 될 것이다.157)

손해는 재산적 가치를 이루는 것으로 구체적으로 환산될 수 있어야 하다. 경제적으로 환산이 불가능한 감정적인 가치 등은 여기서 중요하지 않다. 예를 들어 '경영의 노하우'와 같은 것은 거래가능한 권리 등의 총액에 이미 포함될 만

식은 기업의 기능을 감안하는 것과 마찬가지로, 언제나 행위자의 부담으로 나아가지 않도록 우선적으로 제한하는 것은 아니다(Lesch/Hüttemann/ Reschke, Zur Untreue im Unternehmensverbund, S. 616 f.)

155) BGH NStZ 2012, S. 172. 이에 대해 비판하는 Florstedt, Grundsätze der Unternehmensbewertung, S. 443.

156) Lesch/Hüttemann/Reschke, Zur Untreue im Unternehmensverbund, S. 614 ff.

157) BGH NStZ 1999, S. 353. 이러한 직접성원칙에 대해서는 홍영기, 배임에서 결과 평가의 엄격성, 153면.

한 것이 아니면 계산될 수 없는 대상이다.158) 총액에 포함시킬 때에는 다른 법적인 관점에서 존재하는 가치평가의 내용, 불완전한 것들과 밝혀지지 아니한 기준들을 고려하여 경영의 가치평가를 원칙적으로 인정할 수 있지만, 이 경우에도 in dubio-원칙에 따라 판단해야 한다. 기타 회사가 관공서에 지게 되는 해명처분, 단순히 다른 회사와의 거래관계가 종료되는 것, 기업의 평판이 나빠지는 것 등도 문제될 수 있다. 이 같은 손실은 일반적으로 간접적인 손해라고 볼 수 있는데, 그것이 구체적인 손해로 현실화되는 것은 다른 변수에 영향을 받을 것이기 때문에 이러한 우회적인 손해는 배임죄의 구성요건에 해당하지 않는다고 본다.159)

요약하자면, 전체계산방식을 취하면서 직접성원칙을 중시하는 독일판례는

(ㄱ) 의무위배행위를 통해서 재산이 감소하였는지, 그랬다면 어느 정도 감소했는지를 심사하고,

(ㄴ) 이와 같은 배임행위를 통해서 본인에게 경제적인 이익이 결과되지는 않았는지, 만약 그렇다면 어느 정도인지를 따지되, 재산적인 감소와 비교해 볼 때 이를 상쇄할 수준이 되는지가 중요한 관건이며,

(ㄷ) 위의 두 가지 단계의 평가를 한 이후, 혹시 의무에 맞는 행위를 하였더라도 이와 같은 재산상의 불이익이 있었을 것인지, 그리고 재산증대와 상쇄될 수준이 아니었을지를 가정적으로 계산하는 방식을 취한다.

(ㄹ) 더 나아가 이것이 곧 행위자의 이득으로 직접적으로 귀결된 것인지도 중요한 평가의 대상으로 삼고 있다.

7. 자회사로부터 모회사로 이어진 손해

모회사 소속 대표이사가 재산보호의무를 위반하여 모회사 자체에 손해를 미침으로써 배임죄가 성립하는 것과, 자회사에게 재산상의 불이익을 야기한 경우도 배임에 해당할 수 있다는 내용을 설명하였다. 마지막으로 자회사에 손해

---

158) BGH, NJW 1997, 66; Schünemann, Der Straftatbestand der Untreue, S. 846 f. 이 점이 불확실하다면 의심스러울 때에는 피고인의 이익으로 원칙에 따른다(BGH, wistra 2003, 457).

159) Lesch/Hüttemann/Reschke, Zur Untreue im Unternehmensverbund, S. 618.

를 끼친 행위가 모회사의 부담으로 이어진 경우에도 배임죄가 성립할 수 있는지, 어느 수준까지 인정할 것인지를 살펴본다. 이는 위의 일반적으로 받아들여지는 두 유형에 비할 때 비교적 최근에 논의가 시작된 것에 속한다.

독일판례는 사무처리자의 행위로부터 자회사에 손해가 발생하였는데, 그것이 곧 모회사의 불이익을 형성한 때에 모회사에 대한 배임죄에 해당하는, 본인에 대한 재산상 보호임무침해라고 보고 있다.[160] 콘체른 내 모회사의 대표이사 또는 사실상 지배권을 행사하는 사람이 지는 재산보호의무 이외에도, 콘체른 조직상 자회사에 소속된 구성원이 모회사에 대해서 특별한 의무를 지는 것으로 본 다음 사례가 있다.

피고인은 기업집단 내 브라질에 있는 자회사에서 물건을 관리·판매하는 업무를 담당하는 사람이었는데, 그 회사는 모회사인 독일의 바인궁 회사(Weingut GmbH)의 100퍼센트 자회사였다. 그가 해당 자회사에서 판매로 벌어들인 현금과 수표를 임의로 처분한 행위가 문제되었다. 이로써 자회사 자체에 손해가 발생하였는데, 모회사–자회사 간에 수익을 분배하는 계약을 맺고 있었기에 이러한 행위는 모회사에 대한 배임죄에 해당한다는 것이 코블랜드 고등법원의 판단이다.[161] 자회사 소속으로서 판매업무를 담당하는 피고인이 모회사에 직접 고용된 자는 아니지만, 조직화된 기업집단의 특성상 모회사에 대해서도 어느 정도 재산적인 사무처리의무를 지고 있다고 한 것이다. 브라질 소재 자회사는 독일의 모회사가 100퍼센트의 지분을 갖고 있는데, 이 브라질회사의 수익과 손실이 곧 직접 독일 모회사에게 미치는 것이며, 그렇기에 피고인은 이로부터 모회사의 재산보호의무를 지는 것이라고 하였다. 여기서 주목되는 그의 임무는 확보된 수익을 배분하는 계약(§§ 291, 302 AktG)에 있다고 한다. 이에 따라 매도를 통해 수취된 수표와 현금을 회사에 전달하지 아니하여 브라질의 자회사에게 발생된 직접적인 손해는 곧 독일의 모회사에게 영향을 미친 것으로 본다. 모회사에게 발생되어야 할 수익이 피고인의 행위를 통해 줄어들게 된 것

160) Höf, Untreue im Konzern, S. 172

161) OLG Koblenz wistra 1984, 79 f. 우리의 통설과 판례에 따르면 '위탁매매대금의 편취'는 횡령이나(대법원 1990.3.27. 선고 89도813 판결 참조), 이 경우는 개별적인 위탁관계로부터 매매한 것이 아니라 콘체른 내 재산보호의무를 진 것으로서 구별된다.

은 마찬가지이기 때문이다. 소득의 분배가 확실한 경우였다는 점, 즉 자동적으로 분배될 이익이 좌절된 것이라는 점에 재산상 손해의 근거가 확인된다. 이 사례에서 독일의 모회사에 대한 재산상의 관리의무는 위 II-2-(1)에 인용된 프랑크푸르트 고등법원 판례[162]와 배치되는 것은 아니다. 프랑크푸르트 법원은 모회사의 손해가 되어 배임이 성립되나 결과발생지는 카이멘이라고 본 것이고, 코블렌츠 법원도 간접적인 결과가 독일회사에 발생하였다고 본 것이다. 이 사례처럼 형식상 자회사에 속해 있는 구성원이 모회사에 불이익을 미칠 수도 있고, 모회사의 대표이사가 자회사에 영향을 미친 행위로부터 모회사의 배임을 인정할 수도 있다.

이 판례는 일부 학설에 의해 비판받았다. 규범의 적용범위와 관련하여, 구성요건인 손해부분을 확인하면서 확실하지 아니한 의심스러운 부분까지 포함하고 있다는 반론이 있다. 즉 분배대상이 되는 소득이 확실히 줄어든 때임을 확인하지 않고서 포괄적으로만 논증하는 데에 그쳐서, 인과관계에 대한 증명을 하지 않은 채, 손해가 확실하게 계산되지 않은 간접적인 영향까지 단지 주의의무를 위반하였다는 이유로 본인에게 미친 불이익으로 포함시키고 있다는 것이다.[163] 임무위배와 손해 사이에 인과관계의 입증이 불가능한 부분은 배임미수에 그치는 것으로 보아야 하는데,[164] 이는 사실증명의 문제이므로 본질적인 비판은 아니라고 할 것이다. 반면에 회사법상 이른바 "분리원칙"에 부합하지 않는다는 비판은 이론적인 의미가 있다. 모회사에게 배임 결과로서 손해가 인정되려면 자회사에 대한 임무위배가 아니라, 모회사 자체에 대한 임무위배가 있어야 한다는 주장이다.[165] 그러나 이러한 반론이 설득력을 얻기 위해서는 더 나아간 논거가 필요해 보인다. 분리원칙에 맞지 않는다는 것을 이와 같은 임무위

---

162) OLG Frankfurt NJW 1989, 676.

163) Busch, Konzernuntreue, S. 199 ff.; Eser, SSK, § 9, Rn. 6; Lesch/Hüttemann/Reschke, Zur Untreue im Unternehmensverbund, S. 614 ff. 만약 사기여부를 따진다면, 그와 같은 행위가 존재하지 않았을 경우에 있을 수 있는 가설적인 이익과 손해를 비교하는 평가방식을 이용할 가능성도 있다(LG Kiel Urt. v. 6.2.2007, Aktenzeichen IXKLS1005 IX Kls 10/05- BeckRs 2008, 11518).

164) 독일에서는 배임미수 처벌규정이 없으며 우리나라 실무에서도 적극적으로 처벌하지 않는다.

165) 분리원칙(Trennungsprinzip)에 대해서는 Bittmann, Zum Geschädigten bei der GmbH- und der KG-Untreue, S. 52.

배사안에서만 주장하는 것은 타당하지 않기 때문이다. 이는 모회사 대표이사가 자회사에 대해 재산보호의무를 부담한다는 일반적인 상황에 대한 비판에 이른다. 최근 모-자회사 간 분명히 구별할 수 없는 기업 유형이 늘어나고 있으므로, 모회사 구성원이 자회사의 재산보호의무를 질 수 있다고 보는 것이 보편적이라면, 그 반대로 자회사에서 결과된 바가 모회사의 배임에 해당할 수 있는 것으로 평가하는 것이 합리적이라고 보아야 할 것이다.

8. 프랑스 로젠블룸 원칙과 비교

프랑스에서는 형사사법에서 로젠블룸 사례를 통해 확인된 원리가 이후에 회사법으로 수용되고 있다.[166] 이는 '콘체른 내에서 개별회사에 발생한 손해가 전체 콘체른 영역에 이어진 이득을 통해 상쇄되는 경우라면 배임에 해당하지 않는다'는 내용이다.

(1) 사실관계

피고인인 로젠블룸(M. Rozenblum)은 기업집단의 최고경영인으로서 그 산하에 놓인 숙박업체, 여행사, 신발유통업체 등 여러 회사들을 거느리고 있었다. 그 가운데 일부 회사가 재정적 어려움에 처하자 로젠블룸은 회사 간에 자금을 이전시키고 상호담보를 설정하는 등 조치를 취하였다. 그중 부동산회사로부터 여행사로 자금을 이전시킨 것이 원인이 되어 회사재산남용 혐의로 제1심과 항소심에서 유죄판결을 받았다. 프랑스의 파기원(Cour de Cassation)은 로젠블룸의 항변을 수용하여 기업집단 내 일부 회사에 손해를 입힌 행위라고 하더라도 그것이 콘체른 내에서 축적된 공통의 이해에 따라서 보면 이익으로 귀결될 수 있는 때이므로 가벌성이 없다고 판시하였다.[167]

---

166) 회사법으로부터 등장한 요청이 아니다. 프랑스 회사법은 콘체른 내 책임에 대해 아무 규정이 없었다(Foffani, Untreuestrafbarkeit im französischen und italienischen Strafrecht, S. 378).

167) C. cass. crim., 4.2.1985, Recuiel Dalloz 1985, jur., 479 „Rozenblum“., Busch, Konzernuntreue, S. 210 ff.에서 재인용.

(2) 로젠블룸 원칙

판결의 의의는 경제적인 상황을 고려할 때에 개별 회사 측면에서 재산상의 손실을 야기하였다고 하더라도 콘체른 차원에서는 의미있는 경영활동이 될 수 있다는 사실과, 이러한 콘체른 경영상의 넓은 맥락에서 볼 때에 이에 대해 반드시 즉각적인 보상을 해야만 하는 상황이 아닐 수 있음을 인식하였다는 데에 있다.[168)]

사례에서 법원은 다음의 세 가지를 가벌성배제의 요건으로 언급하였다.

(ㄱ) **기업집단의 존재**: 행위에 관련되는 복수의 회사는 같은 기업집단에 속해 있어야 하고, 이 관련성은 형식적인 데에 그치는 것이 아니라 전체 콘체른을 위한 공동이익을 추구하며, 공동 개별 및 공동 경영방식 수립과 집행 등 기업집단의 실체를 지속적으로 갖추고 있어야 한다.

(ㄴ) **자산활용의 동기로서 공동의 이익**: 계열사 간 자산의 이동이나 채무부담 등은 기업집단 전체 차원에서 공동의 목적으로 진행된 것이어야 하며 불이익을 받게 되는 자회사도 스스로 합리적인 의사결정과정을 통해 그와 같은 방법을 승인해야 한다.

(ㄷ) **불이익에 대한 합당한 보상**: 다른 자회사의 채무 등을 부담지우는 회사가 부담을 떠안는 회사에 대해서 합당한 보상을 해주어야 하며, 복수의 계열사 간 불이익 승인은 각 회사의 재정적 상황 등을 고려하여 이루어져야 한다. 그 회사의 현실적인 부담능력과 부담의 가능성을 초과해서는 안 된다.[169)]

(3) 의의

독일에서 '로젠블룸 원칙'을 특별한 정당화요건으로 보는 학설이나 판례는 없다. 독일형법에 의해 배임죄를 형성하는 행위가, 이 원칙을 따른다고 해서 배임죄(프랑스에서는 회사재산남용죄) 성립을 부정하게 될 가능성은 크지 않다고 보고 있다. 위의 세 가지 요건 가운데 첫 번째와 두 번째는 이미 기존 논의에서 확립되어 온 것이라고 할 수 있다. 기업집단 내 배임사안만 문제삼고 있는 것이

---

168) Busch, Konzernuntreue, S. 212.

169) Busch, a. a. O., S. 211 ff. 김재협, 그룹에 있어 회사재산 남용죄에 관한 프랑스 법원의 태도, 124면 이하.

며, 온전히 사적 이익만을 추구하여 회사의 재산을 빼돌린 구성원에 대한 죄책을 긍정한다는 점에서 차이가 있을 수 없기 때문이다.

로젠블룸 원칙의 특징적인 의의는 "특정 계열사에게 비록 손해를 미친 경영행위이지만, 그것이 콘체른 전체의 정책적 시각에서 볼 때에 경제적, 사회적 · 재정적으로 상응하는 수준의 이익을 가져다준 경우라면 배임에 해당하지 않는다"는 것이기에 세 번째 원칙에서 두드러진다.[170] 그러나 이 원리, 즉 손해와 이익을 합산하여 배임의 가벌성을 결정한다는 내용은 이미 독일에서 1937년 주식법이 효력을 갖던 때부터 뚜렷이 확립된 것이며 그로부터 독일법원은 예외 없이 전체계산방식(Gesamtsaldierung)을 이용해왔다.[171] 이를 통해 독일 형사사법은 배임죄규정이 재산상태 그 자체를 유지하도록 보호하려는 것이지, 재산권자의 처분권이나 내부적 신임관계를 우선 보호하려는 것이 아님을 분명히 하고 있는 것이다.[172]

오히려 독일에서 로젠블룸 원칙과 유사한 기능을 담당할 수 있는 것은, 소위 '경영판단원칙(Business Judgment Rule)'에 해당한다고 볼 수 있는 규정이다. "이사가 기업가적 결정을 함에 있어서 합리적이었다는 사실, 즉 적절한 정보에 근거하여 회사의 이익을 위해 행동한 것임이 인정되면 이사의 주의의무위반은 존재하지 않는다"는 내용이 2005년 독일의 주식법 제93조 제1항 2문을 통해 도입되어 있다. 이에 따르면 대표이사는 자회사들을 구성할 것인지, 다수의 지분을 가진 경우에 그로부터 종속성을 위임할 것인지 콘체른의 지휘권을 집권적으로 또는 분할적으로 구성할 것인지 어떻게 콘체른 안의 재정을 충당할 것인지를 결정할 수가 있다.[173] 그러나 이 또한 콘체른의 지배권자가 이행할 수 있는 권한과 의무의 존재에 대한 원칙적인 내용에 해당하는 것이며, 배임성

170) Foffani, Untreuestrafbarkeit im französischen und italienischen Strafrecht, S. 378.

171) 이는 임무를 위배한 '작위나 부작위가 없었던 경우라면 재산상 손실이 없었을 것으로 보이는 액수'라고 셈하는 '부분계산원칙'과 구별되는 개념이다.

172) 이와 같은 로젠블룸 원칙의 비교평가는 Busch, a. a. O., S. 220 f. 긍정적으로 바라보는 예는 Rönnau, (Rechts-)Vergleichende Überlegungen, S. 318 ff. 우리 대법원도 배임죄의 손해액을 산정할 때에 '실질적 가치설'을 취함으로써, '재산상 본인에게 손해를 가하였지만 그 행위로 인하여 재산상의 이익을 본인에게 미친 경우에 그 보상액을 손실액에서 차감하는' 것을 원칙으로 하고 있다(2009도14268).

173) 이에 대한 자세한 내용은 조지현, 경영판단원칙, 165면 이하.

립과 관련하여 볼 때 개별 사안에서 분석해야 하는 구체적인 논거들을 생략하고 곧바로 위법성을 조각하는 규범은 아니라고 보아야 할 것이다.[174]

IV. 브레머불칸 사안

기업 내 배임죄 성부에 대한 가장 대표적인 사안을 꼽자면, 손해 및 위험의 의의와 한계를 설정하고자 한 투자사례[175]와 기업집단 내부의 재산보호의무를 취급한 브레머불칸 사례(Bremer Vulkan Fall)라고 할 수 있다.[176] 후자의 의의는 재산관리를 맡은 일인 대표이사의 경영활동이 자회사의 존립을 위태롭게 한 때에 독일형법 제266조의 배임죄에 해당된다고 본 데에 있다. 대표이사가 형식적으로 속해 있는 (모)회사에게 손해를 미친 경우에 배임죄가 성립한다는 전통적인 판례의 인정범위를 넘어서, 그 행위로 인해 자회사가 손해를 입은 경우에 자회사에 대한 배임죄가 성립할 수 있다는 사실과 그 기준을 밝히고 있다.

1. 사실관계

조선회사인 브레머불칸은 1893년에 설립되어 1960년대 이후에 컨테이너 화물선과 유조선 분야에서 큰 성과를 거두면서 독일 최대의 조선회사로 성장하였다. 1980년대 이후 한국 등의 조선업 성장으로 인해 큰 타격을 입었고, 이에 독일정부는 군함을 건조하도록 주문하고 1986년 브레멘 시장 및 의회와 같은 사민당 소속의 헨네만(Dr. Hennemann)을 대표이사로 선임하게 하는 등 회사의 회생을 위하여 적극적인 협조를 해주었다. 1990년대 초 통일 직후 구동독 기업의 매각을 관리하던 독일 신탁공사(Treuhandanstalt)의 협의를 거쳐 헨네

---

174) 독일에서 경영판단원칙의 역할에 대해 더 자세히는 홍영기, 기업 내 배임죄에서 의무위배요건에 대한 독일판례 분석, 80면 이하.

175) BVerfG, 23.06.2010 – 2 BvR 2559/08; 2 BvR 105/09 und 2 BvR 491/09 = NJW 2010, 3209.

176) BGHSt 49, 147; Ransiek, Untreue zum Nachteil einer abhängigen GmbH, S. 121 [BGH 13.05.2004 – 5 StR 73/03]; Tiedemann, Vermögensbetreuungspflicht, S. 45 ff.

만은 두 개의 구동독 조선소(MTW-GmbH, VWS-GmbH)를 인수하였다. 이로써 브레머불칸 주식회사는 복수의 자회사를 둔 모회사(Bremer Vulkan Verbund AG)가 되었으며, 대표이사인 헨네만은 이 기업집단의 실질적인 일인 대표이사였다. 여기서 브레머불칸이 자회사를 인수하면서 신탁회사를 통해 일종의 공적 자금인 보조금을 유치할 수 있었던 것은, 그 대가로 특히 구동독지역에 일정 수준의 일자리를 제공한다는 조건을 받아들였기 때문이었다.

1994년 헨네만은 구동독 조선소 두 개 자회사의 보유 자금을 콘체른의 중앙자금운영시스템(konzernweites Cash Management-System; Cash Pooling)에 편입시켰고, 이를 통해 각 자회사의 자금이 콘체른에 유입 · 관리되도록 하였다. 자회사가 이러한 자금운영시스템에 의존한 것은 모회사에 자금의 운용과 융통 고정자산의 활용 등을 전적으로 위임한 것으로 볼 수 있었는데, 자회사 측에서 본다면 이는 실질적으로 콘체른(또는 모회사)에 적절한 이자 및 담보가 없는 상태로 대출을 해준 것과 같았다.[177] 이러한 방식을 취한 데에는 은행과의 관계를 따져볼 때 이자를 절약하려는 의도도 있었다.

이렇게 재정관리를 통합한 결과, 콘체른 내 자회사들에게 투자된 보조금은 비록 한정된 것이었지만 겉보기에는 관리계좌 상에 자산이 더 많거나 유동성 있는 자금이 넉넉한 것으로 비치게 되었다. 각 회사를 대하는 제3자가 바라볼 때에도 자금조달 면에서 아무런 위험이 없거나 다소의 자금이전이 발생하더라고 곧바로 원상회복이 될 수 있을 것처럼 여겨졌다.[178] 그러나 표면적으로 계좌의 잔액이 드러난 데에 비할 때, 원천자금은 훨씬 못 미치는 수준이었고, 잔액이 거의 제로상태에 이르게 될 수 있는 상황이었다. 자회사에게 유동성이 거의 남아 있지 않게 되었으며, 이로 인해 꼭 보유하고 있었어야 하는 기본자본(Stammkapital)[179]까지 상실하는 데에 이르렀다.

유럽 조선업계의 불황이 계속되고 경영 위기를 견디지 못한 브레머불칸 콘체른은 1995년에 파산을 진행하게 되어, 1996년 1월 유럽연합 집행이사회가 자금지원을 동의하지 않음으로써 실질적으로 도산상태에 놓였다.[180] 브레멘시 및

177) Ransiek, Untreue zum Nachteil einer abhängigen GmbH, S. 124.
178) 이러한 효과에 대해서는 Krause, Konzerninternes Cash Management, S. 51.
179) 유한회사법 제5조 제1항에 따르면 유한회사의 최소 기본자본은 25,000 € 이상이어야 한다.

시의회도 이 회사에 대해 관여하고 있었고, 그에 따라 경영이사회와 감독이사회가 공적 자금에 크게 기대하였다는 사실도 드러났다. 이것이 경영진의 의무 불이행에 대한 원인이 되었다는 지적도 있었다. 구동독의 조선회사의 인수합병을 허

---

180) [한국경제신문 1996년 3월 3일자] 엄청난 누적경영적자의 무게를 못이겨 침몰위기에 처한 독일 최대의 조선사인 브레머불칸호가 다시 항해를 계속할 수 있을까. 브레머불칸은 95년 적자가 총 10억 마르크(6억8,800만 달러)를 기록하는 등 경영악화로 자금난에 시달리다 결국 추가자금조달이 불가능해 지난 2월초 법원에 파산보호신청을 냈다. 이 회사는 독일통일 이후 구동독지역의 조선소들을 사들이는 등 사업을 확장해왔으나 아시아및 스칸디나비아 조선업체들과의 경쟁에서 밀리면서 영업부진을 벗어나지 못했다. 지난해엔 전자사업부문을 제외한 전사업부문이 적자를 기록한 것으로 나타났다. 급기야 브레머불칸의 약40여개 채권은행들은 지난달 28일 1억마르크에 못미치는 구제자금을 지원해주기로 합의했다. 은행들은 자금지원에 대해 현재로선 일체의 정부보증도 요구하지 않았다. 또 채권은행들은 돌발적인 해고사태에 대비하기 위해 5,000만 마르크에서 1억 마르크에 달하는 구제자금 지원도 합의해놓고 있다. 2만3,000명에 달하는 불칸의 종업원들에게 앞으로 두달간의 구제기간을 준 셈이다. 이에 따라 이 회사가 수주한 5억8,000만 마르크 규모의 코스타 빅토리아 유람선 건조작업도 계속 추진할 수 있게 됐다. 그러나 연매출액이 60억 마르크에 이르는 이 공룡회사의 장기적인 운명은 불확실하다. 앞으로 두달간에 걸쳐 사업구조재조정계획이 실행될 것으로 보이지만 결국 완전파산선고를 받을 가능성도 여전히 상존하고 있다. 불칸관계자들도 도리스샤만등 자회사들의 전망을 비관적으로 보긴 마찬가지다. 여기다가 귄트 렉스트로트 독일경제장관은 현재 연방기금지원으로 현대화를 추진하고 있는 구동독지역인 멕클렌부르그-보포메른주에 소재한 불칸의 조선소들도 자금부족위기를 맞고 있다고 밝혔다. 따라서 렉스트로트 경제장관은 당분간 불칸의 조선시설들을 위탁관리시킬 것임을 시사했다. 불칸의 법정관리를 위임받은 벨렌시크행정관도 이 회사의 분리를 반대했다. 그렇지만 문제는 이것으로 해결될 것 같지만은 않다. 독일 민영화청인 BvS(Bundesanstalt für Vereingungsbedingte Sonderaufgaben)는 지난달 26일 불칸의 전경영자들이 구동독지역 조선소 매입에 제공된 정부지원금 7억 1,600만 마르크를 유용하지 않았는지 여부를 조사해 줄 것을 요청했기 때문이다. 독일 연방정부는 이에 따라 불칸그룹내에서 불법적인 자금유용 사례가 있었는지 개별적인 회계감사에 들어갈 것임을 밝혔다. 브레머불칸은 현재 총42개의 계열사를 거느리고 있기 때문에 각 계열사가 채무불이행상태를 선언할 지 여부를 결정해야만 한다. 이 중 계열사들 중 지금까지 본사를 포함한 7개사가 채무 불이행상태임을 공식적으로 선언해놓고 있다. 도리스샤만과 구동독지역의 조선소들은 이들 7개 계열사에서 빠져 있다. 엎친데 덮친격으로 이런 와중에 독일정부관리들은 브레머불칸의 구제를 완강히 거부하고 있는 형편이다. 야당인 사민당원들만이 회사의 구제를 요구하고 있을 뿐이다. 현재 연방하원은 브레머불칸 문제를 논의하고 있는 것으로 알려졌다. 채권은행들의 이번 구제자금투입으로 파산선고를 받은 7개사는 그럭저럭 단기적으로 위기만은 모면할 것으로 보인다. 하지만 아직 채권은행들의 고위관리들이 자금지원을 최종적으로 승인해야 하는 문제가 남아있다. 채권은행들 중 일부에서는 브레머불칸이 1억마르크로 앞으로 두달간 버텨갈 수 있을지 의구심을 품고 있기도 하다. 구제자금에 대한 정부등으로부터의 보증을 요구하는 소리도 들린다. 더더욱 브레머불칸의 관계자들에 따르면 회사가 올해를 버텨나가려면 20억 마르크의 신규자금이 필요할 것이라고 말한다. 결국 이번 브레머불칸에 대한 구제자금지원은 바닷물에 흙퍼붓기식의 단기처방에 불과할 뿐이라는 얘기다. 브레머불칸호가 거대한 파산파고를 헤쳐나갈 수 있을지 귀추가 주목된다.

용한 독일 신탁관리공사는 보조금을 회수하려 했으나 좌절되자 브레머불칸의 당시 회장인 헨네만과 경영이사회 이사였던 슈미트(Smidt) 및 감사이사회 이사 슈눗겐(Schnuttgen)을 브레멘 지방법원에 민사상 손해배상청구와 별도로 형사상 배임 등의 혐의로 고소하였다. 공소사실은 동독의 두 조선회사에게 지급했던 437,000,000유로의 공적 자금인 보조금을 원래 목적에 맞지 않게 유용하였다는 것이었다. 배임죄의 피해자인 자회사의 시각에서 보면, 이 보조금에 포함된 기본자산까지 공동관리시스템에 편입시켰는데, 결국 모회사가 파산하게 됨에 따라 자회사의 채권을 행사할 수 없게 되었다는 데에서 직접적인 손해가 발생하였다는 것이다. 브레멘 지방법원은 피고인들에게 각각 2년의 징역형에 보호관찰부 집행유예를 선고하였으며, 검사와 피고인이 모두 상고하였다.

2. 대법원 판시내용

(1) 민사재판(BGH v. 17. 09. 2001)

신탁공사는 브레머불칸 대표이사인 헨네만에게 민사상 책임을 묻는 손해배상을 청구하였다. 대법원 민사 제2부[181]는 독일민법 제823조에 따라 피고가 손해를 배상해야 한다고 판시하였다. 브레머불칸 주식회사측의 재산관리인으로서의 의무를 인정한 결과인데, 그것이 지배적인 기업의 대표로서의 지위에 의해 이루어진 사실상 제한 없는 권한으로부터 형성된 것이라고 한다.[182] 지배력을 행사하는 회사의 대표이사는 종속된 자회사의 재산적 가치에 대해서도 처분권을 갖는 것이며, 그 구속력에 비추어 보아 종속된 회사의 존립을 위태롭게 할 정도에 이르지 아니할 고유의 재산수준을 유지하도록 주의를 기울여야 할 의무가 있다는 것이 법원의 입장이다.[183]

---

181) II ZR 178/99, NJW 2001, 3622.

182) BGH v. 17.9.2001 - II ZR 178/99, NJW 2001, 3622.

183) 존립을 위태롭게 하는 침해 개념의 민사법적 의미에 대해서는 Krawczyk, Untreue zum Nachteil einer konzernabhängigen GmbH, S. 1178. 국내문헌으로는 최문희, 기업집단에서 종속회사의 채권자 보호의 법리, 38면 이하.

(2) 형사재판(BGH v. 13. 05. 2004)

[판결주문]
1. 사무처리자가 보조금의 지원목적에 따라서 보조금지급자의 재산상 이익을 고려하여 행한 때에는, 그 보조금 사용은 원칙적으로 형법 제266조 제1항에서 말하는 재산보호의무의 위배에 해당하지 않는다.
2. 콘체른 내에서 종속적 지위를 갖는 자회사가 역할을 이행할 수 없게 되거나 존립이 위태로워지는 수준으로 그 재산상 가치가 불확실해진 때라면, 콘체른 내 지배적인 지위를 갖는 주식회사의 대표이사는 그 종속된 유한회사에 대해서 부담하는 재산보호의무를 위배한 것이다.

대법원은 피고인 헨네만이 자회사인 구동독의 조선소 두 개 회사의 모든 자금을 브레머불칸 주식회사 콘체른으로 유입시켜 관리하였으며, 그것이 원인이 되어 콘체른 내 회사들이 파산에 이르게 되었다는 점을 확인하였다. 형사 제5부[184]는 이러한 사실관계를 검토하여 피고인의 재산상보호의무를 긍정하였는데, 이는 1996년 대법원 형사부(작센건설사안)[185] 이래에 유지되고 있는 일인대표이사의 자회사에 대한 의무를 그대로 따르고 있는 것이다. 즉 모회사로서 자회사 및 그를 신뢰한 주체가 갖는 고유의 경제적인 이익을 보존해야 할 필요가 있는데[186] 여러 단계의 지배관련성에 엮여 있는 이와 같은 의무는, 위험에 닥친 모회사뿐만 아니라 하위 회사 및 콘체른의 전체 영역에도 미친다는 것이다.[187] 민사재판부의 논증과 달리 재산보호의무를 지배하는 기업의 권한으로부터 곧바로 이 의무를 근거짓지 않고, 지배권을 행사하는 일인이사가 종속된 회사에 대해 주의의무를 지는 사실적인 상황이었음을 논증하였다는 데에 차이가 있다.

법원은 타인의 재산상 이익에 주의를 기울여야 하는 이러한 의무를 행위자에게 과도하게 요구하는 경우에는 그의 고유한 처분의 권한을 위축시킬 수 있다는 점을 경계하고 있다. 자회사가 수행하고 있는 매매계약이나 기타 보조금의 사용에 모회사의 대표이사가 지배력을 행사한 것 자체로 재산보호의무의 위

---

184) V StR 73/03, NStZ 2004, 559.
185) BGH v. 10.7.1996 - 3 StR 50/96, NJW 1997, 66 (67) = NStZ 1996, 540 = wistra 1996, 344.
186) BGHSt 49, 147; BGH NJW 2004, 1111 [BGH 24.11.2003 - II ZR 171/01] 참조.
187) BGHSt 54, 52 참조.

반이 있는 것은 아니라고 한다. 신탁공사가 지급한 보조금을 그가 승인한 사용방식에 반하여 이용한 때라고 하더라도 독일형법 제264조 제1항 제2호 '보조금사기'[188]에 해당할 수는 있지만 곧바로 배임죄의 구성요건을 충족하는 것은 아니라고 한다.[189] 즉 공동자금관리시스템을 이용하여 자금을 콘체른의 폐쇄된 영향 하에서 운영하였다는 사실만으로도 위법한 것은 아니다. 다만 그로부터 재산보호의 주의의무가 증대되는데, 이는 재산적 가치가 한 회사의 영역에 그치지 아니하고 콘체른 내에서 유통되도록 만드는 것이기 때문이라고 한다. 이와 같은 방식으로 재산이 관리 · 이전될 수 있도록 하는 것은 콘체른을 구성하는 각 회사의 종속성을 감안할 때, 자금손실을 야기하여 재산상 위해를 가하게 될 우려가 커지는 것이다. 그렇기 때문에 이러한 방식을 사용하려면 더욱 확실한 담보를 통해 자금관리를 안정되게 유지하여야만 한다고 강조한다.

이처럼 확대된 재산보호의무의 침해는 그 운영의 결과 드러난다. 피고인은 자금관리시스템을 이용하여 자회사의 모든 자금까지 통합하여 운영한 결과 독일 유한회사법 제30조에 규정된 "채권 변제를 위한 기본재산 보호의무"를 위배하여 소속되어 있는 콘체른구성체 간 결속의 목적에 위협을 가했다고 한다. 형사부도 지배권을 가진 일인이사가 권한의 한계를 넘어서서 회사의 존속을 위태롭게 하는 수준의 침해(existenzgefährdender Eingriff)를 발생시켰다고 하여 민사재판의 배상책임 기준을 그대로 원용하였다.

(3) 판례의 의의

이 판례가 인정한 것 가운데, (ㄱ) 기업집단 관계 안에서 사실상 일인지배자라고 할지라도 그는 독자적인 경제활동의 주체로서 권리와 의무를 지니는 각 회사와 구별되는 별개의 주체라는 사실과, (ㄴ) 기업집단 관계 안에 있는 형식적으로는 구별되는 다른 회사에 발생한 손해라고 하더라도 그에 대해 100퍼센

---

188) 제264조 [보조금사기] ① 다음 각호의 1에 해당하는 자는 5년 이하의 자유형 또는 벌금형에 처한다. 2. 보조금과 관련하여 법률규정 또는 보조금지급자를 통해 대상물이나 금전의 사용이 제한되었음에도 이러한 제한에 반하여 사용한 자.

189) 두 구성요건에 모두 해당하는 때에는 우리나라(대판 2002. 7. 18, 2002도669 전합)와 마찬가지로 양죄가 상상적 경합에 놓인다(Haas, Die Untreue, S. 138).

트 지분을 보유한 모회사 내 일인이사에게 의무위배로서 배임의 죄책을 인정할 수 있다는 내용은 기존 판례를 그대로 따르고 있는 것이다.

(ㄷ) 기업집단 관계 안에서 자금의 공동관리 방식이 자회사의 존립을 위태롭게 하는 정도의 침해에 이르게 된 때에 배임죄를 구성한다는 점을 확인한 것은 이 판례의 새로운 내용이다. 또한 (ㄹ) 종속된 회사에 발생한 손해만 가지고도 모회사 대표이사의 죄책을 물었다는 데에 특징이 있다. 과거에는 종속된 자회사에 발생한 손해가 전체(콘체른)에 손해를 미치게 되거나 또는 그것이 대표이사가 속해 있는 자회사에 우회적인 손해를 야기한 때에 배임을 인정해 왔다. 브레머불칸 판례 이후에는 의무 자체는 '콘체른 관계로부터 형성된' 것으로서 확대되나, 손해는 굳이 그러한 영역으로 확대되지 아니하고 자회사에게만 발생하였다고 하더라도 배임죄가 성립한다는 것을 인정하고 있다.[190]

3. 쟁점

(1) 재산보호의무

대법원의 일관된 견해에 따르면 모회사의 대표이사가 부담하는 재산보호의무는 그가 소속된 모회사뿐만 아니라 콘체른 내 자회사에게도 확장된다. 회사법 및 형법의 원리에 따라 모회사 자체가 행위자가 되는 것이 아니라, 회사 내에서 대표권을 행사하는 기관의 구성원[이사]이 행위자이다. 양자의 관계를 근거짓는 규정은 특별한 인적 관계에서 그 종업원 등에도 죄책을 물을 수 있다는 형법 제14조 제1항이다.[191] 이에 대한 법원의 논증은 다음과 같다.

> "회사의 가치는 단순히 회사구성원에 대한 물적 재산에만 국한되지 않는다. 회사가 고유한 경제적 활동을 수행하고 있다면 이는 언제나 고유한 법인격 하에서 회사의 경영관계 내에서 경제적 주체로서 활동하는 것이며, 그에 의해 권리와 의무의 주체가 된다는 뜻이다. 그렇기에 회사는 경제적 흐름 속에서 기능을 담당하는 불가결한 핵심적인 것을 포함하며, 그것이 곧 권리내용으로서 신뢰되고 보호되어야 하는 대상이 되어야만 한다."

190) 이러한 평가는 Wagner, Die Untreue des Gesellschafters, S. 27.
191) BGHSt 49, 157.

대법원이 배임죄요건을 확정하지 못했다는 비평이 있다. 재산소유자인 본인이 어떠한 사무처리를 위임했는지가 기업집단 구조에서 분명히 드러나지 않았다고 하면서, 지배권을 행사하는 일인이사가 콘체른 내에서 사실적인 지배권을 갖고 있다고 하여 보편적 의무침해가 있을 때에 곧바로 배임죄가 성립되는 것으로 확정할 수는 없다고 한다. 개별적으로 피고인의 어떠한 구체적인 업무영역에 재산보호의무가 형성된 것인지, 어떠한 행위결과 침해가 이루어진 것인지를 논하지 않았다고 한다. 이는 구체적인 주의의무를 부담하는 행위자의 행위내용에 대한 심사를 생략하는 것이며, 헌재가 확립한 엄격한 해석원리에 반하는 것이라고 비판한다.[192)]

비슷한 맥락에서 재산상 보호의무가 어떠한 근거에서 존재하는지를 논증하는 대신에 발생한 결과로부터 역추론하고 있다는 지적도 있다.[193)] 대법원이 재산이전이 발생했다는 사실을 확인하였고, 콘체른에 소속된 자회사로서 종속성이 있는 것이며 이러한 자금의 상실이 존립을 위태롭게 했다는 사실을 확인한 것으로부터 곧바로 모회사의 재산보호의무의 존재를 논증했다는 것이다. 일단 의무가 존재한다는 것을 확인해야 하는데 콘체른 내 공동자금운영시스템에서 재산을 이전시키는 것만으로 의무자체를 전제된 것으로 본다면 이는 순환론일 뿐더러 곧 '의무의 존재를 느슨하게 해석하면 안 된다(Verschleifungsverbot)'는 헌법원리에도 위배된다고 한다.[194)] 독일헌재가 강조한 느슨한 해석금지의 원칙은 재산상 손해 요건에서 특별히 중요한 것이지만,[195)] 이는 의무침해가 있는지 내지 재산상 보호의무가 있는지에 대한 – 논리적으로 보아 먼저 갖추어져야만 하는 – 요건과 관련되어 더 중요한 주의에 해당한다고 강조한다.[196)]

계약콘체른과 사실상의 콘체른 그리고 합자회사의 콘체른과 주식회사의 콘체른 사이의 차이를 주목해야 한다는 지적도 있다.[197)] 주식회사 콘체른으로서

---

192) Rotsch, Untreue durch Vorstandsmitglieder, S. 611.
193) Krause, Konzerninternes Cash Management, S. 53 f.; Dierlamm, MK, § 266 Rn. 237; Tiedemann, Vermögensbetreuungspflicht, S. 46.
194) Dierlamm, MK, § 266, Rn. 280. 이 원리는 2010년 헌재가 분명히 밝힌 바 있다(BVerfG v. 23.6.2010 - 2 BvR 2559/08; 105/09; 491/09Rn 79, NJW 2010, 3209 (3211)); BVerfG NJW 2012, 907, 916 = JuS 2012, 266.
195) 이에 대한 논증으로 Mansdörfer, Die Vermögensgefährdung als Nachteil, S. 118 ff.
196) Saliger, SSW, § 266 Rn. 30, 34 f.

계약콘체른은 이미 주식법 제308조 제1항에 따라 콘체른 모회사의 재산관리상의 의무가 규정되어 있다.[198] 합자회사콘체른으로서 계약콘체른에서는 모회사의 재산보호의무가 지배관계에 대한 계약내용에 의한다. 반면에 사실상 콘체른인 때에는 어떠한 특별한 규정도 없는데, 그렇기에 사실상 상황을 근거로 하여 의무의 존재를 추론할 수는 없다고 말한다. 보편적인 재산보호의무를 논할 게 아니라, 개별회사의 지위구조를 평가하고[199] 특별한 상황을 고려하여 구체적으로 의무의 존재를 논증해야 한다는 것이다.[200]

판례가 자회사에 대한 모회사 대표이사 개인의 책임을 인정하기 위해 언급한 형법 제14조 제1항의 규범내용이 배임의 신분자로서의 지위에 대한 명확한 근거가 되지 않는다는 비판도 있다. 회사법상 분리주의를 따른다면 사실상 콘체른에서도 그 안에 소속된 각 기업들은 우선적으로 고유한 이해관계에 따르는 것이며, 재산상 관리면에서 상호 간에 타인에 해당할 뿐만 아니라 그 안에서 소속된 개인과도 분리된 주체이다. 회사에 소속된 구성원이 회사의 목적과 이익에 따라 행위한 결과, 그것도 다른 회사에 미치게 된 결과를 곧바로 자연인인 피고인의 죄책으로 평가하는 것은 책임원칙에 반할 수 있다는 것이다. 여러 단계로 조직된 콘체른에서는 이 점이 더욱 불분명해지는 것이라고 하면서, 예를 들어 자회사의 구성원에게 손자회사에 대한 재산보호의무도 있는 것인지, 만약 이를 긍정한다면 이는 손자회사-자회사 상호간에 발생하는 의무인지, 아니면 모회사의 경영기관이 자회사에게 위탁한 의무인지, 자회사의 단계를 생략하고 모회사의 구성원이 곧바로 손자회사에 대한 재산보호의무를 지는 것인지 등 해명되어야 할 것이 남아 있다고 한다.[201]

---

197) Brand, Der Konzern, S. 285 ff.
198) Höf, Untreue im Konzern, S. 133 ff., 143 f.
199) Höf, a. a. O., S. 95 f.
200) Höf, a. a. O., S. 106.
201) Brand, Der Konzern, S. 285. 여기서 브란트(Brand)는 콘체른 내 모회사와 최종적인 손해를 입은 종속 회사 사이에 더 많은 단계의 종속관계 층이 끼어들수록 콘체른 모회사의 영향이 약화되어야 한다고 보고 있다. 현실적으로 모회사와의 관계를 볼 때, 자회사가 손자회사에 대하여 충분한 자신만의 독립성을 가지고 재산상의 관리의무를 행사할 수 있는 것인지에 대해서 의문의 여지가 있다는 것이다. 경영 영역에서 조직적인 지배구조가 있는 때에 이를 이유로 간접정범이론을 적용할 수 있는가에 대해서도 견해대립이 있었다. BGHSt 49, 147 (163 f.); Tiedemann, Vermögensbetreuungspflicht, S. 47; Rotsch, Neues zur

한편 대법원의 논증을 불가피한 것으로 해석하는 입장도 있다. 브레머불칸 사안은 일인이사가 회사에 대하여 부담하는 재산보호의무를 보편적으로 긍정하는 판례가 아니라고 한다. 만약에 기업집단 내에서 대표이사의 재산보호의무를 그와 같은 식으로 일반적으로 확대하게 되면, 본인에게 손해(또는 위험)가 되는 일련의 결과에 대해 그가 배임의 죄책을 지게 될 것이므로 이는 불합리하게 가벌성을 확대하는 것이 된다. 그러나 이 사안에서 대법원은, 일상적인 상황이 아니라 오로지 종속된 회사가 존립이 위태로워질 수준으로 자금이 관리된 때에만 일인이사의 재산보호의무를 긍정하고자 한 데에 의의가 있다고 보면서, 이러한 제한적인 입장은 기존의 모든 판례가 사실적으로 대표이사직을 갖고 있다는 조건에서 일반적인 재산보호의무를 긍정해 오던 것과 다른 구체적인 해석기준에 의한 것이라고 한다.[202)]

(2) 공동자금관리의 운영

사례에서 대법원은 공동의 자금관리가 배임의 구성요건에 해당하는 것은 아니라고 하면서, 기업집단 전체를 위해서 운영했던 것이고, 이 캐쉬풀에 속해 있던 개별 자회사의 재산에 대한 보호의무는 일상적으로 이행되고 있었다는 점을 확인한다.

> "자회사인 동독조선소의 재산상의 가치의 손실은 콘체른 또는 자회사의 고정된 자산설비를 처분하는 데에서 비롯된 것이 아니며, 실질적인 대출승인을 의미하게 되었던 자금관리시스템 운영에 포함된 것도 아니다. 이러한 방법을 취하여 발생한 자금의 이득과 손실은 전적으로 콘체른 내에서만 영향을 주고받은 것이었을 뿐이다. 다시 회복될 수 있는 가능성도 있는 것이다. 그리고 그에 따라 모회사인 주식회사는 자금의 운영을 책임지는 일인회사로서 콘체른 차원에서 설치된 금고를 운영한 것이라고도 할 수 있으며, 이러한 방식을 사용한 행위는

Organisationsherrschaft, S. 13.

202) Fleischer, a. a. O., S. 2868; Krause, Konzerninternes Cash Management, S. 52. 물론 이러한 평가에도 불구하고 브레머불칸 사안 이후로 대법원이 이와 같은 추가적인 요건을 견지하는 것은 아니다. 지배력을 행사하는 사실적인 대표이사가 콘체른 내 회사들에 대해 재산보호의무를 인정하는 여러 후속 판례들이 나오고 있기 때문이다. 분명한 예로 BGH, Beschluss vom 13. 12. 2012 – 5 StR 407/12 (LG Berlin) 참조.

자금을 지속적으로 보전하고자 한 조치였다고 말할 수 있다. 이러한 사실관계만 보자면 피고인의 행위는 타인의 재산상의 이익의 유지를 목적으로 한 것이며 배임죄 규정에서 말하는 신뢰의무를 지향했던 것이라고도 볼 수 있다."[203]

콘체른 내에서만 자금회수가 언제든 가능한 정도로 공동자금이 운영되는 때에는 물론, 실질적으로 같은 계좌에서 공동운영하는 것이 아니라 금융기관 등을 통해서 함께 처리되는 방식의 공동자금운영도 문제되지 않는다. 자금이 콘체른 회사에 그대로 머물고 있으면서 단지 회계만 함께 이루어지는 정도에 그치는 것에 불과하기 때문이다.[204] 그러나 이를 통해 자금이 외부로 유출될 수 있도록 할 때부터 문제가 발생하게 되며, 이를 통해 결국 자회사에게 존립을 위태롭게 할 수준의 손해를 입히게 되었기에 배임죄에 해당한다는 것이 판례의 입장이다. 학설도 자금의 통합적인 운영이 자회사로부터 자금을 빼내어 처분한 것이 아니라 콘체른 안에서 활용되도록 한 때에 배임에 해당할 수 없다는 데에 이견이 없다.[205]

자회사가 이를 통해 일정한 자금을 담보나 이자 없이 대출해 준 것과 같은 형태였다고 하더라도 이것이 '전체 콘체른 차원에서는 이익을 도모하는 것'이었으므로 결과를 배제하고 본다면 배임에 해당할 수 없다고 해야 한다는 의견도 있다.[206] 그리고 대법원이 자금운영시스템에 주목한 것은 타당하지만, 더 나아가 이와 같은 방식을 어떻게 이용함으로써 배임의 구성요건을 충족한 것인지를 논증하지 않았다는 비판도 제기된다. 행위의 양상으로서 의무침해 내용을 드러내어 보이지 않고, 존립이 위태로워졌다는 결과만 확인한 데에 불과하다고 한다.[207]

---

203) BGHSt 49, 147; 49 160.

204) Mosch, Probleme der Kapitalaufbringung, S. 97.

205) Ransiek, a. a. O., S. 125; Tiedemann, a. a. O., S. 47; Fischer, § 266 Rn. 29a; Krawczyk, Untreue zum Nachteil einer konzernabhängigen GmbH, S. 1178; Seier, ARR, 5/145, 5/150.

206) Fleischer, Konzernuntreue zwischen Straf- und Gesellschaftsrecht, S. 2870.

207) Krause, Konzerninternes Cash Management, S. 55; Ransiek, a. a. O., S. 125; Rotsch, Untreue durch Vorstandsmitglieder, S. 613.

(3) 존립을 위태롭게 하는 침해

법원은 재산상 처분이 회사의 기본자본인 핵심자산을 훼손하는 때에 회사에 대해 부담하는 성실의무를 저버리는 것이며 민사법적으로 무효가 되는 것으로 본다. 자회사 재산의 처분으로 그 존립에 구체적이면서 직접적인 위협에 이르게 된 예로서는, 자회사의 생산 설비를 제거한다거나 지불능력을 상실하게 하는 때를 언급한다.

존립을 위협하는 침해라는 단순한 개념이 해석원리로서 부적절하다는 비판이 있다. 이것은 최근 독일헌재가 반복하여 강조한 바, 재산상 보호의무를 구체적으로 확정해야 하며, 느슨하게 포섭해서는 안 된다는 원리에 위배한 것이라고 한다. 존립을 위태롭게 하는 손해가 정확히 어느 정도의 손해여야 하는 것인지를 구체적으로 논증해야 할 부담이 법원에게 있다고 한다.[208]

이와 같은 조건은 민사법적으로는 중요하나 형사법에서 주목할 것은 아니라는 비판도 있다. 채무를 담당할 수 없게 되는 등 회사의 역할을 이행할 수 없는 수준이 되거나 존립이 위태로워지는 사정을 대법원 민사부가 중요하게 생각한 것은 그와 같은 사정이 선의의 제3자에게 미칠 영향 때문이다.[209] 형법은 기본적으로 선의의 신뢰자의 보호를 목적으로 하는 것은 아니며, 문제가 된다고 하더라도 그것은 배임의 관건이 아니라 기껏해야 독일형법 제283조[파산의 죄; 우리의 권리행사방해죄와 유사]의 문제에 그치는 것이라고 하면서, 신뢰자 보호의 원리를 차용한 이 판례는 제266조 배임을 제283조에 가깝게 만드는 것이라는 비판이 있다.[210] 배임이 제3자의 신뢰를 보호하는 것에 목적을 두게 되면 그것은 곧 – 연방헌재가 반복적으로 확립한 원칙에 반하여 – 배임죄를 추상적 위험범이 되게끔 한다는 지적도 제기된다.[211]

이러한 비판에 대해서, 제3자의 신뢰는 직접적인 피해를 입은 회사의 재산적 가치상실을 통제하고자 하는 형사사법을 통해 간접적으로만 보호되는 것일

---

208) Lesch/Hüttemann/Reschke, Zur Untreue im Unternehmensverbund, S. 613 f.

209) 이에 대한 개괄적인 소개로는 정대근, 독일주식법상 기업결합에 따른 종속회사 채권자 보호, 278면 이하; 최문희, 기업집단에서 종속회사의 채권자 보호의 법리, 38면 이하.

210) Krause, Konzerninternes Cash Management, S. 54.

211) Kasiske, Strafbare Existenzgefährdung der GmbH, S. 240 ff.; Rotsch, a. a. O., S. 613.

뿐, 그것을 직접 대상으로 하는 것은 아니기에 추상적 위험범화된 것은 아니며, 여전히 구체적 위험범 수준을 유지할 것으로 보는 견해가 있으며,[212] 같은 기준을 민사재판과 함께 이용함으로써 법질서의 통일성 측면에서 진일보한 판결이라는 평가도 있다.[213]

V. 정리 및 적용

1. 논의의 정리와 제언

사실상 일인회사라고 할 수 있는 기업집단 안에서 지배권이 있는 대표이사의 재산보호의무의 존재를 긍정하고, 이를 위배하는 경우에 형법상 배임죄에 해당하게 된다는 것이 독일의 판례와 통설의 일관된 태도이다. 모회사의 대표가 그의 행위를 통해 그 회사 자체에 손해를 입힌 경우에는 전형적인 배임행위로 분류된다. 중요한 것은 콘체른의 특징으로 인해 그의 재산관리의무가 확대될 수 있다는 점이다. 즉 그의 경영행위가 자회사의 존립을 위태롭게 할 수준의 손해를 끼치게 되었다면, 비록 형식적으로 그가 소속된 회사가 아니라고 하더라도 자회사에 대한 배임에 해당한다. 뿐만 아니라 자회사의 손해 결과가 인과적으로 그가 소속된 모회사에게 불이익으로 이어지게 된 때에도 그 모회사에 대한 배임죄가 성립할 수 있다. 한편 법치국가적인 정형화 목적에 따라 이와 같은 의무의 확대를 경계하는 소수 학설도 확인되고 있다.

독일 학설과 판례는 다른 입법례에서 기업인의 면책요건으로 이용되는 '경영판단원칙' 또는 '기업집단이익이론'을 적극적으로 수용하고 있지 않다. 이러한 원리들에 비할 때에 독일 논의에서 배임의 가벌성을 근거짓는 특징적인 논거가 상대적으로 부족한 것으로 비칠 수도 있을 것이다. 처벌가능성을 확정하기 위한 것이라면 이보다 더 분명한 원리가 제시되어야 한다는 비판도 가능해보인다. 그렇지만 위법성을 배제하기 위한 새로운 기준들은, 배임죄로 처벌하지 말아야

212) Anders, Untreue zum Nachteil der GmbH, S. 180 f.
213) Fleischer, Konzernuntreue zwischen Straf- und Gesellschaftsrecht, S. 2870.

할 특별한 사례를 전제로 하고 있다고 보아야 한다. 전통적인 형법해석론에 비추어 본다면 기업 안에서 경영행위의 배임죄 성립가능성을 긍정하는 것이 '원칙'에 해당하는 것이며, 가벌성을 배제하는 것으로 보아야 하는 상황이 '예외'인 것이다. 그렇기에 더 분명한, 특별한 논거가 필요한 것은 전자가 아니라 후자이다. 경영판단원칙이나 기업집단이익이론 등은 이와 같이 예외설정에 기여하고자 하는 시도이며, 보편적인 사안에 적용할 수 있는 내용이 아니다.

일반적인 행위구조에서 배임에 해당할 수 있는 행위가, 기업 안에서 행해졌다고 해서 가벌성을 배제할 수 있는 범죄체계론상 확립된 기준은 아직 찾아볼 수 없다. 이른바 '경영판단원칙'은 전통적인 범죄체계론의 논증언어 밖에 놓여 있는 것이다. 굳이 안으로 끌어들인다면 형법 제20조의 '사회상규에 위배되지 아니하는 행위'의 한 예가 될 수 있을 뿐이다. 그렇기에 이 원칙을 유력한(또는 유일한) 평가기준으로 생각하고, 그에 따라 '합리적인 경영판단의 범주' 안에 놓여 있는지를 가리는 과정이 논증의 많은 부분을 차지하도록 하는 것은 더욱 구체화되어야만 할 배임죄 평가의 방법으로 권장할 만한 것이 되지 못한다.

기업집단 사례에서 이용될 수 있다고 하는 '기업집단이익이론'도 마찬가지이다. 행위자가 전체 기업집단의 이익을 도모하였는지 여부는 그가 배임의 고의 또는 불법이득의사를 가지고 있었는지를 가리기 위한 하나의 사실적 정보에 불과하다. 또한 전체 기업집단의 이익으로 결과되었는지는 '재산상 손해'를 상쇄하여 배임의 객관적 구성요건 성립을 부정할 때 감안되어야 하는 사실 중 하나로 취급하면 될 것이다.

새로운 개념을 쓰는 것이 간단한 방법으로서 선호될 수 있다. 그러나 오랜 시간 축적되어 온 논증방식과 다른 차원에 놓인 그 개념들이, 기존의 체계사고와 그 안에서 사용되던 언어들을 전반적으로 무의미하게 만들 수 있다는 사실을 잊어서는 안 된다.

2. 맺음말

최근 사법기관이 경영행위의 배임 성립여부를 검토하는 예가 늘고 있다고는 하지만, 형법상 배임구성요건에 해당하는 경영행위가 증가하는 비율에 미칠 수는 없다. 배임은 현대사회에서 가장 높은 암수율을 보이는 범죄유형이 되어

가고 있다. 우리 형법에 특별히 규정되어 있는 배임미수까지 따져본다면 더욱 그렇다. 그러나 이러한 사정이 곧바로 기업 내 배임을 비범죄화해야 한다는 주장의 논거가 될 수는 없다. 여러 유형의 경영행위가 사실상 배임으로 취급되지 않는다는 '사실'이 곧바로 이러한 행위를 범죄로 분류하지 말아야 한다는 '당위'의 근거가 될 수는 없다.

형법은 보호법익침해라는 결과불법을 통제하는 데에 현실적인 목적이 있는 것이지만, 행위자의 처벌을 위해서는 반드시 행위불법이 전제되어야만 한다. 이 점이 형법의 독자성을 형성한다고 하였다. 그렇기에 모든 '실패한 경영행위'가 배임에 해당할 것이라는 우려는 과장된 것이다. 반면에 '부정한 경영행위'가 법적인 평가의 대상이 되어야 한다는 원리는 그대로 남아 있어야만 한다. 정책적으로 보더라도 경영행위의 형법적 통제의 필요성은 분명해 보인다. 다른 유형의 범죄와는 달리 기업 내 배임의 피해는 광범위하면서도 막대한 경제적인 손실로 귀결된다. 배임의 가벌성을 배제하는 데에 기여하는 경영판단원칙, 경영상의 재량, 전체기업의 이익 등의 개념은 자율적 기업활동의 효율성에 기대를 걸고 있는 것으로 보인다. 그러나 형법은 태생적으로 경영인의 창의성이 자연스럽게 발휘되는 일반적인 경우가 아니라, 불법적인 경영행위가 본인 내지 제3자에게 막대한 손해를 입힌 예외적인 어두운 상황을 주시한다.

집단화되어 있는 기업의 실질적인 일인지배자로 경영자가 참여하고 있을 때 그의 의무가 확대되어야 할 이유를, 기업을 대하는 사람들 또한 바로 그 배후에 전체 기업집단을 신뢰했다는 사실과 분리해서 생각할 수는 없을 것이다. 선의의 제3자는 전체 기업집단을 믿고 계열사에게 투자했을 가능성이 크다.[214] 이처럼 다수의 기업을 통일된 경제체계로 운영하는 데에는, 개별 기업 간 결합을 통해 내부적인 효율성을 증대시킬 뿐만 아니라 외부적으로 긍정적인 역량을 보여주어, 결국 이익을 극대화하고자 하는 의도가 배경이 된다. 집단적인 기업의 운영으로 이처럼 더 큰 이익을 누리고자 한다면, 그에 상응하여 더 넓은 범위의 영역에서 책임을 부담하는 것이 합리적이라고 보아야 할 것이다. 같은 반가치적인 행위를 하였을 때, 집단적 운영방식을 취했다고 하여 일반 기업경영

214) 천경훈, 앞의 논문, 49면.

에서와 다른 면책조건을 추가하는 데에는 뚜렷한 법이론적 근거가 없다. 피해를 입은 회사의 손해가 있음에도 기업집단 전체에 있을 수 있는 이득의 가능성을 셈하여 배임성립을 부정한다면, 집단을 이루고 있지 않은 개별회사의 같은 경우를 더 엄격하게 취급하는 것으로서 평등원리에 반한다고 볼 수도 있다.

기업의 영역에서 발생하는 배임이나 횡령을 추상적 위험범 내지 전단계범죄화의 영역에 놓음으로써 가벌성을 방만하게 확대해서는 안 된다는 주의를 분명히 하였다. 마찬가지로 배임을 수반한 경영행위에 대한 합리적이지 않은 책임면제에 대해서도 이러한 경계가 똑같이 강조되어야만 할 것이다. 이와 같은 균형있는 판단을 통해서만 형사사법에서 법치국가적 정형화과제는 온전히 실현될 수 있다.

[참고문헌]

(각주에는 밑줄 부분만 표기하거나, [ ] 안의 약어를 쓴 경우도 있음)

김일수, 일인회사의 주주겸 대표이사의 업무상 배임 – 대판 83.12.13, 83도2330 – , 판례연구 (고려대 법학연구원) 4, 1986

김재협, 그룹에 있어 회사재산 남용죄에 관한 프랑스 법원의 태도 – 로젠불름 판결을 중심으로 – , 인권과 정의 431, 2013. 2, 118면 이하

박노영, 독일과 한국의 기업집단 비교, 사회과학논총 10 (충남대사회과학연구소), 1999, 6면 이하

배종대, 형법각론, 2015

배종대/홍영기, 형사정책, 2019

유병규, 기업지배구조와 기업범죄, 한국형사정책연구원, 2004

유진희, 콘체른법상 결합기업의 개념 – 독일 주식법을 중심으로 – , 경영법률 5 (한국경영법률학회), 1992, 391면 이하

이재상/장영민/강동범, 형법각론, 2016

이준보 · 고재종, 기업결합법 I, II, 2012

정대근, 독일주식법상 기업결합에 따른 종속회사 채권자 보호, 법학연구 52-3 (부산대학교), 2011, 277면 이하

조인현, 기업 인수 · 합병 과정에서의 배임행위와 판례의 태도 – 이른바 LBO 사안의 사법적 대응론 – , 형사정책 25-2, 2013, 207면 이하

조지현, 경영판단원칙 – 독일 주식법 내용을 중심으로 – , 경영법률 21-1 (한국경영법률학회), 2010, 159면 이하

천경훈, 기업집단법제에 관한 연구 – 기업집단 소속회사의 손익판단을 중심으로 – , 기업법연구 29-3, 2015, 39면 이하

최문희, 기업집단에서 종속회사의 채권자 보호의 법리 – 독일의 '회사의 존립침해책임' 법리를 중심으로 –, BFL 59 (서울대 금융법센터), 2013, 38면 이하

홍영기, 기업집단에서 배임죄의 주체 및 임무에 대한 독일의 논의, 저스티스 158-1, 2017, 204면 이하

홍영기, 기업 내 배임죄에서 의무위배 요건에 대한 독일판례 분석 – 특히 브레머불칸 사례를 중심으로 –, 안암법학 52, 안암법학회, 2017, 65면 이하

홍영기, 배임에서 결과 평가의 엄격성 – 손해 및 위험에 대한 독일 해석론과 대조하여 –, 형사법연구 31-1, 2019, 133면 이하

Achenbach, H., Aus der 2009/2010 veröffentlichten Rechtsprechung zum Wirtschaftsstrafrecht, NStZ 2010, S. 621 ff.

Achenbach/Ransiek/Rönnau (Hrsg.), Handbuch. Wirtschaftsstrafrecht, 4. Aufl., 2015 [Engisch, K., ARR]

Anders, R. P., Untreue zum Nachteil der GmbH. Versuch einer strafunrechtsbegründenden Rekonstruktion der Rechtspersonalität der Korporation, 2012

Arens, S., Untreue im Konzern, 2010

Arnold, S., Untreue im GmbH- und Aktienkonzern, 2006

Bauer, B., Untreue durch Cash-Pooling im Konzern, 2008

Bittmann, F., Aktuelle Problemfelder bei Betrug und Untreue, - zugleich Anmerkung zu BGH wistra 2013, 311, wistra 2013, S. 449 ff.

Bittmann, F., Strafrechtliche Folgen des MoMiG, NStZ 2009, S. 113 ff.

Bittmann/Richter, Zum Geschädigten bei der GmbH- und der KG-Untreue, wistra 2005, S. 51 ff.

Brand, C., Untreue und Bankrott in der KG und GmbH & Co. KG, 2010

Busch, D., Konzernuntreue. Eine Untersuchung spezifischer Untreuestrafbarkeit innerhalb von Konzernverbindungen mit Aktiengesellschaften und Gesellschaften mit beschränkter Haftung, 2004

Cappel, A., Grenzen auf dem Weg zu einem europäischen Untreuestrafrecht. Das Mannesmann-Verfahren und § 266 StGB als Beispiel eines expansiven Wirtschaftsstrafrechts, 2009

Emmerich/Habersack, Aktien- und GmbH-Konzernrecht, Kommentar, 8. Auflage 2016 [책 이름 생략]

Engisch, Die Einheit der Rechtsordnung, 1935

Fischer, T., Strafgesetzbuch mit Nebengesetz. Kommentar, 62. Aufl., 2015 [책 이름 생략]

Fleischer, H., Konzernuntreue zwischen Straf- und Gesellschaftsrecht: Das Bremer Vulkan-Urteil, NJW 2004, S. 2867 ff.

Florstedt, T., Grundsätze der Unternehmensbewertung für das Strafrecht, wistra 2007, S. 441 ff.

Foffani, L., Untreuestrafbarkeit im französischen und italienischen Strafrecht,

ZStW 2010, S. 374 ff.

Foffani, L., Die Untreue im rechtsvergleichenden Überblick, in: Festschrift für K. Tiedemann zum 70. GT, 2008, S. 767 ff.

Gribbohm, G., Untreue zum Nachteil der GmbH. Zur Harmonisierung zivil- und strafrechtlicher Pflichten des GmbH-Geschäftsführers und -Gesellschafters, ZGR 1990, S. 1 ff.

Haas, G., Die Untreue (§ 266 StGB). Vorschläge de lege ferenda und geltendes Recht, 1997

Höf, J., Untreue im Konzern, 2006

Jakobs, G. Theorie der Beteiligung, 2014

Joeck, W., StGB. Studienkommentar, 11. Aufl., 2014 [책 이름 생략]

Joecks/Miebach (Hrsg.), Münchener Kommentar zum Strafgesetzbuch, 3. Aufl., 2016 [저자이름, MK]

Kargl, W., Die Mißbrauchskonzeption der Untreue (§ 266 StGB), ZStW 2001, S. 565 ff.

Kasiske, P., Strafbare Existenzgefährdung der GmbH und Gläubigerschutz, JR 2011, S. 235 ff.

Kasiske, Existenzgefährdende Eingriffe in das GmbH-Vermögen mit Zustimmung der Gesellschafter als Untreue, wistra 2005, S. 81 ff.

Kindhäuser/Neumann/Paeffgen (Hrsg.), Strafgesetzbuch, Nomos Kommentar, 3. Aufl., 2010 [저자이름, NK]

Koch, J., Gesellschaftsrecht, 9. Aufl., 2015

Kramer, B., Strafbewehrte Vermögensbetreuungspflicht des Alleingesellschafters und seiner Organe zu Gunsten der abhängigen GmbH? - Zugleich Anmerkung zu BGH, Urteil vom 17. September 2001 = WM 2001, 2062 (Bremer Vulkan) -, WM 2004, S. 305 ff.

Kraatz, E., Zur „limitierten Akzessorietät“ der strafbaren Untreue -Überlegungen zur Strafrechtsrelevanz gesellschaftsrechtlicher Pflichtverletzungen im Rahmen des § 266 StGB anhand von Beispielen zur „GmbH-Untreue“, ZStW 2011, S. 447 ff.

Krause, D. M., Konzerninternes Cash Management - der Fall Bremer Vulkan. Neue Ansätze bei der Untreue (§ 266) und ihre Konsequenzen für die

Praxis, JR 2006, S. 51 ff.

Krawczyk/Wessing, Untreue zum Nachteil einer konzernabhängigen GmbH, NZG 2009, S. 1176 ff.

Kudlich/Oğlakcioğlu, Wirtschaftsstrafrecht, 2. Aufl., 2014

Lackner/Kühl, Strafgesetzbuch. Kommentar, 28. Aufl., 2014 [저자이름, LKK]

Lamann, M., Untreue im GmbH- Konzern. Eine Untersuchung zur Anwendung des Untreuetatbestandes auf die konzernierte Gesellschaft mit beschränkter Haftung, 2006

Lesch/Hüttemann/Reschke, Zur Untreue im Unternehmensverbund, NStZ 2015, S. 609 ff.

Mansdörfer, M., Die Vermögensgefährdung als Nachteil im Sinne des Untreuetatbestandes, JuS 2009, S. 114 ff.211)

Mitsch, W., Die Untreue - Keine Angst vor § 266 StGB!, JuS 2011, S. 97 ff.

Mosch, S., Probleme der Kapitalaufbringung und der Kapitalerhaltung im Cash-Pool, NZG 2003, S. 97 ff.

Müller-Gugenberger (Hrsg.), Wirtschaftsstrafrecht, 6. Aufl., 2015

Nelles, U., Untreue zum Nachteil von Gesellschaften: zugleich ein Beitrag zur Struktur des Vermögensbegriffs als Beziehungsbegriff, 1991

Perron, W., Keine Unmittelbarkeit des Vermögensschadens, ausbleibender Gewinn als Nachteil – liegt der Untreue ein anderer Begriff des Vermögensschadens zugrunde als dem Betrug?, in: Grundlagen und Dogmatik des gesamten Strafrechtssystems. Festschrift für Wolfgang Frisch zum 70. Geburtstag, 2013, S. 857 ff.

Ransiek, A., Risiko, Pflichtwidrigkeit und Vermögensnachteil bei der Untreue, ZStW 2004, S. 634 ff.

Ransiek, A., Untreue zum Nachteil einer abhängigen GmbH – "Bremer Vulkan" – Besprechung des Urteils des BGH wistra 2004, 341 –, wistra 2005, S. 121 ff.

Rengier, R., Strafrecht. Besonderer Teil I. Vermögensdelikte, 18. Aufl., 2016 [BT]

Rentrop, K., Untreue und Unterschlagung (§§ 266 und 246 StGB). Reformdiskussion und Gesetzgebung seit dem 19. Jahrhundert, 2007

Rönnau, T., Untreue als Wirtschaftsdelikt, ZStW 2006, S. 887 ff.

Rönnau, T., (Rechts-)Vergleichende Überlegungen zum Tatbestand der Untreue, ZStW 2010, S. 299 ff.

Rönnau, T., Anmerkung zum Urteil des BGH vom 29.08.2008 - Az. 2. StR 587/07 (Siemens), StV 2009, S. 246 ff.

Rotsch, T., Wiederholung und Vertiefung im Schwerpunktbereich - Wirtschaftsstrafrecht: Untreue durch Vorstandsmitglieder einer AG zum Nachteil einer abhängigen GmbH, ZJS 2008, S. 610 ff.

Rotsch, T., Neues zur Organisationsherrschaft, NStZ 2005, S. 13 ff.

Roxin, C., Täterschaft und Tatherrschaft, 9. Aufl., 2015

Rudolphi, u. a., Systemaischer Kommentar, 2005 [저자이름, SK]

Saenger, I., Gesellschaftsrecht, 3. Aufl., 2015

Saliger, F., Kick-Back, PPP, Verfall - Korruptionsbekämpfung im Kölner Müllfall, NJW 2006, S. 3377 ff.

Saliger, F., Rechtsprobleme des Untreuetatbestandes, JA 2007, S. 326 ff.

Satzger/Schluckebier/Widmaier, Kommentar Strafgesetzbuch, 2. Aufl., 2005 [저자이름, SSW]

Schönke/Schröder, Strafgesestzbuch Kommentar, 29. Aufl., 2014 [저자이름, SSK]

Schramm, E., Untreue durch Insolvenzverwalter, NStZ 2000, S. 398 ff.

Schünemann, B., Der Straftatbestand der Untreue als zentrales Wirtschaftsdelikt der entwickelten Industriegesellschaft, in: Grundlagen und Dogmatik des gesamten Strafrechtssystems. Festschrift für Wolfgang Frisch zum 70. Geburtstag, 2013, S. 837 ff.

Tiedemann, K., Die strafrechtliche Vertreter- und Unternehmenshaftung, NJW 1986, S. 1842 ff.

Tiedemann, K., Strafrechtliche Grundprobleme im Kartellrecht, NJW 1979, S. 1849 ff.

Tiedemann, K., GmbH Strafrecht. §§ 82 - 85 GmbHG und ergänzende Straftatbestände, 5. Aufl., 2010

Tiedemann, K., Vermögensbetreuungspflicht des beherrschenden Alleingesellschafters bei der Konzernuntreue, JZ 2005, S. 45 ff.

Tsagkaraki, E., Die Bildung der sog. „schwarzen Kassen“ als strafbare Untreue gemäß § 266, 2013

Wagner, T., Die Untreue des Gesellschafters in der einfachen und konzerniert-en Einmann-GmbH. Zugleich eine strafrechtliche Bestimmung des existenzvernichtenden Eingriff, 2005

Wegenast, M. O., Mißbrauch und Treubruch. Zum Verhältnis der Tatbestände in § 266 StGB, 1994

Wessels/Hilenkamp, Strafrecht. Besonderer Teil 2. Straftaten gegen Vermögenswerte, 38. Aufl., 2015 [BT]

Zöllner/Noack (Hrsg.), Kölner Kommentar zum Aktiengesetz, 3. Aufl. [저자이름, KKA]

대법원 2017. 11. 9. 선고 2015도12633 판결

【특정경제범죄가중처벌등에관한법률위반(사기) · 특정경제범죄가중처벌등에관한법률위반(횡령) · 특정경제범죄가중처벌등에관한법률위반(배임) · 주식회사의외부감사에관한법률위반 · 뇌물공여 · 특정경제범죄가중처벌등에관한법률위반(증재등)】 [공2017하, 2382]

【판시사항】

배임죄의 구성요건 중 '임무에 위배하는 행위'의 의미 / 회사의 이사 등이 타인에게 회사자금을 대여한 행위가 회사에 대하여 배임행위가 되는 경우 및 타인이 자금지원 회사의 계열회사라도 마찬가지인지 여부(적극) / 경영상의 판단을 이유로 배임죄의 고의를 인정할 수 있는지 판단하는 기준 / 동일한 기업집단에 속한 계열회사 사이의 지원행위가 합리적인 경영판단의 재량 범위 내에서 행하여진 것인지를 판단할 때 고려하여야 할 사항

【판결요지】

배임죄는 타인의 사무를 처리하는 자가 그 임무에 위배하는 행위로써 재산상 이익을 취득하거나 제3자로 하여금 이를 취득하게 하여 본인에게 손해를 가함으로써 성립한다. 여기서 그 '임무에 위배하는 행위'는 사무의 내용, 성질 등 구체적 상황에 비추어 법률의 규정, 계약의 내용 혹은 신의칙상 당연히 할 것으로 기대되는 행위를 하지 않거나 당연히 하지 않아야 할 것으로 기대되는 행위를 함으로써 본인과 사이의 신임관계를 저버리는 일체의 행위를 포함한다.

회사의 이사 등이 타인에게 회사자금을 대여함에 있어 타인이 이미 채무변제능력을 상실하여 그에게 자금을 대여할 경우 회사에 손해가 발생하리라는 정을 충분히 알면서 이에 나아갔거나, 충분한 담보를 제공받는 등 상당하고도 합리적인 채권회수조치를 취하지 아니한 채 만연히 대여해 주었다면, 그와 같은 자금대여는 타인에게 이익을 얻게 하고 회사에 손해를 가하는 행위로서 회사에 대하여 배임행위가 되고, 회사의 이사는 단순히 그것이 경영상의 판단이라는 이유만으로 배임죄의 죄책을 면할 수 없으며, 이러한 이치는 타인이 자금지원

회사의 계열회사라 하여 달라지지 않는다.

다만 기업의 경영에는 원천적으로 위험이 내재하여 있어서 경영자가 개인적인 이익을 취할 의도 없이 가능한 범위 내에서 수집된 정보를 바탕으로 기업의 이익을 위한다는 생각으로 신중하게 결정을 내렸더라도 예측이 빗나가 기업에 손해가 발생하는 경우가 있으므로, 이러한 경우에까지 고의에 관한 해석기준을 완화하여 업무상배임죄의 형사책임을 물을 수 없다. 여기서 경영상의 판단을 이유로 배임죄의 고의를 인정할 수 있는지는 문제 된 경영상의 판단에 이르게 된 경위와 동기, 판단대상인 사업의 내용, 기업이 처한 경제적 상황, 손실발생의 개연성과 이익획득의 개연성 등 제반 사정에 비추어 자기 또는 제3자가 재산상 이익을 취득한다는 인식과 본인에게 손해를 가한다는 인식하의 의도적 행위임이 인정되는 경우인지에 따라 개별적으로 판단하여야 한다.

한편 기업집단의 공동목표에 따른 공동이익의 추구가 사실적, 경제적으로 중요한 의미를 갖는 경우라도 기업집단을 구성하는 개별 계열회사는 별도의 독립된 법인격을 가지고 있는 주체로서 각자의 채권자나 주주 등 다수의 이해관계인이 관여되어 있고, 사안에 따라서는 기업집단의 공동이익과 상반되는 계열회사의 고유이익이 있을 수 있다. 이와 같이 동일한 기업집단에 속한 계열회사 사이의 지원행위가 기업집단의 차원에서 계열회사들의 공동이익을 위한 것이라 하더라도 지원 계열회사의 재산상 손해의 위험을 수반하는 경우가 있으므로, 기업집단 내 계열회사 사이의 지원행위가 합리적인 경영판단의 재량 범위 내에서 행하여졌는지는 신중하게 판단하여야 한다.

따라서 동일한 기업집단에 속한 계열회사 사이의 지원행위가 합리적인 경영판단의 재량 범위 내에서 행하여진 것인지를 판단하기 위해서는 앞서 본 여러 사정들과 아울러, 지원을 주고받는 계열회사들이 자본과 영업 등 실체적인 측면에서 결합되어 공동이익과 시너지 효과를 추구하는 관계에 있는지, 이러한 계열회사들 사이의 지원행위가 지원하는 계열회사를 포함하여 기업집단에 속한 계열회사들의 공동이익을 도모하기 위한 것으로서 특정인 또는 특정회사만의 이익을 위한 것은 아닌지, 지원 계열회사의 선정 및 지원 규모 등이 당해 계열회사의 의사나 지원 능력 등을 충분히 고려하여 객관적이고 합리적으로 결정된 것인지, 구체적인 지원행위가 정상적이고 합법적인 방법으로 시행된 것인지, 지원을 하는 계열회사에 지원행위로 인한 부담이나 위험에 상응하는 적절한 보상을 객관적으로 기대할 수 있는 상황이었는지 등까지 충분히 고려하여야 한다. 위와 같은 사정들을 종합하여 볼 때 문제 된 계열회사 사이의 지원행위가 합리적인 경영판단의 재량 범위 내에서 행하여진 것이라고 인정된다면 이러한 행위는 본인에게 손해를 가한다는 인식하의 의도적 행위라고 인정하기 어렵다.

【참조조문】

형법 제355조 제2항, 제356조

【참조판례】

대법원 2000. 3. 14. 선고 99도4923 판결 (공2000상, 1011), 대법원 2004. 7. 8. 선고 2002도661 판결, 대법원 2007. 3. 15. 선고 2004도5742 판결 (공2007상, 569), 대법원 2010. 10. 28. 선고 2009도1149 판결 (공2010하, 2207), 대법원 2013. 9. 26. 선고 2013도5214 판결 (공2013하, 2021), 대법원 2014. 7. 10. 선고 2013도10516 판결

【전문】

【피 고 인】 피고인 1 외 2인

【상 고 인】 피고인들 및 검사

【변 호 인】 법무법인 유진 외 2인

【대상판결】

【원심판결】 부산고법 2015. 7. 27. 선고 (창원)2015노74 판결

【주문】

원심판결 중 유죄 부분을 파기하고, 이 부분 사건을 부산고등법원에 환송한다. 검사의 상고를 기각한다.

【이유】

상고이유를 판단한다.

1. 피고인들의 상고이유에 대한 판단

가. 피고인들의 주식매수를 위한 공소외 1 주식회사의 자금 사용 관련 업무상횡령 부분에 관하여

1) 업무상횡령죄가 성립하기 위해서는 업무로 타인의 재물을 보관하는 자가 불법영득의 의사를 가지고 업무상의 임무에 위배하여 그 재물을 횡령하거나 반환을 거부하여야 한다. 여기서 불법영득의 의사는 자기 또는 제3자의 이익을 꾀할 목적으로 업무상의 임무에 위배하여 보관하는 타인의 재물을 자기의 소유인 경우와 같이 처분하는 의사를 말하고, 사후에 이를 반환하거나 변상, 보전하는 의사가 있다 하더라도 불법영득의 의사를 인정함에 지장이 없다. 나아가 주식회사는 주주와 독립된 별개의 권리주체로서 그 이해가 반드시 일치하는 것은 아니므로, 회사 소유 재산을 주주나 대표이사가 사적인 용도로 임의 처분하였다면 그 처분에 관하여 주주총회나 이사회의 결의가 있었는지 여부와 관계없이 횡령죄의 죄책을 면할 수 없다(대법원 2012. 6. 28. 선고 2012도2628 판결, 대법원 2014. 12. 24. 선고 2014도11263 판결 등 참조).

2) 원심은 판시와 같은 이유를 들어, 피고인 1이 개인적으로 공소외 2 사모투자전문회사에 지급하여야 할 주식매수대금 261억 원을 공소외 1 주식회사(이하 '공소외 1 회사'라고 한다)로부터 차용하여 지급한 것은 공소외 1 회사 등 자신이 지배하는 기업집단(이하 위 기업집단을 '○○○그룹'이라고 한다)의 회장이라는 직위를 이용하여 공소외 1 회사의 자금을 사적인 용도로 임의 사용한 것으로 평가함이 상당하고, 피고인 2, 피고인 3은 ○○○그룹 경영지원센터의 자금담당 임직원으로 피고인 1의 횡령범행에 대하여 공동가공의 의사를 가지고 기능적 행위지배를 하였다고 보아, 이 부분 변경된 특정경제범죄 가중처벌 등에 관한 법률(이하 '특정경제범죄법'이라고 한다) 위반(횡령)의 공소사실에 대하여 유죄로 판단하였다.

3) 원심판결 이유를 위 법리와 적법하게 채택된 증거들에 비추어 살펴보면, 위와 같은 원심의 판단에 상고이유 주장과 같이 논리와 경험의 법칙에 반하여 자유심증주의의 한계를 벗어나거나 횡령의 범의, 불법영득의사, 공동정범 등에

관한 법리를 오해하는 등의 잘못이 없다.

나. 피고인 1의 공소외 3 주식회사의 통합구매 관련 업무상배임 부분에 관하여

1) 배임죄는 타인의 사무를 처리하는 자가 그 임무에 위배하는 행위로써 재산상 이익을 취득하거나 제3자로 하여금 이를 취득하게 하여 본인에게 손해를 가함으로써 성립한다. 여기서 그 '임무에 위배하는 행위'는 사무의 내용, 성질 등 구체적 상황에 비추어 법률의 규정, 계약의 내용 혹은 신의칙상 당연히 할 것으로 기대되는 행위를 하지 않거나 당연히 하지 않아야 할 것으로 기대되는 행위를 함으로써 본인과 사이의 신임관계를 저버리는 일체의 행위를 포함한다 (대법원 2014. 7. 10. 선고 2013도10516 판결 등 참조).

회사의 이사 등이 타인에게 회사자금을 대여함에 있어 그 타인이 이미 채무변제능력을 상실하여 그에게 자금을 대여할 경우 회사에 손해가 발생하리라는 정을 충분히 알면서 이에 나아갔거나, 충분한 담보를 제공받는 등 상당하고도 합리적인 채권회수조치를 취하지 아니한 채 만연히 대여해 주었다면, 그와 같은 자금대여는 타인에게 이익을 얻게 하고 회사에 손해를 가하는 행위로서 회사에 대하여 배임행위가 되고, 회사의 이사는 단순히 그것이 경영상의 판단이라는 이유만으로 배임죄의 죄책을 면할 수 없으며, 이러한 이치는 그 타인이 자금지원 회사의 계열회사라 하여 달라지지 않는다 (대법원 2000. 3. 14. 선고 99도4923 판결, 대법원 2004. 7. 8. 선고 2002도661 판결 등 참조).

다만 기업의 경영에는 원천적으로 위험이 내재하여 있어서 경영자가 개인적인 이익을 취할 의도 없이 가능한 범위 내에서 수집된 정보를 바탕으로 기업의 이익을 위한다는 생각으로 신중하게 결정을 내렸다고 하더라도 그 예측이 빗나가 기업에 손해가 발생하는 경우가 있으므로, 이러한 경우에까지 고의에 관한 해석기준을 완화하여 업무상배임죄의 형사책임을 물을 수 없다 (대법원 2007. 3. 15. 선고 2004도5742 판결 참조). 여기서 경영상의 판단을 이유로 배임죄의 고의를 인정할 수 있는지는 문제 된 경영상의 판단에 이르게 된 경위와 동기, 판단대상인 사업의 내용, 기업이 처한 경제적 상황, 손실발생의 개연성과 이익획득의 개연성 등 제반 사정에 비추어 자기 또는 제3자가 재산상 이익을 취득한다는 인식과 본인에게 손해를 가한다는 인식하의 의도적 행위임이 인정되는 경우인지에 따라 개별적으로 판단하여야 한다 (대법원 2010. 10. 28. 선고 2009도1149 판결 등 참조).

한편 기업집단의 공동목표에 따른 공동이익의 추구가 사실적, 경제적으로 중요한 의미를 갖는 경우라도 그 기업집단을 구성하는 개별 계열회사는 별도의 독립된 법인격을 가지고 있는 주체로서 각자의 채권자나 주주 등 다수의 이해관계인이 관여되어 있고, 사안에 따라서는 기업집단의 공동이익과 상반되는 계열회사의 고유이익이 있을 수 있다 (대법원 2013. 9. 26. 선고 2013도5214 판결 참조). 이와 같이 동일한 기업집단에 속한 계열회사 사이의 지원행위가 기업집단의 차원에서 계열회사들의 공동이익을 위한 것이라 하더라도 지원 계열회사의 재산상 손해의 위험을 수반하는 경우가 있으므로, 기업집단 내 계열회사 사이의 지원행위가 합리적인 경영판단의 재량 범위 내에서 행하여졌는지 여부는 신중하게 판단하여야 한다.

따라서 동일한 기업집단에 속한 계열회사 사이의 지원행위가 합리적인 경영판단의 재량 범위 내에서 행하여진 것인지 여부를 판단하기 위해서는 앞서 본 여러 사정들과 아울러, 지원을 주고받는 계열회사들이 자본과 영업 등 실체적인 측면에서 결합되어 공동이익과 시너지 효과를 추구하는 관계에 있는지 여부, 이러한 계열회사들 사이의 지원행위가 지원하는 계열회사를 포함하여 기업집단에 속한 계열회사들의 공동이익을 도모하기 위한 것으로서 특정인 또는 특정회사만의 이익을 위한 것은 아닌지 여부, 지원 계열회사의 선정 및 지원 규모 등이 당해 계열회사의 의사나 지원 능력 등을 충분히 고려하여 객관적이고 합리적으로 결정된 것인지 여부, 구체적인 지원행위가 정상적이고 합법적인 방법으로 시행된 것인지 여부, 지원을 하는 계열회사에 지원행위로 인한 부담이나 위험에 상응하는 적절한 보상을 객관적으로 기대할 수 있는 상황이었는지 여부 등까지 충분히 고려하여야 한다. 위와 같은 사정들을 종합하여 볼 때 문제 된 계열회사 사이의 지원행위가 합리적인 경영판단의 재량 범위 내에서 행하여진 것이라고 인정된다면 이러한 행위는 본인에게 손해를 가한다는 인식하의 의도적 행위라고 인정하기 어려울 것이다.

2) 원심은 ① 2008년 말경부터 재무구조가 악화되어 오던 공소외 3 주식회사 (이하 '공소외 3 회사'라고 한다)가 2010. 5.경 금융기관들과 재무구조개선약정 및 자율협약을 체결하였던 점, ② 공소외 3 회사로부터 통합구매 방식의 지원을 받아 오던 계열회사들이 이 부분 공소사실 기재 일시 이전부터 단기간

에 해소되기 어려운 원인으로 통합구매 대금의 지급을 연체하고 있었던 점, ③ ○○○그룹 회장인 피고인 1은 공소외 3 회사 가 계열회사들에 대한 통합구매 대금 지급을 유예하게 되면 공소외 3 회사에 손해가 발생하리라는 사정을 미필적으로나마 인식하였다고 봄이 상당한 점, ④ 이 사건 통합구매로 인해 공소외 3 회사가 입은 실제 손해액은 피고인 1의 진술에 의하더라도 약 886억 원에 이르는 점, ⑤ ○○○그룹 계열회사들의 재무구조에 비추어 볼 때 이 사건 통합구매로 공소외 3 회사가 얻을 수 있는 원가절감의 이익보다 대금 회수 곤란으로 인한 불이익이 훨씬 커진 상태였다고 봄이 상당한 점, ⑥ 그럼에도 피고인 1은 이사회결의나 자금관리단에 대한 승인 · 보고 없이 계열회사들로부터 별다른 담보제공도 받지 않은 채 통합구매 방식을 이용한 경제적 지원을 계속한 점, ⑦ 이 사건 통합구매의 문제점은 '통합구매' 자체가 아니라 장기간 대규모로 이루어진 외상 거래이므로 일반적인 통합구매와 동일시할 수 없는 점, ⑧ 통합구매 계열회사들의 자금사정이 좋지 않았다면 공소외 3 회사 입장에서는 선박 구성품을 공급할 대체 거래선을 확보하고 통합구매를 중단하는 것이 보다 합리적인 경영판단이라고 할 것인 점 등의 사정을 종합하면, 피고인 1의 위와 같은 행위는 합리적 경영판단의 범주를 벗어난 것이라고 보아 이 부분 특정경제범죄법 위반(배임)의 공소사실에 관하여 무죄로 인정한 제1심판결을 파기하고 유죄로 인정하였다.

3) 그러나 원심의 판단은 다음과 같은 이유에서 수긍할 수 없다.

가) 원심판결 및 기록에 의하면 다음과 같은 사실 및 사정들을 알 수 있다.

① ○○○그룹은 2009. 4.경 향후 계열회사들의 공장 신축 등으로 철강재 수요가 증가할 것으로 예상되고, 각각의 계열사가 개별적으로 철강재를 구매할 경우 단가 등 구매조건이 불리할 것으로 판단되자, 구매력 집중을 통한 원가절감을 위해 ○○○그룹 차원에서 철강재를 통합구매 하는 방안을 검토하였다. 이에 따라 공소외 3 회사는 2009. 12. 1.경 공소외 4 주식회사 (이하 '공소외 4 회사'라고 한다), 공소외 5 주식회사 (이하 '공소외 5 회사'라고 한다), 공소외 6 주식회사 (이하 '공소외 6 회사'라고 한다) 및 공소외 7 주식회사 (이하 '공소외 7 회사'라고 한다)와 각 통합구매 약정을 체결하였다.

② 통합구매 약정 체결 무렵 공소외 4 회사, 공소외 6 회사 및 공소외 7 회사

는 공장을 신축하고 있었고, 공소외 4 회사는 2010. 11.경부터, 공소외 6 회사는 2010. 7.경부터, 공소외 7 회사는 2010. 8.경부터 각 신축된 공장에서 상업생산을 시작하였다.

③ 공소외 4 회사, 공소외 6 회사, 공소외 7 회사는 본격적인 상업생산에 앞서 시험생산이 필요하였고, 상업생산을 위한 원자재도 2~3개월 전에 미리 구매할 필요가 있었다. 당초 통합구매 계열회사들은 공소외 3 회사에 통합구매 대금을 현금으로 결제하였는데, 위와 같은 공장 신축 등으로 자금소요가 증가하자 2010. 2.부터 순차적으로 어음 결제를 이용하게 되었다.

④ 자율협약에 따라 공소외 3 회사에 파견되어 있던 자금관리단은 2011. 4.경 공소외 3 회사의 통합구매 사실을 알게 되자 피고인 3에게 그 경위 등을 확인한 다음 자금회수 방안을 강구하도록 지시하는 한편, 2011. 5. 4. 통합구매 계열회사들에 공문을 보내 통합구매 대금의 결제 상황과 변제계획 등을 자금관리단에 보고할 것을 요청하였고, 2011. 5. 16.과 2011. 7. 13. 각 자금관리단 회의를 개최하여 통합구매 대금 회수방안을 검토하기도 하였다.

⑤ 다만 자금관리단은 통합구매 사실을 알고도 그 직후 채권단에 이를 보고하지 않은 채 통합구매 방식을 당분간 유지하였다. 그 이유는 당시 공소외 3 회사는 선수금으로 받은 현금을 3개월치 이상 보유하고 있어 현금 흐름에 큰 문제가 없었고, 통합구매가 즉시 중단될 경우 공소외 3 회사의 선박건조에 필수적인 원자재를 납품하는 계열회사들에 부도가 발생할 수도 있다고 생각했기 때문으로 보인다. 그 후 채권단은 2011. 8. 22. 회의를 개최한 뒤 통합구매를 중지하도록 하였다.

⑥ 2008년 말경 시작된 세계적 금융위기와 경기침체에 따른 선박수요 감소, 발주 취소, 완성 선박의 인도·인수 지연, 저가 수주, 선수금 지급비율 축소, 환차손 및 이에 따른 유동성 유입 부족 등 악화된 경영 상황에서 공소외 3 회사는 2009년 말 기준으로 약 218억 원의 영업이익을 실현하였으나, 환율급등에 따른 거액의 파생상품 손실로 인해 약 1,491억 원의 누적결손금이 발생하여 자본금 약 525억 원이 잠식되었다. 2010년 말에도 약 297억 원의 영업이익을 실현하였으나 위와 같은 이유로 회계상 약 4,270억 원의 누적결손금이 발생하여 2,501억 원 상당의 자본잠식이 발생하였다.

나) 앞서 본 법리에 비추어 위와 같은 사실관계 및 다음과 같은 사정들을 살펴보면, 피고인 1이 공소외 3 회사로 하여금 통합구매 방식으로 ○○○그룹의 계열회사들에 대한 지원을 한 것은 ○○○그룹 내 계열회사들의 공동이익을 위한 합리적인 경영판단의 재량 범위 내에서 행한 것으로 봄이 타당하고, 이를 가리켜 공소외 3 회사에게 손해를 가한다는 인식하의 의도적 행위라고 단정하기 어렵다.

① 공소외 3 회사가 ○○○그룹 계열회사들의 생산활동에 필요한 철강재 등 원자재를 통합구매하여 어음 결제 방식으로 위 계열회사들에게 공급한 것은 그 지원행위의 성격에 비추어 특정인 또는 특정회사의 사익을 위한 것으로 보기 어렵고 그 자체로 동종·유사 영업에 종사하는 ○○○그룹 내 계열회사들의 공동이익을 위한 것으로 볼 여지가 크다.

② 특히 통합구매는 공소외 3 회사에 자재를 공급하는 계열회사들의 원자재를 구매력 집중을 위한 원가절감의 목적으로 채권단과의 자율협약 체결 이전부터 계획·시행되던 것이었고, 2010. 2.경부터 통합구매 대금 결제 방식을 점차 현금에서 어음으로 변경하게 된 것은 위 계열회사들의 공장 건설 등 신규 투자에 따른 자금부족 때문으로 보인다. 따라서 공소외 3 회사가 통합구매 및 어음 결제 방식으로 계열회사를 지원한 것이 지원행위의 대상 및 규모의 결정에 있어 객관적·합리적 기준을 벗어나거나 공소외 3 회사의 의사에 반한 것으로 보기 어렵다.

③ 당시 공소외 3 회사가 회계상 자본잠식의 상태에 있기는 하였으나 2009년 218억 원 상당의 영업이익을, 2010년에는 297억 원 상당의 영업이익을 올렸고, 회계상 대규모 손실의 원인이 되었던 환차손 부분도 자율협약 등을 통하여 파생상품 결제기를 2012. 12. 31.까지 연장받았다. 이에 비추어 보면, 단지 회계상 자본잠식 상태에 있었다는 이유만으로 공소외 3 회사가 통합구매 방식을 통해 계열회사들을 지원할 여력이 없었다고 단정하기 어려우므로, 이 부분 통합구매를 통한 공소외 3 회사의 계열회사들에 대한 지원행위가 그 부담 능력을 초과한 것이라고 보기 어렵다.

④ 자금관리단이 통합구매 및 어음 결제 방식을 알고도 즉시 중단하지 아니하고 한동안 이를 사실상 묵인하였던 사실이나 아래에서 살펴보는 바와 같이 금융기관이나 기업평가기관의 공소외 4 회사, 공소외 7 회사 등에 대한 사업전망이

긍정적이었던 사실 등에 비추어 볼 때, 공소외 3 회사의 입장에서도 원자재 구매를 지원받은 계열회사들이 제품 생산 및 판매를 통해 장차 통합구매 대금을 결제할 것은 물론 그들의 사업 성장을 통해 ○○○그룹 차원의 사업영역 확장과 이를 통한 시너지 효과 등을 객관적으로 기대할 수 있었던 상황으로 보인다.

4) 그럼에도 원심은 그 판시와 같은 이유만으로 이 부분 공소사실을 유죄로 인정하였으니, 이러한 원심의 판단에는 업무상배임죄의 고의와 경영상 판단에 관한 법리를 오해하여 판결에 영향을 미친 잘못이 있다. 이를 지적하는 피고인 1의 상고이유 주장은 이유 있다.

다. 피고인 1의 공소외 3 회사의 공소외 7 회사에 대한 고철 처분 관련 업무상배임 부분에 관하여

1) 원심은 ① 공소외 3 회사는 재무구조 악화로 2010. 5.경 채권단들과 재무구조개선약정 및 자율협약을 체결한 점, ② 공소외 7 회사도 재무상황이 악화되어 2010. 1.경부터 이 부분 고철대금을 현금으로 지급하지 못하여 어음을 발행하였던 점, ③ 위 어음들은 대부분 예정대로 지급되지 못하였는데, ○○○그룹 회장인 피고인 1은 위와 같은 고철거래로 인한 손해 발생 사실을 미필적으로나마 인식하였다고 봄이 상당한 점, ④ 공소외 3 회사가 이 사건 고철거래로 얻을 수 있는 이익은 막연한 '그룹 차원의 이익'에 불과한 점, ⑤ 공소외 3 회사가 공소외 7 회사로부터 담보제공도 받지 않은 상태에서 외상으로 고철거래를 하면서 이사회결의나 자금관리단에 대한 보고 · 승인이 없었던 점 등의 사정을 종합하면, 피고인 1의 위와 같은 행위는 공소외 3 회사의 이익을 희생하면서 자금난에 처한 계열회사를 외상거래 방식으로 우회 지원한 것으로서 합리적 경영판단의 범주를 벗어난 것이라고 보아 이 부분 특정경제범죄법 위반(배임)의 공소사실에 관하여 무죄로 인정한 제1심판결을 파기하고 유죄로 인정하였다.

2) 그러나 원심의 판단은 다음과 같은 이유에서 받아들일 수 없다.

가) 원심판결 및 기록에 의하면 다음과 같은 사실 및 사정들을 알 수 있다.

① 공소외 8 주식회사 (이하 '공소외 8 회사'라고 한다)는 2006. 4.경 조선기자재 제조 및 고철 수집 · 판매 등을 목적으로 설립된 회사로 2008. 1.경부터 공소외 3 회사로부터 고철을 매수해왔고, 2009년 말까지는 고철 대금을 현금으로 지급하였다.

② 피고인 1은 2009년경 ○○○그룹의 수익 다각화 전략의 일환으로 공소외 8 회사의 사업 분야에 송유관과 건설 분야에서 사용되는 후육관 제조 · 판매업을 추가하였고, 2009. 10.경 상호도 공소외 8 회사에서 공소외 7 회사로 변경하였다.

③ △△△△평가는 2010. 2.경 공소외 7 회사의 사업전망에 대해 후육관과 스파이럴관 제조 · 판매에 따른 예상 매출액을 2010년 약 1,335억 원, 2011년 약 2,395억 원, 2012년 약 2,825억 원, 2013년 약 3,296억 원으로 전망하였고, 영업이익율은 공장 가동 후 4년이 되는 2013년부터 약 10% 이상을 유지할 것으로 예상하였다. 위와 같은 긍정적인 사업전망에 힘입어 공소외 7 회사는 그 무렵 은행으로부터 205억 원의 자금을 대출받기도 하였다.

④ 공소외 7 회사는 2009년 말부터 위 후육관 사업을 위한 공장을 신설함에 따라 자금 소요가 증가하였고, 이에 공소외 7 회사는 기존부터 고철거래를 해오던 공소외 3 회사에 대하여 그 대금을 어음으로 결제하게 되었다.

⑤ 공소외 3 회사의 채권단은 2011. 8.경 공소외 7 회사의 고철 어음거래 사실을 알게 되었고 그 무렵 공소외 3 회사에 대하여 현금 수령 없이는 고철을 타에 매도하지 말 것을 지시하였다. 이에 따라 공소외 3 회사 와 공소외 7 회사는 고철 거래를 중단하였다.

나) 앞서 본 법리에 비추어 위와 같은 사실관계 및 다음과 같은 사정들을 살펴보면, 피고인 1이 공소외 3 회사로 하여금 이 부분 고철 거래를 통해 공소외 7 회사에 대한 지원행위를 한 것은 ○○○그룹 내 계열회사들의 공동이익을 위한 합리적인 경영판단의 재량 범위 내의 것이라고 봄이 타당하고, 이를 공소외 3 회사에게 손해를 가한다는 인식하의 의도적 행위라고 단정하기는 어렵다.

① 공소외 3 회사와 공소외 7 회사 사이의 이 부분 고철 거래는 공소사실 기재 범행일시 약 1년 5개월 전인 2008. 1.경부터 계속하여 왔던 것으로서, 특정인 또는 특정회사의 사익을 위한 것이 아니라 유사 · 관련 영업에 종사하는 계열회사들이 공동이익 내지 시너지 효과를 기대하며 시행한 것으로 볼 여지가 크다.

② 공소외 3 회사가 이 부분 고철 거래를 함에 있어 공소외 7 회사에 고철 대금 변제기를 유예하는 정도의 지원행위를 한 것이 공소외 3 회사의 의사에 반하거나 그 부담능력을 초과한 것이라고 단정하기 어렵다.

③ 공소외 3 회사의 이 부분 지원행위는 공소외 7 회사의 공장 신설 등 신규 사업 투자에 따른 자금수요 증가로 인한 것으로 그 신규 사업에 대한 금융기관과 평가기관의 긍정적 전망에 비추어 볼 때 공소외 3 회사 도 공소외 7 회사에 대한 지원행위에 따른 이익 내지 보상을 기대할 수 있었던 상황으로 보인다.

3) 그럼에도 원심은 그 판시와 같은 이유만으로 이 부분 공소사실을 유죄로 인정하였으니, 이러한 원심의 판단에는 업무상배임죄의 고의와 경영상 판단에 관한 법리를 오해하여 판결에 영향을 미친 잘못이 있다. 이를 지적하는 피고인 1의 상고이유 주장은 이유 있다.

라. 피고인들의 공소외 5 회사의 공소외 4 회사에 대한 자금대여 관련 업무상배임 부분에 관하여

1) 원심은 ① 이 부분 자금대여는 공소외 5 회사의 이익을 위해서가 아니라 공소외 4 회사를 우회 지원하려는 동기에서 실행되었던 점, ② 이 부분 자금대여로 인해 공소외 5 회사는 대여된 금액만큼의 재산상 위험이 직접적 · 구체적으로 현실화된 반면, ○○○그룹 차원의 이익이라는 막연한 보상을 제외하고는 그 위험을 상쇄할 만한 어떠한 이익도 얻은 바가 없는 점, ③ 공소외 4 회사에 대한 지원을 중단하는 것이 보다 큰 손실을 초래할 위험이 있었다고 하더라도 피고인들은 그와 같은 사정을 채권단이나 자금관리단에 호소한 후 합당한 절차를 거쳐 자금이 지원되도록 하였어야 하는 점, ④ 공소외 5 회사는 2010. 5. 이후로는 공소외 3 회사에 통합구매 대금을 지체할 정도로 자금사정이 좋지 않았던 점, ⑤ 피고인들은 당시 '이사회결의, 자금관리단과의 협의, 채권회수방안 확보 등 정상적인 절차를 거치지 않고 한계상황에 이른 공소외 4 회사에게 자금을 지원한다'는 사실을 인식하였던 것으로 보이는 점, ⑥ 설령 당시 공소외 5 회사가 이 부분 자금대여를 감당할 수 있을 정도의 자금력을 가지고 있었다고 하더라도, 피해자 회사의 자금력 유무는 배임죄 성립에 직접 영향이 없는 점 등을 종합하면, 피고인들의 위와 같은 행위는 합리적 경영판단의 범주를 벗어난 것이라고 보아 이 부분 공소사실에 관하여 일부무죄, 일부유죄로 인정한 제1심 판결을 파기하고 이 부분 특정경제범죄법 위반(배임)의 공소사실 모두에 대해 유죄로 인정하였다.

2) 그러나 원심의 판단은 다음과 같은 이유에서 받아들일 수 없다.

가) 원심판결 및 기록에 의하면 다음과 같은 사실 및 사정들을 알 수 있다.

① 공소외 5 회사는 공소외 3 회사의 지분 62.9%를 보유한 모회사이고, 공소외 3 회사는 공소외 1 회사의 지분 100%를 보유한 모회사이며, 공소외 1 회사는 공소외 4 회사의 지분 100%를 보유한 모회사이다.

② 공소외 4 회사는 ○○○그룹의 신성장동력 개발 전략에 기초하여 조선업과 원자력 · 풍력 발전소 등에 소요되는 단조제품을 생산하기 위해 2008. 1.경 설립되었다. 설립 당시 제강 · 단조 일관생산체제를 구축하기 위해 약 4,000억 원의 자금을 들여 3단계 단조공장과 가공 · 제강 · 연조 공장 등을 건설할 계획이 있었다.

③ 공소외 4 회사는 공소외 1 회사로부터 투자받은 1,000억 원의 자본금과 공소외 3 회사, 공소외 5 회사 등 계열회사들로부터 차입한 320억 원 등을 재원삼아 2010. 11.경 1단계 단조공장과 가공공장을 완공하고 그 무렵부터 단조제품 생산에 들어갔다.

④ 공소외 4 회사는 2단계 단조공장 등을 설립하기 위해 필요한 재원 마련을 위해 □□은행에 대출신청을 하여 2011. 3.경 □□은행 등으로부터 신디케이트론의 형식으로 1,700억 원을 대출받았다.

⑤ 위 대출과 관련하여, 2011. 1.경 △△△△평가는 공소외 4 회사가 추진하던 단조사업의 전망에 관하여 '국내 주요 단조회사들은 2010년 조선, 풍력발전 등에서 수주가 증가하고 있어 최악의 상황은 벗어나고 있는 것으로 판단되고, 세계적인 저탄소 녹색성장 정책에 따라 앞으로 풍력, 원자력발전소가 증설될 것으로 기대되어 단조제품의 수요가 증가할 것으로 예상된다.'는 의견을 제시하였다. 또한 □□은행 투자금융부는 2011. 2. 21.경 공소외 4 회사에 대한 대출의 긍정적인 요인과 부정적인 요인을 평가한 뒤 이를 모두 종합하여 '공소외 4 회사는 자기자본 투자비율이 높고, 제강 · 단조 일관생산체제 구축으로 기존업체 대비 원가경쟁력을 확보하여 수익성 및 기업가치가 양호할 것으로 예상되며, 모회사인 공소외 3 회사가 자율협약을 체결한 상태이나 본건 시설투자를 통해 공소외 4 회사의 영업이 활성화되면 공소외 3 회사의 기업가치의 상승에도 기여하게 되는 점 등'을 근거로 신디케이트론 여신승인을 신청하여 2011. 3. 11.경 승인을 받았다.

⑥ 한편 공소외 4 회사는 위 2단계 공장 설립을 위한 대출과는 별개로 3단계 공장 설립을 위해 필요한 1,000억 원을 외자 유치를 통해 조달하기로 계획하고, 2010. 12.경부터 ◇◇◇◇ 과 투자협상을 시작하였으나, 자율협약 중인 모회사 공소외 3 회사의 연대보증이라는 ◇◇◇◇의 요구를 □□은행이 거절하여 2011. 5.경 투자협상이 최종 결렬되었고, 이후 새로운 투자자를 찾지 못해 3단계 공장 설립계획은 무산되었다.

⑦ 공소외 4 회사는 1단계 단조공장 준공 후 본격적인 상업생산에 돌입하였는데 생산 초기 불량품 발생비율이 높아 생산원가가 과다하게 책정되는 등의 문제가 발생하였고, 주요 수요처로 예상하였던 원자력 발전소의 경우 2011년 상반기 일본 원전사고 여파로 신규 투자가 대부분 무산되었으며, 2011년 하반기 유럽의 재정위기로 풍력발전소의 수요마저 급감하게 되었다. 위와 같은 사정으로 공소외 4 회사의 재무상황은 급격히 악화되었다.

⑧ 공소외 5 회사는 자회사인 공소외 3 회사의 환차손에 의한 파생상품 손실을 지분법상 평가손실로 반영하는 등의 이유로 2009년 말 기준 약 561억 원의 자본잠식이, 2010년 말 기준 약 469억 원의 자본잠식이, 2011년 말 기준 약 469억 원의 자본잠식이 발생하긴 하였으나, 한편 2008년부터 꾸준히 영업이익을 실현하고 있었다. 구체적으로 2008년에는 약 643억 원의 매출을 올려 약 71억 원의 영업이익을, 2009년에는 약 591억 원의 매출을 올려 약 80억 원의 영업이익을, 2010년에는 994억 원의 매출을 올려 72억 원의 영업이익을, 2011년에는 1,369억 원의 매출을 올려 101억 원의 영업이익을 실현하였다.

⑨ 공소외 4 회사는 설립 첫해인 2008년 11억 원의 영업손실을, 2009년에는 19억 원의 영업손실을 보았고, 2010년에는 약 100억 원의 매출을 올렸으나 57억 원의 영업손실을 보는 등으로 인해 93억 원의 당기순손실을 냈다. 2011년에도 약 715억 원의 매출을 올렸으나 574억 원의 영업손실을 보는 등으로 812억 원의 당기순손실을 냈고, 유동부채가 유동자산을 1,539억 원 초과하는 등 재무상황이 악화되었다. 이후 ○○○그룹은 2012. 3.경 공소외 4 회사를 매각하기로 결정하고 2012. 4. 20.경 □□은행으로부터 매각을 전제로 운전자금 약 263억 원의 대출을 승인받았으나, 결국 2012. 5. 29. 회생절차개시신청을 한 후 2013. 4. 16. 회생절차폐지결정을 거쳐, 2013. 7. 8. 파산선고결정이 내려졌다.

나) 앞서 본 법리에 위와 같은 사실관계 및 다음과 같은 사정들을 살펴보면, 피고인들이 2010. 7.경부터 2012. 4.경까지 공소외 5 회사의 자금 약 758억 원을 공소외 4 회사에 대여한 행위 일체를 공소외 5 회사에 손해를 가한다는 인식하의 의도적 행위라고 단정하기 어려우므로, 원심으로서는 원심판결 별지1 범죄일람표 기재 자금대여 행위들 중 업무상배임의 고의가 인정되는 것과 그렇지 않은 것을 나누어 업무상배임죄 성립 여부에 관하여 판단하여야 했을 것이다.

① 공소외 5 회사, 공소외 3 회사, 공소외 1 회사, 공소외 4 회사는 순차적인 출자를 통해 모자회사 관계에 있었고, ○○○그룹 차원에서 차세대 성장동력으로 육성하는 공소외 4 회사에 대한 공소외 5 회사의 자금대여는 모회사의 자회사에 대한 지원으로서 자본적으로 연결된 ○○○그룹에 속한 계열회사들의 공동이익을 위한 것으로 보기에 충분하다.

② 공소외 5 회사가 2009년 말부터 자본잠식이 발생한 것은 자회사인 공소외 3 회사의 환차손에 의한 파생상품 손실이 지분법상 평가손실로 반영되었기 때문인데, 채권단과의 자율협약으로 파생상품의 결제기가 2012년 말까지 유예되었고, 2008년부터 상당한 규모의 매출과 영업이익을 꾸준히 실현하고 있었던 사정 등을 고려하면, 공소외 5 회사가 원심판결 첨부 별지1 범죄일람표 기재와 같이 2010. 7. 5.경부터 2012. 4. 5.경까지 사이에 37회에 걸쳐 행한 758억 원 상당의 무담보 자금대여 일체를 부담할 능력이 없었다고 단정하기 어렵다. 즉, 위 37회에 걸친 자금대여 행위 중 공소외 5 회사의 부담 능력을 초과하지 아니한 범위 내에서 이루어진 계열회사 사이의 지원행위로 볼 수 있는 부분이 존재한다는 점은 분명해 보인다.

③ 기업평가기관은 공소외 4 회사의 사업전망을 긍정적으로 평가하였고, 금융기관도 공소외 4 회사에 대해 2011. 3.경 1,700억 원, 2012. 4.경 263억 원의 대출을 결정하는 등 공소외 4 회사에 대한 자금대여의 필요성 및 그 회수가능성을 어느 정도 긍정적으로 평가하고 있었다고 볼 수 있다. 이러한 사정에 비추어 볼 때 공소외 4 회사가 사업 초기 단계에서 적자가 누적되고 있었다는 사정만으로 2010. 7.경부터 2012. 4.경까지 이루어진 공소외 5 회사의 공소외 4 회사에 대한 자금지원 행위 일체를 그에 대한 변제나 적절한 보상을 기대하기 어려운 비합리적인 지원행위라고 보기 어렵다.

3) 그럼에도 원심은 그 판시와 같은 이유만으로 이 부분 공소사실 모두를 유죄로 인정하였으니, 이러한 원심의 판단에는 업무상배임죄의 고의와 경영상 판단에 관한 법리를 오해한 나머지 필요한 심리를 다하지 아니하여 판결에 영향을 미친 잘못이 있다. 이를 지적하는 피고인들의 상고이유 주장은 이유 있다.

마. 피고인들의 공소외 3 회사, 공소외 1 회사의 공소외 5 회사에 대한 선(선)발주 관련 업무상배임 부분에 관하여

1) 원심은 ① 공소외 5 회사가 실제로 납품한 실적과 선발주 수량 사이에 큰 폭의 불일치가 존재하고 당시의 조선업 경기, 선박건조공정, 선종에 따라 상이한 선박용 크레인의 종류나 규격 등을 감안할 때 이 사건 선발주 계약을 정상적 물품계약으로 보기 어려운 점, ② 이 사건 선발주 계약 체결에서 나아가 그 대금까지 미리 지급한 것은 매우 이례적인 점, ③ 선발주 대금을 미리 지급함으로써 배임죄는 기수에 이르고 그 후 공소외 5 회사가 크레인을 실제 제작 · 공급하였는지는 배임죄 성립에 영향이 없는 점, ④ 공소외 3 회사, 공소외 1 회사, 공소외 5 회사의 재무상황이 좋지 않았던 점 등의 사정을 종합하여, 피고인들이 공소외 3 회사와 공소외 1 회사의 자금을 선발주 형식으로 공소외 5 회사에 지원한 것은 공소외 3 회사, 공소외 1 회사에 대한 배임행위에 해당한다고 보아 이 부분 특정경제범죄법 위반(배임)의 공소사실(제1심이 이유무죄로 판단한 부분 제외)에 대하여 유죄로 판단한 제1심판결을 그대로 유지하였다.

2) 이러한 원심판결 이유에 더하여 원심이 적법하게 채택한 증거들에 의하여 알 수 있는 다음과 같은 사정들을 종합하며 보면, 피고인들이 공소외 3 회사, 공소외 1 회사가 공소외 5 회사에 선발주 대금을 지급하도록 한 것이 ○○○그룹 내 계열회사들의 공동이익을 위한 합리적인 경영판단의 재량 범위 내라고 인정하기도 어려우므로, 원심의 판단에 상고이유 주장과 같이 논리와 경험의 법칙에 반하여 자유심증주의의 한계를 벗어나거나 배임죄의 구성요건, 배임의 고의 등에 관한 법리를 오해하거나 판단누락, 이유모순 등으로 판결에 영향을 미친 잘못이 없다.

① 위와 같이 공소외 3 회사, 공소외 1 회사가 선발주 형식으로 공소외 5 회사에 자금을 지원한 것은 실질적으로 당시 자금사정이 어려운 공소외 4 회사를 지원하기 위한 것으로서 ○○○그룹에 속한 계열회사들의 공동이익을 위한 계

열회사 사이의 지원행위로 볼 사정이 있기는 하다.

② 그러나 공소외 3 회사, 공소외 1 회사는 선박용 크레인의 현실적인 수요가 없음에도 공소외 5 회사와 선발주 형식의 계약을 통해 공소외 5 회사에 대해 선급금 명목으로 대금을 지급한 뒤 공소외 5 회사로 하여금 실질적인 지원대상인 공소외 4 회사에 그 자금을 대여하도록 하였는데, 이는 채권단과 체결한 자율협약 때문에 공소외 3 회사, 공소외 1 회사가 직접 공소외 4 회사에 대한 자금지원을 할 수 없게 되자 이를 회피하기 위한 편법적인 방편에 불과한 것으로 보인다. 결국 위와 같은 지원행위는 계열회사의 선정 및 지원행위의 방법, 규모의 결정이 객관적이고 합리적인 기준에 따른 것으로 보기 어렵고, 지원행위가 정상적이고 합법적인 수단을 통해 이루어졌다고 평가하기도 어렵다.

③ 위와 같이 공소외 3 회사와 공소외 1 회사의 공소외 4 회사에 대한 지원행위가 우회적으로 은밀하게 이루어진 결과 공소외 3 회사와 공소외 1 회사는 공소외 4 회사에 대한 자금지원에 상응하는 보상이나 이익을 객관적으로 기대하기도 어려웠다고 보인다. 즉, 피고인들은 공소외 3 회사, 공소외 1 회사가 공소외 5 회사에 지급한 선발주 대금이 선박용 크레인의 생산을 위해 사용되지 아니할 것을 인식하고 있었다고 할 것이고, 이로 인해 공소외 3 회사와 공소외 1 회사는 그에 상응하는 재산상 손해 발생의 위험을 감수하여야 하는 반면 그에 따라 기대되는 이익은 공소외 4 회사에 대한 자금지원에 따른 간접적이고 미미한 이익에 불과한 것으로 보인다.

바. 피고인 1의 공소외 4 회사의 공소외 3 회사 소유 고철 무단 사용으로 인한 업무상횡령 부분에 관하여

1) 원심은 ① 공소외 3 회사를 대표하여 이 부분 고철 사용에 대한 동의의 의사표시를 할 법률적 권한 있는 자는 대표이사 공소외 9 이고, 피고인 1은 공소외 3 회사의 지분 31.1%를 가진 주주에 불과하므로, 피고인 1의 고철 사용 승낙을 대표이사의 승낙과 동일시할 수 없는 점, ② 피고인 1은 당시 '공소외 4 회사로 하여금 위 회사가 보관 중인 공소외 3 회사의 고철을 공소외 3 회사의 적법한 승낙 없이 사용하게 한다'는 사실을 인식하였다고 봄이 타당한 점, ③ 공소외 4 회사가 이 사건 고철을 임의로 사용함으로써 이미 법률적 의미의 손해가 발생하였으므로, 그 후 고철대금을 변제하였다거나 위 회사와 공소외 3

회사가 모자회사 관계에 있다는 사정은 죄의 성립에 영향이 없는 점 등을 종합하여, 피고인 1이 공소외 4 회사로 하여금 공소외 3 회사의 고철을 사용하게 한 행위는 ○○○그룹 회장이라는 지위를 이용하여 공소외 3 회사의 이익을 외면한 채 공소외 3 회사 소유의 고철을 횡령한 것으로 보아 이 부분 특정경제범죄법 위반(횡령)의 공소사실(제1심이 이유무죄로 판단한 부분 제외)을 유죄로 인정한 제1심판결을 그대로 유지하였다.

2) 원심판결 이유를 적법하게 채택된 증거들에 비추어 살펴보면, 위와 같은 원심의 판단에 상고이유 주장과 같이 논리와 경험의 법칙에 반하여 자유심증주의의 한계를 벗어나거나 1인 회사에서 1인 주주의 의사, 업무상횡령죄에서의 불법영득의사, 손해 등에 관한 법리를 오해하는 등의 잘못이 없다.

사. 피고인들의 공소외 1 회사의 공소외 10 주식회사에 대한 자금대여 관련 업무상배임 부분에 관하여

1) 원심은 ① 공소외 1 회사는 재무구조가 악화되던 중 2010. 5. 금융기관들과 재무구조개선약정 및 자율협약을 체결하였고, 공소외 10 주식회사 (이하 '공소외 10 회사'라고 한다)도 2010년 말 기준 63억 원의 자본잠식이 발생하는 등 재무구조가 악화되어 차용금 변제능력이 의심스러웠던 점, ② 공소외 1 회사가 이 사건 자금대여의 대가로 어떠한 직접적 이익을 얻는 것이 아님에도 재무상황이 좋지 않은 공소외 10 회사에 자금을 대여하면서 이사회를 개최하지도 않고 채권회수 방안에 관한 아무런 조치를 취하지도 않은 점, ③ 피고인들은 당시 '이사회 결의, 채권회수방안 확보 등 통상 필요한 절차를 거치지 않고 대여금 회수가 불분명한 공소외 10 회사에 자금을 지원한다'는 사실을 인식하고 있었던 점 등의 사정을 종합하여, 피고인들이 2010. 1. 15.부터 2010. 4. 23.까지 공소외 10 회사에 공소외 1 회사의 자금 183억 원을 대여한 행위는 합리적 경영판단의 범위를 넘어선 것이어서 공소외 1 회사에 대한 업무상배임죄에 해당한다고 보아, 이 부분 특정경제범죄법 위반(배임)의 공소사실(원심이 무죄로 판단한 부분 제외)에 대하여 무죄로 판단한 제1심판결을 파기하고 유죄를 선고하였다.

2) 이러한 원심판결 이유에 더하여 원심이 적법하게 채택한 증거들에 의하여 알 수 있는 다음과 같은 사정들을 종합하여 보면, 피고인들의 이 부분 자금대여 행위는 ○○○그룹 내 계열회사들의 공동이익을 위한 합리적 경영판단의 재량

범위 내라고 인정하기도 어려운바, 비록 원심의 이유 설시에 일부 적절하지 않은 부분이 있지만, 위와 같은 원심의 결론은 수긍할 수 있고, 거기에 상고이유 주장과 같이 논리와 경험의 법칙에 반하여 자유심증주의의 한계를 벗어나거나 배임죄의 구성요건, 고의, 경영판단의 원칙 등에 관한 법리를 오해하여 판결에 영향을 미친 잘못이 없다.

① 공소외 1 회사는 피고인 1의 차남 공소외 11이 지분 100%를 보유한 공소외 10 회사에 약 183억 원을 담보 없이 대여하였는데, 위 대여금은 피고인 1의 진술에 의하더라도 트랜스포터, 고소차, 지게차 등과 같은 장비를 구입하는 데 사용되었다는 것이다.

② 위와 같은 무담보 자금대여를 통해 공소외 1 회사에 기대되는 이익은 계열회사 간 내부거래를 통한 물류비용 절감 정도에 불과할 것으로 보이는데, 이는 공소외 1 회사의 이 부분 지원행위에 대한 적절한 보상으로 보기 어렵고, 객관적이고 합리적인 기준에 따라 지원을 할 계열회사가 선정되었다고 보기도 어렵다.

③ 나아가 앞서 본 공소외 1 회사 및 공소외 10 회사의 자금사정 및 ○○○그룹의 신규 사업 현황과 그에 따른 그룹 차원의 자금수요 등을 종합적으로 고려하여 볼 때, 이 부분 무담보 자금 대여행위는 달리 급박한 자금지원의 필요성이 인정되지 않는 한 피고인 1의 차남 공소외 11의 이익을 위한 것임을 부인하기 어렵다.

아. 피고인 1, 피고인 3의 주식회사의 외부감사에 관한 법률 위반 부분에 관하여

원심은 판시와 같은 이유를 들어, ○○○그룹 회장 피고인 1과 공소외 4 회사의 자금을 담당하던 피고인 3 이 공모하여 공소외 4 회사의 매출 외형을 늘릴 목적으로 공소외 5 회사와 다른 업체 사이의 거래에 공소외 4 회사를 끼워 넣어 합계 약 39억 원 상당의 허위 상품매출을 발생시킨 다음 그 결과를 재무제표에 반영하고 이를 공시한 사실을 인정할 수 있다고 보아, 피고인 1, 피고인 3의 주식회사의 외부감사에 관한 법률 위반의 공소사실(제1심에서 이유무죄로 판단된 부분 제외)을 유죄로 인정한 제1심판결을 그대로 유지하였다.

원심판결 이유를 적법하게 채택된 증거들에 비추어 살펴보면, 위와 같은 원

심의 판단에 상고이유 주장과 같이 논리와 경험의 법칙에 반하여 자유심증주의의 한계를 벗어나거나 계약당사자 확정, 고의 등에 관한 법리를 오해하는 등의 잘못이 없다.

2. 검사의 상고이유에 대한 판단

가. 원심은 판시와 같은 이유를 들어 피고인들에 대한 공소사실 중 공소외 5 회사의 공소외 3 회사 주식매수에 의한 특정경제범죄법 위반(배임) 부분 및 특정경제범죄법 위반(증재등) 부분, 뇌물공여 부분을 무죄로 판단하였다.

원심판결 이유를 원심 판시 관련 법리 및 기록에 비추어 살펴보면, 원심의 위와 같은 판단에 상고이유 주장과 같이 배임죄에서의 재산상 손해, 특정경제범죄법 제5조의 직무관련성, 뇌물죄 성립요건 등에 관한 법리를 오해하는 등의 잘못이 없다.

나. 한편 검사는 피고인들의 특정경제범죄법 위반(사기) 부분 및 피고인 1의 급여 부당 증액으로 인한 특정경제범죄법 위반(배임) 부분에 관한 원심의 무죄 판단에 대해서도 상고하였으나, 상고장과 상고이유서에 이에 대한 불복이유를 기재하지 아니하였다.

3. 파기의 범위

앞서 본 바와 같이 원심판결 중 피고인 1의 공소외 3 회사의 통합구매 관련 업무상배임 부분, 공소외 3 회사의 공소외 7 회사에 대한 고철처분으로 인한 업무상배임 부분 및 피고인들의 공소외 5 회사의 공소외 4 회사에 대한 자금대여 관련 업무상배임 부분은 파기되어야 할 것인바, 원심이 위 부분들과 피고인들에 대한 나머지 유죄 부분이 형법 제37조 전단의 경합범 관계에 있다는 이유로 하나의 형을 선고하였으므로, 결국 원심판결 중 유죄 부분을 전부 파기하기로 한다.

4. 결론

그러므로 원심판결 중 유죄 부분을 파기하고, 이 부분 사건을 다시 심리 · 판단하도록 원심법원에 환송하며, 검사의 상고를 기각하기로 하여, 관여 대법관의 일치된 의견으로 주문과 같이 판결한다.

대법관 고영한(재판장) 조희대 권순일(주심) 조재연

제 4 편

보험계약에서 태아의 피보험적격

❑ 연구대상 사건의 개요 / 김윤종

❑ 태아의 피보험자 적격성
- 영미법과의 비교법적 검토를 중심으로 - / 장덕조

❑ 대법원 2019. 3. 28. 선고 2016다211224 판결

연구대상 사건의 개요

김 윤 종

1. 사건의 개요

○ 피고는 2012. 1. 28. 출생한 丙의 어머니임

○ 피고는 丙의 출생 전인 2011. 8. 25. 원고와 사이에 피보험자 丙, 수익자 피고, 보험기간은 2011. 8. 25.부터 2112. 1. 28.로 정하여 무배당 하이라이프 굿앤굿어린이CI보험계약(이하 '이 사건 보험계약')을 하였음

○ 원고는 2012. 1. 28. 12:14경 경주시 소재 丁산부인과에서 흡입분만을 통하여 丙을 출산하였는데, 丙은 위 분만 과정에서 두개골 골절, 저산소성 허혈성 뇌손상 등의 상해를 입어 양안의 시력을 완전히 상실하였고, 이후 2014. 2. 25. 서울아산병원에서 시력장해로 **영구장해진단**을 받았음

○ 원고는 2012. 5. 21.부터 2015. 1. 7.까지 이 사건 보험계약에 포함된 신생아질병입원일당 특별약관, 질병통원실손의료비 특별약관 및 상해질병입원실손의료비 특별약관에 의하여 피고에게 합계 10,313,287원의 보험금을 지급하였음

○ 피고는 2014. 9. 12.경 원고에게 합계 1억 2,200만 원의 보험금을 청구하였으나, 원고는 보험금 지급사유에 해당하지 아니한다는 이유로 보험금지급을 거절하였음

○ 원고가 보험금 지급을 거절한 것은 이 사건 보험계약 제17조 및 특별약관 중 위 조항을 준용하는 것에 따른 것임

제17조(보험금을 지급하지 아니하는 사유) ① 회사는 다음 중 어느 한가지의 경우에 의하여 보험금 지급사유가 발생한 때에는 보험금을 지급하지 아니합니다.

4. 피보험자(보험대상자)의 임신, 출산(제왕절개를 포함합니다), 산후기

2. 원심의 판단 : 원고 패소(≒ 1심)

가. 1심 판결인용 부분

(1) 채무부존재확인청구에 관한 판단

❍ 이 사건 보험계약에 따른 '보험기간'은 피고가 1회 보험료를 납부한 2011. 8. 25.경부터 개시되고 丙은 그 시점부터 피보험자가 되는 것임

❍ 丙의 장해상태의 원인이 된 저산소성 뇌손상은 의료적 처치를 동반한 분만에 의한 것이지만 **우연한 사고로** 인한 상해에 해당함

❍ 면책사유에 해당하는지 여부 (부정)

▸ 이 사건 보험약관 제17조 제1항 제4호의 '피보험자의 임신, 출산, 산후기'를 보험금지급의무 면책사유로 규정하고 있으나 이는 **피보험자가 출산의 주체가 되는 경우를 의미함**

▸ 설령 위 면책사유에 피보험자가 출산의 대상이 되는 경우까지 포함되는 것으로 해석하여야 한다고 하더라도, 원고가 피고에게 '피보험자의 출산'이라는 면책사유의 의미에 대하여 명시 · 설명하였다는 아무런 증거가 없는 이상, 원고로서는 피고에 대하여 위 면책사유를 보험계약의 내용으로 주장할 수 없음

(2) 부당이득반환청구에 관한 판단 ☞ 부정

❍ 丙이 그 분만과정에 입은 질병 내지 상해가 '보험기간' 중 '피보험자'에게 발생한 보험사고에 해당하고, '피보험자의 출산'이라는 약관상의 면책조항이 적용될 수 없으므로, 특별약관에 기하여 피고가 보험금을 수령한 것을 법률상 원인 없는 이득으로 볼 수 없다고 판단함

나. 추가적 판단부분

(1) 태아가 피보험자에 해당하는지 여부 ☞ 긍정

❍ 이 사건 보험계약 청약서의 피보험자 정보와 계약 전 알릴 의무의 피보험자란에는 '태아'라고 명시적으로 기재되어 있고, 보험증권(갑 제1호증)의 추가

정보사항에는 '**태아 가입시 상기 예상만기환급금은 태아출생일 변동 등이 있을 경우 달라질 수 있습니다**'라고 기재되어 있으므로, 원고는 보험계약 체결 당시 丙이 태아임을 알면서 그를 피보험자로 정하였다고 추단됨

○ 피고는 丙이 출생하기 약 5개월 전인 2011. 8. 25. 보험계약을 체결하고 제1회 보험료를 납부하였고, 원고는 보험증권에 보험기간 개시일을 2011. 8. 25.로 기재하였음

○ 한편, 이와 달리 이 사건 보험계약 '출생 전 자녀가입 특별약관'은 제1조 제3항에서 '**태아는 출생 시에 피보험자가 된다**'고, 제3조 제1항에서 '**태아가 유산 또는 사산 등에 의해 출생하지 못한 경우에는 계약을 무효로 한다**'고, 제4조 제1항에서 '**태아가 복수로 출생한 경우에는 가족관계등록상 선순위로 기재된 자를 피보험자 로 한다**'고 각 규정하고 있음 → 이러한 규정들에 따르면 태아는 이 사건 보험계약의 피보험자 지위에 있지 않다고 볼 여지가 있음

○ 그러나 원고와 피고가 태아를 보험계약의 피보험자로 하기로 상호 의사합치가 이루어졌다고 추단되므로 이와 다르게 기재된 특별약관 규정이 존재한다는 사정만으로 태아를 피보험자로 삼지 않았다고 단정할 수는 없음

3. 연구의뢰 사항

○ 우리나라에서는 아직 상해보험(인보험)에서 태아의 피보험적격에 대한 본격적인 논의는 이루어지지는 않고 있는 것 같습니다.

○ 출생 전의 태아가 상해보험[1)]에서 피보험자가 될 수 있는지를 검토하기 위하여 태아의 피보험적격에 관한 미국과 독일 및 일본 등의 입법, 판례, 학설 및 실무현황에 대한 비교법적 연구 · 검토를 의뢰합니다.

○ 인보험에서 태아의 피보험적격과 관련하여, 태아의 권리능력, '출생 전 자녀가입 특별약관'과 같은 특수한 보험약관의 해석을 포함하여 상정할 수 있는 다양한 쟁점을 다각도에서 검토하여 주시기를 바랍니다.

---

1) 해당 사안은 어린이 CI 보험(Critic丙l Illness Insur丙nce, 종신보험에 CI 보장을 결합하여 갑작스런 사고나 질병으로 중병상태가 계속될 때 보험금의 일부를 미리 받을 수 있는 보험)의 형태로 보험계약이 체결되기는 하였으나, 특별약관에 따른 보험금 지급이 문제되는 경우로서 CI 보험과는 크게 관련은 없음

태아의 피보험자 적격성*

– 영미법과의 비교법적 검토를 중심으로 –

장 덕 조**

I. 들어가며

1. 주요 사실관계와 원고 주장

피고는 丙의 출생 전인 2011. 8. 25. 원고와 사이에 피보험자는 丙, 수익자는 피고, 보험기간은 2011. 8. 25.부터 2112. 1. 28.로 정하여 무배당 하이라이프 굿앤굿어린이CI 보험계약을 체결하였다. 피고는 2012. 1. 28. 12:14경 경주시 소재 丁산부인과에서 흡입분만을 통하여 丙을 출산하였는데, 丙은 위 분만 과정에서 두개골 골절, 저산소성 허혈성 뇌손상 등의 상해를 입어 양안의 시력을 완전히 상실하였고, 이후 2014. 2. 25. 시력장해로 영구장해진단을 받았다.

이 사건 검토에 필요한 중요한 사실관계를 보면 피고는 丙이 출생하기 약 5개월 전인 2011. 8. 25. 보험계약을 체결하고 제1회 보험료를 납부하였고, 원고는 보험증권에 보험기간 개시일을 2011. 8. 25.로 기재하였다. 보험계약 청약서의 피보험자 정보와 계약 전 알릴의무의 피보험자란에는 '태아'라고 명시적으로 기재되어 있고, 보험증권의 추가정보사항에는 '태아 가입시 상기 예상만기환급금은 태아출생일 변동 등이 있을 경우 달라질 수 있습니다'라고 기재되어 있다. 그러면서도 이 사건 보험계약 '출생 전 자녀가입 특별약관'은 제1조 제3항에서 '태아는 출생 시에 피보험자가 된다'고, 제3조 제1항에서 '태아가 유산 또는 사산 등에 의해 출생하지 못한 경우에는 계약을 무효로 한다'고, 제4조 제

---

* 이 논문은 저자가 2017년 5월 대법원 비교법실무연구회에서 발표한 것으로, 2019년 5월 상사법연구(한국상사법학회) 제38권 제1호에 수록된 바 있습니다.

** 서강대학교 법학전문대학원 교수

1항에서 '태아가 복수로 출생한 경우에는 가족관계등록상 선순위로 기재된 자를 피보험자로 한다'고 각 규정하고 있다.

원고의 주장을 보면, 사람은 출생시부터 권리·의무의 주체가 될 수 있고 사람의 출생시기는 태아가 모체로부터 전부 노출된 때를 기준으로 삼아야 하므로, 분만 중의 태아의 경우에는 상해보험의 피보험자가 될 수 없고, 태아를 피보험자로 하여 체결된 상해보험계약의 보험기간은 당연히 출생시부터 개시된다고 보아야 하고, 따라서 이 사건 보험계약의 피보험자인 丙이 분만 과정에서 뇌손상을 입고 그로 인하여 장해상태에 이르렀다고 하더라도, 이는 '보험기간' 중 '피보험자'에게 발생한 상해로 인한 장해라고 할 수 없다는 것이다.

2. 1심과 원심 판결의 주요한 근거

1심과 원심 모두 이 사건 태아가 피보험자에 포함된다는 판결을 하였다.

(1) 1심 판결의 근거

1심 판결[1]의 근거는 ① 원고는 계약 체결 당시 丙이 태아 상태임을 충분히 인식하면서도 丙을 피보험자로 하여 이 사건 보험계약을 체결한 것이고, 이 사건 보험계약 청약서의 피보험자란에도 '태아'라고 명확히 기재되어 있는 점, ② 이 사건 보험계약 보통약관 제9조 제1항에는 제1회 보험료 납부시부터 보험기간이 개시됨을 명시하고 있는데, 원고는 丙이 출생하기 약 5개월 전인 2011. 8. 25.경부터 피고로부터 보험료를 납부받아 왔고, 위 청약서 및 보험증권의 기본사항란에도 이 사건 보험계약의 보험기간 개시일이 2011. 8. 25.로 기재되어 있는 점, ③ 태아는 모체로부터 전부 노출된 때 권리·의무의 주체가 되는 것이나, 상해보험의 피보험자는 보험의 대상이 되는 자에 불과할 뿐 권리나 의무의 주체가 되는 자라고 할 수 없으므로, 태아가 피보험자의 지위를 취득하는 것 자체가 원천적으로 불가능하다고만 해석할 수는 없고, 계약자유의 원칙상 당사자의 의사에 따라 태아를 피보험자로 하는 보험계약을 체결하는 것도 얼마든지 가능하다 할 것이므로, 보험자인 원고 스스로 태아 상태인 丙을 피보험자

1) 서울중앙지방법원 2015. 5. 27. 선고 2015가합508193 판결.

로 하여 피고와 사이에 보험계약을 체결한 이상, 위 2011. 8. 25.부터는 태아 상태인 丙이 피보험자의 지위를 보유하게 된다고 해석하는 것이 계약 당사자의 의사에 부합하는 점, ④ 이 사건 보험계약의 약관에서 '태아를 피보험자로 정하여 체결된 보험계약의 경우 그 보험기간이 태아의 출생시부터 개시된다'는 취지의 조항은 찾아볼 수 없는 점 등에 비추어 보면, 丙은 피고가 원고에게 이 사건 보험계약의 1회 보험료를 납부한 2011. 8. 25.경부터 피보험자가 되고 그 보험기간도 같은 날 개시되는 것으로 해석함이 상당하다는 것이다.

(2) 원심 판결의 근거

원심 판결의 근거는 위 1심 판결의 ①과 ②의 근거는 거의 유사하다. 위 ③의 근거 대신에 "사건 보험계약 '출생 전 자녀가입 특별약관'은 제1조 제3항에서 '태아는 출생 시에 피보험자가 된다'고, 제3조 제1항에서 '태아가 유산 또는 사산 등에 의해 출생하지 못한 경우에는 계약을 무효로 한다'고, 제4조 제1항에서 '태아가 복수로 출생한 경우에는 가족관계등록상 선순위로 기재된 자를 피보험자로 한다'고 각 규정하고 있다. 이러한 규정들에 따르면 태아는 이 사건 보험계약의 피보험자 지위에 있지 않다고 볼 여지가 있다. 그러나 위에서 본 것처럼 원고와 피고가 태아를 보험계약의 피보험자로 하기로 상호 의사합치가 이루어졌다고 추단되므로 이와 다르게 기재된 특별약관 규정이 존재한다는 사정만으로 태아를 피보험자로 삼지 않았다고 단정할 수는 없다"고 하였다. 그리고 1심 판결에서 내세운 ④의 근거는 제시하지 않았고, 대신 보험자가 약관의 설명의무를 위반하여 보험계약의 내용으로 주장할 수 없다고 한다.

3. 본고 검토의 범위

이 글은 태아의 피보험자 적격성 여부를 중심으로 다룬다. 이 사건 원고의 주장인 보험기간이 개시되지 않았다거나 우연성이 결여되었다는 등의 주장은 설득력이 없는 것이고, 본고는 이를 검토하지 않는다. 또한 원심 판단이 추가로 제시한 설명의무의 근거는 정당한 것으로 판단되나 여기서는 다루지 않기로 한다.

II. 태아와 관련된 영미의 보험 판례

1. 개관

이 장에서는 태아와 관련한 영미의 보험판례들을 다룬다. 그런데 태아와 관련한 영국의 보험판례를 찾는 것은 쉽지 않았다. 이는 영국의 사회보장시스템에 기인한 것으로 보인다. 영국은 1948년 전국민건강보험제도(NHS)를 실시하였고 이는 세 가지 주요 특징인 의료서비스 이용의 무료, 보편성 및 포괄성 등을 가지고 있다. 국가가 질병이나 상해가 있는 국민(요건에 적합한 거주자도 포함)을 무상으로 치료하는 제도이어서 태아와 관련한 치료도 이 제도로 해결된다. 영국에서는 우리의 민영보험에 해당하는 질병보험을 찾기 어렵고 상해보험도 정액보험의 형태로 운영되고 있는 실정이어서 관련 판결을 찾기가 어려운 것으로 보인다. 상해나 부상을 당한 자가 치료를 받음에 있어 과실 등을 입증할 필요가 없는 국민건강보험제도 덕택에 치료비를 둘러싼 판례 자체를 찾기가 어렵다.[2)]

여기서 소개하는 판결은 태아가 보험과 관련된 수집 가능한 미국의 모든 판결들을 찾아서 소개하는 것이다. 그런데 미국도 관련 판결들이 많지는 않았고, 주로 특정 쟁점에 한정된다.

2. 무보험자동차 상해담보특약 관련의 판례

(1) Craig v. IMT Insurance Co., 407 N.W.2d 584 (1987) – ①판결

6개월 반된 태아를 임신 중이던 산모가 운전 중 무보험차량의 과실로 인하여 태아가 사산되었다. 그 산모가 피보험자로 되어 있는 보험회사의 약관은 1인당 25,000불, 각 사고당 한도 50,000불의 무보험자동차보험을 제공하는 것으로 약관에 규정되어 있다. 그 보험회사는 산모에게 25,000불을 지급하였으나 태아의 손해에 해당하는 보험금을 지급하지는 않았다. 이에 산모가 태아의 사망에 해당하는 보험금 25,000불을 청구한 사건이다.

---

2) Lord Lester of Herne Hill, "Human rights law and practice, European Human Rights Law Review, E.H.R.L.R. 5, 539-540 (1999)

원심은 보험회사에 유리하게 "생존력 있는 태아는 약관상의 무보험자동차 보험에서의 보험보상이라는 목적을 위하여 가족 구성원에 포함되지 않는다"는 판결을 하였으나, 아이오와주 최고법원은 원심을 파기하였다. 태아가 사산한 경우라도 생존력 있던 태아의 부모는 무보험자동차보험에서 그 태아 사망에 관한 보상을 청구할 수 있다고 하면서, 평균인의 합리적 해석에 의하면 태아는 사람에 포함된다고 하였다. 따라서 태아는 **가족구성원**(family member)으로서 친족피보험자의 범주에 포함된다는 것이다. 이 판결의 근거는 다음과 같다.3) 첫째, 약관상 "사람"에 대한 정의를 하지 않아, 평균적 일반인(ordinary layer person)의 관점에서 합리적 해석을 추구한다. 둘째, 약관 어디에서도 태아를 명시적으로 담보범위 밖으로 배제하지 않는다.

위 사건에서 문제된 보험은 우리의 무보험자동차에 의한 상해담보특약에 해당한다. 법원 판결의 취지는 약관이 명확하게 규정되어 있다면 그에 따르고, 약관해석의 원칙으로 평균인의 합리적 해석에 의한다는 점은 우리와 별반 다를 것이 없다. 주목할 점은 평균인의 합리적 해석상 태아가 사람에 포함된다고 한 것이다. 평균인의 합리적 해석상 태아는 사람이기 때문에 보험약관상의 피보험자는 태아를 포함하는 것으로 보았다.

(2) Dunn v. Rose Way, Inc. 333 N.W.2d 830 (1983) – ②판결

7개월 반된 태아를 임신 중이던 산모가 3살된 딸도 같이 차량에 탑승시켜 운전하다가 무보험차량의 과실로 산모와 그 딸과 태아 모두가 사망하여, 그 사망한 산모의 남편이 태아인 채로 사망한 태아의 손해배상도 청구한 사건이다. 법원은 약관상 문제된 **"미성년자**(minor child)"라는 용어에 살아서 태어나지 않은 태아도 포함된다고 하였다.4)

---

3) William Vander Wel, Insurance--Parents of an Unborn But Viable Fetus Can Maintain an Action For Loss of Consortium Under the Uninsured Motorist Provisions of Their Automobile Insurance Policy Upon the Death of Their Child-- Craig v. IMT Insurance Co., 27 DRAKE L. REV. 731 (1988). 737.

4) 다만 이 사건에서 법원은 관련 규정인 I.C.A. § 611.20의 "All causes of action shall survive and may be brought notwithstanding the death of the person entitled or liable to the same"에서의 person의 개념에 살아서 태어나지 않은 태아는 포함되지 않는다고 하였다.

(3) Progressive Ins. Co., Inc. v. Bullock, 841 N.E.2d 238 (2006) – ③판결

여기서도 관련 약관규정이 명확하지 않고 모호한 사건이었다. 이 사건에서 보험자는 태아가 사람이 아니어서 피보험자가 될 수 없다고 주장하였으나, 법원은 38주된 태아는 사람에 해당하고 따라서 무보험자동차보험약관상 기명피보험자의 동거친족에 포함된다고 하였다.

(4) Alabama Farm Bureau Mut. Casualty Ins. Co. v Pigott 393 So. 2d 1379 (1981) – ④판결

기명피보험자의 딸이 임신 중인 상태에서 무보험차량에 의하여 다치게 되고 결국 태아는 출생 직후 사망하였다. 그 사건에서의 약관상 "같은 세대의 거주자(resident of the same household)"라는 개념이 모호하기 때문에 작성자에게 불리하게 해석하여야 한다고 판결하였다. 기명피보험자의 손자에 해당하는 태아가 태아인 상태에서 부상을 당하고 살아서 출생한 경우, 무보험자동차에 의하여 담보되는 같은 세대의 거주자라 하였다.

(5) Hoel v Crum & Forster Ins. Co. 51 Ill App 3d 624 (1977) – ⑤판결

이 사건에서는 4개월 반된 태아는 생존력이 없어 태아인 상태에서 사망한 경우 보상받을 수 있는 사람에 해당하지 않는다고 한 판결이다. 이 판결에서는 태아가 보상받을 수 있는지 여부의 기준으로 생존력을 채택하면서, 태아가 사람이 아니고 따라서 피보험자가 될 수 없다고 한 것이다. 아래에서도 보겠으나 일리로이주는 현재도 태아가 사람으로 인정받게 되는 시점을 생존력 기준으로 판단한다.

3. 책임보험과 자동차보험에서의 판례

(1) 자동차책임보험에서 피해자로서의 태아
Peterson v Nationwide Mut. Ins. Co. 175 Ohio St 551, 197 N.E.2d 194 (1964) – ⑥판결

이 사건에서도 태아가 자동차사고의 피해자인 사람의 범주에 포함되는지 여부가 문제되었다. 자동차사고로 24주된 태아가 사고로 조산한 후 21시간 생

존 후에 결국 사망한 사건이다. 이 사건에서는 그 태아가 약관상 사람에 해당하는지 여부가 문제되었고, 법원은 그 태아는 생존력이 있었고 일단 살아서 출생하였으므로 출생 이전의 사고에 대한 보상을 청구할 수 있다고 하면서, 몇 가지의 근거를 제시하였다. 첫째 약관상 규정이 모호한 경우 작성자에게 불리하게 해석하여야 하고, 둘째 자동차보험에서의 사람에 대하여 정의가 없는 경우 생존력 있는 태아는 사람에 포함되며, 셋째 "생존력"의 의미는 자궁 외에서도 발달해갈 수 있는 상태에 도달한 경우를 말한다는 것이다. 결국 생존력 있는 태아는 자동차사고로 사망한 자동차책임보험에서의 사람에 해당한다고 하였다. 태아의 법적 지위에서 Born Alive Rule을 채택한 판결이다.

(2) 자동차보험에서 피보험자로서의 태아
Sobeck v Centennial Insurance Co, 234 NJ Super 445, 560 A2d 1309 (1988) – ⑦판결

이 사건에서는 태아가 기명피보험자의 동거가족에 해당하여 보험보상을 받을 수 있는지 여부가 문제되었다. 1982. 11. 1. 21주된 태아가 자동차사고 직후 조산되었고, 관련 의료비용 등을 청구한 사건으로서, 법원은 태아는 사람으로서 기명피보험자의 동거가족에 해당한다고 하였다.

21주 태아를 임신 중이던 산모가 운전 중 뒤에서 오던 차량에 의하여 추돌되어 산모의 복부가 운전대에 부딪히는 사고가 발생하였다. 그 사고로부터 약 1주일 후부터 임신과 관련한 여러 좋지 않은 예후가 계속되었고, 1982. 12. 2. 결국 담당 의사의 결정에 의하여 제왕절개 방법으로 분만하였다. 분만된 신생아는 병원의 집중치료실에서 112일 동안 치료를 받았고 그 비용으로 105,000달러가 들었으며, 그 금액을 노폴트보험으로 청구한 사건이다. 이 사건에서 자동차사고와 조산간에 인과관계가 문제되었으나 관련 전문의들에 의하여 충분한 인과관계가 있다는 것이 증언되었다. 약관은 노폴트보험이 "적격 피보험자의 신체상해"와 관련하여 보험금지급이 될 것이라 하고, 적격 피보험자는 "기명피보험자와 기명피보험자의 가족(relative)"이라고 규정하며, 가족은 "기명피보험자와 혈육, 결혼 또는 입양에 관련된 자로서 기명피보험자와 동일한 가족구성원인 자"로 규정하는 한편, <u>사람에 대하여는 정의하지 않았다.</u> 여기서 태아가

피보험자에 포함되는지가 쟁점이었다.

판결은 ① 태아에 대한 명시적 배제조항이 없는 점, ② 노폴트보험의 담보범위를 넓게 제공하고자 하는 입법적 목적이 있는 점, ③ 평균적 일반인의 관점에서 관련 약관을 해석하여야 한다는 점 등을 근거로, 태아가 피보험자에 포함된다고 하였다.[5] 만약 피보험자의 자격에서 명시적으로 태아가 배제되지 않는 한, 그 사고로 인하여 부상당하였던 태아가 살아서 출생만 한다면 산모의 직계비속에 포함되고, 노폴트보험의 목적에 의하여도 가족으로 분류된다는 것이다.[6]

(3) 산모의 과실로 임신 중 피해를 입은 태아가 모의 보험회사에 보험금청구

1) Krouse v. Krouse, 489 So.2d 106 (1986) – ⑧판결

임신 중이던 산모가 운전하던 차량이 중앙선을 침범하여 마주오던 차량과 충돌하여 태아가 조산하였고 그 치료 중 태아가 사망하였다. 이후 이혼을 한 상태에서 부가 숨진 아이를 대리하여 산모와 책임보험계약을 체결한 보험회사에 보험금을 청구한 사건이다. 의료비용과 장례비용, 그리고 아이가 생존했을 경우의 수입도 보험금으로 청구하였다. 이 사건에서 법원은 과실 있는 산모에 의하여 부상당한 태아는 그 산모에 대하여 이용가능한 책임보험의 한도액까지 청구할 수 있다는 근거를 Ard v. Ard, 414 So.2d 1066 (Fla.1982)의 판결[7]에서 구하면서 그 보험금 지급을 판결하였다. 법원은 보험금 지급으로 가족이 그 치료로 인하여 겪게 될 재정적 어려움을 해결할 수 있다고 하면서, 치료비와 장례비만큼은 책임보험금의 한도 내에서 보상받을 수 있다고 하였다.

2) National Cas. Co. v. Northern Trust Bank of Florida, N.A., 807 So.2d 86 (2001) – ⑨판결

산모의 부주의한 운전에 의하여 사고가 발생하고 그 사고로 인하여 다음날

---

5) 이 사건에서는 21주된 태아의 생존력은 쟁점으로 제기되지 않았다. 그런데 아래에서 보는 바와 같이 뉴저지주는 생존력을 문제삼지 않는다.
6) 4 Couch on Ins. § 49:4. Named insured group—Unborn child (2017)
7) 이 사건은 태아가 아니라 유아 사건이었는데, 모의 과실로 유아가 다친 경우 보험회사에 대하여 해당 보험금을 청구할 수 있다는 판결이었다.

바로 태아가 조산하였다. 그 신생아의 양육인으로 선정된 자가 그 모의 보험사를 상대로 보험금을 청구하였다. 법원은 Born Alive Rule이 플로리다주에는 적용되고 살아서 출생한 아이는 태아인 상태에서의 침해를 이유로 제3자에 대하여 손해배상을 청구할 수 있듯이, 책임보험의 한도 금액까지는 산모에 대하여도 청구할 수 있다고 하였다. 그 산모의 프라이버시권이나 자기결정권 등이 문제될 수는 있으나 법원은 보험금지급이 단순히 책임보험의 한도까지만 산모에 대하여 책임을 물을 수 있다는 취지라고 하면서, 산모의 프라이버시권이나 산모의 건강과 관련한 자기결정권에 대한 침해는 없다고 하였다.

3) Fire Ins. Exchange v. Horner, 368 S.W.3d 214 (Mo. Ct. App. W.D. 2012) – ⑩판결

남자 친구의 집에서 동거하던 산모가 태아를 그 집에서 분만할 때 아무런 의료도움을 받지 못한 채 출산하다가 태아가 사망하였고 그 며칠 이후 산모도 사망한 사건이다. 산모와 태아의 대리인은 남자 친구가 출산과 관련하여 적절한 주의를 다하지 못하여 태아가 사산하는 결과가 발생하였다고 주장하면서, 그 남자 친구가 Homeowner Insurance계약을 체결한 Fire Ins. Exchange 회사에 대하여 보험금을 청구하였다. 그 약관은 피보험자가 법률적으로 부담하는 책임에 대하여 보상한다고 규정하면서도 그 면책사유로 **동거가족**(any resident of the residence premises)의 신체침해(bodily injury to any resident)에 대하여는 보상하지 않는다고 하고 있었다.

법원은 동거가족의 의미가 모호하지 않다고 하면서, **동거가족에서 태아를 배제시키는 것이 평균적인 일반인의 이해와 반하는 것이라 하였다**. 태아는 이 약관상 명확히 면책의 범위에 속하기 때문에 작성자불이익의 원칙은 적용되지 않고, 보험자는 책임지지 않는다고 판결하였다.

4. 판례 분석

(1) 분석

위 판결들에서 몇 가지 공통점을 추출할 수 있다.

첫째, 태아가 피보험자에 포함되는지 여부를 약관이 명확하게 규정하고 있다면 그 규정에 따른다는 것이다. 태아의 법적 지위에 관한 각 주의 입법정책 등과 관계없이 약관상 규정에 의한다는 것이 위 판례들의 일관된 입장이다. 따라서 아래의 원칙이 보충적으로 적용되는 경우들은 약관상 명확한 규정이 없을 때이다.

둘째, 약관은 일반적 의미로(plain or ordinary meaning) 해석하여야 하고 그 뜻은 평균적 일반인(the average layperson)이 합리적(reasonable)으로 이해하는 의미라고 한다. 이는 우리 판례가 채택하는 평균적 고객의 이해가능성[8]과 궤를 같이 하는 것으로 보인다. 위 ①판결과 ⑩판결은 평균적 일반인의 합리적 해석상 태아가 사람에 포함된다고 하였다

셋째, 약관 규정이 모호한 경우는 작성자에게 불리하게 해석한다. 위 ④판결은 "resident of the same household" 개념이 명확하지 않기 때문에 작성자에게 불리하게 해석하고 따라서 태아가 resident의 범주에 포함된다고 하여 보상을 판결하였음에 반하여, 위 ⑨판결에서는 "any resident of the residence premises"에 태아가 포함됨은 명확하여 작성자불이익의 원칙이 적용되지 않는다고 하였다.

넷째, 위 대다수 사건들에서 약관상 피보험자 범주에 태아를 포함할지 여부가 명확하지 않을 뿐 아니라 "사람(person)"에 대한 정의 규정도 없어, 태아가 사람에 해당하는지가 문제되었다. 결국 태아가 사람인지 여부를 판단함에 있어 태아의 법적 지위의 문제로 접근한다.

(2) 태아의 법적 지위

①과 ②판결에서는 손해배상청구권을 취득하는 태아가 살아서 태어나야만 하는 것인지가 쟁점이었고 모두 Born Alive Rule을 적용하지 않았다. ③판결

8) 대법원 2016. 5. 12. 선고 2015다243347 판결(개개 계약 당사자가 기도한 목적이나 의사를 참작함이 없이 평균적 고객의 이해가능성을 기준으로 보험단체 전체의 이해관계를 고려하여 객관적 · 획일적으로 해석하여야 하며, 위와 같은 해석을 거친 후에도 약관 조항이 객관적으로 다의적으로 해석되고 그 각각의 해석이 합리성이 있는 등 당해 약관의 뜻이 명백하지 아니한 경우에는 고객에게 유리하게 해석하여야 한다).

에서도 태아의 사람성이 쟁점이었으며, ④판결에서도 태아가 손해배상청구권을 취득하기 위한 전제로 살아서 출생해야 하는지, 요컨대 Born Alive Rule이 적용되는지 여부가 쟁점이었며 이 원칙을 적용하였다. ⑤와 ⑥판결에서도 태아가 손해배상청구권을 취득하는 시기는 생존력(viability)을 기준으로 하는지 여부가 문제되었고, ⑦판결도 태아가 사람에 해당하는지 여부가 문제되었고 생존력을 묻지 않으며 상당히 넓게 인정하였다. ⑧, ⑨판결에서는 태아가 산모의 과실행위로 피해를 입은 경우 모가 가입한 책임보험의 한도까지는 청구권을 가진다고 하는 판결이다. 이 판결들에서는 태아가 과실 있는 산모에 대하여 손해배상청구권을 취득하는지 여부를 다루면서, 책임보험의 한도에서는 재정적 어려움을 해결할 수 있다는 이유로 그 청구권을 인정한다. 다만 ⑩판결에서는 태아가 면책사유인 동거가족에 해당한다는 것이어서 보상을 부정하였다.

미국에서는 태아가 피보험자에 포함될 수 있는지 여부가 태아의 법적 지위에 관한 각 주의 법에 따라 달라지고, 적어도 그 태아가 살아서 출생만 한다면 피보험자가 될 수 있다는 점에는 일치한다. 따라서 태아의 피보험자 적격성을 따짐에 있어 태아의 법적 지위에 관한 고찰이 필수적이다.

III. 영미법상 태아의 법적 지위

1. 태아의 법적 지위와 관련한 기본 입장

(1) 관련 판례와 이론

영국과 미국은 태아의 법적 지위와 관련하여 유사한 이론으로 시작하였으나, 영국이 보다 엄격한 입장을 유지하고 있음에 반하여, 미국은 상당한 변화를 겪고 있다. 미국에서는 태아의 법적 지위에 관하여 1973년 미연방대법원의 Roe vs. Wade[9]판결이 이정표가 되는 중요한 판결로 손꼽힌다. 그 판결은 낙태규제문제를 최초로 전국가적 쟁점으로 촉발시켜 오늘날까지 낙태권 옹호론과 태아생명권 우선론으로 나뉘어 정치적, 종교적, 학문적 논쟁을 끊이지 않게 하고 있다.

---

9) 410 U.S. 113 (1973).

그 판결은 임산부의 생명을 구하기 위해 필요한 경우를 제외하고는 낙태의 알선 또는 시술을 금지한 Texas주법을 위헌이라 하였다. 그 판결의 요지는 다음과 같다. 첫째, 여성(산모)은 사생활(privacy)에 관한 근본적(fundamental) 헌법상 권리를 가진다. 둘째, 근본적 권리에 대한 입법적 규제는 중요한 주의 이익(compelling state interest)에 의해서 정당화될 수 있을 때에만 가능하다. 셋째, 태아는 헌법상 '사람'(person)으로 인정되지 아니하므로 수정 헌법 제14조에 의해서 보호되는 '사람'의 범위에 포함되지 아니한다. 넷째, 각 주는 임신 초기부터 임산부의 건강과 태아의 생명을 보호함에 있어 정당한 이익을 가진다. 다만 임신 전 기간을 3분기로 나눌 때, 그 첫 분기 동안 각 주는 낙태의 권리에 대한 중대한 제한을 할 수 없다. 이 기간 동안 의사는 자신의 의학적 판단만으로 임산부와 상의하여 주의 규제를 받지 아니하고 낙태를 결정할 수 있다. 이 시점 이후에는 각 주가 임산부의 건강보호와 합리적으로 연결되는 범위 안에서 낙태절차에 대한 규제를 할 수 있다. 마지막 분기 동안에는 각 주가 태아의 생명과 건강보호에 관하여 중요한 이익을 가지며, 이 기간 동안 입법부는 임산부의 생명 또는 건강보호를 위하여 필요한 경우를 제외하고는 낙태를 금지시킬 수 있다. 요컨대 각 주가 태아를 보호할 적법한 이해관계가 있으나, 태아는 아직까지 헌법의 보호를 받을 수 있는 사람이 아니라 하였다.

20년 이후인 1992년 Planned Parenthood v. Casey 사건에서는 임신주기 이론을 "undue burden test"기준으로 대체하면서도 여전히 태아에게는 헌법상 보호권을 인정하지 않았다.[10] 이 사건에서는 Roe 판결의 임신주기이론을 폐기하면서, 그 대신 수태시부터 각 주가 생명을 보호할 이해관계가 있다고 하였다.

(2) 미국의 경우 각 주에 따른 입법

미국에서는 과거부터 주법에 의하여 태아를 관련 영역에서 보호하고 있었고 Roe 판결도 그러하다. 거의 모든 주가 태아를 보호하기 위한 개별 법률을 가지고 있으나,[11] 태아의 법적 지위에 대한 각 주의 일관된 이해가 있는 것은 아니다.[12]

---

10) Planned Parenthood v. Casey, 505 U.S. 833, 873-74 (1992).

11) Mamta K. Shah, "Inconsistencies in the Legal Status of an Unborn Child: Recognition of a Fetus as Potential Life", 29 Hofstra L. Rev. 931, 939 (2001).

요컨대 태아의 구체적 법적 지위는 각 주 관련 법령에서의 “사람”또는 “아동”의 정의 또는 해석에 태아가 포함되는지 여부에 의한다.[13)14)] 루이지애나 같은 주는 수태한 때로부터 태아를 사람으로 보고,[15)] 움직이는(quickening) 태아도 사람이라는 규정이 있으면 사람으로 보며,[16)] 그 기준을 “생존력” 있는 태아로 보기도 하고,[17)] 알칸사스는 사람을 정의함에 있어 12주가 넘은 태아를 사람으로 보호한다.[18)] 이같이 각 주의 입법은 수태한 때로부터 사람으로 인정하는 법제에서부터 살아서 태어나는 경우에 한하여 제한된 권리를 인정하는 것까지 다양하다.

2. 태아의 권리

(1) 보통법상의 법리 – 1단계

1) 연혁

태아의 법적 지위와 관련하여 가장 논의가 발달한 분야가 청구권의 행사에 관한 것이다. 과거 영미의 보통법(common law)에서는 사산한 태아뿐 아니라 사망한 자는 그 부당한 생명침해에 대하여 아무런 권리를 가지지 못하였다.[19)] 영국의 전통적 보통법상 대인소권(對人訴權) 이론에 의하면 불법행위에 근거한 손해배상청구권은 사망에 의하여 소멸하며, 생명의 가치를 금전적으로 평가하는 것은 비윤리적이라는 이유로, 사망으로부터는 소인(訴因, cause of action)이 생기지 않는다는 것이었다. 그러나 영국에서 1846년에 이르러 Lord Campbell's

---

12) 이에 관한 상세한 설명은 Kayhan Parsi, Metaphorical Imagination: The Moral and Legal Status of Fetuses and Embryos, 4 DePaul J. Health Care L. 703 (1999)

13) 25A Corpus Juris Secundum § 52 (2017)

14) Mack v. Carmack, 2011 WL 3963006 (Ala. 2011).

15) La. Civ. Code Ann. art. 26 (West 1999).

16) Gillespie v. State, 280 Ga. App. 243, 633 S.E.2d 632 (2006); Federal Credit Union v. Tucker, 853 So. 2d 104 (Miss. 2003).

17) Aka v. Jefferson Hosp. Ass'n, Inc., 344 Ark. 627, 42 S.W.3d 508 (2001); Remy v. MacDonald, 440 Mass. 675, 801 N.E.2d 260 (2004); Tesar v. Anderson, 329 Wis. 2d 240, 2010 WI App 116, 789 N.W.2d 351 (Ct. App. 2010), review denied, 2011 WI 29, 332 Wis. 2d 278, 797 N.W.2d 523 (2011).

18) Ark. Code Ann. § 5-1-102(13)(B)(i)(a)(b) (2003).

19) Snyder v. Michael's Stores, Inc., 16 Cal. 4th 991, 68 Cal. Rptr. 2d 476, 945 P.2d 781 (1997).

Act에 의하여 그 법리를 부정하기 시작하였고, 미국에서도 이를 극복하기 위하여 survival statute[20]와 Wrongful Death Statute[21] 등을 제정하면서 사망한 자의 청구권을 인정하게 되었다.

미국에서도 영국법의 전통을 이어받아 보통법상 법리를 취하고 있었다. 태아와 관련된 보통법하에서의 판결은 Dietrich v Northampton[22]로써, 이후 오랜 기간 선례가 되었다. 그 판결에서 법원은 태아가 "아직 존재하지 않는 사람"이라고 하면서 태아는 아무런 법적 인격이 없어 보호받을 자격이 없고, 그 태아에 끼친 손해는 산모가 자신의 청구권을 통하여만 회복할 수 있다 하였다. 즉 태아가 살아서 출생하는 경우(born alive)도 권리능력을 인정받지 못한다는 것이었다.[23] 이후 판결들도 일관되게 태아에 대한 손해를 인정하지 않았으며,[24] Gorman v Budlong[25]에서도 부당침해를 당한 태아가 살아서 태어났어도 청구권을 부정하였다. 전통적 보통법의 이론에서는 태아가 살아서 태어난 경우에도 손해배상청구권을 인정하지 않았는데, 그 근거는 태아가 산모의 일부이고 인격을 가진 독립체가 아니라는 점(단일체이론-single entity theory), 선례가 없다는 점, 태아인 상태에서의 침해와 사망 간에 인과관계 입증이 어렵다는 점, 이를 인정할 경우 사기적 청구가 만연될 것이라는 점 등이었다.[26] 이후 오랜 기간이 지난 1946년에 이르러 Bonbrest v. Kotz[27]에서 태아가 살아서 출생한다면 태아인 상태에서의 부당침해에 대하여 청구권을 가진다는 판결을 하게 된다.

---

20) 예를 들면 Law Reform Act 1934

21) 예를 들면 Fatal Accident Act 1976

22) 138 Mass 14 (1884).

23) 40 A.L.R. 3d 1222 §2[a] Liability for prenatal injuries; 62 Am. Jur. 2d, §2 Prenatal Injuries .

24) 84 A.L.R. 3d 111 §§9, 10. Right to maintain action or to recover damages for death of unborn child.

25) 23 RI 169, 49 A 704 (1901).

26) Dawn E. Johnson, "The Creation of Fetal Rights: Conflicts with Women's Constitutional Rights to Liberty, Privacy, and Equal Protection, 95 Yale L.J. 599, 601 (1986); The Death of an Unborn Child: Jurisprudential Inconsistencies in Wrongful Death, Criminal Homicide, and Abortion Cases", 22 Pepp. L. Rev. 933, 934-935 (1995).

27) 65 F. Supp. 138 (D.C. Cir. 1946).

2) 보통법 이론에 대한 비판과 전환

보통법상의 이론에 대한 비판으로는 다음이 있다. 첫째, 과거 보통법은 태아가 산모의 일부라는 단일체이론에 기인한 것이나, 태아가 살아서 출생한다면 그것으로 독립된 인격체임이 증명된다. 둘째, 사기적 청구가 만연할 수 있다는 우려에 대하여는 그것이 살아서 출생한 태아를 보호하지 못할 이유가 되지 않는다. 셋째, 과거의 보통법을 극복하는 것이 위험행위를 억제한다는 기본 취지와도 부합한다. 넷째, 무엇보다도 보통법 이론에 의한다면 태아 보호를 전혀 할 수 없다는 점이다. 결국 보통법 이론은 폐기되고 태아에게도 살아서 출생하는 경우 일정한 권리를 인정하는 Born Alive Rule의 채택으로 진화되었다.

(2) Born Alive Rule – 2단계

1) 연혁과 의의

Born Alive Rule은 과거 태아의 권리에 대한 전면적 부정을 극복하기 위하여 나온 이론으로, 의학지식의 한계에서 주장되었던 이론이다.[28] 살아서 태어난 아이는 최소한 자궁 속에서 살아 있었다는 증거가 된다는 것이다. 태아의 움직임(quickening)은 그 증거가 될 수 있으므로 이를 기준으로 하자는 주장도 있긴 하였으나, 살아서 태어나야 태아가 침해 당시 자궁에서 생명력이 있었다는 추정이 가능하고, 그로 인한 청구권은 태아가 살아서 출생해야 취득한다는 것이다.[29] 그리고 침해받은 태아가 살아서 출생한 경우 살아가는 동안 그 피해로 인한 불이익을 감당하여야만 하므로 독자적 손해배상청구권을 인정하여야 한다는 근거이다.[30] 미국에서는 태아에 대하여 보상을 일체 거부하던 입장에

---

28) Clarke D. Forsythe, “Homicide of the Unborn Child: The Born Alive Rule and Other Legal Anachronisms”, 21 Val. U. L. Rev. 563, 571 (1987) .

29) Pietrelli v. Peacock, 13 Cal. App. 4th 943, 16 Cal. Rptr. 2d 688 (1993).

30) Bonbrest v. Kotz, 65 F. Supp. 138 (D.D.C. 1946); Greater Southeast Community Hospital v. Williams, 482 A.2d 394 (D.C. 1984); Day v. Nationwide Mut. Ins. Co., 328 So. 2d 560 (Fla. Dist. Ct. App. 2d Dist. 1976); Porter v. Lassiter, 91 Ga. App. 712, 87 S.E.2d 100 (1955); Fallaw v. Hobbs, 113 Ga. App. 181, 147 S.E.2d 517 (1966); Verkennes v. Corniea, 229 Minn. 365, 38 N.W.2d 838, 10 A.L.R.2d 634 (1949); LaBello v. Albany Medical Ctr. Hosp., 85 N.Y.2d 701, 628 N.Y.S.2d 40, 651 N.E.2d 908 (1995); Di Donato v. Wortman, 320 N.C. 423, 358 S.E.2d 489

서, 1946년에 이르러 Bonbrest v Kotz[31]판결이 최초로 태아인 상태에서의 침해에 대하여 살아서 출생한 경우 청구권을 가진다고 하였다. 다만 그 판결은 태아가 생존력(viable) 있는 상태에서 부상당하고, 이후 살아서 출생하였다면 청구권을 가진다는 것이다.

그런데 Born Alive Rule은 살아서 태어난 경우로 한정되므로, 한편으로는 사산한 경우의 사망한 태아는 일체 청구권이 없다는 주장이기도 하다. 사산한 태아에 대하여는 권리를 인정할 수 없다는 근거로 판례상 나타난 것은 다음과 같다.

첫째, 태아는 모체의 일부이며 독립된 인격이나 법률상 인격을 가지고 있지 않다. 독립된 인격을 가진 사람은 모체 바깥에서 삶을 시작하면서 시작된다. 둘째, 태아가 출산 전 사망한 경우 산모의 피해에 대한 보상만으로 적절한 보상이 된다. 만약 태아의 독립적 청구권을 인정하면 이중보상이 될 수 있기 때문이다. 셋째, 살아서 출생한 경우라야면 태아인 상태에서의 피해로 인하여 생존 중에도 겪게 되는 여러 문제에 대한 보상을 청구할 수 있다. 넷째, 태아인 상태에서 겪은 손해는 금전으로 평가하기도 어렵다. 미국의 Restatement (Second) of Torts §869 (1979)는 생존력이 없다 하더라도 태아인 상태에서 당한 부상에 대하여 살아서 출생하기만 한다면 손해배상청구권을 가진다고 규정한다.[32]

2) 분류

그런데 엄격히는 이 입장도 두 가지로 나뉜다.

첫째, 살아서 태어나는 것 이외의 요건으로 침해 당시 태아의 생존력도 요구된다는 입장이다.[33] 1946년 Bonbrest v. Kotz, 65 F. Supp. 138 (D.C.

(1987); Hopkins v. McBane, 359 N.W.2d 862 (N.D. 1984); Williams v. Marion Rapid Transit, Inc., 152 Ohio St. 114, 87 N.E.2d 334, 10 A.L.R.2d 1051 (1949); Sinkler v. Kneale, 401 Pa. 267, 164 A.2d 93 (1960); Amadio v. Levin, 509 Pa. 199, 501 A.2d 1085 (1985); Sylvia v. Gobeille, 101 R.I. 76, 220 A.2d 222 (1966); Labree v. Major, 111 R.I. 657, 306 A.2d 808 (1973); Seattle-First Nat'l Bank v. Rankin, 59 Wash. 2d 288, 367 P.2d 835 (1962).

31) 65 F Supp 138 (1946, DC Dist Col).

32) Jacob A. Stein, Stein on Personal Injury Damages Treatise § 12:11 (3d ed.) (2017)

33) Summerfield v. Superior Court In and For Maricopa County, 144 Ariz. 467, 698

Cir. 1946)은 분만 중 의사의 과실로 인하여 상해를 당한 유아가 손해배상청구를 한 사건으로, 법원은 살아서 태어난 경우 손해배상청구권을 가진다고 하면서도 생존력(viable) 기준을 도입하였다. 이후 같은 취지의 판결로 Endresz v. Friedberg 248 N.E.2d 901 (N.Y. 1969)판결에서 생존력 있으나 태어나지 않은 태아에 대한 보상을 거부하였다.

둘째, 살아서 태어나기만 하면 충분하고 침해 당시 태아의 생존력은 요구되지 않는다는 입장이다. 침해시 생존력 구비 여부는 중요하지 않고, 임신한 이후 받은 모든 침해에 대하여 살아서 태어나기만 한다면 청구권을 가진다. Torigian v Watertown News Co. (1967) 352 Mass 446, 225 NE2d 926.13 사건에서 조산된 3개월 반된 아이에 대한 침해가 있었고 그 10주 후 태아가 출산되었으나 2시간 30분 생존 후 사망하였다. 이 사건에서 법원은 태아는 생존력이 없다 하더라도 살아서 태어나기만 하면 권리를 취득한다 하였고,[34] 현재 Born Alive Rule을 채택하는 다수의 주가 이 입장이다.

3) Born Alive Rule에 대한 비판과 다른 원칙으로의 전환

Born Alive Rule에 대한 강한 비판론은 Eich v Gulf Shores[35]판결에 잘 나타나 있다. 그 사건에서는 8개월 반된 태아가 살아서 태어나지 못하고 태아

P.2d 712 (1985); Aka v. Jefferson Hosp. Ass'n, Inc., 344 Ark. 627, 42 S.W.3d 508 (2001); Shelton v. DeWitte, 271 Kan. 831, 26 P.3d 650 (2001); O'Grady v. Brown, 654 S.W.2d 904 (Mo. 1983); Tesar v. Anderson, 329 Wis. 2d 240, 2010 WI App 116, 789 N.W.2d 351 (Ct. App. 2010), review denied, 2011 WI 29, 332 Wis. 2d 278, 797 N.W.2d 523 (2011).

34) Crussell v. Electrolux Home Products, Inc., 499 F. Supp. 2d 1137 (W.D. Ark. 2007); Peters v. Hospital Authority of Elbert County, 265 Ga. 487, 458 S.E.2d 628 (1995); Torigian v. Watertown News Co., 352 Mass. 446, 225 N.E.2d 926 (1967). 생존력 없는 태아가 조산된 경우 살아서 태어났다; Womack v. Buchhorn, 384 Mich. 718, 187 N.W.2d 218 (1971).- 생존력 없어도 무방하다 하였다; Bonte for Bonte v. Bonte, 136 N.H. 286, 616 A.2d 464 (1992); B.C. v. T.G., 430 N.J. Super. 455, 65 A.3d 281 (Ch. Div. 2013); Leighton v. City of New York, 39 A.D.3d 84, 830 N.Y.S.2d 749, 217 Ed. Law Rep. 665 (2d Dep't 2007); Va.—Farley v. Sartin, 195 W. Va. 671, 466 S.E.2d 522 (1995); Day v. Nationwide Mut. Ins. Co., 328 So. 2d 560 (Fla. 2d DCA 1976).

35) 293 Ala 95, 300 So 2d 354 (1974).

인 상태에서 사망하여 死産한 경우이었는데 법원은 태아가 살아서 출생하였는지 여부를 묻지 않고 청구권을 행사할 수 있다 하였다. Born Alive Rule에 대한 비판은 다음과 같다.

첫째, 태아에 대한 공격으로 그 침해가 크면 클수록 가해자에게 유리한 결과가 된다는 것은 납득하기 어려운 이상한 논리이다.[36] 침해를 당한 태아가 살아서 출생하면 청구권이 있으나, 보다 강도 높은 침해를 당하여 태아인 상태에서 사망하면 전혀 권리가 없다는 점은 수긍할 수 없다. 요컨대 그 침해의 강도와 해악이 크면 클수록, 가해자가 책임지지 않게 된다는 부당함을 지적한 것이다.[37]

둘째, 의학적 견지에서 볼 때 태아가 산모의 자궁 바깥에서도 독립적으로 생존이 가능하다면(생존력 있다면) Born Alive Rule의 논리는 설득력이 없다.

셋째, 의학기술의 발전으로 그 침해행위 당시 태아가 생존력 있었음을 충분히 입증할 수 있다. 의학기술의 발전으로 인과관계도 입증 가능하다.

넷째, 태아가 청구하는 부분은 산모의 것과 다를 수 있기 때문에 최소한 이를 주장할 수 있는 기회는 주어져야만 한다.[38] 태아인 상태에서 사망한 경우라도 그 손해의 입증을 할 수 있는 기회를 박탈하여서는 안된다.[39]

다섯째, 쌍둥이 태아를 예로 든다. 쌍둥이인 태아에게 일시에 같은 침해가 있었는데 한 태아는 즉사하고, 다른 태아는 살아서 태어난 경우를 가정하여, 살아서 태어난 아기에 대하여는 불법행위로 인한 손해배상청구권을 허용하면서, 다른 태아는 태아인 채로 사망하였다는 이유만으로 청구권을 인정하지 않는 것은 합리적이지 않다는 것이다.[40]

결국, Born Alive Rule은 폐기되었다는 주장[41]도 있으나, 현재 13개주가 아직 이 원칙을 채택하고 있다.

---

36) Britt v Sears, 150 Ind App 487, 277 NE2d 20 (1971).
37) Werling v. Sandy, 476 N.E.2d 1053, 1055 (Ohio 1985).
38) Presley v Newport Hospital 365 A2d 748, 84 ALR3d 391 (1976).
39) Corpus Juris Secundum §4[a].
40) Greater Southeast Community Hospital v Williams 482 A2d 394, 397 (1984, Dist Col App).
41) Mary Lynn Kime, "Huges v. State: The 'Born Alive' Rule Dies a Timely Death", 30 Tulsa L.J. 539 (1995)

(3) 생존력(Viability) 요건 : 생존력 있는 태아의 경우 살아서 태어나지 않아도 된다는 입장 (Born Alive Rule의 폐기) – 3단계

1) 생존력(viability)[42]

태아의 생존력이란 자궁 바깥에서 생존할 수 있는 태아의 능력을 말하고, 이 생존력 요건이 Born Alive Rule을 일시나마 대체하였다. 생존력을 최초로 언급한 판례는 Bonbrest v. Kotz, 65 F. Supp. 138 (D.D.C. 1946)이다. 그 판결은 생존력을 "인위적 지원이 있더라도 태아가 자궁 밖에서의 생존이 합리적으로 가능한 때"라 하면서, 일반적으로 태아는 수정된 때로부터 24주 내지 28주의 시점에 생존력을 획득한다고 한다. Verkennes v. Corniea 38 N.W.2d 838 (Minn. 1949)에서 미네소타주도 1949년 당시 처음으로 Born Alive Rule을 거부하고 생존력 기준을 채택하였다. 이후 여러 법원들이 이 기준을 채택한 바 있다. Farley v. Sartin, 466 S.E.2d 522, 528 (W. Va. 1995), Mone v Greyhound Lines, Inc. (1975) 368 Mass 354, 331 NE2d 916 판결에서는 8개월 반된 태아의 사망에 대한 책임을 인정하였다. 살아서 출생할 요건을 대체하여 생존력을 요구한 것이다. Stidam v. Ashmore, 167 N.E.2d 106 (Ohio Ct. App. 1959). 이후 Huskey v. Smith, 289 Ala. 52, 265 So. 2d 596 (1972), DiDonato v. Wortman, 358 S.E.2d 489 (N.C. 1987)도 생존력을 채택하였다.

2) 생존력 기준에 대한 평가

생존력 기준은 과거 보통법 법리에 따른 판결인 Dietrich v Northampton (1884) 138 Mass 14.의 적용을 극복하기 위한 또 하나의 역사적 유물이라고 평가된다. 이는 Smith v Brennan (1960) 31 NJ 353, 157 A2d 497 판결에서 상세히 지적된 것으로 생존력 기준이 법적으로 정당화되기는 어려우나 역사적으로 설명 가능하다고 하면서, Dietrich 판결이 태아는 산모의 일부라고 한 점에 대한 비판으로[43] 모체로부터 분리된 태아가 독립적으로 생존할 수 있다면 산모의

---

42) 독립된 생명력, 생존가능성 등 다양한 용어로 번역되나 '생존력'으로 번역한다.
43) Allaire v St. Luke's Hospital 184 Ill 359, 56 NE 638 (1900)도 Dietrich 판결과 같은

일부가 아니라는 근거에서 생존력 기준이 나왔다는 것이다. 이후 같은 맥락에서 Born Alive Rule을 극복하기 위하여 생존력 이론이 대두되었다.[44] Wallace v Wallace (1980) 120 NH 675, 421 A2d 134 (뉴햄프셔는 생존력을 요구함) 판결에서 생존력 없는 태아의 사산에 대하여는 책임 없다고 하였다.

3) 생존력 요건에 대한 비판과 변화

생존력 요건에 대한 대표적 비판은 생존력이 의학적 개념인 까닭에, 의학적 개념인 생존력으로 법률요건을 갈음하는 것은 바람직하지 않다는 것이다.[45] 생존력은 의학적으로 각 경우에 따라 너무나 다양하며 그 판단은 의사에게 달려 있는 것으로, 법률개념이 아니라 의학개념으로 사람됨의 시기를 판단하는 것은 잘못되었다는 비판이다.[46] 이러한 비판 때문인지 과거 이를 요건으로 하던 주들도 입장이 바뀌었고, 현재는 극히 소수의 주인 3개의 주(뉴햄프셔, 일리노이, 미시건)만이 살아서 태어나지 않은 사산된 태아에서 그 청구권의 행사시 생존력을 요구하고 있다.[47]

(4) 살아서 태어나지 않은 생존력 없는 태아의 침해에 대하여도 권리를 인정 – 4단계

태아를 가장 두텁게 보호하는 입장으로서, 살아서 태어났는지 여부와 상관없이 또한 생존력 없는 모든 태아에 대하여 권리를 인정하여, 사산된 경우도 포함한다. 몬태나, 인디아나, 캘리포니아, 알라스카, 콜로라도, 루이지애나, 미주리, 사우스다코다, 오클라호마, 미시시피, 조지아 주 등 25개 주에 이르는 다수

취지이다.

44) 40 A.L.R. 3d 1222 § 3[b], 40 A.L.R. 3d 1222 § 6[b].

45) David Kader, The Law of Prenatal Death Since Roe V. Wade, 45 Mo L Rev 639 (Fall 1980).

46) lanned Parenthood of Cent. Missouri v Danforth 428 US 52, 49 L Ed 2d 788, 96 S Ct 2831 (1976).

47) Green v Smith 71 Ill 2d 501, 17 Ill Dec 847, 377 NE2d 37 (1978)사건에서 판결에서는 13세때 수형을 잘못하였고 그 후 8년이 지나 출산한 여성이 있었고 기형아가 출산하였다. 이 사건에서도 인정하지 않았다; Toth v Goree 65 Mich App 296, 237 NW2d 297 (1975). 이 사건은 3개월된 태아의 사건이었다; Wallace v Wallace (1980) 120 NH 675, 421 A2d 134.

의 주가 이에 속한다.[48] 그 수태시(conception)부터 권리를 인정하는 것이 일반적이나, 소수이지만 수태시부터가 아니라 태아가 생존력이 없어도 움직(quick)일 수만 있다면 권리를 가진다고 하면서 움직임 있는 한달 반된 태아의 경우 권리가 있다고 한 판결이 있다.[49]

3. 관련 문제

(1) 부모의 보험회사에 대한 태아의 청구권

1) 태아의 부모에 대한 손해배상청구권과 일반적 원칙

태아가 산모의 과실 등으로 상해를 입은 경우 자신의 모(산모)에 대하여 손해배상청구권을 취득할 수 있는가? 태아 상태에서의 산모의 부주의한 운전, 임신 중의 부적절한 음주나 약물남용 등으로 신생아 중독이나 바이러스에 감염된 기형 신생아가 출산되는 경우, 태아가 모에 대하여 손해배상청구권을 행사할 수 있는가의 문제이다.[50]

원칙은 임산부의 권리와 태아의 권리가 충돌하는 경우 특별한 사정이 없다면 임산부의 결정을 존중해야 한다고 보고,[51] 또한 부모에 대한 손해배상청구

48) Mont.—Strzelczyk v. Jett, 264 Mont. 153, 870 P.2d 730 (1994); Ind.—Cheaney v. State, 259 Ind. 138, 285 N.E.2d 265 (1972); Cal.—Hegyes v. Unjian Enterprises, Inc., 234 Cal. App. 3d 1103, 286 Cal. Rptr. 85 (2d Dist. 1991), reh'g denied and opinion modified, (Oct. 23, 1991); Ind.—Cheaney v. State, 259 Ind. 138, 285 N.E.2d 265 (1972); Ala.—Mack v. Carmack, 2011 WL 3963006 (Ala. 2011); Colo.—Gonzales v. Mascarenas, 190 P.3d 826 (Colo. App. 2008); La.—Danos v. St. Pierre, 402 So. 2d 633 (La. 1981); Mo.—Connor v. Monkem Co., Inc., 898 S.W.2d 89 (Mo. 1995); Ok.—Pino v. U.S., 2008 OK 26, 183 P.3d 1001 (Okla. 2008); S.D.—Wiersma v. Maple Leaf Farms, 1996 SD 16, 543 N.W.2d 787 (S.D. 1996); Ga.—Gillespie v. State, 280 Ga. App. 243, 633 S.E.2d 632 (2006); Miss.—66 Federal Credit Union v. Tucker, 853 So. 2d 104 (Miss. 2003).

49) Presley v Newport Hospital 365 A2d 748, 84 ALR3d 391 (1976, RI); Corpus Juris Secundum, § 3[a].

50) Ron Beal, "Can I Sue Mommy? An Analysis of a Woman's Tort Liability for Prenatal Injuries to Her Child Born Alive", 21 San Diego L. Rev. 325, 360 (1984).

51) Bradley J. Glass, "A Comparative Analysis of the Right of a Pregnant Woman to Refuse Medical Treatment for Herself and Her Viable Fetus: The United States and The United Kingdom", 11 Ind. Int'l & comp. L. Rev. 507, 509 (2001).

를 금지하는 Parental-immunity doctrine에 근거하여,[52] 태아는 산모에 대하여 침해에 대한 권리가 없다는 것이다.[53] 원칙에 찬성하는 견해는 Roe 판결을 근거로 여성의 프라이버시권, 자치적 의사결정권 등에 기초하여 자의 모에 대한 청구권을 인정하는 것은 용납될 수 없다 한다.[54] 다른 근거로는, 만약 그 책임을 인정한다면 모자 사이의 관계에 대한 과도한 법적 간섭을 초래할 것이어서, 임신 기간 중 산모가 결정하는 모든 행위에 대하여 사후에 법원이 상세하게 검토하고 평가할 권한과 함께 의무를 부담하게 된다는 점도 지적된다. 또한, 산모와 태아의 관계는 제3자와 태아 사이의 관계와는 다르다고 하면서, 태아가 제3자에게 그의 생명을 전적으로 의존하는 일은 없을 뿐만 아니라 제3자가 태아를 낳기 위하여 생물학적 변경이나 고통을 감내하지는 않는다고 한다. Chenault v. Huie[55] 판결에서도 임신 중 산모의 중대한 과실로 인한 부상으로 인해 어머니를 상대로 불법행위를 청구할 수 없다고 하였다. 그리고 형사사건이기는 하나 State v Ashley[56] 판결에서는 산모가 낙태할 의도로 자신의 배를 향하여 총을 발사하였으나 태아가 바로 사망하지는 않고 출산 직후 사망한 사건에서, 산모는 낙태를 그 의지에 의하여 할 수 있기 때문에 살인죄로 기소할 수 없다고 하였다.

2) 원칙론에 대한 비판[57]

산모도 태아의 건강과 복지를 위하여 일정한 주의의무를 부담하고 이를 위반한 경우 손해배상책임을 부담한다는 것으로, 산모의 부적절한 행동을 제어하기 위하여 법률가들의 꾸준한 주장이 있어 왔다.[58] 과거 Roe 판결에서는 산모

---

52) Krouse v. Krouse, 489 So.2d 106 (1986).
53) Stallman v. Youngquist, 125 Ill. 2d 267, 126 Ill. Dec. 60, 531 N.E.2d 355, 78 A.L.R.4th 1071 (1988).
54) Skinner v Oklahoma 316 US 535, 86 L Ed 1655, 62 S Ct 1110 (1942); Eisenstadt v Baird 405 US 438, 31 L Ed 349, 92 S Ct 1029 (1972).
55) 989 S.W.2d 474 (Tex. App. Dallas 1999).
56) 670 So 2d 1087, 21 FLW D740 (1996, Fla App D2) .
57) John A. Robertson, "Procreative Liberty and the Control of Conception, Pregnancy, and Childbirth," 69 Va L Rev 405 (1983).
58) Barbara Shelley, "Maternal Substance Abuse: The Next Step in the Protection of Fetal Rights?", 92 Dickinson L Rev 691 (Spring, 1988); Sam S. Balisy, "Maternal

의 프라이버시권이 헌법상의 권리라고 하면서도, 태아와 아동보호를 위하여 주의 정책을 따라야 한다고 한다.[59] 결국 산모의 자율성이 일부 제한될 수 있고 주의 정책에 따른 제한이 가능하다는 것이다.[60] 이러한 입장에서 Bonte v Bonte[61] 판결은 산모의 과실로 태아인 상태에서 침해를 당하고 이후 살아서 출생한 아이는 그 모친에 대하여 과실로 상해를 입힌 부분에 대한 청구권을 가진다고 하였다. Grodin v. Grodin[62] 사건에서 부가 아들을 대리하여 모와 그 의사에 대하여 임신 중 약물사용으로 인하여 자의 치아에 심각한 손상을 입은 점에 관한 손해배상청구를 한 사건이다. 산모의 임신 증상이 있었음에도 불구하고 주치의도 임신 사실을 진단하지 못하였고 산모 또한 부주의하게 임신 사실을 인지하지 못한 상태에서 약물(Tetracycline)을 지속적으로 사용하다가, 임신 8개월이 지나 다른 의사를 찾아가 진단한 결과 임신이라는 사실을 확인하였다. 법원은 산모의 과실행위가 합리적이지 않고, 따라서 parental immunity(부모면책)이론[63]이 여기에 적용되지 않는다고 하면서, 모에 대한 손해배상청구권을 인정하였다. 하지만 이 법리는 극히 소수의 주에서만 채택된다.

3) 보험에 대한 예외적 인정

태아의 부모에 대한 청구권과 관련하여 보험 예외를 인정한다.[64] 태아가 <u>산모의 과실에 대하여 손해배상청구를 하지 못하더라도, 모가 피보험자인 책임보험이 있다면 그 보험금의 한도 내에서는 보험금청구권을 행사할 수 있다</u>는 것이다. 이 경우 동거가족간의 금전이동만이 아니라 그 손해를 회복함에 있어

Substance Abuse: The Need to Provide Legal Protection for the Fetus", 60 So Cal L Rev 1209 (May, 1987); and John A Robertson, Ibid, 405.

59) Sharon E. Rush, "Prenatal Caretaking: Limits of State Intervention With and Without Roe", 39 U Fla L Rev 55 (March, 1987).

60) Carol Ann Simon, "Parental Liability for Prenatal Injury", 14 Colum JL and Soc Prob 47 (1978); John A Robertson, Ibid, 405.

61) 136 NH 286, 616 A2d 464 (1992).

62) 301 N.W.2d 869 (1980).

63) 부모면책의 이론은 음식, 의복, 주택, 의료 등에서 합리적인 주의의 이행(an exercise of reasonable discretion)을 요건으로 한다.

64) 6 A.L.R.4th §1066 Liability of parent for injury to unemancipated child caused by parent's negligence—modern cases; Am. Jur. 2d, Parent and Child §§138-148.

가족 외의 금전을 통하여 보상받을 수 있기 때문에 보험가입의 혜택을 누릴 수 있다는 근거이다. 예컨대 위 ⑨판결인 National Cas. Co. v. Northern Trust Bank of Florida[65] 판결에서 자동차 사고로 이후 태어난 아이는 어머니의 과실로 인해 당한 산전 상해의 손해를 모의 보험자를 상대로 그 책임보험금의 한도까지 청구할 수 있다고 한 것이다. 모자지간에는 손해배상책임이 없다는 원칙에도 불구하고 책임보험에 가입되어 있다면 위험보장이라는 보험의 효용을 들어 예외를 인정하고 있는 점은 특기할 만하다.

(2) 보험수익자로서의 태아의 지위

먼저, 보험수익자로서의 태아의 지위도 약관 규정에 의하고, 또한 계약 당사자의 의사에 의한다.[66] 오래 전 판례에서 보험수익자가 "피보험자 사망 이후 살아있는 모든 자녀(the children of the insured as may survive the insured)"라고 할 때의 자녀는 보험계약체결 이후 태어난 자녀가 포함된다고 하였다.[67] 만약 보험수익자를 자녀로 지정한 경우 증권 발행 이후 태어난 아이도 보험금청구권을 가진다고 하고,[68] 보험수익자 지정을 자녀로 하면서 변경권을 유보하지 않은 경우 설령 그 계약체결 당시 태아라 하더라도 이후 태어난 자녀는 보험수익자가 된다고 하였다.[69] 또한 비교적 최근 판례인 Fort Dearborn Life Ins. Co. v. Turner[70] 사건에서도 생명보험에서 보험사고 발생시 살아있는 자녀(then living children)라고 할 때 태아도 그 자녀에 포함된다고 하였다.

---

65) 807 So. 2d 86 (Fla. Dist. Ct. App. 3d Dist. 2001).
66) 4 Couch on Ins. §59:27
67) Roquemore v. Dent, 135 Ala. 292, 33 So. 178 (1902); Lockwood v. Bishop, 51 How. Pr. 221, 1876 WL 11017 (N.Y. Sup 1876).
68) Thomas v. Leake, 67 Tex. 469, 3 S.W. 703 (1887).
69) Hooker v. Sugg, 102 N.C. 115, 8 S.E. 919 (1889); Connecticut Mut. Life Ins. Co. v. Baldwin, 15 R.I. 106, 23 A. 105 (1885);Hall v. Prudential Ins. Co. of America, 132 Misc. 162, 229 N.Y.S. 228 (Sup 1928).
70) 521 F. Supp. 2d 499 (E.D. N.C. 2007).

4. 결어

(1) 정리

영국은 태아의 법적 지위와 관련하여 Born Alive Rule을 엄격하게 적용함에 반하여, 미국에서는 여러 가지 입장들이 있음을 보았다. 현재 미국은 38개 주가 태아인 상태에서의 권리를 인정하고, 9개 주는 부정하며, 3개 주는 아직 이 문제에 대하여 판단하지 않았다.[71] 38개 주 중에서 13개 주는 살아서 출생한 경우에 한하여 권리를 보호함에 반하여, 25개 주는 태아가 살아서 출생하지 않은 사산의 경우라 하더라도 보호한다. 연혁의 전개과정을 보면, ① 보통법상 일체의 청구권을 인정하지 않다가, ② 살아서 출생한 것을 조건으로 하여 태아의 권리능력을 인정하고(Born Alive Rule), ③ 살아서 출생하지 않더라도 보호를 하는데 그 기준을 생존력(Viability)으로 정하다가, ④ 가장 최근에는 모든 태아를 보호하는 단계로의 이전임을 알 수 있다. 다만 영국에서는 아직까지 ②의 단계인 Born Alive Rule이 원칙적으로 유지된다.

(2) 태아 보호 범주의 확대

태아의 보호를 위하여 입법적 개선이 꾸준히 이루어지고 있다. 미국은 2004년 연방법률로 The Unborn Victims of Violence Act(U.S.C. § 1841. Protection of unborn children)를 제정함으로써 주정부 차원뿐만 아니라 연방정부 차원에서 각종의 가해행위에 대하여 태아를 한층 더 두텁게 보호한다. 최근 캘리포니아, 콜로라도, 플로리다, 미네소타 등은 법령에 의하여 태아살인을 인정하였다.[72] 일부이기는 하지만 주에 따라서는 태아도 살인의 객체로 인정한 것이다.[73] 요컨대, 태아에게 보다 넓은 범위의 권리를 보장해주는 방향으로 나아가고 있으며, 그 근거로서 불법행위에 관한 억지의 효과와 태아의 생명을 보호하여야 한다는 공적 의무가 강조된다.

---

71) 25A C.J.S. Death § 51. Overview; viability and birth.

72) 40 C.J.S. Homicide §6.Fetuses and infants born alive

73) Sandra L. Smith, "Fetal Homicide: Woman or Fetus as Victim? A Survey of Current State Approaches and Recommendations for Further State Applications", 41 Wm. & Mary L. Rev. 1845, 1851 (2000).

Ⅳ. 이 사건에의 적용과 해결

1. 쟁점과 태아보험

(1) 이 사건 쟁점

피보험자 적격성과 관련한 이 사건 쟁점은 다음이다.

① 첫째, 상법상 상해보험의 피보험자는 사람임을 전제하는가? 1심 판결과 같이 상해보험의 피보험자는 보험의 객체에 불과하므로 권리능력의 주체인 사람이 아니어도 된다는 설명은 옳은가? 만약, 그 답이 사람이 아니어도 된다는 것이라면 태아가 사람인지 여부를 논할 필요도 없이 보험자는 보험금을 지급하여야겠다.

② 둘째, 태아는 사람인가? 만약 태아를 사람으로 볼 수 있다면 더 이상 논의는 불필요하고, 보험자는 당연히 보상을 하여야 한다. 이상에서 살펴 본 다수의 보험판례가 태아를 사람으로 볼 수 있는지 여부가 쟁점이었고, 이때 태아의 법적 지위에 입각하여 판단한다.

② 셋째, 만약 태아가 사람이 아니라면, 상해보험의 피보험자가 될 수 없는가? 상해보험의 피보험자가 사람임이 전제되고 또한 태아를 사람으로 단정지을 수 없다면, 태아는 이 사건 상해보험의 피보험자가 될 수 없는가의 문제이다. 역으로 만약 태아가 상해보험의 피보험자가 될 수 있다면 어떤 논리가 가능한가?

본격적 논의에 들어가기 이전에, 이미 국내에서 판매되고 있는 태아보험에 대하여 간략히 살핀다.

(2) 태아보험

1) 의의[74]

태아보험은 법률용어는 아니며 종래 보험상품으로 판매되어 온 어린이보험에 태아가입특약을 덧붙여 판매하는 상품의 유형을 지칭하는 실무상 용어이다. 태아보험의 주요 담보내용으로는 선천성질환수술보장특약, 출생전후기질환보장

74) 자료: 금융감독원 보험계리실 손해보험팀/생명보험팀, 「정례브리핑자료」(2008.6.24.), 8면. 금융감독원 홈페이지에서 구할 수 있다.

특약, 미숙아육아비용보장특약 등이 부가되어 있으며, 주로 태아의 출생 후 선천성질환으로 인한 입원 · 수술, 출생전후기질환으로 인한 입원, 미숙아(또는 저체중아)의 인큐베이터비용 등을 추가적으로 보장한다. 여기서 그 기간은 태아에게 질병발생확률이 높은 임신 28주부터 출생후 1주까지의 기간을 말한다고 한다. 또한 금융감독원 자료에서 비록 임신 후 일정기간이 경과하였더라도 가입가능기간 이내라면, 자녀 출생 후 어린이보험에 가입하기보다는 태아보험에 가입하는 것이 바람직하다고 설명한다.

2) 태아보험의 가입과 보장의 시작

태아보험의 가입은 그 역선택을 방지하는 차원에서 보험회사는 임신 기간에 따라 보험가입을 제한하고 있으며 일반적으로 임신 24주까지만 가입이 가능하도록 운용하고 있다고 한다.[75] 그러면서도 금융감독원 자료상 태아보험의 피보험자(보험보호의 대상)는 태아 그 자체가 아니라 출생 후 신생아이므로 태아보험의 보장은 일반적인 보험과는 달리 보험가입 시점이 아니라 태아의 출생 직후부터 시작된다고 적고 있다.[76]

그러나 이 설명은 잘못된 것이다. <u>태아에게 질병발생확률이 높은 임신 28주부터 보호한다고 하면서 그 보장이 보험가입 시점이 아니라 태아 출생 직후부터라는 설명은 모순</u>된다. 보험보장의 시점은 청약하고 최초보험료를 납부하는 때인 상법 제638조의2 제3항에 의하나, 정지조건설에 의하여 태아가 살아서 태어나는 경우 소급하여 권리를 취득한다는 설명이 옳다. 이 점 뒤에서 살핀다.

2. 상해보험의 피보험자는 사람임을 전제하는가? (첫째 쟁점)

(1) 각각의 보험에서 태아의 피보험자 적격성

1) 생명보험

상법 제727조는 인보험계약의 보험자는 피보험자의 생명이나 신체에 관하여 보험사고가 발생할 경우에 보험계약으로 정하는 바에 따라 보험금이나 그

75) 금융감독원, 위의 자료.
76) 금융감독원, 위의 자료. 이는 이 사건 약관 규정과 유사하다.

밖의 급여를 지급할 책임이 있다고 규정하고 있어 이 규정만으로 보면 태아가 생명이나 신체를 가진 사람으로 볼 수 있는지가 쟁점이다. 태아를 사람으로 인정할 수 없다면 피보험자 자격을 취득하지 못할 것이고, 그 역의 경우라면 인정 가능하다. 그런데 태아를 사람으로 본다 하더라도 상법 제732조에 의하여 사망을 보험사고로 하는 생명보험계약의 피보험자는 되지 못한다. 상법 제732조는 15세 미만자 등의 사망을 보험사고로 하는 보험계약을 무효로 하고 있으므로, 태아를 피보험자로 한 사망보험계약을 체결할 수는 없다. 다만, 태아의'생존'을 보험사고로 하는 생명보험계약은 체결할 수 있겠으나, 여기서도 언제부터 피보험자 자격을 취득하는지 등이 문제될 수 있겠다. 일부 보험상품에서는 태아보험 가입 후 태아가 유산된 경우 산모에게 유산으로 인한 수술 및 입원일당, 위로금 등을 지급하는 특약이 부가되기도 한다.[77]

2) 질병보험

질병보험은 아래에서 다룰 상해보험과 그 해석론이 같겠다(상법 제739조의3).

3) 손해보험

태아를 손해보험에서의 일반적 물건보험계약의 객체인 "물건"으로는 볼 수 없다. 그렇다면 손해보험의 피보험자는 될 수 있겠는가? 피보험이익의 주체라는 측면에서 고찰하면, 손해보험의 피보험자는 손해보험계약에서 보험사고에 따라 손해를 입을 경제적 이익의 귀속주체이다. 손해보험의 피보험자도 법인격을 가진 자연인을 전제하게 되고, 태아가 자연인에 해당하는지 여부가 문제된다. 태아도 상속권을 예외적으로 가지므로 상속받은 재산에서의 보험사고 등을 관념상 인정할 수 있어, 일부 그런 범위 내에서는 피보험자 적격을 인정할 수 있다고 본다.

그런데, 태아도 <u>책임보험에서의 피해자에 해당한다</u>. 현행법에 의하더라도 태아가 살아서 출생한 경우 불법행위로 인한 손해배상청구권을 취득하고 그 범위에서 예외적으로 권리능력이 인정되므로(민법 제762조), 태아 상태에서의 불

---

77) 금융감독원, 위의 자료.

법침해로 상해를 입었다면 가해자(피보험자)의 보험자를 상대로 상법 제724조 제2항의 직접청구권을 행사할 수 있다.

(2) 상해보험에서의 피보험자 적격성

1) 상법 규정의 문언해석

상법의 문언해석에 의하면 상해보험의 피보험자는 '身體를 가진 사람(人)' 임을 전제한다고 보인다. 다음의 이유에서이다.

첫째, 상법 제737조는 '신체'라고 규정하여 사람을 전제한다.

둘째, 상법 제738조에서 "피보험자와 보험계약자가 同一人이 아닐 때에는 --(중략) -- 피보험자의 직무 또는 직위만을 기재할 수 있다"고 규정한다.

셋째, 상법 제739조에 의하여 생명보험의 규정을 준용하고 있는데 생명보험은 사람의 생존과 사망을 보험사고로 하는 보험이다.

넷째, 상해보험은 상법 보험편에서 제3장 인보험의 한 종류로 규정되어 있는 점도 그러하다.

다섯째, 상해보험을 포함한 인보험계약에서의 피보험자도 고지의무(상법 제651조), 각종의 통지의무(상법 제652조, 제657조), 위험유지의무(상법 제653조) 등을 부담하고, 고의로 보험사고를 일으켜서는 안된다는 규정(상법 제659조, 제732조의2, 제739조)도 있다.

2) 소결

상법 규정을 문언대로 해석하면 상해보험의 피보험자는 사람임을 전제한다. 이 점에서 1심 판결문이 "상해보험의 피보험자는 보험의 대상이 되는 자에 불과할 뿐 권리나 의무의 주체가 되는 자라고 할 수 없으므로"라고 하나, 모든 사람은 권리와 의무의 주체가 된다는 점에서 의문의 여지는 있겠다.

3. 태아가 사람인가? (둘째 쟁점)

(1) 태아의 권리능력

민법 제3조는 사람은 생존한 동안 권리와 의무의 주체가 된다고 규정하여 출생과 더불어 권리능력을 취득하는 것으로 규정한다. 이에 따르면 태아는 출생 이전의 단계에 있어 원칙적으로 권리능력이 없으나, 민법은 불법행위로 인한 손해배상청구권(민법 제762조) 및 상속권(민법 제1000조), 유증을 받을 권리(민법 제1064조) 등, 특정 권리와 관련하여 태아를 출생한 것으로 본다는 개별 규정을 두고 있으므로, 태아 보호에 관한 개별주의 입법을 취한 것으로 본다.[78] 태아의 권리능력의 인정시기에 관하여는 정지조건설과 해제조건설이 있으나, 두 견해 모두 태아가 출생한 경우에는 태아인 상태에서 취득한 권리에 대하여 출생 이후에도 그 권리의 귀속 상태를 인정하지만 사산한 경우에는 그 권리의 귀속을 인정하지 아니하는 점은 차이가 없다. 요컨대 영미법상의 Born Alive Rule이 유지되고 있다. 판례[79]는 정지조건설을 취하면서 태아의 출생을 정지조건으로 보아 태아인 동안은 권리능력을 취득할 수 없지만 살아서 출생했을 때 비로소 권리능력을 취득하는 것으로 본다.

(2) 태아를 사람으로 보는 경우 해석상 발생하는 문제들

여기서는 만약 태아를 사람으로 보는 경우의 상법 해석상 문제들을 짚어본다.

1) 상법 제732조와 피보험자 적격

만약 태아를 사람으로 본다면, 생명보험과는 달리 상해보험 피보험자 적격을 바로 인정할 수 있다. 상법 제739조 준용규정에서 제732조를 준용하고 있지 않기 때문이다. 15세미만자인 태아도 상해보험의 피보험자가 될 수 있으므로, 상해보험에서는 태아의 피보험자 적격이 부정되지 않는다.

2) 태아를 사람으로 보는 경우 피보험자 적격과 상법 제731조의 동의 요건

태아를 사람으로 볼 경우, 상법 제731조에 의하여 서면에 의한 동의 문제가 생겨난다. 상법 제739조는 타인의 사망보험시 그 타인의 서면에 의한 동의를 요구하는 제731조를 준용하고 있으므로 태아를 산모와 분리된 독립된 사람

---

78) 대법원 1982. 2. 9. 선고 81다534 판결.
79) 대법원 1976. 9. 14 선고 76다1365판결 등.

으로 인정하는 경우 그 태아의 서면에 의한 동의가 요구되기 때문이다. 그러나 태아의 동의를 실제 받는 것은 불가능하므로 이 요건을 엄격하게 요구한다면, 태아를 피보험자로 하는 상해보험계약 체결 자체가 불가능하다. 따라서 태아를 사람으로 인정하는 경우라도(또는 어떤 이유에서든 피보험자 적격을 인정하더라도), 제731조가 적용되지 않는 것으로 해석함이 옳다. 다음의 근거들이 제시된다.

첫째, 기본적으로 상법 제739조 규정의 입법론적 개선이 필요하다. 입법론적으로 제739조를 삭제하고 상해보험에 관한 보다 상세하면서도 적확한 법률관계를 규정하는 입법이 요청된다.[80] '준용'의 의미에 맞게 해석하면, 일반의 상해보험에서도 타인의 상해 '사망'을 보험사고로 하는 경우 서면에 의한 동의가 있어야 할 것이나, 상해만을 보험사고로 하는 경우에는 피보험자의 서면에 의한 동의가 없더라도 무효로 할 것이 아니다.[81] 오히려 보험수익자가 피보험자로 지정된 상해보험은 도덕적 위험의 발생소지도 없다. 상법 제731조에서 타인의 사망보험에서 피보험자의 동의를 얻도록 함으로써 효력을 제한하는 것은 보험이 도박화할 우려가 있고, 피보험자의 생명을 해할 위험이 있어 이를 방지하기 위한 것이라고 하지만, 이러한 논거가 타인의 상해보험에 그대로 적용되지는 않는다.

둘째, 상해보험에서는 타인의 상해보험계약을 체결한 후 제3자가 피보험자의 신체를 불법적으로 침해하였다면 그 고의가 밝혀질 수 있는 등 타인의 사망보험과는 사정이 다르다.

셋째, 상해보험에서 부정액방식의 치료비 등을 지급하는 경우 손해보험적 성질을 가지고 있어 생명보험과는 다른 성질이 있다.

넷째, 무보험자동차 상해보험특약 등의 사건에서 타인의 상해보험계약을 체결함에 있어 사전에 포괄되는 피보험자의 서면에 의한 동의를 요구하지 않고 있고, 판례상 이것이 문제된 경우도 없다.[82]

---

80) 양승규, 보험법, 삼지원 (2005), 493면 등에서도 상해보험의 입법론이 주장된다.
81) 장덕조, 보험법 제3판, 법문사 (2016), 484면.
82) 대법원 2007. 10. 25. 선고 2006다25356 판결 등.

(3) 태아가 사람인가?

태아를 사람으로 볼 수 있는지 여부는 상법학뿐 아니라 민법학, 헌법학, 형법학, 법철학 등의 법학의 여러 분야와 인문학 및 사회과학, 나아가 생물학과 의학 등 자연과학 등에 있어서의 논의도 함께 이루어져야 할 주제이어서 필자가 종합적으로 다루기에는 역부족이다. 다만 관련되어 몇 가지의 검토 의견만 제시한다.

1) 개별주의

첫째, 태아에 관한 개별적 보호의 측면이다. 태아의 지위와 관련하여 胎兒의 이익을 보호하기 위해 일반적으로 胎兒의 권리능력을 인정하는 입법주의를 일반주의라 하고, 개별적인 경우에 胎兒의 권리능력을 인정하는 규정을 두는 주의를 개별주의라 한다. 우리 민법은 개별주의를 택하고 있다고 해석되고, 대법원도 "현행 민법이 태아의 권리능력에 관하여 개별주의를 취하고 있는 것과 마찬가지로 …"[83]라고 판시함에 의하여, 민법이 태아의 권리능력에 대하여 개별주의를 채택하였음을 당연한 전제로 하고 있다. <u>각종 특별법에서도 태아가 예외적으로 권리를 취득하는 경우에 대한 특별한 규정을 두고 있다</u>. 예를 들면 국민연금법 제3조 제3항, 군인연금법 제3조 제4항, 범죄피해자구조법 제18조 제2항, 별정우체국법 제2조 제3항, 사립학교교직원연금법 제2조 제4항, 산업재해보상보험법 제63조 제2항, 공무원연금법 제3조 제1항 등은 보상금청구권 등을 청구할 수 있는 유족 내지 가족의 범위에 태아를 포함시키고 있다. 따라서 태아에 대한 예외적 권리의 인정시 관련 법적 근거가 있어야만 할 것이다.

다만, 일부의 주장으로 개별주의가 태아 보호에 충분하지 못하므로 민법 제3조에서의 "사람"은 태아 자체도 포함하는 것이며, 민법 제762조 및 제1000조 등의 규정은 주의적 규정한 것에 불과한 것으로 해석하자는 견해도 있다.[84] 이러한 견해에 의한다면 태아의 피보험자 적격성을 인정하는 것이 어려운 일이 아니다. 그러나 아직 이에 동조하는 학자가 많은 것으로 보이지 않는다.

---

83) 대법원 1982. 2. 9. 선고 81다534판결.
84) 김천수, "태아의 법적 지위", 비교사법 제10권 제2호, 한국비교사법학회 (2003), 59면.

2) 비교법

비교법적 검토에서 보면 앞서 지적한 바와 같이, 영국은 전국민 건강보험 시스템(NHS)의 확립으로 이 점에 관한 판례를 찾기가 어려웠다. 미국에서도 관련 입법에서 태아를 보호하는 것이 원칙이기는 하지만, 보험의 담보범위를 결정함에 있어 그 주의 태아의 법적 지위에 기초하여 결정한다. 태아가 피보험자의 범주에 포함되는지 여부를 결정함에 있어 다수의 판결에서는 태아가 사람이고 따라서 피보험자인 태아가 가족구성원(family member)(①판결), 동거친족(③판결), 또는 같은 세대의 거주자(④판결)에 포함된다고 하면서 보상을 명하였다. ⑩판결에서도 태아가 사람임을 전제로 동거가족에 포함된다고 하였다. 다만 ⑤판결에서는 4개월 반된 태아는 생존력이 없어 사람이 아니고 따라서 피보험자가 될 수 없다고 하였는데, 그 법원의 관할주인 일리노이는 "생존력" 있는 태아를 사람으로 보는 주이다.

그런데 보험보상에서는 태아의 사람성을 부정한 경우가 거의 발견되지 않고 있어, 가급적이면 보험보호의 범위를 확대하는 방향인 것으로 보인다.

(4) 소결

태아를 상해보험의 피보험자인 "사람"으로 볼 수 있는가의 물음에 대한 답을 하기는 쉽지 않다. 태아 보호에 있어 일반주의를 취하지 않는 한 특별한 규정을 두어야만 한다는 해석이 보다 설득력 있을 수도 있다. 다만 향후 전향적인 해석론과 입법론으로써 태아의 보호에 보다 적극적으로 대처해야 한다는 주장도 가능하다. 미국에서는 Born Alive Rule도 거의 폐기되는 등, 태아를 적극적으로 보호하는 방향으로 나아가고 있는 점도 시사적이다.

4. 만약 태아가 사람이 아니라면, 태아는 상해보험의 피보험자가 될 수 없는가? (셋째 쟁점)

(1) 쟁점과 이 사건 약관

상법의 문리해석에 의하면 상해보험의 피보험자는 원칙적으로 사람이어야 한다. 그런데 태아가 사람에 해당한다고 결론짓기는 쉽지 않다. 그렇다면, 만약 태아가 사람이 아니라고 가정하면, 태아는 상해보험의 피보험자가 될 수 없는 것인가? 다음은 이와 관련하여 주장 가능한 이론들이다.

(2) 태아의 피보험자 적격을 부정하는 견해

이 사건 원고의 주장으로서, 상해보험의 피보험자는 사람으로 국한되고 태아는 사람이 아니기 때문에 피보험자가 될 수 없다는 견해이다. 자연인인 사람만이 권리능력이 있고, 권리능력 있는 자연인만이 상해보험의 피보험자가 될 수 있다는 것이다. 피보험자가 될 수 있는 지위를 보험보호를 받을 수 있는 일종의 권리로 보게 되면, 우리의 개별주의 입장을 엄격하게 해석하여 법률에 태아가 피보험자가 될 수 있다는 명시적 근거규정이 없는 한 피보험자 적격을 인정할 수 없다는 주장이 가능하다.

(3) 태아의 피보험자 적격을 긍정하는 견해

설령 태아를 엄격한 의미에서의 사람으로 볼 수 없다 하더라도, 태아가 상해보험계약에서 피보험자가 되는 것은 가능다는 견해이다. 그 근거들은 다음과 같다.

첫째, 상법상 태아의 피보험자 적격이 명시적으로 금지되어 있지 않다.

둘째, 상해보험 객체인 피보험자는 보험 보호의 대상이 되는 것이기는 하나 보험계약상 나타나는 구체적 권리는 보험금청구권이고 그 권리는 태아의 출생 이후에야 취득하는 것이고 보면, 태아인 상태에서의 피보험자 적격을 부정할 이유가 없다.

셋째, 태아를 상해보험의 피보험자로 정하는 약관이 상법 제663조에 반하지 않는다. 출생 전인 상태에서의 태아 신체에 대한 상해를 보험의 담보범위에 포함시키는 것이 보험계약자 등에게 상법보다 불리하다 할 수 없다.

넷째, 이것이 민법 제103조 공서양속 등에 반하는 행위도 아니다. 오히려 태아의 잠재적 생명과 신체를 상해와 질병으로부터 적극적으로 보호하는 것이 공공의 이익에 부합한다.

다섯째, 태아에게 발생한 일정한 사실에 대하여 보험금을 지급하는 태아보험이 출시되어 판매되고 있는 현실과 관행을 보더라도 피보험자 적격성을 부인할 이유가 없다.

(4) 결론

1) 태아의 피보험자 적격을 인정

생각건대, 태아를 사람으로 볼 수 없다 하더라도, 태아는 이 사건 피보험자 적격을 취득한다고 보아야 한다. 위 근거에 추가하여 다음을 제시할 수 있다. ① 상법상 상해보험의 피보험자는 원칙적으로 사람을 전제하고 있으나 이를 반드시 지켜야만 하는 강행규정으로까지 해석할 필요는 없다. ② 태아를 보험보호의 영역 밖에 둘 이유가 없고 오히려 적극적으로 포섭해야 한다. 태아의 생명과 신체도 당연히 보호되어야 하고 그 보험보호성을 인정하는 것이 위험을 이전시킴에 의하여 경제적 안정을 구한다는 보험의 취지와도 부합한다. ③ 영미법상으로도 약관상 명시적 규정이 있을 때, 또는 당사자들의 명확한 의사를 추단할 수 있을 때에는, '사람성'여부를 떠나서 태아를 피보험자로 하는 것에 문제가 없다. 더군다나. ④ 태아에게 발생한 일정한 사고에 대하여 보험금을 지급하는 태아보험이 출시되어 판매되고 있는 현실을 보더라도, 이러한 태아보험을 출시하여 판매하는 보험자가 이제 와서 태아가 피보험자가 아니라는 주장을 하는 것은 타당하지 않다.

태아보험이 태아를 보호하기 위한 것이고 그 생명의 고귀함을 제고하는 공공의 이익과 부합하는 것이라면 이를 부정할 이유가 없다. 다만 개별주의 입법취지상, 상법에 "태아도 이미 출생한 것으로 본다"는 등의 명확한 규정을 두는 것도 검토할 필요가 있다.

2) 이 사건 약관의 해석

<u>원심은</u> 이 사건 약관 중에서 '<u>태아는 출생 시에 피보험자가 된다</u>', '<u>태아가 유산 또는 사산 등에 의해 출생하지 못한 경우에는 계약을 무효로 한다</u>'등의 규정들에 대하여 "이러한 규정들에 따르면 태아는 이 사건 보험계약의 <u>피보험자 지위에 있지 않다고 볼 여지가 있다</u>"고 한다. 그런데 그 규정들은 停止條件說에 따른 해석을 하면 다른 약관 규정과 충돌하지도 않고 오히려 논리적으로 일관된다. 요컨대 태아는 모체로부터 전부 노출된 때 권리 · 의무의 주체가 되는 것이고 사람이 되는 것이나, 출생이라는 정지조건이 성취되면 태아인 상태에서의

권리를 소급하여 취득한다는 점에서 停止條件說에 의한 설명이 가능하다.

이 견해에 입각하여 태아가 출생시에 인격을 취득하고 따라서 피보험자가 되는 것이기는 하지만 그 효과는 소급한다는 뜻으로 보면 된다. 또한 이 사건 약관 제3조 제1항에서 '태아가 유산 또는 사산 등에 의해 출생하지 못한 경우에는 계약을 무효로 한다'도 살아서 출생이라는 정지조건이 성취되지 않으면 그 계약이 무효로 된다는 것이고 보면 해석상 문제가 없다. 그러하다면 그 규정들이 태아가 피보험자 지위를 취득하지 못한다는 장애가 되는 것이 아니라, 현행 태아의 법적 지위에 관한 정지조건설에 맞추어 규정한 것으로 해석할 여지가 충분하다.

5. 다른 중요한 논점들

(1) 이 사건 약관의 명확성 여부

위 논의와 별개로 무엇보다도 이 사건 약관은 태아의 피보험자 적격을 명시적으로 규정하였기 때문에 논란의 여지가 없다고 본다. 원심의 판시와 같이 청약서 기재와 약관 규정의 해석뿐 아니라 계약 당사자의 의사 모두 태아를 피보험자로 하였다고 보인다. 또한 위에서 살펴본 바와 같이'태아는 출생 시에 피보험자가 된다'등의 규정도 태아의 피보험자 적격에 반하는 문구가 아니다.

(2) 작성자불이익의 원칙

이 사건 작성자불이익의 원칙이 문제되지는 않았다. 그런데 원심의 설시와 같이 몇 개의 규정들에 따르면 태아가 이 사건 보험계약의 피보험자 지위에 있지 않다고 볼 여지가 있는 반면, 다른 기재상으로는 태아가 피보험자임이 명확하다. 이런 이유로 만약 약관 규정이 전체적으로는 불명확하다 한다면, 작성자불이익의 원칙이 적용될 수도 있겠다.

V. 맺으며

상법의 문언해석에 의하면 상해보험의 피보험자는 일단 사람을 전제하는 것으로 보인다. 그런데 태아를 상해보험의 피보험자인 '사람'으로 볼 수 있는가의 물음에 대한 답을 하기는 쉽지 않다. 태아 보호에 있어 일반주의를 취하지 않는 한, 특별한 규정을 두어야만 한다는 해석이 보다 설득력 있을 수도 있다.

하지만 태아의 상해보험 피보험자 적격을 판단할 때 엄격한 의미에서의 사람이어야 할 필요는 없다고 본다. 태아가 피보험자에 포함된다고 약관이 명확하게 규정하고 있다면, 그 규정에 따른다는 것이 살펴 본 판례들의 일관된 입장이고, 우리 법에 의할 때도 그 입장을 같이할 수 있다. 오히려 미국에서는 Born Alive Rule도 폐기 수순을 밟는 등, 여러 영역에서 태아를 적극적으로 보호하는 방향으로 나아가고 있다는 점도 시사적이다. 보험보상에서는 태아의 사람성을 부정한 경우가 거의 발견되지 않고 보면, 가급적이면 보험보험의 범위를 확대하는 방향인 것이다. 오히려 약관상 명시적 규정이 없을 때에도 태아를 사람으로 보아 피보험자로 해석한다.

태아의 생명과 신체도 당연히 보호되어야 한다는 취지에서 그 피보험자 적격성을 인정하여 보험보호성을 넓게 새기는 것이 개인뿐 아니라 공공의 이익과 부합하고, 그 보험약관이 상법 제663조에 반하지도 않는다.

그리고 이 사건과 달리 <u>약관상 명확한 규정이 없는 경우라 하더라도</u> 태아의 사람성 여부를 떠나 태아를 보험보호의 범위에 포함시켜 해석하는 것이 體系的 解釋 또는 目的論的 解釋에 부합하는 것으로 보인다. 그 해석이 '어느 법규정의 의미만 고립되게 파악하는 것이 아니라 다른 법규정 내지 전체 법질서와의 체계적 연관 하에서 그 의미를 파악'하는 體系的 解釋이나, 또는 '객관적 법의 정신과 이념에 따라 법률의 문언을 보충하고 나아가 법의 정신을 실현'시킬 수 있는 目的論的 解釋에 따르는 것으로 생각된다.

대법원 2019. 3. 28. 선고 2016다211224 판결
【채무부존재확인】 [공2019상, 959]

【판시사항】
태아를 피보험자로 하는 상해보험계약의 효력(유효) 및 출생 전 태아가 보험기간 개시 후 위 보험계약에서 정한 우연한 사고로 상해를 입은 경우, 보험기간 중에 발생한 보험사고에 해당하는지 여부(적극)

【판결요지】
상해보험계약을 체결할 때 약관 또는 보험자와 보험계약자의 개별 약정으로 태아를 상해보험의 피보험자로 할 수 있다.
그 이유는 다음과 같다. 상해보험은 피보험자가 보험기간 중에 급격하고 우연한 외래의 사고로 인하여 신체에 손상을 입는 것을 보험사고로 하는 인보험이므로, 피보험자는 신체를 가진 사람(인)임을 전제로 한다(상법 제737조). 그러나 상법상 상해보험계약 체결에서 태아의 피보험자 적격이 명시적으로 금지되어 있지 않다. 인보험인 상해보험에서 피보험자는 '보험사고의 객체'에 해당하여 그 신체가 보험의 목적이 되는 자로서 보호받아야 할 대상을 의미한다. 헌법상 생명권의 주체가 되는 태아의 형성 중인 신체도 그 자체로 보호해야 할 법익이 존재하고 보호의 필요성도 본질적으로 사람과 다르지 않다는 점에서 보험보호의 대상이 될 수 있다. 이처럼 약관이나 개별 약정으로 출생 전 상태인 태아의 신체에 대한 상해를 보험의 담보범위에 포함하는 것이 보험제도의 목적과 취지에 부합하고 보험계약자나 피보험자에게 불리하지 않으므로 상법 제663조에 반하지 아니하고 민법 제103조의 공서양속에도 반하지 않는다.
따라서 계약자유의 원칙상 태아를 피보험자로 하는 상해보험계약은 유효하고, 그 보험계약이 정한 바에 따라 보험기간이 개시된 이상 출생 전이라도 태아가 보험계약에서 정한 우연한 사고로 상해를 입었다면 이는 보험기간 중에 발생한 보험사고에 해당한다.

【참조조문】

상법 제663조, 제737조, 민법 제103조, 제105조

【전문】

【원고, 상고인】 현대해상화재보험 주식회사 (소송대리인 변호사 박성원 외 4인)

【피고, 피상고인】 피고 (소송대리인 법무법인 고도 담당변호사 김진영 외 7인)

【대상판결】

【원심판결】 서울고법 2016. 2. 3. 선고 2015나2028942 판결

【주문】

상고를 기각한다. 상고비용은 원고가 부담한다.

【이유】

상고이유를 판단한다.

1. 상고이유 제1점 내지 제3점에 대하여

가. (1) 상해보험계약을 체결할 때 약관 또는 보험자와 보험계약자의 개별 약정으로 태아를 상해보험의 피보험자로 할 수 있다.

그 이유는 다음과 같다. 상해보험은 피보험자가 보험기간 중에 급격하고 우연한 외래의 사고로 인하여 신체에 손상을 입는 것을 보험사고로 하는 인보험이므로, 피보험자는 신체를 가진 사람(인)임을 전제로 한다(상법 제737조). 그러나 상법상 상해보험계약 체결에서 태아의 피보험자 적격이 명시적으로 금지되어 있지 않다. 인보험인 상해보험에서 피보험자는 '보험사고의 객체'에 해당하여 그 신체가 보험의 목적이 되는 자로서 보호받아야 할 대상을 의미한다. 헌법상 생명권의 주체가 되는 태아의 형성 중인 신체도 그 자체로 보호해야 할 법익이 존재하고 보호의 필요성도 본질적으로 사람과 다르지 않다는 점에서 보험보호의 대상이 될 수 있다. 이처럼 약관이나 개별 약정으로 출생 전 상태인 태아의 신체에 대한 상해를 보험의 담보범위에 포함하는 것이 보험제도의 목적과 취지에 부합하고 보험계약자나 피보험자에게 불리하지 않으므로 상법 제663조

에 반하지 아니하고 민법 제103조의 공서양속에도 반하지 않는다.

따라서 계약자유의 원칙상 태아를 피보험자로 하는 상해보험계약은 유효하고, 그 보험계약이 정한 바에 따라 보험기간이 개시된 이상 출생 전이라도 태아가 보험계약에서 정한 우연한 사고로 상해를 입었다면 이는 보험기간 중에 발생한 보험사고에 해당한다.

(2) 보험계약은 불요식의 낙성계약이므로 계약 내용이 반드시 보험약관의 규정에 국한되지는 아니한다. 보험약관이 계약당사자 사이에 구속력을 갖는 것은 그 자체가 법규범이거나 또는 법규범적 성질을 가지기 때문이 아니라 당사자가 그 약관의 규정을 계약 내용에 포함시키기로 합의하였기 때문이다.

약관의 규제에 관한 법률 제4조는 "약관에서 정하고 있는 사항에 관하여 사업자와 고객이 약관의 내용과 다르게 합의한 사항이 있을 때에는 그 합의 사항은 약관보다 우선한다."라고 하여 개별약정 우선의 원칙을 정하고 있다.

나. 원심판결 이유와 원심이 채택한 증거에 의하면 다음과 같은 사실을 알 수 있다.

(1) 피고는 자녀인 소외인이 출생하기 약 5개월 이전인 2011. 8. 25. 원고와 보험수익자를 본인으로 하고, 피보험자를 소외인으로 하는 '무배당 하이라이프 굿앤굿어린이CI보험계약'(이하 '이 사건 보험계약'이라고 한다)을 체결하였다. 이 사건 보험계약 청약서의 피보험자 정보란과 계약 전 알릴 의무의 피보험자란에는 '태아'라고 명시적으로 기재되어 있다.

(2) 원고는 이 사건 보험계약 체결일에 피고로부터 제1회 보험료를 납부받았고, 보험증권에 보험기간 개시일을 보험계약 체결일이자 제1회 보험료를 지급받은 2011. 8. 25.로 기재하였다.

(3) 피고는 2012. 1. 28. 경주시 소재 산부인과에서 소외인 을 출산하였는데, 소외인은 위 분만 과정에서 뇌손상 등의 상해를 입어 양안의 시력을 완전히 상실하는 영구장해진단을 받았다.

(4) 이 사건 보험계약의 보통약관에서는 피보험자(보험대상자)가 우연한 외래의 사고로 신체에 상해를 입으면 보험수익자에게 보험금을 지급하도록 규정하고 있다. 한편 이 사건 보험계약의 '출생 전 자녀가입 특별약관' 제1조 제3항에서는 '태아는 출생 시에 피보험자가 된다'고 규정하고 있고, 위 특별약관의 다른 규정도 이를 전제로 하고 있다.

다. 위 인정 사실을 앞서 본 법리에 비추어 본다. 이 사건 보험계약의 특별약관에서 태아는 출생 시에 피보험자가 된다고 규정하고 있으나, 보험계약의 당사자인 원고와 피고는 위 약관의 내용과 달리 약정하여 그 약관 규정의 구속력을 배제할 수 있다. 또한 이 사건 보험계약은 상해보험계약으로서 원고와 피고는 개별 약정으로 이 사건 보험계약 체결 당시 태아였던 소외인을 상해보험의 피보험자로 삼을 수 있다.

원고와 피고는 이 사건 보험계약 체결 당시 보험대상자인 소외인이 태아임을 잘 알고 있었고, 보험사고의 객체가 되는 소외인이 태아 상태일 때 계약을 체결하면서 계약체결일부터 보험료를 지급하여 보험기간을 개시하였다. 이처럼 이 사건 보험계약을 체결하게 된 동기와 경위, 절차, 보험기간, 보험계약에 의하여 달성하고자 하는 목적 등을 종합적으로 고려하면, 당사자 사이에 위 특별약관의 내용과 달리 출생 전 태아를 피보험자로 하기로 하는 개별 약정이 있다고 봄이 타당하다.

같은 취지에서 태아인 소외인의 피보험적격을 인정한 원심의 판단은 정당하고 상고이유 주장과 같이 피보험자와 보험기간의 특정, 증명책임, 특별약관의 적용과 계약당사자 의사표시의 해석, 설명의무에 관한 법리를 오해하거나 필요한 심리를 다하지 않은 채 석명권을 행사하지 않는 등으로 판결에 영향을 미친 잘못이 없다.

2. 상고이유 제4점에 대하여

원심은 이 사건 보험계약 보통약관에 면책사유로 규정된 '피보험자의 출산'은 피보험자가 출산의 주체가 되는 경우만을 의미하는 것이지 피보험자가 출산의 대상이 되는 경우까지 포함되는 것으로 해석할 수 없다고 판단하였다.

원심판결 이유를 앞서 관련 법리와 기록에 비추어 살펴보면, 원심판단에 상고이유 주장과 같이 보험약관 면책사유의 해석에 관한 법리를 오해하고 대법원 판례를 위반한 잘못이 없다.

3. 결론

그러므로 상고를 기각하고 상고비용은 패소자가 부담하기로 하여, 관여 대법관의 일치된 의견으로 주문과 같이 판결한다.

대법관 조희대(재판장) 김재형 민유숙(주심) 이동원

제 5 편

명령 · 규칙에 관한 부진정행정입법부작위에 대한 법원의 규범통제

연구대상 사건의 개요

김 도 형

1. 사안의 개요

❍ '틱 장애'(투렛증후군)가 있는 원고가 장애인복지법에 따라 장애인 등록을 피고에게 신청하였는데, 피고는 틱 장애는 동법 시행령 제2조 제1항 [별표 1](= 이 사건 시행령 조항)에서 정한 장애의 종류에 해당하지 않는다는 이유로 거부처분하였음(= 이 사건 처분)

❑ **장애인복지법**

제2조(장애인의 정의 등)

① "장애인"이란 신체적 · 정신적 장애로 오랫동안 일상생활이나 사회생활에서 상당한 제약을 받는 자를 말한다.

② 이 법을 적용받는 장애인은 제1항에 따른 장애인 중 다음 각 호의 어느 하나에 해당하는 장애가 있는 자로서 **대통령령으로 정하는 장애의 종류 및 기준에 해당**하는 자를 말한다.

1. "신체적 장애"란 주요 외부 신체 기능의 장애, 내부기관의 장애 등을 말한다.
2. "정신적 장애"란 발달장애 또는 정신 질환으로 발생하는 장애를 말한다.

제32조(장애인 등록)

① 장애인, 그 법정대리인 또는 대통령령이 정하는 보호자는 장애 상태와 그 밖에 보건복지부령이 정하는 사항을 특별자치시장 · 특별자치도지사 · 시장 · 군수 또는 구청장(…)에게 등록하여야 하며, 특별자치시장 · 특별자치도지사 · 시장 · 군수 · 구청장은 등록을 신청한 장애인이 제2조에 따른 기준에 맞으면 장애인등록증(…)을 내주어야 한다.

❑ **장애인복지법 시행령**

제2조(장애인의 종류 및 기준)

① 「장애인복지법」(…) 제2조 제2항 각 호 외의 부분에서 "대통령령으로 정하는 장애의 종류 및 기준에 해당하는 자"란 별표 1에서 정한 자를 말한다.

※ [별표 1]이 규정한 장애의 종류 15가지

지체장애인, 뇌병변장애인, 시각장애인, 청각장애인, 언어장애인, 지적장애인, 자폐성장애인, 정신장애인, 신장장애인, 심장장애인, 호흡기장애인, 간장애인, 안면장애인, 장루 · 요루장애인, 뇌전증장애인 ✍ 틱 장애는 위 15가지 종류 어디에도 해당하지 아니함

2. 원심의 판단(= 원고 승소)

❍ 제1심은 이 사건 시행령 조항이 헌법 또는 *母法*에 위반된다고 볼 수 없으므로 이 사건 처분은 적법하다고 판단하였음

❍ 원심은 이 사건 시행령 조항이 장애인복지법의 적용을 받는 장애인의 범위를 [별표 1]에 규정된 종류에 한정한 것은 헌법상 평등원칙에 반하는 부진정입법부작위에 해당하므로, 이 사건 시행령 조항을 들어 원고의 장애인등록을 거부한 이 사건 처분은 위법하다고 판단하였음

※ ✍ 다만, 원심은 이 사건 시행령 조항이 헌법상 평등원칙에 위반하였다는 점에서 곧바로 이 사건 처분이 위법하다는 결론을 도출하였으나, 이러한 논리전개의 이유를 제시하지는 않았음

3. 연구의뢰 사항

❍ 이 사건 시행령 조항에 틱 장애가 포함되어 있지 아니한 것이 불완전 · 불충분하여 결함이 있는지, 즉 소위 부진정행정입법부작위에 해당하는지 여부 및 해당할 경우 법원의 규범통제 방법이 이 사건의 쟁점입니다.

❍ 헌법재판소는 특정 유형의 위헌법률심판과 위헌소원(헌바사건)에서 부진정입법부작위에 해당하는 법률의 위헌성에 관하여 판단하고 있는데 반해, 법원에 부진정행정입법부작위가 문제된 사안은 축적되어 있지 않는 것으로 보입니다(서울행정법원 2014구합63404, 2014구합60795; 수원지방법원 2015구합

1923 판결 정도에서 원고의 명령 · 규칙의 부진정입법부작위에 대한 판단이 있었음). 법원의 명령 · 규칙에 대한 부진정입법부작위의 판단방법 및 기준에 대한 미국과 독일 및 일본 등의 입법, 판례, 학설 및 실무현황에 대한 비교법적 연구 · 검토를 의뢰합니다.

❍ 원심은 평등원칙 위반을 이유로 이 사건 시행령 조항이 위헌이라고 판단하였습니다. 평등원칙 위반에 대한 심사기준은 비례원칙보다 완화된, 차별취급에 합리성이 (현저히) 결여되었는지 여부를 판단하는 자의금지원칙(= 합리성 심사)에 따르게 되는데, 이 사안이 평등원칙에 위반되었다고 볼 수 있는지 여부에 대하여 대법원 및 헌법재판소 선례의 비교 · 분석 및 독일 연방헌재, 미국 연방대법원의 판례에 대한 비교법적 연구 · 검토를 의뢰합니다.

❍ 헌법재판소에서 부진정입법부작위의 위헌성이 인정될 경우 당해 법률에 대하여 위헌을 선언하는 방식으로 심판이 이루어지는데, 명령 · 규칙에 대한 부진정행정입법부작위의 경우, 만약 이 사건 시행령 조항을 위헌이라고 볼 경우, 처분의 위법성만을 판단하면 충분한지 아니면 이 사건 시행령 조항의 위헌성에 대하여도 별도로 판단해 주어야 하는지 여부(법원조직법 제7조 제1항 제1호 참조)에 관한 비교법적 연구 · 검토를 의뢰합니다.

命令 · 規則 등의 不眞正行政立法不作爲에 대한 法院의 規範統制

- 특히 獨逸의 規範補充訴訟을 중심으로 -

정 남 철*

I. 序 論

근래에 위법한 법률하위규범의 사법적 통제에 관한 문제가 늘어나고 있다. 위법한 법규명령이나 조례에 대한 권리구제를 행정소송의 방식으로 실현할 수 있는지가 논의되고 있다. 위법한 법률하위규범에 대한 사법적 통제의 방식은 규범통제제도이다. 그러나 우리 헌법 제107조 제2항에는 "명령 · 규칙 또는 처분이 재판의 전제가 된 경우"에 대법원이 최종적인 심사권을 가진다고 규정함으로써, 부수적 규범통제만 허용된다고 보는 것이 통설 · 판례의 입장이다.[1] 법규명령은 원칙적으로 항고소송의 대상이 될 수 없고, 법규명령의 위헌 · 위법성은 재판의 전제성이 인정된 경우에 한하여 심사할 수 있다. 대법원은 소위 '처분적 조례'에 대해 예외적으로 항고쟁송의 대상을 인정한 사례가 있지만,[2] 위법한 조례는 대부분 기관소송의 형식으로 다투어지고 있다. 다만, 이러한 소송은 부분적으로 추상적 규범통제의 의미도 가진다.

한편, 헌법재판소는 법무사법시행규칙(대법원규칙)에 대한 헌법소원에서 "명령 · 규칙 그 자체에 의하여 직접 기본권이 침해되었음을 이유로 하여 헌법

---

* 숙명여자대학교 법과대학 교수

1) 대법원 1994. 4. 26. 자 93부32 결정; 拙著, 현대행정의 작용형식, 법문사, 2016, 219면.

2) "조례(경기도 두밀분교통폐합에 관한 조례)가 집행행위의 개입 없이 그 자체로서 국민의 권리의무나 법적 이익에 영향을 미치는 등의 법률상의 효과를 발생하는 경우 그 조례는 항고소송의 대상이 되는 행정처분에 해당한다."(대법원 1996. 9. 20. 선고 95누8003 판결)

소원심판을 청구하는 경우에는" 허용된다고 결정하고 있다.[3] 그 이후에도 헌법재판소는 법규명령에 대한 헌법소원을 인정하고 있다.[4] 또한 헌법재판소는 조례에 대해서도 헌법소원의 대상을 인정하고 있을 뿐만 아니라, 원칙적으로 행정조직 내부에서만 효력을 가지는 행정규칙에 대해서도 일정한 경우에 헌법소원의 대상을 인정하고 있다.[5] 행정규칙에 대해 헌법소원을 인정하는 것은 외국의 입법례에 비추어 매우 異例的이지만, 헌법재판소가 이를 인정하는 論據에 있어서는 법리적으로 문제가 있다. 행정규칙이 헌법소원의 대상이 되는 경우는 "법령의 구체적 내용을 보충할 권한을 부여한 경우", "재량권 행사의 준칙인 규칙이 그 정한 바에 따라 되풀이 시행되어 행정관행이 성립되면 평등의 원칙이나 신뢰보호의 원칙에 따라 행정기관이 그 상대방에 대한 관계에서 자기구속을 당하는 경우"이다.[6] 후자의 경우에는 '行政의 自己拘束의 法理'에 관한 내용이다. 이는 행정규칙의 비법규성을 전제로 발전된 이론임에도 불구하고 이를 매개로 행정규칙에 대해 헌법소원을 인정하는 것은 그 자체로 모순이다. 전자에 해당하는 법령보충적 행정규칙의 경우에도 '위임'의 법리를 확대하여 적용하는 것은 문제가 있다. 이러한 현상은 헌법재판소가 헌법소원의 대상을 확대함에 있어서 행정법의 법리를 무리하게 적용한 결과이다.

이와 같이 위헌 · 위법인 법규명령에 대한 사법적 통제는 매우 미흡하고 불완전하다. 행정입법에 대한 추상적 규범통제제도가 도입되지 못한 것이 결정적 원인의 하나이다. 법률하위규범에 대한 사법적 통제를 효율적으로 운영하기 위해서는 추상적 규범통제제도를 도입하는 것이 선행되어야 한다. 그러나 보다 중요한 것은 규범통제권의 기능적 배분이다. 예컨대 독일에서는 연방법이나 주(란트)법에 대한 추상적 규범통제의 권한을 헌법재판소에 부여하는 반면(기본법 제93조 제1항 제2호 및 독일 연방헌법재판소법 제13조 제6호, 제76조 이하),[7]

---

3) 헌재 1990. 10. 15. 89헌마178.

4) 헌재 1997. 6. 26. 94헌마52.

5) 헌법재판소는 원칙적으로 행정규칙에 대한 헌법소원의 대상성을 부인하고 있다(헌재 1991. 7. 8. 91헌마42, 판례집 3, 380; 헌재 2013. 8. 29. 2012헌마767(헌공 203, 1207).

6) 헌재 1990. 9. 3. 90헌마13, 판례집 2, 298, 303; 헌재 2007. 8. 30. 2004헌마670, 판례집 19-2, 297.

7) 이러한 연방법이나 주(란트)법에는 법규명령이나 자치법규(조례)도 포함된다(Schlaich/Korioth, Das Bundesverfassungsgericht, 9. Aufl., Rn. 128).

도시계획조례에 해당하는 都市建設計劃(Bebauungsplan)이나 일부 법규명령에 대한 규범통제는 고등행정법원의 관할로 하고 있다(독일 행정법원법 제47조 제1항 제1호).

한편, 적극적인 법규명령이나 조례에 대한 사법적 통제 외에 이러한 법률하위규범의 제정을 구하는 소송이 논의되고 있다. 이러한 경우는 주로 행정입법부작위에 대한 사법적 통제의 문제로서 시행령이나 시행규칙의 흠결이나 보충 등이 쟁점이다. 이와 관련하여 대법원은 행정입법부작위의 위법확인을 구하는 사건에서, 추상적인 법령의 제정 여부 등은 항고소송의 대상이 되지 아니한다고 판시한 바 있다.[8] 이 사건은 특정다목적댐법 제41조에서 다목적댐 건설로 인한 손실보상 의무를 국가에 있다고 규정하고, 또한 같은 법 제42조에서 손실보상의 절차와 그 방법 등 필요한 사항을 대통령령에 위임하고 있음에도 불구하고 이를 제정하지 않아 부작위위법확인소송을 제기한 것이다. 그러나 헌법재판소는 행정입법부작위에 대해서도 헌법소원을 인정하고 있다.[9] 행정입법의 제정의무가 있음에도 불구하고 이를 제정하지 아니하는 경우는 헌법쟁송의 문제가 아니라 행정소송의 문제라고 보는 것이 독일의 지배적 견해이다.[10] 따라서 행정입법부작위에 대한 사법적 통제를 행정소송의 방식으로 관철할 수 있는지가 검토되어야 한다. 특히 법률이 위임한 시행령이나 시행규칙, 또는 조례를 제정하지 않아 일정한 범주의 이해관계인이 권리나 이익을 침해받는 경우가 생길 수 있다. 이러한 경우에 행정소송을 통해, 그리고 어떠한 소송형식의 방식으로 권리구제를 받을 수 있는지를 검토할 필요가 있다. 또한 법률의 위임에 따라 시행령이나 시행규칙 등을 제정하였으나 그 내용이나 범위 등이 불충분하거나 불완전한 경우 그 규범의 보충 내지 보완을 요구하는 소송을 제기할 수 있는지가 문제된다. 의료법이나 사회보장법 등에서 이러한 불완전한 입법에 의해 의료보험이나 사회보장수급 등을 받지 못하는 경우가 발생할 수 있다. 이와 관련하여 독일에서는 規範制定要求

---

8) 대법원 1992. 5. 8. 선고 91누11261 판결.

9) 헌재 1998. 7. 16. 96헌마246.

10) Schmitt Glaeser/Horn, Verwaltungsprozeßrecht, 15. Aufl., Rn. 332; Thomas Würtenberger, Verwaltungsprozessrecht, 3. Aufl., §39 Rn. 701; Hufen, Verwaltungsprozessrecht, 7. Aufl., §20 Rn. 4; Schübel-Pfister, Aktuelles Verwaltungsprozessrecht, JuS 2014, S. 415 f.

訴訟(Normerlassklage)을 인정하고 있다. 또한 법률하위규범의 내용이 불완전하거나 불충분한 경우에 規範補充訴訟(Normergänzungsklage)을 인정하고 있다. 이 경우에는 평등의 원칙을 위반하였는지 여부가 문제되고 있다. 이하에서는 위법한 법률하위규범에 대한 공법상 권리구제(Ⅱ), 독일의 규범보충소송(Ⅲ), 그리고 위법성 판단기준으로서 평등원칙(Ⅳ) 등을 중심으로 고찰하기로 한다.

II. 違法한 法律下位規範에 대한 權利救濟

1. 違法한 法規命令에 대한 司法的 統制

(1) 법규명령과 조례는 법규범이다. 이러한 법률하위규범에 대한 사법적 통제는 '규범통제'의 방식으로 해야 한다. 규범통제의 방식에는 추상적 규범통제와 구체적 규범통제가 있다. 추상적 규범통제는 특정한 헌법기관이 규범에 대한 사법적 통제를 요구하는 경우에 사법기관이 직접 규범의 위헌·위법을 심사하는 것이다. 이를 '주위적 규범통제(prinzipale Normenkontrolle)'라고도 한다.[11] 이에 반하여 구체적 규범통제는 구체적 사건의 판결에 있어서 법원이 해당 수권규범의 효력 여부를 심사하는 것이다. 추상적 규범통제에서는 신청인의 자기관련성이 현존할 필요가 없다.[12] 우리 헌법 제107조 제2항에서는 구체적 규범통제를 규정하여, 위법한 법규명령이나 조례에 대해서는 부수적 규범통제의 방식으로 이루어질 수밖에 없다. 이러한 규범통제의 방식 외에 헌법소원의 방식으로 규범의 심사가 이루어지는 경우도 있다. 독일의 경우에도 예외적으로 직접 법률에 대해 헌법소원을 제기하는 경우가 있다(독일기본법 제93조 제1항 제4a호 참조). 이를 법령소원(Rechtssatzverfassungsbeschwerde)으로 부르며, 신청인의 기본권 관련성이나 권리보호필요가 법률의 심사범위를 정한다.[13] 그러나 독일에서도 이러한 법령소원은 규범통제의 소송유형에 포함시키지 아니한다.[14] 우리 헌법에는 추상적 규범통제제도가 도입되어 있지 않다. 위

11) Würtenberger, a.a.O., §26 Rn. 433.
12) 이에 대해서는 Schlaich/Korioth, a.a.O., Rn. 121.
13) Schlaich/Korioth, a.a.O., Rn. 121.

헌법률심판도 구체적 사건을 전제로 법원의 제청에 의해 헌법재판소가 심판한다는 점에서 구체적 규범통제의 제도를 채택하고 있다.[15] 그러한 이유에서 헌법재판소는 헌법소원 사건을 통해 - 일정한 경우에는 보충성의 요건을 완화하여 - 행정입법에 대한 규범통제권을 우회적으로 행사하고 있다. 헌법소원은 최후의 수단으로서 청구인이 자신의 기본권을 직접 그리고 현재 침해받아야 하며, 보충성의 요건을 충족해야 한다. 규범통제제도와 헌법소원제도는 서로 구별될 필요가 있다. 대법원은 X군 甲군수의 가축사육제한과 관련된 건축불허가처분의 취소를 구하는 사건에서 주민의 권리제한 또는 의무부과에 관한 사항을 법률로부터 위임을 받아 제정된 조례가 지방자치단체의 장이 정하는 규칙이나 고시 등에 다시 위임을 하는 것을 허용하고 있다.[16] 이 사건에서 고시를 법령보충적 행정규칙으로 판단하면서 이에 대해 포괄위임금지의 원칙을 위반하였는지 여부를 심사하고 있다. 대법원은 이 사건 고시 조항은 상위법령의 위임한계를 벗어나거나 과잉금지원칙에 위배되어 법규적 효력을 인정할 수 없다고 판시하고 있다. 그러나 여기에서 언급된 과잉금지의 원칙은 헌법소원에서 공권력 행사에 의한 기본권의 침해 여부를 심사하는 경우에 사용되며, 규범통제와는 무관하다는 점을 유의할 필요가 있다.

(2) 헌법소송과 행정소송의 관할권은 서로 구별되어야 한다. 행정입법에 대한 사법적 통제에 있어서 헌법재판소와 대법원은 관할권을 두고 긴장관계에서 있는 것이 사실이다. 헌법재판소가 행정규칙에 대해 헌법소원의 대상을 인정하는 것뿐만 아니라, 대법원이 소위 ‘처분적 조례’나 ‘처분적 명령’ 등을 인정하여 법률하위규범에 대해 항고소송의 대상을 인정하는 것도 그러한 점을 반영하고 있다. 그러나 당해 사건은 대법원이 경상남도 거제군의 위치에 관한 대통령령에 대해 원칙적으로 행정소송법상 처분이라고 볼 수 없다고 판시하면서, 예외적으로 처분이 인정될 수 있는 경우를 인정하고 있다. 즉 “법령의 효력을 가진 명령이라도 그 효력이 다른 행정행위를 기다릴 것 없이 직접적으로 또 현

14) Schlaich/Korioth, a.a.O., Rn. 121.
15) 한수웅, 헌법학, 제7판, 249면; 허영, 헌법소송법론, 제2판, 79면.
16) 대법원 2015. 1. 15. 선고 2013두14238 판결.

실히 그 자체로서 국민의 권리훼손 기타 이익침해의 효과를 발생케 하는 성질의 것이라면 행정소송법상 처분이라고 보아야 할 것이(다)"라고 판시하고 있다.[17] 이러한 성질의 법규명령을 소위 '처분적 명령'이라고 부르고 있다. 또한 대법원은 전술한 바와 같이 경기도 두밀분교통폐합에 관한 조례에 관한 사건에서도 "조례가 집행행위의 개입 없이도 그 자체로서 직접 국민의 구체적인 권리의무나 법적 이익에 영향을 미치는 등의 법률상 효과를 발생하는 경우"에 처분성을 인정하고 있다(대법원 1996. 9. 20. 선고 95누8003 판결).

이와 관련하여 독일에서는 개별적인 집행행위를 통해 집행이 가능한 執行可能規範(vollziehbare Normen)과 이러한 개별적인 집행행위의 매개 없이 직접 주관적 권리의 형성이나 폐지를 하는 執行規範(Vollzugsnormen)으로 구분하고 있다.[18] 이러한 집행가능규범에 대해서는 원칙적으로 부수적 규범통제의 방식으로 사법적 통제를 할 수 있다. 집행행위를 대상으로 취소소송을 제기하면서 권리구제를 보장할 수 있다. 그러나 '집행규범'에는 집행행위가 없기 때문에 이에 대해서는 취소소송이 아니라 거의 '확인소송'을 제기하고 있다.[19] 이러한 확인소송을 통해 권리의 존재를 주장하거나, 선결문제(Vorfrage)의 방식으로 그 수권규범의 효력에 대해 판단하게 된다.[20] 그 구체적 사례로는 법률에서 직업적 활동을 금지하여 직업의 자유를 제한하는 경우에 이러한 활동의 권한이 있는지 여부에 대해 확인소송을 제기할 수 있다는 것이다.[21] 이 견해는 이러한 권한이 독일 행정법원법 제43조의 "법률관계"에 해당한다고 보고 있다.[22]

이러한 부수적 규범통제의 방식 외에 예외적으로 주위적 규범통제를 하는 경우도 있다. 이러한 주위적 규범통제에서는 규범이 일반적으로 적용이 불가능하다는 것을 선언함으로써 규범의 위법을 '주위적'으로 확인하는 것이다.[23] 일

---

17) 대법원 1954. 8. 19. 선고 4286행상37 판결.
18) Schenke, Rechtsschutz bei normativem Unrecht, NJW 2017, S. 1062. 특히 후자의 경우는 법규범 스스로 직접 집행한다는 의미에서 自己執行規範(self-executing-Normen)이라고 부르기도 한다.
19) Schenke, NJW 2017, S. 1062.
20) Schenke, NJW 2017, S. 1062.
21) Schenke, Altes und Neues zum Rechtsschutz gegen untergesetzliche Normen, NVwZ 2016, S. 720 f.
22) Schenke, NVwZ 2016, S. 721.

부학설은 처분적 법규명령과 집행적 법규명령을 구별하고 있다. 이 견해는 처분적 법규명령은 “개별 · 구체적 규율로서 실질적으로 행정행위의 성격”을 가지는 반면, 집행적 법규명령은 “집행행위의 매개 없이 직접 수범자의 권리와 의무를 규율하는 규범”에 해당한다고 설명한다.[24] 그러나 이러한 구별은 명확하지 않을 뿐만 아니라, 집행적 법규명령에 관한 내용은 판례에서 설시한 소위 처분적 명령의 내용과 다르지 않다. 특히 처분적 법규명령을 행정행위로 파악하고 있으나, 법규명령이 행정행위의 성질을 가진다는 논증은 쉽게 납득하기 어렵다.[25] 독일에서 거론되는 집행규범은 우리 판례에서 인정하는 처분적 명령이나 처분적 조례와 대단히 유사하다. 그럼에도 불구하고 이에 대해 취소소송을 제기할 수 있다고 해석하는 것은 재고할 필요가 있다.

(3) 한편, 고시의 법적 성질도 논란이 되고 있다. 소위 ‘약가고시’ 사건에 대해서도 처분성이 있는 ‘법규명령의 효력이 있는 행정규칙’, 즉 처분의 성질을 가지는 법령보충적 행정규칙으로 파악하는 견해가 있다.[26] 이러한 견해에 의하면, 해당 고시는 행정규칙→법령보충적 행정규칙(법규명령)→처분적 명령이라는 도식이 성립된다. 그러나 이러한 해석은 타당하지 않으며, 판례에서도 이러한 도식을 전제하고 있지 않다. 이러한 해석은 “행정규칙(고시)은 예외적으로 법규적 성질을 가지는 경우에 행정처분이다”라는 잘못된 결론에 이르게 된다. 당해 사건에서 약가고시는 그 자체로 ‘처분’의 성질을 가질 뿐이다. 그럼에도 불구하고 대법원 판례에서 오해의 원인을 제공한 점도 없지 않다. 즉 “어떠한 고시가 일반적 · 추상적 성격을 가질 때에는 법규명령 또는 행정규칙에 해당할 것이지만, 다른 집행행위의 매개 없이 그 자체로서 직접 국민의 구체적인 권리의무나 법률관계를 규율하는 성격을 가질 때에는 행정처분에 해당한다”고 판시하고 있다. 그러나 이 사건의 고시는 판례가 적절히 적시한 바와 같이 “약제급여 · 비급여목록 및 급여상한금액표(보건복지부 고시 제2002-46호로 개정된

---

23) 이에 대해서는 Schenke, NJW 2017, S. 1062 참조.

24) 정하중, 행정법개론, 제11판, 136면.

25) 한편, 집행적 법규명령에 대해서는 상위법령의 집행을 위한 모든 법규명령이라고 이해하는 견해도 있다(홍정선, 행정법원론(상), 제23판, 220면).

26) 박균성, 행정법론(상), 제15판, 1121면.

것)는 특정 제약회사의 특정 약제에 대하여 국민건강보험가입자 또는 국민건강보험공단이 지급하여야 하거나 요양기관이 상환받을 수 있는 약제비용의 구체적 한도액을 특정하여 설정하고" 있는 것이다. 물론 고시는 행정규칙 외에 일반처분 등의 성격을 가지는 경우도 적지 않으며, 또한 일정한 요건을 충족하는 경우에는 법령보충적 행정규칙의 성질도 가진다. 그러나 판례에서 고시가 처음부터 법규명령에 해당한다는 전제는 그 자체가 타당하지 않으며, 법령보충적 행정규칙의 법적 성질에 대해서도 학설이 첨예하게 대립하고 있다.[27]

법규명령에 대해서도 항고소송(취소소송)의 대상으로 삼아야 한다는 견해가 있다.[28] 또한 법규명령에 대한 취소소송을 인정하는 프랑스의 입법례도 있다. 프랑스의 월권소송은 객관소송에 기초하고 있지만, 이러한 객관소송을 근거로 하는 입법례는 매우 드문 경우이다. 오히려 주관소송에 근거한 입법례(예: 독일, 오스트리아, 이탈리아 등), 절충적인 형태의 소송형식을 취하는 입법례(예: 영국, 네덜란드, 덴마크 등)가 대부분이다.[29] 주관소송을 근거로 하는 독일에서도 단체소송을 도입하여 객관적 행정통제를 보완하고 있음은 주지의 사실이다. 또한 행정소송을 담당하는 최고기관인 프랑스의 국사원(Conseil d'État)의 소속은 행정부이다. 이러한 특수한 상황을 우리 현실에 그대로 반영하기는 어렵다. 행정입법을 항고소송의 대상으로 삼는 것은 현행 행정소송법은 물론이고, 개정 논의에서도 행정작용의 체계를 형해화시킬 수 있다는 이유로 상당한 반대에 직면하였다. 이러한 방식으로 항고소송의 대상을 확대하는 것이 立法政策的으로나 司法政策的으로 바람직한지에 대해서는 신중한 판단을 요한다. 법규명령은 법규범에 해당하므로 규범통제의 방식으로 사법적 통제를 하는 것이 바람직하다. 국회를 중심으로 개헌 논의가 진행 중인데, 규범통제의 기능적 분배는 매우 중요한 현안이 아닐 수 없다. 적어도 일부 법규명령(예컨대 총리령 · 부령)이나 조례에 대해서는 법원에 규범통제권을 인정하고 이를 2심제로 운영하는 방안을 고려할 수 있다. 또한 행정소송법의 개정을 통해 이러한 규범통제방식을 명문으로 규정해야 한다.

---

27) 대법원 2006. 9. 22. 선고 2005두2506 판결.

28) 박균성, 전게서(상), 216-217면.

29) 졸고, "행정법학의 구조변화와 행정판례의 과제", 저스티스 통권 제154호(2016. 6), 176면 이하; 졸저, 현대행정의 작용형식, 33면 이하.

부수적 규범통제에 있어서는 위헌 · 위법으로 판정된 시행령이나 시행규칙 등의 효력이 문제된다. 위헌 · 위법으로 판정된 법규명령이 당해 사건 외에는 폐지 전까지 유효한지, 아니면 일반적으로 무효로 판단해야 하는지가 문제된다. 이에 대해 판결주문에서 법규명령이 무효라는 것을 선언하지 아니한다는 점을 논거로 당해 사건에 대해서만 적용을 배제해야 한다는 견해가 유력하다.[30] 이 경우 위헌 · 위법으로 판단된 법규명령은 여전히 효력을 유지한다고 보고 있다. 대법원 판례는 이유 부분에서 법규명령의 위법 · 무효를 판단할 뿐, 해당 법규명령의 폐지를 주문에서 선언한 사례는 없다. 또한 대법원은 "당해 사건에 대한 적용 여부의 판단을 구할 수 있을 뿐"이라고 표현하여, 위법인 행정입법의 적용배제에 그치고 있다.[31] 부수적 규범통제라는 점에서 위법이 인정된 명령 · 규칙 등에 대해서는 일반적으로 무효라고 선언할 수 없고, 당해 사건에 한하여 적용을 배제한다고 해석하는 것이 타당하다. 다만, 이러한 경우 비록 위법이 인정된 명령 · 규칙이 여전히 유효하다고 하더라도 선결적 효력을 가지는 것으로 해석해야 한다. 또한 해당 법규명령의 위법이 인정되더라도 기판력이 인정되기 어렵다. 기판력은 당사자 및 당사자와 동일시할 수 있는 자에게만 미치고, 객관적 범위에 있어서도 확정판결의 주문에 포함된 것에 한하여 인정되기 때문이다. 또한 행정소송상 소송물은 처분의 위법성 일반으로 보는 것이 판례의 입장이다.[32] 독일에서도 附隨的 規範統制(inzidenter Normkontroll)를 함에 있어서 행정행위의 수권근거인 법규명령의 위법 · 무효가 인정된 경우에도 그 결정은 그 구체적 사건에 대해서만 중요한 의미를 가진다. 이 경우 이후의 다른 사건에서 다른 법원뿐만 아니라 동일한 법원이 법규명령이 적법하다고 판단할 수 있지만, 상급법원의 경우에는 이러한 부수적 결정이 先決的 效力(Präjudizwirkung)을 가진다고 보고 있다.[33]

---

30) 김남진/김연태, 행정법 I, 제20판, 172면; 김동희, 행정법 I, 제21판, 153면; 박균성, 전게서(상), 213면; 홍정선, 전게서(상), 240-241면.

31) 대법원 1994. 4. 26.자 93부32 결정.

32) 대법원 1996. 4. 26. 선고 95누5820 판결. 그러나 이러한 소송물이론은 매우 낡은 이론이며, 오늘날 독일의 학설 중에는 이를 지지하는 견해를 찾아보기 어렵다. 오히려 계쟁 행정행위가 위법하고, 이러한 위법한 행정행위에 의해 자신의 권리가 침해되었다는 원고의 '법적 주장'이라고 보는 견해가 지배적이다. 소송물이론의 문제점에 대해서는 졸고, 국가배상소송과 선결문제, 저스티스 통권 제116호(2010. 4), 114-117면.

33) Maurer, Allgemeines Verwaltungsrecht, 18. Aufl., §13 Rn. 19.

2. 違法한 條例에 대한 行政訴訟

처분적 조례를 제외하고 조례는 항고소송의 대상이 되지 아니한다. 따라서 부수적 규범통제의 방식으로 조례의 위법 · 무효를 심사할 뿐이다. 이 경우 일반적으로 구속력을 가지는 무효선언을 할 수 없다는 점은 법규명령의 경우와 동일하다.[34] 위법한 조례는 대부분 조례제정권과 입법형성권이 충돌하는 경우이며, 조례제정이 상위법령을 위반하거나 지방자치단체의 장의 권한을 침해하는 경우가 대부분이다. 지방자치단체의 장은 지방의회의 의결에 대하여 재의를 요구할 수 있고, 지방자치법 제107조 제2항에 의해 재의결된 사항이 법령에 위반된다고 판단되는 경우에는 지방자치단체의 장이 대법원에 조례안재의결무효확인의 소를 제기하게 된다(지방자치법 제107조 제3항 및 같은 법 제172조 제3항). 이러한 소송은 '기관소송'으로 보는 것이 통설이지만, 부분적으로 추상적 규범통제의 의미도 가진다고 보는 견해가 유력하다.[35]

기관소송은 일정한 한계가 있다. 기관소송 법정주의에 의해 지방자치단체의 장만 조례안재의결무효확인소송을 제기할 수 있을 뿐이다. 주민들은 지방자치법 제15조에 의해 조례의 제정 · 개폐를 청구할 수 있지만, 조례에 의해 직접 자신의 권리나 이익을 침해받거나 예견가능한 시기에 침해받을 수 있는 경우 조례의 무효를 주장하는 소를 제기할 수는 없다. 따라서 조례에 대한 실질적인 사법적 통제를 위해서는 이에 대한 주위적 규범통제제도를 도입해야 한다. 독일 행정법원법 제47조 제1항 제1호에서 도시계획조례에 대해 규범통제를 규정하고 있음은 전술한 바와 같다.

3. 違法한 行政立法不作爲에 대한 司法的 統制

헌법소송의 대상이 아닌 사안을 헌법소원의 방식으로 접근하는 것은 이론적으로 타당하지 않다. 행정입법의 부작위는 행정의 *產物*이며, 헌법소송의 대상이 아니다. 이에 반해 입법부작위는 헌법쟁송의 문제이다. 헌법재판소는 '입법부작위'에 대해 헌법소원을 인정하고 있다. 헌법재판소는 입법부작위를 진정입

---

34) Burgi, Kommunalrecht, 5. Aufl., §15 Rn. 47.

35) 홍정선, 新지방자치법, 박영사, 2009, 345면.

법부작위와 부진정입법부작위로 구별하고 있다. 즉 전자는 헌법상 입법의무가 있음에도 불구하고 입법행위의 흠결이 있는 입법권의 불행사에 해당하는 경우를 말한다. 이에 반해 후자는 입법의 내용 · 범위 · 절차 등이 불완전하거나 불충분하게 규율된 경우에 해당한다.[36] 헌법재판소는 소위 '조선철도주식사건'에서 군정법령 제75호에 근거한 수용에 대해 보상규정을 규정하지 아니한 사례에서 위헌을 결정한 바 있다.[37]

헌법재판소는 치과전문의 자격시험 불실시에 대한 위헌확인사건[38]에서 치과전문의제도의 실시를 법률 및 시행령이 위임하고 있음에도 불구하고 시행규칙에서 이를 정비하지 않아 청구인들의 기본권(직업의 자유, 행복추구권 등)을 침해하였다고 결정한 바 있다. 이 결정에 주목되는 부분은 행정입법부작위의 성립요건을 판단하고 있다는 점이다. 이에 의하면, 행정명령의 제정 또는 개정의 지체가 위법으로 되어 그에 대한 법적 통제가 가능하기 위해서는 아래와 같은 요건을 충족하여야 한다. 첫째, 행정청에게 시행명령을 제정(개정)할 법적 의무가 있어야 하고 둘째, 상당한 기간이 경과하여야 하고, 마지막으로 명령제정(개정)권이 행사되지 않아야 한다고 해석하고 있다. 다만, 헌법재판소는 이러한 행정입법의 제정의무를 헌법적 의무로 파악하고 있다. 즉 "보건복지부장관의 작위의무는 의료법 및 위 규정에 의한 위임에 의하여 부여된 것이고 헌법의 명문규정에 의하여 부여된 것은 아니다. 그러나 삼권분립의 원칙, 법치행정의 원칙을 당연한 전제로 하고 있는 우리 헌법하에서 행정권의 행정입법 등 법집행의무는 헌법적 의무라고 보아야 한다"고 보고 있다. 그러나 이러한 문제는 헌법적 사안이 아니며, 이에 근거한 공법상 법률관계의 문제이다. 또한 헌법재판소도 적절히 지적하고 있는 바와 같이 헌법의 명문규정에 의해 도출될 수도 없고, 법률이나 시행령의 위임에 따른 행정입법이 제정되지 않거나 불완전한 것이므로 '행정쟁송'의 문제로 다루는 것이 타당하다. 그 밖에 이 사건은 부진정행정입법부작위의 문제로 접근할 여지가 있는 바, 이에 대해서는 후술하기로 한다.

한편, 행정입법부작위에 대한 행정소송과 관련하여 '항고소송설'과 '당사자

36) 헌재 1996. 10. 31. 94헌마108.
37) 헌재 1994. 12. 29. 89헌마2.
38) 헌재 1998. 7. 16. 96헌마246.

소송설'이 대립되어 있다. 항고소송을 주장하는 견해는 "시행명령제정신청에 대한 부작위로 직접 구체적으로 권익침해를 당한 경우"에 부작위위법확인소송의 대상이 된다고 보고 있다.[39] 나아가 이 견해는 처분적 명령이 항고소송의 대상이므로 처분성이 있는 행정입법의 부작위도 부작위위법확인소송의 대상이 된다고 보고 있다.[40] 또 다른 견해는 행정입법의 제정의무도 행정소송법 제2조 제1항 제2호의 '부작위'에 해당한다고 보아 행정입법의 처분성을 주장한다.[41] 부작위는 '처분'의 부작위에 해당하여야 하며, 현행 행정소송법의 해석상 행정입법은 처분에 포함할 수 없다고 보는 견해가 지배적이다. 이에 반해 당사자소송설은 행정입법의 제정의무와 이에 상응하는 주관적 공권은 공법상의 법률관계를 확인하는 소송을 제기할 수 있다고 보고 있다.[42] 또한 이 견해는 후술하는 바와 같이 독일의 입법례에서는 규범제정요구소송을 확인소송으로 제기하는 견해와 이행소송으로 제기할 수 있다는 견해가 유력하므로, 확인소송과 이행소송의 성질을 모두 포함하는 '당사자소송'으로 다툴 수 있다고 보고 있다. 독일행정소송법에 있어서 확인소송이나 일반이행소송은 1960년 1월 21일 행정법원법이 제정되면서 당사자소송(Parteistreitigkeit)을 폐지하고 도입된 것이다.[43]

이에 대해 "규범제정과 같은 권력적 행위는 당사자소송의 대상이 아니다"라는 비판이 제기되고 있다.[44] 그러나 당사자소송설은 규범제정을 대상으로 하는 것이 아니라, 법규명령의 제정을 요구할 공권과 이에 상응하는 법규명령의 제정의무를 확인하는 것을 내용으로 하고 있음을 주장하고 있다. 독일에서도 규범제정요구소송의 대상은 원고와 피고의 법률관계에 관한 것으로 보고 있다.[45] 또한 당사자소송에 의할 경우 피고가 규범을 제정한 행정청이 아니라 행

---

39) 박균성, 전게서(상), 제15판, 226면.

40) 박균성, 전게서(상), 226면.

41) 박정훈, "행정입법부작위에 대한 행정소송: 독일법과 우리법의 비교, 특히 처분 개념을 중심으로", 판례실무연구 VI, 2003. 8, 192-193면.

42) 졸고, "행정입법부작위에 대한 사법적 통제: 당사자소송에 의한 규범제정요구소송의 실현가능성을 중심으로", 저스티스 통권 제110호(2009. 4), 194면 이하.

43) 이에 대해서는 졸고, "공법상 당사자소송의 발전과 과제", 행정판례연구 제19집 제1호(2014. 6), 280-283면.

44) 박균성, 전게서(상), 227면.

45) Schmitt Glaeser/Horn, Verwaltungsprozeßrecht, 15. Aufl., Rn. 333.

정주체가 국가가 되며, 주위적 규범통제가 된다는 점을 비판하는 견해도 있다.[46] 그러나 독일에서는 이러한 확인소송의 피고는 대체로 란트(주), 군 등 행정주체이다. 또한 당사자소송에 의한다고 하여 주위적 규범통제가 발생한다는 비판은 수용하기 어렵다. 당사자소송에 의해서는 행정입법의 제정의무와 이러한 행정입법의 제정에 대해 이해관계를 가지는 일정한 범주의 인적 그룹이 가지는 주관적 공권을 확인할 뿐이다. 독일의 경우에서 보는 바와 같이 이러한 행정법원법 제43조의 확인소송은 주관적 규범통제와 무관하다.

한편, 독일에서는 규범제정요구소송(Normerlassklage) 그 자체를 명시하고 있지 않지만, 이에 대해 학설은 다른 소송유형의 방식으로 제기할 수 있다고 보고 있다. 즉 一般履行訴訟으로 제기할 수 있다는 견해,[47] 確認訴訟으로 제기할 수 있다는 견해,[48] 독일 행정법원법 제47조의 유추적용에 의한 獨自的인(sui generis) 訴訟類型으로 보는 견해[49] 등이 대립하고 있다.[50] 그러나 오늘날에는 진정규범제정요구소송을 행정법원법 제47조에 따라 규범통제소송으로 제기할 수 없다는 점에 대해서는 견해의 일치를 이루고 있다고 한다.[51] 규범통제소송은 현존하는 규범의 효력 유무를 심사하고 무효를 선언하므로 규범제정권자의 절대적 부작위에 대해서는 적합한 소송형식이 아니라는 것이다. 연방행정법원의 판례는 확인소송설을 따르고 있다.[52] 일반이행소송을 주장하는 견해는 확인소송의 보충성을 이유로 확인소송설을 비판하고 있지만,[53] 독일 연방행

46) 서보국, "행정입법부작위에 대한 행정소송", 충남대학교 법학연구 제25권 제2호(2014. 9), 108면.

47) Hufen, a.a.O., §20 Rn. 8; Kopp/Schenke, VwGO, 18. Aufl., Vorb §40 Rn. 8a; Axer, Normenkontrolle und Normerlaßklage in der Sozialgerichtsbarkeit, NZS 1997, S. 16; Duken, Normerlaßklage und fortgesetzte Normerlaßklage, NVwZ 1993, S. 548; Pietzcker, in: Schoch/Schmidt-Aßmann/Pietzner, VwGO, § 42 Abs. 1 Rn. 160.

48) Schmitt Glaeser/Horn, a.a.O., Rn. 332; Sodan, Der Anspruch auf Rechtsetzung und seine prozessuale Durchsetzbarkeit, NVwZ 2000, S. 609; Würtenberger, a.a.O., Rn. 705.

49) VGH München, BayVBl. 1980, 209 (211).

50) 이에 대해서는 졸저, 행정구제의 기본원리, 제1전정판, 488-490면.

51) Schoch, in: Hoffmann-Riem/Schmidt-Aßmann/Voßkuhle (Hg.), Grundlagen des Verwaltungsrechts, Bd. III, §50 Rn. 224.

52) BVerwG, NVwZ 2002, 1506; BVerwGE 80, 355; 111, 276 (278 f.); 115, 81 (92 ff.).

정법원은 확인소송이 일반이행소송에 대해 반드시 '보충적'인 것은 아니라고 보고 있다.[54] 하급심 중에는 규범제정요구소송 및 규범보충소송에 대해 일반이행소송이 허용된다고 본 경우도 있다.[55] 일반이행소송에 대해서는 법규범을 대상으로 할 수 없다는 비판이 제기되었지만, 유력설은 일반이행소송의 대상은 개별 사례의 사실행위뿐만 아니라 모든 형식의 행정작용을 포함하는 포괄적 소송이라고 반박하고 있다.[56]

III. 獨逸의 立法例 - 소위 規範補充訴訟

1. 規範補充訴訟의 特徵 및 機能

규범보충소송은 규율이 필요한 생활영역에서 평등원칙에 위배되거나 규범의 제정의무를 위반하여 특정한 실제 영역의 요소를 규율하지 않은 경우에 인정된다.[57] 이와 같이 규범보충소송은 제정되어 있는 규범의 보충을 요구하는 것을 목적으로 하며, 규범이 평등원칙을 위반하여 불완전한 경우에 허용된다.[58] 규범보충소송은 부진정규범제정요구소송에 해당하며, 규범제정요구소송의 하위유형으로 보고 있다.[59] 규범에 의해 보장되는 수익(예컨대 사회보장)을 향유하지 못하는 경우에 고려된다. 이러한 경우에 법원은 생활관계의 본질에서 나오는 합리적 이유가 있는지 여부를 심사한다. 이러한 합리적 이유나 근거가 없으면 평등원칙을 위반한 '부작위'가 존재한다고 보게 된다.[60] 규범에서 보장

53) Kopp/Schenke, VwGO, §47 Rn. 13; Köller/Haller, Prozessuale Durchsetzbarkeit eines Anspruchs auf Rechtsetzung, JuS 2004, S. 191; Ehlers, in: Ehlers/Pünder (Hg.), Allgemeines Verwaltungsrecht, 15. Aufl., §2 Rn. 140.

54) BVerwGE 80, 355 (361).

55) BayVGH, BayVBl. 1981, 499 (503); VGH Mannheim, NVwZ-RR 2000, 701.

56) Hufen, a.a.O., §20 Rn. 8.

57) Schoch, in: Hoffmann-Riem/Schmidt-Aßmann/Voßkuhle, Grundlagen des Verwaltungsrechts, Bd. III, §50 Rn. 226.

58) Würtenberger, a.a.O., §39 Rn. 698.

59) Würtenberger, a.a.O., §39 Rn. 690.

60) Würtenberger, a.a.O., §39 Rn. 698.

하는 수익에서 배제된 인적 그룹을 포함시켜 평등원칙의 위반을 제기할 경우에 연방헌법재판소는 그 배제된 인적 그룹까지 법률상 규정을 확대해서 제정(보충)할 것을 요구하고 있다.[61] 이러한 규범보충소송의 중요한 기능은 법제정의 부작위 내지 규범의 부작위에 대해 권리구제를 보장하는 것에 있다.[62] 독일 기본법 제19조 제4항에서는 공권력 행사에 의해 침해된 권리를 소송상 다툴 수 있도록 보장하는 포괄적 권리구제를 규정하고 있다.[63] 이와 관련하여 규범보충소송은 법률하위규범의 부작위에 대한 권리구제를 보장하고 있는 것이다.[64] 또한 규범보충소송에 관한 명문의 규정은 없지만, 행정법원법 제40조 제1항에는 "헌법적 성질이 아닌 공법상 쟁송(öffentlich-rechtliche Streitigkeiten nicht-verfassungsrechtlicher Art)"에 대해 행정쟁송의 대상이 된다고 규정하고 있다. 여기에서 수정된 주체설 내지 歸屬說(Zuordnungstheorie)[65]에 근거하여 규범보충소송은 '공법적' 성질을 가지는 것으로 보고 있다.[66] 또한 규범보충소송이 헌법적 성질을 가지는지가 문제되고 있다. 의회가 제정한 형식적 의미의 법률의 부작위에 대한 소송은 그러한 법률에 필요한 민주적 정당성이나 자유롭고 민주적인 의사형성의 헌법구속 과정 등의 문제로 보아 헌법소송으로 파악되고 있다. 이에 반해 법률하위규범의 제정이나 보충을 요구하는 소송은 '행정쟁

---

61) BVerfGE 55, 100 (113); 62, 256 (288 f.).

62) Würtenberger, a.a.O., §39 Rn. 691.

63) 한편, 독일에서 포괄적 권리구제에 관한 독일 기본법 제19조 제4항의 규정을 의회가 제정한 형식적 의미의 법률에까지 확대하여 적용할 수 있는지에 대해 논란이 있다. 즉 이러한 형식적 의미의 법률도 공권력의 행사에 속하는지가 다투어지고 있다. 이에 대해 연방헌법재판소는 오래 전에 부정적인 입장을 밝힌 바 있다(BVerfGE 24, 33 (49.); 25, 352 (365)). 그러나 근래에는 포괄적 권리구제에 관한 조항은 의회의 법률뿐만 아니라 법률하위규범에 대해서도 모두 적용된다고 보는 견해가 유력하다(Schenke, NJW 2017, S. 1068; Schmdit-Aßmann, in Maunz/Dürig, GG, Art. 19 IV, Rn. 93 ff.).

64) Pietzcker, in: Schoch/Schmidt-Aßmann/Pietzner, VwGO, § 42 Abs. 1 Rn. 160; Würtenberger, a.a.O., §39 Rn. 693; Schmtt Glaeser/Horn, a.a.O. Rn 332.

65) 종래의 주체설 내지 종속설에 따르면 귀속주체가 국가인 모든 법규에 대해 체계적인 분석 없이 모두 공법에 포함시켰다 그러나 오늘날 통설인 歸屬說 내지 수정된 주체설(新主體說)에 따르면 우선 法規를 통해 권리 · 의무 있는 주체가 단지 高權力의 主體(Hoheitsträger)인 경우만을 목적으로 한다(Wolff/Bachof/Stober, Verwaltungsrecht I, 10. Aufl., §22 Rdn. 27; Maurer, a.a.O.,§ 3 Rdn. 18). 귀속설의 창안자는 볼프(Hans J. Wolff) 교수이다. 특히 행정법에 있어서 공법과 사법의 구별은 行政訴訟의 對象과 관련하여 논의되어야 한다(Battis, Allgemeines Verwaltungsrecht, 3. Aufl., S. 48 f.).

66) Würtenberger, a.a.O., §39 Rn. 699.

송'으로 이해되고 있다.[67] 이러한 입장이 독일의 통설 및 판례이다.

2. 規範補充訴訟의 適合한 訴訟形式

독일 연방행정법원은 행정소송으로 법규명령이나 조례의 보충을 구하는 소를 허용하고 있다.[68] 규범보충소송의 적법한 소송형식이 무엇인지에 대해 학설은 '규범통제소송'을 제기할 수 있다는 견해와 '일반이행소송'이나 '확인소송'을 제기할 수 있다는 견해가 서로 대립하고 있다. 규범보충소송은 不眞正規範制定要求訴訟(unechte Normerlassklage)으로서 규범제정권자의 상대적 부작위를 대상으로 하고 있다는 점에서 진정규범제정요구소송과 구별된다.[69] 규범보충소송의 적합한 소송형식으로 행정법원법 제47조에 따라 규범통제소송을 제기할 수 있다는 견해가 있다. 이 견해는 부진정규범제정요구소송은 신청인이 위법한 규범제정의 부작위로 인해 수익을 받지 못한 것을 이유로 그 규범의 위법성을 주장하는 것이므로 행정법원법 제47조의 規範統制訴訟(Normenkontrollverfahren)과 다르지 않다고 보고 있다.[70] 또한 도시계획조례에 해당하는 都市建設計劃(Bebauungsplan)에 포함되지 않은 자신의 토지에 대해 다투고자 하는 경우 토지소유자가 불평등한 내용의 규범을 제거하는 것을 목적으로 하므로 통상의 규범통제에 해당한다고 주장한다. 그리고 부당하게 특정한 규율이 누락 내지 흠결된 경우에 해당하여 규범의 하자를 다투는 소송이라는 점에서 부분적으로 규범통제소송을 제기할 수 있다는 견해도 동일한 입장이다.[71] 특히 이 견해는 법률하위규범의 부작위에 대한 소송은 주위적 규범통제의 대상이라고 보고 있다.[72] 그 밖에 규범통제절차에서 확인신청을 할 수 있다는 견해도 있다. 즉 규범보충소송은 규범통제소송의 사례이지만, 문제가 되는 규정의 효력이 없다고 선언할 수 없고, 불완전하여 위법한 규범을 단지 잠정적으로 적용할 수 없다고 '확인'할 수밖에 없다고 보는 견해가 그러하다.[73]

---

67) 이에 대해서는 Würtenberger, a.a.O., §39 Rn. 693.
68) BVerwG, NJW 1997, 956 (957 f.).
69) Schoch, in: Hoffmann-Riem/Schmidt-Aßmann/Voßkuhle, Grundlagen des Verwaltungsrechts, Bd. III, §50 Rn. 226.
70) Hufen, a.a.O., §20 Rn. 1.
71) Kopp/Schenke, VwGO §47 Rn. 14.
72) Schenke, Rechtsschutz bei normativem Unrecht, NJW 2017, S. 1064.

부수적 규범통제에 수반하여 규범의 효력 유무에 관한 확인을 구하는 소를 제기할 특별한 가능성은 열려져 있다. 즉 규범에서 도출되는 원고의 권리에 관한 존재 여부에 대해 확인을 구하는 소를 제기할 수 있다는 것이다.[74)]

이에 대해 一般履行訴訟이나 확인소송으로 제기해야 한다는 주장이 있다. 즉 대체로 소송형식을 열어 두고 (일반)이행소송이나 확인소송으로 다툴 수 있다고 보고 있다.[75)] 규범보충소송은 현존하는 규범의 보충을 목적으로 하지만, 규범통제소송은 규범의 효력이 없음을 확정해야 하는 소송이므로 허용될 수 없다고 보는 견해가 유력하다.[76)] 이 견해는 행정법원법 제45조에 따라 제1심 행정법원에 관할이 있는 경우 확인소송이나 일반이행소송의 형식으로 다투어야 한다고 보고 있다.[77)] 또한 확인소송은 보충성의 원칙에 따라 일반이행소송이 허용되지 않는 경우에 인정되며, 일반이행소송은 규범제정권자에 형성여지가 부여되어 있어 구체적인 규범의 제정의무를 선언할 수 없기 때문에 예외적인 경우에 허용된다는 견해도 있다.[78)] 이러한 예외적인 경우는 대체로 평등원칙의 위반이 문제되는 경우이다.[79)] 그 밖에 권력분립원칙에 근거한 비판과 관련하여 행정청의 재량이 인정되는 경우에 허용되는 재결정명령소송이나 適正裁量決定訴訟(Bescheidungsklage)[80)]

---

73) Schoch, in: Hoffmann-Riem/Schmidt-Aßmann/Voßkuhle (Hg.), Grundlagen des Verwaltungsrechts, Bd. III, §50 Rn. 224. 규범제정요구소송은 대체로 확인소송이 적합한 소송형태이지만, 규범보충소송은 규범통제소송을 제기하면서 확인신청을 해야 한다고 보는 견해도 있다(Sodan, a.a.O., S. 608).

74) Schenke, NJW 2017, S. 1062.

75) Ule, Verwaltungsprozeßrecht, 9. Aufl., §31 Rn. 7: Happ, in: Eyermann(Hg.), VwGO, 14. Aufl., §42 Rn. 63, 그리고 §43 Rn. 9c 참조.

76) Würtenberger, a.a.O., §39 Rn. 703.

77) Würtenberger, a.a.O., §39 Rn. 705. 한편, 규범보충소송은 규범통제소송이 아니므로 고등행정법원은 이에 대해 관할권을 가지지 못한다고 보고 있다(행정법원법 제47조 제1항 참조).

78) Würtenberger, a.a.O., §39 Rn. 704.

79) Kopp/Schenke, VwGO §43 Rn. 8j.

80) 2013. 3. 20. 입법예고된 법무부 행정소송법 개정안 제44조 제2호에는 이러한 소송유형을 규정하고 있으나, 용어의 통일적 사용이 고려되어야 한다. 즉 "행정청이 처분을 하지 않는 것이 재량권의 한계를 넘거나 그 남용이 있다고 인정하는 경우에는 행정청에게 판결의 취지를 존중하여 처분을 이행하도록 선고"할 수 있다는 내용이 그러하다. 이러한 소송유형에 대해 "지령소송", "재량행위요구소송", "재결정명령" 등의 용어를 사용하고 있다. 그러나 이러한 소송은 법원의 판결취지에 따라 재량행사를 적정하게 해 줄 것을 요구하는 것이라는 점을 감안할 필요가 있다. 대부분의 취소소송에서도 취소판결의 취지에 따라 '재처분' 내지 '재결정'을 해야 하며, 이러한 소송이 재량행위를 요구하는 것은 아니라는 점에 주의해야 한다. 지령

이 법제정기관의 결정의 자유가 인정되는 경우에 규범제정요구소송이나 규범보충소송에 대해서도 적용될 수 있다고 보는 견해가 있다. 이러한 견해는 재결정명령소송이나 적정재량결정소송을 일반이행소송과 관련된 것으로 보고 있다.[81] 그러나 다수설은 이러한 소송을 의무이행소송(Verpflichtungsklage)의 하나로 파악하고 있다(행정법원법 제113조 제5항 제2문 참조). 이러한 소송은 행정청에 재량이나 판단여지 등이 부여되어 있고 사건이 성숙하지 않은 경우에 인정되며, 행정청에 특정한 결정을 요구하는 것이 아니라 하자 없는 결정을 구하는 경우에 제기된다. 재결정명령소송 내지 적정재량결정소송은 행정법원법 제42조 제1항에는 이를 규정하고 있지 않지만, 독일의 통설 및 학설은 이를 의무이행소송의 범주 내의 독자적인 제도로서 인정하고 있는 것이다.[82] 실제 독일의 의무이행소송에 있어서 사건의 '성숙성'은 본안에서 원고가 희망하는 행정처분의 발급의무를 행정청에게 부과할 수 있는지 여부를 판단하는 중요한 기준이 되고 있다. 즉 사안이 성숙성 요건을 충족한 경우에는 특정한 행정행위의 발급의 이행을 구하는 소를 제기할 수 있지만, 이러한 성숙성 요건을 충족하지 못한 경우에는 법원의 법해석을 존중하여 사안에 적합한 행정청의 결정 이행을 구하는 소를 제기할 수 있다.[83] 이와 같이 구체적 사안에 있어서 행정청에게 재량이 부여되어 있으나 아직 '성숙성'의 요건을 구비하지 못한 경우, 법원은 행정청에 대하여 법원의 판단을 존중하여 적정한 재량결정을 하도록 이행명령을 내릴 수 있다(독일 행정법원법 제113조 제5항 제2문).

한편, 確認訴訟을 주장하는 견해는 규범보충소송의 문제가 공법상 법률관계의 존부에 관한 것이며, 법률관계의 존재를 위해서는 법적으로 규율된 생활관계가 있어야 한다고 보고 있다.[84] 또한 이러한 생활관계의 법질서는 지배적인 판례의 입장에 의하면 규범제정의무를 정하고 있는 법규정에서 도출되며, 이 경우 기본법상의 보호의무나 평등한 취급의무가 중요한 역할을 한다고 보고 있다.[85] 연

소송이라는 용어는 일본의 문헌에서 유래한 것이며, 이러한 소송의 내용에 부합하지 않는다. 이에 대해서는 졸저, 행정구제의 기본원리, 412-413면(각주 31) 참조.

81) Duken, a.a.O., S. 547; Kopp/Schenke, VwGO, §42 Rn. 9.

82) Pietzcker, in: Schoch/Schmidt-Aßmann/Pietzner, VwGO, § 42 Abs. 1 Rn. 101.

83) 졸고, "부작위위법확인소송의 위법판단 및 제소기간", 행정판례연구 제17집 제1호(2012. 6), 229면 이하; 졸저, 행정구제의 기본원리, 412-413면 참조.

84) Würtenberger, a.a.O., §39 Rn. 705.

85) Würtenberger, a.a.O., §39 Rn. 705.

방행정법원도 권력분립원칙에 비추어 이행소송이 허용될 수 없다고 보고 있다. 즉 연방행정법원은 “개인의 권리보호를 위해 불가피한 범위에서만 법제정기관의 결정에 司法的으로 영향을 미친다”는 사고에 기초하고 있는 것이다.[86] 이 때문에 연방행정법원은 대체로 규범제정요구소송뿐만 아니라 규범요구소송에 대해 행정법원법 제43조 제1항에 의한 ‘확인소송’을 제기할 수 있다고 보고 있다.[87] 나아가 최근 연방행정법원은 게마인데연합(Gemeindeverwaltungsverband)이 조례로서 제정된 지역계획(Regionalplan)에 대한 규범통제소송을 제기한 사건에서, 법률하위규범의 효력 유무가 아니라, 그 보충필요성의 확인을 구하는, 행정법원법 제47조 제1항 제2호에 의한 규범통제의 신청은 허용되지 아니한다고 판시하고 있다.[88]

3. 規範補充訴訟의 原告適格

규범보충소송의 원고적격이 문제된다. 규범제정을 요구하는 주관적 공권이 허용되는지가 문제되었지만, 오늘날에는 대체로 이를 긍정하고 있다.[89] 독일 행정법원법 제42조 제2항의 소권 내지 원고적격에 관한 규정은 원칙적으로 일반확인소송에 그대로 적용하기는 어렵지만, 남소를 방지하기 위해 유추적용될 수 있다는 견해가 유력하다.[90] 따라서 규범제정요구소송이나 규범보충소송의 경우에도 개별 법률에 근거하여 주관적 공권이 요구된다고 보고 있다. 규범은 불특정다수인에 대해 적용되고 일반적으로 공익에 기여하지만, 행정소송상 주관적 공권은 기본권이나 개별 법률에서 도출될 수 있어야 한다.[91] 예컨대 직업공무원제를 규정한 기본법 제33조 제5항과 관련하여, 구 연방급여법(BBesG) 제49조 제3항의 규정이 그러한 사례로 거론되고 있다.[92] 독일 연방헌법재판소는 상당한 생계의 최소요건을 준수하는 급여변경을 하지 않아 독일 기본법 제

86) BVerwG, NVwZ 1990, 162.
87) BVerwGE 80, 355(363); BVerwG, NVwZ 2008, 423 ff.
88) BVerwG, NVwZ 2015, 984.
89) Köller/Haller, a.a.O., S. 191.
90) Axer, NZS 1997, 10 (16); Würtenberger, a.a.O., §39 Rn. 706.
91) Happ, in: Eyermann(Hg.), VwGO, §42 Rn. 150.
92) Köller/Haller, a.a.O., S. 191.

33조 제4항에서 규정한 공무원의 권리를 침해한다고 판단하고, 입법자에게 헌법적으로 이에 상응하는 작용을 하도록 결정한 바 있다.[93] 하지만 규범에서 사익보호성을 도출할 수 없는 경우에는 주관적 공권이 성립할 수 없지만, 기본권을 국가의 보호의무나 평등취급의무 등에서 도출하는 경우에는 규범제정요구소송이나 규범보충소송을 제기할 수 있다.[94]

규범보충소송을 제기하기 위해서는 원고가 규범의 보충을 요구할 청구권이 있어야 한다. 규범제정요구소송과 관련하여, 유력설은 법률하위규범의 제정요구청구권이 개별 법률, 평등 취급에 관한 청구권 및 다른 기본권이나 헌법원칙 등에서 도출된다고 보고 있다.[95] 또 다른 견해는 기본권의 보호의무, 일반적 평등원칙 및 개별 법률 등에서 찾고 있다.[96] 규범제정요구소송이나 규범보충소송에는 규범제정권자, 즉 명령제정권자나 조례제정권자가 규범적 형성여지를 하자 없이 행사하였는지 여부를 심사한다.[97] 규범보충소송에서 청구권의 근거는 대체로 평등원칙이 중요한 의미를 가진다. 사안에 적합한 규범보충이란 평등원칙의 위반을 제거하여 규범에서 배제된 그룹이 규정에 편입될 수 있어야 하며, 규범적 수익을 폐지하거나 모두 포함될 수 있는 새로운 규범의 제정을 통해 실현될 수 있다.[98]

4. 獨逸 聯邦行政法院의 判例

독일에서도 종전에는 개인이 규범제정을 요구할 주관적 공권이 보장되지 않았다. 독일 연방헌법재판소는 개인이 입법행위를 사법적으로 요구할 청구권을 가질 수 없다고 결정한 바 있다.[99] 또한 연방행정법원도 이미 1958년에 "법규명령의 제정을 구하는 청구권은 없다"[100]고 판시한 바 있다.[101] 그러나 뷔르

93) BVerfGE 8, 1; Sodan, a.a.O., S. 606.
94) Hufen, a.a.O., §20 Rn. 10; Würtenberger, a.a.O., §39 Rn. 706.
95) Pietzcker, in: Schoch/Schmidt-Aßmann/Pietzner, VwGO, § 42 Abs. 1 Rn. 160.
96) Sodan, a.a.O., S. 609.
97) Würtenberger, a.a.O., §39 Rn. 709.
98) Würtenberger, a.a.O., §39 Rn. 710.
99) BVerfGE 1, 97 (100f.).
100) BVerwGE 7, 188.
101) 이러한 독일 판례의 변천에 대한 내용은 Sodan, a.a.O., S. 601 f. 참조.

텐베르거(Würtenberger) 교수의 논문이 1980년에 발표된 이후에 규범제정요구청구권이 허용되는지 여부가 본격적으로 논의되기 시작하였다.[102] 그 후 연방헌법재판소는 이와 달리 긍정적으로 판단하였고,[103] 연방행정법원의 판례 중에도 이를 긍정하기 시작하였다. 임금협약에 있어서 一般拘束宣言(Allgemeinverbindlichkeitserklärung)의 제정을 요구하는 확인소송을 제기할 수 있다는 점을 인정하였다.[104] 또한 바이에른 주의 郡(Landkreis)의 郡議會의 여성의원이 평등원칙을 위반함을 이유로 군의회가 제정한 소위 보상조례(Entschädigunsgsatzung)의 보충을 구하는 소송을 인용하고 있다.[105] 이 사건에서는 화장품영업점의 점주인 해당 여성의원이 의정활동으로 인한 逸失된 임금의 보상에 관한 규정을 근로자로서 독립적으로 활동하는 군의원에까지 확대 적용해야 한다고 주장하였고, 이에 대해 연방행정법원은 헌법합치적 해석을 통해 해당 규정을 보충해야 한다고 판시한 것이다.

한편, 연방의 법규명령은 이러한 확인소송에서 배제된다는 견해도 있다.[106] 그러나 연방행정법원은 연방의 법규명령에 대해서도 이러한 확인소송을 허용하고 있다. 우편서비스업무의 강제적 근로조건에 관한 연방 노동사회부의 법규명령에 의한 임금협약의 효력 연장에 대해 확인을 구하는 소를 인용하였다.[107] 이와 같이 연방행정법원은 행정법원법 제43조에 의한 확인소송을 통해 독자적인 법규범의 성격을 가지는 일반구속선언, 지방자치단체의 자치법규인 조례, 그리고 법규명령 등 법률하위규범의 제정요구에 대한 소송을 인정하고 있다.

확인소송을 행정법원법 제43조에 의한 규범의 존부에 관한 확인으로 오해하는 경우도 있으나, 법률관계의 존부에 관한 확인이라는 점을 간과해서는 아

102) Würtenberger, Die Normerlaßklage als funktionsgerechte Fortbildung verwaltungsprozessualen Rechtsschutzes, AöR 105 (1980), S. 370 ff.
103) BVerfGE 77, 170; 79, 174; BVerfG, NJW 1988, 2961.
104) BVerwGE 80, 355; BVerwG, NJW 1990, S. 1495 ff. 한편, 연방헌법재판소는 일반구속선언을 독자적인 법규범(Rechtsnorm sui generis)으로 이해하고 있다(BVerfGE 44, 322). 그러나 일반구속선언은 법률보다 하위에 있는 법규범으로 이해된다[BVerwGE 80, 355 (357 f.)].
105) BVerwG, NVwZ 1990, S. 162 ff.
106) 서보국, 전게논문, 103-104면.
107) BVerwG, NVwZ 2010, 1300.

니 된다. 나아가 확인소송을 부수적 규범통제로만 이해하는 견해도 있다.[108] 독일 기본법 제100조에는 구체적 규범통제에 대해서도 규정하고 있다. 즉 재판의 전제가 된 법률이 위헌이라고 판단되는 경우에 법원은 재판을 정지하고, 주(란트)의 법률이 州憲法에 위반되는 경우에는 州 헌법재판소에, 그리고 연방법률이나 주의 법률이 기본법을 위반하는 경우나 주의 법률이 연방법률에 일치하지 않는 경우 등에는 연방헌법재판소에 위헌 여부의 심판을 제청한다.[109] 그러나 부수적 규범통제의 방식으로 제기되는 확인소송은 원고에게만 규범의 무효선언을 하는 특수한 확인소송으로서 비전형적인 것이며, 행정법원법 제43조에 규정된 행정법원에 의한 통상의 일반확인소송과 구별된다.[110] 그러한 점에서 권리의 존부에 관한 확인소송을 제기하면서 선결문제로서 규범의 효력을 확인하는 소송은 부수적 규범통제의 방식이며, 행정법원법 제47조의 주위적 규범통제와 일치하지 않는다.[111]

5. 小結

독일에서는 명령·규칙 등에 관한 부진정행정입법부작위에 대한 소송을 헌법소송이 아니라 행정소송으로 파악하고 있다. 또한 이에 대해 독일 행정법원법에 명문의 규정이 없음에도 불구하고 소위 규범보충소송이 인정되고 있지만, 그 소송형식을 둘러싸고 견해대립이 있다. 대체로 규범통제의 방식으로 해결해야 한다는 견해와 일반이행소송 내지 확인소송이 적합한 소송형식이라는 견해가 첨예하게 대립하고 있다. 규범통제소송설을 주장하는 견해가 있지만, 주위적 규범통제의 경우에는 제정된 규범의 효력 유무를 판단하는 것이라는 점에서 설득력이 약하다. 일반이행소송은 규범의 보충이라는 목적을 효과적으로 달성할 수 있지만, 명령제정권자의 결정여지가 인정되는 법규범의 특성에 비추어 일정한 한계가 있다. 그러한 이유에서 적정재량결정소송을 주장하는 견해가 등장하고 있는 것으로 판단된다. 대체로 '확인소송'이 설득력을 가진다. 독일에서는 확인소

---

108) 서보국, 전게논문, 105면.

109) Jarass, in: Jarass/Pieroth, GG, 10. Aufl., Art. 100 Rn. 4.

110) Schenke, Verwaltungsprozessrecht, 12. Aufl., §26 Rn. 1073.

111) Schenke, Verwaltungsprozessrecht, §26 Rn. 1073; Schenke, NJW 2017, S. 1062.

송의 보충성이 인정되고 있지만, 일반이행소송이 매우 예외적인 경우에만 허용될 수 있다는 점에서도 확인소송을 제기할 이유는 충분하다. 연방행정법원의 판례도 일관되게 확인소송설의 입장이며, 학설의 비판에도 불구하고 확인소송의 보충성에 크게 구애받고 있지 않다. 부수적 규범통제에 있어서도 '확인소송'이 특별한 의미를 가지는 경우가 있다. 그러나 이러한 확인소송은 원고에게만 규범의 무효를 선언하는 특수한 확인소송으로서 비전형적인 것이라는 점에서, 행정법원법 제43조에 규정된 행정법원에 의한 통상의 확인소송과 구별된다.[112] 다만, 부수적 규범통제에서 확인신청을 통해 선결문제로서 평등원칙을 위반한 법률하위규범의 위법을 인정하는 방식은 오히려 구체적 규범통제 내지 부수적 규범통제의 방식을 취하는 우리 행정소송법에 있어서 활용될 여지가 있다.

Ⅳ. 違法性의 判斷基準으로서 平等原則

1. 問題의 所在

독일에서는 부진정행정입법부작위에 대해 평등원칙에 위배되었는지 여부를 기준으로 판단하고 있다. 대체로 사회보장의 영역에서 규범이 보장하는 수익을 향유하지 못하거나 규정에서 배제되어 수급권을 청구할 수 없는 경우가 여기에 속한다. 진정행정입법부작위의 경우에는 제정의무와 이에 상응하는 규범제정요구권을 도출하는 것이 문제된다. 여기에서는 기본권의 보호의무, 개별법률 등에서 이러한 규범제정요구권을 도출할 수 있다. 그러나 규범보충소송에서는 평등원칙이 중요한 기준이 되며, 해당 규정을 배제한 것에 합리적 이유나 근거가 있는지 여부를 기준으로 평등원칙 위반 여부를 심사한다. 이러한 평등원칙을 위반한 경우에 위법한 행정입법부작위가 있다고 판단하고, 배제된 인적 그룹을 포함하는 소송을 제기한다.

부진정행정입법부작위 경우에도 제정된 행정입법이 존재하므로 수범자의 예측가능성이나 기대가능성을 기준으로 포괄위임금지의 원칙 내지 명확성원칙

---

112) Schenke, Verwaltungsprozessrecht, §26 Rn. 1073.

에 의해 행정입법의 위법성을 검토할 수 있다.[113] 법률에서 기본적인 정의 규정만 두고, 그 구체적인 수혜나 급부 등에 대해서는 포괄적 위임을 하는 경우도 적지 않다. 예컨대 법률에 규율의 대상에 관한 정의규정만 두고, 그 구체적인 '종류'와 '기준'을 시행령이나 시행규칙 등에 위임하는 경우가 그러하다. 법적 안정성과 예측가능성 등 법치국가원리의 요청에 비추어 법률에서 기본권의 실현과 관련된 본질적인 사항을 직접 규정하고, 수권의 목적이나 기준, 범위 등이 명확하게 확정되어야 한다. 그러한 의미에서 법률유보의 원칙(특히 본질사항유보설)은 위임의 한계로서 작동하고 있는 것이다. 다만, 부진정행정입법부작위가 문제되는 경우는 대부분 사회보장과 관련된 급부행정에 해당하는 사례가 적지 않다. 포괄위임금지의 원칙과 관련하여 그 구체성과 명확성에 대한 심사강도는 규제의 영역이나 대상에 따라 다르다.[114] 기본권의 실현에 있어서 본질적인 사항일수록 규율밀도나 심사강도는 높아져야 한다. 그러나 이러한 급부행정이나 수익적 내용을 포함한 위임입법에는 상대적으로 명확성심사의 강도가 완화되고 있다.[115] 그러한 이유에서 부진정행정입법부작위에 대한 포괄위임금지의 원칙은 상대적으로 어려운 점이 있다. 따라서 부진정행정입법부작위에 대해서는 평등원칙을 통해 그 위법성을 판단해야 한다.

2. 平等原則의 違反 與否에 대한 判斷

가. 平等原則의 審査方法

심사기준으로서 평등원칙은 실제 매우 광범위하게 적용되고 있지만, 개별적 사안에서 평등원칙의 위반 여부를 판단하는 것은 쉽지 않다. 오늘날 절대적 평등을 상정하는 것은 비현실적이며, 합리적인 차별의 이유가 있는 경우에는 차별이 허용되는 상대적 평등의 의미로 이해되고 있다.[116] 또한 법적용의 평등

---

113) 최근 대법원은 기존의 질병이 원인이 되거나 악화된 경우를 국가유공자에서 제외한다고 규정한 「국가유공자 등 예우 및 지원에 관한 법률 시행령」 제3조 [별표 1] 제2호의 2-8이 모법의 위임범위를 일탈한 것이 무효인지 여부에 대해 부정적으로 판시한 바 있다(대법원 2017. 3. 9. 선고 2016두55933 판결).

114) 헌재 1997. 12. 24. 95헌마390; 대법원 2000. 10. 19. 선고 98누6265 판결.

115) 졸고, "명확성원칙의 판단기준과 사법심사의 한계", 법조 통권 제624호(2008. 9), 108-134면; 졸저, 현대행정의 작용형식, 127면 참조.

을 의미하는 형식적 평등에 국한되지 아니하며, 법의 내용에 있어서 평등을 위해 법제정의 평등, 즉 실질적 평등이 중요한 의미를 가진다.[117] 그러나 이러한 실질적 평등의 실현은 법적 평등을 규정한 헌법 제11조의 문제가 아니라 사회국가원리와 관련된 것으로 보는 견해가 유력하다.[118] 이러한 평등원칙은 입법자에 대해서도 적용된다는 것이 통설이다. 그 밖에 이러한 평등원칙은 인간의 존엄권과 밀접한 관련을 가지고 있으며, 단순히 방어권뿐만 아니라 사인에 대해서도 국가의 기본권 보호의무가 문제된다.[119]

특히 급부청구권의 보장과 관련하여, 이러한 실질적 평등이 중요하다. 평등은 "정의의 요청(Gebot der Gerechtigkeit)"이자 "정의의 정신(Seele der Gerechtigkeit)"이다.[120] 독일에서는 평등원칙을 "헌법국가의 중심 원리이자 전체 법질서의 지도원리"[121]로 이해하고 있고, 독일의 정치시스템과 사회질서에 이러한 지도원칙이 투영되어 있다.[122] 또한 독일 연방헌법재판소는 일찍이 "본질적으로 동등한 것은 법적으로 동등하게 취급하고, 본질적으로 동등하지 않은 것은 생활관계의 종류에 따라 달리 취급해야 한다"는 원칙을 확립한 바 있다.[123] 여기에서 "본질적으로 동등한 것(wesentlich Gleichem)"이 무엇인지가 쟁점이다. 이러한 기준은 사안이나 개인, 인적 그룹 등과 관련하여 동등한 기본권적 자유나 국가의 동등한 급부청구권이 문제되는 경우에 본질적으로 동등한 것인지가 문제되며, 그 판단을 위해서는 비교대상이 필요하다.[124] 독일 기본법 제3조 제1항에는 "모든 인간은 법률 앞에 평등하다"라고 규정하고 있으며, 입법자도 그 이행의 수범자이다.[125] 급부의 부작위에 관한 문제는 '사회국가원리'와 밀접한 관련을 가지며, 일반적 평등원칙을 규정한 독일 기본법 제3조 제1항

116) 계희열, 헌법학(중), 신정판, 229면.
117) 계희열, 전게서(중), 232-233면.
118) 한수웅, 전게서, 577면.
119) Zippelius/Würtenberger, Deutsches Staatsrecht, 32. Aufl., §23 Rn. 51.
120) BVerfGE 54, 277 (296).
121) BVerfGE 1, 208 (233); 23, 98 (99).
122) Zippelius/Würtenberger, a.a.O., §23 Rn. 1.
123) BVerfGE 1, 14 (52); 98, 365 (385); 103, 310 (318); 116, 164 (180).
124) Zippelius/Würtenberger, a.a.O., §23 Rn. 9.
125) Jarass, in: Jarass/Pieroth, GG, 10. Aufl., Art. 3 Rn. 1a.

에서 시원적인 급부청구권을 도출할 수 없다고 보고 있다.[126] 사회보장법의 영역에서는 입법자에게 비교적 넓은 형성여지가 보장되어 있다.[127]

개별 사례에서 동등한 비교대상을 동등하게 취급하지 않는 것은 평등원칙에 위배되며, 비교대상인 사안의 동등성 여부를 판단함에 있어서 본질성 여부는 매우 중요한 기준이다. 이러한 경우에 유력설은 본질적인 부분의 판단은 비교에 설정된 '관점'이 중요하다고 보고 있다. '사람'이라는 기준이 본질적인 경우에는 국적 여부는 중요하지 않으며 외국인도 내국인과 동등하게 대우해야 한다는 것이다.[128] 이러한 평등원칙의 위반 여부를 판단함에 있어서는 보다 구체적인 판단기준이 요구된다. 독일의 학설 및 판례는 "객관적으로 명백한 근거 없이 차별"하는 것을 금지하는 소위 자의금지(Willkürverbot)의 원칙이 오랫동안 지배하였다. 따라서 민주적 정당성을 부여받은 입법자는 최소한의 불평등한 차별을 함에 있어서 비교적 넓은 형성적 자유를 가지고 있지만, 명백성심사(Evidenzkontrolle)를 통해 불평등한 법제정에 있어서 사항적으로 명백한 차별의 이유가 없는 경우는 자의금지원칙을 위반하게 된다.[129] 그러나 이러한 원칙만 가지고 입법자를 구속하기 쉽지 않아 비례원칙 내지 과잉금지의 원칙을 도입하여 엄격한 심사를 하는 소위 '새로운 공식(neue Formel)'이 적용되고 있다.[130]

새로운 공식은 심사기준을 구별하여 사안이나 행태와 관련된 경우에는 종래의 자의금지원칙을 적용하지만, 인적 평등과 관련된 경우에는 비례의 원칙을 적용하고 있다.[131] 이러한 새로운 공식에 따라 비례성심사가 적용될 경우에는 이러한 불평등한 취급을 하는 규범의 목적이 정당해야 하고, 적합하고 필요한 수단이어야 하며, 또한 그 불평등한 취급의 종류나 정도가 상당한 비례관계에 있어야 한다.[132] 그러나 인적 평등과 사항적 · 행태적 평등의 구별이 현실적으

126) Jarass, in: Jarass/Pieroth, GG, Art. 3 Rn. 12.
127) BVerfGE 113, 167 (215).
128) Hesse, Grundzüge des Verfassungsrechts der Bundesrepublik Deutschland, 20. Aufl., §12 Rn. 432.
129) Zippelius/Würtenberger, a.a.O., §23 Rn. 16.
130) 계희열, 전게서(중), 238면 참조.
131) Britz, Der allgemeine Gleichheitssatz in der Rechtsprechung des BVerfG, NJW 2014, S. 346.
132) 이에 대해서는 Zippelius/Würtenberger, a.a.O., §23 Rn. 20 ff.

로 쉽지 않아 새로운 공식은 수정을 경험하게 되고, 사항이나 행태와 관련된 불평등취급에 대해서도 엄격한 심사기준을 확대하는 소위 수정된 새로운 이론이 등장하게 된다.[133] 특히 독일 연방헌법재판소는 1993년 성전환자 결정(Transsexuellen-Entscheidung)에서 이러한 이원화된 심사기준을 수정하였다.[134] 이 결정에서 사안의 불평등한 취급이 인적 그룹의 불평등한 취급에 '간접적'으로 영향을 줄 수 있다는 점이 인정되었다.[135] 그 후 2010년 10월 12일 독일 연방헌법재판소의 제1부 결정[136]에서 여러 가지 측면에서 변경된 수정된 새로운 공식이 등장하게 되었다. 여기에서는 사안이나 행태와 관련된 불평등에 대해서도 인적 평등처럼 엄격한 심사를 적용하고 있다.[137] 나아가 연방헌법재판소 제1부는 이러한 양 기준을 '통합'하려는 시도를 하고 있다. 즉 "일반적 평등원칙에서 규율대상이나 차별의 표지에 따라 입법자에 대한 서로 다른 한계가 나오고, 이러한 한계는 단순한 자의금지의 원칙에서 비례성의 요청에 대한 강한 구속까지 충족해야 한다"고 결정한 바 있다.[138] 한편, 우리 헌법재판소의 결정 중에서 평등원칙과 관련하여 엄격한 심사를 한 대표적 사례는 '제대군인 가산점' 사건이다.[139] 먼저 제1차 국가유공자 가산점 사건에서는 비례심사를 하

---

133) 소위 '새로운 공식'에 관한 독일 연방헌법재판소 판례의 변화와 발전에 대해서는 Britz, a.a.O., S. 346 ff.

134) BVerGE 88, 87 = NJW 1993, 1517. 이 사건에서는 성전환자의 경우에 이름을 변경하는 연령을 25세 미만으로 제한한 것이 문제되었고, 연방헌법재판소는 이러한 규정이 기본법 제3조 제1항에 위반된다고 결정하였다.

135) BVerfGE 88, 87 (96)

136) 제1부 결정에서 문제가 된 사건에서는 이혼한 부모 중 자녀와 함께 생활을 하지 않는 일방이 법적으로 가능한 범주 내에서 자녀에 대한 사실상 책임을 지고, 교섭을 통해 정기적으로 체류하면서 밤을 지내는 경우에 동거하는 경우와 동일한 방식으로 함께 생활하지 않는 이혼한 부모의 일방과 자녀 사이에도 거주공동체가 발생한다는 것이 주된 쟁점이었다.

137) BVerfGE 127, 263 = NJW 1993, 1793.

138) BVerfGE 88, 87 (96); 89, 15 (22); 105, 73 (110).

139) "평등위반 여부를 심사함에 있어 엄격한 심사척도에 의할 것인지, 완화된 심사척도에 의할 것인지는 입법자에게 인정되는 입법형성권의 정도에 따라 달라지게 될 것이나, 헌법에서 특별히 평등을 요구하고 있는 경우와 차별적 취급으로 인하여 관련 기본권에 대한 중대한 제한을 초래하게 된다면 입법형성권은 축소되어 보다 엄격한 심사척도가 적용되어야 할 것인바, 가산점제도는 헌법 제32조 제4항이 특별히 남녀평등을 요구하고 있는 '근로' 내지 '고용'의 영역에서 남성과 여성을 달리 취급하는 제도이고, 또한 헌법 제25조에 의하여 보장된 공무담임권이라는 기본권의 행사에 중대한 제약을 초래하는 것이기 때문에 엄격한 심사척도가 적용된다."(헌재 1999. 12. 23. 98헌마363)

되 완화된 기준을 적용하여 평등권을 침해한 것이 아니라고 결정한 바 있다.[140] 그 후 제2차 국가유공자 가산점 사건에서는 이 결정을 변경하여, 헌법불합치결정을 내리고 있다. 여기에서는 국가유공자 가족들에 대해서는 비례의 원칙을 통해 엄격한 심사를 하고 있다.[141] 그러나 평등심사와 관련하여 어떠한 경우에 비례의 원칙 내지 과잉금지의 원칙을 적용할 것인지, 또한 비례의 심사에 있어서도 어떠한 경우에 완화된 기준을 적용할 것인지 등이 문제된다.[142]

최근에는 이러한 비례성심사를 도입하는 것과 관련하여, 학계에서 비판이나 문제점이 제기되고 있다. 즉 자유권과 관련될수록 불평등한 취급의 최소한도가 더 적어지게 되어 입법자의 형성여지를 헌법이나 헌법재판에서 제한할 리스크가 있다는 지적이 있다.[143] 이러한 새로운 공식이 도입되었다고 하더라도 자의금지의 원칙이 완전히 배제되는 것은 아니다. 오히려 새로운 공식은 자의금지의 원칙을 보완하는 것으로 이해하는 견해가 유력하다.[144] 여전히 어려운 점은 어떠한 경우에 자의금지의 원칙을 적용할 것인지, 아니면 비례의 원칙을 적용할 것인지를 결정해야 하는지 여부이다. 그리고 평등원칙과 자유권의 제한에 관한 비례의 원칙을 서로 구별하려는 견해도 부각되고 있다.[145] 국내학설

140) "차별적 취급으로 인하여 관련 기본권에 대한 중대한 제한을 초래하게 되는 경우에 해당하여 원칙적으로 비례심사를 하여야 할 것이나, 구체적인 비례심사의 과정에서는 헌법 제32조 제6항이 근로의 기회에 있어서 국가유공자 등을 우대할 것을 명령하고 있는 점을 고려하여 보다 완화된 기준을 적용하여야 할 것이다."(헌재 2001. 2. 22. 2000헌마25)

141) "'국가유공자의 가족'의 경우 가산점의 부여는 헌법이 직접 요청하고 있는 것이 아니고, 그러한 법률상의 입법정책은 능력주의 또는 성과주의를 바탕으로 하여야 하는 공직취임권의 규율에 있어서 중요한 예외를 구성한다. 헌법적 요청이 있는 경우에는 합리적 범위 안 에서 능력주의가 제한될 수 있지만, 단지 법률적 차원의 정책적 관점에서 능력주의의 예외를 인정하려면 해당 공익과 일반응시자의 공무담임권의 차별 사이에 엄밀한 법익형량이 이루어져야 한다. 이 사건 조항으로 인한 공무담임권의 차별효과는 앞서 본 바와 같이 심각한 반면, 국가유공자 가족들에 대하여 아무런 인원제한도 없이 매 시험마다 10%의 높은 가산점을 부여해야만 할 필요성은 긴요한 것이라고 보기 어렵고, 입법목적을 감안하더라도 일반 응시자들의 공무담임권에 대한 차별효과가 지나친 것이다."(헌재 2006. 2. 23. 2004헌마675 등)

142) 제대군인 가산점 사건에서 헌법재판소가 엄격한 심사기준을 일관되게 적용하지 못하였음을 비판하는 견해도 있다(한수웅, 전게서, 597면).

143) Britz, a.a.O., S. 351.

144) Osterloh, in: Sachs (Hg.), GG, Art. 3 Rn. 25.

145) 독일 연방헌법재판소 제2부는 양자를 구별하는 입장에 서 있고, 과잉금지의 원칙을 명확히 사용하지 않고 사항이나 규율영역에서 특별한 형량의 문제로 접근하고 있다(BVerfGE 90, 145 (195 f.)). 이에 대해서는 Osterloh, in: Sachs (Hg.), GG, Art. 3 Rn. 35.

중에도 양자의 차이와 관련하여 자의금지원칙은 단지 차별의 정당화를 위한 합리적 사유의 유무에 대해서만 검토하지만, 비례의 원칙은 그 외에 차별대우 사이의 상관관계가 타당한지 여부에 대해서도 심사한다고 보는 견해가 있다.146) 또한 이 견해는 구조적으로 비례의 원칙은 법익의 충돌을 전제로 목적과 수단의 상호관계를 통해 수단이 적절한지 여부를 판단하는 것이지만, 평등의 원칙은 법익의 충돌이 아니라 대상이 되는 둘 이상의 기본권 주체의 법적 지위를 서로 비교하는 것이라는 점에서 차이가 있다고 지적한다.147) 다만, 이 견해는 입법의 목적과 관련하여 차별의 적합성을 판단하는 단계에서는 양자의 차이가 크지 않지만, 법익균형성 내지 상당성의 단계에서 헌법재판소가 주관적인 법익형량을 함으로써 입법자의 판단을 배척할 수 있다고 지적한다.148) 나아가 이 견해는 과잉금지의 원칙을 적용하여 평등심사를 할 경우 위헌심사의 기준으로서 평등권의 고유한 기능이 상실될 수 있으며, 자유권 제한의 문제가 적은 급부작용에 대해서는 입법자의 형성적 자유를 인정하기 위해 자의금지의 원칙이 적용되어야 한다고 보고 있다.149) 이러한 비판적 견해는 긍정할 수 있는 점이 적지 않다. 다만, 규범의 제정권자에 형성적 자유가 보장된 경우에 자의금지의 원칙만으로 평등심사를 할 수 없는 어려운 측면이 있고, 기본권 침해와 관련된 경우에는 엄격한 심사가 요구된다.

나. 平等原則이 適用된 具體的 事例의 檢討

(1) 憲法裁判所 判例의 內容 및 特徵

이하에서는 행정입법부작위와 관련하여 평등원칙이 적용된 사례를 검토하기로 한다. 전술한 바와 같이 헌법재판소는 진정행정입법부작위뿐만 아니라 부진정행정입법부작위에 대한 헌법소원을 인정하고 있다. 대표적 사례는 치과전문의 자격시험 불실시에 대한 위헌확인사건이다.150) 헌법재판소는 이 사건을

146) 한수웅, 전게서, 588-589면.
147) 한수웅, 전게서, 603면.
148) 한수웅, 전게서, 589면.
149) 한수웅, 전게서, 605면.
150) 헌재 1998. 7. 16. 96헌마246.

'진정입법부작위'라고 파악하고 있지만, 행정입법부작위에 관한 사건이다. 또한 이 사건은 엄밀한 의미에서 진정행정입법부작위가 아니라 '부진정행정입법부작위'에 가깝다.151) 치과의사로서 전문의가 되고자 하는 자는 대통령령이 정하는 수련을 거쳐 보건복지부장관의 자격인정을 받아야 하고(의료법 제55조 제1항) 전문의의 자격인정 및 전문과목에 관하여 필요한 사항은 대통령령으로 정하고 있다(동조 제3항). 이에 따라 「전문의의수련및자격인정등에관한규정(이하 '규정'이라 한다)」제2조의2 제2호(개정 1995. 1. 28)는 치과전문의의 전문과목을 "구강악안면외과 · 치과보철과 · 치과교정과 · 소아치과 · 치주과 · 치과보존과 · 구강내과 · 구강악안면방사선과 · 구강병리과 및 예방치과"로 정하고 있다. 또한 규정 제17조(개정 1994. 12. 23)에서는 전문의자격의 인정에 관하여 "일정한 수련과정을 이수한 자로서 전문의자격시험에 합격"할 것을 요구하고 있고, 전문의자격시험의 방법 · 응시절차 기타 필요한 사항을 보건복지부령에 위임하고 있다(제1항 및 제3항). 헌법재판소는 그 위임에 따라 제정된 「전문의의수련및자격인정등에관한규정시행규칙(이하 '시행규칙'이라 한다)」이 개정입법 및 새로운 입법을 하지 않은 것은 진정입법부작위에 해당하고, 이러한 입법부작위가 청구인들의 직업의 자유와 행복추구권을 침해하여 전공의 수련과정을 거치지 않은 일반 치과의사나 전문의시험이 실시되는 다른 의료분야의 전문의에 비하여 불합리한 차별을 받고 있다고 결정하였다. 이 사건은 시행규칙이 전혀 제정되지 않은 것이 아니라, 피청구인 대한치과의사협회의 의견에서 나타난 바와 같이 "치과전공의의 수련기간, 수련병원 및 수련기관의 지정기준, 수련과목 및 기타 치과전문의자격시험의 실시에 필요한 사항 등을 불완전하게 규정한" 경우에 해당한다. 따라서 이 사건은 시행규칙의 내용을 보완하는 개정을 하지 않은 것이 쟁점이라는 점에서 '부진정행정입법부작위'에 해당한다. 특히 "다른 의료분야의 전문의에 비하여 불합리한 차별을 받고 있다"고 결정한 부분에서 비교집단과의 관계에서 평등원칙을 위반하여 기본권을 침해하고 있다고 보고 있다. 이러한 비교집단에는 전공의수련과정을 거치지 않은 일반 치과의사나 전문의시험이 실

151) 한편, 2003. 6. 30. 대통령령 제18040호로 「치과의사전문의의수련및자격인정등에관한규정」이, 그리고 2003. 9. 18. 보건복지부령 제258로 「치과의사전문의의수련및자격인정등에관한규정시행규칙」이 별도로 제정되었다.

시되는 다른 의료분야의 전문의를 설시하고 있다. 이러한 심사는 명확하지는 않지만, 비교집단과의 "불합리한 차별"을 검토하고 있다는 점에서 일종의 '자의금지의 원칙'이 적용된 것이다. 그러나 이러한 행정입법부작위는 치과전문의라고 하는 인적 범위와 관련된 자유권의 제한에 관한 사안이지만, 비례의 원칙 내지 과잉금지의 원칙은 고려되어 있지 않다.

한편, 헌법재판소는 건축사법시행령 제4조 제1항에서 새로이 건축사면허를 취득하고자 하는 사람들만을 대상으로 할 뿐, 건축사면허를 취소당한 사람들에 관하여는 규정을 두고 있지 않은 것은 '부진정(행정)입법부작위'라고 보고 각하결정을 내린 바 있다.[152] 이 사건은 청구인이 건축사법시행령에 건축사면허취소기간이 경과한 후 다시 면허를 신청하려는 자에 대한 건축사면허증재교부 등의 절차규정을 두지 아니한 행정입법부작위로 기본권 침해를 받았음을 이유로 헌법소원을 한 것이다. 이 사건에서 헌법재판소가 행정입법부작위에 관한 사건을 '입법부작위'로 본 것은 잘못이지만, '진정행정입법부작위'와 '부진정행정입법부작위'를 구별하고 있음을 알 수 있다. 진정행정입법부작위와 부진정행정입법부작위의 구별은 실제 어려운 경우가 적지 않고, 상대적인 측면이 있는 것이 사실이다. 그러나 헌법소원에 있어서 청구기간의 적용 여부에 차이가 있다는 점에서 주의를 요한다. 즉 헌법재판소는 진정 (행정)입법부작위에 대한 헌법소원 심판청구에 대해서는 청구기간의 제한을 받지 않는다고 보지만, 부진정(행정)입법부작위에 대해서는 헌법소원 청구기간의 제한을 받는다고 보고 있다.[153] 즉 불완전입법에 대하여 재판상 다툴 경우에는 그 입법규정이 헌법위반이라는 적극적인 헌법소원을 제기하여야 할 것이고, 이때에는 헌법재판소법 제69조 제1항 소정의 청구기간의 적용을 받는다고 결정하고 있다.[154]

---

152) 헌재 1998. 11. 26. 97헌마310.

153) 헌재 1998. 7. 16. 96헌마246.

154) "침구술무면허자의 침구술 시술행위를 처벌하는 것이 신체의 자유를 침해한 것이라는 주장에 대하여 살피건대, 청구인은 처벌의 근거법규인 의료법을 문제삼아 헌법소원의 대상으로 하고 있는 취지로 이해되는 바, 기록상 청구인은 과거에 무면허침술행위를 이유로 의료법위반으로 1971. 5. 13. 처벌을 받은 일이 있는 것으로 되어 있는데, 그 시경에 이미 처벌된다는 것을 알았다고 볼 것이므로 1989.4.27.에 제기한 이 사건 청구는 헌법재판소법 제69조 제1항 소정의 청구기간 도과 후의 부적법한 청구임을 면할 수 없을 것이다."(헌재 1993. 3. 11. 89헌마79)

헌법재판소는 공무원보수규정 제5조 등 위헌확인사건에서, 군법무관의 봉급을 군인의 봉급표에 의하도록 하면서 수당의 신설 등을 통하여 전체 보수를 일반공무원에 비하여 우대하는 수준으로 정하고 있는 공무원보수규정 제5조 [별표 13] 등 조항들이 모법의 위임에 따른 대통령령 제정의무를 제대로 이행하지 아니한 불완전한 입법으로서 청구인들의 재산권을 침해한다고 볼 수 없다고 결정하고 있다. 이 결정에서 헌법재판소가 평등원칙을 제대로 심사하였는지는 명확하지 않지만, 판사와 검사, 그리고 일반공무원의 봉급기준표를 비교하고 있다. 이를 토대로 헌법재판소는 공무원보수규정 제5조에서 일반 군인의 봉급표에 의하도록 하는 대신 '공무원수당 등에 관한 규정' 제14조의3 및 '군인 등의 특수근무수당에 관한 규칙' 제4조로 군법무관수당을 신설함으로써 전체 보수를 일반공무원에 비하여 우대하면서 법관 등의 예에 준하는 상당한 수준으로 정하고 있다고 판단하고 있다. 또한 헌법재판소는 명령제정권자의 넓은 형성적 자유를 고려하고 있다. 즉 헌법재판소는 "행정부는 군법무관에 대한 보수를 시행령으로 정함에 있어 군법무관을 일반공무원에 비하여 우대함으로써 법관 등의 보수와 엇비슷한 수준으로 하는 한도 내에서는 군법무관의 업무의 성격, 군 조직의 특성 및 다른 군인들과의 형평성 등을 두루 참작하여 구체적인 보수액은 물론 이를 봉급과 수당에 어떻게 배분할 것인지를 적절하게 정할 수 있는 재량권을 가진다"고 판단하고 있다.[155)]

헌법재판소는 구 대기환경보전법 시행규칙 제78조 [별표 21]에서 자동차에 대한 운행차배출허용기준에 '이륜자동차'에 대한 운행차배출허용기준을 규정하지 않은 것을 부진정행정입법부작위로 판단하고 있다. 대기환경보전법 시행규칙 제62조 [별표 17]과 제78조 [별표 21]에는 각각 제작차 배출가스 허용기준과 운행차 배출가스 허용기준을 규정하면서 이륜자동차에 대한 기준을 정하지 않고 있다. 이 사건에서 청구인은 이러한 입법부작위로 인하여 이륜자동차에 대한 배출가스 규제가 이루어지지 않아 청구인의 환경권을 침해한다고 주장하면서 헌법소원을 제기한 것이다. 헌법재판소는 이 부분 청구가 헌법재판소법 제69조 제1항 소정의 청구기간의 적용을 받으며, 이 부분 청구 또한 위 [별표

155) 헌재 2008. 5. 29. 2006헌마170. 이와 관련하여 반대의견(재판관 김종대, 재판관 목영준)은 대통령령 제정의무를 제대로 이행치 아니한 위헌성을 가진 규정에 해당한다고 보고 있다.

21]이 시행된 2010. 7. 1.부터 1년이 경과하여 제기되었으므로 청구기간을 도과하여 부적법하다고 결정하였다.

그 밖에 사회보장의 영역에서 부진정(행정)입법부작위를 인정하면서도 입법부작위위헌확인심판의 대상이 되지 아니한다고 결정한 사례도 있다.[156] 특히 심장 장애 등급을 규정하면서 선천성 심장질환에 의한 합병증의 위험 때문에 정상적인 사회생활을 할 수 없는 자를 심장장애인로 인정하는 입법을 하지 아니 하는 부작위는 부진정입법부작위에 해당하므로 입법을 하지 아니하는 부작위, 즉 진정입법부작위로 인한 헌법소원의 심판대상이 되지 않는다고 결정하였다.[157] 이 사건에서 문제가 된 것은 선천성 심장질환에 의한 합병증의 위험 때문에 정상적인 사회생활을 할 수 없는 자를 심장장애인으로 규정하지 않은 것이다. 그러나 헌법재판소는 장애인복지법시행규칙 제2조 제1항 별표1 제10호에서 심장장애의 경우를 1등급에서 3등급까지 나누어 규정하고 있으므로 진정입법부작위로 볼 수 없고, 이러한 규정은 심장장애인을 보호하기 위한 기본규정으로서 심장장애에 관한 규정이 전혀 없는 경우에 해당하지 않는다고 판단하였다.

(2) 大法院判例의 內容 및 特徵

대법원은 행정입법부작위에 대한 항고소송(부작위위법확인소송)을 부인하고 있다.[158] 대법원 91누11261 판결에서는 특정다목적댐법 제41조에서 다목적댐 건설로 인한 손실보상 의무를 국가에 있다고 규정하고, 같은 법 제42조에서 손실보상의 절차와 그 방법 등 필요한 사항을 대통령령에 위임하고 있음에도 불구하고 이를 제정하지 않은 것이 소송의 대상이며, 이는 진정행정입법부작위에 해당한다고 보았다. 그러나 보상규정을 시행령에 제정하지 않은 것이 처분의 부작위에 해당한다고 보기는 어렵다. 다만, 법률의 위임에도 불구하고 시행령에 보상규정을 규정하지 않으면, 이에 대해 이해관계를 가지는 인적 그룹은 보상을 청구할 수 없게 된다. 헌법재판소가 설시하고 있는 바와 같이 행정입법부작위가 성립하기 위해서는 기본권 보호의무나 법률의 위임에 의해 제정

156) 헌재 1996. 11. 28. 93헌마258.
157) 헌재 2000. 4. 11. 2000헌마206 (헌공 45, 412).
158) 대법원 1992. 5. 8. 선고 91누11261 판결.

의무를 도출할 수 있어야 하고, 이에 상당한 기간이 경과하였음에도 불구하고 시행령이 제정되지 않아 권리나 이익이 침해되어야 한다. 이러한 집행부에 행정입법의 제정의무가 인정되면, 이에 상응하는 규범제정요구권이 인정될 수 있어야 한다. 이러한 공법상의 법률관계는 행정소송의 영역이며, 이를 확인소송과 이행소송의 성질을 가지는 당사자소송을 통해 적어도 행정입법부작위가 '위법' 하다는 확인해야 한다. 이러한 판결에 의해 시행령이 제정되지 않은 것이 위법하다는 점이 인정되어야 한다.

대법원 판례 중에는 위 사건을 제외하고 행정입법부작위가 문제된 사건은 거의 없다.[159] 또한 부진정행정입법부작위가 문제된 사례는 근래에 하급심 판결에서 일부 발견될 뿐이다. 바로 군무원지위확인청구의 소에서 부진정행정입법부작위의 문제가 쟁점이 된 바 있다. 즉 별정군무원들의 정년이 일반군무원들에 비해 근무상한연령을 짧게 규정한 군무원인사법 시행령과 예비전력관리업무담당자 인사관리 훈령으로 인해 군무원들의 평등권의 침해와 과잉금지원칙에 반하여 헌법상 보장된 원고들의 공무담임권이 침해받았다는 것 등이 주된 쟁점이었다. 그러나 서울행정법원은 공무원 정년제도는 입법정책의 문제로서 입법자에 형성적 자유가 보장된 것으로서 매년 정년연령을 단계적으로 조정한 것은 합리적인 차별이며, 별정군무원들의 청구인들을 차별취급한다고 보기 어렵다고 판단하였다. 특히 입법적 배경이나 이유, 합리적 차별의 근거 등 차별의 정당한 사유를 검토하고 있는 점이 주목된다. 이 사건에서 사울행정법원은 자의금지의 법리에 의한 평등권 위반 여부를 통해 부진정행정입법부작위의 문제를 다루고 있지만, 과잉금지의 원칙을 검토하지 않았다.

그 밖에 하급심 판결 중에는 보상금 가격에서 토지의 사용으로 인한 잔여지 가격의 하락에 대한 보상이 제외되어 있는 것이 부진정입법부작위에 해당한다는 이유로 소가 제기된 사건이 있다. 즉 「공익사업을 위한 토지 등의 취득 및

159) 다만, 대법원은 사법시험령 제15조 제8항이 행정자치부장관에게 제2차시험 성적을 포함하는 종합성적의 세부산출방법 기타 최종합격에 필요한 사항을 정하는 것을 위임하고 있을지라도 행정자치부장관에게 그와 같은 규정을 제정할 작위의무가 있다고 보기 어렵고, 행정자치부장관이 이를 정하지 아니하고 원고에게 불합격처분을 하였다 하더라도, 그 처분이 행정입법부작위로 인하여 위헌 또는 위법하다고 할 수 없다고 판시하고 있다(대법원 2007. 1. 11. 선고 2004두10432 판결).

보상에 관한 법률」 제73조 제1항에서 일단의 토지의 일부가 '사용'됨으로 인하여 잔여지의 가격이 감소하는 경우 보상하도록 되어 있으나, 같은 법 시행규칙 제32조에서는 이러한 경우를 제외하고 있다. 그러나 서울행정법원은 이러한 원고의 주장을 정면으로 다루지 않고, 이와 관련된 전기사업법의 규정에서 토지의 지상 공간에 송전선로의 설치와 관련된 손실보상에 관한 규정이 있고 보정률을 통해 정당한 보상이 이루어지고 있다고 판시하고 있다.[160] 그러나 이러한 사건은 헌법 제23조 제3항의 보상법률주의와 불가분조항(Junktimklausel)과 관련된 것이며, 행정입법부작위의 사안으로 다루는 것은 타당하지 않다.

한편, 대법원은 조세분야에서 평등원칙을 적용한 판례가 적지 않다. 다만, 연금이나 퇴직수당 등 사회보장의 영역과 관련하여 주목할 판결은 퇴직법관의 명예퇴직수당지급거부의 취소를 구하는 사건이다. 대법원은 퇴직법관의 명예퇴직수당지급거부처분취소소송[161]에서 평등원칙을 심사하고 있는데, "자의적으로 차별"하였는지 여부를 기준으로 판단하고 있다는 점에서 자의금지의 원칙을 적용하고 있다. 즉 대법원은 "명예퇴직수당 수급권의 형성에 관한 폭넓은 재량에 기초하여 구 법관 및 법원공무원 명예퇴직수당 등 지급규칙(2011. 1. 31. 대법원규칙 제2320호로 개정되기 전의 것) 제3조 제5항 본문에서 법관의 명예퇴직수당액에 대하여 정년 잔여기간만을 기준으로 하지 아니하고 임기 잔여기간을 함께 반영하여 산정하도록 한 것이 합리적인 이유 없이 동시에 퇴직하는 법관들을 자의적으로 차별하는 것으로서 평등원칙에 위배된다고 볼 수 없다"고 판시하고 있다.

3. 檢討 및 評價

부진정행정입법부작위가 문제되는 사안에서, 헌법재판소는 본안에서 평등원칙 위반 여부를 정면으로 다룬 사례는 거의 없으며, 대부분 진정행정입법부작위와의 차이를 이유로 각하한 사례가 대부분이다. 헌법재판소는 공무원보수규정 제5조 등 위헌확인결정(2000헌마206)에서 당해 사건이 부진정행정입법부작위에 해당함에도 진정(행정)입법부작위로 제기한 것을 각하하였다. 그러나 진

160) 서울행정법원 2016. 7. 12. 선고 2015구합1923 판결. 동지판례: 서울행정법원 2016. 12. 13. 선고 2014구합63404 판결.

161) 대법원 2016. 5. 24. 선고 2013두14863 판결.

정행정부작위와 부진정행정입법부작위의 구별은 쉽지 않은 경우도 있다. 예컨대 법률의 위임에도 불구하고 현존하는 시행령의 해당 조항에 입법을 전혀 하지 않은 것으로 볼 경우에는 진정행정입법부작위에 해당하지만, 기존의 현존하는 관련 시행령에 해당 규정이 흠결된 경우에는 부진정행정입법부작위에 해당하기 때문이다. 전술한 헌법재판소 97헌마310 결정의 별개의견(재판관 조승형)은 이러한 2분법적 구별의 문제점을 제기하고 있다. 여기에서 입법여부만으로 진정입법부작위와 부진정입법부작위로 구별하는 것은 모호하며 국민의 기본권 보호에 실효성이 없다고 지적하고 있다. 각 입법사항을 모두 규율하고 있지만 질적 · 상대적으로 불완전하거나 불충한 경우를 부진정입법부작위로 보고, 일부의 입법사항에 대해 규율하면서 나머지 일부의 입법사항에 대해 전혀 규율하지 않는 경우, 즉 양적 · 절대적으로 규율하고 있지 아니한 경우에는 진정입법부작위로 보아야 한다고 한다. 그러나 대부분의 부진정행정입법부작위는 일부의 입법사항에 대해 규율하면서 나머지 일부의 입법사항에 대해 전혀 규율하지 않는 경우가 적지 않고, 양적 · 질적인 구별도 판단도 상대적이다. 진정입법부작위는 시행령이나 시행규칙 등에 명백히 위임하였음에도 불구하고 전혀 제정하지 않은 경우로 이해해야 한다. 실제 이러한 경우는 매우 제한적이다. 독일에서도 그러한 이유에서 대부분 부진정행정입법부작위가 문제되고 있다.

헌법재판소나 대법원은 헌법문제인 입법부작위와 행정쟁송의 문제인 행정입법부작위를 서로 구별해야 한다. 헌법재판소는 이러한 문제를 입법부작위의 문제로 접근하여 헌법적 사안으로 다루는 경향에 있다. 하급심 판결 중에는 행정입법부작위를 입법부작위로 판단한 사례가 있다. 부진정행정입법부작위의 문제가 아직 법원에서 충분히 다루어지지 않고 있고, 하급심의 사례에서 보는 바와 같이 주로 부수적 규범통제의 방식으로 이루어지고 있다. 오늘날 진정행정입법부작위의 문제는 거의 발생하지 않으며, 대부분 부진정행정입법부작위가 쟁점이 되고 있다. 헌법재판소는 일부의 입법사항에 대해 규율하면서 나머지 일부의 입법사항에 대해 전혀 규율하지 않는 경우를 부진정입법부작위의 문제로 접근해야 한다. 또한 이와 관련된 사안을 진정입법부작위의 문제로 헌법소원을 제기한 경우에 각하결정을 내리는 것은 신중할 필요가 있다. 독일에서는 부진정행정입법부작위와 관련된 규범보충소송을 규범제정요구소송의 하위 유형으로 다루고 있다는 점을 고려할 필요가 있다.

헌법재판소는 행정입법부작위와 관련하여, 평등원칙을 심사기준으로 적용한 사례도 치과전문의 자격시험 불실시에 대한 위헌확인사건(96헌마246)이다. 여기에서는 명확하지 않지만, 차별금지의 원칙이 적용되었을 뿐 비례의 원칙이 특별히 고려되지 않았다. 법원의 판결 중에는 행정입법부작위가 정면으로 문제된 사건이 많지 않다. 다만, 대법원은 평등원칙의 심사에 있어서 대체로 자의금지의 원칙에 따라 판단하고 있다. 부진정 행정입법부작위의 문제에 있어서는 '평등원칙'이 중요한 심사기준이다. 이러한 평등원칙의 심사와 관련하여, 자의금지의 원칙이 적용되고 있다. 이 경우 비교기준을 선택하여 본질적으로 동등한 것에 대해 법적으로 동등하게 취급하고 있는지 여부를 판단하는 것이 중요하다. 비교기준의 선정은 비교의 대상 및 범위를 가늠하는 것이므로 평등원칙의 위반에 있어서 결정적이다. 사회보장수급권이나 급부청구권 등이 문제되는 경우에는 그 비교대상이 되는 사안, 개인이나 인적 그룹이 동등한 것으로 판단할 수 있는지가 중요하다. 또한 평등원칙의 심사에 있어서는 차별금지의 원칙이 기본이 되어야 한다. 또한 차별금지의 원칙을 심사함에 있어서 불평등한 취급이 있는 경우에 차별을 정당화할 수 있는 명백한 사유가 있는지 여부를 심사하는 것이 중요하다. 그러나 인적인 차별에 있어서는 비례의 원칙을 고려한 엄격한 심사가 보완적으로 적용되어야 한다. 자유권의 제한과 관련된 경우에는 보완적으로 비례의 원칙을 적용할 필요성이 제기되지만, 급부행정이나 사회보장 등과 관련된 경우에는 입법자에 폭넓은 형성적 자유가 인정된다.

V. 結 論

이상의 고찰에서 행정입법부작위의 문제는 헌법소송이 아니라 행정소송의 문제라는 인식을 할 필요가 있다. 부진정행정입법부작위는 행정입법이 전혀 제정되지 않은 것이 아니라, 불완전하거나 불충분하게 규정된 것이다. 법률의 위임에도 불구하고 시행령이나 시행규칙 등을 전혀 제정하지 않은 경우는 매우 적다. 대부분 입법사항에 대해 규율하면서 입법사항의 일부를 규율하지 않거나 불완전하게 규율하는 경우가 대부분이다. 규범보충을 구하는 소를 항고소송(부작위위법확인소송)으로 제기할 수는 없다. 독일의 사례에 비추어, 우리나라에서도 부진정행정입법부작위에 대한 적합한 행정소송의 형식으로 두 가지 가능성이 고려된다.

우리 행정소송법에는 독일 행정법원법 제47조에 의한 규범통제의 방식이 규정되어 있지 않아 부진정행정입법부작위에 대해 주위적 규범통제소송을 제기할 수는 없다. 다만, 헌법 제107조 제2항에는 원칙적으로 구체적 규범통제제도를 채택하고 있다. 따라서 취소소송이 제기될 경우 부수적 규범통제의 방식에 의해 그 수권근거인 명령 · 규칙 등의 위법 확인을 구하는 방식이 가능하다. 독일에서는 이러한 부수적 규범통제에 있어서 법원의 제청에 의해 헌법재판소가 직접 하지만, 우리나라에서는 명령 · 규칙 등에 대해서는 법원이 직접 심사해야 한다. 예컨대 시행령이나 시행규칙 등에 해당 규정이 없어 수익신청이 거부되는 경우에 이에 대한 취소소송을 제기하면서 수권규범인 시행령이나 시행규칙 등의 위법성을 판단하는 것이다. 이 경우 위법이 인정된 시행령이나 시행규칙 등은 당해 사건에 한하여 적용이 배제될 뿐이다. 그러나 이러한 소송에 있어서는 처분의 위법성 일반이 소송물이며, 수권규범인 법규명령의 효력을 일반적으로 무효로 할 수는 없다.

이와 관련하여 고려할 수 있는 또 다른 방안은 독일의 일반이행소송이나 확인소송에 상응하는 '당사자소송'을 제기하는 것이다. 행정입법은 처분 개념에 포섭할 수 없어 진정행정입법부작위뿐만 아니라 부진정행정입법부작위에 대해서도 부작위위법확인소송을 제기할 수는 없다. 이러한 확인소송이나 일반이행소송은 당사자소송에서 연원하고 있다. 당사자소송을 통해 규범의 보충을 요구할 원고의 주관적 공권과 이에 상응하는 규범의 보충의무를 확인하도록 판시할 수 있다. 이러한 원고는 해당 법률의 규정에서 배제된 인적 그룹에 속하여야 하고, 그러한 규정에서 법률상 이익을 도출할 수 있어야 한다. 우리나라에서 당사자소송은 이행소송과 확인소송의 성격을 모두 가지고 있으며, 확인소송의 보충성에 관한 제한규정도 없다는 점에서 독일과 같은 소송상 문제점도 적은 편이다. 그러나 규범제정권자의 형성적 자유가 부여되어 있으므로 일반이행소송을 제기하는 것은 권력분립원칙에 비추어 문제가 있고, 의무이행소송이 도입되지 않은 상황에서 이행소송을 규범제정에까지 확대하는 것은 무리한 해석이 될 수 있다. 따라서 이러한 당사자소송을 통해 적어도 규범의 보충을 구할 원고의 권리와 이에 상응하는 명령제정권자의 제정의무(규범보충의무)의 존부 확인을 구하는 소를 제기할 수 있다. 규범보충소송에 있어서 명령제정권자의 형성적 자유가 인정되는 경우가 적지 않아, 이행소송을 인정하기 어려운 점이 있다. 이 소송에서는 법률관계의 근거가 되는 규범(법규명령이나 조례 등)의 보충을 주된 대상으로 하여 그 위법을 확인한다는 점에서 차이가 있다.

독일의 규범보충소송에서 보는 바와 같이, 이러한 부진정행정입법부작위는 대부분 평등원칙을 위반하여 규범이 불완전하게 규율된 경우이다. 따라서 해당 명령 · 규칙 등에 대해 '평등원칙'을 위반하였는지 여부를 심사하는 것이 관건이다. 평등원칙에 관한 판단은 원칙적으로 '자의금지의 원칙'을 적용하되, 자유권의 제한과 관련된 경우에는 비례의 원칙 내지 과잉금지의 원칙을 보완적으로 검토하여야 한다. 그러나 급부작용과 관련된 부진정행정입법부작위의 경우에는 엄격한 심사를 요하지 아니한다. 자의금지의 원칙과 관련하여 가장 중요한 것은 비교의 '기준'이나 '척도'를 확정하는 것이다. 본질적으로 같은 대상에 속하는지 여부를 판단해야 한다. 또한 사회보장이나 급부행정의 영역에서는 명령제정권자에 형성여지가 부여되어 있고 국가재정이 관련되어 명확성의 강도가 완화되는 경우가 적지 않다. 이러한 경우에 불평등한 취급이 있더라도 그 차별을 정당화할 수 있는 명백한 사유가 있는지 여부를 심사하는 것이 필요하다. 그러나 명령제정권을 충분히 행사하지 않아서 시행령이나 시행규칙 등에서 장애인의 종류 및 기준을 면밀히 세분화하여 규정하지 않거나, 다른 장애인의 유형보다 큰 장애를 가지고 있음에도 불구하고 합리적 이유 없이 이러한 장애인의 범주에서 제외하여 차별하는 것은 평등원칙을 위반하게 되는 것이다. 이러한 차별이 정당화되기 위해서는 합리적이고 명백한 사유가 제시되어야 한다.

[참고문헌]

[국내문헌]

桂喜悅, 憲法學(中), 신정판, 박영사, 2004.

김남진/김연태, 행정법 I, 제20판, 법문사, 2016.

김동희, 행정법 I, 제21판, 박영사, 2015.

박균성, 행정법론(상), 제15판, 박영사, 2016.

______, "행정판례 30년의 회고와 전망- 행정법총론 I", 행정판례연구 제19집 제2호 (2014. 12), 391-437면.

______, "행정입법부작위에 관한 고찰", 인권과 정의 제224호(1995. 5), 67-82면.

朴正勳, "행정입법부작위에 대한 행정소송: 독일법과 우리법의 비교, 특히 처분 개념을 중심으로", 판례실무연구 Ⅵ(2003. 8), 167-197면.

서보국, "행정입법부작위에 대한 행정소송", 충남대학교 법학연구 제25권 제2호(2014. 9), 87-115면.

鄭南哲, 現代行政의 作用形式, 법문사, 2016.

______, 行政救濟의 基本原理, 제1전정판, 법문사, 2015.

______, "행정법학의 구조변화와 행정판례의 과제", 저스티스 통권 제154호(2016. 6), 153-188면.

______, "국가배상소송과 선결문제", 저스티스 통권 제116호(2010. 4), 102-132면.

______, "공법상 당사자소송의 발전과 과제", 행정판례연구 제19집 제1호(2014. 6), 277-312면.

______, "부작위위법확인소송의 위법판단 및 제소기간", 행정판례연구 제17집 제1호 (2012. 2), 229-270면.

______, "명확성원칙의 판단기준과 사법심사의 한계", 법조 통권 제624호(2008. 9), 108-134면.

정하중, 행정법개론, 제11판, 법문사, 2017.

한수웅, 헌법학, 제7판, 법문사, 2017.

허 영, 헌법소송법론, 제2판, 박영사, 2007..

홍정선, 행정법원론(상), 제23판, 박영사, 2015.

[독일문헌]

Axer, Normenkontrolle und Normerlaßklage in der Sozialgerichtsbarkeit, NZS 1997, S. 10 ff.

Battis, Allgemeines Verwaltungsrecht, 3. Aufl., 2002.

Britz, Gabriele, Der allgemeine Gleichheitssatz in der Rechtsprechung des BVerfG: Anforderungen an die Rechtfertigung von Ungleichbehandlungen durch Gesetz, NJW 2014, S. 346 ff.

Burgi, M., Kommunalrecht, 5. Aufl., München 2015.

Duken, Normerlaßklage und fortgesetzte Normerlaßklage, NVwZ 1993, S. 546 ff.

Ehlers/Pünder (Hg.), Allgemeines Verwaltungsrecht, 15. Aufl., Berlin/Boston 2016.

Eyermann (Hg.), Verwaltungsgerichtsordnung, 14. Aufl., München 2014.

Hesse, Grundzüge des Verfassungsrechts der Bundesrepublik Deutschland, 20. Aufl., Heidelberg 1995.

Hoffmann-Riem/Schmidt-Aßmann/Voßkuhle (Hg.), Grundlagen des Verwaltungsrechts, Bd. III, München 2009.

Hufen, Verwaltungsprozessrecht, 7. Aufl., München 2008.

Jarass/Pieroth, Grundgesetz, Kommentar, 10. Aufl., München 2012.

Kopp/Schenke, Verwaltungsgerichtsordnung, Kommentar, 18. Aufl., 2012.

Köller/Haller, Prozessuale Durchsetzbarkeit eines Anspruchs auf Rechtsetzung, JuS 2004, S. 189 ff.

Maurer, Hartmut, Allgemeines Verwaltungsrecht, 18. Aufl., München 2011.

Sachs(Hg.), Grundgesetz, Kommentar, 3. Aufl., München 2003.

Schlaich/Korioth, Das Bundesverfassungsgericht, 9. Aufl., München 2012.

Schenke, Wolf-Rüdiger, Altes und Neues zum Rechtsschutz gegen untergesetzliche Normen, NVwZ 2016, S. 720 ff.

________, Rechtsschutz bei normativem Unrecht, NJW 2017, S. 1062 ff.

________, Verwaltungsprozessrecht, 12. Aufl., Heidelberg 2009.

Schmitt Glaeser/Horn, Verwaltungsprozeßrecht, 15. Aufl., 2000.

Schoch/Schmidt-Aßmann/Pietzner (Hrsg.), Verwaltungsgerichtsordnung, Kommentar, 2003.

Schübel–Pfister, Aktuelles Verwaltungsprozessrecht, JuS 2014, S. 412 ff.

Sodan, Der Anspruch auf Rechtsezung und seine prozessuale Durchsetzbarkeit, NVwZ 2000, S. 601 ff.

Ule, Verwaltungsprozeßrecht, 9. Aufl., München 1987.

Wolff/Bachof/Stober, Verwaltungsrecht I, 10. Aufl., München 1994.

Würtenberger, Th., Verwaltungsprozessrecht, 3. Aufl., München 2011.

__________, Die Normerlaßklage als funktionsgerechte Fortbildung verwaltungsprozessualen Rechtsschutzes, AöR 105(1980), S. 370 ff.

Zippelius/Würtenberger, Deutsches Staatsrecht, 32. Aufl., München 2008.

대법원 2019. 10. 31. 선고 2016두50907 판결
【반려처분취소청구의소】 [공2019하, 2259]

【판시사항】

[1] 장애인복지법 시행령 제2조 제1항 [별표 1]이 보호의 대상인 장애인을 한정적으로 열거한 것인지 여부(소극)
[2] 어느 특정한 장애를 가진 사람이 장애인복지법 제2조에서 정한 장애인에 해당함이 분명함에도 그 장애가 장애인복지법 시행령 제2조 제1항 [별표 1]에 규정되어 있지 않다는 이유만으로 행정청이 장애인등록신청을 거부할 수 있는지 여부(소극) 및 이 경우 행정청이 취할 조치
[3] 초등학교 때 운동 틱과 음성 틱 증상이 모두 나타나는 '뚜렛증후군(Tourette's Disorder)' 진단을 받고 10년 넘게 치료를 받아왔으나 증상이 나아지지 않아 오랫동안 일상 및 사회생활에서 상당한 제약을 받던 갑이 장애인복지법 제32조에 따른 장애인등록신청을 하였으나, 갑이 가진 장애가 장애인복지법 시행령 제2조 제1항 [별표 1]에 규정되지 않았다는 이유로 관할 군수가 갑의 장애인등록신청을 거부하는 처분을 한 사안에서, 위 처분이 위법하다고 한 사례

【판결요지】

[1] 헌법 제34조 제1항, 제5항, 장애인복지법 제1조, 제2조 제1항, 제2항, 장애인복지법 시행령 제2조 제1항 [별표 1]의 체계, 장애인복지법의 취지와 장애인등록으로 받게 되는 이익, 위임규정과 시행령 규정의 형식과 내용 등을 종합하면, 장애인복지법 제2조 제1항은 장애인의 정의를 규정하고, 제2조 제2항은 장애인복지법의 적용을 받는 신체적 장애와 정신적 장애의 종류 및 기준을 정함으로써 그에 따라 제정될 시행령의 내용에 관한 예측가능성을 부여하는 한편 행정입법에 관한 재량의 한계를 부여한 규정이라고 보아야 한다. 입법기술상 모법이 정한 장애의 종류 및 기준에 부합하는 모든 장애를 빠짐없이 시행령에 규정할 수는 없다. 그러므로 장애인복지법 시행령 제2조 제1항 [별표 1]은 위임조항의 취지에 따라 모법의 장애인에 관한 정의규정에 최대한 부합하도록 가능

한 범위 내에서 15가지 종류의 장애인을 규정한 것으로 볼 수 있을 뿐이다. 따라서 장애인복지법 시행령 제2조 제1항 [별표 1]을 오로지 그 조항에 규정된 장애에 한하여 법적 보호를 부여하겠다는 취지로 보아 그 보호의 대상인 장애인을 한정적으로 열거한 것으로 새길 수는 없다.

[2] 어느 특정한 장애가 장애인복지법 시행령 제2조 제1항 [별표 1]에 명시적으로 규정되어 있지 않다고 하더라도, 그 장애를 가진 사람이 장애인복지법 제2조에서 정한 장애인에 해당함이 분명할 뿐 아니라, 모법과 위 시행령 조항의 내용과 체계에 비추어 볼 때 위 시행령 조항이 그 장애를 장애인복지법 적용대상에서 배제하려는 전제에 서 있다고 새길 수 없고 단순한 행정입법의 미비가 있을 뿐이라고 보이는 경우에는, 행정청은 그 장애가 시행령에 규정되어 있지 않다는 이유만으로 장애인등록신청을 거부할 수 없다. 이 경우 행정청으로서는 위 시행령 조항 중 해당 장애와 가장 유사한 장애의 유형에 관한 규정을 찾아 유추 적용함으로써 위 시행령 조항을 최대한 모법의 취지와 평등원칙에 부합하도록 운용하여야 한다.

[3] 초등학교 때 운동 틱과 음성 틱 증상이 모두 나타나는 '뚜렛증후군(Tourette's Disorder)' 진단을 받고 10년 넘게 치료를 받아왔으나 증상이 나아지지 않아 오랫동안 일상 및 사회생활에서 상당한 제약을 받던 갑이 장애인복지법 제32조에 따른 장애인등록신청을 하였으나, 갑이 가진 장애가 장애인복지법 시행령 제2조 제1항 [별표 1]에 규정되지 않았다는 이유로 관할 군수가 갑의 장애인등록신청을 거부하는 처분을 한 사안에서, 갑이 뚜렛증후군이라는 내부기관의 장애 또는 정신 질환으로 발생하는 장애로 오랫동안 일상생활이나 사회생활에서 상당한 제약을 받는 사람에 해당함이 분명하므로 장애인복지법 제2조 제2항에 따라 장애인복지법을 적용받는 장애인에 해당하는 점, 위 시행령 조항이 갑이 가진 장애를 장애인복지법의 적용대상에서 배제하려는 취지라고 볼 수도 없는 점을 종합하면, 행정청은 갑의 장애가 위 시행령 조항에 규정되어 있지 않다는 이유만을 들어 갑의 장애인등록신청을 거부할 수는 없으므로 관할 군수의 위 처분은 위법하고, 관할 군수로서는 위 시행령 조항 중 갑이 가진 장애와 가장 유사한 종류의 장애 유형에 관한 규정을 유추 적용하여 갑의 장애등급을 판정함으로써 갑에게 장애등급을 부여하는 등의 조치를 취하여야 한다고 한 사례.

【참조조문】

[1] 헌법 제34조 제1항, 제5항, 장애인복지법 제1조, 제2조 제1항, 제2항, 장애인복지법 시행령 제2조 제1항 [별표 1] / [2] 장애인복지법 제2조, 장애인복지법 시행령 제2조 제1항 [별표 1] / [3] 장애인복지법 제2조, 제32조, 장애인복지법 시행령 제2조 제1항 [별표 1]

【전문】

【원고, 피상고인】 원고 (소송대리인 법무법인 천우 담당변호사 신태길 외 8인)

【피고, 상고인】 양평군수
(소송대리인 법무법인 하나로 담당변호사 구정훈 외 5인)

【대상판결】

【원심판결】 서울고법 2016. 8. 19. 선고 2015누70883 판결

【주문】

상고를 기각한다. 상고비용은 피고가 부담한다.

【이유】

상고이유를 판단한다.

1. 헌법 제34조 제1항은 “모든 국민은 인간다운 생활을 할 권리를 가진다.”라고 규정하면서, 제5항에서 “신체장애자 및 질병 · 노령 기타의 사유로 생활능력이 없는 국민은 법률이 정하는 바에 의하여 국가의 보호를 받는다.”라고 하여 국가가 사회적 약자를 특별히 배려하고 지원할 것을 규정하고 있다. 이에 따라 장애인복지법은 장애인의 인간다운 삶과 권리보장을 위한 국가와 지방자치단체 등의 책임을 명백히 하고, 장애인의 의료 등에 관한 사업을 정하여 장애인복지대책을 종합적으로 추진하며, 장애인의 보호 및 수당지급 등에 관하여 필요한 사항을 정함으로써 장애인의 복지와 사회활동 참여증진을 통하여 사회통합에 이바지함을 목적으로 한다(제1조). 장애인복지법에 따르면, 장애인이란 신체적 · 정신적 장애로 오랫동안 일상생활이나 사회생활에서 상당한 제약을 받는 자를 말하고

(제2조 제1항), 장애인복지법을 적용받는 장애인은 위와 같은 장애인 중 신체적 장애나 정신적 장애의 어느 하나에 해당하는 장애가 있는 자로서 대통령령으로 정하는 장애의 종류 및 기준에 해당하는 자를 말한다(제2조 제2항). 여기서 '신체적 장애'란 주요 외부 신체 기능의 장애, 내부기관의 장애 등을 말하고(제2조 제2항 제1호), '정신적 장애'란 발달장애 또는 정신 질환으로 발생하는 장애를 말한다(제2조 제2항 제2호). 이에 따라 장애인복지법 시행령 제2조 제1항 [별표 1](이하 '이 사건 시행령 조항'이라 한다)은 장애인복지법을 적용받는 장애인으로 15가지 종류의 장애에 해당하는 자(지체장애인, 뇌병변장애인, 시각장애인, 청각장애인, 언어장애인, 지적장애인, 자폐성장애인, 정신장애인, 신장장애인, 심장장애인, 호흡기장애인, 간장애인, 안면장애인, 장루 · 요루장애인, 뇌전증장애인)를 규정하고 있다. 이러한 장애인복지법령에 따라 장애인등록을 하면, 장애수당 등 복지급여의 지급, 자동차세 감면 등의 혜택을 받을 수 있다.

2. <u>이러한 관계 법령의 체계, 장애인복지법의 취지와 장애인등록으로 받게 되는 이익, 위임규정과 시행령 규정의 형식과 내용 등을 종합하면, 장애인복지법 제2조 제1항은 장애인의 정의를 규정하고, 제2조 제2항은 장애인복지법의 적용을 받는 신체적 장애와 정신적 장애의 종류 및 기준을 정함으로써 그에 따라 제정될 시행령의 내용에 관한 예측가능성을 부여하는 한편 행정입법에 관한 재량의 한계를 부여한 규정이라고 보아야 할 것이다. 입법기술상 모법이 정한 장애의 종류 및 기준에 부합하는 모든 장애를 빠짐없이 시행령에 규정할 수는 없다. 그러므로 이 사건 시행령 조항은 위임조항의 취지에 따라 모법의 장애인에 관한 정의규정에 최대한 부합하도록 가능한 범위 내에서 15가지 종류의 장애인을 규정한 것으로 볼 수 있을 뿐이다. 따라서 위 시행령 조항을, 오로지 그 조항에 규정된 장애에 한하여 법적 보호를 부여하겠다는 취지로 보아 그 보호의 대상인 장애인을 한정적으로 열거한 것으로 새길 수는 없다.</u> 만일 이를 한정적인 열거규정으로 해석한다면, 하위 법령을 최대한 모법에 합치되도록 해석할 것을 요청하는 해석원칙에 부합하지 않고, 모법 규정의 내용과 취지상 법적 보호가 필요함이 분명하게 인정되는 장애인임에도 단순히 이 사건 시행령 조항에 규정되지 않았다는 이유만으로 장애인복지법의 적용대상에서 배제하는 규정이 되어 곧바로 모법의 위임범위를 벗어나게 되며, 시행령에 구체적으로 규정되지

않은 새로운 장애의 유형이 생길 때마다 구체적 규정을 두지 않은 시행령 규정을 계속하여 무효로 선언하여야 한다는 것이 되므로 부당하다.

따라서 어느 특정한 장애가 이 사건 시행령 조항에 명시적으로 규정되어 있지 않다고 하더라도, 그 장애를 가진 사람이 장애인복지법 제2조에서 정한 장애인에 해당함이 분명할 뿐 아니라, 모법과 이 사건 시행령 조항의 내용과 체계에 비추어 볼 때 이 사건 시행령 조항이 그 장애를 장애인복지법 적용대상에서 배제하려는 전제에 서 있다고 새길 수 없고 단순한 행정입법의 미비가 있을 뿐이라고 보이는 경우에는, 행정청은 그 장애가 시행령에 규정되어 있지 않다는 이유만으로 장애인등록신청을 거부할 수 없다. 이 경우 행정청으로서는 이 사건 시행령 조항 중 해당 장애와 가장 유사한 장애의 유형에 관한 규정을 찾아 유추 적용함으로써 이 사건 시행령 조항을 최대한 모법의 취지와 평등원칙에 부합하도록 운용하여야 한다.

3. 원심판결 이유에 의하면, 다음과 같은 사실을 알 수 있다.

(1) '뚜렛증후군(Tourette's Disorder)'은 특별한 이유 없이 자신도 모르게 얼굴이나 목, 어깨, 몸통 등의 신체 일부분을 아주 빠르게 반복적으로 움직이는 '운동 틱'과 이상한 소리를 내는 '음성 틱' 두 가지 증상이 모두 나타나며, 전체적으로 증상을 보유한 기간이 1년이 넘는 질병을 말하는데, 의학적으로 정확한 원인은 아직 규명되지 않았다.

(2) 원고는 운동 틱과 음성 틱 증상이 모두 나타나는 뚜렛증후군으로 인해 초등학교 6학년 이후로 평범한 대인관계나 사회생활을 유지하지 못한 채 주위와 완전히 단절된 상태로 생활하여 왔고, 10년 넘게 치료를 받고 약을 복용하면서 점차 약의 복용량을 늘렸음에도 증상이 조금도 나아지지 않고 있으며, 앉아서 일을 할 수도 다른 사람과 정상적인 대화를 나눌 수도 없을 뿐만 아니라 폐쇄된 공간에서는 그 증상이 더욱 심해져 자가용을 타고 장시간 이동조차 할 수 없는 등 오랫동안 일상생활이나 사회생활에서 상당한 제약을 받아왔다.

(3) 피고는 원고가 가진 장애가 이 사건 시행령 조항에 규정되지 않았다는 이유를 들어 원고의 장애인등록신청을 거부하는 이 사건 처분을 하였다.

4. 이러한 사정을 앞서 본 법리에 따라 살펴보면, 다음과 같이 판단할 수 있다.

원고는 뚜렛증후군이라는 내부기관의 장애 또는 정신 질환으로 발생하는 장애로 오랫동안 일상생활이나 사회생활에서 상당한 제약을 받는 사람에 해당함이 분명하므로, 장애인복지법 제2조 제2항에 따라 장애인복지법을 적용받는 장애인에 해당한다. 뚜렛증후군은, 자신도 모르게 발작이 일어나거나 행동의 변화가 생기는 등 그 증상과 협조적인 대인관계가 곤란하다는 점 등에서는 '뇌전증장애'와 유사한 측면이 있고(장애인복지법 시행규칙 [별표 1] 15. 참조), 정신적 장애로 분류되고 사회적응 및 사회복귀 가능성이 희박하다는 점에서는 '정신장애(정신분열, 반복성 우울장애)'와 유사한 측면이 있다(장애인복지법 시행규칙 [별표 1] 8. 참조). 여기에 원고의 장애 정도나 사회생활 등에서의 제약과 이 사건 시행령 조항이 구체적으로 규정한 각 장애를 고려하여 보면, 이 사건 시행령 조항이 원고가 가진 장애를 장애인복지법의 적용대상에서 배제하려는 취지라고 볼 수도 없다.

따라서 행정청은 원고의 장애가 이 사건 시행령 조항에 규정되어 있지 않다는 이유만을 들어 원고의 장애인등록신청을 거부할 수는 없으므로, 피고의 이 사건 처분은 위법하다. 피고로서는 이 사건 시행령 조항 중 원고가 가진 장애와 가장 유사한 종류의 장애 유형에 관한 규정을 유추 적용하여 원고의 장애등급을 판정함으로써 원고에게 장애등급을 부여하는 등의 조치를 취하여야 할 것이다.

5. 원심이 이 사건 시행령 조항에 규정된 장애의 종류를 한정적 열거로 본 것은 적절하지 아니하나, 이 사건 처분을 위법하다고 판단한 원심의 결론은 정당하다. 거기에 장애인복지법 제2조 및 이 사건 시행령 조항의 해석 · 적용, 평등원칙에 관한 법리를 오해하는 등으로 판결에 영향을 미친 잘못이 없다.

6. 그러므로 상고를 기각하고 상고비용은 패소자가 부담하도록 하여, 관여 대법관의 일치된 의견으로 주문과 같이 판결한다.

대법관 민유숙(재판장) 조희대(주심) 김재형 이동원

제 6 편

하천수 사용권과 「공익사업을 위한 토지 등의 취득 및 보상에 관한 법률」 상 '물(水)'의 사용에 관한 권리

연구대상 사건의 개요

양 진 수

I. 사안의 개요

1. 사실관계

○ 원고는 1995. 8. 18.경 포천시 ○○면 ○○○리 산42-1[1](이 사건 토지) 등에서 하천 내 공작물 설치공사허가를 받은 후 공사 착공을 하여 1998. 5. 4. **수력발전용 댐 구조물**(이 사건 댐)을 준공하였음

○ 원고는 그 무렵 포천시장으로부터 이 사건 댐이 있는 토지 일대의 **한탄강 하천수 사용허가**(구 하천법상 유수 사용 목적의 하천점용허가)를 받아(유수 사용에 대한 점용허가 **만료기간: 2010. 12. 31.**[2]) 하천수를 사용하여 소수력[3]발전사업을 영위하였음

▸ 이 사건 댐의 모습을 촬영한 사진은 아래와 같음(↓)

1) 등기부상 지목이 **'하천'**으로 되어 있고, 1997. 10. 29. **대한민국** 명의로 소유권보존등기가 마쳐져 있음

2) 허가를 받은 일시가 언제인지는 기록상 분명하지 않음

3) 수력발전은 발전설비용량에 따라 대수력, 중수력, **소수력**(1,000kW~10,000kW), 미니수력, 마이크로수력 등으로 분류함

- ❍ 피고(한국수자원공사)는 **댐건설사업**(한탄강 홍수조절지댐 건설사업 및 한탄강홍수조절댐 건설사업)을 시행하는 사업시행자로서 댐 건설에 필요한 토지 등을 수용하였고(수용개시일: 2010. 12. 22.), 위 댐건설사업의 지구로 편입된 토지나 물건에 대하여 보상이 이루어졌음
- ❍ 원고의 경우에는 피고의 댐건설사업 과정에서 원고의 용수시설을 포함한 **발전설비 일체**가 수용되었는데, 원고의 이 사건 댐을 구성하는 **지장물** 및 **영업권**에 대해서는 보상이 이루어졌으나(지장물 보상금 2,681,319,500원 + 영업보상금 160,626,000원 = 합계 2,841,945,500원), **하천수 사용권에 대해서는 별도로 보상금이 산정 · 지급되지 않았음**
- ❍ 원고는 그에 관한 재결신청이 기각되자 이 사건 소를 제기함

2. 원고의 주장요지

- ❍ 원고는 포천시장으로부터 이 사건 토지 일대에 대한 한탄강 하천수 사용허가를 받아 댐을 건설하고 소수력발전사업을 영위하였으나, 피고의 댐건설사업으로 인하여 이 사건 댐이 수용되어 한탄강 하천수를 사용하지 못하게 되었음
- ❍ 원고의 위와 같은 하천수 사용권은 독립하여 보상대상이 되는 권리로서(「댐건설 및 주변지역지원 등에 관한 법률」 제11조 제3항이 준용하는) **공익사업을 위한 토지 등의 취득 및 보상에 관한 법률**(이하 **'토지보상법'**[4]) **제76조 제1항**이 정하는 「**물의 사용에 관한 권리**」에 해당하므로, 피고는 원고에게 그 소멸에 대한 **정당한 보상금**으로 13억 2,000만 원 및 이에 대한 지연손해금을 지급하여야 함

---

4) 1심과 원심판결은 「**공익사업을 위한 토지 등의 취득 및 보상에 관한 법률**」의 약칭을 **'공익사업법'**으로 표기하고 있으나, 종합법률정보상의 약칭 표시(대법원, 국회, 헌법재판소, 법학계, 국어학계, 관계기관 등이 협의를 거쳐 마련한 약칭임)는 **'토지보상법'**으로 되어 있음

II. 소송의 경과 및 상고이유

1. 소송의 경과

가. 1심 : 원고 패소

☞ 하천법상의 하천점용허가 내지 하천수 사용허가에 따른 권리는 토지보상법 제76조 제1항이 정하는 「물의 사용에 관한 권리」에 해당하지 않는다는 취지임

나. 원심 : 원고 일부 승소[5] (원고의 하천수 사용권에 대하여 별도의 보상이 이루어져야 한다는 주장 자체는 받아들이되, 그 액수 산정에 관하여 원고 주장과 다른 방식을 취함)

☞ 판결이유는 아래와 같음

1) 원고의 이 사건 하천수 사용허가로 인한 권리는 토지보상법 제76조 제1항이 정하는 「물의 사용에 관한 권리」에 해당함 (토지보상법상 손실보상의 대상이 되는 권리에 해당함) ☜ **이 사건의 주된 쟁점에 해당하는 판단 부분임**

○ 원고의 이 사건 하천수 사용허가로 인한 권리는 재산권적 성격, 독점성, 배타성, 양도성 등을 갖춘 '**물권에 준하는 권리**'로서 토지보상법 제76조 제1항이 정하는 「물의 사용에 관한 권리」에 해당함

2) 이 사건 하천수 사용허가에 따른 「물의 사용에 관한 권리」의 정당한 보상금액은 1심 감정인의 감정결과 및 위 감정인에 대한 원심의 보완감정결과와는 다른 새로운 방식에 의하여 산정되어야 함

---

5) **508,653,116원**과 이에 대한 2010. 12. 23.(= 수용개시일 다음 날)부터의 지연손해금의 지급을 명함

2. 상고이유의 요지

가. 피고의 상고이유 : 하천수 사용허가에 따른 원고의 권리는 토지보상법상 보상의 대상이 되는 「물의 사용에 관한 권리」에 해당하지 않음 ☜ 이 사건의 주된 쟁점에 해당하는 판단 부분임

나. 원고의 상고이유

1) 제1점 : 원심은 경험칙 · 논리칙에 반하는 임의적인 방법으로 평가한 금액으로 보상금 지급을 명하였음

2) 제2점 : 손실보상액 산정에 관한 법리오해

III. 물을 이용(사용)하는 권리[6]에 관한 현재까지의 논의와 判例

○ 우리나라에서 물을 이용(사용)하는(≠소유하는) 권리는 크게 민법이 인정하는 수리권과 하천법 등 공법에 의한 수리권으로 나누어짐 (이원적 체계)

○ 이용 대상에 따라 크게 '**하천**'의 이용에 대한 권리와 '**지하수**'의 이용에 대한 권리로 나뉨

1. '하천'[7]의 이용에 대한 권리

가. 민법이 인정하는 수리권

○ 공유하천용수권(公有河川用水權, 민법 제231조)과 관습상의 수리권(관행수리권)이 있음

나. 하천법상의 수리권

☞ 이 사건에서 보상의 대상이 되는지 문제되는 권리에 해당함

6) **'수리권(水利權)'**이라고도 함

7) '일반 공중의 사용'에 제공된 공물(公物)로서 강학상 **공공용물(公共用物)**에 해당함

❍ 하천법상 점용허가를 받은 자가 취득하는 권리의 성질에 관한 判例

▸ 하천점용허가에 따라 해당 하천을 점용할 수 있는 권리(**하천점용허가권**)에 관한 判例를, 실제로 판시된 사항을 중심으로 분석하면 아래 표와 같음

判例가 인정한 성질	判例가 부정한 성질
• **특허**에 의한 공물사용권(공물의 **특별**사용권) • 특정인에게 하천이용권이라는 **독점적** 권리를 설정하여 줌(= 공유수면관리법상 공유수면의 점유 · 사용허가) • 독립된 재산적 가치 있음 • 민사집행법에 의한 강제집행의 대상이 됨	• 공물의 **일반**사용 관계 아님
• 하천의 관리주체에 대하여 일정한 특별사용을 청구할 수 있는 **채권** [다만 하천부지를 권원 없이 점유 · 사용하는 자에 대하여 직접 부당이득의 반환을 구할 수 있음]	• **대세적** 효력이 있는 **물권**이라고 할 수 없음 [따라서 소유자를 대위하여 물권적 청구권을 행사할 수 있고, 다만 직접 자기에게 인도할 것을 청구할 수도 있음]

- 判例에 의할 때 '독점적 권리'라는 성질과 '채권'이라는 성질은 양립가능하지만, '대세적 권리'라는 성질은 양립불가능함

▸ '하천점용'허가권에 관한 判例의 태도는 현행 하천법상의 '하천수 사용'허가권에 대해서도 마찬가지로 적용된다고 볼 수 있음

2. '지하수'의 이용에 관한 권리

☞ 토지보상법상의 「물의 사용에 관한 권리」에 관한 중요 先例(아래에서 볼 「먹는샘물 지하수」 판결)가 지하수 이용권에 관한 것이었음

❍ 우리나라에서는 민법 제212조[8]에 따라 토지의 소유권이 지하수에도 미치고, 지하수는 토지의 구성 부분이라고 파악하는 것이 일반적임 (通說 · 判例)

❍ 다만, 지하수법 등 공법 규정이 지하수에 대한 소유권의 한계로 작용할 수 있고, 判例는 '토지 소유권이 미치는 지하수의 이용'과 '그 범위를 넘

---

8) **민법 제212조(토지소유권의 범위)**
토지의 소유권은 정당한 이익있는 범위내에서 토지의 **상하**에 미친다.

어선 지하수의 이용 · 개발'을 구분하여, 후자의 경우는 지하수의 공적 수자원으로서의 성질과 기능 등을 고려하여 행정청의 허가 · 규제의 영역에 있다고 함

IV. 하천법상 하천수 사용권[9)]이 토지보상법상 보상의 대상이 되는 「물의 사용에 관한 권리」에 해당하는지 ☜ 피고의 상고이유 관련 [이 사건의 주된 쟁점에 해당함]

1. 토지보상법상 「물의 사용에 관한 권리」에 관한 대법원 判例 ⇨ 대법원 2005. 7. 29. 선고 2003두2311 판결 (「먹는샘물 지하수」 판결)

가. 위 사건의 주된 쟁점

○ 원고가 주장한 지하수이용권이 당시 시행되던 토지수용법 제2조 2항 3호가 수용대상으로 규정한 「물의 사용에 관한 권리」에 해당하는지 (토지보상 및 폐업보상 이외에 별도로 위 지하수이용권에 대한 손실보상이 이루어져야 하는지)

나. 분석 ⇨ 「먹는샘물 지하수」 판결이 취하고 있는 판단기준

○ 1심, 원심 및 대법원의 판결이유를 정리해 보면, 아래 ①~③의 기준에 따라 판단하고 있음을 알 수 있음

- ▸ 아래 기준에 의할 때 「①도 불충족, ②도 불충족, ③도 불충족이므로 '물의 사용에 관한 권리'가 아니다」는 것이 위 대법원 판결의 취지임
- ▸ 그렇다면 이는 바꾸어 말하면 ①, ②, ③ 중 어느 하나를 충족한다면 「물의 사용에 관한 권리」로 볼 수 있다는 의미가 됨

9) 구 하천법상 하천(유수)점용권

기준	1심	원심	대법원
1 법령상 물권(에 준하는 권리) 인지	법령상 토지소유권과 별도로 물권에 준하는 권리로 인정하는 규정 없음	관계법령 등에서 물권에 준하는 권리로 인정, 보호되고 있지 않음	관계 법령상 물권에 준하는 권리로 인정되어 보호되고 있지 않음
2 관습상 물권(에 준하는 권리) 인지	관습상 별도의 권리로 인정되고 있지 않음	사회통념상 권리로 인정되는 정도까지 성숙하였다거나 관습상 별도의 권리로 인정되고 있지 않음	토지소유권 등으로부터 분리된 관습상의 물권이라고 할 수 없음
3 지하수를 **계속적, 배타적**으로 이용하는 권리에 해당하는지	일본의 보상법규에 의하더라도 • 보상의 대상이 되는 권리는 「**행정청의 특허** 또는 **관행**에 의하여 공수를 **계속적, 배타적**으로 이용하는 권리」여야 하고, • **일반사용, 허가사용**의 경우는 보상의 대상으로 삼고 있지 않음	**행정관청의 특허** 또는 관행에 의하여 공수를 **계속적, 배타적**으로 이용하는 권리에 해당한다고 보기 어려움	구 먹는물관리법상 수원개발허가를 받은 것만으로는 지하수를 **계속적, 배타적**으로 이용할 수 있는 권리가 생기지 않음

2. 상정가능한 견해와 그 논거

가. 부정설 : 하천법상 하천수 사용권이 토지보상법상 「물의 사용에 관한 권리」에 해당하지 않는다는 견해

1) 토지보상법 제3조 제3호 및 제76조 제1항의 「물의 사용에 관한 권리」에 해당하기 위해서는 물권 또는 「물권에 준하는 권리」일 것이 요구됨

 ○ 「먹는샘물 지하수」 판결이 설시하는 3 부분의 "그 토지의 지면 하에 있는 지하수를 계속적, 배타적으로 이용할 수 있는 권리"는 「물권에 준하는 권리」의 다른 표현에 불과하다고 보아야 함

 ○ 토지보상법 제3조 제3호 및 제76조 제1항에 열거된 다른 권리인 광업권, 어업권은 모두 해당 법률에서 물권으로 규정되어 있는바, 같은 조문에 규정된 「물의 사용에 관한 권리」는 물권에 준하는 권리에 이르러야 한다고 봄이 자연스러움

2) 하천수 사용권은 '물권'이 아니고 '물권에 준하는 권리'로 볼 수도 없으므로, 그 법적 성질의 측면에서 「물의 사용에 관한 권리」가 될 수 없음

○ 하천수 사용권은 「물권에 준하는 권리」의 핵심 징표라고 할 수 있는 배타적 · 대세적 효력과 그로부터 파생되는 물권적 청구권(금지청구권) 등이 인정되지 않음

○ 「먹는샘물 지하수」 판결에서 보상 여부가 문제된 권리와 본질적으로 다르지 않은바, 그 사건의 권리가 「물의 사용에 관한 권리」에 해당하지 않는다고 본 이상, 하천수 사용권 역시 「물의 사용에 관한 권리」에 해당하지 않는다고 보는 것이 형평에 맞음

3) 하천수 사용허가를 둘러싼 법령 · 실무관행에 비추어 볼 때, 보상의 필요성이 있다고 볼 수 없음

4) 이 사건의 구체적 타당성에 비추어 보더라도 보상의 필요성이 있다고 볼 수 없음

○ 이 사건에서 원고가 하천수 사용권 취득을 전제로 발전소 설비를 투자하고 운영하다가 공익사업의 시행으로 인해 사업을 영위할 수 없게 되어 손해를 입은 점은 인정되나, 이에 대한 보상은 영업손실금과 시설비에 대한 보상금의 지급으로 충분히 이루어졌음

○ 이 사건 수용개시일인 2010. 12. 22. 당시 이 사건 하천수 사용허가의 만료일(2010. 12. 31.)이 얼마 남지 않은 상태였다는 점에서도 굳이 보상이 이루어져야 한다고 볼 수 없음

나. 긍정설 : 하천법상 하천수 사용권은 토지보상법상 「물의 사용에 관한 권리」에 해당한다는 견해

1) 토지보상법 제3조 제3호 및 제76조 제1항의 「물의 사용에 관한 권리」에 해당하기 위하여 **반드시 「물권에 준하는 권리」일 필요는 없음**

○ 「먹는샘물 지하수」 판결의 위 ③부분에서 대법원 판결이 설시한 **"지하수를 계속적, 배타적으로 이용할 수 있는 권리"**는 '물권에 준하는 권리'를

의미하는 것이 아니라, 「ⓐ행정관청의 특허 또는 ⓑ관행에 의하여 지하수를 계속적 · 배타적으로 이용하는 권리」, 즉 위에서 본 우리나라 법제상의 수리권[⇨ ⓐ하천법상의 수리권 또는 ⓑ민법이 인정하는 관행수리권]을 지칭하는 것으로 보아야 할 것임

▸ 「먹는샘물 지하수」 판결은 관련 법령상의 허가에 따른 지하수 이용권을 '수리권'(=재산권)으로 보지 않겠다(⇨ '반사적 이익'과 마찬가지로 보겠다)는 결단을 한 先例라고 생각됨

❍ 헌법 제23조 제3항 및 토지보상법의 입법취지에 비추어 보더라도 '물권' 내지 '이에 준하는 권리'로 제한할 아무런 근거가 없음

2) 하천법상 하천수 사용권이 「물권에 준하는 권리」에 해당하지는 않지만, 토지보상법상 「물의 사용에 관한 권리」가 될 수 있는 요건(⇨ '재산적 가치' 있는 '권리')을 갖추었음

❍ 먼저, 하천법상 하천수 사용권이 「물권에 준하는 권리」로서의 징표를 갖추고 있지 않다는 점에 대해서는 부정설이 지적하는 점에 반대하지 않음

❍ **그러나** 위 1)항에서 본 바와 같이 「먹는샘물 지하수」 판결을 이해하는 이상, 하천수 사용권이 「물권에 준하는 권리」로서의 징표를 갖추고 있지 않다는 이유만으로 하천법상 허가에 따른 하천수 사용권이 토지보상법상 「물의 사용에 관한 권리」에 해당하지 않는다고 볼 수는 없음

❍ 또한, 「먹는샘물 지하수」 판결에서의 지하수 이용권과 하천수 사용권은 그 법적 성질이 다르므로, 위 先例에서 문제된 '지하수 이용권'이 「물의 사용에 관한 권리」로 인정받지 못하였다 하여 이 사건의 하천수 사용권까지 「물의 사용에 관한 권리」가 아니라고 보아야 할 당위성은 없음

▸ '하천'을 이용하는 권리와 '지하수'를 이용하는 권리는 학계의 논의와 判例의 양 측면에서 모두 서로 별개의 영역에서 형성되어 왔음

❍ 뿐만 아니라, 判例에 의하더라도 하천점용권허가의 독립된 '재산적' 가치를 인정하고, 민사집행법에 의한 강제집행의 대상이 된다고 보고 있으며, 나아가 그 침해시 직접 부당이득반환을 구할 수 있다고 보기까지 하는 이상, 손실보상 역시 이루어져야 한다고 봄이 자연스러움

○ 학계에서도 '水利權'(= 민법상의 수리권 + 관행 수리권 + 허가에 의한 수리권)은 「손실보상이 필요한 재산권」에 해당한다고 설명되고 있고, 별다른 이견이 없는 것으로 보임

3) 하천수 사용허가 또는 하천의 점용허가에 공익 목적의 철회가 예정되어 있었다 하더라도 그것만으로 손실보상을 부정할 수는 없음

○ 하천법 제70조 제1항, 제69조 제1항은 공익 목적의 철회를 예정하고 있는데, 그러한 '철회'의 가능성과 '보상의 필요성'은 서로 다른 차원의 문제임

▸ 공법학계에서는 대체로 특별한 공익상의 필요가 있어 특허의 '철회'가 허용되는 경우에도 '손실'이 있다면 그에 대한 보상이 이루어져야 한다고 보고 있고, 하천법에도 그러한 취지의 규정이 있음 (하천법 제76조 제1항, 제77조 제1항)

▸ 물론 이 사건은 '하천관리청의' 처분으로 인한 손실의 보상이 아닌, '하천관리청 이외의 사업시행자'의 공익사업으로 인한 손실보상이 문제되는 사안이므로, 하천법상의 위 손실보상 규정이 적용되지는 않음 (보상의 근거법령은 **댐건설법에 의하여 준용되는 토지보상법**임)

○ 그렇다면 '하천관리청이' '공익사업을 위하여 필요하여' 철회하는 경우조차도 보상이 필요하다는 것이 법의 취지인 이상, 이 사건과 같이 관리청이 아닌 다른 사업시행자가 등장해 그 공익사업으로 인해 토지보상법이 정하는 '권리'가 소멸되는 경우에는 더더욱 보상해 주는 것이 형평에 맞다고 보아야 함

4) 하천수 사용허가 기간의 연장 가능성과 손실보상의 관계

○ 기존 사용허가 기간이 얼마나 남았는지 및 기간연장이 가능한지 여부를 보상'액'의 산정에 어느 정도 반영할 수 있을지는 모르겠으나, 기간연장 가능성의 유무에 따라 보상의 '여부'를 결정하는 것은 타당하지 않음

▸ 행정청의 기간 연장 여부는 행정청의 재량에 달려 있는 것인데 '사업시행이 없었더라면 기간이 연장되었을지'라는 가정적 판단을 법원이 단정적으로 한다는 것도 조심스러울 뿐만 아니라, 설령 사업개시 시

점에 기존 하천수 사용기간 연장의 가능성이 크지 않은 경우라 하더라도 '권리'가 소멸하는 이상 그에 대한 보상은 이루어져야 할 것임

5) 이 사건의 구체적 타당성에 비추어 보더라도 보상의 필요성은 충분히 인정됨

- ○ 원고는 전력난 해소를 위한 국가적인 발전댐 건설 촉진 정책에 맞추어 이 사건 댐 건설을 위하여 2008. 8.경까지 약 45.5억 원에 이르는 초기 시설자금을 투자하였고, 일반적으로 발전용(소수력발전용) 설비의 내용연수는 30년으로 보고 있음
- ○ 그런데도 원고는 약 12년 동안만 영업을 하고서 수용에 이르게 되었고, 초기 발전댐 건설 투자비에 훨씬 못 미치는 금액만을 영업보상, 시설보상 명목으로 수령하였음
- ○ 또한, 하천수 사용허가를 받은 사람이 사용허가 기간연장 신청서를 제출하였을 때, 최초 허가 당시와 비교하여 특별한 사정의 변경이 없는 한 매 5년 단위로 검토하여 기간연장이 가능하므로(☜ 원심의 한강홍수통제소에 대한 사실조회결과), 이 사건 수용개시일을 기준으로 하천수 사용허가 기간 만료일이 얼마 남지 않았다 하더라도 그것만으로 보상을 부정할 수는 없음

3. [보상이 필요하다고 볼 때] 하천법상 점용허가를 받은 자가 취득하는 권리(=특허사용권) 중 어느 범위까지가 「물의 사용에 관한 권리」로서 보상이 이루어져야 하는지

가. 법률 조문 (아래와 같이 두 번의 전부개정을 거침)

- ○ **구 하천법(1999. 2. 8. 전부개정되기 전의 것)** ☜ 원고가 한탄강 하천수(유수)의 점용허가를 받던 당시의 법률임

> **제25조(하천의 점용허가 등)**
> ① 하천구역 안에서 다음 각호의 1에 해당하는 행위를 하고자 하는 자는 대통령령이 정하는 바에 의하여 **관리청의 허가**를 받아야 한다. 다만, 이 허가에는 하천의 오염으로 인한 공해 기타 보건위생상 위해를 방지함에 필요한 부관을 붙여야 한다.
> 1. **유수의 점용**

2. 토지의 점용
3. 하천부속물의 점용
4. 공작물의 신축 · 개축 · 변경 또는 제거. 다만, 제23조에 의한 허가를 받아 하천공사를 하는 경우는 제외한다.
5. 토지의 굴착 · 성토 또는 절토 기타 토지의 형상변경
[이하 6~10호는 생략]

○ 구 하천법(2007. 4. 6. 전부개정되기 전의 것)

제33조(하천의 점용허가 등)
① 하천구역 안에서 다음 각호의 1에 해당하는 행위를 하고자 하는 자는 대통령령이 정하는 바에 의하여 **관리청의 허가**를 받아야 한다. 다만, 이 허가에는 하천의 오염으로 인한 공해 기타 보건위생상 위해를 방지함에 필요한 부관을 붙여야 한다.
1. **유수**(하천 바닥에 스며들어 흐르는 물을 포함한다)의 **사용**
2. 토지의 점용
3. 하천부속물의 점용
[이하 4~9호는 생략]

○ 현행 하천법 ☜ 하천법이 2007. 4. 6. 전부개정(시행 2008. 4. 7.)되면서 제33조(하천의 점용허가 등) 중 종전의 '유수의 사용'(제1호) 부분이 삭제되었고, 「하천수의 사용허가」에 관한 규정이 제50조로 신설됨

제33조(하천의 점용허가 등)
① 하천구역 안에서 다음 각 호의 어느 하나에 해당하는 행위를 하려는 자는 대통령령으로 정하는 바에 따라 **하천관리청의 허가**를 받아야 한다. 허가받은 사항 중 대통령령으로 정하는 중요한 사항을 변경하려는 경우에도 또한 같다.
1. 토지의 점용
2. 하천시설의 점용
3. 공작물의 신축 · 개축 · 변경
4. 토지의 굴착 · 성토 · 절토, 그 밖의 토지의 형질변경
5. 토석 · 모래 · 자갈의 채취
6. 그 밖에 하천의 보전 · 관리에 장애가 될 수 있는 행위로서 대통령령으로 정하는 행위

제50조(하천수의 사용허가 등)
① 생활 · 공업 · 농업 · 환경개선 · **발전** · 주운(舟運) 등의 용도로 **하천수를 사용**하려는 **자**는 대통령령으로 정하는 바에 따라 **국토교통부장관의 허가**를 받아야 한다. 허가받은 사항 중 대통령령으로 정하는 중요한 사항을 변경하려는 경우에도 또한 같다.

하천법 부칙[2007. 4. 6.]
제9조 (하천수 사용허가에 관한 경과조치) 이 법 시행 당시 종전의 규정에 따른 하천점용허가(**유수사용 목적의 점용허가**에 한한다)는 제50조의 개정규정에 따른 **하천수 사용허가**로 본다.

나. 검토

○ **구 하천법(1999. 2. 8. 법률 제5893호로 개정되기 전의 것) 제25조 제1항**의 경우
  ▸ **제1호**에 의하여 관리청으로부터 '유수의 점용'을 위한 허가를 받은 경우 「물의 사용에 관한 권리」로서의 징표를 갖춘 것으로 볼 수 있으나,
  ▸ 나머지 각호의 점용 · 사용 관계까지도 모두 '물(水)'을 사용하는 권리(水利權)라고 볼 수 있는지는 좀더 생각해 볼 필요가 있음

○ **구 하천법(2007. 4. 6. 법률 제8338호로 개정되기 전의 것) 제33조 제1항**의 경우
  ▸ **제1호**에 의하여 관리청으로부터 '유수(하천 바닥에 스며들어 흐르는 물을 포함한다)의 사용'을 위한 허가를 받은 경우 「물의 사용에 관한 권리」로서의 징표를 갖춘 것으로 볼 수 있으나,
  ▸ 나머지 각호의 점용 · 사용 관계까지도 모두 '물(水)'을 사용하는 권리(水利權)라고 볼 수 있는지는 좀더 생각해 볼 필요가 있음

○ **현행 하천법**의 경우
  ▸ **제50조 제1항**의 하천수 사용권은 「물의 사용에 관한 권리」로서의 징표를 갖춘 것으로 볼 수 있으나,
  ▸ 제33조 제1항 각호의 점용 · 사용 관계까지도 모두 '물(水)'을 사용하는 권리(水利權)라고 볼 수 있는지는 좀더 생각해 볼 필요가 있음

다. 비교할 수 있는 경우 ⇨ 공유수면 점용허가상의 권리가 「물의 사용에 관한 권리」로서 보상이 필요하다면 공유수면법상 점용허가를 받은 자가 취득하는 권리(=특허사용권) 중 어느 범위까지가 「물의 사용에 관한 권리」로서 보상이 이루어져야 하는지

○ 「공유수면 관리 및 매립에 관한 법률」 제8조 제1항 **각호 중 제5호**("공유수면으로부터 **물을 끌어들이거나** 공유수면으로 물을 내보내는 행위")**의 점용 · 사용허가권은** 「물의 사용에 관한 권리」에 **해당**한다고 볼 여지가 있음

- ▸ 공유수면 점용 · 사용 관계는 모두 공물의 **특별사용**관계로서 특정인에게 공유수면 이용권이라는 **독점적 권리를 설정**해 주는 관계에 해당함(判例)
- ▸ 공유수면 자체를 소유하는 것이 아니라 점용 · 사용하면서 '물을 사용'하는 권리임

○ 다만, 제5호를 제외한 나머지 각호의 점용 · 사용 관계는 모두 '물(水)'을 사용하는 권리(水利權)라고는 보기 어려운 측면이 있음 ⇨ 점용 · 사용이 이루어지는 장소가 공통적으로 '공유수면'[10]이라는 이유만으로 '물의 사용'과 무관함에도 무리하게 「물의 사용에 관한 권리」라고 보는 것은 타당하지 않을 수 있음

V. [위 IV항에서 긍정설을 취하는 것을 전제로] 보상액 산정의 기준과 방법 ☜ 원고의 상고이유 관련

1. 면허어업에 관한 기준을 유추적용할 수 있는지 (원고의 상고이유 1점 관련)

가. 문제점

○ 토지보상법 제76조(권리의 보상)는 광업권 · 어업권 및 「물의 사용에 관한 권리」에 대하여 보상하여야 한다고 규정하고 있는데, 그 위임을 받은

10) 공유수면 관리 및 매립에 관한 법률 제2조 제1호에 "공유수면"의 정의규정이 있음

토지보상법 시행규칙에는 광업권 및 어업권의 평가 규정만 있을 뿐, 「물의 사용에 관한 권리」에 대한 보상액 산정 · 평가 규정이 없으므로 문제됨

나. 判例

○ 判例는 보상이 필요한 손실에 해당함에도 그러한 손실의 평가를 규정한 명시적인 규정이 없는 경우에는 그 성격상 유사한 다른 평가규정을 유추적용할 수 있다는 입장임

다. 상정가능한 방안

1) **1안** : 원고에게 **영업손실만을** 보상하는 방안

○ 의의

▸ 토지보상법 시행규칙 제46조에 의하면, 공익사업의 시행으로 인하여 영업을 폐지하는 경우의 영업손실은 「2년간의 **영업이익**[11]에 영업용 고정자산 · 원재료 · 제품 및 상품 등의 매각손실액을 더한 금액」으로 함

▸ 따라서 1안에 따른 손실보상액을 간략히 산식으로 표현하면 「**연평균 영업이익('α') × 2년**」이 됨(**2년치 보상**)[12]

○ 한계

▸ 토지보상법은 '권리'에 대한 보상과 '영업의 손실'에 대한 보상을 분명하게 구별하고 있고,[13] 그 시행규칙도 '권리'의 평가 부분(제4절)과 '영업의 손실'에 대한 평가 부분(제5절)이 분명하게 나뉨

▸ 이러한 규정체계 하에서는 토지 등의 수용으로 인해 소멸하는 일정한 지위가 토지보상법 제76조가 열거하는 **'권리'에 해당하지 않더라도**

---

11) 해당 영업의 **최근 3년간**(특별한 사정으로 인하여 정상적인 영업이 이루어지지 아니한 연도를 제외한다)의 **평균 영업이익을 기준**으로 하여 이를 평가

12) '영업이익'은 토지보상법 시행규칙상 해당 영업의 최근 3년간(특별한 사정으로 인하여 정상적인 영업이 이루어지지 아니한 연도를 제외한다)의 평균 영업이익('α')을 기준으로 하여 이를 평가한다고 규정되어 있음

13) **토지보상법 제6장(손실보상 등)의 제2절(손실보상의 종류와 기준 등)**은 크게 ① **토지**에 대한 보상, ② **건축물 등 물건**에 대한 보상, ③ **권리**에 대한 보상(제76조), ④ **영업의 손실** 등에 대한 보상(제77조)로 나뉨

'영업의 손실'에 대한 보상은 받을 수 있으므로, 영업손실만을 보상할 것이라면 **'권리의 보상'에 관한 토지보상법 제76조에서 굳이** 「물의 사용에 관한 권리」를 **규정한 의미를 찾기 어려워짐**

- 한편, 토지보상법은 '권리'에 대한 보상을 '영업의 손실'에 대한 보상과는 분명하게 구별하면서 **토지보상법 제76조 제2항**에서 '권리'에 대한 보상액의 구체적인 산정 및 평가방법을 시행규칙에 위임하고 있음 ⇨ 입법자의 의도는 1차적으로 '법률'을 기준으로 판단하여야 하는바, 법률의 입법의도는 어디까지나 **'권리'에 대하여 '영업손실'과는 별도의 영역에서 보상하고자** 하는 것

2) **2안** : 이 사건 **감정인의 계산방식**(☞ 원심의 보완감정결과)에 따라 보상하는 방안

○ 의의

- 日本의 관련 규정에 따른 방식임[14)]
- 위에서 보는 바와 같이 직전 3개년(2007~2009년)간의 영업이익을 연평균한 80,313,494원('α')을 **8/100(8%)로 나눈(= 100/8을 곱한)** 금액이 됨
- 따라서 2안에 따른 손실보상액을 간략히 산식으로 표현하면 「**연평균 영업이익('α') × 12.5년**」[15)]이 됨(**12.5년치 보상**)

○ 한계

- 우리 토지보상법, 시행령 및 시행규칙상 그와 같은 계산식을 도출할 만한 유추적용의 근거조문을 찾을 수 없으므로, 받아들이기 곤란함

3) **3안** : **원심판결**의 계산방식에 따라 보상하는 방안

○ 의의

- 토지보상법 시행규칙 제44조(어업권의 평가 등) 제1항에 따라 준용되

---

14) **日本** 토지수용법의 위임을 받은 「공공용지의 취득에 따른 손실보상기준 세칙」이 규정한 「물의 이용에 관한 권리」의 가액 산정방법에 따라 산정

15) 「100/8 = 12.5」임

는 수산업법 시행령 별표 4[어업보상에 대한 손실액의 산출방법 · 산출기준 등] 중 **'면허어업'**의 손실액 산정방법 · 기준[16]을 「**물의 사용에 관한 권리**」의 보상액 산정에 유추적용하면

- 「보상의 원인이 되는 처분일이 속하는 연도의 전년도를 기준연도로 하여 **소급 기산한 3년 동안의 수익액을 연평균**한 금액에서 경비를 뺀 금액」('α')을 **연리(12%)로 나눈** 금액에 시설물의 잔존가액을 더한 금액이 될 것임

▸ 이 사건에 대입해 보면, 보상금액은 직전 3개년(2007~2009년)간의 영업이익을 연평균한 80,313,494원('α')을 **12/100(12%)로 나눈(= 100/12을 곱한)** 금액이 됨

▸ 따라서 3안에 따른 손실보상액을 간략히 산식으로 표현하면 「**연평균 영업이익('α') × 약 8.3년**」[17]이 됨(**약 8.3년치 보상**)

○ 원심이 취한 방식인데, 어업권 중에서도 '**면허**어업'에 관한 규정을 유추적용한 원심 판단을 수긍할 수 있는지 검토가 필요함

2. 이중보상으로서 공제하여야 하는지 (원고의 상고이유 2점 관련)

가. 判例

○ 일반론적으로 이중의 손실보상이 허용되어서는 안 된다는 입장인 것으로 짐작됨

나. 검토

○ 토지보상법 시행규칙상 광업권, 어업권에 대한 손실보상액 산정방식과 영업손실의 산정방식은 모두 일정한 기간 동안의 영업이익을 기준으로

---

16) 계산식은 「**평년수익액 ÷ 연리(12%) + 어선 · 어구 또는 시설물의 잔존가액**」이 되는데,
- 위에서 말하는 '**평년수익액**'은 「**평균 연간어획량**을 **평균 연간판매단가로 환산**한 금액에서 **평년어업경비를 뺀** 금액」을 말하고,
- 위에서 말하는 '**평균 연간어획량**'은 「보상의 원인이 되는 처분일이 속하는 연도의 전년도를 기준연도로 하여 소급 기산(起算)한 3년 동안의 어획량을 연평균한 어획량」이 됨

17) 「100/12 ≒ 8.3」임

한다는 점에서 공통점이 있음

○ 이러한 점 등에 비추어 볼 때, 「이익을 얻는 지위」에 대하여 '권리'를 기준으로 한 산정방식에 따라 보상액을 산정 · 지급하면서 또다시 '영업'을 기준으로 한 산정방식에 따라 보상액을 산정하여 더 지급해 주는 것은 이중보상이 될 수 있음

VI. 연구의뢰사항

○ 아래의 각 쟁점에 관하여 미국, 독일, 프랑스 및 일본 등[18]의 입법(행정입법 포함), 판례, 학설 및 실무현황에 대한 비교법적 연구 · 검토를 의뢰합니다.

1) 「공익사업을 위한 토지 등의 취득 및 보상에 관한 법률」(약칭: 토지보상법) 제76조 제1항이 보상의 대상으로 규정한 "물(水)의 사용에 관한 권리"의 의미 · 정의가 무엇인지, 이에 해당하기 위한 요건은 무엇인지

2) 하천법 제50조에 의한 하천수 사용허가[19]에 따른 하천수 사용권[강학상 '허가수리권(水利權)']이 토지보상법 제76조 제1항이 보상의 대상으로 규정한 "물(水)의 사용에 관한 권리"에 해당하는지

○ 이와 관련하여,

▸ 하천수 사용허가에 '공익사업의 시행에 따른 철회'가 예정되어 있는 경우에도, 보상이 필요한 '물의 사용에 관한 권리'에 해당한다고 볼 수 있는지

▸ 이 사건과 같이 하천수 사용허가의 기간만료일(2010. 12. 31.)에 임

---

18) 연구환경 또는 시간적 한계 등의 문제가 있을 경우 특정 1개국 또는 그 인접국가의 경우만을 검토해 주셔도 무방합니다.

19) 구 하천법(1999. 2. 8. 법률 제5893호로 개정되기 전의 것) 제25조 제1항 제1호에 의하여 관리청으로부터 '유수의 점용'을 위한 허가를 받거나, 구 하천법(2007. 4. 6. 법률 제8338호로 개정되기 전의 것) 제33조 제1항 제1호에 의하여 관리청으로부터 '유수(하천 바닥에 스며들어 흐르는 물을 포함한다)의 사용'을 위한 허가를 받음으로써 2007. 4. 6. 개정 하천법의 부칙 제9조에 따라 현행 하천법 제50조에 의한 하천수 사용허가를 받은 것으로 보는 경우 포함

박하여 댐건설사업 시행(수용개시일: 2010. 12. 22.)이 이루어진 경우에도 '물의 사용에 관한 권리'로서 보상해야 하는지

○ 이 사건 원고의 하천수 사용권에 대하여 피고가 보상해 주어야 하는지
 ▸ 원심처럼 '물권에 준하는 권리'로 보아야만 보상이 가능한 것인지

3) 보상이 필요하다고 볼 때, 하천법상 점용허가를 받은 자가 취득하는 권리(=특허사용권) 중 어느 범위까지가 '물의 사용에 관한 권리'로서 보상이 이루어져야 하는지

○ 현행 하천법을 기준으로 할 때, 하천법 제50조 제1항에 대해서만 「물의 사용에 관한 권리」로서 보상이 이루어져야 하는지, 하천법 제33조 제1항 각호의 경우에도 「물의 사용에 관한 권리」로서 보상이 가능하다고 볼 수 있는지

4) 만일 하천수 사용권이 '물의 사용에 관한 권리'에 해당한다면, ① 보상액 산정의 기준과 방법에 관하여 어느 규정을 적용 또는 유추적용하여야 하는지, ② 원고가 이미 수령한 '영업손실에 대한 보상금'과의 관계는 어떠한지(이중보상으로서 공제되어야 하는지)

5) 다른 나라에서, 물을 이용해 사업을 운영하다가 그 지위가 소멸하는 경우 그 지위에 대한 보상을 해 준 先例가 있는지

공익사업법상 물의 사용에 관한 권리의 법적 성격과 재산권성

김 성 수*

I. 문제의 제기 – 대전고등법원 2017. 7. 17. 선고 2013누1773 보상금증액, 대전지방법원 2013. 10. 16. 선고 2010구합4805 보상금증액

1. 사실관계

공익사업을 위한 토지 등의 취득 및 보상에 관한 법률(이하 공익사업법이라 한다) 제3조는 "사업시행자가 다음 각 호에 해당하는 토지 · 물건 및 권리를 취득하거나 사용하는 경우에는 이 법을 적용한다"고 규정하면서 제3호에서 "광업권 · 어업권 또는 물의 사용에 관한 권리"를 열거하고 있다. 공익사업법 제76조 제1항에 따라서 공익사업을 위하여 광업권 · 어업권 및 물(용수시설을 포함한다) 등의 사용에 관한 권리를 취득하거나 사용하는 경우 투자비용, 예상 수익 및 거래가격 등을 고려하여 평가한 적정가격으로 보상하도록 규정하고 있다.

원고는 1995. 8. 18.경 포천시 ○○면 ○○○리 산42-1(이 사건 토지) 등에서 하천 내 공작물 설치공사허가를 받은 후 공사 착공을 하여 1998. 5. 4. 수력발전용 댐 구조물(이 사건 댐)을 준공하였다. 원고는 그 무렵 포천시장으로부터 이 사건 댐이 있는 토지 일대의 한탄강 하천수 사용허가(구 하천법상 유수 사용 목적의 하천점용허가)를 받아(유수 사용에 대한 점용허가 만료기간: 2010. 12. 31.)

* 연세대학교 법학전문대학원 교수, 공법학

하천수를 사용하여 소수력발전사업을 영위하였다. 피고(한국수자원공사)는 댐건설사업(한탄강 홍수조절지댐 건설사업 및 한탄강홍수조절댐 건설사업)을 시행하는 사업시행자로서 댐 건설에 필요한 토지 등을 수용하였고(수용개시일: 2010. 12. 22.), 위 댐건설사업의 지구로 편입된 토지나 물건에 대하여 보상이 이루어졌다. 그런데 원고는 포천시장으로부터 이 사건 토지 일대에 대한 한탄강 하천수 사용허가를 받아 댐을 건설하고 소수력발전사업을 영위하였으나, 피고의 댐건설사업으로 인하여 이 사건 댐이 수용되어 한탄강 하천수를 사용하지 못하게 되었다. 원고의 위와 같은 하천수 사용권은 독립하여 보상대상이 되는 권리로서 댐건설 및 주변지역지원 등에 관한 법률 제11조 제3항이 준용하는 공익사업을 위한 토지 등의 취득 및 보상에 관한 법률 제76조 제1항이 정하는 물의 사용에 관한 권리에 해당하므로, 피고는 원고에게 그 소멸에 대한 정당한 보상금으로 13억 2,000만 원 및 이에 대한 지연손해금을 지급하여야 한다고 주장하였다.

피고의 댐건설사업 과정에서 원고의 용수시설을 포함한 발전설비 일체가 수용되었는데, 원고의 이 사건 댐을 구성하는 지장물 및 영업권에 대해서는 보상이 이루어졌으나(지장물 보상금 2,681,319,500원 + 영업보상금 160,626,000원 = 합계 2,841,945,500원), 하천수 사용권에 대해서는 별도로 보상금이 산정 · 지급되지 않았다. 원고는 그에 관한 재결신청이 기각되자 이 사건 소를 제기하였다. 이러한 분쟁은 물을 사용하는 권리, 이른바 수리권에 대한 전형적인 분쟁유형에 해당한다. 특히 피고가 건설한 댐으로 인하여 원고가 사용하던 발전용 댐이 수용됨으로 인하여 결과적으로 원고가 하천법상 허가를 받은 하천수 사용권도 수용되었으므로 지장물과 영업권 외에 별도로 하천법상 사용허가를 받은 하천수 사용권이라는 수리권에 대해서는 별도의 보상이 필요하다고 주장하게 된 것이다.

2. 소송의 경과

1심에서는 원고가 패소하였는데, 그 이유는 하천법상의 하천점용허가 내지 하천수 사용허가에 따른 권리는 공익사업법 제76조 제1항이 정하는 물의 사용에 관한 권리에 해당하지 않는다는 취지였다. 이에 반하여 원심은 원고의 하천수 사용권에 대하여 별도의 보상이 이루어져야 한다는 주장 자체는 받아들이면서, 다만 그 액수 산정에 관하여 원고 주장과 다른 방식을 취함으로써 원고에 대하여 일부 승소판결을 하였다.

원심판결의 주요한 이유는 원고의 이 사건 하천수 사용허가로 인한 권리는 공익사업법 제76조 제1항이 정하는 물의 사용에 관한 권리에 해당하므로 공익사업법상 손실보상의 대상이 되는 권리로 보아야 한다는 것이다. 이는 이 사건의 주된 쟁점에 해당하는 판단 부분으로서 원고의 이 사건 하천수 사용허가로 인한 권리는 재산권적 성격, 독점성, 배타성, 양도성 등을 갖춘 '물권에 준하는 권리'로서 공익사업법 제76조 제1항이 정하는 물의 사용에 관한 권리에 해당한다는 취지이다. 또한 이 사건 하천수 사용허가에 따른 물의 사용에 관한 권리의 정당한 보상금액은 1심 감정인의 감정결과 및 위 감정인에 대한 원심의 보완감정결과와는 다른 새로운 방식에 의하여 산정되어야 한다. 이에 대하여 피고는 상고이유로서 하천수 사용허가에 따른 원고의 권리는 공익사업법상 보상의 대상이 되는 물의 사용에 관한 권리에 해당하지 않으며, 원심은 경험칙과 논리칙에 반하는 임의적인 방법으로 평가한 금액으로 보상금 지급을 명하였으므로 손실보상액 산정에 관한 법리오해가 있다고 주장하였다.

3. 법적 쟁점

이 사건은 하천법상 하천수 사용허가를 받아 하천수를 사용하는 자의 법적 지위가 공법상 권리에 해당하는가, 더 나아가 공익사업법에서 규정하는 물의 사용에 대한 권리로서 이에 대한 공용침해가 있는 경우 헌법 제23조 제3항에 따라서 정당한 보상이 필요한가 하는 문제를 제기하고 있다. 보다 근본적으로는 우리가 흔하게 이른바 수리권이라고 부르는 물을 사용하는 권리의 법적 성격이 본격적으로 제기되었다는 점에서 이 사건의 의의가 크다고 할 수 있다. 수리권은 문자 그대로 물을 이용하는 권리로서 배타성과 독점성을 가지고 물에 대한 사용허가를 부여한 행정청과 다른 사인에게 작위, 부작위, 수인, 급부를 요구하고 이를 실현하기 위하여 필요한 경우 訴求할 수 있는 법률상의 힘이다. 바꾸어 말하자면 공법상 개인에게 부여된 일종의 공권으로서의 구체적인 권리라는 의미이다.

그러나 추후 검토하는 과정에서 분명해 지겠지만 민법상 공유하천용수권과 관행수리권을 포함하여 하천법상 하천수 사용허가를 받은 자의 법적 지위를 사법상 혹은 공법상 권리로 볼 것인가에 대해서는 상당한 논란의 여지가 있다.[1) 다시 말하자면 일반적으로 이야기 하는 "물의 사용에 관한 권리"로서의 수리권이 배타성이나 독점성과 더불어 헌법 제23조 제1항에서 보장되는 재산권으로서 개념적 요건인 사적 유용성 및 원칙적 처분권을 충족하고 있는지 면밀하게 검토하는 것이 필요하다. 후술하는 바와 같이 우리나라에서는 현행법상 다양한 종류와 내용을 가지고 있는 수리권이 존재한다. 이 사건에서 문제가 되고 있는 하천법상 허가수리권을 포함하여 다양한 종류의 수리권 중에서는 민법이나 행정법상의 권리, 더 나아가 헌법상 재산권으로서의 성격을 가지고 법적인 보호의 대상이 되는 것들이 있는 반면에 단순한 수익적 행정처분의 상대방으로서 가지는 지위, 관습법상 누리는 이익 등에 불과한 것도 존재한다. 다시 말하자면, 형식적으로는 물의 사용에 대한 권리를 가지는 것으로 보이지만 실질적으로는 그 권리성이 의심되는 물의 사용에 대한 단순한 기대이익 또는 허용된 사용량으로서의 법적 성격을 가지는 것에 불과한 경우도 있다는 의미이다.

II. 수리권의 종류와 내용

1. 관행수리권

1) 민법상의 수리권, 관행수리권

수리권은 문자 그대로 물을 이용하는 권리이다. 그런데 수리권이라는 개념은 실정법상 정의된 것이 아니라 오래 전부터 관행적으로 하천의 연안이나 호소,[2)] 보, 저수지 등에서 물을 사용하는 권리라는 의미로 사용되었다. 이른바 관

---

1) 이에 대한 상세한 논의는 김성수, 수리권의 법적 성격과 하천법의 과제, 토지공법연구 제73집 제1호, 10면 이하.

2) "호소"란 다음 각 목의 어느 하나에 해당하는 지역으로서 만수위(滿水位)[댐의 경우에는 계획홍수위(計劃洪水位)를 말한다] 구역 안의 물과 토지를 말한다.
가. 댐 · 보(洑) 또는 둑(「사방사업법」에 따른 사방시설은 제외한다) 등을 쌓아 하천 또는 계곡

행수리권, 공유하천용수권이 바로 그것이다. 전통적으로 물의 이용관계는 민법 제3장 소유권, 제1절 소유권의 한계, 제211조 이하에서 규정되고 있다. 그런데 민법은 물의 이용에 대해서는 토지소유권을 중심으로 법적 관계를 규율하고 있다는 점이 특징이다. 예를 들어 제212조는 토지소유권의 내용으로서 토지의 소유권은 정당한 이익 있는 범위 내에서 토지의 상하에 미친다고 규정하여 지표수와 지하수를 이용하는 권리를 토지소유권에서 근거를 찾을 수 있는 가능성을 열어 놓고 있다. 민법에서 수리권을 토지소유권과 연계시키고 있는 규정은 도처에서 발견된다. 민법 제221조는 토지소유자가 이웃 토지로부터 자연히 흘러내리는 물을 막을 수 없으며(제1항), 고지소유자는 이웃 저지에 자연히 흘러내리는 이웃 저지에서 필요한 물을 "자기의 정당한 사용범위"를 넘어서 이를 막지 못하도록 규정하고 있다(제2항).

이와 같이 민법은 물의 사용권을 토지소유자의 권리의 내용에 속하는 것으로 이해하는 한편, 다른 한편으로는 상린관계에서 일종의 沿岸權으로서의 수리권을 인정하는 규정을 가지고 있다.[3] 민법 제231조가 바로 그것인데, 공유하천의 연안에서 농, 공업을 영위하는 자는 이에 이용하기 위하여 타인의 용수를 방해하지 않는 범위 내에서 필요한 인수를 할 수 있다(제1항).[4] 그리고 제234조는 용수권에 대한 다른 관습이 있으면 민법상의 용수권에 우선하여 적용된다고 규정함으로서 보나 저수지, 둑 등에 저수된 물에 대하여 인근 거주자들의 오랜 관행이 존재하고 이를 일종의 법률관계로 인식하는 경우 그에 따르는 이른바 관행수리권을 민법상의 수리권에 우선시키고 있다.

오늘날 수자원에 대한 국가의 과학적이고 합리적인 관리의무가 일반화된

에 흐르는 물을 가두어 놓은 곳

나. 하천에 흐르는 물이 자연적으로 가두어진 곳

다. 화산활동 등으로 인하여 함몰된 지역에 물이 가두어진 곳

3) 민법상 수리권의 물권적 성격과 상린권에 대한 논의는 김성수, 수리권의 법적 근거와 한계, 토지공법연구 제43집, 341면.

4) 민법 제231조의 역사적 성립에 대해서는 윤태영, 민법상 공유하천용수권의 재해석, 중앙법학 제8집 제1호, 435면 이하.

상황에서 민법상 토지소유권에 부종하는 수리권이라는 개념이 성립하기 어려운 것임에도 불구하고 민법이 연안권으로서의 공유하천용수권과 그 정체가 불명한 관행수리권까지 규정함으로써 수자원 보호와 물의 이용에 대한 법적 불확실성은 정점에 이르고 있다고 평가할 수 있다.[5)]

2) 토지소유권과 수리권과의 구별

토지를 소유한 자가 자신의 토지의 지표나 지하에 흐르는 물에 대한 수리권을 가진다는 법리는 국가가 희소한 공공재로서 물에 대한 관리를 본격화하면서 이미 극복된 舊想이라고 할 수 있다. 어느 나라이건 토지소유권으로부터 물에 대한 이용과 관련한 법적 관계를 분리하여 이를 개인과 개인 간의 법률관계인 사법관계가 아니라 국가와 물사용자 간의 공법관계로 이해하고 이를 제도화하는 것이 역사적으로 자연스러운 발전과정이라고 할 수 있다. 연안권에 토대를 둔 수리권은 수리권자가 다른 사람의 물사용을 방해하지 않는 것이 중요한 문제였지만 현대에 이르러는 국가의 합리적인 물관리 정책에 역행하지 않도록 하천법이나 관련 법률이 이를 체계적으로 규율하는 것이 수리권의 발전단계에서 흔히 목격할 수 있는 현상이다.

예를 들어서 독일의 연방물관리법(Bundeswasserhaushaltsgesetz)의 수리권 발전과정을 보면 이러한 측면이 두드러진다. 독일 연방 물관리법의 가장 중요한 목적과 취지는 독일의 모든 하천을 공법상 이용관계의 틀 속으로 법제화 하는 것이다. 하천에 대한 공법적 이용관계라는 의미는 예를 들어 물에 대한 이용권으로서의 수리권이 민법이나 관습법을 비롯하여 그 어떤 다른 이용형태

5) 과거 대법원은 이와 관련하여 토지소유자의 연안권을 다음과 같이 인정하는 판결을 하였다. "이 사건에서 문제가 된 외오리보가 설치된 하천은 공유하천이라는 것이고, 위 외오리보는 1927년 조선하천령이 시행되기 이전에, 그 지역의 경작자들이 몽리답의 관개를 위하여 위 하천에 나무와 돌등을 쌓아 물을 막아 설치한 것으로서 그 후 왜정 때에 현재와 같은 형태의 콩크리트보가 형성되었으며, 신청인을 포함한 경작자들은 위 보가 설치된 이래 위 보로부터 인수하여 답을 경작하여 왔다는 것이니, 그렇다면, 공유하천에 설치된 이 사건 보에서 신청인 소유의 농지에 관개하기 위하여 인수하는 관행이 있었다고 할 것이고, 그 농지의 소유자인 신청인은 농지의 관개에 필요한 한도 내에서 용수권이 있다고 할 것이며..." 대법원 1977. 7. 12. 선고 76다527 판결.

는 원칙적으로 존재하거나 인정할 수 없으며, 국가의 행정기관에 의한 관리와 통제를 받는다는 것을 의미한다. 독일의 경우에도 이미 오래 전부터 물을 대상으로 하여 이른바 전 근대적인 관습법적 이용관계가 계속되어 왔지만 19세기에 이르러서는 공법적 이용관계가 정착되었으며, 도처에 산재했던 水法적 재산권 관계가 공물의 이용관계로 전환되었다.

이와 같은 프레임의 변화를 반영한 조항이 물관리법 제4조 제3항이다.[6] 이에 의하면 하천부지에 대한 소유권을 가지고 있는 자라고 하더라도 하천수를 이용하거나 하천에 대한 공사 등 性狀 변화를 가할 수 있는 권한을 가지지 못한다고 하여, 하천부지의 개인적 소유권과 하천수의 이용, 하천공사 등 공법적인 문제를 구별하고 있다. 따라서 하천부지에 토지소유권을 가지고 있는 자라고 하더라도 하천수의 이용이나 하천공사 등에는 관할 행정청의 허가를 받아야 한다. 지하수와 관련해서도 독일연방헌법재판소는 이른바 골재채취결정(Naßauskiesungs-Beschluß)에서[7] 지하수가 희소한 자원으로서 국가의 보호를 받는다는 점을 강조하면서 그 이용관계를 공법적인 성격으로 규정하였다. 이와 같이 독일의 경우 과거 물에 대한 私法적 이용관계를 토지소유권 등 재산권의 내용으로서 인정되는 당연한 권리라는 관념을 불식하고 희소한 수자원에 대한 국가적 보호를 강조하고 그 이용에 행정청의 허가 등을 요구하면서 점차적으로 공법적인 이용관계로 대체해간 것이다. 그 결과 국가로부터 허가 등을 받아 물을 이용하는 공법상의 수리권에 대하여 과거 민법이나 관습법에 의한 수리권은 그 대항력을 상실하였다.

이러한 독일의 수리권에 대한 역사적 변천과정은 우리나라의 수리권을 이해하고 정립하는데 중요한 시사를 하고 있다. 물론 그렇다고 하여 민법이나 관습법에 의한 수리권이 전적으로 의미가 없다거나 상실된 것은 아니지만 오늘날 공법상의 수리권이 광범위한 영역에 미치게 되면서 매우 제한된 범위 안에서만 인정되는 권리라는 인식이 강하다. 이러한 의미에서 기존 민법상 용수에 대한

---

6) 제1호의 내용은 다음과 같다. Das Grundeigentum berechtigt nicht 1. zu einer Gewässerbenutzung, die einer behördlichen Zulassung bedraf.

7) BVerfGE 58, 300.

권리나 토지소유자의 물에 대한 사용은 대부분 농업용수의 사용과 관련되는 것으로서 권리로서의 법적 성격을 가지는 것이라기보다는 관행적인 물사용에 대하여 아직 실정법규가 아직 이 문제를 규율하지 않는 범위 내에서 인정되는 반사적인 이익 내지 사실상의 이익에 불과하며 따라서 이러한 관행수리권은 헌법상 보호되는 재산권의 영역에 속하는 것도 아니다. 다만, 농업용수에 대한 관행적인 물사용 관계는 향후 하천법이나 관련 공법적인 규정에 따라서 일정 부분 허가사용으로 전환하거나 기득권으로 보호할 수 있는 가능성은 열려져 있다. 문제는 이러한 이른바 기득수리권을 어느 정도로 인정할 것인가에 대해서는 입법자의 상당한 형성의 자유에 속하는 영역으로서 입법정책적인 문제에 해당하는 것으로 볼 수 있다. 주목할 만한 사실은 2009년 독일 연방물관리법이 전면 개정되면서 독일민법전의 재산권 조항인 제65조가 폐지되었다는 것이다. 원래 이 조항은 1900년 독일 민법전이 시행되기 이전부터 각 주의 입법에 의하여 당시까지 존재하였던 물과 관련된 사법상의 규정들은 영향을 받지 않는다는 내용을 담고 있었는데, 이 조항이 폐지되었다는 것은 과거의 사법상 수리권은 이제 존재하지 않는다는 의미라고 할 수 있다.

앞서 관행수리권에 대한 우리나라 대법원의 판결도 검토하였지만 여기서 말하는 관행수리권이라는 것도 하천 등에 흐르는 물을 분리하여 저수지나 콘크리트 등을 사용하여 보를 설치, 여기에 물을 저수하여 배타적으로 사용할 수 있을 정도의 특정된 상태의 물사용을 의미하는 것이다. 또 이와 같이 물에 대한 배타성, 특정성이라는 요건이 충족되는 경우에 한하여 물권적 효력을 가지는 관행수리권이 성립할 수 있는 것이다. 그런데 저수지나 보에 하천수로부터 분리한 물을 가둘 수 있다고 하더라도 이러한 물은 결국 소하천이나 지방하천 등과 같인 하천의 유수가 지속적으로 유입되어야 관개용수로서 의미와 기능을 가질 수 있는 것이기 때문에 1961년 하천법의 시행 이후에 허가수리권이 일반화된 상태에서 그 독자성을 계속하여 인정받을 수 있는지에 대해서 상당한 의문의 여지가 있다. 따라서 우리나라의 경우에도 독일과 같이 실정법의 명시적 조항을 통하여 민법상의 관행수리권이나 공유하천용수권과 같은 연안권을 폐지하지는 않았지만 민법상의 수리권이 사실상 사문화되었다는 견해도 제시되고 있다.[8]

2. 허가수리권

1) 하천법

하천법이나 지하수법은 지표수나 지하수를 사용하려는 자는 관할 행정청의 허가를 얻도록 규정하고 있는데, 국내 문헌에서는 이를 일반적으로 행정청의 허가를 받은 허가수리권이라고 부르고 있다. 1961년 하천법이 시행된 이후에 이미 허가를 받은 이른바 기득수리권의 경우에도 마찬가지로 허가수리권의 한 유형으로 보고 있다. 그런데 기득수리권이라는 용어는 1961년 하천법이 제정되고 그에 따라서 하천수의 사용에 대한 허가가 이루어지고 있는 상황에서 1973년 소양강댐 등 1970년대 다목적 댐의 건설 이전에 허가를 받았다는 사실로부터 유래하고 있다. 이는 자연하천의 하천수와 인공으로 조성된 댐용수의 사용을 구별하는 의미에서 중요한 의미를 갖는다.

하천법 제50조에 의하여 생활 · 공업 · 농업 · 환경개선 · 발전 · 주운(舟運) 등의 용도로 하천수를 사용하려는 자는 대통령령으로 정하는 바에 따라 국토교통부장관의 허가를 받아야 하며(제1항), 시 · 도지사는 제1항에 따라 하천수 사용허가를 받은 자에게 사용료를 징수할 수 있다(제5항). 하천수는 모두 자연공물로서 그 이용관계는 일종의 행정재산으로서 공용물에 대한 특별사용에 해당한다고 할 수 있다.[9] 물론 하천법이나 지하수법은 하천수나 지하수의 사용에 대한 '허가'라는 용어를 사용하고 있지만 강학상 특허에 해당하는 것으로서 관할 행정청은 허가 여부에 대하여 상당한 정도의 정책적 재량권을 가진다. 다시 말하자면, 하천수나 지하수 사용허가를 받는다는 의미는 누구나 이를 사용할 수 있는 법적 지위에 있으나 환경이나 수자원 보호라는 공익목적을 달성하기 위하여 이를 일반적 · 상대적으로 금지하고 신청인의 신청에 의하여 위와 같은 공익목적 달성에 지장이 없다는 판단 하에 일반적 금지를 해제하여 하천수와 지하수를 적법하게 사용할 수 있도록 하는 강학상 허가와는 구별된다.

---

8) 이상돈, 우리나라 수리권 제도 정비를 위한 연구, 중앙법학, 제5집 제1호, 106면.
9) 김성수, 수법연구, 2013, 82면 이하.

하천수나 지하수에 대한 사용허가는 상대방에게 하천수와 지하수를 사용할 수 있는 법적 지위를 설정하는 일종의 권리의 형성행위로서 설권행위에 해당한다. 이 문제는 우리나라와 유사한 법제를 가지고 있는 독일의 경우에도 마찬가지이다. 다만, 하천법과 지하수법에 의한 하천수 등의 사용허가가 일반적으로 강학상 특허처분으로서 상대방에게 공법상 일정한 배타적인 권리(여기에서는 수리권)를 설정하는 형성적인 행위인가에 대해서는 강한 의문이 제기되며, 이에 대해서는 후술한다. 오히려 하천수와 지하수의 사용허가에 대해서는 상대방에게 수리권을 설정하는 것보다는 허가 여부에 대한 행정청의 정책적 판단과 재량이 보다 본질적인 문제이기 때문이다. 실제로 하천수 사용허가의 경우 환경부장관의 위임을 받은 홍수통제소는 기준갈수량, 하천유지유량, 환경유지유량 등과 기 허가를 받은 물량, 하천수의 부존상태와 예상되는 유량 등을 종합적으로 고려하여 허가 여부를 결정하는 고도의 정책적 판단이 이루어지기 때문이다.[10)]

2) 지하수법

지하수법 역시 지하수의 사용에 대한 허가에 관하여 다음과 같이 규정하고 있다. 지하수를 개발 · 이용하려는 자는 대통령령으로 정하는 바에 따라 미리 시장(특별자치시장을 포함한다. 이하 같다) · 군수 · 구청장의 허가를 받아야 하며(제7조 제1항), 시장 · 군수 · 구청장은 지하수의 적정한 개발 · 이용과 보전 · 관리에 필요한 재원을 조성하기 위하여 제7조에 따라 허가를 받거나 제8조에 따라 신고하고 지하수를 개발 · 이용하는 자에게 지하수이용부담금을 부과 · 징수할 수 있다(제30조의3 제1항). 지하수법에 의한 이용허가 역시 강학상 특허처분으로서 허가 여부는 역시 행정청의 재량행위에 해당한다.

---

10) 하천법은 제50조 제3항에서 하천수 사용 불허가 내지 제한을 위한 처분의 사유를 다음과 같이 규정하여 환경부장관에게 상당한 정책적 판단의 여지를 부여하고 있다. ③환경부장관은 다음 각 호의 어느 하나에 해당되는 경우에는 제1항에 따른 허가를 하지 아니하거나 취수량을 제한할 수 있다. 1. 하천수를 오염시키거나 유량감소를 유발하여 자연생태계를 해칠 우려가 있는 경우 2. 하천수의 적정관리 또는 도시 · 군관리계획, 그 밖에 공공사업에 지장을 주는 등 다른 공익을 해할 우려가 있는 경우 3. 하천수의 취수로 인근 지역의 시설물의 안전을 해칠 우려가 있는 경우 4. 그 밖에 하천수의 보전을 위하여 필요하다고 인정되는 경우로서 대통령령으로 정하는 경우

3) 소하천정비법

소하천정비법 역시 하천수의 점용에 대하여 관할 행정청의 허가를 받도록 규정하고 있다. 소하천정비법 제14조 제1항 제1호는 소하천에서 유수를 점용하려는 자는 관리청의 허가를 받아야 하는데, 여기에서 말하는 허가 역시 강학상 특허에 해당하는 재량행위라고 할 수 있다. 하천법이나 지하수법에 비하여 소하천정비법 제14조 제1항의 허가에 대해서는 그에 따르는 사용료를 징수할 수 있다는 규정을 별도로 두고 있지 않는데, 이는 소하천의 물이 대부분의 경우 농업용수로 사용되는 것과 무관하지 않는 것으로 보인다. 위 조항은 소하천에서 유수의 점용에 대해서 허가를 받는 것을 원칙으로 하면서도 대통령령으로 정하는 사항에 대해서는 허가의 예외를 인정하고 있다.[11] 따라서 소하천의 농업용수나 생활용수 등 이른바 관행수리권의 경우 및 일시적 하천사용의 경우에는 관리청의 허가대상에서 제외한 것인데, 우리나라 전체 물사용에서 절반 이상을 이와 같은 소하천과 저수지, 소규모 보에 저장된 물을 대상으로 하는 것임을 고려해 볼 때 하천에 대한 국가적 관리의 사각지대를 소하천정비법 자체가 인정한다는 모순을 보여주고 있는 것이다. 전술하는 바와 같이 이른바 민법상 관행수리권은 물론 일시적 사용의 경우에도 반드시 이를 신고하도록 하고, 그에 따르는 국가의 관리 및 적절한 비용을 부과하는 원칙을 확립할 필요가 있다.

3. 댐법상 댐사용권

'댐사용권'이란 다목적댐에 의한 일정량의 저수를 일정한 지역에 확보하고 특정용도에 사용할 수 있는 권리를 말한다(댐건설법 제2조 제3호).[12] 댐사용권도 다목적댐에 저수된 물을 사용하는 권리이므로 수리권의 일종이라고 할 수 있다. 댐사용권은 다목적댐의 저수를 특정용도에 사용하려는 자의 신청을 받아

---

11) 소하천정비법 시행령 제11조에 의하여 법 제14조 제1항 각 호 외의 부분 단서에서 "대통령령으로 정하는 경우"란 다음 각 호의 어느 하나에 해당하는 경우로서 소하천의 형상과 기능에 영향을 주지 아니하는 경우를 말한다. 1. 영농의 목적으로 유수 및 토지를 관습적으로 점용하거나 소하천시설 또는 그 밖의 인공구조물을 임시로 설치하는 경우 2. 주민이 일상생활과 관련하여 유수 및 토지와 소하천시설을 일시적으로 점용하는 경우.

12) 정식 명칭은 "댐건설 및 주변지역지원 등에 관한 법률"이다.

환경부장관이 설정한다(제24조제1항). 그런데 댐건설법 제19조제1항은 댐사용권의 설정을 신청한 자를 댐사용권설정예정자로 규정하고 있다. 여기서 말하는 댐사용권설정예정자는 대표적으로 한국수자원공사법에 의한 한국수자원공사를 들 수 있는데, 한국수자원공사법 제27조제1항에 따라서 국토교통부장관은 수자원공사가 건설한 하구둑 및 댐에 대하여 댐법 제24조제4항을 준용하여 공사에 그 사용권을 설정할 수 있다. 댐법 제24조 제1항에 따라서 환경부장관이 댐사용권을 설정하는 행위는 설권행위이며, 재량행위로서 특허처분으로서의 성격을 가진다. 댐법은 댐사용권을 물권(物權)으로 보고, 댐법에 특별한 규정이 있는 경우를 제외하고는 부동산에 관한 규정을 준용하도록 규정하고 있다(제29조).

4. 댐용수사용권

댐용수사용권은 댐사용권설정자가 사용하는 댐용수를 다시 공급받아 사용하는 수리권이다. 예를 들자면 한국수자원공사가 건설한 다목적 댐에 대하여 환경부장관이 설정한 댐사용권으로부터 별도로 추가적인 물을 필요로 하는 지방자치단체나 개인은 댐사용권자와 용수계약을 체결하여 댐사용권자가 공급하는 물을 사용할 수 있는 권리를 가지는데, 이를 댐용수사용권이라고 부르는 것이다. 앞서 언급한 바와 같이 댐용수사용권의 근거는 댐사용권자와 상대방 사이에 체결되는 용수계약이다.[13] 이에 따라서 용수계약은 채권적 효력을 가지는 채권계약으로서 계약의 상대방은 한국수자원공사에 대하여 계약의 내용에 따르는 물을 공급하여 줄 것을 요구할 수 있는 권리를 가진다.[14] 이러한 상대방의 권리는 수자원공사에 대해서는 채권적 효력을 가지지만 제3자나 국가가 이를

13) 한국수자원공사법은 제15조 제1항에서 수자원공사가 관리하는 수자원개발시설이나 수도시설에 의하여 공급되는 물 · 수자원개발시설 또는 그 수면을 사용하려는 자는 공사와 사용계약을 체결하여야 한다고 하여 용수계약의 법적 근거를 마련하고, 이에 따라서 수자원공사는 수자원개발시설이나 수도시설에 의하여 공급되는 물 · 수자원개발시설이나 그 수면 또는 하수종말처리시설을 사용하는 자로부터 해당 시설의 건설 및 운영 · 관리에 필요한 비용을 고려하여 사용자가 사용하는 물의 양 또는 시설이나 그 수면의 사용 정도와 배출된 하수의 양과 오염도에 따라 요금 또는 사용료를 징수할 수 있다(제16조 제1항).

14) 다만, 용수계약은 채권계약으로서 사법상 계약이기는 하지만 주민에 대하난 물 공급이라는 생존배려행정활동을 그 내용으로 한다는 점에서 계약의 공공성이 인정되고 이른바 행정사법의 규율을 받는다. 김성수, 전게서(각주 9), 108면.

침해하는 경우에는 불법행위로 인한 손해배상을 청구할 수 있다. 다만, 계약의 상대방이 용수계약에 의하여 공급되는 물을 특정·분리하여 양도의 대상이 될 수 있는 단계에 이르는 경우에 수리권은 일종의 물권이며, 헌법상 보장되는 재산권으로 보아야 한다.

III. 하천수 사용허가로 인한 하천수사용권이 공익사업법상 보상의 대상인 "물의 사용에 대한 권리"에 해당하는가?

1. 허가의 권리성

1) 긍정설과 그에 대한 비판

하천수 사용허가는 '허가'라는 용어에도 불구하고 자연공물로서의 성격을 가지는 하천에 대한 특허사용에 해당하는 것으로서 하천관리청이 하천수 사용허가를 신청한 상대방에 대하여 일종의 특별사용권을 설정하는 강학상 특허처분으로서 설권행위이며, 재량행위에 해당하는 것으로 볼 수 있다. 강학상 논의에서 특허처분은 상대방에게 새로운 권리나 능력 기타 포괄적인 법률관계를 설정하는 행정행위로서 이를 통하여 상대방은 새로운 권리를 취득하는 것으로 보는 것이 일반적인 견해이다. 즉 특허처분에 따라서 행정법상의 권리인 이른바 공권이 발생한다는 것이다. 특허처분에 의하여 발생하는 권리는 배타적인 것으로서 권리의 속성인 배타성과 독점성을 갖는 것으로 이해한다.[15)]

그러나 후술하는 바와 같이 대법원의 이른바 먹는샘물 지하수판결에서 제시된 바와 같이 광업권의 경우에도 광업법에 따라서 토지소유권과는 별도로 물

---

15) 대법원은 특허처분의 성격을 가지는 광업법상 설정된 광업권의 배타성에 대하여 다음과 같이 판시하고 있다. "광업법상 이미 광업권이 설정된 동일한 구역에 대하여 동일한 광물에 대한 광업권을 중복설정할 수 없고, 이종광물이라고 할지라도 광업권이 설정된 광물과 동일광상중에 부존하는 이종광물은 광업권설정에 있어서 동일광물로 보게 되므로 이러한 이종광물에 대하여는 기존광업권이 적법히 취소되거나 그 존속기간이 만료되지 않는 한 별도로 광업권을 설정할 수 없다"(대법원 1986. 2. 25. 선고 85누712 판결).

권에 준하는 권리로 취급하고 있으며, 광업권 설정등록제도가 존재하기 때문에 같은 특허처분이라고 하더라도 이와 같은 제도적 장치가 미비한 하천수 사용허가와는 평면적인 비교가 어려운 측면도 있다. 또한 광업권자는 광업권 등록 시에 상당한 액수의 등록세를 납부하여야 하므로, 자신의 재산적 기여분에 따르는 권리주장이 보다 확고한 근거를 가진다고 볼 수 있다. 다만, 하천수 사용허가로 인한 수리권은 판례에 비추어 보면 물권은 아니지만 채권으로서의 배타성이나 재산적 권리로서의 성격을 가질 수 있다는 견해도 제시될 수 있다.[16)]

물론 위 대법원판결들은 하천수사용허가가 아닌 하천점용허가를 그 대상으로 하고 있기는 하지만 모두 특허처분으로서 그 권리성이나 재산권으로서의 성격 등에 대해서는 동일한 법리를 적용할 수 있을 것이다. 따라서 하천수사용허가와 그에 따르는 공익사업법상 물의 사용에 관한 권리가 반드시 물권일 필요는 없으며 재산적 가치를 가지는 채권이라면 그에 대한 일정한 권리성을 인정하고 보상의 적합성을 인정할 수 있을 것이다. 즉 공익사업법상 물의 사용에 관한 권리는 권리의 충분조건을 갖추지는 못하였으나 보상의 대상이 되는 재산권으로서의 필요조건을 충족하는 것으로 보아야 한다는 것이다. 하천수 사용허가로 인하여 발생하는 물의 사용에 관한 권리가 행정법상 공권에 해당한다는 견해는 하천수 사용허가를 철회하는 경우 그에 대한 손실보상을 인정하는 규정에 의해서도 정당화될 수 있는 측면이 있다.[17)] 그리고 하천법 제70조에 따른 하천

---

16) 대법원은 하천점용허가에 대하여 다음과 같이 물권은 아니지만("하천의 점용허가권은 특허에 의한 공물사용권의 일종으로서 하천의 관리주체에 대하여 일정한 특별사용을 청구할 수 있는 채권에 지나지 아니하고 대세적 효력이 있는 물권이라 할 수 없다", 대법원 2015. 1. 29. 선고 2012두27404), 채권으로서 재산권성을 인정하고 있다. "하천점용허가에 따라 해당 하천을 점용할 수 있는 권리(이하 '하천점용허가권'이라 한다)는 특허에 의한 공물사용권의 일종으로서 하천의 관리주체에 대하여 일정한 특별사용을 청구할 수 있는 채권에 해당하고(대법원 1990. 2. 13.자 89다카23022 결정 등 참조), 독립된 재산적 가치가 있다. 하천법 제33조 제1항, 제5조 등 관련 법령에 의하면, 하천의 점용허가를 받은 자는 관할관청의 허가 없이 그 하천점용허가권을 자유로이 양도할 수 있고 하천점용허가권에 대하여 법률상 압류가 금지되어 있지도 아니하다. 이와 같은 하천점용허가권의 내용 및 법적 성격 등에 비추어 보면, 하천점용허가권에 대하여는 민사집행법 제251조에 정한 '그 밖의 재산권'에 대한 집행방법에 의하여 강제집행을 할 수 있다고 할 것이다(대법원 2005. 11. 10. 선고 2004다7873 판결 등 참조)"(대법원 2014. 10. 10. 자 2014마1404 결정).

17) 하천법 제70조 제1항에 따라서 하천관리청은 다음 각 호의 어느 하나에 해당하는 경우에는

관리청의 처분으로 발생한 손실이 있는 경우 국토교통부장관이 행한 처분이나 공사로 인한 것은 국고에서, 시 · 도지사가 행한 처분이나 공사로 인한 것은 해당 시 · 도에서 그 손실을 보상하여야 한다(제77조 제1항, 제76조 제1항). 다시 말하자면 긍정설은 하천수 사용허가 또는 하천의 점용허가에 공익 목적의 철회가 예정되어 있었다 하더라도 그것만으로 손실보상을 부정할 수는 없다는 것으로서 손실보상이 인정되는 한 하천수 사용허가 등으로 인한 법적 지위가 권리에 해당한다는 것이다. 일반적으로 특별한 공익상의 필요가 있어 특허의 '철회'가 허용되는 경우에도 '손실'이 있다면 그에 대한 보상이 이루어져야 한다고 보고 있고, 하천법에도 그러한 취지의 규정이 있다는 것을 허가로 인한 이익을 권리로 보는 근거로 제시하고 있다.

그런데 정작 중요한 것은 공익상 하천수 사용허가 등을 철회하는 경우 하천법 제77조 등에 규정된 손실보상의 법적 성격이 여하한가 하는 문제이다. 다시 말하자면 공익 목적으로 인한 하천수 사용허가로 인하여 발생하는 손실을 보상하는 제도가 헌법 제23조 제3항의 재산권에 대한 공용침해로 인하여 발생한 손실을 보상하는 제도와 법적 성격과 같은 것인가 아니면, 하천법 제77조 제1항의 보상은 그 법적 성격이 위 헌법규정에 따르는 손실보상과 성격을 달리하는 것인가 하는 것이다. 하천법 제70조 제1항에 규정된 공익을 위한 처분은 적법하게 성립한 하천수 사용허가라는 수익적 행정처분을 사후에 발생한 공익적 사유로 인하여 이를 철회하는 수익적 행정행위의 철회이다. 통상적으로 수익적 행정행위를 철회하는 경우 상대방은 당해 행정행위의 존속에 대하여 신뢰를 가지고 있으며, 이러한 신뢰가 법적 보호가치가 있는 경우 행정법의 일반원칙은 신뢰보호원칙에 따라서 당해 신뢰를 보호하게 된다. 따라서 하천법 제70조 제1항에 따라서 공익을 위한 수익적 행정행위의 철회가 이루어지는 경우 하천법은 철회 상대방의 신뢰가 법적 보호가치가 있다는 것을 전제로 하여 그에

이 법에 따른 허가를 받거나 승인을 얻은 자에 대하여 제69조 제1항에 따른 이른바 공익을 위한 처분을 하거나 조치를 명할 수 있다. 여기에서 말하는 처분이나 조치에는 하천수에 대한 사용허가도 포함되는 것은 물론이다. 1. 하천수량의 부족 또는 하천상황의 변경으로 부득이 한 경우 2. 공익에 대한 피해를 없애거나 줄이기 위하여 필요한 경우 3. 하천공사를 하기 위하여 필요한 경우 4. 공익사업을 위하여 필요한 경우.

대한 손실을 보상하는 이른바 보상보호의 형태로 하천수 사용허가를 받은 상대방의 신뢰를 보호한다.

수익적 행정행위를 철회하는 경우 상대방의 신뢰를 보호하는 방식은 이러한 보상보호의 형태 이전에 존속보호의 방식을 고려할 수 있다. 다시 말하자면 하천법 제70조 제1항의 철회사유가 있다고 하더라도 이를 통하여 달성되는 공익보다 상대방의 법적 안정이나 신뢰에 대한 침해가 상대적으로 심대한 경우 철회 자체가 부인되고 상대방이 가지고 있는 하천수 사용허가는 존속하는 형태인 것이다. 하천법 제77조 제1항의 손실보상은 하천관리청이 하천수 사용허가 처분을 공익상 목적에 의하여 철회하기 때문에 상대방의 신뢰를 존속보호의 형태로 지속시키는 것이 어렵다고 판단하여 그 다음 단계로서 재산상의 손실을 보상하는 보상보호의 형태인 것이다.

따라서 중요한 것은 하천법 제77조 제1항에 규정된 손실보상이 일반적으로 재산권에 대한 공용침해로 인하여 발생하는 특별한 희생을 공평의 원칙에 따라서 조절적으로 보상하는 헌법 제23조 제3항에 의한 손실보상에 해당하는가 하는 여부이다. 일단 헌법 제23조 제2항에 대한 소실보상의 요건과 관련하여 문제가 될 수 있는 것은 첫째, 하천수 허가로 인한 법적 지위가 헌법상 보호되는 재산권인가, 둘째, 하천수 사용허가에 대한 철회처분이 재산권에 대한 수용 · 사용 또는 제한과 같은 공용침해행위에 해당하는가 하는 문제이다. 후술하는 바와 같이 하천수 사용허가로 인한 법적 지위는 사적 유용성과 임의적 처분권을 요소로 하는 재산권으로서의 성격이 미약하다. 그 이유는 첫째, 하천수 사용허가로 인하여 상대방이 일정한 물량의 하천수를 사용할 수 있는 법적 지위가 인정되기는 하지만 앞서 언급한 바와 같이 상당한 정도로 공법적 제한을 받으며, 하천법 제70조 제1항과는 달리 하천법 제53조 제1항에 의한 공익적 사유로 인하여 하천수 사용을 제한하거나 조정하는 경우에는[18] 이로 인한 손실보상을 인정하고 있지 않다.

---

18) ①환경부장관은 하천수의 상태가 다음 각 호의 어느 하나에 해당하여 하천수의 적정관리에 지장을 줄 경우에는 하천수 사용자의 사용을 제한하거나 제50조에 따른 허가수량을 조정하는 등 필요한 조치를 할 수 있다. 1. 기준지점에서의 하천유지유량 확보가 곤란한 경우 2. 가뭄

둘째, 하천수 사용권은 이것이 거래되는 시장에서 자유롭게 양도하거나 매매의 대상이 되는 것도 아니다. 일부 외국에서는 하천수 사용허가를 거래하는 시장이 형성되어 마치 배출권 거래제도와 같이 하천수 사용허가권을 자유롭게 매매할 수 있으나[19] 우리의 경우에는 이와 같은 제도가 존재하지 않는다. 만약 하천수 사용허가가 매매나 경매 등 양도의 대상이 되는 경우 매수인 또는 경락인은 일정한 가격을 지불하고 하천수 사용허가권을 매수 또는 경락받아 양수할 수 있는데, 이러한 경우에는 양수인이 경제적인 관점에서 상당한 정도의 자기 기여를 한 것이기 때문에 자연스럽게 그 재산권성을 인정받을 수 있다. 그러나 하천수 사용허가의 경우에는 허가에 대한 약간의 행정수수료를 지불하는 것 이외에 경제적인 관점에서 별도의 자기 기여행위는 존재하지 않는다.

이 사건의 사실관계를 보면 원고는 이 사건 댐건설을 위하여 2008년 8월까지 약 45.5억 원의 초기 시설자금을 투자한 것으로 알려져 있다. 따라서 이러한 시설의 설치에 소요된 자금은 당연히 원고의 자기 기여분에 해당하는 것이기 때문에 재산권으로 보호받아야 하는 것이지만 하천수 사용허가로 인하여 취득한 시설이 아니고 허가를 받은 이후에 임의로 설치한 시설이기 때문에 하천수 사용허가 자체와 보상의 대상이 되는 시설과는 구별되어야 한다. 앞서 언급한 바와 같이 원고의 경우에는 피고의 댐건설사업 과정에서 원고의 용수시설을 포함한 발전설비 일체가 수용의 대상이 되었는바(지장물 보상금 2,681,319,500원 + 160,626,000 = 2,841,945,500원), 하천수 사용권에 대해서는 별도의 보상이 이루어지지 않았다.

하천수 사용허가를 철회하는 것을 재산권에 대한 수용이나 박탈행위로 볼 수 있는가 하는 것도 쟁점이 될 수 있다. 이 문제 역시 하천수 사용허가로 인한 법적 지위가 헌법상 보장되는 재산권인가 하는 것과 표리의 관계에 있는데, 하천수 사

의 장기화 등으로 하천수 사용 허가수량을 조정하지 아니하면 공공의 이익에 해를 끼칠 우려가 있는 경우 3. 하천수의 사용자가 유효기간 안에 이를 사용하지 아니하거나 허가수량보다 환경부령으로 정하는 비율 이하로 사용한 경우 4. 그 밖에 허가된 하천수의 사용이 곤란하게 된 경우. 따라서 이 경우 손실을 보상하는 내용은 규정하고 있지 않다.

19) 칠레, 멕시코, 미국의 텍사스주 등 일부 구가에서는 허가수리권이 거래의 대상이 된다.

용허가로 인하여 형성된 법적 지위가 재산권에 해당하는 경우에 하천수 사용허가에 대한 철회는 일종의 재산권에 대한 수용이나 박탈행위로 볼 여지도 있다. 그러나 하천수 사용허가로 인한 이익이나 법적 지위에 대한 시장가격이 존재하는 것이 아니고 이를 매매 또는 양도하는 등의 행위가 시장에서 이루어지는 것을 전제로 하는 임의적 처분권도 인정되는 것이 아니기 때문에 이를 헌법 제23조 제1항에서 보장하는 재산권으로 보기는 어렵다. 따라서 하천수 사용허가에 대한 철회는 수익적 행정행위에 대한 철회 이상의 법적인 의미를 가지기 어렵고 이에 대한 보상을 규정한 하천법 제77조 제1항은 앞서 언급한 바와 같이 수익적 행정행위에 대한 철회로 인하여 발생할 수 있는 상대방에 대한 신뢰이익의 침해를 금전적으로 보상하는 것으로서 헌법 제23조 제3항에 따라 재산권에 대한 공용침해를 전제로 하는 손실보상과는 그 법적 성격을 달리하는 것으로 보아야 한다.

이는 하천수 사용허가를 취소하는 경우와 비교하여 보면 그 보상의 성격이 보다 분명해진다. 하천수 사용허가가 그 요건을 흠결하여 이를 사후에 취소하는 경우 역시 하천수 사용허가를 철회하는 경우와 같이 동일하게 행정처분의 존속을 신뢰한 상대방에 대한 신뢰보호의 문제가 발생한다. 따라서 이 경우에도 취소로 인하여 침해되는 상대방의 신뢰가 취소로 인하여 실현되는 공익에 비하여 우월한 경우 위법한 처분을 취소할 수 없으며, 그로 인하여 위법한 처분을 존속시키는 형태로 상대방의 신뢰를 보호한다(존속보호). 다만, 침해되는 사익보다 취소로 인한 공익이 더 큰 경우 위법한 처분에 대한 취소가 가능하지만 역시 이 경우에도 상대방에 대한 신뢰보호가 필요하다고 판단하는 경우 손실보상이 이루어진다(보상보호). 물론 적법한 행정처분을 사후에 발생한 공익적 사유에 의하여 이를 철회하는 경우에 비하여 애초부터 요건을 흠결한 행정처분을 사후에 소급하여 취소하는 때에는 당해 처분이 위법하다는 점을 고려한다면 수익적 처분이라고 하여도 그 법적 보호가치는 적법한 수익적 행정처분의 철회에 비하여 경미하다고 할 수 있다. 따라서 대부분 위법한 수익적 행정처분을 취소하는 경우에는 존속보호의 형태보다는 보상보호의 방식이 보다 일반적이라고 할 수 있다.

그런데 위법한 수익적 행정행위를 사후에 취소하는 경우 상대방에게 헌법상 보장된 재산권을 박탈한다는 것과 법적으로 통일한 취급을 받을 수 있을까? 앞서 언급한 바와 같이 단순하게 수익적 행정처분을 받은 상대방의 법적 지위가 헌법적으로 보장되는 재산권에 해당하는 것으로 보기 어렵다는 점을 지적하였다. 더욱이 위법한 수익적 행정행위, 예를 들어 상대방의 적극적 기망이나 소극적으로 공무원의 착오에 의하여 법령상의 요건이 흠결된 수익적 행정처분이 이루어진다고 하더라도 이를 행정법상 권리로 인정하거나 헌법상 재산권으로서 보장되는 법적인 보호가치가 있는 것일까? 가사 이에 대한 손실보상이 이루어진다고 하더라도 이는 상대방의 신뢰이익의 침해에 따르는 국가의 정책적 보상조치에 불과하며 헌법 제23조 제3항에 따르는 공용침해와 재산권에 대한 정당한 보상과는 그 법적인 성격이 판이하게 다른 것이다. 결국 수익적 행정처분의 취소나 철회에 따르는 상대방에 대한 손실보상은 신뢰이익의 양태와 정도, 제3자에 대한 보호 등 여러 정책적 요소를 고려한 정책적 판단의 결과이지 법적인 보상조치는 아니다.

더욱이 이 사건의 경우에는 하천관리청이 공익을 위하여 하천수 사용허가를 철회하고 그에 대한 손실을 보상하는 것이 아니라 한국수자원공사라는 공기업이 수용의 주체가 되는 것으로서 손실보상에 대한 법적 근거 역시 하천법이 아니라 "댐건설 및 주변지역지원 등에 관한 법률"(댐건설법) 제11조 제1항에 의한 "물의 사용에 관한 권리"에 기반하고 있다. 다만, 이러한 수용 등 주체에 따르는 손실보상의 법적 근거가 상이함에도 불구하고 동일한 법리가 적용되는 것으로 보아야하기 때문이다. 다만, 하천관리청이 공익사업을 위하여 필요한 경우 하천수 사용허가를 철회하는 경우에는 하천법에 의한 손실보상이 필요하다는 취지를 적극적으로 고려한다면 하천관리청이 아닌 공기업 등이 공익사업을 시행하기 위하여 공익사업법이 규정하는 물의 사용에 관한 권리를 수용 또는 사용하는 때에도 형평의 원칙상 당연히 댐건설법에 따라서 손실보상을 인정해야 한다는 견해도 제시될 수 있다.

2) 부정설

하천수 사용허가로 인한 이익 내지 법적 지위가 권리성을 갖는다는 긍정설과는 달리 이하에서 언급하는 대법원의 이른바 지하수판결은 그 권리성을 부인하는 논거로 언급할 수 있다.[20] 본 사안은 피고 한국토지공사가 이 사건 토지 및 그 지상의 공장건물을 취득하고, 원고 회사 소유의 이 사건 지하수 관정을 포함한 먹는샘물 제조공장시설 등에 관하여도 이 사건 수용재결이 이루어짐으로써 더 이상 이 사건 토지의 지표면 아래에 있는 지하수를 이용할 수 없게 되었다는 점에서 앞서 언급한 하천수 사용허가에 대한 사실상의 수용처분과 유사한 구조를 가지고 있다. 대법원의 판시 이유 중에서 지하수 이용권이 관습법상 물권에 해당하지 않는다는 견해는 이미 지하수의 경우에도 그 이용관계가 관습법에 준하는 물권의 이용관계에 해당하지 않으며 관련 법규에 따라서 허가사용의 대상이 된다는 점을 시사하였다는 점에서 긍정적인 평가를 받아야 한다. 이는 이미 지하수의 이용관계가 관련 법규에 따라서 국가의 적극적인 자원관리의 대상이 됨을 의미한다. 이와 더불어 대법원은 구 먹는물관리법 제9조에 의한 수원개발허가를 받은 것만으로는 그 토지의 지면 하에 있는 지하수를 계속적, 배타적으로 이용할 수 있는 권리가 생긴다고 볼 수도 없다는 내용의 판시를 하고 있는데, 이른바 구 먹는물관리법에 의한 허가수리권의 권리성을 역시 부인하고 있다는 점을 주목할 필요가 있다.

---

20) 대법원은 지하수이용권이 '물의 사용에 관한 권리'에 해당하는지에 대하여 아래와 같이 원심인 항소심의 판결을 지지하면서 지하수 이용권이라는 수리권의 권리성을 부인하고 있다. "원심은, 원고 회사는 소외 1, 소외 2 소유의 이 사건 토지상에 설치한 지하수 관정을 이용하여 지하암반 대수층에서 지하수를 끌어올려 먹는샘물(생수)을 제조 · 판매해 오던 중, 피고 한국토지공사(이하 '피고 공사'라고 한다)가 위 소외 1, 소외 2와의 협의에 의하여 이 사건 토지 및 그 지상의 공장건물을 취득하고, 원고 회사 소유의 이 사건 지하수 관정을 포함한 먹는샘물 제조공장시설(피고 공사가 협의에 의하여 취득한 위 공장건물 제외) 등에 관하여도 이 사건 수용재결이 이루어짐으로써 더 이상 이 사건 토지의 지표면 아래에 있는 지하수를 이용할 수 없게 되었는바, 위와 같이 먹는샘물의 제조에 사용되던 이 사건 지하수에 대한 이용권이 관계 법령상 물권에 준하는 권리로 인정되어 보호되고 있다거나 토지소유권 등으로부터 분리된 관습상의 물권이라고 할 수 없고, 구 먹는물관리법(1997. 8. 28. 법률 제5394호로 개정되어 1997. 11. 29. 시행되기 전의 것, 이하 '구 먹는물관리법'이라고 한다) 제9조에 의한 수원개발허가를 받은 것만으로는 그 토지의 지면 하에 있는 지하수를 계속적, 배타적으로 이용할 수 있는 권리가 생긴다고 볼 수도 없으므로, 구 토지수용법(2002. 2. 4. 법률 제6656호로 폐지되기 전의 것, 이하 '구 토지수용법'이라고 한다) 제2조 제2항 제3호에서 수용대상으로 규정한 '물의 사용에 관한 권리'에 해당한다고 볼 수 없다는 취지로 판단하였다. 관계 법령의 규정에 비추어 살펴보면 원심의 위와 같은 판단은 정당한 것으로 수긍이 가고, 거기에 상고이유에서 주장하는 바와 같은 지하수이용권의 성질에 관한 법리오해 등의 위법이 없다"(대법원 2005. 7. 29. 선고 2003두2311 판결).

현행 먹는물관리법 제9조 제1항에 따라서 대통령령으로 정하는 규모 이상의 샘물 또는 염지하수를 개발하려는 자는 환경부령으로 정하는 바에 따라 시 · 도지사의 허가를 받아야 하며, 환경부장관은 공공의 지하수자원을 보호하고 먹는물의 수질개선에 이바지하도록 제9조에 따라 샘물등의 개발허가를 받은 자, 먹는샘물 등의 제조업자 및 수입판매업자에게 수질개선부담금을 부과 · 징수할 수 있다(제31조 제1항). 부담금은 제9조에 따라 샘물 등의 개발허가를 받은 자와 먹는샘물등의 제조업자에게는 샘물 등의 취수량을 기준으로 부과 · 징수한다(제31조 제2항). 이상에서 살펴본 바와 같이 먹는샘물을 개발하여 이용하는 자에 대한 허가는 강학상 이른바 순수한 의미의 허가라가기 보다는 허가를 받은 상대방에게 허가의 범위 안에서 먹는샘물을 개발하고 이용할 수 있는 배타적 권리를 설정하여 준다는 점에서 설권행위로서 강학상 특허에 해당한다. 그리고 시 · 도지사는 제9조에 따라 샘물 등의 개발을 허가하기 전에 환경영향조사를 실시하여야 하며(제10조 제1항), 시 · 도지사는 제18조에 따른 환경영향심사 결과 다른 공공의 지하수 자원 개발 또는 지표수의 수질 등에 영향을 미칠 우려가 있다고 인정하면 제9조의 샘물 등의 개발허가를 하지 아니할 수 있다는 점에서(제11조 제1항), 먹는샘물에 대한 시 · 도지사의 개발허가에는 행정청이 상당한 정도로 물관리에 대한 정책적인 재량권을 가지고 있는 것으로 보아야 한다. 또한 헌법재판소는 먹는물관리법에서 규정한 수질개선부담금을 부담금 내지 특별부담금의 하나로 보고 있지만,[21] 샘물 등의 취수량을 기준으로 부과 · 징수한다는 점에서 일종의 자연공물인 먹는샘물의 사용에 대한 대가로서 부과하는 일종의 사용료에 해당하는 것으로 보아야 한다.

지하수 개발에 대한 특허와 그 권리성 원칙은 대법원이 이 사건에서 지하수 이용권이 행정청의 특허에 의하여 公水를 계속적, 배타적으로 이용하는 권리에 해당하지 않는다는 판시 이유와 사뭇 상반되는 것이다. 결론적으로 말한다면 대법원이 지하수 개발허가를 특허로 보면서도 지하수 이용권이라는 수리권의 권리성을 부인한 것은 합리적인 것으로서, 바꾸어 말한다면, 지하수 이용

21) 헌재 2004. 7. 15. 2002헌바42; 1998. 12. 24. 98헌가1

관계는 특허임에도 불구하고 앞서 언급한 하천수 사용허가와 같은 맥락에서 그 재산권성, 권리성을 인정하기 어렵다. 먹는샘물을 개발 또는 이용하려는 자가 취득한 허가에는 약간의 행정수수료 이외에 이를 취득하기 위하여 자신이 매매나 경락 등을 위하여 투자한 비용이 없으며, 이를 시장에서 임의로 처분할 수도 없다. 또한 먹는샘물 이용권을 통하여 허가된 물량의 지하수를 사용할 수는 있지만 이를 담보로 제공하거나 처분할 수도 없다는 점에서 헌법상 재산권으로서의 사적유용성의 요건도 흠결한다. 결국 앞서 언급한 하천수 사용허가에 대한 철회를 하는 경우에도 단순한 수익적 행정행위에 대한 철회에 해당할 뿐 법리적으로 헌법 제23조 제3항에 따르는 손실보상도 인정되지 않는다. 이러한 논리구조는 먹는물관리법에 의한 허가뿐만 아니라 지하수법에 의한 지하수 사용허가에도 동일하게 적용할 수 있다. 지하수법에 따르는 지하수 사용허가 역시 특허처분이며, 행정청의 정책적 재량이 인정되는 재량행위로서 지하수의 이용이라는 공물에 대한 특허사용에 따라 지하수이용부담금이라는 사용료를 부과한다. 지하수 이용허가를 철회하는 경우 상대방에 대한 신뢰보호의 문제가 발생하지만 지하수법은 하천법과는 달리 손실보상규정을 두고 있지도 않으며, 보상이 이루어진다고 하더라도 이는 상대방의 신뢰를 이른바 보상보호의 형태로 보호하는 것일 뿐 헌법 제23조 제3항에 따르는 손실보상과는 그 법적 성격을 달리하는 것이다.

이러한 결론은 하천수 사용신청을 한 상대방에 대한 특허처분으로 인하여 발생하는 수리권이 배타성과 강제성을 가지는 권리인가의 문제에도 그대로 적용될 수 있다. 앞서 언급한 바와 같이 하천수 등에 대한 사용허가는 특허로서 상대방에게 배타적인 사용권을 부여하는 것은 사실이다. 이는 이른바 기득하천수리권의 경우에도 동일하여 댐건설 이전에 하천수 사용허가를 받은 자는 허가된 하천 수량을 배타적으로 그리고 독점적으로 자유롭게 사용할 수 있는 것이 원칙이다.[22] 다만, 하천수 사용허가로 인하여 상대방이 가지는 권리는 그 권리적 성격이 미약한 것으로 볼 수 있다. 그 이유는 홍수통제소 등 하천관리청이

---

22) 기득하천사용자의 과다보호의 문제는 김성수, 전게논문(각주 1), 14면 이하.

하천수 사용허가를 하였다고 하더라도 그 이후에 발생한 사유에 의하여 부관에 의한 허가 내용의 조정, 허가물량의 일부취소 등의 처분을 할 수 있으며, 이러한 사유에 의한 허가 내용의 조정행위는 국가의 수자원 관리라는 고양된 공익달성을 위한 처분이기 때문에 이에 대해서는 상대방의 신뢰보호가 인정되기 어렵고 신뢰보호를 위하여 일정한 정책적인 보상과 같은 보상보호의 수단을 고려하는데 그치기 때문이다.

앞서 언급한 바와 같이 하천법 제53조 제1항에 의한 하천수의 사용조정에 따라서 상대방이 입게 될 손실에 대하여 보상이 필요할 수 있는데도 불구하고 하천법 규정이 이에 대해 침묵하고 있는 것은 하천수 사용허가로 인한 권리의 성격이 상대적으로 약하고 이를 가사 헌법상 재산권으로 인정한다고 하더라도 입법자가 헌법 제23조 제3항의 공용침해로 인한 손실보상의 문제로 접근하기보다는 제23조 제1항 제2문이나 제2항의 문제로 보아 입법형성권의 대상으로 인식하고 있다는 방증이라고 할 수 있다. 이렇게 본다면 하천법이나 지하수법의 수리권은 '권리'라기 보다는 행정청의 허가 내용에 따라서 일정한 량의 하천수 내지 지하수를 행정청이 부관 등으로 정한 조건에 따라서 사용할 수 있는 법적 지위 내지 허가된 물량으로 보는 것이 정확한 이해일 것이다.

이 문제는 "온실가스 배출권의 할당 및 거래에 관한 법률"에 의한 배출권과 유사한 성격이라고 할 수 있다. 이 법에 의하여 각 배출업체에 할당처분이라는 일종의 특허처분에 따라서 할당된 온실가스 배출량을 흔히 실무적으로 '온실가스배출권'이라고 부르는데, 이것이 과연 공법상 진정한 권리성을 갖는가에 대해서는 상당한 논란이 있을 수 있다.[23] 결국 특허처분에 따라서 상대방 배출업체가 가지는 법적 지위를 배출권이라고 표현하고 있지만, 이는 진정한 공법상의 권리라기보다는 행정청이 처분을 통하여 허용한 배출량을 배출할 수 있는

23) 실제로 위 법은 "온실가스 배출권"이라는 제목을 가지고 있으나 정작 제2조 제3호에서 배출권의 개념을 다음과 같이 규정하고 있다. "배출권이란 기본법 제42조제1항 제1호에 따른 온실가스 감축 목표를 달성하기 위하여 제5조제1항 제1호에 따라 설정된 온실가스 배출허용총량의 범위에서 개별 온실가스 배출업체에 할당되는 온실가스 배출허용량을 말한다"

공법상 지위에 불과하기 때문에 배출량에 대한 행정청의 사후조정이나 감축 등에 대한 강한 권한이 인정될 수 있다. 미국의 청정대기법(Clean Air Act)은 이러한 점을 고려하여 배출권을 이산화황을 방출할 수 있는 제한된 권능으로 규정하고 있다.[24] 주목할 것은 이와 같은 배출권 허가가 재산권이 아니라는 점을 청정대기법 자체가 명시적으로 규정하였다는 점이다.[25] 이는 후술하는 바와 같이 하천수사용허가로 인한 상대방의 법적 지위와 관련하여 유의미한 시사를 하고 있는 것으로 볼 수 있다.

2. 하천수 사용허가로 인한 수리권은 재산권인가?

하천수 사용허가나 지하수 사용허가와 관련한 법원의 판결은 아직 없는 상태이지만 대법원은 하천 점용허가로 인한 상대방의 법적지위 및 재산권성 여부에 대하여 다소 엇갈리는 입장을 보이고 있다. 이 문제는 특허에 해당하는 행정처분으로 인한 상대방의 법적 지위에 대한 일반론과 관련되는 것으로서 유사한 대법원의 판례 및 헌법재판소의 결정례를 살펴보면 일정한 시사점을 발견할 수 있다. 앞서 언급한 바와 같이 2014년 대법원 판결은 하천점용허가권을 재산권으로 보고 있다. 대법원은 강학상 순수한 허가에 해당하는 어업허가에 대해서도 그 재산권성을 인정하는 판시를 하고 있다.[26]

---

24) An allowance allocated under this subchapter is s limited authorization to emit sulfur dioxide in accordance with the provisions of this subchapter.

25) Such allowance does not constitute a property right.

26) "어업허가는 일정한 종류의 어업을 일반적으로 금지하였다가 일정한 경우 이를 해제하여 주는 것으로서 어업면허에 의하여 취득하게 되는 어업권과는 그 성질이 다른 것이기는 하나, 어업허가를 받은 자가 그 허가에 따라 해당 어업을 함으로써 재산적인 이익을 얻는 면에서 보면 어업허가를 받은 자의 해당 어업을 할 수 있는 지위는 재산권으로 보호받을 가치가 있고, 수산업법이 1990. 8. 1. 개정되기 이전까지는 어업허가의 취소 · 제한 · 정지 등의 경우에 이를 보상하는 규정을 두고 있지 않았지만, 1988. 4. 25. 공공용지의취득및손실보상에관한특례법시행규칙이 개정되면서 그 제25조의2에 허가어업의 폐지 · 휴업 또는 피해에 대한 손실의 평가규정이 마련되었고, 공공필요에 의한 재산권의 수용 · 사용 또는 제한 및 그에 관한 보상은 법률로써 하되 정당한 보상을 지급하여야 한다는 헌법 제23조 제3항, 면허어업권자 내지는 입어자에 관한 손실보상을 규정한 구 공유수면매립법(1999. 2. 8. 법률 제5911호로 전문 개정되기 전의 것) 제16조, 공공사업을 위한 토지 등의 취득 또는 사용으로 인하여 토지 등의 소유자가 입은 손실은 사업시행자가 이를 보상하여야 한다는 공공용지의취득 및 손실보상에 관한 특례법 제3조 제1항의 각 규정 취지를 종합하여 보면, 적법한 어업허가를 받고 허가어업에 종사하던 중 공유

이와는 대조적으로 대법원은 2015년 판결을 통하여 하천점용허가로 인한 하천점용허가권의 경우 재산권을 설정과 이전 등에 대하여 등기 또는 등록이 그 성립요건인 경우에는 이를 재산권으로 볼 수 있지만, 단순한 행정상의 편의를 위하여 등록 등을 요구하는 경우는 재산권성을 부인하고 있다.[27] 대법원은 2016년 동일한 어업허가에 대해서도 이전과는 달리 그 재산권성을 부인하고 있다.[28]

수면매립사업의 시행으로 피해를 입게되는 어민들이 있는 경우 그 공유수면매립사업의 시행자로서는 위 구 공공용지의 취득 및 손실보상에 관한 특례법 시행규칙(1991. 10. 28. 건설부령 제493호로 개정되기 전의 것) 제25조의2의 규정을 유추적용하여 위와 같은 어민들에게 손실보상을 하여 줄 의무가 있다. 대법원 1999. 11. 23. 선고 98다11529.

27) "하천의 점용허가권은 특허에 의한 공물사용권의 일종으로서 하천의 관리주체에 대하여 일정한 특별사용을 청구할 수 있는 채권에 지나지 아니하고 대세적 효력이 있는 물권이라 할 수 없다. 가등기담보 등에 관한 법률 제18조는 가등기담보법상 청산절차에 관한 규정은 등기 또는 등록할 수 있는 부동산소유권 외의 권리(질권 · 저당권 및 전세권을 제외한다)의 취득을 목적으로 하는 담보계약에 관하여 준용한다고 규정하고 있는데, 여기에서 등기 또는 등록할 수 있는 권리는 재산권의 설정과 이전에 관하여 등기 또는 등록이 성립요건 또는 대항요건이 되어 있는 재산권을 말하고, 단순히 행정상의 편의를 위하여 등록 등을 요구하는 경우에는 이에 해당하지 않는다. 유선장을 설치하여 수상레저사업을 운영하기 위해 하천점용허가를 받은 갑이 을로부터 돈을 차용하면서 을과 하천점용허가 및 유선장을 매도하는 계약을 체결하였는데, 그 후 을이 하천점용허가의 권리의무승계 신고를 하자 관할 시장이 하천 점 · 사용허가 권리의무승계처분을 한 사안에서, 관할 시장은 갑 명의의 권리의무승계신고서와 승계사실 증명에 관한 서류가 위조되는 등으로 승계의 효력이 없다고 볼 특별한 사정이 없는 한 위 신고에 따른 권리의무승계처분을 하면 되는 점, 하천점용허가 관리대장은 허가가 있었음을 증명하는 문서로 행정상 편의를 위하여 작성하는 것에 불과하고, 하천의 점용허가권은 재산권의 설정과 이전에 관하여 등기 또는 등록이 성립요건 또는 대항요건이 되어 있는 재산권이라고 할 수 없으므로 가등기담보 등에 관한 법률이 준용된다고 할 수 없는 점 등에 비추어, 위 처분에는 하자가 중대 · 명백하여 무효에 해당하는 위법이 없음에도, 이와 달리 본 원심판결에 법리를 오해한 잘못이 있다." 대법원 2015. 1. 29. 선고 2012두27404.

28) "어업허가를 받거나 어업신고가 수리된 자가 갖는 어업에 대한 재산적 이익은 공유수면에서 자유로이 생존하는 수산동식물을 포획할 수 있는 지위로서 어업허가취득이나 수산동식물의 포획에 어떤 대가를 지불하는 것이 아니어서 일반 재산권처럼 보호가치가 확고하다고 보기 어려운 점, 한편 어업권의 특성과 행사 방식 등에 비추어 재산권의 행사가 사회적 연관성과 사회적 기능이 크므로 입법자에 의한 보다 광범위한 제한이 허용되는 점, 구 수산업법이 손실보상 없이 어업을 제한할 수 있는 사유를 수산자원의 보존 또는 국방상 필요 등 사회적 연관성과 사회적 기능이 큰 경우로 제한적으로 규정하고 있는 점, 허가 또는 신고 어업과는 달리 면허어업은 해조류양식어업 등을 주요대상으로 하여 조업이 제한되는 해역 이외의 장소에서는 조업이 불가능한 사정을 고려하여 보상제외사유로 삼지 않는 등 제한되는 어업의 종류와 특성 및 내용에 따라 보상 여부를 달리 정하고 있는 점 등을 종합하면, 구 수산업법 제81조 제1항 제1호 단서에서 허가 · 신고 어업에 대하여 '국방상 필요하다고 인정하여 국방부장관으로부터 요청이 있을 때'(구 수산업법 제34조 제1항 제3호)에는 '공익사업을 위한 토지 등의 취득 및 보상에 관한 법률 제4조의 공익사업상 필요한 때'(구 수산업법 제34조 제1항 제5호)와 달리 손실보상 없이 이를 제한할 수 있도록 정한 것이 재산권자가 수인하여야 하는 사회적 제약의 한계를 넘어 가혹

헌법재판소는 체육시설업에 대한 사업계획승인 등 행정처분에 의하여 성립하는 상대방의 법적 지위는 헌법 제23조가 보장하는 재산권의 보호범위에 속하지 않는다는 입장을 제시하고 있다.[29)]

3. 사적 유용성과 처분 가능성이라는 재산권의 헌법적 요건에 비추어 본 수리권에 대한 평가 – 온실가스 배출권과의 비교

헌법재판소는 헌법상 재산권의 개념을 "사적 유용성과 임의적인 처분권을 내포하는 재산가치 있는 구체적 권리"로 이해하고 있으며,[30)] 이는 우리나라에서 학설상으로도 일반적으로 수용되는 재산권에 대한 헌법적인 정의라고 할 수 있다.[31)] 그리고 이와 같은 헌법상 재산권의 개념은 보다 세부적으로 '사적 유용성', '임의적인 처분권', '구체적인 권리'라는 세 부분의 구성요건으로 이루어지고 있다. 이와 관련하여 하천관리청으로부터 허가를 받은 하천수에 대한 허가사용량을 헌법상 재산권의 개념적 구성요건과 관련하여, 특히 유사한 법적 구조를 가지고 있는 온실가스 배출권과 비교하여 어떠한 평가를 할 수 있을 것인

한 부담을 발생시키는 등 비례의 원칙을 위반하였다고 보기 어려우므로 위 단서 조항이 헌법에 위배된다고 볼 수 없다." 대법원 2016. 5. 12. 선고 2013다62261 판결.

29) "사업계획승인 이후 경매 등으로 체육시설업의 필수시설에 대한 소유권을 상실한 기존 사업계획승인권자는 더 이상 사업계획승인을 자신의 이익을 위해 이용할 수 없으므로 사적유용성이 인정될 수 없고, 기존 사업계획승인권자는 운영할 체육시설을 보유하지 않으므로 사업계획승인권을 보유할 규범적 이익도 없어 필수시설의 경락인에게 위 승인권을 양도해야만 하는 것 이외에 다른 선택가능성을 상정하기 어려우므로 사업계획승인권에 대한 원칙적 처분권을 보유한다고 보기도 어려우며, 사업계획승인은 해당 체육시설이 법령에서 정한 시설기준을 갖출 수 있는지를 비롯한 제반 사업수행능력에 대한 승인에 해당하므로, 여기에 어떠한 재산적 가치가 내포되어 있다고 할 수도 없다. 따라서 위 사업계획승인권은 헌법상 보호되는 재산권에 해당되지 않는다." 헌재 2010. 4. 29. 2007헌바40. 다만 이 결정에서 반대의견은 체육시설업에 대한 사업계획승인권은, 사업계획승인권이 그 권리자에게 귀속되는 것임이 명백한 점, 이 사건 법률 개정 이전의 경제거래 현실에서 기존의 사업계획승인권자는 자신의 위 승인권을 타인에게 양도하여 그 대가로서의 양도대금을 취득하여 왔고 이러한 거래 및 양도대금의 수수 등이 대법원의 판결을 통하여 뒷받침되어 온 점에서 사적유용성이 인정되고, 사업계획승인권을 양도할 상대방을 선택하거나 그 조건을 정할 자유가 상당히 제약되게 되었다 하더라도 양도계약의 체결 여부 및 조건의 약정 등에 있어서 처분의 자유가 전혀 없어졌다고는 할 수 없으므로 원칙적 처분권도 인정되며, 이에 재산권으로 보호될 만한 재산가치 역시 내포되어 있는 것으로 보고 있다.

30) 헌재 2007. 7. 26. 2003헌마377; 2002. 7. 18. 99헌마574; 2003. 10. 30. 2001헌마700 등.

31) 허영, 한국헌법론, 전정 12판, 박영사, 505면.

지 구체적으로 살펴보면 다음과 같다. 우선 하천수사용허가로 인하여 발생한 법적 지위는 특정한 하천수의 물량을 자신의 이익을 위하여 자유롭게 사용할 수 있다는 점에서 사적 유용성을 핵심으로 하는 구체적인 법률상 권리에 가까운 것으로 볼 수 있다. 다만, 임의적인 처분과 관련하여 하천수사용허가를 대상으로 하여 이를 매매하거나 담보제공 등의 목적으로 자유롭게 양도할 수 있는 시장이나 장외거래의 메커니즘이 존재하는 것은 아니다. 다시 말하자면, 하천수사용허가로 인한 법적 지위는 이를 임의적으로 처분할 수 있는 대상이 아니라는 점에서 헌법상 재산권으로서의 개념적인 요건을 충족하지 못하는 것이다.

이에 반하여 온실가스 배출권의 경우는 비록 무상으로 각 사업장에 할당한 경우라고 하여도 배출권을 등록부에 등록하고 이것이 시장에서 거래단계로 진입하게 되면 임의적인 처분이 이루어지는 것이어서 이를 헌법상의 재산권으로 보기에 무리가 없다. 재산권의 개념이 선험적으로 특정한 실체를 가지는 개념 본질적으로 내포된 것이라기보다는 입법정책적 배려에 따라서 그 외포가 결정되는 측면을 고려한다면 더욱 그렇다. 이는 헌법상 재산권의 개념이 처음부터 고착된 실체를 가지는 것이 아니라 사회적, 문화적 환경을 고려하여 입법자가 그 내용을 채워 넣는 방식을 배제하지 않는 개방적인 것이라는 특성에 기인하는 것이다. 혹여 온실가스배출권을 전적으로 고전적인 재산권으로 인정할 수 없는 경우라고 하더라도 이를 일종의 재산권의 전단계인 이른바 混成재산 혹은 하위의 준재산의 개념으로 포섭할 수 있다는 견해도 제시되고 있다.[32] 그러나 하천수사용허가의 경우에는 향후 입법적인 조치에 따라서 이를 자유롭게 사고 파는 시장이 형성되어 특정한 가격이 형성될 수 있는 단계에 이르게 되면 모르되, 단지 행정처분으로 인한 허가량의 사용이라는 지위에 머무르고 있는 현재의 상황을 고려한다면 더욱 그렇다. 그리고 온실가스배출권은 시장메커니즘을 활용하여 온실가스배출행위를 시장에서 부정적인 영향으로 평가하고 가능하면 그 배출량을 줄이고 절약하는 경제적 유인을 제공하여 결국 남은 배출권을 거래하는 것을 주된 제도적 지향점으로 설계한 것이 특징적이다. 이에 비하여 하

---

32) 이덕연, 본질적으로 논쟁적인 개념'으로서 헌법상 재산권의 허와 실 — '배출권'의 재산권으로서 법적 성격 및 지위와 관련하여 —공법연구 제45집 제4호, 72면.

천수사용허가는 하천관리청이 공익의 실현자로서 하천수를 중심으로 하는 수자원의 지속가능성과 미래의 수요를 적절하게 조절하는데 그 제도적인 설계의 중심이 두어질 뿐 이를 거래의 대상으로 하거나 특정인에게 재산권과 같은 고착화된 권리를 부여하는 것과는 취지를 달리한다. 따라서 하천수사용허가는 기득화된 권리의 보장보다는 미래의 수자원 예측에 따르는 행정의 유연성과 가변성의 원리가 보다 강하게 작용하는 영역이라고 할 수 있는 것이다.

IV. 댐사용권 변경처분 취소소송 - 대법원 2018. 3. 29. 선고 2017두73761 판결

1. 사실관계

섬진강댐은 1940년 4월결 착공되어 1965년 12월경 준공되었다. 정부는 섬진강댐의 댐사용권을 한국수자원개발공사에 현물출자하였고, 위 공사는 이를 한국전력주식회사(69.16%) 및 동진농지개량조합(30.84%)에 각 양도하였다. 원고 한국수력원자력 주식회사는 한국전력 주식회사의, 한국농어촌공사는 동진농지개량조합의 위 각 댐사용권을 승계 취득하였다. 그런데 섬진강댐은 수몰지역 내에 주민들이 재정착하는 문제가 발생하였다. 피고 국토교통부장관은 위 주민들을 이주시킴으로써 댐의 저수량을 확보하고, 댐 운영의 정상화를 위하여 섬진강댐 재개발사업을 추진하였다. 피고는 댐건설기본계획 변경을 추진하는 과정에서 원고 및 농어촌공사와 댐사용권 조정에 관한 협의가 잘 이루어지지 않자, 2007. 3. 21. 감사원이 주관하는 회의가 개최되었고, 원고, 농어촌공사, 피고, 이 사건에서 보조참가인인 한국수자원공사는 2007년 4월경 감사원의 입회하에 댐사용권의 변경 시에 발생하는 기존 댐사용권자에 대한 보상방안에 대하여 협의하였다.

피고는 2007.10.21. 댐의 규모, 형식, 저수량 등은 변경 없이 저수량의 용도별 배분을 결정하고, 댐사용권을 설정받기로 예정된 주체와 내용을 당초 한국수자원개발공사에서 농어촌공사(관개용수), 원고(발전용수), 국가(홍수조절), 참가인(생 · 공용수)로 변경하는 내용을 포함하는 섬진강다목적댐 기본계획 변경 고시를 하였다(건설교통부고시 제2007-427호). 피고는 원고와 수차례에 걸쳐 댐건설 및 주변지역지원 등에 관한 법률(이하 댐건설법이라 한다)에 따라서 보상 협의를 진행하였으나 보상금액에 관하여 협의점을 찾지 못하자, 2015.9.11. 원고에게 섬진강다목적댐 댐사용권 변경에 따라 댐건설부담금 49,260,404,000원, 영업손실 3,040,500,000원을 지급한다는 내용의 합의서(안)를 송부하였고, 원고는 2015.9.18. 피고에게 위 합의서(안)을 수용할 수 없다는 의견을 통보하였다. 피고는 2015.11.30. 원고에 대한 댐사용권 변경등록을 하였고, 2015.12.30. 이를 원고에게 통지하였다(이 사건 처분).

2. 소송의 경과와 법적 쟁점

1심 법원인 서울행정법원에서 원고는 위 피고의 댐사용권 변경처분이 보상규정을 결하고 있어서 위헌이며, 댐건설법 제31조 제4항 각호에 따르는 변경처분의 사유가 존재하지 않으며, 위 변경처분이 신뢰보호원칙을 위반하였으며, 동시에 재량권을 일탈 · 남용한 위법한 처분이라고 주장하였으나, 재판부는 이러한 원고의 청구를 모두 기각하였다. 원심법원인 서울고등법원에서 원고는 이 사건 조항인 댐건설법 제34조 제4항 제2호에 따라서 댐사용권을 변경하는 처분을 하기 위해서는 동법 제31조 제2항, 제3항의 댐사용권 양도절차를 반드시 거쳐야 하는데, 이 사건 조항 제2호에 따라서 곧바로 댐사용권 이전이 가능하다고 해석하는 것은 과잉금지의 원칙에 위배되고, 헌법 제23조 제3항 상의 적법절차를 위반하였으며, 이 사건조항에 따라서 국가가 댐사용권 취소 또는 변경처분 행사 요건 충족 여부에 대하여 국가의 재량에 달려있기 때문에 헌법상 명확성원칙에 반한다고 주장하였다. 더 나아가 원고는 위 변경처분은 하천법과 댐건설법에 따르는 하천 점용허가, 하천수 사용허가를 취소하고 댐건설법에 의한 댐사용권 양도절차가 선행되어야 하는 것으로서 절차상 하자가 있다고 주장하였다. 또한 원고는 이 사건 조항에 따라서 기존의 댐사용권을 변경하여 신규로 댐사용권을 설정받기 위해서는 기본계획에 댐사용권 설정이 예정되어 있어야 하는데 기본계획 변경 고시에 따라서 참가인이 생 · 공용수에 대한 댐사용권 설정예정자였으나 이를 국가로 귀속시킨 것은 위법이라고 주장하였다. 본 연구에서는 원고의 주장 중에서 1심에서 문제가 된 재산권 침해문제 및 댐사용권의 취소 또는 변경에 따르는 신뢰보호와 보상 여부를 검토하고자 한다. 그 이유는 이러한 법적 쟁점이 댐사용권이라는 수리권의 법적 성격과 그에 대한 취소 또는 변경에 따르는 손실보상의 성격을 규명하는데 중요하기 때문이다.

3. 댐사용권의 법적 성격

1) 댐사용권에 대한 손실보상

앞서 수리권 부분에서 언급한 바와 같이 댐사용권은 댐건설법에 따라서 환경부장관이 댐사용권설정예정자에게 다목적댐에 의한 일정량의 저수를 일정한 지역에 확보하고 특정용도에 사용할 수 있는 권리를 설정하는 일종의 설권행위로서 강학상 특허에 해당하는 재량행위라고 할 수 있다. 댐건설법 제29조에 의하여 댐사용권은 물권(物權)으로 보며, 이 법에 특별한 규정이 있는 경우를 제외하고는 부동산에 관한 규정을 준용하도록 하고 있는데, 이는 댐사용권이라는 수리권이 배타적이고 독점적인 권리성을 가지고 있음을 확인하는 규정이다. 또한 댐사용권은 환경부에 갖추어 두는 댐사용권등록부에 등록하지 아니하면 그 효력이 없다(제32조 제1항)는 것으로 보아, 댐사용권은 일종의 동록한 물권이라고 할 수 있다.

더 나아가 댐사용권은 법률상 동록물권일 뿐만 아니라 헌법 제23조 제1항에서 보호하는 재산권으로서의 성격을 가지고 있다. 댐사용권이 헌법상 재산권으로서 보호받는 결정적인 이유는 댐사용권설정예정자는 환경부장관으로부터 댐사용권을 설정받기 위하여 다목적댐의 건설비용 중 대통령령으로 정하는 바에 따라 산출한 비용을 부담하여야 한다(제20조 제1항). 여기에서 대통령령으로 정하는 비용의 범위는 다목적댐을 설치하기 위하여 필요한 공사비, 보상비, 조사설계비, 관리비, 건설기간 중의 차입금 이자 및 법 제42조 제2항에 따라 댐건설사업시행자가 부담하는 댐주변 지역정비사업비로 한다(동법 시행령 제19조). 다시 말하자면 댐사용권을 설정 받으려는 예정자는 댐건설에 소요되는 비용 중 상당 부분의 자기기여가 있어야 함을 규정한 것으로서 이러한 재정적인 기여가 댐사용권을 헌법상 재산권으로 인정하는 이유라고 할 수 있다. 또한 댐사용권자는 댐사용권을 상속, 법인의 합병 또는 그 밖의 포괄승계, 양도, 체납처분, 강제집행 및 저당권의 목적이 되는 외에 다른 권리의 목적으로 할 수 없기는 하지만(제30조 제1항) 위에서 정한 범위에서 임의적 처분권이 인정된다. 더 나아가 댐사용권자는 댐사용권자나 댐사용권설정예정자는 해당 댐의 저수를 사용하는 자로부터 사용료를 받을 수 있으므로(제35조 제1항) 사적 유용성의 요건도 충족한다.

이 사건에서 주목할 것은 이와 같이 댐사용권 설정이라는 수익적 행정행위를 통하여 발생하는 수리권의 한 종류로서 댐사용권은 앞서 언급한 하천수 사용허가나 먹는샘물에 대한 사용허가로 인한 법적 지위와는 달리 헌법상 재산권으로 보호되는 권리라는 법적 성격상의 차이라고 할 수 있다. 다만, 댐사용권 역시 헌법상 공공복리 내지는 공공필요에 따라서 재산권에 대한 제한이나 침해가 이루어 질 수 있으며, 이러한 제한행위 등이 헌법 제23조 제3항의 공용침해에 따라 이루어지는 재산권에 대한 특별한 희생을 의미하는 경우 정당한 보상이 이루어져야 한다. 특히 기후변화가 극심해 지고 가뭄과 홍수가 교차하여 국가의 안정적인 물관리가 위협을 받고 있는 상황에서는 댐사용권이라는 재산권 행사가 상당한 정도로 공공복리에 의한 기속을 받을 뿐만 아니라 국가는 효과적이고 선제적인 물관리를 위하여 댐사용권에 대하여 조정, 축소, 변경 등의 다양한 처분행위를 할 수 있는 권한을 법적으로 부여받고 있다.

그 대표적인 규정이 댐건설법 제31조라고 할 수 있으며, 이 사건 조항 동조 제4항 제2호는 앞서 본 바와 같이 섬진강댐 재개발사업의 결과 댐의 저수이용상황 등이 변경된 경우에 해당하여 그에 따라서 국토교통부장관(현행법상 환경부장관)이 원고 등에 대한 댐사용권 변경처분을 한 것이다.[33] 이에 대하여

---

33) 제31조(댐사용권에 대한 취소 등) ① 환경부장관은 댐사용권자에 대하여「하천법」제33조에 따른 하천의 점용허가와 같은 법 제50조에 따른 하천수의 사용허가의 전부 또는 일부를 취소하는 경우에 해당 댐사용권자 외의 자에 대하여는 종전과 같은 하천수 사용을 인정할 수 없을 때에는 댐사용권자에 대한 점용허가 등의 취소에 상응하여 그 댐사용권을 취소하거나 변경하도록 하여야 한다. ② 환경부장관은 댐사용권자에 대하여「하천법」제33조에 따른 하천의 점

원고는 이 사건 조항이 댐사용권자의 동의 없이 국가가 일방적으로 댐사용권 변경 · 취소처분을 할 수 있도록 규정하면서, 그에 따른 정당한 보상에 대해서는 침묵함으로써 헌법상 재산권을 침해하였다고 주장한다는 바는 이미 언급하였다. 댐건설법은 댐사용권을 헌법상 재산권으로 인정하는 것을 이미 전제하고 있기 때문에 공용침해에 따르는 현금보상원칙을 댐사용권자가 기 납부한 부담금이나 납부금을 반환하는 형태로 규정하고 있다. 원심 또한 헌법 제23조 제3항에 따르는 손실보상을 납부금이나 부담금을 반환하는 형태로 지급하였다는 점을 인정하고 있다. 댐건설법 제34조에 의하여 국가는 제31조에 따라 댐사용권에 대하여 취소 또는 변경의 처분을 하였을 때에는 제20조 제1항에 따라 납부된 부담금이나 제33조에 따라 납부된 납부금의 일부를 반환하여야 하며(제1항), 제1항에 따라 반환할 금액은 해당 부담금이나 납부금의 산출방법과 동일한 방법으로 산출하도록 규정하고 있다(제2항). 앞서 살펴본 바와 같이 국가는 이 반환조항에 따라서 원고에게 댐건설부담금 49,260,404,000원을 지급한 것이다. 여기에서 댐사용권의 취소는 헌법 제23조 제3항 상 재산권에 대한 수용을, 변경은 그에 대한 제한을 의미하는 것으로 볼 수 있다.

2) 댐건설법 제31조 제1항, 제2항의 하천점용허가, 하천수 사용허가 취소 또는 변경과 손실보상

댐건설법은 제32조 제1항, 제2항, 제3항에서 댐사용권자와 그 이외의 제3자가 하천법상의 하천점용허가 및 하천수 사용허가를 받은 경우 댐사용권자 이외의 제3자와의 법률관계를 상세하게 규율하고 있다. 이는 댐사용권의 설정으

용허가와 같은 법 제50조에 따른 하천수의 사용허가의 전부 또는 일부를 취소하는 경우에 해당 댐사용권자 외의 자에 대하여 새로 하천수 사용을 인정할 필요가 있을 때에는 해당 댐사용권자에게 적절한 기간을 정하여 댐사용권의 전부 또는 일부를 다른 자에게 양도하도록 명할 수 있다. ③ 환경부장관은 제2항에 따른 기간에 댐사용권자가 그 댐사용권을 양도하지 아니할 때에는 해당 댐사용권자 외의 자가 댐사용권자에 대한 하천수의 사용허가와 같은 내용의 하천수의 사용허가를 받을 수 있는 경우에만 해당 댐사용권의 전부 또는 일부를 취소할 수 있다. ④ 환경부장관은 다음 각 호의 어느 하나에 해당하는 경우로 댐사용권을 그대로 유지하는 것이 곤란한 경우에는 댐사용권에 대한 취소 또는 변경의 처분을 할 수 있다. 이 경우 미리 댐사용권자의 의견을 들어야 한다. 1. 댐의 증축 · 개축 등으로 저수용량이 변경된 경우 2. 댐의 저수 이용상황 등이 변경된 경우

로 인하여 발생할 수 있는 유수의 변경 또는 부족 등으로 인하여 기존의 하천수 사용허가 등을 받은 제3자들이 불측의 피해를 입을 경우 그에 대한 배려적 차원에서 댐사용권에 대한 취소나 변경할 수 있도록 하는 규정이다. 그런데 이 규정에 의하여 댐사용권의 취소, 변경, 양도 등이 있는 경우 제34조 제1항에 따라서 댐사용권자가 부담한 부담금 또는 납부금의 반환을 통하여 헌법 제23조 제3항에 의한 손실의 보상이 이루어짐은 이미 언급하였다. 그런데 댐사용권의 취소, 변경, 양도 등에 대해서는 손실보상이 이루어지는 반면에 댐사용권자에 대한 하천점용허가나 하천수 사용허가의 전부 또는 일부취소를 하는 경우에도 댐건설법은 하천법상 하천수 사용허가의 철회에 따르는 하천법 제77조 제1항과 같은 손실보상조항을 두고 있지 아니하다.

물론 여기에서는 하천수 사용허가의 취소라는 용어를 사용하고 있으나 이는 하천법 제70조 제1항의 하천수 사용허가의 철회에 해당한다. 이는 댐사용권자에게 하천수 사용허가보다는 보다 강력하고 실효적인 권리를 설정하는 것이기 때문에 제3자를 위하여 하천수 사용허가의 전부 또는 일부를 철회하더라도 댐사용권자에게 발생하는 권리침해가 경미하다는 것을 전제로 하는 것일 수도 있다. 그러나 동일한 하천수 사용허가의 철회에 대해서 댐건설법은 보상을 인정하지 않는 반면에 하천법은 이에 대한 손실보상을 규정하고 있는 것은 헌법 제23조 제3항에 따르는 재산권에 대한 공용침해와 손실보상의 문제가 아니라 신뢰보호의 방식으로서 보상보호는 침해되는 신뢰이익의 경중과 樣態, 다른 사익과의 관계 등을 고려한 국가의 정책적 판단에 따르는 일종의 정책적 보상으로서의 성격이 보다 강하다는 것을 의미하는 것이다. 따라서 하천법상 하천수 사용허가에 대한 전부 또는 일부의 철회로 발생하는 신뢰이익의 침해에 대한 보상은 헌법 제23조 제3항에 따라 반드시 정당보상원칙이 준수되어야 하는 것도 아니며, 국가의 재정상황에 따라서 그 보상의 수준이 매우 탄력적이고 유연할 수 있다는 점에서도 당해 보상의 성격이 재산권 주체의 기본권 실현보다는 국가의 정책수단이라는 함의가 보다 전면에 나서는 것이라고 볼 수 있다.

V. 하천수 사용료의 부과기준 - 대법원 2018. 6. 15. 선고 2018두33142 판결

1. 사실관계

원고는 자신의 공장을 운영하기 위하여 낙동강홍수통제소로부터 하천수 사용허가를 받고 그 사용료를 실제 사용량에 따라서 납부하여 왔는데, 피고는 하천법 제50조 제5항에 의한 하천수 사용료는 실제 사용량이 아니라 허가량을 기준으로 부과하여야 한다는 것을 이유로 그 차액을 추가로 부과하였다. 이에 대하여 원고는 하천법과 동법 시행령, 하천점용료 및 사용료 징수조례와 한국수자원공사의 댐용수공급규정 등 관련 규정에서는 하천수 사용료의 부과기준을 실제 하천수의 사용량을 기준으로 부과하고 있으므로, 허가량을 기준으로 하천수 사용료를 추가로 부과한 처분은 위법하므로 그 취소를 구하는 소송을 제기하였다.

2. 소송의 경과

제1심과 원심은 하천수 사용허가와 하천수 사용료의 성격, 관련 조례의 규정 등에 공업용수로 사용되는 하천수 사용료는 한국수자원공사법 제16조 제2항에 따라 국토교통부장관이 승인한 댐용수 요금단가에 '취수허가 사용량'(허가량)을 곱하여 산정하여야 한다고 판단하여 원고의 청구를 기각하였다. 그러나 대법원은 국토교통부장관이 승인한 댐용수공급규정의 내용은 요금단가에 '실제 사용량'을 곱하여 산정하도록 정하고 있고, 이는 또한 하천수 사용료 산정의 기준이라 할 수 있으므로 공업용수로 사용되는 하천수 사용료는 특별한 사정이 없는 한 허가량이 아닌 '실제 사용량'에 요금단가를 곱하여 산정하는 것으로 해석하여야 한다고 판시하여 원심판결을 파기하고, 이를 원심법원에 환송하였다.

3. 평석

하천법에 따라서 생활 · 공업 · 농업 · 환경개선 · 발전 · 주운(舟運) 등의 용도로 하천수를 사용하려는 자는 대통령령으로 정하는 바에 따라 환경부장관의 허가를 받아야 하며(제50조 제1항), 시 · 도지사는 제1항에 따라 하천수 사용허가를 받은 자에게 사용료를 징수할 수 있도록 규정하고 있다(제5항). 하천수는 국가가 자원으로 관리하는 일종의 자연공물이며, 그에 대한 환경부장관의 허가처분은 공물에 대한 특별사용의 일종인 특허처분으로서의 성격을 가진다.

이 사건에서 문제가 된 하천수 사용료는 자연공물에 대한 사용대가로서 부과하는 것이므로 일종의 사용료로 볼 수 있으며, 이러한 취지에서 볼 때 대법원이 실제 하천수의 사용량에 따라서 사용료를 부과하도록 판시한 것은 법리상 무리 없는 판단이었다고 할 수 있다. 대법원이 이러한 판단에 이르게 된 것은 하천법과 동법 시행령, 관련 조례 및 국토교통부장관(현행법상 환경부장관)이 승인한 한국수자원공사의 댐용수공급규정이라는 일련의 실정법의 충실한 해석에 따른 결과라고 할 수 있다. 하천수 사용료는 국토교통부장관이 승인한 댐용수공급규정에 따라서 실제사용량을 기준으로 부과하고 있다.

그런데 이해하기 어려운 것은 대법원이 이와 같은 일련의 실정법에 해석에 치중한 나머지 상호 법적 성격이 상이한 댐용수와 하천수를 동일하게 취급하는 견해를 제시한 점이다. 대법원은 "'댐'이란 하천의 흐름을 막아 그 저수를 이용하기 위하여 쌓은 공작물을 말하고 '하구둑'은 바닷물이 들어오는 것을 막기 위하여 하천의 하류에 쌓은 공작물을 말하므로, 댐 및 하구둑에서 공급하는 댐용수는 그 본질상 하천수와 다르다고 보기 어렵다"는 견해를 제시하고 있다.

과연 그럴까? 댐용수와 하천수의 성격과 이들의 이용관계에 대한 이해는 댐용수를 규율하는 법규와의 체계적인 해석에서 출발하여야 한다. 댐이 하천법상 하천시설이기는 하지만 인공의 구조물을 축조하고 여기에 물을 저수하여 관리한다는 점에서 자연공물인 하천 및 하천수와 구별된다. 그렇기 때문에 댐과 댐용수에 대해서는 하천수와는 별도의 특별한 법적 규율을 가하고 있다. 댐과 댐용수에 대해서는 '댐건설 및 주변지역지원 등에 관한 법률'(이하 댐건설법이라 한다)이 별도로 제정되어 이 법에 의하면 댐이란 하천의 흐름을 막아 그 저수(貯水)를 생활용수, 공업용수, 농업용수, 환경개선용수, 발전, 홍수 조절, 주운(舟運), 그 밖의 용도로 이용하기 위한 높이 15미터 이상의 공작물을 말하며, 여수로(餘水路)·보조댐과 그 밖에 해당 댐과 일체가 되어 그 효용을 다하게 하는 시설이나 공작물을 포함한다(제2조 제1호).

보다 중요한 것은 하천수와 댐용수라는 수리권의 법적 성격의 차이라고 할 수 있다. 댐건설법은 하천수 사용허가로 인한 수리권과는 달리 댐사용권이라는 별도의 수리권을 인정하고 있는데, 댐사용권이란 다목적댐에 의한 일정량의 저수를 일정한 지역에 확보하고 특정용도에 사용할 수 있는 권리를 말한다(제2조 제3호). 댐사용권은 이를 사용하려는 자의 신청을 받아 환경부장관이 설정하며(제24조 제1항), 댐사용권자는 대통령령으로 정하는 바에 따라 산출한 금액의 납부금을 국고에 납부하여야 한다(제33조). 또한 댐사용권은 등록하여야 하며(제32조 제1항), 물권으로 취급한다(제29조). 이와 같은 댐건설법상의 규정들을 종합하여 보면 댐용수를 사용할 수 있는 수리권으로서 댐사용권은 이를 설정받은 자가 납부금 또는 부담금을 납부함으로서 댐건설에 필요한 비용의 일부에 대하여 자기기여분을 가지게 되며, 댐용수권자는 댐용수를 필요로 하는 자가 있는 경우 그 자와 용수계약을 체결하여 댐용수를 수익의 목적으로 사용할 수 있다는 점에서 댐용수에 대한 사적 유용성과 처분권능을 갖는다. 이러한 측면에서 보면 댐용수에 대한 수리권은 헌법상 재산권으로서의 성격을 가지며, 물권으로서 일정한 범위에서 법적인 보호의 대상이 된다.

반면에 하천수 사용허가는 특허처분이기는 하지만 하천수의 사용에 대한 단순한 수익적 행정처분에 불과하며, 현재 행정 실무상 하천수 사용허가를 받은 상대방은 사용허가에 대하여 행정수수료도 납부하지 않고 다만, 그 사용량에 따라서 하천수 사용료만을 내는 것이 전부이다. 더 나아가 하천수 사용허가를 등록하는 제도도 없으며, 하천법이 이를 물권이나 유사한 권리로 인정하는 규정도 존재하지 않는다. 이러한 점에서 보면 하천수 사용허가를 받은 자는 수익적 행정처분의 상대방으로서 법적 지위를 가지는 것으로서, 그 취소나 철회시에 신뢰보호원칙이 적용되는데 그칠 뿐 물권에 준하는 권리를 가지거나 더 나아가 헌법상 보호되는 재산권으로 보기 어렵다. 이와 같은 이유 때문에 대법원이 이 사건에서 “댐용수는 그 본질상 하천수와 다르다고 보기 어렵다”고 하는 것은 자연공물인 하천과는 달리 인공구조물인 댐과 댐에 저수된 물의 이용관계가 서로 상이한 법적 취급을 받고 있다는 점을 간과한 것에서 비롯된 것이다.

물론 대법원은 필자가 뭔가 오해하고 있다고 재반박할 여지도 있다. 앞서 언급한 바와 같이 사용량 부과원칙은 하천수 사용료의 부과에 적용되는 하천법 등 일련의 규범 해석상 필연적인 결과일 뿐 대법원이 하천수와 댐용수의 사용에 대한 수리권이 법적으로 동일하다는 견해를 표명한 것은 아닐 수 있기 때문이다. 실제로 대법원은 “댐용수는 그 본질상 하천수와 다르다고 보기 어렵다”고 판시하면서 그 근거로서 하천법이 하천수 사용허가를 받아 하천의 물을 사용하는 경우에는 댐용수 사용료를 받지 않도록 규정하고 있고, 한국수자원공사법은 하천수 사용자가 한국수자원공사에 사용료를 내는 경우에는 하천수 사용료를 면제하도록 규정하고 있다는 점을 들고 있다. 그럼에도 불구하고 하천수와 댐용수를 동일시하는 대법원의 견해가 비용측면에서만 타당한 것인지 혹은 양자의 수리권이 법적으로 동일하다는 의미인지는 여전히 불분명하다.

필자가 평석 대상 대법원 판결을 주목하는 이유는 利水, 治水, 水生態界 로 구성되는 水法의 3각 체계(Trias des Wasserrechts)는 물의 사용에 대한 체계적인 법리구성이 그 출발점이기 때문이다. 대법원처럼 댐용수와 하천수 사용을 동일한 법률관계로 파악하는 경우 앞서 언급한 바와 같이 재산권 내지 권리성을 인정하기 어려운 하천수 사용허가의 상대방을 과도하게 보호하는 문제가 발생할 수 있다. 최근 대법원은 댐건설법상의 댐사용권 변경처분 취소소송(대법원 2018. 3. 29. 선고 2017두73761)에서 댐사용권을 재산권으로 인정하는 판결을 한 바 있는데. 이는 전적으로 타당한 것이다.

반면에 하급심에는 하천수 사용허가의 권리성 여부에 대하여는 상이한 판결이 내려지고 있는데(대전고등법원 2017. 7. 17. 선고 2013누1773 보상금증액, 대전지방법원 2013. 10. 16. 선고 2010구합4805 보상금증액), 대법원은 하천수와 댐용수 사용이라는 수리권의 성격이 상이함을 인정하여 우리나라 수리권법의 체계를 확립할 필요가 있다. 물의 사용에 대한 체계적인 법리구성은 왜 중요한가? 물은 인간과 동식물의 생존에 필수적인 공유재이므로 수리권 은 필요한 만큼 보호하되, 나머지는 우리 모두의 것임을 인정하는 것이 공존과 상생이라는 물의 미덕에 부합하기 때문이다.

VI. 맺는 말

흔히 수리권을 물의 이용에 관한 권리라고 개념을 정의하고 있지만, 현행 법상 이와 같은 수리권에는 매우 다양한 형태가 존재한다. 우리나라는 수리권 역시 오랜 동안 농경사회에서의 전통 속에서 이를 이해하고 운영하여 왔으나, 연안권의 일종으로서 민법상의 공유하천용수권이나 관행수리권의 내용과 범위가 불명하여 늘 수리권에 대한 분쟁이 그치지 않았다. 1961년 하천법이 제정되어 근대적인 의미의 허가수리권이 도입된 이후에도 이른바 기득수리권, 기득하천사용자 등의 법적 지위가 모호하고 하천수 사용허가와 댐용수 사용계약으로 인한 수리권 분쟁 역시 고질적인 문제로 상존한다. 이는 우리나라가 경제적으로는 선진화된 국가임에도 불구하고 과학적이고 체계적인 물관리가 이루어지지 못하고 있다는 방증이라고 할 수 있다.

연구의 대상이 된 이른바 한탄강 댐과 섬진강 댐 사건에 대한 우리 법원의 판결은 수리권에 대한 법제도 체계화를 위한 일종의 시금석을 제공하고 있는 것으로 그 의의를 인정할 수 있을 것이다. 특히 문제가 되는 것은 하천관리청으로부터 하천수 사용허가를 받은 자의 법적 지위에 관한 것이다. 일반적으로 행정법상 특허처분이 권리에 해당한다는 고정관념이 있으나 행정법상 권리와 헌법상 재산권을 분리하여 고찰하는 것이 과연 합리적 타당성이 있는 것인지 숙려할 필요가 있다. 행정법상 '권리성'이 일견 인정된다고 하더라도 헌법적 보호의 대상이 되지 못한다면 권리로서의 성격에 의문이 제기될 수 있기 때문이다.

행정법상 권리와 헌법상 재산권에 대한 불일치는 하천법이 하천수 사용허가를 철회하는 경우 이에 대하여 헌법상 재산권 침해에 대한 손실보상과 유사한 보상조항을 규정하고 있기 때문에 더욱 예민한 문제이다. 따라서 중요한 것은 이와 같은 보상조항의 법적 성격을 보다 심도 있는 논의를 통하여 규명하고 그에 따르는 입법자의 역할에 대한 방향을 정하는 것이다. 이 번 두 사건에 대한 법원의 판단은 이러한 제반 법적인 쟁점에 대하여 일정한 해법을 모색한다는 점에서 단순한 법리상의 문제를 넘어서서 우리나라의 향후 수자원 관리의 정책방향을 정함에 있어서도 커다란 의미를 갖는 것으로 보아야 한다.

마침 2018년에는 정부조직법 개정을 통하여 물관리권한이 환경부로 일원화 되고, 물관리기본법이 제정됨에 따라서 우리나라 물관리에 대한 제도적, 법적 기초를 확립하는데 역사적인 이정표가 되는 시점이다. 물과 하천은 우리세대의 전용물이 아니라 시대를 초월하여 세대 간의 배분적 정의가 요청되는 우리 모두의 소중한 자산이다. “교육이 百年 之 大計”라고 말하지만 물과 하천은 천년 아니 만년을 바라보는 계획과 정책을 필요로 하기 때문에 그에 상응하는 제도와 법리구축이 필요한 시점인 것이다.

대법원 2018. 12. 27. 선고 2014두11601 판결

【보상금증액】 [공2019상, 391]

【판시사항】

[1] 물을 사용하여 사업을 영위하는 지위가 독립하여 재산권으로 평가될 수 있는 경우, 댐건설 및 주변지역지원 등에 관한 법률 제11조 제1항, 제3항 및 공익사업을 위한 토지 등의 취득 및 보상에 관한 법률 제76조 제1항에 따라 손실보상의 대상이 되는 '물의 사용에 관한 권리'에 해당하는지 여부(적극)

[2] 하천법 제50조에 따른 하천수 사용권이 공익사업을 위한 토지 등의 취득 및 보상에 관한 법률 제76조 제1항에서 손실보상의 대상으로 규정하고 있는 '물의 사용에 관한 권리'에 해당하는지 여부(적극)

[3] 물건 또는 권리 등에 대한 손실보상액 산정의 기준이나 방법에 관하여 구체적으로 정하고 있는 법령의 규정이 없는 경우, 그 성질상 유사한 물건 또는 권리 등에 대한 관련 법령상의 손실보상액 산정의 기준이나 방법에 관한 규정을 유추적용할 수 있는지 여부(적극)

[4] 갑 주식회사가 한탄강 일대 토지에 수력발전용 댐을 건설하고 한탄강 하천수에 대한 사용허가를 받아 하천수를 이용하여 소수력발전사업을 영위하였는데, 한탄강 홍수조절지댐 건설사업 등의 시행자인 한국수자원공사가 댐 건설에 필요한 위 토지 등을 수용하면서 지장물과 영업손실에 대하여는 보상을 하고 갑 회사의 하천수 사용권에 대하여는 별도로 보상금을 지급하지 않자 갑 회사가 재결을 거쳐 하천수 사용권에 대한 별도의 보상금을 산정하여 지급해 달라는 취지로 보상금증액 소송을 제기한 사안에서, 갑 회사의 하천수 사용권에 대한 '물의 사용에 관한 권리'로서의 정당한 보상금액은 어업권이 취소되거나 어업면허의 유효기간 연장이 허가되지 않은 경우의 손실보상액 산정 방법과 기준을 유추적용하여 산정하는 것이 타당하다고 본 원심판단을 수긍한 사례

【판결요지】

[1] 댐건설 및 주변지역지원 등에 관한 법률(이하 '댐건설법'이라 한다) 제11조

제1항, 제3항, 공익사업을 위한 토지 등의 취득 및 보상에 관한 법률(이하 '토지보상법'이라 한다) 제1조, 제61조, 제76조 제1항, 제77조 제1항의 내용을 종합해 볼 때, 물을 사용하여 사업을 영위하는 지위가 독립하여 재산권, 즉 처분권을 내포하는 재산적 가치 있는 구체적인 권리로 평가될 수 있는 경우에는 댐건설법 제11조 제1항, 제3항 및 토지보상법 제76조 제1항에 따라 손실보상의 대상이 되는 '물의 사용에 관한 권리'에 해당한다고 볼 수 있다.

[2] 하천법 제5조, 제33조 제1항, 제50조, 부칙(2007. 4. 6.) 제9조의 규정 내용과 구 하천법(1999. 2. 8. 법률 제5893호로 전부 개정되기 전의 것) 제25조 제1항 제1호, 구 하천법(2007. 4. 6. 법률 제8338호로 전부 개정되기 전의 것) 제33조 제1항 제1호의 개정 경위 등에 비추어 볼 때, 하천법 제50조에 의한 하천수 사용권(2007. 4. 6. 하천법 개정 이전에 종전의 규정에 따라 유수의 점용·사용을 위한 관리청의 허가를 받음으로써 2007. 4. 6. 개정 하천법 부칙 제9조에 따라 현행 하천법 제50조에 의한 하천수 사용허가를 받은 것으로 보는 경우를 포함한다. 이하 같다)은 하천법 제33조에 의한 하천의 점용허가에 따라 해당 하천을 점용할 수 있는 권리와 마찬가지로 특허에 의한 공물사용권의 일종으로서, 양도가 가능하고 이에 대한 민사집행법상의 집행 역시 가능한 독립된 재산적 가치가 있는 구체적인 권리라고 보아야 한다. 따라서 하천법 제50조에 의한 하천수 사용권은 공익사업을 위한 토지 등의 취득 및 보상에 관한 법률 제76조 제1항이 손실보상의 대상으로 규정하고 있는 '물의 사용에 관한 권리'에 해당한다.

[3] 물건 또는 권리 등에 대한 손실보상액 산정의 기준이나 방법에 관하여 구체적으로 정하고 있는 법령의 규정이 없는 경우에는, 그 성질상 유사한 물건 또는 권리 등에 대한 관련 법령상의 손실보상액 산정의 기준이나 방법에 관한 규정을 유추적용할 수 있다.

[4] 갑 주식회사가 한탄강 일대 토지에 수력발전용 댐을 건설하고 한탄강 하천수에 대한 사용허가를 받아 하천수를 이용하여 소수력발전사업을 영위하였는데, 한탄강 홍수조절지댐 건설사업 등의 시행자인 한국수자원공사가 댐 건설에 필요한 위 토지 등을 수용하면서 지장물과 영업손실에 대하여는 보상을 하고 갑 회사의 하천수 사용권에 대하여는 별도로 보상금을 지급하지 않자 갑 회사

가 재결을 거쳐 하천수 사용권에 대한 별도의 보상금을 산정하여 지급해 달라는 취지로 보상금증액 소송을 제기한 사안에서, 공익사업을 위한 토지 등의 취득 및 보상에 관한 법률(이하 '토지보상법'이라 한다) 및 그 시행령, 시행규칙에 '물의 사용에 관한 권리'의 평가에 관한 규정이 없고, 하천법 제50조에 의한 하천수 사용권과 면허어업의 성질상 유사성, 면허어업의 손실액 산정 방법과 환원율 등에 비추어 볼 때, 갑 회사의 하천수 사용권에 대한 '물의 사용에 관한 권리'로서의 정당한 보상금액은 토지보상법 시행규칙 제44조(어업권의 평가 등) 제1항이 준용하는 수산업법 시행령 제69조 [별표 4](어업보상에 대한 손실액의 산출방법 · 산출기준 등) 중 어업권이 취소되거나 어업면허의 유효기간 연장이 허가되지 않은 경우의 손실보상액 산정 방법과 기준을 유추적용하여 산정하는 것이 타당하다고 본 원심판단을 수긍한 사례.

【참조조문】

[1] 댐건설 및 주변지역지원 등에 관한 법률 제11조 제1항, 제3항, 공익사업을 위한 토지 등의 취득 및 보상에 관한 법률 제1조, 제61조, 제76조, 제77조 제1항 / [2] 구 하천법(1999. 2. 8. 법률 제5893호로 전부 개정되기 전의 것) 제25조 제1항 제1호, 구 하천법(2007. 4. 6. 법률 제8338호로 전부 개정되기 전의 것) 제33조 제1항 제1호, 하천법 제5조, 제33조 제1항, 민사집행법 제251조, 공익사업을 위한 토지 등의 취득 및 보상에 관한 법률 제76조 제1항 / [3] 댐건설 및 주변지역지원 등에 관한 법률 제11조 제1항, 제3항, 공익사업을 위한 토지 등의 취득 및 보상에 관한 법률 제61조, 제77조 제1항 / [4] 댐건설 및 주변지역지원 등에 관한 법률 제11조 제1항, 제3항, 공익사업을 위한 토지 등의 취득 및 보상에 관한 법률 제61조, 제77조 제1항, 공익사업을 위한 토지 등의 취득 및 보상에 관한 법률 시행규칙 제44조 제1항, 하천법 제50조, 수산업법 제2조 제9호, 제8조, 제16조 제1항, 수산업법 시행령 제69조 [별표 4]

【참조판례】

[3] 대법원 1988. 12. 20. 선고 88누1059 판결 (공1989, 200), 대법원 1992. 5. 22. 선고 91누12356 판결 (공1992, 2035), 대법원 1999. 11. 23. 선고 98다

11529 판결 (공2000상, 1), 대법원 2002. 11. 26. 선고 2001다44352 판결 (공2003상, 190)

【전문】

【원고, 피상고인 겸 상고인】 인세홀딩스 주식회사
(소송대리인 법무법인 에스엔 담당변호사 이규주)

【피고, 상고인 겸 피상고인】 한국수자원공사

【대상판결】

【원심판결】 대전고법 2014. 7. 17. 선고 2013누1773 판결

【주문】

상고를 모두 기각한다. 상고비용은 각자가 부담한다.

【이유】

상고이유를 판단한다.

1. 피고의 상고이유에 대하여

가. (1) 「댐건설 및 주변지역지원 등에 관한 법률」(이하 '댐건설법'이라고 한다) 제11조 제1항은, 댐건설사업시행자는 댐의 건설에 필요한 토지, 건물, 그 밖에 토지에 정착한 물건과 이에 관한 소유권 외의 권리, 광업권, 어업권 및 물의 사용에 관한 권리(이하 '토지 등'이라고 한다)를 수용하거나 사용할 수 있다고 규정하고 있다. 댐건설법 제11조 제3항은, 같은 조 제1항에 따른 토지 등의 수용이나 사용에 관하여는 댐건설법에 특별한 규정이 있는 경우를 제외하고는 「공익사업을 위한 토지 등의 취득 및 보상에 관한 법률」(이하 '토지보상법'이라고 한다)을 준용한다고 규정하고 있다.

토지보상법은 공익사업에 필요한 토지 등을 협의 또는 수용에 의하여 취득하거나 사용함에 따른 손실의 보상에 관한 사항을 규정함으로써 공익사업의 효율적인 수행을 통하여 공공복리의 증진과 재산권의 적정한 보호를 도모하는 것을 목적으로 한다(같은 법 제1조). 이에 따라 토지보상법 제61조는 "공익사업에 필

요한 토지 등의 취득 또는 사용으로 인하여 토지소유자나 관계인이 입은 손실은 사업시행자가 보상하여야 한다."라고 규정하고 있다. 토지보상법은 '영업을 폐지하거나 휴업함에 따른 영업손실'에 대한 보상을 규정한 제77조 제1항 을 두면서도, 제76조에서 '권리의 보상'에 관하여 별도로 규율하고 있는데, 같은 조 제1항은 "광업권 · 어업권 및 물(용수시설을 포함한다) 등의 사용에 관한 권리에 대하여는 투자비용, 예상 수익 및 거래가격 등을 고려하여 평가한 적정가격으로 보상하여야 한다."라고 규정하고 있다.

이러한 규정 내용을 종합해 볼 때, 물을 사용하여 사업을 영위하는 지위가 독립하여 재산권, 즉 처분권을 내포하는 재산적 가치 있는 구체적인 권리로 평가될 수 있는 경우에는 댐건설법 제11조 제1항, 제3항 및 토지보상법 제76조 제1항에 따라 손실보상의 대상이 되는 '물의 사용에 관한 권리'에 해당한다고 볼 수 있다.

(2) 하천법 제33조에 의한 하천의 점용허가는 특정인에게 하천이용권이라는 독점적 권리를 설정하여 주는 처분에 해당하므로, 그러한 점용허가를 받은 자는 일반인에게는 허용되지 않는 특별한 공물사용권을 설정받아 일정 기간 이를 배타적으로 사용할 수 있다(대법원 2003. 12. 12. 선고 2003두8036 판결, 대법원 2011. 1. 13. 선고 2009다21058 판결 참조). 하천의 점용허가에 따라 해당 하천을 점용할 수 있는 권리(이하 '하천점용허가권'이라고 한다)는 특허에 의한 공물사용권의 일종으로서 하천의 관리주체에 대하여 일정한 특별사용을 청구할 수 있는 권리에 해당하고, 독립된 재산적 가치가 있다(대법원 2014. 10. 10.자 2014마1404 결정 참조). 하천법 제33조 제1항, 제5조 등 관련 법령에 의하면, 하천의 점용허가를 받은 자는 관할관청의 허가 없이 그 하천점용허가권을 자유로이 양도할 수 있고, 하천점용허가권에 대하여는 법률상 압류가 금지되어 있지 않으므로 민사집행법 제251조가 정하는 '그 밖의 재산권'에 대한 집행방법에 의하여 강제집행을 할 수도 있다(위 2014마1404 결정 참조). 또한 하천의 점용허가를 받은 사람은 그 하천부지를 권원 없이 점유 · 사용하는 자에 대하여 직접 부당이득의 반환 등을 구할 수도 있다(대법원 1994. 9. 9. 선고 94다4592 판결 참조).

한편 구 하천법(1999. 2. 8. 법률 제5893호로 전부 개정되기 전의 것) 제25

조 제1항 제1호는 '유수의 점용'을 관리청의 점용허가가 필요한 행위로 규정하고 있었고, 구 하천법(2007. 4. 6. 법률 제8338호로 전부 개정되기 전의 것) 제33조 제1항 제1호는 '유수(하천 바닥에 스며들어 흐르는 물을 포함한다)의 사용'을 관리청의 점용허가가 필요한 행위로 규정하고 있었다. 하천법이 2007. 4. 6. 전부 개정되면서 제33조 제1항에서 유수의 점용 또는 사용에 관한 조항이 삭제되고, '생활 · 공업 · 농업 · 환경개선 · 발전 · 주운(주운) 등의 용도로 하천수를 사용하려는 자'에 대한 하천수 사용허가에 관하여 규정한 제50조가 신설되었는데, 개정 하천법 부칙 제9조는 개정 하천법 시행 당시 종전의 규정에 따른 하천점용허가 중 '유수사용 목적의 점용허가'에 한하여 제50조의 개정 규정에 따른 하천수 사용허가로 본다고 규정하고 있다.

<u>위에서 본 하천법의 규정 내용과 개정 경위 등에 비추어 볼 때, 하천법 제50조에 의한 하천수 사용권(2007. 4. 6. 하천법 개정 이전에 종전의 규정에 따라 유수의 점용 · 사용을 위한 관리청의 허가를 받음으로써 2007. 4. 6. 개정 하천법 부칙 제9조에 따라 현행 하천법 제50조에 의한 하천수 사용허가를 받은 것으로 보는 경우를 포함한다. 이하 같다)은 위에서 본 하천법 제33조에 의한 하천점용허가권과 마찬가지로 특허에 의한 공물사용권의 일종으로서, 양도가 가능하고 이에 대한 민사집행법상의 집행 역시 가능한 독립된 재산적 가치가 있는 구체적인 권리라고 보아야 한다. 따라서 하천법 제50조에 의한 하천수 사용권은 토지보상법 제76조 제1항이 손실보상의 대상으로 규정하고 있는 '물의 사용에 관한 권리'에 해당한다.</u>

나. 원심은 채택된 증거를 종합하여 아래와 같은 사실을 인정한 다음, 그 판시와 같은 이유로, 원고의 하천수 사용권이 댐건설법 제11조 제1항, 제3항 및 토지보상법 제76조 제1항에 따라 손실보상의 대상이 되는 '물의 사용에 관한 권리'에 해당한다고 판단하였다.

(1) 원고는 1995. 8. 18. 포천시 영북면 대회산리 산51-2(이하 '이 사건 토지'라고 한다) 등에서 하천 공작물 설치공사허가를 받은 후, 공사 착공을 하여 1998. 5. 4. 이 사건 토지 소재 수력발전용 댐 구조물(이하 '이 사건 댐'이라고 한다)을 준공하였다. 원고는 그 무렵 포천시장으로부터 이 사건 토지 일대의 한탄강 하천수에 대한 사용허가(사용허가 만료시점은 2010. 12. 31.이다)를 받아

하천수를 사용하여 이 사건 댐을 가동하며 소수력발전사업을 영위하였다.

(2) 소수력발전 목적의 댐시설을 가동하기 위한 하천수 사용허가 기간은 현재 허가일로부터 5년으로 하고 있고, 하천수 부족, 기득 하천수 사용자 피해, 공익사업에 따른 변경 필요성 등의 특별한 사정이 없다면 그 기간이 연장되고 있다.

(3) 피고는 한탄강 홍수조절지댐 건설사업 등(이하 '이 사건 사업'이라고 한다)의 시행자로서 2010. 12. 22.을 수용개시일로 하여 댐 건설에 필요한 이 사건 토지 등을 수용하였는데, 지장물과 영업손실에 대한 보상은 하였으나, 원고의 하천수 사용권에 대하여는 별도로 보상금을 산정하여 지급하지 않았다. 원고는 그에 관한 재결신청이 기각되자 하천수 사용권에 대한 별도의 보상액을 산정하여 지급해 달라는 취지로 이 사건 소를 제기하였다.

다. 원심판결 이유를 적법하게 채택된 증거들에 비추어 살펴보면, 원심의 판단에 일부 적절하지 않은 부분이 있으나, 원고의 하천수 사용권이 댐건설법 제11조 제1항, 제3항 및 토지보상법 제76조 제1항에 따라 손실보상의 대상이 되는 '물의 사용에 관한 권리'에 해당한다고 본 판단은 앞에서 본 법리에 기초한 것으로 볼 수 있고, 상고이유의 주장과 같이 하천법상 하천수 사용권이 댐건설법 및 토지보상법상의 '물의 사용에 관한 권리'에 해당하는지에 관한 법리를 오해한 잘못이 없다.

피고가 상고이유에서 들고 있는 대법원 2005. 7. 29. 선고 2003두2311 판결은, 구 먹는물관리법(1997. 8. 28. 법률 제5394호로 개정되기 전의 것)에 따라 먹는샘물의 제조를 위하여 지하수를 이용할 수 있는 권리는 물권 또는 물권에 준하는 권리가 아니고, 위 법에 따른 수원개발허가를 받은 것만으로는 앞서 본 하천점용허가권 또는 하천수 사용권과 같은 특허에 의한 공물사용권을 취득한다고 볼 수도 없으므로, 위와 같은 지하수 이용권이 구 토지수용법(2002. 2. 4. 법률 제6656호로 폐지되기 전의 것) 제2조 제2항 제3호가 정하는 '물의 사용에 관한 권리'에 해당한다고 볼 수 없다는 취지이다. 따라서 위 판결은 상고이유 주장과 같이 원고의 하천수 사용권이 토지보상법이 정하는 '물의 사용에 관한 권리'가 아니라는 근거로 원용하기에 적절하지 않다.

2. 원고의 상고이유에 대하여

가. 손실보상액 산정의 기준과 방법에 관한 상고이유 주장에 관하여

(1) 물건 또는 권리 등에 대한 손실보상액 산정의 기준이나 방법에 관하여 구체적으로 정하고 있는 법령의 규정이 없는 경우에는, 그 성질상 유사한 물건 또는 권리 등에 대한 관련 법령상의 손실보상액 산정의 기준이나 방법에 관한 규정을 유추적용할 수 있다 (대법원 1988. 12. 20. 선고 88누1059 판결, 대법원 1992. 5. 22. 선고 91누12356 판결, 대법원 1999. 11. 23. 선고 98다11529 판결, 대법원 2002. 11. 26. 선고 2001다44352 판결 등 참조).

(2) 원심은 그 판시와 같은 이유로, 아래와 같은 취지로 판단하였다.

① 토지보상법 제76조 제1항은 광업권 · 어업권 및 '물의 사용에 관한 권리'에 대하여 보상하여야 한다고 규정하고 있는데, 그 위임을 받은 토지보상법 시행규칙은 제43조에서 광업권의 평가에 관하여, 제44조에서 어업권의 평가에 관하여 각 규정하고 있을 뿐이고, 토지보상법 및 그 시행령, 시행규칙에 '물의 사용에 관한 권리'의 평가에 관한 규정이 없다.

② 하천법 제50조에 의한 하천수 사용권과 면허어업의 성질상 유사성[허가어업이나 신고어업과는 달리 어업면허를 받은 자는 어업권원부에 등록함으로써 어업권을 취득하는데(수산업법 제2조 제9호, 제8조, 제16조 제1항), 어업면허는 독점적 · 배타적으로 어업을 할 수 있는 권리를 설정하여 주는 특허로서의 성격을 가진다(대법원 1999. 5. 14. 선고 98다14030 판결, 대법원 2007. 5. 10. 선고 2007다8211 판결 참조)], 면허어업의 손실액 산정 방법과 환원율 등에 비추어 볼 때, 원고의 하천수 사용권에 대한 '물의 사용에 관한 권리'로서의 정당한 보상금액은 토지보상법 시행규칙 제44조(어업권의 평가 등) 제1항이 준용하는 수산업법 시행령 [별표 4](어업보상에 대한 손실액의 산출방법 · 산출기준 등) 중 어업권이 취소되거나 어업면허의 유효기간 연장이 허가되지 않은 경우의 손실보상액 산정 방법과 기준을 유추적용하여 산정함이 타당하다.

(3) 원심판결 이유를 위에서 본 법리와 적법하게 채택된 증거들에 비추어 살펴보면 원심의 판단을 수긍할 수 있고, 거기에 상고이유 주장과 같이 경험칙에 반하는 임의적인 방법으로 손실보상액을 산정하여 지급을 명하는 등의 잘못이 없다.

나. 이미 지급받은 손실보상액의 공제에 관한 상고이유 주장에 관하여

원심은 위와 같이 어업권이 취소되거나 어업면허의 유효기간 연장이 허가되지 않은 경우의 손실액 산정 방법·기준을 유추적용하여 원고의 직전 3개년간 평균수익액을 기준으로 '물의 사용에 관한 권리'의 보상액으로 산정한 669,279,116원에서, 다음과 같은 이유로 원고가 영업손실에 대한 보상금 명목으로 이미 지급받은 160,626,000원을 공제하였다. ① 토지보상법 시행규칙 제46조 제1항, 제3항은 공익사업의 시행으로 인하여 영업을 폐지하는 경우의 보상액 산정에 관하여, 해당 영업의 최근 3년간의 영업이익의 평균 금액을 '영업이익'으로 평가한 후 2년간의 영업이익을 기준으로 보상액을 산정하도록 규정하고 있는데, 위와 같이 '물의 사용에 관한 권리'의 손실액에 대하여 평균수익액을 기준으로 산정한 보상금을 지급하면서 그와 별도로 영업손실에 대하여 평균영업이익을 기준으로 산정한 보상금을 또다시 지급하는 것은 이중보상에 해당한다. ② 어업권에 대한 손실보상의 경우에도 어업권에 대한 보상금에 더하여 별도로 영업손실에 대한 보상금까지 지급하지는 않고 있다.

원심판결 이유를 관련 법리에 비추어 살펴보면 원심의 위와 같은 판단을 수긍할 수 있고, 거기에 상고이유 주장과 같이 이미 지급받은 손실보상액의 공제에 관한 법리를 오해한 잘못이 없다.

3. 결론

그러므로 상고를 모두 기각하고, 상고비용은 각자가 부담하도록 하여, 관여 대법관의 일치된 의견으로 주문과 같이 판결한다.

대법관 노정희(재판장) 박상옥 조재연(주심)

제 7 편

금전채권자의 공유물분할청구권 대위행사 가부

연구대상 사건의 개요

임 혜 원

1. 사안의 개요

가. 사실관계[1)]

○ 원고는 A(무자력)의 금전채권자임

○ 이 사건 아파트에는 선순위 근저당권자 B의 근저당권설정등기가 마쳐져 있고, 이 사건 아파트 중 1/7 지분(이하 '이 사건 지분')은 A 앞으로, 나머지 6/7 지분은 피고 앞으로 등기가 마쳐짐

○ 이 사건 지분에 관한 A의 다른 채권자 C 신청에 의한 강제경매절차는 이 사건 지분의 최저매각가격 59,000,000원이 압류채권자 C의 채권에 우선하는 부동산의 부담 296,297,784원(B의 선순위 근저당권, 체납조세, 공과금)에 못 미친다는 이유로 기각됨

▸ 이 사건 아파트 전체 가액은 413,000,000원(= 이 사건 지분 가액 59,000,000원 × 7) 정도로 선순위 부담 296,297,784원을 공제하면 남는 금액이 있는 상태임

나. 청구원인

○ 원고는 A를 대위하여 이 사건 아파트를 경매에 부쳐 그 대금에서 경매비용을 공제한 나머지 금액을 원고에게 1/7, 피고에게 6/7의 비율로 분배한다는 내용의 공유물분할의 소를 제기한 사안임

---

1) 연구의뢰사항과 관련된 부분만 기재합니다.

2. 소송의 경과 : 원고 승소(1심≠원심)

가. 1심 : 소 각하 – 원고가 A에 대한 금전채권의 보전을 위하여 그를 대위하여 공유물분할을 청구할 보전의 필요성을 인정할 수 없음

- ❍ 공유물분할청구권은 이를 행사한다고 하여 채무자의 책임재산이 증가하는 것이 아니므로 원고의 A에 대한 금전채권의 존부와 밀접한 관련이 있다고 보기 어려움
- ❍ 채무자의 공유지분에 관하여 권리행사를 하여 채권의 만족을 얻을 수도 있음
- ❍ 채권자대위권을 행사할 경우에는, 경매에 의하여 변제받을 가망이 없는데도 무의미하게 경매가 이루어지거나 우선채권자가 그 의사에 반하여 불리한 시기에 불충분한 채권의 회수를 강요당하는 것과 같은 부당한 결과를 막기 위한 민사집행법 제102조[2]의 입법취지가 무의미해질 수 있음

나. 원심 : 원고 승– 이 사건 아파트를 경매에 부쳐 그 대금에서 경매비용을 공제한 나머지 돈을 원고에게 1/7, 피고에게 6/7의 비율로 분배

(1) 청구원인에 관한 판단

- ❍ 원고는 특별한 사정이 없는 이 사건 피보전채권을 보전하기 위하여 A를 대위하여 피고를 상대로 공유물인 이 사건 아파트의 분할을 청구할 수 있음
- ❍ 이 사건 아파트는 현물분할을 하는 것이 곤란하거나 부적당한 경우에 해당함
  - ▸ 집합건물인 이 사건 아파트를 지분에 따라 현물로 나누기는 매우 곤란함

---

2) 제102조(남을 가망이 없을 경우의 경매취소) ① 법원은 최저매각가격으로 압류채권자의 채권에 우선하는 부동산의 모든 부담과 절차비용을 변제하면 남을 것이 없겠다고 인정한 때에는 압류채권자에게 이를 통지하여야 한다. ② 압류채권자가 제1항의 통지를 받은 날부터 1주 이내에 제1항의 부담과 비용을 변제하고 남을 만한 가격을 정하여 그 가격에 맞는 매수신고가 없을 때에는 자기가 그 가격으로 매수하겠다고 신청하면서 충분한 보증을 제공하지 아니하면, 법원은 경매절차를 취소하여야 한다. ③ 제2항의 취소 결정에 대하여는 즉시항고를 할 수 있다.

▸ 현물분할이 가능하다 하더라도 B의 이 사건 근저당권으로 인하여 이해관계자들 사이의 권리관계가 복잡해질 우려까지 있음

▸ 현물분할이 불가능하거나 그것이 형식상 가능하다고 하더라도 그로 인하여 현저히 가격이 감손될 염려가 있을 때에는 공유물에 대한 경매를 명하여 그 대금을 분할하는 이른바 대금분할의 방법에 의하여야 할 것임(대법원 1993. 1. 19. 선고 92다30603 판결 참조)

❍ 이 사건 아파트를 경매에 부쳐 그 대가를 A와 피고의 공유지분에 따라 분배하는 방법이 가장 공평하고도 합리적인 방법임

❍ 금전의 지급을 목적으로 하는 채권을 대위행사하는 권한에는 그 변제를 수령할 권한도 포함되어 원고가 직접 A 몫의 분배금을 받을 수 있으므로, 결국 원고의 청구에 따라 이 사건 아파트를 경매에 부쳐 그 매각대금에서 경매비용을 공제한 나머지 금액을 원고와 피고에게 1:6의 비율로 분배함이 상당함

(2) 피고의 주장에 대한 판단 : 배척

① 피고의 주장 : 이 사건 지분에 대한 강제집행만으로도 자신의 채권을 유효·적절하게 확보할 수 있는 원고가 이 사건 아파트 전체의 분할을 구하는 것은 그 대위권행사에 요구되는 보전의 필요성이 결여된 것이거나 채무자A의 자유로운 재산관리행위에 대한 부당한 간섭이 되어 부적법함

② 원심의 피고 주장에 대한 판단 : 배척

❍ 원고가 또다시 이 사건 지분만에 대하여 강제집행을 시도한다 하더라도 그 강제집행은 종전 A의 다른 채권자 C의 강제경매신청과 동일한 결과를 맞을 수밖에 없어 이를 이 사건 피보전채권의 확보에 유효·적절한 수단에 해당한다고 보기 어려움

❍ 이 사건 아파트의 가격은 413,000,000원 정도여서 그로부터 선순위 부담 296,297,784원을 제한 다음 경매절차의 불확실성까지 고려하더라도 상당한 금액이 공유자인 A와 피고에게 배당될 수 있을 것으로 보이므로, 원고의 대위권행사는 이 사건 피보전채권의 확보를 위한 유효·적절한 수단이 될 수 있음

○ 원고가 A를 대위하여 하는 권리행사에는 보전의 필요성이 인정되는 이상 그것이 **채무자 A의 자유로운 재산관리행위에 대한 부당한 간섭이 된다고 할 수도 없음**

○ 원고의 대위권행사로 인하여 공유자인 피고의 지분이 함께 경매에 부쳐진다고 하더라도 이는 공유물분할청구권 행사의 효과일 뿐이어서 위 대위권의 행사가 **권리남용으로 된다고 할 수도 없음**

3. 피고의 상고이유[3)]

○ 채무자의 권리는 채무자가 행사함이 원칙이나, 채권자 대위제도는 채무자와 제3채무자에 대한 권리를 행사하지 않음으로써 채무자의 책임재산을 제대로 보전하지 않아 총 채권자의 공동담보에 부족이 생길 때에는 채권자가 채무자의 권리를 대신하여 채무자의 책임재산을 보전하여 주는 행위임

○ 원고가 대위행사하는 공유물분할청구권은 이를 행사한다고 하여 채무자의 책임재산이 증가하지 않는데, 원심과 같이 판단하면, 채무자가 무자력하여 그 일반재산의 감소를 방지할 필요가 있는 경우에 한하여 채권자대위권이 인정된다고 본 판례에도 어긋남

○ 원심과 같이 이를 허용할 경우 채무자의 자유로운 재산관리에 대한 부당한 간섭이 되며, 대위권행사의 요건에 맞지 않음

○ 원심처럼 이를 허용할 경우, 제3채무자나 우선채권자가 그 의사에 반하여 불리한 시기에 불충분한 채권의 회수를 강요당할 수 있어 민사집행법 제102조[4)]의 입법취지가 무의미해짐

○ 대위권행사는 피보전채권의 확보를 위한 유효 적절한 수단이 될 수 없어 보전의 필요성이 없음

---

3) 연구의뢰사항과 관련된 부분만 기재합니다.

4) 제102조(남을 가망이 없을 경우의 경매취소) ① 법원은 최저매각가격으로 압류채권자의 채권에 우선하는 부동산의 모든 부담과 절차비용을 변제하면 남을 것이 없겠다고 인정한 때에는 압류채권자에게 이를 통지하여야 한다. ② 압류채권자가 제1항의 통지를 받은 날부터 1주 이내에 제1항의 부담과 비용을 변제하고 남을 만한 가격을 정하여 그 가격에 맞는 매수신고가 없을 때에는 자기가 그 가격으로 매수하겠다고 신청하면서 충분한 보증을 제공하지 아니하면, 법원은 경매절차를 취소하여야 한다. ③ 제2항의 취소 결정에 대하여는 즉시항고를 할 수 있다.

4. 공유불 분할 청구권의 대위 행사 관련 현재까지의 논의와 판례

가. 채권자 대위권의 법적 성질

- ㉠ **대리권설**(채권자가 채무자의 대리인으로 행사하는 권리이므로 채무자의 이름으로 행사하여야 한다는 견해)
- ㉡ **재산관리권설 또는 법정재산관리권설**(채권자가 법률의 규정에 의하여 사실상 또는 법률상 채무자의 재산을 관리할 수 있는 권리로서 채권자가 자기의 이름으로 채무자의 재산에 대한 보전관리 더 나아가서는 처분까지도 할 수 있는 권한을 가지며 이를 위한 사실행위 및 법률행위는 물론 소송상의 행위까지도 할 수 있는 권리로 보는 견해) : 우리나라의 통설
- ㉢ **법정포괄담보권설**(채권자에게 자기의 채권보전을 위하여 집행권능까지 갖는 법률에 의하여 부여된 포괄담보권능이라고 보는 견해)

나. 채권자 대위권의 객체

- 우리 민법의 경우 채무자의 일반재산을 구성하는 재산권은 그 종류 여하를 묻지 아니하고 그 목적이 될 수 있다고 함(민법 주해, 주석민법[5]). 또한 명확한 권리가 아니라도 상관없고 오직 대위권의 목적이 될 수 있는가의 여부는 청구권인가, 형성권인가, 명확한 권리인가에 의하여 결정되는 것이 아니고 채권보전의 목적에 적합한가, 즉 채권의 공동담보의 보전을 위하여 필요하고도 부득이한가의 여부에 의하여 결정된다고 설명함
  - ▸ “예를 들어, 손해배상청구권과 같은 채권적 청구권에 한하지 아니하고 불법점유자에 대한 명도청구와 같은 물권적청구권, 원인무효등기의 말소, 소유권이전등기, 법정지상권설정등기와 같은 등기청구권, 법률행위의 취소 · 해제 · 해지권, 환매권, **상계권**, **대금감액청구권**, <u>**공유물분할 청구권 등과 같은 형성권**도 대위권의 목적</u>으로 된다”고 기재되어 있음

---

5) 민법 주해(Ⅸ)(김능환 집필부분), 제4판 주석민법 채권총칙(2)(손진홍 집필부분)

▸ 단, '공유물분할청구권'이 대위권의 목적이 된다고 볼 수 있는 상세한 근거나 논거에 대한 설명은 민법주해나 주석민법에도 기재되어 있지 않음

다. 보전의 필요성

○ '채권을 보전할 필요'라 함은 채권자가 채무자의 권리를 행사하지 않으면 자기의 채권이 완전한 만족을 얻지 못하게 될 위험이 있는 것을 말함

○ 대법원은 다음과 같은 판단기준을 제시하고 있음

대법원 2001. 5. 8. 선고 99다38699 판결

채권자는 채무자에 대한 채권을 보전하기 위하여 채무자를 대위해서 채무자의 권리를 행사할 수 있는바, 채권자가 보전하려는 권리와 대위하여 행사하려는 채무자의 권리가 밀접하게 관련되어 있고 채권자가 채무자의 권리를 대위하여 행사하지 않으면 자기 채권의 완전한 만족을 얻을 수 없게 될 위험이 있어 채무자의 권리를 대위하여 행사하는 것이 자기 채권의 현실적 이행을 유효·적절하게 확보하기 위하여 필요한 경우에는 채권자대위권의 행사가 채무자의 자유로운 재산관리행위에 대한 부당한 간섭이 된다는 등의 특별한 사정이 없는 한 채권자는 채무자의 권리를 대위하여 행사할 수 있어야 하고...(후략)

라. 금전채권자가 채무자의 공유물분할청구권을 대위행사할 수 있는지, 대위권의 객체가 될 수 있고, 보전의 필요성이 있는지☞ 연구의뢰사항의 핵심 쟁점임

(1) 관련 판례[6)]

대법원 2015. 12. 10. 선고 2013다56297 판결

채권자는 자기의 채권을 보전하기 위하여 채무자의 권리를 행사할 수 있다. 그리고 재판에 의하여 공유물을 분할하는 경우에 현물로 분할하는 것이 원칙이나, 현물로 분할할

---

6) 상세는 오태환, "금전채권자가 채무자의 공유물분할청구권을 대위행사할 보전의 필요성이 있는 경우", 대법원판례해설 105호(2016) 참조- (2015. 12. 10. 선고 2013다56297 판결)

수 없거나 현물로 분할하게 되면 그 가액이 현저히 감손될 염려가 있는 때에는 공유물의 경매를 명하여 대금분할을 할 수 있다. 여기에서 '현물로 분할할 수 없다'는 요건은 물리적으로 분할이 불가능한 경우는 물론, 공유물의 성질, 위치나 면적, 이용상황, 분할 후의 사용가치 등에 비추어 현물분할을 하는 것이 곤란하거나 부적당한 경우를 포함한다. 그리고 '현물로 분할을 하게 되면 현저히 그 가액이 감손될 염려가 있는 경우'에는 공유자의 한 사람이라도 현물분할에 의하여 단독으로 소유하게 될 부분의 가액이 분할 전의 소유지분 가액보다 현저하게 감손될 염려가 있는 경우도 포함된다(대법원 2009. 9. 10. 선고 2009다40219 판결 참조). …**원고로서는 소외인에 대한 금전채권을 보전하기 위해서 소외인을 대위하여 소외인의 피고에 대한 <u>공유물분할청구권을 행사할 필요가 있고</u>**, 이 사건 부동산은 현물분할을 하는 것이 곤란하거나 부적당한 경우 또는 현물분할로 인하여 그 가액이 현저히 감손될 염려가 있는 경우에 해당한다고 볼 수 있다. 따라서 **<u>원심이 원고가 소외인을 대위하여 이 사건 부동산에 관하여 공유물분할을 청구할 수 있다고 판단한 다음, 이 사건 부동산을 경매에 부쳐 그 대금을 분할할 것</u>**을 명한 것에 상고이유의 주장과 같이 공유물분할청구권을 대위행사하는 경우의 공유물분할방법에 관한 법리를 오해한 위법이 없다.

(2) 관련 판례에 관한 논의와 해설

① 원칙적으로 금전채권자가 채무자의 공유물분할청구권을 대위행사하는 것은 <u>보전의 필요성</u>은 인정되지 않는다고 보는 견해가 유력함

- ○ 다음과 같은 이유를 근거로 듦
  - ▸ 공유지분에 대한 강제집행이 가능함
  - ▸ 공유물분할이 된다고 하여 채무자의 책임재산이 늘어난다고 보기 어려움(관념적으로 공유물분할 전과 후의 채무자의 책임재산은 같다고 보아야 함)
  - ▸ 공유지분이 경매되는 경우에 공유자의 우선매수권이 인정되는데[7] 공유지분의 경매 대신 공유물분할을 하게 되면 다른 공유자의 권리를 침해할 가능성이 있음

---

7) 민사집행법 제140조(공유자의 우선매수권) ① 공유자는 매각기일까지 제113조에 따른 보증을 제공하고 최고매수신고가격과 같으 가격으로 채무자의 지분을 우선매수하겠다는 신고를 할 수 있다.

- ▶ 채무자가 무자력이라는 이유로 채무자가 공유하고 있는 부동산을 분할한다는 것 자체가 일반 사회통념에 비추어 납득하기 어렵고, 구체적 타당성 면에서도 의문이 있음.

❍ 같은 취지에서 공유물분할을 구하는 채권자대위청구의 소를 각하한 하급심 판결이 많음.

- ▶ 주된 이유는 채무자의 지분에 대한 강제집행으로 채권의 만족을 얻을 수 있고, 책임재산의 감소를 방지하기 위해 공유물분할청구가 필요한 것은 아니라는 것임.

② 예외적으로 보전의 필요성을 인정할 수 있는 경우

❍ 다만 일반적으로 보전의 필요성을 인정할 수 없다고 하더라도, 다음과 같은 조건을 갖춘 일정 유형의 사건들에서 공유물분할청구권을 대위행사할 보전의 필요성을 인정하고, 경매분할을 명한 하급심 사례와 위 대법원 2015. 12. 10. 선고 2013다56297 판결이 있음.

- ▶ ❶ 채무자가 무자력(이는 당연한 요건임)
- ▶ ❷ **공유물에 대하여 근저당권자 등 선순위** 채권자가 있음
- ▶ ❸ 이미 일반채권자에 의해 채무자의 지분에 대한 강제집행이 개시되었으나 무잉여를 이유로 경매절차가 취소된 적이 있거나, **채무자 지분**의 예상 최저매각가격이 공유지분에 의하여 담보되는 피담보채권액, 절차비용 등 우선채권액에 미달하여 무잉여로 경매가 취소될 개연성이 있음
- ▶ ❹ 반면 공유물 전부의 시가는 선순위 채권액을 상당 정도 초과하여 **공유물 전부에 대하여 강제집행을 할 경우** 민법 제368조 제1항에 따라 각 지분 가액에 비례하여 피담보채권액이 분담됨으로써 **채무자가 배당받을 가능성**이 높음.

참고: 민법 제368조(공동저당과 대가의 배당, 차순위자의 대위)[8)]

① 동일한 채권의 담보로 수개의 부동산에 저당권을 설정한 경우에 그 부동산의 경매대가를 동시에 배당하는 때에는 각 부동산의 경매대가에 비례하여 그 채권의 분담을 정한다.

② 전항의 저당부동산 중 **일부의 경매대가를 먼저 배당하는 경우에는 그 대가에서 그 채권전부의 변제를 받을 수 있다. 이 경우에 그 경매한 부동산의 차순위저당권자는 선순위저당권자가 전항의 규정에 의하여 다른 부동산의 경매대가에서 변제를 받을 수 있는 금액의 한도에서 선순위자를 대위하여 저당권을 행사할 수 있다.**

○ 위 ❸, ❹와 같은 경우가 발생할 수 있는 이유는 다음과 같음

- 공유물지분을 경매하는 경우에 최저매각가격은 공유물 전부의 평가액을 기준으로 채무자의 지분에 관하여 정하여야 하는 것이 원칙임[9)]
- 따라서 동일한 채권의 담보를 위하여 공유인 부동산에 저당권을 설정한 경우 각 공유지분에 대하여는 특별한 사정이 없는 한 공동저당의 관계가 성립하여 각 공유지분은 저당권의 피담보채무 전액을 담보하며,[10)] 공동저당부동산 중 **일부**의 경매대가를 **먼저 배당**하는 경우에는

8) 대법원 2017. 12. 21. 선고 2013다16992 전원합의체 판결: 민법 제368조 제1항은 공동저당권 목적 부동산의 전체 환가대금을 동시에 배당하는 이른바 동시배당의 경우에 공동저당권자의 실행선택권과 우선변제권을 침해하지 아니하는 범위 내에서 각 부동산의 책임을 안분함으로써 각 부동산의 소유자와 후순위 저당권자 그 밖의 채권자의 이해관계를 조절하고, 나아가 같은 조 제2항은 대위제도를 규정하여 공동저당권의 목적 부동산 중 일부의 경매대가를 먼저 배당하는 이른바 이시배당의 경우에도 최종적인 배당의 결과가 동시배당의 경우와 같게 함으로써 공동저당권자의 실행선택권 행사로 인하여 불이익을 입은 후순위 저당권자를 보호하는 데에 그 취지가 있다(대법원 2006. 10. 27. 선고 2005다14502 판결 등 참조). 민법 제368조는 공동근저당권의 경우에도 적용되고, 공동근저당권자가 스스로 근저당권을 실행한 경우는 물론이며 타인에 의하여 개시된 경매 등의 환가절차에서 그 환가대금 등으로부터 다른 권리자에 우선하여 피담보채권의 일부에 대하여 배당받은 경우에도 적용된다(대법원 2006. 10. 27. 선고 2005다14502 판결, 대법원 2014. 4. 10. 선고 2013다36040 판결 등 참조). 공동근저당권이 설정된 목적 부동산에 대하여 동시배당이 이루어지는 경우에 공동근저당권자는 채권최고액 범위 내에서 피담보채권을 민법 제368조 제1항에 따라 부동산별로 나누어 각 환가대금에 비례한 액수로 배당받으며, 공동근저당권의 각 목적 부동산에 대하여 채권최고액만큼 반복하여, 이른바 누적적으로 배당받지 아니한다. 그렇다면 공동근저당권이 설정된 목적 부동산에 대하여 이시배당이 이루어지는 경우에도 동시배당의 경우와 마찬가지로 공동근저당권자가 공동근저당권 목적 부동산의 각 환가대금으로부터 채권최고액만큼 반복하여 배당받을 수는 없다고 해석하는 것이 민법 제368조 제1항 및 제2항의 취지에 부합한다.

9) 민사집행법 제139조 제2항

10) 대법원 2006. 6. 15. 선고 2005다44091 판결. 다만 법원실무제요는 이와 관련하여 다음과 같이 기술하고 있음.
"부동산 전체에 관하여 최선순위의 근저당권이나 가압류 등이 있는데 그 근저당권자나 가압류권자가 아닌 다른 채권자의 경매신청에 의하여 경매가 개시되었고, 경매목적물이 일부 지분인데 위 선순위권리를 매수인이 인수한다는 취지의 특별매각조건을 정하지 아니하고 매각

그 대가에서 그 채권 전부의 변제를 받을 수 있음11)

○ 즉, 공유물에 근저당권이 설정되어 있는 등 우선변제적 효력을 가지는 채권자가 있고 공유자인 채무자는 해당 공유지분 이외에는 별다른 재산이 없을 때에는,

- ▸ 공유자에 대한 채권자가 그 공유지분(이 사건 지분인 1/7)에 관하여만 경매를 신청하면 채무자인 공유자가 배당받을 가능성이 낮아져 결국 채권자가 자기 채권의 만족을 얻을 수 없게 되는 반면[이 사건 지분 가액 59,000,000원이 압류채권자 원고의 채권에 우선하는 공유물인 이 사건 아파트에 대한 C의 근저당권 등 부담 296,297,784원에 못 미침]
- ▸ 공유물 전체를 경매에 부쳐 동시에 배당하면 채무자인 공유자가 배당받을 수 있어 결국 채권자도 자기 채권의 만족을 얻을 수 있게 됨[이

한 경우에 최선순위의 근저당권자나 가압류권자에게 배당하여야 할 금액에 관하여, 근저당권의 채권최고액이나 가압류의 청구금액을 경매목적물인 지분에 상응한 비율로 안분한 금액이라는 견해와, 하나의 부동산을 지분으로 분할하여 매각할 경우에는 전체로 매각할 경우보다 저가로 매각되는데 근저당권자나 가압류권자는 전체를 매각할 때보다 불리하게 배당받아서는 안 된다는 이유로 채권최고액이나 청구금액 전액에 대하여 우선적으로 배당받고, 다른 권리자와의 관계는 변제자의 대위문제로 해결하여야 한다는 견해로 나뉘어져 있는데, 후자의 견해가 다수설이다.

한편, 이러한 견해의 대립 때문에 실무에서는 위와 같은 근저당권이나 가압류를 매수인이 인수하도록 특별매각조건을 정하거나 또는 선순위 권리자로부터 근저당권의 채권최고액이나 가압류의 청구금액 중 매각지분에 상응한 비율로 안분한 금액만을 배당받고 매각지분에 해당하는 권리를 일부말소하는 데 동의한다는 각서를 받고 매각하고 있는데, 이러한 각서를 받고 매각한 경우에는 그 각서대로 배당하면 될 것이다." 법원실무제요. 민사집행 [II] -부동산집행-(개정판), 561쪽

11) 민법 제368조 제2항
참고로 김순한, 공동저당에 있어서 후순위저당권자 대위와 물상보증인의 변제자대위의 우열관계 - 대법원 2014. 1. 23. 선고 2013다207996 판결 ; 우리 민법 제368조는 일본 민법 제392조를 거의 그대로 계수하였고, 일본 민법 제392조는 일본 구민법 제242조에 단순히 의미를 명확하게 하는 자구수정만을 가한 것인데, 구민법 편찬자인 보아소나드에 의하면 이러한 구민법의 규정은 이탈리아 구민법 제2011조로부터 받아들인 것이라고함. 상세한 내용은 김형석, "민법 제368조에 대한 단상 - 이탈리아 · 오스트리아의 공동저당법리와의 비교 -", 서울대학교 법학 제51권 제1호(2010. 3.), 195-197 참조. 한편 변제자대위에 관한 우리 민법 제481조, 제482조는 일본 민법 제500조, 제501조와 내용이 거의 같다고 함.
민법 제368조는 공동근저당권의 경우에도 적용되고, 민법 제368조 제2항 후단은 '차순위저당권자'라고 규정하고 있으나 공동저당권 바로 다음의 저당권자뿐만 아니라 그 다음 순위의 저당권자도 여기에 포함된다고 함(편집대표 곽윤직, 민법주해[VII], 박영사(1992), 195(조대현 집필부분); 주석민법(제3판) 물권(4), 276(이기택 집필부분).

사건 아파트 가액 413,000,000원에서 선순위 부담액 296,297,784원을 공제하면 이 사건 지분권자도 배당받을 수 있음]

- ▶ 위와 같은 요건을 갖춘 경우라면, 채권자가 채무자의 공유물분할청구권을 대위하여 행사하는 것이 채무자의 자유로운 재산관리행위에 대한 부당한 간섭이 된다고 볼 수 없고, 오히려 채권자가 자기 채권의 현실적 이행을 유효·적절하게 확보하기 위한 수단이 된다고 볼 수 있으므로, 채권자대위권의 행사요건인 **보전의 필요성**도 충족된다고 볼 수 있다는 해석[12]이 가능함

5. 연구의뢰사항

가. 금전 채권자가 채무자의 공유물분할청구권을 대위행사 할 수 있는지에 관하여 비교법적 연구, 검토를 의뢰합니다.

○ 금전 채권자가 채무자의 공유물 분할청구권을 대위행사할 수 있는지와 관련하여 다음의 쟁점에 관하여 프랑스 등 외국의 입법, 판례, 학설 등에 관한 비교법적 연구·검토를 의뢰합니다.

- ▶ [1] 채권자대위권의 의의, 연혁, 제도의 취지와 존재의의, 법적 성질과 공유제도 일반 및 공유물분할청구권의 성격
- ▶ [2] 채권자대위권 행사의 **객체** 관련 : 채권자대위제도나 공유물분할청구권의 성격에 비추어 금전채권자가 채무자의 공유물분할청구권을 대위행사할 수 있다고 보는 것이 타당한지 여부 및 그 논거
- ▶ [3] 채권자대위권 행사의 **보전의 필요성** 관련 : 공유물분할청구권의 대위행사는 일반적으로 보전의 필요성은 없으나, **예외적으로 일정한 유형의 사안에서는 보전의 필요성**을 인정할 수 있는지 여부
- ▶ [4] 그밖에 공유물분할청구권의 대위행사를 인정한 대법원 2015. 12. 10. 선고 2013다56297 판결의 타당성을 비롯하여, 이러한 사안에서

12) 그 외 상세는 오태환, "금전채권자가 채무자의 공유물분할청구권을 대위행사할 보전의 필요성이 있는 경우", 대법원판례해설 105호(2016) 참조- (2015. 12. 10. 선고 2013다56297 판결)

공동근저당권과 같은 담보물권의 법리 적용 여부 및 사안의 해결에 있어서 주요 쟁점이거나, 주목할 만한 사항

나. 이러한 외국법에 관한 비교법적 검토를 바탕으로, '금전 채권자가 채무자의 공유물분할청구권을 대위행사할 수 있는지' 에 관한 법리와 이 사건 해결에 관한 바람직한 방안을 모색하고자 합니다.

금전채권자의 공유물분할청구권의 대위행사 문제

오 수 원*

I. 머리말

채권자대위권은 채권자가 자기의 채권을 보전하기 위하여 그의 채무자에게 속하는 권리를 대위하여 행사할 수 있는 권리를 말한다.

채권자가 채무자를 대위하여 행사할 수 있는 권리에 관하여 민법 제404조 제1항은 "채권자는 자기의 채권을 보전하기 위하여 채무자의 권리를 행사할 수 있다. 그러나 일신에 전속한 권리는 그러하지 아니하다."고 하고, 제2항은 "채권자는 그 채권의 기한이 도래하기 전에는 법원의 허가 없이 전항의 권리를 행사하지 못한다. 그러나 보전행위는 그러하지 아니하다."고 하여, "일신에 전속한 권리"와 보전행위를 제외한, "기한이 도래하지 아니한 권리"를 제외하고 있을 뿐이고 구체적으로 채권자는 어떠한 권리를 행사할 수 있는지, 어떠한 권리가 "일신에 전속한 권리", 즉 채무자의 일신전속권인지에 관해서는 규정한 바가 없다. 법문언 자체로는 기한이 도래한, 채무자의 일신전속권이 아닌 채무자의 모든 권리를 행사할 수 있다고 볼 여지도 있으나, 현실적으로 이와 같이 보는 이는 없고, 채권자대위권제도의 취지나 채무자의 권리 자체의 성질상 채권자가 대위행사할 수 없는 권리도 있다고 보고 있다.

민법 제268조 제1항은 "공유자는 공유물의 분할을 청구할 수 있다. 그러나 5년내의 기간으로 분할하지 아니할 것을 약정할 수 있다."고 하고, 제269조는 "분할의 방법에 관하여 협의가 성립되지 아니한 때에는 공유자는 법원에 그 분할을 청구할 수 있다."고 하고, 제3항은 "현물로 분할할 수 없거나 분할로 인하여 현저히 그 가액이 감손될 염려가 있는 때에는 법원은 물건의 경매를 명할 수

---

* 변호사(법무법인 무등종합법률), 법학박사(프랑스 파리1대학)

있다."고 한다. 공유물에 있어서는 그 유지는 공유자 서로의 이해관계가 얽혀있다. 또 공유물은 한 공유자의 분할청구권 행사에 의하여 그 의사대로 분할되는 것이 아니다. 판례는 이때 공유물분할을 청구하는 "공유물분할청구의 소는 형성의 소로서 법원은 공유물분할을 청구하는 원고가 구하는 방법에 구애받지 않고 재량에 따라 합리적 방법으로 분할을 명할 수 있"다[1]고 한다.

그렇다면 공유물분할청구권도 채권자대위권의 대상이 되는가?

민법 제404조는 그 제정 당시에는 민법초안 제395조(채권자대위권)였고, 후자는 전자와 동일하게 규정하고 있는데, 이에 관해서 "현행법 제423조와 동일취지이다."[2]라고 하고 있다. 여기에서 현행법 제423조는 채권자대위권에 관한 일본민법의 같은 조문을 말하는 것이고, 이 채권자대위권이 2016년 개정전 프랑스민법 제1166조에서 온 것임은 널리 알려진 사실이다.[3]

아래에서는 금전채권자의 채권자대위권에 의한 공유물분할청구 문제에 관하여 프랑스와 우리나라에서의 논의를 살펴보기로 한다.

---

1) 대법원 2015. 7. 23. 선고 2014다88888 판결. 이론적으로 형성의 소에는 실제법상의 형성의 소, 소송상의 형성의 소, 형식적 형성의 소 등이 있고, 공유물분할 청구는 형식적 형성의 소에 속하는 것으로 본다(이시윤, 新民事訴訟法, 博英社, 2011, 186-189쪽).

2) 民議院法制司法委員會民法案審議小委員會, 民法案審議錄, 上卷, 1957, 241쪽. 또 민법초안 제369조(채권자대위권의 통지) 제1항은 민법 제405조 제1항과 동일하고, 제2항은 "채무자가 전항의 통지를 받은 후에는 그 권리를 처분하여 채권자에게 대항하지 못한다."고 하여 "이로써"가 빠진 것 외에는 현재의 제405조 제2항과 동일한데, 제2항에 관해서 "현행법에는 규정이 없고 신설조문이다."(같은 책, 242쪽)라고 하고, 외국입법례로 만주민법 제392조를 들고 있다.

3) 일본민법 제423조는 한국민법 제404조와 표현이 약간 다를 뿐 내용은 동일하다. 이는 "...... 이른바 간접소권에 관한 규정으로서 기성법전 재산편 제339조를 수정"한 것(廣中俊雄편, 民法修正案(前3編)の理由書, 有斐閣, 1987, 412頁)이라고 한다. 일본의 구민법 제339조의 입법이유는 Boissonade의 일본제국민법초안 제359조의 주석과 같고(佛語公定譯日本帝國民法典並立法理由書 第2卷, 財産編·理由, 1891, Code Civil de l'Empire du Japon Accompagné d'une Exposé de Motifs, t. second, Exposé des motifs du livre des biens, Traduction officielle, Tokio, 1891, 復刻版, 信山社, 1993, pp. 422-428), Boissonade는, "이 조문은 [개정전] 프랑스 법전 제1166조와 이탈리아 법전 제1234조에 해당하는 것"(G. BOISSONADE, *Projet de Code civil pour l'empire du Japon*, t. 2, 2e éd., Tokyo, Kokoubounsha, 1883, n° 151, p. 156)이라고 한다.

II. 프랑스대위소권과 공유물분할

1. 프랑스대위소권제도 개관

가. 프랑스대위소권제도의 기초

(1) 프랑스대위소권에 관한 법률의 규정

2016년 개정전 프랑스민법 제1166조는, "그러나 채권자들은, 일신에 전속한 권리를 제외하고, 자신들의 채무자의 모든 권리와 소권을 행사할 수 있다."[4]고 한다. 그러나 이 조문은 2016. 2. 10. 개정되어(Ordonnance n° 2016-131 du 10 février 2016), 현재는 제1341-1조에서 "재산적 성질의 권리와 소권의 행사에 있어서 채무자의 권리불행사가 그 채권자의 권리를 위태롭게 할 때에는, 채권자는, 채무자의 일신에 전속한 것이 아닌 한, 채무자를 위하여 그 권리와 소권을 행사할 수 있다."[5]라고 규정하고 있다.

(2) 대위소권의 취지

(가) 2016년 개정전 프랑스민법 제2092조[현재의 제2284조]는 "개인적으로 채무를 부담하는 모든 사람은 현재 및 장래의 모든 동산 및 부동산으로 그 채무를 이행하여야 한다."라고 하고, 제2093조[현재의 제2285조]는 "채무자의 재산은 그 채권자들의 공동담보가 된다. 채권자들 사이에 우선변제에 관한 정당한 원인이 없는 한 그 대가는 채권자들 사이에서 수액에 비례하여 분배된다."[6]라고 규정

---

4) Article 1167 Néanmoins les créanciers peuvent exercer tous les droits et actions de leur débiteur, à l'exception de ceux qui sont exclusivement rattachés à la personne.

5) Article 1341-1 Lorsque la carence du débiteur dans l'exercice de ses droits et actions à caractère patrimonial compromet les droits de son créancier, celui-ci peut les exercer pour le compte de son débiteur, à l'exception de ceux qui sont exclusivement rattachés à sa personne.

6) 이들 조문은 2006. 3. 23. 법률명령(Ordonnance n° 2006-346 du 23 mars 2006)에 의한 개정 시에 내용 그대로 제2284조, 제2285조로 되었다.
Article 2284 Quiconque s'est obligé personnellement, est tenu de remplir son engagement sur tous ses biens mobiliers et immobiliers, présents et à venir.
Article 2285 Les biens du débiteur sont le gage commun de ses créanciers; et le prix s'en distribué entre eux par contribution, à moins qu'il n'y ait entre les créanciers des causes légitimes de préférence.

하고 있고, 여기의 "공동담보"(gage cummun)를 프랑스에서는 일반적으로 "일반담보"(gage général)라고 한다.7)

프랑스에서는 일반적으로 대위소권은 개정 전 프랑스민법 제2092조, 제2093조가 규정한 일반담보를 보전하기 위한 것으로 본다. 프랑스의 파기원 또한 개정 전 프랑스민법 제1166조에 의하여 채권자에게 주어진 권한은 같은 민법 제2092조와 제2093조에 의하여 인정된 일반담보의 결과일 뿐8)이라고도 한다.

일반담보는 주로 금전채권(créande de somme d'argent)집행의 대상이 되는 책임재산을 의미하기 때문에 대위소권이 일반담보를 보전하기 위한 것이라는 말은 금전채권집행을 위한 책임재산을 보전하기 위한 것을 뜻한다.9)

(나) 프랑스법상 채권자의 채권의 목적과 관련하여 전통적으로 대위소권은 앞의 프랑스 민법 제2092조와 제2093조가 규정한 일반담보 또는 포괄담보를 보전하는 것을 목적으로 하기 때문에, 일반채권자 또는 금전채권자가 그 행사주체가 되어야 하나, 프랑스에서 1980년대에 들어서 몇몇 판례가 특정물채권에 관하여 대위소권의 행사를 허용하면서10) 특정물채권을 보전하는 기능도 하는 것으로 보고 있다.11)

(3) 대위소권의 연혁12)

대위소권의 기원에 관하여 일부에서는 이 제도가 로마법에서 왔다고 하고, 다른 일부에서는 게르만법이나 프랑스고법에서 그 기원을 찾기도 한다.

---

7) "포괄담보"(gage universel)라고도 한다.

8) Cf. Cass. req., 2 juil. 1851, D.P., 1852, 1, 20; Cass.civ., 26 jan. 1928, *D.H.*, 1928. 216.

9) 프랑스의 일반담보와 채권자대위권의 관계에 관해서는 OH Suwon, *Action oblique en droits français et coréen*, thèse, Paris 1, 2002, pp.29-66; 오수원, 민법연구 1, 채권자대위권, 박영사, 2016, 10-37쪽.

10) 오수원, "프랑스의 債權者代位權에 있어서 債權者의 債權과 特定物債權者 -1980년대 이후의 새로운 傾向", 法曹, 第49卷第9號(2000.09), 法曹協會, 2000, 49-64.

11) 이에 관해서는 Oh Suwon, *op. cit.*, pp. 29-66; 오수원, 앞의 책, 10-27쪽.

12) 이를 "대위소권기능의 발전"(évolution du rôle de l'action obliqe)이라고 하는 이(W. DROSS, *Lexis nexis*, Art. 1166, Contrats et obligations, Fasc, 38, Lexis nexis S. A., 2006, n° 12, pp. 5-6)도 있다.

게르만법에서 대위소권의 기원을 찾는 논거를 요약하면, (i) 대위소권제도의 근거가 되는, 법상 당연한 일반담보(gage *ipso jure*)의 개념을 게르만법이나 프랑스법과는 달리 로마법에서는 알지 못하였으며, (ii) 로마법상의 일반담보의 목적은 집단청산을 위한 것이었음에 반하여 게르만법이나 프랑스법상의 그것은 개인적인 권리를 행사하기 위한 것이었고, (iii) 로마법상의 채권행사로서의 집행은 인적 집행이었음에 반하여 현행 프랑스법상으로는 그것이 재산적 집행이라는 것 등이라고 할 수 있다.

그러나 (i) 채권자의 채권은 압류(집행)에 앞서 존재하는 것으로, 로마법에서의 집행은 재산의 점유이전(*missio in bona*) 전에 이미 존재하고 있는 일반담보를 확인하는 것일 뿐이고 집행시에 이를 비로소 창설하는 것이 아니며, 특별담보로서의 로마법상의 저당권은 개인적으로 확정된 재산뿐만 아니라 설정자의 현재 및 장래의 모든 재산에 대하여 설정될 수 있었던 점을 보면, 채권과 강제집행의 발전에 따른 것이기는 하지만, 로마법에서도 법적으로 당연한 일반담보의 개념이 있었던 것으로 보이고, (ii) 로마법에서의 강제집행은 처음에는 집단적이었지만, 뒤에 개별재산매각(*distractio bonorum*)제도로 바뀐 점을 보면 개별집행도 가능하였음을 부인할 수 없으며, (iii) 채권관계는 채권(créance)과 담보(gage), 채무(dette)와 책임(responsabilité)으로 구성되어 있고, 채권(créance)과 채무(dette)는 인적이지만 담보(gage)와 책임(responsabilité)은 개인의 신체에 대한 집행이 원칙적으로 허용되지 아니하는 오늘날에는 대물적이라고 할 수 있다.

한편 채권자취소소권을 규정한, 개정 전 프랑스민법 제1167조(현 제1341-2조)가 로마법에서 유래한 점에 대하여는 별로 이론이 없고, 그 행사의 요건 중의 하나로 채무자의 채무초과(무자력)상태를 들고, 그것이 원래 집단청산을 위한 것이었던 점 등 대위소권이 채권자취소소권과 동일한 목적 및 유사한 행사요건을 필요로 하는 것으로 보고 있으며, Normandie관습법 제278조는 고법상의 대위소권규정으로 보고 있는데 이를 또한 일종의 채권자취소소권의 하나로 보는 프랑스민법 제788조[13]의 원형으로 보고 있다. 또 프랑스고법에서

13) 프랑스민법 제788조 ① 채무자의 상속포기로 인하여 자신의 권리를 침해 당한 채권자는 법원의 허가를 얻어 채무자를 대위하여 채무자의 지위에서 상속을 승인할 수 있다.
② 이 경우에 채무자의 상속포기는 채권자의 이익과 그 채권액의 한도에서만 효력을 상실한

채무자가 채무자를 해할 의도로 자기의 권리행사를 게을리 하는 것은 사해의사가 있는 것으로 간주되었다.[14] 이러한 여러 점을 보면 원래 프랑스민법 제정 전에는 대위소권과 채권자취소소권은 서로 혼합되어 있었던 것을 프랑스의 입법자들이 채무자가 소극적으로 자기의 권리행사를 게을리 하는 것과 적극적으로 사해의사로써 법률행위를 하는 것을 구분하여 대위소권과 채권자취소소권을 별개로 규정하였던 것으로 보인다.

따라서 대위소권은 채권자취소소권과 마찬가지로 로마법에서 유래한 것으로 보인다.

(4) 법적 성질–대위소권행사는 보전행위인지 집행행위인지

사적 집행이 금지된 오늘날 강제집행은 일정한 요건 아래 법에 의해서만 인정될 뿐이다. 무엇보다도 먼저 채권자는 집행행위를 요구할 수 있는 권원이 인정되어야 한다. 채권자는 그 스스로 집행할 수 없고 자격 있는 수임인에게 이를 맡겨야 한다. 프랑스신민사소송법(N.C.P.C.) 제502조는 "어떠한 판결, 어떠한 증서도 집행정본의 제출 없이 집행될 수 없다. 그러나 다른 규정이 있을 때에는 그러하지 아니하다."고 한다. 그러므로 강제집행은 원칙적으로 집행권원과 집행문이 필요하다. 나아가 집행을 위한 압류는 확정되고 금전으로 평가할 수 있으며, 이행기가 도래한 채권을 위해서만 할 수 있다.[15]

프랑스의 대위소권행사가 집행행위인지 보전행위인지의 문제는 대위소권을 행사함에 있어서 이행의 최고나 집행권원 구비 등과 같은 강제집행의 요건을 갖추어야 하는지 등의 문제와 관련되어 있다. 이에 관하여 프랑스민법에서 규정한 바가 없어 대위소권행사를 집행행위로 보는 이, 보전행위로 보는 이 등이 있으나 대체로 보전절차 이상의 것이지만 순수한 집행행위는 아닌 것으로 보고 있다.[16]

다. 상속을 포기한 자에 대하여는 상속의 효력이 상실되지 아니한다.

14) Cf. D. LEBRUN, D. LEBRUN, *Traité des successions*, nouv. éd., Paris, Samson, 1775, liv. 2, ch. 2, sect. 2, p. 24.

15) Cf. 프랑스신민사소송법 제551조(Article 551 du N.C.P.C), 1991. 7. 9. 법률 제2조(Article 2 de la Loi du 9 juillet 1991), 프랑스민법 제2213조(Article 2213 du C. c. fr.).

나. 프랑스대위소권행사의 요건

(1) 채권자대위소송의 주체

(가) 채권자대위소송의 주체를 채권자로 볼 것인지는 채무자의 권리를 행사하는 채권자의 법적 성질을 어떻게 볼 것인지에 따라 달라진다. 채권자의 법적 성질에 관해서는 민법이론과 민사소송법이론에서 서로 다르게 보고 있다.

프랑스의 민법이론에 따르면 대위소권을 행사하는 채권자는 순수하고도 단순히 채무자의 대리인이라고 하는 이, 채권자는 그의 권리를 고유의 이름으로, 그의 계산으로, 그의 이익을 위하여 행사한다고 하는 이, 채권자는 자기를 위한 대리인(*procurator in rem suam*)이라고 하는 이들이 있고, 현재의 대부분의 저자들은 채권자를 채무자의 권리를 채무자의 이름으로 행사하는 대리인이라고 한다.[17)]

소송법이론에 따르면 대위소권의 문제를 소의 자격(qualité à agir)문제로 보며, "채권자대위소권은 한 개인이 다른 사람의 소권을 행사하는 문제가 아니다. 즉, 이를 행사하는 채권자는 고유의 권리자로서 하는 것이고, 권리를 행사하지 않는 채무자에 갈음하여 하는 것이고, 대리하는 것이 아니다."[18)]라고 하고, 그 근거로, 판례에서 (i) 대위채권자는 개인에게 있어서 중대하고 정당한 소의 이익(intérêt sérieux et légitime à agir)을 증명해야 하고, 이때 소송개시의 필요하고도 전제가 되는 요건으로서 채무자의 단순한 권리불행사만으로는 불충분하고, 그 밖에 채무자의 권리불행사로 인하여 개인적으로 채권자의 권리가 위험에 빠져있어야 하는데, 이 후자가 그 개인적 이익을 결정하며, 확실히,

16) 이상의 논의에 관해서는 Oh Suwon, *op. cit.*, pp. 68-74; 오수원, 앞의 책, 39-46쪽. 또 대위소권은 "보전조치이면서 동시에 집행개시조치"가 혼합된 것(Y. BUFFELAN-LANORE et V. LARRIBAU-TERNEYRE, *Droit civil, Les obligations*, 15e éd., Sirey, 2017, n° 394, p. 134)이라고도 한다.

17) 이에 관해서는 Oh Suwon, op. cit., pp. 99-110; 오수원, 앞의 책, 77-79쪽. 프랑스민법이 개정된 이후에도 "채권자의 고유의 소권이 아니고 채권자에 의해서 채무자의 이름으로 행사되는 채무자에게 속하는 소권이다."(Y. BUFFELAN-LANORE et V. LARRIBAU-TERNEYRE, *op. cit.*, p.134)라고 하는 이들, "대위소권에 의해서 채권자는 자기에게 고유한 권리를 행사하는 것이 아니라 채무자의 소권을 그를 대신하여 행사한다."(M. FABRE-MAGNAN, Droit des obligations, 4e éd., puf. 2016, n° 543, p. 603)고 하는 이 등이 있다.

18) J. VINCENT et S. GUINCHARD, *Procédure civile*, 23e éd. Dalloz, 1996. 110, p. 97.

이는 대체될 수 없는 것이라는 점,[19] (ii) 소송당사자 개인의 소의 이익(intérêt personnel à agir)의 인정은, 채권자대위소권이 채권자가 아닌, 대위자에 의해서 행사되는 사건에서 분명하게 확인되는데, 프랑스파기원은 개인적 소의 이익의 평가는 채무자 개인이나 채권자 개인이 아닌, 대위자라고 하는 점,[20] (iii) 마지막으로 대위소송은 채무자의 소송이 아니며, 채무자는 대위소송의 당사자가 아니고 채권자에 의한 채무자 제소를 대위소의 소송수리요건으로 하는 어떠한 법적 규정이 없다는 점,[21] 대위소송의 피고도 채권자에 대해서 그에게 할 수 있는 모든 항변으로써 대항할 수 있다는 점,[22] 채무자는 소송에서 당사자가 아니고 채권자에 의해서 대리되는 것이 아니기 때문에 그 재판은 채무자에 대해서 기판력이 없다는 점 등[23]을 든다.

(나) 19세기 프랑스의 몇몇 판례에 따르면 채권자는 채무자의 법정수임인이라고 하였다.[24] 그러나 프랑스의 일부 판례에 따르면 대위소권을 행사하는 채권자는 자신의 고유의 권리를 행사하는 것이 아니라 채무자의 권리를 행사하며,[25] 그것도 채무자의 이름으로 한다고 하였다.[26] 반면에 다른 판례에 따르면 채권자는 채무자의 이름으로, 그러나 동시에 자기 자신의 이름으로 그 고유의 이익을 보전하기 위하여 소송을 한다고 한다.[27]

---

19) Cass. com., 7 mars 1956 *J. C. P.*, 1956, II, 9574; Cass.civ. 3e, 7 mars 1968 *Bull. civ.*, n° 85; Cass.civ. 1re, 17 mai 1982, Bull. civ., n° 176.
20) Cass. civ. 1re, 2 déc. 1992, *RTD. civ.*, 1995, 824, obs. J. Mestre.
21) Cass. com., 9 oct. 1991, *J. C. P.*, 1992 II, 21006, note Bolard.
22) Cass. com., 15 oct. 1991, *J. C. P.*, 1991 Iv, 425.
23) J. VINCENT et S. GUINCHARD, *op. cit.*, n° 110, pp. 97-98. 그 밖에 S. GUINCHARD, C. CHAINAIS et F. FERRAND, *Procédure civile, Droit interne et droit de l'union européenne*, 32e éd., Dalloz, 2014, n° 140, p. 154.
24) Cass.civ., 18 juill. 1838, *S.*, 1838, 1, 602; Cass.civ., 23 jan. 1849, *S.*, 49, 1, 193; Cour d'appel de Dijon, 29 mars 1897, *S.*, 1900, 2, 305.
25) Cass.com., 7 mars 1956 *J.C.P.* 1956 II, 9374; *RTD.. com..*, 1956, 457, obs. J. RAULT.
26) Cas.civ., 11 juillet 1951, *D.*, 1951.586; *RTD. civ.*, 1951, p.544, obs. P. HEBRAUD.
27) Cass.req., 13 jan. 1873, *D.P.*, 1873, I, 151; Cass.civ.lre, 11 juill. 1951, *Bull.civ.*, 1951, I, n° 217; Cass. civ., lre, 9 déc. 1970, *D.*, 1971, Somme. 58.

(2) 대위소권 행사의 객체

개정 전 프랑스민법 제1166조(현 제1341-1조)가 채무자의 권리와 소권을 행사할 수 있다고 하므로, 대위소권의 대상이 되는 권리는 개인적 · 주관적 권리로 본다.[28] 프랑스법에서 엄격한 의미의 권리는 자유(liberté), 권력(pouvoir), 권한(faculté, 권능),[29] 선택권(option) 등과 같은 특권(prérogative)들과는 다른 것으로 보는 이도 있다.[30] 이들 특권이 권리가 아니라면, 채권자는 이를 행사할 수 없다. 개정 전 프랑스민법 제1166조는 권리를 그 대상으로 하기 때문이다. 이들 권리 아닌 특권 가운데 전통적으로 권한과 선택권을 문제 삼아 왔다.

한편 프랑스민법 제1166조가 규정한 대위소권의 대상과 관련하여 오로지 채무자에게 속한 것, 즉 일신전속권은 대위소권행사에서 제외하고 있다. 여기에서 규정한 일신전속권으로는 비재산적 권리, 압류할 수 없는 권리 및 일신전속재산권 등 3가지로 보고 있고, 그에 따라 오늘날, 프랑스법에서는 3개의 큰 원칙이 있다.

첫째는 인적 성격이 강하기 때문에 채권자가 압류할 수 없는 비재산권의 배제이고, 둘째는 압류할 수 없는 재산에 관한 모든 권리와 소권의 배제이며, 마지막으로 셋째는 재산권이지만 일신전속권으로 보는 일부 권리의 배제이다.

(3) 채무자의 권리불행사[31]

앞에서 본 바와 같이, 프랑스법 고법(Ancien Droit)에서 채권자들에게 해가 되는, 권리행사를 게을리한 채무자는 사해의사(intention frauduleuse)를 가진 것으로 여겼음을 이유로, 채무자의 권리불행사는 대위소권 행사요건의 하나로 본

---

28) 이에 관해서는 Oh Suwon, *op. cit.*, 215-231; 오수원, 앞의 책, 210-240.

29) 권한은 그 가장 중요한 특성이 소권에 의하여 강제할 수 있는 힘이 없는 것이며, 채권자가 행사할 수 없는 이러한 권한으로는 채무자의 재산관리행위, 매매나 교환의 예약영역에 있어서의 청약과 승낙, 위임의 실행, 임치의 승낙, 부재자재산의 점유이전, 추정상속인에 의한 실종신고 등이 이에 속하는 것으로 본다(이에 관해서는 Oh Suwon, op. cit., 190-194; 오수원, 앞의 책, 215-219). 우리나라에서는 이를 권능이라고 한다.

30) Cf. J. CARBONNIER, *Droit civil, Introduction*, 25e éd., Paris, P.U.F., 1997, pp. 285 et s., nos 161 et s.; Ph. MALAURIE et L. AYNES, *Cours de droit civil, Les obligations*, 9e éd., *Introduction en général*, Paris, Cujas, 1994, pp. 41-43.

31) 이에 관해서는 Oh Suwon, *op. cit.*, 177-185.

다. 한편 Bigot de Préameneu는, 프랑스민법 입법이유서에서, "그러나 채무를 부담하는 사람은 그 모든 재산을 담보로 한다. 채무자가 채권자들을 해하기 위하여 그 권리행사를 게을리 한다면 이러한 담보는 허망한 것이 될 것이다. 그에 따라 채권자들은 바로 권리를 행사할 수 있어야 한다. 이들의 이러한 이익과 사해(fraude)에 대한 불안이 이들의 권리행사자격을 확정한다."[32]고 한다.

개정된 프랑스민법 제1341-1조는 '권리불행사'(carence du débiteur)라는 말을 쓰고 있고, 이것이 어떠한 뜻인지에 관한 정의(definition)는 없으나,[33] 프랑스파기원의 한 판례가 "대위소권을 행사하는 당사자의 채무자의 권리불행사는 자기가 받을 것을 요구함에 어떠한 태만도 하지 아니함(diligtence)을 정당하지 못할 때에 확정된다."[34]고 하였고, 개정법에서 이를 받아들인 것으로 '권리불행사'(inaction), 권리행사태만(negligence)[35]의 뜻으로 본다. 그에 따라 "채무자 자신이 권리행사를 시작하면 대위소권을 행사할 수 없게 된다."[36]고 한다.

(4) 채무자의 무자력

대위소권을 규정한 개정전 프랑스민법 제1166조는 그 행사요건으로 채무자의 무자력(insolvabilité)에 관하여 직접 규정하고 있지 아니하였다.[37] 이것

---

32) Cf. P. A. FENET, *Recueil complet des travaux préparatoires du Code civil*, t. 13e, Réimpression de l'édition 1827, Osnabrück, Otto Zeller, 1968, p. 238.

33) carence는 채무자나 망인의 무자력(absence ou insuffisance de ressources d'un débiteur ou d'une personne décédée)을 뜻하기도 하고, 의무회피행위 또는 임무태만행위(le fait de se dérober devant ses obligation, de manqner à sa tâche)로서 부작위(abstention, inaction, impuissance)와 비슷한 것을 뜻하기도 한다(Dictionnaires Le Robert, 1995, v° carence, p. 307).

34) Cass. civ. 1re, 28 mai 2002, *RTD. civ.*, n° 3, 2003, 513, obs. J. MESTRE et B. FAGES.

35) Y. BUFFELAN-LANORE et V. LARRIBAU-TERNEYRE, *op. cit.*, n° 402, pp. 136-137; Ph. MALAURIE et L. AYNES et Ph. STOFFEL-MUNCK, *Droit des obligations*, 9e éd., Ed. Cujas, 2017, n° 1150, p. 674; M. FABRE-MAGNAN, *op. cit.*, 2016. n° 541 p. 602.

36) B. FAGES, *Droit des obligations*, 7e éd., L. G. D. G., 2017, n° 519, p. 438.

37) 프랑스에서 채무자의 무자력에 관해서는 Oh Suwon, *op. cit.*, pp. 166-170; 오수원, 앞의 책, 171-174쪽

이 대위소권을 행사하기 위한 요건의 하나인가에 관하여 1873. 1. 13. 프랑스 파기원의 한 판례는 Demolombe라는 학자의 이론을 받아들여 “채권자는 자기의 채권이 위협을 받는 한도 내에서 채무자의 권리와 소권을 행사할 수 있고, 그러한 이익이 없다면(défaut d'intéret) 채무자뿐만 아니라 채권자가 채무자의 권리와 소권을 행사한다고 주장하는 제3자에 의하여도 반대에 부딪치게 된다.”고 한 뒤, 이어서 몇몇 판결들이 채무자의 무자력을 요구하였다.

한편 채무자가 무자력이 아닌 경우에도 채권자가 비금전채권의 채권자일 때에는 자유롭게 대위소권을 행사할 수 있다고 하였다.

개정된 대위소권에 관해서 채무자의 무자력(insolbahilite)이 대위소권의 행사요건인가에 관해서는 ‘소의 이익 없이 소도 없다’는 법언을 바탕으로 이를 긍정하는 이들[38]이 있고, 반대로 “채무자의 무자력은 대위소권 행사에 필요한 요건이 아니다”[39]라고 하는 이들이 있다.

다. 대위소권행사의 효과[40]

원래 대위소권행사의 효과는 금전채권의 경우와 특정물채권의 경우가 같지 않다.

금전채권의 경우 원칙적으로 대위소권에 의해 회수된 급부는 채무자의 재산으로 되어, 모든 채권자의 공동담보가 된다. 대위소권을 행사한 대위소송에서 승소 등 유리한 결과를 얻었더라도 특별한 우선권이 있는 것이 아니고, 그 결과는, 채무자 자신이 권리를 행사했을 때와 마찬가지로 모든 채권자의 이익으로 되며, 또 모든 채권자가 이를 압류할 수 있고, 공동담보가액의 분배에 참가할 수 있다. 공동담보의 실행을 위해서는 통상의 강제집행절차를 따라야 한다. 그러나 이 경우에 다수의 채권자가 있고 압류재산이 부족한 때에는 배당절차가 이루어지고 대위소권을 행사한 채권자는 안분비례에 따라 배당받게 된다. 배당절차에 참가하

---

38) Y. BUFFELAN-LANORE et V. LARRIBAU-TERNEYRE, *op. cit.*. n° 402, p. 136; M. FABRE-MAGNAN, *op. cit.*, n° 541 p. 602.

39) B. FAGES, *op.cit.*, n° 520, p. 439; A. BENABENT, *op. cit.*, n° 806, p. 626,

40) 프랑스에서의 대위소권행사의 효과에 관해서는 Oh Suwon, *op. cit.*, pp. 257-260; 오수원, 앞의 책, 339-343쪽.

지 않은 채권자는 배당에서 제외된다. 또 우선채권자들은 그 순위에 따르게 된다. 이는 채권자취소소권행사에서 "취소채권자가 취득한 판결은 그의 이익을 위해서만 효력이 있다."[41]고 하며, "다른 채권자들과 경합하지 않고 채무자의 재산을 압류하는 것은 취소채권자에게 속한 것"[42]이라고 하는 것과는 다르다.[43]

한편 비금전채권의 경우 특정물채권을 위해서 대위소권을 행사한 채권자는 사실상(*de facto*) 그 행사의 결과에 대해서 우선적으로 이익을 취득하게 된다.

2. 프랑스에서의 대위소권에 의한 공유물분할

가. 프랑스에서의 공유와 공유물분할, 압류금지와 대위소권에 의한 분할

(1) 프랑스에서의 공유[44]

우리 민법상의 공유에 해당하는 것이 프랑스에는 2가지가 있다. 하나는 미분할(indivision)이고, 다른 하나는 공동소유(coproriété)이다. 이들 공유에는 통상

---

41) Y. BUFFELAN-LANORE et V. LARRIBAU-TERNEYRE, *op. cit.*, n° 4441, p. 147; Ph. MALAURIE, L. AYNES et Ph. STOFFEL-MUNCK, *op. cit.*, n° 1148, p. 672; B. FAGES, *op. cit.*, n° 530, p. 446. .

42) M. FABRE-MAGNAN, *op. cit.*, n° 545, p. 605; A. BENABENT, *op. cit.*, n° 813, p. 630(여기에서는 '취소목적 재산은 채무자의 재산으로 환원되는 것이 아니라 단지 취소채권자에 의해서 압류될 수 있을 뿐이며, 취소채권자는 그 소송의 이익을 다른 채권자들과 나누어야 하는 것은 아니다.'라고 한다) 또 "대위소권의 행사의 효과는 채권자가 채무자의 권리행사에 있어서 그를 갈음한다는 관념이 지배한다."(Ph. MALAURIE, L. AYNES et Ph. STOFFEL-MUNCK, *op. cit.*, n° 1152, p. 675)고 하는 이도 있고, "채권자취소소권행사의 효과는 강제집행, 특히 압류 및 귀속(saisie-attribution)과 같다."(P-Y. GAUTIER, *Encycl. Rép.dr.civ.*, *v°* Action paulienne, Dalloz, 1998, n° 94, p. 13.)고 하는 이도 있다. 압류 및 귀속(saisie-attribution)은 1991년 강제집행법개정당시 기존의 압류 및 지불금지(saisie-arrêt) 대신에 절차를 단순하게 하여 압류 채권자에게 우선권을 주도록 한 집행방법으로(법률 제42조 이하, 명령 제55조이하) 한국민사집행법상의 압류 및 전부명령과 유사한 제도이다(프랑스의 압류 및 귀속제도에 관한 보다 자세한 내용은 오수원, "프랑스강제집행법 중의 우선주의 - 금전채권에 대한 압류 및 귀속", 民事法의 實踐的課題, 閑道鄭煥淡教授華甲紀念論文集刊行委員會편, 서울, 法文社, 2000, 225-238쪽 참조).

43) 채권법개정에 관한 Catala 초안(Avant-projet de Catala de réforme du droit des obilgations) 제1166-1조 제1항에서는 대위소권을 행사하는 채권자에게 우선변제 받는 것을 허용하는 것으로 하였으나, 2016. 2. 10. 법률명령에서는 이러한 방법을 채택하지 않았다고 한다(cf. Y. BUFFELAN-LANORE et V. LARRIBAU-TERNEYRE, *op. cit.*, n° 407, p. 137).

44) 이에 관해서는 Ph. MALAURIE et L. AYNES, *Droit cvil, Les biens*, 3° éd., Ed. Cujas, 1994, nos 653 et s., pp. 193 et s.

공유(indivision ordinaire)와 특수공유(indivision spéciale)가 있다. 전자에는 가령 2인이 하나의 물건을 사는 경우 또는 수인이 재산을 공동으로 상속한 경우 등이 있고, 후자에는 인접부동산 경계벽, 협업으로 생긴 지식소유권(propriété intellectuelle) 등과 같이 강제적 또는 영속적 공동소유(copropiété forcée ou perpétuelle)가 있고,[45] 후자는 공유물의 분할을 전제로 하는 것이 아니다.[46]

로마법이나 프랑스민법 제정 당시 공유제도에 적대적이었기 때문에,[47] 공유에 관한 법규정이 충분하지 아니하였다. 특수공유에 관해서는 프랑스민법 제664조에서 공유건물의 건축 및 수리비에 관한 1규정만 두었을 뿐이고, 이 규정은 1938년에 폐지되고 특별법으로 1938. 7. 28. 법률, 1965. 7. 10. 법률 등으로 규정하였다.[48] 통상공유의 경우에 상속재산공유에 관해서 프랑스민법 제815조 이하에서 규정하였다.

(2) 프랑스에서의 공유물분할

프랑스의 공유 중 특수공유의 경우 분할의 대상이 아니기 때문에, 공유물의 분할에 관해서는 통상공유에 속하는 상속재산의 분할과 관련하여 규정하고 있다.

공유물분할청구권(droit au patage)에 관해서는 프랑스민법 제815조는 "누구도 공유의 계속을 강제 당하지 않으며, 공유의 분할을 유예하는 법원의 판결 또는 당사자 사이의 합의가 없는 한 언제든지 분할을 청구할 수 있다."[49]고

45) 이는, 공유자의 개인의 전유부분(parties privatives) 외의 부분으로, 통로, 계단 등과 같은 건물의 공용부분(parties communes)과 건물바닥, 벽, 지붕 등과 같은 기초부분(gros oe-vres)을 대상으로 한다. 이는 우리 민법 제215조(건물의 구분소유에 있어서 부속물 중 공용부분의 공유추정)와 제239조(경계표 등의 공유추정) 등에서 부속물 등 일부를 공유로 추정하고 제268조 제2항에서 이를 분할하지 못하도록 한 것과 같은 취지라고 할 수 있다.

46) 그러므로 특수공유를 indivision과 구별하여 copropriété라고 부르는 경향이 있다.

47) Ph. MALAURIE et L. AYNES, *Les biens, op. cit.*, nos 671-672, pp.195-196.

48) Ph. MALAURIE et L. AYNES, *Les biens, op. cit.*, nos 700-701, pp. 212-214. 공유에 관한 규정은 상속에 관한 2006. 6. 23. 법률, 권리 단순화에 관한 2009, 5. 22. 법률 등에 의하여 혁명적 변화가 있었다고 한다(Ph. MALAURIE et L. AYNES, *Droit cvil, Les biens*, 15° éd., L. G. D. J. 2015, n° 665, p. 226).

49) Article 815 Nul ne peut être contraint à demeurer dans l'indivision et le partage peut toujours être provoqué, à moins qu'il n'y ait été sursis par jugement ou convention. 이 조문은 2006. 6. 23. 법률(Loi n° 2006-728 du 23 juin 2006)에 의하여

하고 있다. 이 규정은 상속재산 분할에 관해서 규정한 것이지만, 공유에 관해서 일반적으로 적용되는 것으로 본다.[50)]

프랑스민법은 공유물분할방법에 관해서 공유자 전원의 합의여부에 따라 전원이 합의한 경우에 하는 협의에 의한 분할(partage amiable, Articles 835 à 839)과 그렇지 않은 경우에 하는 재판상 분할(partage judiciaire, Articles 840 à 842)이 있다.

재판상 분할은, 상속인들의 협의가 성립되지 않거나 상속의 승인 후에 한 상속인들이 분할에 참석하지 않는 경우에 하며, 여기에는 공유자들 사이의 전체적인 평등을 확보하기 위하여 무거운 형식주의가 지배한다. 즉, "공유는 인적 요소(intuitus personae)가 없지 않기 때문에 약간 폐쇄적"이고,[51)] 분할절차가 "이와 같이 대단히 무겁고 비용이 많이 들기 때문에 이러한 절차를 따르는 경우가 드물"고, "심한 다툼, 법의 복잡함, 업무를 담당한 몇몇 공증인들이나 서기들(clercs)의 업무태만 등으로 인하여 그 절차의 평균기간이 10년 또는 20년에 이른다."[52)]고 한다.

공유물분할과 관련하여 특이한 것으로 프랑스민법 제824조가 규정한 '배제적 지분분배'(attribution éliminatoire)제도가 있다. 이는 공유의 부분적 분할(partage parciel), 공유의 부분적 유지(maintien partiel delindivision)[53)]라고도 하며, 다른 공유자들이 공유유지를 바라고 있음에도 한 공유자가 분할청구를 한 경우에 청구인에게 그 지분을 분배하여 줌으로써 공유를 유지할 수 있도록 할 수 있는 권한을 법원에 부여한 것으로,[54)] 이에 관해서 프랑스 민법 제

개정되었으나 "le partage peut être provoqué toujours"라고 한 것을 고쳤을 뿐 그 내용은 전과 동일하다.

50) Ph. MALAURIE et L. AYNES, *Droit cvil, Les succession, Les libéralités*, Ed. Cujas, 1995, n° 929, p. 481; Ph. MALAURIE et C. BRENNER, *Droit cvil, Les succession, Les libéralités*, L.G.D.J., 2014, n° 832, p. 453.

51) Ph. MALAURIE et L. AYNES, *Les succession, op. cit.*, n° 838, p. 433.

52) Ph. MALAURIE et L. AYNES, *Les succeessin, op. cit.*, p. 490. "사실 이는 프랑스민법의 많은 규정 때문에 실제적이기보다는 '위협적인 가치'(valeur comminatoire)를 가지고 있다."(*loc. cit.*)고 한다.

53) M. DONNIER, Juris -Classeur, Art. 815 à 815-18, Fase. 20, 1991, nos 87 et s. pp. 13 et s.; Ph. MALAURIE et C. BRENNER, *op. cit.*, n° 919, p. 503. Cass. civ. 1re 28, nov. 2007, Bull. civ. I, n° 374 판결은 부분분할이라고 한다.

824조는 다음과 같이 규정하고 있다.

프랑스민법 제824조[55)]

① 공유자들이 공유유지를 동의했더라도, 법원은, 공유자 1인 또는 수인의 청구에 따라서, 제831조 내지 제832-3조의 규정에 배치되지 않는 한, 현존이익을 고려하여, 분할을 청구한 자에게 그의 지분(part)을 분배할 수 있다.

② 공유 중에 충분한 금전이 없다면 분할청구에 참가했던 공유자들에 의하여 보충금이 지급되며, 분할청구에 참가하지 않았던 다른 공유자가 벌충금지급에 참여할 의사를 표시한 때에는 이를 거절하지 못한다. 공유에 대한 각 공유자의 지분은 벌충금의 지급액에 비례하여 증가한다.

이 제도는 "예상되는 지분분배에서 유리한 지위를 차지하려는 '까다로운 사람'(mavais coucheur)을 제거하는 것"[56)]이라고 하며, "이러한 권한에 관해서는 프랑스하원에서 격렬한 논란이 있었고 이론적으로도 비판이 있었는데, 이는 특히 공유물 전체에 대한 평가절차 없이 공유권리를 평가해야 하는데서 오는 어려움을 이유로 하였다고 한다."[57)]

공유물의 분할은, 기존의 권리를 확인하는데 그치는 선언적 효력(effect declaraitf)이 있고 이전적 효력(effet translatif, 창설적 효력)이 있는 것이 아니며, 소급효(effet retroactig)가 있는 것으로 본다. 그에 따라 상속재산의 취

54) 이는 우리나라의 대법원 판례(대법원 2004. 10. 14. 선고 2004다30583 판결 등)가 인정하고 있는 '가격보상에 의한 공유물분할방법'과 비슷하고, 다만 프랑스의 경우에는 분할청구인에게 현물이나 가액을 보상한다는 점에서 차이가 있다.

55) Article 824 Si des indivisaires entendent demeurer dans l'indivision, le tribunal peut, à la demande de l'un ou de plusieurs d'entre eux, en fonction des intérêts en présence et sans préjudice de l'application des articles 831 à 832-3, attribuer sa part à celui qui a demandé le partage. S'il n'existe pas dans l'indivision une somme suffisante, le complément est versé par ceux des indivisaires qui ont concouru à la demande, sans préjudice de la possibilité pour les autres indivisaires d'y participer, s'ils en expriment la volonté. La part de chacun dans l'indivision est augmentée à proportion de son versement. 이 조문은 앞의 2006. 6. 23. 법률에 의하여 개정된 것으로, 그 전에는 프랑스 민법 제815조 제3항에 같은 내용이 포함되어 있었다.

56) 이에 관해서는 Ph. MALAURIE et L. AYNES, *Les succession, op. cit.*, n° 936, p. 485.

57) *Loc. cit.* 그 밖에 이 제도의 요건 및 절차의 자세한 내용에 관해서는 M. DONNIER, *op. cit.*, nos, 100 et s., pp. 14 et s.; Ph. MALAURIE et C. BRENNER, *op. cit.*, n° 918, pp. 502-503.

득은 피상속인의 사망을 원인으로(mortis causa) 상속 시에 이루어지며, 공동상속인들의 권리이전에 의한 상속재산분할의 효력으로 권리취득의 효력이 생기는 것이 아니다.[58)]

나. 프랑스에서의 공유물압류금지와 대위소권에 의한 분할

공유물분할소권(action en partage)에 관해서 프랑스민법 제815-17조는 채권자는 채무자의 이름으로 공유물분할을 청구할 수 있도록 하고 있는데, 이를 대위소권으로 보고 있다.[59)] 공유물의 압류에 관하여 프랑스민법 제815-17조 제2항은 "공유자의 개인채권자는 동산 또는 부동산에 있어서 공유지분(part)을 압류할 수 없다."[60)]고 하고, 이어서 제3항은 "그러나 전항의 채권자는 채무자의 이름으로 분할을 청구하거나 채무자에 의하여 제기된 분할에 참가할 수 있는 권한이 있다. 공유자들은 채무자의 이름으로 채무자를 대신하여 채무를 이행하여 분할청구의 소의 진행을 중단시킬 수 있다. 이 권한을 행사한 공유자들은 공유물로부터 우선적으로 상환을 받을 수 있다."고 한다. 이와 같이 공유재산은 압류할 수 없으므로 상속인의 채권자는 프랑스민법 제815-17조에 따라 채무자의 이름으로(au nom du debiteur) 분할을 청구할 수밖에 없다.[61)] 프랑스에서 대위소권의 폐지를 주장하는 학자들도 압류 및 처분금지명령을 사용할 수 없는 공유자의 공유물분할의 소(action en partage d'un co-ïndivisaire)의 경우에 대위소권은 유일한 해결수단임을 인정하고 있다.[62)]

프랑스민법 제815-17조는 1976. 12. 31. 법률에서 처음 규정한 것으로,

---

58) Ph. MALAURIE et L. AYNES, *Les Succession, op. cit.*, n° 996, p. 523.

59) A. BENABENT, *op. cit.*, n° 806, pp. 625-626; B. FAGES, *op. cit.*, n° 521, p. 439; Ph. MALAURIE et L. AYNES, *Droit cvil, Les succession, Les libéralités, op. cit.*, n° 929, p. 481.

60) 이는 상속재산분할에서 분할의 선언적 효력, 상속인이 부담하는 지분반환(rapport, 프랑스민법 제829조, 제843조)으로 인한 범위 등 "공유재산에 대한 채무자의 권리의 존부와 범위가 확정되어야 하기 때문"(Ph. MALAURIE et L. AYNES, *Les succession, op. cit.*, n° 839, p. 433; Ph. MALAURIE et L. AYNES, *Les biens, op. cit.*, n° 698, p. 211)이라고 한다.

61) 이에 관해서는 Ph. MALAURIE et L. AYNES, *Les succession, op. cit.*, 1995, n° 839, p. 433; Ph. MALAURIE et L. AYNES,, *Les biens, op. cit.*, n° 698, p. 211,

62) Cf. H.-L., et J. MAZEAUD et F. CHABAS, *Leçons de droit civil*, t. II, 1er vol. Obligations, Théorie générale, 9e éd., *op. cit.*, n° 979, p. 1150.

"여기에서는 단순한 보존적 간섭이 문제되는 것이 아니고 분할청구도 할 수 있는 권리가 문제된다. 이는 법문이 명시적으로 밝히지는 않았지만 채권자들은, 분할을 위하여 그것이 불가능하거나 어려운 공유부동산(독립적으로 또는 전체로)의 경매(licitation)를 청구할 수 있는 것도 포함한다. 실제로 이 경우에 있어서 경매는 분할의 전제조건이고 분할청구를 할 수 있는 권리를 가진 채권자들은 마찬가지로 경매를 청구할 수 있는 권리도 가져야 한다. 그렇지 않으면 그 의미가 없게 된다."[63]고 한다. 판례[64]도 이를 인정하고 있다.

분할을 청구할 것인지 경매를 청구할 것인지의 문제에 관해서 공유자들 모두를 상대로 행사되어야 한다는 이 소권이 [2006년 개정전] 프랑스민법 제1166조의 대위소권의 하나라는 점에 관해서는 이론이 없다.[65] 그러므로 이 소권을 행사하기 위해서는 대위소권의 요건도 갖추어야 한다.[66] 특히 채무자가 자기의 권리행사를 태만히 하여야 하고, 소의 이익이 있어야 하는 것으로 본다.[67]

이 소권 행사의 효과는, 대위소권의 경우와 같고 그에 따라 공유자인 채무자의 모든 채권자의 이익이 되고, 이 소권을 행사한 채권자만의 이익이 되는 것은 아닌 것으로 본다.[68]

---

63) M. DONNIER. *Juris-Classeur*, Art. 815 a 815-18. Fasc. 41, Edition du Juris Classeur, 1988, n° 90, p.14; W. DROSS, *op. cit.*, n° 63, p. 17; J. B. DONNIER. *Juris-Classeur*, Art. 815 a 815-18. Fasc. 41, Edition du Juris Classeur, 2006, nos 99-100, p. 18 et s.

64) Paris, 2ech A, 20 nov. 1984, *J. C .P.*, 86, ed. G, Ⅱ, 20584, note DAGOT; Paris, 25e ch. B, 16 oct. 1987, D. 1988, 302, note A. BRETON.

65) M. DONNIER. *op. cit.*, n° 91, p.14; W. DROSS, *op. cit.*, n° 63, p. 17,

66) M. DONNIER. *op. cit.*, n° 91, p. 14.

67) M. DONNIER, *op. cit.*, nos. 91-100, pp. 14-16; J. B. DONNIER. *op.cit.*. nos 101-104, pp. 18-19. 그러므로 쉽게 공유물의 현물분할이 가능한 때에는 경매를 청구할 소의 이익이 없는 것으로 본다(M. DONNIER, *op. cit.*, nos 96-97, pp. 14-15; J. B. DONNIER. *op.cit.*. n° 107, p. 19).

68) M. DONNIER. *op. cit.*, n° 102, p. 16; J. B. DONNIER. *op.cit.*. n° 111, p. 20.

III. 우리나라에서의 공유물분할청구권의 대위행사 문제

1. 공유물분할청구권의 대위행사에 관한 학설 및 판례

가. 학설

(1) 긍정설

재산권으로서「법률행위의 취소·해제·해지권, 환매권, 상계권, 대금감액청구권, 공유물분할청구권 등과 같은 형성권도 대위권의 목적으로 된다.」[69]고 하여 공유물분할청구권도 채권자대위권의 목적이 된다고 보는 이들이 있다.

(2) 예외적긍정설

채권자대위권에 의한 공유물분할은, (i) 채권자는 채무자의 공유지분에 대하여 강제집행을 할 수 있고, 공유물을 분할하더라도 채무자의 책임재산이 증가한다고 단정하기도 어려운 점, (ii) 공유지분 경매의 경우에 인정되는 우선매수권(민사집행법 제140조)이 공유물분할의 경우에는 판례(대법원 1991. 12. 16.자 91마239 결정)상 인정되지 아니하여 다른 공유자의 권리를 침해할 가능성이 있는 점, (iii) 채무자의 무자력이라는 이유만으로 채무자가 공유하고 있는 모든 재산을 채권자가 분할할 수 있도록 하는 것은 채무자의 재산관계에 대한 지나친 간섭이 되는 점 등을 보면 원칙적으로 인정할 수 없다고 하고, 다만 예외적으로 공유물에 대하여 근저당권자 등 선순위 채권자가 있어서 채무자의 지분에 대한 최저매각가격이 공유지분에 의하여 담보되는 피담보채권액, 절차비용 등 우선채권액에 미달하여 남을 가망이 없지만 공유물 전부의 시가는 선순위 채권액을 상당 정도 초과하여 공유물 전부에 대하여 경매를 할 경우 민법 제368조[공동저당과 대가의 배당, 차순위자의 대위] 제1항에 따라 각 지분 가액에 비례하여 피담보채무액이 분담됨으로써 채무자가 배당받을 가능성이 높은

---

69) 金能煥, 民法注解, IX, 債權, (2), 郭潤直편, 博英社, 1995, 767쪽; 孫振鴻, 註釋民法, 債權總則, (2), 金龍潭편, 韓國司法行政學會, 2013, 151쪽; 일본에서 같은 내용으로 下森定, 新版注釋民法, (10) II, 債權, (1), 奧田昌道編, 有斐閣, 2011, 739頁; 松坂佐一, 債權者代位權の研究, 有斐閣, 1976, 82頁.

채권자대위권에 의한 공유물분할을 인정할 수 있다고 하고, 그 근거로 (i) 공유물의 지분을 경매하는 경우에 최저매각가격은 공유물 전부의 평가액을 기준으로 하고(민사집행법 제139조 제2항), 동일한 채권의 담보를 위하여 공유인 부동산에 저당권을 설정한 경우 각 공유지분에 대하여는 특별한 사정이 없는 한 공동저당의 관계가 성립하여 각 공유지분은 저당권의 피담보채무 전액을 담보한다고 봄이 상당하다는 점, (ii) 선순위 담보채권자가 있을 때 공유자의 채권자가 공유물 전체를 경매하여 지분배당하는 금액이 지분경매금액보다 높아 채무자인 공유자가 배당받을 수 있어 결국 채권자도 자기 채권의 만족을 얻을 수 있게 되는 경우라면, 채권자가 채무자의 공유물분할청구권을 대위하여 행사하는 것이 채무자의 자유로운 재산관리행위에 대한 부당한 간섭이 된다고 볼 수 없고, 오히려 채권자가 자기 채권의 현실적 이행을 유효·적절하게 확보하기 위한 수단이 된다고 볼 수 있어 채권자대위권의 행사요건인 보전의 필요성이 충족되고, 공평하다는 점, (iii) 공유물 전부를 경매하는 경우에는 남을 가망이 없는 경우가 아니므로, 반드시 선순위 채권자인 담보권자의 이익을 보호하기 위한 민사집행법 제102조(남을 가망이 없을 경우의 경매취소)의 취지에 반한다고 보기도 어렵다는 점 등을 드는 이[70]가 있다.

나. 판례

(1) 채권자대위권행사에 의한 공유물분할청구를 긍정한 판례

대법원의 한 판결은 "재판에 의하여 공유물을 분할하는 경우에 현물로 분할하는 것이 원칙이나, 현물로 분할할 수 없거나 현물로 분할하게 되면 그 가액이 현저히 감손될 염려가 있는 때에는 공유물의 경매를 명하여 대금분할을 할 수 있다. 여기에서 '현물로 분할할 수 없다'는 요건은 물리적으로 분할이 불가능한 경우는 물론, 공유물의 성질, 위치나 면적, 이용상황, 분할 후의 사용가치 등에 비추어 현물분할을 하는 것이 곤란하거나 부적당한 경우를 포함한다. 그리고 '현물로 분할을 하게 되면 현저히 그 가액이 감손될 염려가 있는 경우'에는

70) 吳泰煥, "금전채권자가 채무자의 공유물분할청구권을 대위행사할 보전의 필요성이 있는 경우(2015. 12. 10. 선고 2013다56297 판결 : 미간행)", 대법원판례해설, 제105호(2015년, 하), 법원도서관, 2016, 5-9쪽.

공유자의 한 사람이라도 현물분할에 의하여 단독으로 소유하게 될 부분의 가액이 분할 전의 소유지분 가액보다 현저하게 감손될 염려가 있는 경우도 포함된다."고 하고, "원고로서는 소외인에 대한 금전채권을 보전하기 위해서 소외인을 대위하여 소외인의 피고에 대한 공유물분할청구권을 행사할 필요가 있고, 이 사건 부동산은 현물분할을 하는 것이 곤란하거나 부적당한 경우 또는 현물분할로 인하여 그 가액이 현저히 감손될 염려가 있는 경우에 해당한다고 볼 수 있다. 따라서 원심이 원고가 소외인을 대위하여 이 사건 부동산에 관하여 공유물분할을 청구할 수 있다고 판단한 다음, 이 사건 부동산을 경매에 부쳐 그 대금을 분할할 것을 명한 것에 상고이유의 주장과 같이 공유물분할청구권을 대위행사하는 경우의 공유물분할방법에 관한 법리를 오해한 위법이 없다."[71]고 하여 채권자대위권행사에 의한 공유물 분할청구를 긍정하고 있다.

또 다른 판결도 "주식의 공유자들 사이에 공유 주식을 분할하는 판결이 확정되면 그 공유자들 사이에서는 별도의 법률행위를 할 필요 없이 자신에게 귀속된 주식에 대하여 주주로서의 권리를 취득하는 것이고, 이와 같이 공유물 분할의 방법에 의하여 주식을 취득한 자는 회사에 대하여 주주로서의 자격을 보유하기 위하여 자기가 그 주식의 실질상의 소유자라는 것을 증명하여 단독으로 명의개서를 청구할 수 있으므로, 주식의 공유자로서는 공유물 분할의 판결의 효력이 회사에 미치는지 여부와 관계없이 공유주식을 분할하여 공유관계를 해소함으로써 분할된 주식에 대한 단독소유권을 취득하기 위하여 공유물 분할의 소를 제기할 이익이 있다."[72]고 한다.

---

71) 대법원 2015. 12. 10. 선고 2013다56297 판결(이 판결에 대하여는 吳泰煥, 앞의 평석, 3-10쪽; 그 밖에 채권자대위권행사에 의한 공유물 분할청구을 인용한 하급심판결에 관해서는 같은 평석, 7쪽 주 6 참조.

72) 대법원 2000. 1. 28. 선고 98다17183 판결. 다만 이 판결은 "민법 제268조가 규정하는 공유물의 분할은 공유지분의 교환 또는 매매로 공유의 객체를 단독 소유권의 대상으로 하여 그 객체에 대한 공유관계를 해소하는 것을 말하므로 분할의 대상이 되는 것은 어디까지나 권리의 객체인 공유물이고, 그 권리에 내재하거나 그로부터 파생하는 권능은 이를 분할할 수 없다고 할 것이므로, 명의신탁한 주식에 관하여 명의신탁자로서 준공유하는 명의수탁자에 대한 주권의 인도 또는 양도청구 권능의 분할을 구하는 공유물분할청구의 소는 권리보호의 자격을 결하여 부적법하다"고 한다.

(2) 채권자대위권행사에 의한 공유물분할청구를 부정한 판례

부산지방법원의 한 판결은, "갑 보증보험회사가 을을 상대로 구상금 지급을 구하는 소를 제기하여 승소 확정판결을 받자 구상금 채권을 보전하기 위하여 을을 대위하여 을과 부동산을 공유하고 있는 병 등 다른 공유자들을 상대로 공유물분할을 구한 사안에서, 갑 회사의 을에 대한 채권은 금전채권으로 을의 병 등에 대한 공유물분할청구권과는 별다른 관련이 없는 점, 갑 회사는 을에 대한 확정판결에 기하여 부동산 중 을의 지분에 대한 강제집행을 함으로써 채권의 만족을 얻을 수 있는 점 등에 비추어 을이 공유물분할청구권을 행사하지 않음으로써 갑 회사에 대한 책임재산의 부족을 초래하거나 이를 심화시키고 있다거나, 갑 회사가 을의 공유물분할청구권을 대위하여 행사하는 것이 갑 회사의 채권을 보전하는 데 유효하고도 적절한 수단이라고 보기 어려워, 채권 보전의 필요성을 인정할 수 없다"[73]고 하여 채권자대위권행사에 의한 공유물 분할청구를 부정하고 있다.

이 경우에는 앞의 대법원 판결과는 달리 채권자가 채무자의 지분에 대한 강제집행으로 채권의 만족을 얻을 수 있는 경우이다.

2. 학설 및 판례의 검토

가. 채권자대위권제도의 취지의 관점–책임재산(공동담보)보전목적

채권자대위권은 강제집행 전에 채무자에 대한 강제집행의 대상이 되는 책임재산(공동담보)을 보전하기 위한 것으로 보는 것이 일반적이다. Boissonade도, "'채무자의 모든 재산은 그 채무의 담보 또는 채권자들의 공동담보이다'([개정전]프랑스민법 제2092-제2093조)라는 원칙의 결과이다. 재산문제가 복잡한 채무자가, 채권자들이 많아 자신에게 어떠한 이익도 있을 수 없기 때문에, 그 고유의 채무자에 대한 권리를 주장하는 것이나 그 재산을 회수하기 위한, 자신에 속한 물적 소권(action réelle)을 행사하는 것을 게을리 할 수 있고, 자주 이

---

73) 부산지방법원 2016. 8. 18. 선고 2015가단57993 판결. 그 밖에 같은 취지의 다수의 하급심판결에 관해서는 오태환, 앞의 평석, 6쪽; 그 밖에 소를 각하한 하급심판결에 관해서는 같은 쪽 주 5 참조.

런 일이 있기도 하다. 이러한 태만(inertie)은 비난 받을만하고, 법률이 채권자들에게 그 대처방법을 마련해야 한다. 이것이 이 조문의 목적이다."[74] 라고 하여 채권자대위권이 공동담보(책임재산)를 보전하기 위한 제도임을 명백히 밝히고 있다.[75]

한편 민법 제404조는 채권자는 자기의 채권을 보전하기 위하여 채무자의 권리를 행사할 수 있다고 한다. 여기에서 '자기의 채권을 보전하기 위하여'가 무엇인가에 관하여는, 채무자의 무자력으로 보기도 하고, 자기 채권의 현실적 이행의 확보를 위하여 채무자의 권리를 행사할 필요라고 보기도 한다. 판례는 "채권자가 보전하려는 권리와 대위하여 행사하려는 채무자의 권리가 밀접하게 관련되어 있고, 채권자가 채무자의 권리를 대위하여 행사하지 않으면 자기 채권의 완전한 만족을 얻을 수 없게 될 위험이 있어 채무자의 권리를 대위하여 행사하는 것이 자기 채권의 현실적 이행을 유효·적절하게 확보하기 위하여 필요한 경우"[76]라고 한다. 그러나 이는 민사집행법의 "보전의 필요"(같은 법 제277조, 제300조)와 같은 것으로 보아야 한다.[77]

어떻든 채권자로 하여금 공유물분할청구권을 대위행사하도록 하는 것은 사실상 처분행위로서 보전의 목적을 넘는 것이므로 책임재산(공동담보)보전을 목적으로 하는 채권자대위권의 목적에 반하는 것이다.

---

74) G. BOISSONADE, *op. cit.*, n°151, p.156. 일본의 채권자대위권에 관한 일본민법 제423조의 입법이유에서도 같은 취지를 밝히고 있다(岡松參太郎, 註釋民法立法理由, 下卷, 債權編, 富井政章校閱, 有斐閣書房, 1899, 復刻版, 信山社, 1991, 108-109頁)

75) 채권자가 자신의 비금전채권의 만족을 위해 그 채권과 관련된 채무자의 권리를 대위하여 행사할 수 있음을 인정하고 있어 비금전채권을 보전하기 위해서도 사용하고 있는데, 이는 공동담보의 보전을 위한 것이 아니므로 채권자대위권의 전용이라고 한다. 또 일부에서는 채권자가 채권자대위권을 행사하여 제3채무자로부터 급부를 직접 수령한 뒤 이를 채무자에게 넘겨주지 아니하고 채권자에 대한 자기의 채권과 상계하여 자기채권을 우선변제 받을 수 있는 것으로 보고 이를 바탕으로 채권자대위권은 포괄담보권으로 채권을 추심하기 위한 제도라고 보는 이(金亨培, 債權總論, 博英社, 1998, 352쪽)가 있으나, 이는 대위권을 행사하는 채권자에게 사실상 우선변제를 인정하는 결과가 되어 채권자대위권이 채무자의 일반재산을 보전하기 위한 것이고 민사집행법상의 평등배당주의를 취하는 것에 반한다.

76) 대법원 2006. 1. 27. 선고 2005다39013 판결; 대법원 2001. 5. 8. 선고 99다38699 판결.

77) 이를 소의 이익문제로 생각할 수도 있으나, 소의 이익은 일반적인 소송요건이고, 특정권리의 행사요건과는 다른 것이다.

나. 공유물분할청구권의 성질의 관점

(1) 민법 제404조에서 규정한 일신전속권뿐만 아니라 그 밖의 권리도, 채권자대위권이 공동담보를 보전하기 위한 것이라는 점과 같은, 제도의 목적이나 권리의 성질 등에 의하여 그 행사가 제한될 수 있다. 많은 이들이 "채무자의 재산권일지라도 그 행사여부를 권리자의 자유의사에 맡겨야 하는 것은 채권의 공동담보로 되기에 적합하지 않고, 따라서 채권자가 대위행사할 수 없다고 해야 한다."[78]고 한다. 판례도 유류분과 관련하여 "유류분반환청구권은 그 행사 여부가 유류분권리자의 인격적 이익을 위하여 그의 자유로운 의사결정에 전적으로 맡겨진 권리로서 행사상의 일신전속성을 가진다고 보아야 하므로, 유류분권리자에게 그 권리행사의 확정적 의사가 있다고 인정되는 경우가 아니라면 채권자대위권의 목적이 될 수 없다."[79]고 하여, 권리자의 자유의사에 맡겨진 권리는 채권자대위권의 대상이 되지 아니한다고 한다. 채무자의 재산관리권과 같은 권한(faculté, 권능)도 채권자대위권의 목적이 될 수 없다고 보는 것이 일반적이다.[80]

또 민사집행법 제91조 제1항은 "압류채권자의 채권에 우선하는 채권에 관한 부동산의 부담을 매수인에게 인수하게 하거나, 매각대금으로 그 부담을 변제하는 데 부족하지 아니하다는 것이 인정된 경우가 아니면 그 부동산을 매각하지 못한다."고 하는데, 이는 매각이 배당의 전제가 된다는 점에서, 압류금지

78) 金曾漢, 金學東, 債權總論, 博英社, 1998, 183쪽; 金能煥, 앞의 民法注解, 765쪽; 李相京, 앞의 註釋民法, 733쪽.

79) 대법원 2010. 5. 27. 선고 2009다93992 판결.

80) Boissonade는 권리(droit)에 대립되는 것으로서 권한(faculté, 권능)에 관하여, "채권자들은 채무자의 땅 위에 건물을 짓거나, 그 부동산을 임대하거나 그 땅을 경작하거나 작물을 바꿀 수 없음은 명백하다. 하지만 여기에 채무자의 명백한 권리가 있다고 말할 수도 있을 것이다. 그러나 실제로 이는 단순한 권한들이다. …… 반대로 채권자들은 의사의 하자나 무능력을 이유로 한, 채무자에게 속하는 합의의 무효·취소소권을 행사할 수 있음은 의심의 여지가 없다. 조건 미성취를 이유로 한 해제소권, 재산에 대한 손해를 원인으로 한 손해배상청구소권 등도 마찬가지이다."(G. BOISSONADE, *op.cit.*, n° 154, pp. 160)라고 하고, 양자의 구별에 관해서, "채무자가 어떤 손실을 입지 않고서 행사를 게을리 하지 않는 이익이 문제될 때에 그 이익은 권리이다. 반대로 그 이익을 얻기 위해서 그에 상당한, 치러야 할 희생이 있다면, 이는 단순한 권한이다. 채권자가 행사할 권리에 관한 차이를 확인하는 것은 쉽다. 즉, 확실하고도 직접적인 손실이 없음에도 권리가 행사되지 않는 경우에는, 채권자들이 그 담보를 보전하고 악의의 채무자를 대위해야 한다는 것은 당연하다. 반대로 권한의 행사가 이로운지 불리한지를 숙고해야 할 것이 있다면 채권자들은 이러한 숙고에 간섭할 수 없고, 아마도 채무자의 의사에 반하여 그를 대위할 수 없을 것이다."(G. BOISSONADE, *op.cit.*, n° 154, pp. 160-161)라고 한다.

와 같이, 성질상 일반담보가 되지 않기 때문이라고 할 수 있다.

(2) 우리나라에서는 대체로 공유물분할청구권의 성질을 형성권으로 본다.[81] 또 형성권에는 당사자의 일방적 의사표시에 의하여 법률관계를 변동시킬 수 있는 것과 소로써 판결을 받아서 비로소 법률관계를 변동시킬 수 있는 것이 있고, 후자에는 실제법상의 형성의 소, 소송상의 형성의 소, 형식적 형성의 소 등이 있다고 하고, 공유물분할 청구는 마지막 형식적 형성의 소에 속하는 것으로 보는 이[82]도 있다. 판례도 "공유물분할청구권은 공유관계에서 수반되는 형성권이므로 공유관계가 존속하는 한 그 분할청구권만이 독립하여 시효소멸될 수 없다."[83]고 한다.

프랑스에서는 독일의 형성권(Gestaltungsrecht)에 해당하는 용어가 없다.[84] 우리나라에서 형성권으로 보는 선택권은, 앞에서 본 바와 같이, 대위소권의 대상이 아니라고 보기도 한다. 독일의 경우 공유물의 분할에 관한 권리와 관련하여, BGB 제749조 제1항은 "해지청구권"이라는 제목으로 "각 지분권자는 언제나 공유의 해지를 청구할 수 있다."[85]고 규정하고 있다. 이 권리의 법적 성질에 관해서는 이론상 다툼이 있다. "정당한 견해에 따르면, 이는 청구권(Anspruch)이고 형성권(Gestalungsrecht)이 아니다."라고 하고, "이러한 의견의 다툼은, 해지권의 기능과 청구권의 내용이 전혀 일치하지 않는 데에 바탕을 두고 있다. 청구권의 요건과 그 내용은 구별되어야 한다. 청구권은 BGB 제749조 제1항에 따라 즉시 또는 일정한 기간이 경과한 뒤에 만기가 되고, 어떠한 형성적 행위(Gestaltungsakts)도 필요하지 않다. 만기는 경우에 따라서 합의에 의해 정해질 수 있다. 이는 통지에 의존할 수 있다. 그러나 이는 BGB 제749조 제1항에서 말하는 내용이 아니고 그 요건"[86]이라고 하는 이도 있다. 일본의 경우 공유물분할청구

---

81) 郭潤直, 物權法, 博英社, 1987, 344-345쪽; 閔日榮, 民法注解, V, 物權, (2), 郭潤直편, 博英社, 1996, 585쪽; 朴三奉, 註釋民法, 物權, (2), 2000, 82쪽.
82) 이시윤, 앞의 책, 186-189쪽.
83) 대법원 1981. 3. 24. 선고 80다1888,1889 판결
84) Cf. J. CARBONNIER, *op. cit.*, n° 162. p.228(여기에서 이 저자는 독일의 형성권은 droit potestatif, 스위스의 형성권은 droit formateudr로 옮기고 있다).
85) Artikel 749(Aufhebungsanspruch) Jeder Teilhaber kann jederzeit die Aufhebung der Gemeinschaft verlangen.
86) Münchener/K. Schmidt, *Schuldrecht, Besonderer Teil*, Ⅲ, Band, 5, §§ 705-853, 5,

권은 대체로 형성권으로 보지만 이를 청구권으로 보는 이도 있다고 한다.[87)]

공유물분할청구권은, 취소·해제·해지권 등 통상의 형성권과 같이 권리자의 일방적 의사표시에 의하여 권리관계가 변동되는 것이 아니고 구체적인 분할방법은 법관의 재량에 맡겨져 있다.[88)]

그러므로 공유물분할청구권은 통상의 청구권으로 보는 것이 타당하다.

(3) 공유물분할청구권을 형성권이라고 하든 청구권이라고 하든 그 행사는 공유자들의 자유의사에 맡겨져 있으므로 채권자의 대위권행사에 친하지 아니한 권리라고 할 수 있다.[89)]

또 공유물에 있어서 경매의 대상은, 그것이 분할되지 않는 한 공유지분이고(민사집행법 제139조), 이 경우에도 민사집행법 제91조 제1항의 잉여주의가 적용되어야 하는데, 지분경매에서 남을 가망이 없다고 하여 공유물을 분할해야 한다는 것은 민사집행법 제91조 제1항의 잉여주의를 잠탈하는 것이다.

다. 다른 공유자의 권리침해의 관점

채권채무관계는 채권자와 채무자 사이의 인적관계이고, 이로써 제3자가 바로 영향을 받을 것은 아니다. 그러나 채권자대위권은 이러한 경우의 예외를 인정하여 채무자의 채무자, 즉 제3채무자가 채무자에 대하여 의무를 부담하는 경우에 채권자로 하여금 그 권리를 행사하도록 한 것이다. 그렇기 때문에 개정 전 프랑스민법 제1165조는 "계약은 이를 체결한 당사자 사이에서만 효력이 있다. 계약은 제3자에 대하여는 어떠한 방해가 되지 아니한다. 계약은 제1121조에서 규정한 경우에 한하여 제3자에게 이익이 있다."고 하여 계약의 상대적 효력을 규정하고, 이어서 개정전 프랑스민법 제1166조는 대위소권을 규정하면서 그 서

Auf. C. H. Beck, München, 2009, § 749 Rn. 19, Ss. 829-830.

87) 이에 관해서는 川井 健, 新版注釋民法, (7), 物權, (2), 川島武宜, 川井 健編, 有斐閣, 2007, 468頁.

88) 대법원 2015. 7. 23. 선고 2014다88888 판결.

89) 프랑스에서 인적 성격의 권리로 보고 있음은 앞에서 본 바와 같다. 또 공유물분할청구권을 형성권이라고 한다면 이는 통상 권리자의 일방적 의사표시에 의해서 법률관계를 형성하는 권리이므로 권리자의 의사의 자유가 더욱 중요시 될 것이다.

두에 '그러나'라는 말을 사용하여 계약의 상대성을 규정한 프랑스민법 제1165조의 명백한 예외가 아닌가라고 생각하기도 하였다.[90] 그런데 공유관계에서는 이를 유지할 것인지 해소할 할 것인지의 자유와 권리가 각 공유자들에게 있다. 이에 대하여 채권자대위권 행사를 인정하는 것은 공유자들의 이러한 자유와 권리를 침해하는 것이다.

라. 선순위담보자의 권리침해의 관점–민사집행법행 제102조의 취지

민사집행법 제102조에서 "남을 가망이 없을 경우의 경매취소"를 규정한 것은 "압류채권자가 집행에 의해 변제를 받을 가망이 전혀 없는데도 무익하게 경매가 행해지는 것을 막고(무익집행의 금지) 또 우선채권자가 그 의사에 반하여 불리한 시기에 불충분한 채권의 회수를 강요당하는 것과 같은 부당한 결과를 피하게 함으로써(우선채권자의 현금화 시기 선택권의 보호) 압류채권자나 우선채권자를 보호하기 위한 것"[91]이라고 한다.

민사집행법 제91조 제2항은 "매각부동산 위의 모든 저당권은 매각으로 소멸된다."고 하여 소제주의를 규정하고 있어서, 공유물분할방법으로 공유물전체에 대하여 경매를 할 경우 선순위저당권자의 저당권도 소멸하게 되고, 이는 선순위담보권자도 보호하려는 민사집행법 제102조의 취지에 반한다.

마. 상속재산분할청구권의 관점

상속재산분할에 관하여 상속인들 사이에 협의가 되지 아니한 경우에는 재판상 공유물분할방법으로 할 수밖에 없고(민법 제1013조 제2항, 제269조), 상

90) 현행법 제1341조는 "채권자는 채권을 집행할 권한이 있다. 채권자는 법률이 정한 요건 안에서 채무자를 강제할 수 있다."고 한 뒤 제1341-1조에서 대위소권을, 제1341-2조에서 취소소권을, 제1341-3조에서 직권소권(action directe)을 각각 규정하고 있다.

91) 李仁馥, 註釋民事執行法, Ⅲ, 金祥源 외 3인편, 韓國司法行政學會, 2004. 455쪽. 여기에서는 또 "(민사집행법 제정 전) 민사소송법 제608조 제1항, 제616조, 제631조의 규정은 압류채권자가 집행에 의해서 변제를 받을 가망이 전혀 없는데도 무익한 경매가 행해지는 것을 막고 또 우선채권자가 그 의사에 반한 시기에 투자의 회수를 강요당하는 것과 같은 부당한 결과를 피하기 위한 것으로서 우선채권자나 압류 채권자를 보호하기 위한 규정일 뿐 결코 채무자나 그 목적부동산소유자의 법률상 이익이나 권리를 위한 것이 아니"라고 한다(그 밖에 대법원 1987. 10. 30.자 87마861 결정).

속재산분할청구권은 재산적인 것이어서 일신전속권이라고 할 수는 없지만, 공동상속인 사이의 협의나 재판에 의하여 구체적으로 형성되어야 할 불확정적인 권리이므로 상속재산분할청구권은 채권자대위권의 대상이 되지 못한다고 본다.[92] 같은 이유로 공유물분할청구권은 채권자대위권의 대상이 되지 못한다고 할 것이다.

바. 채권자대위권의 직접청구권화의 문제의 관점[93]

채권자대위권은 직접청구권이 아닌, 간접청구권으로서 채무자의 재산을 보전하기 위한 제도이다. 그럼에도 금전채권의 경우에는 현실적으로 직접청구권처럼 사용되고 있다. 금전채권을 위한 강제집행은 집행문이 있는 집행권원이 있어야 할 수 있으며(민사집행법, 제28조), 금전채권에 대한 집행도 다른 채권에 대한 집행과 마찬가지로 압류, 환가, 변제의 3단계로 실시되며, 특히 환가의 경우 압류된 채권에 대하여 추심명령이나 전부명령을 발하여야 하며(민사집행법 제229조), 이때 채무자가 변제하지 않을 때에는 추심소(추심금청구소)나 전부소(전부금청구소)를 제기하여 판결을 받아 강제집행을 할 수 있다. 그런데 대위소채권자의 경우 이러한 모든 절차를 생략한 채 바로 직접청구를 할 수 있도록 하고 있고, 이는 대위채권자에게 법적 근거 없이 지나치게 큰 특혜를 인정하는 것이 된다.

IV. 맺음말

채권자대위권에 의한 공유물분할은, 채권자대위권제도가 책임재산(공동담보)을 보전하기 위한 것이라는 목적에서 벗어난 것이다.

공유물을 분할할 것인지 이를 유지할 것인지가 공유자의 자유의사에 맡겨져 있으므로 이를 형성권이라고 하든 청구권이라고 하든 채권자의 대위권행사

---

92) 이에 관해서는 오수원, 앞의 책, 262-263쪽.
93) 이에 관해서는 오수원, 앞의 책, 308-337쪽

에 친하지 아니한 권리이며, 공유물에 있어서 경매의 대상은, 그것이 분할되지 않는 한 공유지분이고, 이 경우에도 민사집행법 제91조 제1항의 잉여주의가 적용되어야 하는데, 지분경매에서 남을 가망이 없다고 하여 공유물을 분할해야 한다는 것은 민사집행법 제91조 제1항의 잉여주의를 잠탈하는 것이다.

또 공유관계에서 그 유지여부를 결정할 수 있는 자유와 권리가 각 공유자들에게 있는데, 채권자대위권 행사에 의한 공유물분할은 공유자들의 이러한 자유와 권리를 침해하는 것이며, 선순위담보권자를 보호하려는 민사집행법행 제102조의 취지에도 반한다. 또 각 공유자들의 공유물분할청구권은 공유자들의 협의나 재판에 의하여 구체적으로 형성되어야 할 불확정적인 권리이다.

그러므로 금전채권자의 채권자대위권에 의한 공유물분할은 허용될 수 없다고 할 것이다.

[참고문헌]

Ⅰ. 한국문헌

郭潤直, 物權法, 博英社, 1987.

郭潤直편, 民法注解, ⅠⅩ, 債權, (2), 博英社, 1995.

郭潤直편, 民法注解, Ⅴ, 物權, (2), 博英社, 1996.

金祥源 외 3인편, 註釋民事執行法, Ⅲ, 韓國司法行政學會, 2004.

金龍潭편, 註釋民法, 債權總則, (2), 韓國司法行政學會, 2013.

朴俊緖편, 註釋民法, 物權, (2), 2000.

金曾漢, 金學東, 債權總論, 博英社, 1998.

金亨培, 債權總論, 博英社, 1998.

오수원, 민법연구 1, 채권자대위권, 박영사, 2016.

이시윤, 新民事訴訟法, 博英社, 2011.

民議院法制司法委員會民法案審議小委員會, 民法案審議錄, 上卷, 1957.

오수원, 프랑스강제집행법 중의 우선주의 – 금전채권에 대한 압류 및 귀속, 民事法의 實踐的課題, 閑道鄭煥淡敎授華甲紀念論文集刊行委員會편, 法文社, 2000.

_____, "프랑스의 債權者代位權에 있어서 債權者의 債權과 特定物債權者 –1980년대 이후의 새로운 傾向", 法曹, 第49卷第9號(2000.09), 法曹協會, 2000.

吳泰煥, "금전채권자가 채무자의 공유물분할청구권을 대위행사할 보전의 필요성이 있는 경우 (2015. 12. 10. 선고 2013다56297 판결 : 미간행)", 대법원판례해설, 제105호(2015년, 하), 법원도서관, 2016.

Ⅱ. 일본문헌

岡松參太郎, 註釋民法立法理由, 下卷, 債權編, 富井政章校閱, 有斐閣書房, 1899, 復刻版, 信山社, 1991.

廣中俊雄편, 民法修正案(前3編)の理由書, 有斐閣, 1987.

松坂佐一, 債權者代位權取の研究, 有斐閣, 1976.

奧田昌道編, 新版注釋民法, (10) II, 債權, (1), 有斐閣, 2011.

川島武宜, 川井 健編, 新版注釋民法, (7), 物權, (2), 有斐閣, 2007.

佛語公定譯日本帝國民法典並立法理由書 第2卷, 財産編・理由, 1891(*Code Civil de*

l'Empire du Japon Accompagné d'une Exposé de Motifs, t. second, Exposé des motifs du livre des biens, Traduction officielle, Tokio, 1891), 復刻版, 信山社, 1993.

BOISSONADE G. *Projet de Code civil pour l'empire du Japon*, t. 2, 2e éd., Tokyo, Kokoubounsha, 1883.

III. 서양문헌

BENABENT A. *Droit des obligations*, 16e éd., LGDJ, 2017.

CARBONNIER J. *Droit civil, Introduction*, 25e éd., Paris, P.U.F., 1997.

DROSS W. *Lexis nexis*, Art. 1166, Contrats et obligations, Fasc, 38, Lexis nexis S. A., 2006;

FABRE-MAGNAN M. *Droit des obligations*, 4e éd., puf. 2016.

FENET P.A. *Recueil complet des travaux préparatoires du Code civil*, t. 12, t. 13, Réimpression de l'édition 1827, Osnabrück, Otto Zeller, 1968.

GUINCHARD S., CHAINAIS C. et FERRAND F. *Procédure civile, Droit interne et droit de l'union européenne*, 32e ed., Dalloz, 2014.

GAUTIER P.-Y. *Encycl. Rép.dr.civ., v°* Action paulienne, Dalloz, 1998.

MALAURIE Ph., AYNES L. *Droit cvil, Les biens*, Ed. Cujas, 1994.

MALAURIE Ph., AYNES L, *Droit cvil, Les biens*, 15° éd., L. G. D. J. 2015.

MALAURIE Ph., AYNES L. *Droit cvil, Les succession, Les libéralités*, Ed. Cujas, 1995.

MALAURIE Ph. et BRENNER, C. *Droit cvil, Les succession, Les libéralités*, L. G. D. J., 2014.

MALAURIE Ph., AYNES L. et STOFFEL-MUNCK Ph. *Droit des obligations*, 9e éd., Ed. Cujas, 2017.

MAZEAUD H.-L., J. et CHABAS F. *Leçons de droit civil*, t. II, 1er vol. Obligations, Théorie générale, 9e éd., Paris, Montchrestien, 1998.

OH SU WON, *Action oblique en droits français et coréen*, thèse, Paris 1, 2002.

VINCENT J et GUINCHARD S. *Procédure civile*, 23e éd,, Dalloz, 1994.

DONNIER J. B. . *Juris-Classeur*, Art. 815 a 815-18. Fasc. 41, Edition du Juris Classeur, 2006.

DONNIER M. *Juris-Classeur*, Art. 815 a 815-18, Fase. 20, Edition du Juris Classeur, 1991.

DONNIER M. J*uris-Classeur*, Art. 815 a 815-18. Fasc. 41, Edition du Juris Classeur, 1988.

Münchener/K. Schmidt, *Schuldrecht, Besonderer Teil*, Ⅲ, Band, 5, §§ 705-853, 5, Auf. C. H. Beck, München, 2009.

우리 법상 공유물분할청구권의 대위행사 허용 여부*

– 프랑스 민법과 재판례와의 비교를 중심으로 –

여 하 윤**

I. 문제의 제기

공유(共有)는 우리 민법이 예정하고 있는 공동소유의 모습 중에서 가장 개인주의적인 것으로 평가되고 있다. 공유자의 지분의 처분의 자유를 규정하고 있는 민법 제263조와 공유자가 언제든지 공유관계로부터 벗어날 수 있도록 하고 있는 민법 제268조의 공유물분할청구권이 위와 같은 면모를 가장 잘 보여주고 있다.[1] 일부 공유자의 채권자가 채무자인 공유자의 공유물분할청구권을 대위행사할 수 있을까? 과거 대법원은 이를 인정한 바 있다.[2] 그럼에도 불구하고 공유물분할청구권의 대위행사를 다른 권리들의 대위행사와 동일한 차원에서 인정하는 것이 조심스럽게 생각되는 이유는, 기존 공유자들의 입장에서 예상하지 못한 공유자가 출현하거나 공유자의 의사와 무관하게 공유물이 분할되어 궁극

---

* 이 글은 2019년 1월 9일 제126회 대법원 비교법실무연구회 세미나에서 발표한 글을 수정·보완한 것이다. 필자는 발표문을 수정·보완하여 비교사법 제26권 제1호(2019. 2.) 93면 이하에 게재한 바 있고, 관련 사안이 대법원 2020. 5. 21. 2018다879 전원합의체 판결에 의하여 선고된 이후, 대상판결에 대한 평석을 법조 제69권 제5호(통권 제743호, 2020. 10.)에 게재하였다.

** 중앙대학교 법학전문대학원 교수

1) 註釋民法 [物權(2)] 第3版, 81-82면(朴三奉 집필부분).

2) 대법원 2015. 12. 10. 선고 2013다56297 판결 "…… 원고로서는 소외인에 대한 금전채권을 보전하기 위해서 소외인을 대위하여 소외인의 피고에 대한 공유물분할청구권을 행사할 필요가 있고, 이 사건 부동산은 현물분할을 하는 것이 곤란하거나 부적당한 경우 또는 현물분할로 인하여 그 가액이 현저히 감손될 염려가 있는 경우에 해당한다고 볼 수 있다. 따라서 원심이 원고가 소외인을 대위하여 이 사건 부동산에 관하여 공유물분할을 청구할 수 있다고 판단한 다음, 이 사건 부동산을 경매에 부쳐 그 대금을 분할할 것을 명한 것에 상고이유의 주장과 같이 공유물분할청구권을 대위행사하는 경우의 공유물분할방법에 관한 법리를 오해한 위법이 없다 ……"

적으로 공유물의 관리가 원활하지 못한 상황이 발생함으로써 다른 공유자들의 권리를 침해할 가능성을 배제할 수 없기 때문이다. 다른 공유자들의 공유물과 관련한 권익을 보호받을 수 있도록 한 규정들은 현행 법제도에서도 찾아볼 수 있다. “공유자가 그 지분을 포기하거나 상속인 없이 사망한 때에는 그 지분은 다른 공유자에게 각 지분의 비율로 귀속한다”는 민법 제267조, “공유자가 1년 이상 전항의 의무이행을 지체한 때에는 다른 공유자는 상당한 가액으로 지분을 매수할 수 있다”는 민법 제266조 제2항, “공유자는 매각기일까지 제113조에 따른 보증을 제공하고 최고매수신고가격과 같은 가격으로 채무자의 지분을 우선매수하겠다는 신고를 할 수 있다”는 민사집행법 제140조 제1항 등의 규정들을 예로 들 수 있다. 따라서 공유와 관련한 이와 같은 법 전체의 취지에 비추어 볼 때, 공유물분할청구권의 대위행사를 허용할 것인지, 특히 다른 권리들의 대위행사와 동일한 차원에서 이를 허용해도 되는 것인지를 재고(再考)할 필요가 있다. 이는 결국 민법 제404조 소정의 채권자대위권 행사 요건의 해석을 공유물분할청구권과 관련하여 어떻게 조율할 수 있을 것인가 하는 관점에서 분석하게 될 것이다. 그런데, 우리나라에서 이 문제에 대한 선행연구와 재판례가 아직까지 상대적으로 부족한 상황이라면, 방법론적으로 외국에서의 입법례나 사례에 대하여 눈을 돌려 참고하게 된다. 여기서 필자가 눈을 돌리게 되는 나라는 프랑스이다. 왜냐하면, 채권자대위권(action oblique)은 대륙법계 중에서도 독일 민법에는 존재하지 않는, 프랑스 민법에 존재하고 있는 제도이기 때문이다.[3] 따라서 사안에서 문제되었던 다음의 쟁점들을 프랑스 민법 및 재판례와의 비교를 통해서 점검해나가고자 한다.

첫째, 채권자가 채무자의 공유물분할청구권을 대위행사할 채권 보전의 필요성(민법 제404조 제1항 본문)이 있다고 볼 수 있는가를 살펴본다. 일부 공유자의 채권자는 공유지분에 대한 강제집행도 가능할 뿐더러, 적어도 관념적으로는 공유물 분할 전과 분할 후의 채무자의 책임재산은 같다고 보아야 하기 때문

3) 프랑스 민법 제1341-1조 채무자가 그의 재산적 권리(droits)와 소권(訴權, actions) 행사를 태만히 함으로써 채권자의 권리를 위태롭게 할 경우, 채권자는 채무자의 계산으로(pour comte de débiteur), 채무자의 일신에 전속한 권리를 제외한 채무자의 권리와 소권을 행사할 수 있다.

에 공유물 분할이 된다고 하여 채무자의 책임재산이 늘어난다고 보기 어렵다고 볼 여지가 있기 때문이다.

둘째, 공유물분할청구권의 본질에 대하여 우리나라와 프랑스가 어떻게 이해하고 있는지를 살펴본다. 이와 관련하여서 다시 두 가지로 나누어 살펴본다. 대법원 2020. 5. 21. 선고 2018다879 전원합의체 판결의 다수의견과 반대의견은 공유물분할청구권이 형성권이므로 분할방법에 대해서는(현물분할로 할 것인지, 대금분할로 할 것인지에 대하여) 법관의 판단에 맡겨야 할 사항인데, 소송 당사자인 원고가 공유물분할청구의 구체적인 방법으로 대금분할을 해달라고 청구하는 것이 과연 적절한 것인가 하는 부분과 관련하여 견해가 극명하게 갈리고 있다. 프랑스에서는 공유물분할의 구체적인 방법을 어떻게 규율하고 있는지 대략적으로 살펴보고 우리나라의 재판례와 비교해보고자 한다. 다음으로, 채무자의 공유물분할청구권을 민법 제404조 제1항 단서 소정의 일신에 전속한 권리로 볼 여지는 없는가 하는 점이다. 공유물분할청구권이 소위 '행사상의 일신전속권'으로 평가된다면 채권자의 대위행사는 허용되지 않을 것이다.

마지막으로, 대상판결 사안의 경우 채무자가 무자력 상태임에도 불구하고, 다수의견이 채권 보전의 필요성을 인정하지 않음으로써 원고의 채권자대위권 행사를 인정하지 않았다는 점에 주목할 필요가 있다. 이는 민법 제404조 제1항 소정의 채권보전의 필요성의 의미를 채무자의 무자력 상태라고 이해하고 있었던 전통적인 판례의 논리로부터 탈피하고 있음을 보여주고 있기 때문이다.

II. 공유물분할청구권의 대위행사

1. 프랑스 민법상 공유물분할청구권의 대위행사

(1) 입법적 해결

프랑스 민법 제815-17조에서는 다음과 같이 규정하고 있다.

프랑스 민법 제815-17조
제2항 공유자의 채권자들은, 동산이든 부동산이든 공유물의 지분에 대하여 압류할 수 없다.[4)]
제3항 그러나 그들은 채무자의 이름으로 [공유물][5)] 분할을 청구하거나 공유자가 청구한 분할절차에 참가할 수 있다. [다른] 공유자들은 채무자[인 공유자]의 채무를 채무자의 이름으로 변제하고 그 채무를 면하게 함으로써 분할소송을 정지할 수 있다. 이러한 권한을 행사하는 공유자는 공유물로부터 우선변제를 받는다.

여기에서 필자가 밑줄 친 부분만을 추출하면 프랑스 민법은 공유물분할청구권의 대위행사를 명시적으로 허용하고 있음을 알 수 있다: '공유자의 채권자들은 채무자의 이름으로 공유물 분할을 청구할 수 있다.'

채권자대위권의 모법(*母法*)을 이루고 있는 프랑스 민법이 공유물분할청구권의 대위행사까지 명시하고 있음에 비추어 우리 법상으로도 공유물분할청구권의 대위행사를 허용하는 것이 마땅하지 않을까 하는 생각이 일견 들게 된다. 그러나 이에 대한 판단을 내리기 전에 우선 프랑스 민법이 규율하고 있는 공유와 관련한, 특히 공유물분할과 관련한 제도들의 전체적인 모습을 생각해보고 우리 민법상의 제도와 비교 검토하는 과정을 거칠 필요가 있다.

(2) 다른 공유자들을 위한 절차적 권리 규정의 마련

공유물분할청구권의 대위행사는, 이를 통해서 궁극적으로 자신의 채권 만족을 도모하고자 하는 일부 공유자의 채권자와 공유관계를 유지하고자 하는 다른 공유자 간의 이해관계가 대립하고 있는 문제이다. 프랑스 민법은 위의 조항에서 양측에게 공유물분할과 관련한 절차적 권리를 인정하여 각각 이해관계를 보호할 수 있는 길을 마련하고 있다.

첫째, 동조 제3항 제1문에 따라 공유자의 채권자들이 공유물분할절차에 참가할 수 있는 권리를 인정하고 있다. 공유자의 채권자에게 이러한 권리를 인정

4) 우리나라와 달리 프랑스는 공유물의 공유 지분에 대한 압류를 금지하고 있다. 그 취지에 대해서는, 여하윤, "공유물분할청구권의 대위행사 허용 여부 - 프랑스 민법과 프랑스 재판례와의 비교를 중심으로-"比較私法 第26卷 第1號(2019. 2.) 99-100면.
5) [ ] 안의 부분은 원문에는 없는 것이나, 독자들의 이해를 위해서 필자가 첨가한 것이다.

하는 이유는, 공유물 분할로 인하여 그들의 권리가 해하지 않도록 하려는 데에 있다.[6)]

둘째, 동조 제3항 제2문은 '[다른] 공유자들은 채무자[인 공유자]의 채무를 채무자의 이름으로 변제하고 그 채무를 면하게 함으로써 분할소송을 정지할 수 있다'고 하여, 일부 공유자의 채권자가 공유물분할청구권의 대위 행사 요건을 갖추었다고 하더라도, 분할 절차의 진행을 막고 공유관계를 유지할 수 있는 방어수단을 다른 공유자에게 부여하고 있다.[7)] 더 나아가 동조 제2항 제3문은 '이러한 권한을 행사하는 공유자는 공유물로부터 우선변제를 받는다'고 규정하고 있다. 다른 공유자의 채무를 변제한 공유자는 더 이상 그 공유자의 채권자가 아니며, 따라서 채무자인 공유자를 대위하지 않는다.[8)] 그는 위의 규정에 따라서 '공유관계'의 채권자가 되며 '공유물 전부'로부터 우선변제를 받게 된다.[9)] 이와 같은 공유물 분할절차 정지에 관한 규정은 강행규정(ordre public)이며,[10)] 공유자들에게 인정된 이러한 권리를 당사자들의 약정에 의하여 배제할 수 없는 것[11)]으로까지 해석되고 있다.

2. 소 결

프랑스 민법은 공유물분할청구권의 대위행사를 명시적으로 허용하고 있다. 그러나 공유물분할청구의 대위행사와 더불어, 일부 공유자의 채권자와 다른 공유자들 간의 이해관계를 조율할 수 있는 절차적 권리들을 동시에 마련함으로써 공유물분할청구의 대위행사를 비롯하여 공유물분할이 함부로 진행되지 않도록 하고 있음에 주의할 필요가 있다. 공유물 분할은 비교적 장기적으로 복잡하게 이루어지는 경우가 많기 때문에, 한번 분할이 이루어지면 가급적 그 효력을 다

6) Juris-Classeur Art. 815 à 815-18 Fasc. 41 par Jean-Baptiste Donnier n° 113 et n° 114; Répertoire de droit civil - Indivision : régime légale par Christophe ALBIGES n° 241.
7) Juris-Classeur Art. 815 à 815-18 Fasc. 41 par Jean-Baptiste Donnier n° 115; Répertoire de droit civil - Indivision : régime légale par Christophe ALBIGES n° 239.
8) Juris-Classeur Art. 815 à 815-18 Fasc. 41 par Jean-Baptiste Donnier n° 119 et 120.
9) Juris-Classeur Art. 815 à 815-18 Fasc. 41 par Jean-Baptiste Donnier n° 120; Répertoire de droit civil - Indivision : régime légale par Christophe ALBIGES n° 239.
10) Répertoire de droit civil - Indivision : régime légale par Christophe ALBIGES n° 240.
11) Civ. 1re 13 janv. 1993, n° 91-13.851.

투는 것을 피하는 것이 좋고,[12] 따라서 예방적 내지 절차적 조치를 마련하고 이러한 쪽으로 유도하는 것이 공유물 분할과 관련한 프랑스 민법의 태도인 것으로 보인다. 일부 공유자의 채권자로서는 이후 다른 공유자에 의하여 공유물 분할청구가 되더라도 공유물 분할절차에 참가할 수 있는 권리가 보장되어 있으니 공유물 분할청구의 대위행사를 성급하게 결정하지 않을 수 있고, 다른 공유자들에게는 공유물로부터 우선변제를 받을 수 있는 권리가 보장되어 있기 때문에 공유관계를 유지하기 위하여 일부 공유자의 채권자에게 채무자를 대신하여 변제하겠다는 결정을 좀 더 쉽게 내릴 수 있는 구조이다.

문제는 우리 민법과 민사집행법 등에서는 위와 같은 절차적 권리들이 마련되어 있지 않다는 것이다. 물론 다른 공유자들의 공유물과 관련한 권익을 보호받을 수 있도록 한 규정들은 우리 법제도에서도 찾아볼 수 있기는 하다. “공유자가 그 지분을 포기하거나 상속인 없이 사망한 때에는 그 지분은 다른 공유자에게 각 지분의 비율로 귀속한다”는 민법 제267조, “공유자가 1년 이상 전항의 의무이행을 지체한 때에는 다른 공유자는 상당한 가액으로 지분을 매수할 수 있다”는 민법 제266조 제2항, “공유자는 매각기일까지 제113조에 따른 보증을 제공하고 최고매수신고가격과 같은 가격으로 채무자의 지분을 우선매수하겠다는 신고를 할 수 있다”는 민사집행법 제140조 제1항 등의 규정들이 그러하다.

프랑스 민법상 일부 공유자의 채권자는 대위행사를 하지 않고도 공유물 분할절차에 직접 참가할 수 있고, 다른 공유자들은 일부 공유자의 채권자에게 그 공유자를 대신하여 변제할 경우 공유물 자체로부터 우선변제를 받을 수 있는 권리까지 보장되어 있는 것을 상기하여 보면, 비록 프랑스 민법이 공유물분할청구권의 대위행사를 명시하고 있다고 하여도 공유 관계를 유지하고자 하는 공유자들의 이해관계가 우리 법제도보다도 충분히 반영되어 있는 것이 아닌가 하는 생각을 하게 된다. 그렇다면, 공유물분할청구권의 대위행사에 관한 명문의 규정이 없고, 이해관계인들의 절차적 권리가 아직 구체적으로 마련되어 있지 않은 상황에서 프랑스와 같이 공유물분할청구권의 대위행사를 허용하는 데에는 신중하여야 할 필요가 있을 것이다.

---

12) Juris-Classeur Art. 1167 par William Dross n° 90; L. Andreu et N. Thomassin, Cours de droit des obligations 3e éd., Gualino, 2018, n° 1943(p.655).

III. 공유물분할청구권의 대위행사에 있어서 채권보전의 필요성

1. 채권보전의 필요성의 의미

민법 제404조 제1항 소정의 '채권 보전의 필요성'의 의미는 다음과 같이 대법원 판례상 확립되어 있다고 볼 수 있다.

> "…… 여기에서 보전의 필요성은 채권자가 보전하려는 권리의 내용, 채권자가 보전하려는 권리가 금전채권인 경우 채무자의 자력 유무, 채권자가 보전하려는 권리와 대위하여 행사하려는 권리의 관련성 등을 종합적으로 고려하여 채권자가 채무자의 권리를 대위하여 행사하지 않으면 자기 채권의 완전한 만족을 얻을 수 없게 될 위험이 있어 채무자의 권리를 대위하여 행사하는 것이 자기 채권의 현실적 이행을 유효·적절하게 확보하기 위하여 필요한지 여부를 기준으로 판단하여야 하고, 채권자대위권의 행사가 채무자의 자유로운 재산관리행위에 대한 부당한 간섭이 되는 등 특별한 사정이 있는 경우에는 보전의 필요성을 인정할 수 없다 ……"[13]

2. 견해의 대립

사안의 채무자의 공유물분할청구권을 대위행사하려는 원고에게 그의 금전채권을 보전할 필요성이 있다고 보아야 할 것인가에 대하여 대법관 다수의견과 반대의견이 견해가 갈리고 있다.

(1) 다수의견

대상 판결에 관여한 대법관 12인 중 8인은 원고에게 채권 보전의 필요성을 인정하지 않았다. 주요한 이유는, ① 부동산에 관한 공유물분할청구권을 행사하는 것은 채무자의 책임 재산의 보전과 직접적인 관련이 없어 채권의 현실적 이행을 유효·적절하게 확보하기 위한 것으로 보기 어렵다는 점, ② 이는 또한 채

13) 同旨 대법원 2001. 5. 8. 선고 99다38699 판결, 대법원 2007. 5. 10. 선고 2006다82700, 82717 판결, 대법원 2013. 5. 23. 선고 2010다50014 판결, 대법원 2014. 12. 11. 선고 2013다71784 판결 등.

무자의 자유로운 재산관리행위에 대한 부당한 간섭이 된다는 점, ③ 특정 분할 방법을 전제하고 있지 않은 공유물분할청구권의 성격 등에 비추어 볼 때, 그 대위행사를 허용하면 여러 법적 문제들이 발생한다는 점 등이었다.

(2) 반대의견

대법관 4인은 원고에게 채권 보전의 필요성을 인정하였다. ① 특히 사안과 같이 채무 초과 상태인 채무자가 부동산의 공유지분을 소유하고 있으나, 공유부동산 위에 존재하는 공동근저당권으로 인하여 채무자의 공유지분에 대한 강제집행은 남을 가망이 없이 불가능한 반면, 공유물분할의 방법으로 공유부동산 전부를 경매하면 민법 제368조 제1항에 따라 각 공유지분의 경매대가에 비례해서 공동근저당권의 피담보채권을 분담하게 되어 채무자인 공유자에게 배분될 몫이 남을 수 있는 경우에는 공유물분할청구권의 대위행사가 채권의 현실적 이행을 확보하는 데에 유효 · 적절한 수단이 된다, ② 채권자가 자기 채권을 보전하기 위하여 채무자의 권리를 행사하는 것이 일신전속적 권리를 행사하는 것도 아니고 권리남용에 해당하지도 않는다면 채권자대위권 행사를 쉽사리 부정해서는 안 되므로, 채권자가 금전채권을 보전하기 위하여 채무자를 대위하여 공유물분할청구권을 행사한다고 하여 채무자의 자유로운 재산관리행위에 대한 부당한 간섭이 된다고 볼 수 없다, ③ 이 사건 아파트의 경우 그 구조, 면적, 공유자들의 소유지분비율, 사용수익 현황 등에 비추어 현물분할이 불가능하거나 현물분할로 인하여 현저히 가격이 감손될 염려가 있으므로, 공유물 전부의 경매를 명하여 대금을 분할하는 것이 가장 합리적인 분할 방법이라는 점 등을 근거로 하였다.

3. 검 토

채권자대위권 제도가 현실적으로 운영되어 왔던 상황을 직시(直視)한다면, 반대의견의 태도가 타당하다.[14] 특히 사안처럼 채무자가 부동산의 공유지분을

---

14) 대상판결의 반대의견은 다음과 같이 말하고 있다. "…… 금전채권 보전을 위한 채권자대위권 행사에서 채무자의 무자력 외에 추가적인 것을 요구하며 채권 보전의 필요성을 엄격하게 인정하려는 다수의견의 태도는 무자력 요건을 완화하여 채권자대위권 행사를 허용하는 범위를 확대해 온 판례의 기본적인 방향과 배치된다 ……"

소유하고 있으나, 공유부동산 위에 존재하는 공동근저당권으로 인하여 채무자의 공유지분에 대한 강제집행은 남을 가망이 없는 반면, 공유물분할의 방법으로 공유부동산 전부를 경매하면 각 공유지분의 경매대가에 비례해서 공동근저당권의 피담보채권을 분담하게 되어 채무자인 공유자에게 배분될 몫이 남을 수 있는 경우라면 원고의 공유물분할청구권의 대위행사는 원고의 금전채권의 현실적 이행을 확보하는 데에 유효·적절한 수단임에는 틀림이 없다.

그러나, 필자는 채권자대위권 제도 자체뿐만 아니라, 더 넓은 구도에 있어서 프랑스에서 공유 제도와 우리 법상의 공유제도를 비교하여 생각해볼 필요가 있다는 점에서 다수의견의 결론에 찬동한다. 그 이유는 다음과 같다.

첫째, 프랑스는 1804년 나폴레옹 민법 제정 당시에는 공유에 관하여 제815조부터 제842조까지 28개의 조문만을 두고 있었으나, 1976년에 대대적인 보완 개정이 있은 이후[15] 2006년,[16] 2009년[17] 계속 개정을 거듭하여 현재의 모습을 갖추기에 이르렀다.[18] 이에 비하여 우리 민법은 공유에 관하여 제262조부터 제270조까지 단 9개의 조문만을 두고 있다. 프랑스 민법과 민사소송법상 공유에 관한 조문들이 대부분 길고 상세한 내용을 담고 있는 경우가 많은 점까지 감안해보면, 우리 민법상 공유에 관한 규정은 공유에 관한 복잡한 분쟁에 대응하기에는 매우 부족하다는 것을 실감할 수 있다.

둘째, 프랑스 민법은 공유물분할청구권과 관련한 규정만 하더라도 제816조부터 제842조까지 37개에 이를 뿐만 아니라, 프랑스 민사소송법(Code de procédure civile)에서도 제1358조부터 제1378조에 이르기까지 21개의 조문을 마련해놓고 있다. 민법 제정 당시 제268조부터 제270조까지 3개의 조문만을 마련

15) Loi n° 76-1286 du 31 décembre 1976 relative à l'organisation de l'indivision. 공유물분할청구권의 대위행사를 허용하는 규정은 이때 마련되었다.

16) Loi n° 2006-728 du 23 juin 2006 portant réforme des successions et des libéralités

17) Loi n° 2009-526 du 12 mai 2009 de simplification et de clarification du droit et d'allègement des procédures

18) 프랑스 민법은 법률의 규정에 의한 공유(indivision légale)와 약정에 의한 공유(convention d'indivision)를 분리하여 규정하고 있다. 전자에 관하여는 프랑스 민법 제815조부터 제815-18조까지의 총 20개의 조문, 약정에 의한 공유에 관하여는 제1873-1조부터 제1878-18조까지 18개의 조문이 마련되어 있고, 적지 않게 법률의 규정에 의한 공유에 관한 규정들이 준용되도록 하는 구조를 취하고 있다.

해놓고, 이후 입법 개정이 이루어지지 않고 있어서 구체적인 분쟁 해결의 모습이 거의 판례에 맡겨져 있는 우리나라의 상황과는 다르다. 이러한 구도 속에서 프랑스 민법은 공유물분할청구권의 대위행사를 명시적으로 허용하고 있다. 동시에 공유물분할청구의 대위행사와 더불어, 일부 공유자의 채권자와 다른 공유자들 간의 이해관계를 조율할 수 있는 절차적 권리들을 동시에 마련함으로써 공유물분할청구의 대위행사를 비롯하여 공유물분할이 함부로 진행되지 않도록 하고 있다. 우리나라 법에는 아직 이러한 정교한 입법 작업이 이루어지지 않은 상황이다.

셋째, 우리나라에서는 특정 분할 방법을 전제하고 있지 않은 공유물분할청구권의 성격 등에 비추어 볼 때 그 대위행사를 허용하면 여러 가지 법적 문제들이 발생한다는 것이 다수의견이고, 반대의견은 경매절차의 현실에 비추어볼 때 그렇게 볼 수만은 없다는 입장이다. 이에 대해서는 항을 바꾸어서(아래의 Ⅳ.) 아래에서 공유물분할절차가 프랑스에서 어떻게 규율되고 있는지 대략적으로 살펴본 후, 필자의 의견을 제시하고자 한다.

넷째, 다수의견이 부동산에 관한 공유물분할청구권을 행사하는 것은 채무자의 책임 재산의 보전과 직접적인 관련이 없어 채권의 현실적 이행을 유효·적절하게 확보하기 위한 것으로 보기 어렵다는 논거에는 찬동할 수 없다. 일부 공유자의 채권자는 공유지분에 대한 강제집행도 가능할 뿐더러, 적어도 관념적으로는 공유물 분할 전과 분할 후의 채무자의 책임재산은 같다고 보아야하기 때문에 공유물 분할이 된다고 하여 채무자의 책임재산이 늘어난다고 보기 어렵다는 견해[19]가 제시된 바도 있다. 그러나 채권보전의 필요성을 채무자의 무자력으로 한정하지 않게 된 지는 오래되었고, 이는 곧 채권자대위권이 책임재산 보전 기능으로부터 탈피하고 있음을 의미한다. 특히 피보전채권이 비금전채권인 경우(대표적으로 등기청구권의 대위행사 유형), 채권자대위권이 책임재산의 보전 기능과 무관하며 궁극적으로는 채권자의 권리를 실현하기 위한 수단으로 기능하고 있다.[20] 이러한 점은 프랑스 학자들도 지적하고 있는 바이다.[21]

---

19) 오태환, “금전채무자가 채무자의 공유물분할청구권을 대위행사할 보전의 필요성이 있는 경우”, 대법원판례해설 제105호(2015 하), 법원도서관, 2016, 6면.

20) 여하윤, “채권자대위권의 책임재산 보전 기능으로부터의 일탈(逸脫) 현상에 관하여”, 比較私法 第14卷 第2號(通卷 37號, 2007. 6.) 8-9면. 이준현, “채권자대위권의 전용현상에 관한 검토”, 土地法學 第32卷 第1號(2016. 6.) 372면 이하; 반면, 이러한 현상은 채권자평등주의

결론적으로, 대상판결 사안에서 공유물분할청구권의 대위행사는 채권자의 피보전채권을 실현하기 위한 유효적절한 수단으로 보아야 한다. 그러나 채권자대위권 제도뿐만 아니라 공유 제도 전반에 관한 비교법적 시각에서, 현행 우리 법제도상 공유물분할청구권의 대위행사는 채무자의 재산관리행위에 대한 부당한 간섭이 될 여지가 있다. 따라서 원고에게 채권보전의 필요성을 인정하기 어려워서 공유물분할청구권의 대위행사를 허용하지 않은 다수의견의 결론에는 찬동한다.

Ⅳ. 공유물분할청구권

1. 공유물분할청구권의 성질

우리나라에서는 공유물분할청구권이 형성권이라는 점을 강조하면서 이를 기초로 논의들을 진행시키고 있고,[22] 그 역사적 연혁 내지 본질에 대하여는 많이 소개되지 않고 있는 것으로 보인다. 그런데, 형성권 개념은 독일 민법에서 발달되어 온 개념이고 프랑스 민법은 이를 알지 못하는 까닭에,[23] 프랑스에서는 공유물분할청구권이 형성권이라는 이론 구성을 제시하고 있지 않다. 이에 대한 프랑스 민법 규정과 관련한 전통적인 이론 구성은 다음과 같다.

프랑스 민법 제815조
어느 누구도 공유를 강요당할 수 없고, 판결 또는 약정에 의하여 유예되지 않는 한 언제든지 분할이 청구될 수 있다.

및 강제집행법상 평등주의에 반하는 것으로 채권자대위권이 책임재산을 위한 제도라는 취지에도 맞지 않는, 채권자대위권의 오용이라는 견해로는 吳洙源, "우리나라 채권자대위권의 직접청구권화 문제", 法曹 통권 제698조(2014. 11.) 5면 이하.

21) M. Julienne, Le régime général des obligations après la réforme 2e éd., LGDJ, 2018, n° 470(303 et s.). 예를 들어 임대인 A의 임차인 B1이 A의 다른 임차인 B2를 상대로 A를 대위하여 임대차계약상의 금지행위를 중단할 것을 청구한 경우, 간접소권(action oblique)을 행사하는 채권자에게는 무자력이 요구되지 않을 뿐만 아니라, 이때 채권자에게는 간접소권이 일반 담보(gage général)의 보전 기능에 머물지 않고 채권자는 간접소권을 행사함으로써 사실상(de facto) 자신의 채권이 만족되는 효과를 누린다.

22) 民法注解[Ⅴ] 物權⑵, 585면(閔日榮 집필부분).

23) 김진우, "形成權에 관한 再考", 외법논집 제26집(2007. 5.) 37면.

첫째, 공유물분할청구권은 절대적 권리(droit absolu)라고 한다. 누구든지 공유관계로부터 벗어나는 것을 방해받아서는 안 되기 때문이다. 프랑스 파기원은 사실심 법원이 공유물분할청구의 이유를 심리하는 것은 허용되지 않는다고 한 바 있으며,[24] 심리어 다른 공유자들을 해할 의도로 공유물 분할을 청구한 경우에도 다른 공유자들이 이에 반대할 수 없다는 판시가 나오기도 하였다. 권리남용금지 법리가 공유물분할청구권과 관련하여서는 명시적으로 배제되기도 하였다.[25] 그러나, 이는 공유물분할청구권을 바라보는 프랑스 민법의 고전적이고 이론적인 입장이고, 그 이후 수차의 공유 관련 개정을 통해서 공유물분할이 신중하게 이루어지도록 하는 절차들이 마련되었기에 이와 같은 입장은 현실적으로 많이 퇴색된 것처럼 보인다는 것이 필자의 생각이다.

둘째, 공유물분할과 관련한 규정들은 강행규정이다. 프랑스 민법 제815조 등에 반하는 분할금지 약정을 체결할 수 없으며, 이 규정들이 정하는 요건을 충족하는 경우에만 공유물분할청구권 행사가 제한될 수 있다.[26]

공유물분할청구권을 형성권으로 파악하고 있는 우리 민법상의 이론이 프랑스에서와 어떠한 차이를 보이고 있는가? 형성권 개념의 유무 자체가 사안 해결의 실질적인 차이를 가져오는 결정적인 이유가 되지는 않는다는 것이 필자의 생각이다. 이보다는, 공유물분할청구의 소를 형식적 형성의 소로 파악하고 있는 우리 판례상의 이론과 공유물분할의 구체적인 방법이나 절차에 관한 프랑스 민법의 입장이 어떠한 차이가 있는지를 살펴볼 필요가 있을 것이다.

2. 공유물분할의 방법

(1) 우리나라

첫째, 민법 제269조 제1항에 따라 공유물분할은 협의분할을 원칙으로 하고 협의가 성립되지 아니한 때에는 재판상 분할을 청구할 수 있다(협의분할의 원칙).

---

24) Civ. 26 déc. 1866, DP 1867. 1. 27(Juris-Classeur Art. 815 à 815-18 Fasc. 10 par Jean-Baptiste Donnier n° 64에서 재인용).
25) Cour d'Appel Nancy, 16 nov. 1961, JCP G 1964 Ⅱ 13477 P. Voirin(Juris-Classeur Art. 815 à 815-18 Fasc. 10 par Jean-Baptiste Donnier n° 64에서 재인용).
26) Juris-Classeur Art. 815 à 815-18 Fasc. 10 par Jean-Baptiste Donnier n° 70.

둘째, 민법 제269조 제2항에 따라 원칙적으로 현물분할에 의하고, 그것이 불가능하거나 또는 그것으로 인하여 분할된 토지 상호간에 간격의 차이가 생기거나 그 가격을 감소할 염려가 있는 경우에만 예외적으로 경매대금의 분할의 방법에 의한다(현물분할의 원칙). 다만, 판례는 여기서 현물분할이 불가능하거나 현저히 그 가액이 감손될 염려가 있는 경우를 비교적 넓게 해석함으로써 다음과 같이 대금 분할로 나아갈 수 있는 길을 넓혀주고 있다.[27] 더 나아가, 소위 '가격배상'도 현물분할 방법의 하나로 인정하고 있다.[28]

(2) 프랑스

프랑스는 민법과 민사소송법에서 공유물분할에 관한 상세하고도 다양한 규정들을 두고 있는데, 앞에서 살펴본 우리 민법 제269조의 기준에 따르는 내용에 상응하는 규정들을 살펴보면 다음과 같다.

첫째, 프랑스 민법 제840조에 따라 협의분할(partage amiable)의 원칙, 재판상 분할(partage judiciaire)의 예외 구조를 취하고 있는 것은 우리 민법 제269조 제1항과 동일하다.

> **프랑스 민법 제840조**
> 공유자가 협의 분할을 거절하거나 분할의 진행, 종료 등에 이의가 있음이 밝혀진 …… 경우,[29] 재판에 의하여 분할한다.

---

27) 대법원 2001. 3. 9. 선고 98다51169 판결 "…… 대금분할에 있어 '현물로 분할할 수 없다'는 요건은 이를 물리적으로 엄격하게 해석할 것은 아니고, 공유물의 성질, 위치나 면적, 이용상황, 분할 후의 사용가치 등에 비추어 보아 현물분할을 하는 것이 곤란하거나 부적당한 경우를 포함한다 할 것이고,' 현물로 분할을 하게 되면 현저히 그 가액이 감손될 염려가 있는 경우'라는 것도 공유자의 한 사람이라도 현물분할에 의하여 단독으로 소유하게 될 부분의 가액이 분할 전의 소유지분 가액보다 현저하게 감손될 염려가 있는 경우도 포함한다 ……"

28) 대법원 2004. 10. 14. 선고 2004다30583 판결 "…… 공유관계의 발생원인과 공유지분의 비율 및 분할된 경우의 경제적 가치, 분할 방법에 관한 공유자의 희망 등의 사정을 종합적으로 고려하여 당해 공유물을 특정한 자에게 취득시키는 것이 상당하다고 인정되고, 다른 공유자에게는 그 지분의 가격을 취득시키는 것이 공유자 간의 실질적인 공평을 해치지 않는다고 인정되는 특별한 사정이 있는 때에는 공유물을 공유자 중의 1인의 단독소유 또는 수인의 공유로 하되 현물을 소유하게 되는 공유자로 하여금 다른 공유자에 대하여 그 지분의 적정하고도 합리적인 가격을 배상시키는 방법에 의한 분할도 현물분할의 하나로 허용된다 ……"

29) 논의의 집중을 위하여 해당 조문의 중간 부분의 번역을 생략하였다. 독자들의 이해를 바란다.

공유자들 간에 공유 재산의 귀속분에 대한 평가에 대하여 이견이 있거나, 증여 또는 수유분에 대해서 분쟁이 있는 경우, 상속의 경우 상속인 공유자 1인에 대한 피상속인의 채권이나 피상속인의 상속인 공유자 1인에 대한 채권 등에 대하여 분쟁이 있는 경우 등이 협의에 의한 분할이 거절되는 경우로서 재판상 분할로 이어지게 된다.[30)]

둘째, 프랑스 역시 현물분할의 원칙과 대금분할의 예외 구조를 취하고 있다. 프랑스 민사소송법 제1377조 제1항은 다음과 같이 규정하고 있다.

프랑스 민사소송법 제1377조
제1항 법원은, 지정한 조건 하에서, 용이하게 분할하거나 귀속시킬 수 없는 공유물의 경매를 명할 수 있다.

그런데, 프랑스는 앞에서 살펴본 프랑스 민법 제815-17조의 소정의 절차적 권리들뿐만 아니라, 현물분할과 관련하여 여러 가지 상세한 절차 규정들을 마련하고 있다. ① 공유물 분할이 바로 실행되면 공유물의 가치가 감소할 위험이 있다고 판단될 경우, 법원은 일부 공유자의 청구에 의하여 2년까지는 분할을 유예할 수 있다(프랑스 민법 제820조). ② 법원이 현물 분할이나 경매(대금분할)를 명할 경우, 분할에 관한 서면을 작성하는 공증인(notaire)이나 전문가를 임명할 수 있다(프랑스 민사소송법 제1361조, 제1362조). 공증인이 공유물의 가치 산정, 이를 기초로 한 구체적인 현물 분할분의 확정 등에 대해서 전문적 지식을 통해서 보고서를 작성하고 이러한 공유물 분할 절차를 감독하기 위한 수명 법관(juge commis)의 역할에 관한 상세한 규정들을 마련하고 있다(프랑스 민사소송법 제1364조 내지 제1376조).[31)] ③ 공증인 등이 작성한 분할 서면의 내용에 대하여 공유자들이 동의하지 않을 경우, 법원은 다시 분할 서면을 작성할 수 있도록 명할 수도 있지만, 그대로 승인할 수도 있다. 법원이 승인할

30) Juris-Classeur Art. 840 à 842 Partage judiciaire par Rayomond Le Guidec n° 5.
31) 프랑스 공유물분할절차에 있어서 공증인의 임명이 의무적인 것은 아니나, 전통적으로는 통상 공증인이 임명되었고 이들이 공유물분할에 실질적으로 적극적인 역할을 하여왔다고 한다. Juris-Classeur Art. 840 à 842 Partage judiciaire par Rayomond Le Guidec n° 15.

경우, 분할분에 대하여 추첨(tirage au sort)을 명할 수 있다(프랑스 민사소송법 제1375조). ④ 한편, 일정한 경우 공유자는 공유물 분할절차에서 다른 공유자들에게 그 공유 지분에 상응할 수 있도록 차액금을 지급할 것을 조건으로 공유물 자체를 자신에게 우선적으로 귀속(attribution préférentielle)시켜 달라는 청구를 할 수도 있다. 즉, 생존한 배우자나 다른 모든 상속인들은 그들이 농업 · 상업 · 산업 · 수공업 · 자유업 관련 기업의 경영에 실질적으로 참여하였거나 참여하고 있을 경우, 그러한 기업의 전부 혹은 일부 또는 그러한 기업의 지분에 대해서 자신에게 우선적으로 귀속시켜 줄 것을 법원에 청구할 수 있도록 하였다(프랑스 민법 제831조). 이 경우에는 결과적으로 앞의 ③의 추첨 방식에 의한 분할은 배제된다.[32] ⑤ 현물분할시 분할된 부분들이 균등한 가치를 가지지 못할 경우, 그 차액은 보상되어야 한다(프랑스 민법 제826조 제4항).

(3) 평가

지면 관계상 공유물분할과 관련된 프랑스 민법과 민사소송법상의 내용들을 상세하게 언급하기는 어렵다. 다만, 위에서 살펴본 ① 내지 ⑤의 내용 중 ⑤의 방식은 우리 판례상으로도 인정되고 있는 방식으로 보인다.[33] ④의 방법도 우리 판례상 현물분할의 한 방식으로 인정되는 가액배상에 의한 공유물분할과 어느 정도 공통점을 보이기도 한다. 그 밖의 내용들은 우리로서는 생소한 내용들이라고 생각된다.

우리나라가 프랑스에 비하여 공유물분할을 비롯한 공유 자체에 관한 입법이 아직은 미비하다는 점은 차치하더라도, 현 시점에서 프랑스에서의 입법례는 우리나라 재판례와 비교해볼 때 큰 틀에서 다음과 같은 특징을 보이고 있다고

---

32) Juris-Classeur Art. 840 à 842 Partage judiciaire par Rayomond Le Guidec n° 33.

33) 대법원 1990. 8. 28. 선고 90다카7620 판결 "…… 현물분할이 가능하고 또 그 필요도 있으며 분할로 인하여 현저히 그 가액이 감손될 염려도 없고 다만 각 공유자가 취득하는 현물의 가격과 지분의 가액에 과부족이 생기지 않도록 하는 합리적인 현물분할 방법이 없고 그렇다고 하여 경매를 명하여 대금분할을 하는 것은 더욱 불합리한 경우와 같은 특별한 사정이 있을 때에는 공유지분의 가액 이상의 현물을 취득하는 공유자는 그 초과부분의 대가를 지급하여 과부족을 조정하게 하여 분할을 하는 것도 현물분할의 한 형태로서 허용된다고 해석하는 것이 상당하다 할 것이다 ……"

생각한다. 첫째, 프랑스는 앞서 살펴본 프랑스 민법 제815-17조에 따라서, 공유물 분할에 관한 이해관계 당사자들의 절차적 권리를 보장함으로써 공유물 분할로 나아가는 데에 신중을 기할 수 있도록 하고 있다. 둘째, 공유물분할절차가 진행되더라도, 공유물 가치 평가에 관하여 공증인 등 전문가를 적극적으로 개입하도록 하고, 이에 기초한 분할분에 대하여 추첨까지도 명할 수 있도록 하고 있을 뿐만 아니라, 더 나아가 분할된 부분들이 균등한 가치를 가지지 못할 경우 차액을 보상하도록 명문의 규정까지 두고 있는 점(프랑스 민법 제826조 제4항)에 비추어, 가급적이면 대금분할보다는 현물분할로 이루어지도록 제도를 마련하고 있는 것으로 보인다. 대금분할을 하기 위한 요건으로서 '현물분할이 불가능하거나 현저히 그 가액이 감손될 염려가 있는 경우'를 비교적 넓게 해석함으로써 대금 분할로 나아갈 수 있는 길을 비교적 넓혀주고 있는 우리 판례의 입장[34]과는 차이를 보이고 있는 부분이라고 생각한다.

대상 사안의 경우, 공유물 분할 방법과 관련한 기존의 우리나라 판례의 논리와 경매절차의 현실적 운용 등을 고려하여 대상 판결의 다수 의견과 반대의견은 견해를 달리하였다. 다수의견은 ① 공유물분할의 구체적인 방법이나 분할로 인한 결과를 임의로 정해서 공유물분할청구권을 행사할 수 있는 것은 공유물분할청구권을 대위행사한다고 하여 반드시 금전채권 만족에 도움이 된다고 할 수 없다는 점, ② 공유물분할청구권은 오르지 대금분할만을 요구할 수 있는 대금분할청구권이 아니라는 점 등을 근거로 하여 공유물분할청구권의 대위행사를 허용하지 않았다. 반대의견은 ① 이 사건 아파트의 경우 그 구조, 면적, 공유자들의 소유지분비율, 사용수익 현황 등에 비추어 현물분할이 불가능하거나 현물분할로 인하여 현저히 가격이 감손될 염려가 있으므로, 공유물 전부의 경매를 명하여 대금을 분할하는 것이 가장 합리적인 분할방법이고, ② 채권자에게 공동근저당권이 실행되거나 변제로 소멸되기만 기다리라는 것은 채권의 현실적인 이행을 확보하는 데에 아무런 도움이 되지 않으며, ③ 공유물 분할에서 그 분할의 방법에 따라 공유물의 가액이 달라지고, 공유지분만을 매각할 때보다 공유물 전부를 매각할 때 공유지분 자체의 매각금액이 커지는 것이 강제집

34) 대상판결의 반대의견에서도 재판 실무에서는 현물분할 못지않게 대금분할이 빈번하게 이루어지고 있다고 하고 있다.

행의 일반적 현실이기도 한 점, ④ 재판 실무에서는 현물분할 못지않게 대금분할이 빈번하게 이루어지고 있는 점 등을 근거로 하여 공유물분할청구권의 대위행사를 허용하였다.

공유물을 분할하는 방법으로서 현물분할의 원칙과 대금분할의 예외를 얼마나 엄격하게 또는 탄력적으로 운용할 것인가는 각각의 사정에 맞게 판단될 부분이라고 생각한다. 프랑스 민법과 민사소송법도 현물 분할의 원칙과 대금분할의 예외라는 큰 구도는 우리나라 민법과 같이 하면서도 공유물분할청구권의 대위행사를 명시적으로 허용하고 있다. 따라서 특정 분할방법을 전제하고 있지 않은 공유물분할청구권의 성격에 근거하여 공유물분할청구권의 대위행사를 허용할 수 없다는 다수의견의 견해에는 찬동하지 않는다. 경매절차의 현실적 운용에 대해서는 대상판결의 반대의견이 적절하고도 예리하게 지적하고 있다고 생각한다. 다만, 필자는 공유물분할 절차에서 공유 관계를 유지하고자 하는 공유자들의 이해관계를 반영시킬 수 있는 절차적 권리들이 우리나라에는 아직까지 미비한 점을 고려하여, '현재로서는' 우리 법제도상 공유물분할청구권의 대위행사는 채무자의 재산관리행위에 대한 부당한 간섭이 될 여지가 있다고 생각하므로, 다수의견의 결론에는 찬동한다.

3. 공유물분할청구권이 행사상의 일신전속권인지 여부

대상판결 사안에서 원고에게 채권 보전의 필요성이 인정된다고 하더라도, 공유물분할청구권은 민법 제404조 제1항 단서의 소위 '행사상의 일신전속적 권리'에 해당하여 허용되지 않는다고 볼 여지는 없는지를 검토해볼 필요가 있다.

이에 대해서는 다수의견과 반대의견 모두 공유물분할청구권은 공유자의 일반재산을 구성하는 재산권의 일종으로서, 공유물분할청구권의 행사가 오로지 공유자의 자유로운 의사에 맡겨져 있어 공유자 본인만이 행사할 수 있는 권리라고 볼 수 없다는 이유로 행사상의 일신전속적 권리라고 볼 수 없다고 하였다. 필자도 대상판결의 결론에 찬동한다. 그 근거는 다음과 같다.[35]

---

35) 이에 대해서는 이미 다른 글에서 상세하게 언급한 바 있으므로, 이 글에서 자세하게 논하지 않기로 한다. 여하윤(註 4), 114면 이하.

첫째, 프랑스 민법은 제2016년 개정에서 간접소권의 행사 대상을 재산적 권리로 한정하고 비산재산적 권리를 행사 대상에서 명문으로 제외하였고,[36] 그럼에도 불구하고 프랑스 민법은 공유물분할청구권의 대위행사를 명문으로 허용하고 있다. 우리 민법 제404조는 채권자대위 행사의 대상을 재산적 권리에 한정하지 않고 있기 때문에 비재산적 권리에 대하여도 구체적 사안에 비추어 대위 행사의 대상이 될 수 있는 여지를 마련해놓고 있다고 보아야 한다.

둘째, 어떠한 권리가 일신전속적 권리로 평가되면 대위 행사의 대상에서 아예 배제됨으로써 구체적 사정을 고려하여 대위행사 여부를 결정할 수 있는 여지가 별로 없다. 즉, 구체적 타당성 있는 해결책을 도모하기가 어려워진다. 프랑스에서도 구체적인 권리가 일신에 전속한 것인지 여부를 판단하기가 쉽지 않음이 지적되고 있다.[37]

V. 민법 제404조 제1항 소정의 '채권보전의 필요성' 의미의 재조명

1. '채무자의 무자력'과의 연관성

민법 제404조 제1항 소정의 '채권 보전의 필요성'의 의미에 대하여 우리나라 판례는 다음과 같이 파악하고 있는 것으로 인식되어 있다. 첫째, 금전채권을 피보전권리로 하는 이른 바 본래형(本來型)에 있어서는, 원칙적으로는 채무자의 무자력을 요건으로 하지만, 일정한 경우에는 예외를 인정하고, 비금전채권을 보전하기 위한 이른 바 轉用型(전용형)에 있어서는 채무자의 무자력을 요하지 않

36) 여하윤, "채권자대위권(action oblique)에 관한 프랑스에서의 최근 입법 동향" 財産法硏究 第34卷 第4號(2018. 2.) 176면 이하.

37) P. Malaurie, L. Aynès et P. Stoffel-Munck, Droit des obligations, 10e éd., LGDJ, 2018, n° 1151(p.677); 다음의 문헌에서는, 구체적으로 어떠한 권리가 채무자의 일신에 전속한 권리인지 입법자가 명시하지 않아서 결국 법원의 해석으로 남게 되었다고 지적하고 있다. G. Chantepie et M. Latina, La réforme du droit des obligations 2e éd., Dalloz, 2018, n° 919(p.832~833); 오수원, "채권자대위권에 있어서의 채무자의 일신전속권", 저스티스 통권 제146-1호(2015. 2.) 222면에서도, 형성권이 구체적으로 어떠한 것인지에 따라 대위행사 가능 여부를 판단해야 한다고 하고 있다.

는다는 것이다.[38] 후자의 경우, 그렇다면 어떠한 근거에 의해서 채권보전의 필요성을 인정할 것인가에 대해서 오랜 시간 대법원은 대체로 침묵을 하고 있다가, 앞에서 살펴보았던 대법원 2001. 5. 8. 선고 99다38699 판결에서 구체적인 근거가 제시되기에 이르렀다.

2. 검토

대상판결이 나오기 전까지의 대법원 판결의 흐름을 보면, 피보전채권이 금전채권이든 비금전채권이든 채무자가 무자력이면 그것으로써 '고전적인' 의미에서의 대위채권자의 채권 보전의 필요성은 인정된다고 보았고(특히 채권자대위권은 채무자의 책임재산을 보전하기 위한 제도라는 취지의 연장선상에서) 채무자가 무자력 상태임에도 별도로 위 판시에서 제시되고 있는 바와 같은 내용의 채권보전의 필요성의 의미를 검토하였던 사안은 찾기가 어렵다. 필자는 이미 오래 전부터 민법 제404조 제1항 소정의 '채권 보전의 필요성'의 의미를 채무자의 무자력과 관련시켜서 파악하는 것은 이론적으로나 채권자대위권 운용의 현실에 비추어 적절하지 않다는 주장을 펼쳐온 바 있고,[39] 대상 판결의 사안은 채무자가 무자력 상태임에도 불구하고 대위채권자인 원고의 채권 보전의 필요성의 의미를 위의 판시 내용에 따라서 다시 검토하고 있음에 주목할 필요가 있다. 대상 판결의 다수의견이 채무자의 무자력과 채권 보전의 필요성과의 관련성 여부에 대해서 명시하지는 않았으나, 민법 제404조 제1항 소정의 '채권 보전의 필요성'의 의미가 채무자의 무자력 상태와는 관련성이 없음을 보여주고 있는 중요한 예가 되었다고 할 수 있다. 2016년에 개정된 프랑스 민법도 간접소권의 행사를 위한 채권 보전의 필요성은 채무자의 무자력과 무관하다는 점이 선언되었다고 평가되고 있다.[40]

---

38) 民法注解 第Ⅸ卷(債權(2)), 756면 이하(金能煥 집필).

39) 여하윤, 채권자대위권 연구, 景仁文化社, 2007, 145-147면; 同旨 오수원, "채권자대위권에 있어서 채무자의 무자력 요건론의 재검토", 인권과 정의 제443호(2014. 8.) 6면 이하; 이와 달리, 채권자대위권의 채권 보전의 필요성을 해석함에 있어서, 채무자의 무자력 요건이 판례에 의해서 고수되고 있으므로 채무자의 무자력에서 탈피되고 있다는 앞의 견해들을 비판하는 견해로는, 정병호, "채권자대위권에 있어서 금전채권을 보전할 필요성 - 판례의 내용 확인을 중심으로", 財産法硏究 第25卷 第3號, 韓國財産法學會, 2009. 2. 266면 이하.

VI. 결어

대상판결의 논거와 결론을 프랑스 민법 및 재판례와 비교하면서 정리한 필자의 생각은 다음과 같다.

첫째, 프랑스 민법은 제815-17조에서 공유물분할청구권의 대위행사를 명시적으로 허용하고 있다. 그럼에도 불구하고, 필자는 '현재로서는' 공유물분할청구권의 대위행사를 허용하기 어렵다고 생각하며, 다수의견의 결론에 찬동한다. 그 이유는, 아직까지 우리 민법상 공유 관계에 관한 입법이 미진한 편이어서 일부 공유자의 채권자와 다른 공유자들 간의 충돌하는 이해관계를 조율하고 반영할 수 있는 절차적 권리들이 프랑스에 비해서 미진하기 때문이다. 프랑스 민법은 공유물분할청구권과 관련한 규정만 하더라도 제816조부터 제842조까지 37개에 이를 뿐만 아니라, 프랑스 민사소송법(Code de procédure civile)에서도 제1358조부터 제1378조에 이르기까지 21개의 조문을 마련해놓고 있다. 개략적인 내용들은 앞에서 살펴보았다. 우리나라에서는 아직 이러한 정교한 입법작업이 이루어지지 않은 상황이다.

둘째, 그러나, 다수의견이 부동산에 관한 공유물분할청구권을 행사하는 것은 채무자의 책임 재산의 보전과 직접적인 관련이 없어 채권의 현실적 이행을 유효 · 적절하게 확보하기 위한 것으로 보기 어렵다는 논거에는 찬동할 수 없다. 채권보전의 필요성을 채무자의 무자력으로 한정하지 않게 된 지는 오래되었고, 이는 곧 채권자대위권이 책임재산 보전 기능으로부터 탈피하고 있음을 의미한다. 특히 대상사안에서처럼 공유물분할의 방법으로 공유부동산 전부를 경매하면 각 공유지분의 경매대가에 비례해서 공동근저당권의 피담보채권을 분담하게 되어 채무자인 공유자에게 배분될 몫이 남을 수 있는 경우라면 원고의 공유물분할청구권의 대위행사는 원고의 금전채권의 현실적 이행을 확보하는 데에 유효 · 적절한 수단임에는 틀림이 없다.

셋째, 다수의견은 공유물분할청구권이 형성권이라는 점에 주목하면서, 공유물분할의 구체적인 방법이나 분할로 인한 결과를 당사자가 임의로 정해서 공유

---

40) 여하윤(註 36), 174면 이하.

물분할청구권을 행사할 수 있는 것이 아니므로 사안에서 원고가 오로지 대금분할만을 요구할 수 있는 것이 아니라는 점을 근거로 하였다. 형성권은 독일에서 형성된 개념이며 프랑스 민법은 이 개념을 알지 못한다. 그러나 공유물분할청구권을 형성권으로 파악하는지 여부 자체가 프랑스 민법이 공유물분할청구권의 대위행사를 허용하고 있는 것과 다른 방향으로 결론이 도출될 수 있는 근거가 되지는 못한다는 것이 필자의 생각이다. 앞에서 살펴본 바와 같이, 프랑스 민법 및 민사소송법도 현물분할의 원칙 및 대금분할의 예외를 선언하고 있고, 구체적인 방법은 궁극적으로 법원이 결정하기 때문이다. 채권자대위권과 경매절차의 운용의 현실에 대해서는 대상판결의 반대의견이 적절하고도 예리하게 지적하고 있다고 생각한다. 향후 공유와 관련한 입법이 진전되어 정비된다면, 대상판결의 반대의견의 논거와 결론이 설득력을 얻을 가능성이 높다고 생각한다.

다섯째, 대상 판결의 사안은 채무자가 무자력 상태임에도 불구하고 대위채권자인 원고의 채권 보전의 필요성의 의미를 위의 판시 내용에 따라서 다시 검토하고 있음에 주목할 필요가 있다. 대상 판결의 다수의견이 채무자의 무자력과 채권 보전의 필요성과의 관련성 여부에 대해서 명시하지는 않았으나, 민법 제404조 제1항 소정의 '채권 보전의 필요성'의 의미가 채무자의 무자력 상태와는 관련성이 없음을 보여주고 있는 중요한 예가 되었다고 할 수 있다.

결론적으로, 공유물분할절차 과정에서 다른 공유자의 이해관계를 관철시킬 수 있는 법적 장치가 미비한 점은 해석에 의해서 보완되어 운용될 필요가 있다고 생각한다.[41] 특히 이 부분은 입법이 이루어지기까지 상당한 시간이 소요될 것으로 생각되기 때문에, 적어도 다른 입법례에서 그 이해를 관철시킬 수 있도록 절차적 권리로 마련되어 있는 이익에 대해서는 해석에 의한 보완이 불가피하다고 생각한다. 그렇다면 우리의 현재로서는, 논리만을 또는 논리를 최우선적으로 추구하기 보다는, 소송당사자들의 입장을 생각하여 그때그때 형평에 맞는 판결을 내리는 것으로써 중간적인 단계를 밟아가는 것으로 만족할 수 있지 않을까 한다. 공유물분할청구권의 대위행사는 대위채권자의 채권을 보전하기 위

---

41) 대상판결 사안의 경우, 피고인 공유자는 6/7 지분을 보유하고 있었고, 원고는 채무자의 1/7 지분만을 근거로 공유물분할청구권을 대위행사하고 있다는 사실을 상기해보면, 피고의 공유관계상의 이익을 보호할 필요가 적지 않음을 알 수 있다.

한 유효적절한 수단이 될 수 있으나, 다른 공유자들의 이해관계를 해칠 여지가 크므로 예외적인 경우가 아닌 한 채무자의 재산관리에 대한 부당한 간섭이 된다고 보아야 한다. 대상판결의 반대의견이 지적하는 것처럼 다수의견은 금전채권 보전을 위한 공유물분할청구권의 대위행사가 허용되는 예외적인 상황은 어떤 경우인지에 대하여 명확히 밝히고 있지 않아 법적 안정성을 해치고 있는 부분이 분명히 있다. 그러나 아직 입법적 개선이 미비한 상황에서 이러한 결점은 비교형량상 용인할 수 있는 부분이 아닐까 한다.[42]

---

42) 콘라트 츠바이게르트와 하인 쾨츠는 다음과 같이 말한다. 비교법학자들 다음과 같은 사항을 유념해야 한다. 자신이 연구하는 분야에 있어서 기능적으로 유사한 제도가 있는 외국의 법제도를 연구할 때에는 상상력(imagination)과 훈련(discipline)이 요구된다. 비교법학자가 속한 국가에서는 법제도로써 해결되고 있는 부분이 그가 연구 소재로 선택한 외국법에서는 법외의(extralegal) 장치로 실질적으로 해결되고 있는 것은 아닌지 하는 점까지도 검토할 필요가 있다고. K. Zweigert & H. Kötz, An Introduction to Comparative Law, 3rd ed., Oxford University, 2011, p.36-38.

[참고문헌]

1. 국내문헌

⑴ 단행본

여하윤, 채권자대위권 연구, 景仁文化社, 2007.

民法注解[Ⅴ] 物權⑵, 博英社, 2007.

民法注解[Ⅸ] 債權⑵, 博英社, 2008.

⑵ 논문

김진우, "形成權에 관한 再考", 외법논집 제26집, 한국외국어대학교 법학연구소, 2007. 5.

여하윤,"채권자대위권의 책임재산 보전 기능으로부터의 일탈(逸脫) 현상에 관하 관하여", 比較私法 第14卷 2號(通卷 37號), 韓國比較私法學會, 2007. 6.

______,"채권자대위권(action oblique)에 관한 프랑스에서의 최근 입법 동향"財產法研究 第34卷 第4號, 韓國財產法學會, 2018. 2.

______,"공유물분할청구권의 대위행사 허용 여부 - 프랑스 민법과 프랑스 재판례와의 비교를 중심으로-"比較私法 第26卷 第1號, 韓國比較私法學會, 2019. 2.

吳洙源, "채권자대위권에 있어서 채무자의 무자력 요건론의 재검토", 인권과 정의 제443호, 대한변호사협회, 2014. 8.

______, "우리나라 채권자대위권의 직접청구권화 문제", 法曹 통권 제698조, 法曹協會, 2014. 11.

______, "채권자대위권에 있어서의 채무자의 일신전속권", 저스티스 통권 제146-1호, 한국법학원, 2015. 2.

오태환, "금전채무자가 채무자의 공유물분할청구권을 대위행사할 보전의 필요성이 있는 경우", 대법원판례해설 제105호(2015 하), 법원도서관, 2016.

이준현, "채권자대위권의 전용현상에 관한 검토", 土地法學 第32卷 第1號, 韓國土地法學會, 2016. 6.

정병호, "채권자대위권에 있어서 금전채권을 보전할 필요성 - 판례의 내용 확인을 중심으로", 財產法研究 第25卷 第3號, 韓國財產法學會, 2009. 2.

2. 외국 문헌

(1) 단행본

Gaël Chantepie et Mathias Latina, La réforme du droit des obligations 2e éd., Dalloz, 2018.

Konrad Zweigert & Hein Kötz, An Introduction to Comparative Law, 3rd ed., Oxford University, 2011.

Lionel Andreu et Nicolas Thomassin, Cours de droit des obligations, 3e éd., Gualino, 2018.

Maxime Julienne, Le régime général des obligations après la réforme, 2e éd., LGDJ, 2018.

Phlippe Malaurie, Laurent Aynès et Philippe Stoffel-Munck, Droit des obligations, 10e éd., LGDJ, 2018.

(2) 주석서

Juris-Classeur Art. 815 à 815-18 Fasc. 10 par Jean-Baptiste Donnier (2013. 12.)

Juris-Classeur Art. 815 à 815-18 Fasc. 41 par Jean-Baptiste Donnier (2014. 1.)

Juris-Classeur Art. 840 à 842 Partage judiciaire par Rayomond Le Guide (2016. 4.).

Juris-Classeur Art. 1167 par William Dross (2016. 3.).

Répertoire de droit civil "Indivision : généralités" par Christophe ALBIGES (2011. 3.)

Répertoire de droit civil "Indivision : régime légale" par Christophe ALBIGES (2011. 3.)

Répertoire de droit civil "Indivision : régime conventionnelle" par Christophe ALBIGES (2011. 3.)

대법원 2020. 5. 21. 선고 2018다879 전원합의체 판결
【공유물분할】 [공2020하, 1175]

【판시사항】

[1] 공유물분할청구권이 채권자대위권의 목적이 될 수 있는지 여부(적극)

[2] 채권자대위권의 행사요건인 '보전의 필요성'이 있는지 판단하는 기준

[3] 금전채권자가 자신의 채권을 보전하기 위하여 채무자가 보유한 부동산에 관한 공유물분할청구권을 대위행사할 수 있는지 여부(원칙적 소극) 및 이는 채무자의 공유지분이 다른 공유자들의 공유지분과 함께 근저당권을 공동으로 담보하고 있고, 근저당권의 피담보채권이 채무자의 공유지분 가치를 초과하여 채무자의 공유지분만을 경매하면 남을 가망이 없어 민사집행법 제102조에 따라 경매절차가 취소될 수밖에 없는 반면, 공유물분할의 방법으로 공유부동산 전부를 경매하면 민법 제368조 제1항에 따라 각 공유지분의 경매대가에 비례해서 공동근저당권의 피담보채권을 분담하게 되어 채무자의 공유지분 경매대가에서 근저당권의 피담보채권 분담액을 변제하고 남을 가망이 있는 경우에도 마찬가지인지 여부(적극)

【판결요지】

[1] 채권자는 자기의 채권을 보전하기 위하여, 일신에 전속한 권리가 아닌 한 채무자의 권리를 행사할 수 있다(민법 제404조 제1항). 공유물분할청구권은 공유관계에서 수반되는 형성권으로서 공유자의 일반재산을 구성하는 재산권의 일종이다. 공유물분할청구권의 행사가 오로지 공유자의 자유로운 의사에 맡겨져 있어 공유자 본인만 행사할 수 있는 권리라고 볼 수는 없다. 따라서 공유물분할청구권도 채권자대위권의 목적이 될 수 있다.

[2] 권리의 행사 여부는 그 권리자가 자유로운 의사에 따라 결정하는 것이 원칙이다. 채무자가 스스로 권리를 행사하지 않는데도 채권자가 채무자를 대위하여 채무자의 권리를 행사할 수 있으려면 그러한 채무자의 권리를 행사함으로써 채권자의 권리를 보전해야 할 필요성이 있어야 한다. 여기에서 보전의 필요성은

채권자가 보전하려는 권리의 내용, 채권자가 보전하려는 권리가 금전채권인 경우 채무자의 자력 유무, 채권자가 보전하려는 권리와 대위하여 행사하려는 권리의 관련성 등을 종합적으로 고려하여 채권자가 채무자의 권리를 대위하여 행사하지 않으면 자기 채권의 완전한 만족을 얻을 수 없게 될 위험이 있어 채무자의 권리를 대위하여 행사하는 것이 자기 채권의 현실적 이행을 유효 · 적절하게 확보하기 위하여 필요한지 여부를 기준으로 판단하여야 하고, 채권자대위권의 행사가 채무자의 자유로운 재산관리행위에 대한 부당한 간섭이 되는 등 특별한 사정이 있는 경우에는 보전의 필요성을 인정할 수 없다.

[3] [다수의견] 채권자가 자신의 금전채권을 보전하기 위하여 채무자를 대위하여 부동산에 관한 공유물분할청구권을 행사하는 것은, 책임재산의 보전과 직접적인 관련이 없어 채권의 현실적 이행을 유효 · 적절하게 확보하기 위하여 필요하다고 보기 어렵고 채무자의 자유로운 재산관리행위에 대한 부당한 간섭이 되므로 보전의 필요성을 인정할 수 없다. 또한 특정 분할 방법을 전제하고 있지 않은 공유물분할청구권의 성격 등에 비추어 볼 때 그 대위행사를 허용하면 여러 법적 문제들이 발생한다. 따라서 극히 예외적인 경우가 아니라면 금전채권자는 부동산에 관한 공유물분할청구권을 대위행사할 수 없다고 보아야 한다.

이는 채무자의 공유지분이 다른 공유자들의 공유지분과 함께 근저당권을 공동으로 담보하고 있고, 근저당권의 피담보채권이 채무자의 공유지분 가치를 초과하여 채무자의 공유지분만을 경매하면 남을 가망이 없어 민사집행법 제102조에 따라 경매절차가 취소될 수밖에 없는 반면, 공유물분할의 방법으로 공유부동산 전부를 경매하면 민법 제368조 제1항에 따라 각 공유지분의 경매대가에 비례해서 공동근저당권의 피담보채권을 분담하게 되어 채무자의 공유지분 경매대가에서 근저당권의 피담보채권 분담액을 변제하고 남을 가망이 있는 경우에도 마찬가지이다.

[대법관 권순일, 대법관 김재형, 대법관 박정화, 대법관 김선수의 반대의견] 채무초과 상태인 채무자가 부동산의 공유지분을 소유하고 있으나, 공유부동산 위에 존재하는 공동근저당권으로 인하여 채무자의 공유지분에 대한 강제집행은 남을 가망이 없어 불가능한 반면, 공유물분할의 방법으로 공유부동산 전부를 경매하면 민법 제368조 제1항에 따라 각 공유지분의 경매대가에 비례해서 공동근저당권

당권의 피담보채권을 분담하게 되어 채무자인 공유자에게 배분될 몫이 남을 수 있는 경우에는 채권자가 채무자의 재산권에 속하는 공유물분할청구권을 대위행사하여 채권의 현실적 이행을 유효·적절하게 확보할 수 있도록 허용해야 한다.

【참조조문】

[1] 민법 제268조, 제269조, 제404조 제1항 / [2] 민법 제404조 제1항 / [3] 민법 제268조, 제269조, 제368조, 제404조 제1항, 제481조, 제482조, 민사집행법 제102조, 제140조, 제274조 제1항

【참조판례】

[2] 대법원 1993. 10. 8. 선고 93다28867 판결 (공1993하, 3050), 대법원 2013. 5. 23. 선고 2010다50014 판결 (공2013하, 1098), 대법원 2017. 7. 11. 선고 2014다89355 판결 등 참조) / [3] 대법원 1991. 11. 12. 선고 91다27228 판결 (공1992, 102), 대법원 2003. 4. 8. 선고 2002다70181 판결 (공2003상, 1084), 대법원 2012. 8. 30. 선고 2010다39918 판결 (공2012하, 1584), 대법원 2013. 11. 21. 선고 2011두1917 전원합의체 판결 (공2014상, 97), 대법원 2015. 12. 10. 선고 2013다56297 판결(변경)

【전문】

【원고, 피상고인】 메이슨에프앤아이대부 주식회사
(변경 전 상호: 와이티에프앤아이대부 주식회사)

【피고, 상고인】 피고

【대상판결】

【원심판결】 인천지법 2017. 12. 5. 선고 2017나8494 판결

【주문】

원심판결을 파기하고, 사건을 인천지방법원에 환송한다.

【이유】

상고이유(상고이유서 제출기간이 지난 다음 제출된 준비서면은 상고이유를 보충하는 범위에서)를 판단한다.

1. 사건의 개요와 쟁점

가. 원심판결 이유와 기록에 따르면 다음 사실을 알 수 있다.

1) 원고는 한국자산관리공사로부터 소외 1에 대한 인천지방법원 부천지원 2008차2957호 지급명령에 기한 양수금채권(6,399,954원 및 그중 5,492,428원에 대한 1998. 6. 26.부터의 지연손해금, 이하 '이 사건 피보전채권'이라 한다)을 양수한 채권자이다.

2) 본래 소외 2의 소유이던 이 사건 아파트에 관하여 2013. 5. 23. 피고 앞으로 '2011. 12. 7. 협의분할에 의한 상속'을 원인으로 한 소유권이전등기가 되었다. 그러나 위 소유권이전등기에 관하여 2016. 11. 15.(원심판결의 '2016. 11. 16.'은 오기로 보인다) '2015. 8. 17. 사해행위 취소'를 원인으로 이 사건 아파트의 7분의 1 지분(이하 '이 사건 공유지분'이라 한다)은 소외 1의, 7분의 6 지분은 피고의 공유로 경정하는 내용의 등기가 이루어졌다.

3) 이 사건 아파트에는 위 소유권이전등기가 되기 전부터 농업협동조합중앙회 앞으로 채무자 소외 3, 채권최고액 2억 4,000만 원인 근저당권(원래 채무자는 소외 2였으나 2011. 3. 14.자 계약인수를 원인으로 채무자가 소외 3으로 변경되었다)과 채무자 소외 3, 채권최고액 합계 1억 800만 원인 근저당권이 각 설정되어 있었다(이하 위 각 근저당권을 통틀어 '이 사건 근저당권'이라 한다).

4) 신용보증기금이 이 사건 공유지분에 대한 강제경매를 신청하여 경매절차가 개시되었지만, 경매법원은 2017. 2. 8. 신용보증기금에 '이 사건 공유지분의 최저매각가격 59,000,000원이 압류채권자의 채권에 우선하는 부동산의 부담 296,297,784원(근저당권, 체납조세, 공과금)에 미치지 못한다'고 통지한 다음 2017. 2. 17. 경매신청을 기각하였다.

5) 소외 1은 원심 변론종결 당시 채무초과로 무자력 상태에 있었다.

나. 제1심은 원고가 금전채권을 보전하기 위하여 소외 1을 대위하여 공유물분할을 청구할 보전의 필요성이 없다는 이유로 소를 각하하였다. 반면 원심은 다음과 같은 이유를 들어, 원고가 소외 1에 대한 금전채권을 보전하기 위하여

소외 1을 대위하여 피고를 상대로 이 사건 아파트에 관한 공유물분할을 청구할 수 있다고 판단하였다. 이에 따라 원심은 제1심판결을 취소하고, 이 사건 아파트를 경매하여 그 대금에서 경매비용을 뺀 나머지 돈을 원고에게 1/7, 피고에게 6/7의 비율로 분배할 것을 명했다.

1) 원고가 이 사건 공유지분에 대하여 강제집행을 시도하더라도 그 강제집행은 위에서 본 신용보증기금의 경매신청과 동일한 결과를 맞을 수밖에 없다.

2) 집합건물인 이 사건 아파트는 경매에 부쳐 그 대가를 공유지분에 따라 분배하는 방법(이하 '대금분할'이라 한다)이 가장 공평하고 합리적인 공유물분할 방법이다.

3) 원고가 공유물분할청구권을 대위행사하여 이 사건 아파트에 대한 대금분할이 이루어질 경우, 이 사건 아파트의 가격은 413,000,000원(= 59,000,000원 × 7) 정도여서 위에서 본 선순위 부담 296,297,784원을 뺀 다음 경매절차의 불확실성까지 고려하더라도 상당한 금액이 공유자인 소외 1과 피고에게 배당될 수 있다고 보이므로, 공유물분할청구권의 대위행사는 이 사건 피보전채권의 확보를 위한 유효·적절한 수단이 될 수 있다.

다. 이 사건 쟁점에 관하여 살펴본다.

1) 이 사건 아파트의 각 공유지분은 이 사건 근저당권을 공동으로 담보하고 있다. 이 사건 근저당권과 다른 우선권의 부담을 합한 금액은 이 사건 공유지분 가액보다는 크지만 이 사건 아파트(공유지분 전부)의 가액보다는 작다.

2) 민법 제368조 제1항은 "동일한 채권의 담보로 수 개의 부동산에 저당권을 설정한 경우에 그 부동산의 경매대가를 동시에 배당하는 때에는 각 부동산의 경매대가에 비례하여 그 채권의 분담을 정한다."라고 정하고, 민법 제368조 제2항 전문은 "전항의 저당부동산 중 일부의 경매대가를 먼저 배당하는 경우에는 그 대가에서 그 채권 전부의 변제를 받을 수 있다."라고 정하고 있다. 여기서 '각 부동산의 경매대가'는 매각대금에서 당해 부동산이 부담할 경매비용과 선순위채권을 뺀 나머지 금액을 말한다(대법원 2003. 9. 5. 선고 2001다66291 판결 등 참조). 한편 부동산 강제경매에서 집행법원은 최저매각가격으로 압류채권자의 채권에 우선하는 부동산의 모든 부담과 절차비용을 변제하면 남을 것이 없겠다고 인정한 때(이하 '남을 가망이 없는 경우'라 한다)에는 압류채권자에게

이를 통지해야 하고(민사집행법 제102조 제1항), 압류채권자가 통지를 받고 1주일 내에 그 부담과 비용을 넘는 가격의 매수신고가 없을 때에는 스스로 매수할 것을 신청하면서 충분한 보증을 제공하지 않으면 경매절차를 취소하여야 한다(민사집행법 제102조 제2항).

3) 민법 제368조는 공동근저당권의 경우에도 적용되므로(대법원 2006. 10. 27. 선고 2005다14502 판결 참조), 원고가 이 사건 공유지분만을 경매할 경우 민법 제368조 제2항에 따라 다른 우선하는 부동산의 모든 부담과 절차비용을 뺀 경매대가에서 이 사건 근저당권의 피담보채권 전액을 변제하면 남을 가망이 없어 민사집행법 제102조에 따라 그 경매절차는 취소될 가능성이 높다. 반면, 법원이 공유물분할의 방법 중 하나로 대금분할을 명하여 이 사건 아파트 전부가 경매되고 민법 제368조 제1항에 따라 배당이 이루어지면, 이 사건 공유지분에 상응하는 경매대가에서 공동근저당권의 피담보채권 전액이 아닌 각 공유지분의 경매대가에 비례한 분담액(= 피담보채권액 × 이 사건 공유지분 경매대가 ÷ 공유물 전부의 경매대가)만을 변제하면 된다. 경매 결과에 따라서는 근저당권과 우선권의 부담을 변제한 후 소외 1에게 배분될 몫이 남을 수 있고, 원고는 이를 통해 채권의 만족을 얻을 여지가 있게 된다.

4) 이 사건의 주된 쟁점은 채무자의 책임재산인 부동산 공유지분에 대한 강제집행이 위와 같이 곤란한 경우에 채권자가 금전채권을 보전하기 위하여 채무자를 대위하여 공유물분할청구권을 행사할 수 있는지 여부이다.

2. 금전채권자의 공유물분할청구권 대위행사 허용 여부

가. 채권자는 자기의 채권을 보전하기 위하여, 일신에 전속한 권리가 아닌 한 채무자의 권리를 행사할 수 있다(민법 제404조 제1항). 공유물분할청구권은 공유관계에서 수반되는 형성권으로서 공유자의 일반재산을 구성하는 재산권의 일종이다. 공유물분할청구권의 행사가 오로지 공유자의 자유로운 의사에 맡겨져 있어 공유자 본인만 행사할 수 있는 권리라고 볼 수는 없다. 따라서 공유물분할청구권도 채권자대위권의 목적이 될 수 있다.

나. 권리의 행사 여부는 그 권리자가 자유로운 의사에 따라 결정하는 것이 원칙이다. 채무자가 스스로 권리를 행사하지 않는데도 채권자가 채무자를 대위하여 채무자의 권리를 행사할 수 있으려면 그러한 채무자의 권리를 행사함으로써

채권자의 권리를 보전해야 할 필요성이 있어야 한다. 여기에서 보전의 필요성은 채권자가 보전하려는 권리의 내용, 채권자가 보전하려는 권리가 금전채권인 경우 채무자의 자력 유무, 채권자가 보전하려는 권리와 대위하여 행사하려는 권리의 관련성 등을 종합적으로 고려하여 채권자가 채무자의 권리를 대위하여 행사하지 않으면 자기 채권의 완전한 만족을 얻을 수 없게 될 위험이 있어 채무자의 권리를 대위하여 행사하는 것이 자기 채권의 현실적 이행을 유효·적절하게 확보하기 위하여 필요한지 여부를 기준으로 판단하여야 하고, 채권자대위권의 행사가 채무자의 자유로운 재산관리행위에 대한 부당한 간섭이 되는 등 특별한 사정이 있는 경우에는 보전의 필요성을 인정할 수 없다 (대법원 1993. 10. 8. 선고 93다28867 판결, 대법원 2013. 5. 23. 선고 2010다50014 판결, 대법원 2017. 7. 11. 선고 2014다89355 판결 등 참조).

다. 채권자가 자신의 금전채권을 보전하기 위하여 채무자를 대위하여 부동산에 관한 공유물분할청구권을 행사하는 것은, 책임재산의 보전과 직접적인 관련이 없어 채권의 현실적 이행을 유효·적절하게 확보하기 위하여 필요하다고 보기 어렵고 채무자의 자유로운 재산관리행위에 대한 부당한 간섭이 되므로 보전의 필요성을 인정할 수 없다. 또한 특정 분할 방법을 전제하고 있지 않은 공유물분할청구권의 성격 등에 비추어 볼 때 그 대위행사를 허용하면 여러 법적 문제들이 발생한다. 따라서 극히 예외적인 경우가 아니라면 금전채권자는 부동산에 관한 공유물분할청구권을 대위행사할 수 없다고 보아야 한다.

이는 채무자의 공유지분이 다른 공유자들의 공유지분과 함께 근저당권을 공동으로 담보하고 있고, 근저당권의 피담보채권이 채무자의 공유지분 가치를 초과하여 채무자의 공유지분만을 경매하면 남을 가망이 없어 민사집행법 제102조에 따라 경매절차가 취소될 수밖에 없는 반면, 공유물분할의 방법으로 공유부동산 전부를 경매하면 민법 제368조 제1항에 따라 각 공유지분의 경매대가에 비례해서 공동근저당권의 피담보채권을 분담하게 되어 채무자의 공유지분 경매대가에서 근저당권의 피담보채권 분담액을 변제하고 남을 가망이 있는 경우에도 마찬가지이다. 그 상세한 이유는 다음과 같다.

1) 공유자에 대하여 금전채권을 가진 사람은 공유자의 공유지분에 대한 강제집행을 통해서 채권의 만족을 얻는 것이 원칙이고, 공유물분할청구권 행사가

강제집행의 대상이 되는 채무자의 책임재산 감소를 방지한다거나 공유물분할청구권 행사로 책임재산이 늘어난다고 일반적으로 말할 수 없다. 공유부동산 전체를 매각하면 공유지분만을 매각할 때보다 공유지분의 매각대금이 더 커질 수 있다는 사실상의 가능성만으로 채무자의 책임재산이 늘어난다고 법률적으로 평가할 수도 없다.

2) 이 사건과 같이 부동산의 각 공유지분이 공동근저당 관계에 있는 경우에도 공유물분할은 책임재산의 보전과는 직접적인 관련이 없다.

공유물분할이 되지 않더라도, 장래 공동근저당권 실행으로 공동근저당의 목적인 공유물 전부가 경매되어 공유지분 경매대가를 동시에 배당하는 경우에는 민법 제368조 제1항이 적용되어 '각 공유지분의 가치에 비례하여 공동근저당권의 피담보채권을 분담하는 효과'가 발생한다.

공동근저당권 실행으로 채무자의 공유지분만 먼저 경매되어 그 경매대가 전액이 공동근저당권자에게 배당되는 경우에도, 이 사건과 같이 물상보증인 지위에 있는 채무자는 변제자대위에 관한 민법 제481조, 제482조에 따라 구상권의 범위에서 공동근저당권자의 다른 공유지분에 대한 저당권을 행사할 수 있다. 물상보증인 지위에 있는 채무자는 이를 통해 최종적인 배당결과가 동시배당의 경우와 같도록 보호받을 수 있으므로, 그 책임재산에는 실질적인 변동이 없다.

3) 채권자 스스로는 남을 가망이 없어 채무자의 공유지분에 대하여 즉시 강제집행할 수 없더라도, 채무자의 공유지분으로부터 채권의 만족을 얻을 가능성이 사라지는 것도 아니다. 채권자는 공동근저당권자가 근저당권을 실행할 때를 기다려 채무자의 공유지분으로부터 채권의 만족을 얻을 수 있다. 근저당채무자의 피담보채무 변제로 근저당권이 소멸할 수도 있는데, 이때에는 채권자가 채무자의 공유지분에 대하여 직접 강제집행을 할 수 있게 된다.

채무자의 공유지분에 대한 강제집행이 남을 가망이 없다는 사정 또한 시시각각 변한다. 근저당권의 피담보채권은 그 자체로 확정되기 전까지는 계속 증감변동하는데, 특히 이 사건과 같이 공유자인 채무자가 물상보증인인 경우에는 채무자(공유자)의 자력과 무관하게 근저당권의 피담보채권액이 변할 수 있다. 공유물분할청구권 대위행사의 요건이 이와 같이 채무자(공유자)의 자력과 관계없이 수시로 변할 수 있는 사정에 좌우되도록 하는 것은 타당하지 않다.

4) 공유물분할의 방법 중에 공유물 전체를 경매하여 그 대금을 분할하는 방법이 있다고 하여, 일반채권자의 금전채권 만족을 위해 공유물분할청구권의 대위행사를 허용하는 것은 타당하지 않다.

우리 민법과 민사집행법은 일반채권자에게 채무자의 소유가 아닌 재산을 채무자의 재산과 함께 일괄경매할 수 있는 권리를 부여하고 있지 않다. 그 재산들이 공동근저당 관계에 있는 경우에도 마찬가지로, 공동근저당의 목적인 채무자의 재산을 경매해서는 남을 가망이 없다면 일반채권자는 공동근저당권이 변제로 소멸하거나 공동근저당권이 실행될 때까지 기다릴 수밖에 없다. 이는 선순위의 담보권을 설정하지 않은 일반채권자가 감수해야 하는 사정에 불과하다.

금전채권의 만족을 원하는 일반채권자에게 공유물분할청구권의 대위행사를 허용한다면, 공유물분할이라는 형식을 빌려 실질적으로는 일괄경매신청권을 부여하고 채무자 소유가 아닌 재산마저도 경매할 수 있도록 허용하는 것이 된다. 채무자의 재산이 공유지분이라는 이유만으로 채무자 아닌 공유자들의 이익까지 희생시키면서 일반채권자에게 법이 인정하지 않는 특별한 이익을 제공할 이유는 없다.

이는 공유관계의 해소를 희망하는 공유자가 다른 공유자들과 자유롭게 협의하여, 만약 협의가 되지 않으면 법원의 재판에 따라, 공유물을 공평하게 나누고 공유관계를 원만하게 해소하려는 공유물분할제도의 본래의 목적과 취지에도 부합하지 않는다.

5) 공유물분할청구권의 행사로 기존의 공유관계를 해소하고 각 공유자 사이에 공유물을 분배하는 법률관계를 실현할 수는 있지만, 공유물분할의 구체적인 방법이나 분할로 인한 결과를 임의로 정해서 공유물분할청구권을 행사할 수 있는 것은 아니므로, 공유물분할청구권을 대위행사한다고 하여 반드시 금전채권 만족에 도움이 된다고 할 수는 없다.

공유물분할의 원칙적 모습은 공유자들의 합의에 의한 협의분할이고, 공유자들 사이에 이미 분할에 관한 협의가 성립된 경우에는 소로써 그 분할을 청구하거나 이미 제기한 공유물분할의 소를 유지하는 것이 허용되지 않는다(대법원 2013. 11. 21. 선고 2011두1917 전원합의체 판결 등 참조). 협의가 성립하지 않은 경우의 재판상 분할의 원칙적인 모습은 현물분할이다(대법원 1991. 11.

12. 선고 91다27228 판결 등 참조).

각 공유지분이 근저당권의 공동담보로 되어 있는 부동산이 현물로 분할되면, 분할 후 공유자들이 취득하는 각 부동산 역시 근저당권의 공동담보가 되므로, 현물분할로 채무자가 취득하는 부동산을 경매하더라도 경매대가에서 여전히 공동근저당권의 피담보채권 전액을 변제해야 한다. 공동근저당 법리로 인하여 채무자의 책임재산에 대한 강제집행이 남을 가망이 없는 사정은 현물분할을 전후로 달라지지 않는다. 그렇다고 하여 채권자가 공동근저당의 목적물인 분할 후 각 부동산에 대하여 일괄경매신청권을 갖는 것도 아니다.

6) 공유물분할청구권은 이러한 모습으로 귀결될 가능성을 포함하고 있는 권리일 뿐이고, 위와 같은 경우를 모두 배제하고 오로지 대금분할만을 요구할 수 있는 '대금분할청구권'이 아니다. 그러한 '대금분할청구권'은 존재하지 않는다.

법원이 공유물분할의 방법 중 하나인 대금분할을 명함에 따라 공유물 전부가 경매되고 민법 제368조 제1항에 따른 배당이 이루어져 공동근저당권의 피담보채권이 각 공유지분의 경매대가에 비례하여 분담되는 것은 ① 공유물을 현물로 분할할 수 없거나 분할로 인하여 현저히 그 가액이 감손될 염려가 있는 때에 법원이 물건의 경매를 명할 수 있도록 정한 민법 제269조 제2항과, ② 이러한 공유물분할을 위한 경매도 담보권 실행을 위한 경매의 예에 따라 실시하도록 정한 민사집행법 제274조 제1항이 함께 적용될 때 발생하는 우연한 결과에 불과하다.

재판에 의한 공유물분할의 경우 법원은 당사자가 구하는 방법에 구애받지 않고 공유자의 소유지분비율과 사용수익 현황, 공유물의 위치, 면적, 주변상황, 사용가치, 가격 등 공유관계와 공유물과 관련된 제반 사정을 고려하여 자유로운 재량에 따라 합리적인 분할의 방법을 정할 수 있다.

법원이 민법 제269조 제2항에서 정한 대금분할을 명할 것인지를 판단할 때에도 공유관계와 공유물과 관련된 제반 사정을 고려하여 현물분할로 인하여 각 공유자의 소유지분비율에 따른 공평한 분할이 이루어질 수 없는 현저한 감손의 염려가 있는지 여부를 판단하면 되고, 공유물분할의 목적과 취지에서 벗어나 공유자의 채권자가 채권 만족을 얻을 수 있는지 여부를 고려하여 분할의 방법을 정할 것은 아니다.

금전채권자는 위와 같이 공유물분할 과정에서 발생하는 우연한 결과를 이용하여 채권 만족을 얻을 수도 있으나, 법원이 반드시 채권자의 그러한 이익을 보호해야 하는 것도 아니다. 공유물이 원칙적인 방법에 따라 현물로 분할되었을 때 금전채권자가 받아들여야 하는 결과에 비추어 보면, 금전채권자가 바라는 특정한 공유물분할 방법을 전제로 한 공유물분할청구권의 대위행사를 허용하지 않더라도 특별히 부당하다고 볼 수 없다.

7) 일반적으로 권리는 그 행사로 발생하는 법률효과가 특정되어 있지만, 공유물분할청구권의 행사로 인한 법률효과는 그 권리의 행사과정에서 드러나는 공유자들의 자유로운 의사와 법원의 재량적 판단에 의하여 최종적으로 확정된다. 공유자가 공유물분할청구권을 행사하는 경우에는 어떠한 법률효과도 용인한다는 전제에 서 있는 것이다. 공유물분할청구권의 내용이 바로 그러하기 때문이다. 공유물분할청구권을 행사한 사람이 원하지 않는 방법으로 공유물이 분할된다고 하여 그 권리행사를 철회 · 취소할 수 있는 것이 아니다.

민법은 대금분할이라는 특정한 법률효과가 발생하는 경우에 한정하여서만 공유물분할청구권을 행사하는 것을 알지 못한다. 그 권리가 대위행사된다고 하여 달라질 수 있는 것도 아니다.

8) 채권자대위에 기한 공유물분할청구 소송에서는 법원이 본안에 관하여 심리하여 가장 합리적이라고 결론을 내린 공유물분할 방법이 무엇이냐에 따라 채권자가 금전채권의 현실적인 이행을 확보할 수 있는지 여부가 달라진다. 그 분할 방법이 금전채권의 현실적인 이행을 확보하는 데에 도움이 되지 않는 경우 공유물분할청구권 대위행사는 보전의 필요성을 인정하기 어렵고, 채권자대위소송에서 보전의 필요성이 인정되지 않는 경우에는 소가 부적법하므로 법원으로서는 이를 각하해야 한다(대법원 2012. 8. 30. 선고 2010다39918 판결 참조).

금전채권 보전을 위한 공유물분할청구권 대위행사를 폭넓게 허용하게 되면 이와 같이 본안 전 판단 사항인 소송요건(보전의 필요성)의 구비 여부가 본안에 대한 최종심리 결과에 따라 달라지게 되어 본말이 전도된 기이한 모습이 된다. 법원이 가장 합리적인 공유물분할 방법에 관하여 결론을 내리고도 보전의 필요성이 없다는 이유로 공유물분할을 명하지 못하고 공유물분할청구의 소를 각하해야 한다면, 이는 공유물분할청구 소송의 본질에 반한다.

소송판결의 기판력은 그 판결에서 확정한 소송요건의 흠결에 관하여 미치는 것이지만, 당사자가 그러한 소송요건의 흠결을 보완하여 다시 소를 제기한 경우에는 그 기판력의 제한을 받지 않는다(대법원 2003. 4. 8. 선고 2002다70181 판결 등 참조). 금전채권 보전을 위한 공유물분할청구권 대위행사에서 소송요건인 보전의 필요성 여부는 위와 같이 본안판단 사항인 공유물의 분할 방법에 달려 있다. 따라서 공유물분할청구의 소를 각하하는 판결이 확정되더라도 합리적인 분할 방법이 무엇이라는 점에 대해서는 기판력 있는 판단이 없으므로, 채권자는 다시 대금분할이 가능하다고 주장하여 소송요건인 보전의 필요성 흠결을 보완하였다는 이유로 공유물분할청구를 반복하여 제기할 수 있게 된다. 이는 공유자 스스로 공유물분할을 청구하는 경우 법원이 합리적이라고 판단한 분할 방법에 따라 공유물분할이 이루어지고 그로써 공유물분할청구로 인한 법률관계가 종료되는 것과는 전혀 다른 모습으로, 매우 부당하다.

9) 금전채권의 보전을 위한 공유물분할청구권 대위행사는 채무자의 자유로운 재산관리행위에 대한 부당한 간섭이 된다.

가) 공동근저당 때문에 채권자 스스로는 남을 가망이 없어 채무자의 공유지분에 대하여 즉시 강제집행이 불가능한 경우, 공유물분할청구권의 대위행사에도 불구하고 공유물 전부가 경매되지 않거나 민법 제368조 제1항이 적용되지 않는다면 금전채권자의 채권 만족을 기대하기 어렵다. 공유물분할청구권 대위행사로 공유물 전부가 경매되는 결과는 채무자뿐만 아니라 공유지분을 보유한 다수 당사자들로부터 공유물을 사용·수익할 권리를 근본적으로 박탈하게 된다. 공유자 중 어느 누구도 공유물의 분할을 희망하지 않는데도 단순히 금전채권자의 채권 보전을 위하여 채무자의 재산뿐만 아니라 다른 공유자의 공유지분 전부가 경매되는 것은 채무자를 포함한 공유자들에게 지나치게 가혹하다.

나) 채무자의 공유지분에 대하여 경매가 이루어지는 경우에는 민사집행법 제140조에 따라 다른 공유자들이 최고매수신고가격과 같은 가격으로 채무자의 공유지분을 우선 매수할 수 있고, 이를 통해서 공유자들 사이의 인적 관계와 공유물에 대한 종전의 사용관계를 유지할 수 있다. 그러나 공유물분할로 공유물 전부가 경매되는 경우에는 다른 공유자들이 공유물에 대한 종전 사용관계를 유지할 수 있는 아무런 수단이 없다.

다) 이에 비해 채권자는 여전히 채무자의 공유지분으로부터 채권의 만족을

얻을 가능성이 있고, 공유물분할이 책임재산의 증감에는 실질적인 영향을 주지 않음은 앞서 본 바와 같다.

라) 나아가 공유물분할청구에 따라 공유물의 분할을 실현하는 과정에서 공유자들 사이에 협의가 성립하여 현물분할과 같이 채권자의 금전채권 만족에 도움이 되지 않는 방법으로 공유물이 분할되는 경우에는, 채권자로서는 채권자대위권 행사가 무익하게 되고, 공유자들로서는 원하지 않는 시기에 공유물분할을 강요당하는 결과가 되고 만다.

3. 상고이유에 관한 판단과 판례 변경

가. 결국 원고가 자신의 금전채권을 보전하기 위하여 이 사건 아파트에 관한 공유물분할청구권을 대위행사할 수 있다고 본 원심의 판단에는 금전채권자의 공유물분할청구권 대위행사에 관한 법리를 오해하여 판결에 영향을 미친 잘못이 있다. 이 점을 지적하는 상고이유 주장은 이유 있다.

나. 이와 달리 공유물에 근저당권 등 선순위 권리가 있어 남을 가망이 없다는 이유로 민사집행법 제102조에 따라 공유지분에 대한 경매절차가 취소된 경우에는 공유자의 금전채권자는 자신의 채권을 보전하기 위하여 공유자의 공유물분할청구권을 대위행사할 수 있다는 취지로 판단한 대법원 2015. 12. 10. 선고 2013다56297 판결은 이 판결의 견해에 배치되는 범위에서 이를 변경하기로 한다.

4. 결론

그러므로 나머지 상고이유에 대한 판단을 생략한 채, 원심판결을 파기하고, 사건을 다시 심리·판단하게 하기 위하여 원심법원에 환송하기로 하여, 주문과 같이 판결한다. 이 판결에는 대법관 권순일, 대법관 김재형, 대법관 박정화, 대법관 김선수의 반대의견이 있는 외에는 관여 법관의 의견이 일치하였고, 다수의견에 대한 대법관 민유숙, 대법관 김상환의 보충의견과 반대의견에 대한 대법관 박정화의 보충의견이 있다.

5. 대법관 권순일, 대법관 김재형, 대법관 박정화, 대법관 김선수의 반대의견

가. 채무초과 상태인 채무자가 부동산의 공유지분을 소유하고 있으나, 공유부동산 위에 존재하는 공동근저당권으로 인하여 채무자의 공유지분에 대한 강제집행은 남을 가망이 없어 불가능한 반면, 공유물분할의 방법으로 공유부동산 전부를 경매하면 민법 제368조 제1항에 따라 각 공유지분의 경매대가에 비례해

서 공동근저당권의 피담보채권을 분담하게 되어 채무자인 공유자에게 배분될 몫이 남을 수 있는 경우 (이하 '이 사건 유형'이라 한다)가 있다. 다수의견이 쟁점 부분에서 서술하였듯이, 이 사건도 여기에 해당한다.

다수의견은 '보전의 필요성'이 없다는 등의 이유로 채권자가 금전채권을 보전하기 위하여 공유자인 채무자를 대위하여 공유물분할청구권을 행사하는 것을 극히 예외적으로만 허용해야 하고, 이는 이 사건 유형에서도 마찬가지라고 한다.

그러나 이러한 다수의견에는 찬성하기 어렵다. 이 사건 유형에서는 채권자가 채무자의 재산권에 속하는 공유물분할청구권을 대위행사하여 채권의 현실적 이행을 유효·적절하게 확보할 수 있도록 허용해야 한다. 그 이유는 다음과 같다.

1) 민법 제404조 제1항은 본문에서 "채권자는 자기의 채권을 보전하기 위하여 채무자의 권리를 행사할 수 있다."라고 정함으로써 채권자대위권의 행사요건을 아주 단순하게 정하고 있고, 그 단서에서 '일신에 전속한 권리'에 대해서는 채권자대위권을 행사할 수 없다는 예외를 정하고 있을 뿐이다.

이 사건에서 채권자가 채무자를 대위하여 부동산에 관한 공유물분할청구권을 행사할 수 있는지 문제 되고 있다. 채무자가 부동산 공유자로서 가지는 공유물분할청구권이 채무자의 권리에 속함은 분명하다. 따라서 채권자가 채무자의 공유물분할청구권을 행사하는 것이 '자기의 채권을 보전하기 위한 것'인지 여부가 문제의 핵심이다.

민법 제404조 제1항에서 말하는 '자기의 채권을 보전하기 위하여'란 채권자가 채무자에 대한 채권의 실현을 확보하기 위한 것을 뜻한다. 채권자가 채무자의 권리를 대위하여 행사하지 않으면 자기 채권의 완전한 만족을 얻을 수 없게 될 위험이 있어 채무자의 권리를 대위하여 행사하는 것이 자기 채권의 현실적 이행을 유효·적절하게 확보하기 위하여 필요한 경우가 이에 해당한다.

대법원은 채권자대위권의 행사로 채권자가 보전할 채권이 금전채권인 경우에는 채무자가 자력이 없어 일반재산의 감소를 방지할 필요가 있으면 원칙적으로 보전의 필요성을 인정하였다(대법원 1963. 4. 25. 선고 63다122 판결, 대법원 1969. 7. 29. 선고 69다835 판결 등 참조). 여기서 채무자에게 자력이 없다는 것, 즉 무자력은 일반적으로 총채권자의 채권을 변제하기에 부족한 채무초과 상태에 있다는 것을 말한다.

그런데 대법원은 채권자가 보전할 채권이 소유권이전등기청구권과 같은 특정채권인 경우 채권자가 대위할 권리와 밀접한 관련이 있는 때에는 채무자의 무자력을 요건으로 하지 않고 채권자대위권 행사를 넓게 허용함으로써(대법원 1964. 12. 29. 선고 64다804 판결, 대법원 1992. 10. 27. 선고 91다483 판결, 대법원 2001. 5. 8. 선고 99다38699 판결 등 참조) 채권자대위권의 행사요건을 완화해 왔다. 특정채권을 보전하는 것은 채무자의 무자력과는 상관없는 문제이기 때문이다.

이후 대법원은 채권자가 보전할 채권이 금전채권인 경우에도 그 채권과 채권자가 대위할 권리 사이에 밀접한 관련성이 있는 예외적인 사안에서 채무자의 무자력을 문제 삼지 않고 채권자대위권 행사를 인정하였다(대법원 2002. 1. 25. 선고 2001다52506 판결, 대법원 2014. 12. 11. 선고 2013다71784 판결, 대법원 2017. 7. 11. 선고 2014다89355 판결 등 참조).

금전채권 보전을 위한 채권자대위권 행사에서 채무자의 무자력 외에 추가적인 것을 요구하며 보전의 필요성을 엄격하게 인정하려는 다수의견의 태도는 무자력 요건을 완화하여 채권자대위권 행사를 허용하는 범위를 확대해 온 판례의 기본적인 방향과 배치된다.

2) 채무자가 무자력 상태에 있으면 원칙적으로 채권자대위권을 행사하여 금전채권을 보전할 필요성이 있으므로, 채무초과 상태인 채무자가 부동산의 공유지분을 소유하고 있는 경우 금전채권자는 채무자의 권리에 속하는 공유물분할청구권 역시 대위하여 행사할 수 있다고 보아야 한다.

공유자는 다른 약정이 없으면 언제든지 공유물의 분할을 청구할 수 있다(민법 제268조). 공유는 공동소유자 상호 간에 아무런 인적 결합관계 없이 각기 독립적으로 목적물을 지배할 수 있는 공동소유 형태로서, 물건에 대한 1개의 소유권이 분량적으로 분할되어 여러 사람에게 속하는 것이므로 특별한 사정이 없는 한 각 공유자는 공유물의 분할을 청구하여 기존의 공유관계를 해소하고 각 공유자 간에 공유물을 분배하는 법률관계를 실현하는 일방적인 권리를 가진다(대법원 1991. 11. 12. 선고 91다27228 판결 등 참조).

이러한 공유물분할청구권은 공유관계에서 수반되는 형성권으로서 공유자가 갖는 재산권 중 하나이고, 채권자대위가 허용되지 않는 일신전속적 권리가 아니다. 공유물분할은 공유자의 재산권이 행사되는 자연스러운 모습 중 하나이고, 공유물분할의 자유는 공유가 다른 공동소유제도와 구별되는 본질적 특징이다.

3) 이 사건에서 채권자가 채무자의 재산권에 속하는 공유물분할청구권을 대위행사하는 것은 금전채권의 현실적 이행을 확보할 수 있는 유효·적절한 수단이 된다.

가) 이 사건에서는 부동산의 각 공유지분 위에 존재하는 공동근저당권으로 인하여 책임재산인 '채무자의 공유지분'에 대한 강제집행은 현실적으로 불가능하다. 채무자의 공유지분만을 경매하면 민법 제368조 제2항에 따라 채무자의 공유지분 경매대가에서 공동근저당권의 피담보채권 '전액'을 변제해야 하므로 남을 가망이 없다. 이에 따라 채무자의 공유지분에 대한 경매가 이미 무산된 바 있다.

이 사건 아파트의 경우 그 구조, 면적, 공유자들의 소유지분비율, 사용수익 현황 등에 비추어 현물분할이 불가능하거나 현물분할로 인하여 현저히 가격이 감손될 염려가 있으므로, 공유물 전부의 경매를 명하여 대금을 분할하는 것이 가장 합리적인 분할 방법이다. 이러한 경우에 채권자가 공유자인 채무자를 대위하여 공유물분할청구권을 행사하면, 법원이 공유부동산 전부의 경매를 명하여 민법 제368조 제1항에 따라 각 공유지분의 경매대가에 비례하여 공동근저당권의 피담보채권을 분담하게 되므로, 채무자의 공유지분 경매대가에서 공동근저당권의 피담보채권 분담액을 변제하고도 공유자인 채무자에게 배분될 몫이 남을 수 있고, 채권자는 이를 통해 비로소 금전채권의 만족을 얻을 수 있게 된다.

나) 다수의견은 공동근저당권자가 근저당권을 실행하면 공유물분할에 따른 경매와 같은 효과가 발생할 수 있고 근저당채무자의 피담보채무 변제로 근저당권이 소멸할 수도 있으므로, 채권자는 그때까지 기다려 공유지분에 대한 권리를 행사하면 된다고 한다. 그러나 채권자에게 공동근저당권이 실행되거나 변제로 소멸되기만 기다리라는 것은 채권의 현실적인 이행을 확보하는 데에 아무런 도움이 되지 않는다. 거래 현실에서는 오랜 기간(짧게는 5년에서 길게는 50년)에 걸친 분할상환을 전제로 한 주택담보대출과 같이 피담보채무의 변제기를 장기로 약정하여 근저당권을 설정하는 경우가 있고, 피담보채무가 확정되었는데도 근저당권자가 오랜 기간 근저당권을 실행하지 않는 경우도 찾아볼 수 있다.

보전의 필요성을 판단할 때 채권자대위권 행사가 유일한 권리구제수단일 것을 요하지 않는다(대법원 2007. 5. 10. 선고 2006다82700, 82717 판결 참조). 위와 같이 채무자의 책임재산에 대한 강제집행을 불가능하게 하는 장애사유가 있어 채무자의 재산권을 대위행사하는 것이 장애사유를 해소하고 채권의 현실적 이행을 유효·적절하게 확보하는 수단이 되는 경우에도 보전의 필요성을 인정할 수 있다.

다) 다수의견은 공유부동산 전부를 매각하더라도 책임재산이 늘어난다고 법률적으로 평가하기 어렵고 공유물분할청구권의 대위행사가 책임재산의 보전과 직접적인 관련이 없다고 한다. 그러나 공유물분할에서 현물분할을 하게 되면 그 가액이 현저히 감손될 염려가 있는 때에는 공유물의 경매를 명하여 대금분할을 할 수 있듯이 그 분할의 방법에 따라 공유물의 가액이 달라지고, 공유지분만을 매각할 때보다 공유물 전부를 매각할 때 공유지분 자체의 매각금액이 커지는 것이 강제집행의 일반적 현실이기도 하다.

다수의견은 공유물분할청구권 행사의 결과가 실제 책임재산에 미치는 효과를 애써 외면하고 있다.

4) 다수의견은 공유물분할청구권의 대위행사를 허용하면 실질적으로 일반채권자에게 공동근저당 목적물에 대한 일괄경매신청권을 부여하는 것이 된다고 한다. 그러나 공유물분할청구에 따라 공유물 전부가 경매되더라도 공동근저당권자가 자신의 채권을 우선변제 받는 데에 아무런 지장이 없으므로 공동근저당권자에게 불이익하다고 할 수 없다. 공유자인 채무자 스스로 공유물분할청구를 하여 대금분할이 될 때에도 일괄경매신청과 같은 효과가 나타나는데, 이는 공유지분을 공동근저당 목적물로 한 것에서 비롯된 결과에 불과하다.

이 사건에서 채무자의 공유지분에 대한 강제집행이 어려워진 이상, 채권자가 자신의 채권을 보전하기 위해 다른 수단을 강구하는 것이 허용되어야 한다. 다수의견과 같이 보전의 필요성을 인정하지 않는다면, 채권자는 채무자의 책임재산이 있고 그로부터 채권의 만족을 얻을 수 있음에도 적시에 채권을 행사하기 어렵게 되고, 채무자는 그 책임재산이 공유재산이라는 이유만으로 일반채권자의 강제집행을 사실상 면하게 되는 반사적 이익을 얻게 되어 정의와 형평에 어긋난다.

일반채권자가 무자력 상태인 채무자의 권리를 대위행사하여 금전채권의 현실적 이행을 유효·적절하게 확보하는 데 필요한 조치를 취할 수 있는 것은 민법 제404조에 기초한 법률상 권리이고, 이를 통해 채권자가 얻는 이익 역시 법률상 이익이다. 공유물분할청구권 대위행사에 따른 법률효과를 일반채권자에게 우연히 부여되는 사실상 이익으로 보는 다수의견은 타당하지 않다.

5) 이 사건에서 책임재산인 채무자의 공유지분에 대한 강제집행이 불가능한 것은 공동근저당권의 목적인 부동산 중 일부가 경매될 경우 근저당권자가 그 경매대가에서 피담보채권 전부를 변제받을 수 있도록 정한 민법 제368조 제2항 전문이 적용되기 때문이다. 그러나 공동근저당권의 피담보채권이 공동근저당 관계에 있는 부동산 중 일부로부터만 변제되는 결과가 반드시 바람직한 것은 아니다.

민법 제368조 제1항은 공동근저당권 목적 부동산의 전체 경매대가를 동시에 배당하는 이른바 동시배당의 경우에 공동저당권자의 실행선택권과 우선변제권을 침해하지 않는 범위에서 각 부동산의 책임을 안분함으로써 각 부동산의 소유자, 후순위 저당권자와 그 밖의 채권자의 이해관계를 조절하고, 나아가 같은 조 제2항 후문은 대위제도를 규정하여 공동근저당권의 목적 부동산 중 일부의 경매대가를 먼저 배당하는 이른바 이시배당의 경우에도 최종적인 배당의 결과를 동시배당의 경우와 같게 함으로써 공동근저당권자의 실행선택권 행사로 인하여 불이익을 입은 후순위 근저당권자를 보호하고 있다(대법원 2017. 12. 21. 선고 2013다16992 전원합의체 판결 등 참조). 그리고 민법 제481조, 제482조는 변제자대위제도를 규정하여 이시배당의 경우에도 최종적인 배당의 결과가 동시배당의 경우와 같도록 물상보증인과 그 채권자를 보호하고 있다.

위와 같은 민법의 태도에 비추어 보면, 공동근저당권자의 이익을 해치지 않으면서 공동근저당권의 목적인 부동산의 경매대가가 동시에 배당되도록 하는 방법이 있다면 이를 허용하는 것이 타당하다. 공유물분할의 자유를 본질적 특징으로 하는 공유관계에서는 채권자대위의 법리에 따른 공유물분할청구가 바로 그러한 방법이 된다.

6) 대금분할에 있어 '현물로 분할할 수 없다'는 요건은 이를 물리적으로 엄격하게 해석할 것은 아니고, 공유물의 성질, 위치나 면적, 이용상황, 분할 후의

사용가치 등에 비추어 보아 현물분할을 하는 것이 곤란하거나 부적당한 경우를 포함한다(대법원 2002. 4. 12. 선고 2002다4580 판결 참조). 이에 따라 재판실무에서는 현물분할 못지않게 대금분할이 빈번하게 이루어지고 있다.

다수의견은 공유물이 현물로 분할되었을 때의 채권자 지위에 비추어 대금분할 되었을 때의 채권자의 이익을 보호할 필요가 없다고 하나, 이 사건과 같이 애초에 현물분할을 생각하기 어렵고 대금분할이 타당한 경우에는 이러한 비교 자체가 무의미하다.

나아가 민법 제269조 제2항은 공유물 전부를 경매하여 대금을 분할하는 것을 공유물분할의 방법 중 하나로 정하고 있고, 민사집행법 제274조 제1항은 이러한 공유물분할을 위한 경매도 담보권 실행을 위한 경매의 예에 따라 실시하도록 정하고 있으므로, 공동근저당 관계에 있는 각 공유지분 전부가 공유물분할로 경매되어 동시에 배당될 때 민법 제368조 제1항이 적용되는 결과는 이미 우리 민법과 민사집행법이 예정하고 있는 것이다. 채권자대위권을 행사하는 채권자는 채무자가 스스로 자신의 재산권인 공유물분할청구권을 행사할 때와 동일한 결과를 얻을 뿐이다.

한편 반드시 대금분할의 방법으로 공유물분할이 이루어져야만 채권자가 자신의 채권에 대한 현실적 이행을 확보할 수 있게 되는 것도 아니다. 공유부동산을 공유자 중의 1인의 단독 소유 또는 수인의 공유로 하되 현물을 소유하게 되는 공유자로 하여금 다른 공유자에게 그 지분의 적정하고도 합리적인 가격을 지급하게 하는 방법에 의한 분할(이른바 전면적 가액보상에 의한 현물분할)도 현물분할의 하나로 허용된다(대법원 2004. 10. 14. 선고 2004다30583 판결 등 참조). 이러한 분할 방법에 따라 다른 공유자들이 공유자인 채무자의 지분을 취득하는 대신 채무자에게는 적절한 가액을 지급하도록 한다면 채권자는 공유자인 채무자가 공유물분할 후 받게 될 금전에 대하여 강제집행을 할 수 있게 된다.

7) 공유물분할청구권을 행사할 때에 공유물이 장차 어떠한 방법으로 분할될지 미리 정해져 있지 않아 금전채권의 현실적인 이행을 확보하는 데에 도움이 되지 않는 형태의 공유물분할이 이루어질 수도 있다는 이유를 들어, 금전채권 보전을 위한 공유물분할청구권의 대위행사를 일반적으로 허용하지 않으려는 태도 역시 타당하지 않다.

구체적 사안에서 보전의 필요성 여부를 심사하여 공유물분할청구권의 대위행사를 허용할지 여부를 개별적으로 결정하면 충분하다. 법원이 공유물분할로 금전채권의 현실적인 이행을 확보하는 데에 아무런 도움이 되지 않는다고 판단하는 경우에는 보전의 필요성이 없음을 이유로 채권자의 무익한 공유물분할청구권 대위행사를 저지할 수 있다.

이에 대해 다수의견은 법원이 공유물분할청구 소송의 본안에 해당하는 분할방법에 대해 심리한 다음 채권자대위권 행사에 보전의 필요성이 없다고 판단하는 것은 본말이 전도된 모습이라고 한다. 그러나 그러한 모습이 실무에서 특별히 문제 된다고 볼 수 없다. 채권자대위소송에서 보전의 필요성 여부는 변론종결 당시를 기준으로 판단해야 하는데(대법원 1976. 7. 13. 선고 75다1086 판결 등 참조), 법원이 본안에 관한 심리와 판단을 마치고도 변론종결 당시에 보전의 필요성이 없음을 이유로 채무자를 대위하여 채권자가 제기한 소를 각하하는 일은 비단 공유물분할청구권이 아닌 다른 권리를 재판상 대위행사하는 경우에도 발생한다. 오히려 다수의견처럼 '본안 전 소송요건에 대한 심리'와 '본안에 관한 심리' 단계를 엄격하게 구분하는 태도는 바람직하지 않다. 실무에서는 법원이 분쟁의 일회적, 종국적 해결을 도모하기 위하여 본안 전 소송요건에 관한 심리와 본안에 관한 심리를 함께 하는 경우도 흔히 볼 수 있다.

다수의견은 채권자대위에 기한 공유물분할청구 소송에서 법원이 합리적인 분할 방법에 관한 심리와 판단을 마쳤는데도 보전의 필요성이 없어 그 내용대로 공유물분할을 명하지 못하는 것도 문제라고 하나, 공유자가 스스로 제기한 공유물분할청구 소송에서도 법원이 합리적인 분할 방법에 관하여 심리와 판단을 마친 다음 소가 취하되거나 공유자들 사이에 협의가 성립함에 따라 공유물분할을 명하는 재판을 하지 못하는 경우가 있으므로, 이 부분 역시 특별히 문제 된다고 볼 것은 아니다.

8) 채권자가 금전채권을 보전하기 위하여 채무자를 대위하여 공유물분할청구권을 행사한다고 하여 채무자의 자유로운 재산관리행위에 대한 부당한 간섭이 된다고 볼 수 없다.

가) 채권자대위권은 채권자가 채무자의 권리를 대신 행사하는 것이므로 기본적으로 채무자의 재산권에 대한 일정한 간섭을 전제로 하고, 그 권리행사에 채

무자의 동의를 필요로 하지 않는다(대법원 2014. 9. 25. 선고 2014다211336 판결 참조). 민법 제404조 제1항은 '부당한 간섭'을 채권자대위권 행사의 소극적 요건으로 정하고 있지도 않다. 따라서 채무자의 자유로운 재산관리행위에 대한 부당한 간섭이 된다는 이유로 채권자대위권 행사를 제한할 것인지 여부는 매우 신중하게 결정해야 할 문제이다.

채권자대위권에서 '부당한 간섭' 문제는 금전채권 보전을 위한 채권자대위권 행사에서 채무자의 무자력 요건을 완화할 필요가 있는 사안(위 대법원 2013다71784 판결, 대법원 2014다89355 판결 등 참조) 또는 채무자의 변제 자력과는 무관한 특정채권을 보전하기 위하여 채권자대위권을 행사하는 사안(대법원 2007. 5. 10. 선고 2006다82700, 82717 판결 등 참조)에서 주로 문제 되었다.

채무자에 대한 부당한 간섭으로는 채무자의 권리를 행사하더라도 채권자에게 아무런 도움이 되지 않는 경우와 같이 이른바 권리남용에 해당하는 경우를 생각해 볼 수 있다. 대법원 2013. 5. 23. 선고 2010다50014 판결 을 비롯하여 대법원이 채권자대위권 행사가 채무자의 자유로운 재산관리에 대한 부당한 간섭이 된다고 본 사례가 있지만, 그러한 사례에서는 특정채권을 보전하기 위하여 채권자대위권을 행사하는 사안에서 채권자대위권 행사가 권리남용에 해당한다고 볼 여지가 있는 매우 예외적인 사정들이 있었다. 이러한 예외적 사안에서 인정된 '부당한 간섭'을 금전채권 보전을 위한 채권자대위권의 행사요건으로 일반화하는 것은 바람직하지 않다. 채권자가 자기 채권을 보전하기 위하여 채무자의 권리를 행사하는 것이 일신전속적 권리를 행사하는 것도 아니고 권리남용에 해당하지도 않는다면 채권자대위권의 행사를 쉽사리 부정해서는 안 된다.

나) 채권자가 채무자의 재산에 관한 형성권을 대위하여 행사한다는 것만으로 곧바로 채무자의 재산관리행위에 대한 부당한 간섭이 되는 것은 아니다. 대법원은 골프클럽 회원인 채무자의 '회원가입계약 해지권'에 대한 대위행사가 문제된 사안(대법원 1989. 11. 10. 선고 88다카19606 판결 참조), 임대인인 채무자의 '임대차계약 해지권'에 대한 대위행사가 문제 된 사안(대법원 2007. 5. 10. 선고 2006다82700, 82717 판결 참조), 조합원인 채무자의 '조합을 탈퇴할 권리'에 대한 대위행사가 문제 된 사안(대법원 2007. 11. 30.자 2005마1130 결정 참조) 등에서도 채권자대위권 행사가 가능하다고 판단해 왔다.

다) 공유지분에 대한 강제집행의 경우와 비교해서 공유물분할 경매가 채무자에게 특별히 더 불리하다고 할 수 없다. 오히려 공유지분만을 매각하는 경우보다 공유물 전부를 매각하는 경우에 공유지분 자체의 매각금액이 커질 수 있음은 앞서 본 바와 같다. 강제집행은 기본적으로 책임재산에 대한 채무자의 처분권 박탈을 전제로 하므로, 채권자가 채무자의 공유물분할청구권을 대위행사함으로써 공유지분에 관한 채무자의 처분권이 제한되더라도 채무자에 대한 부당한 간섭이 된다고 보기 어렵다.

라) 공유물분할청구권의 대위행사로 공유자들이 원하지 않는 시기에 공유물분할이 이루어지고 공유물 전부를 지분에 따라 사용할 수 있었던 기존의 사용관계가 소멸하더라도 이는 공유자들이 부동산을 단독 소유하지 않고 공유하고 있는 것에 따른 제약일 뿐이다. 공유자 중 한 사람이라도 공유물분할을 희망하면 다른 공유자들이 원하지 않더라도 공유물분할절차는 시작된다. 공유물은 언제든지 분할될 수 있고, 채권자는 채무자가 공유자 중 한 사람으로서 일방적으로 행사할 수 있는 권리를 채무자를 대위하여 행사하는 것이므로, 공유자들이 원하지 않는 시기에 공유물분할이 이루어진다는 결과가 공유자들에게 부당하다고 말하기 어렵다.

마) 법원은 공유물분할 청구자의 주장에 구애받지 않고 자유로운 재량에 따라 합리적인 방법으로 공유물을 분할할 수 있다(대법원 1991. 11. 12. 선고 91다27228 판결 등 참조). 공유자 모두를 당사자로 하는 필수적공동소송인 공유물분할청구의 소에서 법원이 심리한 결과 대금분할이 타당하다고 판단하는 경우에 비로소 공유물의 경매가 이루어지게 된다. 채무자가 아닌 공유자들의 공유지분이 경매되는 것은 분할청구권을 행사해서 성립한 법률관계의 한 효과일 뿐이다.

바) 민사집행법 제140조에서 정한 공유자의 우선매수권은 공유자 일부의 공유지분이 경매로 매각되는 경우 다른 공유자들의 이익을 보호하기 위한 규정이다. 공유물 전부가 경매되는 대금분할 방법을 전제로 공유물분할이 이루어지는 경우에는 위 규정이 적용될 여지가 없다. 공유물에 대한 기존 사용관계를 유지하기를 원하는 공유자들은 분할협의 과정에서 분할을 청구한 공유자의 지분을 매수할 기회를 가질 수 있다. 법원도 다른 공유자의 기존 사용관계를 유지하는

분할 방법으로 전면적 가액보상에 의한 현물분할을 정할 수도 있다. 나아가 경매에 따른 매각금액이 그 부동산의 시가에 미치지 못하는 경우가 있을 수 있으므로 공유자들이 직접 경매에 참여하여 저렴한 가격으로 부동산의 소유권을 다시 취득할 수도 있다. 이에 비추어 보면, 공유물 전부가 경매되는 경우 민사집행법 제140조가 적용되지 않는다고 하여 특별히 부당하다고 볼 수 없다.

9) 다수의견은 공유물분할청구권이 채권자대위권 행사의 대상이 될 수 있다고 보면서도, 채권자가 금전채권을 보전하기 위하여 공유자인 채무자를 대위하여 공유물분할청구권을 행사하는 것을 극히 예외적으로만 허용해야 하고 이 사건 유형에서는 허용할 수 없다고 한다. 이는 위에서 살펴본 바와 같이 타당하지 않을 뿐만 아니라, 금전채권 보전을 위한 공유물분할청구권 대위행사가 허용되는 예외적 상황은 과연 어떤 것인지 명확히 밝히고 있지 않아 법적 안정성마저 해치므로 찬성하기 어렵다.

나. 그러므로 이 사건 유형에서 공유물분할청구권 대위행사를 허용한 대법원 2015. 12. 10. 선고 2013다56297 판결은 정당하고, 다수의견과 같이 위 판결의 법리를 변경할 필요가 없다.

다. 다음으로 피고의 상고이유와 이 사건의 결론에 관하여 살핀다.

1) 공유물분할청구권의 대위행사 관련 상고이유에 대한 판단

원심은 이 사건 공유지분은 강제집행이 가능하지 않지만 공유물분할의 방법으로 이 사건 아파트를 경매하면 상당한 금액이 공유자인 채무자 소외 1에게 분배될 수 있다고 보아, 금전채권자인 원고가 소외 1을 대위하여 이 사건 아파트에 관한 공유물분할을 청구할 수 있다고 판단하였다. 또한 공유물분할의 방법으로 대금분할을 선택함에 따라 피고의 공유지분이 함께 경매되더라도 원고의 채권자대위권 행사를 권리남용으로 볼 수 없다고 판단하였다.

앞서 본 법리와 기록에 비추어 살펴보면, 이러한 원심의 판단은 정당하고, 거기에 상고이유 주장과 같이 채권자대위권 행사의 대상과 보전의 필요성, 권리남용 등에 관한 법리를 오해하여 판결에 영향을 미친 잘못이 없다.

2) 공유물분할 방법에 관한 상고이유에 대한 판단

원심은 이 사건 아파트를 지분에 따라 현물로 나누기는 매우 곤란하고 현물분할이 가능하더라도 분할된 각 부분의 가치가 현저히 저하되며 이 사건 근저

당권 때문에 이해관계자들의 권리관계가 복잡해질 우려가 있다는 등의 이유를 들어, 이 사건 아파트를 경매하여 그 대가를 소외 1과 피고의 공유지분에 따라 분배하는 방법이 가장 공평하고 합리적인 공유물분할 방법이라고 판단하였다.

관련 법리와 기록에 비추어 살펴보면, 이러한 원심의 판단에 상고이유 주장과 같이 공유물분할 방법에 관한 법리를 오해하여 판결에 영향을 미친 잘못이 없다.

3) 채무자의 권리행사 여부와 관련한 상고이유에 대한 판단

원심은 피고가 상속재산분할협의에서 정한 바에 따라 사실상 이 사건 공유지분과 관련된 소외 1의 상속채무를 변제하고 있다고 하여, 이를 소외 1이 이 사건 공유지분에 관한 권리를 행사한 것으로 볼 수는 없다고 판단하였다. 관련 법리와 기록에 비추어 살펴보면, 이러한 원심의 판단에 상고이유 주장과 같이 채권자대위권의 행사요건에 관한 법리를 오해하여 판결에 영향을 미친 잘못이 없다.

4) 피고의 상고는 이유 없으므로 이를 기각해야 한다.

라. 이상과 같은 이유로 다수의견에 찬성할 수 없음을 밝힌다.

6. 다수의견에 대한 대법관 민유숙, 대법관 김상환의 보충의견

가. 재판의 시작부터 집행에 이르기까지 일련의 과정은 대립하는 당사자들 사이의 이해 충돌의 장이며, 법원은 당사자들의 권리의무 내용과 한계를 명확히 밝혀 다툼을 합리적으로 해결하여야 한다.

이 사건 쟁점과 관련하여서는 공유물분할재판의 실무와 상속재산분할협의에 관한 사해행위취소의 법리를 먼저 살펴볼 필요가 있다.

1) 우선, 공유물분할청구 소송의 실무에서는 민법상 현물분할 원칙에도 불구하고 법원이 공유물의 경매를 명하여 대금을 분할(이하 본 보충의견에서는 '경매분할'이라 한다)하도록 하는 경우가 많다. 현물분할은 법령상 제한이나 대상물의 현황, 이용관계에 비추어 선택하기 어려운 경우가 대부분이고, 이 사건과 같이 분할 대상이 아파트인 경우 역시 현물분할이 거의 불가능하다.

공유부동산을 공유자 일부의 소유로 하되 현물을 소유하게 되는 공유자로 하여금 다른 공유자에게 그 지분의 가격을 지급하도록 하는 이른바 전면적 가액보상에 의한 현물분할도 관념상으로는 언제든지 가능해 보이지만 실제로는 부동산을 보유하려는 공유자에게 충분한 현금성 자산이 있어야만 가능한 것이다.

부동산을 보유하려는 공유자에게 충분한 현금성 자산이 없으면 다른 공유자는 가액 지급을 명한 공유물분할 판결에 기하여 해당 부동산에 대한 강제집행을 할 수밖에 없어 경매분할과 마찬가지의 결과가 된다.

이 사건 원심을 비롯하여 경매분할을 허용한 공유물분할 판결에 따라 경매절차가 개시되면, 공유부동산 전체가 시장에 던져져 자금력을 바탕으로 가장 높은 금액을 제시한 사람이 이를 전부 취득하게 된다. 공유지분만을 경매할 때에는 공유자들에게 민사집행법 제140조에 따라 경매물건인 공유지분을 우선 매수할 수 있는 기회가 있지만, 공유물분할을 위한 경매에서는 원칙적으로 공유자들이 최고가매수신고인으로 되지 않고는 공유물에 대한 종전 권리를 유지할 수 없다. 경매절차의 속성상 자금력이 풍부한 측이 매수인이 될 가능성이 더 높으므로 공유자가 아닌 사람이 매수인으로 되고, 공유자들은 공유물의 소유권을 잃게 되는 일이 얼마든지 생길 수 있다. 나아가 공유물분할을 대위 청구하였던 채권자 또는 그와 경제적으로 연결된 측에서 공유물분할소송 과정에서 취득한 정보를 이용하여 경매 부동산을 취득할 가능성이 상존한다.

2) 다음으로, 판례는 피보전채권 발생 후 상속이 개시됨으로써 원래 채무자의 책임재산이 아니었던 상속재산이 생긴 경우에도 채무초과 상태에 있는 채무자가 포함된 공동상속인들의 상속재산분할협의 결과 일반채권자에 대한 공동담보가 감소한다면 채무자의 기존 재산 처분과 마찬가지로 채권자에 대한 사해행위가 된다고 보고 있다(대법원 2007. 7. 26. 선고 2007다29119 판결 등 참조).

나. 공유물분할재판의 현실과 상속재산분할협의에 대한 사해행위취소권 행사 법리가 이 사건 쟁점인 공유물분할청구권의 대위행사와 결합되면 새로운 문제가 생긴다. 즉, 채무자를 포함한 공동상속인들 전원의 의사가 합치된 상속재산분할협의에 따라 상속재산 분할이 완료되었는데도, 채무자가 상속개시 전에 가지고 있던 채무로 인하여 상속재산분할협의에 대한 채권자취소권이 행사됨에 따라 채무자 앞으로 상속재산의 공유지분이 등기됨을 이유로 채권자가 채무자를 대위하여 공유물분할청구권을 행사함으로써 그 채무자와 무관한 다른 공동상속인의 상속재산 전부가 경매의 대상이 되어 공동상속인들이 상속재산 전체를 잃게 되는 부당한 결과에 이를 수 있다.

이 사건도 이에 해당한다. 이 사건 아파트는 그 소유자이던 소외 2가 2011년에 사망한 다음 공동상속인들 전원의 상속재산분할협의에 따라 피고 앞으로 소유권이전등기 되었다. 원고는 공동상속인인 소외 1에 대한 신용카드이용대금채권(적어도 1999년 이전 발생)의 전전 양수인이고, 사해행위취소소송의 결과 이 사건 아파트의 7분의 1 지분이 소외 1 앞으로 등기되었다.

이러한 사실관계에 비추어 보면, 이 사건 아파트나 그 공유지분은 이 사건 피보전채권이 성립할 당시에는 채무자 소외 1의 책임재산이 아니었다. 공동상속인들 사이에 이 사건 아파트 전부를 피고가 단독상속하는 내용으로 상속재산분할협의가 이루어졌는데도 그것이 사해행위라고 하여 공유지분이 채무자 소외 1의 책임재산으로 회복되었을 뿐이다. 더구나 소외 1의 책임재산으로 된 재산은 이 사건 아파트 자체가 아니라 7분의 1 지분에 불과하다. 상속개시 후 공유자인 공동상속인들의 일치된 의사로 상속재산분할협의가 성립되어 피고에게 상속재산의 이전등기가 마쳐졌으니, 공유자들 중 어느 누구도 공유물분할을 원하지 아니하였다고 보인다.

그런데도 소외 1의 일반채권자가 그 책임재산인 이 사건 아파트 7분의 1 지분을 경매하면 남을 가망이 없어 강제집행이 곤란하다는 이유만으로 상속재산인 이 사건 아파트 전체가 경매에 던져지는 것은 피고에게 지나치게 가혹하다. 오히려 책임재산에 대한 강제집행이 남을 가망이 없는 경우에는 민사집행법의 원칙으로 돌아가 일반채권자는 경매를 실행할 수 없다고 보는 것이 타당하다. 공유자의 의사에 따른 공유물분할청구가 언제든지 허용된다고 하여 그 공유자의 채권자에 의한 공유물분할청구까지 제한 없이 허용되어야 하는 것은 아니다. 후자의 청구는 보전의 필요성 등을 추가요건으로 하고 있다.

다. 종전 판례를 변경하여 채권자가 공유물분할청구권을 대위행사할 수 없도록 하면, 채무자가 장래의 강제집행을 피하기 위하여 단독 소유하는 부동산의 일부 지분을 처분하는 경우에 채권자의 채권회수 기회가 제한되는 불가피한 사례도 있을 것이다.

그러나 채무자가 단독 소유하는 부동산의 일부 지분을 처분하는 경우, 만약 채무자에게 다른 책임재산이 있는 등으로 자력이 있다면 채권자의 채권회수에 지장이 없을 것이고, 채무자의 자력이 불충분하여 위 처분행위로 책임재산에 부족을 가져온다면 채권자는 민법 제406조에 의한 채권자취소권을 행사하여 보호받을 수 있을 것이다. 이와 달리 채무자가 지분처분행위 당시에는 자력이 있었는데 이후 무자력에 빠지고 동시에 공유지분에 대한 강제집행마저 곤란하게 되는 상황은 극히 예외적인 경우라고 보아야 한다.

결국 위와 같이 아주 예외적인 경우까지 염려하여 공유물분할청구권의 대위행사를 허용할 것인가, 아니면 채권회수 기회가 제한될 수는 있더라도 채무자 아닌 공유자를 그 재산이 경매되어 없어질 위험에 놓이지 않도록 보호할 것인가는 법익 형량의 문제라 할 것이다.

라. 이러한 점을 지적해 두는 것으로 다수의견을 보충하는 의견을 개진한다.

7. 반대의견에 대한 대법관 박정화의 보충의견

가. 일반적으로 금전채권자가 채무자의 공유지분에 대한 강제집행으로 채권의 만족을 얻을 수 있다면 굳이 채무자의 공유재산에 대하여 공유물분할청구권을 대위행사할 필요가 없다. 그러나 이 사건 유형에서는 채권자의 채권확보를 위한 가장 유효·적절한 수단이 채무자를 대위하여 공유물분할청구권을 행사하는 것이다.

다수의견은 공유물분할청구권이 재산권이고 그 행사가 일신에 전속된 권리가 아니어서 채권자대위권의 대상이 될 수 있다고 하면서도, 금전채권 보전을 위한 부동산에 관한 공유물분할청구권 대위행사는 극히 예외적인 경우를 제외하고는 허용되지 않는다고 한다. 그런데 다수의견이 들고 있는 그 이유를 살펴보면 공유물분할청구권은 어떠한 경우에도 채권자대위권의 대상이 될 수 없음을 전제로 하고 있는 듯이 보이고, 대위권을 행사할 수 있는 예외적인 경우를 상정하기 어렵다. 나아가 대위권을 행사할 수 있는 예외적인 경우에는 다수의견에서 제시한 이유들이 어떻게 극복될 수 있을 것인지에 대해서 밝히지 않고 있다. 이 점에서 다수의견은 채권자와 채무자 및 다른 공유자들에게 향후 공유물분할청구권의 대위행사가 다투어지는 상황에서 적정한 기준과 예측 가능성을 제시하지 못한 채 불확실성만을 높인다는 비판에서 자유로울 수 없다.

나. 이 사건 유형에서 다수의견에 따라 금전채권 보전을 위한 공유물분할청구권의 대위행사를 허용하지 않으면, 채무자가 그 책임재산에 공유관계를 형성함으로써 손쉽게 강제집행을 면탈할 수 있게 되는 문제를 해결할 수 없다. 다음과 같은 예를 생각해 볼 수 있다.

가령 채무자가 소유한 시가 1억 원 상당의 부동산에 피담보채무액이 6,000만 원인 근저당권이 설정되어 있는데 채무자가 장래의 강제집행을 염려하여 자력이 충분한 상태에서 미리 그 부동산 중 1/2 지분을 타인에게 이전하여 두면, 일반채권자들은 위 부동산에 대하여 강제집행을 할 수 없게 된다. 채무자의 공유지분 가액 5,000만 원(= 1억 원 × 1/2 지분)이 근저당권의 피담보채무액 6,000만 원에 미치지 못해 강제집행을 하더라도 남을 가망이 없고, 채무자가 자력이 있는 상태에서 공유지분을 처분하였으므로 채권자들이 채무자의 처분행위를 사해행위라고 하여 취소하기도 어렵기 때문이다.

결국 다수의견에 따르면 담보권이 설정된 부동산을 소유하고 있거나 취득하려는 채무자가 그 부동산을 지분으로 나누어 공유로 등기함으로써 강제집행을 손쉽게 피할 수 있게 된다. 반면 채권자들은 채무자의 책임재산에 대한 공유관계를 해소할 수 있는 수단을 갖지 못한 채 이를 그냥 내버려 둘 수밖에 없다. 이러한 상황이 부당함은 다언을 요하지 않는다.

다. 다수의견에 대한 보충의견은, 공유물분할청구 소송의 실무에서 현물분할의 원칙에도 불구하고 법원이 공유물의 경매를 명하는 경우가 많다는 점을 인정하면서 금전채권 보전을 위하여 공유물분할청구권에 대한 대위행사를 허용할 경우 자력이 풍부한 채권자나 그와 경제적으로 연결된 측이 경매절차에서 공유부동산 전체를 취득할 가능성이 상존한다는 이유를 들어, 채권자의 공유물분할청구권의 대위행사를 허용할 수 없다고 한다.

그러나 이러한 주장은 공유물분할을 위한 경매절차가 진행되는 모습 중 어느 한 국면만을 지나치게 부각시켜 염려하는 것에 불과하다. 채권자대위권을 행사하는 채권자가 매수인이 될 수도 있다는 사정은 공유물분할청구권 대위행사를 허용할 것인지 여부를 판단할 때 고려해야 할 요소라고 할 수 없다.

채무자의 책임재산에 대한 강제집행이 가능하도록 채권자에게 금전채권 보전을 위한 공유물분할청구권의 대위행사를 허용함으로써 공유부동산에 대한 경매절차가 진행될 수 있도록 하는 것과 채권자가 그 경매절차에서 직접 매수인이 될 가능성이 있다는 것은 국면을 달리한다.

공유물분할을 위한 경매절차에서 경매물건인 공유물의 매수인으로 될 수 있는 기회는 누구에게나 공평하게 부여된다. 공유자의 청구에 의한 공유물분할이든 채권자대위에 기한 공유물분할이든 마찬가지이다. 경매절차에서는 공유물을 더 높은 가격으로 취득하려는 사람이 매수인이 되므로, 아무리 자력이 풍부한 사람이라도 경매절차에 참가하는 다른 사람보다 낮은 가격으로 매수신고를 하는 경우에는 매수인이 될 수 없다.

한편 공유물분할을 위한 경매는 공유물을 현물로 분할하기 적절하지 않아 공유물을 매각하여 그 대금을 분할하기 위하여 진행한다. 공유자들은 단순히 경매를 당하는 것이 아니라 경매가 완료되면 자신의 공유지분에 상응하는 매각대금을 분배받게 된다. 자력이 풍부한 사람이 더 높은 가격을 제시하여 공유부동산을 매수한다면 이는 그 대금을 분배받는 공유자들에게도 이익이 될 수 있다. 만약 공유물이 실제 가치보다 낮은 가격으로 매각될 염려가 있거나 공유자들이 공유물에 대한 권리를 계속 보유하기를 원한다면, 공유자들 역시 경매절차에 참여하여 공유물을 매수하는 방법으로 자신의 권리를 보전할 수도 있다.

공유물분할청구권의 대위행사 허용 여부를 판단할 때 해당 채권자에게 자력이 있는지 여부나 공유물을 누가 매수하는지에 따라 결론을 달리하는 것은 바람직하지 않을 뿐더러 이러한 사정을 금전채권자의 공유물분할청구권의 대위행사 자체를 부정하는 논거로 삼는 것은 타당하지 않다.

라. 다수의견에 대한 보충의견은 공유물분할청구권이 상속재산분할협의에 대한 사해행위취소 법리와 결합되면 상속인들이 상속재산 전체를 잃게 되는 부당한 결과에 이를 수 있다고 주장한다.

그런데 위 보충의견도 지적하고 있는 바와 같이, 이미 채무초과 상태에 있는 채무자가 상속재산분할협의를 하면서 자신의 상속분에 관한 권리를 포기함으로써 일반채권자에 대한 공동담보가 감소한 경우에는 원칙적으로 채권자에 대한 사해행위가 된다(대법원 2007. 7. 26. 선고 2007다29119 판결 등 참조). 이러한 상속재산분할협의는 무자력인 채무자가 자신의 책임재산으로 될 수 있는 상속재산을 그 상속분에 따라 취득하지 않고 다른 상속인들에게 몰아주는 사해행위에 해당하므로 보호할 필요가 없다.

사해행위로 취소되어 원상회복이 된 재산은 채무자의 책임재산이므로 당연히 강제집행이 되도록 하는 것이 일관성 있는 논리이자 법해석이다. 악의의 상속인은 보호할 필요가 없으므로, 그 재산이 상속재산이라고 하여 다르게 볼 수 없다. 공유의 원인이 된 법률관계가 매매로 인한 것인지, 상속으로 인한 것인지, 처음부터 공유관계였는지 사해행위 취소에 따른 원상회복으로 인한 것인지를 살펴서 그때그때마다 채권자대위권 행사의 허용 여부를 달리할 수 없다. 채권 성립 당시에 채무자에게 그러한 재산이 있었는지 여부도 아무런 문제가 되지 않는다.

마. 이 사건의 구체적 사정에 비추어 보더라도 원고에게 공유물분할청구권 대위행사를 허용하여 일반채권자들이 채무자의 책임재산에 대한 강제집행을 할 수 있도록 하는 것이 공평과 정의 관념에 부합한다.

이 사건에서 소외 1은 채무초과 상태에서 자신의 상속분에 따라 상속재산인 이 사건 아파트의 공유지분을 취득할 수 있었는데도 상속재산분할협의를 하여, 피고에게 이 사건 아파트를 단독으로 상속하게 하였다. 소외 1의 채권자들이 위 상속재산분할협의가 사해행위에 해당함을 이유로 악의인 피고를 상대로 그 취소를 구하는 소를 제기하여 이 사건 공유지분이 소외 1의 책임재산으로 회복되었다. 이처럼 사해행위로 일탈되었던 채무자의 책임재산이 회복된 경우에는 일반채권자는 당연히 그 회복된 책임재산에 대하여 강제집행을 할 수 있어야 한다. 채권자를 해한 악의의 채무자를 보호하는 것이 정당한 채권자의 채권확보보다 법익 형량에서 반드시 우선한다고 할 수 없다.

바. 이상과 같이 반대의견에 대한 보충의견을 밝혀둔다.

대법원장 김명수(재판장)
대 법 관 권순일 박상옥 이기택 김재형 박정화(주심) 안철상
민유숙 김선수 이동원 노정희 김상환

제 8 편

토지보상법상 간접손실보상규정의 유추적용 가부

연구대상 사건의 개요

임 성 훈

1. 사안의 개요

(1) 청구원인

○ 공익사업인 고속철도 건설사업 시행 후의 고속철도 운행에 따른 소음, 진동 등으로 인하여 고속철도 인근 토지등 소유자에게 발생한 손실 내지 손해에 관하여 공익사업법[1] 관련 규정을 유추적용한 손실보상 및 환경정책기본법 제44조 제1항에 따른 손해배상을 구하는 사안임

(2) 사실관계

○ 원고의 양잠업 영위

▸ 호남고속철도(오송~광주송정)가 통과하는 익산~정읍 구간으로부터 25~45m 떨어진 지점에 위치한 잠업사(=이 사건 잠업사)에서 양잠업을 영위하였음 (잠업사에 건물, 입목, 설비가 있음)

○ 사업인정 및 고시

▸ 국토해양부장관 2009. 4. 16. 호남고속철도 건설사업(오송~광주송정)(=이 사건 사업) 실시계획 승인고시

▸ 잠업사가 설치된 토지는 사업구역에 포함되지 않음

○ 한국철도시설공단의 철도개통 및 한국철도공사의 열차 운행

▸ 철도 시설 공사는 한국철도시설공단의, 설치된 철도의 운영은 한국철도공사의 업무임

---

1) 이하 '공익사업을 위한 토지 등의 취득 및 보상에 관한 법률'을 '공익사업법'이라고 약칭함

▸ 한국철도시설공단은 2009년~2015년 호남고속철도 공사를 완료하여 개통함

▸ 한국철도공사는 2015. 4. 2.부터 고속철도 열차를 운행함

- 한국철도공사는 한국철도시설공단과 사이에 한국철도시설공단이 설치 및 관리하는 선로를 사용하여 열차를 운행하기로 하는 사용계약을 체결하고 사용료를 납부함

❍ 중앙토지수용위원회의 2013. 7. 18.자 손실보상 기각 재결

▸ 원고는 중앙토지수용위원회에 한국철도시설공단을 상대로 잠업사의 이전비 및 영업손실의 보상을 구하는 손실보상재결을 신청하였으나, 2013. 7. 18. 기각됨

2. 소송의 경과

(1) 원고의 주장

❍ 호남고속철도의 운행으로 인해 원고는 영업장소인 잠업사를 이전하여야 함에 따라 영업손실 및 이전비용에 해당하는 손실보상금을 지급할 의무 있음 (➠ **손실보상청구**)

❍ 피고가 호남고속철도를 완공하고 철도공사가 호남고속철도를 운행하여 수인한도를 초과하는 소음 및 진동이 발생하였고, 그로 인하여 원고의 손해가 발생하였으므로, 피고는 원고에게 손해배상금을 지급할 의무가 있음 (➠ **손해배상청구**)

❍ 원고는 한국철도시설공단 및 한국철도공사를 공동피고로 소송을 제기하였으나, 제1심에서 한국철도공사는 보상 내지 배상의무가 없다고 판단하였음 → 원고는 한국철도시설공단에 대한 청구 기각 부분만 항소하였고 이에 한국철도공사에 대한 청구는 원고패소로 확정됨

▸ 한국철도공사는 이 사건 사업의 시행자 아님 → 손실보상 의무 없음

▸ 고속철도 시설에서 발생하는 소음·진동의 원인자는 노선을 개통하고, 이에 대한 사용료를 징수하는 한국철도시설공단임, 노선의 이용자에 불과한 한국철도공사가 위 소음·진동의 원인자에 해당한다고 볼 수는 없음 → 손해배상 의무 없음[2)]

(2) 원심(≒제1심)의 판단[3)]

① 손실보상

❍ 토지보상법 관련 규정에서 이 사건 사업의 시행 결과에 따른 손실보상을 정하고 있지는 않으나, 그 손실은 공익사업의 시행에 따른 고속철도의 운행으로 인해 필연적으로 야기되는 손실로서 원고는 토지보상법 관련 규정의 유추적용을 주장하며 이 사건 사업의 시행 결과로 인한 손실의 보상을 청구할 수 있음

❍ 이 사건 노선의 운행으로 인한 소음 · 진동 등으로 인하여 이 사건 잠업사를 이전하는 것이 불가피함 → 영업장소 이전에 따라 소요되는 휴업기간에 해당하는 영업이익 및 고정적 비용(이전비용)에 대한 손실보상 인정

❍ 토지보상법 관련 규정의 유추적용에 기한 손실보상청구는 공법상 당사자소송에 해당함

② 손해배상

❍ 한국철도시설공단은 이 사건 노선을 완공하여 개통한 후, 철도공사로 하여금 이 사건 노선에서 고속열차를 운행하도록 함으로써 발생한 소음 · 진동 · 전자파로 인하여 이 사건 잠업사에서 생산하는 누에씨의 품질저하, 위 누에씨를 공급받는 전라북도 농업기술원 종자사업소의 누에씨 수령거부, 잠업농가의 누에씨 수령거부 등의 피해가 발생하였음 → 호남고속철도의 열차 운행으로 인한 소음 · 진동 · 전자파의 원인자인 한국철도시설공단은 위 소음 · 진동 · 전자파의 환경오염으로 인하여 원고가 입은 손해를 배상할 책임이 있음

❍ 이 사건 잠업사를 폐업한 때부터 잠업사와 유사한 정도의 시설물 건설 또는 임차 및 양잠상태 조성에 드는 기간에 정상적인 노력으로 위 잠업사를 위

---

2) 다만, 피고 공사가 운행하는 고속열차의 기능적 · 구조적 문제 등이 원인이 되어 수인한도를 넘는 소음 · 진동 · 전자파가 발생하였다면 이러한 경우에는 피고 공사가 손해배상책임을 부담할 여지 있음(대법원 2011. 11. 10. 선고 2010다98863, 2010다98870(병합) 판결 참조)

3) 제1심은 ① 손실보상과 손해배상으로 청구의 이원화, ② 토지보상법 관련 규정의 유추적용, ③ 손실보상청구는 민사소송이 아니라 공법상 당사자소송에 해당한다는 점은 원심과 논리를 같이 하나, 보상액/배상액의 구체적인 인정 범위에서는 견해를 달리함(제1심 인용금액 약 8억원 vs. 원심 인용금액 약 7천만원)

한 토지와 양잠시설을 확보하는 데 소요되는 통상의 기간을 더한 기간에 해당하는 4개월을 이 사건 잡업사로 인한 휴업기간을 보고, 휴업기간의 일실수익 및 잠종위탁관리비용에 대한 손해배상을 인정함

3. 쟁점

(1) 간접손실 보상에 관한 선례와 법령

○ 원심판결이 손실보상 규정 유추적용의 근거로 제시한 선례

◈ 대법원 2002. 11. 26. 선고 2001다44352 판결

공공사업의 시행 결과 그로 인하여 기업지 밖에 미치는 간접손실에 관하여 **피해자와 사업시행자 사이에 협의가 이루어지지 아니하고 그 보상에 관한 명문의 근거 법령이 없는 경우라고 하더라도**, 헌법 제23조 제3항은 "공공필요에 의한 재산권의 수용 · 사용 또는 제한 및 그에 대한 보상은 법률로써 하되, 정당한 보상을 지급하여야 한다."고 규정하고 있고, 이에 따라 국민의 재산권을 침해하는 행위 그 자체는 반드시 형식적 법률에 근거하여야 하며, 토지수용법 등의 개별 법률에서 공익사업에 필요한 재산권 침해의 근거와 아울러 그로 인한 손실보상 규정을 두고 있는 점, 특례법 제3조 제1항은 "공공사업을 위한 토지 등의 취득 또는 사용으로 인하여 토지 등의 소유자가 입은 손실은 사업시행자가 이를 보상하여야 한다."고 규정하고, 같은법시행규칙 제23조의2 내지 7에서 공공사업시행지구 밖에 있는 영업과 공작물 등에 대한 간접손실에 대하여도 일정한 조건하에서 이를 보상하도록 규정하고 있는 점 등에 비추어, **공공사업의 시행으로 인하여 그러한 손실이 발생하리라는 것을 쉽게 예견할 수 있고 그 손실의 범위도 구체적으로 이를 특정할 수 있는 경우라면, 그 손실의 보상에 관하여 특례법시행규칙의 관련 규정 등을 유추적용할 수 있다**고 해석함이 상당하다 (대법원 1995. 7. 14. 선고 94다38038 판결, 1999. 6. 11. 선고 97다56150 판결, 1999. 10. 8. 선고 99다27231 판결, 2000. 12. 8. 선고 2000다48494 판결 등 참조).

▸ 다만, 위 선례는 수용에 관하여는 「토지수용법」이, 협의취득에 관하여는 「공공용지의 취득 및 손실보상에 관한 특례법」(이하 '공특법')이 각 규율하던 시기의 것임

▸ 공특법 시행규칙 제5장의2 간접보상 장에 제23조의2 내지 7[4)]을 두어 공공사업 시행지구 밖에 위치한 대지, 영업과 공작물 등의 간접손실 보상에

대하여 규정 vs. 토지보상법에는 간접손실 보상 규정을 두고 있지 않았음 → 협의취득에 관한 공특법상 간접손실 보상 규정을 수용에 유추적용할 수 있다는 취지이고, 소송의 형식은 민사소송에 의함[5)]

○ 2007. 10. 17. 법률 제8665호 개정으로 간접손실 보상에 관한 구체적인 법적 근거규정 도입됨

■ **공익사업을 위한 토지 등의 취득 및 보상에 관한 법률**

제79조 (기타 토지에 관한 비용보상 등) ② **공익사업이 시행되는 지역 밖에 있는 토지등이 공익사업의 시행으로 인하여 본래의 기능을 다할 수 없게 되는 경우에는 국토교통부령으로 정하는 바에 따라 그 손실을 보상하여야 한다**.

③ 사업시행자는 제2항에 따른 보상이 필요하다고 인정하는 경우에는 제15조에 따라 보상계획을 공고할 때에 보상을 청구할 수 있다는 내용을 포함하여 공고하거나 대통령령으로 정하는 바에 따라 제2항에 따른 보상에 관한 계획을 공고하여야 한다.

④ 제1항부터 제3항까지에서 규정한 사항 외에 공익사업의 시행으로 인하여 발생하는 손실의 보상 등에 대하여는 국토교통부령으로 정하는 기준에 따른다.

제80조(손실보상의 협의 · 재결) ① 제79조제1항 및 제2항에 따른 비용 또는 손실이나 토지의 취득에 대한 보상은 사업시행자와 손실을 입은 자가 협의하여 결정한다.

② 제1항에 따른 협의가 성립되지 아니하였을 때에는 사업시행자나 손실을 입은 자는 대통령령으로 정하는 바에 따라 관할 토지수용위원회에 재결을 신청할 수 있다.

---

4) 제23조의2(농경지들에 대한 간접보상보상), 제23조의3(건물등의 간접보상), 제23조의4(소수잔존자보상), 제23조의5(영업의 간접보상), 제23조의6(공작물등의 간접보상), 제23조의7(건물잔여부분에 대한 평가)

5) 대법원 1999. 6. 11. 선고 97다56150 판결 (이러한 간접손실은 사법상의 권리인 영업권 등에 대한 손실을 본질적 내용으로 하고 있는 것으로서 그 보상청구권은 공법상의 권리가 아니라 사법상의 권리이고, 그 보상금의 결정 방법, 불복절차 등에 관하여 아무런 규정도 마련되어 있지 아니하므로, 그 보상을 청구하려는 자는 사업시행자가 보상청구를 거부하거나 보상금액을 결정한 경우라도 이에 대하여 행정소송을 제기할 것이 아니라, 사업시행자를 상대로 민사소송으로 직접 손실보상금 지급청구를 하여야 한다.)

■ **공익사업을 위한 토지 등의 취득 및 보상에 관한 법률 시행규칙**

제7절 공익사업시행지구밖의 토지등의 보상

제59조(공익사업시행지구밖의 대지 등에 대한 보상) 공익사업시행지구밖의 대지(조성된 대지를 말한다) · 건축물 · 분묘 또는 농지(계획적으로 조성된 유실수단지 및 죽림단지를 포함한다)가 공익사업의 시행으로 인하여 산지나 하천 등에 둘러싸여 교통이 두절되거나 경작이 불가능하게 된 경우에는 그 소유자의 청구에 의하여 이를 공익사업시행지구에 편입되는 것으로 보아 보상하여야 한다. 다만, 그 보상비가 도로 또는 도선시설의 설치비용을 초과하는 경우에는 도로 또는 도선시설을 설치함으로써 보상에 갈음할 수 있다.

제60조(공익사업시행지구밖의 건축물에 대한 보상) 소유농지의 대부분이 공익사업시행지구에 편입됨으로써 건축물(건축물의 대지 및 잔여농지를 포함한다. 이하 이 조에서 같다)만이 공익사업시행지구밖에 남게 되는 경우로서 그 건축물의 매매가 불가능하고 이주가 부득이한 경우에는 그 소유자의 청구에 의하여 이를 공익사업시행지구에 편입되는 것으로 보아 보상하여야 한다.

제61조(소수잔존자에 대한 보상) (내용 생략)

제62조(공익사업시행지구밖의 공작물등에 대한 보상) 공익사업시행지구밖에 있는 공작물등이 공익사업의 시행으로 인하여 그 본래의 기능을 다할 수 없게 되는 경우에는 그 소유자의 청구에 의하여 이를 공익사업시행지구에 편입되는 것으로 보아 보상하여야 한다.

제63조(공익사업시행지구밖의 어업의 피해에 대한 보상) (내용 생략)

제64조(공익사업시행지구밖의 영업손실에 대한 보상) ①공익사업시행지구밖에서 제45조에 따른 영업손실의 보상대상이 되는 영업을 하고 있는 자가 공익사업의 시행으로 인하여 다음 각 호의 어느 하나에 해당하는 경우에는 그 영업자의 청구에 의하여 당해 영업을 공익사업시행지구에 편입되는 것으로 보아 보상하여야 한다.

1. 배후지의 3분의 2 이상이 상실되어 그 장소에서 영업을 계속할 수 없는 경우
2. 진출입로의 단절, 그 밖의 부득이한 사유로 인하여 일정한 기간 동안 휴업하는 것이 불가피한 경우 (제2항 내용 생략)

제65조(공익사업시행지구밖의 농업의 손실에 대한 보상) (내용 생략)

▸ 위 법령을 근거로 간접손실 보상 청구를 하기 위해서는 ① 사업시행자 협의 및 토지수용위원회의 재결절차를 거쳐야 하고, ② 소송의 형태는 공법상 당사자소송이어야 함

(2) 위 선례 및 법령과 이 사건의 차이와 쟁점의 정리

○ 위 선례는 공특법에서 규정된 간접손실 보상을 수용에 유추적용할 수 있는지가 문제됨. 반면 이 사건은 토지보상법에서 규정된 간접손실 보상의 범위에 해당하지 않는 경우에도 유추적용을 통하여 보상범위를 확대할 수 있는지가 문제임

○ **토지보상법령에 규정된 범위를 초과한 간접손실 보상이 허용된다 하더라도**, ① 민사소송에 의하여야 하는지, 아니면 공법상 당사자소송에 의하여야 하는지, ② 공법상 당사자소송에 의하여야 하는 경우 재결절차를 거쳐야 하는지가 문제됨

○ 보다 근본적으로는, 토지보상법에서 규정된 범위를 넘는 간접손실이 손실보상의 대상인지 아니면 민사 손해배상의 대상인지도 문제됨

▸ 대법원 2017. 2. 15. 선고 2015다23321 판결은 고속철도 운행으로 인한 한우 사육시설의 피해와 관련하여 농장의 이전비용과 이전 과정에서 발생한 피해를 통상손해로서 배상하도록 판단함

▸ 이 사건 원심은 ① 이 사건 잠업사의 시설에 해당하는 입목, 설비 이전비용은 손실보상으로, ② 이 사건 잠업사를 폐업하고 새롭게 영업을 개시하기 위한 휴업기간에 대한 일실수익 및 그와 관련한 잠종위탁관리비용은 손해배상으로 나누어 인정함 → 이전비용을 손해배상으로 통합적으로 인정하거나, 아니면 휴업기간에 대한 일실수익을 손실보상의 대상인 '영업장소 이전에 따라 소요되는 휴업기간에 해당하는 영업이익'으로 보아 손실보상으로 통합적으로 인정할 수 있는지에 검토될 필요 있음

4. 연구의뢰사항

○ **손실보상과 손해배상의 일반론적 관점**에서 다음과 같은 쟁점에 관하여 독일이나 프랑스 등 외국의 실무에 관한 비교법적 연구 · 검토를 의뢰합니다.

▸ 공공시설의 설치로 인하여 공공시설 인근 토지등 소유자에게 발생한 손실 내지 손해가 '우리나라의 토지보상법상 손실보상'과 같은 손실보상의 대상인지 아니면 '국가배상법에 따른 손해배상'과 같은 손해배상의 대상인지

▸ 위와 같은 손실 또는 손해에 대하여 별도의 명문의 손실보상 또는 손해배상의 근거 규정이 없는 경우, 보상 또는 배상의 인정 여부 및 인정시 그 논거는 무엇인지

▸ 위와 같은 손실 또는 손해에 대한 청구가 행정소송의 대상인지 민사소송의 대상인지, 행정소송의 대상인 경우 구체적으로 어떤 소송유형이 적용되는지

▸ 이 사건 해결을 위한 바람직한 해결 방안과 관련하여 각국의 실무례에서 참고할 만한 사항이 있는지

사회기반시설의 소음 · 진동 등에 의한 재산상 피해에 대한 권리구제

정 남 철*

I. 서 론

사회기반시설의 건설사업 시행 후에 그 운행에 따른 소음 · 진동 등으로 인해 인근 토지 등의 소유자에게 재산적 피해가 발생한 경우에 어떠한 권리구제수단을 강구해야 할 것인지가 문제된다. 예컨대 공익사업인 고속철도나 고속도로 등의 설치 · 운영이 적법한 경우에는 인근 토지 등의 소유자에게 발생한 재산상 피해에 대하여 손실보상이 고려될 수 있다. 손실보상청구권이 인정되기 위해서는 공용수용에 해당하여야 한다. 헌법 제23조 제3항에는 보상을 요하는 공용수용 내지 공용제한을 인정하고 있다. 헌법재판소는 이러한 공용수용 또는 공용제한을 "공공필요에 의한 재산권의 공권력적 · 강제적 박탈 내지 제한"이라고 이해하고 있다.[1] 소음 · 진동 등으로 인한 재산상 피해에 대해 손실보상을 청구하기 위해서는 공용수용에 해당하는지를 검토해야 한다. 공용수용의 '요건'을 충족하는지 여부를 판단하는 기준에 대해서는 견해대립이 있다. 대법원은 대체로 '특별한 희생' 또는 '특별한 손해' 등을 근거로 손실보상에 해당하는지 여부를 판단하고 있다.[2] 그러나 이러한 특별한 희생 내지 특별한 손해가 무엇을 의미하는지에

* 숙명여자대학교 법과대학 교수

1) 헌재 1998. 3. 26. 93헌바12, 판례집 10-1, 227, 243,

2) "손실보상은 공공사업의 시행과 같이 적법한 공권력의 행사로 가하여진 재산상의 특별한 희생에 대하여 전체적인 공평부담의 견지에서 인정되는 것이므로, 공공사업의 시행으로 손해를 입었다고 주장하는 자가 보상을 받을 권리를 가졌는지의 여부는 해당 공공사업의 시행 당시를 기준으로 판단하여야 하고, 그와 같은 공공사업의 시행에 관한 실시계획 승인과 그에 따른 고시가 된 이상 그 이후에 영업을 위하여 이루어진 각종 허가나 신고는 위와 같은 공공사업의 시행

대해서 명확한 논거가 제시되어 있지 않다. 후술하는 바와 같이 판례에서는 '수인가능성'이 부분적으로 고려되고 있다. 특별한 희생의 개념은 독일의 입법례에서 유래하고 있으며, 그 의미에 대해 다양한 학설이 소개된 바 있다.

국내학설은 공익사업의 시행 후 발생하는 소음 · 진동 등에 의한 재산적 피해를 이른바 '간접손실보상'의 문제로 다루고 있다. 이러한 '간접손실'이 헌법 제23조 제3항의 손실보상에 포함시킬 수 있는지에 대해서는 깊이 있는 이론적 검토가 필요하다. 전통적인 수용법리에 의하면 간접손실은 공용수용의 요건을 충족하기가 쉽지 않다. 또한 이러한 소음 · 진동 등에 의한 재산상의 피해에 대해 손실보상을 허용할 경우 어떠한 법리를 적용할 것인지, 그 보상의 기준 및 범위를 어떻게 확정해야 하는지 등이 문제된다. 그리고 공익사업을 위한 토지 등의 취득 및 보상에 관한 법률(이하 '토지보상법'이라 한다) 제79조 제2항, 같은 법 시행규칙 제50조, 제57조에 근거하여 사업시행자에게 손실보상을 청구할 수 있는지도 주요한 쟁점이다. 토지보상법은 "공익사업에 필요한 토지 등을 협의 또는 수용에 의하여 취득하거나 사용함에 따른 손실의 보상에 관한 사항을 규정"하고 있다. 소음 · 진동 등에 의한 피해를 동법의 적용대상으로 볼 수 있는지도 문제된다. 이러한 재산상 피해에 대해 손실보상을 직접 규정한 법률은 없다. 이와 관련하여 독일에서는 '수용유사침해이론'과 '수용적 침해이론'이 논의되고 있는데, 그 적용가능성에 대해서도 검토하기로 한다. 이러한 재산상 피해에 대해 손실보상청구권을 인정할 경우에 어떠한 소송을 제기해야 하는지도 문제된다. 종래 학설은 손실보상청구권을 '사권설'로 일반화하여 설명하고 있지만, 실무적으로는 공법상 당사자소송(보상금증감소송 포함)이나 토지수용위원회의 재결에 대한 항고소송을 제기하는 경우도 적지 않다.

한편, 사업시행자의 법적 지위에 따라 민사상 손해배상 또는 국가배상이 고려될 수 있다. 사업시행자(한국철도시설공단, 한국도로공사 등)의 법적 지위에 따라 국가배상법 제5조에 따른 영조물의 설치 · 관리상의 하자에 관한 규정이나

에 따른 제한이 이미 확정되어 있는 상태에서 이루어진 것이므로 그 이후의 공공사업 시행으로 그 허가나 신고권자가 특별한 손실을 입게 되었다고는 볼 수 없다."(대법원 2014. 5. 29. 선고 2013두12478 판결. 동지판례: 대법원 1991. 1. 29. 선고 90다6781 판결; 대법원 2006. 11. 23. 선고 2004다65978 판결; 대법원 2009. 6. 23. 선고 2009두2672 판결 등 다수)

민법 제758조의 공작물 등의 점유자, 소유자 등의 책임에 관한 규정이 적용될 수 있다. 이 경우 한국철도시설공단이나 한국도로공사의 법적 지위가 검토되어야 한다. 또한 환경정책기본법 제44조 제1항에는 환경오염 피해에 대해 '무과실책임'을 규정하고 있는데, 토지 등의 소유자가 이러한 조항에 근거하여 손해배상청구를 할 수 있는지도 문제된다. 소음 · 진동에 의한 피해는 환경정책기본법 제3조 제3호의 '생활환경'의 피해와 관련된 것일 뿐만 아니라, 이러한 피해는 '환경오염'에 해당한다(환경정책기본법 제3조 제4호). 이러한 환경오염 또는 환경훼손으로 피해가 발생한 경우에는 그 '원인자'가 그 피해를 배상하도록 규정하고 있다(환경정책기본법 제44조 제1항). 이러한 피해에 대해서도 환경정책기본법 제44조 제1항을 근거로 손해배상을 청구할 수 있는지, 이러한 배상청구를 할 수 있는 경우에 그 위법 여부를 어떠한 기준에 따라 판단할 것인지 등을 검토할 필요가 있다. 환경정책기본법 제44조의 무과실책임 조항을 확대하여 해석할 경우 배상책임의 대상이나 범위 등이 매우 넓게 적용될 여지가 있다. 그 밖에 무과실책임을 규정한 '환경오염피해 배상책임 및 구제에 관한 법률'에는 시설의 설치 · 운영에 관한 환경오염피해와 관련하여 그 사업자에 대한 배상책임을 규정하고 있다. 이 법률이 환경정책기본법과 어떠한 관계에 서 있는지에 대해서도 살펴볼 필요가 있다. 이하에서는 독일의 입법례(Ⅱ), 이른바 간접손실에 대한 보상가능성(Ⅲ), 환경정책기본법에 의한 손해배상 여부(Ⅳ)의 순서대로 살펴보도록 한다.

II. 독일의 입법례

1. 독일의 수용이론의 변천과 특징

독일에서는 공용수용에 대한 손실보상의 판단기준으로 경계이론과 분리이론이 대립하고 있다. 경계이론(Schwellentheorie)은 연방통상법원(BGH)의 판례에 의해 발전된 것이며, 특별희생(Sonderopfer)에 해당하는지 여부를 기준으로 손실보상 여부를 결정하고 있다. 그러나 특별희생의 개념이 무엇인지에 대해서는 여전히 학설상의 논란이 있으며, 그 결정적 기준이 제시되지 못하고 있다. 특별희생의 판단기준으로 개별행위설, 특별희생설과 같은 형식적 기준설이 등장하였으나, 판단기준으로서의 역할을 제대로 수행하지 못하였다. 이에 실질적 기준설로서 중대성설, 수인가능성설, 상황구속성설 등이 등장하였으나, 압도적으로 지배적인 학설이나 기준은 없는 상태이다.

이러한 연방통상법원의 입장과 달리 독일 연방헌법재판소는 이른바 자갈채취판결(Nassauskiesungsbeschluss)[3] 이후 공용수용의 개념을 '공식화'하여 공용수용의 요건을 확립하고 있다. 이러한 연방헌법재판소의 결정은 비교적 일관된 입장을 유지하고 있으며, 기본적으로 '분리이론'의 입장에 근거하고 있다. 분리이론(Trennungstheorie)에 의하면, 재산권의 공용수용과 재산권의 사회적 기속 내지 내용한계가 서로 엄격히 구별된다. 이러한 엄격한 이분법은 공용수용의 개념을 협소하게 만들지만, 역설적으로 재산권의 보장을 두텁게 한다. 이러한 분리이론은 재산권의 존속보장(Bestandsgarantie)의 이념에 충실한 것이다. 재산권 박탈 후의 '보상'보다는 재산권 침해에 대한 '방어'가 선행되어야 하는 것이다. 이를 위해서는 공용수용의 허용요건을 엄격히 해석해야 하며, 이러한 공용수용의 요건을 법률에서 구체적이고 명확하게 규정하는 것이 중요하다.

독일의 수용법 이론은 기본법 제14조에 근거하여 발전을 거듭하고 있을 뿐만 아니라, 입법적으로도 재산권을 침해하거나 제한하는 법률은 그 요건을 매우 상세하고 구체적으로 규율하고 있다. 공용수용의 요건은 독일 기본법 제14조 제3항에 근거하고 있다.[4] 독일 기본권 제14조의 규정은 우리 헌법 제23조 제3항의 규정과 유사한 점도 있지만, 보다 상세하고 유익하다. 독일 연방헌법재판소의 공식화된 수용개념은 形式的 收用槪念(formeller Enteignungseingriff)이라고 부르고 있다. 이에 의하면, 수용은 "특정한 공적 과제의 수행을 위해 독일 기본법 제14조 제1항의 구체적이고 주관적인 재산적 지위를 전면적 또는 부분적으로 박탈

---

3) BVerfGE 58, 300. 한편, 자갈채취결정은 상수도시설의 보호구역에서 자갈채굴 영업을 하던 원고 A가 水法에 따른 허가신청이 거부되자 전심절차에서 기각된 후 취소소송을 제기하지 않고 곧바로 연방통상법원에 수용적 침해를 이유로 보상청구를 한 것이다. 이에 연방통상법원은 물관리법(WHG)의 관련 규정이 보상 없이 지하수이용을 배제하는 것을 위헌이라고 보아 연방헌법재판소에 위헌법률심판을 제기하였다.

4) 즉 "수용은 공공복리를 위해서만 허용된다. 수용은 보상의 종류와 범위를 규율하는 법률에 의하거나 법률에 근거하여서만 이루어져야 한다. 보상은 일반 공중과 당사자의 이익 사이의 정당한 형량을 통해 결정된다. 보상의 수위로 인한 쟁송의 경우에 권리구제는 통상법원에 있다"고 규정하고 있다.

하는 것을 목적으로 하는 것"이라고 파악되고 있다.[5] 이에 따라 공용수용의 요건은 첫째, 재산권에 대한 의도된 고권적 법률행위가 있어야 하며, 둘째, 기본법 제14조에 의해 보호되는 재산권에 대한 전면적 또는 부분적 박탈행위이어야 하며, 셋째, 공적 과제의 수행을 위한 것이어야 한다.[6] 이러한 공용수용의 요건은 연방헌법재판소뿐만 아니라 경계이론을 채택하였던 연방통상법원도 따르고 있다.

이러한 공용수용의 요건은 매우 엄격하기 때문에 그 손실보상의 범위가 좁아질 수 있다. 그러나 재산권의 본질적 측면을 고려하면, 오히려 재산권의 존속보장을 보다 더 강화하고 있다고 볼 수 있다. 손실보상의 범위가 넓다는 것은 역설적으로 재산권 침해, 특히 공용수용의 가능성이 더 높다는 것을 의미하기 때문이다. 독일의 수용개념은 시대적 변천에 따라 변해 왔다. 독일의 수용법제의 출발점은 프로이센일반국법 서문 제74조와 제75조에서 찾을 수 있다. 특히 같은 법 제75조에는 "국가는 공동체의 이익을 위해 그 특별한 권리와 이익의 희생이 요구되는 자에게 보상을 명할 수 있다"고 규정하고 있다. 이러한 규정은 바로 '희생보상청구권'의 근거이기도 하다. 그러나 이후 19세기 후반에 들어와서 전통적 의미의 수용개념이 확립되었는데, 수용의 대상이 토지와 같은 부동산에 제한되었고 그 법형식도 행정행위로 한정되어 있었다. 또한 공익에 기여하는 구체적인 사업인 경우에 수용이 허용되었다. 전통적 의미의 수용개념은 매우 협소하였으나, 20세기 바이마르(Weimar)공화국 시절에는 이러한 수용개념이 확대되기 시작하였다. 그러나 전술한 독일 연방헌법재판소의 자갈채취결정 이후 공용수용의 범위는 다시 좁아지게 되었고, 이러한 입장은 지금까지 크게 변함없이 유지되고 있다. 동일한 수용개념(Enteignung)을 그대로 사용하면서도 시대적 사정과 변천에 따라 그 의미는 변해온 것이 사실이다.

2. 임미시온에 의한 재산상 피해와 손실보상

독일 연방헌법재판소의 판례나 분리이론에 의할 경우 시설의 설치 · 운영으

---

5) BVerfGE 58, 300; 66, 248; 70, 191; 72, 66; 101, 239 등.

6) Jarass/Pieroth, GG, 15. Aufl., Art. 14 Rn. 76; Maurer/Waldhoff, Allgemeines Verwaltungsrecht, 19. Aufl., § 27 Rn. 41 ff.; 졸고, "공용수용의 요건과 한계", 법조 통권 제584호(2005. 5), 122-155면 참조.

로 인해 발생하는 소음 · 진동 등에 의한 재산상의 피해는 공용수용의 요건에 해당하지 아니한다. 공용수용이 되기 위해서는 재산권에 대한 의도된, 전면적 또는 부분적 박탈행위이어야 한다. 또한 이러한 박탈행위는 고권적 '법률행위' 이어야 한다. 또한 고속철도의 운영에 의한 소음 · 진동 등의 피해는 '의도적'인 재산권 침해가 아니기 때문에 이러한 공용수용의 요건을 충족하기 어렵다. 고권적 법률행위란 법적으로 중요한 의미를 가지는 구속력 있는 결정이어야 한다. 그러나 시설의 설치 · 운영으로 인한 소음 · 진동 등으로 발생하는 재산적 피해는 사실행위로 인한 것이 대부분이며, 고권적 법률행위에 속하지 아니한다.[7] 공용수용에는 직접 법률에 의한 '입법수용'과 법률에 근거한 행정행위나 법률하위규범 등에 의한 '행정수용'이 있다. 소음 · 진동 등에 의한 재산상의 피해는 양자 중 어디에도 속하지 아니한다.

이러한 재산상 피해는 재산권의 내용한계(Inhalts- und Schrankenbestimmung)에 해당된다. 이러한 재산권의 내용한계는 원칙적으로 손실보상이 필요하지 않지만, 해당 재산권의 제한이 비례의 원칙이나 평등원칙을 위반하는 경우에 입법자의 판단에 따라 보상규정을 마련할 수 있을 뿐이다. 이러한 보상을 독일에서는 '조정적 보상(Ausgleichsentschädigung)'이라고 이해하며, 공용수용에 대한 손실보상인 수용보상(Enteignungsentschädigung)과 구별하고 있다. 양자는 보상의 헌법적 근거뿐만 아니라 보상의 기준이나 범위 등에서도 차이가 있다. 이러한 조정적 보상은 재산권의 내용한계에 기초하고 있다는 점에서 이른바 調整的 補償附 內容限界(ausgleichspflichtige Inhalts- und Schrankenbestimmung)라고 부르고 있다.[8] 이러한 경우에는 불가분조항이 엄격히 적용되기 어렵다.[9] 조정적 보상부 내용한계규정의 경우에는 불가분조항이 아니라 救濟的 내지 包括的 補償規定(salvatorische oder pauscale Entschädigungsklauseln)이 고려된다.[10] 이러한 구제적(포괄적) 보상규정은

---

7) 졸저, 행정구제의 기본원리, 제1전정판, 92면 참조.
8) 이에 대한 상세는 졸고, "재산권의 사회적 구속과 수용의 구별에 관한 독일과 한국의 비교법적 고찰: 이른바 조정적(조절적) 보상의무 있는 내용규정의 도입가능성", 공법연구 제32집 제3호(2004. 2), 363-386면 참조.
9) BVerwGE 84, 361/366 ff.; 94, 1/10 f.
10) Papier, in: Maunz/Dürig, GG, Art. 14 Rn. 569.

당사자에게 재산권의 중대한 이용제한이나 수용적 효과를 야기하는 경우 등과 같이 가혹한 경우에만 상당한 보상을 해 주어야 하는 것을 내용으로 한다. 이와 같이 독일에서는 소음 · 진동 등에 의한 재산적 피해는 이러한 '조정적 보상부 내용한계'의 관점에서 접근하고 있다.

이와 관련하여 독일 연방임미시온방지법(Bundes-Immissionsschutzgesetz)에는 도로 · 철도 등에서 발생하는 소음 · 진동 등 유해한 환경영향에 의한 피해를 방지하기 위해 특별한 보상규정을 마련하고 있다. 연방임미시온방지법에서는 사람, 동식물, 토양, 물, 대기 및 문화재 기타 물건 등에 영향을 미치는 대기오염, 소음, 진동, 빛, 온도, 광선 기타 유해한 환경피해를 '임미시온(Immissionen)'[11]이라고 정의하고 있다(같은 법 제3조 제2항). 또한 시설(Anlage)에서 나오는 대기오염, 소음, 진동, 빛, 온도 및 광선 등을 시설배출오염물질(Emissionen)이라고 한다(같은 조 제3항). 여기에서 말하는 '시설'은 작업장 기타 고정된 시설, 기계 · 장치 · 유동적 기술장치 및 차량, 시설오염물질을 가진 토지 등이다(연방임미시온방지법 제3조 제5항 참조). 다만, '차량(Fahrzeug)'의 경우에는 연방임미시온방지법 제38조에서 정하고 있는 차량의 제작과 운행과 관련된 임미시온을 제외한 것을 말한다.[12]

독일 연방임미시온방지법 제41조부터 제43조, 그리고 제50조에서는 비교적 체계적이고 완결된 '교통소음방지조치'에 관한 특별규정을 두고 있다.[13] 우선 연방임미시온방지법 제50조에서는 공간적으로 중요한 계획 및 조치를 하는 경우에 유해한 환경영향이나 중대한 사고 등을 피하기 위해 계획상의 원칙을 규정하고 있다. 이러한 임미시온방지법상의 계획원칙은 最適化命令(Optimierungsgebot)을 포함하고 있다고 보는 것이 지배적이다.[14] 제2단계로 연방임미시온방지법 제

11) 임미시온에 관한 법적 근거는 민법 제217조에서 찾을 수 있다. 즉 민법 제217조에는 "토지소유자는 매연, 열기체, 액체, 음향, 진동 기타 이에 유사한 것으로 이웃 토지의 사용을 방해하거나 이웃 거주자의 생활에 고통을 주지 아니하도록 적당한 조처를 할 의무가 있다"라는 규정을 두고 있다. 이를 '安穩妨害' 내지 '生活妨害'라고 부르기도 한다. 민법 제217조의 규정은 상린관계와 관련하여 민사상 방해배제청구권뿐만 아니라 발생한 손해에 대해서는 불법행위에 의한 손해배상청구의 근거조항이 된다고 보는 견해가 유력하다(이와 관련하여 곽윤직/김재형, 물권법, 제8판(전면개정)보정, 박영사, 2016, 243-247면 참조). 다만, 불법행위에 의한 손해배상청구에 있어서는 "위법성을 판단하는 지침으로서의 기능"을 가지는 것에 그친다고 보는 견해도 있다(유원규. 민법주해(Ⅴ), 292면).

12) 상세는 Jarass, BImSchG, 12. Aufl., § 41 Rn. 55.

13) Eifert, in: Schoch (Hg.), Besonderes Verwaltungsrecht, Kap. 5, Rn. 315 f.

41조에는 철로 · 전차궤도 · 도로 등의 건설이나 중대한 변경이 있는 경우에 교통소음을 통한 유해한 환경영향이 발생하지 않도록 한다. 이러한 경우에 기술의 수준(Stand der Technik)에 따라 회피할 수 있도록 하고 있다. 이를 적극적 소음방지조치(aktive Lärmschutzmaßnahme)라고 부른다.[15] 그러나 소음방지조치의 비용이 달성하고자 하는 소음방지의 목적에 적절히 비례하지 않고 과도하게 소요되는 경우에는 이러한 규정이 적용되지 아니한다. 제3단계로 독일 연방임미시온방지법 제42조에는 소극적 소음방지조치(passive Lärmschutzmaßnahme)와 관련된 보상규정을 두고 있다.

위 연방임미시온방지법 제42조의 경우에 같은 법 제43조 제1항 제1문에 따라 연방정부의 법규명령에 정해진 임미시온의 허용치(Grenzwerte)를 넘으면 해당 건축시설의 소유권자는 건축부담의 주체인 사업시행자(Träger der Baulast)에게 상당한 금전보상을 청구할 수 있다. 임미시온의 허용치는 연방정부의 법규명령에 위임되어 있으며, 이에 따라 교통소음방지령(Verkehrslärmschutzverordnung)이 제정되어 있다. 즉 적극적 소음방지조치를 집행하기 위해 구체적인 내용은 제16차 연방임미시온방지령(16. BImSchV)에, 그리고 소극적 소음방지조치는 제24차 연방임미시온방지령(24. BImSchV)에 위임하고 있다.[16] 이러한 법규명령은 공공의 도로 및 철로 등을 신설하거나 중대하게 변경하는 경우에 적용된다. 이러한 금전보상이 인정되기 위해서는 전술한 바와 같이 '교통소음방지령'의 허용치를 넘어야 할 뿐만 아니라 시설의 특별한 이용으로 해당 침해가 수인할 수 없는 경우이어야 한다. 그러나 연방임미시온방지법 제42조의 보상청구권은 종전부터 적용되던 수용법상의 수인한도(enteignungsrechtliche Zumutbarkeitsschwelle)를 넘었는지 여부와 관계없이 인정된다고 보고 있다.[17] 즉 특별한 희생과 관련하여 경계이론에서 주장하던 '수인가능성'이라는 기준과는 구별되고 있는 것이다. 이러한 금전보상은 교통소음을 수인하는 의무이행에 대한 조정적 보상이며, 이러한 교통소음 수인의 의무이행은 기본법 제14조 제3항의 공용수용이 아니라 기본법 제

14) Kloepfer, Umweltrecht, 4. Aufl., § 15 Rn. 718.
15) Jarass, BImSchG, § 41 Rn. 55.
16) Eifert, in: Schoch (Hg.), a.a.O., Kap. 5 Rn. 316.
17) Jarass, BImSchG, § 42 Rn. 3.

14조 제1항 제2문에 근거한 재산권의 내용한계에 해당한다.[18] 금전보상금의 수위나 범위는 실제 소요된 비용이며, 소음방지를 위한 건축조치의 비용으로 방음창문의 설치비용이나 발코니의 판유리 설치비용, 숙면을 하는 장소의 통풍장치 등이 여기에 속한다.[19] 이러한 금전보상은 독일 기본법 제14조에서 규정하고 있는 재산권의 박탈에 대한 손실보상(수용보상)과 구별된다.

3. 수용적 침해이론에 근거한 손실보상

독일에서는 개별 법률의 보상규정 외에 수용적 침해이론에 근거한 손실보상이 논의될 수 있다. 오늘날 간접손실은 기본법 제14조 제3항에 의한 손실보상의 범위에서 제외되고 있다.[20] 그러나 독일 연방통상법원은 종래 보상의 범위를 확대하기 위해 수용유사적 침해이론과 수용적 침해이론을 발전시켜왔다. 收用類似的 侵害(enteignungsgleiche Eingriffe)는 "고권적 처분을 통해 직접적으로 영향을 미치고 재산권으로 보호되는 법적 지위의 위법한 침해"를 의미한다.[21] 이와 달리 收用的 侵害(enteignende Eingriffe)는 적법한 행정행위의 "非典型的(異型的)이고 예상하지 못한 부수적 효과(atypische und unvorhergesehene Nebenfolge)로 인한 재산권침해"를 의미하며, 수용법상의 희생의 한계를 넘어서는 경우에 보상을 해주어야 한다.[22] 이러한 수용적 침해의 전형적 사례로는 도로건설작업으로 인한 인근상점이나 주유소의 매상고의 손실 및 교통장애 등이 그러하다. 이는 연방통상법원에 의해서 창안되었으며, 통상적인 경우에는 재산권의 사회적 구속에 해당하나 예외적으로 중대한 손해에 대해서만 보상(특별보상)할 수 있다고 보고 있다.[23]

독일 연방통상법원은 교량건설,[24] 도시에 설치된 폐기물처리장의 임미시온[25]이나 교통소음[26] 등에 대해 '수용적 침해'를 인정한 바 있다. 또한 연방통

18) Jarass, BImSchG, § 42 Rn. 3. 이에 대한 상세는 졸저, 행정구제의 기본원리, 165-166면.
19) Jarass, BImSchG, § 42 Rn. 18.
20) Rüfner, in: Erichsen(Hg.), Allgemeines Verwaltungsrecht, 12. Aufl., § 49 Rn. 27.
21) Maurer/Waldhoff, a.a.O., § 27 Rn. 88.
22) Maurer/Waldhoff, a.a.O., § 27 Rn. 107.
23) BGHZ 64, 220.
24) BGH, NJW 1965, 1907.

상법원은 종래 교통소음에 의한 재산적 가치감소에 대한 보상은 수용적 침해이론에 근거하고 있다고 보았다.[27] 이러한 수용적 침해를 인정하기 위해서는 모든 재산권 침해를 망라하는 것이 아니라, 일정한 요건을 충족하여야 한다. 이와 관련하여 첫째, 수용적 침해의 대상이 기본법 제14조 제1항의 재산적 가치가 있는 법적 지위이어야 하고, 둘째, 침해가 적법한 행정작용의 의도되지 않고 異形的인 부수적 결과이어야 하며, 셋째, 이러한 부수적 결과는 수용유사적 침해와 마찬가지로 直接的인 재산권 침해가 되어야 하며, 마지막으로 이러한 침해가 이를 통해 特別한 損害, 따라서 특별희생(Sonderopfer)이 있어야 한다.[28] 적법한 행정작용에는 '사실행위'도 포함되며, '직접적' 침해의 사례로는 건물의 손상, 차량의 손괴 및 지속적인 영업상의 이용제한 등이 있다.

독일 연방통상법원은 특히 교통소음 사건에서 토지소유자가 수인할 수 있는 여부를 기준으로 보상 여부를 판단하고 있으며, 수인가능성은 연방임미시온방지법의 기준에 의한다고 보고 있다. 이 사건의 원고 K는 B市에 거주하는 사람으로 1938년 설치한 다층 임대주택의 소유자이며, 해당 주택은 R도로와 H도로의 모퉁이에 위치하고 있다. 이 지역을 관통하는 R도로는 1964년에 건설되었는데, 이 도로는 B市의 도심지역을 통해 대형화물운송을 포함하여 북서쪽 교통의 주요부분을 차지하고 있다. 원고 K는 B市에 대해 확장된 R도로의 교통소음으로 인한 수인할 수 없고, 특정한 시간에 건강에 유해함을 주장하면서 금전적 조정보상을 주장한다. K는 이로 인해 수건의 임대계약이 해지되고 소음장해로 인해 임대를 더 이상할 수 없을 뿐만 아니라 주택의 재산적 가치도 감소되었다고 주장한다. 또한 31,000마르크(DM)의 설치비용으로 이중창을 설치하면 소음을 일부 줄일 수 있다고 보고, 피고에게 이자와 더불어 31,000마르크(DM)를 지불할 것을 신청하였다. 제1심 지방법원(Bonn 지방법원) 및 항소심(Köln 고등법원)은 원고의 청구를 기각하였다. 그러나 상고심(연방통상법원)은 항소심 판결을 파기환송하였다. 이 사건에서 연방통상법원은 지급해야 할 보상을 원칙적으로 해당 토지

25) BGH, NJW 1980, 770.
26) BGHZ 64, 220.
27) BGHZ 97, 114/117.
28) Maurer/Waldhoff, a.a.O., §27 Rn. 112.

위에 필요한 소음방지시설을 설치하기 위한 금전비용이라고 보았다. 연방통상법원은 연방임미시온방지법 제42조의 보상도 독일 기본법 제14조 제3항의 수용보상이라고 보고 있다. 그러나 근래의 학설은 이러한 연방통상법원의 입장과 달리 조정적 보상의 문제로 이해되고 있음은 전술한 바와 같다.

한편, 수용유사적 침해이론이나 수용적 침해이론은 고전적 수용이론과 더불어 손해전보제도의 공백을 메우기 위해 발전된 것이다. 그러나 독일 연방헌법재판소의 자갈채취판결 이후 재산권 이론은 새로운 전환을 맞이하였고, 수용유사적 침해이론 및 수용적 침해이론은 그 법적 근거를 상실하였다. 이후 연방통상법원에 의하면, 이러한 이론들은 독일 기본법 제14조 제3항에서 법적 근거를 찾지 못하고 관습법상의 희생보상사상으로 회귀하게 된다.[29] 연방통상법원은 이러한 수용유사적 · 수용적 침해이론을 완전히 포기하지 않았지만, 그 이론적 기반이 큰 타격을 받았음은 분명하다. 또한 연방통상법원은 전술한 바와 같이 연방헌법재판소가 확립한 '형식적 수용개념'을 따르고 있다. 이러한 변화는 수용유사적 · 수용적 침해이론의 이론적 기반이 매우 취약해졌음을 보여준다.[30] 특히 연방헌법재판소는 분리이론을 채택함으로써 공용수용의 요건을 확립하고, 이러한 요건을 충족하지 못하는 경우에는 모두 재산권의 내용한계(독일 기본법 제14조 제1항 제2문)에 속하게 된다고 보고 있다. 그러나 이러한 재산권의 내용한계에 해당하더라도 예외적으로 비례원칙이나 평등원칙을 위반하는 경우에는 '조정적 보상'이 고려된다. 다만, 이러한 조정적 보상은 불가분조항이 적용되지 아니하여, 이러한 보상규정이 없더라도 해당 법률의 규정이 곧바로 위헌무효가 되지 아니한다. 이러한 보상규정을 전술한 바와 같이 '조정적 보상부 내용한계'라고 부르고 있는 것이다. 우리 헌법재판소는 이른바 '그린벨트' 사건인 개발제한구역의 지정에 관한 재산권 침해의 문제에 대해 위헌이 아니라 헌법불합치결정을 내린 바 있다.[31] 이러한 헌법재판소의 결정도 그 기본구조 및 특성에 있어서는 독일의 '분리이론'과 맥락을 같이하고 있다.

---

29) BGHZ 90, 17/31. 이에 대한 상세는 Ossenbühl, Staatshaftungsrecht, 5. Aufl., S. 225.
30) 수용유사적 · 수용적 침해이론의 문제점과 최근동향에 대해서는 졸저, 行政法의 特殊問題(행정법연구 3), 법문사, 2018, 111-112면 참조.
31) 헌재 1998. 12. 24. 89헌마214 등.

4. 환경책임법 및 연방임미시온방지법에 근거한 손해배상

독일에서는 오래전에 '위험책임'을 규정한 환경책임법(Umwelthaftungsgesetz)이 제정되어 있다. 특히 독일 환경책임법 제6조 제1항에는 "어떤 시설이 개별 사건의 상황에 따라 손해를 야기하기에 적합한 경우에는 그 시설에 의해 손해가 발생한 것으로 추정한다"고 규정하고 있다. 이는 인과관계의 추정책임을 규정한 것이며,[32] '적합성(Eignung)'이 인정되는 경우에는 피해자의 입증책임 부담을 경감해 주고 있다. 이러한 '적합성'의 판단은 운영과정, 사용된 설비, 투입되거나 배출된 물질의 종류와 농도, 기상여건, 손해발생의 장소 및 시간 등 모든 사정을 고려하여 판단하고 있다(환경책임법 제6조 제2항). 또한 연방임미시온방지법 제14조에도 환경상의 불리한 영향과 관련하여 손해배상에 관한 규정을 두고 있다. 연방임미시온방지법상의 시설인가에 불가쟁력이 발생한 경우에는 특별한 권원을 가지고 있는 때를 제외하고 특정한 토지에서 다른 인근토지에 불리한 영향을 미치는 것을 방지하기 위해 私法上의 권원에 근거하여 시설의 설치를 요구할 수 없다. 사법상의 방어청구권을 배제하고 있는 것이다. 이 경우에 불리한 환경상의 영향을 방지하는 장치의 설치를 요구할 수 있고, 기술수준에 따른 이러한 방지장치를 설치할 수 없거나 경제적으로 주장할 수 없는 경우에는 손해배상만 가능하다(연방임미시온방지법 제14조 제2문). 이와 관련하여 쾰른(Köln) 고등행정법원은 원고 甲이 인근에 있는 화학정화시설을 운영하는 피고 乙에게 자신의 집 지하실에 있는 난방시설에 소위 4염화에틸렌 수치가 높아졌음을 이유로 손해배상을 청구한 사건에 해당 환경오염물질이 대기오염기술지침(TA Luft)에서 정한 허용치를 상회하고 가해행위와 손해 발생 사이에 인과관계가 추정된다고 판시하였다.[33] 그러나 쾰른 고등행정법원은 연방임미시온방지법 제14조 제2문에 의한 원고의 손해배상뿐만 아니라 민사상의 손해배상도 부인하였다.[34] 이러한 대기오염기술지침은 독일에서 '규범구체화 행정규칙'에 해당한다.

---

32) 졸고, "새로운 환경책임법제의 도입과 피해구제절차의 문제점", 환경법연구 제37권 제3호(2015. 11), 261면: 졸저, 행정법의 특수문제(행정법연구3), 법문사, 2018, 240면.

33) OLG Köln, Urt. v. 3. 12. 1992 - 1 U 17/91.

34) 상론은 졸저, 행정법의 특수문제, 242-243면.

5. 소결

독일에서는 입법적으로 문제를 해결하고 있음을 알 수 있다. 연방통상법원의 판례에서 수용적 침해이론에 의한 보상을 인정한 일부 사례도 있으나, 이러한 이론에 근거한 판례는 점차 감소되고 있다. 분리이론의 입장에서는 소음·진동 등에 의한 재산상 피해는 원칙적으로 공용수용에 해당하지 아니하며, 예외적으로 평등원칙이나 비례원칙 등을 위반하여 상대방에게 가혹한 경우가 발생하는 경우에 개별 법률에 보상규정을 마련할 수 있다. 이러한 피해에 대해서는 개별 법률에 보상규정을 마련하는 것이 바람직하다. 소극적 소음방지조치로서 금전보상을 규정한 독일 연방임미시온방지법 제42조는 그 대표적 사례이다. 다만, 이러한 보상규정은 재산권의 내용한계에 관한 것임에 주의할 필요가 있다. 이를 기본법 제14조 제3항의 수용보상으로 본 연방통상법원의 판례가 있지만, 오늘날에는 이를 '조정적 보상부 내용한계'로 파악하는 견해가 지배적이다. 독일 연방헌법재판소의 자갈채취판결 이후 수용유사적 및 수용적 침해이론은 심각한 타격을 입었다. 이러한 이론들은 그 법적 근거를 상실한 후 관습법상의 희생보상청구권에 회귀하였고, 독일의 학설도 그 법적 근거에 대하여 의견의 일치를 보지 못하고 있다. 그러한 근거 규정이 없는 경우에 수용적 침해이론을 그대로 접목하는 것은 신중할 필요가 있다. 독일의 입법례는 소음·진동 등에 의한 재산상의 피해를 입법적으로 해결하고 있음을 보여주고 있다. 또한 비록 제한적이지만 일부 하급심에서 위험책임을 규정한 환경책임법이나 연방임미시온방지법 및 민법 등의 규정에 근거한 손해배상을 인정하고 있다.

III. 이른바 '간접손실'에 대한 보상가능성

1. 간접손실의 개념과 허용범위

사회기반시설에서 발생하는 소음·진동 등에 의한 재산상 손실을 '간접손실'이라고 부르기도 한다. '간접손실'이라는 개념은 실정법에 근거가 없지만, 일부 학설은 이를 손실보상의 하나로 다루고 있다. 간접손실의 개념은 통일되어 있지 않지만, 흔히 “공익사업으로 인하여 사업시행지 밖의 소유자 등에게 발생하는 손실”을 의미하고 있다.[35] 간접손실보상에 해당하는 것으로는 영업손실보상, 이전비보상, 그리고 잔여지보상(잔여지감가보상, 잔여지매수 및 수용청구 등) 등이 있다. 그러나 영업손실보상이나 이전비보상 등은 ‘생활보상’의 한 유형으로 다루어지고 있다.[36] 판례도 사업시행지(기업지) 밖의 소유자 등에게 발생하는 손실을 ‘간접손실’로 이해하고 있다.[37] 그러나 이러한 간접손실이라는 용어를 사용하는 것은 신중해야 한다. 간접손실을 인정하는 것은 존속보장의 취지에 기초한 수용법이론에 배치될 수 있다. 사업시행지 밖의 소유자 등에게 발생하는 손해나 부수적 손해 등에 대해 이러한 용어를 사용하는 것은 보상의 기준이나 범위 등을 판단하는데 어려움을 줄 수 있다.

이와 관련하여 토지보상법 시행규칙 제59조 이하에서는 사업시행지 밖의 손실보상에 대해 규정하고 있다. 그러나 이러한 보상규정이 헌법 제23조 제3항에 근거하고 있다면, 이 조항의 취지에 비추어 법률에서 직접 규율하는 것이 바람직하다. 토지보상법 제79조 제2항에서는 “공익사업이 시행되는 지역 밖에 있는 토지 등이 공익사업의 시행으로 인하여 본래의 기능을 다할 수 없게 되는 경우에는 국토교통부령으로 정하는 바에 따라 그 손실을 보상하여야 한다”고 규정하고 있다. 해당 규정에서는 손실보상의 기준이나 범위 등이 명확히 규정되어 있지 않고, 이를 ‘부령’에 포괄적으로 위임하고 있다. 비록 침해적 규정에 해당하는 것은 아니지만 중요한 기본권의 하나인 재산권의 박탈 내지 제한에 대해 손실보상을 법률에서 규정하지 않고 이를 포괄적으로 하위법령(부령)에 규정하는 것은 포괄위임금지의 원칙에도 위반된다. 뿐만 아니라 이러한 손실에 대한 보상을 헌법 제23조 제3항과 연결하는 견해에 의할 경우에는 정당한 보상의 원칙에 반할 수 있다.

독일의 입법례에서 살펴본 바와 같이, 사업시행지 밖의 재산상 손실을 재산권의 내용한계(헌법 제23조 제1항 후문)에 해당하는 것으로 볼 경우에는 위

---

35) 간접손실의 용어사용에 대한 문제점과 비판으로는 박균성, “간접손실보상의 재검토”, 토지보상법연구 제8집(2008. 2), 1-21면.

36) 이에 대한 상론은 졸저, 행정구제의 기본원리, 제1전정판, 291면.

37) 대법원 1999. 6. 11. 선고 97다56150 판결; 대법원 2002. 11. 26. 선고 2001다44352 판결.

헌의 문제가 발생하지 않는다. 그러나 예외적으로 비례원칙이나 평등원칙 등에 위배되는 경우에는 입법자가 보상규정을 마련하여야 한다. 이 경우 보상의 기준이나 범위 등은 입법자의 형성적 자유에 맡겨져 있다. 소음 · 진동 등에 의한 재산상 피해가 위법한 경우에는 손해배상의 문제이지만, 적법한 시설의 운영으로 재산상 손해가 발생한 경우에는 손실보상의 문제로 접근할 수 있다. 그러나 소음 · 진동에 의한 재산상의 피해는 원칙적으로 헌법 제23조의 요건을 충족한다고 보기 어렵다. 소음 · 진동으로 인하여 발생하는 재산적 피해뿐만 아니라 영업상 손실(폐업손실 등), 이전비용보상 등은 재산권에 대한 공용수용의 직접적 침해로 발생하는 것이 아니다. 이러한 침해가 헌법 제23조의 공용수용 내지 공용제한에 해당한다면, 그 근거 법률에서 이에 대한 보상규정을 마련해야 한다. 즉 불가분조항(Junktimklausel) 내지 결부(부대)조항을 엄격히 적용하면, 이러한 침해규정은 모두 위헌 · 무효가 될 수 있다. 고속철도의 운영으로 발생하는 소음 · 진동 등에 의한 재산적 피해는 고권적 법률행위에 의한 재산권 침해가 아니므로 공용수용의 요건을 충족하지 아니한다. 또한 공용수용에 준하는 공용제한으로 보기도 어렵다. 독일에서는 이러한 사실행위에 의한 재산권 침해는 모두 재산권의 내용한계규정으로 보고 있다.[38] 불가분조항은 독일 기본법 제14조 제3항의 공용수용에 대해서만 적용되고, 조정적 보상부 내용한계에 대해서는 적용되지 아니 한다.[39]

2. 간접손실보상의 판단과 실현방법

(1) 간접손실보상의 판단

도로 · 철로 등에서 발생하는 소음 · 진동에 의한 재산상 피해는 대체로 사업시행지 밖에서 발생한다는 점에서 이른바 '간접손실'에 해당한다. 이러한 간접손실에 대해서도 손실보상을 인정할 수 있는지, 그리고 이를 인정할 경우에 그 논거 내지 기준은 무엇인지가 문제된다. 이러한 간접손실에 대해서는 보상

38) 대표적으로 Jarass, Inhalts- und Schrankenbestimmung oder Enteignung?, NJW 2000, S. 2841 ff.; Maurer/Waldhoff, a.a.O., § 27 Rn. 50 등 참조. 사실행위에 대한 재산권 침해의 문제에 대해서는 졸저, 행정구제의 기본원리, 139-140면 참조.

39) BGHZ 99, 24/29; 126, 379/381; Jarass, in: Jarass/Pieroth, GG, Art. 14 Rn. 94.

규정이 없는 경우가 적지 않다. 대법원은 "특별한 희생", "특별한 손해" 등의 개념을 사용하고 있지만, 그 구체적인 판단기준을 제시하고 있지 않다. 실제 이러한 기준은 매우 모호하여 구체적인 사안에서 법원의 판단에 의할 수밖에 없다. 그러나 특별한 희생에 근거하여 보상을 판단하는 학설은 특정한 학설보다는 대체로 '절충설'을 채택하고 있으나 그 기준의 절충도 각양각색이다. 이와 달리 헌법재판소는 구 도시계획법 제21조의 위헌소원 사건(이른바 그린벨트 사건)[40] 이후에 이러한 분리이론의 입장에 서 있다. 분리이론의 입장에서는 공용수용의 요건을 명확히 하고, 이러한 요건을 충족하지 않는 경우는 모두 재산권의 내용 한계에 해당한다고 보고 있는 것이다.[41] 헌법재판소는 이미 공용수용의 요건을 제시한 바 있다. 즉 국민의 재산권을 그 의사에 반하여 강제적으로라도 취득해야 할 공익적 필요성이 있을 것, 법률에 의거할 것, 정당한 보상을 지급할 것 등이 그러하다.[42] 그러나 이러한 공용수용의 요건은 보다 더 구체적이고 정치하게 제시되어야 한다. 헌법 제23조 제3항을 기준으로 공용수용의 요건은 아래와 같이 구체화될 수 있다. 첫째, 재산권에 대한 고권적 법률행위가 있을 것, 둘째, 직접 법률에 의하거나 법률에 근거한 재산권의 박탈행위 내지 제한행위가 있을 것, 셋째, 공적 과제의 수행과 관련하여 공공필요성(특별히 중대한 공익적 필요성)이 있을 것을 요건으로 한다.[43] 이러한 헌법적 논의를 바탕으로 개별 법률에서 이러한 공용수용의 요건을 명확히 설시하는 것이 더욱 중요하다. 개별 법률에는 대부분 수용이나 사용에 관한 간략한 규정만을 두고 있을 뿐이다. 헌법상 재산권 보장의 취지에 비추어 공용수용의 허용요건을 보다 엄격히 규정할 필요가 있다. 이러한 공용수용에 해당하기 어려운 경우에 헌법 제23조 제3항의 '공용제한'에 해당하는지도 문제된다. 공용사용은 일종의 '사용제한'으로서 공용제한에 속한다. 판례에서 이러한 '공용제한'에 관한 해석을 찾기는 어

40) 헌재 1998. 12. 24. 89헌마214 등.

41) 독일의 학설 및 판례의 변화에 대해서는 졸저, 행정구제의 기본원리, 122-127면 이하.

42) 헌재 1998. 3. 26. 93헌바12, 판례집 10-1, 226, 243. 그러나 이러한 요건은 헌법 제23조 제3항의 규정을 그대로 되풀이하고 있을 뿐, 구체적인 내용이 제시되어 있지 않다. 따라서 판례에서 이러한 요건을 보다 명확히 제시할 필요가 있다. 예컨대 사실행위에 의한 재산권 침해도 공용수용의 포함시킬 것인지도 분명하지 않다. 첫 번째 요건과 관련하여 독일 연방헌법재판소는 사실행위에 의한 재산권 침해는 공용수용의 요건에서 배제하고 있다.

43) 졸고, "공용수용의 요건과 한계", 122면 이하 참조.

렵다. 그러나 공용제한의 개념을 확대할 경우 재산권의 사회적 기속 내지 재산권의 내용한계와 충돌할 수 있다. 고속철도의 운행으로 인한 소음 · 진동의 피해는 이러한 공용수용이나 공용제한의 요건을 충족시키기가 쉽지 않다.

독일에서는 교통소음에 의한 재산상의 피해를 수용적 침해이론을 통해 해결한 바 있다. 독일 연방통상법원은 전술한 바와 같이 이러한 재산상의 피해가 위법한 재산권 침해로 인하여 발생한 경우에는 수용유사적 침해이론을, 그리고 부수적이고 비전형적인 재산상 피해인 경우에는 수용적 침해이론을 적용하였다. 그러나 오늘날 이러한 이론을 그대로 적용할 수 있는지에 대해서는 견해 대립이 있다. 이에 대한 선구적 견해는 입법적 해결이 바람직하다고 전제하면서도 입법의 흠결이 있는 경우에는 헌법규정에 입각한 해석론이 필요하다고 보고 있다. 즉 공용침해를 통하여 특별한 희생을 입고 있으나 법률에 보상규정이 없는 경우에 이러한 수용유사적 침해 및 수용적 침해의 법리를 인정할 수 있다는 견해가 그러하다.[44] 이러한 견해는 수용법제가 충분히 발전되지 못한 척박한 상황에서 독일의 이론을 진취적으로 도입한 것이라는 점에서 학문적으로 높게 평가될 수 있다. 또 다른 견해도 독일의 학설과 판례를 통해 상당히 비중을 가진 것으로 평가하고 있다고 전제하면서, 한국의 상황에서 문제해결에 도움을 줄 수 있다고 보고 있다. 즉 "우리에게 중요한 것은 수용유사적 침해이론이 우리와 토양을 달리하는 독일법에서 성립하여 발전한 것이지만, 유사한 손해전보제도를 유지하는 한국의 법적 상황과 문제를 해결함에 있어서도 충분히 고려될 수 있는 실천적 측면을 가지고 있다"는 주장이 그러하다.[45]

그러나 이러한 견해에 대해 비판적 견해도 유력하다. 즉 일설은 "수용유사 침해이론은 이미 앞에서 반복한 바와 같이 독일식의 문제해결을 위한 특유한 방법이라고 보아야 하며, 그 상황이 여러 면에서 다른 우리 나라에서는 그 효력을 발휘하기 어려운 제도라고 평가할 수 있다"고 보고 있다.[46] 또한 "이 법리의 일부(예컨대 수용유사침해이론)는 우리나라에도 적용될 수 있다고 보는 견해가

44) 김남진/김연태, 행정법 I, 694-695면.
45) 김성수, 일반행정법, 홍문사, 제7판, 2014, 751면.
46) 류지태, "수용유사침해이론의 비판적 검토", 박윤흔(편), 행정상 손실보상의 주요문제, 박영사, 1997, 539면.

있기는 하나, 이들 법리가 실정법적 법원리로서 적용될 수 있는지에 대하여는 아직도 보다 많은 검토와 논의가 필요한 것으로 본다"는 유보론 내지 신중론의 입장도 있다.[47] 또 다른 견해도 "수용유사적, 수용적 침해제도는 독일의 특유한 역사적인 배경속에서 발전된 제도로서 한국의 행정상의 손해전보제도의 발전에 하나의 참고는 될 수는 있으나 현실적인 수용을 위하여는 여러 가지 법정책적이고 법방법론적인 문제점들을 안고 있다"고 보고 있다.[48] 이 견해는 우리의 국가배상법의 과실책임주의를 극복하기 위하여는 과실 개념을 실무적으로 독일의 조직과실이나 프랑스의 공역무의 과실과 같이 객관화시켜야 하며, 스위스의 국가배상법과 같이 무과실책임제도를 도입하는 것이 바람직하다고 주장한다. 그 밖에 독일식의 헌법적 근거(희생사상)를 적용할 수 없지만, 헌법의 여러 조항(헌법 제10조, 제23조 제1항, 제23조 제3항, 제37조 제1항)을 유기적으로 해석하여 손실보상을 인정하자는 견해도 있다.[49] 그러나 수용유사적 침해이론에 근거하여 유추적용에 의한 손실보상을 인정함에 있어서 가장 큰 장애는 해당 사안에 적용할 보상의 기준과 방법 등에 관한 아무런 준거가 없다는 사실이다. 이와 관련하여 유력설은 "보상의 구체적인 기준과 방법에 관한 법규가 없는데도 불구하고 현실적으로 어떠한 기준과 방법에 의해 보상을 인정할 수 있는지에 대하여는 구체적인 해답이 없으며, 만일 보상의 기준과 방법을 달리 찾을 수 있다면 구태여 수용유사적 침해의 법리를 원용할 필요조차 없을 것이다"고 지적하고 있다.[50]

이와 관련하여 판례의 입장을 살펴볼 필요가 있다. 1980년 6월 말경 비상계엄 당시 국군보안사령부 정보처장이 언론통 · 폐합 조치의 일환으로 문화방송(MBC) 소유의 방송사 주식을 강압적으로 국가에 증여하게 한 것이 '수용유사행위'에 해당되는지 여부가 문제되었다. 원심인 서울고등법원은 구 헌법 제22조 제3항을 근거로 수용유사적 침해이론을 인정하는 내용으로 판시하였다.[51] 그러나 대법원이 수용유사적 침해이론을 언급하고 있지만, 이러한 이론을 명확히

47) 김동희, 행정법 I, 제21판, 박영사, 2015, 630면.
48) 정하중, 행정법개론, 제13판, 법문사, 2019, 603면.
49) 홍정선, 행정법원론(상), 제27판, 894면.
50) 李尙圭, 新行政法論(上), 신판, 644-645면.
51) 서울고등법원 1992. 12. 24. 선고 92나20073 판결.

도입하고 있다고 보기는 어렵다.[52] 이후의 대법원 판결에서 수용유사적 침해이론을 명확히 적용한 사례도 발견하기 어렵다. 또한 수용적 침해이론을 명확히 적용한 사례도 대체로 동일하나, 후술하는 바와 같이 유추적용을 통한 보상을 인정한 사례가 있을 뿐이다.[53] 그러나 다른 법령에 규정된 보상조항의 유추적용이 수용적 침해이론을 적용된 것이라고 단정하는 것은 성급하다. 판례에서 '특별한 희생' 내지 '특별한 손해'라는 기준을 사용하고 있지만, 구체적으로 어떠한 기준에 근거하고 있는지에 대해서는 상세히 논증하고 있지 않다. 이와 달리 독일에서는 특별한 희생의 개념보다 연방헌법재판소의 자갈채취판결 이후에 확립된 형식적 수용개념에 의해 판단하고 있으며, 이른바 수용적 침해이론의 존속 여부도 문제되고 있다. 나아가 최근에는 이러한 수용적 침해이론을 '조정적 보상부 내용한계규정'에 포함시킬 수 있는지가 논의되고 있다.[54] 따라서 수용유사침해 및 수용적 침해이론의 도입여부에 대해서는 보다 신중해야 한다.

(2) 간접손실보상의 실현방법

보상에 관한 직접적 근거 규정이 없는 경우에 어떠한 방식으로 이를 실현할 수 있는지가 문제된다. 이와 관련하여 헌법 제23조 제3항에 근거하여 직접 보상을 주장할 수 있다는 견해(직접적용설),[55] 이러한 재산권 침해에 관한 법률에 보상 규정이 없는 경우에 그 법률을 위헌무효로 판단해야 한다는 견해(위헌무효설), 그리고 헌법 제23조 제1항 및 제11조를 근거로 유추적용이 가능하다는 견해(간접적용설 내지 유추적용설) 등이 있다. 그 밖에 법률에 보상규정이 없는 경우에는 보상이 불가능하며 입법적으로 해결되어야 한다는 견해도 있다.[56]

한편, 제3공화국 헌법 제20조 제3항의 보상규정과 독일 기본법의 보상규

---

52) 대법원 1993. 10. 26. 선고 93다6409 판결.

53) 이러한 유추적용을 통해 결과적으로 판례에서 수용유사적 침해이론이 인정되었다고 평가하는 견해도 있다(김중권, 행정법, 제3판, 902면).

54) 졸저, 행정구제의 기본원리, 140-141면.

55) 박균성, 행정법론(상), 제15판, 883면. 그러나 법률에 아무런 보상규정이 없는 경우에 헌법의 규정만으로 손실보상을 인정하기는 어렵다. 헌법 제23조 제3항의 규정으로부터 구체적인 보상의 기준과 범위 등을 도출할 수는 없기 때문이다.

56) 박윤흔, 최신행정법강의(상), 개정29판, 798면.

정과 헌법 제23조 제3항의 보상규정이 유사하다는 점을 근거로 직접효력설을 주장하면서도 수용유사적 침해 및 수용적 침해에 따른 보상이론이 적용될 수 있다는 견해도 있다.[57] 그러나 "보상은 법률로써 하되"라고 규정한 헌법 제23조 제3항에 모순되며, 독일에서는 불가분조항을 근거로 재산권을 침해하는 법률은 위헌무효로 본다는 점에서 위헌무효설이 지배적 견해이다. 그 밖에 보상규정의 흠결의 경우 입법부작위에 대한 헌법소원을 제기할 수 한다는 견해도 있다.[58] 헌법재판소는 조선철도 주식의 보상금청구에 대해 이를 인정한 바 있으나, 진정입법부작위에 대해 헌법소원을 인용한 경우는 드물다.[59] 이러한 헌법소원이 인용되더라도 현실적으로 보상입법을 구체적으로 하지 않는 한 권리구제의 실효성은 높지 않다. 조선철도(주) 주식의 보상금청구에 관한 헌법소원은 사설철도주식의 전 재산을 수용한 것에 대한 보상절차를 규정한 법률의 공백을 다투는 것이라는 점에서 형식상 입법부작위에 대한 것이지만, 그 본질은 불가분조항과 밀접한 관련을 가진 것이다.

대법원은 위 간접적용설 내지 유추적용설의 논거로서 소개되는 헌법 제23조 제1항 및 제11조에 근거하지 아니하고, 곧바로 구 공공용지의취득및손실보상에관한특례법 시행규칙의 규정을 유추적용하여 보상을 인정하고 있다. 즉 산업기지개발사업의 시행에 따라 김양식이 불가능하게 되어 수산업협동조합이 상실하게 된 김위탁판매수수료의 손실보상과 관련하여, 구 공공용지의취득및손실보상에관한특례법 시행규칙 제23조의5, 6의 각 규정을 유추적용할 수 있다고 판시하고 있다.[60] 그러나 이러한 판례의 입장이 수용유사적 침해이론이나 수용적 침해이론을 직접 적용한 것으로 보기는 어렵다. 보상규정의 흠결로 인해 보상을 확대하기 위한 해석으로 이러한 유추적용의 방식을 따르고 있을 뿐이다. 그러나 이러한 유추해석을 함에 있어서도 법률이 아닌 시행규칙의 규정을 따르

---

57) 김남진, 행정법의 기본문제, 신판, 법문사, 1994, 457-458면. 한편, 헌법의 규정이 법률의 유추근거가 된다는 것은 논리적으로 타당하지 않다는 비판이 있다(이광윤, 일반행정법, 전면개정판, 439면).

58) 김문현, "재산권의 사회적 구속성과 공용수용의 체계에 대한 검토", *公法研究* 제32집 제4호, 7면.

59) 헌재 1994. 12. 29. 89헌마2, 판례집 6-2, 395면 이하.

60) 대법원 1995. 7. 14. 선고 94다38038 판결.

고 있다. 즉 토지보상법 시행규칙 제45조 이하에는 농업, 축산업 및 잠업 등과 관련된 영업손실에 관한 손실보상을 두고 있다.[61)]토지보상법 제77조에서 영업 손실에 관한 근거 규정을 두고 있으며, 같은 조 제4항에는 보상액의 구체적인 산정 및 평가 방법과 보상기준, 제2항에 따른 실제 경작자 인정기준에 관한 사항을 국토교통부령에 위임하고 있다. 토지보상법 제77조 제4항에서 비교적 구체적인 사항을 부령에 위임하고 있으므로 포괄위임금지의 원칙 내지 명확성원칙에 위배되지는 아니한다. 또한 토지보상법 시행규칙 제46조부터 제48조까지는 영업손실에 관한 일반적 규정을 두고, 축산업과 잠업의 손실에 대해 준용하고 있다. 그러나 이러한 보상규정은 공익사업에 필요한 토지 등을 협의 또는 수용에 의하여 취득하거나 사용하는 경우에 적용되어야 한다(토지보상법 제1조 참조). 소음 · 진동 등에 의한 재산상 피해는 협의취득뿐만 아니라 재산권의 강제적 박탈이나 제한인 공용수용 내지 공용제한에 의한 것이 아니다. 따라서 고속철도나 고속도로의 운행으로 발생하는 소음 · 진동 등에 의한 재산상 피해에 대해 토지보상법 제77조에 규정된 "영업을 폐지하거나 휴업함에 따른 영업손실"에 관한 규정을 적용하기 어렵다. 다만, 이러한 재산상 피해에 대해 토지보상법 제77조 및 같은 법 시행규칙 제46조부터 제48조까지의 규정을 유추적용할 수 있는지가 문제된다.

3. 간접손실에 대한 소송형식

이러한 영업손실이나 이전비 등의 보상에 대한 적합한 소송형식이 무엇인지에 대해 견해대립이 있다. 판례는 종래 공익사업으로 인하여 영업을 폐지하거나 휴업하는 자가 재결절차를 거치지 아니하고 곧바로 사업시행자를 상대로 영업손실보상을 청구할 수 없다고 판단하였다. 즉 영업손실에 대해 곧바로 공법상 당사자소송을 제기할 수 없고, 이에 대해서는 재결을 거친 후 항고소송을 제기해야 한다고 판단한 것이다. 그러나 소송형식이 매우 제한적인 우리 행정소송법의 구조나 특징에 비추어, 소송형식을 지나치게 엄격하게 판단하는 것은

61) 이러한 영업손실의 근거에 대해서는 논란이 있으나, 필자는 헌법 제34조 사회적 기본권에 근거하고 있다고 본다(이에 대한 상론은 졸저, 행정구제의 기본원리, 265-267면).

권리구제의 관점에서 바람직하지 않다. 무엇보다 이러한 영업손실에 대해서 재결전치주의를 명시한 경우는 없으며, 상고심에서 소송형식을 이유로 부적법 각하를 하는 것은 재고할 필요가 있다. 당사자가 중앙토지수용위원회나 지방토지수용위원회에 재결을 신청하고, 이에 불복하여 항고소송을 제기할 수 있음은 물론이다. 또한 이러한 재결에 대해 경우에 따라서는 토지보상법 제85조 제2항에 근거한 보상금증감청구소송을 제기할 수도 있다. 그러나 매수청구에 대하여 항고소송은 불가하고, 보상금증감청구소송만 제기할 수 있다는 판례의 입장도 이해하기 어렵다.[62]

대법원은 토지소유자인 원고(甲)가 지방토지수용위원회에 사업시행자인 구청장 乙이 3년 이상 토지를 사용하였음을 이유로 수용을 청구하였으나 각하재결을 받았다. 이에 甲은 위 각하재결의 취소를 구하는 소를 제기한 것이다. 대법원은 이에 대해 부적법각하를 하면서, 보상금의 증감에 관한 소송을 제기할 수 있다고 판시하였다. 그러나 보상금증감청구소송의 허용이 소송경제적 측면에서 효율적인 것은 사실이지만, 토지수용위원회의 각하재결에 대하여 취소소송을 제기하는 것을 불허하는 것은 이해하기 어렵다. 대법원은 오히려 이러한 수용청구권을 형성권으로 이해하고 있으나, 매수청구권의 상대방이나 절차 등도 잔여지수용청구권과 완전히 동일하다고 보기 어렵다(토지보상법 제74조 제1항 참조).

한편, 소송형식에 대한 명문의 규정이 없는 경우에는 국민의 권리구제의 관점에서 유연한 입장을 견지하는 것이 바람직하다. 주지하다시피 독일의 행정소송에서는 소송형식에 대한 명문의 규정이 없어도 기존의 소송형식은 물론이고, 해석을 통해 새로운 소송형식을 적극적으로 인정하고 있다. 항고소송 일변도의 접근방식은 오히려 국민의 권리구제를 취약하게 만들 뿐만 아니라 무리한 법리를 적용할 수 있다. 항고소송의 용량은 무한대가 아니다. 법률하위규범이나 (권력적)사실행위, 공법계약 등에 대해 무리하게 항고소송의 대상을 확대하는 경향은 이러한 문제점을 반영하는 것이다. 이러한 판례의 입장은 일본의 판례나 학설과 궤를 같이 하고 있으나, 이제는 이를 극복해야 한다. 위에서 언급한

62) 대법원 2015. 4. 9. 선고 2014두46669 판결.

바와 같이 재결을 거친 경우에는 항고소송이나 형식적 당사자소송으로서 보상금증감청구소송이 고려될 수 있으나, 재결을 거치지 아니한 경우에도 실질적 당사자소송을 제기할 수 있는 기회를 보장해야 한다.

4. 소결

이러한 문제에 대한 손실보상의 가능성은 아래와 같이 두 가지 관점에서 정리할 수 있다. 첫째, 사회기반시설(특히 교통시설)의 설치나 운영 등에 의해 발생하는 소음 · 진동 등에 의한 재산상 피해는 공용수용의 요건 중 '고권적 법률행위'에 해당하지 아니한다. 이러한 재산적 침해는 헌법 제23조 제3항에서 규정하는 의도된 재산권의 박탈 또는 제한에 해당하지 아니한다. 소음 · 진동 등에 의한 재산권 침해와 관련한 근거 법령이 없다는 점도 이러한 점을 보여 주는 것이다. 그러므로 분리이론에 근거한 공용수용의 개념에 의할 경우 이러한 재산적 피해는 손실보상을 요하지 아니하나 이러한 재산적 피해가 비례원칙이나 평등원칙을 위반하는 경우에는 입법자가 보상규정을 둘 수 있음은 물론이다. 현행 법령에는 독일 연방임미시온방지법 제42조와 같은 소음 · 진동 등에 의한 재산적 피해에 대한 보상규정을 찾기 어렵다. 따라서 이러한 분리이론에 의할 경우에는 소음 · 진동 등에 의한 재산상 피해에 대해 원칙적으로 손실보상을 청구할 수 없다.

둘째, 고속도로나 고속철도 등의 설치 · 운영에 의해 발생하는 소음 · 진동 등에 의한 재산적 피해의 경우 수용유사적 침해나 수용적 침해의 법리가 적용될 수 있다. 위법한 고권적 조치로 인하여 이러한 재산적 피해가 발생하는 경우에는 수용유사적 침해가 될 수 있다. 그 침해행위의 위법성을 판단함에 있어서 '특별희생'과 밀접한 관련을 가진다. 그러나 교통 소음 · 진동 등이 관계 법령상의 허용기준이나 규제기준을 초과하는 것은 그 침해행위의 위법을 판단하는 중요한 기준이다. 예컨대 소음 · 진동관리법 시행규칙 제26조 및 [별표 12]에 규정된 교통소음 · 진동의 관리기준은 매우 중요한 기준이다. 이러한 위법을 논증하는 것이 어려운 경우에, 즉 적법한 행정작용(고속철도의 운행)으로 인하여 발생하는 교통 소음 · 진동 등에 대해서는 수용적 침해이론이 고려될 수 있다. 이러한 이론이 적용되기 위해서는 앞에서 언급한 수용적 침해이론의 성립요건을 충족하여야 한다. 즉 침해의 직접성, 異形的이고 부수적 결과 및 특별한 희생 등이 문제된다.

수용유사적 및 수용적 침해이론을 통해 손실보상이 인정될 경우에도 보상규정이 흠결되어 있다. 이 문제를 해결하기 위해서 전술한 바와 같이 학설상 견해대립이 있다. 수용유사적 · 수용적 침해이론을 주장하는 견해는 유추적용을 통해 해결하고 있다.[63] 이와 관련하여 영업상 손실에 대해서는 토지보상법 제77조에 영업손실의 보상에 관한 근거규정을 두고 있으며, 그 위임에 따라 토지보상법 시행규칙 제45조 이하에서도 농업, 축산업 및 잠업 등과 관련된 영업손실에 관한 손실보상을 규정하고 있다. 그러나 여기에서 규정하는 영업손실은 "영업을 폐지하거나 휴업함에 따른 영업손실에 대하여는 영업이익과 시설의 이전비용 등"에 관한 것이다. 또한 이러한 영업손실은 공익사업의 시행을 위한 협의취득이나 공용수용 또는 공용제한에 의한 경우이어야 한다. 소음 · 진동 등에 의한 재산적 피해(영업손실)는 사업시행지 밖에 위치한 경우가 대부분이다. 토지보상법 시행규칙 제64조에 의한 영업손실보상이 되기 위해서는 배후지의 3분의 2 이상이 상실되어 그 장소에서 영업을 계속할 수 없는 경우, 진출입로의 단절, 그 밖의 부득이한 사유로 인하여 일정한 기간 동안 휴업하는 것이 불가피한 경우에 해당하여야 한다. 그러나 소음 · 진동 등에 의한 재산상의 피해는 이러한 요건을 충족하기 어렵다. 이와 같이 관계 법령의 유추적용에 있어서도 어려운 점이 적지 않다. 다만, 수용적 침해이론을 적용할 경우에 토지보상법 제77조 제4항의 위임에 따라 같은 법 시행규칙 제46조부터 제48조까지에서 영업손실의 평가 등에 관한 규정을 두고 있으므로 손실보상의 기준과 범위 등을 판단하는 데에 좋은 준거가 될 것이다.

요컨대 원칙적으로 분리이론에 의할 경우에 소음 · 진동 등에 의한 재산적 피해에 대해서는 헌법 제23조 제3항의 공용수용 내지 공용제한의 요건을 충족하기 어렵지만, 이른바 특별한 희생에 근거한 경계이론에 의할 경우에는 손실보상의 가능성이 열려 있다. 전자의 경우에는 독일과 같이 보상규정의 근거가 있어야 하나, 후자의 경우에는 해석에 의해 손실보상이 인정될 수 있다. 이와

63) 김남진/김연태, 행정법 I, 2018, 662면.

같이 분리이론에 의할 경우에는 소음·진동 등에 의한 재산상의 피해에 대한 보상규정이 없는 상황에서 손실보상을 청구할 길이 없다. 이러한 재산상 피해는 재산권의 내용한계에 해당할 뿐, 원칙적으로 수용보상의 대상이 아니다. 이와 달리 경계이론에 의할 경우에 수용적 침해이론이 고려될 수 있다. 다만, 수용적 침해이론을 명확히 확립하고, 그 요건의 충족 여부를 면밀히 검토해야 한다. 주의할 것은 수용적 침해이론은 그 법적 근거를 상실한 후 이 이론의 본고장인 독일에서도 점차 퇴색하고 있다는 점이다. 그러한 점에서 이러한 이론을 적용하는 것은 신중해야 하며 재고의 여지도 많은 것이 사실이다. 사견으로는 분리이론의 입장에서 접근하는 것이 타당하며, 이에 대한 손실보상의 문제도 입법적 해결이 가장 바람직하다고 본다.[64)]

Ⅳ. 환경정책기본법에 의한 손해배상의 허용 여부

1. 문제의 소재

위법한 시설의 설치·운영 등에 의해 발생하는 소음·진동 등의 재산상 피해에 대해서는 손해배상의 가능성이 고려될 수 있다. 이러한 손해배상에는 민사상 손해배상과 국가배상을 고려할 수 있다. 공익사업을 시행하는 사업시행자의 법적 지위에 따라 소송형식이나 법적 근거가 달라질 수 있다. 예컨대 한국철도시설공단은 한국철도시설공단법에 근거하여 철도시설의 건설 및 관리와 그 밖에 이와 관련되는 사업을 효율적으로 수행하기 위해 설립된 공법인이다(한국철도시설공단법 제3조). 또한 한국철도시설공단은 '위탁집행형 준정부기관'에 해당한다(공공기관의 운영에 관한 법률 제5조 제3항 제2호 참조). 한국철도공사는 철도운영에 관한 사업의 전문성과 효율성을 제고하여 철도산업과 국민경제의 발전에 기여하기 위해 설립된 법인이다(한국철도공사법 제2조). 공공기관 경영정보 공개시스템(ALIO)에 의하면, 한국철도공사는 '준시장형 공기업'에 해당한다.

---

64) 근래에 행정법학계에서도 분리이론을 지지하는 견해가 늘고 있음은 고무적이다(김중권, 전게서, 902면).

이 경우에 국가배상법 제5조에 따라 영조물의 설치 · 관리상의 하자에 의한 손해배상이 인정될 수 있는지가 문제된다. 여기에서 말하는 영조물은 강학상 '공물'로 이해된다. 이러한 공물은 형체적 요소와 더불어 공용지정(또는 공용개시)이 있어야 성립한다. 도로나 철도 등은 이러한 요건을 충족하는 경우에 '공물'에 해당할 수 있다. 또한 영조물의 설치 · 관리상의 하자가 무엇을 의미하는지에 대해서는 견해가 대립하고 있으나, 판례의 주류는 객관적 안전성을 근거로 한 객관설의 입장에 서 있다. 다만, 판례는 객관설의 입장을 원칙으로 하면서도, 그 책임의 제한을 위해 '예견가능성'과 '회피가능성'의 기준을 사용하고 있다. 이는 객관설의 입장이 대체로 무과실책임을 주장하고 있기 때문에 그 책임을 합리적으로 제한하기 위해 주관적 요소를 고려하고 있는 것이다. 따라서 주관설(의무위반설)의 근거판례 중에서 대법원 97다3194 판결은 객관설의 입장을 기본적으로 취하고 있다.[65] 다만, 대법원 99다54004 판결은 원칙적으로 객관설의 입장에서 있으면서도 책임제한을 위해 주관적 요소를 추가한 것이다.[66] 그러나 배상책임자가 국가 또는 지방자치단체를 제외한 기타 공공단체인 경우에도 국가배상법이 적용될 수 있는지에 대해서는 견해가 대립하고 있다. 이에 대해서는 민법 제758조 제1항의 규정을 적용해야 한다는 견해가 다수설이다.

---

65) "도로의 설치 또는 관리의 하자는 도로의 위치 등 장소적인 조건, 도로의 구조, 교통량, 사고시에 있어서의 교통사정 등 도로의 이용상황과 그 본래의 이용목적 등 제반 사정과 물적 결함의 위치, 형상 등을 종합적으로 고려하여 사회통념에 따라 구체적으로 판단하여야 할 것인바, 도로의 설치 후 제3자의 행위에 의하여 그 본래 목적인 통행상의 안전에 결함이 발생한 경우에는 도로에 그와 같은 결함이 있다는 것만으로 성급하게 도로의 보존상 하자를 인정하여서는 안되고, 당해 도로의 구조, 장소적 환경과 이용상황 등 제반 사정을 종합하여 그와 같은 결함을 제거하여 원상으로 복구할 수 있는데도 이를 방치한 것인지 여부를 개별적, 구체적으로 심리하여 하자의 유무를 판단하여야 한다."(대법원 1997. 4. 22. 선고 97다3194 판결)

66) "국가배상법 제5조 제1항 소정의 영조물의 설치 또는 관리의 하자라 함은 영조물이 그 용도에 따라 통상 갖추어야 할 안전성을 갖추지 못한 상태에 있음을 말하는 것으로서, 영조물이 완전무결한 상태에 있지 아니하고 그 기능상 어떠한 결함이 있다는 것만으로 영조물의 설치 또는 관리에 하자가 있다고 할 수 없는 것이고, 위와 같은 안전성의 구비 여부를 판단함에 있어서는 당해 영조물의 용도, 그 설치장소의 현황 및 이용 상황 등 제반 사정을 종합적으로 고려하여 설치 관리자가 그 영조물의 위험성에 비례하여 사회통념상 일반적으로 요구되는 정도의 방호조치의무를 다하였는지 여부를 그 기준으로 삼아야 할 것이며, 객관적으로 보아 시간적 · 장소적으로 영조물의 기능상 결함으로 인한 손해발생의 예견가능성과 회피가능성이 없는 경우 즉 그 영조물의 결함이 영조물의 설치관리자의 관리행위가 미칠 수 없는 상황 아래에 있는 경우에는 영조물의 설치관리상의 하자를 인정할 수 없다"(대법원 2000. 2. 25. 선고 99다54004 판결)

소음 · 진동 등에 의한 재산상 피해는 환경정책기본법 제44조 제1항과 밀접한 관련을 가진다. 국가배상법 제5조의 요건과 관련하여 위법 · 무과실책임을 주장하는 견해를 제외하고는 대체로 별도로 위법성 여부를 논하지 않으며, 영조물의 설치 · 관리상의 하자만을 검토하고 있을 뿐이다. 또한 민법 제758조 제1항의 공작물책임도 공작물의 '설치 · 보존의 하자'만 논할 뿐 별도로 위법 여부를 검토하지는 않는다. 그 하자도 "공작물 자체가 그 용도에 따라 통상 갖추고 있어야 할 객관적 안전성"으로 이해하고 있다.[67] 그러나 민법 제758조 제1항의 배상책임자는 1차적으로 '점유자'이고, 제2차적으로 '소유자'이다.[68] 이와 같이 배상책임의 주체나 면책가능성 등에 있어서 다소 차이가 있으나, 국가배상법 제5조와 민법 제758조 제1항의 적용대상은 서로 중첩적일 수 있다. 영조물(공물)의 개념이 '공작물'의 개념보다 더 넓다고 보는 것이 일반적이나 도로 · 철로 등도 공작물의 개념에 포함된다. 한편, 환경정책기본법 제44조 제1항에는 "환경오염 또는 환경훼손으로 피해가 발생한 경우에는 해당 환경오염 또는 환경훼손의 원인자가 그 피해를 배상하여야 한다"고 규정하고 있다. 환경오염피해에 대한 무과실책임을 규정하고 있는데, 사회기반시설의 소음 · 진동 등의 재산상 피해에 대해서도 이 조항이 적용되는지 여부를 검토하기로 한다.

2. 환경정책기본법 제44조 제1항에 의한 손해배상책임 여부

소음 · 진동 등에 의한 피해가 환경정책기본법의 적용대상인지가 문제된다. 환경정책기본법 제3조 제4호에서는 '환경오염'을 "사업활동 및 그 밖의 사람의 활동에 의하여 발생하는 대기오염, 수질오염, 토양오염, 해양오염, 방사능오염, 소음 · 진동, 악취, 일조 방해, 인공조명에 의한 빛공해 등으로서 사람의 건강이나 환경에 피해를 주는 상태"라고 정의하고 있다. 따라서 소음 · 진동 등에 의한 피해도 이러한 환경오염의 범위에 속한다. 환경정책기본법 제44조 제1항의 표제는 '무과실책임'이라고 되어 있지만, 그 내용에는 환경오염이나 환경훼손의 원인자가 배상책임을 진다는 것만을 규정하고 있을 뿐이다. 엄밀한 의미에서

---

67) 곽윤직, 채권각론, 제6판, 423면; 주석민법(편집대표 朴駿緖), 채권각칙(8), 제3판, 468-469면.

68) 민법학자들은 점유자의 책임을 입증책임을 전환할 '중간적 책임'으로, 소유자의 책임을 '무과실책임'으로 이해하고 있다(곽윤직, 채권각론, 422면).

이를 무과실책임에 관한 규정으로 해석할 수 있는지에 대해서도 논란의 여지가 있다. 그 내용도 매우 추상적이고 포괄적인데, 모든 환경오염이나 환경훼손에 대해 배상책임을 인정할 수 있는지는 의문이다. 이 조항은 환경법의 기본원칙 중의 하나인 '원인자책임의 원칙'을 강조한 것이다. 그러나 대법원은 환경정책기본법 제44조 제1항을 같은 법 제7조의 원인자책임원칙을 연결하여 파악하면서도 이를 사업자 등에 제한하지 않고 모든 환경오염에 확대하여 적용하고 있다. 즉 2011. 7. 21. 법률 제10893호로 개정된 환경정책기본법 제44조 제1항에서 '사업자 등에서 발생되는'이라는 부분이 삭제되어 사업장 등에서 발생되는 것에 한정되지 않고 모든 환경오염으로 확대된 것으로 이해하고 있는 것이다. 구 환경정책기본법(2011. 7. 21. 법률 제10893호로 전부 개정되기 전의 것) 제31조 제1항에서는 "사업장 등에서 발생되는 환경오염 또는 환경훼손으로 인하여 피해가 발생한 때에는 당해 사업자는 그 피해를 배상하여야 한다"라고 규정하고 있었다.[69)]

한편, 대법원은 방사능에 오염된 고철에 대해 아무런 조치를 취하지 않고 타인에게 매도하는 등 이를 유통시켜 거래 상대방이나 전전 취득한 자가 방사능오염으로 피해를 입게 되는 경우에 그 원인자가 방사능오염 사실을 모르고 유통시켰더라도 환경정책기본법 제44조 제1항에 따라 피해자에게 피해를 배상할 의무가 있다고 판시하고 있다.[70)] 판례에서는 환경오염 또는 환경훼손으로 인한 책임이 인정되는 경우에 사업장에서 발생되는 것에 한정하지 않고, 원인자가 사업자인지 여부와 관계없이 그로 인한 피해에 대해 환경정책기본법 제44조 제1항에 따라 귀책사유를 묻지 않고 배상할 의무가 있다고 보고 있다. 환경정책기본법 제44조 제1항을 민법의 불법행위 규정에 대한 특별 규정으로 파악하고 있는 점도 주목된다. 그러나 환경정책기본법 제44조 제1항의 규정이 매우 모호하게 규정되어 있어 이러한 해석이 불가피한 점도 있지만, 이 조항을 확대해서 적용하는 것은 신중해야 한다.

또한 대법원은 B신(新)항만의 배후철도의 건설 · 운행 등으로 인해 K市 목장용지에서 한우를 사육하는 농장에 피해를 준 사건에서 한국철도시설공단과

69) 대법원 2017. 2. 15. 선고 2015다23321 판결 참조.
70) 대법원 2018. 9. 13. 선고 2016다35802 판결.

한국철도공사에 대해 구 환경정책기본법 제31조 제1항의 사업자와 환경정책기본법 제44조 제1항에서 정한 오염원인자에 해당한다고 보아 연대하여 손해배상책임을 인정하고 있다.[71] 나아가 철도를 설치하고 이를 보존 · 관리하는 자는 그 하자로 인하여 피해가 발생한 경우에 민법 제758조 제1항에 따라 이를 배상할 의무가 있다고 판시하고 있다. 피고(한국철도시설공단)에 대해 철로건설 후에도 이를 관리하면서 열차운행으로 인하여 참을 한도를 넘는 소음 · 진동 피해가 발생하지 않도록 하여야 할 주의의무가 있다는 것이다. 그리고 피고 공단이 이러한 주의의무를 다하지 않아서 이 사건 철로를 통한 열차 운행으로 인해 참을 한도를 넘는 피해가 발생한 경우에는 민법 제758조 제1항에 따라 그 손해를 배상할 책임이 있다고 판시하고 있다. 즉 공작물이 용도에 따라 갖추어야 할 안전성은 물리적 · 외형적 결함이나 하자뿐만 아니라 이용자에게 위해를 끼칠 위험성이 있는 경우를 망라하여, 본래의 목적 등으로 이용하는 과정에서 일정한 한도를 초과하여 제3자에게 사회통념상 일반적으로 참아내야 할 정도를 넘는 피해를 입히는 경우까지 포함하고 있다.

이러한 대법원 판례의 입장에 의할 경우에 교통 소음 · 진동 등에 의한 재산상 피해에 대해 환경정책기본법 제44조 제1항에 따라 무과실책임에 의한 배상책임을 물을 수 있다. 그러나 환경정책기본법 제44조 제1항의 규정은 매우 이례적인 입법례이며, 이를 확대하여 해석 · 적용하는 것은 신중해야 한다. 침해행위의 위법성 판단에 있어서도 환경기준의 초과만을 근거로 참을 한도를 넘는 위법한 침해행위로 단정해서는 아니 된다. 대법원도 행정법규에서 정하는 환경기준을 위반하더라도 곧바로 민사상 불법책임이 성립하는 것은 아니라고 보고 있다. 즉 전술한 2015다23321 판결에서 "철도소음 · 진동을 규제하는 행정법규에서 정하는 기준을 넘는 철도소음 · 진동이 있다고 하여 바로 참을 한도를 넘는 위법한 침해행위가 있어 민사책임이 성립한다고 단정할 수 없다"고 판시하고 있다. 환경정책기본법의 소음환경기준을 초과하더라도 공동주택에 거주하는

---

71) "이 사건 소음 · 진동이 1차적으로는 열차로부터 발생하지만, 열차의 운행에는 철로가 필수적이고 소음과 진동이 철로를 통해서도 생긴다. 이 사건 철로를 통한 열차 운행으로 원고에게 참을 한도를 넘는 소음 · 진동이 생긴 경우에 피고 공단과 피고 공사는 구 환경정책기본법 제31조 제1항의 사업자와 환경정책기본법 제44조 제1항에서 정한 오염원인자에 해당하여 그 손해를 배상할 책임이 있다."(대법원 2017. 2. 15. 선고 2015다23321 판결)

사람들에 대하여는 일상생활이 실제 이루어지는 실내에서 측정된 소음도에 따라 '참을 한도' 초과 여부를 판단하는 등 실제적인 사정을 종합적으로 고려하여 판단하고 있다.[72)]

3. 환경오염피해구제법에 의한 손해배상 여부

환경오염으로 인한 무과실책임과 관련하여 주의해야 할 것은 '환경오염피해 배상책임 및 구제에 관한 법률'(이하 환경오염피해구제법'이라 한다)의 관련 규정이다. 환경오염피해구제법 제6조에도 사업자의 환경오염피해에 대한 무과실책임을 규정하고 있다. 즉 "시설의 설치 · 운영과 관련하여 환경오염피해가 발생한 때에는 해당 시설의 사업자가 그 피해를 배상하여야 한다"고 규정하고 있다. 다만, 환경오염피해구제법 제6조 제1항 단서에는 환경정책기본법 제44조 제1항과 달리, "전쟁 · 내란 · 폭동 또는 천재지변 등" 불가항력적 사유로 인한 면책규정을 두고 있다. 환경오염피해구제법 제6조의 규정은 시설의 설치 · 운영에 관한 환경오염피해와 관련이 있으며, 이러한 환경오염피해는 "대기오염, 수질오염, 토양오염, 해양오염, 소음 · 진동, 그 밖에 대통령령으로 정하는 원인으로 인하여 다른 사람의 생명 · 신체(정신적 피해를 포함한다) 및 재산에 발생된 피해(동일한 원인에 의한 일련의 피해를 포함한다)"를 의미한다(환경오염피해구제법 제2조 제1호). 이 법률의 목적은 "환경오염피해에 대한 배상책임을 명확히 하고, 피해자의 입증부담을 경감하는 등 실효적인 피해구제 제도를 확립함으로써 환경오염피해로부터 신속하고 공정하게 피해자를 구제하는 것"에 있다. 또한 환경오염피해구제법 제9조에는 인과관계의 추정에 관한 규정을 두고 있다. 즉 "시설이 환경오염피해 발생의 원인을 제공한 것으로 볼 만한 상당한 개연성이 있는 때에는 그 시설로 인하여 환경오염피해가 발생한 것으로 추정한다"는 규정이 그러하다.

이 경우 '상당한 개연성' 시설의 가동과정, 사용된 설비, 투입되거나 배출된 물질의 종류와 농도, 기상조건, 피해발생의 시간과 장소, 피해의 양상과 그 밖에 피해발생에 영향을 준 사정 등을 고려하여 판단한다(같은 조 제2항). 그러

---

72) 대법원 2015. 9. 24. 선고 2011다91784 판결.

나 이러한 인과관계 '추정'의 요건은 판례에 의해 확립된 개연성이론보다 인과관계의 입증책임이 어려운데 입법취지에 부합하지 않는 측면도 있다. 대법원은 이른바 관상수 사건[73] 이후 개연성이론을 일관되게 적용하고 있다. 개연성이론은 대체로 3단계(환경오염물질의 배출→환경 매체에 의한 환경물질의 도달→손해발생)의 과정을 통해 인정된다.[74] 대법원이 이에 대해 어떠한 입장을 취할 것인지에 대해서는 향후 환경오염피해구제법이 적용되는 구체적 사례를 통해 판례의 형성과 발전추이를 지켜볼 수밖에 없다. 환경오염피해구제법은 "환경오염피해에 대한 배상책임을 명확히 하고, 피해자의 입증부담을 경감하는 등 실효적인 피해구제 제도를 확립함으로써 환경오염피해로부터 신속하고 공정하게 피해자를 구제하는 것을 목적으로" 제정된 것이다(제1조). 본래 환경오염피해구제법은 대형화학안전사고에 대한 배상책임을 위해 제정된 것으로서 독일의 환경책임법을 모델로 제정된 것이다.

시설의 설치 · 운영과 관련하여 발생한 환경오염피해(특히 소음 · 진동 등)에 대해서는 환경오염피해구제법의 적용대상이 되지만, 이 법률은 사업자가 야기한 환경오염피해가 발생한 경우에 배상책임 및 구제를 규정하고 있다. 여기에서 말하는 '사업자'는 "해당 시설에 대한 사실적 지배관계에 있는 시설의 소유자, 설치자 또는 운영자"를 말한다(환경오염피해구제법 제2조 제3호). 한국철도시설공단이나 한국도로공사 등이 여기에 속하는지, 그리고 '시설'에 도로나 철도 등과 같은 공물도 포함하는지 등이 문제된다. 그러나 환경오염피해구제법의 적용대상이 되는 시설은 매우 제한적이다. 환경오염피해구제법 제3조에서는 그 적용의 대상이 되는 '시설'을 규정하고 있다. 환경오염피해구제법 제3조 제8호에 소음 · 진동관리법 제2조 제3호에 따른 '소음 · 진동배출시설'이라고 규정하고 있다. 소음 · 진동관리법 제2조 제3호에 의하면, 소음 · 진동배출시설은 "소음 · 진동을 발생시키는 공장의 기계 · 기구 · 시설, 그 밖의 물체로서 환경부령으로 정하는 것"이라고 정의하고 있다. 교통소음이나 진동 등의 환경오염피해를 야기하는 사회기반시설이 소음 · 진동관리법 시행규칙 제2조의2 [별표 1]에 규정된 '소음 · 진동배출시설'에 속하는 경우에는 환경오염피해구제법이 적용될 수도 있다.

---

73) 대법원 1991. 7. 23. 선고 89다카1275 판결.
74) 이에 대해서는 졸저, 행정법의 특수문제, 235-238면.

4. 소결

국가배상법 제5조에는 배상책임의 주체로 국가와 지방자치단체만을 규정하고 있다. 따라서 한국철도시설공단에 의한 설치된 고속철도의 운영으로 인해 발생하는 소음 · 진동 등에 의한 재산상 피해에 대해서는 국가배상법을 그대로 적용하기가 쉽지 않다. 국가 또는 지방자치단체를 제외한 기타 공공단체에 대해서도 국가배상법 제5조를 유추적용할 수 있는지에 대해서는 견해대립이 있다. 실무에서는 오히려 민법 제758조 제1항의 규정이 적용되고 있다. 더불어 이러한 사례에 대해서는 환경정책기본법 제44조 제1항에 근거하여 배상책임을 인정한 선례가 있다. 즉 철로의 건설 후에도 이를 관리하면서 열차 운행으로 인하여 참을 한도를 넘는 소음 · 진동 피해가 발생한 경우에 환경정책기본법 제44조 제1항에 근거하여 배상책임을 인정하고 있다. 그러나 이 조항은 매우 포괄적이고 추상적이어서 그 적용에 신중해야 한다. 환경정책기본법 제44조 제1항에 따라 모든 환경오염이나 환경훼손에 대해 배상책임을 인정하는 것이 타당한지에 대해서는 심사숙고해야 한다. 특히 환경소송에서 판례는 위법성의 판단기준으로 대체로 '수인가능성'을 고려하고 있다. 이러한 수인가능성 공식은 환경소송의 손해배상책임을 확대하기 위해 유용하지만, 그 판단기준이 반드시 명확하다고 보기 어렵다. 수인가능성('참을 한도')의 기준은 기본적으로 주관적 측면을 간과할 수 없어 객관적으로 판단되기 어려운 점도 있다. 이를 객관화하기 위한 노력이 필요한데, 대법원은 이를 판단함에 있어서 침해되는 권리나 이익, 침해의 정도, 침해행위가 갖는 공공성이나 그 지역환경의 특수성이나 환경기준 등을 고려하고 있다.[75] 이를 객관화하기 위해서는 '환경기준'이 중요한 척도가 될 수 있지만, 이러한 환경기준은 절대적 요소가 아니라 판단의 고려요소에 불과하다.[76] 그러나 법규적 효

---

75) "수인한도의 기준을 결정함에 있어서는 일반적으로 침해되는 권리나 이익의 성질과 침해의 정도뿐만 아니라 침해행위가 갖는 공공성의 내용과 정도, 그 지역환경의 특수성, 공법적인 규제에 의하여 확보하려는 환경기준, 침해를 방지 또는 경감시키거나 손해를 회피할 방안의 유무 및 그 난이 정도 등 여러 사정을 종합적으로 고려하여 구체적 사건에 따라 개별적으로 결정하여야 할 것이다." (대법원 2010. 11. 25. 선고 2007다20112 판결)

76) "도로변 지역의 소음에 관한 환경정책기본법의 소음환경기준을 초과하는 도로소음이 있다고 하여 바로 민사상 '참을 한도'를 넘는 위법한 침해행위가 있다고 단정할 수 없다."(대법원 2015. 9. 24. 선고 2011다91784 판결)

력이 인정되는 환경기준을 위반하고 중대하고 수인한도를 넘는 경우에는 그 침해의 위법성을 인정할 수 있을 것이다. 환경정책기본법 제44조 제1항에 의해 무과실책임이 인정되는 상황에서 수인가능성만을 가지고 위법성을 판단하여 손해배상책임을 확대할 수 있는지에 대해서는 사려 깊은 고민이 필요하다. 환경피해로 인한 손해배상책임의 입증을 완화하기 위한 제도가 오히려 손해배상책임의 기본구조와 체계를 무너뜨릴 수 있는 위험도 가진다. 이러한 무과실책임은 일반적인 환경오염피해에 적용하기보다 방사능과 같이 환경피해의 리스크(risk)가 높은 영역에 한하여 제한적으로 인정하여야 한다.

V. 평가와 과제

현행 법령에는 공익사업으로서 사회기반시설의 설치 또는 건설 후에 그 시행으로 발생하는 소음 · 진동 등에 의한 재산상 피해에 대해서는 아무런 보상 규정이 없다. 독일 연방헌법재판소가 발전시킨 '형식적 수용개념'에 의하면, 이러한 침해는 독일 기본법 제14조 제3항의 공용수용에 해당하지 아니 한다. 이러한 소음 · 진동 등에 의한 침해행위는 고권적 '법률행위'가 아니며, 직접적이고 의도적인 재산권 침해로 볼 수 없다. 독일에서도 명문의 규정이 없는 한, 이러한 유형의 이른바 '간접손실'에 대해 보상을 인정하지 않고 있다. 연방임미시온방지법 제42조에는 소극적 소음방지와 관련하여 금전보상에 관한 규정을 두고 있을 뿐이다. 이러한 금전보상은 기본법 제14조 제3항의 수용보상이 아니라 조정적 보상에 해당한다. 종전에 연방통상법원이 발전시킨 수용적 침해이론이 적용될 여지가 있다. 그러나 앞에서 자세히 설명한 바와 같이 수용적 침해이론은 그 법적 근거의 상실로 인해 존립 여부가 다투어지고 있으며, 이를 인정하는 판례도 현저히 줄고 있는 추세이다. 따라서 독일의 입법례에서 보는 바와 같이 손실보상과 관련하여서는 입법적 해결이 가장 바람직하다. 그러나 우리의 현실을 반추해 보면, 독일에 비해 상대적으로 수용법이론이 여전히 낙후한 상태이며, 관계 법령에 소음 · 진동 등의 피해구제를 위한 보상규정이 흠결되어 있다. 체계적인 소음방지조치와 관련된 법제도가 미흡한 실정이다. 이러한 현실적 제약과 여건 속에서 개별사건의 구체적 타당성을 위해 부득이 보상을 해 주어야 하는 경우도 있다.

이러한 경우에 대법원은 해석(유추적용)을 통해 보상을 인정한 바가 있다. 그러나 이러한 유추적용은 신중해야 하며, 이에 적용되는 규정도 소음 · 진동 등에 의한 피해에 대한 손실보상에 관한 것이 아니다. 독일 연방행정법원은 손해전보(국가배상 · 손실보상)의 간극을 보전하고 손실보상을 확대하기 위해 수용유사적 침해이론과 수용적 침해이론을 발전시켰다. 이에 대해 단순히 유추적용의 방식으로 접근하기 보다 판례가 수용적 침해이론을 도입하여 향후 일관되게 적용할 것인지 고민해야 한다. 수용적 침해이론을 인정할 경우에는 개별적 요건을 면밀히 검토해야 한다. 예컨대 왜 특별한 희생에 해당하는지, 그 판단의 근거가 무엇인지, 그리고 직접적인 침해에 해당하는지 등이 면밀히 심사되어야 한다. 판례에서는 보상 여부 및 범위 등과 관련하여 유추적용만 하고 있을 뿐, 그 이론적 근거에 대해서는 충분히 논증하고 있지 않다. 유추적용의 법적 근거는 법률이 아니라 시행규칙이다. 이러한 시행규칙에 규정된 내용을 유추적용하는 것은 헌법 제23조 제3항에 규정된 '보상법률주의'나 '정당보상원칙'에 비추어 여러 가지 문제점을 가진다. 궁여지책으로 개별 사안마다 이러한 규정들을 유추적용하여 보상을 인정하는 것이 적정한지에 대해서는 근본적인 성찰이 필요하다.

이러한 유형의 보상금청구는 공익사업의 시행에서 연원하고 있으므로 공법적 성질을 가지고 있다고 판단된다. 따라서 이러한 보상금소송은 행정소송으로 제기하는 것이 바람직하다. 다만, 독일의 경우에는 이러한 보상금소송을 민사소송의 방식으로 하고 있다(독일 기본법 제14조 제3항 제4문 참조). 재결전치주의를 고수할 필요는 없으며, 이미 재결을 거친 경우에는 공법상 당사자소송을 통해 해결할 수 있다. 실무에서 재결전치주의의 근거로 제시되는 토지보상법 제34조는 재결의 형식에 관한 규정이다. 행정심판도 임의절차화되어 있는 상황에서 반드시 재결전치주의에 집착할 이유도 없다. 재결을 거치는지 여부는 상대방의 선택사항이다. 보상금의 증액을 구하는 것이 목적인 경우에는 재결의 위법성 확인과 더불어 보상금의 증액을 구하는 소송을 활용할 수도 있다(토지보상법 제85조 제2항). 이 경우에는 사업시행자를 상대로 보상금증감청구소송을 제기할 수 있다. 나아가 지방토지수용위원회 또는 중앙수용위원회의 재결(기각재결) 그 자체의 위법을 다투는 항고소송도 허용하는 것이 바람직하다. 이 경우에는 재결의 취소판결에 따라 해당 토지수용위원회가 다시 수용재결을 내릴 수도 있다.

판례는 대체로 소송형식에 대해 매우 엄격한 입장을 취하고 있다. 그러나 독일의 경우에는 한국의 행정소송법보다 다양한 소송형식을 인정하고 있으며, 비록 명문의 소송형식이 아니더라도 해석에 의해 이를 적극적으로 인정하는 경향을 보인다. 법정외항고소송에 대해 부정적 입장을 취하는 국내학설의 입장과 대조적이다. 상고심에서 소송형식을 엄격히 판단하는 것은 국민의 권리구제를 근원적으로 제약할 수 있으므로 탄력적이고 유연한 해석이 필요하다. 수년간 지속된 소송절차에서 소송형식을 이유로 상고심에서 파기되거나, 각하 또는 기각하는 것은 소송경제적 측면에서도 바람직하지 않다. 이러한 소송형식의 판단은 실제 법률전문가들도 쉽지 않고, 하급심판결에서도 상반된 입장을 보이는 경우가 많다. 명백히 법리가 잘못된 경우가 아닌 한, 원고가 제기한 행정소송의 형식을 가능한 한 적극적으로 해석하여 본안에서 처분의 위법성과 원고의 권리침해, 공법상의 법률관계 등을 올바르게 판단하는 것이 보다 중요하다.

한편, 독일의 입법례에서는 환경상 피해에 대해 환경책임법에 위험책임의 법리가 적용되고 있으며, 연방임미시온방지법 등에는 조정적 보상을 규정하고 있다. 전술한 바와 같이 대법원은 근래에 들어와서 고속전철의 소음 · 진동 등에 의한 재산상 피해에 대해 환경정책기본법 제44조 제1항에 의한 손해배상을 적극적으로 인정한 바 있다(2015다23321). 독일 환경책임법에서는 특정한 시설에서 배출되는 환경피해에 대해 인과관계의 추정을 인정하고 있다. 이에 반해 환경정책기본법 제44조 제1항의 규정은 매우 포괄적이고 추상적이며, 이러한 무과실책임 규정을 확대해서 적용하는 것이 타당한지에 대해서는 신중할 필요가 있다. 위법성의 인정도 수인가능성을 기준으로 판단하는 경우가 적지 않기 때문에 이 조항을 확대해석하는 경우에는 모든 환경피해에 대해 손해배상이 쉽게 인정된다. 환경정책기본법 제44조의 규정을 원인자책임의 원칙을 강조하는 규정으로 이해하고, 무과실책임은 매우 제한된 사례에 한하여 인정하는 것이 타당하다. 그 밖에 손실보상과 손해배상을 중복해서 적용하는 것이 적정한지도 문제된다. 손실보상은 적법한 재산권 침해에 대해 공평부담의 견지에서 인정되는 것인 반면, 손해배상은 위법한 행위로 인하여 발생한 손해를 보전하기 위한 것이다. 양자의 구별에 있어서 '위법성'은 중요한 의미를 가진다. 환경기준이나 수인가능성 등을 기준으로 위법성을 어떻게 도출할 것인지를 명확히 논증해야 한다. 환경기준이 일응 위법성 판단에 중요한 척도가 되지만, 이러한 환경기준 외에 상대방이 중대하고 수인할 수 없는 환경피해를 입은 경우에 손해배상을 인정하는 방안이 바람직하다.

서론에서 제시한 사안의 해결에 있어서 손실보상보다는 손해배상의 방법이 더 현실적이고 실현가능성도 높다. 손실보상에 의한 해결이 어려운 이유는 수용법이론이 보다 정치하게 확립되지 못하였고, 개별법에 손실보상에 관한 입법적 흠결이 있기 때문이다. 최근 발전된 수용법이론에 의할 경우에 소음 · 진동 등에 의한 재산상 피해에 대해 손실보상을 인정하기 쉽지 않다. 개별 사례에서 보상이 필요한 공용수용의 해당 여부를 판단하는 것이 중요하지만, 그 구별기준에 대해서는 아직 확립된 이론이 없다. 이에 대한 철저한 논증 없이 손실보상의 허용 여부를 검토하는 것은 자가당착이다. '가치보장'을 전제로 한 보상만능주의보다는 재산권의 '방어'를 위한 이론을 발전시켜야 한다(존속보장). 이러한 관점이 헌법상 재산권 보장의 취지에 부합한다. 독일의 분리이론이나 경계이론이 절대적인 기준일 수는 없지만, 비교법적인 관점에 이를 참고할 만한 가치는 충분하다. 입법적 해결 없이 해석만으로 보상문제를 해결하는 것은 한계가 있다. 이러한 이론들은 국내에서도 어느 정도 정착되어 있고, 이를 바탕으로 우리 현실에 적합한 독자적인 수용법이론을 확립시켜야 한다. 그 밖에 입법정책적으로는 독일의 입법례를 참조하여 단계적인 소음방지조치에 관한 규정을 법률에 마련하거나, 노선의 지정이나 계획의 수립단계에서 이러한 환경피해가 발생하지 않거나 저감시킬 수 있도록 법령을 체계적으로 정비해야 한다.

[참고문헌]

【국내문헌】

교과서 및 연구서

곽윤직(편집대표), 민법주해(Ⅴ), 물권(2), 박영사, 2011.

곽윤직, 채권각론, 제6판, 박영사, 2007.

곽윤직/김재형, 물권법, 제8판(전면개정)보정, 박영사, 2016.

김남진, 행정법의 기본문제, 신판, 법문사, 1994.

김남진/김연태, 행정법 I, 제22판, 법문사, 2018.

김동희, 행정법 I, 제21판, 박영사, 2015.

김성수, 일반행정법, 홍문사, 제7판, 2014.

김중권, 행정법, 제3판, 법문사, 2019.

박균성, 행정법론(상), 제15판, 박영사, 2016.

박윤흔, 최신행정법강의(상), 박영사, 2004.

박준서(편집대표), 주석민법, 채권각칙(8), 제3판, 한국사법행정학회, 2004.

이광윤, 일반행정법, 전면개정판, 법문사, 2012.

이상규, 신행정법론, 신판, 법문사, 1997.

정남철, 행정구제의 기본원리, 제1전정판, 법문사, 2015.

______, 행정법의 특수문제(행정법연구 3), 법문사, 2018.

정하중, 행정법개론, 제13판, 법문사, 2019.

홍정선, 행정법원론(상)·(하), 제27판, 박영사, 2019.

학술논문

김문현, "재산권의 사회적 구속성과 공용수용의 체계에 대한 검토", 공법연구 제32집 제4호(2004. 3), 1-18면.

박균성, "간접손실보상의 재검토", 토지보상법연구 제8집(2008. 2), 1-21면.

류지태, "수용유사침해이론의 비판적 검토", 박윤흔(편), 행정상 손실보상의 주요문제, 박영사, 1997, 519-539면.

정남철, "공용수용의 요건과 한계", 법조 통권 제584호(2005. 5), 122-155면.

______, "재산권의 사회적 구속과 수용의 구별에 관한 독일과 한국의 비교법적 고찰: 이른바 조정적(조절적) 보상의무 있는 내용규정의 도입가능성", 공법연구 제32집 제3호(2004. 2), 363-386면.

_____, “새로운 환경책임법제의 도입과 피해구제절차의 문제점”, 환경법연구 제37권 제3호(2015. 11), 249-274면.

【독일문헌】

Erichsen (Hg.), Allgemeines Verwaltungsrecht, 12. Aufl., Berlin 2002.

Jarass/Pieroth, Grundgesetz, Kommentar, 15. Aufl., München 2018.

Jarass, Bundes-Immissionsschutzgesetz, Kommentar, 12. Aufl., München 2017.

Jarass, Inhalts- und Schrankenbestimmung oder Enteignung?, NJW 2000, S. 2841 ff.

Kloepfer, Umweltrecht, 4. Aufl., München 2016.

Maunz/Dürig, Grundgesetz, Loseblatt-Kommentar, München, Stand Februar 2003.

Maurer/Waldhoff, Allgemeines Verwaltungsrecht, 19. Aufl., München 2017.

Ossenbühl, Staatshaftungsrecht, 5. Aufl., München 1998.

Schoch (Hg.), Besonderes Verwaltungsrecht, München 2018.

프랑스에서의 공공시설의 설치에 따른 손해전보

오 승 규*

I. 서론

국토개발과 주택공급을 위한 공익사업은 계속되어야 하는 필수불가결한 일이다. 공익상의 정당한 목적을 달성하기 위해 법률에 의해 추진되는 사업이지만, 다양한 형태로 나타나는 이해관계의 충돌을 피할 수는 없다. 가장 전형적인 것은 사업구역에 편입되는 토지의 소유자에 대한 재산권 침해와의 관계일 것이다. 이 문제는 「공익사업을 위한 토지 등의 취득 및 보상에 관한 법률」(이하 "토지보상법[1)]"이라 한다)에 의해 정당한 보상을 제공하는 절차를 두어 해결하고 있다. 그런데 사업구역에 편입되지 않은 토지와의 관계에서 발생하는 문제를 어떻게 처리해야 하는지에 대해서는 토지보상법에서 충분하지는 않지만 별도의 규정을 두고 있다. 즉 토지보상법 제79조 제2항은 "공익사업이 시행되는 지역 밖에 있는 토지 등이 공익사업의 시행으로 인하여 본래의 기능을 다할 수 없게 되는 경우에는 국토교통부령으로 정하는 바에 따라 그 손실을 보상하여야 한다."고 규정하고 있다. 이에 따른 국토부령인 「공익사업을 위한 토지 등의 취득 및 보상에 관한 법률 시행규칙」(이하 "토지보상법 시행규칙"이라 한다)에서는 사업구역에서 제외되었으나 사업으로 인하여 일정한 피해를 입게 되는 토지 등에 대한 손실보상의 근거[2)]

* 한국지방세연구원 연구위원, 법학박사

1) 「공익사업을 위한 토지 등의 취득 및 보상에 관한 법률」의 약칭으로 '공익사업법'을 사용하는 경우도 있지만, 이 글에서는 법제처가 제공하는 국가법령정보센터(http://www.law.go.kr/)에서 사용하는 용례인 '토지보상법'으로 쓰기로 한다. 사견으로는 공익사업의 보상대상을 토지에 한정하는 것처럼 보이는 토지보상법보다는 공익사업에 따른 재산권 손실에 대한 보상 전반을 규율하는 법이란 의미에서 '공익사업보상법'이란 표현을 쓰는 것이 바람직하다고 본다.

2) 토지보상법 시행규칙 제59조(공익사업시행지구밖의 대지 등에 대한 보상) 공익사업시행지구밖의 대지(조성된 대지를 말한다) · 건축물 · 분묘 또는 농지(계획적으로 조성된 유실수단지 및 죽

를 규정하고 있다. 종류는 ① 대지 · 건축물 · 분묘 또는 농지를 포함하는 대지 등에 대한 보상, ② 잔존 건축물에 대한 보상, ③ 소수잔존자에 대한 보상, ④ 공작물 등에 대한 보상, ⑤ 어업피해보상, ⑥ 영업손실보상, ⑦ 농업손실보상이다.

림단지를 포함한다)가 공익사업의 시행으로 인하여 산지나 하천 등에 둘러싸여 교통이 두절되거나 경작이 불가능하게 된 경우에는 그 소유자의 청구에 의하여 이를 공익사업시행지구에 편입되는 것으로 보아 보상하여야 한다. 다만, 그 보상비가 도로 또는 도선시설의 설치비용을 초과하는 경우에는 도로 또는 도선시설을 설치함으로써 보상에 갈음할 수 있다.

제60조(공익사업시행지구밖의 건축물에 대한 보상) 소유농지의 대부분이 공익사업시행지구에 편입됨으로써 건축물(건축물의 대지 및 잔여농지를 포함한다. 이하 이 조에서 같다)만이 공익사업시행지구밖에 남게 되는 경우로서 그 건축물의 매매가 불가능하고 이주가 부득이한 경우에는 그 소유자의 청구에 의하여 이를 공익사업시행지구에 편입되는 것으로 보아 보상하여야 한다.

제61조(소수잔존자에 대한 보상) 공익사업의 시행으로 인하여 1개 마을의 주거용 건축물이 대부분 공익사업시행지구에 편입됨으로써 잔여 주거용 건축물 거주자의 생활환경이 현저히 불편하게 되어 이주가 부득이한 경우에는 당해 건축물 소유자의 청구에 의하여 그 소유자의 토지등을 공익사업시행지구에 편입되는 것으로 보아 보상하여야 한다.

제62조(공익사업시행지구밖의 공작물등에 대한 보상) 공익사업시행지구밖에 있는 공작물등이 공익사업의 시행으로 인하여 그 본래의 기능을 다할 수 없게 되는 경우에는 그 소유자의 청구에 의하여 이를 공익사업시행지구에 편입되는 것으로 보아 보상하여야 한다.

제63조(공익사업시행지구밖의 어업의 피해에 대한 보상) ① 공익사업의 시행으로 인하여 해당 공익사업시행지구 인근에 있는 어업에 피해가 발생한 경우 사업시행자는 실제 피해액을 확인할 수 있는 때에 그 피해에 대하여 보상하여야 한다. 이 경우 실제 피해액은 감소된 어획량 및 「수산업법 시행령」 별표 4의 평년수익액 등을 참작하여 평가한다.

② 제1항에 따른 보상액은 「수산업법 시행령」 별표 4에 따른 어업권 · 허가어업 또는 신고어업이 취소되거나 어업면허의 유효기간이 연장되지 아니하는 경우의 보상액을 초과하지 못한다.

③ 사업인정고시일등 이후에 어업권의 면허를 받은 자 또는 어업의 허가를 받거나 신고를 한 자에 대하여는 제1항 및 제2항을 적용하지 아니한다.

제64조(공익사업시행지구밖의 영업손실에 대한 보상) ① 공익사업시행지구밖에서 제45조에 따른 영업손실의 보상대상이 되는 영업을 하고 있는 자가 공익사업의 시행으로 인하여 다음 각호의 어느 하나에 해당하는 경우에는 그 영업자의 청구에 의하여 당해 영업을 공익사업시행지구에 편입되는 것으로 보아 보상하여야 한다.

1. 배후지의 3분의 2 이상이 상실되어 그 장소에서 영업을 계속할 수 없는 경우
2. 진출입로의 단절, 그 밖의 부득이한 사유로 인하여 일정한 기간 동안 휴업하는 것이 불가피한 경우

② 제1항에 불구하고 사업시행자는 영업자가 보상을 받은 이후에 그 영업장소에서 영업이익을 보상받은 기간 이내에 동일한 영업을 하는 경우에는 실제 휴업기간에 대한 보상금을 제외한 영업손실에 대한 보상금을 환수하여야 한다.

제65조(공익사업시행지구밖의 농업의 손실에 대한 보상) 경작하고 있는 농지의 3분의 2 이상에 해당하는 면적이 공익사업시행지구에 편입됨으로 인하여 당해지역(영 제26조제1항 각호의 1의 지역을 말한다)에서 영농을 계속할 수 없게 된 농민에 대하여는 공익사업시행지구밖에서 그가 경작하고 있는 농지에 대하여도 제48조 제1항 내지 제3항 및 제4항제2호의 규정에 의한 영농손실액을 보상하여야 한다.

만약 공익사업인 고속철도 건설사업 시행으로 인하여 사업구역에는 포함되지 않은 인근 지역에서 사업인정고시 이전부터 잠업사(건물, 입목, 설비)를 설치하여 양잠업을 영위하고 있던 사람이 입게 되는 피해에 대해서는 어떻게 처리해야 할 것인지 생각해보자. 양잠업도 농업이므로 농업에 대한 손실보상규정이 적용될 것으로 생각할 수 있지만, 토지보상법 시행규칙은 잠업에 대한 손실의 평가에 영업손실에 관한 제45조부터 제47조를 준용하도록 규정하고 있다. 잠업사를 이전해야 하는 경우라면 영업이전에 따른 손실에 관한 규정인 제47조[3]가 적용된다. 호남고

---

3) 토지보상법 시행규칙 제47조(영업의 휴업 등에 대한 손실의 평가) ① 공익사업의 시행으로 인하여 영업장소를 이전하여야 하는 경우의 영업손실은 휴업기간에 해당하는 영업이익과 영업장소 이전 후 발생하는 영업이익 감소액에 다음 각 호의 비용을 합한 금액으로 평가한다.

1. 휴업기간중의 영업용 자산에 대한 감가상각비 · 유지관리비와 휴업기간 중에도 정상적으로 근무하여야 하는 최소인원에 대한 인건비 등 고정적 비용
2. 영업시설 · 원재료 · 제품 및 상품의 이전에 소요되는 비용 및 그 이전에 따른 감손상당액
3. 이전광고비 및 개업비 등 영업장소를 이전함으로 인하여 소요되는 부대비용

② 제1항의 규정에 의한 휴업기간은 4개월 이내로 한다. 다만, 다음 각 호의 어느 하나에 해당하는 경우에는 실제 휴업기간으로 하되, 그 휴업기간은 2년을 초과할 수 없다.

1. 당해 공익사업을 위한 영업의 금지 또는 제한으로 인하여 4개월 이상의 기간 동안 영업을 할 수 없는 경우
2. 영업시설의 규모가 크거나 이전에 고도의 정밀성을 요구하는 등 당해 영업의 고유한 특수성으로 인하여 4개월 이내에 다른 장소로 이전하는 것이 어렵다고 객관적으로 인정되는 경우

③ 공익사업에 영업시설의 일부가 편입됨으로 인하여 잔여시설에 그 시설을 새로이 설치하거나 잔여시설을 보수하지 아니하고는 그 영업을 계속할 수 없는 경우의 영업손실 및 영업규모의 축소에 따른 영업손실은 다음 각 호에 해당하는 금액을 더한 금액으로 평가한다. 이 경우 보상액은 제1항에 따른 평가액을 초과하지 못한다.

1. 해당 시설의 설치 등에 소요되는 기간의 영업이익
2. 해당 시설의 설치 등에 통상 소요되는 비용
3. 영업규모의 축소에 따른 영업용 고정자산 · 원재료 · 제품 및 상품 등의 매각손실액

④ 영업을 휴업하지 아니하고 임시영업소를 설치하여 영업을 계속하는 경우의 영업손실은 임시영업소의 설치비용으로 평가한다. 이 경우 보상액은 제1항의 규정에 의한 평가액을 초과하지 못한다.

⑤ 제46조 제3항 전단은 이 조에 따른 영업이익의 평가에 관하여 이를 준용한다. 이 경우 개인영업으로서 휴업기간에 해당하는 영업이익이 「통계법」 제3조 제3호에 따른 통계작성기관이 조사 · 발표하는 가계조사통계의 도시근로자가구 월평균 가계지출비를 기준으로 산정한 3인 가구의 휴업기간 동안의 가계지출비(휴업기간이 4개월을 초과하는 경우에는 4개월분의 가계지출비를 기준으로 한다)에 미달하는 경우에는 그 가계지출비를 휴업기간에 해당하는 영업이익으로 본다.

⑥ 제45조 제1호 단서에 따른 임차인의 영업에 대한 보상액 중 제1항제2호의 비용을 제외한 금액은 제1항에 불구하고 1천만원을 초과하지 못한다.

속철도(오송~광주송정)가 통과하는 익산~정읍 구간으로부터 25~45m 떨어진 지점에 위치한 잠업사에서 양잠업을 영위하던 사람이 호남고속철도의 운행으로 인해 영업장소인 잠업사를 이전하여야 함에 따라 발생한 영업손실 및 이전비용을 철도 시설 공사를 시행하고 선로를 관리하는 한국철도시설공단[4]에 청구하였으나 중앙토지수용위원회에서 기각되어 소송을 제기한 사안에서, 1심[5]은 이 사건 사업의 시행 결과에 따른 손실은 공익사업의 시행에 따른 고속철도의 운행으로 인해 필연적으로 야기되는 손실로서 원고는 토지보상법 관련 규정의 유추적용을 주장하며 이 사건 사업의 시행 결과로 인한 손실의 보상을 청구할 수 있다고 인정하는 전제에서 이 사건 노선의 운행으로 인한 소음 · 진동 등으로 인하여 이 사건 잠업사를 이전하는 것이 불가피하므로 영업장소 이전에 따라 소요되는 휴업기간에 해당하는 영업이익 및 고정적 비용(이전비용)에 대한 손실보상을 인정하였고, 토지보상법 관련 규정의 유추적용에 기한 손실보상청구는 공법상 당사자소송에 해당한다고 보았다. 또한 고속열차를 운행하도록 함으로써 발생한 소음 · 진동 · 전자파로 인하여 이 사건 잠업사에서 생산하는 누에씨의 품질저하, 위 누에씨를 공급받는 전라북도 농업기술원 종자사업소의 누에씨 수령거부, 잠업농가의 누에씨 수령거부 등의 피해에 대하여 호남고속철도의 열차 운행으로 인한 소음 · 진동 · 전자파의 원인자인 한국철도시설공단은 위 소음 · 진동 · 전자파의 환경오염으로 인하여 원고가 입은 손해[6]를 배상할 책임이 있다고 판시하였다. 피고인 한국철도시설공단

---

⑦ 제1항 각 호 외의 부분에서 영업장소 이전 후 발생하는 영업이익 감소액은 제1항 각 호 외의 부분의 휴업기간에 해당하는 영업이익(제5항 후단에 따른 개인영업의 경우에는 가계지출비를 말한다)의 100분의 20으로 하되, 그 금액은 1천만원을 초과하지 못한다.

4) 이 사안에서 한국철도시설공단은 2009년~2015년 호남고속철도 공사를 완료하여 개통하였고, 한국철도공사는 2015. 4. 2.부터 고속철도 열차를 운행하였다. 철도시설공사는 한국철도시설공단의, 설치된 철도의 운영은 한국철도공사의 업무이다. 한국철도공사는 한국철도시설공단과 사이에 한국철도시설공단이 설치 및 관리하는 선로를 사용하여 열차를 운행하기로 하는 사용계약을 체결하고 사용료를 납부하였다. 사업시행자는 한국철도시설공단이므로 한국철도공사는 손실보상청구의 대상이 아니라고 1심에서 판시하였고 확정되었다.

5) 대전지방법원 2017. 2. 8. 선고 2013구합1661.

6) 이 사건 잠업사를 폐업한 때부터 잠업사와 유사한 정도의 시설물 건설 또는 임차 및 양잠상태 조성에 드는 기간에 정상적인 노력으로 위 잠업사를 위한 토지와 양잠시설을 확보하는 데 소요되는 통상의 기간을 더한 기간에 해당하는 4개월을 이 사건 잡업사로 인한 휴업기간을 보고, 휴업기간의 일실수익 및 잠종위탁관리비용에 대한 손해배상을 인정하였다. 위자료에 대해서는 인정하지 않았다.

의 항소로 진행된 2심[7]은 1심 판결을 대부분 인정[8]하면서도 손해배상액에서는 차이[9]를 두었다. 대법원에 상고하여 계류중인 이 사건에서는 토지보상법에 규정된 간접손실 보상의 범위를 초과한 보상을 유추적용의 방식으로 할 수 있는지 여부, 이 보상을 청구하는 소송의 방식을 공법상 당사자소송으로 해야 하는지 여부 그리고 초과된 간접손실을 손실보상으로 다룰지 손해배상으로 별도 취급해야 하는지 여부 등이 문제된다.

앞으로도 계속될 고속철도나 고속도로 건설 사업에서 유사한 사안이 발생할 수밖에 없는데 비해 우리의 법제나 판례는 아직 확립되지 않은 상태로서 상당한 연구가 필요한 분야이다. 시각을 넓혀 시사점을 찾기 위한 비교법적 연구의 가치가 있다. 이하에서는 프랑스의 관련 법리인 공공토목공사와 공공시설의 설치 및 운영에 따라 발생하는 손해전보에 대해 살펴보고자 한다.[10] 행정법의 모국으로서의 가치뿐만 아니라 행정재판과 일반사법재판의 이원화, 고속철도의 건설 사례 등 문제되는 쟁점에 관한 시사점을 얻을 수 있을 것으로 기대한다.

II. 프랑스에서의 공공시설 설치에 따른 손해의 개념

1. 공공토목공사와 공공시설의 개념

가. 공공토목공사(travail public)의 개념

프랑스에서 공공토목공사(travail public)의 정의를 통일적으로 규정하고 있는 법률은 없다. 일찍이 「공화력 8년 우월(雨月) 28일[11]자 법률」 제4조에서

---

7) 대전고등법원 2018. 7. 5. 선고 2017누44.

8) ① 손실보상과 손해배상으로 청구의 이원화, ② 토지보상법 관련 규정의 유추적용, ③ 손실보상청구는 민사소송이 아니라 공법상 당사자소송에 해당한다는 점은 1심과 논리를 같이하였다.

9) 1심이 손해배상액으로 816,510,371원을 인정한 반면, 2심은 71,345,030원만을 인정하였다.

10) 관련 선행연구로는 김동희, "국가배상법 제5조상의 영조물의 설치·관리상 하자의 관념", 서울대학교 법학 제43권 제1호(2002. 3), pp. 103-124가 있다. 이 글에서는 우리나라 국가배상법 제5조상의 배상책임과 유사한 법리로서 프랑스에서의 공토목공사로 인한 손해배상책임에 관해 개략적으로 소개하고 있다.

11) Loi du 28 pluviôse an Ⅷ. 서기력으로는 1800년 2월 17일에 해당한다.

공공토목공사에 대한 재판관할권을 행정법원에 부여하면서도 정의규정을 두지는 않았다. 이후 여러 법률에서 사업의 형태에 따라 필요한 규정들을 두었지만 입법적으로 정의내린 바는 없었고 판례에 의해 형성되어 왔다.

판례에서의 전통적 정의는 공익목적으로 공법인을 위해(공법인의 계산으로) 공·사법인에 의해 시행되는 부동산 조성공사이다.[12] 이후 관할조정법원(Tribunal des conflits)은 공역무의 수행의 일환으로 사법인을 위해(사법인의 계산으로) 공법인에 의해 시행되는 공사도 공공토목공사라고 하는 새로운 개념[13]을 추가하였다.

(1) 부동산을 대상으로 하는 공사

공공토목공사의 대상은 부동산(biens immobiler)이다. 부분적으로라도 부동산에 대하여 이루어지는 공사라면 여기에 해당한다.[14] 부동산의 개념은 민법에 의해 성질(nature) 및 용도(destination)에 따라 정해지며(프랑스 민법 제517조), 토지(fonds de terre)와 건물(bâtiment)이 성질에 따른 대표적인 부동산이다(프랑스 민법 제518조). 도로 위 입목에 대한 벌채(abattage) 또는 전정(élagage)도 공공토목공사가 될 수 있다.[15] 용도에 따른 부동산에는 소유자가 토지의 사용을 위해 설치하는 대상물 또는 토지에 정착시킨 동산 등이 해당한다(프랑스 민법 제524조). 따라서 양측 말단이 해안에 있는 해저케이블의 설치,[16] 행정용 부동산 내부에 천정등 설치,[17] 화물용 승강기 설치[18] 등이 공공토목공사로 인정될 수 있다. 부동산의 지속성 여부는 문제되지 않기 때문에 임시 전시의 목적으로 건물을 짓는 경우[19] 역시 공공토목공사에 해당한다. 그러나 이동성이 있는 경우에는 다르게 보아야 한다. 조립식 객석을 설치[20]하는 일은 부동산을 조성하는 것이 아니다.

---

12) CE 10 juin 1921, *Commune de Monségur*, Rec. CE, p. 573.
13) TC 28 mars 1955, *Effimieff*, Rec. CE, p. 82.
14) TC 23 février 1981, *Préfets des Haut-de-seine*, Rec. CE T., p. 952.
15) CE 28 mars 1952, *David*, Rec. CE, p. 201.
16) CE 4 juin 1937, *Compagnie française des câbles télégraphiques*, Rec. CE, p. 557.
17) CE 19 décembre 1962, *Louye*, Rec. CE, p. 695.
18) CE 23 mars 1966, *Société Otis-Pifre*, Rec. CE, p. 231.
19) CE 30 juin 1893, *Cauvin Yvose*, Rec. CE, p. 548.
20) CE 21 avril 1982, *Mme Daunes et autres*, Rec. CE T., p. 774.

(2) 공법인을 위한 공사

공공토목공사는 '공법인을 위한 공사'(pour le cmpte d'une personne public)이다.

공법인에는 국가(État), 지방자치단체(collectivité territoriale), 영조물법인(établissement public)이 있다. 공기업처럼 상공업적 역무를 수행하는 영조물법인을 위한 공사 역시 공공토목공사에 해당한다.[21] 프랑스의 공법인이어야 하는가의 문제에 대하여 최고행정법원(Conseil d'État)은 긍정적이다. 프랑스가 회원으로 있는 유럽원자력연구기구를 위한 공사를 공공토목공사로 인정한 예[22]가 있다.

공법인을 위한다는 것은 공법인에 이미 속하거나 완공함에 따라 속하게 되는 부동산에 대한 공사를 의미한다. 공법인에 이미 속한 부동산에 대한 공사로는 수선(réparation), 유지(entretien), 개량(aménagement) 등이 있다. 공사를 완성함에 따라 공법인에 속하게 되는 부동산에 대한 공사로는 공용건물인 청사를 신축하는 일이 대표적인 예이다. 공법인이 직접 사용하지 않고 위탁운영하는 경우[23]에도 소유권이 공법인에게 있으므로 공공토목공사로 인정함에 무리가 없다.

이외에도 소유권과는 무관하게 공공토목공사를 인정하는 경우도 있다. 재난상황에서의 응급복구처럼 사유부동산에 대해서 지방자치단체장이 취하는 안전조치는 공공토목공사로 인정된다.[24] 또한 공법인의 지도와 통제 하에 재정지원을 얻어 시행되는 공사 역시 공공토목공사로 인정되는 경우[25]가 있다. 공공

---

21) CE 19 février 1969, *EDF c/ Entreprise 《Pignatta et Repetti》*, Rec. CE, p. 107 ; TC 10 mars 1975, *Société havraise de matériaux c/ Société 《Electro-entreprise》*, Rec. CE, p. 794 ; TC 23 octobre 2000, *Société Solicaf c/ EDF-GDF*, Rec. CE, p. 772.

22) CE 18 décembre 1981, *Ministre des relations internationales c/ Pelaz et autres*, Rec. CE, p. 481.

23) CE 9 décembre 1898, *Compagnie du gaz de Castelsarrazin*, S. 1901. 3. 40 ; CE 22 juin 1928, *De Sigalas*, Rec. CE, p. 785 ; CE 18 mars 1988, *Société civil des Néo-Polders*, Rec. CE, p. 129 ; CE 7 août 2008, *Société anonyme de gestion des eaux de Paris*, Rec. CE T, p. 956.

24) CE 24 janvier 1936, *Mure*, Rec. CE p. 105 ; CE 29 avril 1949, *Consorts Dastrevigne*, Rec. CE p. 185 ; CE 16 octobre 1964, *Ville de Tulle c/ Roume*, Rec. CE, p. 476 ; CE 6 février 1970, *préfet de police c/ Sieur Kerguélen*, Rec. CE p. 87 ; CE 5 mars 1971, *SNCF*, Rec. CE p. 184.

25) CE 18 décembre 1953, *Société coopérative de reconstruction 《Liberté》*, Rec. CE p.

재정을 투입하여 일반공중이 통행하는 사유도로에 대한 유지보수공사를 시행하는 경우[26] 역시 마찬가지이다.

(3) 공익을 목적으로 하는 공사

공공토목공사는 공익(intérêt général)[27]을 목적으로 하는 것이어야 한다. 공익을 목적으로 한다는 것은 공역무를 수행하기 위한 목적이나 공물관리상의 목적 등 외에도 넓게 인정되고 있다.[28]

나. 공공시설(ouvrage public)의 개념

공공시설의 개념을 정의하고 있는 법규정은 없다. 이 역시 다른 많은 프랑스 행정법상 개념들과 마찬가지로 판례를 통해 형성되어 왔다. 공통적인 개념요소로 드는 것은 '부동산으로서의 성격(caractère immobilier)', '관리의 필요성(nécessité d'un aménagement)' 그리고 '공익에의 제공(affectation à intérêt général)'이다. 즉 공적 용도에 제공되고 관리되는 부동산이다.[29]

(1) 부동산

공공시설은 부동산이다. 부동산의 개념은 민법에 따른다는 점은 앞서 살펴본 공공토목공사와 같다. 가장 중요한 점은 이 부동산이 토지에 정착되어 있어야 한다는 점이다. 대륙붕의 바닥에 고정되어 있는 부유표적[30](cible flot-

---

567.

26) CE 16 novembre 1957, *Ville de Marseille c/ Dame Poro*, Rec. CE T p. 1041 ; CE 18 mai 1973, *Ville de Paris c/ Dijan*, Rec. CE, p. 361 ; TC 16 mai 1994, *Consorts Allard c/ Commune de Malemort-sur-Corrèze et autres*, Rec. CE p. 599.

27) intérêt public 또는 utilité général 같은 표현을 사용하기도 한다.

28) Jean-Marie Auby, Pierre Bon, Jean-Bernard Auby et Philippe Terneyre, *Droit administratif des biens*, Dalloz, 2011, p. 216.

29) Jean-Marie Auby, Pierre Bon, Jean-Bernard Auby et Philippe Terneyre, *Droit administratif des biens*, Dalloz, 2011, p. 223.

30) CE 4 décembre 1970, *Ministre d'État chargé de la Défense nationale et ministre de l'Équipement et du Logement c/ Sieur et Starr et British Commonwealth Insurance Company Limited*, Rec. CE, p. 733.

tante)이나 바닥에 고정된 시장 내 대피소[31](abri)는 이 점을 충족하지만, 밧줄 없이 둥둥 떠 있는 다이빙대(plongeoir),[32] 땅바닥에 붙어 있지 않고 받침대 위에 세워진 객석[33]은 그렇지 못하다. 공항의 활주로[34]는 공공시설이지만, 활주로를 공중공간으로 연장한 항공로[35](couloir aérien)는 공공시설이 아니다.

(2) 관리의 필요성

공공시설은 사람에 의해 관리되는 것이어야 한다. 자연 그대로 놔두어서는 안 되고 사람의 작업이 개입된 것이어야 하고 최소한의 관리가 이루어지는 것이어야 한다. 배를 띄울 수는 없이 하수 배출을 위해 사용되는 하천(cours d'eau)은 관리 받지 않을 때부터 공공시설이 아니다.[36] 관리되지 않는 해수욕장[37](piste), 쓰레기 적치장[38](dépôt d'ordure), 스키 활강로[39](piste de ski) 등도 마찬가지이다. 반면 관리가 이루어지면서부터는 자연상태로서의 성질을 상실하고 공공시설로서의 성격을 가지게 된다. 기초자치단체에 의해 관리되는 빗물배수로[40](rigole d'évacuation des eaux pluviales), 쓰레기 적치장[41] 및 스키장의 그물보호망[42](filet de protection)은 공공시설이다.

(3) 공익에의 제공

공공시설은 공익을 위해 제공되어야 한다. 즉 공적인 용도로 제공되어야

---

31) TC 12 janvier 1987, *Madame Derouet c/ Société Les fils de Masame Géraud*, Rec. CE p. 441.
32) CE 12 octobre 1973, *Commune de Saint-Brévin-les-Pins*, Rec. CE, p. 567.
33) CE 11 juin 1931, *Commune de Fourques*, Rec. CE, p. 621.
34) CE 28 juin 1989, *Société Uni-Air et Compagnie d'assurances L'Europe*, Rec. CE T, p. 976.
35) CE 2 décembre 1987, *Compagnie Air-Inter*, Rec. CE, p. 621.
36) CE 2 décembre 1955, *Commune de Salies-du-Salat*, Rec. CE, p. 571.
37) CE 5 avril 1974, *Allieu*, Rec. CE, p. 216.
38) CE 28 octobre 1977, *Commune de Merfy*, Rec. CE, p. 406.
39) CE 12 décembre 1986, *Rebona*, Rec. CE, p. 281.
40) CE 9 juillet 1975, *Commune de Simiale-la-Rotonde*, Rec. CE T., p. 1302.
41) CE 3 juillet 1970, *Commune de Dourgne*, Rec. CE, p. 462.
42) CE 13 février 1987, Vieville, Rec. CE, p. 59.

한다. 두 가지 형태로 나누어볼 수 있는데, 첫째는 도로처럼 일반적 통행(circulation générale)에 제공되는 것이고, 둘째는 항구, 공항, 철도와 같이 공역무(service public)에 제공되는 것이다.

다. 양자의 관계

공공토목공사와 공공시설은 부동산과 공익성이라는 공통의 요소를 가지고 있다. 공공시설은 공공토목공사의 결과물일 수도 있으며 관리를 위한 어떤 공사를 요할 때도 공공토목공사의 대상이 될 수 있다. 그러나 그렇지 않은 경우도 가능하기 때문에 반드시 두 개념이 필연적으로 연결된다고 단언할 수는 없다. 따라서 두 개념은 상호 독립적이다.

공공토목공사가 어떤 시설을 새로 만드는 것이 아니라 기존의 건물을 해체하는 경우 또는 땅을 파헤치거나 평평히 하는 공사라면 그것은 공공시설의 조성으로 연결되지 않는다. 공익적 목적으로 건설한 건물이 사유물이라면 공공시설이 될 수 없다. 전쟁으로 폐허가 된 건물을 재건한 공공토목공사의 결과 완성된 건물이 공공시설로서의 요건을 충족하지 못한다면 역시 공공시설이 아니다.[43] 공공시설의 건축이 민간업자에 의해 시행된다면 역시 공공토목공사라고 할 수 없다.[44] 공공도로를 이용하는 사람들이 자기의 이익을 위하여 도로에 대한 공사를 한다면 그것은 공공토목공사가 될 수 없다.[45]

개념상의 독립성에도 불구하고 양자는 많은 것을 같이 한다. 특히 중요한 것은 공법의 원리를 따르기 때문에 소송 역시 행정소송의 관할 범위에 속한다는 점이다. 그리고 다른 중요한 하나는 공사 또는 시설에 의해 발생한 손해를 규율하는 법리는 공공토목공사에 따른 손해전보의 법리로 같이 운영된다는 점이다.[46]

---

43) TC 22 février 1960, *Borel*, Rec. CE, p. 858.

44) TC 10 février 1949, *Roubeaud*, Rec. CE, p. 591.

45) CE 11 mai 1962, *Dame veuve Ymain c/ Secrétaire d'État aux travaux publics, aux transports et au tourisme*, Rec. CE, p. 315 ; TC 10 juin 1963, *Cauvin*, Rec. CE T, p. 785 ; CE 26 février 1975, *Caisse primaire d'assuarance maladie d'Indre-et-Loire et sieur Bougeon*, Rec. CE, p. 156 ; TC 7 octobre 1991, *Caisse primaire d'assuarance maladie du Loiret*, Rec. CE T, p. 1239.

2. 손해의 개념

가. 공사와 손해와의 관련성

공공토목공사에 의한 손해를 인정하기 위한 가장 기본적인 요건은 공사와 발생한 손해와의 관련성(lien)이다. 공사 자체가 아닌 다른 행정행위에 의해 손해가 발생하였다면 관련성을 인정할 수 없다.

나. 손해 개념의 확대와 그 한계

(1) 손해 개념의 확대

공공토목공사에 의한 손해의 개념은 공사의 개념이 판례에 의해 확장됨에 따라 자연히 확대되고, 또한 새로운 요소들에 의해서도 확대되어갔다.

① 공사에 사용된 물자에 의해 야기된 손해

공사에 사용된 물자(matériel)가 공사의 시행에 기여하였던 하지 못하였던 간에 그로 인해 피해가 발생하였다면 그것은 공사로 인한 손해가 된다. 예를 들어 교량과 도로의 관리를 위한 물자가 보관된 창고에서 발생한 화재의 경우, 비록 화재가 발생한 시점에서는 어떠한 작업도 진행되지 않았다 할지라도 여기서 발생한 손해는 공사로 인한 손해이다.[47] 공사에 쓰이는 사다리를 한 어린이가 가지고 놀기 위해 낚아채는 과정에서 다른 어린이가 부상을 입었다면 그 역시도 공사로 인한 손해로 취급된다.[48]

② 자연적 요소 또는 동물에 의해 야기되고 공사를 매개로 발생한 손해

공사나 시설에 의해 직접적으로 발생하지 않고 자연적 요소(élément naturel)나 동물의 작용에 의해 발생한 손해도 그것이 공사나 시설을 매개로 일어났다면 공사에 따른 손해로 본다. 전선(lignes électriques) 위에 떨어진 벼락

46) Jean-Marie Auby, Pierre Bon, Jean-Bernard Auby et Philippe Terneyre, *Droit administratif des biens*, Dalloz, 2011, p. 407.
47) CE 4 octobre 1957, *Mistres des Travaux public c/ Beaufils*, Rec. CE, p. 510.
48) CE 26 juin 1963, *Seguinot*, Rec. CE, p. 400.

(foudre)에 의해 야기된 피해,[49] 공공건물의 지붕에서 떨어진 눈(neige)에 의해 발생한 피해,[50] 공항 활주로 위에 출현한 소떼(troupeau de bovin)에 의해 일어난 피해,[51] 고속도로에 인접한 숲에서 사냥한 고기들을 도로 위에 방치함으로써 유발된 피해[52] 등이 그 예이다.

③ 공공시설을 운영하는 공역무에 의해 야기된 손해

공공시설 자체에 의해 발생한 것이 아니라 시설을 경영하는 공역무에 의해 발생한 손해도 공공토목공사에 의한 손해의 법리를 따른다. 따라서 공법상 원리가 적용되고 행정재판으로 해결한다.

공공시설의 경영(exploitation)에 의해 발생한 손해는 공적 작용에 의한 것이므로 공적 책임의 법리를 적용하여 그 운영이 행정적 공역무(service public administratif)라면 행정재판의 대상이 될 것이고, 상공업적 공역무(service public industriel et commercial)라면 사법재판의 대상이 될 것이다. 공공시설 자체에 의한 손해는 공공토목공사에 의한 손해의 법리를 적용하여 행정재판의 대상이 될 것이다.

기차와 자동차가 건널목(passage à niveau)에서 충돌함에 따라 발생한 손해는 그 사고가 차단기(barrière)의 작동에 문제가 있었기 때문에 일어난 것이라면 공공시설 자체에 의한 손해로 다루면 된다. 반면에 사고원인이 건널목 관리인(garde-barrière)의 실책에 의한 것이라면 공공시설 운영에 의한 손해가 되어[53] 상공업적 공역무에 따른 책임의 법리가 적용되므로 사법재판의 관할에 속하게 된다. 그러나 이러한 구별은 이론상으로는 쉬워 보이지만 실제로 적용하기는 어려운 문제이다. 그리고 행정적 공역무에서는 구별의 실익도 적다. 빗물펌프가 제대로 작동되지 않아 수해를 입은 사건에서 실제 원인이 관리자의

49) CE 21 janvier 1949, *Société grandcolombienne d'éclairage et d'énergie*, Rec. CE, p. 32.
50) CE 4 février 1972, *Ministre des Postes et Télécommunications c/ Trifaro*, Rec. CE, p. 112.
51) CE 23 octobre 1957, *Société transatlantique aérienne*, Rec. CE, p. 550.
52) CE 19 mars 1976, *Société autoroutes Paris-Lyon*, Rec. CE, p. 172.
53) CE 21 mai 1954, *SNCF*, Rec. CE, p. 293.

잘못에 있다 하더라도 공공토목공사에 의한 손해로 처리된 사례[54]가 있고, 항만 관리자의 잘못된 지시로 인해 선박이 충돌하여 발생한 손해에 대해서도 항만시설의 문제로 처리한 사례[55]가 있다.

점차적으로 시설 경영으로 인한 손해는 시설 자체에 의한 손해의 법리로 흡수되어갔다. 이것은 상공업적 공역무에서 의미가 있는데, 본래는 사법재판의 관할에 속할 사안이 행정재판의 관할로 바뀌는 효과가 있다. 최고행정법원(Conseil d'État)은 농업 노동자가 감전사한 사건에서 중요한 판결을 내렸다. 피해자가 탈곡기와 전기회로를 연결하는 케이블을 분리하였는데, 시장이 타작하는 사람에게 알리지도 않고 급히 전류를 재개하는 바람에 일어난 피해인데, 최고행정법원은 경영상의 과오를 시설 작동 자체의 문제로 보아 행정재판의 관할에 속한다고 선언하였다.[56] 이후 파기원(Cour de cassation)도 같은 법리를 받아들였다.[57] 나중에는 관할쟁의법원(Tribunal des conflits)도 여기에 동조하였다. 관리자가 경솔하게 댐의 수문을 열면서 떨어진 물에서 발산된 이슬비로 만들어진 빙판에 차가 미끄러지면서 사고를 당한 자동차운전자의 손해에 대해서 그 원인은 시설의 존재 또는 그것을 운영하는 직원의 잘못에 있다고 하면서 이 손해배상청구사건의 관할권은 행정법원에 있다고 결정하였다.[58]

(2) 확대의 한계

① 폭력행위에 의해 야기된 손해

공공토목공사를 시행하면서 또는 공공시설을 운영하면서 권한에 근거하지 않은 행위를 하여 타인에게 손해를 끼치고 기본권을 침해한 사건에서는 행정법원이 아니라 일반사법법원이 관할권을 행사하여 행정청의 위법성을 확인하고 강제

---

54) CE 26 juillet 1929, *Commune de Chailly-en-Bière*, Rec. CE, p. 888.
55) CE 27 novembre 1931, *Lemaire*, Rec. CE, p. 1049.
56) CE 25 avril 1958, *Barbaza*, Rec. CE, p. 228.
57) Civ. 1er 23 juin 1981, *Association du comitéde défense des intérêts du quartier de Maurepiane c/ Société Tanker service et port autonome de Marseille*, Bull. civ. I, n° 230, p. 187.
58) TC 16 mai 1983, *Préfet, commisssaire de la République du département de la Loire c/ Tribunal de grande instance de Montbrison*, Rec. CE, p. 538.

명령을 내린다. 지방자치단체가 사유제방 위에서 수용절차가 완료되지 않은 상태에서 공공토목공사를 한 사건[59]과 하천준설작업을 담당한 기초자치단체조합 소속 직원들이 토지 소유자의 반대에도 불구하고 사전 예고절차 없이 강제로 출입문을 열고 사유지에 들어간 사건[60]에서 사법법원의 관할권을 인정하였다.

② 위법한 지배에 의해 야기된 손해

위법한 지배(emprise irrégulière)에 의해 야기된 손해는 사법법원의 관할에 속한다. 행정청이 비정상적인 방법으로 부동산을 점유한 경우가 이에 해당하는 대표적인 예이다. 2개 기초자치단체를 위해 시골도로의 보수를 맡은 기업이 사유지를 소유자의 동의 없이 일시적으로 점유하고 나무를 베어내고 가지치기를 한 사건[61]과 도수작업(adduction d'eau)를 맡은 기초자치단체조합 직원이 사유지에 대하여 수용(expropriation), 주인의 동의, 지역권(servitude) 설정의 어느 것도 하지 않고 소유권의 중요 요소들을 제거한 사건[62]에서 관할쟁의법원은 사법법원의 관할에 속한다고 결정하였다.

③ 차량에 의한 손해

1957년 12월 31일자 법률은 공공토목공사에 제공된 차량(véhicule)에 의한 손해에 대한 관할권을 사법법원에 부여하였다. 여기서의 차량은 종류를 가리지 않는다.

차량에 의한 손해라는 개념도 확장성이 있어서 차량 간 직접 충돌, 차량과 사람 간, 차량과 물건 간 충돌 및 접촉을 모두 포함할 수 있다. 더 나아가서 공공시설의 건축에 사용되는 차량들의 운행으로 말미암아 생긴 진동(vibration)

---

59) CE 20 novembre 1974, *Dame Manrot Le Goarnic née Mireille Lier*, Rec. CE, p. 572.

60) Civ. 1re, 3 novembre 1982, *Le nouveau syndicat intercommunal pour l'aménagement de la vallée de l'Orge*, Bull. civ. I, n° 314, p. 270.

61) TC 2 juillet 1979, *SCI du domaine de Margon c/ entreprise Guttierez et autres*, Rec. CE T, p. 673.

62) TC juillet 1979, *Consorts Brachant c/ Compagnie nationale d'aménagement du Bas-Rhône languedoc et syndicat intercommunal d'adduction d'eau du littoral Sud Audois*, Rec. CE T, p. 673.

에 의해 발생한 손해,[63] 공공토목공사에 참여하는 차량들이 통행하면서 배출하는 먼지(poussière)로 인한 손해[64]는 이제 사법법원의 관할에 속하게 되었다.

3. 손해의 종류

가. 공공토목공사의 시행 또는 공공시설의 건설에 의한 손해

공공토목공사를 실제 시행하거나 공공시설을 건축함에 따라 사람 또는 재산에 대해 발생하는 피해이다. 몇 가지 예를 들어보면, 기초자치단체에서 관리하는 쓰레기장에 생활폐기물이 유입됨으로써 생긴 화재로 인해 인근의 과수원에서 작물들이 타버린 경우,[65] 주차장 설치 공사에 따른 통로 폐쇄로 인해 사업장에 대한 접근이 차단되어 수입이 감소한 경우,[66] 도시외곽전철노선의 확장과 지하역사 건축에 따른 지하의 감압이 원인이 되어 건물의 벽과 바닥에 균열이 생기는 경우[67] 등이 있다.

나. 공공시설의 존재 자체에 의한 손해

단지 공공시설이 있는 것만으로도 손해가 발생할 수 있다. 새로운 시설이 설치되어 주위환경이 달라짐으로써 종전에 누리던 생활을 유지할 수 없게 되는 경우가 있다. 방송주파수를 발산하는 안테나를 설치함으로써 전자파에 노출되는 경우,[68] 기술교육학교를 설립하는 경우,[69] 버스노선 이용자들을 위한 대피소를 세운 경우,[70] 전화부스를 세운 경우[71] 등이 이에 해당한다. 주로 생활상

---

63) CE 20 avr. 1996, *Loncq*, Rec. CE, p. 268 ; CE 16 novembre 1992, *SA « Entreprise Razel Frère »*, Rec. CE p. 407.

64) CE 2 octobre 1970, *Société Entreprise Muller frères*, Rec. CE, p. 547.

65) CE 29 janvier 1969, *Ville de Saint-Tropez*, Rec. CE T., p.978.

66) CE 6 mai 1977, *Société des grands travaux de Marseille*, Rec. CE T., p.995.

67) CE 29 décembre 1989, *Syndicat des copropriétaires de l'immeuble 17 quai Saint-Michel(Paris V) et autres*, Rec. CE T., p. 981.

68) CE 10 janvier 1969, *Office de radiotélévision française c/Consorts Villars-Rebeyrat*, Rec. CE, p.19.

69) CE 10 janvier 1973, *Ministre de l'Équipement et du Logement c/Époux Derbey*, Rec. CE, p. 32.

70) CE 21 janvier 1976, *Commune de Margon*, Rec. CE T., p. 1166.

의 불편을 겪는 것이라고 할 수 있다.

다. 공공시설의 계획상의 하자, 관리상의 하자 또는 통상적 유지의 결여

시설의 설계가 잘못됨으로 인해 피해가 발생할 수 있다. 대학구내식당의 계단 층계참이 지나치게 협소하여 추락의 위험성이 높은 경우는 계획상의 하자[72]의 예이다. 미끄럼틀의 플랫폼 위해 설치된 난간이 불충분하여 추락의 위험성이 높아진 경우는 관리상의 하자에 해당[73]한다. 도로의 관리자가 적시에 대응하지 못하여 도로 위에 서리가 낀 것은 통상적 관리의 결여에 해당[74]한다.

라. 공공시설의 운영에 의한 손해

공공시설이 운영된 결과 발생하는 손해의 예로는 원전가동에 따라 발생하는 소음,[75] 하수구로부터 독성물질이 흘러듦에 따른 하천 오염[76] 등이 있다.

III. 책임의 근거와 종류

1. 서언

전통적으로 행정법에는 3대 책임이 있다. 입증된 과실책임[77](responsabilité pour faute prouvée), 추정된 과실책임[78](responsabilité pour faute prsumée) 그리고 무과실책임(responsabilité sans faute)이다. 그 중

71) CE 3 mars 1978, *Secrétaire d'Etat aux Postes et Télécommunications*, Rec. CE T., p. 963.
72) CE 15 décembre 1978, *Ministre de l'Education c/Dame Gardy*, Rec. CE T., p. 964.
73) CE 3 octobre 1978, *Ville de Cabourg c/Époux Vigan*, Rec. CE, p. 361.
74) CE 25 mars. 1988, *Société des autoroutes du sud de la France*, Rec. CE T., p. 1062
75) CE 2 octobre 1987, *EDF c/ Mme Spire*, Rec. CE, p. 302.
76) CE 12 juillet 1969, *Ville de Saint-Quentin et autres, deux espèces*, Rec. CE, p. 383.
77) 일반적으로 과실책임을 의미한다.
78) 과실의 추정 또는 중간책임이라고도 한다.

가장 주된 것은 입증된 과실책임이다. 그런데 공공토목공사에서는 무과실책임이 광범위하게 적용된다. 그 이유는 다음 세 가지로 요약될 수 있다.[79] 첫째, 여기서의 손해배상청구는 공공토목공사의 완성이라는 필요사업을 위해 행정주체에게 인정된 예외적 특권(prérogatives exorbitantes)을 가진 상대방의 반대 당사자에 대한 일종의 보상이다. 둘째, 이것은 행정객체에게 부담시키는 다양한 위험(risques)에 대한 보상이다. 셋째, 이것은 '공적부담 앞의 시민 평등(égalité des citoyens devant les charges publiques)'이라는 대의에 충실한 것이다.

2. 제3자에 대한 책임

가. 제3자

제3자(tiers)는 사고를 당한 시점에서 공공시설을 이용하지도 않고 그 조성이나 운영에 참여하지 않는 자를 의미한다. 공공토목공사에 참여하지 않았음은 물론이다. 조사를 수행하던 중 공사장 내부에서 감전사한 경찰관,[80] 주차 상태에서 우체국지붕으로부터 떨어진 눈덩어리와 얼음에 의해 피해를 입은 자동차의 주인,[81] 하수처리장 근처에 위치한 건물의 주인,[82] 반대쪽 강변의 배수를 위한 공사로 인해 피해를 입은 강변 거주자[83] 등이 여기에 해당한다.

나. 무과실책임

제3자에 대해서는 무과실책임이 적용되는데, 그러기 위해서는 손해가 직접적이고 확실하고 금전으로 평가할 수 있어야 한다. 또한 특별한 요건으로 패해의 특수성과 피해의 변칙성을 요한다.

---

79) R. Latournerie, « De la faute et du risque à propos des dommages causés par les travaux publics », RDP, 1945, p. 5, 133 et 292.

80) CE 13 juillet 1967, *Ministre de l'Intérieur c/ Entreprise Varnier et Compagnie d'assurance Winterthur*, Rec. CE T, p. 950.

81) CE 4 février 1972, *Ministre des Postes et Télécommunications c/ Trifaro*, Rec. CE, p. 117.

82) CE 17 mai 1974, *Commune de Bonnieux*, Rec. CE, p. 295.

83) CE 23 mai 1986, *EDF c/ Brenot*, Rec. CE, p. 149.

(1) 피해의 특수성(spécialité du préjudice)

대규모공사의 주변인들에게는 어느 정도의 피해 발생이 예견된다. 그런데 그 중 특정인 또는 특정집단에 한정해서 피해가 발생하거나 발생하였다고 주장하는 경우가 있다. 국도의 유지 · 보수 및 대형 휴게소를 설치하기 위한 연안매립공사로 인해 조망권이 침해되었다고 주장하는 경우[84]가 있다.

(2) 피해의 변칙성(anormalité du préjudice)

① 의의

일부 변칙적인 피해가 발생하는 경우가 있다. 예를 들어 신체적 피해는 그 경중에도 불구하고 변칙적 피해에 해당한다. 부동산이나 동산의 파괴 또는 가치 저하도 마찬가지이다.

사회생활상 수인한도를 초과하는 피해가 발생하는 것도 변칙적인 피해라고 볼 수 있다. 공사장 또는 시설로부터의 소음, 악취, 진동, 먼지, 매연은 삶의 질을 떨어뜨리는 변칙적인 손해이다.[85]

영업손실과 부동산의 시장가치 하락 역시 변칙적인 손해에 해당한다.

이러한 변칙적인 손해는 미리 입법으로 정하거나 이론적으로 일률적 기준을 세우기가 어렵고 경우에 따라 판단할 수밖에 없다.

② 고려할 요소

먼저 피해의 중요성을 측정할 수 있도록 수치화할 수 있는지가 변칙성을 판단할 때 고려할 요소가 될 것이다. 공사로 인한 활동량의 감소로 이익이 눈에 띄게 줄었다면 변칙성을 인정하기가 쉬울 것이다.[86] 다음으로 시설이 설치된 지역의 특성을 고려할 수 있다. 종전에 보존되었던 지역에 시설이 설치되었다면 도시지역에 설치된 경우보다 특이한 피해가 발생할 수 있다는 점을 긍정적

---

84) CE 28 avril 1976, *Ministre de l'Équipement c/ Dame Audibert et autres*, Rec. CE, p. 220.

85) CE 2 oct. 1987, *EDF c/ Madame Spire*, Rec. CE, p. 302 ; CE 22 oct. 1971, *Ministre de l'Équipement et du Logement c/ Époux Blandin*, Rec. CE, p. 631.

86) CE 24 mars 1978, *Institution interdépartementale des barrages réservoirs du bassin de la Seine c/Brussol*.

으로 보게 될 것이다. 피해를 주는 활동의 성질 역시 고려대상이 될 수 있다. 전철노선의 연장으로 늦은 시각 소음, 진동, 분진, 악취 등이 발생하는 것은 호텔에는 특이한 피해를 준 것으로 볼 수 있으나 식당에는 그러한 피해를 줬다고 보기 어렵다.[87] 마지막으로 시간적 선후관계 또한 고려대상이다. 시설이 설치된 이후에 입주한 사람에게는 시설로 인한 불편함이 특이한 피해가 된다고 보기 어렵다. 왜냐하면 그는 이미 이러한 사정을 알고 있었다고 봐야 하기 때문이다. 시간적 선후가 뒤바뀐 반대의 경우라면 특이한 피해를 인정해야 할 것이다.

③ 면책사유

일반적인 손해배상의 법리에서 불가항력인 경우와 피해자의 과실이 개입된 경우는 면책사유로 보고 있으나, 제3자가 피해자인 경우에는 피해자의 과실은 면책사유로 인정되지 않는다.

3. 이용자에 대한 책임

가. 이용자(usager)의 개념

공공시설을 본래의 용도대로 이용하려는 의사표시를 한 사람을 의미한다. 예를 들어 기차에 탑승하기 위해 역에 들어갔다가 시설물의 추락이나 바닥에 미끄러져 다친 사람의 경우는 이용자로서 피해자에 해당한다. 이러한 성질이 인정되면 통상적 관리의 결여로 인한 책임을 행정재판으로 다룬다.[88] 다만 이것은 역무상 과실로 볼 여지도 있기 때문에 경우에 따라 달라질 수 있다. 판례 역시 일률적인 기준을 제시하지는 못하고 있다.

나. 통상적 관리의 결여로 인한 책임

시설의 이용자가 공사 또는 시설로 인해 입은 손해에는 '통상적 관리의 결여로 인한 책임(responsabilité pour défaut d'entretien normal)'의 법리가 적용된다. 이것은 판례에서 주로 사용하는 표현으로서 학계에서는 과실책임으

87) CE 14 mars 1986, *RATP c/ Société 《Hôtel Paris-Liège》*, Dr. adm. 1986, n° 242.
88) CE 24 janvier 1967, *Demoiselle Labat*, Rec. CE, p. 100.

로 보고 있다. 시설계획의 하자[89](vice de conception de l'ouvrage), 시설관리의 하자[90](vice dans l'aménagement), 시설의 불완전한 운영[91](래nctionnement défecteux de l'ouvrage), 공사의 불완전한 시행[92](exécution défecteuse d'un travail public), 불충분한 위험 표시[93](signalisation in-suffisante d'un danger) 등이 이에 해당한다.

다. 면책사유

과실책임의 법리가 적용되어 불가항력, 피해자의 과실, 제3자의 개입, 우발적 손해 등이 면책사유로 거론된다. 불가항력과 피해자의 과실은 의심할 여지 없이 면책사유가 되지만, 제3자의 개입이나 우발적 손해는 경우에 따라 다르게 보아야 한다.

4. 참여자에 대한 책임

가. 참여자(participant)의 개념

공사나 시설에 참여하는 사람으로서 공사시행기업자,[94] 대행자,[95] 공사감독을 맡은 건축사,[96] 공사에 참여하는 공무원,[97] 자재 공급자[98] 등이 그 예이

89) CE 15 décembre 1978, *Ministre de l'Éducation nationale c/ Dame Gardy*, Rec. CE T., p. 963. 대학식당 층계참의 협소함으로 인한 추락 위험.
90) CE 4 novembre 1987, *Société des autoroutes du sud de la France c/ de Lauzon*, Rec. CE, p. 995. 야생동물이 출몰하는 구역에서 동물이 고속도로에 들어오는 것을 방지하는 관리의 부재.
91) CE 25 juillet 1980, *Moussa ben Ali Lemouchi*, Rec. CE T., p. 922. 교차로를 관장하는 신호등의 고장.
92) CE 29 mai 1987, *Société des autoroutes Paris-Rhin-Rhône*, Rec. CE T., p. 996. 도로표지판이 고정되지 않아 고속도로 위에서 굴러다님.
93) CE 3 décembre 1976, *Dutto*, Rec. CE T., p. 1165. 도로 위 장애물에 대한 특별한 알림 표시의 부재.
94) CE 16 février 1966, *Dame veuve Loor*, Rec. CE, p. 117.
95) CE 2 juillet 1971, *Société nationale des chemins de fer français c/ époux Le Piver*, Rec. CE, p. 504.
96) CE 16 décembre 1970, *Teppe*, Rec. CE, p. 774.
97) CE 1er octobre 1969, *Ministre de l'Équipement et du Logement c/ Guillaume et Compagnie d'assuarance 《 L'Union 》*, Rec. CE, p. 412.

다. 이들은 공사에 대해 이해관계를 가지고 있다는 공통점이 있다. 즉 공사 자체가 자신의 업무로서 보수를 받거나 수익을 기대한다는 점이다. 반대로 단순 협조하는 관계에 머물러 있는 사람에게는 제3자에 대한 책임의 법리가 적용된다.[99]

나. 과실책임

참여자에 대해 발생한 손해는 과실책임(responsabilité pour faute)이다. 참여자는 사업에 대한 정보가 많고 그에 따른 수익을 향유하기 때문에 제3자나 이용자에 비해 보호의 필요성이 낮으며 상대적으로 요건을 엄격히 할 필요가 있다.

다. 면책사유

일반적 법리에 따라 불가항력, 피해자의 과실, 제3자의 개입, 우발적 손해는 면책사유가 된다.

IV. 책임의 구현

1. 재판의 청구

가. 관할권에 관한 원칙

(1) 제1심 행정법원

제1심은 행정법원은 피해가 발생한 장소를 관할하는 지방행정법원(tribunal administratif)의 소관[100]이다. 상공이나 바다에서 일어나는 사고라든가 지방자치단체 간 경계지역에서 일어난 사고와 같이 어느 지방행정법원의 관할에도 속하지 않는, 다시 말해 관할 지방행정법원이 없는 경우는 최고행정법원이 1심과 최종심을 동시에 맡는다.[101]

---

98) CE 24 avril 1981, *Société des autoroutes de Nord et de l'Est de la France*, Rec. CE T., p. 953.
99) CE 26 juin 1968, *Caisse primaire de Sécurité sociale du Calvados*, Rec. CE, p. 403.
100) 행정재판법전(Code de justice administrative) R. 312-14조.

(2) 항소와 상고

항소는 1심 관할 행정법원의 상급 고등행정법원(cour administratif d'appel)에 제기한다.

상고심은 최고행정법원(Conseil d'État)의 소관이다. 상고심은 법률심이기 때문에 과실의 유무나 종류에 대해서는 심사하지 않는다.[102] 그러나 손해가 특별하거나 변칙적인지, 피해자가 이용자인지 제3자인지, 면책사유가 있는지에 관한 문제들은 최고행정법원의 심사 대상이다.

나. 절차의 원칙

굳이 행정청이나 사업자에게 배상을 청구하여 거부처분이나 지급거절의 의사표시를 받거나 행정심판 등의 전치절차를 거치지 않고 바로 소송을 제기할 수 있다.[103]

2. 책임 재산

가. 주된 책임자

(1) 공공토목공사로 발생하는 손해

공공토목공사의 사업시행자가 1순위 청구대상이지만, 공동시행, 위탁, 도급 등 다양한 경우의 수가 있어 판례는 개별적으로 다르게 취급하고 있다.

(2) 공공시설의 존재 또는 운영으로 발생하는 손해

본래의 사업자나 행정주체가 직영하고 있는지 위탁이나 임대를 하고 있는지에 따라 다르게 취급되고 있다.

---

101) CE 4 décembre 1970, *Ministre d'État chargé de la défense nationale et Ministre de l'Équipement et du logement c/ Sieur Starr et British Commonwealth Insurance Company Limited*, Rec. CE, p. 733.

102) CE 26 juin 1992, *Commune de Béthoncourt c/ Consorts Barbier*, Rec. CE, p. 268.

103) 행정재판법전(Code de justice administrative) R. 421-1조.

나. 궁극적인 책임의 귀속

먼저 계약조항에 따라 귀속되고, 일부의 경우에는 입법적인 규정이 있어서 그에 따르면 될 수도 있다. 명문의 근거가 없거나 불충분하면 귀책사유의 크기에 따라 정할 수 있다. 사회보험으로 처리하는 경우도 있다.

V. 결론

프랑스에서는 공공토목공사의 시행과 공공시설의 설치 및 관리에 따라 발생하는 다양한 손해에 대한 판례이론이 일찍부터 축적되어왔다. 사실 공행정 또는 공역무에 의한 피해발생과 그것을 해결하기 위한 법리가 곧 프랑스 행정법의 발달사와 맥을 같이한다고 보아도 무리가 없을 것이다. 프랑스도 우리처럼 공용수용에 따른 보상절차에 대해서는 상세한 규정을 두고 있지만 우리 토지보상법상 공익사업의 시행에 따라 발생할 수 있는 여러 손해 또는 손실에 대해서는 별도의 규정을 두고 있는 예가 별로 없고, 경우에 따라 판례이론으로 해결하고 있다. 우리 식으로 편하게 부르자면 공공토목공사와 공공시설의 설치 및 관리를 하나의 공익사업으로 볼 수 있을 것이다. 이러한 공익사업에 관해서는 공법원리를 적용하는 것이 프랑스법의 입장이라 할 것이다. 앞에서 살펴본 바와 같이 프랑스의 판례이론은 공익사업에 따라 발생하는 손해전보를 공법상 법률관계로 보고 행정소송에 의해 해결하도록 하고 있다. 개별 법률에 보상의 근거를 두고 이루어지는 것이 아니라 사업의 문제점을 들어 법원에 청구하는 것이므로 우리나라의 손해배상에 해당한다고 보는 것이 타당할 것이다. 손실보상을 하기 위해서는 요건과 절차, 기준 및 방식 등을 법에 규정해야 하나, 손해배상은 위법성 등 성립요건을 충족하면 청구 가능하고, 프랑스는 특히 무과실 책임을 폭넓게 인정하여 제3자에 대한 피해구제를 두텁게 할 수 있다는 점에서 수용해볼 가치가 크다. 다만 우리 국가배상법은 고의 또는 과실을 요건으로 명시하고 있으므로 판례이론만으로 도입하는 것은 한계가 있다. 본 사안 역시 프랑스식 해법을 사용하자면, 명문의 규정 또는 유추적용할 수 있는 것은 손실보상의 법리로 해결하고, 그렇지 않은 부분은 손해배상의 대상으로 삼아 그에 대한 손해전보를 고려할 수 있다. 인근 토지의 소유자에게 발생한 피해는 제3자에 대한 손해이므로 무과실책임의 법리를 적용할 것이지만 우리 법제의 한계로 인해 이를 적용하여 본 사안을 해결하기는 어렵다고 본다. 손실보상청구는 당연히 공법상 당사자소송의 형태이다.

대법원 2019. 11. 28. 선고 2018두227 판결
【보상금】 [공2020상, 192]

【판시사항】

[1] 공익사업을 위한 토지 등의 취득 및 보상에 관한 법률 시행규칙 제64조 제1항 제2호에서 정한 공익사업시행지구 밖 영업손실보상의 요건인 '공익사업의 시행으로 인한 그 밖의 부득이한 사유로 일정 기간 동안 휴업이 불가피한 경우'에 공익사업의 시행 결과로 휴업이 불가피한 경우가 포함되는지 여부(적극)
[2] 실질적으로 같은 내용의 손해에 관하여 공익사업을 위한 토지 등의 취득 및 보상에 관한 법률 제79조 제2항에 따른 손실보상과 환경정책기본법 제44조 제1항에 따른 손해배상청구권이 동시에 성립하는 경우, 영업자가 두 청구권을 동시에 행사할 수 있는지 여부(소극) 및 '해당 사업의 공사완료일로부터 1년'이라는 손실보상 청구기간이 지나 손실보상청구권을 행사할 수 없는 경우에도 손해배상청구가 가능한지 여부(적극)
[3] 공익사업으로 인하여 공익사업시행지구 밖에서 영업을 휴업하는 자가 공익사업을 위한 토지 등의 취득 및 보상에 관한 법률 제34조, 제50조 등에 규정된 재결절차를 거치지 않은 채 곧바로 사업시행자를 상대로 공익사업을 위한 토지 등의 취득 및 보상에 관한 법률 시행규칙 제47조 제1항에 따라 영업손실에 대한 보상을 청구할 수 있는지 여부(소극)
[4] 어떤 보상항목이 공익사업을 위한 토지 등의 취득 및 보상에 관한 법령상 손실보상대상에 해당함에도 관할 토지수용위원회가 사실을 오인하거나 법리를 오해함으로써 손실보상대상에 해당하지 않는다고 잘못된 내용의 재결을 한 경우, 피보상자가 제기할 소송과 그 상대방

【판결요지】

[1] 모든 국민의 재산권은 보장되고, 공공필요에 의한 재산권의 수용 등에 대하여는 정당한 보상을 지급하여야 하는 것이 헌법의 대원칙이고(헌법 제23조), 법률도 그런 취지에서 공익사업의 시행 결과 공익사업의 시행이 공익사업시행지

구 밖에 미치는 간접손실 등에 대한 보상의 기준 등에 관하여 상세한 규정을 마련해 두거나 하위법령에 세부사항을 정하도록 위임하고 있다.

이러한 공익사업시행지구 밖의 영업손실은 공익사업의 시행과 동시에 발생하는 경우도 있지만, 공익사업에 따른 공공시설의 설치공사 또는 설치된 공공시설의 가동 · 운영으로 발생하는 경우도 있어 그 발생원인과 발생시점이 다양하므로, 공익사업시행지구 밖의 영업자가 발생한 영업상 손실의 내용을 구체적으로 특정하여 주장하지 않으면 사업시행자로서는 영업손실보상금 지급의무의 존부와 범위를 구체적으로 알기 어려운 특성이 있다. 공익사업을 위한 토지 등의 취득 및 보상에 관한 법률 제79조 제2항에 따른 손실보상의 기한을 공사완료일부터 1년 이내로 제한하면서도 영업자의 청구에 따라 보상이 이루어지도록 규정한 것[공익사업을 위한 토지 등의 취득 및 보상에 관한 법률 시행규칙(이하 '시행규칙'이라 한다) 제64조 제1항]이나 손실보상의 요건으로서 공익사업시행지구 밖에서 발생하는 영업손실의 발생원인에 관하여 별다른 제한 없이 '그 밖의 부득이한 사유'라는 추상적인 일반조항을 규정한 것(시행규칙 제64조 제1항 제2호)은 간접손실로서 영업손실의 이러한 특성을 고려한 결과이다.

위와 같은 공익사업시행지구 밖 영업손실보상의 특성과 헌법이 정한 '정당한 보상의 원칙'에 비추어 보면, 공익사업시행지구 밖 영업손실보상의 요건인 '공익사업의 시행으로 인한 그 밖의 부득이한 사유로 일정 기간 동안 휴업이 불가피한 경우'란 공익사업의 시행 또는 시행 당시 발생한 사유로 휴업이 불가피한 경우만을 의미하는 것이 아니라 공익사업의 시행 결과, 즉 그 공익사업의 시행으로 설치되는 시설의 형태 · 구조 · 사용 등에 기인하여 휴업이 불가피한 경우도 포함된다고 해석함이 타당하다.

[2] 공익사업을 위한 토지 등의 취득 및 보상에 관한 법률(이하 '토지보상법'이라 한다) 제79조 제2항 (그 밖의 토지에 관한 비용보상 등)에 따른 손실보상과 환경정책기본법 제44조 제1항 (환경오염의 피해에 대한 무과실책임)에 따른 손해배상은 근거 규정과 요건 · 효과를 달리하는 것으로서, 각 요건이 충족되면 성립하는 별개의 청구권이다. 다만 손실보상청구권에는 이미 '손해 전보'라는 요소가 포함되어 있어 실질적으로 같은 내용의 손해에 관하여 양자의 청구권을 동시에 행사할 수 있다고 본다면 이중배상의 문제가 발생하므로, 실질적으로

같은 내용의 손해에 관하여 양자의 청구권이 동시에 성립하더라도 영업자는 어느 하나만을 선택적으로 행사할 수 있을 뿐이고, 양자의 청구권을 동시에 행사할 수는 없다. 또한 '해당 사업의 공사완료일로부터 1년'이라는 손실보상 청구기간(토지보상법 제79조 제5항, 제73조 제2항)이 도과하여 손실보상청구권을 더 이상 행사할 수 없는 경우에도 손해배상의 요건이 충족되는 이상 여전히 손해배상청구는 가능하다.

[3] 공익사업을 위한 토지 등의 취득 및 보상에 관한 법률(이하 '토지보상법'이라 한다) 제26조, 제28조, 제30조, 제34조, 제50조, 제61조, 제79조, 제80조, 제83조 내지 제85조의 규정 내용과 입법 취지 등을 종합하면, 공익사업으로 인하여 공익사업시행지구 밖에서 영업을 휴업하는 자가 사업시행자로부터 공익사업을 위한 토지 등의 취득 및 보상에 관한 법률 시행규칙 제47조 제1항에 따라 영업손실에 대한 보상을 받기 위해서는, 토지보상법 제34조, 제50조 등에 규정된 재결절차를 거친 다음 그 재결에 대하여 불복이 있는 때에 비로소 토지보상법 제83조 내지 제85조에 따라 권리구제를 받을 수 있을 뿐이다. 이러한 재결절차를 거치지 않은 채 곧바로 사업시행자를 상대로 손실보상을 청구하는 것은 허용되지 않는다.

[4] 어떤 보상항목이 공익사업을 위한 토지 등의 취득 및 보상에 관한 법령상 손실보상대상에 해당함에도 관할 토지수용위원회가 사실을 오인하거나 법리를 오해함으로써 손실보상대상에 해당하지 않는다고 잘못된 내용의 재결을 한 경우에는, 피보상자는 관할 토지수용위원회를 상대로 그 재결에 대한 취소소송을 제기할 것이 아니라, 사업시행자를 상대로 공익사업을 위한 토지 등의 취득 및 보상에 관한 법률 제85조 제2항에 따른 보상금증감소송을 제기하여야 한다.

【참조조문】

[1] 헌법 제23조, 공익사업을 위한 토지 등의 취득 및 보상에 관한 법률 제79조 제2항, 공익사업을 위한 토지 등의 취득 및 보상에 관한 법률 시행규칙 제64조 제1항 제2호 / [2] 공익사업을 위한 토지 등의 취득 및 보상에 관한 법률 제73조 제2항, 제79조 제2항, 공익사업을 위한 토지 등의 취득 및 보상에 관한 법률 시행규칙 제64조 제1항 제2호 / [3] 공익사업을 위한 토지 등의 취득 및 보

상에 관한 법률 제26조, 제28조, 제30조, 제34조, 제50조, 제61조, 제79조, 제80조, 제83조, 제84조, 제85조 / [4] 공익사업을 위한 토지 등의 취득 및 보상에 관한 법률 제83조, 제85조 제2항

【참조판례】

[3] 대법원 2011. 9. 29. 선고 2009두10963 판결 (공2011하, 2238) / [4] 대법원 2018. 7. 20. 선고 2015두4044 판결 (공2018하, 1775)

【전문】

【원고, 상고인 겸 피상고인】 원고 (소송대리인 변호사 이정웅)

【피고, 피상고인 겸 상고인】 한국철도시설공단
(소송대리인 법무법인 한결 담당변호사 김현우 외 1인)

【피고보조참가인】 에이치디씨 주식회사
(변경 전 상호: 현대산업개발 주식회사)

【대상판결】

【원심판결】 대전고법 2018. 7. 5. 선고 2017누44 판결

【주문】

상고를 모두 기각한다. 상고비용 중 원고 상고로 인한 부분은 원고가, 피고 상고로 인한 부분은 피고가 각 부담한다.

【이유】

상고이유를 판단한다.

1. 피고 상고이유에 대한 판단

가. 관할위반 주장에 관하여(상고이유 제1점)

(1) 「공익사업을 위한 토지 등의 취득 및 보상에 관한 법률」(이하 '토지보상법'이라고 한다) 제79조 제2항의 위임에 따른 같은 법 시행규칙(이하 '시행규칙'이라고 한다) 제64조 제1항 제2호에 의하면, 공익사업시행지구 밖에서 영업손실

의 보상대상이 되는 영업을 하고 있는 자가 공익사업의 시행으로 인하여 '진출입로의 단절, 그 밖의 부득이한 사유로 인하여 일정한 기간 동안 휴업하는 것이 불가피한 경우'에 해당하는 경우 그 영업자의 청구에 의하여 당해 영업을 공익사업시행지구에 편입되는 것으로 보아 보상하여야 한다. 이러한 보상청구권은 공익사업의 시행이라는 적법한 공권력의 행사로 발생한 재산상 특별한 희생에 대하여 전체적인 공평부담의 견지에서 공익사업의 주체가 보상하여 주는 손실보상의 일종으로서 공법상 권리에 해당하므로 그에 관한 쟁송은 민사소송이 아닌 행정소송 절차에 의하여야 한다.

모든 국민의 재산권은 보장되고, 공공필요에 의한 재산권의 수용 등에 대하여는 정당한 보상을 지급하여야 하는 것이 헌법의 대원칙이고(헌법 제23조), 법률도 그런 취지에서 공익사업의 시행 결과 그 공익사업의 시행이 공익사업시행지구 밖에 미치는 간접손실 등에 대한 보상의 기준 등에 관하여 상세한 규정을 마련해 두거나 하위법령에 세부사항을 정하도록 위임하고 있다.

이러한 공익사업시행지구 밖의 영업손실은 공익사업의 시행과 동시에 발생하는 경우도 있지만, 공익사업에 따른 공공시설의 설치공사 또는 설치된 공공시설의 가동·운영으로 발생하는 경우도 있어 그 발생원인과 발생시점이 다양하므로, 공익사업시행지구 밖의 영업자가 발생한 영업상 손실의 내용을 구체적으로 특정하여 주장하지 않으면 사업시행자로서는 영업손실보상금 지급의무의 존부와 범위를 구체적으로 알기 어려운 특성이 있다. 토지보상법 제79조 제2항에 따른 손실보상의 기한을 공사완료일부터 1년 이내로 제한하면서도 영업자의 청구에 따라 보상이 이루어지도록 규정한 것(시행규칙 제64조 제1항)이나 손실보상의 요건으로서 공익사업시행지구 밖에서 발생하는 영업손실의 발생원인에 관하여 별다른 제한 없이 '그 밖의 부득이한 사유'라는 추상적인 일반조항을 규정한 것(시행규칙 제64조 제1항 제2호)은 간접손실로서 영업손실의 이러한 특성을 고려한 결과이다.

위와 같은 공익사업시행지구 밖 영업손실보상의 특성과 헌법이 정한 '정당한 보상의 원칙'에 비추어 보면, 공익사업시행지구 밖 영업손실보상의 요건인 '공익사업의 시행으로 인한 그 밖의 부득이한 사유로 일정 기간 동안 휴업이 불가피한 경우'란 공익사업의 시행 또는 시행 당시 발생한 사유로 휴업이 불가피한 경우만을 의미하는 것이 아니라 공익사업의 시행 결과, 즉 그 공익사업의 시행으로 설치되는 시설의 형태 · 구조 · 사용 등에 기인하여 휴업이 불가피한 경우도 포함된다고 해석함이 타당하다.

한편 토지보상법 제79조 제2항(그 밖의 토지에 관한 비용보상 등)에 따른 손실보상과 환경정책기본법 제44조 제1항(환경오염의 피해에 대한 무과실책임)에 따른 손해배상은 그 근거 규정과 요건 · 효과를 달리하는 것으로서, 각 요건이 충족되면 성립하는 별개의 청구권이다. 다만 손실보상청구권에는 이미 '손해 전보'라는 요소가 포함되어 있어 실질적으로 같은 내용의 손해에 관하여 양자의 청구권을 동시에 행사할 수 있다고 본다면 이중배상의 문제가 발생하므로, 실질적으로 같은 내용의 손해에 관하여 양자의 청구권이 동시에 성립하더라도 영업자는 어느 하나만을 선택적으로 행사할 수 있을 뿐이고, 양자의 청구권을 동시에 행사할 수는 없다고 봄이 타당하다. 또한 '해당 사업의 공사완료일로부터 1년'이라는 손실보상 청구기간(토지보상법 제79조 제5항, 제73조 제2항)이 도과하여 손실보상청구권을 더 이상 행사할 수 없는 경우에도 손해배상의 요건이 충족되는 이상 여전히 손해배상청구는 가능하다고 보아야 한다.

(2) 원심은 다음과 같이 판단하였다.

(가) 토지보상법 관련 규정에서 이 사건 사업의 시행 결과에 따른 손실보상을 정하고 있지는 않지만, 공익사업의 시행으로 인하여 손실이 발생하리라는 것을 쉽게 예견할 수 있고 그 손실의 범위도 구체적으로 특정할 수 있는 경우라면, 그 손실의 보상에 관하여 토지보상법 관련 규정 등을 유추적용할 수 있다고 해석함이 타당하다.

(나) 공공사업의 시행에 따른 손실보상청구권은 적법한 공익사업에 따라 필연적으로 발생하는 손실에 대한 보상을 구하는 권리로서 국가배상법에 따른 손해배상청구권이나 민법상 채무불이행 또는 불법행위로 인한 손해배상청구권 등과 같은 사법상의 권리와는 그 성질을 달리하는 것으로, 그에 관한 쟁송은 민사소송이 아니라 행정소송법 제3조 제2호에서 정하고 있는 공법상 당사자소송 절차에 의하여야 한다.

(다) 이 사건 잠업사는 이 사건 사업인정고시일 전부터 이 사건 건물, 입목, 설비를 갖추고 계속적으로 행하고 있던 영업으로서 원고는 이 사건 노선의 운

행으로 인한 소음·진동 등으로 인하여 이 사건 잠업사를 이전하는 것이 불가피하다. 이 사건 잠업사에 이러한 손실이 발생하리라는 것을 충분히 예견할 수 있고, 그 손실의 범위도 특정할 수 있으므로 공익사업의 시행으로 인하여 필연적으로 야기되는 손실에 해당한다. 원고는 토지보상법 관련 규정의 유추적용에 의하여 이 사건 사업의 시행 결과로 발생한 영업손실의 보상을 청구할 권리가 있다.

(3) 원심이 확정한 사실관계를 앞서 본 규정들과 법리에 비추어 살펴보면, 원고가 이 사건 사업의 시행으로 인하여 이 사건 사업의 시행지구 밖의 이 사건 잠업사에 발생한 영업손실에 관하여 그 사업시행자인 피고에 대하여 손실보상을 청구할 권리는 토지보상법 제79조 제2항, 시행규칙 제64조 제1항 제2호에 직접 근거하여 발생하는 것이라고 보아야 한다.

따라서 원심이 원고의 손실보상청구권이 토지보상법 관련 규정의 유추적용에 의하여 인정된다고 본 것은 잘못이지만, 이 사건 사업의 시행으로 인하여 원고의 손실보상청구권이 성립하였고 그에 관한 쟁송은 공법상 당사자소송 절차에 의하여야 한다고 판단한 결론은 정당하다. 거기에 상고이유 주장과 같이 간접손실에 관한 보상청구권의 법적 성질과 그 소송형태에 관한 법리를 오해하여 판결 결과에 영향을 미친 잘못이 없다.

나. 보상금증감소송의 소송요건 관련 주장에 관하여(상고이유 제2점)

(1) 재결절차 흠결 주장에 관하여

(가) <u>토지보상법 제26조, 제28조, 제30조, 제34조, 제50조, 제61조, 제79조, 제80조, 제83조 내지 제85조의 규정 내용과 입법 취지 등을 종합하면, 공익사업으로 인하여 공익사업시행지구 밖에서 영업을 휴업하는 자가 사업시행자로부터 시행규칙 제47조 제1항에 따라 영업손실에 대한 보상을 받기 위해서는, 토지보상법 제34조, 제50조 등에 규정된 재결절차를 거친 다음 그 재결에 대하여 불복이 있는 때에 비로소 토지보상법 제83조 내지 제85조에 따라 권리구제를 받을 수 있을 뿐이다. 이러한 재결절차를 거치지 않은 채 곧바로 사업시행자를 상대로 손실보상을 청구하는 것은 허용되지 않는다</u> (대법원 2011. 9. 29. 선고 2009두10963 판결 참조).

(나) 원심이, 원고의 이 사건 청구가 토지보상법 관련 규정의 유추적용에 의

한 손실보상청구에 해당함을 전제로 토지보상법에서 정한 재결절차를 거칠 필요가 없다고 판단한 것은 잘못이지만, 원고가 손실보상청구에 앞서 재결절차를 거쳐야 한다고 가정하더라도 원고가 적법한 재결절차를 거친 것으로 볼 수 있다는 원심의 부가적·가정적 판단은 수긍할 수 있다. 거기에 상고이유 주장과 같이 공익사업시행지구 밖 영업손실보상의 소송형태와 소송요건에 관한 법리를 오해하여 판결 결과에 영향을 미친 잘못이 없다.

(2) 피고적격 흠결 주장에 관하여

어떤 보상항목이 토지보상법령상 손실보상대상에 해당함에도 관할 토지수용위원회가 사실을 오인하거나 법리를 오해함으로써 손실보상대상에 해당하지 않는다고 잘못된 내용의 재결을 한 경우에는, 피보상자는 관할 토지수용위원회를 상대로 그 재결에 대한 취소소송을 제기할 것이 아니라, 사업시행자를 상대로 토지보상법 제85조 제2항에 따른 보상금증감소송을 제기하여야 한다 (대법원 2018. 7. 20. 선고 2015두4044 판결).

원심은, 이 사건 잠업사에 발생한 영업손실에 관하여는 고속철도를 운행하는 한국철도공사가 아니라 이 사건 사업의 시행자인 피고를 상대로 보상금증감소송을 제기하여야 한다고 판단하였다.

원심판결 이유에 일부 적절하지 않은 부분이 있으나, 이 사건 사업의 시행자인 피고에게 피고적격이 있다고 본 원심의 결론은 정당하고, 거기에 토지보상법상 보상금증감소송의 피고적격에 관한 법리를 오해하여 판결 결과에 영향을 미친 잘못이 없다.

다. 손실보상액 관련 주장에 관하여(상고이유 제3점)

감정인의 감정 결과는 그 감정방법 등이 경험칙에 반하거나 합리성이 없는 등의 현저한 잘못이 없는 한 이를 존중하여야 한다(대법원 2009. 7. 9. 선고 2006다67602, 67619 판결 등 참조).

원심은, 이 사건 감정 결과 등을 토대로 판시와 같은 사실을 인정한 다음, 이 사건 입목 중 뽕나무 및 이 사건 설비의 이전비용 합계 30,950,000원을 피고가 원고에게 보상하여야 할 이 사건 잠업사의 영업손실로 판단하였다.

원심판결 이유를 관련 법리와 기록에 비추어 살펴보면, 원심이 이 사건 감정 결과를 받아들여 손실보상의 범위와 금액을 판단한 것은 수긍할 수 있고, 거기에 상고이유 주장과 같이 논리와 경험칙에 반하여 자유심증주의의 한계를 벗어나는 등의 잘못이 없다.

라. 손해배상 관련 주장에 관하여(상고이유 제4점)

(1) 손해배상책임의 존부에 대하여

원심은, 환경정책기본법 제44조 제1항이 정한 환경오염에는 소음 · 진동으로 사람의 건강이나 환경에 피해를 주는 것도 포함되므로, 소음 · 진동 등으로 수인한도를 넘는 손해를 입은 피해자들에 대하여 원인자는 그 귀책사유가 없더라도 특별한 사정이 없는 한 이를 배상할 의무가 있다고 전제한 다음, 피고가 이 사건 노선을 완공하여 개통한 후, 한국철도공사로 하여금 이 사건 노선에서 고속열차를 운행하도록 함으로써 발생한 소음 · 진동 · 전자파로 인하여 이 사건 잠업사에서 생산하는 누에씨의 품질저하, 위 누에씨를 공급받는 전라북도 농업기술원 종자사업소의 누에씨 수령 거부, 잠업농가의 누에씨 수령 거부 등의 피해가 발생하였다고 봄이 타당하므로, 호남고속철도 열차 운행으로 인한 소음 · 진동 · 전자파의 원인자인 피고가 위 소음 · 진동 · 전자파의 환경오염으로 인하여 원고에게 발생한 손해를 배상할 책임이 있다고 판단하였다.

원심판결 이유를 관련 법리와 기록에 비추어 살펴보면, 이러한 원심판단은 수긍할 수 있고, 거기에 상고이유 주장과 같이 불법행위책임에 관한 법리를 오해하거나 논리와 경험칙에 반하여 자유심증주의의 한계를 벗어나는 등의 잘못이 없다.

(2) 손해배상책임의 범위에 대하여

원심은, 이 사건 감정 결과 등을 토대로 판시와 같은 사실을 인정한 다음, 휴업기간의 일실수입, 잠종위탁관리비용 합계 40,395,040원을 피고가 원고에게 배상하여야 할 이 사건 잠업사의 손해로 판단하였다.

원심판결 이유를 관련 법리와 기록에 비추어 살펴보면, 원심이 이 사건 감정 결과를 받아들여 손해배상의 범위와 금액을 판단한 것은 수긍할 수 있고, 거기에 상고이유 주장과 같이 논리와 경험칙에 반하여 자유심증주의의 한계를 벗어나는 등의 잘못이 없다.

(3) 변제항변에 관하여

원심은, 원고의 아들 소외인이 피고 보조참가인으로부터 지급받은 배상금

10,016,240원은 이 사건 손해배상책임의 범위에 포함되지 않는다고 판단하여, 피고의 공제 주장을 배척하였다.

원심판결 이유를 관련 법리와 기록에 비추어 살펴보면, 양자의 손해발생 원인을 달리 본 원심판단은 수긍할 수 있고, 거기에 상고이유 주장과 같이 논리와 경험칙에 반하여 자유심증주의의 한계를 벗어나는 등의 잘못이 없다.

2. 원고의 상고이유에 대한 판단

가. 손실보상책임의 범위에 대하여

원심은 ① 이 사건 잠업사의 휴업기간에 해당하는 영업이익, 고정적 비용, ② 이 사건 건물의 이전비에 관한 손실보상청구를 배척하였다.

원심판결 이유를 관련 법리와 기록에 비추어 살펴보면, 이러한 원심판단은 수긍할 수 있고, 거기에 상고이유 주장과 같이 공익사업시행지구 밖 영업손실보상에 관한 법리를 오해하여 필요한 심리를 다하지 아니하는 등의 잘못이 없다.

나. 손해배상책임의 범위에 대하여

(1) 원심은, 피고가 원고에게 배상하여야 할 이 사건 잠업사의 휴업기간 일실수입과 관련하여, 이 사건 잠업사의 이전으로 인한 휴업기간은 이 사건 노선이 개통되어 철도가 운행되기 시작한 2015. 4. 2.부터 2015. 8. 1.까지 4개월이라고 판단하였다.

원심판결 이유를 관련 법리와 기록에 비추어 살펴보면, 이러한 원심판단은 수긍할 수 있고, 거기에 상고이유 주장과 같이 불법행위책임에 관한 법리를 오해하거나 논리와 경험칙에 반하여 자유심증주의의 한계를 벗어나는 등의 잘못이 없다.

(2) 원심은 ① 이 사건 토지의 가치하락액, ② 이 사건 건물의 이전비용 상당 손해액, ③ 휴업기간 중 감가상각비, 고정적 인건비에 관한 손해배상청구를 배척하였고, ④ 원고가 지출한 잠종위탁관리비용 중 일부에 대해서만 손해배상책임이 성립한다고 보아, 나머지에 관한 손해배상청구를 배척하였다.

원심판결 이유를 관련 법리와 기록에 비추어 살펴보면, 이러한 원심판단은 수긍할 수 있고, 거기에 상고이유 주장과 같이 불법행위책임에 관한 법리를 오해하거나 논리와 경험칙에 반하여 자유심증주의의 한계를 벗어나는 등의 잘못이 없다.

3. 결론

그러므로 상고를 모두 기각하고, 상고비용 중 원고 상고로 인한 부분은 원고가, 피고 상고로 인한 부분은 피고가 각 부담하기로 하여, 관여 대법관의 일치된 의견으로 주문과 같이 판결한다.

대법관 박정화(재판장) 권순일(주심) 이기택 김선수

제 9 편

보상금 지급계약을 원고가 착오를 이유로 취소하거나, 현저한 사정변경이 있음을 이유로 해제할 수 있는지 여부

연구대상 사건의 개요

김 유 성

I. 사안의 개요

1. 주요 청구원인 등

○ 원고가 피고에게 '보상금'을 지급하기로 하는 내용을 포함한 공동참여계약 중 위 '보상금'지급 관련 계약 부분(이하 '이 사건 보상금 계약')을 원고가 착오를 이유로 취소하거나, 현저한 사정변경이 있음을 이유로 해제할 수 있는지 여부

2. 원심이 인정한 사실관계

1987. 2.경	러시아 A社가 예멘공화국 내 위치한 광구(**이 사건 광구**)에서 원유를 발견함
⇩	
1991. 1.경	사우디아라비아 B社가 예멘과 생산물분배계약을 체결하고 이 사건 광구에서 원유 생산
⇩	
2001. 1.경	B社가 생산물분배계약상 지위를 예멘 국영기업인 C社에 양도함
⇩	
2005. 2.경	C社가 생산물분배계약에 기한 광구운영권(= **이 사건 광구운영권**)의 50% 지분을 매도하는 국제입찰 시행
⇩	
2005. 7. 30.	피고가 응찰
⇩	
2005. 9. 7.	피고가 낙찰자로 선정됨
⇩	

2006. 7. 11.경	피고가 이 사건 광구운영권 50% 지분 중 20% 지분을 국내 회사에 매도하는 입찰(= **이 사건 입찰**)을 시행하기로 함
⇩	
2006. 7. 21.	피고가 원고 등 30여개 회사를 상대로 이 사건 광구 등에 관한 설명회 개최
⇩	
2006. 8. 9.	피고가 원고 등 9개 회사를 상대로 이 사건 광구에 관한 입찰설명회 개최
⇩	
2006. 8. 14.	피고가 자료실을 개방하여 원고 등 9개 회사에 이 사건 광구에 관한 자료 제공
⇩	
2006. 8. 17.	**이 사건 입찰** 개시
⇩	
2006. 10. 2.	'관련사건 원고'가 15% 지분의 낙찰자로 선정됨
⇩	
2006. 10. 19.	'이 사건 원고'가 5% 지분의 낙찰자로 선정됨
⇩	
2007. 5. 30.	피고와 C社와 '지분매입계약', '공동운영계약' 등 기본계약 체결
⇩	
2007. 7. 11.	피고, 이 사건 원고, 관련사건 원고 '공동참여계약(= **이 사건 계약**)' 체결
⇩	
2008. 5. 26.	기본계약 발효
⇩	
2013. 9. 26.	피고 조합해산 청구, 이 사건 계약 해지 통보

II. 소송의 경과

1. 요약

○ 대상사건 : 원고 일부승소(원심=1심)

- 원심 : 이 사건 보상금 계약의 착오 · 취소 인정, 사정변경 · 해제 부정
- 1심 : 이 사건 보상금 계약의 사정변경 · 해제 인정, 계약의 착오 · 취소 부정

○ 관련사건 : 원고 전부패소(원심≠1심)

▸ 원심 : 주위적 청구인 이 사건 계약 일체의 착오·취소 내지 사정변경·해제 부정, 예비적 청구인 이 사건 보상금 계약은 분리하여 취소·해제할 수 없다고 판단하였음

▸ 1심 : 이 사건 보상금 계약의 사정변경·해제 인정, 이 사건 계약의 착오·취소 부정

2. 이 사건 보상금 계약의 착오를 이유로 한 취소 가부

가. 현존하는 사실에 대한 착오로 취소 인정(☞ 대상사건 원심의 논거)

❑ **이 사건 보상금계약 체결 당시의 이 사건 광구의 경제적 가치는 개별 평가요소의 적확한 적용 및 분석을 통해 결정될 수 있는 것이므로, 이를 장래의 불확실한 사실이라고 할 수 없음. 원고가 이 사건 광구에 최소한의 경제성이 있다고 믿은 것은 피고의 잘못된 예측에 근거한 것임.**

○ 피고 스스로 이 사건 광구운영권의 입찰에 참가할 당시부터 이 사건 보상금 계약을 체결할 당시까지도 이 사건 광구 중 개발광구에서의 저류층 압력 회복을 통한 증산 가능성 및 증산의 정도와 증산을 위한 기술적 용역비용이라는 측면에서 긍정적인 전망을 함으로써 이 사건 광구의 경제성이 있다고 판단하였음

▸ 피고가 GCA 보고서를 바탕으로 2005. 7. 작성한 내부 보고서의 기재 내용(甲42-4)

> 생산정의 상태 등 세부 현황을 알 수 없어 증진량의 불확실성이 있을 수 있으나, 탄성파 자료의 재해석, 다양한 회수증진법 등을 통하여 **회수율은 반드시 증진될 수 있을 것**으로 기대되고, 예상되는 기술적 용역비용을 바탕으로 순현재가치를 평가하면 이 사건 개발광구의 순현재가치는 \$5,100만 ~ \$2억 2,300만 로 예측됨

▸ 2006. 12. 무렵 이 사건 광구 현지조사 후 작성된 보고서(甲37)

당초 예상보다 저류층 압력 저하 등의 문제점이 좀 더 심각하기는 하지만, 저류층 압력 증가(회수증진법), 유정 보수, 재시추 등의 방법을 통하여 증산이 가능할 것으로 예상됨

▸ 피고의 2007. 2. 22.자 이사회 당시 작성된 보고서(甲38-1)

노후화된 기존 생산정의 유지보수작업과 생산정 시추를 통해 생산량 증대가 가능함

공저펌프설치 및 수공법과 같은 회수증진법을 통해 회수율 증대가 가능함

1일 생산예측량은 2007년 1,535배럴, 2008년 12,738배럴, 2009년 18,412배럴, 2010년 19,609배럴 등 / 최소 1,550만 배럴의 매장량을 확보하여 $1억 7,200만의 순이익을 기대함

▸ 피고는 2003. 8. 발간한 '석유산업의 이해'라는 책자(甲62)에서 확인 매장량을 '현재 조건에서 상업적 회수가능성이 확실한 평가량'으로 정의함.[1] 피고는 2007. 7. 해외자원개발사업법에 따른 해외자원개발사업계획신고를 하면서 이 사건 개발광구의 '확인 매장량'을 3,570만 배럴로 예측하였음(甲1-1, 2).

○ 피고의 긍정적인 경제성 평가가 입찰설명회 등에서의 설명에 반영되었을 것이고, 보상비율에 따른 입찰이라는 이례적 사정에 더해져서 입찰참가자들의 이 사건 광구에 대한 인식에 상당한 정도의 영향을 주었을 것으로 보임

○ 피고가 원고에게 제공한 긍정적 자료

▸ 피고는 원고에게 GCA 보고서 등 이 사건 광구의 예상 생산량, 순현재가치 등에 관한 긍정적 전망이 기재된 자료를 제공하였음

▸ 소외 유○○ 교수도 피고가 제공한 자료에 기초하여 증산 가능성, 예상 생산량과 예상 수익 등에 관해 긍정적 전망을 하였음

1) 피고가 2008. 9. 발간한 같은 제목의 책자에는 확인 매장량이 '현재 조건에서 지금부터 상업적으로 회수할 수 있는 타당한 확신이 있는 예상 석유자원량'으로 기재됨

나. 장래의 미필적 사실에 대한 것으로 취소대상이 되지 아니함 (☞ 관련사건 원심 등)

- 석유탐사 · 개발은 기술집약적 · 고위험 · 고소득 사업으로 불확실성이 내재하며, 광구의 매장량 및 경제성을 처음부터 정확히 평가하는 것은 불가능함
- 이 사건 개발광구의 확인매장량과 최저생산량, 피고의 기술에 의한 생산성 회복, 예측생산량, 증산을 위한 기술적 용역비용은 평가자가 주관적으로 추정할 수밖에 없어 객관적 평가나 직접 확인이 불가능한 요소들임
- 피고가 원고에게 준 자료에 이 사건 개발광구의 확인매장량이나 최저매장량의 기재는 없고, 증산 가능성에 관한 기재가 있으나, 증산이 확실하다는 취지는 아님
- GCA 보고서를 받아 본 원고로서는 회수증진법 적용에 따른 생산량 변동 가능성을 인식하였을 것이고, GCA 보고서에는 생산량 예측의 불확실성이 고지되어 있음
- 이 사건 개발광구는 2005. 5.경 1일 생산량이 166배럴에 불과한 노후광구였음
- 2006. 9. 4.자 원고 내부 보고서를 보면, 원고도 이 사건 광구의 개발 관련 사항을 확정적으로 파악하거나 구체적으로 예측할 수 없는 것으로 인식하였고, 피고의 설명도 추정으로 인식하였을 뿐임
- 소외 유○○ 교수의 보고서 내용도 예측, 예상, 평가일 뿐임
- 피고 직원 3명이 2006. 12.경 출장을 다녀와서 작성한 보고서는 2일 정도의 짧은 기간에 C社 직원의 설명이나 육안으로 파악한 결과를 기재한 것일 뿐, 정밀한 조사방법을 적용한 결과 얻어진 결론이 아니고, 피고 직원 3명은 문제점을 극복할 수 있다고 판단한 것으로 보이며, B社와 다른 경험과 기술을 보유한 피고도 B社와 같은 실패에 이를 것이라고 단정할 자료가 없음

3. 이 사건 계약의 사정변경 여부

가. 대상사건 및 관련사건 각 제1심의 판단

○ 대상사건과 관련사건의 각 제1심은 이 사건 광구 운영사업의 경제성에 관하여 현저한 사정변경이 있다고 보았음. 그리고 이 사건 보상금계약은 이 사건 광구 운영사업이 적어도 투자한 비용을 어느 정도까지는 회수할 수 있을 정도의 최소한의 경제성은 가지고 있는 사업임을 전제로 하는 것이고, 이는 계약의 기초가 되는 객관적인 사정이라고 보면서, 그 근거로 다음과 같은 사정을 들고 있음.

- ▸ 이 사건처럼 보상비율을 기준으로 입찰을 시행하고, 그에 따라 입찰 참가자가 높은 보상비율을 제시함으로써 거액의 보상금이 지급된 것은 매우 이례적인 경우로 보임
- ▸ 피고는 이 사건 광구의 운영을 통해 상당한 순수익을 얻을 수 있을 것으로 기대하였기 때문에 보상금을 받기로 하는 입찰을 시행하였고, 이와 같은 피고의 경제성 평가와 이례적 형태의 입찰 시행이라는 사정이 더해져서, 입찰참가자들의 경제성 평가에 관한 인식에 상당한 영향을 주었음
- ▸ 사업 철수 논의 과정에서 대상사건 원고와 관련사건 원고는 각 보상금 반환을 주장하였고, 피고도 보상금 중 일부를 반환하겠다는 제안을 하기도 하였음

나. 대상사건 및 관련사건 원심의 판단

○ 대상사건 원심은 '경제성에 관한 전망은 주관적 희망과 기대에 불과하여 계약 성립의 기초가 된 객관적인 사정이라고 볼 수 없다'고 판단하였음

☞ 관련사건 원심은 고위험 · 고소득 사업인 석유개발사업에서 발생할 수 있는 위험이 현실화된 것이고, 원고와 피고 모두 수익성 등을 미필적인 것으로 인식하였으며, 보상금은 사업참여 기회 제공에 대한 대가로 지급된 것임을 근거로 '예견할 수 없었던 현저한 사정의 변경으로서 계약의 기초가 되었던 객관적인 사정의 변경이라고 할 수 없다'고 판단하였음

4. 연구의뢰사항

○ 동기의 착오와 사정변경의 경계확정이라는 관점에서 다음의 쟁점에 관하여 미국이나 독일 등 외국의 법리에 대한 비교법적 연구 · 검토를 의뢰합니다.

▸ 독일법에서는 동기의 착오를 주관적 행위기초사정의 착오로, 사정변경을 객관적 행위기초사정의 착오로 파악하고 있음

▸ 우리나라에서는 동기의 착오와 사정변경의 인정범위가 제한적이고, 사정변경의 경우 해제나 취소만 가능할 뿐 수정이나 변경 등을 인정하지 아니하고 있습니다.

▸ 그러나 장래의 예측이란 현재 자료를 기초로 하여 분석 · 예측하는 것으로 현재와 장래를 명확하게 구분하기 쉽지 않고 바람직하지도 않은데, 사정변경을 엄격히 인정함으로써 당사자가 보호받을 수 없는 것이 정당한 것인지 의문이 제기될 수 있을 것으로 보입니다.

▸ 따라서 구체적 타당성이나 형평의 관점에서도 검토할 필요가 있는 것으로 보입니다.

○ 앞서 살펴본 외국의 동기의 착오 및 사정변경 사례를 바탕으로 위 쟁점에 관한 바람직한 해석론을 모색하고자 합니다.

※ 이 사건 계약 중 보상금 지급 부분이 지분매입계약으로 이 사건 계약 일체와 분리될 수 없는 것인지, 별도의 보상금 계약이 성립 · 존재하는지 여부에 대한 쟁점에 관하여 외국의 사례에서 위와 같은 계약 해석 및 취소 · 해제의 범위가 다투어진 사례가 있으면 검토하여 주시면 감사하겠습니다.

※ 외국의 법리 및 위 법리에 비추어 이 사건의 거래관계에서 밝혀진 다양한 사정 중 특별히 고려할 요소는 무엇인지를 검토하여 주시면 감사하겠습니다.

장래 사정에 대한 착오*

− 독일 · 스위스 · 오스트리아법의 시사(示唆) −

이 동 진**

I. 서론

대부분의 당사자는 계약 체결 여부 및 그 내용형성에 의미 있는 사정을 다 알지는 못한 채 계약체결에 이른다. 계약체결과 그 이행, 나아가 그에 의한 삶의 필요의 충족 사이에는 짧든 길든 시간간격이 있게 마련이다. 당초의 예상 내지 기대와 실재(의 전개) 사이에는 많은 적든 괴리가 생긴다.[1)]

이러한 경우에 대응하는 민법상 제도 중 가장 중요한 것은 동기착오와 사정변경이다. 민법 제109조 제1항은 "의사표시는 법률행위의 내용의 중요부분에 착오가 있는 때에는 취소할 수 있다. 그러나 그 착오가 표의자의 중대한 과실로 인한 때에는 취소하지 못한다"고 규정하고 있고, 판례는 "그 동기를 당해 의사표시의 내용으로 삼을 것을 상대방에게 표시하고 의사표시의 해석상 법률행위의 내용으로 되어 있다고 인정되"고, "일반인이 표의자의 입장에 섰더라면 그와 같은 의사표시를 하지 아니하였으리라고 여겨질 정도로 그 착오가 중요한 부분에 관한 것"인 이상 취소할 수 있고, "당사자들 사이에 별도로 그 동기를 의사표시의 내용으로 삼기로 하는 합의까지 이루어질 필요"까지는 없다고 하여[2)] 이

---

* 이 글을 비교법실무연구회에서 발표한 뒤 초고에 프랑스법과 미국법에 관한 내용을 추가하고 착오법 일반에 대한 것으로 관점을 바꾸어 "착오개념과 취소요건 − 비교법적 고찰로부터의 시사(示唆) −", 저스티스 통권 제178호(2020)에 게재하였다. 그러나 같은 글은 이 글에서 다룬 대상 판결에 대한 부분을 다루고 있지 아니하다.

** 서울대학교 법학전문대학원 교수

1) 이동진, "계약위험의 귀속과 그 한계 : 사정변경, 불능, 착오", 비교사법 제26권 제1호(2019), 42면.

2) 대법원 1998. 2. 10. 선고 97다44737 판결 등 다수.

를 이른바 동기착오에 확장 적용한다. 그리고 대법원 2007. 3. 29. 선고 2004다31302 판결 이래 판례는 "계약성립 당시 당사자가 예견할 수 없었던 현저한 사정의 변경이 발생하였고 그러한 사정의 변경이 해제권을 취득하는 당사자에게 책임 없는 사유로 생긴 것으로서, 계약내용대로의 구속력을 인정한다면 신의칙에 현저히 반하는 결과가 생기는 경우"에는 사정변경을 이유로 계약을 해제할 수 있다고 한다.

그런데 이 두 제도의 적용범위가 중첩되는 경우가 있을 수 있다. 즉, 계약성립 후 현저한 사정의 변경이 생겼는데 그러한 장래의 전개에 대하여 당사자가 구체적 관념은 갖고 있었고, 그 관념이 실재의 전개와 달랐으며 계약성립 당시 당사자로서는 그와 같은 전개를 예견할 수 없었다면 위 착오취소 요건과 사정변경 요건이 동시에 충족될 가능성이 생기는 것이다. 이를 장래 사정의 착오 문제라고 할 수 있다. 이 글에서는 동기착오의 특수문제로서 장래 사정의 착오 문제를 소재로, (동기)착오의 고려범위 내지 그 한계, 그리고 사정변경과의 관계를 모색해보기로 한다. 구체적으로는 독일법 및 독일법권에 속하는 스위스, 오스트리아법상 이 문제가 어떻게 다루어지고 있는지를 살펴보고, 그 결과로부터 우리 법의 해석 · 운용에 관한 시사점을 찾기로 한다.

II. 독일 · 스위스 · 오스트리아법상 장래 사정의 착오

1. 독일법

(1) 독일민법상 착오 일반을 규율하는 것은 제119조, 제120조, 제121조, 제122조이다.[3)]

기본규정인 제119조 제1항은 내용착오(Inhaltsirrtum)와 표시착오(Erklärungsirrtum)에 대하여, 착오가 없었더라면 합리적으로 평가하였을 때

---

3) 이 이외에도 상속의 승인 · 포기의 착오취소에 관한 제1949조 이하 등 여러 특별규정이 있고, 그들 중에는 동기착오에 대한 특별규율도 있으나, 계약법 일반과는 무관하므로 설명을 생략한다. 계약법상의 특칙으로는 화해기초의 착오에 관한 제779조, 보험계약상 착오에 관한 보험계약법(VVG) 제19조 이하가 있다. MK/Armbrüster, 6. Aufl., 2012, § 119, Rn. 3-13.

그러한 의사표시를 하지 아니하였을 것인 때에는 취소할 수 있다고 규정한다. 제120조는 전달기관(使者 또는 전달기구)에 의한 잘못된 전달도 표시착오처럼 다룰 것을 명한다. 내용 및 표시착오만 고려하되, 그 범위에서는 착오자의 과실 유무를 전혀 묻지 아니한다. 표시 상대방의 표시에 따른 법률관계 존속에 대한 신뢰는 그 자체로는 보호되지 아니하고, 제122조가 이행이익을 초과하지 아니하는 범위에서 착오취소가능성을 과실 없이 알지 못한 상대방의 신뢰이익손실을 배상하게 하는 한편 제121조가 취소사유를 안 이후 지체 없이 취소하지 아니하면 취소가 배제되게 함으로써 제2차적으로만 고려된다.4) 반면, 동기착오(Motivirrtum)는 원칙적으로 고려대상이 아니다.

이러한 구별은 이론적으로는 다음과 같이 설명될 수 있다. 내용착오와 표시착오는 의사표시의 구성요소인 효과의사(Geschäftswille)와 표시(Erklärung)가 일치하지 아니한다는 점에서 공통적이다. 이러한 경우 표시대로의 구속은 그 자체 자기구속의사, 즉 자기결정에 반한다.

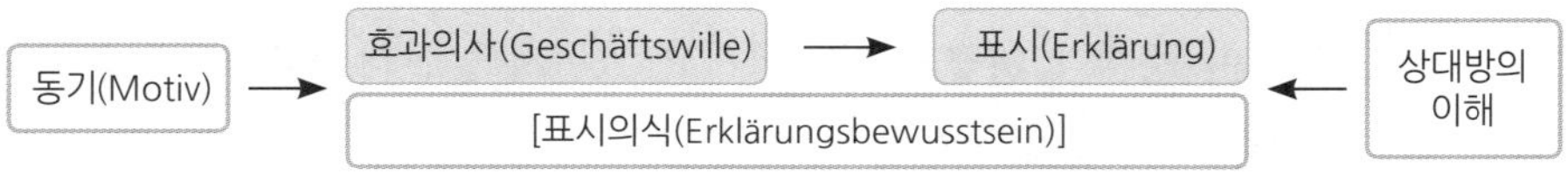

표시행위 자체에 실수(착오)가 있었거나, 표시는 의도한대로 이루어졌으나 상대방 입장에서 그 표시가 표의자가 의도한 바와 달리 해석되는 경우 상대방 입장에서 이해된 의사표시는 표의자가 결정한 바와 구별되고, 따라서 일응 규범적 해석이 이루어졌다 하더라도 결국 효력이 부인되어야 하는 반면, 동기에 착오가 있었던 경우 표의자는 어떻든 상대방이 이해한대로의 구속을 의욕하였으므로 문제가 없다는 것이다.5) 내용·표시착오에 대하여 자연적 합의(natürliche Konsens)가 없음에도 해석을 통하여 규범적 합의(normative Konsens)를 인정하고 착오로 다시 일정한 범위에서 해소 가능성을 부여함으로서 해결을 도모하였다고 할 수 있다.6) 다만, 합의의 사소한 일부라도 자연적 의

---

4) 반면 무효 대신 취소를 인정한 제2위원회의 결정은 상대방의 신뢰보호와는 관계없는, 착오자의 이익을 위한 제도이다. 같은 취지의 타당한 분석으로, Singer, Selbstbestimmung und Verkehrsschutz im Recht der Willenserklärungen, 1995, S. 58 ff.

5) (독일민법상) 형식적 자기결정의 실질적 자기결정에 대한 우위. Singer(주 4), S. 8 ff.

사의 불일치가 있으면 취소할 수 있다면 계약의 안정성을 크게 해하므로 표의자뿐 아니라 '합리적 평가'에 비추어도 중요할 것을 추가로 요구한다.[7)]

그러나 다른 한편 일정한 경우 동기의 착오가 고려될 수밖에 없음도 인정된다. 독일법에서 그러한 예로는 다음 넷을 들 수 있다.

첫째, 계산착오와 법률효과의 착오. 계산착오란 계약상 대금 등을 정함에 있어서 기초가 된 계산과정에 착오가 있었던 경우를 말한다. 그러한 계산이 일방 당사자에 의하여 보이지 아니하는 곳에서 이루어지고 그 결과만 갖고 합의한 경우 계산과정에 착오가 있었다 하더라도 그것이 동기착오에 불과하다는 점에는 이론(異論)이 없다. 그러나 대금이 어떻게 결정되었는지 교섭과정에서 드러난 경우, 그 계산방식을 계약의 대상으로 삼았을 때에는 내용착오가 되는데 단지 상대방이 그러한 사정을 알고 있었을 뿐이라면 동기착오에 불과하다는 구별은 다소 자의적이라고 보일 수 있다. 제국법원(Reichsgericht) 판례는 이른바 내적 계산착오와 외적 계산착오를 구별하여, 계산이 상대방에게 알려져 교섭대상이 된 경우 이른바 확장된 내용착오(erweiterter Inhaltsirrtum)로 취소를 인정하였다.[8)] 법률효과의 착오에서도 비슷한 문제가 제기된다. 당사자가 의도한 효력이, 규범적 해석 등으로 인하여, 부여되지 아니하는 경우에는 내용착오임에 의문이 없다. 문제는 당사자의 의사표시에, 그 의사표시내용대로의 구속력 외에, 법률규정에 의한 효과가 부여되는데, 그에 대하여 당사자가 착오하였을 때이다. 제국법원은 이때에도 당사자가 의욕(표시)한 효과와 본질적으로 다른 효과가 발생하는 경우에는 내용착오가 인정된다고 한다.[9)] 전후(戰後) 연방

---

6) 전반적으로, Kramer, Grundlagen der vertraglichen Einigung. Konsens, Dissens und Erklärungsirrtum als dogmatische Probleme des österreichischen, schweizerischen und deutschen Vertragsrecht, 1972, S. 176 ff. 계약해석에 관한 독일민법 제155조 이외에 의사이론적 경향을 띤 제1초안이 착오를 무효사유로 하였으나 제2초안이 취소사유로 전환한 점을 지적한다.

7) 이는 요소(要素; essentialia negotii)를 일일이 열거(가령 error in negotio, corpore, persona)하는 방식에서 벗어나 일반적 개념을 채택한 것인데, 주관적 현저성으로 만족하지 아니하고 객관적 현저성까지 요구함으로써 거래 안전을 도모하고 있다. Schermaier, Die Bestimmung des wesentlichen Irrtums von den Glossatoren bis zum BGB, 2000, 특히 S. 701 ff. 또한 Ernst, "Irrtum: Ein Streifzug durch Dogmengeschite", Zimmermann (hrsg) Störungen der Willensbildung bei Vertragsschluss, 2007, S. 1 ff. 참조.

8) RGZ 64, 266, 268; 90, 268; 95, 58; 101, 107.

대법원(Bundesgerichtshof)도 이러한, 이른바 통지된 동기(mitteilte Motiv)는 내용이 된다는 접근을 계승하거나[10] 적어도 포기하지는 아니한다.[11] 그러나 학설은 통지되어도 동기는 여전히 동기라는 점에서, 판례의 결론은 별론 하더라도, 그 이론구성에 대하여는 대체로 비판적이다.[12]

둘째, 독일민법 제119조 제2항이 규정하는 거래상 본질적인 사람 또는 물건(Sache)의 성상(性狀; Eigenschaft)에 대한 착오. 이 규정은 내용착오가 되는 사람 또는 물건의 동일성의 착오와 동기착오가 되는 사람 또는 물건의 성상착오 사이의 구별이 반드시 명확하지 아니하고, 특히 성상이 급여의 가치에 큰 영향을 미치는 경우가 많아 이를 고려하지 아니하는 것은 부당하다는 실천적 고려 하에 제2위원회 단계에서 추가되었다.[13] 그러나 그 적용범위가 과도하게 확장될 위험이 있어 판례 · 학설상 대응이 이루어졌다. 먼저 판례는 어떤 성상이 거래본질적(verkehrswesentlich)이기 위해서는 "표의자에 의하여 어떻게든 계약의 기초가 되어야 하나, 그것이 그의 표시의 내용이 될 필요는 없다"면서,[14] 이는 묵시적으로도 가능하다고 한다. 어떤 성상이 계약체결에 결정적 의미를 갖는다는 것이 자명한 경우(가령 중고차의 연식) 계약교섭의 대상이 될 필요도 없으나,[15] 비전형적인 성상의 경우에는 특정한 성상의 존재가 문제된다는 점을 계약과정에서 분명히 하였어야 하는 것이다.[16] 이러한 판례는 결과에 있어 플루메(Flume)의 행위본질적 성상착오(geschäftswesentlichen Eigenschaftsirrtums)이론에 근접한다.[17] 즉, 어떤 성상이 당사자의 명시적 · 묵시적 · 추정적 합의 또는 그 전형성으

9) RGZ 88, 278, 284; 95, 112, 115. 반면 그렇지 아니한 부수적 효과가 문제되는 경우에는 동기착오에 불과하다고 한다. RGZ 89, 28, 33; 98, 136, 139; 134, 195, 197 f.

10) 법률효과의 착오. BGHZ 134, 152, 156; 168, 210.

11) 계산착오. BGH NJW 1998, 3192.

12) 독일민법 제119조 제2항의 성상착오의 확장으로 해결하여야 한다는 주장으로, Armbrüster (주 3), Rn. 80 ff. (기본적으로는 제4판까지의 해당 규정 주석자였던 Kramer의 견해이다). 이들 착오에서는 내용착오와 동기착오의 구별이 자의적일 수 있음을 고려하여 동기착오의 경우에도 상대방이 착오를 유발하였거나 쌍방이 모두 착오에 빠졌거나 상대방이 착오를 인식하고 이용한 경우에는 (내적 착오라 하더라도) 취소를 허용하는 법 형성을 하여야 한다는 것으로, Staudinger/Singer, Bearbeitung 2004, § 119 Rz. 51 ff.

13) Mot I 199; Prot I 238 ff. 다만 제2항이 제1항의 예시인지 예외인지는 논란이 있다.

14) RGZ 64, 266, 269; BGHZ 16, 54, 57; 88, 240, 264.

15) BGH NJW 1979, 160, 161.

16) BGHZ 88, 240, 246; DB 1972, 479, 481.

로 인하여 급여의무는 아니라 하더라도 특정 성상의 존재에 대한 보증 등의 의미에서 법률행위의 내용이 되었을 때에 한하여 성상착오를 고려하는 것이다.[18] 다음, 판례는 "물건의 성상은 자연적 (유형적) 성상뿐 아니라 그 물건의 거래관념상 그 가치평가에 영향을 미치곤 하는 사실적 및 법적 관계도 포함한다"고 하여,[19] 물건 자체의 물리적 성질 외에 가치평가에 전형적(Typizität)으로 영향을 미치는 주변사정과의 관계도 성상에 포함시키되, 이를 다시 '직접적인(unmittelbar)' 관계로 제한한다. 당해 물건 등의 가치에 영향을 미친다 하더라도 그 물건의 성질이라고 할 수 있는 것만 성상이고 간접적으로 관계하는 것은 성상이 아니라는 취지이다.[20] 그러나 학설은 대체로 이러한 직접성 기준이 전혀 명확하지 아니하고 합목적적이지도 아니하다는 이유로 이에 반대한다.[21]

한편, 이러한 거래본질적 성상 개념은, 특히 목적물에 대한 것일 때에는, 하자담보책임(독일민법 제434조 등)에서 '합의된 성질(vereinbarten Beschaffenheit)' 개념과 매우 많은 경우 일치하는데, 독일의 판례 · 통설은 이 경우 담보책임법을 잠탈할 우려가 있다는 이유로 담보책임법을 우선하고 착오법을 적용하지 아니한다.[22] 다만 담보책임법상 '합의된 성질'의 부재, 즉 하자는 위험이전 시에 현존하여야 하고, 장래의 전개는 고려하지 아니한다는 데[23] 이론(異論)이 없는데, 뒤에 보듯 착오에 대하여는 약간의 다툼이 있다.

셋째, 성상착오가 법률행위의 요소를 이루는 사람과 목적물 자체 및 그와 직접 관계가 있는 성상만을 파악하여 생긴 틈은 행위기초론(Geschäftsgrundlagetheorie)이 메운다. 행위기초론은 판례 · 학설상 인정되어 오다가 2002년 독일채권법 개정으로 독일민법 제313조에 명문화되었다. 이 이론은 1921년 외르트만(Oertmann)의 행위기초론에서[24] 비롯하는데, '당사자가 특

17) 이러한 평가로 Singer(주 12), Rz. 80.
18) Flume, Eigenschaftsirrtum und Kauf, 1975, S. 69 f. und 89 f.
19) RGZ 64, 266, 269; BGHZ 34, 32, 41; 88, 240, 245.
20) RGZ 149, 235, 238; BGHZ 16, 54, 57; 80, 47.
21) 문헌지시를 포함하여, Armbrüster(주 3), Rn. 103 f.
22) Armbrüster(주 3), Rn. 28 ff.
23) MK/H.P. Westermann, 6. Aufl., 2012, § 434 Rn. 11.
24) Oertmann, Die Geschäftsgrundlage. Ein neuer Rechtsbegriff, 1921. 그 이전에 이미 Windscheid, "Die Voraussetzung", AcP 78 (1892), 161이 전제론을 편바 있다. 여기에서

정 사정의 존재·발생에 관하여 일정한 관념을 갖고 그에 터 잡아 법률행위를 한 경우, 그 관념이 그 행위 당시 상대방이 그 중요성을 인식하면서 이의를 하지 아니한 것이거나 당사자 쌍방 공통의 것이라면' 이를 행위기초라고 할 수 있고, 그러한 행위기초가 존재하지 아니하거나 상실되면 법률행위의 구속력을 부인함이 당사자의 의사와 신의칙에 부합하며, 이것이 화해기초의 착오에 관한 독일민법 제779조 등의 근본사상이기도 하다는 취지이다. 이 이론은 당시 전쟁으로 인한 물자조달의 곤란과 물가상승 문제를 어떻게든 해결하여야 했던 제국법원에 의하여 즉각 수용되었으나, 상대방의 인식 이외에 인식 가능성(erkennbar)으로도 행위기초가 될 수 있고 계약해소 이외에 계약적응이 가능하며 어느 것도 당초 계약을 고수하는 것이 법과 정의에 부합하지 아니하여 당사자 일방의 수인을 기대할 수 없는 결과를 초래하며 당초 계약으로부터의 이탈이 상대방에게 수인 기대가능한 것이어야 한다는 변용을 거쳤다.[25] 이후 부분적으로 이러한 판례의 영향으로 학설도 행위기초에서 의사보다 법과 신의칙을 강조하는 경향이 나타났다. 라렌츠(Larenz)는 행위기초가 문제되는 사안 중 상당수에서 당사자에게 도대체 어떠한 현재 또는 장래에 대한 관념 자체가 없을 것이라면서, 계약체결 당시 당사자가 공통으로 갖고 있던 특정 관념(Vorstellungen)이나 기대(Erwartungen), 즉 외르트만이나 판례가 인정해온 행위기초를 주관적 행위기초라고 하고, 당사자의 의도에 비추어 볼 때 계약이 의미 있는 규율이 되기 위하여 그 존재(Vorhandensein) 또는 계속(Fortdauer)이 객관적으로 필요한 사정을 추가로 인정, 이를 객관적 행위기초라고 하였다.[26] 후자 또한 판례상 수용되었고, 개정 독일민법 제313조도 제1항이 객관적 행위기초, 제2항이 주관적 행위기초를 입법하고 있으나, 이 이론이 당초 (라렌츠 식의) 주관적 행위기초에서 출발하였고, 이는 공통착오를 포섭한다는 점 또한 분명하다.

넷째, 이른바 과실에 의한 오도(誤導). 고의 없이 허위 고지를 하여 상대방의 착오를 유발하였고 그것이 착오에 의한 계약임을 알았거나 알았어야 하였던

'전제'란 법률행위의 전개되지 아니한 조건(unentwickelte Bedingung)을 말한다.

25) 대표적으로 BGHZ 25, 2390; 84, 1. 이들 전개과정은 이동진(주 1), 55-56면.

26) Larenz, Geschäftsgrundlage und Vertragserfüllung, 3. Aufl., 1963, S. 17 ff. und 184 f. 그는 후자에 등가성장애와 (객관적) 목적좌절을 포함시키는데, 영미법을 참조한 점이 눈에 띈다.

경우 판례는 신의칙상 상대방에게 착오에 빠진 사실을 지적할 의무가 있고, 이를 게을리 하여 계약을 체결한 경우 그 상대방은 원상회복에 의한 손해배상(독일민법 제249조)으로 (채권적) 계약해소(Vertragsaufhebung)를 구할 수 있다고 본다.[27] 이것이 주로 사실착오, 즉 동기착오에 관계함은 물론이다. 이는 계약체결상과실책임(culpa in contrahendo)의 일종으로, 2002년 개정으로 독일민법 제311조 제2항의 계약체결상과실책임에 근거하게 되었다. 이러한 판례에 대하여는 고의의 기망행위에 한하여 취소권을 인정하는 독일민법 제123조 등의 평가에 반하는 법형성이라는 비판도 있다.[28]

일찍이 크라머(Kramer)는 위와 같은 전체 구도를 개관한 다음, 이들 모두를 독일민법 제119조 제2항의 성상착오의 확장에 의하여 해결하되, 이는 결국은 동기착오에 해당하므로 비교법적 고찰을 통하여 얻어진 추가적 제한, 가령 상대방에 의한 유발, 착오의 공통성, 인식 가능성 등을 요구함이 타당하다는 주장을 전개하였다.[29] 그러나 이러한 주장은 해석의 한계를 넘는 것으로 받아들여지지 아니하였다. 이후 2002년 독일채권법 개정으로 제311조 제2항, 제312조에 계약체결상 과실책임과 행위기초론이 입법적으로 수용되었으므로 현재의 patchwork approach가 지속될 가능성이 높다.

(2) 표시 · 내용착오는 의사와 (규범적으로 해석된) 표시의 불일치이다. 이는 표의자가 결정한 바와 다른 법률효과에 구속된다는 점에서 형식적 자기'결정'에 관계하고, 사태(Sachverhalt)에 관계하지 아니한다. 착오의 대상도 의사표시시점을 기준으로 하는 수밖에 없다. 반면 사실착오는 의사와 표시의 불일치가 아닌 관념과 실재의 불일치라는 점에서는 동기착오일 수밖에 없다.[30] 그리고 이 경우에는 과거 및 현재 사실뿐 아니라 장래 사실도 일응 착오할 여지가 생긴다.

---

27) BGHZ 163, 306, 309 f. 등 다수.
28) MK/Emmerich, 6. Aufl., 2012, § 311 Rn. 87 ff.의 문헌지시 참조. 그러나 판례에 찬성하는 견해도 적지 아니하다.
29) 지금은 Armbrüster(주 3), Rn. 112-124.
30) 이 점은 그러한 사정이 법률행위의 '내용'이 될 수 있다는 플루메(Flume)의 언명에도 불구하고 타당하다. Singer(주 4), S. 113 ff.

행위기초론에서는 현재의 사실과 장래의 사태 전개를 구별하지 아니한다. 외르트만 이래 라렌츠에 이르기까지 행위기초론의 본령은 이른바 주관적 행위기초인데, 이는, 역시 외르트만 이래 일관하여 당사자의 현재 사실에 대한 표상과 장래 사실에 대한 기대를 포괄하고 있고, 양자 사이에 별다른 요건 · 효과상의 차이를 예정하지 아니한다.[31] 이 점은 이른바 객관적 행위기초에서도 다를 바 없다. 객관적 행위기초는 당사자의 구체적 표상 내지 기대가 없어도 행위기초로 인정하여야 할 만한 사정이 있다는 점에서 도입된 것으로, 현재의 사정과 장래의 사태 전개를 포괄한다. 어느 것도 현재와 장래 사정을 구별하지 아니한다. 구별기준은 오히려 적극적 표상 · 기대가 있었는가 아니면 소극적 무관심 · 부지(不知)뿐이었는가 하는 점이다. 그리고 오늘날 다수설은, 2002년 개정 제313조 제1항, 제2항의 규정상 구분에도 불구하고, 양자를 달리 볼 이유가 없다고 한다. 장래의 사태 전개에 대하여 특별한 관념을 갖지 아니하였다는 것은, 현재의 상황이 그때까지 지속되리라고 전제(clausus rebus sic stantibus)하였다는 뜻이라는 것이다.[32]

반면 독일민법 제119조 제2항의 성상착오에서 장래 사태의 착오를 고려할 것인가 하는 점에 대하여는 견해가 갈린다. 하급심 재판례와 학설 중에는 장래는 불확실하고 장래의 사태 전개를 예견할 수 없으므로 장래의 사정에 대하여는 투기할(spekulieren) 수 있을 뿐 착오할 수는 없다면서 이를 범주상 배제하는 것이 있다.[33] 그러나 이러한 범주상 배제는 부당하다면서 장래의 사정에 대

31) MK/Finkenauer, 6. Aufl., 2012, § 313 Rn. 272 ff., 특히 302.

32) Finkenauer(주 31), Rn. 12 ff.의 문헌지시 참조. 이 점은 유언 등에 대하여 동기착오를 명문으로 취소사유로 정하는 독일민법 제2078조의 해석과 관련하여서도 논의되고 있는 바인데, 판례 · 학설은 결과적으로 부지(不知)에 대하여도, 특히 장래의 사태 전개의 부지(不知)에 대하여도 착오취소를 인정한다. MK/Leipold, 6. Aufl., 2013, § 2078 Rn. 24 ff. 라이폴트(Leipold)는 이를 위하여 판례가 쓴 "현실적이지만 의식되지 아니한 관념(표상)"이라는 심리학적 도식은 특히 장래의 전개에 대한 부지, 즉 표상의 부재를 포섭하지 못한다는 점에서 부적절하다고 비판한다. 한편 화해기초에 착오가 있는 경우 화해가 효력이 없다(unwirksam)고 하는 독일민법 제779조의 해석상으로는 과거 또는 현재의 사태만이 같은 규정의 화해기초가 되고 장래의 전개는 화해기초가 되지 아니한다는 것이 판례 · 통설이나, 이는 원칙적으로 현재의 법적 분쟁 또는 불안을 해결하여 장래의 문제를 남기지 아니하는 것을 목적으로 하는 화해의 성질상 그러한 것으로, 장래의 사태 전개에 대하여 행위기초론을 적용하는 것을 방해하지 아니한다. MK/Habersack, 6. Aufl., 2013, § 779 Rn. 63.

33) KG ZIP 1992, 208, 211; EWiR 1992, 1053; OLG Frankfurt OLGZ 1995, 35, 37; OLG

한 착오도 성상착오로 고려할 수 있다는 반론도 유력하다.[34] 이러한 입장에서는 유언에서 동기착오로 인한 취소를 허용하는 독일민법 제2078조 제2항의 경우, 그 문언상으로도 분명하듯, 장래 사실에 대한 착오가 고려된다는 데 이론(異論)이 없다는 점이 지적되고 있다.[35]

물론 장래의 사정에 대한 착오가 고려된다 하더라도, 그 고려의 범위는 대개 제한적이다.[36] 이는 무엇보다도 장래의 사정은 현재의 사정과 달리 확실한 예견이 불가능한 경우가 많아, 장래 특정한 사태 전개가 이루어지리라는 전제하에 거래하는 사람은, 합리적으로는, 그러한 예측실패의 위험을 인수할 수밖에 없다는 점에 근거한다.[37]

위험인수(Risikoübernahme)는 착오법의 여러 맥락에서 중요한 요소로 고려된다. 가령 계약서를 읽어보지 않고 서명한 경우 사전에 교섭한 바대로 계약서가 작성되었으리라고 여겨 읽지 아니한 채 서명한 것이라면 표시착오가 인정되나 계약내용에 대한 구체적 표상이 없었다면 표시착오를 이유로 취소할 수 없는데 이는 표시내용이 어떻게 되든 관계없다는 위험인수가 있기 때문이고,[38] 목적물의 가치에 영향을 미치는 개별 요소가 성상이 될 수 있는 것과 달리 목적물의 가치 · 가격 자체는 거래본질적 성상이 될 수 없는 것도 후자는 자유로운 가격형성과 그에 따른 위험배분에 맡겨져 있는 것이기 때문이다.[39] 판례는 목적물, 특히 기업의 경제

Düsseldorf ZEV 1995, 32; OLG Frankfurt DtZ 1991, 300, 301; Soergel/Hefermehl, 13. Aufl., 1999, § 119, Rn. 37; Palandt/Ellenberger, 76 Aufl., 2017, § 119, Rn. 24.

34) Armbrüster(주 3), Rn. 117(구판의 Kramer도 같은 견해); Fleischer, Informationsasymmetrie im Vertragsrecht: eine rechtsvergleichende und interdisziplinäre Abhandlung zu Reichweite und Grenzen vertragsschlußbezogener Aufklärungspflichten, 2001, S. 382 ff.; Harke, Irrtum über wesentliche Eigenschaften: dogmatische und dogmengeschichtliche Untersuchung, 2003, S. 131 ff.

35) Larenz/Wolf, Allgemeiner Teil des bürgerlichen Rechts, 9. Aufl. 2004, S. 711.

36) Adams, "Irrtümer und Offenbarungspflichten im Vertragsrecht", AcP 186 (1986), 478.

37) Fleischer(주 34), S. 354; Mankowski, Beseitigungsrechte: Anfechtung, Widerruf und verwandte Institute, 2003, S. 1124.

38) Armbrüster(주 3), Rn. 48 ff. 반면 백지문서에 서명하였는데 이후 백지가 부당하게 보충된 경우는 기본적으로 권리외관책임의 문제이다. 판례도 과거 이를 표시착오의 문제로 다루었으나, 지금은 독일민법 제172조를 유추한다. BGHZ 40, 65, 67 f.

39) Armbrüster(주 3), Rn. 131; Fleischer(주 34), S. 354 ff.; Makowski(주 37), S. 496.

성 · 수익성은, 담보책임법적 의미의 계약상 보증(vertragliche Zusicherung)이 있는 경우가 아닌 한, 거래본질적 성상이 될 수 없다고 하는데,[40] 그 또한 위험인수의 관점에서 설명될 수 있다. 그러나 다른 한편으로는 마지막 사안유형에서 보듯 본질적으로 묵시적 위험인수를 인정하기 곤란한 사안에서도 명시적 위험인수는 인정할 여지가 있고 위험을 인수하였다 하더라도 그 인수에 양적 한계가 있을 수 있다. 장래 사정에 대한 착오를 범주적으로 배제할 수는 없다는 반론도 결국 그러한 취지이다.

2. 스위스법

(1) 스위스채무법상 착오 일반을 규율하는 규정은 제23조, 제24조, 제25조, 제26조, 제27조 및 제31조이다.

먼저 주목할 점은 기본규정인 제23조가 '본질적인(wesentliche)' 착오가 있으면 계약이 구속력이 없다(unverbindlich)고 할 뿐, 그 자체 표시 · 내용착오, 즉 행위착오와 동기착오를 구별하지 아니한다는 사실이다. 제24조는 그 예시규정인데,[41] 그중 제1항 제1, 2, 3호는 각각 계약의 종류 내지 성질의 착오(error in negotio), 계약의 목적물 또는 당사자의 동일성에 대한 착오(error in obiecto vel in persona), 급여와 반대급여의 양(量)의 착오(error in quantitate)로서, 원칙적으로 합의의 요소(要素)의 불일치, 즉 중요한 표시착오에 해당한다.[42] 그리고 제27조는 전달기관의 착오를 표시착오처럼 다룰 것을 명한다. 반면 제4호의 이른바 기초착오(Grundlagenirrtum)는 특별히 고려되는 동기착오라는 데 이론(異論)이 없다.[43] 다른 한편 같은 조 제2항은 동기에만 관계된 착오의 불고려를 선언함으로써 동기착오 중 일부만이 고려된다는 입장

---

40) RGZ 61, 84, 86; 134, 83, 86; BGH NJW 1959, 1584, 1585; 1970, 653, 655; 1977, 1538, 1539; 1990, 1658, 1659. 화해에서 화해의 대상에 대한 착오가 배제되는 것도 화해계약의 본질상 화해대상에 대한 착오위험을 당연히 인수하였다고 볼 수밖에 없기 때문이다. Habersack(주 32), Rn. 62.

41) BSK/Schwenzer, 3. Aufl., 2003, Art. 24 OR, N. 1. 그러므로 완결적이라고 할 수 없다. 그러나 실무적으로 제24조가 예시하지 아니한 경우 본질적 착오를 인정한 예는 찾아볼 수 없다고 한다.

42) 구체적 해석은, Schwenzer(주 41), N. 9 ff.

43) BGH 79 II 274; Schwenzer(주 41), N. 16.

을 취한다. 즉, 스위스채무법은 표시 · 내용착오와 동기착오를 모두 고려하되, 전자는 원칙적으로, 후자는 예외적으로 고려하는 것이다. 그리하여 착오도 의사와 표시의 불일치가 아닌 사실에 대한 잘못된 관념으로 넓게 정의하고 있다.[44)]

그렇다면 어떠한 경우에 본질적 착오가 인정되는가. 학설은 인과관계와 본질성을 구분한다. 인과관계는 착오가 없었더라면, 즉 진정한 사정을 알았더라면 그러한 표시를 하지 아니하였을 것이라면 인정되나, 본질성은 표의자뿐 아니라 일반 거래관념에 비추어도 의욕하지 아니한 표시에 구속되는 것이 수인 기대가능하지 아니하다고 보여야 인정된다.[45)] 그러나 이러한 일반론보다 제24조 제1항 각호가 더 중요하다. 제1, 2, 3호가 드는 각 경우는 본질적 착오이다. 다만 급여나 반대급여의 양의 착오의 경우 제3호가 명시하듯 그 정도가 현저하여야 한다. 착오한 일방 당사자의 관점에서 본질적이면 족하고, 착오자의 과실 유무도 묻지 아니한다. 착오자의 과실은 스위스채무법 제26조의 계약체결상과실책임에 의하여 제2차적으로만 고려된다.[46)]

제4호의 기초착오의 경우에는 추가적인 요건이 있다. 규정문언에서도 알 수 있듯, 신의와 성실에 따라 거래에서 계약의 필수적 기초로 보는 특정한 사정만이 고려되는 착오의 대상이다. 여기에서 판례는 주관적 및 객관적 현저성 외에, 상대방이 착오로 표상한 바의 (착오자에 대한) 의미가 인식 가능할 것을 요구한다.[47)] 학설은 다투어진다. 근래 이러한 요건이 필요하지 아니하다는 일부 견해가 주장되고 있으나,[48)] 부당한 위험전가를 막기 위하여 위 요건이 있어야 한다는 반론도[49)] 여전히 유력하다. 인식가능성(Erkennbarkeit)은 착오자가 상

44) BSK/Schwenzer, 3. Aufl., 2003, Art. 23 OR, N. 2.
45) Schwenzer(주 44), N. 4-5.
46) Schwenzer(주 41), N. 9-15; ders(주 44), N. 7. 다만 독일법과 달리 법관이 이행이익배상을 명할 수 있는데, 실제로 명한 예는 없다고 한다. BSK/Schwenzer, 3. Aufl., 2003, Art. 26 OR, N. 8.
47) BGE 55 II 189; 57 II 289; 97 II 47; 105 II 22; 110 II 303. 다만 BGE 114 II 139 f.는 이 문제를 분명히 하지 아니한다. 한편, 실제 인식은 필요 없다는 것으로, BGE 113 II 25, 29.
48) 가령 Koller, Schweizerisches Obligationenrecht, Allgemeiner Teil, Bd. 1, 1996, N. 1078 ff.; Gauch/Schluep/Schmid/Rey, Schweizerisches Obligationenrechts, Allgemeiner Teil, 7. Aufl., 1998, N. 781. 대체로 법률에 근거하지 아니한 취소의 제한이고, 말을 많이 하는 착오자에게 유리해진다는 점 등을 든다.

대방에게 자신에게 중요하게 고려된 특정 사정을 지적하였거나 그러한 사정이 당사자 쌍방 공통의 관념이었거나 일반적으로 중요한 의미를 갖는 경우에 인정될 수 있다.[50] 판례는 상대방에게 명백히 인식 가능하였거나 당사자 공통의 기초였던 경우 객관적 현저성이 없어도 본질적 착오라고 한다.[51] 나아가 일부 학설은 인식가능성과 함께, 또는 그에 갈음하여, 승인가능성(Anerkennbarkeit)을 요구한다.[52] 그 이외에 이러한 기초착오에서의 논의의 영향을 받아, 신뢰이론의 관점에서, 표시 · 내용착오에도 인식 가능성이 필요하다는 견해도 있다.[53] 그러나 마지막 견해는 잘 받아들여지고 있지 아니하다.

그밖에 스위스채무법 제24조 제3항은 단순한 계산착오가 있는 경우에는 계약이 정정(訂正)되어야 하고 그로 인하여 구속력을 잃지 아니한다고 정한다. 그러나 판례는 계산의 기초가 합의의 대상이 된 경우에 한하여 이 규정을 적용하고,[54] 그 외에는 고려되지 아니하는 제2항의 동기착오가 있을 뿐이라고 한다.[55] 학설상 과실에 의한 부실표시(不實表示)는 계약체결상과실로 해결하여야 한다는 지적이 이루어지고 있을 뿐이다.[56]

본질적 착오의 효과, 즉 스위스채무법 제23조의 '구속력이 없다'의 해석은 다투어지고 있다. 학설은 무효설(Ungültigkeitstheorie),[57] 취소설(Anfechtungs-theorie),[58] 착오자에 대하여는 추인하지 아니하는 한 구속력이 없으나 상대방에

---

49) 가령 Schwenzer, Schweizerisches Obligationenrecht, Allgemeiner Teil, 3. Aufl., 2003, N. 37.27. 기초착오와 관련하여 법문상 신의성실에서 근거를 찾을 수 있다며 판례를 지지하는 것으로, Zehnder, Begriffsmerkmale der Wesentlichkeit im Schweizer Irrtumsrecht unter besonderer Berücksichtigung der Praxis des Bundesgerichts, 1993, S. 116 ff.
50) Schwenzer(주 49), N. 37.27.
51) 가령 BGE 43 II 780; 53 II 40; 57 II 289.
52) 문헌지시와 상세한 분석은, Zehnder(주 49), 124 ff. 판례가 이 표지를 쓴 것은 BGE 99 II 386 이외에는 잘 보이지 아니한다고 한다.
53) 그에 대한 상세한 소개는, 아마도 그 자신 비슷한 지향을 갖고 있는, Kramer(주 6), S. 112 ff.
54) BGE 119 II 341, 343 등 다수. 또한 Schwenzer(주 41), N. 30.
55) BGE 102 Ii 81 ff.
56) BSK/Schwenzer, 3. Aufl., 2003, Art. 28 OR, N. 11.
57) 그 주된 근거는 입법연혁 및 입법자의 의사에 있다. Gauch, "Vertrag und Parteiwille", Hundert Jahre Schweizerisches Obligationenrecht, 1982, S. 355 f.; ders, "Grundlagenirrtum und Gewährleistung: Verjährung des Bereicherungsanspruchs bei einseitiger Unverbindlichkeit des Kaufvertrages (Urteilsanmerkung zum "Picasso - Entscheid": BGE 114 II 131 ff.)", SAG 1989, 152, 157 f.

대하여는 취소될 때까지 구속력이 있다는 절충설(geteilter Ungültigkeit)로[59] 나뉜다. 근래의 판례는 무효설을 취한다.[60] 그러므로 취소권의 제척기간 등에 의한 추가적 제한은 예정되어 있지 아니하고 실효의 원칙이 고려될 수 있을 뿐이다.

(2) 스위스채무법은 사정변경에 관한 일반 규정을 두지 아니한다. 단지 도급계약에 관한 제373조 제2항이 "예견할 수 없었거나 쌍방 당사자가 받아들인 전제에 따를 때 배제된 특별한 사정이 [일의] 완성을 방해하거나 과도하게 곤란하게 하는 경우, 법관은 재량에 따라 대금의 증액 또는 계약의 해소를 명할 수 있다"고 규정하고 있을 뿐이다. 이 규정 중 전단, 즉 예견할 수 없었던 특별한 사정은 당사자의 관념과 별 관련이 없다. 반면 후자는 도급인과 수급인의 공통의 관념에 배치되는 사정을 고려하는 규정이다. 이때에는 예견가능성이 문제되지 아니한다는 점도 주목된다. 이 규정과 관련하여서는 전단이든 후단이든 계약체결 후 발생한 사정뿐 아니라 체결 당시 이미 존재하였으나 체결 후 드러난 사정도 포함된다.[61] 그러므로 착오규정과 경합이 문제되는데, 판례·학설은 도급에 관한 특별규정인 제373조 제2항이 제24조 제1항 제4호에 우선한다고 한다.[62]

반면 계약법 일반에서 장래 사정에 대한 착오는 거의 전적으로 착오법에 의한다. 스위스채무법 제24조 제1항 제4호의 기초착오는 구 채무법의 성상착오를 채무법 제정과 함께 기초착오로 확장한 것으로,[63] 행위기초에 대한 착오의 중요성을 인정한 최초의 규정이다.[64] 이후 판례는 인식 가능성 등 규정에 없는 요건을 구체화하면서 명시적으로 행위기초론에 관한 오스트리아의 피스코(Pisko)와 독일의 외르트만의 학설을 원용하는 등[65] 행위기초론, 특히 주관적

58) 다수설이다. Wiegand, "Bemerkungen zum Picasso-Entscheid", recht 1989, 101, 110; Schwenzer(주 44), N. 8. 또한 Kramer(주 6), S. 86 ff.

59) Von Tuhr/Peter, Allgemeiner Teil des schweizerischen Obligationenrechts, Bd. 1, 3. Aufl., 1979, S. 338.

60) BGE 114 II 143. 그러나 그 이전의 BGE 109 II 327; 105 II 25는 취소설에 가까웠다.

61) BSK/Zindel/Pulver, 3. Aufl., 2003, Art. 373 OR, N. 15 ff.

62) BGE 109 II 335; Honsell, Schweizerisches Obligationenrecht, Besonderer Teil, 1991, S. 208 f. 반면 보수(報酬)의 계산 등에 착오가 있는 때에는 착오법에 따라 해결되어야 한다.

63) Zehnder(주 49), S. 8 ff.

64) (Gmür의 평가를 인용하여) Kramer(주 6), S. 85 Fn. 6.

65) BGE 48 II 240.

행위기초론과의 관련성이 널리 인정되고 있다. 넓은 문언 덕에 판례 · 학설상 '기초'가 계약 안팎의 사정 일체에 관계될 수 있고, 계약목적물의 유형적 또는 법적 성상이나 계약당사자의 성상에 제한되지 아니하며, 따라서 목적 및 계약 밖의 (자금조달가능성, 세금부담 등) 위험도 포함할 수 있다는 데 이론(異論)이 없다.[66] 또한 오늘날의 판례는 "특정한, 예견 가능한 사태에 관한 착오"인 이상 장래의 사정에 대한 착오 주장도 허용한다.[67] 이때 착오는 "그 발생이 계약체결 당시 쌍방 당사자에 의하여 확실한 것으로 받아들여진 사실에 대한 것이어야 한다."[68] 단순한 희망, 과장된 기대 및 투기로는 충분하지 아니하다.[69] 학설 중에는 장래의 사태에 대한 착오는 언어논리상 불가능하다거나, 계약무효가 적절한 구제가 될 수 없다는 이유로 장래 사정에 대한 착오를 기초착오로 다루는 데 반대하는 견해가 있으나,[70] 그러한 논리는 개념적 · 형식적이고 구제도 부적절하다고 볼 수 없다면서 판례에 찬성하는 견해도 유력하다.[71] 다른 한편 당사자 쌍방이 확실하다고 받아들인 사정이어야 한다는 요건에 대하여도 일부 비판이 있으나,[72] 오히려 쌍방 당사자가 계약의 필수적 기초로 보았거나 선의라면 그렇게 보았어야 했고, 그 존재가 없이는 계약이 성립하지 아니하였거나 달리 성립하였을 사정만 중요하다고 봄이 옳다는 반론도 유력하다.[73]

스위스 착오법에서도 위험배분은 중요한 요소이다. 학설은 읽지 아니하거나 (알지 못하는 외국어로 적혀 있어) 이해하지 못한 문서에 서명한 경우 표시

---

66) 후자의 예로, BGE 73 II 19; 96 II 27; 107 II 425 등. Schwenzer(주 41), N. 17, 26.
67) BGE 48 II 238; 49 II 494.
68) BGE 109 II 110. 같은 취지로, BGE 95 II 409.
69) BGE 118 II 300; 117 II 224; 109 II 111.
70) Koller(주 48), N. 1113 ff.; Gauch/Schluep/Schmid/Rey(주 48), N. 798. 그밖에 장래의 전개의 기초(Grund)가 이미 계약체결 당시 존재하였던 경우에 한하여 기초착오를 인정하는 것으로, Gauch, "Grundlagenirrtum und Clausula rebus sic stantibus", recht 1983, 6, 18. 그는 장래의 전개에 대한 잘못된 관념 또는 그 부존재는 사정변경(clausula rebus sic stantibus)으로 해결한다. Gauch, "Der aussergerichtliche Vergleich", Festgabe für Schluep, 1988, S. 21 ff.
71) Adams, "Der Irrtum über "künftige Sachverhalte": Anwendungsbeispiel und Einführung in die ökonomische Analyse des Rechts", recht 1989, 14; von Tuhr/Peter(주 59), S. 313; Schwenzer(주 49), N. 37.33.
72) Gauch/Schluep/Schmid/Rey(주 48), N. 798.
73) 가령 Schwenzer(주 41), N. 19.

착오를 배제하고, 급여나 반대급여의 가치에 대한 착오를 원칙적으로 고려하지 아니하는데,[74] 이를 이러한 관점에서 이해할 수 있다. 독일민법과 같은 명문 규정이 없음에도(스위스채무법상 화해는 무명계약이다) 화해로 규율된 "다투어지거나 불확실한 사항"에 대하여는 기초착오가 배제된다는 법리도 같다.[75] 장래 사정의 착오에 관한 판례 법리도, 착오법으로 해결하려면 위 요건을 갖추어야 한다는 의미라기보다는 오히려 위 요건이 충족되지 아니하는 한 당사자의 장래 사정에 대한 인식은 그 자체 고려할 만하지 아니하다는, 즉 각자 자신의 예측이 틀릴 위험을 인수한 것이라는 취지라고 할 수 있다.

스위스 판례는, 계약 일반에서, 사정변경을 고려한다(clausus rebus sic stantibus). 사정변경이 있으면 계약상 청구권의 행사가 권리남용(스위스민법 제2조 제2항)이 되고, 계약의 해소 또는 적응을 명할 수 있다. 주의할 점은 스위스법상 사정변경으로 논의되는 것은 "사후적인, 예견할 수 없는 사정으로 급여와 반대급여의 명백한 불균형이 생겨 그 청구에 구속되게 하는 것이 일방 당사자에게 남용적이라고 보이는 경우"로 제한되어 있다는 것이다.[76] 반면 잘못된 관념만 착오법의 문제이고 부지(不知)는 착오법의 문제가 아니라고 본다.[77] 요컨대 스위스법상 사정변경은, 라렌츠의 구분을 따르면, 객관적 사정변경만 포섭하고, 주관적 사정변경은 스위스채무법 제24조의 기초착오 문제로 다루는 것이다. 그러므로 장래 사정의 착오에 관한 한 위 판례 법리가 완결적 규율인 셈이다.

3. 오스트리아법

(1) 오스트리아일반민법상 착오에 대한 규율은 위 두 나라와 크게 다르다. 오스트리아일반민법상 착오에 관한 규율은 제570조, 제571조, 제572조, 제871조, 제872조, 제873조 및 제901조에 나뉘어 있는데, 그중 유상계약에 대한 중심규정인 제871조 내지 제873조는 특히 유상계약에서 착오로 인한 취소를,

---

74) Schwenzer(주 41), N. 3-4, 15.
75) BGE 54 II 191
76) BGE 59 II 372; 48 II 252; 47 II 440; 97 II 390; 100 II 345; 101 II 17; BSK/Honsell, 2. Aufl., 2002, Art. 2 ZGB, N. 19; BSK/Wiegand, 3. Aufl., 2003, Art. 18 OR, N. 95 ff. 다만, 신의칙이 아닌 권리남용으로 이를 뒷받침한 데 대하여는 학설상 비판이 많다.
77) BGE 100 II 282; Schwenzer(주 44), N. 2.

신뢰이론의 관점에서, 크게 제한하고 있는 것이다.

먼저 유상계약에 대한 규율을 본다. 제871조 제1항은 일정한 착오는 계약을 '구속력이 없게(keine Verbindlichkeit)' 한다고 규정하고, 제872조는 그 이외에는 '효력이 있으나(gültig)' 착오를 야기한 사람이 '보상(Vergütung)'하여야 한다고 규정한다. 판례 · 학설은 법문에도 불구하고 전자는 취소로,[78] 후자는 손해배상이 아닌 계약의 적응(Anpassung)으로 이해한다.[79] 즉, 고려되는 착오의 효과는 취소 또는 계약적응이다.

이들 규정이 적용되기 위한 요건은 크게 세 가지이다. 첫째, 착오는 원칙적으로 표시나 내용에 관계하여야 한다. 단순한 동기착오는 고려되지 아니한다. 유상계약에서 각자의 동기는 '각자의 위험영역(Risikobereich)'에 속한다.[80] 둘째, 상대방이 착오를 유발하였거나, 착오가 명백하거나, 취소가 적시(適時)에 표시되어야 한다(제871조 제1항). 착오자에게 과실이 있어도 취소할 수 있고, 명문 규정은 없으나 계약체결상과실책임(culpa in contrahendo)을 질뿐이다.[81] 그러나 상대방에 비하여 착오자의 과실이 압도적인 경우 착오의 명백성을 이유로 하는 착오취소를 부정한 예가 있다.[82] 그 외에 명문 규정은 없으나 판례 · 통설은 쌍방 공통의 착오도 고려한다.[83] 셋째, 착오가 아니었다면 당해 계약을 체결하지 아니하였거나 그러한 내용으로는 체결하지 아니하였을 것이어야 한다. 오늘날은 계약의 요소(要素; essentialia negotii)에 착오가 있으면 취소, 그렇지 아니하면 적응이라는 식의 구별은 이루어지지 아니하고, 착오가 없었다면 일방이라도 계약을 아예 체결하지 아니하였을 것이거나 쌍방이 적응될

---

78) OGH SZ 54/7; 10 Ob 524/94; KBB/Bollenberger, 2005, § 871 Rz. 19. 그러나 합의로 계약을 해소하지(OGH SZ 6/96) 아니하는 한, 소 또는 항변으로 재판상 행사되어야 한다. OGH 1 Ob 64/04z; 3 Ob 7/95; 3 Ob 131/02i.

79) OGH 3 Ob 564/94; KBB/Bollenberger, 2005, § 872 Rz. 1.

80) Bollenberger(주 78), Rz. 1, 7.

81) OGH 5 Ob 4/03d; Bollenberger(주 78), Rz. 4.

82) OGH 6 Ob 2103/96z. 그러나 분명하지 아니한 것으로, OGH 1 Ob 32/98g. Bolleneberger(주 78), Rz. 4는 이에 반대한다.

83) OGH SZ 53/108; SZ 56/96; SZ 61/53; 1 Ob 34/98g; 1 Ob 23/04w. 이에 대하여 학설상으로는 상대방도 착오에 빠져 있다는 점이 그의 보호가치를 떨어뜨린다고 볼 수 없다면서 행위기초론에 의함이 옳다는 반론도 유력하다. Rummel/Rummel, 3. Aufl., 2002, § 871, Rz. 18; P. Bydlinski, Bürgerliches Recht I. Allgemeiner Teil, 4. Aufl., 2007, S. 178.

계약내용에 대하여 실제적 또는 가정적 의사가 일치하지 아니하는 경우에는 취소하여야 하고, 그렇지 아니한 경우에만 적응이 이루어진다고 이해한다.[84)]

그렇다면 동기는 어떤 경우에 고려되는가. 첫째, 유상계약이라 하더라도 목적물(제871조 제1항)이나 당사자(제873조)의 성상에 대한 착오는 고려된다. 다만 판례는 명문 규정에도 불구하고 성상이 계약내용이 되어야 한다면서, 당해 성상이 가치 구성적(wertbildend)일 것을 요구한다.[85)] 둘째, 계산착오의 경우 잘못된 계산이 드러나(offen gelegt) 쌍방 계약체결에 기초가 된 때에는 계약내용이 되지 아니하였어도 취소의 대상이 된다는 것이 판례이다.[86)] 셋째, 법률규정상 설명의무위반이 있는 경우에는 이를 내용착오로 간주하여 늘 착오취소가 허용된다(제871조 제2항). 나아가 판례는 이 규정을 일반 법리에 따라 인정되는 설명의무에 유추한다. 설명의무위반이 인정되므로 상대방에 의한 착오 유발 요건이 당연히 충족된다. 이때에는 인과관계도 추정되는 경향이 있다고 한다.[87)]

그러나 그 이외에 행위기초론도 동기착오의 해결에 활용되고 있다. 오스트리아일반민법 제871조 제2항은 동기 및 최종목적(Endzweck)은 계약내용이 아니고, 그에 대한 착오는, 유상계약에서는, 원칙적으로 고려되지 아니함을 전제한다. 다른 한편 제901조 제1문은 동기나 최종목적을 명시적 조건으로 삼는 것을 허용한다. 이러한 당연해 보이는 점을 규정한 것은 동기착오 또는 최종목적의 좌절은 종종 '장래의' 불확실한 사정이 아닌 현재의 불분명한 사정과 관계될 수 있다는 점을 고려한 것이다.[88)] 이때 '명시적' 조건은 방식요건이 아닌 '충분히 분명히'라는 뜻으로, 묵시적 조건합의도 가능하다고 이해된다.[89)] 나아가 법률효과를 정하지 아니한 채 동기나 최종목적을 계약내용으로 편입하는 합의도

---

84) Bollengberger(주 78), Rz. 18; KBB/Bollenberger, 2005, § 873, Rz. 1 ff.

85) OGH SZ 54/88; Bollenberger(주 78) Rz. 7.

86) OGH 3 Ob 2043/96d; 1 Ob 32/98g; 9 Ob 41/04a. 비슷한 문제는 법률(효과)착오에도 존재한다. 우선, P. Bydlinski(주 83), S. 175.

87) OGH SZ 55/51; SZ 66/41; 6 Ob 146/97g; P. Bydnlinski, "Die Irrtumsanfechtung von Spekulations- und Vermögensanlagegeschäften", ÖBA 10/10, 646, 647 f.; Rummel(주 83), Rz. 14.

88) Bezemek, Die Geschäftsgrundlage im österreichischen Zivilrecht. Strukturfragen und Synopse, 2010, S. 11.

89) OGH 6 Ob 154/02v.

가능하다.[90] 이 경우 이들은 더는 동기가 아니므로 착오취소에도 문제가 없다.[91] 그러나 제901조 제2문은 동기 또는 최종목적을 상대방에게 표시하는 것만으로는 이를 고려할 수 없음을 명시한다. 그 결과 쌍방이 동기를 표시하지 아니한 채 공통의 관념에 기초하여 계약을 체결하였어도 그러한 사정이 동기나 최종목적을 내용으로 바꾸지는 못한다.[92]

판례 · 통설은 그로 인한 틈을, 독일학설의 영향을 받은, 행위기초론으로 메웠다. 피스코(Pisko)는 오스트리아일반민법 제936조, 제1052조, 제947조 등 전형적인 전제 내지 동기를 고려하는 일련의 규정으로부터 제901조 제2문의 동기배제는 개별적 동기에 국한되고 거래전형적(geschäftstypisch) 동기는 오히려 고려되는 것이 원칙이라는 결론을 내리고 전체유추(Gesamtanalogie)를 통하여 거래전형적 동기를 행위기초로 보아 그것이 갖추어지지 아니하는 경우 계약해소 또는 적응을 인정하는 법리를 정립하였다.[93] 판례 · 학설은 이를 원칙적으로 수용하였으나, 거래전형적 동기에의 제한은 폐기하여, 오늘날 개별적 동기도 고려되고 있다. 다만, 거래전형적 행위기초와 달리 개별적 전제는 각자의 이익영역에 속하므로 원칙적으로 행위기초가 되지 아니하고,[94] 계약체결 당시 쌍방이 전제하였고, 당해 행위가 '적어도 묵시적으로 그에 의존하였던' 경우에 한하여 행위기초로 고려된다고 한다.[95]

반면 유언 · 상속계약 등 이른바 종의(終意)처분의 경우 표시 · 내용착오와 동기착오를 묻지 아니하고, 그리고 유상계약에 대하여 적용되는 일체의 제한 없이,[96] 착오가 고려된다(제570조). 법문에는 '효력이 없다(ungültig)'고 되어 있으나, 취소라고 해석된다. 다만, 표시 · 내용착오가 착오사실을 알았다면 그 처분을 하지 아니하였을 것일 때에는 곧바로 본질적인 것으로 보는 반면, 동기

90) OGH EvBl 1973/27.
91) Bezemek(주 88), S. 13; Stefula/Thundart, "Der Motivirrtum beim Rechtsgeschäft unter Lebenden – Zugleich ein Beitrag zur Auslegung des § 572 ABGB", NZ 2002, 193, 194.
92) OGH 3 Ob 534/95.
93) Klang/Pisko, ABGB II/2, 1934, 350 ff. 또한 OGH 6 Ob 154/02v.
94) OGH 5 Ob 504, 505/96.
95) OGH 6 Ob 154/02v.
96) KBB/Apathy, 2005, §§ 570–572, Rz. 1.

착오의 경우 그 동기가 처분의 '유일한(einzig und allein)' 이유였어야 한다(제572조). 판례는 이를 착오와 행위 사이의 인과관계의 증명을 엄격히 하라는 뜻, 즉 당해 동기뿐 다른 본질적 동기는 존재하지 아니함까지 증명하여야 한다는 뜻으로 이해하고 있다.[97] 무상계약도 같다(제901조 제3문). 그밖에 유·무상을 관념할 수 없는 행위에 대하여도 같은 법리가 유추된다.[98]

(2) 오스트리아의 판례·통설은 장래 사정의 착오를 제871조에서 고려되지 아니하는 동기착오로 본다.[99] 가령 장래 사정의 착오를 고려하는 경우 채무불이행법이 잠탈될 우려가 있다는 지적이[100] 있다. 그러나 동시에 현재 사정에 대한 착오와 장래 사정에 대한 착오 사이에 어떠한 본질적 차이도 없다는 점 또한 지적되고 있다. 아울러 행위기초론에서는 현재의 사정과 장래의 사태 전개 모두를 포섭한다는 데 이론(異論)이 없고,[101] 판례가 거래전형적 전제 이외에 개별적 전제도 예외적으로 행위기초로 파악함에 따라 오늘날 이른바 사정변경의 사안 이외에[102] 공통착오 사안도[103] 행위기초로 해결되고 있다.

좀 더 흥미로운 점은, 오늘날 오스트리아 행위기초론에서 가장 중요한 학설들이 다시 착오법을 끌어들이고 있다는 것이다. 가령 룸멜(Rummel)은 행위기초의 흠결 및 상실의 문제를 착오, 보충적 계약해석 및 이행불능을 참조하여 해결하려고 시도하면서, 장래 사정에 대한 착오의 경우 착오법에 의한 해결이 가능한지 여부가 관건인데, 오스트리아일반민법의 착오법이 "전형적으로" 현재의 잘못된 관념을 전제하고 있고 제871조의 세 신뢰보호 장치 중 착오의 명백성과 적시 취소는 장래 사정의 착오에 적합하지 아니하다는 점을 지적한다. 그리하여 '공통착오'를 보충적 계약해석으로 해결할 것을 제안한다.[104] 비들린스키(F. Bydlinski)

97) OGH SZ 52/173. 찬성하는 것으로, Stefula/Thundart(주 91), S. 198. 그러나 통설은 인과관계를 증명하면 족하다고 한다. Apathy(주 96), Rz. 4.
98) KBB/Bollenberger, 2005, § 901, Rz. 4 f.
99) OGH 9 Ob 247/02t; Rummel(주 83), Rz. 2.
100) 가령 Kerschner, Irrtumsanfechtung insbesondere beim unentgeltlichen Geschäft, 1984, S. 161 f. 또한 Bollenberger, Irrtum über die Zahlungsunfähigkeit, 1995, S. 9.
101) Bollenberger(주 98), Rz. 6.
102) OGH 1 Ob 122/99v; 1 Ob 257/01b; 6 Ob 145/04y.
103) OGH 1 Ob 34/98g; 8 Ob 237/97d.

는 독일의 슈미트-림플러(Schmidt-Rimpler)와 비아커(Wieacker)의 견해를 인용하여 적극적 관념과 소극적 관념, 잘못된 관념과 관념의 부재의 구별은 평가적 관점에서 설득력이 없고, 현재 사정과 장래 사정의 착오 또한 구별할 필요가 없다고 한다. 물론 장래의 전개의 위험은 현재의 착오에서보다 더 넓은 범위에서 그때그때 관련 당사자에게 귀속되어야 하나, 이는 일반적으로 장래의 사태 전개가 다소간의 개연성을 가진 위험과 기회의 형태를 취하고 있다는 점에 기초할 뿐이라는 것이다. 그리하여 그는 행위기초론을 착오법의 계속발전으로 본다.[105] 페니페스(Fenyves)도 행위기초론의 규율대상 중 장래 사정에 대한 공통착오와 상대방에 의하여 유발된 착오는 착오법의 수정으로 해결하여야 한다고 한다.[106] 제871조가 표시·내용착오만 고려할 수 있게 한 결과 현재의 착오만 고려대상으로 해석되나[107] 다른 한편 동기착오에 관한 한 현재의 사정과 장래의 사정을 범주적으로 구별하지 아니할 뿐 아니라, 다시 그 해결에 관하여 착오규정의 유추에 문의하고 있는 것이다.

III. 우리 법에서 장래 사정에 대한 착오

1. 판례와 학설

(1) 민법 제109조 제1항이 '법률행위의 내용'에 착오가 있을 것을 요구하므로, 의사와 표시의 불일치, 즉 표시착오·내용착오가 고려의 대상이라는 점에는 이론(異論)이 없다. 판례도 이른바 기명날인·서명착오를 표시상 착오로 보아 제109조 제1항의 적용을 인정하고,[108] 소송행위에 관하여서이지만 표시기관의 착오를 그

---

104) Rummel, "Anmerkungen zum gemeinsamen Irrtum und zur Geschäftsgrundlage", JBl 1981, 1 ff.

105) F. Bydlinski, "Zum Wegfall der Geschäftsgrundlage im österreichischen Recht", ÖBA 1996, 499 ff.

106) Fenyves, Gutachten - Haftung der Erben für langdauernde Verbindlichkeiten, 1987, S. 91 ff.

107) 표시·내용착오는 현재의 표시와 의사에 관계할 수밖에 없다.

108) 대법원 2013. 9. 26. 선고 2013다40353, 40360 판결. 반면 당사자가 누구인지에 대하여 구체적 관념을 갖고 있지 아니한 채 당사자 백지의 계약서에 기명날인·서명한 때에는 착오

본인의 착오로 보아야 한다고 하며,[109] 매매 대상의 동일성을 착오한 경우,[110] 근저당권설정계약상 채무자의 동일성에 관하여 착오한 경우,[111] 실적배당형 펀드를 원금보존형 펀드로 착오한 경우[112] 제109조 제1항의 착오가 있다고 한다.

그러나 착오가 문제된 사안의 대부분은 동기착오이거나 적어도 동기와 관련이 있다.

첫째, 계약대상·목적물이나 당사자의 거래본질적 성상(性狀)에 대한 착오는, 별다른 논증 없이, 제109조 제1항의 착오로 보곤 한다. 지목(地目)이 답(畓)인 토지를 매수하였는데 그중 절반 가까이가 경작할 수 없는 하천으로 사전에 이를 알았다면 매매 목적을 달성할 수 없음이 명백한 경우,[113] 농림지역인 토지를 관리지역으로 잘못 알고 매매계약을 체결한 경우,[114] 고려청자로 알고 매수한 도자기가 진품이 아닌 것으로 밝혀진 경우,[115] 상대방이 적법한 상속인이라고 착오하여 합의한 경우,[116] 설계용역계약을 체결하였는데 수급인이 건축사 자격이 없었던 경우,[117] 신용보증계약에서 주채무자의 신용상태에 대한 착오,[118] 전문건설공제조합이 도급금액이 허위 기재된 계약보증신청서를 믿고서 조합원이 수급할 공사의 도급금액이 조합원의 도급한도액 내인 것으로 착오하고 보증서를 발급한 경우[119] 취소사유로 고려될 수 있는 것이다. 반면 성상이

를 이유로 취소할 수 없다. 대법원 1946. 10. 25. 선고 4279민상47 판결. 소비대차의 보증인줄 알았으나 준소비대차의 보증인 경우에도 객관적 현저성이 부정되어 취소할 수 없다는 것으로, 대법원 2006. 12. 7. 선고 2006다41457 판결.

109) 대법원 1997. 6. 27. 선고 97다6124 판결(소송대리인의 사무원의 착오로 잘못 소취하서를 제출한 경우 소송대리인의 착오로 보아, 소송행위 일반이론에 따라 소취하의 효력을 인정).

110) 대법원 1997. 11. 28. 선고 97다32772, 32789 판결.

111) 대법원 1995. 12. 22. 선고 95다37087 판결. 다만, 물상보증의 채무자의 동일성에 대하여 착오가 있었으나 명의상 채무자가 실질적 채무자의 이름을 빌린 것에 불과하여 그 사정을 알았더라도 저당권을 설정해주었으리라고 여겨질 때에는 취소할 수 없다. 대법원 1986. 8. 19. 선고 86다카448 판결.

112) 대법원 2011. 7. 28. 선고 2010다69193 판결. 다만 중대한 과실이 있다는 이유로 취소는 허용하지 아니하였다.

113) 대법원 1968. 3. 26. 선고 67다2160 판결.

114) 대법원 2012. 9. 27. 선고 2011다106976, 106983 판결.

115) 대법원 1997. 8. 22. 선고 96다26657 판결. 또한 대법원 2018. 9. 13. 선고 2015다78703 판결도 참조(담보책임과 착오의 경합을 긍정한다).

116) 대법원 194. 9. 30. 선고 94다11217 판결; 2014. 11. 27. 선고 2014다36160 판결.

117) 대법원 2003. 4. 11. 선고 2002다70884 판결.

118) 대법원 2005. 5. 12. 선고 2005다6228 판결; 2007. 8. 23. 선고 2006다52815 판결 등.

라 하여도 거래본질적이라고 볼 수 없는 경우에는, 당사자가 그 성상을 중요부분으로 삼기로 하는 합의가 있거나 그 차이에 따라 매매대금이 현저히 달라져 계약목적을 달성할 수 없을 것을 요구한다.[120)]

둘째, 일반적으로 "동기를 당해 의사표시의 내용으로 삼을 것을 상대방에게 표시하여 의사표시의 해석상 법률행위의 내용으로" 된 경우에는 동기착오도 취소대상이 될 수 있다. 그러나 "당사자들 사이에 별도로 그 동기를 의사표시의 내용으로 삼기로 하는 합의까지 이루어질 필요는 없다."[121)] 동기의 표시는 반드시 명시적일 필요는 없고 묵시적이어도 되며, 다른 한편 표시된 일방의 동기가 당연히 법률행위의 내용이 되는 것도 아니다. 가령 매수인이 부동산을 매수하면서 잔금지급 전 그 부동산을 은행 등에 담보로 넣어 매수인이 부동산을 매수하면서 잔금지급 전 매도인에게 그와 같은 자금마련계획을 알려 잔금지급 전 매수인이 대출을 받을 수 있도록 협조하여 주기로 약속하였는데, 이후 위 대출이 제대로 이루어질 수 없음이 드러난 경우, 동기착오에 불과하여 취소할 수 없고,[122)] 건물을 분양받은 자가 일정한 조망(眺望) · 일조(日照)가 확보되리라는 기대를 갖고 있었고 그 표시도 있었는데, 실제로는 그러한 조망 · 일조가 확보되지 아니한 경우에도 "같은 층 내의 위치에 따른 분양가에 거의 차이가 없다고 주장하고 전체 분양가 대비 분양가 차액이 차지하는 비율이 높지 않은 점" 등에 비추면 이는 내용이 되었다고 할 수 없다고 한다.

우리 판례상으로는 계산착오와 법률효과착오도 같은 방식으로 고려되고 있다. 두 감정기관의 평가액을 근거로 대금을 산정하기로 하였는데, 그 산정과정에 착오가 있었고, 협의매수 요청 시 서면으로 위와 같은 가격 결정방법을 통지하였다면, 대금결정기준과 계산내역 및 그 방법을 계약서에 명시함으로써 그 동기를 의사표시의 내용으로 삼았다고 할 수 있지만,[123)] 환율의 착오가 감액특

119) 대법원 1997. 8. 22. 선고 97다13023 판결. 건설업법 규정과 조합의 설립목적을 고려하고 있다.

120) 대법원 1987. 4. 14. 선고 86다카1065 판결; 2014. 3. 13. 선고 2011다80210 판결. 거래 상대방에게 목적물 소유권이 있는지 여부에 관한 착오도 종종 이 유형으로 취급된다. 대법원 1959. 9. 24. 선고 4290민상627 판결; 1975. 1. 28. 선고 74다2069 판결; 1999. 2. 23. 선고 98다47924 판결.

121) 대법원 2015. 9. 10. 선고 2014다56335, 56362 판결 등.

122) 대법원 1996. 3. 26. 선고 93다55487 판결.

약상의 하자나 착오에 해당하기 위해서는 환율 자체가 계약금액의 결정에 의미가 있는 경우, 즉 계약금액을 외화단위로 셈하고 환율을 다시 외화를 원화로 계산하기 위한 수단으로 사용한다든지 하는 경우여야 하고, 내 · 외자를 구별하지 아니한 채 원화에 의한 총액확정계약을 체결하였다면 환율은 동기에 불과하여 고려되지 아니하며,[124] 양도소득세가 부과될 것임에도 부과되지 아니할 것이라고 오인한 경우에도 그것이 법률행위의 중요부분에 관한 것일 때에는 취소할 수 있으나,[125] 분할합병에 의하여 다른 회사로부터 전기공사업면허 등을 이전받은 회사로부터 그 면허 등을 재차 이전받는 내용의 분할합병계약을 체결한 당사자가 채무도 인수한다는 점을 인식하지 못하였다 하더라도 계약체결과정에서 상대방에게 표시되지 아니하였다면 이는 동기착오에 불과하여 취소할 수 없고,[126] 가등기가 순위보전의 가등기와 같은 효력이 있어 이를 양수하여 본등기를 하면 후순위 담보권이 소멸하는 것으로 믿고 가등기 양수계약을 체결하였으나 실은 담보가등기로 그러한 효력이 없었다면 이는 법적 효과에 관한 착오로 동기착오에 해당하나 이 점이 계약체결과정에서 상대방에게 표시되어 계약내용이 되었으므로 취소할 수 있다고 한다.[127]

셋째, 이른바 쌍방 공통 동기착오에서는 표시조차 요구하지 아니한다고 보인다. 판례는 한편으로는 매도인 측이, 매도인이 납부하여야 할 양도소득세 등의 세액이 매수인이 부담하기로 한 금액뿐이므로 매도인의 부담을 없을 것이라는 착오를 일으키지 않았더라면 매수인과 매매계약을 체결하지 아니하였거나 적어도 동일한 내용으로 계약을 체결하지는 아니하였을 것임이 명백하고, 매수인도 매도인이 납부하여야 할 세액에 관하여 매도인과 동일한 착오에 빠져 있다면 이 착오는 중요부분의 착오라고 하고,[128] 다른 한편으로는 "계약당사자 쌍방이 계약의 전제나 기초가 되는 사항에 관하여 같은 내용으로 착오가 있고 이로 인하여 구체적 약정을 하지 아니하였다면, 당사자가 그러한 착오가 없을

123) 대법원 1998. 2. 10. 선고 97다44737 판결.
124) 대법원 1990. 11. 23. 선고 90다카3659 판결.
125) 대법원 1981. 11. 10. 선고 80다2475 판결.
126) 대법원 2009. 4. 23. 선고 2008다96291, 96307 판결.
127) 대법원 2014. 11. 13. 선고 2010다93769 판결.
128) 대법원 1994. 6. 10. 선고 93다24810 판결.

때에 약정하였을 것으로 보이는 내용으로 당사자의 의사를 보충"할 수 있다고 한다.[129] 앞의 판결에서는 동기의 표시 여부를 문제 삼지 아니하였고,[130] 뒤의 판결은 명시적으로 표시가 없음을 전제하면서도 보충적 해석을 인정하였는바, 당사자의 일치하는 가정적 의사가 없어 보충적 해석이 불가능한 경우에는 착오 취소를 허용할 수밖에 없었을 것이기 때문이다.[131]

넷째, 상대방에 의하여 유발된 착오도 고려된다.[132] 귀속해제된 토지인데도 귀속재산인줄 잘못 알고 국가에 증여한 경우 동기착오이지만 그 동기를 제공한 것이 관계 공무원이었다면 중요부분의 착오로 취소할 수 있고,[133] 담당공무원의 법규오해로 잘못 회시한 공문에 따라 동기착오를 일으켜 기부채납의무가 없는 휴게소 부지의 16내나 되는 토지 전부와 휴게소건물을 기부채납한 경우에는 휴게소부지와 그 지상건물 부분을 제외한 나머지 부분에 대하여는 중요부분의 착오가 있으며,[134] 시가 산업기지개발사업을 실시하기 위하여 토지를 취득함에 있어 필지 일부가 사업대상토지에 편입된 경우 그 전부를 협의매수하기로 하고 잔여지가 발생한 사실을 알리지 아니한 채 전체 토지에 대한 손실보상협의요청서를 발송하고 매수협의를 진행한 경우 동기착오를 이유로 취소할 수 있다.[135] 나아가 보험회사나 보험모집종사자가 설명의무를 위반하여 고객이 착오에 빠져 보험계약을 체결한 경우 그 착오가 동기착오(과세이연 여부 등)에 불과하다 하더라도 중요부분에 관한 착오로 취소할 수 있다고 한다.[136]

---

129) 대법원 2006. 11. 23. 선고 2005다13288 판결. 당해 사안에서는 보충적 해석이 가능하다는 점을 지적하면서, 동시에 동기착오 주장은 동기가 표시되지 아니하였다는 이유로 배척하였다.

130) 다만, 앞의 사안은 상대방에 의하여 유발된 착오에도 해당한다는 점에 주의.

131) 이 사건에서 보충적 해석의 전제로서 계약의 틈(흠)은 착오가 중요하여 보충적 해석이 불가하다면 착오의 대상이 되는 부분이 취소될 것(그 결과 나머지 부분도 취소될지는 민법 제139조의 문제이다)임을 전제한다. 이러한 점에서 당해 사건 판결이 동기착오 주장을 '동기가 표시되지 아니하였다는 점'을 들어 배척한 것은 잘못인데, 이처럼 판례상 동기착오 주장을 배척할 때 그 실질적 근거와 별 관계없이 표시되지 아니하였다는 형식적 이유를 드는 일은 종래부터 종종 있었던 일이다. 가령 양창수, "주채무자의 신용에 관한 보증인의 착오", 민사판례연구[XI](1989) = 민법연구 제2권, 1991, 13-14면; 이동진, "분양광고에 의하여 유발된 착오와 표시광고법상 책임", 재산법연구 제35권 제4호(2019), 43면 이하.

132) 대법원 2010. 4. 29. 선고 2009다97864 판결.

133) 대법원 1978. 7. 11. 선고 78다719 판결.

134) 대법원 1990. 7. 10. 선고 90다카7460 판결.

135) 대법원 1991. 3. 27. 선고 90다카27440 판결.

한편, 민법 제109조 제1항은 착오자의 무과실을 요구하지는 아니하나, 중대한 과실이 없을 것을 요구하는 절충적 태도를 취한다. 실제 중대한 과실은 자신의 이용목적이, 관할관청의 허가를 받을 수 없다는 등으로, 좌절되었으나 그 위험을 본인이 부담하여야 할 경우이고, 간단한 확인절차조차 거치지 아니한 경우,[137] 계약서를 조금만 주의 깊게 읽어보았더라면 피할 수 있었을 표시착오[138] 등에서 인정된다. 특히 상대방이 착오를 유발한 경우에는, 그러한 사정을 중대한 과실을 부정하는 데 참작하고 있고,[139] 상대방이 표의자의 착오를 알고 이를 이용한 경우 중대한 과실에도 불구하고 취소를 인정한다.[140] 반면 민법은 상대방의 신뢰를 보호하기 위한 추가 요건을 두지 아니하므로, 상대방이 계약의 존속을 신뢰하였다가 손해를 입는 경우가 생길 수 있다. 판례는 이때 착오자에게 과실이 있다 하더라도 계약을 취소당한 그 상대방이 불법행위를 원인으로 하는 손해배상청구를 할 수 없다고 한다.[141] 그러나 동기착오의 경우 동기가 표시되었거나 거래본질적이거나 계약의 공통의 전제 내지 기초이거나 상대방이 유발한 것이어야 하므로 어차피 이 요건에서 상대방의 신뢰가 배려되게 마련이다.[142]

학설상 표시 · 내용착오가 고려된다는 데 의문이 없으나 동기착오에 대하여는 다툼이 있다. 종래 다수설은 동기가 표시되면 내용이 된다고 보았다(이른바 동기표시설).[143] 그러나 근래에는 표시여부는 중요하지 아니하고 해석상 법률행

---

136) 대법원 2018. 4. 12. 선고 2017다229536 판결.

137) 대법원 1992 11. 24. 선고 92다258230, 25847 판결; 1993. 6. 29. 선고 92다38881 판결. 그밖에 대법원 1995. 12. 12. 선고 94다22453 판결; 2000. 5. 12. 선고 99다64995 판결.

138) 대법원 2011. 7. 28. 선고 2010다69193 판결. 그러나 대법원 1997. 11. 28. 선고 97다32772, 32789 판결은 부동산 중개업자를 신뢰하고 매매 목적물을 확인하지 아니하였는데, 그 동일성에 착오가 있었다면 중대한 과실이 있다고 할 수 없다고 한다.

139) 대법원 1997. 9. 30. 선고 97다26210 판결; 1997. 11. 28. 선고 97다32772, 32789 판결; 2003. 4. 11. 선고 2002다70884 판결.

140) 대법원 2014. 11. 27. 선고 2013다49794 판결.

141) 대법원 1997. 8 22. 선고 97다13023 판결. 민법 제109조의 취지를 그 근거로 든다. 한편, 대법원 1954. 12. 9. 선고 4286민상149 판결은, 의용민법을 전제로, 착오취소는 상대방의 지(知) · 부지(不知)를 묻지 아니하고 할 수 있다고 한다.

142) 위 주 141의 판결은 관계 법령상 거래본질적 전제로 인정되어 일방착오가 고려된 예이다. 앞의 주 119 참조.

143) 곽윤직, 민법총칙 제7판, 2007, 238면. 한편, 김용담 편집대표 주석민법[총칙(2)] 제4판, 2010, 678면(지원림 집필부분)은 이른바 동기표시설을 비판하면서도, 동기가 객관화되었다면, 즉 명백하게 계약교섭의 대상이 되었다면 이른바 확장된 내용착오로 고려된다고 주장한

위의 내용이 되었는지 여부를 따져야 한다는 견해,[144] 동기가 표시되었다고 내용이 될 수는 없다는 견해도[145] 있다. 동기가 표시되었다고 내용이 될 수는 없다는 견해는 대체로 물건이나 사람의 거래본질적 성상에 관한 착오에 민법 제109조 제1항을 유추할 것을 주장하나, 상대방이 신의칙에 반하여 착오를 악용한 경우 이행청구는 권리남용으로 보아야 하고 착오자는 이행한 급여의 반환을 구할 수 있으며, 무상행위에서는 표시여부와 관계없이 동기착오를 이유로 취소할 수 있다는 견해도[146] 있다. 반면 동기는 법률행위의 내용이 되지 아니하나, 표시 · 내용착오뿐 아니라 동기착오도 그 자체 민법 제109조 제1항의 착오에는 해당한다면서, 취소하려면 추가로 동기착오는 물론 표시 · 내용착오의 경우에도 상대방이 착오를 예견할 수 있었어야 한다는 견해,[147] 요소(要素)착오, 현저히 많거나 적은 급여 및 반대급여 부담, 기초착오, 상대방에 의하여 유발된 착오, 공통착오 등은 중요한 착오로 취소할 수 있다는 견해도 있다.[148] 한편, 특수유형으로 공통착오의 경우 보충적 해석 및 착오취소에 의한 해결을 주장하는 견해와[149] 주관적 행위기초론에 의하여 계약수정 또는 계약해제를 인정하여 해결하여야 한다는

다. 이는 독일판례이론을 참조한 것으로, 일본과 우리나라의 표시된 동기 이론은 바로 이 이론의 영향을 받아 성립하였다는 지적이 유력하다. 中松纓子, "錯誤", 星野英一 編集代表 民法講座 1, 1984, 405頁 참조.

144) 김형석, "동기착오의 현상학", 저스티스 통권 제151호(2015), 100면 이하. 성상착오에 한하여 같은 취지로 김증한 · 김학동, 민법총칙 제10판, 2013, 441-442면; 명순구, 민법총칙, 2005, 413, 415-416면; 전원열, "착오 개념의 정립을 위한 소고", 저스티스 통권 제146-1호(2015), 167면.

145) 백태승, 민법총칙 제4판, 2009, 430면; 안춘수, 계약법, 2018, 277면; 이영준, 민법총칙 개정증보판, 2007, 406-407면. 송덕수, 민법총칙 제4판, 2018, 254면 이하, 262면은 이 입장을 취하면서도 성상착오의 특별취급은 부정한다.

146) 송덕수(주 145), 254-255면.

147) 객관적 현저성 요건으로부터 이를 도출한다. 김용한, 민법총칙론 재전정판, 1993, 300면; 김주수 · 김상용, 민법총칙 제7판, 2013, 362면; 김형배, "동기의 착오", 고려대 법률행정논집 제14집(1976) = 민법학연구, 1986, 105면.

148) 양창수 · 김재형, 민법 I 계약법 제2판, 2015, 713면 이하. 또한 양창수(주 131), 20면 이하. 입법론적으로 이와 비슷한 입장을 취하면서, 실제 판례 운용도 큰 차이는 없음을 지적하는 것으로, 윤진수, "민법상 착오규정의 입법론적 고찰", 심상송상현선생기념논문집 이십일세기 한국민사법학의 과제와 전망, 2002 = 민법논고 II, 2008, 52면 이하.

149) 가령 곽윤직 · 김재형, 민법총칙 제9판, 2013, 317면; 김증한 · 김학동(주 144), 446-447면; 윤진수, "계약상 공통의 착오에 관한 연구", 민사법학 제51호(2010) = 민법논고 VI, 2015, 206면.

견해가[150] 갈리고, 상대방에 의하여 유발된 동기착오의 경우 취소가 가능한지에 대하여도 다툼이 있다.[151] 취소한 착오자가 상대방에게 신뢰이익 상당의 손해배상책임을 지는지 여부에 대하여도 견해가 갈린다.[152]

(2) 장래의 사정에 대한 착오는 어떠한가.

상당수의 판례는 장래의 단순한 기대가 어긋난 것은 착오가 아니라고 한다. 상고심 판결이 나기 전에는 원고가 아무리 결과가 하급심의 그것과 같을 것이 뻔하다고 생각하였다고 하여도 이는 확실한 것이 못되고 일종의 기대에 지나지 아니하므로 상고심에서의 패소는 법률행위의 연유(緣由)에 지나지 아니하여 요소의 착오라고 할 수 없다거나,[153] "의사표시에 착오가 있다고 하려면 법률행위를 할 당시에 실제로 없는 사실을 있는 사실로 잘못 깨닫거나 아니면 실제로 있는 사실을 없는 것으로 잘못 생각하듯이 표의자의 인식과 그 대조사실이 어긋나는 경우라야 할 것이므로, 표의자가 행위를 할 당시에 장래에 있을 어떤 사항의 발생이 미필적임을 알아 그 발생을 예기한 데 지나지 않는 경우는, 표의자의 심리상태에 인식과 대조에 불일치가 있다고 할 수 없어 착오로 다룰 수는 없"는바, 계약체결 당시에는 도시관리계획상 '관리지역'으로 지정되어 있었을 뿐 세부용도지역으로 구분되어 있지 않았고, 이후 계획관리지역지정을 위한 의견수렴 등 공고를 하였을 뿐이었음에도, 장차 계획관리지역지정이 이루어져 공장설립이 가능하리라고 믿고 계약하였다면 이는 장래에 대한 단순한 기대에 지나지 아니하며 그 기대가 이루어지지 아니하였다 하여 중요부분에 착오가 있다고 할 수는 없고,[154] 계약체결 당시 대상면적이 16,867,000㎡인 택지개발

150) 가령 김상용, "계약당사자 쌍방의 공통착오와 주관적 행위기초의 상실", 사법행정 제36권 제1호(1995), 29면; 송덕수, 착오론-법률행위에서의 착오를 중심으로-, 1991, 286면 이하; 이상민, "당사자 쌍방의 착오", 민사판례연구[XVIII]1(1996), 67면.

151) 긍정하는 것으로, 김증한 · 김학동(주 144), 439면; 김형석(주 144), 117면 이하; 지원림(주 143), 678-679면; 하경효, "동기의 착오를 이유로 한 의사표시의 취소", 고시연구 제252호(1995), 126면. 부정하는 것으로 이영준(주 145), 406면; 송덕수(주 145), 293면.

152) 긍정설로, 김대정, 민법총칙, 2012, 911-912면; 엄동섭, "착오자의 과실과 손해배상책임", 민사판례연구[XXI](1999), 54면 이하. 부정설로 송덕수(주 150), 227면 이하; 이영준(주 145), 437면 이하.

153) 대법원 1972. 3. 28. 선고 71다2193 판결.

154) 대법원 2010. 5. 27. 선고 2009다94841 판결.

예정지구로 지정고시되었다가 수년 후 대상면적을 5,160,079㎡로 축소하는 지정변경고시가 이루어진 경우 분양계약체결 시 인식 자체에 오류가 있다고 보기 어렵고, 개발사업이 당초 계획대로 진행되리라고 예상하였다 하더라도 이는 장래에 대한 단순한 기대에 지나지 아니하므로 위 사업축소로 기대가 이루어지지 아니하였다 하여도 중요부분에 착오가 있다고 할 수 없다고[155] 한다.

그러나 장래 사정의 착오를 이유로 취소를 허용하였다고 보이는 예도 있다. 대법원 2000. 5. 12. 선고 2000다12259 판결은 매매대상 토지 중 20~30평 가량만 도로에 편입될 것이라는 중개인의 말을 믿고 주택 신축을 위하여 토지를 매수하였고 그러한 사정이 계약체결 과정에서 표시되어 매도인도 이를 알고 있었는데, 이후 전체 면적의 약 30%에 해당하는 197평이 도로에 편입된 경우에 동기착오를 이유로 취소를 인정하였고, 1994. 6. 10. 선고 93다24810 판결은 부동산 양도 후 부과될 양도소득세 등의 세액에 관한 착오가 미필적 장래의 불확실한 사실에 대한 것이라 하더라도 민법 제109조 제1항의 착오에서 제외되지 아니한다고 한 것이다.

그런데 다른 한편 대법원 2007. 3. 29. 선고 2004다31302 판결은 사정변경의 원칙을 받아들여 "이른바, 사정변경으로 인한 계약해제는 계약성립 당시 당사자가 예견할 수 없었던 현저한 사정의 변경이 발생하였고 그러한 사정의 변경이 해제권을 취득하는 당사자에게 책임없는 사유로 생긴 것으로서, 계약내용대로의 구속력을 인정한다면 신의칙에 현저히 반하는 결과가 생기는 경우에 계약준수의 원칙의 예외로서 인정되는 것"인바, "여기에서 말하는 사정이라 함은 계약의 기초가 되었던 객관적 사정으로서, 일방당사자의 주관적 또는 개인적인 사정을 의미하는 것은 아니라"고 하였다. 당해 사안은 피고 제주시가 개발제한구역을 해제하고 매각 입찰공고를 한 토지를 원고가 1억3,400만 원에 낙찰받아 1999. 10. 29. 피고와 사이에 매매계약을 체결하고 매매대금을 완납한 뒤 2000. 2. 1. 소유권이전등기도 마쳤는데, 피고 제주시가 2002. 4. 29. 위 토지를 공공용지에 편입시키는 결정을 하여 위 토지 내 건물신축이 불가능해지자 사정변경을 주장한 것이었고, "토지상의 건축가능 여부는 원고가 이 사건 토지

155) 대법원 2013. 11. 28. 선고 2013다202922 판결.

를 매수하게 된 주관적인 목적에 불과할 뿐 매매계약의 성립의 기초가 되었다고 보기 어렵다"는 이유로 결론적으로 해제를 부인하였다.

이미 위 사안에서 드러나듯, 장래 사정의 착오 사안은 사정변경이 문제되는 사안과 중첩되는 일이 종종 생긴다. 당사자가 현재의 사정을 기초로 장래의 사태 전개에 대하여 어떤 관념을 가지고 있었는데, 이후 사정이 변경되어 예상과 다른 결과가 생긴 경우, 착오와 사정변경을 모두 주장할 수 있는 것이다. 실제로 다수의 재판례에서 장래 사정의 착오와 사정변경이 동시에 주장되고 있음을 확인할 수 있다.156)

다른 한편 대법원 2014. 11. 13. 선고 2009다91811 판결은 계약기간 중 부가가치세법 시행령이 개정되어 당초 부가가치세 면세를 전제로 한 계약상 급여에 부가가치세가 부과되게 된 사안에서 도급인이 부가가치세를 부담하는 내용으로 계약을 보충하였는데, 이는 장래 사정의 착오를 이유로 보충적 해석을 한 예에 해당한다.157)

이에 대하여 한 견해는 일부 판례가 장래 사정의 착오를 이유로 취소를 인정한 것을 비판하면서, 계약 후 사정이 애초의 예상과 달리 전개되는 것은 착오법의 문제가 아니고, 원칙적으로 이 경우에 대하여는 사정변경의 원칙을 적용하여야 한다고 한다.158) 그러나 다른 견해는 비교법적으로 장래 사정의 착오를 착오법에서 배제하는 법질서가 많음을 확인하면서도, 이들 법질서는 대개 이를 고려하는 별개의 법제도를 예정하고 있다는 점을 지적하면서, 적어도 특정 사안유형의 경우 장래 사정에 대한 착오를 이유로 하는 계약취소를 허용할 필요가 있다고 한다. 즉 당사자들이 명백하게 장래 사정을 고려하여 자신들의 의무를 특정하고 구체화하여 계약내용에 편입하였다면 그에 대하여 착오취소를 부인하는 것은 적절하지 아니하다면서, 장래 사정에 대한 기대는 많은 경우 계약체결 시점 또는

156) 가령 대법원 2011. 6. 24. 선고 2008다44368 판결; 2012. 1. 27. 선고 2010다85881 판결; 2014. 5. 16. 선고 2011다5578 판결. 착오와 사정변경 모두 받아들이지 아니하였는데, 각각 이유는 다르다. 뒤에 보는 양자의 배척이유 설시는 그다지 체계적이라고 할 수 없다.

157) 평석으로, 윤진수, "공통의 착오와 사정변경 및 보충적 해석", 민법기본판례, 2016, 55면 이하. 그곳에서 설명하는 바와 같이 사정변경 자체도 보충적 계약해석의 일종으로 보는 견해도 있는 만큼 이를 보충적 계약해석으로 해결하는 것은 장래 사정의 착오를 착오법의 문제로 볼지, 사정변경의 문제로 볼지와는 구분된다.

158) 전원열(주 144), 182면 이하. 윤진수(주 157), 59면도 비슷하다.

그 이전의 사정에 대한 평가에 기초하므로 양자를 인위적으로 구별하는 것은 법적으로 유의미하지 아니하고, 장래 사정에 대한 착오라 하더라도 그것이 과거나 현재 사정에 대한 평가와 밀접한 관련성을 가진다면 그 이익상황은 사정변경의 경우와 다르다고 한다. 객관적 등가성이 아닌 주관적 등가성이 문제된다는 것이다. 그러므로 이는 착오법으로 고려함이 타당하다고 한다.159) 이 견해가 이 경우 사정변경의 고려를 부인하는 취지는 아니라고 보인다. 그밖에 동기착오도 법률행위의 일정한 경우 취소대상이 될 수 있다는 전제하에 일반적으로 장래 일어날 일에 대한 예견이 잘못된 경우도 착오에 해당한다는 설명,160) 반대로 동기착오는 취소의 대상이 될 수 없다는 전제하에 장래에 대한 기대가 실현되지 아니한 경우에는 단순한 동기착오에 불과하다는 설명도161) 있다.

다른 한편, 다수의 학설은 사정변경의 원칙을 인정하면서 계약성립 당시에 있었던 환경 또는 그 행위를 하게 된 기초가 되는 사정이 그 후 현저하게 변경되어 당초 정해진 계약의 내용을 그대로 유지하고 강제하는 것이 신의칙과 공평에 반하는 부당한 결과를 가져오는 경우로 정의한다.162) 이는 그 용어에서 이미 드러나듯 계약체결 이후의 변경만을 포섭한다. 이에 대하여 주관적 및 객관적 행위기초론을 도입할 것을 주장하는 견해도 있음은 앞서 본 바와 같다.

2. 검토

(1) 민법 제109조 제1항의 법문상 표시·내용착오는 현저성이 인정되고 착오자에게 중대한 과실이 없는 한 취소사유가 된다는 데 의문이 없다. 규정에 없는 상대방의 예견가능성을 도출하여 추가로 요구하는 것은 해석상 근거가 없다. “중요부분”은 제1차적으로는 표시내용의 중요부분, 즉 요소(要素)를 가리키고, 상대방의 예견가능성 등 표시내용 밖의 사정을 가리키지 아니한다. 현재 중과실 요건으로만 통제되는, 표시·내용착오의 고려를 제한할 필요가 있을지 모르나, 이는 입법론에 해당하고, 해석론이라고 하기 어렵다.

159) 김형석(주 144), 120면 이하.
160) 김증한·김학동(주 144), 432면.
161) 곽윤직 편집대표 민법주해[II], 1992, 417면(송덕수 집필부분).
162) 곽윤직, 채권각론 제육판, 2003, 92면; 김증한·김학동, 채권각론 제7판, 2006, 136면.

반면 동기착오의 경우 일정한 요건이 충족되어야 취소사유가 될 수 있다고 보아야 한다. 그리고 그 요건은 동기가 잘못된 것으로 드러나는 경우 그로 인한 위험을 누가 부담할 것인가, 즉 예외적으로 상대방도 그 위험을 부담하기로 하였다고 보아야 하는가의 문제로 귀착된다. 즉, 동기의 고려여부는 동기가 넓은 의미의 계약 내지 전제적합의의 대상이 되었는지 여부에 달려 있다. 동기는 그 자체로는 중요하지 아니하고, 당사자의 의사에 비추어 중요성이 인정되어야 하는 것이다. 비교법적으로도 규정의 상위(相違)에도 불구, 거의 모든 나라에서 이러한 전제적합의를 요구하고 있다.

그런데 표시 · 내용이 그 자체 법적 구속의사의 내용에 관계하여 의지적 요소를 당연히 포함하는 것과 달리 동기는 그 배후의 사태인식에 관계하므로 법적 의미를 부여하고자 한 것인지 여부가 불확실한 경우가 오히려 많다. 광화문 부근 건물을 일시 임차하면서 다음 달에 광화문광장에서 열릴 큰 행사를 염두에 두고 그 행사가 잘 보일 1503호를 특정하여 임차하였다면, 당사자의 효과의사가 그 건물 아무 호실이나 괜찮은 것이 아니라 1503호에 지향되어 있음은 분명하고, 만일 건축물대장상 호실 표기와 건물에 게시된 호실 표기가 달라 건축물대장만 보고 호실을 고른 임차인에게 착오가 있었다면 취소대상이 됨이 분명할 것이다. 그러나 위와 같은 사정으로 호실을 임차하였는데 이후 예기치 않게 그 행사가 취소되었을 때 임차인이 취소할 수 있는지는, 심지어 위 목적 내지 동기를 임대인에게 계약 당시 표시하였다 하더라도, 반드시 분명하다고 할 수 없다. 임차인에게 주관적으로 위와 같은 사정이 중요하였다 하여 임대인도 그러한 점을 수용하고 계약을 체결하였다고 단정할 수는 없기 때문이다. 판례가 한편으로는 동기가 해석상 의사표시의 내용이 되어야 한다면서도 동기를 의사표시의 내용으로 하는 합의는 필요 없다고 하고(그러한 합의는 성질상 거의 이루어질 수 없다), 다른 한편 조망 · 일조의 차이에 따라 분양대금에 상당한 차이를 두었는지 등 제반 사정을 고려하는 것도,[163] 이처럼 명시적으로 이루어진 바 없는 전제적 합의를 해석 내지 재구성하기 위함이다. 물론 판례가 요구하는

163) 이러한 사정은 가령 고려되는 성상 여부 판단에서도 고려된다. Bollenberger(주 100), S. 19 ff.는 상대방 신용에 대한 착오가 성상착오인지 여부와 관련하여 위험프리미엄 유무를 고려요소로 꼽는다.

동기의 '표시'는 관건적(關鍵的)이라고 할 수 없다. 계약 자체는 이미 존재하고, 문제는 그 내용의 충전(充塡)인데, 공통착오의 예가 보여주듯 전제적 사항에 대하여는 묵시적 표시조차 없이 공통기초를 갖는 일이 얼마든지 있을 수 있기 때문이다. 판례도 공통착오에서는 '동기의 표시' 대신에 "계약당사자 쌍방이 계약의 전제나 기초가 되는 사항"으로 만족한다. 그러한 전제적 합의조차 없는 일방의 동기를 상대방의 부담으로 배려할 이유는 없다.[164)]

명시적 합의에서 해명적 해석과 보충적 해석이 구분되는 것처럼, 전제적 합의에서도 개별·구체적 의사와 당사자는 미처 의식하지 못한 일반·전형적 의사 내지 가정적 의사를 구분할 수 있다. 동기착오와 관련하여 이 점은 특히 목적물이나 당사자의 성상(性狀)에 관한 착오에서 잘 드러난다. 여기에서 어떤 성상은 당사자가 구체적으로 내용으로 삼아야 고려되나, 어떤 성상은 워낙 거래전형적이어서 당사자가 아무 관념도 갖고 있지 아니하였다 하더라도 여전히 고려되어야 할 수 있다. 이 점에서는 하자담보책임에서 이른바 객관적 하자개념(의 보충적 적용)을 떠올릴 수도 있을 것이다. 드러난 계산착오(대개는 대가의 액수에 직결된다)가 정정 내지 취소를 정당화할 수 있는 것도 비슷한 이유에서이다. 그러나 그 이외의 경우에도 당사자가 드러낸바 없는 당연한 (객관적) 전제 내지 기초(가령 일정범위 내의 화폐가치)가 있을 수 있음은 물론이다.

나아가 이처럼 전형적으로, 즉 당사자의 구체적 합의 없이, 당연히 법률행위의 내용이 되는 어떤 전제나 기초가 있는 이상, 평가적 관점에서 그러한 사항에 대한 적극적 착오만을 문제 삼아야 할 이유도 없다. 평가적 관점에서는 적극적으로 사실과 다른 관념을 갖고 있었던 경우뿐 아니라 중요한 사실을 단순히 부지(不知)한 경우에도 다를 바 없는 것이다.[165)] 이 점은, 일반적인 동기착오와 조금 다른 사안유형이기는 하나,[166)] 사기 내지 상대방에 의하여 유발된 착오,

---

164) 상대방에 의한 유발, 공통착오, 인식가능성 등 다양한 형량요소를 고려하되, 그것만으로는 부족하고 위와 같은 사정을 추가로 판단하여야 한다는 취지로 박인환, "착오법의 변천과 정보리스크의 분배", 동북아법연구 제10권 제2호(2016), 273-277, 301면 이하. 그러나 같은 문헌은 이를 신의칙으로 고려할 것을 제안한다.

165) 상세는 윤진수(주 149), 185-188면. 이에 대하여 부지(不知)는 착오가 아니라는 것으로, 송덕수, "공통의 동기의 착오에 관한 판례 연구", 법조 통권638호(2011), 373면 이하.

166) 이동진(주 131), 43면 이하 참조.

특히 부작위, 즉 이른바 정보제공의무(Informationspflicht)위반을 생각해보면 자명하다. 이때에는 정보제공의무가 이행되었더라면 상대방이 타당한 적극적 관념을 가졌을 터인데 정보제공의무가 이행되지 아니하여 그러한 관념을 가지지 아니하였다는 점이 중요할 뿐, 그러한 관념을 가지지 아니한 상태가 단순한 부지(不知)인지 부당한 구체적 · 적극적 관념을 가지고 있었는지는 별 의미가 없는 것이다. 착오 일반에 대하여도, 평가적 관점에서는, 그렇게 말할 수 있다.

그밖에 현재와 장래의 구별 또한 자의적이다. 표시 · 내용과 달리 동기는 그 자체 법적 구속내용의 밖에 존재한다. 법적 구속은 법률행위 시점에 발생하나 그것이 연결점으로 삼은 동기는 과거, 현재는 물론 장래의 사정에도 관계할 수 있다. 오늘날 오스트리아 학자들이 지적하듯 실질적 관점의 착오법은 다음과 같은 영역 전부를 포괄하는 셈이다.

<table>
<tr><td colspan="2" rowspan="2"></td><td colspan="2">현재</td><td>장래</td></tr>
<tr><td>목적물 · 당사자</td><td colspan="2">기타 사정</td></tr>
<tr><td>개별 · 구체적 기초합의</td><td>착오</td><td>(A)</td><td>(B)</td><td>(C)</td></tr>
<tr><td>전형적 전제 · 기초
(별도의 편입 불요)</td><td>부지</td><td>N/A</td><td>(D)</td><td>(E)</td></tr>
</table>

비교법적으로 독일민법과 오스트리아일반민법은 (A)는 성상착오, (B), (C)는 이른바 주관적 행위기초, (D), (E)는 객관적 행위기초로 규율하고, 스위스민법은 (A), (B), (C)를 모두 착오, (E)를 사정변경(권리남용)으로 규율하되, 도급에 관한 한 (A)–(E) 모두를 행위기초로 다룬다. 그러나 독일과 오스트리아에서도 이 영역 전제가 넓은 의미의 착오의 문제라는 점은 인정되고 있다. 그럼에도 이들이 착오법의 적용범위를 현재의 착오로 보는 것은, 착오의 일상적인 의미 이외에, 고려되는 동기착오로 성상착오를 명문으로 정하고 있는데, 성상착오는 아무래도, 담보책임에서 하자 개념이 그러하듯, 현재의 성상을 대상으로 한다고 해석하기 쉽고, 표시 · 내용착오는 그 성질상 현재의 의사와 표시의 불일치에 대한 착오일 수밖에 없으므로, 법이 정하는 착오가 예외 없이 현재의 사정에 대한 착오라는 점과 관계되어 있다고 보인다. 그리고 이와 같은 착오법의 규율범위의 협소화, 규율내용의 단순화는 행위기초론 안에서 당사자의 개별 · 구체적 관념과 실재가 어긋난 경우와 일반 · 전형적 기초와 실재가 어긋나고 당사자는

구체적 관념을 갖지 아니하였던 경우의 구별을 그 대가로 한다. 요컨대 실제 규율대상은 두 개가 아니고 여러 개이고, 각 나라의 사정상 서로 다른 방식으로 분할하여 다루고 있을 뿐이며, 이러한 구분은 어느 것이나 법리구성 내지 적용법조의 문제일 뿐 실질적 판단기준의 문제는 아니라는 것이다.

물론, 우리 민법에서도 이들 각각의 영역은 어떻든 어디엔가 편입되어야 한다. 그와 관련하여서는 다음 사정이 중요할 것이다. 첫째, 근래 여러 문헌이 지적하듯 민법 제109조 제1항의 '법률행위의 내용'을 당사자의 법률관계를 직접 변경하는 부분으로 좁게 이해할 필요는 없다. 특정 전제가 갖추어졌음을 전제로 법적 효력을 발생시키기로 합의하였다면, 그 전제는 직접 당사자의 법률관계를 변경하지는 아니하나 법적 규율의 내용과 한계를 규정한다는 의미에서, 그 전제가 실은 갖추어지지 아니하였음이 드러나는 경우 구속력의 소급적 · 비소급적 상실을 감수한다는 의미에서, 여전히 법률행위의 내용이라고 할 수 있다. 민법 제109조 제1항은 동기착오를 포섭할 수 있다. 둘째, 우리 민법에는 목적물이나 당사자의 성상(性狀)착오에 관한 특별규정이 없다. 그러므로 기초착오 일반을 규정하는 스위스채무법에서처럼 장래의 착오를 규율대상으로 포섭하는 것이 오히려 자연스러울 수 있다. 셋째, 공교롭게도 판례가 발전시킨 사정변경의 원칙은 말 그대로 사정의 변경만을 규율한다. 그러므로 관념과 실재의 원시적 불일치는 사정변경으로 해결하기 어렵다. 판례 · 통설도 (A), (B)를 착오법에, (E)를 사정변경에 할당하고 있는 것이다. 반면 (C) 영역을 착오법에 할당할지 사정변경에 할당할지는, 착오를 현재 사실에 대한 착오로 좁히고 사정변경의 대상이 되는 '기초'에 일반 · 전형적 기초 이외에 개별 · 구체적 기초(장래에 대한 구체적 기대 합의)를 포섭할지, 아니면 착오를 장래 사실의 착오까지 포함하여 넓게 정의하고 사정변경의 대상이 되는 '기초'를 일반 · 전형적 기초로 제한할지의 문제로서, 현행법상으로는 둘 다 가능하고, 판례도 두 가능성을 모두 열어두고 있다.[167] 착오는 장래의 사정(res)을 고정시켜두고 착오자의 인식 내지 합의(verba)가 그와 다르다는 점에서 접근하고, 사정변경은 착오자의 합의(verba)를 기준으로 장래의 사정(res)이 그로부터 이탈하였다는 점을 문제 삼으

167) 사정변경에 관한 판례 중에는 개별 · 구체적 기초를 고려한 경우가 많다. 구체적 재판례의 정리는 우선, 이동진(주 1), 44면 이하.

나, 양자는 결국 같은 것이다.[168)]

이러한 상황에서 어느 구성이 더 나은지에 관계하는 마지막 문제는 무엇이 적절한 구제수단인가 하는 점이다. 장래 사정의 착오는, 착오라 하더라도, 장래에 드러난다. 이를 들어 착오취소보다는 사정변경으로 인한 계약수정, 해제 및 해지가 더 적합하다고 주장할 수 있을지도 모른다. 그러나 이 또한 의문이 없지 아니하다. 현재 사정의 착오라 하더라도 이미 이행 중이어서 쌍방 신뢰투자(reliance interest)가 이루어진 뒤에 착오사실이 드러나면 (동기의 착오에서 흔히 생길 수 있다) 그러한 신뢰투자를 고려하여야 한다는 점에서 아무런 차이도 없기 때문이다.[169)] 결국 (C) 영역, 즉 장래 사정의 착오에 관한 한 착오법과 사정변경 중 어느 쪽이 더 나은가에 관한 결정적인 준거는 존재하지 아니하며, 어느 쪽이든 적절한 요건 · 효과의 형성이 문제될 뿐이다. 이 점에서는 착오법이 사정변경보다 더 넓은 사안유형을 다룰 수 있다는 점도 참고할 필요가 있겠다.

(2) 그렇다면 장래 사정의 착오 내지 장래 사정에 대한 구체적 관념과 실재 전개 사이의 괴리는 어떠한 경우에 고려되는가. 이와 관련하여 가장 중요한 점은 장래에 대한 기대의 내용 해석이다. 어떤 표시의 계약편입 여부와 그 표시의 내용규정 모두가 해석의 문제인 것처럼, 동기의 편입여부와 그 해석도 해석의 문제이다. 그리고 이 경우의 해석도 또한, 명백하지 아니한 한 신의성실(민법 제2조 제1항)에 따라 이루어져야 한다.

장래의 사태 전개에 대한 기대가 현재의 사정의 인식과 다른 정도로 고려되는 것도 그 때문이다. 장래의 사태 전개에는 그 성질상 언제나 불확실성이 있게 마련이다. 물론 당사자가 장래의 특정한 사정이 확실하다고 여기고 계약을 체결할 수는 있다. 이 경우에는 현재의 사정의 착오와 아무 차이도 없다. 그러나 장래 장래의 불확실한 특정 사정에 계약의 효력이 좌우되게 하는 것은 곧 조건에 해당한다. 그러므로 묵시적으로라도 조건으로 해석되지 아니하는 한, 장래

---

168) 이동진(주 1), 79면 이하. 다만, 이는 사정변경의 입장에서 그러한 것이고, 착오에 의하여만 파악할 수 있는 사안도 있다. 가령 현재의 기초가 장래까지 계속되리라는 전제하에 계약이 체결된 것이 아닌 장래 현재와 다른 사정변경이 생길 것을 전제로 계약이 체결되었는데, 그러한 사정변경이 일어나지 아니한 경우에는, 현재의 사정변경법리로는 포섭할 수 없다.

169) 이동진(주 1), 82면 이하.

의 불확실한 특정 사정이 동기착오 등으로 고려되는 것은, 상대방으로서는 수용하기 어려운 (전제적합의의) 해석 내지 구성이 될 것이다. 스위스판례가 장래의 확실한 사정에 대한 착오만 고려하는 것을 이러한 취지에서 이해할 수 있다. 그러나 드물게는 장래의 사태에 대한 인식이 특정 사태 전개가 아닌 일정한 폭(幅)을 가질 수도 있다. 장차 도로에 편입될 토지가 몇 평 정도인지는 정확히 알 수 없지만 대략 몇 평을 넘지는 아니하리라는 전제는 있을 수 있는 것이다. 이러한 경우 그 폭(幅)의 범위에서 (거의) 확실하다고 여기고 계약을 체결하였는데, 이후 그 폭을 넘는 사태 전개가 있었다면, 사적자치의 원칙상 이를 고려하지 아니할 까닭이 없다. 그 자체 불확실성을 내포하게 마련인 수익성에 대하여도 같은 말을 할 수 있다. 장래의 수익성에 대한 당사자의 (더러는 공통의) 관념은 특별한 사정이 없는 한 내용에 편입되는 동기나 객관적 기초가 되지 아니한다. 그리고 예외적으로 내용에 편입되거나 객관적 기초가 되는 경우에도 그것은 일정한 폭을 가지는 예측일 수밖에 없으므로 실현된 사태가 그 폭을 현저하게 벗어나야 비로소 고려되는 착오가 되는 것이다.

나아가 개별 · 구체적 관념 없이 일반 · 전형적 기초 내지 그 부지가 계약내용을 이루는 경우에는 구체적으로 고정된 준거가 존재하지 아니하므로 대개 양적 이탈이 문제된다. 사정변경의 경우 이를 '현저한' 변경 요건으로 고려한다. 사정변경에서도 당사자가 합의한 구체적 준거가 있는 경우 (적극적 관념과 실재의 불일치, 즉 본래의 의미의 착오) 그로부터 이탈은 사적자치의 원칙상 원칙적으로 그 자체 '현저'하다고 보아야 한다. 그러나 그러한 구체적 관념 없이 막연히 전제된 어떤 폭이 있을 뿐이라면 각 당사자는 일정 범위 내지 폭의 위험은 인수하였다고 봄이 상당하고, 그로부터 이탈이 현저하여야 착오든 사정변경이든 고려할 수 있다. 계약은 일정한 범위에서 불확실성의 위험을 인수하는 것을 그 당연한 내용으로 포함하므로,[170] 계약의 전제 내지 기초가 상실되었는지 여부는 일응 정도의 문제일 수밖에 없기 때문이다.[171] 결과적으로 실질적 의미의

---

170) 이동진(주 1), 42-43, 76면 이하. 양적 이탈에 대하여는 또한 Bezemek(주 88), S. 80 ff. 필자는 이 경우 사정변경이 사후적 폭리행위 내지 laesio enormis의 측면을 가진다는 점에서, 폭리행위 등에서 수립된 양적 기준을 참조할 수 있다고 본다. 다만, 계속적 계약의 경우에는 일회적 급여교환을 목적으로 하는 계약보다 완화된 기준에 의하여 계약해소를 허용하여야 할 것이다. 이는 착오의 경우에도 타당하다.

착오에서 앞의 표의 오른쪽과 아래쪽으로 갈수록, 즉, 현재에서 장래로 갈수록, 그리고 구체적 전제 합의에서 일정한 폭의 막연한 기대합의를 거쳐 일반 · 전형적 전제, 단순한 부지(不知)로 갈수록 점점 더 고려요건이 엄격해진다. 그러나 이러한 구별은 일련의 스펙트럼 위에 있다는 점 또한 간과할 수 없다.

그밖에 착오든 사정변경이든 이를 주장하는 사람에게 과실이 없어야 한다. 인식 측면에서 중대한 과실이 없어야 함은 이미 민법 제109조 제2항 단서가 정하는 바이다. 현재 사정의 경우 사정(res) 자체를 바꿀 수 없으므로 인식 내지 합의(verba)의 과실만 고려하면 된다. 그러나 장래 사정에 대한 인식은 그 자체 어려우므로 통상 중대한 과실이 인정되기 어려운 반면, 계약당사자가 그 발생 여부에 영향을 줄 수는 있으므로, 사정변경의 원칙은 이를 고려, 책임 있는 사정변경은 원용하지 못하게 한다. 두 규율은 같은 맥락에 있고, 어느 제도에 의하든 고려되는 범위에 차이가 없다. 이는 장래 사정의 착오를 착오법으로 규율하는 경우 착오자에게 사태 전개(res)에 책임이 있다면 취소를 허용하여서는 안 됨을 뜻한다. 그러나, 거듭 이야기하거니와, 어느 제도에 의하여야 하는지에 대한 논리필연적 답은 존재하지 아니한다.

마지막으로 상대방에 의하여 유발된 착오를 본다. 이 경우 법윤리적으로 착오자를 배려할 필요가 있으므로, 사기에 준하여 상대방의 동기편입의사 유무와 관계없이 취소권을 부여하여야 한다.[172] 그러나 고의 없는 착오 야기는 고의의 기망행위와 달리 여전히 위험배분의 문제이고, 따라서 유발하였다는 점 이외에 그로 인하여 추가로 발생한 위험의 범위도 고려하여야 한다.[173] 장래 사정의 착오를 유발하였다면 상대방의 입장에서 합리적으로 장래 사정에 대한 표시 기타 유발행위가 오인하게 한 정도를 따져 그 범위에서만 취소권을 인정하여야 하는 것이다. 이는 고의의 기망행위에서 주관적 현저성 내지 인과관계만 있으면 취소권이 인정되는 것과 다르다.

---

171) 착오에서도 양적 기준이 문제되는 경우 '현저성'을 따져야 한다는 점은 스위스채무법 제24조 제1항 제3호에서도 확인된다.

172) 이동진(주 131), 43면 이하.

173) 이동진(주 131), 45-46면.

IV. 대상사건에 대한 관견(管見)

동기착오와 사정변경의 요건 판단은 통상의 계약해석보다도 훨씬 더 미묘한, 개별 · 구체적 사정에 드러난 당사자의 이익상황과 의도의 계속발전을 요구한다. 통상의 계약해석에서도 구체적 사안을 보지 아니한 채 판단하기가 용이하지 아니한데, 하물며 동기착오와 사정변경이라면 더 말할 것도 없다. 그럼에도 불구하고 이상의 판단기준을 대상사건에 적용한다면 다음과 같은 점이 고려될 필요가 있다.

먼저, 동기의 내용편입을 부정하면서 사정변경의 대상이 되는 객관적 기초를 인정하거나 동기의 내용편입을 인정하면서 사정변경의 대상이 되는 객관적 기초를 부정하거나, 동기착오의 중대성은 인정하면서 사정변경의 현저성을 부정하거나 동기착오의 중대성을 부정하면서 사정변경의 현저성을 인정하는 논리전개는 어느 것도 정당화되기 쉽지 아니하다. 각각의 판단기준은 원칙적으로 같고, 법리상 관건은 이러한 사안을 착오법에 할당할 것인가, 사정변경에 할당할 것인가, 둘 다인가 하는 점뿐이다. 그리고 이러한 관점에서 판례는 착오법에서도 장래에 대한 구체적 관념에 터 잡아 계약이 체결되어 그 구체적 관념이 실재와 괴리되었을 때 위험배분의 관점에서 계약 구속력을 부정함이 타당한 경우 취소를 인정하는 한편, 사정변경에서도 당사자 쌍방의 구체적 관념을 기초로 그로부터 괴리를 사정변경의 문제로 다루어왔다. 즉, 이 범위에서는 제도경합이 있고, 두 제도 중 어느 쪽에 문의하여도 별 관계가 없는 것이다. 그러므로 착오나 사정변경 중 어느 하나를 받아들이려면 일반 요건이 충족되지 아니하였다고 하여서는 안 되고, 두 제도 사이의 경합 또는 경계획정에 관한 별도의 규칙이 수립되어야 한다.

다음, 대상사건에서 문제된 장래의 사정은 장래여서만이 아니라 그 자체 고도로 투기적 성격을 갖는 사업의 수익성 예측이었다. 이러한 상황에서 내적 조합계약이든 보상금지급약정부분이든 본질적으로 불확실할 수밖에 없는 수익률이 일정 수준, 가령 운영비용은 초과하는 수준(이른바 최소한의 경제성)일 것이 계약내용이 될 수 있는지, 즉, 고려되는 동기 내지 객관적 기초가 될 수 있는지 여부는 그것이 묵시적으로라도 조건으로 합의되었는지, 일정한 범위 내지 폭을 전제하였는데 이를 초과하였는지 여부에 달려 있다. 거액의 상업적 투자계약이라는 점에 비추어 볼 때 계약서에 명시되어 있지 아니함에도 묵시적 조건을 쉽사리 인정할 수는 없다. 문제는 일정한 폭이 있는가 하는 점인데, 한 사업의 순기대가치(net expectation value)가 양(陽, +)이라고 전제하였다는 점만으로는 그 폭을 규정할 수 없다. 양의 순기대가치는 일정한 확률의 음(陰)의 가치와 더 높은 확률 또는 더 큰 규모의 양의 가치가 결합하여도 도출될 수 있는 것이다. 그러므로 양의 대가가 지급되었다는 점 자체는 비용에 못 미치는 이익실현이 당초 고려된 범위를 벗어난 사태 전개라는 주장을 뒷받침하지 못한다.

이는 내적조합계약과 보상금지급약정의 분할가능성에도 영향을 준다. 보상금지급은 유상(有償)임이 분명하므로, 양자가 분할가능(민법 제139조)하려면 보상금의 대상이 내적조합계약의 주된 부분과 구분될 수 있어야 한다. 그러나 별도의 보상금지급 대상을 관념하기 어렵고, 순기대가치가 양인 사업에 참여할 기회를 제공하는 데 대한 대가에 불과하다고 보인다면, 분할가능성은 존재하지 아니하고, 보상금은 이미 사업권을 획득한 피고가 그 기득권의 일부를 처분하면서 요구한 프리미엄, 즉, 분할 불가능한 내적조합계약의 대가의 일부가 될 가능성이 높다.

한편, 상대방에 의하여 유발된 착오의 경우 그 존부도 문제이지만, 착오가 있다 하더라도 합리적으로 상당한 것인지를 따져야 한다. 고의의 기망행위임은 증명되지 아니하였기 때문이다. 이 경우 관건(關鍵)적인 질문은 원고의 입장에서 피고가 사업성 평가에 대하여 상당히 우월한 능력을 갖고 있다고 보여 피고의 사업성에 대한 의견을 '합리적으로' 신뢰할 만 했는가, 아니면 피고의 선의성에 대한 신뢰를 넘어 사업성 평가 능력에 대하여 특별히 합리적인 신뢰가 있는 것은 아니어서 원고도 그대로 믿지는 아니하였거나 그대로 믿어서는 안 되는 것이었는가, 그리고 실현된 위험이 피고가 제공한 그 자체 불확실성을 포함하는 정보의 범위를 (아마도 현저히) 넘는 것인가, 아니면 그 정보로부터 도출되는 위험의 범위에 (낮은 확률로 발생할 사태라 하더라도) 포함되는가 하는 점이다.

이상과 같은 사정에 비추어볼 때 대상사건에서 착오든 사정변경이든 일반요건이 충족되었다고 보기는 쉽지 아니할 것이다.

[참고자료] 관련 규정

1. 독일민법

제119조(착오로 인한 취소) (1) 의사표시를 교부할 때 그 내용에 대하여 착오에 빠졌거나 이 내용의 표시를 도대체 교부하고자 하지 아니하였던 사람은 사태를 인식하였고 사안을 합리적으로 평가하였다면 그것을 교부하지 아니하였으리라고 인정되는 때에는, 표시를 취소할 수 있다.

(2) 거래상 본질적으로 보는 사람 또는 물건(Sache)의 성상(性狀; Eigenschaft)에 대한 착오는 표시의 내용에 대한 착오로 본다.

제120조(그릇된 전달로 인한 취소) 전달에 쓴 사람 또는 장치에 의하여 부정확하게 전달된 의사표시는 제119조에 따라 착오로 교부된 의사표시에서와 같은 요건 하에 취소될 수 있다.

제121조(취소기간) (1) 제119조, 제120조의 경우 취소는 취소권자가 취소사유를 알게 된 이후 책임 있는 지연 없이 (지체 없이) 행해져야 한다. 격지자에 대한 취소는 취소의 의사표시가 지제 없이 발송되면 적시에 행해진 것으로 본다.

(2) 취소는 의사표시를 교부한 때로부터 10년이 경과하면 배제된다.

제122조(취소자의 손해배상의무) (1) 의사표시가 제118조에 의하여 무효이거나 제119조, 제120조에 터 잡아 취소된 경우 표의자는, 표시가 상대방에게 교부된 때에는 그에게, 그렇지 아니하다면 모든 제3자에게, 그 상대방 또는 제3자가 표시의 효력을 믿어 입은 손해를 배상하여야 한다. 그러나 상대방이나 제3자가 표시의 유효성에 대하여 갖는 이익을 초과하지 못한다.

(2) 손해배상의무는 피해자가 무효 또는 취소가능성의 근거를 알았거나 과실로 알지 못한 (알았어야 했던) 때에는 발생하지 아니한다.

제311조(법률행위적 및 법률행위유사의 채권관계) (1) 법률행위에 의한 채권관계의 설정 및 채권관계의 내용변경을 위해서는, 법률이 달리 정하지 아니하는 한, 당사자들 사이의 계약이 필요하다.

(2) 제241조 제2항에 따른 의무를 갖는 채권관계는 다음의 경우에도 발생한다

1. 계약교섭을 개시(Aufnahme)하는 경우
2. 계약에 끌어들임(Anbahnung)에 있어 일방 당사자가 상대방에게 장치 성립할지 모르는 법률행위적 관계와 관련하여 그의 권리, 법익 및 이익에 영향을 미칠 가능성을 부여하거나 이를 위탁하는 경우
3. 유사한 거래적 접촉(geschäftliche Kontakte)을 하는 경우

(3) 제241조 제2항에서 정한 의무를 내용으로 하는 채권관계는 계약의 당사자가 될 사람이 아닌 사람에 대하여도 발생할 수 있다. 그러한 채권관계는 특히 그 제3자가 특별한 정도로 자신에 대한 신뢰를 불러일으켰고 그 결과 계약교섭이나 계약체결에 현저한 영향을 미쳤을 때 성립한다.

제313조(행위기초의 교란) (1) 계약의 기초(Grundlage)가 된 사정이 계약체결 후 중대하게 변경되었고 당사자가 이 변경을 예견하였더라면 그 계약을 체결하지 아니하거나 다른 내용으로 체결하였을 때에는, 일방 당사자는, 개별 사안의 모든 사정, 특히 계약 및 법률상 위험배분(Risikoverteilung)을 고려할 때 변경 없이 계약에 구속되는 것을 수인하리라고 기대할 수 없는 한, 계약의 적응(Anpassung)을 청구할 수 있다.

(2) 계약의 기초(Grundlage)가 된 본질적 관념(wesentliche Vorstellungen)이 그릇되었음이 드러난 경우에도 사정의 변경과 같다.

(3) 계약의 적응이 불가능하거나 일방 당사자의 수인을 기대할 수 없는 것일 때에는 불이익을 입은 당사자가 계약을 해제할 수 있다. 계속적 계약관계에서는 해지권이 해제권에 갈음한다.

제779조(화해의 개념, 화해기초에 대한 착오) (1) 당사자들이 법률관계에 대한 다툼이나 불확실성을 상호 양보의 방법으로 제거하는 계약(화해)은, 계약의 내용에 따를 때 사실로 전제된 사태가 실재와 일치하지 아니하고 그 사태를 알았더라면 다툼이나 불확실성이 발생하지 아니하였을 것인 때에는 효력이 없다(unwirksam).

(2) 청구권의 실현이 불확실할 때에도 법률관계에 대한 불확실성과 같이 본다.

제2078조(착오나 강박으로 인한 취소) (1) 종의(終意)처분은, 피상속인이 그의 표시의 내용에 대하여 착오에 빠져 있었거나 이 내용의 표시를 도대체 교부

하고자 하지 아니하였고, 그가 사태를 알았더라면 그 표시가 교부되지 아니하였으리라고 인정되는 때에는, 취소될 수 있다.

(2) 피상속인이 착오로 어떤 사정을 받아들이거나(Annahme) 그 발생(Eintritt) 또는 불발생을 기대(Erwartung)하고 또는 위법하게 강박을 당하여 그 처분을 한 때에도 같다.

(3) 제122조는 적용되지 아니한다.

2. 스위스채무법

제23조 계약은 체결 시 본질적(wesentliche) 착오가 있었던 사람에 대하여 구속력이 없다(unverbindlich).

제24조 (1) 착오는 특히 다음의 경우에 본질적이다:

1. 착오자가 그의 동의를 표시한 바와 다른 계약을 의욕하였을 때;
2. 착오자의 의사가 그가 표시한 것과 다른 물건(Sache) 또는, 계약이 특정인을 고려하여 체결되었다면, 다른 사람에 지향하였을 때;
3. 착오자가 그의 의사보다 현저하게 큰 범위의 급여 또는 현저하게 작은 범위의 반대급여를 약속하였을 때;
4. 착오가 착오자가 신의와 성실에 따라 거래에서(im Geschäftsverkehr) 계약의 필수적인 기초(eine notwendige Grundlage des Vertrages)로 보는 특정한 사정(einen bestimmten Sachverhalt)에 대한 것일 때

(2) 반면 착오가 계약체결의 동기에만 관계하는 경우에는 본질적이지 아니하다.

(3) 단순한 계산의 실수는 계약의 구속력을 방해하지 아니하나, 정정되어야 한다.

제25조 (1) 착오 주장은 그것이 신의와 성실에 반하는 경우에는 허용되지 아니한다.

(2) 특히 상대방이 착오자가 이해한대로 계약을 유지할 의사가 있음을 표시한 경우 착오자는 그가 이해한 바에 따른 계약을 유지하여야 한다.

제26조 (1) 계약을 유지하지 아니하는 착오자가 자신의 과실로 착오에 빠졌던 경우, 상대방이 착오를 알았거나 알았어야 했던 것이 아닌 한, 계약의 해소

로 생긴 손해를 배상할 의무가 있다.

(2) 법관은 그것이 형평에 부합하는 경우 그 이상의 손해배상(Ersatz weiteren Schadens)을 인정할 수 있다.

제27조 계약체결 시 사자(使者)에 의하여 또는 다른 방법으로 청약 또는 승낙이 잘못 전달된 경우 착오에 대한 규정들이 준용된다.

제31조 (1) 착오, 사기 또는 강박의 영향을 받은 당사자가 2년 내에 상대방에게 계약을 유지하지 아니할 것임을 밝히지도 아니하고, 이미 한 급여의 반환을 구하지도 아니하면, 계약은 승인된(genehmigt) 것으로 본다.

(2) 기간은 착오와 사기의 경우 발견 시부터, 강박의 경우 그 제거 시부터 기산한다.

(3) 사기나 강박으로 구속력이 없는 계약의 승인은 그것만으로 손해배상청구권을 배제하지 아니한다.

제373조 (1) 보수(報酬)가 미리 정확히 특정되어 있다면 수급인은 이 금액으로 일을 완성할 의무가 있고, 예상보다 더 많은 일 또는 비용(Auslagen)을 투입하였다 하더라도 그 증액을 청구하여서는 안 된다.

(2) 그러나 예견할 수 없었거나 쌍방 관계자가 받아들인 전제(Voraussetzungen)에 따를 때 배제된 특별한 사정이 [일의] 완성을 방해하거나 과도하게 곤란하게 하는 경우에는, 법관은 그의 재량으로 대금의 증액 또는 계약의 해소를 명할 수 있다.

(3) 도급인은 일이 예상보다 적은 노력으로 완성되어도 대금 전액을 지급하여야 한다.

3. 오스트리아일반민법

제570조 피상속인의 본질적 착오는 처분(Anordnung)이 효력이 없게 한다(ungültig). 착오는 피상속인이 수유자 또는 유증 목적물을 그르친 때에는 본질적이다.

제571조 수유자 또는 유증 목적물이 단지 부정확하게 지시되었거나 쓰였음이 드러났을 때에는 처분은 효력이 있다(gültig).

제572조 피상속인이 정한(angegebene) 동기가 그릇된 것임이 드러났을 때에도 처분은 여전히 효력이 있다(gültig); 그때에는 피상속인의 의사가 오직 이 잘못된 동기에 근거하였음을 증명할 수 있다.

제871조 (1) 당사자 일방이 그가 교부하였거나 상대방에게 도달한 표시의 내용에 대하여 그의 의도가 우선적으로 지향되거나 표시된 주된 목적물(Hauptsache) 또는 그 본질적 성질(eine wesentliche Beschaffenheit)에 관하여 착오에 빠져 있었고, 착오가 상대방에 의하여 야기되었거나 사정상 명백하였거나 적시에 표시되었다면, 그에 대하여 구속력이 없다.

(2) 법 규정에 따라(nach geltenden Rechtsvorschriften) 상대방이 그에게 설명하였어야 했던 사정에 대한 당사자 일방의 착오는 언제나 계약내용에 대한 착오로 보고 단순히 동기(Bewegungsgrund) 또는 최종목적(Endzweck)에 대한 것으로 보지 아니한다.

제872조 그러나 착오가 목적물에도 그 본질적 성상에도 관계하지 아니하고 부수적 사정에만 관계하는 경우에는, 계약은, 쌍방 당사자가 주된 목적물에 동의하는 한, 그리고 그 부수적 사정을 우선적 의도로 표시하지 아니하였던 이상, 여전히 항상 효력이 있다(gültig). 착오에 빠진 사람에게 착오를 야기한 사람(Urheber)이 적절한 보상을 급여하면 된다.

제873조 이들 원칙은, 착오가 없었다면 그 계약이 아예 체결되지 아니하였거나 그러한 방식으로는(auf solche Art) 작성되지 아니하였을 것인 이상, 약속이 행해진 사람에 대한 착오에 적용된다. 급여에 필요한 행정법적 자격의 존재에 대한 착오도 어떻든 사람에 대한 착오와 같이 본다.

제901조 당사자가 그의 동의의 동기(Bewegungsgrund) 또는 최종목적(Endzweck)을 명시적으로 조건으로 삼았다면, 동기 또는 최종목적을 다른 조건과 같이 본다. 그 이외에는 그러한 것의 통지(Äußerungen)는 유상계약에 대하여는 아무런 영향이 없다. 무상계약에 대하여는 그러나 종의처분에(bei den letzten Anordnungen) 대한 규정들이 적용된다.

미국법상 착오와 사정변경법리*

고 세 일**

I. 들어가면서

1. 대상 판결의 사실관계

대상 판결인 서울고법 2016. 1. 21. 선고 2015나8508[1]의 사실관계를 시간 흐름에 따라서 정리하면 다음과 같다. 1987년 2월경 러시아 A회사가 예멘 공화국 내 위치한 광구(아래에서는 '이 사건 광구'라고 함)[2]에서 원유를 발견했다. 1991년 1월경 사우디아라비아 B회사가 이 사건 광구를 인수하고 예멘 공화국과 생산물분배계약을 체결하고 이 사건 광구에서 원유 생산을 했다.[3] 2001년 1월경 사우디아라비아 B회사가 생산물분배계약상 지위를 예멘 국영기업인 C회사[4]에 양도했다. 2005년 2월경 예멘 국영기업인 C회사가 생산물분배계약에 기한 광구운영권의 50% 지분을 매도하는 국제입찰을 공고하고 시행했다. 2005년 5월경 피고는 이 사건 광구에 관한 기술적 평가를 위하여 영국의 석유 탐사 · 개발 기술평가 전문 회사 E를 자문사로 선정했다. 2005년 6월경

---

* 이 논문은 2019년 9월 4일, 대법원 비교법실무연구회 제130회 세미나에서 발표한 내용("동기 착오와 사정변경 법리의 경계 획정 - 미국법을 중심으로")을 수정하고 보완하여, 2020년 2월 비교사법 제27권 제1호, 73-118쪽에 실은 것임을 밝힙니다.

** 충남대학교 부교수, 법학박사

1) 이 사안은 현재 대법원 2015나8508 사건으로 대법원에서 심리하고 있다.

2) 예멘 공화국(Republic of Yemen) 육상 남동부 사바타인 분지 내에 있는 약 2,000킬로미터 면적의 예멘 B광구이다.

3) 사우디아라비아 B사가 이 사건 광구를 운영하기 시작한 뒤, 1992년 11월 8,600배럴, 1994년 경에는 1,000배럴, 2000년에는 694배럴, 2005. 5.경에는 166배럴로 감소했다.

4) 예멘석유광물투자회사(Yemen Company for Investment in Oil and Minerals), 1심에서는 줄여서 '예멘석유공사'라 한다.

피고는 E와 함께 2005년 6월 6일~9일까지 C회사의 데이터 룸을 방문, 이 사건 광구에 관한 자료를 열람하고 제공받았다.

2005년 7월 5일 E는 C회사의 데이터 룸을 방문하여 열람하고 받은 자료를 바탕으로, 6월 13일~7월 5일까지 평가 작업을 거쳐, 피고에게 이 사건 광구의 기술적 평가에 관한 보고서 제출했다. 7월 30일 E의 보고서를 바탕으로 하여 피고가 응찰했고, 9월 7일 피고가 낙찰자로 선정되었다.[5] 2006년 7월 11일경 피고가 이 사건 광구운영권 50% 지분 중 최대 20% 지분을 국내 회사에 양도하는 입찰을 시행하기로 했다. 7월 21일 피고가 원고 등 30여개 회사를 상대로 이 사건 광구 등에 관한 설명회 개최했다.

2006년 8월 4일 원고는 피고의 설명회에 참여한 뒤 F대학교 지질학 교수인 G와 이 사건 광구의 기술 평가에 대한 자문계약 체결했다. 8월 9일 피고가 원고 등 9개 회사를 상대로 이 사건 광구에 관한 입찰설명회 개최했다. 8월 14일 피고가 자신의 데이터 룸을 개방하여 원고 등 9개 회사에 이 사건 광구에 관한 자료 제공했다. 8월 17일 이 사건 입찰 개시했다. 10월 2일 '관련사건 원고'가 15% 지분의 낙찰자로 선정되었다.[6] 10월 19일 '이 사건 원고'가 5% 지분의 낙찰자로 선정되었다.

2007년 2월 2일 피고는 이사회를 개최하여 자체 평가 보고서 내용을 바탕으로 이 사건 광구운영권 지분 취득 승인했다. 5월 30일 피고와 예멘 국영기업인 C회사와 '지분매입계약', '개발광구 지분매입계약', '탐사광구지분매입계약' 등 기본계약 체결했다. 7월 11일 피고, 이 사건 원고, 관련사건 원고 '공동참여계약' 체결했다.[7] 2008년 4월 13일 예멘 공화국 의회가 이 사건 지분매입계약 승인했다. 5월 26일 이 사건 지분매입계약에 관한 완결합의서를 작성함으로써 기본계약 발효했다. 6월 24일 원고는 이 사건 계약에서 정해진 일정에 따라 피

5) 이 사건 광구운영권의 50% 지분에 관하여 55,100,000달러(=개발광구 47,600,00달러 + 탐사광구 7,500,000달러)로 입찰에 참가하였고, 최종 낙찰자로 선정되었다.

6) 원고는 9월 26일 보상비율 120.99%(= 지분매입대금 100% + 보상금 20.99%)로 입찰에 참가했다.

7) 피고는 원고와 H 사이에, 피고가 매입한 이 사건 광구운영권의 50% 지분 가운데 20%를 대내적으로 양도하고 원고에게 5%를, H에게 15%를 양도하고, 원고와 H는 위 각 참여지분비율에 상응하는 이 사건매입계약에 따른 매입대금 지급함. 또한 별도로 원고와 H사는 피고에게 매입대금의 105%에 해당하는 보상금을 지급하기로 하는 내용의 공동참여계약을 체결했다.

고에게 지분매입대금 5,510,000달러를 지급하고, 피고에게 이 사건 보상금 5,785,500달러를 별도로 지급했다. 그 뒤에 피고는 지분매입계약이 발효되고, 이 사건 광구를 인수한 뒤, I사에 이 사건 광구에 관한 기술평가를 의뢰했다.

2009년 5월경 피고는 원고와 H와 이 사건 광구운영권 지분 매각에 대해서 협의했지만, 당사자들의 의견이 일치하지 않고, 매입 의사를 밝혔던 석유회사가 매입 의사를 철회하여 매각이 무산되었다. 7월경 I사는 2008. 7.경부터 2009년 4월까지 탐사와 평가작업을 거쳐 평가보고서를 피고에게 제출했다.[8] 2010년 무렵 피고가 생산된 원유를 판매하기로 한 판매액이 1,820,000달러로 이 사건 광구의 연간 운영비 4,070,000달러에도 미치지 못하여, 연간 2,250,000달러 손실이 발생했다.

2010년 10월경 피고는 원고와 H와 이 사건 광구에서 사업 철수 문제에 대해서 계속 협의했으나, 원고의 반대 등으로 철수가 결정되지 않았다. 2011년 3월경 다시 이 사건 광구의 경제성을 평가한 결과 순 현재가치가 마이너스 27,000,000달러로 나타나는 등 이 사건 광구의 경제성이 매우 악화되었다. 2013년 7월 31일 피고는 원고와 H에게, 이 사건 광구의 경제성이 악화되어 적자가 계속 누적되고, 예멘의 치안이 계속 악화되어서, 광구운영권 지분 매각 가능성도 낮아서, 이 사건 광구에 철수하는데 동의해달라고 통보했으나, 원고는 반대하는 회신을 보냈다. 2013년 9월 26일 피고는 조합해산 청구, 이 사건 계약 해지 통보했다. 그 뒤 피고는 예멘과 예멘 국영기업인 C회사에 이 사건 광구운영권 지분 반납과 이 사건 광구에서 철수 통보했다.[9] 10월 24일 피고에 대한 국회 산업통상자원부의 국정감사에서 피고의 대표자가 2009년 무렵 이 사건 광

---

8) 개발광구의 경우 당초 예상과 계획과 달리 단기적이고 적은 비용으로 기대했던 초기 증산 가능성은 낮고(현실적인 증산 가능성은 하루 500배럴 정도), 저류층 압력 저하를 극복할 수 있는 중·장기적인 접근이 필요하지만 그에 따른 예상 비용이 유가 상승에 따른 기술 용역비용이 상승하여 당초 예상 보다 매우 낮게 순 현재가치가 300,000달러에 지나지 않는다는 결론을 내렸다.

9) 피고와 원고, H가 이 사건 광구 운영을 위해서 지출한 투자비와 이익금 현황(2013년 9월 26일 기준)은 아래 표와 같다.

	피고	원고	H	합계
투자비(달러)	81,831,208	13,638,534	40,915,604	136,385,346
이익금(달러)	1,086,479	181,079	543,239	1,810,798

구의 매장량을 50만 배럴로 재평가했다는 취지로 진술했다.

2. 문제 제기와 이 글의 구성

계약 당사자가 계약을 맺은 뒤에 계약의 기초가 되는 부분에 큰 변화가 생겼다. 이럴 경우, 계약 당사자는 착오를 이유로 계약을 취소할 수 있을까? 아니면 계약 성립 이후에 생긴 중대한 변화를 이유로 사정변경 법리에 계약에 따라서 계약을 해소할 수 있을까? 이는 착오와 사정변경 법리가 중첩하는 영역이다. 아직 이에 대한 대법원 판결은 없지만, 같은 사실 관계를 바탕으로 두 고등법원이 상반된 판단을 내렸다. 이에 대해서 글쓴이는 미국법을 중심으로 공통 착오와 사정변경 법리를 고찰하여 이 문제를 어떻게 해결할 수 있는지 살피고자 한다.

이 글은 모두 일곱 부분으로 구성된다. 먼저 이 사건의 사실관계에 따른 쟁점을 살피고, II.와 III.에서는 대상 판결과 관련 판결 법원의 판단 결과와 그 논거를 설명한다. 그리고 이 사안을 비교법으로 검토하기 위해서, IV.에서는 미국법상 착오 법리로, V.에서는 미국법상 사정변경 법리를 고찰한다. 그리고 사안의 특수성에 따라서 VI.에서는 미국법상 천연자원 영역을 살핀다. VII.에서는 지금까지 논의한 내용을 정리하고, 이 판례 사안을 해결하고자 한다.[10)]

II. 대상 판결 법원의 판단 내용

이곳에서는 사안을 판단한 대상 1심 법원과 2심 법원의 판단 내용을 살핀다.[11)]

---

10) 이 사안은 현재 대법원에서 판단하고 있는 사안이다. 우리 법의 전통이 유럽을 중심으로 한 대륙법 전통을 갖고 있으므로, 이 사안도 우리 법의 관점에서 이해해야 한다. 다만 우리 법이 서구법을 계수한 것이므로, 좀 더 넓은 비교법 관점에서 미국법의 관련 법리로 이 사안을 조망하고자 한다. 또한 현실적으로는 한국석유공사가 광구의 국제입찰을 했고, 이 입찰계약에서 적용된 법리가 영국과 미국의 계약 법리에 따라서 이루어졌을 가능성이 크다. 그런 점에서 비교법으로 미국 계약법의 관점으로 파악하고자 한다. 우리 사회에서 서구법계수의 역사적인 뜻에 대해서는 조규창, "구한말 서구법계수의 역사적 의의", 조규창 교수논문집 논리와 직관, 법문사, 1998, 111-127면 참조.

11) 아직 이 사안에 대해서 대법원은 아직 판결을 내리지 않았다.

1. 대상 1심 법원의 판단

(1) 당사자의 주장

원고는 ① 선보상계약이 존재하고, ② 이행불능에 따른 선보상계약을 해제하고 이에 따른 원상회복의무가 있고, ③ 피고의 허위정보제공과 설명의무 위반에 따른 손해배상책임이 있고, ④ 착오를 이유로 한 선보상계약이 취소되고, 그에 따른 부당이득반환의무가 있고, ⑤ 선보상계약의 급부불능에 따른 부당이득반환의무가 있고, ⑥ 사정변경에 따른 선보상계약이 해제되어서, 그에 따른 원상회복의무가 있다고 주장했다.[12)]

(2) 대상 1심 법원의 논거

대상 1심 법원[13)]은 원고 일부 승소 판결을 내렸다. 그리하여 피고는 원고에게 5,978,735,700원을 지급하도록 했고, 소송비용은 피고가 부담하도록 판결했다.

1) 계약의 착오에 따른 취소 부정

대상 1심 법원은 이 사건 계약에는 선 보상계약의 성격을 갖는 부분이 있다고 한다. 다시 말해서 피고가 확인매장량 35,700,000배럴의 이 사건 광구를 주도적으로 운영하여 석유를 생산 · 판매함으로써 원고와 H에게 반드시 이익을 분배하여 줄 의무 부담[14)]을 전제로 하여[15)] 원고가 주장하는 선보상계약의 이행불능 내지는 급부불능 또는 착오[16)]에 따른 선보상계약 취소 등을 인정하지 않았다.[17)]

---

12) 사안의 중심 쟁점인 착오와 사정변경 법리에 한정하여 이 글을 다루고자 한다.

13) 서울중앙지법 2015. 2. 4. 선고 2014가합 395 선보상금 반환.

14) 대상 1심법원은 단순히 이 사건 보상금의 액수가 지분매입대금의 105%에 이르는 거액이라는 사정만으로는 피고가 그에 대한 반대급부로써 원고가 주장하는 바와 같은 선 보상계약 의무를 부담한다고 인정하기 어렵고, 달리 이를 인정할 증거가 없다고 한다. 3. 판단, 나. 2) 선 보상계약의 존재가 인정되는지에 관하여 부분 참조.

15) 대상 1심법원은 이 사건 계약 가운데 원고와 H의 이 사건 보상금 지급의무에 대응하는 피고의 의무를 별도로 규정하는 조항이 없다는 점도 피고의 의무를 부인하는 논거로 판단한다. 나, 2) 나) 이 사건 계약의 문언 부분 참조.

16) 곽윤직 편집대표, 민법주해 II, 민법 제109조(송덕수 교수 집필부분), 박영사, 1992, 452면. 착오를 이유로 의사표시를 취소하는 자는 착오(행위내용의 착오)의 존재뿐만 아니라 그 착오

2) 계약의 사정변경에 따른 해제 인정

대상 1심 법원은 계약의 사정변경에 따른 해제를 인정한다.[18] "이 사건 광구 운영사업의 경제성에 관하여 이 사건 보상금 계약의 체결 당시에는 당사자가 예견할 수 없었던 현저한 사정의 변경이 발생했다고 평가한다. 나아가 그러한 사정 변경이 해제권을 취득하게 될 당사자인 원고에게 책임 있는 사유로 생긴 것이 아니한다고 한다."[19]

또한 이 사건 보상금 계약 체결과 그에 따른 보상금 지급은, 그에 대한 대가로서 참여 기회가 부여되는 이 사건 광구 운영사업이, 투자비용을 어느 정도까지는 회수할 수 있을 정도의 최소한의 경제성을 갖는 사업을 전제한다고 한다.[20] 이러한 전제는 단순히 원고의 주관이나 개인 사정에 지나지 않는 것이 아니라, 이 사건 보상금 계약의 기초가 되는 객관적인 사정으로 판단한다.[21] 따라서 원고는 피고에게 사정변경을 이유로 이 사건 보상금 계약을 해제하고 원상회복으로 이 사건 보상금 반환을 청구할 수 있다고 한다.[22]

가 의사표시를 하게 된 결정적인 영향을 미쳤다는 부분도 증명해야 한다. 다시 말해서 착오가 법률행위의 내용의 중요부분에 있다는 것, 그리하여 착오가 주관적으로뿐만 아니라 객관적으로도 현저하다는 사실을 증명해야 한다.

17) 3. 판단, 나. 이 사건 보상금의 성격 - 선 보상계약의 존부, 3) 소결론 부분 참조. 또한 이 사건 보상금이 거액(지분매입대금의 105%)이라는 사정만으로는 피고가 원고에게 선보상계약상의 의무를 부담한다고 할 수 없다고 판단한다. 라) 이 사건 보상금이 거액이라는 점 참조.

18) 사정변경을 이유로 한 계약 해제는 계약 성립 당시 당사자가 예견할 수 없었던 사정의 변경이 발생했고 그러한 사정 변경이 해제권을 취득하는 당사자에게 책임 없는 사유로 생긴 것으로서, 계약 내용대로의 구속력을 인정한다면 신의칙에 현저히 반하는 결과가 생기는 경우에 계약준수 원칙의 예외로서 인정되는 것이고, 여기에서 변경된 사정이란 계약의 기초가 되었던 객관적인 사정을 가리키는 것이며, 일방 당사자의 주관적 또는 개인적인 사정을 의미하는 것이 아니라고 한다. (대법원 2013. 9. 26. 선고 2012다13637 전합 판결)

19) 라. 이 사건 보상금 지급의 전제가 되는 기초적인 사정의 변경 및 계약 해제 3) 당사자가 예견할 수 없었던 현저한 사정변경의 발생 부분 참조.

20) 피고의 이 사건 광구 운영사업에 투자 및 참여할 기회를 부여하는 데 대한 대가의 성격으로 판단한다. 라. 2) 이 사건 보상금 지급의 성격 부분 참조.

21) 라. 이 사건 보상금 지급의 전제가 되는 기초적인 사정의 변경 및 계약 해제 4) 이 사건 광구의 경제성이 계약의 기초가 되는 객관적인 사정인지 여부 참조.

22) 라. 5) 이 사건 보상금 계약의 해제 및 원상회복의무 부분 참조.

2. 대상 2심 법원의 판단

(1) 당사자의 주장

피고가 1심 법원의 판단에 불복하여, 대상 2심 법원에 항소했다. 원고는 대상 2심 법원[23]에서 채무불이행에 기초한 손해배상청구를 선택적으로 추가했고, 불법행위나 채무불이행을 원인으로 한 손해배상청구 외에, 채무불이행 또는 사정변경을 이유로 한 계약의 해제, 원시적 불능 또는 급부불능에 따른 계약의 무효나 착오를 원인으로 한 취소에 따른 부당이득반환을 선택적으로 청구했다.

(2) 대상 2심 법원의 논거

대상 2심 법원은 원고 일부 승소 판결을 내려서, 피고는 원고에게 5,978,735,700원을 지급하도록 했고, 소송총비용(가지급물 반환신청 비용 포함) 가운데 1/10은 원고가, 나머지 9/10는 피고가 부담하도록 했다. 가지급물 반환 신청에 따라, 원고는 피고에게 2,954,969,696원을 지급하도록 했다.

1) 사정변경에 따른 해제 부정

사정변경으로 인한 계약해제는, 계약 성립 당시 당사자가 예견할 수 없었던 현저한 사정변경이 발생했고 그러한 사정변경이 해제권을 취득하는 당사자에게 책임 없는 사유로 생긴 것으로서, 계약내용대로의 구속력을 인정한다면 신의칙에 현저히 반하는 결과가 생기는 경우에 계약준수 원칙이 예외로서 인정되는 것이라고 한다. 여기서 사정은 계약 기초가 된 객관적인 사정으로서, 일방 당사자의 주관이나 개인 사정을 뜻하는 것이 아니라고 한다. 또한 계약 성립 기초가 되지 않는 사정이 그 뒤 변경되어 일방 당사자가 계약 당시 의도한 계약목적을 달성할 수 없게 됨으로써 손해를 입게 되었다는 것과 같은 특별한 사정이 없는 한 그 계약내용의 효력을 그대로 유지해야 한다고 한다.[24]

대상 2심 법원은 원고가 주장하는 이 사건 광구에 대한 경제성 변동이 피

---

23) 서울고법 2016. 1. 21. 선고 2015나8508 선보상금 반환.
24) 대법원 2007. 3. 29. 선고 2004다31302 판결을 인용한다.

고가 이 사건 광구 가운데 개발광구에 대한 경제성 평가 과정에서 저류층 압력 회복을 통한 증산 가능성과 증산 정도와 증산을 위한 기술 용역비용에 관한 예측을 잘못하여 단기적이며 적은 비용으로 운영 초기부터 이 사건 광구 가운데 개발광구에서 증산이 가능할 것으로 긍정적으로 전망했다고 평가했다.

원고도 피고와 같이 이 사건 광구 가운데 개발광구의 경제성이 높다고 평가했지만, 이후 실제 탐사 작업 과정에서 이 같은 오류가 밝혀져 이 사건 광구 가운데 개발광구에 대한 증산 가능성이 낮다는 사실을 알게 된 것들에 비롯되었다면, 원고는 이 사건 보상금 계약 체결 당시 동기에 착오에 빠진 것에 지나지 않는다고 했다. 따라서 원고의 이 사건 광구의 경제성에 대한 전망은 주관적인 희망과 기대에 지나지 않아서, 계약 성립의 기초가 된 객관적인 사정이 아니라고 했다. 따라서 이 사건 광구 가운데 개발광구의 저류층 압력 회복을 통한 증산 가능성과 증산 정도, 증산을 위한 기술 용역비용이 당사자의 예측과 달라 결국 원고가 이 사건 광구 운영사업에서 투자금을 회수하지 못하고 오히려 손실을 보게 되었다는 사정만으로는 이 사건 보상금 계약의 구속력을 인정하는 것이 신의성실의 원칙에 반하지 않는다고 판단한다.[25)]

2) 보상금 계약의 착오에 따른 취소 인정

이 사건 보상금계약이 쌍방에 공통된 동기의 착오[26)]에 따른 의사표시인지에 대해서 대상 2심 법원은 동기의 착오가 법률행위의 내용의 중요 부분의 착오에

---

25) 차, 라. 사정변경에 기초한 이 사건 보상금 계약 해제의 가부 2) 부분 참조.

26) 쌍방의 공통하는 동기의 착오에 대해서 서울중앙지법 2008가합3816은 쌍방의 공통하는 동기의 착오 사안에서 우선 당사자 모두 착오에 빠지지 않았더라면 약정하였을 것으로 보이는 내용으로 당사자의 의사를 보충하여 계약을 해석해 본 뒤, 그러한 해석이 가능하지 않거나 일방에게 기대하기 어려운 경우에는 원래의 계약에 의하여 불이익을 입게 되는 당사자에게 착오를 이유로 한 취소권을 인정함으로써 계약관계에서 벗어날 수 있는 기회를 부여하는 것이 대법원 판례의 태도임을 밝힌다. 따라서 이러한 법리에 따르면 계속적 계약관계에서 계약의 기초가 되었던 당사자 공통의 근본적인 관념이 사후적으로 잘못된 것으로 판명된 경우로서 원래의 계약내용대로의 구속력을 인정한다면 신의칙에 현저히 반하는 결과가 생기고 나아가 계약의 내용을 변경하는 것 역시 가능하지 않거나 일방에게 기대할 수 없게 된 경우라면 다른 일방은 계약 준수 원칙의 예외로서 신의칙에 따라서 계약을 해지할 수 있다고 한다. 이 판례 소개에 대해서는 임철현, “키코 계약에 있어 중대한 사정변경에 대한 법적 보호 - 키코 가처분결정들을 통해 본 중대한 사정변경의 의미”, 저스티스 통권 제145호, 2014, 169-170면 참조.

해당함을 이유로 표의자가 법률행위를 취소하려면 그 동기를 그 의사표시의 내용으로 삼을 것을 상대방에게 표시하고 의사표시의 해석상 법률행위의 내용으로 되어 있다고 인정되면 충분하고 당사자들 사이에 별도로 그 동기를 의사표시의 내용으로 삼기로 하는 합의까지 이루어질 필요는 없지만, 그 법률행위의 내용 착오는 보통 일반인이 표의자의 입장에 섰더라면 그와 같은 의사표시를 하지 아니하였으라고 여겨질 정도로 그 착오가 중요한 부분에 해당해야 한다고 한다.[27] 그리고 의사표시 내용의 중요한 부분은 그러한 착오가 없었더라면 본인은 그 의사표시를 하지 아니하였을 것이라고 볼 수 있을 뿐만 아니라 보통의 일반인도 그러한 의사표시를 하지 아니하였을 것이라고 볼 수 있을 정도라고 한다.[28]

대상 2심 법원은 원고의 착오는 2006년 7월 21일의 설명회와 이 사건 입찰설명회 당시 피고의 이 사건 광구에 대한 설명과 피고가 원고에게 제공한 이 사건 광구에 관한 각종 자료 등으로 생긴 것으로, 원고가 착오를 일으키게 된 계기를 제공한 원인이 피고 측에 있다고 판단한다. 따라서 원고의 착오는 피고가 유발했고 원고가 지분매입대금의 105%라는 거액의 보상금을 지급하게 된 경위를 살펴보면, 이 사건 보상금 계약 체결에 있어서 원고는 그 동기를 의사표시의 내용으로 표시했거나 적어도 의사표시의 해석상 그 내용으로 되어 있다고 볼 수 있다고 한다.

피고도 이 사건 보상금 계약 체결 당시 이 사건 광구 운영사건을 통하여 수익을 얻을 수 있을 것으로 예상하는 등 원고와 마찬가지로 이 사건 광구의 경제성에 관하여 착오에 빠져 있었다는 사정을 고려하면, 원고는 이 사건 광구 가운데 개발광구에 대한 증산 가능성이 낮아 결과에 있어서 이 사건 광구의 경제성이 낮다는 사실을 알았다면 이 사건 광구의 지분매입대금 외에 그 지분매임대금의 105%에 해당하는 이 사건 보상금을 추가로 지급하지 않았을 것이고, 보

---

27) 대법원 1997. 9. 30. 선고 97다26210 판결을 인용한다.

28) 곽윤직 편집대표, 민법주해 II, 민법 제109조(송덕수 교수 집필부분), 박영사, 1992, 524-525면. 계약을 체결함에 있어서 당사자 쌍방이 일치하여 일정한 사정에 관하여 착오에 빠진 경우, 다시 말해서 쌍방의 일치하는 동기의 착오 경우에도 일방적인 동기의 착오에 관한 이론이 그대로 적용되어 착오가 고려해야 한다는 부분에 대해서 크게 논의되지 않았다. 따라서 이 부분에 있어서도 해당 판례의 분석이 중요하다고 평가할 수 있다. 송덕수 교수는 공통의 착오는 우리 민법 제109조가 예정하지 않기 때문에 '법률의 흠결'이라고 평가한다. 따라서 송덕수 교수는 이를 독일의 행위기초론에 따라서 해결해야 한다고 제안한다.

통의 일반인도 그러한 의사표시를 하지 않았을 것이라고 한다. 따라서 원고의 이 같은 착오는 이 사건 보상금 계약의 중요 부분에 관한 것으로 판단한다. 그리고 원고가 이를 이유로 이 사건 보상금 계약을 취소한다는 취지의 의사표시가 담긴 이 사건 소장 부분이 피고에게 송달된 사실이 기록으로 볼 때 명백하므로 이 사건 보상금 계약은 적법하게 취소되었다고 한다.[29]

3. 대상 1심 법원과 2심 법원의 판단 차이

대상 1심 법원은 사정변경에 따른 해제를 인정했다. 그리고 대법원이 사정변경 법리의 요건으로 요구하는 '객관적 사정'으로 판단했다. 반면에 대상 2심 법원은 사정변경 법리의 요건인 객관적 사정이 아니라 원고의 주관에 따른 기대와 희망으로 평가하여, 사정변경에 따른 해제를 인정하지 않았다. 또한 대상 1심과 2심 법원이 사정변경 법리에 대해서 인용하는 대법원 판례가 다르다.[30]

또한 대상 1심 법원은 피고가 원고에 대한 보상금 지급의무가 없다는 점을 근거로 하여, 원고의 착오에 따른 취소를 인정하지 않았다. 그러나 대상 2심 법원은 원고와 피고 사이의 보상금이 쌍방에 공통된 동기의 착오를 인정하고, 원고의 착오가 피고가 원인을 제공한 부분을 인정하고, 원고의 착오는 보상금 계약 내용의 중요 부분에 대한 것으로 착오에 따른 취소를 인정한다. 따라서 이 부분에서 대상 1심 법원과 2심 법원의 판단이 다르다.

III. 관련 판결 법원의 판단 내용

관련 판결은 기본적으로 앞서 설명한 같은 사실관계를 전제로 한다. 다만 계약 당사자인 원고가 다르다.[31] 대상 판결의 원고는 관련 판결의 원고 다음으

---

29) 카, 마, 1) 이 사건 보상금 계약이 쌍방에 공통된 동기의 착오에 의한 의사표시에 해당하는지 여부에 대한 부분 참조.

30) 송덕수 교수는 이 두 대법원 판례 사이에 미묘한 요건 차이가 있는 것으로 설명한다. 이에 대해서는 송덕수, "사정변경의 원칙에 관한 현안의 정리 및 검토", 법학논집 제23권 제1호, 2018, 97-107면 참조.

31) 관련 판결의 원고는 응찰회사 가장 높은 보상비율로 응찰한 제1위 회사로 15%의 지분을 갖

로 응찰한 제2위 회사로 5%의 지분을 갖는다. 사실관계에서 특이한 점은 피고가 나머지 5% 지분을 제1위 회사와 동일한 보상비율로 높여서 매입할 것을 권유하고 이에 대한 승낙을 받았다는 점이다.

1. 관련 1심 법원의 판단

(1) 당사자의 주장

원고는 주위적 청구로 사기 또는 착오를 이유로 계약 취소와 부당이득반환을 청구했고, 불법행위에 따른 손해배상을 청구했다. 또한 예비적으로 보상금계약을 전제로 하여, 채무불이행에 따른 보상금계약 해제에 따른 원상회복의무, 묵시적 약정 또는 계약의 보충해석에 따른 보상금반환, 착오를 이유로 한 보상금계약의 취소와 부당이득반환, 마지막으로 사정변경에 따른 보상금계약의 해제에 따른 원상회복의무를 청구했다.

(2) 관련 2심 법원의 논거

관련 1심 법원[32]은 원고 일부 승소 판단을 내렸다. 계약의 착오에 따른 취소를 부정했고, 보상금계약의 사정변경에 따른 해제를 인정했다.

1) 계약의 착오에 따른 취소 부정

관련 1심 법원은 표의자가 행위를 할 당시 장래에 있을 어떤 사항의 발생이 미필적인임을 알아 그 발생을 예기한 데 지나지 않는 경우, 표의자의 심리상태에 대한 인식과 그 대조사실의 불일치가 있다고 해서 이를 착오로 다룰 수 없다고 했다.[33]

또한 원고가 이 사건 계약 체결 당시 개발광구의 경우 그 생산력이 확인된 상태이므로, 탐사광구에 대한 탐사가 실패해도 개발광구에서 원유 생산만으로

는다.

32) 서울중앙지법 2015년 7월 21일 선고, 2014가합537125 판결.

33) 대법원 1972. 3. 28. 선고 71다2193 판결과 대법원 2010. 5. 27. 선고 2009다94841 판결을 인용한다.

도 투자금 이상을 회수할 수 있다고 믿어서 이 사건 계약을 체결했어도, 원고의 인식과 대조사실이 어긋난 경우가 아니라, 원고의 미필적 인식에 기초한 기대가 이루어지지 않은 것으로 파악하여, 법률행위의 중요부분에 대한 착오로 받아들이지 않았다.[34]

2) 보상금계약의 사정변경에 따른 해제 인정

원고가 피고에게 지급한 보상금은 광구 운영사업의 회계에 편입된 것이 아니라, 무형자산처분이라는 명목으로 피고에게 별도의 이익으로서 직접 귀속되었기 때문에, 보상금 지급은 별도의 계약으로 판단했다.[35]

관련 1심 법원은 원고가 이 사건 광구 운영사업에 대해서 어느 정도의 위험성을 알고 있었지만, 개발광구의 수익성이 전혀 없고 오히려 손실만이 남을 것이라는 사정은 원고가 인지한 위험의 범위에 포함되지 않는 현저한 사정 변경이라고 판단했다. 그리고 이러한 사정변경은 보상금약정의 기초가 되는 객관적인 사정으로 판단했다.[36]

2. 관련 2심 법원의 판단

(1) 당사자의 주장

원고는 주위적으로 사기, 착오에 따른 취소와 불법행위에 따른 손해배상을 청구했다. 또한 예비적으로 조합계약 성격을 갖는 지분매매계약과 별도의 보상금 지급계약이 있는데, 이러한 보상금 지급계약의 채무불이행, 개발광구가 수익성이 없는 경우 보상금을 반환한다는 묵시적인 반환약정, 착오와 사정변경을 주장했다.

---

34) 라. 공통된 동기의 착오 및 계약의 보충해석 주장과 착오를 이유로 한 취소 주장에 대한 판단 부분 참조.

35) 4. 예비적 청구에 관한 판단 (2) 참조. 이 사건 보상금 지급 부분은 조합계약에 포섭될 수 있는 출자의무의 이행으로 보기 어렵기 때문에, 별개의 계약으로 파악해야 한다고 한다.

36) 마. 사정변경에 따른 보상금계약 해제 주장에 관한 판단 참조.

(2) 관련 2심 법원의 논거

관련 2심 법원[37]은 원고 전부 패소 판단을 내렸다. 논거로는 계약의 착오에 따른 취소[38]를 부정했고, 사정변경에 따른 계약해제도 부정했다. 또한 이 사건 보상금 계약은 분리하여 취소하거나 해제할 수 없다고 판단했다.

1) 착오에 따른 취소 부정

표의자가 행위를 할 당시 장래에 어떤 사항의 발생이 미필적인임을 알아 그 발생을 예기한 데 지나지 않는 경우, 표의자의 심리상태에 인식과 대조의 불일치가 없어서, 이를 착오라고 할 수 없다고 한다.[39] 또한 동기의 착오가 법률행위 내용의 중요부분의 착오로 취소하려면, 그 동기를 당해 의사표시의 내용으로 삼을 것을 상대방에게 표시하고 의사표시의 해석상 법률행위의 내용으로 되어 있는 것을 인정해야 한다고 설명한다.[40]

그리고 관련 2심 법원은 피고가 원고에게 이 사건 개발광구의 확인매장량 등에 관해 허위 · 과장 설명을 허가나 고지의무를 위반하여 원고로 하여금 인식과 대조사실이 어긋나는 착오에 빠지게 하지 않았고, 원고에게 법률행위 내용으로 삼은 착오가 없다고 판단했다.[41]

2) 보상금계약에 대한 착오 부정

관련 2심 법원은 피고가 원고에게 개발광구의 수익성을 보장한다고 규정한 바가 없다고 판단했다. 원고가 이 사건 광구에 관하여 내부보고서를 작성하면서 피고의 추정을 소개하여 비교하는 등 피고의 설명을 추정으로 인식했지, 확정적으로 인식한 것이 아니라고 전제했다. 따라서 관련 2심 법원은 원고와 피고 쌍방이 이 사건 계약의 기초에 대해서 공통의 착오가 없는 것으로 판단했다.[42]

---

37) 서울고법 제19 민사부, 2017년 3월 3일 선고, 2015나2046780 판결. 이 사건은 대법원 2015나2046780 사건으로 현재 재판이 진행되고 있다.

38) 원고는 사기 또는 착오를 이유로 해서 이 사건 계약 취소를 청구했다.

39) 대법원 1972. 3. 28. 선고 71다2193 판결, 대법원 2010. 5. 27. 선고 2009다94841 판결과 대법원 2011. 6. 9. 선고 2010다99798 판결을 인용한다.

40) 3. 주위적 청구에 관한 판단 가. 착오 및 사기 참조.

41) 다. 피고의 지분매도 및 원고의 지분매입 부분 참조.

또한 보상금계약의 성질은 별도의 계약이 아니라, 이 사건 광구에서 석유자원을 탐사 · 개발 및 생산하는 사업을 경영할 수 있는 기회를 얻는 상태에서 원고가 참여하는 기회에 대한 대가로 지급한 계약으로 판단했다.[43]

3) 사정변경 법리 부정

관련 2심 법원은 이 사건 광구의 경제성이 악화된 것이 보상금 지급 규정을 포함하는 이 사건 계약 성립 당시 원고와 피고가 예견할 수 없었던 현저한 사정 변경으로서 계약의 기초가 되었던 객관적인 사정 변경이라고 할 수 없다고 판단했다.[44]

3. 관련 1심 법원과 2심 법원의 판단 차이

관련 1심 법원은 보상금 계약에 대한 사정변경을 인정했고, 그에 따른 계약해제를 인정하여 원고 일부 승소 판결을 내렸다. 그러나 관련 2심 법원은 계약에 따른 착오 취소를 부정했고, 관련 1심 법원이 인정한 사정변경에 따른 해제도 부정했다. 그리고 보상금 계약을 본 계약과 분리하여 취소하거나 해제할 수 없다고 판단했다.

4. 대상 · 관련 법원의 판단 차이

대상 법원의 판결과 관련 법원의 판결과 논거를 도표로 그리면 다음과 같다.

	결과	계약의 착오 취소	사정변경에 따른 해제	별도의 보상금 계약
대상 판결 1심	원고 일부 승소	부정	인정	인정
대상 판결 2심	원고 일부 승소	인정	부정	부정
관련 판결 1심	원고 일부 승소	부정	인정	인정
관련 판결 2심	원고 전부 패소	부정	부정	부정

---

42) 원고의 주장과는 달리, 관련 2심 법원은 보상금계약을 별도로 인정하는 것도 받아들이지 않았다. 라. 착오 부분 참조.
43) 5. 예비적 청구에 대한 판단 가. 이 사건 계약 2) 참조.
44) 마. 사정변경 부분 참조.

이 사건의 쟁점은 대상 1심 법원이 판단한 것처럼, 사정변경 법리를 적용할 수 있는지와 대상 2심 법원이 판단한 것처럼, 당사자 사이의 공통의 동기 착오를 인정할 수 있는지에 대한 것이다. 또한 파악할 수 있는 점은, 피고의 잘못된 매장량 예측을 피고의 과실로 볼 수 있는지에 관한 것이다.[45] 그리고 착오로 취소하는 경우에, 착오에 따른 의사표시를 하는 자가 상대방에게 손해배상[46]을 해야 하는지에 대해서도 고려할 필요가 있다.[47]

아래에서는 대상 1심 법원과 2심 법원의 착오와 사정변경 법리에 대해서 다르게 판단하는 부분에 대해서, 비교법 관점에서 미국법의 법리를 고찰한다. 먼저 미국법상 착오 법리를 살피고, 그 뒤에 미국법상 사정변경 법리를 논의한다.

Ⅳ. 미국법상 착오 법리

1. 미국법상 착오의 뜻

(1) 영국과 미국법의 착오 개념

착오(mistake)는 사실과 일치하지 않는 것을 믿는 것인데, 영국과 미국의 착오법리는 다소 복잡하다. 대륙법과 달리, 보통법(Common Law)의 두드러진 특징은 상대방의 부정확한 말이나 부실표시(misrepresentation)로 생긴 착오를 개별적인 유형으로 나눈다는 점이다.[48] 또한 영국과 미국의 착오 법리가 대

45) 대상 1심 법원은 이를 피고의 과실로 판단하지 않았다.

46) 이른바 표의자의 배상책임에 대해서는 곽윤직 · 김재형, 민법총칙 제9판, 박영사, 2015, 321-322면 참조. 동기 착오와 관련해서, 윤진수 교수는 동기가 표시되었다고 하여 표의자가 동기의 착오로 인한 위험을 면하여야 할 근거가 어디에 있는지 알기 어렵다고 평가하면서, 다변가가 유리해진다고 평가한 송덕수 교수의 표현을 인용하기도 한다(송덕수, 착오론, 고시원, 1991, 68면 참조). 윤진수, "민법상 착오규정의 입법론적 고찰 – 민법개정위원회에서의 소수의견 –", 민법논고 II, 박영사, 2008, 60면 참조.

47) 그밖에 고려할 수 있는 점은 피고의 잘못된 매장량 예측이 어디에서 기인하는 것인지의 문제점(예멘 정부가 피고에게 사기를 한 것인지?, 피고가 의뢰한 E회사의 예측이 잘못된 것인지?, 피고가 실제 매장량 검사를 하지 않은 상태의 단순한 예측 평가를 바탕으로 사업설명회를 연 것은 (고의가 아니라고 할지라도) 과실이 있는 것은 아닌지?), 원고와 피고 사이에 과실이 있다면, 과실상계로 접근할 수 있는 것인지의 문제, 원고와 H, 피고 사이에 과실이 없는 경우, 그 위험 부담을 누가 하는 것이 옳은지에 대한 부분이라고 할 수 있다.

륙법과 다른 점은 한 당사자가 중요한 사실을 숨겨서 착오를 유인하는 경우, 사기(fraud)와 불공정성(unconscionability)[49] 법리로 다루어진다는 점이다. 그럼에도, 영국과 미국법과 대륙법에서, 계약이 동의를 기초로 하기 때문에, 그러한 동의가 착오로 행해진 불완전한 의사표시로 행해졌다면, 그 계약은 흠결이 있는 것으로 파악한다.[50]

대륙법의 착오와 영국, 미국법의 착오가 다르다. 대륙법은 착오를 넓게 인정하고, 영국, 미국법은 착오를 좁게 인정한다. 영국과 미국법은 '공통 착오'만을 기본적으로 착오로 다루기 때문이다. 또한 대륙법에서 착오로 다루어지는 사안이 영국과 미국에서는 '선의로 한 부실표시' 법리로 다루어진다.[51]

(2) 영국법의 착오 법리의 발전단계

카트라이트 교수에 따르면 영국법의 착오 법리는 역사적으로 세 단계로 발전했다고 한다. 첫 번째 단계인 19세기에 영국 법원은 '계약해석 문제'로 착오 법리를 고민하기 시작했다고 한다.[52] 그러면서 프랑스 민법[53]과 로마법의 영향을 받아서 영국의 착오법리를 만들었다고 한다.[54] 두 번째 단계인 20세기에 영국 법원은 '당사자의 의사' 해석 문제를 객관적인 상황으로 파악하는 것을 이동했다고 한다.[55] 여기서 '착오', '사정변경', '묵시적 계약해석'이 같은 선상에

---

48) K. Zweigert and H. Kötz (Tony Weir Trans.), An Introduction to Comparative Law 447면 (Oxford 2nd 1992) 참조.

49) 우리 학계에서는 '비양심법리'로 소개되기도 한다. 예를 들어, 박정기, "미국계약법상의 비양심의 법리", 부경대학교 논문집 제6권 제3호, 2001, 79-99면 참조.

50) Tadas Klimas, Comparative Contract Law – A Transystemic Approach With An Emphasis on the Continental Law – Cases, Text and Materials 129면 (Carolina Academic Press 2006) 참조. 미국 계약법 보통법전집 제2판 제151조도 같은 내용을 규정한다. "A mistake is a belief that is not in accord with the facts." Restatement (Second) of Contracts § 151 (1981) 참조.

51) 올 란도 · 휴 빌 편, 김재형 역, 유럽계약법 원칙, 박영사, 2013, 353-354면 참조. 또한 John Cartwright, *The rise and fall of mistake in the English Law in,* Ruth Sefton-Green, Mistake, Fraud and Duties to Inform in European Contract Law 83면 (Cambridge University Press 2005) 참조.

52) Cartwright, *supra* note 51, at 65-86면 참조.

53) 특히 뽀띠에르(Pothier) 교수의 저작에 영향을 받았다고 한다.

54) 이 시기에 영국의 착오 법리를 형성한 사람은 Lord Blackburn이다.

55) 이 시기에 영국 착오 법리를 발전한 사람은 Lord Atkin이고, 주요 판례가 Bell v. Lever

올려놓고 평가한다고 한다. 그런데 의사해석은 당사자의 가상적인 의사이므로, 실제적인 평가로 이를 대체하게 된다. 이러한 실제적인 평가로 대체하는 것을 사정변경 법리라고 설명한다. 마지막 세 번째 단계는 20세 이후의 상황인데, 20세기에 인정된 형평법의 구제수단인 착오를 제한했다. 또한 쌍방 착오의 요건으로 다섯 가지를 요구하게 되었다고 한다.[56]

(3) 착오와 부실표시의 구별

부실표시로 착오가 유발된 경우, 부실표시 법리로 규율된다.[57] 따라서 일반적으로 착오는 부실표시로 규율되지 않는 경우만을 다룬다. 착오의 경우 계약을 취소할 있다고 하여[58] 착오를 주장하는 사람이 자신의 착오에 따른 것으로 판단한다. 따라서 착오는 상대방이 어떤 위법행위를 한 것을 근거로 삼지 않는다.[59] 부실표시가 불법행위법의 사안에서 손해배상청구권을 발생시키는 것과 달리, 일반적으로 계약상 착오의 경우에는 손해배상 문제가 발생하지 않는다.[60]

또한 착오를 근거로 계약을 취소하는 것을 엄격하게 다루지만, 부실표시에 따른 사안은 상대적으로 쉽게 계약을 취소할 수 있게 한다.[61] 이는 부실표시는 표의자가 과실 없음에도 상대방이 표의자에게 착오를 유발했다는 점을 논거로 든다.[62]

Brothers Ltd [1932] AC 161과 Solle v. Butcher [1950] 1 KB 671이다.

56) 이 시기에 영국 착오 법리의 주요 판례가 Great Peace Shipping Ltd v. Tsavliris Slavage (International) Ltd [2002]이다.

57) 미국법상 부실표시 법리에 대해서는 고세일, "미국법상 부실표시 법리에 대한 고찰 - 미국 보통법전집의 법리를 중심으로 -", 비교사법 제24권 제1호, 2017, 247-290면 참조.

58) "voidable"는 "무효로 할 수 있는" 또는 "취소할 수 있는"이라는 뜻으로 옮길 수 있다. 임홍근 · 이태희, 법률영어사전, 법문사, 2013면 참조. 임동진 변호사는 voidable의 뜻을 잘못한 쪽의 당사자에게는 무효이지만, 그 상대방 당사자에게는 그가 취소할 때까지 무효가 아닌 경우, 보통법에서 무효, 취소, 해제, 해지에 대한 용어는 매우 혼란스럽다고 평가한다. 올리버 웬델 홈스 2세 지음, 임동진 옮김, 보통법, 알토란, 2012, 469면 참조.

59) John Cartwright, Contract - An Introduction to the English Law of Contract for the Civil Lawyer 159면 (Hart Publishing 2007) 참조.

60) 정성헌, "영미계약법상 부실표시에 대한 연구," 법과 정책 제21집 제1호, 2015, 278면과 각주 67 참조.

61) 명순구, 미국계약법입문, 법문사, 83-86면 참조. 또한 엄동섭, 미국계약법 II, 법영사, 121-129면 참조.

62) 정성헌, "영미계약법상 부실표시에 대한 연구," 법과 정책 제21집 제1호, 2015, 278면 참조.

(4) 착오의 종류

1) 일방 착오(Unilateral Mistake)

일방 착오는 의사이론에 중요한 문제를 제기한다. 일방 착오는 계약 당사자 한 사람만이 잘못된 믿음을 가진 경우이다.[63] 그런 경우, 계약의 객관적 이론으로 말미암아, 계약의 효력을 취소하게 하면서 착오에 빠진 계약 당사자의 의무를 면제해주시기 위해서는 계약 상대방에게 과실(fault)이 있어야 한다. 따라서 일방적으로 착오에 빠진 계약 당사자는 그 계약이 불공정하거나 착오가 계약 상대방의 과실로 발생했음을 증명해야 한다.[64]

2) 공통 착오(Mutual Mistakes)

의사이론 아래에서, 합의에 기초할 때, 당사자가 서로 부담하는 의무가 성립한다. 계약 당사자가 서로 착오에 빠졌다면, 계약 당사자가 의도한 것이 객관적으로 다른 것이기 때문에, 계약 당사자의 동의에 흠결이 있는 것이 명백하다. 따라서 공통 착오는 의사이론에 관해서 문제를 제기하지 않는다. 공통 착오는 모든 계약 당사자가 잘못된 것을 같게 믿는 것이다.[65] 예를 들어, 매수인과 매도인이 거래의 대상인 컴퓨터 프로그램이 실제로는 특정 업무를 할 수 없는데도, 그 업무를 할 수 있다고 믿는 경우이다. 특정업무가 그 매매계약의 주된 이유가 아니라고 전제할 경우에, 이는 그 계약의 원인(cause of the contract)을

---

63) Restatement (Second) of Contracts § 153 (1981) 참조. [일방 계약 당사자의 착오로 계약을 취소할 수 있는 경우] 계약이 체결되는 기본 전제에 대한 계약 체결 시에 한 계약 당사자의 착오가 계약 당사자 일방에게 불리하여 합의한 이행의 교환에 대해서 중대한 효과를 갖는 경우, 제154조의 법리에 따라서 당사자가 착오의 위험을 부담하지 않고, (a) 착오의 효과가 그 계약의 이행을 불공정하게 하거나(unconscionable), 또는 (b) 계약 상대방이 그 착오를 알 수 있거나 또는 계약 상대방의 과실(fault)이 그 착오를 일으켰다면, 그 계약을 취소할 수 있다(voidable).

64) Klimas, *supra* note 50, at 130면 참조.

65) Restatement (Second) of Contracts § 152 (1981) 참조. [쌍방 계약 당사자의 착오로 계약이 무효가 되는 경우] (1) 계약이 체결되는 기본 전제에 대한 계약 체결 시에 쌍방 계약 당사자의 착오가 합의한 이행의 교환에 대해서 중대한 효과(material effect)를 갖는 경우, 제154조의 법리에 따라서 그 계약으로 해를 입는 당사자가 착오의 위험을 부담하지 않는다면, 그 계약을 취소할 수 있다.
(2) 착오가 합의한 이행의 교환에 대해서 중대한 효과를 갖는지를 결정함에 있어서는, 계약의 수정, 원상회복 또는 그 밖의 구제수단을 고려한다.

필연적으로 없애지 않는다. 계약 당사자는 그 계약을 취소하게 하는 법원의 판단으로 그 계약에서 벗어날 수 있다. 계약 당사자를 구속하는 계약 당사자의 동의는 착오로 취소할 수 있는 것이 명백하다.[66]

2. 미국법상 착오의 요건

다음과 같이 다섯 가지 요건이 필요하다. 첫째, 원고는 계약 당사자가 주되게 보는 것의 주된 성질(essential quality)에 대해서 착오한 것을 증명해야 한다. 예를 들어, 원고가 백만 달러에 유명한 그림을 구입하고자 했다면, 화가가 누구인지(identity)는 상관이 없다. 자신이 피카소의 그림을 구입한다고 여겼지만, 백만 달러 가치가 있는 렘브란트의 그림을 구입했을 때, 그 계약을 무효로 하는 착오에 빠지지 않았다. 왜냐하면 주된 성질은 '백만 달러 가치의 유명한 그림'이었기 때문이다. 따라서 그 화가의 동일성은 상관이 없다.[67]

둘째, 착오는 계약 성립 시에 평가한 계약의 주된 사실에 대한 착오에 빠진 가정(mistaken assumption)이 있어야 한다. 예를 들어, 두 계약 당사자는 금값이 향후 2년 동안 안정적일 것으로 생각했다. 그러나 실제로 그렇지 않았다. 이는 현재 사실에 대한 착오가 아니다. 따라서 그 계약을 해소할 수 없다.[68]

셋째, 착오가 주된 성질에 관한 것인지는 주관적인 평가(subject test)로 결정한다. 착오를 주장하는 계약 당사자에게 그 성질이 주된(essential) 것이야 한다. 이 세상의 다른 사람에게 주된 것은 의미가 없다. 예를 들어, 팬이 록 가수의 칫솔을 구입하고자 한다. 이 세상의 다른 사람은 그 록 가수에 전혀 관심이 없거나, 그 록 가수가 쓰는 칫솔은 아무런 상관이 없다.[69]

넷째, 계약 당사자는 문제된 성질이 착오에 빠진 당사자에게 주된 것이라는 사실을 인식하거나 이를 당연한 것으로 받아들여야 한다. 이는 계약의 객관적 이론이 기능하는 부분이다.

다섯째, 착오는 면책되지 않은 것(inexcusable)이야 한다.[70] 계약 당사자

66) Klimas, *supra* note 50, at 129-30면 참조.
67) Klimas, *supra* note 50, at 130면 참조.
68) Klimas, *supra* note 50, at 130면 참조.
69) Klimas, *supra* note 50, at 130면 참조.

의 무모함이나 위험(risk)으로 계약을 체결했다면, 그 계약 당사자는 착오로 인정되지 않을 것이다. 계약 당사자가 자신의 지식이 제한되어 있다는 것을 알았지만, 그럼에도 그 계약을 체결했을 때는, 그 계약 당사자는 그 위험을 감수해야 한다. 미국에서 쓰는 용어는 '의식적인 무지'(conscious ignorance)이다. 다시 말해서, 매수인이 의식적인 무지로 행동했다면, 매수인은 착오에 빠진 위험을 감수해야 한다. 따라서 그 계약은 유효하고, 계약을 이행해야 한다.[71)]

예를 들어, 경매에서 프라고나르(Fragonard)가 그린 것으로 보이는 그림으로 팔렸다. 몇 년이 지난 뒤에, 전문가의 감정은 그 그림이 진짜라고 결론을 내렸다. 매도인은 그 그림의 매매계약이 무효라고 주장했지만, 프랑스 대법원은 두 당사자 모두 그 그림이 진짜이거나 진짜가 아닐 수 있다고 판단하여 취소할 수 있는 것으로 인정하지 않았다.[72)]

3. 미국법상 착오의 효과

이러한 착오가 인정되는 경우, 계약을 수정할 수 있다.[73)][74)] 또한 계약을

---

70) 엄동섭 교수는 미국 계약법 보통법전집 제152조의 요건을 설명하면서, 이를 착오로 불이익을 입은 당사자가 착오 위험을 부담하지 않는 것으로 설명한다. 엄동섭, 앞의 책(주 61), 2012, 121면, 124-127면 참조.

71) Restatement (Second) of Contracts § 154 (1981) 참조. [계약 당사자가 착오 위험을 부담하는 경우] 계약 당사자는 다음의 경우에 착오의 위험을 부담한다. (a) 그 위험이 계약 당사자의 합의(agreement)로 그 계약 당사자에게 배분되었거나 또는 (b) 그 계약 당사자가 계약 체결 시에 착오가 관련되어 있지만, 그 계약 당사자의 제한된 지식이 충분하게 하는 그 사실에 대해서 제한된 지식만을 갖고 있거나, 또는 (c) 정황상 그렇게 하는 것이 상당하다는 근거로 법원이 그 위험을 그 계약 당사자에게 배분한 경우.

72) Klimas, *supra* note 50, at 130-1면 참조. 또한 여하윤, "불확실성이 존재하는 경우에 있어서 의사표시의 착오 문제 - 프랑스 "푸생 사건(affaire Poussin)"으로부터의 시사점을 중심으로 -, 중앙법학 제12집 제4호, 2010, 9-33면 참조.

73) Restatement (Second) of Contracts § 155 (1981) 참조. [쓰여진 표현에 대해서 쌍방 계약 당사자의 착오가 계약 수정을 정당하게 하는 경우] 문서의 내용이나 효과에 대한 두 계약 당사자의 착오로 전부 또는 일부 합의를 증거로 하거나 구체화 하는 문서(writing)가 합의(agreement)를 명확하게 하지 않는 경우, 선의의 매수인(good faith purchasers for value)과 같은 제3자의 권리가 불공정하게 영향을 받지 않은 한도에서, 법원은 당사자의 요청으로 계약을 명확하게 하기 위해서 그 계약을 수정할 수 있다.

74) Restatement (Second) of Contracts § 156 (1981) 참조. [서면성에 대한 계약의 착오] 문서의 수정이 그 밖의 경우 적합한(appropriate) 경우, 그 계약은 서면성으로(the Statute of Frauds) 인하여 배제되지 않는다.

취소할 수 있다.[75] 그리고 그에 따른 구제를 신청할 수 있다.[76]

V. 미국법상 사정변경 법리

1. 미국법상 사정변경 법리의 뜻

영국과 미국 계약법 문헌은 '사정 변경'(change of circumstance)이란 용어를 쓴다.[77] 그렇지만 우리 법의 사정변경 법리[78]와 견줄 수 있는 것은 물리적 불능인 이행불능(impossibility),[79] 실질적인 의미에서 이행할 수 없다는 이행곤란(impracticality)[80]과 계약목적 달성불능(frustration)[81]이다.[82] 계약

---

75) Restatement (Second) of Contracts § 157 (1981) 참조. [구제수단을 구하는 당사자의 과실의 효과] 계약 당사자의 과실이 신의칙에 따라서(in good faith) 또한 공정한 거래의 상당한 기준에 따라서 행하지 않은 것이 아니라면, 계약을 체결하기 전에 사실을 알거나 발견하는 데 착오가 있는 계약 당사자의 과실(fault)은 이 장에서 규정한 법리에서 계약이 해소되거나 수정되는 것을 방해하지 않는다.

76) Restatement (Second) of Contracts § 158 (1981) 참조. [원상회복을 포함한 구제수단]
(1) 이 장의 규정으로 규율되는 경우, 계약 당사자 일방은 제240조와 제376조에서 규정한 법리에서 원상회복(restitution)을 포함한 구제수단을 청구할 수 있다.
(2) 이 장의 규정으로 규율되는 경우, 제16장의 규정과 더불어 그러한 규정이 부정의(injustice)로 해소(avoid)하지 않는다면, 법원은 당사자의 신뢰이익 보호를 포함하여 정의가 요구하는 그러한 수제수단을 부여할 수 있다.

77) 예를 들어, Klimas, *supra* note 50, at 212-14면 참조. 미국법의 사정변경 법리에 대해서는 고세일, "미국 계약법의 사정변경 법리", 재산법연구 제31권 제2호, 2014, 29-52면 참조.

78) 사정변경의 전반적인 연혁에 대해서는 정상현, "사정변경법리의 연혁적 고찰", 성균관법학 제23권 제3호, 2011, 187-235면 참조.

79) 1931년의 계약법 보통법전집(제1판)은 이행불능은 엄격한 이행불능(strict impossibility)뿐만 아니라 이행곤란(impracticability)도 포함하는 것으로 규정한다. Restatement (First) of Contracts § 454 (1931) 참조.

80) 영국법에서 이행곤란은 일반적으로 계약목적 달성불능의 기초로 인식되지 않는다. 예를 들어, British Movietonews Ltd v London and District Cinmas Ltd [1952] A.C. 166, 185. G.H. Treitel, An Outline of The Law of Contracts 355쪽 (Oxford University Press 2004) 참조.

81) 원문에 충실하여 '목적 좌절'로 옮기기도 한다. 예를 들어, 김상중, "사정변경제도의 성문입법화 시도와 관한 몇 가지 비판적 단상 - 민법중개정법률안 제544조의4를 계기로 한 영미법의 Frustration 법리와의 비교 · 분석을 통하여 -," 재산법연구 제23권 제1호, 2006, 140면 참조.

82) 학자에 따라서는 이러한 세 가지의 사정변경 법리를 '기대하지 않은 사정의 사안' (unexpected circumstances cases)으로 설명하기도 한다. 예를 들어, Melvin A. Eisenberg,

당사자의 측면에서 '이행곤란'은 목적물 인도와 같이 물품제공 채무의 관점에서, '계약목적 달성불능'은 이에 대한 반대급부로 대금지급 채무의 관점에서 본 것이다.[83]

2. 미국법상 사정변경 법리의 요건

미국의 사정변경 법리인 이행곤란과 계약목적 달성불능 법리의 요건을 살핀다.[84]

(1) 이행곤란 법리의 요건

이행곤란의 요건으로 다음 네 가지가 필요하다.[85]

첫째, 후발사건이 당사자가 합의한 이행을 이행곤란하게 해야 한다.[86] 둘째, 계약 당사자가 계약을 맺은 기본전제(basic assumption)[87]가 된 사건이 발생하지 않았어야 한다. 셋째, 이행곤란 법리를 항변사유로 삼는 당사자의 과책(fault)[88] 없이 이행곤란한 상황이 발생해야 한다. 넷째, 계약 당사자는 법이

Impossibility, Impracticability, and Frustration, J. Legal Analysis 209면 (2009) 참조.

83) E. Allan Farnsworth, Contracts 653면 n.4 (Aspen 3rd ed. 1999) 참조. 계약법 보통법 전집도 계약목적 달성불능의 사안으로 주로 대금지급 항변 문제를 다룬다. Restatement (Second) of Contracts §§ 265-269 illus. (1981) 참조.

84) 미국법의 '이행불능 법리의 역사적 흐름'에 대해서는 고세일, 앞의 논문(주 77), 33-35면 참조.

85) Farnsworth, *supra* note 83, at 643면 참조. U.C.C. § 2-615 cmt. 4. (2002) 참조. 또한 Restatement (Second) of Contracts § 261 (1981) 참조.

86) Florida Power & Light Co. v. Westinghouse Elec. Corp., 826 F.2d 239 (4th Cir. 1987).

87) 계약 당사자가 그와 같은 기본 전제를 했는지 판단하는 중요 요소는 '예견가능성' (foreseeability)이다. 참조. 또한 계약 당사자의 사정은 객관적 사정을 전제하고, 계약 당사자의 주관적 사정을 전제하지 않는다. 이런 점은 CISG 제79조 제1항("당사자는 그 의무 불이행이 자신이 통제할 수 없는 장애에 기인하였다는 것과 계약체결 시에 그 장애를 고려하거나 또는 그 장애나 그로 인한 결과를 회피하거나 극복하는 것이 합리적으로 기대될 수 없었다는 것을 증명하는 경우, 그 의무불이행에 대하여 책임이 없다.")에서도 나타난다. CISG 제79조의 요건에 따라서, 그 구제수단의 인정은 상당히 제한된다. Luke Nottage, *Changing Contract Lenses: Unexpected Supervening Events in English, New Zealand, U.S., Japanese, and Internationale Sales Law and Practice*, 14 Ind. J. Global Legal Stud. 385, 403면 (2007) 참조. 또한 Farnsworth, *supra* note 83, at 650-51면 참조. 이런 점에서 사정변경 법리의 사정을 '객관적 사정'으로 판단하는 우리 대법원과 같은 태도이다.

88) '과책'은 과실(negligence)를 포함하는 것이고, 악의적인 위법(wilful wrong)을 포함하지 않

부과한 것보다 더 큰 채무 부담을 전제하지 않아야 한다.[89]

(2) 계약목적달성 불능 법리의 요건

미국 계약법 보통법전집[90] 제1판과 제2판 모두 계약목적 달성불능 법리를 규정한다.[91] 계약목적 달성불능 법리는 네 가지 요건을 필요하다. 이런 요건은 이행곤란 법리와 견주어, 첫 번째 요건만이 다르다.[92] 이행불능 법리를 적용할 때와 같이, 법원은 계약목적 달성불능 법리를 배심원이 판단하게 하는데 소극적이다. 이런 점에서 계약목적 달성불능 법리는 법원이 판단해야 하는 법의 문제로 설명한다.[93]

첫째, 발생한 사건으로 계약 당사자의 주된 목적 달성이 실제적으로 불능이 되어야 한다.[94] 둘째, 계약을 맺은 당사자의 기본전제가 되는 사건이 발생하지 않아야 한다.[95] 셋째, 계약목적 달성불능 법리를 원용하는 계약 당사자의 과책 없이 계약목적 달성이 불능이 되어야 한다.[96] 넷째, 계약 당사자는 법이 부과한 것 보다 더 큰 채무를 부과하지 않음을 전제한다.[97]

는다고 한다. U.C.C. § 2-613 cmt. 1 (2002) 참조.

89) 이런 요건은 사실 문제를 포함하지만, 법원은 이러한 항변에 대한 판단을 배심이 하는 것을 꺼려한다. 이런 측면에서 이를 사실이 문제가 아닌, 법적 문제로 평가하기도 한다. Restatement (Second) of Contracts Note to Chapter 11 참조.

90) 조규창 교수는 미국의 보통법전집은 시민법국가에서 체계적으로 서술한 법률주석서와 매우 비슷하며 19세기 전에 보통법(Gemeinesrecht)에 관한 법률교과서(Pandektenlehrbuch)와 같은 방식의 서술이라고 한다. 조규창, 비교법 (상), 소화(2005), 451, 479면 참조. 리스테이트먼트 자체가 미국 판례법에서 쌓인 보통법의 정수를 법전(法典)은 아니지만, 법전 형식으로 묶어 놓은 것이기 때문에, 이 글에서는 '보통법전집'으로 쓴다.

91) Restatement (First) of Contracts § 288 (1931)과 Restatement (Second) of Contracts § 265 (1981) 참조.

92) Farnsworth, *supra* note 83, at 654면 참조.

93) Groseth Intl. v. Tenneco, 410 N.W.2d 159 (S.D. 1987).

94) 판스워스 교수는 이에 대한 예외적인 반대의 경우로 Aluminum Co. of Am. v. Essex Group, 499 F. Supp. 53 (W.D. Pa. 1980)을 든다. Farnsworth, *supra* note 83, at 654면 참조.

95) Groseth Intl. v. Tenneco, 410 N.W.2d 159 (S.D. 1987). 기존 시장의 조건과 당사자의 재정상황의 존속은 통상적으로 계약 당사자의 기본전제가 아니라고 한다.

96) Groseth Intl. v. Tenneco, 410 N.W.2d 159 (S.D. 1987).

97) 계약법 보통법전집 제2판은 문언이나 사정이 반대의 경우를 나타내지 않는 한이라는 문구를 써서, 이 요건을 표현한다. Restatement (Second) of Contracts § 265 (1981) 참조.

현재의 이행곤란이나 계약 목적달성 불능과 사후 이행곤란이나 계약목적달성 불능 경계획정은 쉽지 않다.[98] 또한 기존의 이행곤란이나 계약목적 달성불능과 착오의 관계는 좀 더 어렵다. 기존의 이행곤란이나 목적달성 불능을 근거로 면책을 주장하는 계약 당사자는 착오를 근거로 면책을 주장할 수도 있기 때문이다.[99]

3. 미국법상 사정변경 법리의 효과

후발적인 이행곤란이나 계약목적 달성불능의 효과는 계약 당사자의 남아있는 이행의무를 해소한다.[100] 법의 효과로 이렇게 채무를 해소시킨다.[101] 기존에 있었던 이행곤란이나 계약목적 달성불능의 사유는 계약 당사자가 자신의 채무를 이행하지 않도록 한다. 이행곤란이나 계약목적 달성불능을 원인으로 채무가 해소된 계약 당사자의 불이행은 그러한 계약 당사자의 계약위반처럼, 다른 계약 당사자의 이행의무에 영향을 준다.[102] 반대로 해소되었음에도 채무를 이행한 경우, 부당이득의 반환청구 문제가 생긴다.[103]

---

98) 예를 들어, Northen Corp. v. Chugach Elec. Assn., 518 P.2d 76 (Ak. 1974)와 Restatement (Second) of Contracts § 266 cmt. a. (1981) 참조.

99) Stephen A. Smith, Atiyah's Introduction to the Law of Contract 183면 (Oxford Univ. Press 6th ed. 2005) 참조. 유럽계약법원칙은 해설에서 이에 대한 실마리를 준다. 당사자가 계약체결 뒤에 예견하지 못한 후발 사건의 발생한 경우에는 제6:111조(사정변경 법리)를 적용하고, 계약체결 시에 존재한 사유에 대해서는 제4:103조(사실 또는 법에 대한 본질적인 착오)와 제4:105조(착오에 따른 계약 수정)를 적용한다. 이와 같이 두 제도의 경계를 설명한다. Ole Lando and Hugh Beale, Principles of European Contract Law Part I and Part II 325면 (Kluwer Law International 2000) 참조.

100) U.C.C. § 2-615 (2002)는 이에 대한 매수인의 고지의무를 부과한다.

101) Treitel, *supra* note 80, at 350면 참조.

102) Shaw v. Mobil Oil Corp., 535 P.2d 756 (Or. 1975). 이는 우리 민법상의 동시이행항변권의 행사와 비슷하다.

103) Richard Lord, Williston on Contracts, Vol. 30, 670-71면 (Thomson West 4th ed. 2013) 참조.

VI. 미국법상 천연자원 사안

이러한 미국법상의 착오 법리와 사정변경 법리를 천연자원 영역에서 고려해야 할 점은 어떤 것일까? 아래에서는 미국 계약법상 천연자원 영역에서 '착오 법리'와 미국법상 사정변경 법리로 '이행불능'과 '이행곤란'을 살피고자 한다.

1. 천연자원의 존재[104)]

사실의 착오가 소유권을 이전하는 계약서에 있었다. 계약 당사자는 주의를 다하지 않아서, 매도인에게 광물에 대한 권리 유보를 합의하는 것을 문서에 포함시키지 않았다.[105)] 당사자의 공통 착오는 소유권 이전문서(instrument)를 수정하도록 보증(warrant)한다.[106)] 소유권 양도증서(deed)가 이행되고 14년이 지난 뒤에서야 "광물에 대한 권리 유보가 빠졌다"는 착오를 알게 되었다. 광물에 대한 권리 유보에 대한 착오를 알고 난 뒤에, 4개월이 지난 뒤 그러한 계약을 수정하기 위한 소송을 제기했다. 법원은 6년이나 10년의 시효가 적용되는지와 상관없이, 계약 수정을 위해서 제기한 소송은 적절한 시간 안에 이루어진 것으로 판단했다.[107)] 따라서 이 사안은 대상 판결의 원고가 주장하는 보충적 해석에 관한 판례 사안으로 평가할 수 있다.[108)]

---

104) Lord, *supra* note 103, at 144-47면 참조.

105) 주의의무 위반이라는 뜻이다.

106) 우리 법으로 표현한다면, 담보의 뜻도 갖고 있다.

107) Ell v. Ell, 295 N.W.2d 143 (N.D. 1980) 매도인은 '권리포기 날인증서'(quitclaim deed)의 계약 내용을 수정(reformation)하려고 소송을 제기했다. 1심 법원은 원고 승소 판결을 내렸다. 피고가 항소했다. 노스 다코타 주 대법원은 (1) 계약 당사자의 진정한 의사를 해석하고, 또한 사기(fraud)와 쌍방 착오에 따라서 계약 수정을 위해서 구두증거배제 원칙(parole evidence)을 받아들였다. (2) 계약 당사자의 공통 착오로, 소유권 이전 증서에 매도인에게 광물 유보 권리를 포함하지 않았다. (3) 권리포기 날인증서가 1964년에 이행될 때, 계약 당사자 쌍방은 날인증서 상의 착오를 알지 못했다. 1978년 2월 매도인은 이런 착오를 알게 되었다. 매도인은 1978년 7월 계약 내용을 수정하려고 매수인에게 소송을 제기했다. (4) 소유권을 이전 받은 배우자(wife)는 광물 유보한다는 구두 계약을 통지받지 않았다. 형평법의 일반 법리는 이러한 계약 수정을 인정한다. 이를 논거로 하여 노스 타코다 주 대법원은 광물 유보 권리가 빠진 계약 내용 수정을 인정했다.

108) 계약 당사자의 공통 착오를 인정하고, 그에 따라서 계약수정을 인정하는 사안이다. 앞에서 다룬 대상 2심 법원의 판단과 비슷하다고 평가할 수 있다. 계약을 취소하고 목적물의 반환을 인정한다.

빠졌어야 했는데 포함한 항목 또는 포함해야 했는데 빠뜨린 항목으로 천연자원에 대한 양도가 잘못된 이루어진 경우가 있다. 계약 당사자의 공통 착오로 광물에 대한 권리 유보가 양도증서에서 빠진 경우, 계약 당사자의 의도와 사실과 일치하지 않는다. 따라서 매도인은 매수인에게 대하여 자신의 양도증서를 수정하도록 요구할 권리가 있다. 이러한 계약 내용의 수정은 이전 계약서에서 당사자가 그렇게 합의했다는 것을 전제로 하는 것이다. 그러나 계약 당사자의 합의 내용이 계약서로 이루어지면서, 계약 당사자가 공통으로 착오에 빠져서 당사자가 실제로 합의가 이전 계약서에서 빠지게 되었다.[109)]

물건을 수령하고 바로 현장에서 지급하는 계약(take-and-pay contract) 이외에, 예상된 상품 공급이 이루어지지 않을 때에, 다른 천연자원을 공급하는 계약은 영향을 받는다.[110)] 계약상 목재를 제조사의 보유량에 따라 벌목한다고 할 때, 나무 공급이 더 이상 이루어지지 않은 뒤부터, 계약 당사자는 목재 인도 의무를 부담하지 않는다. 그런 점에서 미국법상 사정변경 법리[111)]의 항변과 착오 항변의 비슷하다.[112)]

계약 내용을 이행할 때, 특정 물건이 꼭 필요한 경우, 그러한 물건을 적절한 시기에 이행(seasonable performance)할 수 없다면, 계약 당사자가 이행할 의무는 해소된다.[113)] 적절한 시기의 이행과 관련하여, 원유 공급이 고갈되면, 원유이행은 해소된다.[114)] 마찬가지로 천연가스의 공급이 이루어지지 않을

---

109) Newton v. Brown, 222 Neb. 605, 386 N.W.2d 424 (1986) 참조. 매도인들이 매수인들에게 계약의 수정과 광물에 대한 이익을 위해서 소를 제기했다. 1심 법원은 매도인들에게 승소판결을 내렸고, 매수인들은 항소했다. 네브라스카 주 대법원은 (1) 계약 당사자의 공통 착오로 광물의 권리를 유보하는 것이 빠졌다는 증거가 보이고, (2) 소송이 시간적으로 저지되지 않고, (3) 혼동(merger)의 법리를 적용할 수 없고, (4) 매도인은 이익에 대한 권리가 있다고 판단하여, 원심을 확정했다.

110) 2020년 2월 말 현재 코로나19 바이러스로 말미암아 전국에 94KF 마스크가 부족한 현상이 이와 같다.

111) 정확하게는 귀책사유 없는 이행불능(impossibility) 항변이다.

112) Paxton Lumber Co. v. Panther Coal Co., 83 W. Va. 341, 98 S.E. 563 (1919) 참조. 원고 벌목 회사가 피고 광물 회사를 상대로 소송을 제기했다. 피고 승소 판결을 내렸고, 원고는 착오(error)를 주장했다. 웨스트 버지니아 주 대법원은 원심 법원의 판결을 확정했다.

113) Twin Harbors Lumber Co. v. Carrico, 92 Idaho 343, 442 P.2d 753 (1968) 참조. 이 사안에서 아이다호 대법원은 '사정변경 법리', 정확히 말하면 '이행불능(impossibility)'의 법리로 계약 해소를 인정했다.

114) North American Oil Co. v. Globe Pipe Line Co., 6 F.2d 564 (C.C.A. 8th Cir. 1925) 참

때에도, 천연가스를 이행할 의무도 벗어나게 된다.[115)]

광물 임대차(mineral lease)에 대한 구제수단으로, 착오는 광물이 있음, 광물을 채취할 수 있는 가능성(practicability)과 광물의 양에 영향을 끼친다.[116)] 광물의 매도인과 매수인이 상호 간에 직접 계약을 체결하지 않았어도, 광물에 대한 계약 당사자의 공통 착오가 있으면, 미국 법원은 계약 당사자가 계약 내용을 수정하도록 한다.[117)] 계약 내용이 모호하여, 공통 착오를 주장하는 경우, 미국 법원은 그러한 계약상의 모호함을 없애려고 구두증거 배제원칙(parol evidence)[118)]을 쓴다.

계약서에 한 가지 이상의 뜻이 있는 조항이 있으면, 그러한 조항의 뜻이 모호하다. 따라서 법원은 계약서의 진정한 뜻을 명확하게 하려고 계약을 체결하는 과정에서 당사자의 행동과 같은 외부 증거를 살핀다.[119)] 원유와 가스에 대

조. 이 사안에서 원유 매수인 회사는 원유를 이행하지 않는 피고 회사의 계약 위반에 대해서 손해배상을 청구했다. 원고 회사는 체결한 계약이 원유의 수급 상황에 대해서 규정하지 않는다고 주장했다. 당사자는 계약을 체결할 때, 원유의 매장량에 대해서 쌍방 착오가 있었다. 연방 항소법원은 원유의 매장량이 계약서에서 체결한 내용을 공급하지 못하는 상황에 대한 쌍방 착오가 있으므로, 그러한 계약을 이행할 수 없다고 판단했다.

115) Housing Authority of City of Bristol v. East Tennessee Light & Power Co., 183 Va. 64, 31 S.E.2d 273 (1944) 참조. 이 사안에서도 버지니아주 항소법원은 계약 당사자 회사가 약정한 천연가스를 공급할 수 없는 것을, '사정변경의 법리'(미국법상 이행불능 법리)로 계약 해소를 인정했다.

116) Babcock Coal & Coke Co. v. Brackens Creek Coal Land Co., 128 W. Va. 676, 37 S.E.2d 519, 163 A.L.R. 871 (1946) 참조. 원고 광물회사가 피고 광물회사를 상대로 광물 임대차를 취소하는 소송을 제기했다. 이 소송의 목적은 광물 계약을 취소하여, 광물 임대차에 대한 원고의 책임을 면책하고, 피고 광물회사가 임대료를 얻지 못하게 하는 것이었다. 이 사안은 원고가 이러한 광물의 존재에 대한 위험을 인수한 것으로 판단하여, 원고 광물회사의 계약취소를 인정하지 않았다.

117) Black v. Been, 230 Ark. 526, 323 S.W.2d 545 (1959) 참조. 40에이커의 토지를 이전하는 계약을 체결하고, 원고는 체결한 계약에서 토지에서 광물에 대한 권리를 유보하는 것이 빠졌다고 주장했다. 법원은 원고의 주장을 받아들여서, 토지에서 광물 권리를 유보하도록 계약을 수정하게 했다.

118) 구두증거 배제원칙에 대해서는 조희경, "구두증거원칙에 관련된 표준계약조항에 대한 소고", 성균관법학 제25권 제4호, 2013, 263-280면 참조.

119) Socony Mobil Oil Co. v. Humble Oil & Refining Co., 387 F.2d 155 (10th Cir. 1967) 참조. 이는 계약서의 옵션(option) 조항의 뜻에 대해서 원고 원유회사와 피고 원유회사가 다투는 사안이었다. 법원은 계약서의 옵션 조항을 이행하고자 하는 원고 회사의 주장을 받아들이지 않았다. 계약서 이외의 기록에 비추어, 계약 당사자의 착오를 인정하지 않고 두 회사의 계약이 종료한 것으로 판단했다.

한 임대차의 권리 이전은 물권과 같은 이전 방식으로 이루어진다. 그러므로 이러한 이전은 부동산등기법(recording statutes)에 따라서 이루어진다.[120] 그러나 원유와 가스의 개발과 채광의 특성을 고려하여 미국 법원은 계약 당사자의 공통 착오가 있었는지 또한 중요한 착오였는지를 판단하려고, 거래의 관습과 관행을 설명하는 구두증거제거 법리를 쓴다.[121]

2. 위험 인수(Assuming risks)[122]

임대인은 임차인이 광업소유권에서 석탄을 발견하지 못하고, 임대차 계약의 취소(rescission[123])를 구한 뒤에, 임대인은 소를 제기했다. 임차인은 그 계약에서 최초 지급한 금액을 반환 청구하는 반소를 제기했고, 그 계약은 사실에 대한 공통 착오로 서명했다고 주장했다. 상품성과 그 소유권에 있어서 채광할 수 있는 석탄의 존재에 대해서, 임차인은 계약을 취소할 수 없었다.[124] 임대차 계약에서 임차인이 착오의 위험을 부담하기 때문이다.[125] 또한 다른 한편으로는 임대인에게 단순히 고지함으로써 계약에서 벗어날 수 있었는데도, 그렇게 하지 않았기 때문에, 공통 착오의 법리를 적용하지 않는다.[126]

이행곤란(impracticability of performance)과 같은 사정변경 법리를 적

---

120) Busby v. U.S. Steel Corp., 237 F. Supp. 602 (E.D. Okla. 1965) 참조. 이는 파산한 회사로부터 광물에 대한 저당권을 피고 회사로 이전하는 것이 증거에 비추어서 유효하지 않다고 판단한 사안이다.

121) Schupbach v. Contiental Oil Co., 193 Kan. 401, 394 P.2d 1 (1964) 참조. 원고는 원유와 가스의 권리를 임대차의 양수인에게 주장하는 소송을 제기했다. 캔사스 주 대법원은 임대차계약이 임차인이 임대인에게 판매한 가스에 대한 사용료(royalty)를 지급해야 한다고 판단했다. 또한 사용료를 산정함에 있어서 시장에 가스를 판매하기 위해서 가스를 압축하는 비용을 양수인이 주장할 수 없다고 판단했다. 이는 임대차 계약이 모호한 경우에는 임차인이 아닌 임대인을 위해서 해석하는 법리에 기초하는 것이다.

122) Richard A. Lord, Williston on Contracts Vol. 28 148-49면 (West 4th ed. 2003) 참조. 이는 '위험을 전제하는' 영역으로 설명할 수 있다.

123) 우리법상 "해제"의 뜻으로 옮기기도 한다. 임홍근 · 이태희, 앞의 책(주 58), 2013면 참조.

124) 이는 관련 판례 2심 법원과 같이 판단한 사안이다. 결과적으로 원고 측에 어떤 구제수단도 인정하지 않는다.

125) 미국 불법행위법의 위험법리에 대해서는 고세일, "미국 불법행위법의 위험인수 법리에 대한 고찰", 법학연구 제30권 제1호, 2019, 31-55면 참조.

126) Orlandi v. Goodell, 760 F.2d 78 (4th Cir. 1985).

용할 때, 착오 법리는 동등하게 광물권(mineral rights)에 영향을 미친다. 석유 채굴 분쟁에서, 석유가 얕은 곳에서 발견되지 않으면, 2,000 피트까지 뚫는다고 한 계약에서 수급인(contractor)이 1,400 피트 깊이에 있는 화강암을 뚫을 때, 석유가 존재하지 않은 것으로 추정했다. 채굴이 이행불능이 아니라, 석유가 존재하지 않는 것이 이행을 곤란하게 한 것이기 때문에, 수급인은 추가적으로 600 피트를 뚫는 의무에서 벗어나게 되었다.[127] 매수인이 모래와 자갈의 품질과 양에 대해서 착오를 일으켰지만, 계약 당사자가 그러한 위험을 고려할 수 있었다면, 매수인은 어떠한 구제 수단도 갖지 못한다.[128]

광물이나 천연자원 계약이 일정량을 추출해야 하는 것이라면, 주변의 정황은 임차인에게 가능성의 위험을 부과한 것이 아니라, 계약을 체결함에 있어서, 당사자가 광물 또는 천연자원의 존재를 당연한 것(a matter of course)으로 전제한 것이다. 법원은 이렇게 해석하는 것을 선호한다.[129] 계약 당사자가 일정 정도의 천연자원의 존재를 전제로 계약을 체결했다고 해석하는 경우에는 당사자가 천연자원의 존재하지 않는다는 위험을 부담하지 않는다.

VII. 맺으면서

의사표시에 있어서 착오를 고려할 것인지, 만약에 착오를 고려한다면, 어떤 범위에서 고려할 것인지는 매우 어려운 문제이다.[130] 또한 계약을 맺은 뒤

127) Cosden Oil & Gas Co. v. Moss, 1928 OK 352, 131 Okla. 49, 267 P. 855 (1928).
128) Hill Sand & Gravel Co. v. Pallottine Fathers House of Studies, Inc., 220 Md. 526, 154 A.2d 821 (1959).
129) American Foreign S.S. Corp. v. 9,000 Tons of Manganese Ore, 109 F. Supp. 765 (D.N.J. 1952) (citing Restatement (First) of Contracts § 460 (1932)).
130) 곽윤직 편집대표, 민법주해 II, 민법 제109조(송덕수 교수 집필부분), 박영사, 1992, 391면. 만일에 착오를 전혀 고려하지 않는다면, 상대방의 신뢰와 거래 안전을 보호할 수 있지만 의사표시가 착오자의 의사와 다른 내용을 가짐으로써 착오자에 관한 한 자기결정의 정당성을 얻을 수 없다. 반대로 착오를 모두 고려하는 경우에는 자기결정의 정당성 문제는 생기지 않지만, 상대방의 신뢰를 보호하지 못함으로써 거래 안전을 해칠 수 있다. 이런 측면에서 모든 착오를 법에서 고려할 수 없고, 또 착오를 전혀 고려하지 않을 수도 없다. 따라서 입법례들은 모두 착오를 제한적으로만 고려한다.

에 계약의 기초가 된 사정이 당사자들이 예견할 수 없었던 사정[131]이 일어나서 처음 계약을 맺을 때의 당사자를 구속시키는 것이 어렵게 되었다면, 그 계약은 여전히 "당사자 사이의 법률"로서 효력을 유지하는가, 또는 처음 계약 내용대로 그 효력을 가질 수 없고, 변경된 사정[132]에 따라서 그 계약내용을 수정하는 것이 옳은가의 문제가 생긴다.[133]

시간적인 영역에서 '착오 법리'와 '사정변경의 법리'는 논리적으로 다르다. 착오는 계약이 제대로 성립하였는지를 바라보는 법리이고, 사정변경 법리는 계약이 제대로 성립한 뒤에 당사자가 예견하지 못한 현저한 사정 변경으로 말미암아 계약을 계속 유지하는 것이 바람직한 것인지를 파악하는 법리이다.[134]

1. 우리 학계에서 착오와 사정변경 법리에 대한 논의

전원열 교수는 민법상 착오의 의사표시를 취소할 수 있다는 제도는 원래, 법률행위를 하는 당사자가 그 법률행위 당시에 실수나 오판으로 애초의 의도와 다른 의사표시를 하게 되었을 때에 일정한 요건 아래 그 법률행위의 구속으로부터 벗어날 수 있는 장치라고 한다. 이는 법률행위 당시에 원시적 흠이 있는 경우에 대한 구제수단이지, 법률행위 후의 장래의 사정이 애초의 예상과 달리 전개된 경우에 그에 대한 구제수단으로서 마련된 것이 아니라고 한다.[135] 판례는 전통적으로 계약체결 뒤의 사정변경 법리를 적용하는데 소극적인 입장을 갖는다.[136]

---

131) 계약법과 불법행위법의 예견가능성의 뜻에 대해서는 고세일, "불법행위의 예견가능성과 손해배상범위에 대한 연구 - 민법 제763조의 준용에 따른 민법 제393조의 해석문제 - ", 민사법학 제66호, 2014, 145-151면 참조.

132) 곽윤직 편집대표, 민법주해 XIII, 민법 제543조 전론(김덕룡 판사 집필부분), 박영사, 2009, 146-147면. 사정변경 법리는 중세 캐논법에 기원을 두는데, clausula rebus sic stantibus("만일에 사물이 그대로 있었더라면")이라는 법리에 바탕을 둔다.

133) 곽윤직 편집대표, 민법주해 I, 민법 제2조(양창수 교수 집필부분), 박영사, 1992, 146-147면.

134) 그렇지만 문제된 해당 판례 사안은 시간적인 영역이 다른 '착오'와 '사정변경'을 모두 적용할 수 있는 사실관계를 갖고 있다. 그런 점에서 어떤 법리를 선택해서 적용해야 하는가 하는 현실 선택의 어려움이 있다.

135) 전원열, "동기 개념의 정립을 위한 소고", 저스티스 통권 제146-1호, 2015, 164면.

136) 다만 최근에 사정변경 법리를 적용하기 위한 요건을 제시하고 있다. 예를 들어, 대법원 2015. 5. 28. 2014다24327 판결은 "사정변경으로 인한 계약해제는, 계약 성립 당시 당사자가 예견할 수 없었던 현저한 사정의 변경이 발생하였고 그러한 사정의 변경이 해제권을 취득하는 당사자에게 책임 없는 사유로 생긴 것으로서, 계약내용대로의 구속력을 인정한다

장래기대와 실제 발생사실이 불일치하여도, 이는 착오 개념과는 구별되어야 하는 다른 문제라고 한다. 그러나, 우리나라 학설들은 착오의 개념설명에 있어서 시간적 요소를 그다지 명확히 하지 않고 있고,137) 일부 학설은 장래에 일어날 일의 예견이 잘못된 경우도 일단 착오 개념에 포섭되는 듯이 설명하고 있다.138) 또한 일부 대법원 판결 및 상당수의 하급심 판결 또한, 애초부터 착오에 포섭되지 않는 '장래 기대 불발생'에 지나지 않는 사안에 대하여 민법 제109조 착오 요건의 충족 여부를 심사하여 판단하고 있다고 설명한다.139)

계약법은, 계약한 뒤의 사정이 애초의 예상과 달리 전개 되는 것에 대해서 원칙적으로는 문제 삼지 않으며, 계약은 지켜져야 한다고 평가한다. 때로는, 예상과 다른 사태 전개에 따른 위험 부담이 정의와 형평에 어긋날 정도로 심하게 되는 경우, 비로소 신의칙이 작동한다고 한다. 이런 유형의 사태를 처리하기 위하여 미국법은 이행곤란(impracticability) 법리를, 독일법은 행위기초론을, 일본법은 사정변경 이론을 내놓고 있지만, 이런 법리는 예외적인 경우에만 적용된다고 한다.140)

면 신의칙에 현저히 반하는 결과가 생기는 경우에 계약준수 원칙의 예외로서 인정되는 것이고, 여기에서 말하는 사정이라 함은 계약의 기초가 되었던 객관적인 사정으로서, 일방당사자의 주관적 또는 개인적인 사정을 의미하는 것이 아니다"라고 한다.

137) 판스워스 교수는 미국 계약법의 착오 법리가 계약의 현재 사실에 대한 잘못된 이해(error)를 다루는 것이라고 설명한다. 반면에 사정변경 법리(계약목적 달성불능)가 계약에서 장래의 부실한 예측(poor prediction)를 다룬다고 설명한다. Farnsworth, *supra* note 83, at 620면 참조.

138) 현승종, 조규창, 로마법, 법문사, 1996, 439면 참조. 로마법학자는 동기의 착오개념이나 이에 관한 법리를 구성한 적이 없다고 한다. 그러나 칙법에는 동기의 착오로 볼 수 있는 많은 사례가 수록되어 있다고 한다. 예를 들어 피상속인이 특정인을 상속인으로 지명한 후에 지명상속인이 사망한 것으로 잘못 믿어 제삼자를 다시 상속인으로 지명했으나, 최초의 상속인이 살아 돌아온 경우 제삼자를 상속인으로 지명한 유언은 무효이기 때문에 최초의 유언이 유효하다고 했다고 한다. 그러나 로마법학자가 이 사안에서 유언을 동기의 착오를 근거로 무효화했는지 아니면 단순히 유언의 해석, 즉 피상속인의 진의를 존중하여야 한다는 관점에서 사인처분행위를 무효화했는지는 분명하지 않다고 한다. 그 뒤 독일의 보통법학은 로마법원을 기초로 동기의 착오를 법률행위의 착오 유형으로 분류하고 이에 관한 법이론을 구성하여 법률행위시에 표시된 동기는 의사표시 해석의 기초가 된다고 했다고 한다.

139) 전원열, 앞의 논문(주 135), 164면. 그러면서 외국의 사정을 보면, 유럽계약법원칙의 착오 조항, UNIDROIT 국제상사계약원칙의 착오 조항, 미국 계약법 보통법전집 제2판의 착오 조항은 모두 착오 개념을 규정하는 경우, 그것이 계약체결 시점에 이미 존재하는 기존 상황을 잘못 믿은 것을 명확히 하고 있다고 한다.

140) 전원열, 앞의 논문(주 135), 164면과 180면. 일본은 현재 민법상의 착오규정에 따를 때, 한

정상현 교수는 계약이 지켜져야 한다는 것은 계약법의 대원칙이라고 한다. 따라서 사정변경법리를 인정하여 당사자에게 일방적으로 계약을 변경하거나 해소할 수 있도록 하는 것은 이러한 민법상의 대원칙을 무시하면서 계약의 가장 기본적 효력인 구속력을 파괴하고 거래의 안전에도 치명적인 결과를 낳을 수 있다고 한다. 그렇기 때문에 다수 학자가 주장하는 것처럼 이러한 법리를 신의칙의 분칙이나 신의칙과 대등한 민법의 일반원칙으로서 인정하고자 하는 것을 받아들일 수 없다고 한다.[141)]

사정변경법리를 민법의 일반원칙으로 받아들이게 되면, 이러한 법리를 표현하고 있는 많은 규정들은 무의미한 주의규정에 지나지 않게 된다고 평가한다. 그리고 무엇보다 당사자의 의사에 의하여 구속력이 부여되었던 계약이 단순한 객관적 사정변경으로 그 의사와 관계없이 변경이나 해소될 수 있으므로, 이는 합의를 계약성립의 절대적인 요건으로 하는 계약법의 기본원리와도 맞지 않게 된다고 한다.[142)]

계약의 해소와 관련해서 영국 판례에서는 금전가치하락이 해소근거로 적용될 수 있는지의 문제가 거의 다루어지지 않았다고 평가한다. 다만 일반론으로 통화의 갑작스런 폭락이 당사자들이 체결한 거래에 영향을 미치지 않는다고 한 판결이 있다.[143)] 이 사건에서는 1941년에 필름 공급자와 영화사가 뉴스 필름 공급에 관한 계약을 체결했고, 이는 한 달 전의 통고로 해지 가능했다. 하지만 1943년의 계약수정에서는, 전쟁이라는 특수상황에 따라서, 특정법률(Cinematograph Film (Control) Order 1943)의 효력이 있는 한 계약이 계속해서 유지된다고 합의했다. 영화사 주인은 1948년에 계약을 해지하고자 했다.[144)]

편으로는 착오로 인한 무효를 인정하는 범위가 너무 넓고(상대방이 아는지 모르는지를 묻지 않고 착오 의사표시는 무효가 된다), 다른 한편으로는 착오로 인한 무효를 인정하는 범위가 너무 좁아서(동기의 착오를 불인정), 우리나라와 비슷한 문제 상황에 놓여 있다고 한다. 이런 문제를 해결하려고, 일본의 학계는 일찍부터 독일의 행위기초론을 일본 입장에서 받아들인 '사정변경 법리'를 논의했다고 한다. 그러나 일본의 사정변경 원칙은 그 요건에 관한 논의가 너무 막연하고 학자마다 차이가 있어서, 민법의 신의칙을 곧바로 적용하는 것과 크게 다르지 않다고 설명한다.

141) 정상현, "프랑스 민법상 불예견이론과 우리 민법에의 시사점", 민사법학 제50호, 2008, 521면.

142) 정상현, 앞의 논문(주 141), 521면.

143) British Movietonews v. London and District Cinemas, [1952] A.C. 166.

144) 이 판례의 소개에 대해서는 박영목, "사정 변경으로 인한 등가관계 장애의 법적 해결", 고려

위 법률은 그대로 남아 있었지만, 계약체결 시와는 상황이 많이 변경되었다는 것이 그 이유였다. 즉, 전쟁이 끝났고, 국가적 이익측면에서 필름을 절약할 필요성이 더 이상 없으며, 특별한 주간뉴스영화필름의 상영을 위한 애국적 동기가 더 이상 없으므로, 이 필름들은 전쟁동안의 필름과 더 이상 비교될 수 없다고 주장했다. 항소법원은 이런 예상하지 못한 사정변경을 통해 계약이 해소된다고 했다.[145] 그러나 영국의 대법원 기능을 수행하는 귀족원은 계약의 당사자는 계약수행과정에서 전혀 예상하지 못했던 사정변경, 예를 들어, 완전히 비정상적인 가격상승이나 하락, 통화가치 하락, 예상치 않은 실행 장애 등이 자주 발생하는데, 이는 거래에 영향을 미치지 않는다고 판단했다.[146]

2. 영국과 미국법의 착오, 사정변경 법리와 대상 판결에 대한 방향성

로마법과 대륙법의 착오 법리에 영향을 받은 영국과 미국의 착오 법리는 대륙법과 그 영역이 다르다. 대륙법은 착오를 넓게 사용하는데 반면, 영국과 미국법은 착오를 제한적으로 사용한다.

영국과 미국법의 사정변경 법리는 대륙법의 사정변경 법리와 다르다.[147] 그런데 미국법은 엄격한 요건 아래에서만 사정변경 법리를 인정하려 한다.[148] 판례에서 그런 경향이 나타나고,[149] 미국통일상법전[150] 제2-615조[151]와 미국

법학 제71호, 2013, 439면 참조.

145) 박영목, 앞의 논문(주 144), 439면 참조. British Movietonews v. London and District Cinemas, [1951] 1 K.B. 190.

146) 박영목, 앞의 논문(주 144), 439면 참조. British Movietonews v. London and District Cinemas, [1952] A.C. 166 (185).

147) 거의 모든 법제가 그 형식과 내용은 다르지만 사정변경 법리를 인정한다. 다만 사정변경 법리는 계약은 지켜져야 한다(Pacta sunt servanda)는 원칙에 대해서 계약 당사자가 계약 체결 당시에 예상할 수 없는 현저한 사정 변경에 대해서 예외적으로 인정한다. Rodrigo Momberg Uribe, The effect of a change of circumstances on the binding force of contracts – comparative perspectives 3-22면 (intersentia 2011) 참조.

148) 김재형 역, 앞의 책(주 51), 500면 참조.

149) 대표적인 판례가 Aluminum Co. of America v. Essex Group, 473 F.2d 777 (2d Cir. 1972)이다.

150) The Uniform Commercial Code는 정확하게는 미국 민법과 상법의 통일법전이라고 평가할 수 있다. 그러나 이 글에서는 종래 학계에서는 옮기는 것과 같이 '미국통일상법전'으로 옮긴다.

151) 박정기 · 윤광운 공역, 미국통일상법전, 법문사, 2006, 52-53면. UCC 제2-615조(전제조

계약법 보통법전집 제2판 제261조도 사정변경 법리를 제한하려 한다.[152] 미국법상 계약 당사자가 계약을 체결한 뒤에, 사정이 변경되어도 체결한 계약 내용을 이행하도록 하는 것이 원칙이다. 따라서 대법원 판례가 형성된 판례 법리로 '계약 해제나 해지'를 목적으로 하지 않는 것이다. 오히려 미국통일상법 제2-615조와 미국 계약법 보통법전집 제2판 제261조는 계약 당사자가 계약을 이행하도록 하기 위한 '계약 내용의 수정'을 합리적인 것으로 여긴다.

이러한 국제물품매매계약에 관한 UN협약(UN Conventions on Contracts for the International Sale of Goods: CISG) 제79조[153]는 의무불이행의 경우, 면책되는 경우를 제한한다.[154] 사정변경 법리는 유럽계약법 원칙 제6:111조(사

건이 결여되어 있다는 항변) 매도인이 보다 큰 채무를 인수한 한도에서 별도로 대체적 수단에 의한 이행에 관한 전조의 규정에 따라서, (a) (b) (c)호에 따른 매도인이 전부나 일부의 양도를 지연한 것 또는 양도하지 않는 것은 합의된 이행이 예기하지 않은 사건에 따라서 실행불가능하게 된 경우로 그러한 것이 일어나지 않는 것이 계약체결의 기본적 전제조건으로 된 경우 또는 외국정부 또는 자국정부의 명령에 성실하게 따른 것에 의하여 실행불가능이 된 경우 또는 그것이 후에 효력을 잃게 된 것을 안 경우에도 매매계약에 근거한 매도인의 의무위반이라고 할 수 없다. (b) (a)호에서 기술한 각 원인이 매도인의 이행능력의 일부에만 영향을 주는 경우에 매도인은 그 다수의 고객 사이에서 생산과 양도를 분배해야 하지만, 그 매도인의 선택으로 자기의 필요분만이 아니라 그 시점에서 계약되지 않는 단골 고객의 주문양까지 포함하여 추가적으로 제조할 수 있다. 매도인은 공정하고 합리적인 방법으로 분배할 수 있다. (c) 매도인은 지연 또는 인도하지 않는 사실과 (b)호에 따라 매수인이 이용할 수 있도록 산정된 양의 배분이 이루어진 때를 시기적절하게 매수인에게 고지하여야 한다.

152) Restatement (Second) of Contracts § 261 cmt. a. (1981) 참조.

153) 석광현, 국제물품매매계약의 법리, 박영사, 2010, 509면 참조. CISG 제79조(면책) (1) 당사자는 그 의무의 불이행이 자신이 통제할 수 없는 장애에 기인했다는 것과 계약체결 시에 그 장애를 고려하거나 또는 그 장애나 그로 인한 결과를 회피하거나 극복하는 것이 합리적으로 기대될 수 없었다는 것을 증명하는 경우, 그 의무불이행에 대하여 책임이 없다. (2) 당사자의 불이행이 계약 전부나 일부의 이행을 위하여 사용한 제3자의 불이행으로 인한 경우, 그 당사자는 다음의 경우에 한하여 그 책임을 면한다. (a) 당사자가 제1항의 규정에 의하여 면책되고, 또한 (b) 당사자가 사용한 제3자도 그에게 제1항이 적용된다면 면책되는 경우 (3) 이 조에 규정된 면책은 장애가 존재하는 기간 동안에 효력을 가진다. (4) 불이행 당사자는 장애가 존재한다는 것과 그 장애가 자신의 이행능력에 미치는 영향을 상대방에게 통지해야 한다. 불이행 당사자가 장애를 알았거나 알았어야 했던 때로부터 합리적인 기간 내에 상대방이 그 통지를 수령하지 못한 경우, 불이행 당사자는 수령하지 않아서 발생한 손해에 대하여 책임이 있다. (5) 이 조는 어느 당사자가 이 협약에 따라 손해배상 청구권 이외의 권리를 행사하는 것을 방해하지 아니한다.

154) 이동진 교수는 미국 판례 가운데 실제 불능이 아닌 사안에서 상업적 이행곤란을 이유로 면책 등을 인정한 예는 매우 드물다고 평가한다. 이동진, "계약위험의 귀속과 그 한계: 사정변경, 불능, 착오", 비교사법 제26권 1호, 2019, 67면.

정변경),[155] Unidroit 원칙 제7.2.2조(비금전채무의 이행),[156] 보통유럽매매법 (Common European Sales Law) 제89조(사정변경)[157]과 유럽 민사법의 공통

---

155) 김재형 역, 앞의 책(주 51), 492면 참조. 유럽계약법 원칙 제6:111조(사정변경) (1) 이행비용이 증가하거나 또는 당사자가 받은 이행의 가치가 감소하였기 때문에 이행이 더욱 곤란해진 경우에도 당사자는 그의 의무를 이행하여야 한다. (2) 그러나 계약 이행이 사정 변경으로 현저히 곤란해진 경우, 다음 요건이 갖추어진 때, 당사자들은 계약 수정이나 종료를 위한 교섭을 개시해야 한다. (a) 사정변경이 계약의 체결 후에 발생하였고, (b) 사정변경의 가능성이 계약 체결 시에 합리적으로 고려될 수 있는 것이 아니었으며, (c) 계약에 따르면, 불리해진 당사자가 사정변경의 위험을 부담해야 할 것이 아닌 때. (3) 당사자들이 합리적 기간 내에 합의에 도달하지 못한 경우, 법원은 (a) 법원이 정하는 시기와 내용으로 계약을 종료시키거나, (b) 사정변경으로 생기는 손실과 이익을 당사자들 사이에서 정의롭고 공평하게 분배하기 위하여 계약을 수정할 수 있다. 위 두 경우에 법원은 당사자 일방이 신의성실과 공정거래에 반하여 교섭을 거부하거나 교섭을 중단함으로써 발생한 손실에 대하여 손해배상을 명할 수 있다.

156) 박영복, 글로벌시대의 계약법 - 국제거래와 민법이론 -, 집문당, 2005, 634-635면 참조. Unidroit 원칙 제6.2.2조 (이행곤란의 정의)는 "사건이 발생하여, 당사자의 이행비용이 증가하거나 당사자가 받은 이행 가치가 감소되어, 계약의 형평성에 중대한 변경을 가져오고 또 다음 요건이 충족되는 경우 이행곤란이 존재하는 것으로 한다. (a) 계약체결 후, 그 사건이 발생하거나 또는 불이익을 입은 당사자에게 그 사건이 알려졌을 것; (b) 그 사건이 계약체결 시에, 불이익을 입은 당사자가 합리적으로 고려할 수 없었을 것; (c) 그 사건이, 불이익을 입은 당사자의 통제범위를 넘은 것일 것, 그리고 (d) 그 사건의 위험이 불이익을 입은 당사자가 인수하지 않았을 것."을 규정한다. 또한 제6.2.3조(이행곤란의 효과)는 "(1) 이행곤란으로 되는 경우, 불이익을 입은 당사자는, 재교섭을 요청할 수 있다. 이 요청은, 부당하게 지체함이 없이, 그 이유를 표시해야 한다. (2) 재교섭의 요청은, 그것만으로는 불이익을 입은 당사자가 이행을 유보하는 권리를 부여하는 것은 아니다. (3) 합리적 기간 내에 합의에 이르지 못한 때는, 각 당사자는 법원에 소를 제기할 수 있다. (4) 법원은 이행곤란이 있다고 인정되는 때는, 합리적이라면, 다음을 명할 수 있다. (a) 법원이 정한 기일 내지 조건에 따라 계약을 해소할 것, (b) 계약의 형평성을 회복시키기 위한 관점에서 계약을 수정할 것"을 규정한다.

157) 하경효 외 7인 공역, 보통유럽매매법, 세창출판사, 2014, 257-259면 참조. 보통유럽매매법 원칙 (CESL) 제89조 (사정변경) 1. 이행비용이 증가하거나 또는 대가로 수령할 것의 가치가 감소하여, 이행이 보다 더 부담이 되어도, 당사자는 그 채무를 이행해야 한다. 예외의 사정변경으로 이행이 과도하게 부담이 되는 경우, 당사자는 계약을 수정하거나 해제할 목적으로 교섭을 시작할 의무를 진다. 2. 당사자가 상당한 기간 내에 합의에 이르지 못하면, 그 때에는 당사자 일방의 청구로, 법원은: (a) 계약 당사자가 사정변경을 고려했다면, 계약 당사자가 계약체결 시에 합의했을 것으로 계약을 수정할 수 있다; 또는 (b) 법원이 정한 날짜와 조건에 따라, 제8조(계약의 해제)의 의미 내에서 계약을 해제할 수 있다. 3. 제1항과 제2항은 다음 각 호의 경우에만 적용한다: (a) 계약이 체결된 후에, 사정변경이 발생했다; (b) 사정변경을 원용하는 당사자는 그 당시에 사정변경의 가능성이나 정도를 고려하지 않았고, 또한 고려했음을 기대할 수 없었다; (c) 불이익 당사자가 그러한 사정변경의 위험을 인수하지 않았고, 또한 인수한 것으로 볼 수 없었다. 4. 제2항과 제3항의 목적을 위해서, '법원'은 중재법원을 포함한다.

기준안(Draft Common Frame of Reference(DCFR)) 제III-1:110조(사정변경을 이유로 하는 법원에 의한 변경 또는 해제)[158]에서도 동일하게 나타난다.

이러한 착오와 사정변경 법리를 대상판결에 적용하면, 글쓴이는 사정변경 법리를 적용하는 것보다는 계약 착오 법리를 적용하는 것이 타당하다고 여긴다. 대상판결의 사실관계에 비추어, 계약당사자가 계약을 이행할 수 있는 상황이 아니다.[159] 따라서 영국과 미국법의 사정변경 법리와 국제거래의 여러 법리를 살펴보아도, 계약 당사자가 계약을 수정하여 계약을 이행할 수 있는 상황이다.

그렇기 때문에 이 사안은 계약 당사자가 계약 목적이 되는 대상에 대한 공통의 착오가 있다고 평가하는 것이 낫다고 여긴다. 영국과 미국법의 착오 법리에 따르면, 착오를 제한한다. 그러나 이 사안은 계약 성립에서 중요한 대상에 대해서 계약 당사자 모두 공통의 착오에 빠져 있으므로, 계약을 해소하는 것이 바람직하다.[160] 우리 대법원도 사정변경 법리를 구체적인 사안에 적용하는 것을 꺼려한

---

158) 안태용 옮김, 유럽 민사법의 공통기준안, 법무부, 2012, 293-294면 참조. 유럽민사법의 공통기준안(DCFR) 제III.-1:110조는 "(1) 채무는 이행비용의 증가 또는 대가로 수령할 것의 가치 감소 등으로 이행부담이 커진 경우에도 이행해야 한다. (2) 그러나 예외의 사정 변경으로 계약상 채무 또는 일방적 법률행위로 발생하는 채무이행 부담이 커져 채무자를 채무에 구속시키는 것이 명백히 부당한 경우 법원은: (a) 채무를 새로운 상황에서 합리적이고 형평성이 되도록 수정하거나, 또는 (b) 법원이 결정한 시기와 조건에 따라 채무를 종료할 수 있다. (3) 제2항은 다음의 경우에만 적용한다: (a) 채무가 발생한 이후에 사정 변경이 있었고, (b) 채무자가 당시에 사정변경의 가능성이나 규모에 대해 고려하지 않았거나 고려했을 것을 합리적으로 기대할 수 없었으며, (c) 채무자가 사정변경의 위험을 인수하지 않았고 인수했을 것으로 합리적으로 간주할 수 없고, (d) 채무자가 협상을 통해 채무 내용을 합리적으로 형평성에 맞게 수정하기 위한 시도를 합리적으로 그리고 성실히 했을 경우."라고 규정한다.

159) 그런 측면에서 이 사안은 '원시적 불능'으로도 고려해 볼 수 있는 가능성이 있다.

160) 대법원의 사정변경 법리는 계약을 그대로 유지하거나, 해제 · 해지하는 둘 사이의 하나를 선택하도록 한다. 그러나 서구의 많은 입법례가 사정변경 법리를 계약 내용을 수정하여 계약을 유지하는 방향으로 이끌고 있다. 그런 점에서 계약해소라는 획일적인 방법이 아니라 계약을 수정하는 유연한 방법이 좀 더 바람직하다. 권영준, "위험배분의 관점에서 본 사정변경의 원칙", 민사법학 제51호, 2010, 257쪽 참조. 그러한 점에서 2004년 민법개정안 제544조(사정변경과 해제, 해지)와 2013년 민법개정안 제538조의2(사정변경) 모두 "계약 내용을 수정할 수 있는" 규정을 담고 있다. 법무부, 2004년 법무부 민법개정안 - 채권편 · 부록, 법무부, 2012, 281면. 또한 법무부, 2013년 법무부 민법개정 시안 - 채권편 상, 법무부, 2013. 그리고 계약 당사자의 공통 착오인 경우에도 미국법은 계약 당사자가 계약 내용을 수정하여 계약 내용을 이행할 수 있도록 한다. 우리 학계에서도 계약 당사자가 공통 착오의 경우에 가정적 의사를 바탕으로 보충적 해석을 제안하기도 한다. 이영준, 한국민법론 총칙편, 수정판, 박영사, 2004, 379면. 또한 김형석, "동기착오의 현상학", 저스티스 통권 제151호, 2015, 113-117면 참조.

다. 따라서 계약 당사자가 공통의 착오를 이유로 우리 민법의 착오에 대한 민법 제109조에 따라 계약을 취소하고,[161] 민법 제141조에 따라서 그 계약은 처음부터 무효로 파악하여, 계약 당사자의 법률관계를 조율해야 할 것이다.[162]

---

161) 윤진수 교수는 착오에 따른 취소를 허용할 지는 기본적으로 어느 당사자에게 손실을 부담시킬 것인가 하는 문제라고 한다. 따라서 상대방이 잘못된 정보를 제공함으로써 착오의 원인을 제공했음에도 그 사람에게 과실이 없다는 이유만으로 위험을 착오자에게 전가하는 것은 부당하다고 한다. 모두 취소 이외에 손해배상을 인정할 것인가 하는 문제에 있어서는 UNIDRO1T 계약원칙 제3.18조와 유럽계약법원칙 제4:106조는 상대방의 과실을 요구한다고 한다. 그런데 그 착오가 상대방에 대하여도 중요한 의미가 있는 때이거나 공통의 착오의 경우에는 단순히 가장 저렴한 비용으로 위험을 회피할 수 있는 원칙(cheapest cost avoider)만으로 설명할 수 없다고 한다. 가장 저렴한 비용으로 위험을 회피할 수 있는 원칙을 관철한다면, 계약 당사자 모두가 착오에 빠졌어도 누가 더 잘 착오를 예방할 수 있는가를 따져서 그에게 위험을 부담시켜야 한다고 설명한다. 윤진수, 앞의 논문(주 46), 785면 참조. 2019년 국내 500기업 순위를 보면, 원고가 7위이고, 피고가 172위이다. 이러한 법경제학 분석으로는 이러한 착오 위험을 원고가 지게 해야 할 가능성이 있다.

162) 그런 점에서 대상 2심 법원이 판단한 것과 같이, 사정변경 법리를 좀 더 엄격하게 해석하고, 원고와 피고 사이에 보상금이 쌍방에 공통된 동기의 착오를 인정하여 계약을 해소하는 방향으로 이 사안을 구성하는 것이 올바른 방향이라고 판단한다.

[참고문헌]

고세일, "불법행위의 예견가능성과 손해배상범위에 대한 연구 - 민법 제763조의 준용에 따른 민법 제393조의 해석문제 - ", 민사법학 제66호, 2014.

______, "미국 계약법의 사정변경 법리," 재산법연구 제31권 제2호, 2014.

______, "미국법의 위험부담 법리에 대한 고찰", 재산법연구 제32권 제4호, 2016.

______, "미국법상 부실표시 법리에 대한 고찰 - 미국 보통법전집의 법리를 중심으로 -", 비교사법 제24권 제1호, 2017.

______, "미국 불법행위법의 위험인수 법리에 대한 고찰", 법학연구 제30권 제1호, 2019.

곽윤직 편집대표, 민법주해 I, 민법 제2조(양창수 교수 집필부분), 박영사, 1992.

______________, 민법주해 II, 민법 제109조(송덕수 교수 집필부분), 박영사, 1992.

______________, 민법주해 XIII, 민법 제543조 전론(김덕룡 판사 집필부분), 박영사, 2009.

권영준, "위험배분의 관점에서 본 사정변경의 원칙", 민사법학 제51호, 2010.

김상중, "상표의 표시, 광고와 계약의 내용", 서강법학 제8권, 2006.

______, "사정변경제도의 성문입법화시도와 관한 몇 가지 비판적 단상 - 민법중개정법률안 제544조의4를 계기로 한 영미법의 Frustration 법리와의 비교 · 분석을 통하여 -," 재산법연구 제23권 제1호, 2006.

김영희, "미국법상 채무불이행 유형의 재구성," 비교사법 제22권 2호, 2015.

김형석, "동기착오의 현상학", 저스티스 통권 제151호, 2015.

명순구, 미국계약법입문(제2판), 법문사, 2008.

박영목, "사정 변경으로 인한 등가관계 장애의 법적 해결", 고려법학 제71호, 2013.

박영복, 글로벌시대의 계약법 - 국제거래와 민법이론 -, 집문당, 2005.

박정기, "미국계약법상의 비양심의 법리", 부경대학교 논문집 제6권 제3호, 2001.

박정기 · 윤광운 공역, 미국통일상법전, 법문사, 2006.

법무부, 2004년 법무부 민법개정안 - 채권편 · 부록, 법무부, 2012.

______, 2013년 법무부 민법개정 시안 - 채권편 상, 법무부, 2013.

석광현, 국제물품매매계약의 법리, 박영사, 2010.

송덕수, 착오론, 고시원, 1991.

______, "사정변경의 원칙에 관한 현안의 정리 및 검토", 법학논집 제23권 제1호, 2018.

안태용 옮김, 유럽 민사법의 공통기준안, 법무부, 2012.

엄동섭, 미국계약법 II, 법영사, 2012.

여하윤, "불확실성이 존재하는 경우에 있어서 의사표시의 착오 문제 - 프랑스 "푸생 사건(affaire Poussin)"으로부터의 시사점을 중심으로 -, 중앙법학 제12집 제4호, 2010.

올리버 웬델 홈스 2세 지음, 임동진 옮김, 보통법, 알토란, 2012.

올 란도 · 휴 빌 편, 김재형 역, 유럽계약법 원칙, 박영사, 2013.

윤진수, "민법상 착오규정의 입법론적 고찰 – 민법개정위원회에서의 소수의견 –", 민법논고 II, 박영사, 2008.

이동진, "계약위험의 귀속과 그 한계: 사정변경, 불능, 착오", 비교사법 제26권 1호, 2019.

이영준, 한국민법론 총칙편, 수정판, 박영사, 2004.

임철현, "키코 계약에 있어 중대한 사정변경에 대한 법적 보호 - 키코 가처분결정들을 통해 본 중대한 사정변경의 의미", 저스티스 통권 제145호, 2014.

임홍근 · 이태희, 법률영어사전, 법문사, 2013.

정상현, "프랑스 민법상 불예견이론과 우리 민법에의 시사점", 민사법학 제50호, 2008.

______, "사정변경법리의 연혁적 고찰", 성균관법학 제23권 제3호, 2011.

정성헌, "영미계약법상 부실표시에 대한 연구," 법과 정책 제21집 제1호, 2015.

전원열, "동기 개념의 정립을 위한 소고", 저스티스 통권 제146-1호, 2015.

조규창, "구한말 서구법계수의 역사적 의의", 조규창 교수논문집 논리와 직관, 법문사, 1998.

______, 비교법 (상), 소화, 2005.

조희경, "구두증거원칙에 관련된 표준계약조항에 대한 소고", 성균관법학 제25권 제4호, 2013.

하경효 외 7인 공역, 보통유럽매매법, 세창출판사, 2014.

현승종, 조규창, 로마법, 법문사, 1996.

American Law Institute, Restatement of the Law, Second, Contracts 2d §§ 1-177, 1981.

E. Allan Farnsworth, Contracts, Aspen Law 3rd., 1999.

John Cartwright, *The rise and fall of mistake in the English Law in,* Ruth Sefton-Green, Mistake, Fraud and Duties to Inform in European Contract Law, Cambridge University Press, 2005.

John Cartwright, Contract – An Introduction to the English Law of Contract for the Civil Lawyer, Hart Publishing, 2007.

John Elofson, *The Dilemma of Changed Circumstances in Contract Law: An Economic Analysis of the Foreseeability and Superior Risk Bearer Tests*, 30 Colum. J. L. & Soc. Probs. 1, 1996.

G.H. Treitel, An Outline of The Law of Contracts, Oxford University Press, 2004.

K. Zweigert and H. Kötz (Tony Weir Trans.), An Introduction to Comparative Law, Oxford, 2nd, 1992.

Luke Nottage, *Changing Contract Lenses: Unexpected Supervening Events in English, New Zealand, U.S., Japanese, and Internationale Sales Law and Practice*, 14 Ind. J. Global Legal Stud., 2007.

Melvin A. Eisenberg, *Impossibility, Impracticability, and Frustration*, J. Legal Analysis, 2009.

Ole Lando and Hugh Beale, Principles of European Contract Law Part I and Part II, Kluwer Law International, 2000.

Richard A. Posner and Andrew M. Rosenfield, *Impossibility and Related Doctrines in Contract Law: An Economic Analysis*, 6 J. Legal Stud 83, 1977.

Richard Lord, Williston on Contracts, Vol. 28, Thomson West 4th ed., 2003.

______________, Williston on Contracts, Vol. 30, Thomson West 4th ed., 2013.

Rodrigo Momberg Uribe, The effect of a change of circumstances on the binding force of contracts – comparative perspectives, intersentia, 2011.

Stephen A. Smith, Atiyah's Introduction to the Law of Contract, Oxford Univ. Press 6th ed., 1995.

Tadas Klimas, Comparative Contract Law – A Transystemic Approach With An Emphasis on the Continental Law – Cases, Text and Materials, Carolina Academic Press, 2006.

W. Page Keeton and others, Prosser and Keeton on Torts, West Group, 1984.

대법원 2020. 5. 14. 선고 2016다12175 판결
【선보상금반환】 [공2020하, 1053]

【판시사항】

[1] 당사자가 표시한 문언에서 표시행위에 부여한 의미가 명확하게 드러나지 않는 경우, 법률행위를 해석하는 방법 / 하나의 계약에 포함되어 있는 개별 약정이 다수의 법률행위로 분리된 것으로 보아야 하는지 판단하는 방법
[2] 장래에 발생할 막연한 사정을 예측하거나 기대하고 법률행위를 하였으나 그러한 예측이나 기대와 다른 사정이 발생한 경우, 착오를 이유로 법률행위를 취소할 수 있는지 여부(소극)
[3] 갑 공사는 을 외국법인이 석유광구 운영권의 지분을 매도하는 국제입찰에 참여하여 낙찰자로 선정되자, 위 지분 중 일부를 국내 회사에 매도하기 위해 '참여지분비율에 상응하는 지분매입대금에 보상금을 더한 보상비율'을 입찰 팩터(factor)로 하는 입찰을 시행하여 병 주식회사 등을 낙찰자로 선정하였고, 그 후 갑 공사가 을 법인과 위 석유광구 운영권의 지분을 매입하는 내용 등의 계약을 체결하여 그 계약이 외국 의회의 승인을 거쳐 발효되자, 갑 공사와 병 회사 등이 공동참여계약을 체결하여 그 계약에서 정한 일정에 따라 병 회사가 갑 공사에 지분매입대금과 보상금을 지급하였는데, 갑 공사가 손실 누적 등을 이유로 공동참여계약에 따른 조합의 해산을 청구하면서 위 계약을 해지한다고 통보하자, 병 회사가 착오를 이유로 한 의사표시의 취소 등을 주장하면서 보상금의 반환을 구한 사안에서, 위 보상금은 이미 사업권을 획득한 갑 공사가 기득권의 일부를 처분하면서 요구한 프리미엄, 즉 분할 불가능한 조합계약의 대가 중 일부로 보아야 하므로 공동참여계약을 조합계약 부분과 보상금 지급 부분으로 나누어 보상금 지급 부분만의 해제나 취소를 검토할 수 없고, 병 회사가 공동참여계약을 체결할 때 한 석유광구의 증산 가능성과 경제성이라는 장래의 미필적 사실의 발생에 대한 기대나 예상이 빗나간 것에 불과할 뿐 이를 법률행위 내용의 중요 부분에 착오가 있다고는 볼 수 없는데도, 공동참여계약이 조합계약을 구성하는 부분과 보상금 지급 부분으로 나누어진다고 전제한 다음 보상금 지급

부분이 동기의 착오로 적법하게 취소되었다고 본 원심판단에는 법률행위의 성립 및 의사표시의 착오로 인한 취소에 관한 법리오해의 잘못이 있다고 한 사례
[4] 사정변경을 이유로 계약을 해제하거나 해지할 수 있는 경우 및 여기서 말하는 '사정'의 의미 / 경제상황 등의 변동으로 당사자에게 손해가 발생하였으나 합리적인 사람의 입장에서 사정변경을 예견할 수 있었던 경우, 사정변경을 이유로 계약을 해제할 수 있는지 여부(소극)

【판결요지】

[1] 법률행위의 해석은 당사자가 그 표시행위에 부여한 의미를 명백하게 확정하는 것으로서, 당사자가 표시한 문언에서 그 의미가 명확하게 드러나지 않는 경우에는 문언의 내용, 법률행위가 이루어진 동기와 경위, 당사자가 법률행위로 달성하려는 목적과 진정한 의사, 거래의 관행 등을 종합적으로 고려하여 논리와 경험의 법칙, 그리고 사회일반의 상식과 거래의 통념에 따라 합리적으로 해석하여야 한다.
계약은 둘 이상의 당사자의 합치하는 의사표시를 요소로 하는 법률행위를 말한다. 하나의 계약에 포함되어 있는 개별 약정이 다수의 법률행위로 분리된 것으로 보아야 하는지는 당사자에게 주관적으로 이러한 약정을 다수의 법률행위로 분리할 수 있는 것으로 하겠다는 의사의 합치가 있는지, 이러한 약정이 객관적으로 다수의 법률행위로 분리될 수 있는지 여부 등을 종합적으로 고려하여 결정하여야 한다.
[2] 민법 제109조에 따라 의사표시에 착오가 있다고 하려면 법률행위를 할 당시에 실제로 없는 사실을 있는 사실로 잘못 깨닫거나 아니면 실제로 있는 사실을 없는 것으로 잘못 생각하듯이 의사표시자의 인식과 그러한 사실이 어긋나는 경우라야 한다. 의사표시자가 행위를 할 당시 장래에 있을 어떤 사항의 발생을 예측한 데 지나지 않는 경우는 의사표시자의 심리상태에 인식과 대조사실의 불일치가 있다고 할 수 없어 이를 착오로 다룰 수 없다. 장래에 발생할 막연한 사정을 예측하거나 기대하고 법률행위를 한 경우 그러한 예측이나 기대와 다른 사정이 발생하였다고 하더라도 그로 인한 위험은 원칙적으로 법률행위를 한 사람이 스스로 감수하여야 하고 상대방에게 전가해서는 안 되므로 착오를 이유로

취소를 구할 수 없다.

[3] 갑 공사는 을 외국법인이 석유광구 운영권의 지분을 매도하는 국제입찰에 참여하여 낙찰자로 선정되자, 위 지분 중 일부를 국내 회사에 매도하기 위해 '참여지분비율에 상응하는 지분매입대금에 보상금을 더한 보상비율'을 입찰 팩터(factor)로 하는 입찰을 시행하여 병 주식회사 등을 낙찰자로 선정하였고, 그 후 갑 공사가 을 법인과 위 석유광구 운영권의 지분을 매입하는 내용 등의 계약을 체결하여 그 계약이 외국 의회의 승인을 거쳐 발효되자, 갑 공사와 병 회사 등이 공동참여계약을 체결하여 그 계약에서 정한 일정에 따라 병 회사가 갑 공사에 지분매입대금과 보상금을 지급하였는데, 갑 공사가 손실 누적 등을 이유로 공동참여계약에 따른 조합의 해산을 청구하면서 위 계약을 해지한다고 통보하자, 병 회사가 착오를 이유로 한 의사표시의 취소 등을 주장하면서 보상금의 반환을 구한 사안에서, 위 공동참여계약 중 보상금에 관한 부분은 보상금의 수액을 정한 조항이 전부인데, 위 조항은 '지분매입비 보상'의 일부로서 지분매입대금에 관한 조항과 본질적으로 동일한 성격의 것인 점, 입찰과정에서도 지분매입대금과 보상금의 합계액에 해당하는 보상비율만이 기재되었던 점 등 제반 사정에 비추어 위 보상금은 이미 사업권을 획득한 갑 공사가 기득권의 일부를 처분하면서 요구한 프리미엄, 즉 분할 불가능한 조합계약의 대가 중 일부로 보아야 하므로 공동참여계약을 조합계약 부분과 보상금 지급 부분으로 나누어 보상금 지급 부분만의 해제나 취소를 검토할 수 없고, 석유개발 · 탐사 사업은 고위험 · 고소득 사업으로 석유의 부존 여부와 부존량, 회수의 기술적 가능성과 경제성 등 많은 요소에 불확실성이 내재하는 점 등 제반 사정에 비추어 병 회사가 공동참여계약을 체결할 때 한 석유광구의 증산 가능성과 경제성이라는 장래의 미필적 사실의 발생에 대한 기대나 예상이 빗나간 것에 불과할 뿐 이를 법률행위 내용의 중요 부분에 착오가 있다고는 볼 수 없는데도, 공동참여계약이 조합계약을 구성하는 부분과 보상금 지급 부분으로 나누어진다고 전제한 다음 보상금 지급 부분이 동기의 착오로 적법하게 취소되었다고 본 원심판단에는 법률행위의 성립 및 의사표시의 착오로 인한 취소에 관한 법리오해의 잘못이 있다고 한 사례.

[4] 계약 성립의 기초가 된 사정이 현저히 변경되고 당사자가 계약 성립 당시 이를 예견할 수 없었으며, 그로 인하여 계약을 그대로 유지하는 것이 당사자의

이해에 중대한 불균형을 초래하거나 계약을 체결한 목적을 달성할 수 없는 경우에는 계약준수 원칙의 예외로서 사정변경을 이유로 계약을 해제하거나 해지할 수 있다. 여기에서 말하는 사정이란 당사자에게 계약 성립의 기초가 된 사정을 가리키고, 당사자가 계약의 기초로 삼지 않은 사정이나 어느 일방당사자가 변경에 따른 불이익이나 위험을 떠안기로 한 사정은 포함되지 않는다. 경제상황 등의 변동으로 당사자에게 손해가 생기더라도 합리적인 사람의 입장에서 사정변경을 예견할 수 있었다면 사정변경을 이유로 계약을 해제할 수 없다.

【참조조문】

[1] 민법 제105조 / [2] 민법 제109조 / [3] 민법 제105조, 제109조 / [4] 민법 제2조, 제543조

【참조판례】

[1] 대법원 1996. 10. 25. 선고 96다16049 판결 (공1996하, 3422) / [2] 대법원 1972. 3. 28. 선고 71다2193 판결 (집20-1, 민160), 대법원 2013. 11. 28. 선고 2013다202922 판결 / [4] 대법원 2007. 3. 29. 선고 2004다31302 판결 (공2007상, 601), 대법원 2013. 9. 26. 선고 2012다13637 전원합의체 판결 (공2013하, 1916), 대법원 2017. 6. 8. 선고 2016다249557 판결 (공2017하, 1457)

【전문】

【원고, 피상고인 겸 상고인】 주식회사 한화 (소송대리인 법무법인(유한) 율촌 담당변호사 김능환 외 5인)

【피고, 상고인 겸 피상고인】 한국석유공사 (소송대리인 법무법인(유한) 태평양 담당변호사 강동욱 외 6인)

【대상판결】

【원심판결】 서울고법 2016. 1. 21. 선고 2015나8508 판결

【주문】

원심판결 중 피고 패소 부분을 파기하고, 이 부분 사건을 서울고등법원에 환송한다. 원고의 상고를 기각한다.

【이유】

상고이유(상고이유서 제출기간이 지난 다음 제출된 상고이유보충서들은 이를 보충하는 범위에서)를 판단한다.

1. 사건 개요

원심판결 이유와 원심이 채택한 증거에 따르면 다음 사실을 알 수 있다.

가. 피고는 예멘공화국(Republic of Yemen, 이하 '예멘'이라 한다)의 국영기업인 예멘석유광물투자회사(Yemen Company for Investment in Oil and Minerals, 이하 'YICOM'이라 한다)가 예멘 남동부의 사바타인(Sabatayn) 분지에 있는 약 2,000㎢의 예멘4광구(이하 '이 사건 광구'라 한다)의 운영권 50% 지분을 매도하는 국제입찰에 참가하여 2005. 9. 7. 낙찰자로 선정되었다.

나. 피고는 2006. 7. 11.경 이 사건 광구의 운영권 50% 지분 중 최대 20% 지분을 2개 이하의 국내 회사에 매도하는 입찰(이하 '이 사건 입찰'이라 한다)을 시행하였다. 피고는 참여지분비율에 상응하는 지분매입대금에 보상금을 더한 보상비율을 입찰 팩터(factor)로 하여, 이 사건 입찰에 참가한 회사가 3개 이상일 경우 가장 높은 보상비율을 제시한 1위 회사를 15% 지분의 낙찰자로 선정하고, 2위 회사에 나머지 5% 지분을 1위 회사와 같은 보상비율로 매수할 것을 권유하여 이를 승낙하면 2위 회사를 5% 지분의 낙찰자로 선정하기로 하였다.

다. 원고, 현대중공업 주식회사(이하 '현대중공업'이라 한다) 등 4개 회사가 이 사건 입찰에 참가하였는데, 현대중공업이 가장 높은 보상비율 205%(= 지분매입대금 100% + 보상금 105%)를 제시하였고, 원고가 다음으로 높은 보상비율 120.99%(= 지분매입대금 100% + 보상금 20.99%)를 제시하였다. 피고는 2006. 10. 2. 현대중공업을 15% 지분의 낙찰자로 선정하였고, 원고가 현대중공업과 같은 보상비율로 매수할 것을 승낙하자 2006. 10. 19. 원고를 5% 지분의 낙찰자로 선정하였다.

라. 피고는 2007. 5. 30. 이 사건 광구의 운영권 50% 지분을 YICOM으로부

터 미화 55,100,000달러에 매입하는 등의 '기본계약'(Farmout Agreement)과 '공동운영계약'(Joint Operating Agreement, JOA) 등(이하 위 계약들을 아울러 '이 사건 지분매입계약'이라 한다)을 체결하였다. 이 사건 지분매입계약은 예멘 의회의 승인을 거쳐 2008. 5. 26. 발효되었다.

마. 피고는 2007. 7. 11. 15% 지분의 낙찰자인 현대중공업, 5% 지분의 낙찰자인 원고와 '공동참여계약'(이하 '이 사건 계약'이라 한다)을 체결하였다. 원고는 이 사건 계약에서 정해진 일정에 따라 피고에게 지분매입대금 미화 5,510,000달러를 지급하는 한편, 2008. 6. 24. 피고에게 이 사건 보상금 미화 5,785,500달러를 별도로 지급하였다.

바. 피고가 이 사건 광구의 운영권 50% 지분을 매입하여 이 사건 광구를 인수한 다음 운영을 계속할수록 손실이 누적되었다. 피고는 2009. 5.경부터 이 사건 광구의 운영권 50% 지분을 매각하려고 시도하였으나 무산되었고, 2012. 10.경부터 원고, 현대중공업과 이 사건 광구에서의 사업 철수 문제에 대해 협의하였으나, 원고의 반대 등으로 철수가 결정되지 않았다. 피고는 2013. 9. 26. 이 사건 계약에 따른 조합의 해산을 청구함과 아울러 이 사건 계약을 해지한다는 통보를 하였다. 피고는 그 무렵 예멘과 YICOM에 이 사건 광구의 운영권 지분을 반납하고 이 사건 광구에서 철수할 것을 통보하였다.

2. 피고의 상고이유에 관한 판단

가. 조합계약과 별도의 보상금계약이 성립·존재하는지 여부(피고의 상고이유 제1점)

(1) 원심 판단

원심은 다음과 같은 이유로 이 사건 계약이 조합계약을 구성하는 부분과 별도로 보상금의 지급에 관한 계약으로 구성되어 있다고 보았다.

(가) 이 사건 계약 제5조 제3항 제3호에서는 '보상금(프리미엄)'이라는 별도의 조항을 두어, 원고와 현대중공업이 피고에게 지분매입대금 상당의 금원을 지급함으로써 출자의무를 이행하는 것(이 사건 계약 제5조 제3항 제1호, 제2호)과는 별도로 지분매입대금의 105%에 이르는 이 사건 보상금을 피고에게 지급하도록 규정하고 있고, 그 금액도 별도로 산정되어 명시되었다.

(나) 원고는 지분매입대금 미화 5,510,000달러와는 별도로 피고에게 이 사건

보상금 미화 5,785,500달러를 지급하였고, 원고와 현대중공업이 피고에게 지급한 이 사건 보상금은 이 사건 광구 운영사업의 회계에 편입된 것이 아니라 무형자산처분이라는 명목으로 피고에게 별도의 이익으로서 직접 귀속되었다.

(다) 피고는 2009. 8. 20.자 6차 운영위원회에서 원고에게 이 사건 광구의 운영권 지분 매각 협의 시 원고와 현대중공업의 이 사건 보상금 보상을 위하여 노력할 것이라는 입장을 밝혔고, 2011. 10. 31. 피고가 조합 지분 중 60%를 보유하고 있는데도 현대중공업 측에 원고, 피고, 현대중공업이 보유하는 이 사건 광구에 관한 지분을 매각하되, 매각대금이 1,000만 달러 이하일 경우 이 사건 보상금의 반환을 거론하지 않는 조건으로 그 매각대금을 피고를 제외한 원고와 현대중공업에만 분배하는 지분매각방안을 제시하였으며, 2012. 11. 30. 원고 측에 원고가 이 사건 광구 운영사업 철수에 동의하고 향후 피고를 상대로 소송을 제기하지 않는 것을 조건으로 하여 이 사건 보상금 중 50%를 반환하는 방안을 제시하는 등 지분매입비용 또는 출자금과는 별개로 이 사건 보상금 반환과 관련하여 원고와 협상을 해왔다.

(2) 대법원 판단

그러나 원심판단은 다음과 같은 이유에서 받아들이기 어렵다.

(가) 법률행위의 해석은 당사자가 그 표시행위에 부여한 의미를 명백하게 확정하는 것으로서, 당사자가 표시한 문언에서 그 의미가 명확하게 드러나지 않는 경우에는 문언의 내용, 법률행위가 이루어진 동기와 경위, 당사자가 법률행위로 달성하려는 목적과 진정한 의사, 거래의 관행 등을 종합적으로 고려하여 논리와 경험의 법칙, 그리고 사회일반의 상식과 거래의 통념에 따라 합리적으로 해석하여야 한다 (대법원 1996. 10. 25. 선고 96다16049 판결 등 참조).

계약은 둘 이상의 당사자의 합치하는 의사표시를 요소로 하는 법률행위를 말한다. 하나의 계약에 포함되어 있는 개별 약정이 다수의 법률행위로 분리된 것으로 보아야 하는지는 당사자에게 주관적으로 이러한 약정을 다수의 법률행위로 분리할 수 있는 것으로 하겠다는 의사의 합치가 있는지, 이러한 약정이 객관적으로 다수의 법률행위로 분리될 수 있는지 여부 등을 종합적으로 고려하여 결정하여야 한다.

(나) 위에서 본 사실관계를 법리에 비추어 보면, 다음과 같이 판단할 수 있다.

보상금 지급은 유상임이 분명하므로, 이 사건 계약의 조합계약 부분과 보상금 지급 부분이 별도의 법률행위로 구분된다고 하려면 보상금의 대상이 조합계약의 주된 부분과 객관적으로 분리될 수 있어야 한다. 그러나 위에서 살펴본 바와 같이, 이 사건 계약 중 보상금에 관한 부분은 보상금의 수액을 정한 제5조 제3항 제3호가 전부이고, 위 조항은 '지분매입비 보상'의 일부로서 지분매입대금에 관한 조항(제1호, 제2호)과 본질적으로 동일한 성격의 것이며, 입찰과정에서도 지분매입대금과 보상금의 합계액에 해당하는 보상비율만이 기재되었다. 원고와 피고 사이에 이 사건 계약 중 보상금 지급 부분에 관하여 별도의 약정을 체결하겠다는 의사가 있었음을 인정할 수도 없다.

위 보상금은 이 사건 광구 관련 사업에 참여할 기회를 제공받는 것에 대한 대가에 불과하고, 이 사건 계약의 조합계약 부분과 보상금 지급 부분은 별도의 법률행위로 구분될 수 없는 하나의 법률행위로 보아야 한다. 보상금은 이미 사업권을 획득한 피고가 그 기득권의 일부를 처분하면서 요구한 프리미엄, 즉 분할 불가능한 조합계약의 대가 중 일부로 보아야 한다. 따라서 이 사건 계약을 조합계약 부분과 보상금 지급 부분으로 나누어 보상금 지급 부분만의 해제나 취소를 검토할 수 없다.

(다) 그런데도 원심이 이 사건 계약이 조합계약을 구성하는 부분과 별도로 보상금의 지급에 관한 계약으로 구성되어 있다고 판단하여 이를 전제로 이 사건 보상금 지급 부분만의 취소를 인정한 것은 법률행위의 성립에 관한 법리를 오해하여 판결에 영향을 미친 잘못이 있다. 이를 지적하는 피고의 상고이유 주장은 이유 있다.

나. 이 사건 보상금 지급 부분이 동기의 착오를 이유로 취소될 수 있는지 여부(피고의 상고이유 제2점)

(1) 원심 판단

원심은 이 사건 계약이 조합계약을 구성하는 부분과 별도로 이 사건 보상금 지급 부분으로 나누어진다고 전제하고, 다음과 같은 이유로 이 사건 보상금 지급 부분이 동기의 착오로 적법하게 취소되었으므로 피고는 원고에게 이 사건 보상금을 부당이득으로 반환할 의무가 있다고 보았다.

(가) 원고는 이 사건 보상금 지급 당시 이 사건 광구 중 개발광구에 대한 증

산이 가능하므로 이 사건 광구 운영사업에 최소한의 경제성이 있다고 믿었다. 그러나 실제로는 증산 가능성이 낮아 결과적으로 그 경제성이 저하되었다. 이는 단순히 장래의 미필적 사실의 발생에 대한 기대 또는 예상이 빗나간 것에 불과한 것이 아니라, 이 사건 광구 중 개발광구에 대한 사실상 증산 가능성이라는 실제로는 없는 사실을 있는 사실로 잘못 인식한 동기의 착오에 해당한다.

(나) 원고가 착오를 일으키게 된 계기를 제공한 원인이 피고 측에 있으므로 피고가 이를 유발한 것으로 볼 수 있을 뿐만 아니라 원고가 지분매입대금의 105%에 이르는 거액의 보상금을 지급하게 된 경위 등에 비추어 보면, 이 사건 계약을 체결하면서 원고는 그 동기를 의사표시의 내용으로 표시하였거나 적어도 의사표시의 해석상 그 내용으로 되어 있다고 보아야 한다.

(다) 원고로서는 개발광구에 대한 증산 가능성이 낮아 결과적으로 이 사건 광구 운영사업의 경제성이 낮다는 사실을 알았다면 이 사건 광구의 지분매입대금 외에 그 지분매입대금의 105%에 해당하는 이 사건 보상금을 추가로 지급하지 않았을 것이고, 보통의 일반인도 그러한 의사표시를 하지는 않았을 것으로 보인다. 따라서 원고의 위와 같은 착오는 이 사건 계약 내용의 중요 부분에 관한 것이다.

(라) 원고는 이 사건 소장 부본의 송달로 이 사건 보상금 지급 부분을 취소한다는 의사표시를 하였다.

(2) 대법원 판단

(가) <u>민법 제109조에 따라 의사표시에 착오가 있다고 하려면 법률행위를 할 당시에 실제로 없는 사실을 있는 사실로 잘못 깨닫거나 아니면 실제로 있는 사실을 없는 것으로 잘못 생각하듯이 의사표시자의 인식과 그러한 사실이 어긋나는 경우라야 한다. 의사표시자가 행위를 할 당시 장래에 있을 어떤 사항의 발생을 예측한 데 지나지 않는 경우는 의사표시자의 심리상태에 인식과 대조사실의 불일치가 있다고 할 수 없어 이를 착오로 다룰 수 없다</u> (대법원 1972. 3. 28. 선고 71다2193 판결, 대법원 2013. 11. 28. 선고 2013다202922 판결 등 참조). <u>장래에 발생할 막연한 사정을 예측하거나 기대하고 법률행위를 한 경우 그러한 예측이나 기대와 다른 사정이 발생하였다고 하더라도 그로 인한 위험은 원칙적으로 법률행위를 한 사람이 스스로 감수하여야 하고 상대방에게 전가해</u>

서는 안 되므로 착오를 이유로 취소를 구할 수 없다.

(나) 원심판결 이유와 적법하게 채택한 증거에 따르면 다음 사실을 알 수 있다.

① 석유탐사 · 개발사업은 고위험 · 고소득 사업이고, 석유의 부존 여부와 그 부존량, 회수의 기술적 가능성과 경제성 등 많은 요소에 불확실성이 내재한다. 광구의 매장량, 자원의 성분과 비중, 저류층 특성, 적용 가능한 회수기술, 예측 생산량, 증산을 위한 기술적 용역비용 등 석유탐사 · 개발사업의 경제성을 결정하는 변수들은 직접 확인이 불가능하거나 그 자체로 불확실성이 존재하는 요소들이다.

② 이 사건 광구는 1987년경 원유가 발견되어 1991년경부터 원유 생산이 시작된 노후광구로, 1일 평균 생산량은 1992. 11.경 8,600배럴이었다가 1994년경 1,000배럴로 감소하고, 2000년경 694배럴로 감소하였으며, 2005. 5.경에는 166배럴로 감소하였다.

③ 피고는 국제입찰 참가에 앞서 'Gaffney, Cline & Associates'(이하 'GCA'라 한다)를 자문사로 선정하여 이 사건 광구의 기술적 평가를 의뢰하였다. GCA가 작성한 이 사건 광구의 기술적 평가에 관한 보고서(이하 'GCA 보고서'라 한다)에는 다음과 같이 기재되어 있다.

'기초자료가 불충분하므로 매장량은 검증된 매장량을 의미하지 않고, 작업계획과 예산은 잠정적이며 현 단계에서 확정적인 작업계획은 수립되기 어렵다. 이 사건 광구의 생산성은 변동 가능하다. 저류층의 기술적 분석이 세부적으로 이루어지지 못하였고 저류층 데이터를 이해하는 데 어려움이 있어서 회수증진법 결정에 앞서 추가적 기술분석과 저류층에 대한 이해가 필요하다.'

④ 피고는 2006. 7. 21. 원고 등 30여 회사가 참여한 가운데 이 사건 광구 등에 관한 설명회를 개최하였다. 이때 교부된 이 사건 광구에 관한 설명 자료에는 이 사건 광구의 확인매장량이나 최저매장량이 기재되어 있지 않다.

⑤ 피고는 2006. 8. 9. 이 사건 광구에 관심을 표명한 원고 등 9개 회사를 상대로 이 사건 광구에 관한 입찰설명회를 개최하였다. 이때 교부된 이 사건 광구에 관한 파워포인트 자료에는, 이 사건 광구의 생산성이 감소해왔다는 내용과 '이 사건 광구의 생산성 변화의 원인은 저류암의 균열(Fractures)과 돌로마이트화(Dolomitization)이고, 자세한 분석을 위하여 기존 2D 물리탐사자료의

전산 재처리, 3D 탄성파탐사자료의 취득을 통한 저류층 모델링이 필요하다'는 내용이 기재되어 있다.

⑥ 피고는 위 설명회 후 원고에게 자료실을 개방하여 GCA 보고서와 YICOM으로부터 받은 이 사건 광구에 관한 기술자료 등을 제공하였다. 피고가 YICOM으로부터 받은 기술자료들은 GCA 보고서의 기초자료이기도 한데, 위 기술자료들은 대부분 1995년 이전 자료이다.

이 사건 계약 체결 전인 2006. 8. 14. 원고와 피고는 비밀유지약정을 체결하였다. 이 약정에서 피고가 원고에게 제공하는 정보와 자료의 품질, 수준, 정확성, 완전성 등에 관하여 어떠한 명시적 또는 암시적 진술과 보증을 하지 않고, 피고는 원고가 비밀유지약정에 따라 제공받은 정보 또는 자료를 사용하거나 그에 의존함으로써 발생하는 결과에 대해서 책임을 지지 않는다고 규정하였다.

⑦ 원고는 2006. 8. 4. 경북대학교 지질학 교수인 소외인과 이 사건 광구의 기술적 평가에 관한 자문계약을 체결하였다. 소외인은 피고가 원고에게 제공한 자료를 바탕으로 평가작업을 거쳐 2006. 8. 18. 원고에게 '개발광구의 저류층 특성 연구를 통해 기본 계획을 세운 후에 수공법 등의 방법을 통해 증산할 수 있을 것으로 예상한다.'는 내용 등이 포함된 기술적 평가보고서를 제출하였다.

⑧ 피고는 위 기본계약이 발효되고 이 사건 광구를 인수한 후 '베이커 휴즈'(Baker Hughes)사에 이 사건 광구의 기술적 평가(Pre-Engineering Study)를 의뢰하였다. 베이커 휴즈사는 2008. 7.경부터 2009. 4.경까지 탐사와 평가작업을 거쳐 평가보고서를 피고에게 제출하였다. 피고는 위 평가보고서의 내용을 바탕으로 이 사건 광구의 경제성에 관하여 평가한 결과 2009. 7.경 이 사건 광구의 경제성이 당초 예상보다 매우 낮다는 결론에 이르렀다. 이러한 결론에 이른 근거는 이 사건 광구의 저류층 특성상 압력 상승과 유지에 어려움이 크기 때문에 저류층 압력 저하의 문제를 수공법 등 단기적이고 적은 비용이 드는 방법으로는 극복할 수 없고, 중·장기적인 접근이 필요하나 많은 비용이 예상된다는 것이다.

(다) 이러한 사실관계를 위에서 본 법리에 비추어 보면, 원고가 이 사건 계약을 체결할 때 한 이 사건 광구의 증산 가능성이나 경제성이라는 장래의 미필적 사실의 발생에 대한 기대나 예상이 빗나간 것에 불과할 뿐 이를 법률행위 내용

의 중요 부분에 착오가 있는 것으로 볼 수 없다. 그 이유는 다음과 같다.

① 이 사건 광구의 저류층 특성과 이를 바탕으로 한 적용 가능 회수기술, 회수 가능성에 관한 예측, 그 밖에 이 사건 광구의 경제성을 결정하는 변수들은 직접 확인이 불가능하거나 불확실한 요소로서 장래의 미필적 사실의 발생에 대한 기대나 예상에 불과하기 때문에 이에 대한 인식을 객관적 상황의 인식이라고 볼 수 없다.

② 원고는 GCA 보고서를 비롯하여 피고로부터 제공받은 자료들을 통해 이 사건 광구의 저류층 특성이 불확실하고 회수증진법 적용에 따라 생산량이 변동 가능하며, 이 사건 광구의 수익성에 대한 평가가 제한된 자료를 근거로 하여 이루어졌음을 충분히 알 수 있었을 뿐 아니라, 피고가 제공한 자료를 바탕으로 하여 자체적으로 이 사건 광구의 기술적 평가를 거치기도 하였으므로, 원고는 이 사건 계약에 따른 수익성과 위험성을 모두 인지하고 있었다고 보아야 한다.

③ 이처럼 원고가 이 사건 계약에 따른 수익성과 위험성을 모두 인식하였다는 점에 비추어 보면 이 사건 광구의 증산 가능성과 경제성에 관한 피고의 긍정적인 전망이 그대로 실현될 것이라고 확신하였다고 보기도 어렵다. 오히려 피고가 원고에게 GCA 보고서 등 정보를 제공하면서 생산량 예측의 불확실성을 알림으로써 이 사건 석유개발사업의 기본적 위험성을 고지하였다고 볼 수 있고, 고의적으로 사실을 왜곡하거나 은닉하는 등 적극적으로 착오를 유발한 사정이 없으므로 원고와 피고는 투자위험을 감수하고 이 사건 광구 운영사업을 함께 하기로 한 것으로 보아야 한다.

④ 설령 원고가 피고의 긍정적인 전망을 확신하여 이 사건 계약을 체결하였다고 하더라도 증산 가능성을 믿고 석유탐사 · 개발사업에 참여하는 것은 본질적으로 고도의 투자위험을 동반하고, 이 사건 광구의 경제성에 대한 정보 수집과 평가는 궁극적으로 원고가 그 위험부담을 감수해야 하므로 원고의 미필적 인식에 기초한 증산 가능성과 경제성에 대한 기대가 이루어지지 않았다고 하여 이를 착오로 의율할 수는 없다. 즉, 원고는 이 사건 광구 운영사업의 경제성에 대하여 잘못 안 것이 아니라 불확실한 증산 가능성에 기대어 최소한의 경제성을 기대 또는 예상하면서 사업에 참여하였으므로 그 기대와 예상이 어긋나는 데서 오는 손해발생 위험도 감수하고 계약을 체결하였다고 보아야 한다.

⑤ 이러한 사정은 원고가 지분매입대금의 105%에 해당하는 고율의 보상비율에 따른 보상금을 추가로 지급하였다고 해서 달리 볼 것은 아니다.

(라) 그런데도 원심은 이 사건 보상금 지급 부분이 동기의 착오를 이유로 취소되었다고 판단하여 피고는 원고에게 이 사건 보상금을 부당이득으로 반환할 의무가 있다고 보았다. 원심의 이러한 판단에는 의사표시의 착오로 인한 취소에 관한 법리를 오해하여 판결에 영향을 미친 잘못이 있다. 이를 지적하는 피고의 상고이유 주장은 이유 있다.

3. 원고의 상고이유에 관한 판단

가. 사정변경을 이유로 한 이 사건 보상금 지급 부분의 해제 여부(원고의 상고이유 제1점)

(1) 계약 성립의 기초가 된 사정이 현저히 변경되고 당사자가 계약의 성립 당시 이를 예견할 수 없었으며, 그로 인하여 계약을 그대로 유지하는 것이 당사자의 이해에 중대한 불균형을 초래하거나 계약을 체결한 목적을 달성할 수 없는 경우에는 계약준수 원칙의 예외로서 사정변경을 이유로 계약을 해제하거나 해지할 수 있다 (대법원 2007. 3. 29. 선고 2004다31302 판결, 대법원 2013. 9. 26. 선고 2012다13637 전원합의체 판결 등 참조). 여기에서 말하는 사정이란 당사자에게 계약 성립의 기초가 된 사정을 가리키고, 당사자가 계약의 기초로 삼지 않은 사정이나 어느 일방당사자가 변경에 따른 불이익이나 위험을 떠안기로 한 사정은 포함되지 않는다. 경제상황 등의 변동으로 당사자에게 손해가 생기더라도 합리적인 사람의 입장에서 사정변경을 예견할 수 있었다면 사정변경을 이유로 계약을 해제할 수 없다 (대법원 2017. 6. 8. 선고 2016다249557 판결 참조).

(2) 이 사건의 경과와 위에서 본 사실관계를 위 법리에 비추어 보면, 이 사건 계약 성립의 기초가 된 사정이 현저히 변경되었다거나 원고와 피고가 계약의 성립 당시 이를 예견할 수 없었다고 볼 수 없다. 그 이유는 다음과 같다.

원고와 피고 모두 이 사건 광구 운영사업의 경제성에 관한 긍정적 평가 또는 그 평가의 근거가 된 요소들을 불확실한 것으로 인식하였으므로 위 사업의 경제성에 대한 전문가 등의 전망이 이 사건 계약의 기초를 이루었다고 보기 어렵다. 석유탐사·개발사업의 높은 위험성을 고려할 때 합리적인 사람이라면 이 사건 광구 운영사업으로 말미암은 손해나 전문가 분석 보고서에 따른 경제성 전망의 변경을 예견할 수 있었다고 보아야 한다.

이 사건 입찰 당시 피고가 원고 등 입찰참가자에게 보상비율의 최저한도를 제시하지 않았고, 피고 스스로도 낙찰을 승인할 수 있는 최저한도의 보상비율을 106%로 정하였으며, 원고는 보상비율 120.99%로 입찰에 참가하였으나, 가장 높은 보상비율을 제시한 현대중공업의 보상비율 205%로 이 사건 광구의 운영권 5% 지분의 낙찰자로 선정되었다(위 1.다. 참조). 이러한 사정 등에 비추어 볼 때, 당사자가 위 계약을 통하여 이 사건 광구의 경제성 하락의 가능성을 완전히 배제하기로 하였다고 보기 어렵고, 이 사건 광구의 경제성이 원고의 예상을 훨씬 뛰어넘는 폭으로 하회한 것은 이 사건 계약 성립의 기초가 된 사정이 현저히 변경된 경우로 볼 수 없다. 결국 이 사건 광구 운영사업의 경제성이 예상보다 하회할 경우 이 사건 광구 운영권 5% 지분에 상당하는 위험은 원고가 인수한 것이다.

(3) 원심판결 이유에 일부 적절하지 않은 부분이 있으나, 원고의 사정변경을 이유로 한 이 사건 보상금 계약 해제 주장을 배척한 원심의 결론은 정당하다. 원심판단에 상고이유 주장과 같이 사정변경을 이유로 한 계약 해제에 관한 법리를 오해한 잘못이 없다.

나. 선보상계약에 따른 의무와 이행불능을 이유로 한 해제권 인정 여부(원고의 상고이유 제1점)

(1) 원고는 피고가 선보상계약상의 의무, 즉 이 사건 보상금 지급 부분에 따라 '피고가 이 사건 광구의 개발사업을 주도적으로 운영하여 원고와 현대중공업에 이익을 분배해 줄 의무'를 부담한다고 주장하였다. 원심은 피고가 위와 같은 의무를 부담한다고 인정할 수 없다고 보아, 이를 전제로 한 원고의 이행불능에 관한 주장을 배척하였다. 그 구체적인 이유는 다음과 같다.

(가) 이 사건 입찰 당시 피고가 제시한 최저 보상비율, 원고가 205%의 보상비율로 낙찰자로 선정되게 된 경위 등에 비추어 볼 때, 보상금 액수가 거액이라는 사정만으로 원고 주장과 같은 의무를 인정하기 어렵다.

(나) 이 사건 계약은, 피고가 이 사건 계약으로 구성되는 컨소시엄의 대표자 지위를 가지고 그 운영에 관한 제반 업무를 성실히 수행해야 하고, 이 사건 광구의 운영 과정에서 컨소시엄의 이익을 반영하기 위해 노력해야 하며, 이익이

발생하는 경우 이를 참여지분비율대로 원고와 현대중공업에 분배해 주어야 한다고 규정하고 있다. 그러나 이는 이 사건 계약에 따라 업무집행조합원으로서 당연히 부담하는 선관주의의무에 불과한 것으로서, 이 사건 계약 중 조합계약 부분에 적용되는 내용이므로, 위와 같은 피고의 의무가 이 사건 보상금의 지급에 대한 대가로서 피고가 별도로 부담하는 의무라고 보기는 어렵다.

(다) 이 사건 계약 중에는 원고와 현대중공업의 이 사건 보상금 지급의무에 대응하는 피고의 의무를 별도로 규정하고 있는 조항이 없고, 이 사건 계약의 문언을 전체적으로 살펴보더라도 피고의 의무 부담을 추단할 만한 내용이 없다. 따라서 이 사건 계약의 문언만으로는 원고가 주장하는 선보상계약상의 의무를 도출하기 어렵다.

(라) 두 차례 설명회에서 피고가 원고에게 교부한 자료에는 원고 주장과 같이 "피고가 이 사건 광구에는 35,700,000배럴의 '확인'매장량이 매장되어 있고 이를 생산·판매하여 이익을 분배해 주겠다고 확약하였다."라는 내용은 없다. 그리고 피고가 이 사건 계약상 인정되는 의무와는 별개로 구두로만 원고 주장과 같은 선보상계약상의 의무를 약정하였다고 하는 것은 선뜻 납득하기 어렵다.

(2) 원심판결 이유를 관련 법리와 기록에 비추어 살펴보면, 위와 같은 원심판단에 원고의 상고이유 주장과 같이 선보상계약의 법적 성질과 이행불능을 이유로 한 계약 해제에 관한 법리를 오해한 잘못이 없다.

다. 부당이득반환 범위 등(원고의 나머지 상고이유)

원고의 상고이유 제2, 3, 4, 6점은 이 사건 보상금 지급 부분이 원고의 착오를 이유로 취소되어 피고에게 부당이득반환의무가 있음을 전제로, 원심의 부당이득반환 범위 판단에 잘못이 있다는 것이다. 원고의 상고이유 제5점은 원고의 취소나 해제 주장 중 하나가 인정됨을 전제로, 원심이 원고에게 청구취지를 확장할 의사가 있는지에 관한 석명권 또는 구문권을 행사하지 않아 필요한 심리를 다하지 않았다는 것이다. 그런데 위에서 보았듯이 착오 취소와 해제에 관한 원고의 주장을 모두 받아들이지 않으므로, 원고의 나머지 상고이유는 나아가 판단할 필요가 없다.

4. 결론

피고의 나머지 상고이유에 관한 판단을 생략한 채 원심판결 중 피고 패소 부분을 파기하고 이 부분 사건을 다시 심리 · 판단하도록 원심법원에 환송하며, 원고의 상고는 이유 없어 이를 기각하기로 하여, 대법관의 일치된 의견으로 주문과 같이 판결한다.

대법관 이동원(재판장) 김재형(주심) 민유숙 노태악

제 10 편

선박충돌사고로 침몰한 피해선박의 선주가 선박 제거명령을 이행하지 않고 있는 경우 피해선박 선주에게 제거비용 상당의 손해가 현실적 · 확정적으로 발생한 것인지 여부

연구대상 사건의 개요

현 낙 희

1. 사안의 개요

○ 당사자들의 지위

▸ **원고1**은 대한민국 법인으로 **이 사건 피해선박의 소유자**, **원고2**는 이 사건 선박에 관하여 선체보험계약을 체결한 **보험회사**, **원고3**은 **한국해운조합**(해운업자 조합원의 사업수행 중 발생하는 재해 대비 공제사업)이고, **피고**는 홍콩법인으로 **이 사건 가해선박의 소유자**임

○ 이 사건 사고의 발생

▸ 이 사건 피해선박은 2010. 4. 19. 울산항에서 아스팔트 1,136톤을 화물유 탱크에 나누어 적재하고 출항하여 화순항으로 항해하였고, 이 사건 가해선박(선박 무게 35,838톤)은 2010. 4. 12. 인도네시아 사마린다항에서 석탄 65,412톤을 적재하고 출항하여 화동화력발전소로 항해하였음

▸ 2010. 4. 20. 22:20경 여수시 상백도등대에서 전방위 약 120도 약 10마일 해상에서, 이 사건 피해선박이 이 사건 가해선박의 진로 전방을 통과하다가 이 사건 가해선박의 선수 우현부와 이 사건 선박의 좌현 선미 부분이 충돌하는 사고가 발생하였음

▸ 2010. 4. 21. 08:08경부터 이 사건 선박은 선미 부분부터 침몰하였는데, 펌프룸의 좌현 측외판에 뚫린 구멍으로 해수가 유입되고 해수보이드 스페이스 등으로 전이된 것이 원인임(이하 '이 사건 사고')

○ 원고 2, 3의 보험금 지급

▸ 원고2, 3은 이 사건 선박의 보험가액을 17억 6,000만 원으로 정하였고, 이 사건 사고 이후 원고별 비율에 따른 이 사건 선박의 전손 보험금 10억

5,600만 원과 7억 400만 원을 각 원고 1에게 지급하였음

○ 이 사건 사고와 관련하여 원고1에게 발령된 행정처분

▸ 여수해양경찰서장은 2010. 5. 6. 해양환경관리법 65조에 따라 이 사건 선박에 적재된 기름의 이적을 지시하는 명령을 하였음

▸ 여수해양경찰서장은 2010. 8. 24. 구 해상교통안전법 9조 3항, 1항에 따라 이 사건 선박의 구난을 명하였음 (이하 '이 사건 구난명령')

▸ 여수시장은 2010. 5. 7. 이 사건 선박 인양에 대한 구체적인 계획서를 2010. 6. 21.까지 제출하라는 내용의 공문을 발송하였고, 2014. 4. 3. 공유수면 관리 및 매립에 관한 법률(이하 '공유수면법') 6조에 따라 이 사건 선박의 제거를 명령하였음 (이하 '이 사건 제거명령')

○ 원고들은 이 사건 사고는 피고 선원의 과실로 발생한 것이므로 피고는 원고들에게 상법 제878조에 따라 손해배상금을 지급할 의무가 있다고 주장함

2. 하급심의 판단

【도 표】

순번	원고들	청구원인	청구금액	제1심 판결	불복
1	원고2, 3 (주위적 원고)	선박 멸실로 인한 손해배상채권 양수	□ 원고2 739,200,000원 (1,760,000,000원 중 1,056,000,000원의 70%) □ 원고3 492,800,000원 (1,760,000,000원 중 704,000,000원의 70%)	인용	피고 항소
1-1	원고1 (예비적 원고)	선박 멸실로 인한 손해배상	□ 한유 1,232,000,000원	판단하지 않음	당심으로 이심됨
2	원고2, 3	조사비용 (KORHI)	□ 각 5,173,875원 (14,782,500원의 70% 중 1/2)	기각	불복하지 않음

순번	원고들	청구원인	청구금액	제1심 판결	불복
3	원고2, 3	선박 압류(경매)비용 및 감수보존비용	□ 각 2,423,640원 (원고들의 합의에 따라 원고 2,3이 부담한 37,901,950원의 18.27%의 70% 중 1/2)	기각	불복하지 않음
4	원고1	화물 멸실로 인한 손해배상채권 양수	□ 475,103,883원 (678,719,834원의 70%)	인용	피고 부대항소
5	원고1	휴업손해 (불가동손실)	□ 144,124,598원 (205,892,284원의 70%)	인용	피고 부대항소
6	원고1	선박 압류(경매)비용 및 감수보존비용	□ 1,363,712원 (원고들의 합의에 따라 원고1이 부담한 37,901,950원의 5.14% 중 70%)	기각	불복하지 않음
7	원고1	예인선 비용	□ 2,800,000원 (4,000,000원의 70%)	기각	원고 항소
8	원고1	선체 인양 (연료유 제거비용 포함) 등 비용	□ 18,632,023,355원 (34,365,441,096원의 70%인 24,055,808,767원 중 일부 청구)	기각	원고 항소 (9,200,000,000원 부분)

가. 제1심

○ 이 사건 피해선박과 가해선박의 충돌사고에 대한 과실비율은 30%:70%임

○ 원고2, 3의 선박멸실로 인한 손해배상청구의 양수금 청구(위 도표 순번 1. 관련)와 관련하여 원고1과 원고 2, 3 사이에 체결된 선체보험계약상의 협정보험가액 1,760,000,000원이 제반사정에 비추어 볼 때, 이 사건 선박충돌사고 당시 이 사건 피해선박의 가치였다고 보아 이를 기초로 손해액을 산정함[이 사건 피해선박의 멸실로 인한 손해 1,232,000,000원(1,760,000,000원 × 0.7)]

○ **원고1의 선체인양비용 등 청구**(위 도표 순번 8. 관련)에 대하여, 이 사건 피해선박의 소유자에게 해상에서의 안전, 위생, 환경보전 등의 공익적인 목적으로 관계 법령에 의하여 그 제거 등의 의무가 부과되었다고 하더라도, 원고

들이 제출하는 증거들만으로 **원고1이 이 사건 피해선박을 인양해야 할 의무를 이행하여야 하는** 손해가 현실적, 확정적으로 발생하였음이 증명되었다고 보기 **어렵다**고 보아 배척함

나. 원심

○ 원고 2, 3의 선박멸실로 인한 손해배상청구의 양수금 청구(위 도표 순번 1. 관련)에 대하여 이 사건 선박충돌사고 당시 이 사건 피해선박의 가치를 585,853,888원으로 봄(1심≠원심) ☞ 원고 2, 3의 상고이유 제1, 2점 관련

▶ 이 사건 사고 발생 시점을 기준으로 한 이 사건 선박의 회계장부상 가액은 585,853,888원이고, 이와 같은 감가상각액이 부당하거나 부적절하게 산정되었다고 보기 어려우므로, 이 사건 사고 발생 당시 이 사건 선박의 가액은 원고 한유의 회계장부상 가액인 585,853,888원으로 봄이 타당함

○ **원고1의 선체인양비용 등 청구**(위 도표 순번 8. 관련)에 대하여, 현실적 손해가 발생하였다고 보아 **원고1의 이 부분 청구를 받아들임**(1심≠원심) ☞ 피고의 상고이유 제1, 2점 관련

▶ 불법행위나 채무불이행으로 인한 손해배상청구권은 현실적으로 손해가 발생한 때에 성립하고, 현실적으로 손해가 발생하였는지 여부는 사회통념에 비추어 객관적이고 합리적으로 판단하여야 함(대법원 1998. 4. 24. 선고 97다28568 판결 등 참조).

▶ (1) ① 여수해양경찰서장은 원고1에 2010. 5. 6.「해양환경관리법」제65조에 따라 침몰된 이 사건 피해선박에 적재된 기름의 이적을 지시하는 명령을, 2010. 8. 24. 구「해상교통안전법」제9조 제3항, 제1항에 따라 이 사건 피해선박에 대한 구난명령을 하였고, ② 여수시장은 2010. 5. 7. 원고1에게 이 사건 피해선박 인양에 대한 구체적인 계획서를 2010. 6. 21.까지 제출하라는 내용의 공문을 보내고, 2014. 4. 3.「공유수면 관리 및 매립에 관한 법률」제6조에 따라 이 사건 피해선박에 대한 제거명령을 하였으며, ③ 원고1은 '이 사건 피해선박이 수심 80 내지 90m 아래에 침몰하여 있는데, 이로 인한 추가적인 오염이 발생하지 않았고 다른 선박의 항해에 지장을 주지 않을 뿐만 아니라, 비용이 많이 들고 인양에 성공할 가능성이 낮다'는 등의 이유로 해양수산부와 여

수시에 인양명령의 철회를 요청하여 왔으나, 위 명령은 철회되지 않았음

▸ (2) 한편 ① 원고1이 이 사건 피해선박의 제거에 관하여 구체적인 계획을 가지고 있지 않음은 당사자 사이에 다툼이 없고, ② 영국의 해양사고 조사업체인 LOC (London Offshore Consultants Ltd.)가 2015. 7.경 작성한 보고서 및 한국해양수산연수원 교육연구처가 2015. 12. 작성한 보고서에서는 이 사건 선박이 이미 수심 90m의 해저에 침몰되어 있어 그 인양이 매우 어렵거나 거의 불가능하고, 이 사건 선박 내의 아스팔트 화물은 냉각·응고되어 유출 등으로 인한 환경오염 피해가 발생할 가능성이 낮으므로 그 인양이 불필요하다는 의견을 제시한 사실을 인정할 수 있음

▸ 위 (1)항에서 본 사실들을 종합하면, 원고1의 지속적인 철회 요청에도 불구하고 이 사건 피해선박에 대한 구난명령 및 제거명령은 여전히 그 효력을 유지하고 있고, 위 (2)항 기재와 같은 사실만으로 위 각 명령이 당연무효라고 보기 어려움 ➠ 원고1은 이 사건 사고로 인하여 발령받은 위 각 명령에 따라 이 사건 피해선박을 제거할 의무를 부담하고 있고, 이로써 그에 필요한 비용 상당의 손해가 현실적으로 발생하였다고 보임

3. 상고이유

가. 원고2, 3의 상고이유

○ 제1점: 기평가보험의 보험가액 추정력에 관한 법리오해

▸ 원고2, 3이 원고1로부터 채권을 양도받아 (또는 보험자 대위에 의하여) 피고를 상대로 배상을 구할 때에도 상법 제670조[1] 본문에 의하여 선체보험계약에서 정한 이 사건 피해선박의 협정보험가액(1,760,000,000원)이 적용됨 ➠ 협정보험가액이 이 사건 피해선박의 정당한 교환가격으로 인정되어야 함에도 원심은 그 대신 회계장부상 가액(585,853,888원)을 이 사건 피해선박의 가

1) 상법 제670조(기평가보험)
<u>당사자간에 보험가액을 정한 때에는 그 가액은 사고발생시의 가액으로 정한 것으로 추정한다.</u> 그러나 그 가액이 사고발생시의 가액을 현저하게 초과할 때에는 사고발생시의 가액을 보험가액으로 한다.

액으로 인정함

○ 제2점: 중고선박의 교환가격 산정에 관한 법리오해

▸ 원심은 이 사건 피해선박의 객관적인 교환가치 내지 시장가격을 산정하려는 시도 없이 이와 무관하고 실제 가치를 전혀 반영하지 못하는 회계장부상 가액을 만연히 이 사건 피해선박의 교환가치로 잘못 인정함

나. 피고의 상고이유

○ 제1점: 민법 제750조의 손해에 관한 법리오해, 채증법칙 위반

▸ 불법행위로 인한 손해가 현실적이고 확정적으로 발생하였다고 평가할 수 없는 경우에는 손해배상채권이 발생하지 않음에도, 원심은 원고1의 손해배상청구를 받아들임

▸ ❶ 원고1이 이 사건 피해선박의 인양의무를 부담한다고 하더라도, 그 의무는 이행이 불가능함

- 이 사건 피해선박은 수심 약 90m 지점 해저에 좌현을 바닥으로 향하여 누워있는 상태이고, 해저의 펄에 의해 1.6m 이상 파묻혀 있을 뿐만 아니라 선체에 적재된 화물과 펄과 해수의 유입으로 인해 무게가 3,500 톤을 초과함 ➠ 이 사건 피해선박을 인양하려면 작업자들이 해저 90m까지 잠수하여 이 사건 피해선박에 접근해야 하는데 주변 조류가 강하여 작업이 용이하지 않고 인명사고 발생 가능성이 높음. 또한 이 사건 피해선박을 통째로 인양하는 해상장비는 국내외적으로 드물고 성공가능성도 낮음

- 침몰선이 수심 80-110m 사이에 위치하여 인양이 불가능하여 인양을 포기한 사례들이 있는바, 이 사건 피해선박의 인양이 불가능하다는 것이 업계의 공통적인 의견임

- 이행의무 이행이 불가능한지 여부는 단순히 절대적·물리적으로 불능인 경우가 아니라 사회생활에 있어서 경험법칙 및 거래상의 관념이 비추어 판단해야 함

▸ ❷ 원고1은 이 사건 피해선박의 인양에 관하여 어떠한 준비를 한 사실도 없고, 앞으로도 인양을 준비할 계획이 없음

- 원고1은 이 사건 사고로부터 약 8년이 경과하도록 이 사건 피해선

박의 인양을 준비한 사실이 없고, 원심법원에 대하여 행정청과 이 사건 구난명령 및 제거명령의 철회를 협의하고 있을 뿐 구체적인 인양계획이 없다고 답변하였음 ➠ 이 사건 피해선박의 인양은 현실적으로 불가능하여 행정청이 대집행을 실시할 수 없으므로, 원고1 스스로 행정명령의 이행에 착수하지 않는 이상 원고1은 이 사건 피해선박의 인양비용 상당의 채무를 부담할 일이 없음. 원고1의 태도에 비추어 보면, 피고로부터 인양비용을 받는다고 해도 이 사건 피해선박의 인양에 착수하지 않을 것임이 분명함

▸ ❸ 이 사건 피해선박에 대한 구난명령 및 제거명령은 그 필요성과 강제집행 가능성이 인정되지 않음

- 위 각 행정명령에 의하여 원고1에게 인양비용 상당의 손해가 발생하였다고 보려면, 위 각 행정명령이 형식적으로 존재한다는 사정만으로 부족하고, 그 필요성과 강제집행 가능성이 인정되야 함

- 그런데 이 사건 사고발생 직후 이 사건 피해선박에 적재되어 있던 아스팔트유는 그 특성상 화물창 안에 굳어있는 상태이고, 선체 내에 있던 중유와 디젤유는 대부분 누출되어 방제작업을 통해 모두 제거되었는바, 2010. 6. 1.까지 마지막 방제작업을 실시한 이후로 이 사건 침몰지점 인근에 어떠한 기름유출도 발견되지 않았음. 또한 이 사건 피해선박은 수심 90m 아래에 있어 다른 선박의 항행에 지장을 초래하지도 않음

- 오히려 인양작업을 시도할 경우 해수에 의해 부식된 선체가 파손되어 고착화되있던 아스팔트 파편을 발생시켜 새로운 환경오염을 야기할 수 있고, 인양작업 과정에서 다른 선박의 교통을 방해할 가능성이 높음

- 이 사건 사고 이후 8년간 행정청은 원고1에 대하여 대집행을 하거나 다른 행정조치를 취한 사실이 없음

▸ ❹ 이 사건 피해선박의 인양비용 상당의 손해는 객관적이고 신빙성 있는 증거에 의하여 특정되지 않았으므로, 그러한 손해액을 인정할 수 없음

- 갑39{TMC(Marine Consultant) LTD가 작성한 벙커유 및 난파선 제거비용 보고서}는 이 사건 사고 5년이 지난 2015. 4. 15.경에 작성된 것으로 그 사이 이 사건 선박의 선체 상태에 상당한 변화가 있었을 것임에도 기존의 조사자료에만 근거하여 예상되는 제거 및 인양비용을 산정한 것으로 객관적 신빙

성 및 타당성을 결여함. 또한 인양업체들로부터 견적서 등 인양비용 근거자료를 받은 것이 아니라 과거 다른 침몰선들의 인양 사례들만을 참조하여 비용을 산정한 것으로 신빙성이 없음

○ 제2점: 행정행위 무효에 관한 법리오해

▸ 이 사건 피해선박에 대한 구난명령 및 제거명령은 근거법령이 요구하는 요건에 부합하지 아니하고, 그 이행이 사실상으로나 법률상으로 실현될 수 없는 것이므로, 중대명백한 하자가 있어 당연무효임에도 원심은 위 각 처분이 유효함을 전제로 판단함

4. 연구의뢰사항 : 피고 상고이유의 당부를 중심으로

가. 민법 관련 의뢰사항

○ 이 사건과 같이 행정처분에 따라 어떠한 의무를 부담하는데 그 의무를 이행하지 않고 있는 상태인 경우에 그 의무 이행에 필요한 비용 상당의 손해가 현실적으로 발생하였다고 볼 수 있는지

○ 손해배상청구권이 성립하기 위해 '현실적 손해가 발생'하여야 한다는 법리와 관련한 외국의 법리 소개(독일, 영미 등)

○ 이 사건과 유사한 국내 및 해외 사례의 소개

나. 해상법 관련 의뢰사항

○ 선박충돌 사고로 인하여 선박이 침몰한 경우 통상 어떠한 절차를 거쳐 선박을 제거하는지, 그 비용은 어떻게 산정하고 누가 그 비용을 부담하는지

○ 이 사건 피해선박의 인양이 피고의 주장과 같이 불가능하고 불필요한 것인지

○ 이 사건 피해선박의 인양비용을 산정한 것이 적정한지

○ 선박충돌 사고로 인하여 선박이 침몰한 경우 선박 제거와 관련한 분쟁에 관한 해외 사례의 소개, 국제규범 등에서 규율하는 바가 있다면 그 내용 및 사례 소개

난파물제거 실무와 관련된 법적 쟁점*

- 제거의무자와 제거명령을 위한 위험성을 중심으로 -

김 인 현**

원고의 선박과 피고의 선박이 대한민국의 근해에서 만나 항해중 충돌하여 원고의 선박이 침몰하였다. 1심에서 충돌에 대한 과실비율이 원고 30%, 피고 7%로 판시되었고, 원고측은 피고측에 자신이 입은 손해의 70%에 대한 청구의 소를 제기하였다.

이중에서 침몰선의 제거비용도 원고가 피고에게 청구하였는바, 제거의 필요성이 제기되었다. 이미 여수해양경철서장으로부터 구난명령이 내려졌고, 여수시장의 제거명령도 내려졌다. 제거소요비용이 340억원에 이른다고 보고되었다. 1심법원은 90미터 정도의 깊은 수심에 침몰되어있으므로 제거하지 않아도 되고 제거 명령은 무효라는 취지의 판시를 내렸지만, 원심은 제거명령이 내려져 제거 의무가 부과된 이상 제거해야한다는 취지로 판시하였다. 그 결과 피고에게 원고에 대한 제거비용의 지급이 인정되었다.

* 이 논문은 2020.1.15. 대법원에서 열린 비교법실무연구회 제132회 세미나에서 발표한 발표문으로서, 김상중 교수님의 발표문과 함께 요약, 정리하여 해법학회지 제42권 제2호(2020.11.)에 "침몰선의 장래 제거비용과 손해배상"라는 제목으로 게재되었다.

** 선장, 고려대 법학전문대학원 교수

I. 선박충돌 사고로 인한 선박침몰시 선박제거절차와 비용부담자는?

1. 제거의무자의 확인

행정청(해양수산부 지방청장/지자체등)은 선박의 제원표를 보고 누가 소유자, 점유자, 선장은 누구인지 파악을 하게 된다. 선박은 다양한 형태로 운항이 되기 때문에 누가 책임의 주체가 되는지 알기가 쉽지 않다.[1)2)]

관련 법률에 의하여 제거 의무자가 정하여지는데, 적용가능 법률로 4개의 국내법이 있다.[3)] 제거의무자가 각기 다르게 되어있어서 어려움에 직면하게 된다.

관련 법률에 의해 점유자가 제거의무의 주체가 되는 경우, 선체용선이 된 경우는 선박소유자가 아니라 점유자인 선체용선자가 제거의무자가 된다. 정기용선의 경우는 법적성질에 따라 달라지는바, 현재 대법원의 해기상사 구별설에 의하면 난파물의 발생은 해기와 관계되므로 선박소유자가 그 책임을 부담하는 것으로 해석된다.

관련 법률에 의해 소유자가 제거의무자인 경우, 실질선박소유자도 있고 형식선박소유자도 있다. 편의치적된 경우 파나마 등에 형식상 소유자가 존재하고, 실질선박소유자는 관리인으로 나타난다. 실질선박소유자가 선체용선자인 경우도 있다.[4)]

제거비용의 부담의무자와 제거의무자가 반드시 일치하는 것은 아니다. 최종적인 제거비용부담자는 등록소유자가 된다. 일본과 난파물조약이 취하고 있는 입장이다. 우리나라의 해사안전법도 그러하다.[5)]

---

1) 난파물제거와 관련 선행연구로는 김인현 채이식, "해사안전법상 난파물제거에 대한 연구", 경영법률 제22집 제2호(2012), 317면 이하가 있다.

2) 일본의 난파물 제거와 관련 한 최근의 논문으로는 小林 寛, *海難残骸物の除去(船骸撤去)に 關する法制度*, *海事法研究會誌* 2014.2.(No. 222), 18면 이하가 있다.

3) 김인현, 해상법(법문사, 2018), 456면.

4) 국적취득조건부 선체용선(BBCHP)의 경우가 그러하다.

5) 예를 들면, 공유수면관리법에 의하면 침몰된 선박의 점유자인 선체용선자가 제거의무를 부담한다. 튜멘호 사고(서울지방법원 2007.1.18.선고 2006가합 36580판결)의 경우에 대집행비용을 정부가 회수하기 위하여 선박에 대한 가압류를 했지만, 법원은 채무자가 선체용선자이므로 채무자의 재산이 아닌 그 선박을 가압류할 수 없다고 판시하였다. 책임보험의 가입을 강제화시키

난파물의 제거에 대한 의무와 주체는 우리나라의 경우 다양한 법률이 있어서 혼란스럽다. 우리나라 영해내에서 난파물이 발생한 경우 아래와 같은 다양한 국내법이 적용된다.

(1) 해사안전법

가장 광범위하고 기본적인 난파물제거에 대한 규정을 담고 있는 것이 해사안전법이다. 이 법은 난파물제거 협약의 입장을 받아들였다.[6] 우리나라 영해 및 배타적 경제수역에서 발생한 난파물에 적용된다. 이에 의하면, 선박소유자, 선체용선자, 선장이 모두 제거의무를 부담한다. 난파물의 표시의무와 보고의무를 소유자가 부담한다.

선박충돌의 경우에 가해선박에게 제거의무를 부과하는 규정이 없기 때문에 가해선박에는 제거하라는 명령을 이법을 근거로는 내릴 수 없다.

① 제거의무자

선박의 선장, 선박소유자 또는 선박운항자(이하 "항행장애물제거책임자"라 한다)(제28조 제1항)이다. 제거 의무자가 굉장히 넓게 기재되어있다. 선박운항자에는 선체용선자는 물론 정기용선자도 포함된다.

② 제거 비용부담자

제거 비용은 선박소유자가 책임보험에 가입하도록 하고 있다(보장계약을 체결)(제29조 제1항).[7] 그러나, 구상의 경우에는 제거책임자라고 하므로(제29조 제2항), 선박소유자 뿐만아니라 선박운항자에게도 구상이 가능하다.[8][9]

게 되면 결국 선박소유자가 비용을 부담하고, 과실있는 채무자인 선체용선자에 구상하는 형태가 될 것이다.

6) 일명 나이로비 조약은 2007.5.18. 채택되었고, 2015.4.14. 발표하였다. 2019.9현재 46개국이 가입하였다. 전 세계의 73%가 가입하였다. 영해이원의 배타적 경제수역에 발생하는 난파물에 대하여 제거비용을 담보하는 재정보증을 갖추도록 하는 것이 골자이다. 체약국이 채택하면 영해내에도 적용할 수있도록 하고 있다. 선박소유자는 책임보험에 강제로 가입하여야한다(제12조 제1항). 제거비용에 대한 채권을 가지는 자는 책임보험자에게 직접청구가 가능하다(제12조 제10항). 우리나라는 아직 비준을 하지 않았다. 자세한 내용은 김인현, 선박충돌법, 법문사, 2014, 91면.

7) 실제로 책임보험에의 가입을 부과하고 있지는 않다.

③ 가해선박의 제거의무

가해자에 대하여 의무를 부과시킬지는 언급이 없다.

④ 적용범위

우리나라의 영해와 배타적 경제수역 모두에 적용된다. 우리나라 국적선은 어느 해역에 있건 무관하게, 우리나라 영해나 배타적 경제수역에 있는 외국선박에도 적용한다.

(2) 공유수면 관리법

① 제거의무자

이 법에 의하면 선박소유자 혹은 점유자가 제거의무자이다(제40조 제1항). 선박의 점유자는 선체용선자가 될 것이다. 그런데, 부유물인 원목이 난파물이 된 경우에 누가 점유자인지는 쉽게 결정되지 않는 문제이다. 선박에서 투하되었기 때문에 마지막까지 점유를 하고 있었던 선박의 선장 및 운항자로 볼 수 도 있다.[10] 동산의 물권과 관련되므로 선하증권의 소지인으로 볼 수도 있다. 직접 점유자인 선장을 매개로 적하의 소유자가 점유자로 볼 수있게 된다. 그렇다면, 육지의 매도인 혹은 매수인이 점유자로서 그 난파물을 제거해야한다. 이와 관련된 하급심 법원의 알파호 사례가 있다.[11]

---

8) 우리 상법은 난파물제거비용 채권은 선박소유자책임제한에서 비제한채권으로 한다(상법 제748조 제2호). 이는 난파물제거를 장려하고 국가의 대집행을 용이하게 하기 위함이다. 김인현, 전게서, 460면.

9) 제거비용은 P&I 보험의 전통적인 담보범위이다. 한국선주상호보험조합(Korea P&I)의 보험계약규정 제25조 제3항은 "가입선박의 잔해, 연료, 적하 기타 재물의 인양, 이동, 철거 등에 관한 법령 등에 의한 부담한 책임을 보상의 범위로 정하고 있다. 김인현, 전게서, 461면.

10) 튜멘호의 경우 이렇게 판시되었다.

11) 매도인(피고)가 매수인에게 원목을 수출하는 계약을 체결하였다. 2016.8.21.러시아 선적의 M/V ALFA라는 선박에 실려 운송 중 위험에 처한 선장은 통영의 욕지도 근처(남방 40해리이므로 배타적 경제수역임)에서 원목 수십개를 바다에 버리라는 명령을 내렸다. 공동해손이 선포되었다. 항해에 위험이 있자 대한민국 정부는 선주에게 제거명령을 내렸지만, 치우지지 않자, 대집행을 했다. 공유수면관리법에 따라 그 비용을 청구하는 소송이 제기되었다. 제기비용은 "소유자 혹은 점유자"에게 청구한다는 규정에 근거하여 피고를 지정했다. 매도인이 피고가 되었다. 매도인은 자신은 소유자도 점유자도 아니라고 주장하였다. 국제사법에 따라 준거법이 지정되었다. 점유자는 중국법에 의하여 정하여졌다. 선하증권이 발행된 사안이므로 사고 당시 선하증권을 소지한 자가 점유자가 되는데, 선하증권은 양도되었기 때문에 피고는 원목의 점유자가 아닌 것이 되었다. 소유자는 러시아법에 의하여 정하여졌다. 매도계약에 의하

② 제거 비용부담자

제거 비용에 대한 언급이 없다. 다만, 제거비용은 “소유자 혹은 점유자”로 되어있다. 모든 경우에 소유자와 점유자가 책임의 주체인 것이 아니라, 선택적인 것으로 해석된다.[12)]

③ 가해선박의 제거의무

언급이 없다.

④ 적용범위

우리나라의 배타적경제수역 외연까지에 적용된다. 그 적용범위가 가장 넓다. 울릉도 근처에서 발생한 튜멘호 사건에서 해양수산부는 관할권을 행사해서 배타적 경제수역에서 원목을 투하한 러시아 선적의 선박에게 원목제거를 명했다. 피고측은 공유수면관리법의 제거명령규정이 유엔해양법에 위반이라는 주장을 하였지만, 법원은 대한민국은 그러한 권한을 가진다고 판시하였다. 2018년 알파호 사고는 욕지도 남방 40마일 해상에서 발생한 것이기 때문에 본 법이 적용되었다.

(3) 선박입출항법

현실적으로 가장 많이 적용되는 법률이다. 선박입출항법은 무역항에만 적용되는 법률이다.[13)] 선박이 항구에 침몰한 경우 거의 모든 경우에 안전 항해에 지장을 주고 오염사고가 발생하므로, 제거의 대상이 된다. 1992.1.24. 인천항의 항로에 침몰한 씨앙펭호에 대한 제거가 문제되었다.

① 제거의무자

이 법에 의하면 선박소유자 혹은 선장이 제거의무자이다(제40조 제1항).

② 제거 비용부담자

제거 비용에 대한 언급이 없다. 대집행에 대한 자세한 내용이 있다.

면 소유권은 통관 종료 시 매수인에게 넘어가는 것으로 되어있었기 때문에 사고 당시 매도인이 아니라 매수인이 소유자라고 보았다. 따라서 구상청구는 실패하게 되었다(서울 중앙지방법원 2018.12.5. 선고 2017가합525239판결).

12) ALFA호 사고에서 법원은 피고가 소유자 혹은 점유자에 해당하는지 검토했다.

13) 개정 전은 개항질서법이라고 불렸다.

③ 가해선박의 제거의무

언급이 없다.

④ 적용범위

우리나라의 무역항에만 적용된다. 항내와 항계부근에서 발생한 사건의 경우에 적용된다.

(4) 해양오염 관리법

① 제거의무자

이 법에 의하면 오염배출자 및 원인제공자이다(제64조 제2항).

② 제거 비용부담자

제거 비용에 대한 언급이 없다.

③ 가해선박의 제거의무

가해자에게도 제거의무를 부과한 점이 특이하다. 동 법률에 의하면 침몰선의 소유자는 물론이고 가해자도 제거의무의 대상자이다. 따라서 해양경찰 등이 소유자에게만, 혹은 가해자에게만 제거명령을 내릴 수가 있다. 이 경우 서로 제거를 하지 않고 미루게 된다. 우리나라의 경우 난파물 제거비용은 책임제한을 하지 못하게 하고 있다(상법). 그렇지만, 소유자가 제거를 먼저하고 원인제공자에게 구상을 하는 경우 그 비용은 책임제한의 대상이라는 것이 대법원의 판례의 입장이다.[14] 그러므로, 누구든지 미리 제거를 하면 불리하게 되는 모순점이 발견된다.

④ 적용범위

유류오염이 발생하는 경우에만 적용될 수 있는 법률이다. 현실적으로 유류오염이 나는 경우 및 침선에서 유류 유출의 위험이 있는 경우에 적용되는 법률이다. 무역항의 내이지만 오염사고가 발생하면 이 법률이 적용된다. 배타적 경제수역에도 적용된다.

14) 소위 알렉산드리아호 사건이다(대법원 2000.8.22.선고 99다9646판결). 김인현, 해상법연구(삼우사, 2002), 127면 이하를 참고바람.

2. 제거명령의 필요성 확인 및 제거명령

모든 난파물을 제거해야하는 것은 아니다. 난파물은 바다위에 부유하는 경우가 있는가 하면,[15] 침선이 되어 바다에 가라앉아있는 것도 있다.[16] 아주 깊은 수심에 가라앉은 선박은 항해에 지장을 주지도 않을뿐더러 제거에도 막대한 비용이 들게 된다. 그렇기 때문에 항해에 지장을 주는 경우 및 해양오염에 발생시킬 위험이 있는 경우에만 제거할 필요가 있다고 하겠다.[17]

그래서, 일부 법률에서는 항해와 해양환경의 보존에 필요한 경우에만 제거를 명할 수 있도록 제한을 두고 있다. 배타적 경제수역에 대한 연안국의 관할이 인정되는 경우도 항해와 해양환경의 보존인바 이도 이런 면이 반영된 것으로 이해된다.

안전항해에 지장을 주거나 환경보존에 문제가 있다고 판단되면, 해양수산부 지방청장/해양경찰청장/지자체의 장은 소유자, 혹은 점유자, 혹은 선장에게 제거명령을 내리게 된다.

외국선박인 경우 편의치적선인 경우 소유자를 찾기가 쉽지 않은 경우가 많다. 소유자등 제거의무자들은 고액의 제거비용이 들 것으로 예상되면, 아예 잠적하는 경우가 많다. 이 경우 해양경찰이나 해양수산부는 당장 안전 확보가 요긴하므로 직접 제거를 하게 된다.

(1) 해사안전법

제27조에 의하여 항행장애물의 위험성이 결정된다. 선박의 항행안전이나 해양환경에 중대한 영향을 미치는 지를 고려하여 위험성을 결정하는데, 해양수

---

15) 컨테이너 박스 및 원목이 대표적이다. 2006.7.10. 태풍 위니아에 의하여 이스라엘 텐진호에서 컨테이너가 다량으로 바다에 유실되어 이것이 항행과 어로작업에 지장을 주어 대한민국이 이에 대한 제거명령을 내리게 되었다.

16) 이스턴 브라이트호, 세월호 등이 대표적이었다.

17) 침선으로 인하여 실제로 사고가 발생한 사건으로는 묵호항에 있었던 쌍용해운 소양호사건이다. 행복호가 항내에 침몰하였는데, 항해하던 소양호가 그 위를 지나는 바람에 침선의 윗부문과 선박의 조타기가 선저가 손상이 났다. 국가에게 영조물관리에 대한 책임이 인정되었지만, 행복호의 소유자에게는 과거에 제거에 대하여 노력한 점이 인정되어 책임을 부담하지 않았다. 서울지법 1996. 2. 9. 선고 94가합62050 판결.

산부령으로 정한다.

항행장애물 제거책임자는 항행장애물을 위험성 여부와 무관하게 제거하도록 규정되어있다(제28조 제1항). 제거 책임자가 행정청의 제거명령에도 불구하고 제거를 하지 않는 경우에는 위험성이 있다고 결정되는 경우에만 해양수산부장관이 직접 제거할 수 있다고 해석된다. 이에 대한 자세한 규정은 해양수산부령으로 정한다.

(2) 공유수면관리법

제13조에 의하면 난파물 등에 대한 제거명령은 1. 공유수면의 효율적 이용을 저해하는 것으로 인정하는 경우 2. 수질오염을 발생시킬 우려가 있다고 인정하는 경우에만 내릴 수 있다.

그리고 이러한 결정을 내리기 위한 구체적인 기준으로서 제2항의 5가지가 다음과 같이 예시되어있다. (i) 해당 방치선박 등의 상태, (ii) 발견장소, (iii) 해당 방치선박 등으로 인한 해양사고, (iv) 수질 오염의 발생가능성, (v) 공유수면을 관리, 이용함에 있어서의 지장 여부 등 제반 정황을 종합적으로 판단하여야 한다.

(3) 선박입출항법

법률 제40조 제1항에 의하면 "선박의 항행을 방해하거나 방해할 우려가 있는 물건(이하 "장애물"이라 한다)을 발견한 경우"이다. 해양환경은 고려요소가 아니다.

(4) 해양환경관리법

특별한 명시적인 규정은 없지만 해양환경이라고 보아야할 것이다.

3. 대집행과 구상권의 행사

제거 의무자가 제거 명령을 이행하지 않는 경우 행정청이 대집행을 하게 된다. 행정청은 직접 제거의무자와 계약을 체결하여 제거하도록 한다. 이러한

예는 우리나라에도 상당히 많다. 대집행을 하는 절차와 방법은 구체적으로 법률에서 정하고 있다.[18]

대집행을 하게 되면 정부는 난파물의 제거에 비용을 지출해야한다. 그 지출한 비용을 제거의무자에게 구상을 받아야한다. 제거의무자와 비용부담자가 다를 경우에는 비용부담자에게 직접 청구하는 것이 정답으로 보인다. 통상은 제거의무자 혹은 소유자가 사라진 상태이기 때문에 그 선박의 책임보험자를 찾아서 청구하게 된다. 책임보험에 가입하지 않은 경우는 정부로서는 구상을 할 수 없고 손해를 보게 된다.[19][20]

이런 이유로 일본과 대만의 경우, 그리고 난파물제거협약의 경우에도 입출항하는 선박으로 하여금 강제로 책임보험에 가입하도록 하고 있다. 우리나라는 아직 보험에 가입을 강제화하지 않기 때문에 정부가 이 경우 손해를 보게 될 것이다.[21]

---

18) 〈선박입출항법〉 *제40조*(장애물의 제거)

① 해양수산부장관은 무역항의 수상구역 등이나 무역항의 수상구역 부근에서 선박의 항행을 방해하거나 방해할 우려가 있는 물건(이하 "장애물"이라 한다)을 발견한 경우에는 그 장애물의 소유자 또는 점유자에게 제거를 명할 수 있다.

② 해양수산부장관은 장애물의 소유자 또는 점유자가 제1항에 따른 명령을 이행하지 아니하는 경우에는 「행정대집행법」 제3조제1항 및 제2항에 따라 대집행(代執行)을 할 수 있다.

③ 해양수산부장관은 다음 각 호의 어느 하나에 해당하는 경우로서 제2항에 따른 절차에 따르면 그 목적을 달성하기 곤란한 경우에는 그 절차를 거치지 아니하고 장애물을 제거하는 등 필요한 조치를 할 수 있다.

1. 장애물의 소유자 또는 점유자를 알 수 없는 경우
2. 제2조제2호에 따른 수역시설을 반복적, 상습적으로 불법 점용하는 경우
3. 그 밖에 선박의 항행을 방해하거나 방해할 우려가 있어 신속하게 장애물을 제거하여야 할 필요가 있는 경우

④ 제3항에 따라 장애물을 제거하는 데 들어간 비용은 그 물건의 소유자 또는 점유자가 부담하되, 소유자 또는 점유자를 알 수 없는 경우에는 대통령령으로 정하는 바에 따라 그 물건을 처분하여 비용에 충당한다.

⑤ 제3항에 따른 조치는 선박교통의 안전 및 질서유지를 위하여 필요한 최소한도에 그쳐야 한다.

19) 우리나라 법이 적용되는 경우는 상법 제724조 제2항에 의하여 직접청구권이 피해자인 제거자에게 주어지므로 책임보험자인 P&I 클럽으로부터 제거 비용을 수령할 수 있다.

20) 우리 정부에서 행정대집행을 실시한 후 그 비용을 회수하지 못한 사례로는 1992년 씨앙펭호(11억원), 2003년 알렉세이 비카리브호(8억원), 2006년 상하이 7호(23.2억원)으로 알려져있다. 박성호 · 임채현, "난파물제거협약의 국내수용을 위한 법제연구", 해사법연구 제27권 제1호(2015.3.), 27면에서 재인용함.

21) 이와 관련 김인현, "난파물제거와 해사안전법", 해양한국 2012.2월호를 참고바람.

4. 사례연구- 튜멘호의 경우

2006. 1.23.울릉도 근처의 동해를 지나던 러시아선적의 선박(튜멘호)이 풍랑을 만나 원목 2,000여개가 바다에 낙하되었다. 이에 항해하는 선박의 항해에 지장을 주게 된다. 해양수산부는 동 선박의 운항자에게 제거명령을 내렸다. 그렇지만, 선장은 제거를 하지 않고 항해를 계속했다. 정부는 대집행을 실시했다. 약 10억정도의 비용이 발생했다. 이에 그 비용을 회수하고자 항해중인 선박을 나포해서 여수항으로 끌고 와서 억류했다. 선주는 (i) 한국정부는 관할권이 없음에도 자신들의 선박을 억류하고 제거명령을 내린 점이 잘못이다. (ii) 제거의무자는 점유자이고 자신들은 소유자이므로 선박가압류를 할 수 없다고 주장하였다. 이에 서울지방법원은 공유수면관리법에 의하여 배타적 경제수역에 대한 대한민국법원의 관할권을 인정하여주었다. 제거의무자는 점유자로서 운항자가 맞고 그럼에도 불구하고 채무자가 아닌 자의 재산을 압류한 한국정부는 잘 못이라고 판시하였다(서울지방법원 2007.1.18., 2006가합36580).[22] 합의로 사건이 종결되었다. 한국정부는 전액을 회수할 수 없었다.

II. 피해선박의 인양이 불가능하고 불필요한 것인지

1. 논의의 이유

난파물의 제거는 상당한 비용과 노력이 필요하다. 아주 심해저에 놓여있는 침몰선을 굳이 비용을 들여 제거할 이유는 없다고 본다.

2. 제거되어야하는 기준

원심판결에 의하면 「공유수면관리 및 매립에 관한 법률」에 의거하여 제거명령을 내렸습니다. 따라서 공유수면관리법에서 정하는 기준을 적용하면 될 것

---

http://monthlymaritimekorea.com/news/articleView.html?idxno=9586

22) 김인현, "2007년 중요해상판례", 한국해법학회지 제30권 제2호(2008.11), 290면.

이다. 그 기준은 항행의 안전과 수질오염의 위험이다. 난파물제거에 대한 일반법이라고 할 수 있는 해사안전법에서도 대집행을 위한 위험성의 판단에는 (i) 항행의 안전 (ii) 해양환경이므로 위 두가지 요소를 고려하면 될 것이다.

제거 기준으로는 안전항해에 지장이 되는가와 유류오염의 가능성이다. 선박이 충돌로 얕은 바닥에 있는 경우에 안전항해에 지장이 있다면 제거되어야한다. 깊은 수심에 잠겨져있지만, 지속적으로 유류가 배출되어 바다를 오염시킨다면 이 경우에도 제거되어야 할 것이다.

제13조에서 제시한 5가지 구체적인 요소를 살펴본다.

(i) 해당 방치선박 등의 상태, (ii) 발견장소, (iii) 해당 방치선박 등으로 인한 해양사고, (iv) 수질 오염의 발생가능성, (v) 공유수면을 관리, 이용함에 있어서의 지장 여부 등 제반 정황을 종합적으로 판단하여야 한다.[23)]

(1) 해당 방치선박의 상태

Haekup Pacific호는 상대적으로 소형선이다. 길이 75미터, 총톤수 1,087톤, D/W 1,350톤이다. 폭은 10.4미터이다. 보고서에 의하면 선박은 수심 90미터에 좌측으로 기울어져있는데, 1.6미터 선체가 뻘에 들어가 있다. 이 정도이면 안정적으로 왼쪽으로 기울어진 상태로 누워져있다고 보인다.

(2) 발견 장소

거문도 동남동 20마일 해상에 선박이 침몰되어있다. 우리나라의 배타적 경제수역이다. 선박들의 통항이 많은 곳이기는 하다.

---

23) 국제규범으로는 난파물제거협약이 있다. 위험한 것으로 평가되는 경우에 등록선주에 대하여 제거의무를 부담하도록 규정하고 있으며(제9조), 이 경우 위험성은 아래의 요소를 기준으로 평가하도록 하고 있습니다(제6조). 아래 열거한 기준은 해사안전법 시행규칙 제21조에서 열거하는 기준과 유사하다. ① 난파물의 크기, 형태 및 구조 ② 당해 영역에서의 수심 ③ 당해 영역에서의 조차 및 조류 ④ 특별민감해역인지 여부 등 ⑤ 운송항로 또는 설정된 통항로와의 근접도 ⑥ 통항의 밀도 및 빈도 ⑦ 통항의 형태 ⑧ 난파물에 선적된 화물의 성질 및 양과 기름의 총량 및 형태 ⑨ 항만시설의 취약성 ⑩ 탁월한 기상 및 수로 조건 ⑪ 해저지형도 ⑫ 약최저저조의 수면에서 난파물의 수면 위 또는 아래로의 높이 ⑬ 난파물의 음파 및 자기적 윤곽 ⑭ 해상 설치물 등과의 근접정도 ⑮ 난파물의 제거를 위해 필요한 모든 기타 사정

(3) 방치선박 등으로 인한 해양사고

현진호 사고와 소양호 사고의 경우에 침몰선에 의하여 다른 항행하던 선박이 선저 손상을 입게 되었다. 방치선박으로 인하여 다른 선박이 2차 사고를 당할 수 있다면 이는 제거되어야 한다.

통상 선박의 수심은 13미터에서 15미터를 넘지 않는다. 세계각국의 항구의 수심에 이를 넘지 않기 때문이다. 따라서 난파물의 높이가 일응 해수면에서 15미터가 되지않는다면 항해하는 선박의 선저가 부딪칠 염려가 있으므로 안전항해에 지장을 주는 것이다. 따라서, 침몰선은 제거되어야한다. 그러면 얼마까지를 항해에 지장을 주는 것으로 보아야할 것인지가 문제된다. 태풍 등의 영향으로 침몰선의 위치가 변경될 여지가 있으므로 그 3배인 45미터 정도가 된다면 항해의 지장은 없다고 보아도 된다. 그럼에도 불구하고 여전히 유류오염의 여지가 있다면 제거되어야 한다. 선박연료유가 남아서 지속적으로 기름이 해수면위로 올라오는 경우이다. 이 경우는 난파물이 제거되어야한다.

(4) 수질오염의 발생가능성

보고서에 의하면 선박연료유로 D.O. 13톤(휘발성이 강함), F.O. 23톤이 선박에 실려있었다. 화물로 아스팔트가 1,135톤 적재되어있었다. 아스팔트는 적재시부터 운송동안 고체화를 방지하기 위하여 150도를 유지해야한다. 침몰하면서 이러한 온도를 유지하지 못하여 지금은 고체화되었고, 이는 Rgv의 촬영에서도 확인되었다. 수질 오염의 가능성은 아주 낮다고 보인다.

(5) 공유수면을 관리, 이용함에 있어서 지장여부

트롤 작업등 어선의 어로작업에 지장을 주는 경우라면 공유수면의 이용에 문제가 발생하는 것이다. 해도에 표시만 된다면 어선은 이 부분을 피해서 작업을 하면 될 것이다.

종합적으로 본선은 해저 90미터에 가라앉아있어서 다른 선박의 항해에 지장이 없고, 해양오염의 염려도 없다고 판단된다. 아스팔트는 이미 고체화되어 오염의 위험은 없고, 선박연료유도 소량이다. 340억원에 해당하는 제거비용을

고려할 때에도 굳이 이를 제거할 필요는 없다고 판단된다.[24)]

3. 사례연구

(1) 세월호

2014년 발생한 세월호의 경우 40여 미터의 수심에 선박이 가라앉아 있었다. 여유수심은 충분하다고 볼 수도 있지만, 정치 사회적인 잇슈가 개입된 사안이라서 제거할 필요성이 인정되었다고 판단된다.

(2) 이스턴 브라이트호

2008년 여수 앞바다에서 침몰한 이스턴 브라이트호를 제거해야하는 지에 대하여 논란이 되었다. 질산을 실은 선박이 여수 근해에서 수심 68미터의 해저에 침몰 하였고 난파물(침몰선)의 제거와 오염방지가 중요한 잇슈로 되었다. 본선에 적재된 오염물질로는 (i) 질산 (ii) 선박연료유 FO (iii) 선박연료유로서 DO가 있었다. 제거되지 않았다.[25)]

(3) 프레스티지호

유조선의 오염사고와 관련하여서는 국제기금이 창설되어 오염물질인 선박의 인양등에 보상을 하여준다. 2006년 2월 집행이사회에서 스페인의 프레스티

---

24) 최근 언론보도에 따르면, 2019.2.15. 중국어선이 제주도 인근 해역에서 예인 중 침몰한 사안에서, 서귀포 해경은 지난 23일 침몰한 160t급 중국 어선 S호(유망 · 승선원 11명)는 침몰 해역 수심이 약 92m로 깊어 다른 선박이 주변을 지나는 데 지장을 주지 않고, 인양시 기술적 한계가 있고 인명피해도 우려되며, 연료와 배 밑바닥 폐수를 모두 빼낸 상태라 해양오염 우려가 없는 점 등을 고려해 인양하지 않기로 했다고 밝혔다. https://m.yna.co.kr/view/AKR20190225130500056?input=feed_huvel

25) 2007년 12월 침몰되었으나, 2008년 이적작업을 시작했다. "지난해 12월 25일 새벽 백도인근 바다에 침몰한 '이스턴 브라이트호'에 실려 있는 질산과 연료유에 대한 이적작업을 16일부터 실시한다고 여수시가 밝혔다. 16일 여수시에 따르면 이스턴 브라이트호에는 침몰 당시 질산 2,129톤 및 연료유 126톤 가량이 선적돼 있었다. 일본의 구난업체인 Nippon Salvage사와 노르웨이의 Frank Mohn사가 공동 참여하며, 세계에서 유일한 첨단장비인 ROLS(원격조종하역시스템)와 ROV(원격제어장비)가 동원돼 무인원격제어 방식으로 화물 및 연료유를 회수한다." http://www.scpress.co.kr/sub_read.html?uid=2316&section=section3.

지호 사건에서 스페인 정부는 깊은 수심에 잠겨있는 동 선박에서 기름을 처리하는 작업을 하였다. 펀드의 집행이사회에서는, 동 제거작업은 펀드의 클레임 메뉴얼을 따르지 않았고, 경제적인 이유가 없다는 이유를 근거로 제거의 필요성이 없다고 보상에 반대를 하였다. 스페인 정부는 이를 강행하였지만, 펀드의 집행이사회는 그 비용을 지급하지 않기로 결정하였다.

III. 국내에서 발생한 난파물 사례

1. 씨앙펭호 사고

1992.1.24. 인천 팔미도 근처의 항로에서 정박 중이던 씨앙펭호가 항로상에 침몰하여 난파물이 되었다. 이에 정부는 행정대집행을 하였고 그 비용의 일부를 회수하였다.

2. 소양호 사고

1987년 행복호가 묵호 항내에 침몰하였는데, 6년 후인 1993년 항해하던 소양호가 그 위를 지나는 바람에 침선의 윗 부분과 선박의 조타기가 선저가 손상이 났다. 국가에게 영조물관리에 대한 책임이 인정되었지만, 행복호의 소유자에게는 과거에 제거에 대하여 노력한 점이 인정되어 책임을 부담하지 않았다(서울지법 1996. 2. 9. 선고 94가합62050 판결)

3. 알렉산드리아호 사고

1995.6.30. 부산 남형제도 동방 4마일 부근의 대한민국 영해안에서 신화7호와 알렉산드리아호 사이에 충돌사고가 발생하여 알렉산드리아호가 침몰하였다. 선박연료유가 유출, 컨테이너도 해상을 부유하자, 부산해양경찰서장이 알렉산드리아호측에 오염을 방지하고 컨테이너 및 화물을 수거하라는 방제명령을 내렸다. 알렉산드리아호 측의 P&I 클럽(영국 스팀쉽 뮤추얼)에서 유류오염방제비용을 한국해양산업 등에게 약 90만달러, 컨테이너 수거비용을 협성검정에게

57만달러를 지출하였다. 알렉산드리아측은 과실비율이 70%인 신화측에 청구하자, 신화7호의 선주의 신청에 따라 책임제한절차가 개시되었다. 부산지방법원은 1996. 6. 7. 알렉산드리아호 선박가액 손해, 선원송환비용은 제한채권으로 하면서도, 유류오염관련비용, 컨테이너 수거비용, 난파선제거비용은 비제한채권으로 사정하는 결정을 했다. 1심법원에서는 이를 상법 제748조 제4호의 비제한채권으로 하여 알렉산드리아호측이 승소하였다. 부산고등법원과 대법원도 구상채권은 제한채권이 된다고 판시하였다(대법원2000. 8. 22. 선고 99다9646 판결). 따라서, 제거명령을 받은 자가 자신은 제거비용을 모두 지급하고, 과실있는 자에게 구상하는 경우에는 이는 책임이 제한되는 결과가 된다.

4. 하이평호(현진호) 사고

2002.6.11. 1945 제2021 하이평호는 전남 진도군 동거차도 남서방 제2마일 해상에서 다른 선박과 충돌하여 침몰 중에 있었다. 그 사실을 알지 못하던 현진호는 위 선박의 침몰 약 3시간 후인 2300시경 자신의 선저가 침몰중인 위 선박의 마스터와 접촉하여 손해가 발생하였다. 목포해심 재결서 제2002-83.

5. 알렉세이 비카레브호 사고

2003.1.5. 군산시 어청도 근처를 지나던 알렉세이 비카레브호에서 원목 5000여개가 유출되어 신안군 등에 까지 표류하여 국가가 행정대집행을 하여 원목수거에 나섰지만, 그 비용은 회수하지 못했다.

6. 튜멘호 사고

2006.1.23. 튜멘호에서 원목 2000여개가 선박으로부터 이탈하여 우리나라 배타적 경제수역인 울릉도 근해에서 부유함으로써 항해에 지장이 우려되어 정부가 행정대집행을 하여 비용이 소요되었다. 해양수산부는 동 선박의 운항자에게 제거명령을 내렸다. 그렇지만, 선장은 제거를 하지 않고 항해를 계속했다. 정부는 대집행을 실시했다. 약 10억 정도의 비용이 발생했다. 이에 그 비용을 회수하고자 항해중인 선박을 나포해서 여수항으로 끌고 와서 억류했다.

선주는 (i) 한국정부는 관할권이 없음에도 자신들의 선박을 억류하고 제거명령을 내린 점이 잘못이다. (ii) 제거의무자는 점유자이고 자신들은 소유자이므로 선박가압류를 할 수 없다. 고 주장하였다. 이에 서울지방법원은 공유수면관리법에 의하여 배타적 경제수역에 대한 대한민국법원의 관할권을 인정하여주었다. 제거의무자는 점유자로서 운항자가 맞고 그럼에도 불구하고 채무자가 아닌 자의 재산을 압류한 한국정부는 잘 못이라고 판시하였다(서울고등법원 2008. 1. 31. 선고 2007나23274판결). 법원의 판단은 정당하다.[26] 합의로 사건이 종결되었다. 한국정부는 전액을 회수할 수 없었다.

7. 이스라엘 텐진호 사고

2006.7.10. 태풍 위니아에 의하여 이스라엘 텐진호에서 컨테이너가 다량으로 바다에 유실되어 이것이 항행과 어로작업에 지장을 주어 우리나라가 제거명령을 내리게 되었다.

8. 알파호 사고

매도인(피고)가 매수인에게 원목을 수출하는 계약을 체결하였다. 2016.8. 21. 러시아 선적의 M/V ALFA라는 선박에 실려 운송 중 위험에 처한 선장은 통영의 욕지도 근처(남방 40해리이므로 배타적 경제수역임)에서 원목 수십개를 바다에 버리라는 명령을 내렸다. 공동해손이 선포되었다. 항해에 위험이 있자 대한민국 정부는 선주에게 제거명령을 내렸지만, 치우지지 않자, 대집행을 했다. 공유수면관리법에 따라 그 비용을 청구하는 소송이 제기되었다. 제기비용은 "소유자 혹은 점유자"에게 청구한다는 규정에 근거하여 피고를 지정했다. 매도인이 피고가 되었다. 매도인은 자신은 소유자도 점유자도 아니라고 주장하였다. 국제사법에 따라 준거법이 지정되었다. 점유자는 중국법에 의하여 정하여졌다. 선하증권이 발행된 사안이므로 사고 당시 선하증권을 소지한 자가 점유자가 되는데, 선하증권은 양도되었기 때문에 피고는 원목의 점유자가 아닌 것이 되었

---

26) 이에 대한 자세한 평석은 "박배식, 김승우, 이윤철, "배타적경제수역에서 연안국의 법령적용에 대한 연구", 해사법연구 제26권 제1호, 133면 이하가 있다.

다. 소유자는 러시아법에 의하여 정하여졌다. 매도계약에 의하면 소유권은 통관 종료시 매수인에게 넘어가는 것으로 되어있었기 때문에 사고 당시 매도인이 아니라 매수인이 소유자라고 보았다. 따라서 구상청구는 실패하게 되었다(서울중앙지방법원 2018. 12. 5. 선고 2017가합525239 판결).[27)]

Ⅳ. 결론

본 사안에서 난파물의 제거가 필요한 가는 위험성이 있는가의 문제이다. 국내법으로는 (i) 항행의 안전 (ii) 해양오염여부가 중요한 고려요소이다. 5개의 구체적인 요소를 고려할 때, 침선은 수심 90미터에 침몰되어있고, 화물인 아스팔트는 고체화 되어있고 선박연료유는 소량이다. 더 이상 오염이 발생되지 않고 있다. 따라서, 필자의 소견으로는 제거에 이를 만큼 위험성이 있다고 보이지 않는다. 여수시장과 여수해양경찰청이 이에 위반하여 제거명령을 내린 것은 취소절차를 밟아야할 것으로 보인다. 만일 행정청에서 이 사건 선박을 직접 인양하기로 결정하고 행정대집행을 통하여 인양을 할 시에는, 행정청은 해당 비용을 청구할 수 있는바, 위 제거명령이 철회되지 않는 이상에는 원고는 여전히 (형식적이나마) 이 사건 선박의 인양 비용을 부담할 위험이 존재한다고 보인다.

본 사안에서는 다행히 책임보험자가 존재하여 비용의 부담을 할 보험자가 존재하지만, 우리나라는 일본과 달리 입출항하는 선박에게 보장계약체결(책임보험가입)을 강제화하지 않고 있다.[28)] 나이로비 협약에 가입하고 책임보험가입을 강제화시킬 필요가 있다. 국내법에 의한 제거의무자와 절차 등이 너무 복잡하므로 이에 대한 단순화도 필요하다고 본다.[29)]

---

27) 일본 사례로 해양오염방지법에 의한 것으로 2007. 4. 17. Jane호(4642총톤)이 있다. 小林, 前揭論文, 27면. 2013. 3. 안팡호(캄보디아 국적), 아오모리 현 해안에 좌초되었지만, 현에서 비용을 지급하여 제거하였다. 그렇지만, 보험자가 피보험자의 보험계약위반을 이유로 보험금 지급을 거절하였다. 2016. 5. 테국 국적의 Neptune호사고가 있다. 효고 현에서 좌초되었다. 현에서 철거비용을 지급하였다.

28) 이에 대한 자세한 논의는 김인현 · 채이식, "해사안전법상 난파물제거 제도와 그 개선방안", 경영법률 제22권 제2호(2012.1.), 317면 이하가 있다. 일본은 책임보험의 가입을 강제화시키고 있다. 일본 유배법 제39조의5 제1항 제2호.

〈참고 추가논의〉

- 공법상 제거 명령만 내려졌을 뿐 현실적으로 제거 비용이 불발생의 경우 가해선주를 상대로 인양 비용 상당액에 관한 손해배상청구가 가능한지-

만일 현 상황에서 공법상 제거 명령에 따라 피해선주에게 손해가 현실적으로 발생하였다고 볼 수 있다면, 피해선주는 제거 비용이 실제로 발생하였는지 여부(침몰선 인양 작업을 개시하였는지 여부 내지 행정대집행이 이루어졌는지 여부)와는 무관하게 가해선주를 상대로 손해배상을 청구할 수 있다. 그러나, 공법상 제거 명령의 발령만으로는 피해선주가 손해를 현실적으로 입었다고 볼 수 없다면 가해선주에 대한 손해배상청구는 허용되지 않게 될 것이다.

손해는 현실적, 확정적으로 발생한 것이어야 한다. 손해가 현실적으로 발생하였는지 여부는 사회통념에 따라 합리적으로 판단하여야 합니다(대법원 2015. 11. 26. 선고 2013다18349, 18356 판결, 대법원 2009. 3. 12. 선고 2007다76580 판결, 대법원 1998. 4. 24. 선고 97다28568 판결 등). 이와 관련하여, 피해자가 금전을 실제로 지출하지 아니하였더라도 그 내용이 확정된 채무를 부담하였다면 손해를 현실적으로 발생한 것으로 보는 것이 일반적인 해석이다(주석민법 채권각칙 민법 제750조 부분).

예컨대, 피해자가 불법행위로 입은 부상을 치료하기 위하여 입원비와 치료비 채무를 부담하게 되었다면 치료비를 자기 수중에서 직접 지급하지 아니하였다고 하더라도 손해는 현실적으로 발생한 것으로 본다(대법원 1988. 12. 27. 선고 87다카2323 판결). 그러나 피해자가 제3자에 대하여 채무를 부담할 것인지 여부 자체가 확정되지 않은 상태에서는 손해가 현실적, 확정적으로 발생하였다고 보기 어렵다(대법원 1992. 11. 27. 선고 92다29948 판결).

이 사건의 경우, 피해선주는 행정청으로부터 침몰선을 제거하라는 내용의 공법상 제거 명령을 받았다. 여기서 제거 명령은 행정처분의 일종으로 그 하자가 중대 명백하여 당연 무효이거나 법원 등에 의하여 취소되지 않는 한 그 효력

---

29) 동지, 박성호 · 김채현, 전게논문, 44면.

이 그대로 유지된다(행정처분의 공정력). 이에 따라 피해선주는 제거 명령이 철회되지 않고 존속하는 한 해사안전법 등 법령에 의하여 이 사건 선박을 자신의 비용으로 제거(인양)할 의무를 일응 부담하고 있다고 봄이 상당하다.

그러므로 피해선주가 제거 비용을 실제로 지출하지 않았더라도 그 내용이 확정된 채무를 부담하였다고 해석될 수 있다. 2심에서는 제거 명령이 여전히 그 효력을 유지하고 있고 인양의 불가능성 내지 불필요성만으로는 제거 명령이 당연무효라 볼 수 없다는 이유로 피해선주의 손해가 현실적으로 발생한 것으로 판단한 것으로 이해된다(2심 판결문 22쪽).

생각건대, 2심 판결의 논리는 민사법 및 행정법 법리에 기반한 판결로서, 이 사건 사실관계만으로는 제거 명령의 하자가 중대명백하다고 단정짓기 어려운 것으로 보이는 점을 고려하여 어렵게 내린 판결로 보인다. 제거 명령이 그대로 존속하고 있다는 점 내지 당연무효라 단정하기 어렵다는 이유만으로 민사법적 관점에서 파악하여야 할 "손해의 현실적 발생" 여부를 판단한 것이 올바른가?

민사상 손해의 현실적 발생 여부는 사회통념에 따라 합리적으로 판단되어야 할 사항으로(대법원 2015. 11. 26. 선고 2013다18349, 18356 판결, 대법원 2009. 3. 12. 선고 2007다76580 판결, 대법원 1998. 4. 24. 선고 97다28568 판결 등), 제거 명령이 내려진 사실만으로 민사상 손해가 반드시 현실적으로 발생하였다고 볼 수 있는 것은 아니다. 물론 제거 명령이 내려진 대부분의 경우에는 해사안전법 등 법령에 따라 확정적인 내용의 채무를 부담하게 되므로, 손해의 현실적 발생을 인정하는데 큰 어려움이 없을 것으로 보이나, 행정청이 제거 명령을 내린 경우라 하더라도 애당초 제거가 불가능하거나 제거의 필요성을 인정되지 않는 예외적인 경우라면 제거 비용 상당의 손해가 현실적으로 발생하였다고 보기 어렵다.

특히 이 사건 선박은 충돌 후 수심 90m 이하로 침몰한 점에 비추어 볼 때, 해경의 구난명령이나 시청의 제거명령이 내려질 당시에도 이 사건 선박의 인양이 물리적으로나 기술적으로 어려운 상황이었던 것으로 파악된다. 더욱이 이에 따라 피해선주 또는 행정청이 인양을 실시하지 못한 상태가 거의 10년간 지속되었는바, 이 사건과 같은 경우에는 사회통념상 애당초 제거가 불가능하거나 제거의 필요성이 인정되지 않아 그에 따른 제거 비용 상당의 손해가 발생하지 않았다고 보는 것이 합리적일 것으로 판단된다.

결국 2심 판결은 이 사건 선박의 인양이 현실적으로 불가능하고도 불필요함에도 불구하고 행정처분의 존속을 이유로 불가능을 강제함으로써 구체적 타당성이 결여된 측면이 있는 것은 아닌가 생각된다.

손해의 현실성 · 확실성과 피해자의 의무부담*

김 상 중**

I. 논의의 제기

권리 · 법익의 침해에 대한 민사상의 주요한 구제수단은 침해행위로 인한 손해의 배상을 구하는 것이다. 그런데 손해배상청구권은 가해자의 고의 · 과실에 의한 위법한 침해행위 또는 채무자의 유책한 채무불이행 이외에 피해자(채권자)의 손해발생을 그 요건으로 하고 있다(제750조, 제390조). 따라서 위법한 권리 · 법익의 침해행위가 있는 경우에도 피해자가 그로 인해 손해를 입지 않는 한 – 침해된 권리 자체의 회복을 구함은 별론으로 하더라도 – 침해자에게 손해배상을 청구할 수 없음은 물론이다.[1] 그런데 민법은 손해배상청구권의 주요 요건인 '손해'의 개념을 정의해 두지 않은 채 그 구체화를 학설과 판례에 맡기고 있으며, 이에 학설 · 판례는 손해의 개념과 여러 유형에 따른 손해발생의 인정에 관한 법리를 발전시켜 오고 있다. 그럼에도 손해배상 여부와 내용의 결정 작업은 궁극적으로는 각 사례의 개별 상황에 관한 구체적 판단으로 귀결되는 법창조적인 활동일 수 밖에 없고, 따라서 손해배상에 관하여 어렵사리 어떠한 일반법리를 채택한 경우에도 개별 사례에서 이를 구체적으로 적용하기 위해서는 또 다시 쉽지 않은 평가의 과정을 거쳐야만 한다.

손해배상 법리의 형성과 적용이 창조적 작업임은 본 연구의 대상, 즉 가해행위로 인하여 피해자가 의무를 부담하게 된 것이 그 의무를 이행하지 않은 상

---

* 이 논문은 2020. 1. 15. 대법원에서 열린 비교법실무연구회 제132회 세미나에서 발표한 글로서, 당시 함께 발표하신 김인현 교수님의 발표문과 함께 요약, 정리하여 해법학회지 제42권 제2호에 "침몰선의 장래 제거비용과 손해배상"이라는 제목으로 게재되었다.

** 고려대학교 법학전문대학원 교수

1) 대법원 2010. 2. 11. 선고 2009다68408 판결(공2010상, 513).

태에서도 손해라고 말할 수 있는가 하는 논의에서도 잘 확인할 수 있다. 즉, 판례는 이와 관련하여 이미 오래전부터 다른 나라에서와 마찬가지로 아래와 같은 일반법리를 마련해 왔다. 즉, 판례에 따르면 "① 불법행위나 채무불이행을 이유로 배상하여야 할 손해는 현실로 입은 확실한 손해에 한하는 것이기 때문에 ② 불법행위나 채무불이행 등으로 인하여 피해자 또는 채권자가 제3자에 대하여 어떤 채무를 부담하게 된 경우 상대방에게 채무액과 동일한 배상을 구하기 위하여는 채무의 부담이 현실적 · 확정적이어서 실제로 변제하여야 할 성질의 것임을 요"[2)]하며, 그리고 "③ 손해가 현실적 · 확정적으로 발생하였는지 여부는 사회통념에 비추어 객관적이고 합리적으로 판단하여야 한다"[3)]는 것이다. 그런데 주어진 개별 사례 상황에서 피해자의 의무부담이 위 판례 법리에서 말하는 "실제로 이행해야 할 성질의 것"으로서 "사회통념상 현실적 손해의 발생"이라고 볼 수 있는지에 관하여는 여전히 구체적으로 판단해야 할 어려운 과제를 남기고 있다.

본 연구는 위와 같은 과제의 해결을 도모하는 과정에서 ① 손해의 개념 · 파악에 관한 독일, 프랑스의 법 이론을 우리나라의 법리 현황과 함께 소개하고(II), ② 최근 개정된 민사소송법 제202조의2(상당한 손해액의 인정)와 관련하여 손해발생 여부에 대한 법원의 재량적 판단 여부가 인정되는지(III)를 살펴 본 후,[4)] ③ 가해행위로 인한 피해자의 의무부담, 특히 본 연구의 계기가 된 피해자의 환경오염 결과제거의무와 손해발생의 인정 여부에 관하여 검토하도록 하겠다.

---

2) 대법원 1992. 11. 27. 선고 92다22948 판결(공1993상, 256).

3) 대법원 1998. 4. 24. 선고 97다28568 판결(공1998상, 1443), 대법원 2001. 7. 13. 선고 2001다22833 판결(공2001하, 1860).

4) 상당한 손해액 인정에 관한 민사소송법 제202조의2는 본 발표의 대상과 직접적으로 관련되지는 않지만, 그 논의 과정에서 손해발생의 사실 인정 자체가 적지 않은 경우 법관의 재량적 판단의 결과일 수밖에 없음을 분명히 할 수 있을 것이며, 이는 피해자의 의무부담과 손해의 인정 여부라는 실체법적 문제와도 관련된다고 생각되어 짧게나마 언급하려고 한다.

II. 손해 파악에 관한 비교법적 경향과 우리 법의 현황

1. 독일 손해배상법의 내용

가. 손해의 개념 · 파악에 대한 여러 입장

독일 손해배상법은 우리 손해배상제도의 기본법리, 특히 손해의 개념에서 큰 영향을 미치고 있다. 그런데 손해의 개념에 관하여는 독일에서도 어떤 하나의 단일한 입장이 관철되기 보다는 서로 대립하는 견해가 상호 보완적으로 기능하고 있다고 여겨진다. ① 실재적(구체적) 손해와 재산상의 손해, ② 자연적 손해와 규범적 손해, 그리고 ③ 주관적 손해와 객관적 손해 및 총재산의 손해와 개별손해의 대립적 파악방법이다.[5)]

(1) 실재적 손해와 재산상의 손해

실재적 손해(realer Schaden)란 피해자의 권리 · 법익을 침해한 결과 그 자체를 뜻한다. 이 입장에 따르면 침해 결과 그 자체가 손해라고 파악되며, 구체적 · 현실적 손해(konkreter, wirklicher Schaden)라고 불리우기도 한다. 이에 반하여 재산상의 손해(Vermögensschaden)란 권리 · 법익의 침해가 피해자의 재산상태(= 이익)에 미치는 영향을 손해라고 이해한다.[6)]

양 입장과 관련하여, 독일민법전이 형성되기 훨씬 이전에 제정되었던 1793년 독일 프로이센 일반란트법(ALR)은 당시 자연법적 관념과 일상생활의 언어사용에 따라 "인간의 신체, 자유, 명예, 재산에 관한 상태의 악화"라고 손해를 정의함으로써 실재적 손해라는 관념을 전제하고 있었다. 이러한 입장은 1811년에 제정된 오스트리아 민법전(ABGB)에도 영향을 주어서, 오스트리아 민법 제1293조에 따르면 "손해란 어떤 사람의 재산, 권리 또는 그의 인신에 가해진 불이익을 말한다"고 정의하고 있다. 그런데 실재적 손해에 대하여는 이미 그 당시부터 침해행위의 결과와 손해를 동일시할 수 없다는 비판이 제기되어

---

5) 아래의 손해의 개념 파악과 손해발생의 인정에 관하여는 김상중, "손해의 개념과 손해발생의 인정", 민사법학 제90호(2020), 199면 참고.

6) Gottwald, Schadenszurechnung und Schadensschätzung, 1979, S. 41 ff.

왔다. 즉, 침해행위의 결과가 어떤 경우에는 유용할 수도 있는 것과 같이, 실재적 손해라는 개념만을 가지고는 침해행위의 결과에 대한 배상가능성을 말해주지 못한다는 지적이 있어 왔다.

이에 독일의 지배적 입장에 의하면 독일 민법전에 깔려진 손해개념은 (법익의 침해결과를) 수치화한 재산적 손실이라고 이해하고 있다. 이러한 입장은 19세기 프리드리히 몸젠(Friedrich Mommsen)이 손해와 이익을 동일시 하여 차액손해의 관념을 주장하면서 이론적으로 정립되었다. 즉, 몸젠에 따르면 거래상 객관적 가치를 갖는 물건이 채권자의 재산에서 가지게 되는 가치를 이익이라고 부르면서 여기에는 주관적 가치도 포함하는 것으로 이해하였다. 이러한 이익의 개념은 손해배상과 관련하여서는 침해된 물건이 그 객관적 가치를 넘어서 손해배상 채권자의 전재산에서 가지는 재산적 가치라는 내용으로 구체화 되었다. 그러면서 이러한 재산적 영향(= 이익)과 손해를 동일시 하면서, 가해행위 전후의 재산상의 차액, 즉 가해사실이 있은 후의 현재의 재산상태와 가해사실이 없었더라면 있었을 가정적 재산상태의 수액상의 차이를 손해라고 파악하게 되었다.[7)]

이와 같이 법익침해의 결과 자체가 아니라 그로 인한 재산적 차액을 손해라고 파악하려는 독일의 지배적 입장은 현행 손해배상법리에 중요한 영향을 미치고 있다. 무엇보다 차액설에 의한 재산적 손해는 가해행위로 인한 현재의 재산상태와 가해행위가 없었을 경우 가정적 재산상태의 차액 산정으로 파악되고 있다. 따라서 이 입장에 의하면 손해의 파악은 손해액 산정과 분리될 수 없으며 또한 차액 산정이라는 계산적 · 사실적 문제로서 법질서의 가치평가와는 무관한 것으로 이해되고 있다. 책임법과 손해배상법의 분리된 파악, 피해자의 손해전보와 과잉배상의 금지, 유책성과 무관한 손해의 파악과 배상범위의 결정 등이 위와 같은 차액설의 근본입장에서 비롯하고 있다. 더 나아가 차액설에 의한 재산적 손해, 특히 몸젠이 침해된 개별 재산이 아니라 전체재산의 차액을 손해라고 이해하려는 입장은 침해행위가 피해자의 재산 전체에 미치는 영향을 고려할 수 있도록 해 주었고, 이로써 침해행위로 인한 직접적 손해 외에 후속손해도 배상

7) 몸젠의 차액설에 관한 국내 문헌의 상세한 설명으로는 신동현, 민법상 손해의 개념, 경인문화사(2014), 26-28.

해야 할 손해라고 포착하는데 크게 기여하였다.[8)]

위에서 언급한 바와 같이 독일의 지배적 입장은 법익침해로 인한 재산적 차액을 손해라고 파악하고 있다. 물론 이 입장이 손해배상의 방법에 관한 원상회복 규정(독일민법 제249조 제1문)과 부합하는지 의문도 있지만, 책임의 성립요건과 손해배상법에 관한 분리된 파악 및 권리 · 법익의 침해와 손해를 따로이 규정한 독일민법 제823조 제1항의 문언[9)] 등에 비추어 독일의 지배적 견해는 독일민법이 몸젠의 재산적 손해 개념에 따르고 있다고 이해하고 있다. 그렇지만 법익침해의 결과인 '손해'와 손해배상으로서 요구할 수 있는 금액, 즉 재산적 영향(= 이익)을 분리하여 파악하려는 입장도 여전히 개별적으로 주장되고 있다.[10)] 물론 이 입장에 따르더라도 법익침해의 결과인 손해는 이를 수액으로 평가하는 손해배상의 산정기초가 되지 않을 수 없다. 다시 말해 이 입장 역시 (법익침해 그 자체인) 손해가 배상의 대상이 되는 이익의 산정기초가 됨은 마찬가지인데, 다만 법익의 침해라는 실재적 손해에 우선적 지위를 부여하고 있다.[11)]

(2) 자연적 손해와 규범적 손해

자연적 손해란 일정한 사태를 손해라고 파악함에 있어서 법적 가치평가를 거치지 않은 채 이미 법 이전에 존재하는 일반적 관념에 따라 손해 여부를 정하는 것을 뜻한다. 반면 규범적 손해는 침해의 결과를 손해라고 파악함에는 법질

---

8) 이상의 내용에 관한 독일 문헌의 소개로는 김상중, "손해배상법에 대한 몇 가지 단상", 계약과 책임(하경효교수정년기념논문집), 박영사(2017), 153.

9) 독일민법 제823조 (손해배상의무) (1) 고의 또는 과실로 타인의 생명, 신체, 건강, 자유, 소유권 또는 그 외의 권리를 위법하게 침해한 자는 피해자에게 그로 인하여 발생한 손해를 배상하여야 한다.

10) 가령 Honsell, Herkunft und Kritik des Interessenbegriffs im Schadensersatzrecht, JuS 1973, 69 ff.

11) Gottwald, Schadenszurechnung und Schadensschätzung, S. 45. '실재적 손해'에 의한 손해 파악은 법익침해의 결과 그 자체를 손해라고 하면서 이를 수액으로 평가하는 배상내용과 분리하여 파악한다고 함으로써 가령 가축매매에서 매수인이 병든 가축을 공급받은 것 자체가 이미 손해라고 이해되며 다만 이를 수액으로 평가하기 위하여 병든 소로 인한 일실이익 또는 초과지출 등을 산정요소로서 고려할 뿐이라고 설명하게 된다. '실재적 손해'의 주장은 바로 아래에서 설명하듯이 가정주부의 상해와 같이 법익침해로 인한 재산상의 변동이 확인되지 않음에도 법익침해의 결과만으로 손해배상이 인정되어야 하는 경우에 두드러지게 된다고 이해된다.

서의 평가를 필요로 한다는 접근이다. 양 입장 가운데 독일 민법은 위 (1)에서 언급한 '재산적 차액'에 의한 손해의 파악이 지배하면서 자연적 손해에 따르고 있다고 이해되고 있다. 즉, 차액설이 가해행위로 인한 현재의 재산상태와 가해 행위가 없었더라면 있었을 가정적 재산상태(이하 현실적 · 가정적 재산상태)의 비교를 통한 차액을 손해라고 여긴다는 점에서 손해 인정 여부에서 구체적 재산감소의 사실파악이면 족하며 별도의 법적 평가를 필요로 하지 않는다는 입장이 지배하고 있다.[12)]

그러나 이러한 자연적 손해의 관념에 대하여는 비판이 계속되고 있다. 무엇보다 전체재산의 차액이라는 손해의 관념에만 따를 경우에 손해의 파악은 법적 가치 판단과 무관한 계산과정에 불과하고, 이로써 예를 들어 사망의 경우 장례비 공제 여부와 같은 재산상태의 비교에서 아무런 가치판단도 제공할 여지를 남기지 않는다고 지적되고 있다. 이와 마찬가지로 재산상태의 비교만으로 손해 여부를 파악한다면 가령 상해를 입은 피해자가 제3자의 자선을 통하여 오히려 가해의 이전과 비교해 재산상황이 개선된 경우에는 가해자는 상해의 부정적 결과야기에도 불구하고 피해자에게 배상책임을 면하게 되는 불합리한 결과에 이르게 된다.[13)]

이러한 비판에 따라 손해 여부는 단지 재산상의 차액이라는 자연적 · 사실적 관찰방법으로는 충분하지 않고 침해결과에 대한 법규범적 평가에 의하여 정해져야 한다는 입장이 다양한 입론을 통하여 주장되었다. 가령 노이너(Neuner)가 주창한 객관적 손해개념,[14)] '필요'를 손해의 일종으로 파악한 쪼이너(Zeuner)의 견해[15)] 그리고 슈타인도르프(Steindorff)의 추상적 손해산정의 법

12) Lange/Schiemann, Schadensersatz, 3.Aufl., Siebeck(2003), S. 26-28.

13) MüKoBGB/Oetker, 7.Aufl., § 249 Rn. 21.

14) 이 입장에 따르면 재산적 손해에서 침해된 재산권의 최소한의 객관적 가치가 배상되어야 한다는 견해로서, 가령 특허권이 침해된 경우 재산상의 차액을 증명하지 않더라도 그 침해로 인하여 상실된 객관적 이용가치, 다시 말해 실시료 상당의 손해배상이 인정되어야 한다고 한다.

15) 위 견해 역시 손해는 피해자의 재산상 차액으로 표현되지 않을 수 있으며 침해된 재화가 가지는 가치에 따라 결정되어야 하는 경우가 있다. 이 견해에 따르면 가령 자동차가 손괴된 경우에는 그 수리를 위하여 자동차의 렌트가 필요한 상태를 배상하여야 할 손해라고 인정하고 있다. 이러한 입장은 자동차의 손괴, 가정주부의 상해에서 수리비용 또는 대체인력비용의 지출 여하에 관계없이 자동차의 이용가능성, 가정주부의 노동력 이용가능성의 침해를 손해라고 인정하는 독일의 현행 판례법리 형성에 일조하였다.

리[16] 등이 유력하게 제시되었고,[17] 독일의 판례와 학설은 일정한 사안 유형에서 규범적 손해의 개념을 받아들이고 있다.

무엇보다 ① 전업 가정주부가 상해를 입었음에도 자신을 대신할 가사보조인을 고용하지 않은 채 다른 가족구성원의 도움으로 가사를 처리한 경우,[18] ② 교통사고로 자신의 자가용 자동차가 훼손되었으나 대체차량을 렌트하지 않은 채 대중교통 등을 이용한 경우에 자동차의 추상적 사용가능성의 박탈을 손해로 파악한 경우,[19] ③ 제3자의 가해행위로 부상을 당한 근로자가 일정 기간 노무를 제공할 수 없음에도 불구하고 사용자로부터 그 기간 동안 임금을 계속 지급받는 경우,[20] 그리고 ④ 저작권, 특허권과 같은 지식재산권에서 권리자가 권리침해에도 불구하고 현실적 수입액의 불이익한 변동을 확증하기 어려운 경우에 상당한 실시료 등에 의한 손해배상을 인정하는 법리에서 규범적 손해라는 관념이 자주 활용되고 있다. 이러한 입장에 따르면 손해의 존재는 재산적 차액으로 나타나지 않으며, 가정주부의 상해, 자동차의 손괴와 같은 침해의 사실 그 자체가 손해로 된다.

이러한 손해 법리의 발전에 따라 현재 독일 민법학은 자연적 · 사실적 손해 개념을 중심으로 하면서 일정한 경우에는 규범적 평가에 의하여 이를 수정하고 있다고 말할 수 있다. 즉, 손해의 여부는 법 이전에 존재하는 사회생활의 관념에 따라 불이익하다고 여겨지는 상태(즉, 가해행위 전후의 재산적 차액)에 따라 판단된다는 것을 전제로 하되, 일정한 경우에는 손해배상책임의 목적과 기능에 따라 규범적으로 수정 · 보완되어야 한다고 파악되고 있다.[21]

---

16) 슈타인도르프의 견해는 상인 간의 거래에서는 피해자의 현실적 손해액 여부와 관계없이 계약가격과 시장가격의 차액을 배상하여야 하고, 저작권 · 특허권과 같은 지식재산권의 침해에서도 피해자가 수익을 올릴 수 있었을지 여부와 관계없이 적정한 사용료 상당액을 손해로 인정해야 한다는 법리를 제시하였다.

17) 이에 관하여는 Lange/Schiemann, Schadensersatz, S. 29 ff.; 국내 문헌의 상세한 소개로는 신동현, 민법상 손해의 개념, 33면 이하.

18) BGHZ 50, 304.

19) BGH NJW 1969, 1477.

20) BGHZ 43, 378. 물론 위와 같은 경우 근로자의 손해는 사용자에게 양도되어야 할 근로자의 손해배상청구권을 근거지우기 위한 법리 구성이라고 하겠다.

21) MüKoBGB/Oetker, 7.Aufl., § 249 Rn. 22.

(3) 그 밖의 손해 파악방법

이상에서 설명한 손해의 개념파악 이외에 독일의 문헌에서는 주관적 손해와 객관적 손해, 전체재산과 개별재산의 손해라는 관찰방법이 언급되고 있다.

먼저, 주관적 손해와 객관적 손해의 경우 주관적 손해라 함은 재산권을 침해하는 행위의 재산적 영향을 당해 권리주체의 관점에 입각하여 파악하는 반면, 객관적 손해는 모든 재산이 그 자체로 객관적 가치를 갖고 있기 때문에 침해받은 피해자 개인의 주관적 재산변동 여하에 관계없이 침해된 재산권의 최소한의 객관적 가치를 배상하여야 할 손해라고 파악하여야 한다는 입장이다. 다시 말해 주관적 손해는 침해행위가 피침해 권리자 개인에게 미치는 재산적 불이익을, 반대로 객관적 손해는 침해받은 객체 자체의 가치를 손해로 파악한다는 접근상의 차이라고 하겠다.[22] 이러한 입장 가운데 지배적 견해는 손해배상청구권이 권리 · 법익을 침해받은 주체 개인에게 인정되며 또한 어떤 재산권에 관하여 하나의 보편적 가치를 확정할 수는 없다는 점에서 주관적 손해라는 관념에 따르고 있다.[23]

한편 주관적 손해라는 관념은 손해의 파악 이외에 손해액 산정에도 영향을 주어, 침해행위가 피해자의 구체적 재산상태에 미치는 불이익을 배상액 산정의 기준으로 삼아야 한다는 구체적 손해산정의 법리로 표현되고 있다. 다만 이런 입장에 따르더라도 피해자 개인의 정확한 손해액을 산정하는데에는 한계가 있을 수 밖에 없기 때문에, 가령 가정주부의 노동력 상실 손해에 대하여 일정한 요율표에 따른 손해액 산정의 개산(槪算, Pauschalierung)이 불가피한데 이 같은 정형화는 주관적 손해의 관념과 상치되는 것은 아니라고 여기고 있다. 이에 반하여 저작권 등의 지식재산권 침해행위와 같이 권리자의 침해자에 대한 주관적 실시의사 여하를 묻지 않고 최소한의 손해로서 상당한 실시료의 배상액

---

22) 양자의 대립적 파악에 관하여는 Lange/Schiemann, Schadensersatz, S. 40 f. 양 접근방법의 차이에 따라 가령 건물도급계약에서 원래 약정한 비용을 초과하는 건축비를 들여서 건물을 완성하여 인도하는 경우에 만약 그 건물의 객관적 가치가 초과비용에 상응하여 증가하는 경우에도 위와 같은 상태를 도급인의 손해라고 볼 수 있는지가 달라질 수 있다. 주관적 손해 관념에 따르면 비록 객관적 재산상황의 차이는 없다고 하더라도 그 가치초과 건축물 부분이 도급인에게 주관적으로 필요한지, 그 초과대금을 조달하는 이자 등의 신용비용이 발생하였는지 여부 등을 고려하여 손해발생을 인정할 수도 있다고 한다.

23) Lange/Schiemann, Schadensersatz, S. 41-42.

을 인정하는 추상적 손해산정은 피해자의 구체적 사정을 사상(捨象)한 채 침해받은 재산적 지위의 객관적 가치에 의하여 손해액을 산정하는 바, 여기에는 객관적 손해의 관념이 깔려 있다고 설명하고 있다.[24)]

끝으로 전체재산의 차액손해(Gesamtdifferenzschaden)와 개별손해(Einzelschaden)의 손해파악방법이 제시되는데, 전자의 태도는 이미 위 (1)에서 소개한 몸젠(Mommsen)의 차액설에 따라 현실적 · 가정적 전체 재산상태의 차액에 의해 손해를 파악하는 방법이다. 반면 후자의 개별손해라는 관념은 전체로서의 재산상태의 차액이라는 차액설의 관념에서 벗어나 피해자가 입은 각종 손해항목에 따라 개별적으로 손해를 파악해야 한다는 입장이다. 이와 관련하여 전체재산적 접근방법에 관하여는 침해행위로 인한 피해자의 재산 전체의 변동을 고려하여 후속손해 역시 배상해야 할 손해라고 파악하도록 하는데 중요한 단초를 제공하였다는 이론적 가치가 널리 인정되고 있다.[25)] 그렇지만 이 같은 현실적 · 가정적 전체재산의 차액이라는 것 역시 결국에는 개별손해의 총합일 수 밖에 없다. 또한 손해배상의 실제에서 손해의 파악은 가해사태와 무관한 재산변화를 고려할 필요없이 피해자가 구체적으로 주장하는 개별손해 항목별로 이루어질 뿐이다. 이에 손해배상에 관한 법원의 판결 역시 개별손해 항목에 대한 인정 여부와 손해액을 결정하는 것이지 각 항목을 하나로 관념하여 일괄적 손해(Pauschalschaden)를 인정하는 것은 아니다. 이에 차액설을 지배적 견해로 하는 독일에서도 손해 여부와 손해액 산정은 실제로는 피해자가 입은 개별손해의 항목에 따라 이루어질 수 밖에 없고, 따라서 독일 민사소송법 제287조[26)]에 따른 손해액의 자유심증적 사정(査定) 역시 개별손해를 그 대상으로 한다고 이해하고 있다.[27)]

---

24) 이상에 관하여는 Lange/Schiemann, Schadensersatz, S. 40.

25) 앞의 각주 8 본문 참고.

26) 독일 민사소송법 제287조 (손해의 확인) (1) 손해의 발생, 손해액 또는 배상해야 할 이익이 어느 정도인지에 관하여 당사자 사이에 다툼이 있는 경우 법원은 이에 관하여 제반의 사정을 참작하여 자유로운 심증으로 판단한다.(...)

27) Gottwald, Schadenszurechnung und Schadensschätzung, S. 47-48.

나. 재산적 손해의 인정과 손해산정의 시점

(1) 재산상 손해의 인정 여부

재산적 손해는 피해자가 금전으로 산정할 수 있는 손실을 겪은 경우에 인정됨은 물론이다.[28] 이러한 재산적 손해는 계약의 체결에서도 인정될 수 있는데, 예를 들어 계약상의 급부가 당사자 일방에게 유용하지 않아서 거래관념에 따르면 그러한 계약체결을 불합리하다고 여길 수 있는 경우에 그러하다.[29] 또한 계약의 이행을 위하여 당사자가 원래 다른 용도에 투여할 목적재산을 투입하고 이로써 원래 의도된 목적에 활용할 수 없게 된 경우에도 재산상 손해를 인정할 수 있다.[30] 그러나 이와 달리 예를 들어 변호사가 의뢰인을 위한 법적 조치를 게을리 하기는 하였지만 어차피 그 조치가 실제로 무용한 것인 한 비록 그 조치를 취하지 않았음에 따라 강제집행이 즉각적으로 실행되어 불이익을 받게 되더라도 법적 의미에서는 손해라고 여기지 않고 있다.[31] 또한 수익을 올릴 기회의 상실 역시 통설에 따르면 독자적인 재산상의 손해를 구성하지는 않으며,[32] 다만 예를 들어 우수현상광고의 당선자로서 본계약의 체결에 대한 기대와 같이 수익기회에 대한 청구권 또는 법적으로 보호해야 할 기대적 지위를 갖고 있을 경우에 한하여 재산상의 손해를 이룰 수 있다.[33]

한편 독일의 판례와 문헌에서 재산상 손해의 인정 여부가 활발히 논의되었던 경우로는 ① 사용기회의 상실, ② 상업적 감가(merkantiler Minderwert, 格落損害), ③ 원치 않은 아이의 출생에 따른 부양의무의 부담 등을 들 수 있다. 참고로 간략히 소개하면 ① 사용기회의 상실과 관련해서는 가령 자동차의 훼손에 따라 그 보유자가 일시적으로 자신의 자동차를 이용하지 못하게 되었으나 다른 자동차를 대여받지 않은 채 대중교통 등을 이용하여 생활한 경우에도 자동차 보유자의 사용기회 상실 자체를 재산상 손해로 파악할 수 있는지가 문

---

28) 아래의 내용에 관하여는 MüKoBGB/Oetker § 249 Rn. 28 의 서술내용에 따름.
29) BGH NJW 1998, 302.
30) BGHZ 161, 361; BGHZ 198, 50.
31) BGHZ NJW 2005, 1935.
32) 독일의 통설. 이 한도에서 아래에서 살필 프랑스와는 그 법리를 달리한다. 독일에서도 어떠한 법익침해로 후속하는 영업이익의 상실을 손해배상 범위에 포함함은 물론이다.
33) BGHZ 120, 281; BGHZ 139, 259.

제된다. 독일의 판례는 이와 같은 사례유형에서 침해된 사용기회가 시장에서 거래가치를 갖고 있어서 상업화할 수 있음(Kommerzialisierung)을 근거로 하여 자동차, 주택 등과 같은 일정한 물건의 사용기회 상실에 대하여는 재산상 손해라고 파악하고 있다.[34] 다음으로 ② 상업적 감가의 손해란 사고로 손상된 물건이 기술적으로는 이상없이 수리되었음에도 사고전력을 이유로 시장에서 그 가치가 떨어지는 상태를 뜻한다. 상업적 감가의 특징은 사고전력을 가진 물건이 사고 이후에 별 문제 없이 사용되면 될수록 감가의 정도가 감소할 수 밖에 없다는데 있는 바, 이러한 특징에 따라 독일 연방법원은 사고차량의 상업적 감가에 관한 판결례에서 그 사고 자동차가 매도되어서 감가의 손해가 현실화되었을 때에 비로소 배상될 수 있을 뿐이라고 판단한 바도 있었다.[35] 그러나 이 같은 제한은 그 이후의 판결례에서는 더 이상 요구되지 않은 채, 사고 자동차를 수리 후에도 계속 이용하는 피해자는 수리해야 할 염려가 있는 하락된 가치의 차량을 보유하는 셈이며, 이러한 불이익은 격락손해로서 즉시 배상되어야 한다는 입장을 택하였고,[36] 학설 역시 이러한 판례의 입장에 찬동하고 있다.[37] 더 나아가 ③ 독일에서도 원치 않은 아이의 출생에 따른 부양의무가 배상해야 할 손해인지 여부가 문제된 바 있다. 이 경우에 일단 부양의무의 부담이 산술적 측면에서는 재산상의 손해라고 볼 수 있음은 의문이 없으나(후술하는 IV. 1. 참고), 과연 아이에 대한 양육의무의 부담을 배상하여야 할 손해라고 인정할 경우 인간존엄의 헌법적 가치와 조화되는지 여부가 다투어졌다. 이에 대하여 독일 연방헌법재판소는 한때 출생아를 인간존엄의 차원에서 손해라고 볼 수 없고 따라서 양육의무를 배상해야 할 손해로 파악할 수 없다는 입장을 택하기도 하였다.[38] 그러나 독일 연방법원은 아이의 출생으로 가족계획에 반하여 발생하는 양육비용의 부담은 부양의무자에게는 손해라고 볼 수 있다는 입장을 고수하였

---

34) 독일 문헌과 판례의 개관으로는 Medicus, Schuldrecht I, 13.Aufl., C.H.Beck(2002), Rn. 628 ff.; 한국 문헌의 소개로는 구회근, "사용이익상실에 대한 손해배상", 법조 제567호(2003), 80면 이하.
35) BGHZ 27, 181.
36) BGHZ 35, 396.
37) Medicus, Schuldrecht I, Rn. 627.
38) BVerfGE 88, 203.

고,[39] 연방헌법재판소 역시 전원합의체 판결을 통하여 이러한 입장이 헌법의 기본권조항에 반하지 않는다는 견해를 택하였다.[40] 학설의 다수설 역시 아이의 출생으로 인한 양육비용을 재산상 손해로 인정하고 있다.[41]

(2) 손해발생의 시점

손해발생의 시점은 독일법의 경우 무엇보다 손해배상청구권의 소멸시효 기산[42]에서 중요한 의미를 갖는다. 이와 관련하여 독일법은 피해자의 손해가 전부 발생해 있을 필요는 없고 도대체 손해가 발생한다는 것 자체가 분명히 되어 있으면 족하다고 한다. 다시 말해 재산상황의 악화가 발생하였으면 충분하고, 그 상태가 계속되어 손해가 종국적으로 되는 것까지 분명히 되었을 필요는 없다고 이해하고 있다.[43]

예를 들어 변호사가 잘못된 조언으로 실제로는 승소할 가망이 없는 소송을 제기한 경우에 손해는 비용발생의 이유에서도 이미 소 제기와 함께 발생한다고 인정된다.[44] 또한 변호사의 업무상 잘못으로 청구권의 소멸시효가 완성된 경우 의뢰인은 시효완성을 이유로 한 항변이 제기된 시점이 아니라 시효가 완성된 시점에 이미 손해를 입게 되었다고 해석하고 있다.[45] 이와 반대로 변호사의 잘

---

39) BGHZ 124, 128.
40) BVerfGE 96, 375.
41) MüKoBGB/Oetker, § 249 Rn. 33.
42) 독일 민법에 따르면 불법행위로 인한 소멸시효는 피해자인 채권자의 인식 여하를 묻지 않는 장기소멸시효와 함께 3년의 단기소멸시효를 규정하고 있는데, 이 중 3년의 단기 소멸시효는 피해자인 채권자가 손해배상청구권을 발생시키는 사정과 채무자를 안 날 또는 중과실이 없었더라면 알 수 있었던 날이 속한 년도가 종료한 시점에 기산한다(독일민법 제195조, 제199조 제1항).
43) 아래 독일의 개별 판결례에 관한 소개로는 Lange/Schiemann, Schadensersatz, S. 44-45.
44) BGH VersR 1995, 962. 이와 관련하여 우리 나라의 판결 경향에 대하여는 대법원 2018. 119. 9 선고 2018다240462(미간행)("변호사가 소송위임계약상 채무를 불이행한 경우, 위임의 대상이 된 소송이 의뢰인에게 불리한 내용으로 확정될 때까지는 손해의 발생 여부가 불확실하고 손해의 구체적인 내용이나 범위 등을 확정하기도 어렵다. 따라서 특별한 사정이 없는 한 대상소송이 의뢰인에게 불리하게 확정되거나 이에 준하는 상태가 된 때에 비로소 의뢰인에게 현실적으로 손해가 발생한다고 볼 수 있고, 손해배상청구권의 소멸시효도 그때부터 진행한다고 봄이 타당하다").
45) BGH VersR 1994, 1472. 그 근거로는 시효가 완성된 청구권은 시효가 완성되지 않은 청구권과 비교하여 낮은 가치를 갖기 때문이라고 한다.

못된 조언으로 의뢰인이 자신에게 불리한 계약의 청약을 하게 된 경우에는 의뢰인이 청약을 했다는 사정만으로는 아직 손해가 발생하지는 않았다고 판단한 바 있다.[46] 한편 세무사의 의뢰인에 대한 손해배상의무와 관련하여서는 세무사의 업무상 부주의로 인한 의뢰인의 손해는 세무사가 잘못된 세무조언에 의하여 과세상태가 야기된 시점이 아니라 과세관청의 결정 통지가 이루어진 시점에 비로소 발생한다고 이해하고 있다.[47] 왜냐하면 의뢰인은 과세통지가 있기 이전까지는 세무사의 업무상 부주의를 대개의 경우 알 수 없어서 자신의 권리를 실현할 기회가 없을 것이기 때문이라고 한다.

(3) 손해산정의 시점

독일 민법의 경우 손해산정의 시점은 손해배상청구권이 원상회복을 구하는가 아니면 금전배상을 원하는지로 나뉘어 파악된다. 독일민법에서 원칙적인 손해배상 방법은 원상회복인데(독일민법 제249조 제1항), 원상회복의 경우 손해배상의무를 어떻게 이행할 것인지는 가해자가 정해야 할 바이다. 따라서 손해배상으로 적합한 원상회복을 실현할 때까지 지출해야 할 비용이 증가하는 위험은 가해자가 부담해야 하며, 반대로 원상회복을 저렴한 비용으로 실현하는 것 역시 가해자의 이익으로 된다.[48] 한편 금전배상의 경우에는 좀 더 복잡한 편인데, 무엇보다 실체법적 산정시점과 소송법적 산정시점을 구분하여 손해산정의 절차법적 기준시점이 실체법적 시점에서 중요시되지 않는다는 점이다.[49]

독일의 금전배상 산정시점에 관하여 좀 더 설명하면, 이를 위한 사고의 출발은 금전에 의한 손해배상청구권은 원래 독일 민법에서 원상회복의 원칙적 청구에 갈음하여 인정되기 때문에 명목상의 금액을 중요시 하는 '금액'채권이 아니라 가해자에 의해 배상되어야 할 가치 자체만으로 정해지는 '금전가치'채권

---

46) BGH NJW 2002, 1421.
47) BGHZ 119, 69; BGH NJW 2000, 2678. 다만 과세결정의 구속력(Bestandskraft) 또는 확정성(Unanfechtbarkeit) 여부가 소멸시효의 기산을 위하여 필요로 하지는 않는다고 이해되고 있다.
48) MüKoBGB/Oetker, § 249 Rn. 309.
49) 판례와 통설의 입장이라고 함. BGHZ 27, 181; MüKoBGB/Oetker, § 249 Rn. 310; Lange/Schiemann, Schadensersatz, S. 46.

(Geldwertschuld)이라고 파악된다는 점이다.[50] 다시 말해 독일의 경우 금전배상청구권은 침해된 권리의 원상회복을 위하여 얼마의 금액을 필요로 하는가에 따라 그 금액을 정해야 한다고 이해되고 있다.[51] 따라서 금전가치의 변화는 손해배상청구권의 수액에 영향을 미치어, 만약 침해된 권리의 가격이 상승하는 경우 피침해 권리자가 이를 여전히 보유하고 있었을 것으로 전제할 수 있는 한 손해배상청구권 역시 그 증액된 가격에 따라 산정하게 된다.[52]

이렇듯 금전적 손해배상이 피해자에게 침해된 권리와 금전적으로 동일한 가치의 보상을 주는 것을 지향한다는 점에서, 독일민법의 경우 손해액의 산정은 피해자에게 손해배상의무가 이행되는 시점을 기준으로 하고 있다.[53] 따라서 손해배상을 이행한 시점 이후에 가격변동이 있더라도 가해자와는 무관하며, 또한 피해자가 손해배상금을 침해된 권리의 회복을 위하여 활용하였는지 여부도 피해자의 임의적 처분에 맡겨진다. 다만 손해배상금이 지급되었음에도 침해된 물건의 공급 내지 제작기간의 소요로 인하여 원상회복이 즉각적으로 가능하지 않은 경우 원상회복이 이루어지기까지의 가격변화는 손해배상에 영향을 주어서, 가격이 상승하였을 경우에 피해자는 그 차액을 추가 청구할 수 있는 반면 가격이 하락한 경우 초과지급된 부분을 부당이득으로 반환하여야 한다고 이해하고 있다.[54] 이상과

50) 물론 금전가치채권 역시 언젠가는 일정한 금액으로 정해져야 하며 이 점에서 금액채권으로 된다. 다만 금전가치채권의 경우 금액채권과 달리 채권자가 금전가치 하락의 위험을 부담하지 않는다는 점에서 채권자에게 유리하게 된다. 금전가치채권의 상세한 설명으로는 주석민법 [채권총론 (1)] 제4판 201-203면 (안법영 집필).

51) MüKoBGB/Oetker, § 249 Rn. 311, 313.

52) 물론 이와 반대로 권리의 위법한 침해행위에도 불구하고 침해된 객체가 침해행위 이후에 가치를 잃게되는 극단적인 경우, 가령 배상하여야 할 주식이 회사가 파산하여 금전적으로 무가치하게 된 경우에는 손해배상청구권은 더 이상 인정될 수 없다는 결과가 될 수도 있다. 다만 독일 판례에 따르면 이 경우에는 배상되어야 할 손해는 다음과 같은 사정, 즉 피해자가 권리침해의 사태가 없었더라면 가치하락의 시점 이전에 이미 이를 처분할 수 있었을 것임에도 권리침해로 인하여 그러한 처분의 기회를 상실하였다는 사정에서 찾는 법리구성 등을 통하여 피해자의 손해전보를 도모하고 있다고 한다. MüKoBGB/Oetker, § 249 Rn. 312.

53) 독일 판례와 통설. BGHZ 79, 249; MüKoBGB/Oetker, § 249 Rn. 314; Lange/Schiemann, Schadensersatz, S. 46.

54) MüKoBGB/Oetker, § 249 Rn. 314; Lange/Schiemann, Schadensersatz, S. 48. 다만 위와 같은 경우 사후의 가격변화가 본질적으로 중대한 경우에 한정하는지 아니면 사소한 변화 역시 포함하는지에 대하여는 견해가 대립하는데, 사소한 가격변동의 경우에는 양 당사자에 의하여 실무상 그냥 감수되고 있다고 독일 문헌에서 언급되고 있다.

같이 배상금 이행의 시점에 의한 손해액 산정의 원칙은 독일에서도 동일한 손해 항목을 전제로 할 뿐이며, 따라서 사후에 발생하는 추가적 손해 항목의 주장은 그 이전에 이루어진 배상금의 지급에 의하여 영향받지 않는다.

한편 지금껏 설명한 손해액 산정에 대한 실체법적 기준시점(배상금의 이행시점)과 소송법적 기준시점은 엄격히 구별되어서, 후자의 경우에는 사실심변론종결 시점을 손해액 산정의 기준시점으로 삼고 있다.[55] 그런데 사실심변론종결 시점이 소송법적 기준시점으로 된다는 것은 그 이후의 손해수액의 변화가 당해의 소 계속 중인 절차에서 고려되지 않음을 뜻하지만 여기에 실체법적 의미를 부여할 수는 없다. 다시 말해 일반적으로 권리관계의 존부에 관한 사정이 변론종결 후에 발생하였을 경우에는 실권효의 적용을 받지 않아서 다시 다툴 있는 것처럼, 사실심변론종결 후에 손해수액이 변경된 경우에도 이와 마찬가지라고 이해된다. 따라서 독일에서는 배상해야 할 금액이 소송절차에서 정해지더라도 사실심변론종결 후에 발생한 가격변동은 실체법적 권리관계에 영향을 미치게 되어, 가격상승의 경우에는 피해자는 차액을 청구할 수 있는 반면, 가격하락으로 손해가 감소하는 경우 가해자는 청구이의의 소를 제기하거나 이미 지급된 경우에는 초과지급된 금액을 부당이득으로 반환청구할 수 있다.[56]

2. 프랑스 손해배상법의 내용

가. 배상가능한 손해

프랑스 민법에서 손해(dommage)라는 개념은 피해자가 재산적 · 비재산적 법익에 관하여 입은 각종의 침해를 뜻한다.[57] 그런데 프랑스 불법행위법은 주

---

55) 독일 판례와 통설. BGHZ 133, 246; MüKoBGB/Oetker, § 249 Rn. 317; Lange/Schiemann, Schadensersatz, S. 45. 물론 사실심변론종결 시점에 손해액이 배상의무를 이행할 때까지 변경될 것임이 구체적으로 납득할 수 있도록 주장되어 상당한 개연성을 인정받는 경우에는 법원은 이러한 장래의 변경을 판결에 고려할 수도 있다.

56) MüKoBGB/Oetker, § 249 Rn. 319; Lange/Schiemann, Schadensersatz, S. 45.

57) 이하 내용에 관하여는 주로 박수곤, "프랑스법에서의 손해배상배상책임에 대한 개관", 재산법연구 제21권 제1호(2004), 249면 이하; 같은 저자, "프랑스민법상 손해의 개념", 재산법연구 제29권 제1호(2012), 1면 이하; Gotthardt, Deliktsrecht in Europa Landesbericht Frankreich, 1983, S. 22.

지하는 바와 같이 포괄적 일반규정에 의하여 제반의 침해행위를 포섭할 수 있는 개방적 특성으로 말미암아 손해배상책임을 적절하게 제한해야 할 필요를 갖고 있음에도 불구하고 (가령 우리 민법의 상당성 판단과 같이) 책임 획정을 위한 적절한 표지를 마련해 두고 있지는 않다. 이에 프랑스의 학설과 판례는 손해배상의 대상으로 고려해야 할 손해와 그렇지 않은 손해의 구별에 관하여 논의를 집중하고 있다. 손해의 성질과 유형에 관한 논의로서, 이에 따르면 배상해야 할 손해는 직접적이고 현재적이며 확실해야(direct, actuel, certain) 하며, 여기에 적법해야(légitime) 한다는 요소가 추가되고 있다.[58)]

이러한 표지의 구체적 적용은 손해 여부와 손해액 산정에 관하여 사실심 법관에게 폭넓은 재량을 인정하는 프랑스법의 특징에 따라 당해 사건에서 법관에게 맡겨져 있으며, 이에 그 의미를 일반적으로 파악하기는 쉽지 않다. 예를 들어 손해의 직접성이라는 표지는 마치 간접피해자의 손해배상청구권을 배제하는 요소로 이해될 수도 있을 듯 하다. 그러나 실제로는 그렇게 파악되지 않으며 단지 가해행위와 손해 사이에 충분한 인과관계가 있을 것임을 뜻한다고 완화하여 이해되고 있다.[59)] 또한 손해의 현재성 역시 장래에 발생할 손해에 대한 배상가능성을 배제하지 않으며, 이에 손해의 확실성이라는 표지와 함께 파악되고 있다.[60)] 더 나아가 손해의 적법성 요소는 피해자의 손해가 가령 일실이익의 경우 위법하거나 비윤리적 거래관계에서 발생하지 않았어야 한다는 의미로 이해된다. 다시 말해 피해자의 적법한 이해관계가 침해되었어야 하는데, 그렇다고 피해자가 침해받은 이익에 관하여 반드시 법적인 권한을 갖고 있을 것을 필요로 하지는 않는다.[61)]

58) 배상가능한 손해의 성질에 대한 이와 같은 태도는 2005년 작성된 '프랑스채권법 개정시안'에서 '배상받을 수 있는 손해'라는 표제 하에 손해 개념에 대한 정의규정으로 입법화할 것이 제안되기도 하였다. 이에 관하여는 이은희, "프랑스채권법 개정시안에서의 손해배상책임", 민사법학 제45권 제2호(2009), 325면 이하.

59) Trib.com.Seine 10 juin 1942 G.P.1942.2.149; Paris 17 oct. 1951, D. 1952. J. 438. Gotthardt, Deliktsrecht in Europa Landesbericht Frankreich, S. 25에서 재인용.

60) Gotthardt, Deliktsrecht in Europa Landesbericht Frankreich, S. 23.

61) 예를 들어 법적으로 부양받을 권리는 없지만 자신의 형제간으로부터 사실상으로 부양을 받아오던 자가 자기를 부양해 주던 형제를 사망케 한 자를 상대로 부양이익의 상실을 이유로 한 손해배상을 청구할 수 있다고 한다. 이미 Crim. 20 févier 1863, S. 1863.1.321. Gotthardt, Deliktsrecht in Europa Landesbericht Frankreich, S. 24에서 재인용. 참고

프랑스에서는 배상하여야 할 손해에 대한 사실심 법관의 재량적 판단권한을 널리 인정하고 있는 관계로 손해의 개념, 손해액 산정에 관한 논의가 독일과 같은 정도로 활발하게 이루어지지는 않는다고 한다. 아래에서는 위 3가지 요건 중에서 실질적 의미를 가지며 또한 본 발표와도 관련이 있는 손해의 확실성에 관한 판례의 경향을 소개하도록 하겠다.

나. 손해의 확실성에 관한 판례 법리

손해의 확실성(caractère certain du dommage)이란 손해의 발생이 의심할 여지 없이 밝혀진 것을 뜻한다. 이미 발생한 손해 외에도 위 가.에서 소개한 바와 같이 발생이 확실한 장래의 손해의 경우에도 인정된다.[62] 장래에 발생할 것이 확실한 경우이어야 하므로, 막연히 가능할 수도 있는 손해(dommage eventuel)는 해당하지 않는다.[63] 양자의 구분은 개별적으로 판단되지 않을 수 없는데, 궁극적으로는 손해의 발생이 현재의 침해상태가 자연적으로 지속된 결과라고 여겨질 수 있는지에 달려있다고 할 것이다.

손해의 확실성 여부와 관련하여 프랑스에서는 근친의 사망에 따라 부양받을 이익을 상실한 피해자의 손해배상청구가 자주 다루어지고 있다. 프랑스에서는 생명침해로 인한 소득상실에서 부양법리의 구성방식을 따르고 있는 관계로 부모, 배우자 등 부양자가 타인의 불법행위로 사망한 경우에 이로써 부양받을 이익을 침해받은 피해자는 가해자를 상대로 손해의 배상을 청구할 수 있다. 이 때 망자와의 사이에 부부 또는 친족관계가 있는 경우에 부양받을 이익을 잃게 된 손해의 확실성이 인정될 여지가 크며,[64] 사고 당시 혼인관계에 있지는 않았

로 생명침해로 인한 일실이익 손해의 배상과 관련하여 프랑스의 경우 독일 등의 다른 유럽 국가와 마찬가지로 부양구성의 방식을 택하고 있다.

62) 이하 주로 박수곤, "프랑스민법상 손해의 개념", 재산법연구 제29권 제1호(2012), 5면 이하 참고.

63) Gotthardt, Deliktsrecht in Europa Landesbericht Frankreich, S. 23. 예를 들어 어느 경찰관이 자신에 대한 근거 없는 고발로 인하여 앞으로 승진에 장애가 초래될 것을 이유로 손해배상을 주장한 사안에서 이를 가정적 손해에 해당하여 배상할 손해로서 인정하지 않았다고 한다. Cass. crim. 7 juni 1989, Bull. crim, n° 245. 박수곤, "프랑스민법상 손해의 개념", 재산법연구 제29권 제1호(2012), 7면 각주 19 재인용.

64) 박수곤, "프랑스민법상 손해의 개념", 재산법연구 제29권 제1호(2012), 6면.

더라도 약혼과 같이 장래 가족관계를 구성할 상당한 개연성이 있다는 사정은 확실성의 판단에서 중요한 의미를 갖는다고 한다. 반면에 부부나 친족관계에 있더라도 별거하여 생활하는 경우에는 망자의 사망으로 인한 부양받을 손해의 확실성을 인정하는데 프랑스 법원은 유보적인 태도를 보인다고 한다.[65)]

손해의 확실성에 대한 프랑스의 판단 경향은 프랑스 손해배상법의 비교법적 특징이라고 여겨지는 기회상실(la perte d'une chance)을 배상할 손해라고 인정함에서도 잘 드러나고 있다. 가령 시험에 합격할 기회, 일정한 직업을 가질 기회, 경연대회에서 우승할 기회 등과 같이 기회라는 것 자체는 그 실현이 확실하지 않다는데에 특징이 있다. 그렇지만 잃어버린 기회가 재산적으로 이익을 가져다 줄 상당한 가능성을 갖고 있으며 또한 그러한 가능성이 평가할 수 있을 경우에는 기회의 상실을 배상하여야 할 손해라고 볼 수 있다는 법리구성도 충분히 가능하다. 이에 프랑스 법원은 소송대리인의 업무상 부주의로 인하여 의뢰인이 승소의 기회를 상실한 사안에서 기회의 상실을 배상하여야 할 손해로서 인정한 이래[66)] 그 적용범위를 확대해 가고 있다.

물론 프랑스 법원에서도 침해행위로 인하여 상실된 기회가 막연히 기대되는 가상적(virtuel), 가정적(hypothétique)인 것에 불과한 경우에는 배상할 손해라고 인정하지는 않고 있다. 가령 어린 아이가 장래 희망으로 어떤 직업을 갖고자 하는데 불의의 사고로 인하여 그러한 직업을 수행할 수 없게 된 경우에 프랑스 법원은 이를 단지 가정에 불과하다고 하면서 기회상실의 손해라고 받아들이지 않고 있다.[67)] 그러나 어떤 직업을 수행하는데 필요로 하는 전문자격을 취득한 성인이 사고를 당한 경우와 같이 피해자가 상실된 기회를 실현시키기 위하여 그 이전에 이미 일정한 절차나 행위를 해 오고 있어서 기회의 실현이 상당한 개연성을 갖고 있다고 여겨질 때에는 기회상실의 손해를 인정할 여지가 크

65) Gotthardt, Deliktsrecht in Europa Landesbericht Frankreich, S. 27.

66) Cass. req., 17 juni. 1889, S.1889, 1, p.399. 박수곤, "프랑스민법상 손해의 개념", 재산법연구 제29권 제1호(2012), 12면 각주 46 재인용.

67) 예를 들어 프랑스 법원은 비행사가 되는 것이 장래 희망인 11세 아이가 사고를 당하여 비행사가 될 수 없게 된 경우 그와 같은 직업적 희망은 단지 가정에 불과하여 기회상실을 이유로 한 손해배상을 인정할 수는 없다고 한다. 판결례의 추가적 소개로는 박수곤, "프랑스민법상 손해의 개념", 재산법연구 제29권 제1호(2012), 13면.

다고 할 것이다. 이와 관련하여 프랑스의 학설과 판례에 따르면 현실적이고 진지한 기회(chance réelle et sérieuse)의 상실이 배상해야 할 손해라고 설명하고 있다.[68)]

끝으로 손해의 확실성이라는 표지가 갖는 절차법적 의미도 간략하게 언급하고자 한다. 프랑스에서도 가해행위가 있더라도 피해자가 그로 인한 손해의 발생을 증명하지 못하는 한 손해배상책임이 인정될 수 없음은 물론이다. 따라서 손해의 발생은 원칙적으로 추정되지 않으며 피해자가 증명해야 할 대상인데, 손해의 확실성이라는 요청은 이러한 손해발생에 대한 피해자의 증명책임 내지 증명의 정도를 표현하고 있다고 말할 수 있다.[69)] 그런데 후술하는 손해 발생의 증명(III.)과 관련하여 유의해 볼만한 프랑스의 손해배상법리로는 사생활 침해의 경우에 프랑스 법원은 손해의 확실성에 대한 증명을 요구하지 않은 채 사생활 침해만으로 손해배상의 책임을 인정하고 있다고 한다. 또한 식물인간과 같은 무의식 상태에 있는 피해자에 대하여 프랑스는 위자료, 미관상 손해를 인정하고 있는데, 이러한 정신적 손해가 무의식 상태의 피해자에게 실제로 발생한 것인지 다투어질 수 있음에도 배상해야 할 손해라고 받아들이고 있다.[70)] 이러한 측면은 손해의 확실성 여부에 대한 판단이 사실적 인정 이외에 손해배상법의 목적과 기능에 따라 일정한 법익의 침해만으로 곧바로 손해발생을 추정하는 법적 판단도 포함하고 있음을 보여주고 있다고 생각된다.

3. 우리나라의 학설과 판례 현황

가. 손해의 개념 · 파악에 관한 논의

(1) 차액설의 지배적 입장

우리 민법 역시 손해의 개념을 정의한 규정을 두고 있지 않다. 따라서 손해의 개념은 학설 · 판례에 맡겨져 있는데, 지배적 입장은 독일 민법의 영향에 따라 위 II.1.에서 설명한 차액설의 입장에서 손해를 파악하고 있다. 다시 말해

---

68) 박수곤, “프랑스민법상 손해의 개념”, 재산법연구 제29권 제1호(2012), 14면.
69) 박수곤, “프랑스민법상 손해의 개념”, 재산법연구 제29권 제1호(2012), 5면.
70) 박수곤, “프랑스민법상 손해의 개념”, 재산법연구 제29권 제1호(2012), 7-9면.

불법행위가 없었더라면 피해자가 가지고 있었을 재산상태와 불법행위로 인하여 현재 가지고 있는 재산상태의 차이를 손해라고 이해하고 있다.[71] 그러면서 이때 중요한 것은 침해된 개별 법익의 객관적, 주관적 가치가 아니라 사고 전후의 피해자의 총재산상태의 비교라고 한다.[72] 이러한 입장에 따르면 손해는 현실적·가정적 재산상태의 수치상의 차액(구체적으로 침해된 법익의 내용이 사상된 채 수치로 표현되기에 추상적 손해액이라고도 표현함)으로 표현되며, 이로써 손해의 확정과 손해액의 산정이 동일한 의미를 갖게 된다. 차액설의 장점이 가해행위로 인한 (개별적 침해법익만이 아니라) 피해자의 총재산상태의 변동을 파악함으로써 일실이익의 상실 역시 배상해야 할 손해라고 포착할 수 있다는 점에서 찾아지고 있음은 이미 언급한 바와 같다.

물론 차액설에 대하여는 정신적 손해와 같이 금전으로 산정하기 곤란한 비재산적 손해를 설명하기 곤란하다는 점, 가정적 인과관계에 대하여 적절한 설명을 할 수 없다는 점 등에서 비판이 있고,[73] 이에 침해행위로 인한 피해자의 개별적 법익의 침해 자체가 손해라는 구체적 손해설도 주장되고 있다.[74] 그러나 구체적 손해설에 의할 경우에는 침해된 개별 법익 자체가 전면에 등장하는 관계로 그로 인해 후속하는 결과손해에 대한 파악이 어렵게 된다는 비판과 함께 구체적 손해설 역시 손해액 산정에서는 결과적으로 차액설에 의하지 않을 수 없다는 점이 지적되고 있다. 더욱이 차액설은 다양하게 발생하는 손해의 모습을 재산적 차액이라는 일관된 관점으로 파악하여 손해의 발생과 손해액 산정에서 유용한 기준을 제공할 수 있다는 점에서 손해파악에 관한 지배적 입장으로 자리잡고 있다고 하겠다.[75]

---

71) 민법주해 [IX] 채권 (2), 465면 (지원림 집필); 주석민법 채권각칙 (6), 236면 (이연갑 집필); 대법원 1992. 6. 23. 선고 91다33070 전원합의체 판결(공1992하, 2235); 대법원 1996. 2. 9. 선고 94다53372 판결(공1996상, 884); 대법원 1998. 7. 10. 선고 96다38971 판결(공1998하, 2054); 대법원 2010. 4. 29. 선고 2009다91828 판결(공2010상, 990).

72) 주석민법 채권각칙 (6), 237면 (이연갑 집필).

73) 차액설에 대한 비판으로는 서광민, "손해의 개념", 민법의 기본문제, 서강대학교 출판부(2006), 381면 이하.

74) 김기선, 한국채권법총론, 법문사(1987), 198면.

75) 민법주해 [IX] 채권 (2), 468면 (지원림 집필); 주석민법 채권각칙 (6), 238면 (이연갑 집필).

(2) 규범적 평가설에 의한 보완적 파악

한편 차액설은 독일 손해배상법에 관한 앞의 II.1.가.에 따르면 가해행위 전후의 현실적·가정적 재산상태의 비교에 의한 차액의 손해가 전제되지 않음에도 손해배상책임의 목적과 기능에 비추어 손해배상을 인정하지 않을 수 없는 경우를 설명할 수 없고, 이에 이른바 규범적 평가에 의하여 손해발생 사실의 인정이 수정, 보완되어야 한다고 지적한 바 있다. 국내 학계에서도 이러한 독일민법의 논의에 따라 손해의 파악은 원칙적으로 차액설에 의하되, 개별 사건에서 손해배상법의 목적을 고려하여 이를 수정 내지 보완하여야 한다는 입장이 지배적이다.[76]

대법원 역시 무엇보다 인신손해의 경우에 사상손해설·가동능력상실설을 현실손해설·차액설과 함께 손해·손해액 산정의 기초로 삼고 있는 경향을 통하여 규범적 평가설을 수용하고 있다. 예를 들어 대법원의 판결례에 따르면 "타인의 불법행위로 인하여 상해를 입은 피해자에게 신체장애가 생긴 경우에 그 피해자는 그 신체장애 정도에 상응하는 가동능력을 상실했다고 봄이 경험칙에 합치되고, 피해자가 종전과 같은 직종에 종사하면서 종전과 다름없는 수입을 얻고 있다고 하더라도 (...) 피해자의 신체훼손에도 불구하고 바로 피해자가 재산상 아무런 손해를 입지 않았다고 단정할 수는 없다"고 판시하고 있는데,[77] 이는 노동능력상실률을 적용하는 방법에 의하여 일실이익을 산정하는 법리를 통하여 규범적 평가설의 입장을 반영하는 것이다. 또한 가정주부 등과 같이 사고 당시에 수입이 없는 인신사고의 피해자에 대하여 현실적·가정적 재산상태의 비교에 따른 차액의 손해가 인정되지 않음에도 일반일용노임을 기초로 하여 일실수입의 상실을 손해로서 인정하는 법리[78] 역시 규범적 평가설에 따르는 것이라고 하겠다.

---

76) 민법주해 [IX] 채권 (2), 468면 (지원림 집필); 주석민법 채권각칙 (6), 239면 (이연갑 집필); 박동진, 계약법강의, 법문사(2017), 605면; 서광민, "손해의 개념", 민법의 기본문제, 서강대학교 출판부(2006), 383면.

77) 대법원 1993. 7. 27. 선고 92다15031 판결(공1993하, 2381), 대법원 2002. 9. 4. 선고 2001다80778 판결(공2002하, 2321).

78) 대법원 1987. 10. 26. 선고 87다카346 판결(공1987하, 1779), 대법원 1991. 8. 13. 선고 91다8890 판결(공1991하, 2339).

또한 규범적 평가설의 입장은 인신손해 이외에 저작권 등과 같은 지식재산권의 침해에서도 반영되고 있다고 생각된다. 지식재산권의 무단이용에 따른 손해배상책임은 권리자가 무단이용자의 권리침해로 입게 된 구체적 · 현실적 손해 이외에 권리자가 침해자에게 실시허락을 하였더라면 받을 수 있었을 실시료 상당액 등에 따라 배상액을 산정할 수 있도록 규정되어 있다(저작권법 제125조, 특허법 제128조, 상표법 제67조). 물론 이 같은 산정방법은 지식재산권 침해에 따른 권리자의 구체적 손해를 산정하기 어렵다는 증명의 곤란을 해소하는 데에서 비롯하고 있다. 그런데 위와 같은 실시료 상당액의 손해배상은 권리자가 침해자를 포함한 제3자에게 실시허락을 하였을 것이라는 주관적 실시 의도와 관계없이 인정되면서 권리침해에 따른 최소한의 손해배상으로 보장되고 있다. 이는 인신손해에서 가동능력상실설이 소득창출의 원천인 노동능력의 상실 자체를 손해로 파악하는 것과 마찬가지로, 시장경제사회에서 저작권 · 특허권 등의 지식재산권의 보유 자체가 권리자에게 그 활용에 따른 시장가치를 배타적으로 보장하는 한 지식재산권의 무단침해는 이러한 상업적 활용기회를 침해하는 재산적 손해를 발생시킨다는 규범적 평가를 반영하게 된다.[79] 이 같은 법리는 최근에는 영업비밀의 침해행위에 관한 다음의 판결문구, 즉 "영업비밀을 부정취득한 자는 취득한 영업비밀 등을 실제 사용하였는지와 관계없이 부정취득 행위 자체만으로 영업비밀 등의 경제적 가치를 손상시킴으로써 영업비밀 보유자의 영업상 이익을 침해하여 손해를 입힌다고 봄이 타당하다"는 문구에서도 표현되고 있다.[80]

나. 손해의 현실성 · 확실성에 관한 논의

채무불이행 또는 불법행위로 인한 손해배상책임을 묻기 위해서는 손해가 현실적 · 확정적으로 발생하여야 한다. 이때 손해의 현실성 · 확실성이라는 표지는 이미 손해의 상태가 발생한 경우 외에 장래 손해의 발생이 확실한 경우도 포

79) 저작권 · 특허권 등의 지식재산권 침해에서 규범적 손해의 인정으로는 정상조 · 박성수, 특허법 주해 II, 박영사(2010), 241면; 김상중, "지적재산권 침해로 인한 손해배상책임", 재산법연구 제31권 제3호, 2014, 249면.

80) 대법원 2017. 9. 26. 선고 2014다27425 판결(공2017하, 2063).

함하며, 가해행위로 인한 법익침해의 회복을 위하여 금전을 실제로 지출한 경우만이 아니라 그 내용이 확정된 경우에도 손해가 현실적 · 확정적으로 발생한 것이라고 여기고 있다. 가령 재물의 손괴가 문제되는 경우 피해자는 "수리가 끝난 후에만 손해배상청구를 할 수있는 것이 아니고 수리전이라도 예상수리비에 관한 객관적이고 합리적인 평가가 있으면 그 평가액을 수리비로 청구할 수 있다"고 판시하면서,[81] 결국에는 손해의 현실성 여부가 사회통념에 비추어 합리적으로 판단되어야 한다고 한다. 손해의 현실성 · 확실성 여부는 무엇보다 본 발표에서 다루고 있는 상황, 즉 가해행위로 인하여 피해자가 의무를 부담하는 사건 유형에서 자주 다투어지고 있는데, 이에 관한 대법원의 판례법리는 아래 IV.에서 독일의 관련 판결례와 함께 소개, 설명하도록 하겠다.

III. 손해 발생 여부에 대한 증명의 문제

1. 손해와 손해액에 대한 피해자의 증명

불법행위로 인한 손해배상청구소송에서 피해자인 원고의 청구가 인정되기 위해서는 일반적으로 피고의 위법 · 유책한 가해행위, 이로 인한 원고의 손해 및 불법행위와 상당한 관계에 있는 손해액이 증명되어야 한다. 이때 가해행위와 함께 손해 및 손해액에 대하여는 원고가 주장 · 증명하여야 하며, 이들 요증사실의 인정을 위하여 법원은 의심할 여지가 없는 고도의 개연성에 관한 확신을 필요로 한다고 이해하고 있다.[82]

2. 손해액 증명의 곤란과 민사소송법 제202조의2

가. 상당한 손해액의 인정 제도

위 1.에서 언급한 바에 따르면 피해자인 원고가 자신이 입게 된 손해액에

---

81) 대법원 1989. 6. 27. 선고 87다카1966, 1967 판결(공1989하, 1135).
82) 다수설과 판례임. 가령 이시윤, 신민사소송법, 박영사(2016), 534면; 대법원 2000. 2. 25. 선고 99다65097 판결(미간행).

관하여 의심의 여지가 없는 증명을 다 하지 못하는 경우 원고의 청구는 기각되어야 할 것이다. 그러나 원고가 피고의 불법행위와 이로 인한 손해의 발생을 증명하였음에도 불구하고 구체적 손해액이 완전하게 증명되지 않았다고 하여 원고의 주장을 받아들이지 않는 것은 손해의 공평 · 타당한 분담이라는 손해배상제도의 목적과 기능에 부합하지 않을 수 있다. 특히 피해를 입은 물건의 객관적 가치를 증명할 증거가 존재하지 않거나 손해액의 증명에 과도한 비용을 필요로 하는 경우, 그리고 의료소송, 공해소송, 시장의 경쟁질서 위반행위와 같이 복잡한 경로를 통하여 손해가 발생한 경우와 같이 불법행위로 인한 손해는 발생하였지만 사안의 성질상 구체적인 손해액을 금전적으로 산정하는 것이 곤란한 경우에는 더욱 그러하다.[83)]

민사소송법은 이러한 곤란에 대응하기 위하여 2016년 3월 제202조의2 규정을 신설하여, “손해가 발생한 사실은 인정되나 구체적인 손해의 액수를 증명하는 것이 사안의 성질상 매우 어려운 경우에 법원은 변론 전체의 취지와 증거조사의 결과에 의하여 인정되는 모든 사정을 종합하여 상당하다고 인정되는 금액을 손해배상액으로 정할 수 있다”고 규정하고 있다. 상당한 손해액 인정에 관한 이 같은 규정은 아래 3.에서 소개하듯이 이미 오래전부터 외국의 입법례에서도 유사한 규정을 두고 있었을 뿐만 아니라 우리 나라 대법원의 판결례에서도 증거조사의 결과와 변론의 전체 취지에 의하여 밝혀진 모든 간접사실을 종합하여 손해액을 판단하도록 함으로써 적절한 손해배상을 도모해 오고 있었다.[84)] 또한 민사소송법의 규정 이전에도 이미 지식재산권과 공정거래 분야의 개별 법률에서 손해의 발생사실은 인정되나 손해액의 증명이 곤란한 경우에 법원의 재량에 의한 손해액 사정을 인정해 오고 있었던 바,[85)] 민사소송법 제202조의2 신설규정은 이러한 개별 법률과 판례 법리를 보다 일반적으로 규정한 것이라고 말할 수 있을 것이다.[86)]

83) 김경욱, “증명의 곤란과 상당한 손해배상액의 인정”, 민사소송 제20권 제2호(2016), 69면.

84) 가령 대법원 2004. 6. 24. 선고 2002다6951, 6968 판결(공2004하, 1201), 대법원 2006. 9. 8. 선고 2006다21880 판결(공2006하, 1662), 대법원 2006. 11. 23. 선고 2004다60447 판결(미간행), 대법원 2007. 11. 29. 2006다3561 판결(공2008상, 2012) 등.

85) 저작권법 제126조, 특허법 제128조 제7항, 부정경쟁방지 및 영업비밀보호에 관한 법률 제14조의2 제5항, 독점규제 및 공정거래에 관한 법률 제57조 등.

나. 상당한 손해액 인정 규정의 의미와 적용요건

상당한 손해액 인정에 관한 민사소송법 제202조의2 규정은 손해액 산정의 곤란을 해소하기 위하여 고도의 개연성에 관한 확신을 요구하는 증명도의 경감을 정하는 절차법적 규정으로 이해되고 있다.[87] 이 규정은 손해의 구체적 수액에 대한 증명 곤란을 해소하는데 목적을 두고 있기 때문에 당사자가 손해액의 진술을 구체화하여야 할 부담도 경감해 주고 있다. 그렇다고 상당한 손해액 인정 규정이 법관으로 하여금 막연한 전제에서 손해액을 자의적으로 산정할 자유재량을 허용하는 것도 아니다. 따라서 피해자인 원고는 법관이 손해액을 객관적이고 합리적으로 사정할 수 있도록 하기 위하여 충분한 사실자료를 제출하여야 하고 개별 상황에서 가능한 한 자신의 주장을 구체화하여야 할 것이다.[88]

한편 민사소송법 제202조의2에 따르면 변론의 전 취지와 증거조사의 결과에 기초한 상당한 손해액은 ① 손해발생의 사실은 인정되지만 ② 구체적 손해액의 증명이 사안의 성질상 매우 어려운 경우에 인정될 수 있다. 이 가운데 ②의 요건은 당해 손해가 가지는 객관적 성질로 인하여 손해액을 산정하기 어렵거나 또는 개별 사안의 특수한 상황에 따라 구체적 수액의 증명이 곤란한 경우를 포함한다고 이해할 것이다. 가령 전자는 집안의 가재도구가 전소하여 그 물건의 객관적 가액을 증명하기 어려운 경우, 그리고 후자는 기왕증 등이 경합한

---

86) 정동윤 · 유병현 · 김경욱, 민사소송법, 법문사(2019), 554-555면.

87) 이미 민사소송법 규정 이전의 판례법리에 관한 이 같은 설명으로는 박인환, "재량에 의한 손해배상액의 산정", 민사판례연구 제XXXII호(2010), 836면; 최우진, "구체적 액수로 증명 곤란한 재산적 손해의 조사 및 확정", 사법논집 제51집(2011), 454-455면. 다만 정동윤 · 유병현 · 김경욱, 민사소송법, 법문사(2019), 554면에 따르면 "단순한 증명도의 경감에 그치는 것이 아니라 손해액에 관해 일정 정도의 심증형성이 되지 않는 경우에도 법원의 자유로운 판단에 따라 상당한 손해액을 인정할 수 있도록 한다는 점에서 기존의 증명도 경감에 관한 논의와 차이가 있다"고 설명하고 있다.

88) 이와 관련하여 대법원 2007. 11. 29. 선고 2006다3561 판결(공2008상, 2012)("이러한 법리는 자유심증주의하에서 손해의 발생사실은 입증되었으나 사안의 성질상 손해액에 대한 입증이 곤란한 경우 증명도 · 심증도를 경감함으로써 손해의 공평 · 타당한 분담을 지도원리로 하는 손해배상제도의 이상과 기능을 실현하고자 함에 그 취지가 있는 것이지, 법관에게 손해액의 산정에 관한 자유재량을 부여한 것은 아니므로, 법원이 위와 같은 방법으로 구체적 손해액을 판단함에 있어서는, 손해액 산정의 근거가 되는 간접사실들의 탐색에 최선의 노력을 다해야 하고, 그와 같이 탐색해 낸 간접사실들을 합리적으로 평가하여 객관적으로 수긍할 수 있는 손해액을 산정해야 한다.").

의료사고, 손해발생에 여러 복잡한 요소가 경합하는 공정거래 관련소송에서 구체적 손해수액의 확정이 곤란한 경우를 들 수 있을 것이다.

더 나아가 민사소송법 제202조의2 규정은 그 문언에 따르면 구체적 손해액의 증명이 곤란하지만 손해발생의 사실 자체는 인정되는 경우에 비로소 적용될 수 있다고 한다. 따라서 위 1.에서 언급한 원칙에 따르면 일정한 가해행위로 인하여 손해가 발생하였다는 사실에 관하여는 여전히 의심의 여지가 없는 고도의 개연성 있는 증명이 이루어져야 한다고 이해될 수도 있다.[89] 손해와 손해액에 관한 이 같은 증명상의 차별적 접근은 아마도 '책임의 성립 여부를 판단함에 있어서는 법관으로 하여금 고도의 확신을 가질 수 있도록 증명이 이루어져야 하지만, 배상범위를 정함에 있어서는 책임성립이 이미 인정된 이상 이를 완화해야 할 필요가 있다'[90]는 오래된 이론적 사고와 무관하지는 않다고 생각된다. 그러나 이 같이 손해발생 사실의 인정에서 고도의 개연성에 관한 확신을 일반적으로 요구한다는 법리가 사견에 따르면 손해의 성질 등에 비추어 개별적으로 증명도를 완화해야 할 필요가 있음을 부정하지는 않는다고 생각된다. 아래에서 소개하는 바와 같이 비교법적 경험이 그러하며, 우리의 판결례에서도 실제로 손해발생의 증명도를 완화해 가고 있다고 여겨진다.

3. 손해발생 인정에 대한 법원의 재량적 판단

가. 비교법적 측면

민사소송법 제202조의2 규정은 위 2.에서 언급한 바와 같이 그 입법 당시 외국의 입법례를 참조하였는데 법원의 재량을 손해액 인정에 한정하고 있다는 점에서 일본 민사소송법 제248조[91]에 근접해 있다. 하지만 이들 규정의 비교법

89) 이와 관련하여 민사소송법 제202조의2 법원행정처 해설자료에서도 "위법행위, 인과관계, 손해의 발생 사실은 원칙대로 입증되어야 한다"고 설명하고 있다(이 해설자료, 9면). 한편 일본 학계의 견해(菊井維大 · 村松俊夫, コンメンタール民事訴訟法 V, 日本評論社(2014), 133) 소개로는 김경욱, "증명의 곤란과 상당한 손해배상액의 인정", 민사소송 제20권 제2호(2016), 93면.

90) 오용호, "민사소송에 있어서 입증의 정도", 사법논집 제15집(1984), 237면; 황현호, "손해배상소송에 있어서 증명의 정도 및 범위", 법조 제52권 제2호(2003), 36면; 박인환, "재량에 의한 손해배상액의 산정", 민사판례연구 제XXXII호(2010), 830면.

적 전거가 되었던 독일, 스위스의 관련 규정은 손해액의 사정 이외에 손해발생 사실의 인정에 대한 법관의 재량을 인정하여 증명도의 완화를 도모하고 있다.[92)]

먼저, 독일 민사소송법 제287조 제1항은 "손해의 발생, 손해액 또는 배상해야 할 이익이 어느 정도인지에 관하여 당사자 사이에 다툼이 있는 법원은 이에 관하여 제반의 사정을 참작하여 자유로운 심증으로 판단한다"고 규정하고 있다. 다시 말해 독일의 해당 규정은 손해액의 산정 이외에 손해발생 사실 여부에 대한 법원의 자유심증을 규정함으로써 본래 완전한 확신을 요구하는 증명도를 손해발생 사실에 대해서도 필요에 따라 완화해 주고 있다. 이 같은 규정 내용과 관련하여 입법 당시에 비판적 제안, 즉 손해배상청구소송에서 법원의 재량 여지를 확대하지 않기 위하여 손해액 증명에 관해서만 법원의 재량을 인정해야 한다는 제안이 있었다고 한다. 그러나 독일의 지배적 견해는 만약 손해발생 사실에 대하여는 여전히 고도의 확신을 요구한 채 손해액 인정에 대해서만 법원의 재량을 허용할 경우에는 피해자의 증명곤란에 적절하게 대응할 수 없다고 여기면서 손해액 외에 손해발생 사실에 대해서도 법원의 재량을 인정하는 입법적 결단을 내렸다고 한다.[93)]

또한 스위스 채무법 제42조 제2항은 "수치로 증명할 수 없는 손해는 사물의 통상적 경과와 피해자에 의해 취해진 조치를 고려한 법관의 재량에 따라 사정될 수 있다"고 규정하고 있다. 물론 이러한 문언만으로는 손해액 산정 이외에 손해발생 사실 여부에 대해서도 법원의 재량적 판단을 허용하는지가 분명하지 않다. 그런데 스위스의 학설과 판례는 위 규정이 손해발생 여부에 대해서도 적용된다고 이해하고 있다.[94)] 그러면서 일실이익의 상실, 부양이익의 손해, 신체상해로 인한 가정주부의 손해, 그리고 신용훼손, 지식재산권 또는 영업적 법익

---

91) 일본 민사소송법 제248조 (손해액의 인정) 손해가 발생된 것이 인정되는 경우에 있어서 손해의 성질상 그 액수를 입증하는 것이 극히 곤란한 경우에는 법원은 구두변론의 전 취지 및 증거조사의 결과에 기해 상당한 손해액을 인정할 수 있다.

92) 일본 민사소송법 제248조의 입법경위와 더불어 상당한 손해액 인정에 관한 독일, 스위스, 오스트리아의 규정에 대한 비교법적 개관으로는 최우진, "구체적 액수로 증명 곤란한 재산적 손해의 조사 및 확정", 사법논집 제51집(2011), 422-438면; 김경욱, "증명의 곤란과 상당한 손해배상액의 인정", 민사소송 제20권 제2호(2016), 83-94면.

93) 이에 관하여는 Gottwald, Schadenszurechnung und Schadensschätzung, S. 38-40.

94) OFK-Fischer OR Art 42 N.38-39.

의 침해 등에서 위 규정의 적용이 주로 문제된다고 한다.[95)]

나. 손해발생에 대한 증명도 완화의 법리 현황

(1) 상당한 개연성의 판단과 사실상의 추정

실제로는 이미 적지 않은 판결례와 문헌에서 이미 손해발생에 대한 증명부담을 완화하는 법리를 구성해 오고 있다. 무엇보다 일실이익의 경우 장래의 사정이라는 점에서 과거사실에 대한 증명과 비교하여 증명도를 경감하지 않을 수 없다. 이에 대법원 판례 역시 이미 오래전부터 향후소득 상실의 손해발생을 증명하기 위해서는 "합리성과 객관성을 잃지 않는 범위 내에서의 상당한 개연성이 있는 소득의 증명으로 족하다"고 일관되게 판시해 오고 있다.[96)] 또한 손해발생의 증명도 완화는 피해자의 소인, 기왕증 등이 가해행위와 경합하여 인신손해를 야기한 경우와 같이 사고발생의 정확한 원인과 각 원인의 관여 정도를 확신할 수 없는 사안에서도 활용되지 않을 수 없다. 대법원의 판결례에서도 이와 같은 경우에는 손해발생의 정확한 원인을 확정할 수 없는 관계로 기왕증의 원인과 정도, 전체상해와의 상관관계, 피해자의 건강상태 등 제반 사정을 고려하여 손해의 공평한 분담이라는 목적에 따라 손해발생 여부와 정도를 합리적으로 판단하고 있다.[97)]

한편 위와 같은 상당한 개연성에 따른 손해발생의 인정은 시장경제질서에서는 가격형성이나 영업적 수익에 다양한 원인이 관여함에 따라 경쟁질서 위반행위로 인한 재산적 손해의 발생 여부가 다투어지는 경우에도 마찬가지라고 생

---

95) Gottwald, Schadenszurechnung und Schadensschätzung, S. 10-14.

96) 대법원 1986. 3. 25. 선고 85다카538 판결(공1986상, 692), 대법원 1994. 11. 25. 선고 94다32917 판결(공1995상, 94).

97) 물론 이와 같은 경우 법원의 판결은 과실상계법리의 유추적용에 따른 배상액 범위의 문제로 접근하고 있다. 그렇지만 불이익한 결과의 발생 자체가 곧바로 배상해야 할 손해라고 말할 수는 없고 그 중에서 가해행위로 돌려질 수 있는 경우에 한하여 손해라고 할 수 있는 한, 여러 원인이 경합하여 불이익한 결과를 야기하였으나 그 기여분을 확신할 수 없는 사안에서 위법행위의 기여정도를 정하는 작업은 손해발생의 확정과 분리될 수 없다고 여겨진다. 손해의 공평한 분담이라는 취지에 따른 법원의 재량적 판단 경향에 관한 전반적 분석으로는 최우진, "이른바 형평성에 근거한 손해배상책임제한 실무의 사례유형별 분석과 비판", 고려법학 제94호(2019), 172면.

각된다. 대법원 역시 상표권, 특허권의 침해 사안에서 피해자가 "실제로 영업상의 손해를 입은 것을 주장 · 입증할 필요가 있으나, (...) 손해의 발생에 관한 주장 · 입증의 정도에 있어서는 손해발생의 염려 내지 개연성의 존재를 주장 · 입증하는 것으로 족하다"고 판시하면서[98] 권리자와 침해자 사이의 경업관계의 존재만으로 손해발생의 사실을 추정하고 있다. 최근에는 학계의 견해이지만 부정경쟁행위가 성립하는 경우 또는 담합행위와 같은 부당한 공동행위에서도 그 경쟁질서 위반행위가 인정되는 한 손해의 발생을 사실상 추정하는 등으로 손해발생에 대한 증명도를 완화해야 한다는 주장도 설득력있게 제시되고 있다.[99]

(2) 손해의 규범적 평가와 권리 · 법익침해 자체의 증명

더 나아가 위 II.3.가.(2)에서 소개한 바인 규범적 손해의 보완적 인정 역시 손해발생 사실의 인정을 위한 증명대상을 달리함으로써 결과적으로는 손해인정과 손해액 사정에 대한 법원의 재량적 판단의 여지를 넓혀준다는 점도 언급할 수 있겠다. 즉, 인신손해의 경우 구체적 소득의 차액이라는 증명하기 어려운 요증사실에 대신하여 사상손해설에 입각하여 생명 · 신체의 침해 자체를 손해발생의 요건사실로서 주장 · 증명하고 이로써 손해액 역시 노동능력상실률에 기하여 법원이 사정할 수 있게 된다. 이와 같은 경우에 피해자의 장래소득 상실의 손해액은 미래사실의 예측이므로 불확정적이기는 하지만, 객관적이고 합리적인 자료에 따라 상당한 개연성이 있는 수입액이어야 한다. 최근에는 저작권, 특허권과 같은 지식재산권의 침해행위로 인한 일실수입의 손해 여부를 인정함에 있어서 시장거래질서에서 지식재산권의 영리적 활용가능성 등에 따라 무단의 권리침해 자체로 손해발생을 인정하려는 견해도 주장되고 있으며, 대법원 역시 영업비밀의 침해행위에서 부정취득 행위만으로 영업비밀 보유자에게 영업이익을 상실한 손해를 입혔다고 봄이 상당하다고 판시한 바도 있다.[100]

---

98) 대법원 1997. 9. 12. 선고 96다43119 판결(공1997하, 3083), 대법원 2006. 10. 12. 선고 2006다1831 판결(공2006하, 1889).

99) 이선희, 독점규제법상 부당한 공동행위에 대한 손해배상청구, 경인문화사(2012), 132면; 정희엽, "부정경쟁행위로 인한 손해배상액의 산정", Law&technology 제8권 제3호(2012), 117-118면.

100) 대법원 2017. 9. 26. 선고 2014다27425 판결(공2017하, 2063).

4. 손해의 파악과 손해 발생에 대한 증명의 소결

지금까지 손해와 손해발생의 증명에 관하여 살펴보았다. 본 발표의 계기인 의무부담과 손해의 인정에 관하여 구체적으로 검토하기 전에, 손해의 파악과 손해발생의 증명에 관한 서술내용을 정리하면 아래와 같다. 우리나라의 다수설과 판례는 손해를 현실적 · 가정적 재산비교의 차액으로 파악하고 있다. 이로써 차액설에 의하면 손해와 손해액은 서로 분리되지 않으며, 손해를 인식함에 있어서 별도의 규범적 평가를 필요로 하지 않는다고 여겨진다. 손해에 대한 차액설의 이 같은 파악은 손해배상청구소송에서 법관의 법적 평가를 가능한 한 배제하여 가치중립적인 결과를 도모하려는 의도에서 비롯하고 있으며, 절차법적으로는 손해발생의 인정에서 의심의 여지가 없는 확신의 증명을 요구하는 것으로 표현되고 있다.

그런데 잘 알려진 바와 같이 개별 사안의 성질에 따라서는 구체적 손해수액의 증명이 곤란한 경우가 적지 않으며, 무엇보다 복잡한 현대형 손해배상청구소송에서 두드러지게 나타나고 있다. 이에 종래 대법원의 판결례와 개별 특별법률에서 손해액 증명의 곤란을 해소하기 위하여 재량적 손해액 사정의 법리를 발전시켜 왔고, 마침내 상당한 손해액의 인정은 민사소송법 제202조의2에서 일반규정으로 성문화되었다. 물론 이 규정은 법원의 재량을 손해액의 인정에 관해서만 인정하고 있을 뿐이며, 손해발생 자체에 대하여는 여전히 일반원칙의 적용, 즉 고도의 개연성에 관한 확신의 증명을 요구하고 있다. 그렇지만 손해액과 손해의 존재가 완전히 분리되기 어려운 상황에서 상당한 손해액의 인정 규정은 실제로는 손해발생 사실에 대한 증명도를 완화하는 데에도 작용할 것이다. 또한 일관된 판례법리에 따르면 위 규정과는 관계없이 향후소득의 상실과 같은 일실이익의 손해의 경우에는 장래 사정의 불확실함에 따라 장래소득의 확신을 요구할 수는 없고 이에 상당한 개연성의 증명만으로 충분하다고 판단해 오고 있다. 이러한 판단은 예를 들어 전문가의 잘못된 설명 · 조언에 따른 불이익한 투자와 같이 결과적으로는 실현되지 않는 가정적 상황에 기초한 손해발생의 인정 여부에서도 마찬가지일 것이다. 그리고 최근 영업재산의 침해행위나 공정거래 관련소송에서 의무위반행위가 인정되는 한 경업관계의 존재와 같은 일정한 요건에 따라 재산적 손해의 발생을 사실상 추정하는 경우도 합리적 거래관념을 반영하여 손해발생의 증명부담을 완화하는 노력임은 물론이다. 더 나아가 가해행위로 인한 재산상태의 차액 여하에 관계없이 인신의 사상(死傷), 지식재산권의 무단침해 자체를 손해라고 규범적으로 평가하는 법리구성은 결과적으로는 이러한 노력의 정점에 있다고 하겠다.

이상과 같은 손해발생의 증명에 대한 변화와 발전은 결과적으로 손해에 대한 실체법적 관념 변화를 반영하고 있다고 이해된다. 즉, 손해개념에 대하여 차액설의 원칙적 유용함에도 불구하고 실재적(구체적) 손해의 관념, 손해의 규범적 평가에 의한 보완이 필요하다고 이해되고 있다. 이러한 실체법적 관념의 변화는 절차법적 측면에서는 원칙적으로는 손해발생에 대한 확신의 증명을 요구하면서도 개별적으로는 (법익침해로 인한 손해발생에 관한) 상당한 개연성, 사실상의 추정 등으로 완화하거나[101] 또는 규범적 평가에 의한 증명대상의 변화로 투영되고 있다. 궁극적으로는 손해발생의 인정 자체가 손해의 공평 · 적절한 분담이라는 손해배상법의 목적과 기능에 입각한 법적 평가일 수 밖에 없다고 하겠다.

IV. 연구 계기 사안에서 손해 인정 여부의 구체적 검토

1. 피해자의 의무부담과 손해발생의 인정

가. 독일의 법리

독일에서는 재산적 손해가 피해자의 제3자에 대한 의무부담의 형태로도 발생할 수 있음을 널리 인정하고 있다.[102] 계약상의 의무는 말할 것도 없고, 가령 부양의무와 같이 법률상의 의무의 경우에는 그 발생요건을 성립시키는 행위를 하여 피해자가 법률에 기한 의무를 지게 되는 때에도 마찬가지이다. 한편 독일에서는 손해배상의 방법으로 원상회복을 원칙으로 하므로, 가해행위로 의무를

---

101) 민사소송법 제202조의2 규정의 마련 이전에 판례의 상당한 손해액 인정 법리에 관하여 의심할 여지가 없는 확신의 증명을 요구하는 원칙적으로 요구하는 자유심증주의를 그 본래의 취지에 따라 확대라는 것으로 이해한다고 지적되기도 하였다.

102) MüKoBGB/Oetker, § 249 Rn. 29.

부담하게 되는 피해자는 가해자를 상대로 면책청구권(Freistellungsanspruch)을 행사할 수 있으며 가해자를 면책의무의 이행지체에 빠지게 하여 금전배상을 청구할 수 있다(독일민법 제250조[103]). 이 규정은 특히 피해자의 손해가 의무부담의 형태로 존재하여 채권자에게 면책청구권이 인정되는 경우에 실제로 중요하다고 하는데, 그 전제조건은 의무의 부담이 확정되어 있어야 한다고 한다.[104] 이와 관련하여 독일의 아래와 같은 판결례를 소개할 만하다.

[독일 뮌헨고등법원 판결[105]의 사안개요] 세무의뢰인(원고)이 세무사(피고)의 잘못된 조언에 따라 면세를 받을 것으로 기대하여 이를 전제로 회사의 지분을 취득하였으나 지분취득 이후에 기대와 달리 과세처분이 내려지게 되었다. 이에 그 의뢰인은 과세관청을 상대로 과세처분에 대한 이의를 제기하여 그 처분이 확정되지 않은 상태에서 세무사를 상대로 독일민법 제250조에 따른 금전배상을 청구하였다.

독일의 법원은 이러한 원고의 청구를 받아들이지 않았는데, 그 근거로는 "채권자는 가해자가 원상회복을 진지하고 종국적으로 거절하는 경우 민법 제250조 2문에 따라 의무의 면책청구에 갈음하여 금전배상을 청구할 수 있다. 그러나 이는 원고가 그 의무에 의하여 실제로 부담을 지게 되었을 것을 요건으로 한다. 그러나 당해 사건에서 원고는 자신에게 내려진 과세처분에 대하여 이의를 제기하고 있다. 자신이 면책을 요구하는 의무에 대하여 법적으로 스스로 다투고 있는 자는 그 의무의 해소가 여전히 가능하며 따라서 제3자의 자신에 대한 권리가 종국적으로 확정되지 않았다고 여기고 있는 것이다. 당해 사건에서 원고가 과세처분에 대하여 이의를 제기하여 다투고 있는 한 피고에 대하여 사전에 손해배상금의 지급을 구할 정당한 이익을 갖지 않는다"고 제시하고 있다.[106] 독일의 연방법

103) 독일민법 제250조 (기한설정 후의 금전배상) 채권자는 기한의 경과 후에는 원상회복을 거절한다는 표시를 하면서 배상의무자에 대하여 원상회복을 위한 상당한 기한을 설정할 수 있다. 채권자는 원상회복이 적시에 이루어지지 않는 경우에는 기한의 경과 후에 금전배상을 청구할 수 있다; 원상회복의 청구권은 배제된다.
104) MüKoBGB/Oetker, 7.Aufl.,§ 250 Rn. 4.
105) OLG München NJW-RR 2010, 1270.
106) OLG München NJW-RR 2010, 1271, 이미 BGH NJW 1993, 1137.

원 역시 마찬가지의 입장이며, 이러한 경우에 피침해자는 손해배상의무존재 확인의 소를 제기하였어야 한다고 부가적으로 판시하고 있다.[107]

나. 우리의 판례 법리

우리의 학설과 판례 역시 피해자의 제3자에 대한 의무부담을 손해라고 파악하면서 그 의무부담이 사회통념에 따라 현실적 · 확정적이이서 실제로 변제하여야 할 성질의 것임을 요구하고 있다. 그러면서 ① 불법행위로 인하여 피해자가 입원치료하여 치료비 지급채무를 부담하게 되는 경우,[108] ② 부동산 매매대금의 지급에 갈음하여 매수인이 매도인의 예정된 대출금채무를 이행인수하였는데 매도인이 매수인과 약정한 규모를 넘어서는 대출금채무를 부담하여 매수인이 이미 인도받은 부동산의 소유권을 보전하기 위하여 매도인의 초과대출금 채무를 이행하지 않을 수 없는 경우,[109] ③ 부동산 교환계약의 일방 당사자의 채무불이행으로 인하여 상대방이 제3자로부터 소송을 제기당하여 패소판결을 선고받고 다른 부동산을 가압류당한 경우[110]에는 피해자의 손해발생 사실을 인정한 바 있다.

이에 반하여 ④ 토지의 매매대금 중 일부에 갈음하여 대물변제된 아파트의 매도인이 매수인으로부터 매매대금을 전부 지급받은 후 매수인의 승낙 없이 임의로 이에 관하여 제3자에게 근저당권설정등기나 담보목적의 가등기 또는 전세권설정등기 등을 경료하였지만 그 피담보채무가 존재하지 않는 것으로 밝혀지는 경우,[111] ⑤ 구분건물의 대지지분이 등기공무원의 과실로 실제 지분보다 많은 분량으로 등기부에 잘못 기재된 상태에서 구분건물이 甲, 乙, 丙으로 전전매매된 후에 최종매수인 丙이 자신의 매도인 乙을 상대로 부족지분에 대한 이전을 청구하는 내용증명을 보내자 乙이 국가를 상대로 부족지분에 관한 매매대금을 과다 지급한 손해를 구한 경우[112] 등에서 대법원은 손해의 현실성 · 확정성

107) BGH NJW 2007, 1809.
108) 대법원 1988. 12. 27. 선고 87다카2323 판결(공1989상, 226).
109) 대법원 1998. 4. 24. 선고 97다28568 판결(공 1998상, 1443).
110) 대법원 2001. 7. 13. 선고 2001다22833 판결(공 2001하, 1860).
111) 대법원 1998. 8. 25. 선고 97다4760 판결(공1998하, 2308).
112) 대법원 2019. 8. 14. 선고 2016다217833 판결(공2019하, 1719).

을 인정하지 않은 바 있다.[113)]

다. 손해의 확실성에 대한 판단표지

이상에서 살핀 바에 따르면 피해자가 재산적 불이익을 받게 될 의무를 제3자에 대하여 부담하는 경우에 이를 손해라고 파악하는 것은 의문이 없다. 다만 어떠한 경우에 배상하여야 할 손해라고 할 수 있는 피해자의 의무부담이 인정되는지에 대한 판단요소를 구체화 하는 것이 중요하다.

이에 대하여 우리나라와 독일의 판례에서 다루어진 바 등을 참작하여 볼 때에 우선 피해자가 가해행위로 인하여 의무를 부담할 수도 있을만한 단순한 '가정적' 상태만으로는 손해라고 말할 수 없다. 바로 위에서 인용한 ⑤의 2019년 판결례가 원고의 손해발생을 배척한 이유라고 여겨진다. 다시 말해 피해자의 의무부담 자체가 확정되어 있어야 하는데, 의무부담이 법원의 판결을 통하여 확정된 경우에는 말할 것도 없고(위의 ③ 판결례) 당사자의 약정 또는 사실상의 이유로 의무를 부담하지 않을 수 없는 경우(위의 ①, ② 판결례)도 포함한다고 여겨진다. 또한 피해자가 부담해야 할 의무에 대하여 다투는 법적 조치를 취하는 등의 태도 여하도 손해의 확정성을 판단함에 있어서 고려할 수 있다고 하겠다(독일 법원의 판결례). 더 나아가 피해자가 의무부담을 통하여 금전으로 산정할 수 있는 재산적 불이익을 받게 될 것임이 분명해야 하므로, 부담하게 될 의무내용의 정확한 수액 산정 또는 적어도 상당한 손해액 사정의 구체적 가능성과 함께 부담하는 의무의 실현가능성 역시 참작되어야 한다.

2. 환경오염 결과제거 의무와 손해발생의 인정 여부

가. 손해발생의 구체적 판단요소

위 1.에서 피해자의 의무부담을 손해라고 볼 수 있는 판단요소로서 의무부담 자체와 내용의 확정성, 의무의 현실적 실현가능성을 제시하였는데, 이는 본 발표의 계기가 된 피해자의 환경오염 결과제거 의무부담에서도 마찬가지라고

---

113) 그 외에도 대법원 1992. 11. 27. 선고 92다29948 판결(공1993상, 256), 대법원 2003. 4. 8. 선고 2000다53038 판결(공2003상, 1069).

하겠다. 즉, 가해자의 선박충돌로 인하여 피해선박이 침몰하게 됨으로써 피해자가 선박의 소유자로서 해양환경관리법 제65조, (구) 해상교통안전법 제9조, '공유수면 관리 및 매립에 관한 법률'제6조에 따라 피해선박에 적재된 기름의 이적과 피해선박 제거의 행정명령을 받게 되었는데, 행정명령에 따른 의무부담이라고 기본적으로 위와 달리 볼 바는 아니라고 생각된다. 다시 말해 피해자에게 내려진 행정명령의 확정성과 타당성, 피해자가 자신에게 내려진 행정명령에 대한 태도, 행정명령의 현실적 집행가능성 등을 고려하여 피해자가 행정명령에 따른 의무를 이행해야만 하고 이로써 실제로 재산상 불이익을 입었다고 볼 수 있는지 여부가 문제된다.

나. 결과제거 비용의 선급 문제

만약 위와 같은 구체적 판단요소를 충족하여 피해자에 의한 환경오염 결과제거의 의무부담이 손해라고 인정되는 경우 가해자는 피해자에게 손해배상을 하여야 함은 물론이다. 그런데 가해자의 피해자에 대한 손해배상은 피해자가 환경오염 결과제거의 조치를 취하기 이전에 이루어지는 것으로서 그에 필요한 비용을 선급하는 결과가 되는 셈이다. 물론 피해자가 배상금을 손해의 원상회복 목적으로 사용하는지 여부는 원칙적으로 피해자의 자유로운 처분에 맡겨져 있다. 다만 환경오염의 경우에는 환경보전의 특별함에 비추어 배상금이 환경오염의 결과를 제거하는데 이용되도록 보장해야 할 필요가 있다는 것을 부인할 수는 없다. 이에 가해자로 하여금 환경오염의 원상회복을 위하여 소요되는 비용을 피해자의 청구에 따라 선급하도록 규정하고 있는 독일 환경책임법 제16조 제2항에 대하여 배상금의 원상회복 용도로의 사용에 대한 보장장치가 결여되어 있음을 입법적 문제라고 지적하는 견해가 있다.[114] 우리 나라의 관련 입법에 참고할 내용이라고 생각된다.

다. 판결 후 사정변경의 문제

한편 의무부담에 따른 손해배상금의 지급은 의무의 이행이 있기 이전에 이

114) Geigel, Der Haftpflichtprozess, 24.Aufl., 2004, 24.Kap. Rn. 58 (S. 838).

루어진다는 점에서, 배상금이 지급되어 의무가 이행되기까지 손해와 그 수액에 관한 사정변경이 있을 수도 있다. 가령 손해배상의 판결을 받은 후 환경오염 결과제거의 의무가 이행되기 때까지 제거해야 할 상태가 자연력 등에 의하여 달성되거나 결과제거의 소요비용 산정을 위한 전제가 달라지게 되는 경우 등을 생각할 수 있다. 위 II.1.나.(3)에서 설명한 바와 같이 독일의 판례법리에 따르면 이와 같은 경우 만약 실제로 소요되는 비용이 미리 지급된 손해배상금보다 줄어드는 경우 배상의무자는 피해자를 상대로 부당이득의 반환 또는 청구이의의 소를 제기할 수 있게 될 것이다.

이와 관련하여 우리 대법원 역시 장래이행의 판결에 관한 사안에서 "토지의 소유자가 법률상 원인 없이 토지를 점유하고 있는 자를 상대로 장래의 이행을 청구하는 소로서, 그 점유자가 토지를 인도할 때까지 토지를 사용 수익함으로 인하여 얻을 토지의 임료에 상당하는 부당이득금의 반환을 청구하여, 그 청구의 전부나 일부를 인용하는 판결이 확정된 경우에, 그 소송의 사실심 변론종결 후에 토지의 가격이 현저하게 앙등하고 조세 등의 공적인 부담이 증대되었을 뿐더러 그 인근 토지의 임료와 비교하더라도 그 소송의 판결에서 인용된 임료액이 상당하지 아니하게 되는 등 경제적 사정의 변경으로 당사자간의 형평을 심하게 해할 특별한 사정이 생긴 때에는, 토지의 소유자는 점유자를 상대로 새로 소를 제기하여 전소 판결에서 인용된 임료액과 적정한 임료액의 차액에 상당하는 부당이득금의 반환을 청구할 수 있다고 봄이 상당하다"고 판시한 바 있다.[115] 또한 인신상해의 1차 사고를 입은 피해자가 2차 사고 등의 후발적 사정으로 말미암아 사망한 경우 만약 양 사고의 조건적 관계를 인정할 수 없는 한 유사한 문제가 발생할 수 있는데, 이 경우 배상의무자가 이미 지급한 배상금 중 일부를 부당이득으로 반환청구하거나 청구이의의 소를 제기할 수 있다는 문헌의 견해가 유력하게 제시되고 있다.[116] 이러한 법리는 피해자의 의무부담에 따른 손해배상청구소송에서도 그 적용을 고려해 볼 수 있다고 생각된다.

---

115) 대법원 1993. 12. 21. 선고 92다46226 전원합의체 판결(공1994상, 484)

116) 이영욱, "불법행위로 인한 일실수입 배상의 범위와 후발적 사망의 관계", 판례연구 제29집 (2018, 부산판례연구회), 224면.

3. 당해 사안에 대한 검토의견 : 손해 주장의 배척

지금까지 언급한 바에 따라 당해 사안에서 각 당사자의 사실적 주장을 전제로 하여 손해발생 사실의 인정 여부를 살핀다면 결과적으로 손해발생을 인정할 수는 없다고 여겨진다. 물론 원심 판결이 지적한 바와 같이 피해선박에 대한 구난명령 및 제거명령은 원고의 철회 요청에도 불구하고 여전히 효력을 갖고 있으며 이에 당연무효가 아니라고 할 수도 있다. 그렇지만 이 같은 행정청의 행정명령이 내용적으로 타당한지에 대하여는 강한 의문이 드는데, 관련 법률에 따르면 위와 같은 행정명령은 ① 다른 선박의 항행 안전에 위험을 줄 우려 내지 공유수면의 효율적 이용 저해의 인정 또는 ② 수질오염을 발생시킬 우려가 있을 때에 내려질 수 있다. 그러나 피고가 주장하는 바에 따르면 피해선박이 침몰해 있는 수심의 깊이에 비추어 다른 선박의 항해에 지장을 주지 않으며 또한 보고서의 내용에 따르면 환경오염의 피해유발 가능성도 낮다고 볼 수 있다. 더욱이 사고발생 후 근 10여 년 간 국가의 행정대집행과 같은 조치가 취해지지도 않은 채[117] 피해선박의 침몰상태가 유지되고 있는 상황 역시 원고에게 내려진 행정명령의 현실적 필요성 내지 실효성을 의심하게끔 한다.

물론 원심 판결이 지적한 바와 같이 피해선박에 대한 구난명령 및 제거명령은 원고의 철회 요청에도 불구하고 철회되지 않음으로써 여전히 효력(이른바 구성요건적 효력)을 갖고 있으며 또한 당연무효는 아니라고 할 수도 있을 것이다. 그렇지만 판례는 행정행위의 적법성 여부가 국가배상청구사건과 같이 민사소송에서 선결문제로 될 경우에 학계의 견해대립에도 불구하고 민사법원에 의한 위법성 여부의 판단이 가능하다고 해석하고 있다.[118] 본 대상판결에서 문제되는 피해선박의 구난 · 제거명령의 경우에도 비록 당연무효라고 볼 수는 없다고 하더라도 위에서 분석한 바와 같이 위험성의 부존재 또는 제거에 따라 제거명령의 현실적 필요성 내지 실효성이 인정되지 않는 한 위 행정명령은 직권취

117) 일반 공중에 영향을 미치는 환경오염의 경우 그 중대성, 시급성 등의 차원에서 국가가 환경오염의 결과를 제거한 후에 오염제거 의무자를 상대로 손해배상, 비용상환의 구제를 구하게 될 것이다. 실제로 본 발표를 위하여 검색한 독일의 판결례는 대체로 그러한 사안을 다루고 있었으며, 우리나라의 경우에도 마찬가지일 것이다.

118) 대법원 1972. 4. 28. 선고 72다337판결(집20(1), 257).

소 또는 철회의 대상이 되어야 한다고 판단된다. 그렇다면 취소 또는 철회의 여지가 높은 행정명령과 그에 따른 불확실한 비용지출의 여부에 비추어 대상판결의 사안에서 문제된 선박제거의 비용은 현실적이고 확실한 손해라고는 볼 수 없다고 하겠다. 이러한 이유에서 본 사건에서 손해가 현실적, 확정적으로 발생하였다고 보기 어렵다고 판시한 제1심 법원에 찬동하는 바이다.

대법원 2020. 7. 9. 선고 2017다56455 판결
【손해배상(기)】 [공2020하, 1575]

【판시사항】

[1] 가해자가 행한 불법행위로 피해자가 제3자에게 채무를 부담하게 된 경우, 그 채무액 상당의 손해배상을 구하기 위한 요건 및 이때 현실적으로 손해가 발생하였는지 판단하는 방법

[2] 가해자가 행한 불법행위로 피해자에게 행정처분이 부과·확정되어 그 이행에 비용이 발생하는 경우, 행정처분 당시 위 비용 상당의 손해가 현실적으로 발생하였다고 볼 수 있는지 여부(원칙적 적극) / 행정처분이 있은 후 행정처분을 이행하기 어려운 장애사유가 있어 오랫동안 이행이 이루어지지 않았고 행정관청에서도 이러한 사정을 참작하여 이행을 강제하기 위한 조치를 취하지 않고 방치하는 등 특별한 사정이 있는 경우, 행정처분의 이행에 따른 비용 상당의 손해가 현실적·확정적으로 발생하였다고 보기 위해서는 행정처분의 존재뿐만 아니라 행정처분의 이행가능성과 이행필요성이 인정되어야 하는지 여부(적극) / 위 손해의 발생 사실에 관한 증명책임의 소재(=행정처분을 받은 피해자)

【판결요지】

[1] 불법행위를 이유로 배상하여야 할 손해는 현실로 입은 확실한 손해에 한하므로, 가해자가 행한 불법행위로 인하여 피해자가 제3자에 대하여 채무를 부담하게 된 경우 피해자가 가해자에게 그 채무액 상당의 손해배상을 구하기 위해서는 채무의 부담이 현실적·확정적이어서 실제로 변제하여야 할 성질의 것이어야 하고, 현실적으로 손해가 발생하였는지 여부는 사회통념에 비추어 객관적이고 합리적으로 판단하여야 한다.

[2] 가해자가 행한 불법행위로 인하여 피해자에게 어떤 행정처분이 부과되고 확정되었다면 그 행정처분에 중대하고 명백한 하자가 있어 무효로 되지 아니한 이상 행정처분의 당사자인 피해자는 이를 이행할 의무를 부담하게 된다. 따라서 행정처분의 이행에 비용이 발생하는 경우에는 특별한 사정이 없는 한 행정

처분 당시에 그 비용 상당의 손해가 현실적으로 발생한 것으로 볼 수 있다. 그러나 행정처분이 있은 이후 행정처분을 이행하기 어려운 장애사유가 있어 오랫동안 이행이 이루어지지 않았고, 해당 행정관청에서도 이러한 사정을 참작하여 그 이행을 강제하기 위한 조치를 취하지 않고 불이행된 상태를 방치하는 등 특별한 사정이 있는 경우에는 손해가 현실화되었다고 인정하는 데 보다 신중할 필요가 있다. 이와 같은 경우에 행정처분의 이행에 따른 비용 상당의 손해가 현실적 · 확정적으로 발생하였다고 보기 위해서는 행정처분 당시의 자료와 사실심 변론종결 시점까지 제출된 모든 자료를 종합하여 행정처분의 존재뿐만 아니라 그 행정처분의 이행가능성과 이행필요성이 인정되어야 한다. 특히 당사자에게 부과된 행정처분을 이행하는 것이 기술적으로 매우 어렵고, 설령 가능하다고 하더라도 막대한 비용이 예상되어 실현가능성이 희박해 보이며, 행정처분 발령 당시와 달리 사실심 변론종결 시점에는 그 행정처분의 이행을 강행하여야 할 필요성에 의문이 제기되는 등의 예외적인 상황이 존재하고, 실제로 행정관청에서 장기간 행정처분이 불이행되고 있음에도 특별한 조치를 취하지 않고 있을 뿐만 아니라 제반 사정에 비추어 볼 때 부과된 행정처분이 취소나 철회될 가능성도 배제할 수 없는 경우라면, 행정처분을 받은 당사자가 가까운 장래에 그 행정처분을 이행할 개연성을 인정하기 부족하여 이행에 따른 비용 상당의 손해가 확정적으로 발생하였다고 보기는 어렵다. 그리고 불법행위로 인한 손해배상청구에서 위와 같은 손해의 발생 사실은 행정처분을 받은 당사자인 피해자가 이를 증명하여야 한다.

【참조조문】

[1] 민법 제750조 / [2] 민법 제750조, 민사소송법 제288조

【참조판례】

[1] 대법원 1992. 11. 27. 선고 92다29948 판결 (공1993상, 256), 대법원 2019. 8. 14. 선고 2016다217833 판결 (공2019하, 1719)

【전문】

【원고, 피상고인】 주식회사 한유(변경 전 상호: 주식회사 한유엘앤에스)

【원고, 상고인】 메리츠화재해상보험 주식회사 외 1인 (소송대리인 변호사 정병석 외 3인)

【피고, 상고인 겸 피상고인】 쩡항 쉽핑 그룹 리미티드(Zheng Hang Shipping Group Limited) (소송대리인 법무법인 청해 담당변호사 서영화 외 4인)

【대상판결】

【원심판결】 서울고법 2017. 10. 27. 선고 2015나26872 판결

【주문】

원심판결 중 원고 주식회사 한유의 선체 인양 비용 상당 손해배상청구에 관한 피고 패소 부분을 파기하고, 이 부분 사건을 서울고등법원에 환송한다. 원고 메리츠화재해상보험 주식회사, 한국해운조합의 상고를 모두 기각한다. 원고 메리츠화재해상보험 주식회사, 한국해운조합과 피고 사이에 생긴 상고비용은 원고 메리츠화재해상보험 주식회사, 한국해운조합이 부담한다.

【이유】

상고이유를 판단한다.

1. 원고 메리츠화재해상보험 주식회사, 한국해운조합의 상고에 대하여

원심은 그 판시와 같은 이유로 이 사건 선박이 충돌사고로 침몰한 데 대하여 피고가 그 책임비율에 따라 이 사건 선박의 가액에 상당하는 손해를 배상할 책임이 있다고 인정하였다. 이어서 이 사건 선박의 가액을 산정하면서, 선체보험계약에서 정한 보험가액, 선가감정보고서 및 원심 감정인의 감정 결과를 그 판시와 같은 이유로 모두 배척하고, 이 사건 선박의 도입가격에 개조공사비 등을 더한 취득 당시의 가액을 기초로 감가상각한 회계장부상 가액을 기준으로 하여 이 사건 선박의 가액을 산정하였다.

원심판결 이유를 관련 법리와 기록에 비추어 살펴보면, 원심의 위와 같은 판

단에 이 사건 선박의 가액 산정에 관한 법리를 오해하는 등의 잘못이 없다.

2. 피고의 상고에 대하여

가. 불법행위를 이유로 배상하여야 할 손해는 현실로 입은 확실한 손해에 한하므로, 가해자가 행한 불법행위로 인하여 피해자가 제3자에 대하여 채무를 부담하게 된 경우 피해자가 가해자에게 그 채무액 상당의 손해배상을 구하기 위해서는 채무의 부담이 현실적·확정적이어서 실제로 변제하여야 할 성질의 것이어야 하고, 현실적으로 손해가 발생하였는지 여부는 사회통념에 비추어 객관적이고 합리적으로 판단하여야 한다 (대법원 1992. 11. 27. 선고 92다29948 판결, 대법원 2019. 8. 14. 선고 2016다217833 판결 등 참조).

가해자가 행한 불법행위로 인하여 피해자에게 어떤 행정처분이 부과되고 확정되었다면 그 행정처분에 중대하고 명백한 하자가 있어 무효로 되지 아니한 이상 행정처분의 당사자인 피해자는 이를 이행할 의무를 부담하게 된다. 따라서 행정처분의 이행에 비용이 발생하는 경우에는 특별한 사정이 없는 한 행정처분 당시에 그 비용 상당의 손해가 현실적으로 발생한 것으로 볼 수 있다. 그러나 행정처분이 있은 이후 행정처분을 이행하기 어려운 장애사유가 있어 오랫동안 이행이 이루어지지 않았고, 해당 행정관청에서도 이러한 사정을 참작하여 그 이행을 강제하기 위한 조치를 취하지 않고 불이행된 상태를 방치하는 등 특별한 사정이 있는 경우에는 손해가 현실화되었다고 인정하는 데 보다 신중할 필요가 있다. 이와 같은 경우에 행정처분의 이행에 따른 비용 상당의 손해가 현실적·확정적으로 발생하였다고 보기 위해서는 행정처분 당시의 자료와 사실심 변론종결 시점까지 제출된 모든 자료를 종합하여 행정처분의 존재뿐만 아니라 그 행정처분의 이행가능성과 이행필요성이 인정되어야 한다. 특히 당사자에게 부과된 행정처분을 이행하는 것이 기술적으로 매우 어렵고, 설령 가능하다고 하더라도 막대한 비용이 예상되어 실현가능성이 희박해 보이며, 행정처분 발령 당시와 달리 사실심 변론종결 시점에는 그 행정처분의 이행을 강행하여야 할 필요성에 의문이 제기되는 등의 예외적인 상황이 존재하고, 실제로 행정관청에서 장기간 행정처분이 불이행되고 있음에도 특별한 조치를 취하지 않고 있을 뿐만 아니라 제반 사정에 비추어 볼 때 부과된 행정처분이 취소나 철회될 가능성도 배제할 수 없는 경우라면, 행정처분을 받은 당사자가 가까운 장래에 그 행정처분을 이행할 개연성을 인정하기 부족하여 이행에 따른 비용 상당의 손해가 확정적으로 발생하였다고 보기는 어렵다. 그리고 불법행위로 인한 손해배상청구에서 위와 같은 손해의 발생 사실은 행정처분을 받은 당사자인 피해자가 이를 증명하여야 한다.

나. 원심판결 이유와 기록에 의하면 다음과 같은 사실을 알 수 있다.

(1) 원고 주식회사 한유(이하 '원고 한유'라고 한다) 소유의 이 사건 선박이 2010. 4. 21. 침몰한 후 여수해양경찰서장은 2010. 8. 24. 구 해상교통안전법(2011. 6. 15. 법률 제10801호로 전부 개정되기 전의 것)에 따라 이 사건 선박에 대한 구난명령을 하였고, 여수시장은 2014. 4. 3. 구 공유수면 관리 및 매립에 관한 법률(2015. 2. 3. 법률 제13186호로 개정되기 전의 것)에 따라 이 사건 선박에 대한 제거명령을 하였으나, 그 후 수년간 그 이행이 이루어지지 않았을 뿐만 아니라 행정대집행이나 그 이행을 강제하기 위한 행정관청의 조치도 없었다.

(2) 해양사고 조사기관들이 이 사건 사고 현장을 조사한 각 보고서에서 아래와 같은 의견들이 제시되었다.

(가) 이 사건 선박은 수심 90m의 해저 모래에 파묻힌 상태로 침몰되어 있고 이 사건 선박이 침몰한 수심으로부터 여유 수심이 최소 50m 이상 남아 있으므로 다른 선박의 항행 안전에 위험을 줄 우려가 없다.

(나) 이 사건 선박의 침몰 이후 선박으로부터의 유류나 아스팔트 화물의 누출 흔적이 없고, 해저의 온도를 고려할 때 연료유와 아스팔트는 선체 내에 점성화 또는 고형화되어 안정적으로 남아 있을 것으로 보이며, 디젤유는 침몰 직후 해수 등에 흩어지고 증발하여 현재 남아있지 않을 것으로 보이므로 오염물의 유출 등으로 인한 환경오염을 발생시킬 우려도 없다.

(다) 이처럼 장기간 해저에 파묻혀 있는 선박을 인양할 경우 상당한 부하가 가해지게 되어 선체가 부서질 수 있으며, 이로 인하여 내부에 안정적으로 고착되어 있던 유류나 아스팔트가 해저에 비산되어 추가 오염을 일으킬 수 있다.

(라) 이 사건 선박이 침몰한 지점의 해류가 거세고 가시성이 매우 떨어지며 깊은 수심에서의 인양 작업에는 고도화된 잠수기법이 필요할 뿐만 아니라 선박의 인양을 시도할 경우 앞서 언급한 바와 같이 선박이 부서질 위험이 있는 등

이 사건 선박을 인양하는 것이 기술적으로 매우 어려운 반면, 이 사건 선박 침몰 지점과 유사한 깊이의 해저에서 실제로 선박이 인양된 사례도 거의 없어 인양에 필요한 비용이나 위험의 정도가 상당히 높지만 이를 실제로 산정하는 것도 사실상 쉽지 않다.

(3) 원고 한유는 원심 변론종결 시점까지 이 사건 선박을 제거하기 위한 구체적인 계획을 가지고 있지 않았다.

다. 위와 같은 사실관계를 앞서 본 법리에 비추어 살펴본다.

이 사건 선박에 대한 구난명령과 제거명령은 이 사건 선박의 충돌사고 발생 당시 선박 항행 안전상의 위험과 환경오염 발생의 우려 때문에 각 발령되었으나, 이 사건 선박이 수심 90m의 해저 모래에 파묻힌 상태로 침몰해 있었기 때문에 각 행정명령의 이행이 장기간 이루어지기 어려웠고, 행정관청에서도 그 불이행에 대하여 오랫동안 아무런 제재를 가하지 아니하였다. 이는 각 행정명령에 따라 침몰된 이 사건 선박을 제거하도록 강제하는 것이 기술적으로 상당히 어렵고 막대한 비용을 필요로 하여 현실적으로 실현가능성이 희박하다고 볼 수 있거나, 각 행정명령의 발령을 필요로 하였던 위험요소들이 더 이상 존재하지 아니하여 행정명령이 취소 또는 철회될 여지가 있을 수 있기 때문으로 보인다. 따라서 원심 변론종결 시점까지 각 행정명령을 이행하기 위한 선박 인양계획이 구체적으로 정해지지 않은 상태에서 각 행정명령이 존재한다는 사정만으로는 원고 한유가 가까운 장래에 이를 이행할 것으로 보고 그 이행에 따른 비용의 지출이라는 손해의 결과가 현실적으로 발생하였다고 단정하기 어렵다.

그렇다면 원심으로서는 이 사건 선박의 제거에 따른 손해가 현실적 · 확정적으로 발생하였는지 여부를 판단하기 위하여, 이 사건 선박에 대한 구난명령과 제거명령이 유효하게 존속하고 있다는 것뿐만 아니라 그 이행을 강제하는 것이 현실적으로 가능한지 여부와 관계 법령상 요건과 관련하여 여전히 그 이행의 필요성이 있는지 여부 및 나아가 각 행정명령이 장기간 불이행되고 있음에도 행정관청에서 아무런 조치를 취하지 아니하고 현 상황을 방치하고 있는 사정이나 행정명령의 철회 또는 취소가능성 등을 면밀히 살펴보아 가까운 장래에 행정명령의 이행에 따라 이 사건 선박의 제거에 필요한 비용을 지출할 수밖에 없는 상황인지에 관하여 심리해 보았어야 한다.

라. 그럼에도 원심은 위와 같은 사정에 관하여 심리하지 아니한 채 이 사건 선박에 대한 구난명령 및 제거명령이 그 효력을 유지하고 있고, 이 사건 선박의 인양이 어렵고 환경오염 피해가 발생할 가능성이 낮다는 보고서들의 기재만으로는 위 각 명령을 당연무효라고 인정하기 어렵다고 보아, 원고 한유에 여전히 위 각 명령에 따른 선박 제거의무가 있으므로 그에 필요한 비용 상당의 손해가 현실적으로 발생하였다고 판단하였다. 이러한 원심판단에는 행정명령의 이행에 따른 손해에 관한 법리를 오해하여 필요한 심리를 다하지 않음으로써 판결 결과에 영향을 미친 잘못이 있다. 이 점을 지적하는 피고의 상고이유 주장은 정당하다.

3. 결론

그러므로 원심판결 중 원고 한유의 선체 인양 비용 상당 손해배상청구에 관한 피고 패소 부분을 파기하고, 이 부분 사건을 다시 심리 · 판단하도록 원심법원에 환송하며, 원고 메리츠화재해상보험 주식회사, 한국해운조합의 상고를 모두 기각하고, 원고 메리츠화재해상보험 주식회사, 한국해운조합과 피고 사이에 생긴 상고비용은 패소자가 부담하도록 하여, 관여 대법관의 일치된 의견으로 주문과 같이 판결한다.

대법관 민유숙(재판장) 김재형 이동원 노태악(주심)

판례연구실무 제14권 수록 비교법실무연구회 세미나

<table>
<tr><td rowspan="6">1</td><td colspan="4">제104회 (2015. 7.)</td></tr>
<tr><td>대상사건</td><td>2014두40227</td><td>선고일</td><td>2018. 7. 11.</td></tr>
<tr><td>주제</td><td colspan="3">불공정거래행위로서의 사업활동방해의 부당성 판단기준</td></tr>
<tr><td rowspan="2">논문 제목
(발표자)</td><td colspan="3">부당한 사업활동 방해행위의 법리 – 독일 경쟁제한방지법(GWB)을 중심으로 (황태희)</td></tr>
<tr><td colspan="3">공정거래법상 사업활동방해의 공정거래저해성– 공정거래위원회 의결 제2013–142호(2013. 7. 11.)의 사실관계를 중심으로 (이호영)</td></tr>
<tr><td colspan="4"></td></tr>
<tr><td rowspan="5">2</td><td colspan="4">제105회 (2015. 9.)</td></tr>
<tr><td>대상사건</td><td>2014두8773</td><td>선고일</td><td>2017. 5. 11.</td></tr>
<tr><td>주제</td><td colspan="3">현실적 행위자의 행정법규 위반행위를 이유로 하는 법령상 책임주체에 대한 제재조치의 당부</td></tr>
<tr><td rowspan="2">논문 제목
(발표자)</td><td colspan="3">종업원의 위법행위를 이유로 대부업자에 대해 내려진 행정처분의 위법성 (정훈)</td></tr>
<tr><td colspan="3">프랑스의 행정제재법리와 그 시사점 (이현수)</td></tr>
<tr><td rowspan="5">3</td><td colspan="4">제111회 (2016. 9.)</td></tr>
<tr><td>대상사건</td><td>2015도12633</td><td>선고일</td><td>2017. 11. 9.</td></tr>
<tr><td>주제</td><td colspan="3">완전자회사 또는 손자회사에 대한 무상 지원과 배임죄(또는 횡령죄)</td></tr>
<tr><td rowspan="2">논문 제목
(발표자)</td><td colspan="3">완전모자회사 간의 지원성 거래와 이사의 책임 (천경훈)</td></tr>
<tr><td colspan="3">기업집단에서 배임죄 요건 – 독일의 판례와 학설 분석 – (홍영기)</td></tr>
<tr><td rowspan="4">4</td><td colspan="4">제115회 (2017. 5.)</td></tr>
<tr><td>대상사건</td><td>2016다211224</td><td>선고일</td><td>2019. 3. 28.</td></tr>
<tr><td>주제</td><td colspan="3">보험계약에서 태아의 피보험적격</td></tr>
<tr><td>논문 제목
(발표자)</td><td colspan="3">태아의 피보험자 적격성 – 영미법과의 비교법적 검토를 중심으로 – (장덕조)</td></tr>
</table>

<table>
<tr><td rowspan="4">5</td><td colspan="4">제118회 (2017. 11.)</td></tr>
<tr><td>대상사건</td><td>2016두50907</td><td>선고일</td><td>2019. 10. 31.</td></tr>
<tr><td>주제</td><td colspan="3">명령 · 규칙에 관한 부진정행정입법부작위에 대한 법원의 규범통제</td></tr>
<tr><td>논문 제목
(발표자)</td><td colspan="3">命令 · 規則 등의 不眞正行政立法不作爲에 대한 法院의 規範統制
– 특히 獨逸의 規範補充訴訟을 중심으로 – (정남철)</td></tr>
<tr><td rowspan="4">6</td><td colspan="4">제124회 (2018. 9.)</td></tr>
<tr><td>대상사건</td><td>2014두11601</td><td>선고일</td><td>2018. 12. 27.</td></tr>
<tr><td>주제</td><td colspan="3">하천수 사용권과 「공익사업을 위한 토지 등의 취득 및 보상에 관한 법률」 상 ‘물(水)’의 사용에 관한 권리</td></tr>
<tr><td>논문 제목
(발표자)</td><td colspan="3">공익사업법상 물의 사용에 관한 권리의 법적 성격과 재산권성 (김성수)</td></tr>
<tr><td rowspan="5">7</td><td colspan="4">제126회 (2019. 1.)</td></tr>
<tr><td>대상사건</td><td>2018다879</td><td>선고일</td><td>2020. 5. 21.</td></tr>
<tr><td>주제</td><td colspan="3">금전채권자의 공유물분할청구권 대위행사 가부</td></tr>
<tr><td rowspan="2">논문 제목
(발표자)</td><td colspan="3">금전채권자의 공유물분할청구권의 대위행사 문제 (오수원)</td></tr>
<tr><td colspan="3">우리 법상 공유물분할청구권의 대위행사 허용 여부
- 프랑스 민법과 재판례와의 비교를 중심으로 - (여하윤)</td></tr>
<tr><td rowspan="5">8</td><td colspan="4">제129회 (2019. 7.)</td></tr>
<tr><td>대상사건</td><td>2018두227</td><td>선고일</td><td>2019. 11. 28.</td></tr>
<tr><td>주제</td><td colspan="3">토지보상법상 간접손실보상규정의 유추적용 가부</td></tr>
<tr><td rowspan="2">논문 제목
(발표자)</td><td colspan="3">사회기반시설의 소음 · 진동 등에 의한 재산상 피해에 대한 권리구제 (정남철)</td></tr>
<tr><td colspan="3">프랑스에서의 공공시설의 설치에 따른 손해전보 (오승규)</td></tr>
</table>

<table>
<tr><td rowspan="5">9</td><td colspan="4">제130회 (2019. 9.)</td></tr>
<tr><td>대상사건</td><td>2016다12175</td><td>선고일</td><td>2020. 5. 14.</td></tr>
<tr><td>주제</td><td colspan="3">보상금 지급계약을 원고가 착오를 이유로 취소하거나, 현저한 사정 변경이 있음을 이유로 해제할 수 있는지 여부</td></tr>
<tr><td rowspan="2">논문 제목
(발표자)</td><td colspan="3">장래 사정에 대한 착오
– 독일 · 스위스 · 오스트리아법의 시사(示唆) – (이동진)</td></tr>
<tr><td colspan="3">미국법상 착오와 사정변경법리 (고세일)</td></tr>
</table>

<table>
<tr><td rowspan="5">10</td><td colspan="4">제132회 (2020. 1.)</td></tr>
<tr><td>대상사건</td><td>2017다56455</td><td>선고일</td><td>2020. 7. 9.</td></tr>
<tr><td>주제</td><td colspan="3">선박충돌사고로 침몰한 피해선박의 선주가 선박 제거명령을 이행하지 않고 있는 경우 피해선박 선주에게 제거비용 상당의 손해가 현실적 · 확정적으로 발생한 것인지 여부</td></tr>
<tr><td rowspan="2">논문 제목
(발표자)</td><td colspan="3">난파물제거 실무와 관련된 법적 쟁점 – 제거의무자와 제거명령을 위한 위험성을 중심으로 – (김인현)</td></tr>
<tr><td colspan="3">손해의 현실성 · 확실성과 피해자의 의무부담 (김상중)</td></tr>
</table>

비교법실무연구회 회칙

1996. 3. 27. 제정 · 시행
1996. 11. 21. 개정 · 시행

제 1 조(명칭) 본 회는 비교법실무연구회라 한다. 〈1996. 11. 21. 개정〉

제 2 조(목적) 본 회는 독일, 프랑스, 영국, 미국 등 외국의 판례와 학설을 연구함으로써 재판실무와 법률문화의 향상에 기여함을 목적으로 한다. 〈1996. 11. 21. 개정〉

제 3 조(회원) ① 본 회는 대법원 내부의 연구회로서, 대법원에 근무하는 법관 중 희망하는 자를 회원으로 한다. 다만, 본 회의 목적에 기여할 수 있는 대학 교수 중 운영위원회의 추천에 의하여 회장이 승인한 자는 회원이 될 수 있다.

② 회원인 법관이 퇴직하거나 대법원 이외의 기관으로 전보되면 회원자격을 상실한다.

③ 회원이 이 회칙상의 의무를 위반하는 등 적절하지 않다고 판단되는 경우, 회장은 운영위원회의 심의를 거쳐 회원자격을 박탈할 수 있다.

제 4 조(임원) ① 본 회에 대법관인 회장 1인과 재판연구관인 5인 이하의 간사를 두고, 3인 이하의 부회장을 둘 수 있다.

② 회장과 부회장은 총회에서 선출하고, 간사는 회장이 지명한다.

③ 회장은 본 회를 대표하고 회무를 집행하며, 부회장은 회장을 보좌하고 유고시에 회장의 권한을 대행한다. 간사는 회장의 지시에 따라 본 회의 실무를 담당한다.

④ 회장과 부회장의 임기는 2년으로 하되 연임할 수 있다.

⑤ 회장을 자문하기 위하여 고문을 둘 수 있다. 고문은 총회에서 선출하나, 회원 중 회장 이외의 대법관은 당연직 고문으로 한다.

제 5 조(운영위원회) ① 본 회에 운영위원회를 둔다.

② 운영위원회는 회장, 부회장, 간사 및 회장이 지명하는 15인 이하의

회원으로 구성되고, 운영위원의 임기는 2년으로 한다. 〈1996. 11. 21. 개정〉

③ 운영위원회는 회장 또는 회장이 지명하는 자가 주재하며 본 회의 운영에 관한 일반적인 사항을 심의한다.

제6조(총회) ① 본 회의 정기총회는 2년에 1회 개최한다.

② 본 회의 임시총회는 회장 또는 회원 3분의 1의 요구가 있을 때 개최한다.

③ 총회의 개최정족수는 재적회원 과반수로 하고, 의결정족수는 출석회원 과반수로 한다.

제7조(활동) ① 본 회는 1년에 6회 연구발표회를 개최함을 원칙으로 한다.

② 본 회는 외국법의 연구를 위하여 독일법, 프랑스법 등의 외국법강독회를 둘 수 있다.

③ 회원이 아닌 자는 제9조의 비밀유지의무 부담을 조건으로 회장의 승인을 얻어 연구발표회와 외국법강독회에 참석할 수 있다.

제8조(회비) ① 회원은 회비를 납부할 의무가 있다.

② 회비의 액수는 운영위원회의 심의를 거쳐 회장이 결정한다.

제9조(비밀유지의무) 회원 또는 회장의 승인을 받아 연구발표회에 참석한 자는 연구발표회에서 다루어진 사건과 관련된 사항을 외부에 공개하여서는 아니 된다.

제10조(회칙의 개정) 본 회칙은 회원 과반수의 출석과 출석회원 3분의 2 이상의 찬성으로 개정할 수 있다.

부 칙 본 회칙은 1996. 3. 27.부터 시행한다.

부 칙 〈1996. 11. 21.〉 본 회칙은 1996. 11. 21.부터 시행한다.

판 권
소 유

판 례 실 무 연 구[XIV]

2021年 2月 18日 제1판 1쇄 인쇄
2021年 3月 8日 제1판 1쇄 발행

편 저 비교법실무연구회 편
발 행 처 사법발전재단

서울특별시 서초구 서초로 219
전 화 02) 3480 - 1309
팩 스 02) 530 - 4074

ISBN 979-11-6086-053-5 94360 ※ 낙장·파본은 교환하여 드립니다.
ISBN 978-89-93171-14-3 (세트) ※ 정가 : 75,000원